读经典·新时尚

HISTORY OF THE BYZANTINE EMPIRE

A. A. Vasiliev

拜占庭帝国史

(324-1453)

第一卷

〔美〕A.A. 瓦西列夫 著

徐家玲 译

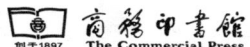

A. A. Vasiliev
HISTORY OF THE BYZANTINE EMPIRE
324 - 1453

Published by the University of Wisconsin Press
First English edition(in two volumes), 1928
Second English edition(in one volume), 1952
(in two volumes), 1958, 1961, 1964
据威斯康星大学出版社 1952 年版译出

A.A.瓦西列夫

(1867—1953)

中译者序

本书作者亚历山大·亚历山德罗维奇·瓦西列夫(Alexander Alexandrovich Vasiliev,俄文名:Алекса́ндр Алекса́ндрович Васи́льев,1867—1953)是国际历史学界公认的、20世纪中期以来最权威的拜占庭历史和文化研究者之一。他所著的《拜占庭帝国史》(*History of the Byzantine Empire*,1928年初版)至今仍然是与爱德华·吉本(Edward Gibbon)和弗奥多尔·乌斯宾斯基(Fyodor Uspensky)、奥斯特洛戈尔斯基(Ostrogorsky)的作品齐名的,对拜占庭帝国史最具综合性的、详尽的论述。

瓦西列夫曾于彼得堡大学师从职业拜占庭学者瓦西里·瓦西列夫斯基(Vasily Vasilievsky)学习,后来在该大学教授阿拉伯语,于1897—1900年间,他转赴巴黎求学。1902年,他曾随同尼古拉·马尔(Nicholas Marr)考察了西奈山的圣卡特琳修道院。他在一篇回忆录中,谈到自己致力于研究近东(巴尔干半岛、希腊、君士坦丁堡、小亚细亚、叙利亚、巴勒斯坦、埃及和阿拉伯半岛)的原因,"不仅仅是由于它本身的魅力,而是由于它在亚历山大征伐之后,在东方传播希腊化文化和给予我们19世纪和20世纪的文明以丰富的希腊文化遗产的重要性"①。

---

① Sirarpie der Nersessian, Alexander Alexandrovich Vasiliev (1867 – 1953);

当他驻留于塔尔图大学(Tartu University,1904—1912)之时,瓦西列夫写作并出版了其影响力巨大的专著《拜占庭与阿拉伯人》(Byzantium and the Arabs,1907)。他还进入了乌斯宾斯基在君士坦丁堡所建立的俄罗斯考古研究所从事研究工作。1912年,他回到圣彼得堡大学,担任教授(1917—1925年)。十月革命之后,他于1919年被选聘为俄罗斯科学院院士。1925年,在他访问巴黎期间,瓦西列夫受到米哈伊尔·罗斯托夫采夫邀请,决定移居美国。经罗斯托夫采夫介绍他前往威斯康星大学就职(1925—1939年),后转至哈佛大学的顿巴登橡树园研究中心工作(1944—1948年)。在其生命的最后几年,他在布拉格被选为尼科季姆·康达可夫(Nikodim Kondakov)研究院的院长及国际拜占庭研究会(Association Internationale des Études Byzantines)的会长。

他的主要作品有:《斯拉夫人在希腊》(Slavs in Greece,1898);《利凡特的拉丁统治者》(The Latin Sway in the Levant,1923);《拜占庭帝国史》第一卷《自君士坦丁至十字军时期》(History of the Byzantine Empire: Vol. 1: Constantine to the Crusades,1925年俄文版,1929年以后多种语版);《拜占庭帝国史》第二卷《自十字军至拜占庭的衰亡》(1935年之后多次再版);《拜占庭与阿拉伯人》第一卷《阿莫里亚王朝时期拜占庭与阿拉伯人的政治关系》(Byzantium and the Arabs, Vol. 1: Political Relations between Byzantines and Arabs during the Amorian Dynasty,1900

Source: Dumbarton Oaks Papers, Vol. 9/10 (1956), pp. ii + 1 - 3 - 21。Published by: Dumbarton Oaks, Trustees for Harvard University.Stable URL: http://www.jstor.org/stable/1291090 Accessed: 09/06/2014.(JESTOR).

年俄文版,1935 年和 1950 年法文版);《拜占庭和阿拉伯》第二卷《马其顿王朝时期拜占庭人与阿拉伯人的政治关系》(1900 年俄文版,1935 年和 1950/1968 年法文版,两部);《克里米亚的哥特人》(The Goths in the Crimea,1936);"11 世纪盎格鲁-撒克逊人迁徙拜占庭之开放的舞台"("The Opening Stages of the Anglo-Saxon Immigration to Byzantium in the Eleventh Century", Seminarium Kondakovianum,1937);《俄罗斯人于 860 年对君士坦丁堡的进攻》(The Russian Attack on Constantinople in 860,1946);《阿尔戈斯的圣彼得"生平"及其对历史研究的重要意义》(The "Life" of St. Peter of Argos and Its Historical Significance,1947);《君士坦丁堡竞技场的波菲利乌斯纪念碑》(The Monument of Porphyrius in the Hippodrome at Constantinople,1948,1967);《君士坦丁堡的皇帝紫棺》(Imperial Porphyry Sarcophagi in Constantinople,1949);"萨索菲拉托的圣迪米特里镶嵌画的历史意义"("The Historical Significance of the Mosaic of Saint Demetrius at Sassoferrato", Dumbarton Oaks Papers,V.,1950,29-39);《查士丁一世:查士丁尼时代的前奏》(Justin, the First: An Introduction to the Epoch of Justinian the Great,1950);《俄罗斯人第二次攻打君士坦丁堡》(The Second Russian Attack on Constantinople,1951,1967);《法兰西的休·加佩与拜占庭》(Hugh Capet of France and Byzantium,1951);《721 年哈里发叶齐德二世的破坏圣像敕令》(The Iconoclastic Edict of the Caliph Yazid II, A.D. 721,1956,1967);《拜占庭历史作品概览》(A Survey of Works on Byzantine History);《埃德萨的圣迪奥多勒生平》(The

*Life of St. Theodore of Edess*a);《世界两端,西方和东方的中世纪思想》(*Medieval Ideas of the End of the World：West and East*);《祭司王约翰和俄罗斯》(*Prester John and Russia*,1996,ed. W. F. Ryan),后四种作品出版时间不详。①

瓦西列夫的《拜占庭帝国史》,较完整地记载了自 324 年到 1453 年间的拜占庭帝国的兴衰发展,是现代从事拜占庭研究不可缺少的重要参考书。该书的俄文版本早自 1917—1925 年间就已经先后问世,是作为瓦西列夫在大学任教期间的基础教材。以后,又陆续出版了英文(1928—1929 年)、法文(1932 年)、土耳其文(1943 年)、西班牙文(1948 年)等各种语言的版本。上述版本都在原有基础上作了修订、增补,早在 20 世纪 50 年代,这些版本均已经绝版。

目前这个译作,是根据 1952 年发行的第二版翻译。该版本以原作者的法文版著作(1932 年)为蓝本,补充吸收了 20 世纪 30—50 年代拜占庭研究领域的新的研究成果。同时,增设了一节专门论及拜占庭封建化的问题,探讨拜占庭土地制度与古罗马时代及中世纪西方土地制度的关系,显而易见,作者并不认同"拜占庭不存在封建"的西方传统观念,在同类著作中占有特殊地位。由于本书作者于 1953 年去世,该书在 1958、1961 年重印时没有进行修订,只改正了一些印刷上的错误,另附有作者为 1952 年版本写的简短前言。

---

① 关于瓦西列夫的生平和著作,参照维基百科:https://en.wikipedia.org/wiki/Alexander_Vasiliev_(historian)(2018.1.4);和《顿巴登橡树园研究文集》,Vol. 9/10 (1956), pp. ii+1+3-21, Dumbarton Oaks, Trustees for Harvard University)。

中译者序

原书分上下两卷（正文计846页），共九章，附有拜占庭王朝世系表和皇帝年表，六幅地图及重要参考文献、索引等。第一章是对拜占庭史学研究的概述，回顾了16世纪以来西欧及世界各国研究拜占庭史的基本状况，介绍了有关史家和史学著作，是"二战"以来到20世纪50年代，对各个时代的拜占庭研究状况总结概括较为全面的综述。随后的八章，完全是按照拜占庭主要王朝生存的历史顺序排列的，依次为：第二章，君士坦丁到查士丁尼时代（324—518年）；第三章，查士丁尼及6世纪的拜占庭（518—610年）；第四章，希拉克略时代（610—717年）；第五章，伊苏里亚和破坏圣像时代（717—867年）；第六章，马其顿王朝（867—1081年）；第七章，科穆宁朝和十字军时代（1081—1204年）；第八章，拉丁帝国和希腊流亡王朝的复国斗争（1204—1261年）；第九章，拜占庭的灭亡（1261—1453年）。

然而，本书又不完全是按照编年体例写作的。编年只是以大的历史时期为框架，在此大框架下，作者对每一时期有代表性的专题进行了详尽的讨论。因此，每一章之下，通常是以王朝各代继承者在位的时间顺序为基本线索，对各特定时期拜占庭帝国的对内对外政策倾向予以概述，然后是对各个历史时期的重要问题进行深入讨论，最后是一个特定时期的文化、文学、教育和艺术成就。有些特别重要的问题，则跳出时间的断限，加以全面综合性的论述。

值得特别注意的是，本书的第二章跨越了两个历史时期，即从君士坦丁时代到查士丁尼之前，这体现了迄今为止，世界拜占庭学者的一致意见，从君士坦丁时代到查士丁尼时代的前奏时期，是地中海世界从"古代的罗马"向"中世纪的拜占庭"过渡的重要时期。这一时期,罗马-地中海世界发生的重要变化包括:基督教被罗马统治者所认可,并奉其为国教;罗马皇帝君士坦丁将首都迁离古城罗马,在君士坦丁堡(希腊化古城拜占庭)建立新都。在帝国内部,是集约化的奴隶制向以小农和隶农为主的自由农业经济的过渡;在帝国外部,是来自北方和东方的诸日耳曼部族在罗马帝国的广大地区定居、建"国",与"罗马人"在各个地区交汇和融合。在语言文化上,以拉丁文化为主体的"罗马化"文化与拥有深厚历史底蕴的希腊化文化长期对抗和共生的结果,是罗马帝国东部的日益"斯拉夫-希腊化",罗马帝国西部的"日耳曼-拉丁化"。罗马帝国基督教会的"统一"也势必因此而接受在11世纪中期分化为"拉丁大公教会"和"希腊正教会"的最后结局。在这一历史时期,昔日罗马世界的立法、行政组织和管理模式、军队建构和战略战术、贵族和元老的身份等级制度、社会各层级间流动的规则和方式,也都发生了重大的变化,以至于到查士丁尼时代,他必须面临着所有这些变化带来的机遇和挑战。

鉴于此,作者对于第二章的整体把握不同于后面的几章,并不以君士坦丁大帝和他的继承者们的王谱世系为主要脉络,而只描述这一历史时期对后世的变化有重大影响的问题,一是君士坦丁的政迹(包括接受基督教为合法宗教,主持尼西亚大公会议,在君士坦丁堡建立新都);二是戴克里先与君士坦丁的改革(戴克里先的"四头政治"之源起,其对帝国后世政治的影响;戴克里先与君士坦丁的军事改革、行政体系改革和货币-赋税改革等);三是君士坦丁之后续统治者(特别是狄奥多西王朝的各代统治者)在解决4—

6世纪的蛮族问题（从战胜蛮族到雇佣蛮族、建立蛮族军团）方面，在致力于解决基督教内部争论，确立基督教正统信仰体系和基督教教纲方面，在维修和完善君士坦丁堡防务（城墙）和供水系统方面，在搜集、整理罗马古法、颁布《狄奥多西法典》方面，做出的引人瞩目的成就。在所有这些对"主流"问题的描述中，作者还情有独钟地以浓墨重彩描述了"背教者朱利安"企图放弃基督教信仰，恢复传统罗马多神崇拜的失败，从而向读者昭示：基督教的胜利与传统多神教退出历史舞台，是时代发展的必然，不以任何精英的个人喜好为转移。无疑，4—6世纪的所有这些成就，为查士丁尼时代完成晚期罗马帝国的历史进程，开创中世纪拜占庭帝国的政治法律模式奠定了坚实的基础。

本书的一大特点是，在每一章的最后一部分，都专设栏目介绍本章所述同一时代的学术、文化及艺术成就，相对于涉及拜占庭历史研究的同类学术著作，这种处理方式显示了作者对于各个时期拜占庭文化-文学-史学和艺术等的特别关注和全面把握。读者只须阅读每章的这一部分，就会很明晰地掌握拜占庭文学-史学-艺术发展的基本脉络。作者对各个历史时期的主要历史学家和历史作品特别做了系统的介绍和理性的分析阐释，有助于读者把握这一脉络，寻找和搜集更多更好的第一手文献资料。

本书详细论述了4—15世纪地中海世界的政治、经济和军事、外交斗争、东正教文化圈的形成，其中包括斯拉夫和小亚细亚地区各族群和欧亚草原民族不断融进东地中海希腊化文化圈的历史，也涉及阿拉伯伊斯兰文化、东正教文化及西方基督教文化在东地中海地区交往（贸易、宗教传播和战争）中的对抗和冲突。作者特别强调了以君士坦丁堡为核心的中世纪拜占庭帝国是基督教世界的东方前哨,在整个中世纪世界起到了维护基督教的希腊化文明、抵制外来军事和宗教文化介入—渗透欧洲世界的重要作用。作者特别强调利奥三世(717—741年在位)时期对阿拉伯人进攻的胜利,"拯救了拜占庭帝国和东方基督教世界","拯救了整个欧洲文明"[①]。

与此同时,作者也并没有忽视古代的、草原民族的、基督教的及伊斯兰教的诸多文明元素在巴尔干半岛、爱琴海及东地中海诸岛、海岸和小亚细亚高原的相互交融及相互吸纳的进程。对于自古以来东西方交往的重要通道,即陆上丝绸贸易的传输通道和海上的香料通道,对于东西方生产技术和建筑艺术、绘画艺术的交流,对于中世纪地中海商业中经常遇到的商路争夺问题[②]、海盗问题和海上法权问题等,作者都有专门的阐述。而且,由于本书作者运用了不少阿拉伯作家和叙利亚作家的史料,有助于我们从另一个角度探究这一时期的战争、和平、贸易交往和宗教斗争的程度和各时代的演进,更提供了深入了解和探究这一时期阿拉伯世界、中亚世界、黑海地区及欧亚草原突厥人的文明化进程及各族群历史发展主要脉络的重要资料。

该书的译出,将丰富我国汉译世界名著翻译中涉及拜占庭史的学术珍藏,且有助于我国从事世界史,特别是欧洲、西亚历史的学者们深入了解和研究中世纪的东欧、巴尔干地区史、地中海政治

---

① 瓦西列夫原书,第一卷,第236页。
② 这方面内容在原书第七章"拜占庭与十字军"与第九章"拜占庭的灭亡"中都有极好的案例。

史及小亚、阿拉伯伊斯兰教发展的早期历史,以及东西方在宗教文化交流、贸易往来和战争冲突方面的历史脉络和个别细节问题,也有助于法学家和政治史学者们对晚期罗马帝国和拜占庭的政治、法律制度史作深入的研究;同时对那些有志于研究东正教及阿拉伯文化区各民族的交往和军事、外交斗争的人们也有很好的借鉴作用。

徐家玲

2018年8月

目 录

前言 ·· 1

第一卷

第一章　拜占庭历史研究的回顾 ·································· 7
　　西欧学者 ·· 7
　　俄罗斯的拜占庭研究 ·· 52
　　期刊、主要参考资料和草纸文献 ···························· 64
第二章　自君士坦丁大帝至查士丁尼时代的帝国 ········· 70
　　君士坦丁和基督教 ··· 70
　　戴克里先和君士坦丁的改革 ···································· 99
　　自君士坦丁大帝到6世纪早期的皇帝和社会 ········ 106
　　文学、学术、教育和艺术 ·· 183
第三章　查士丁尼大帝及其直接继承者(518—610年) ······ 202
　　查士丁一世 ··· 205
　　查士丁尼与狄奥多拉的统治 ···································· 207
　　查士丁尼的直接继承者 ··· 263
　　文献、学术和艺术 ··· 280
第四章　希拉克略时代(610—717年) ···························· 301

对外问题 ································· 303
希拉克略王朝的宗教政策 ··················· 346
军区制的起源和发展 ······················· 352
混乱时期(711—717年) ···················· 357
文献、学术和艺术 ························· 358

第五章 破坏圣像时代(717—867年) 364
伊苏里亚或叙利亚王朝 ····················· 364
伊苏里亚王朝的继承者和阿莫里亚或弗里吉亚王朝
(820—867年) ·························· 421
文献、学术和艺术 ························· 451

第六章 马其顿王朝(867—1081年) ········ 467
王朝的起源 ······························· 468
马其顿王朝的外交 ························· 472
社会与政治的发展 ························· 512
混乱时期(1056—1081年) ·················· 543
教育、学术、文学和艺术 ··················· 558

第二卷

第七章 拜占庭与十字军 ················· 581
科穆宁诸皇帝及其对外政策 ················· 581
安吉列王朝的对外政策 ····················· 670
科穆宁和安吉列王朝的内部事务 ············· 714
教育、学术、文学和艺术 ··················· 741

第八章 尼西亚帝国(1204—1261年) ······ 768

拜占庭领土上形成的新国家 ………………………… 768
拜斯卡利斯朝的外交政策和拜占庭帝国的光复 …… 781
基督教会与尼西亚帝国和拉丁帝国的关系 ………… 822
尼西亚帝国的社会和经济状况 ……………………… 831
教育、学术、文学和艺术 …………………………… 836
拜占庭的封建制 ……………………………………… 859

第九章 拜占庭的灭亡 ………………………………… 884

巴列奥洛格王朝的对外政策 ………………………… 884
巴列奥洛格王朝统治下的教会问题 ………………… 1005
学术、文献、科学和艺术 …………………………… 1052
拜占庭和意大利文艺复兴 …………………………… 1096

附 录

拜占庭帝国皇帝年表（324—1453 年） …………… 1113
拜占庭王朝世系表 …………………………………… 1117

参考文献 ………………………………………………… 1126
索引 ……………………………………………………… 1188
后记 ……………………………………………………… 1294

地图目录

第一卷
 拜占庭世界 …………………………………… 164 页后
 565 年的拜占庭帝国 ………………………… 256
第二卷
 1025—1402 年的拜占庭帝国 ………………… 728 页后
 14—15 世纪的保加利亚人和塞尔维亚人 …… 932
 土耳其帝国的扩张 …………………………… 932
 15 世纪拜占庭帝国的属地 …………………… 933

前　言

我的这本以新的英文版问世的《拜占庭帝国史》已经有很长一段历史了。它最早是以俄文写成，在俄国出版。第一卷印刷于俄罗斯帝国的末日和第一次革命的早年，出版于1917年，标题是"拜占庭历史讲义"(十字军之前)，没有注释。第二卷，分为三个部分："拜占庭与十字军"，"拉丁人在利凡特地位的动摇"以及"拜占庭的衰落"，印于1923—1925年，附以第一手和第二手资料的参考文献。俄文版现在已完全过时。

英文版首印于25年前(1928—1929年)，分为两卷，由威斯康星大学研究所出版。该书以俄文原版为基础，我做了完整的校对、补充、更新。这一版本已经绝版很久了。

1932年，我重新修订并扩展了原文，同年在巴黎出版了本书的法文版，目前也已绝版。后来，我略作修改出版了本书的西班牙文版(1948年，巴塞罗那)。本书第一卷的土耳其文版本于1943年出版于安卡拉，是根据法文版翻译的。令人惊讶的是，这一版本同样很快绝版，甚至作为作者的我，也没有该版的原书了，只是在国会图书馆看到了一本。

英文第二版是以法文版为基础的。但是，自1932年法文版出版以来，已经度过了19个年头，在此期间，许多具有重要价值的著作问世，必须将其吸收到新的版本中来。1945年，在威斯康星大学的期望下，我为重新出版该书而修订了原文，并添加了关于拜占庭封建制的一节。但在1945—1951年，其他更重要的出版物问世。我曾试图尽自己所能进行必要的补充和修正；但是，这种修订是个别的、不系统的，我仍然担心最近还可能发现一些基本的漏洞。

在此前两年，我原来的学生，现在于鲁特格尔大学任教的一位著名教授彼得·卡拉尼斯对我帮助甚大，在整理参考书目方面尤其使我受益，因此，我必须，也十分欣慰地向他表示诚挚的谢意。但是，如同我在本书的英文第一版的前言中所说，我的目的并不是列出一个全面的参考文献目录，因此，在正文和参考文献中我只列出了最重要的或最近出版的作品。

尽管我完全意识到我的作品之按年代叙述的体系有时会导致严重的不便，但我在这一新版本中并没有改变它；否则，我必须写一部全新的著作。

我衷心感谢威斯康星大学历史系和地理系的教授罗伯特·L.雷诺德先生，他在参与本书的地图编辑方面提供了友好的合作。我也向埃德娜·谢泼德·托马斯女士表示衷心感谢，她以极其细致的态度校订了我的手稿，并改正了我在英文文字方面的不足。最后，我还应该感谢基蒙·T.乔卡利尼斯为本书做了最为困难的索引编制工作。

A.A.瓦西列夫

顿巴登橡树园

哈佛大学

华盛顿特区

出版说明

现在,在瓦西列夫教授写了上述文字,追溯了他这套著作的各种版本出版过程的历史,六年以后,我们愉快地奉献了这一新的版本,该版本是平装两卷本,其文字和所有参考文献保持了1952年版本的原样,但改正了一些印刷方面的错误。

英文版出版者
1958年2月

第一卷

第一章　拜占庭历史研究的回顾

西欧学者

意大利文艺复兴时期是与希腊、罗马的古典文学紧密相连的。而拜占庭文献在意大利几乎无人知晓，人们也似乎没有发现有乐于了解它的明显迹象。这种忽视中世纪希腊文学的态度，由于人们为寻找希腊文手稿对东方的频繁访问，以及对希腊语言的全面研究而逐渐地发生了变化。但是，在14、15世纪，对于拜占庭文献的兴趣还仅仅是偶然的，比起对古典世界的兴趣来，则相形见绌了。

然而，到了16世纪，对拜占庭的历史和文献的兴趣，有了较显著的改变。在这个世纪里，拜占庭作家的许多著作（尽管重要性不尽相同，也未经精心选择）在欧洲的各个地区出版了：在德意志由希罗尼姆斯·沃尔夫（Hieronymus Wolf）、在荷兰由慕尔西乌斯（Meursius）、在意大利是由两名希腊人——阿莱曼努斯（Alemannus）和阿拉提乌斯（Allatius）出版的。

法兰西的贡献

对拜占庭时期的真正科学的研究是17世纪于法兰西开始的。

在路易十四的光辉时期(这一时期法兰西文学成了全欧洲的典范),拜占庭学识在法兰西得到了高度重视,国王、大臣、主教和民间的个人,竞相建立图书馆和收集原稿,学者们得到各种优待,受到重视。

17世纪早期,路易十三就将教会助祭阿迦佩图斯(Deacon Agapetus)给查士丁尼的教言由希腊原文译成法文。红衣主教马扎林(Mazarin)是一个书籍爱好者和孜孜不倦的史料原稿的收集者,他建立了一个收藏了许多希腊著作的丰富的图书馆。他死后,这一收藏转归巴黎的王室图书馆(今天的国家图书馆),该图书馆是16世纪由弗兰西斯一世建立的;路易十四的著名大臣科尔贝(Colbert)也是王室图书馆的馆长,他不仅持续为图书馆增添文学宝藏,而且去国外收集手稿。18世纪,法兰西国王将科尔贝个人的丰富藏品收在王室图书馆中,其中有大量希腊文原稿。红衣主教黎塞留为了以令人满意的式样出版著名作者的著作而在巴黎创建了王室印刷所(卢弗尔印刷所)。这个印刷所使用的所谓的"王室希腊文"字体,以美观著称。1648年,在路易十四和科尔贝庇护下的这家王室印刷所,出版了第一部拜占庭历史学家著作集。到1711年,已出版了这一套选集的对开本共34卷。这一编辑工作在当时是一个伟大的成就,即使在今天也没有哪一版本能完全替代它。当第一卷在法兰西出版时,法国的编辑兼学者莱比(Labbé, Labbaeus)对所有的拜占庭史爱好者发出了倡议,他强调了拜占庭这个东方希腊帝国历史的重要性,指出,它的"历史事件之多是这样令人惊讶,它的多样性是这样有吸引力,持续时间之长是这样值得关注"。他要求欧洲学者们搜寻并发表湮没在图书馆尘埃中的历史文献,并承诺,这些人将得到"比金石更不朽的声望",①以此来鼓舞所有的合作者。

　　杜康之。——著名的杜康之（Du Cange,1610—1688年）是法国17世纪第一流的学者，他的为数众多的各类著作，至今还保持着活力和重要意义。杜康之是历史学家、语言学家、考古学家、古钱学家和艺术编辑，是这些领域的精通者，是永不疲倦的、严格的学者。他于1610年生于法国的亚眠，后来被父亲送到耶稣会士学院。在奥尔良和巴黎做了若干年律师之后，他回到了自己出生的城市，结了婚，成了10个孩子的父亲。1668年，由于黑死病蔓延，他离开亚眠，定居巴黎，直至1688年10月23日去世。令人惊奇的是，他在45岁之前没有发表过任何东西，在亚眠以外几乎无人知道他的名字。但在其一生的后33年，他却完成了自己的巨著。他的学术著作之多，若非他亲手写的原稿仍然保留至今，是难以令人置信的。他的传记作者写道："18世纪的这位学者是在一条前所未有的全神贯注的道路上撰述的：'他结婚50年，又是多子女家庭的父亲。为何竟能如此读书、如此思考、如此著述呢？'"②杜康之在拜占庭史方面的杰作是《法兰克诸王统治下的君士坦丁堡》(Histoire de l'empire de Constantinople sous les empereurs français)，该书在杜康之去世前经过修订，但该修订版直到19世纪才出版；《拜占庭家族》(De families byzantinis)，包括了丰富的家谱资料；以及《基督教的君士坦丁堡》(Constantinopolis Chris-

---

　　① Ph.莱比(Ph.Labbé):《为学界使用的拜占庭历史手稿全集,倡议》(De Byzantinae histoirae scriptoribus ad omnes per orbem eruditos, προτρεπτικόν),5—6。
　　② L.富热尔(L.Feugère):《杜康之的生活和工作研究》(Étude sur la vie et les ouvrages de Du Cange)（以下简称《杜康之研究》。——译者),9。

tiana），含有至 1453 年为止的详细而精确的君士坦丁堡方志资料。后两部著作，后在同一部书《拜占庭历史的注解与补证》(*Historia Byzantina duplici commentario illustrata*)中出版。在杜康之去世前三个月，他发表了两卷本（对开本）《中世纪希腊文词典》(*Glossarium ad scriptores mediae et infimae graecitatis*)，按照俄罗斯拜占庭学者 V.G.瓦西列夫斯基（V.G.Vasilievsky）所说："这部著作是无可比拟的巨著，编辑这样一部书说不定需要动用一群专业学者。"③直到今天，这部词典仍然是所有从事拜占庭史及一般中世纪研究的学者们必不可少的资料。除了这些创造性的著作之外，杜康之还发表了许多著名拜占庭历史学家著作的标准版本。这些版本因为有了地道的专业注释而特别重要。杜康之的另一部巨著《中世纪拉丁文词典》(*Glossarium ad scriptores mediae et infimae latinitatis*)对于拜占庭学研究者来说也是很重要的。杜康之健康状况一直良好，但 1688 年 6 月突然病倒，同年 10 月去世，终年 79 岁。临终之际，家属及朋友都在身边。他被葬在圣热万教堂。他的墓穴已无踪迹，但现在巴黎的一条狭窄而偏僻的街道仍叫"杜康之街"④。

---

③ V.G.瓦西列夫斯基：《拜占庭历史著作概述》(*A Survey of Works on Byzantine History*)，139。见 H.奥蒙（H.Omomy）所写的，关于出版者让·阿米西翁（Jean Amisson）致杜康之的书信的文章："杜康之的希腊语词典。阿米西翁就该词典的出版致杜康之的信（1682—1688 年）"("Le Glossaire grec du Du Cange.Lettres d'Amisson à du Cange relatifs à l'impression du Glossaire，1682—1688")，《希腊研究杂志》(*Revue desétudes grecque*)，v(1892)，212—249。

④ 见富热尔《杜康之研究》，67—71。一位与杜康之同时代的作者写了关于杜康之患病到他去世时情况的特别重要的信，被收在波恩版的《复活节编年史》(*Chronicon Paschale*)，II，67—71。但是，还没有一部令人满意的杜康之传记。

其他法国著作家。——杜康之不是法国拜占庭研究领域的唯一著作家。就在同一时代,马比荣(Mabillon,1632—1707年)写下了他不朽的著作《古文书学》(*De re diplomatica*),创立了全新的资料文献及敕书的学问。18世纪早期,蒙弗孔(Montfauson,1655—1741年)所写的最重要的一部著作《希腊古文书学》(*Greek Paleography*)问世,至今仍然不失其价值。这一时期也出版了在巴黎居住和写作的拉古萨的本笃派修士班都里(Banduri,1670—1743)的多卷本著作。他于1711年发表了《东方帝国》(*Imperium Orientale*)一书,其中包含拜占庭时期的历史地理学、历史地志学和考古学方面的丰富资料。几乎与此著作同时,是多明我派修士勒坤(Le Quien,1661—1733年)所进行的深入研究,他的《基督教东方》(*Oriens christianus*)一书,是特别着重于研究基督教东派教会的丰富的历史资料集。⑤ 因而,直到18世纪中叶,法国毋庸置疑地成了研究拜占庭的领导中心,这一时期的许多法文著作一直颇有价值。

18世纪和拿破仑一世的时代

18世纪,法国的情况有了变化。"理性时代"的特征,表现为

---

⑤ 见J.U.伯格坎普(J.U.Bergkamp)《让·马比荣修士和圣毛勒的本笃会历史学派》(*Dom Jean Mabillon and the Benedictine Historical School of Saint-Muur*);该书有丰富的参考书目,116—119。亦见S.萨拉维亚(S.Salaville)"纪念迈克尔·勒坤诞辰200周年(1733—1933)"("Le second centenaire de Michel le Quien, 1733—1933"),《东方之声》(*Echos d'Orient*),XXXII(1933),257—266。詹姆斯·威斯特弗尔·汤普逊(James Westfall Thompson):"马比荣和蒙弗孔的时代"("The Age of Mabillon and Montfaucon"),《美国历史评论》(*American Historical Review*),XLVII(1942),225—244。

对过去的否定,对宗教的怀疑,对教权与君主专制的激烈批评。这时再也找不到对拜占庭帝国感兴趣的事物了。中世纪的历史,被人们想象为"野蛮的、不文明"时期的历史,是黑暗和愚昧的根源。18世纪一些最先进的思想家没有对这一时期进行任何研究,就对中世纪希腊史进行了严厉的批评。伏尔泰批评了罗马历史上的帝政时代后,进一步指出:"这里有另一部历史,比塔西佗时代以来的罗马历史更为荒谬;这就是拜占庭的历史。这是一部毫无价值的集合,除了雄辩术和神迹奇事外,它一无所有。它是人类智慧的一大耻辱。"⑥严肃的历史学家孟德斯鸠写道,从7世纪早期"开始的希腊帝国的历史,只有一系列的造反、暴动、背叛,余者一无所有"⑦。英国历史学家吉本的著作,也受到18世纪思潮的极大影响。这种对拜占庭历史否定和贬抑的态度在18世纪后半期发展起来,中经法国大革命时期,一直延续到19世纪早期。例如,著名的德国哲学家黑格尔(1770—1831年),在他的《历史哲学讲义》中写道:"拜占庭帝国在内部被各种欲望弄得昏天黑地,在外部则受到野蛮人的压迫,而对这些野蛮人,皇帝只能进行软弱无力的抵抗。这片领土总是处于不安全的情况下。整个帝国呈现出一幅愚蠢的令人作呕的面貌;可耻的,甚至疯狂的贪欲压抑着一切高尚的思想,皇帝因将军们的策划或廷臣们的阴谋而被废黜;皇帝被他们自己的妻子或儿子暗杀、毒害;女人们沉溺于贪欲及各种可憎的行为。这就是历史给我们描述的一幅情景;直到大约15世纪中叶

---

⑥ 《历史的批判》(*Le pyrrhonisme de l'histoire*),chap.15。
⑦ 《罗马盛衰原因论》(*Considérations sur les causes de la grandeur des Romains et de leur décadence*),J.巴克尔(J.Baker)译本,chap.21,437。

(1453年),这个东方帝国的腐朽大厦才终于被强大的土耳其人大军摧毁。"⑧政治家们把拜占庭作为一个无能的样板来引证。例如,拿破仑一世在"百日王朝"时,于1815年6月对议会的讲话中说道:"帮助我挽救我们的国家吧,……我们不要仿效拜占庭帝国的模式,它受各处的野蛮人所压迫,成了后代的笑柄,因为在攻城槌击破城门时,它却沉湎于无谓的内争。"⑨

到19世纪中叶,这种对中世纪学的态度在学术界才发生了变化。在革命时期的风暴和拿破仑战争之后,欧洲人对中世纪有了不同程度的重视,恢复了研究这一"野蛮的、不文明"时期的兴趣。拜占庭历史又一次成为热心学者们研究的对象。

孟德斯鸠。——18世纪前半期"理性时代"著名的代表人物孟德斯鸠(Montersquieu,1689—1755年),写了他的《罗马盛衰原因论》,于1743年出版。这部作品的第一部分,简洁、风趣和生动地叙述了始自罗马建城时期的罗马帝国的发展,最后四章专门叙述拜占庭时期,到1453年土耳其占领君士坦丁堡为止。这部作品,当然是在18世纪思想的影响下写的,显而易见,孟德斯鸠坚持了对这一时期历史的正确认识;他认为拜占庭历史是罗马历史的延续。正如他所说,他只是从6世纪后半期开始,方称罗马帝国为"希腊帝国"。他对这个帝国的历史,抱着很苛刻的态度。他坚持

---

⑧ 《历史哲学讲义》(*Vordesungen über die Philosophie der Geschichte*),III,part 3,"标题"(Kapitel)。见 J.西布里(J.Sibree)译《历史哲学讲义》(*Lectures on the Philosophy of History*),353。

⑨ 1815年6月13日《国会通报》(*Moniteur*)。见 H.霍赛伊(H.Houssaye)《1815年》(*1815*),I,622—623。

认为,拜占庭帝国的社会结构、宗教生活以及作战方法,是有相当多的组织上的缺陷的;他还认为,令人难以理解的是,这样腐败的制度,怎么能够一直延续到15世纪中叶。这个问题看来对作者有相当的重要性,在最后一章他专门说明了帝国延续生存的原因,解释了诸多因素。他指出,在与后来胜利的阿拉伯人的斗争中,"希腊火"的发明,君士坦丁堡的商业繁荣,野蛮人在多瑙河地区的定居(他们保护着帝国反抗新的侵略),这些就是这一东方帝国得以长期生存的主要原因。他写道:"就这样,当帝国由于贫弱的政权机构而衰败下来时,都得到了不寻常的外因的帮助。"受到土耳其人威胁的最后的帕列奥洛格王朝使孟德斯鸠想起了莱茵河,"像小溪一样流入大洋就消失了"。

尽管孟德斯鸠的主要兴趣不在拜占庭的历史上,尽管他完全像他的同代人一样不屑于研究中世纪学,但他确实留下了发人深省的记录,甚至人们今天读起它来,还会感到颇有兴味。现代的一个研究孟德斯鸠的学者、法国的 A.索雷尔(A.Sorel),称孟德斯鸠撰写的拜占庭史的各章是"大师级的叙述和标准的解释"⑩。

吉本。——18世纪也产生了英国的历史学家爱德华·吉本(Edward Gibon,1737—1794年),他是名著《罗马帝国衰亡史》的作者。吉本出生于1737年4月27日,曾在威斯敏斯特及家庭教师的关怀下,接受了初级教育。1752年,他考取了牛津的马德林学院。不久以后,他到了瑞士的洛桑,受到一个加尔文教徒*的指

---

⑩ 孟德斯鸠:《罗马盛衰原因论》(第2版,1889年),64。

* 此人就是著名的加尔文教牧师巴维利奥。——译者

导。在这里居住的五年中,他用大多数时间来学习法语,读古典文学作品和重要的历史学及哲学著作。这次长期侨居生活,在年轻的吉本思想深处打下了深刻的烙印。瑞士成了他的第二故乡。正如他后来所写的:"当时,我已不再是英国人,从 16 岁至 21 岁这一多变的青年时期,我的思想感情、生活习惯、主观见解,都带上了外国人的特色;对英国的淡漠不清的记忆几乎全部从记忆中抹掉了;我对自己的民族语言也很不熟悉,而且,在离乡背井的情况下我似乎已经心甘情愿地接受了无法改变的命运安排。"在洛桑,吉本"满意地见到了这一时期最非凡的人物——诗人、历史学家、哲学家"伏尔泰。⑪

回到伦敦,吉本发表了他于 1761 年用法文写的第一部著作《文献研究随笔》(*Essai sur l'étude de la litérature*),该书在法国和荷兰受到了热烈欢迎,但在英国则受到冷遇。此后的两年半时间,吉本是同在英法七年战争中组织起来的汉普郡民兵一起度过的。1763 年,他途经巴黎回到他热爱的洛桑。就在这年,他周游了整个意大利,访问了佛罗伦萨、罗马、那不勒斯、威尼斯和其他意大利城市。吉本在罗马的访问,对于他以后的生活特别重要,因为这次访问唤起了他写一部"不朽之城"的历史的想法。"就是在罗马,"他写道,"在 1764 年 10 月 15 日,当我置身于卡皮托丘的废墟中,独自冥想,听到托钵僧们在朱庇特神殿上唱着晚祷词时,编写罗马城衰亡史的想法,首次涌上了我的心头。"⑫吉本

---

⑪ 《爱德华·吉本自传》(*The Autobiographies of Edward Gibbon*),J.穆莱(Murray)编,148、152。

⑫ 同上书,302。

的原计划只是写罗马这座城市;后来,这一计划发展为写一部完整的罗马帝国史,包括西方帝国和东方帝国,写至1453年君士坦丁堡的陷落。

第二次回到伦敦后,吉本开始积极为预期工作收集材料。这部历史的第一卷,由奥古斯都时期开始,出版于1776年。它即刻获得了成功。几天之内第一版就销售一空。据吉本说,他的"书被放在每张书桌,甚至每一张梳妆台上"[13]。在继此之后的各卷中,可以清楚地看到,吉本自己的宗教观点与18世纪的精神是颇为一致的。这就引起了一阵猛烈的、主要是来自意大利天主教徒的抗议。

吉本一直有一个心愿,要在洛桑,他青年时代的学校度过他的晚年;终于,在第二次访问洛桑以后20年,吉本拥有了足以独立生活的财产。他回到了他喜爱的城市,在这里完成了他计划中的历史著作。他是这样描述完成这部多年著作的时刻的:

> 1787年6月27日这一天,或更确切地说,在这天夜里,11时到12时之间,我在花园中的避暑室里写了最后一页的最后几行。我搁下笔,在树冠遮盖的阳台回廊上漫步,从这里可以眺望到村野田园,湖光山色。空气是温馨的,天空是宁静的,月亮的银辉洒在湖面上,整个大自然万籁俱寂。我掩饰不住首次如释重负的喜悦之情,也许从此我还会一举成名。但是这种自豪感很快消失了,一种很自然的忧虑,在我的头脑蔓

---

[13] 《爱德华·吉本自传》,311。

延。我想,我已经永久地与一个多年惬意的伴侣告别了,并且,无论我的这部历史作品将来的命运如何,作为历史学家的生命却一定是短促而不安定的。⑭

法国革命事变的冲击,迫使吉本回到英国,1794 年 1 月,他在英国去世。

吉本是少数在文学界和历史学界同时享有显著地位的作家之一。他的文风优雅华美,使得同时代一位历史学家把他与修昔底德和塔西佗相比。* 吉本留下了一本出色的自传,英国出版家伯克贝克·希尔(Birkbeck Hill)评介说:"它是这样简洁,以至于燃两支蜡烛的工夫就可读完;它的内容是这样有趣,而且在思想的转折及写作风格上是这样引人入胜,以至于可以读两遍三遍,仍与读头一遍一样兴味无穷。"

由于吉本受所处时代的思想影响,他在自己写作的历史中坚持这一观点:"我叙述了野蛮状态和宗教信仰的胜利。"换句话说,吉本认为,人类历史的发展从第二世纪开始就是倒退运动。当然,今天看来,吉本描述基督教的章节也几乎没有什么历史的重要性。

许多因素影响到现代人对吉本的评价。因为自他的时代,历史资料更加丰富了,历史的疑难问题也发生了变化,对历史资料的考证更有批判性,对各类史料的相互关系也有了更清楚的解释,并

---

⑭ 《爱德华·吉本自传》,333—334。

* 当时著名史家佛恪生在给吉本的信中说:"您已经为英国典籍增添了一笔巨大的财富,如同修昔底德对他的同胞所做的那样。您为我们留下了一部不朽的宝籍。"——译者

且新的学科,例如古钱学、铭文学、印章学和纸草学,都已被全部纳入历史学的研究范围。此外,吉本对希腊语并不精通。关于518年以前,即到阿那斯塔修斯一世去世以前的史料,吉本在很大程度上使用的是他的一个优秀的前辈、法国学者提耶蒙特(Tillemont)于1692年出版于布鲁塞尔的驰名一时的著作《帝政史》(*Histoire des Empereurs*)的资料。因此,吉本对这一时期历史的研究比他的历史著作中描述的其他各个时期的部分更为详细而准确。

对于以后的时期,即东罗马或拜占庭时期的叙述,吉本并不十分成功。这一方面是归因于这样的事实,即他没有机会接触到最基本的资料;另一方面,则归因于他受到他那个时代思潮的强烈影响,这种思潮对于研究拜占庭史是不利的。对于这一点,英国史学家弗里曼(Freeman)写道:

> 现在,尽管吉本在他的涉及拜占庭历史的各章中比别处表现出更卓越的分类和概括的才能,尽管他运用了生动的描写和更引人入胜的含蓄的写作手法,但是他的写作手法显然不能唤起人们对于他所描述的人群或时代的重视,或是吸引许多人更细致地研究它们。他的无与伦比的讽刺和贬抑的才能始终在起作用;他是那样乐于表现任何时代或任何个人的可笑而脆弱方面的逸事,他也不能热情地赞扬任何人或事。几乎这样写的任何历史,都最先在读者的想象中留下可轻视的一面。也许任何历史都不能毫无损害地通过这样严峻的检

验;在所有历史中,拜占庭史是最无力经受这样的检验的。⑮

拜占庭历史被这样处理,显而易见是不正确的。所有皇帝的个人历史和家庭事件,从希拉克略的儿子到伊萨克·安吉列时期的历史都被压缩在一章中。J.B.柏里评论道:"这种叙述主题的方法,是与作者对拜占庭即东罗马帝国的轻视态度相一致的。"⑯吉本对希拉克略帝国之后的内政史的解释,不仅是肤浅的,而且也是完全不符合事实的。无论如何,吉本受到了他的时代资料条件的限制,当时,拜占庭破坏圣像时期或10—11世纪时期的社会史还没有得到研究和解释。尽管吉本的著作有这些公认的缺点和空白,但它仍是很重要的,值得花费时间一读。

《罗马帝国衰亡史》一书的第一版六卷本,于1776—1788年在伦敦出版,以后又多次再版。19世纪末,英国拜占庭学家J.B.柏里出版了这部作品的新版,补充了极有价值的注释,对许多问题做了新的重要的补充,并且加了一个很好的索引。柏里的补充材料中,包含有吉本之后历史研究的成果。吉本的著作被翻译成几乎所有欧洲国家的语言。在柏里的新版问世之前,著名历史学家、政治家基佐(Guizot)的法文译本于1828年在巴黎出版(13卷),该书因其批判性的和史实性的注释而具有特别的价值。涅维多姆斯基(Nevedomsky)的俄文译本于1883—1886年亦在莫斯科出版。⑰

---

⑮ 弗里曼:《史学论文集》(*Historical Essays*)(第3版,1879年),234—235。
⑯ 爱德华·吉本:《罗马帝国衰亡史》,J.B.柏里编,I,liii。
⑰ 威廉·张伯伦(William Chamberlain):"再读吉本"("On Rereading Gibbon"),《大西洋月刊》(*The Atlantic Monthly*),CLXXIV(1944.10),65—70,它反映了当代学者对吉本著作的态度。

勒博。——18 世纪法国著作家们表现出来的对拜占庭的轻视态度,并没有阻止法国人夏尔·勒博(Charles Lebeau)极其详细地记录拜占庭的历史事件。[18] 他不大懂希腊语,因此不得不依赖基本史料的拉丁文译本,而未能有鉴别地使用它们。他给自己的这部汇编命名为《始于君士坦丁大帝的晚期帝国史》(*Histoire du Bas-Empire en commençant à Constantin le Grand*)[19],长期以来,这一名称被认为是对拜占庭帝国普遍轻视态度的象征。尽管该书在 1757—1786 年出版了 21 卷,却仍没有完成。后来补充了六卷,但这部完成的著作在今天并不太重要。19 世纪有两个研究东方文化的学者修订和补充了这部著作,一个是亚美尼亚的历史专家 M.德·圣-马丁,另一个是格鲁吉亚历史专家 M.布罗塞特。圣-马丁写道:"这不仅是我们发表的勒博著作的新版,而且是一部新书,它的重要性是任何一个关心历史研究进步的人都无可非议的。"[20] 这一新版(1824—1836 年巴黎)《拜占庭帝国史》(*Histoire du Bas-Empire*)现代可能还有一些价值,因为它从东方,主要是亚

---

[18] 在关于勒博的各种传记中,可见"迪布伊对勒博的赞美"("Eloge de Lebeau par Dupuy"),见《作品集》(*Works*),M.德圣马丁(M.de Saint Martin)和 M.布罗塞特(M.Brosset)编,I,xiii—xxvii。

[19] 此处,作者用的是 Bas-Empire 来称呼拜占庭。在法文中,Bas 有双重含义,"低下的"指位置,"晚的",指时间。勒博此处用的是"时间"的意义。

[20] 《晚期罗马帝国史》(*Histoire du Bas-Empire*),I,xi;1847 年,一部勒博著作的 5 卷本的缩略本,由 F.德拉鲁(Delarue)编辑出版,标题是《勒博晚期罗马帝国史缩略本》(*Abrégé de l'histoire de Bas-Empire de Lebeau*)。其第 1 版的前 22 卷由 J.A.席勒(Hiller)译为德文。见 E.格兰(E.Gerland)《自人文主义时期至今的拜占庭历史研究》(*Das Studium der byzantinischen Geschichte vom Humanismus bis zur Jeztseit*),9。据 N.约尔加(N.Iorga)说,勒博的著作也被译成了意大利文,见《东南欧历史杂志》(*Revue historique du sud-est européen*),IX(1932),428 页注 3。

美尼亚的史料中得到了大量的充实。

努加来。——1799年,一个法国作家努加来(P. J. B. Nougaret)出版了书名相当长的五卷本历史著作,它的缩略标题是《君士坦丁堡或拜占庭帝国的奇闻逸事,从它的建立者君士坦丁统治起,到穆罕默德二世对君士坦丁堡的占领,至我们今天的时代……;有命运变迁的最惊人的史实和最特别的变革》*。这部书仅仅是从许多著作中摘录的汇编,特别是从李博的《拜占庭帝国史》中摘录的,并没有什么历史价值。在序言中,努加来表达了那个时代的政治忧虑;他预见,"一个大的灾祸将出现在我们的眼前,它会使第二罗马落到鞑靼人……它们现在叫俄罗斯人……手中……自土耳其人和俄罗斯人可怕的反法联盟建立以来,人们现在经常这样谈论君士坦丁堡。"[21]

1811年努加来把这五卷书压缩为单卷本出版,标题是《拜占庭帝国史的优势,从君士坦丁大帝到穆罕默德二世占领君士坦丁堡期间最奇妙而有趣的叙述》,他把这本书献给对青年的教育。作者写道:"这些灾难性的流血情景,这些如此值得追忆的事件,将引起我们的青年读者最有益的思索。看到堕落和犯罪经常给人们带来灾难,他们将认识到道德的宝贵,他们将为生活在一个极乐时代而祈福——这一时代只是通过历史知道'革命'的概念;他们将能够珍惜在一个宽宏大量的君主(他的臣民的恩主)统治下的国家所安享的幸福。"[22]

---

* 以下简称为《奇闻逸事》。——译者
[21] 《奇闻逸事》(第2版,1814年),I,xiv—xv。
[22] 同上书,6。

鲁瓦约。——J.C.鲁瓦约(Royou)在拿破仑时期是一个新闻工作者,在五人执政内阁时期,成为一名律师,复辟时期是一个戏剧检查官。他写了一部九卷本的《君士坦丁时代到1453年君士坦丁堡陷落的晚期帝国史》(*Histoire du Bas-Empire depuis Constantin jusqu'à prise de Constantinople en* 1453)(简称《晚期帝国史》)。鲁瓦约认为,许多法文版的现存历史著作都需要修订,特别是那些有关"拜占庭帝国"的作品,包括勒博的著作,虽然有较高的质量,但难以阅读。在他看来,勒博忘记了"历史绝不是描述世界上发生的所有事情,而是要记录那些重要的事件;那些没有教益或没有趣味的必须毫不犹豫地舍去"。他相信"通过研究各帝国衰落的原因,可以找出制止或至少延缓它们将来衰落的手段。……最后,我们可以有幸观察到君士坦丁堡在某种程度上是罗马帝国的影子。直到它存在的最后一刻,其景象仍是迷人的。"㉓鲁瓦约颇多奇闻逸事的历史,既不依靠原始史料,也不附以任何参考文献。上述引文清楚地暗示了这部作品的价值。

鲁瓦约的著作之后不久,出现了惊人的多产的法国著作家塞居尔伯爵(M.le Comte de Segur)的《晚期帝国史》(*The History of the Bas-Empire*)。他对拜占庭历史的整个时期的研究并没有历史价值,但是,它在法国读者中颇孚众望,并发行了好几版。㉔

19世纪中叶迄今

直到19世纪中叶,关于拜占庭历史的重要的综合性著作才开

㉓ 鲁瓦约:《晚期帝国史》,前言。
㉔ 同上书,见各版本所附的书目。本书使用的是第7版。

第一章 拜占庭历史研究的回顾

始出现。

芬利。——英国历史学家乔治·芬利（George Finlay）的著作《罗马人征服至现代的希腊史（公元前146—公元1864年）》（*A History of Greece from the Conquest by the Romans to the Present Time, B.C.146—A.D.1864*）（简称《希腊史》），极大地推动了对拜占庭史的研究。像吉本一样，芬利留下了一部自传，非常清楚地表现出他的有趣的生活中影响到他创作的因素。1799年，他出生于英格兰，并在这里接受了初级教育。后来，他选择律师作为他将来的职业，遂去德国的哥廷根完成了罗马法的学习。当年轻的芬利离开他的叔父时，叔父对他说："好吧，乔治，我希望你将努力学习罗马法，但我想，我们再见面之前你会访问希腊人。"⑤这一预言被证实了。

这一时期爆发的希腊革命引起了整个欧洲的注意。芬利不再孜孜不倦地研习罗马法，而是开始广泛地阅读希腊史，学习希腊的语言。1823年他决定访问希腊，了解希腊人民的生活。他也希望亲自去判断希腊人革命成功的希望如何。1823—1824年，他在希腊访问期间，多次见到参加希腊民族解放运动，后来在那里过早去世的拜伦勋爵。1827年，在短期赴英之后，芬利又回到希腊，参加了由戈登将军组成的远征队，去解雅典城之围。芬利认为，凯波第斯特利亚伯爵做希腊总统，欧洲三个大国对希腊的保护，保证了希腊人民进入和平进步的时期。芬利是一个"亲希腊者"，他毫不怀疑地深信这个新国家的未来。这种热爱希腊的激

---

⑤ 见作者自传，收于他的著作《希腊史》第一卷的前面，H.F.托泽（H.F.Tozer）编，I, xxxix—xlvi。

情，使他决心永远以希腊作为自己的家乡，并倾其所有购买和经营了一块地产。也就在这时，他开始考虑写一部希腊革命史；为此，他开始研究这个国家的历史。不久，他写出了一套关于希腊历史的丛书，1844年，他的《罗马人统治下的希腊》(*Greece under the Romans*)出版，涵盖公元前146年到公元717年的历史。十年以后，他出版了《716—1453年拜占庭及希腊帝国史》(*History of the Byzantine and Greek Empires from 716 to 1453*)。紧接着，又出版了两部近代和现代希腊史著作。后来，他仔细校对了所有的著作，准备出一个新版本，但未及完成，他就于1875年1月在雅典去世。他的综合性著作《罗马人征服至现代的希腊史(公元前146—1864年)》由H.F.托泽于1877年出版，共七卷，编者在第一卷开头添加了芬利的自传。这一版本在今天仍有价值。

芬利认为，外国征服希腊20个世纪的历史，记录了这个达到古代世界文明顶点的国家的堕落和灾难。但是，它的民族特征却没有消亡，其民族的雄心壮志也没有灭绝。它的人民经历了许多变迁以后仍保有建立独立国家的生命力，历史学家对此绝不能忽视。芬利注意到，长时期受奴役的希腊，其国势并不是一贯地走向衰退。在罗马人及后来的土耳其人统治下，希腊人只是一个庞大帝国的无关紧要的一部分。他们并不好战的特点使得他们在政治上没有多少重要性，在皇帝或苏丹的领土内发生的多次重大变革，在希腊没有发生直接的影响。所以罗马通史也好，奥斯曼帝国史也好，都不是希腊史的一部分。在拜占庭皇帝统治下，情况则不同了，此时希腊人与帝国的政府是一致的。在这些不同的时期，这个

国家的政治状况的不同,要求历史学家有区别地解释它的特征。㉕

芬利把希腊人的历史作为一个独立民族的历史分成六个时期:(1)罗马统治时期,断限到8世纪早期伊苏里亚王朝利奥即位,他的统治赋予君士坦丁堡以新的特征。(2)第二时期,是新体制下的东罗马帝国的历史,习惯上被称为拜占庭帝国。这个由反对圣像派皇帝恢复、改造和活跃起来的专制主义帝国的记录,成为君主政体的历史中最值得注意的有益的教训。在这一时期希腊人的历史与拜占庭帝国的编年史是一致的,于是,拜占庭帝国史构成了希腊国家史的一部分,即自716年伊苏里亚王朝的利奥即位到1204年十字军占领君士坦丁堡这一时期,是拜占庭历史时期。(3)东罗马帝国被十字军毁灭以后,希腊史分成了几条渠道分别发展。流亡的罗马-希腊人从君士坦丁堡逃到亚洲,在尼西亚建立了他们的首都;他们用原来的名字和原来的形式,在一些行省中延续着帝国的统治。不到六十年时间,他们就重新占领了君士坦丁堡;虽然他们建立的政府保留了罗马帝国的骄傲称号,但它只不过是拜占庭国家的可怜的摹拟。芬利称第三个时期为君士坦丁堡的希腊帝国时期,它残存到奥斯曼土耳其人于1453年攻下君士坦丁堡为止。(4)与上述帝国存在的同时,十字军攻占了拜占庭帝国的大部分,与威尼斯人划分了他们的占领区,建立了罗马的拉丁帝国,并在希腊建立了诸封建公国。拉丁人的统治标志着希腊在东方的影响将结束,使希腊民族的财富和人数迅速减少。这一时期自1204年君士坦丁堡被攻占,至1566年奥斯曼土耳其人占领纳克索斯(Naxos)

㉕ 见托泽编《希腊史》,I,xv—xvii。

为止。(5)1204年君士坦丁堡被占领,使新希腊国家在拜占庭帝国的东部行省得以建立,称为特拉布松(Trebizond)帝国。它代表着希腊历史中一段奇怪的插曲。这一帝国的政府酷似格鲁吉亚和亚美尼亚的君主制,更带有亚洲习俗而不是欧洲习俗的印记。然而,在两个半世纪中,它的重要性是建立在帝国地位和财富资源的基础上,而不是建立在其政治力量和希腊文明的基础上。它对希腊的命运没有多大影响。1461年它的被征服也没有引起同情。(6)第六个时期,是在外国统治下的希腊的最后一个时期,自1453年至1821年,包括奥斯曼人的统治及1685—1715年威尼斯共和国对伯罗奔尼撒半岛的短期占领。㉗

芬利对拜占庭历史研究做出了重大贡献,虽然他所划分的希腊历史的各个时期,像任何框架式的分期一样,是容易引起争论的处理方式。但他的划分仍无可非议地最先注意到拜占庭国家内政史的法律、社会、经济方面。当然,这还算不上是系统深刻且有独创性的研究,但在许多问题上,这种研究还是相当必要的。芬利对内政史的描写,大部分是从全面观察出发,并与最近发生的历史事件做类比。他的非凡的贡献就是提出了有关拜占庭帝国内政史的许多重要问题。尽管芬利研究拜占庭史只是作为撰写现代希腊历史的准备,他的著作在如今还是值得注意的。

英国历史学家弗里曼1855年对芬利的著作做了评价。他谈到,芬利的深入而有独创精神的研究,对专业知识的综合全面了解,首先是他的独立大胆的探索精神,使他的著作能够在他那个时

㉗ 见托泽编《希腊史》,I,xvii—xix。

第一章 拜占庭历史研究的回顾

代伟大的历史学学者中占有一席之地。以其著作的广阔及写作的难度来看,芬利的著述可以被视为吉本以来英国出现的最伟大的历史著作。芬利在他所记叙的这个国家的领土上和它的人民中间度过了他的一生。大概没有一部伟大的历史著作曾这样直接地以当代世界的事件作为其材料的来源。与其说芬利是一个职业学者,莫如说他更是观察力敏锐的政治经济和法律的研究者,他深刻地考察了他所居住的这块土地上的状况,并将他所看到事物的原因追溯到两千年以前。[28] 他的作品之优点及其缺陷都归因于作者从事创作的环境。弗里曼断定,无论是一般的学者还是一般的政治家所写的著作,都不及这个唯一的思想家所写的著作这样富有天才和独创性;为了解释他在自己的时代所看到的问题,他学习、运用、记录了两千年的历史。弗里曼确实明确地提出了芬利的特点:试图用遗存至今的古代资料来解释与过去类似的现象。[29]

佩帕里哥普洛。——大约19世纪中叶,对拜占庭史感兴趣的人们把注意力转到 K.佩帕里哥普洛(Paparrigopoulo)的著作上。他是一个严肃的希腊学者,雅典大学的教授,一生致力于研究希腊历史。早在19世纪30年代和40年代,他就发表了一些简明有趣的历史作品,例如,1843年在雅典出版的《几个斯拉夫部落在伯罗

---

[28] 弗里曼:《史学论文集》(第1版,1871年),III,241—243。

[29] 关于芬利,见 W.米勒(W.Miller)"芬利图书馆"("The Finlay Library"),《雅典不列颠学院年报》(*Annual of the British School at Athens*),XXVI(1923—1925),46—66;W.米勒:"芬利的手稿,新闻记者乔治·芬利和芬利及雅维斯的笔记"("The Finlay Papers, George Finlay as a Journalist and The Journals of Finlay and Jarvis"),《英国历史评论》(*English Historical Review*),XXXIX(1924),386—398、552—567;LXI(1926),514—525。托泽出版的芬利传记记载的芬利去世的日期是错误的(1876年,正确的日期是1875年),见《英国国家人物传》(*English National Biography*)。

17 奔尼撒半岛的定居》(*On the Settlement of Some Slav Tribes in the Peloponnesus*)。但这仅仅是他的更庞大的著作的预演。他一生的主要事业就是为他的人民撰写历史。1860—1877 年在雅典出版的五卷本《从远古到当代的希腊人民史》(*History of the Greek People from the Most Ancient Times to Recent Years*),是他 30 年努力工作的成果。这部书发行了许多版,最近的版本是卡罗里兹(Karolides)编校的,于 1925 年在雅典出版。这部书记载了 1832 年以前的希腊人民史。这一相当庞大的著作是用现代希腊文撰写的,但它未能广泛发行。后来,佩帕里哥普洛决定把他的最重要的研究成果概括在一卷书里,即 1879 年出版于巴黎的法文著作《希腊文明史》(*Histoire de la civilisation hellénique*)。在去世前,佩帕里哥普洛还想用希腊文写一部同样性质的著作,但未能如愿。他去世后,该书以《希腊人民史的最有教益的成果》为标题出版(雅典,1899 年)。它列出了在五卷本历史中经过部分修订的详细阐述的史料摘要和提纲。这一著作的最后四卷是有关拜占庭历史的。

尽管佩帕里哥普洛的著作带有极强烈的偏见,但他的著作仍然值得重视。作者从一个强烈的希腊爱国者的纯民族主义的观点出发看待历史。对于一切重要的现象,他都注意到希腊的根源,而认为罗马的影响只是偶然的、表面的。他尤其关注他特别钟爱的时期,即反对圣像崇拜者的皇帝们统治的时期。他并不把自己的注意力限制在这一时期的宗教外衣上,而是从这个运动中看见了一个来自希腊精神最深处的实现真正社会改革的尝试。他极力主张:"除了基本的宗教教义之外,从社会变革的立场来看,8 世纪的希腊改革比近期的西欧改革更深远,更成体系。使我们感到惊讶的是,他们所提倡的原则和理论竟创立于8世纪。"㉚但是,这些改革对于拜占庭社会来说,则太激进、太大胆了;因此破坏圣像时期之后出现了一个反动时期。这就解释了马其顿王朝遵循一种保守政策的原因。在整个中世纪,希腊精神保持了它的重要性。1204年君士坦丁堡的陷落不是内因引起的,帝国首都只是在十字军人的野蛮攻击下才遭到沦陷。即使1204年的悲惨事件给了"拜占庭的希腊主义"以沉重打击,但"现代希腊主义"却从此迅速发挥了主导作用,再直接传到19世纪的近代希腊人。因而,佩帕里哥普洛认为,希腊文化以一种形式或另一种形式连续兴旺于整个拜占庭时期。这位希腊学者的著作当然反映了一个希腊爱国者的热情,尽管如此,他的大作《希腊人民史》和法文版的《希腊文明史》仍是很有价值的著作。佩帕里哥普洛的主要贡献是,指出了"破坏圣像"运动的重要地位和复杂性。他的著作因为缺少索引和参考材料不容易被引用,考证史实和结论非常困难而且不便。

  霍普夫。——德国教授卡尔·霍普夫(Carl Hopf,1832—1873年)是19世纪献身于拜占庭史研究领域的不知疲倦的严肃学者。霍普夫出生于威斯特伐里亚,是一个中学教师的儿子。幼年时,他就在外语学习方面表现出惊人的接受能力和记忆力。在波恩大学毕业后,他留校做了助教,热心致力于研究他所关切的主要学术问题,即1204年以后"法兰克人"统治下的希腊历史。1853年和1854年,霍普夫第一次旅行,途经维也纳到达北意大利,当时意大利还在奥地利控制下。在意大利,他用大部分时间细致地研

㉚ 《希腊文明史》,194。

究一些私家档案。他的工作成果就是,出版了专门研究希腊的各法兰克王国史及爱琴海诸岛史的档案文献及专题文章。在格赖夫斯瓦尔德任教授和以后在柯尼斯堡任教授及图书馆主任期间,霍普夫继续从事中世纪研究。此时,他进行了第二次旅行(1861—1863年),先后到达热那亚、那不勒斯、巴勒莫、马耳他、科孚、桑特(Zante)、锡罗(Syra)、纳克索斯和希腊,并收集了大量的手稿史料。回到家乡,霍普夫即着手组织这些材料,但他的身体垮下来,1873年于威斯巴登(Wiesbaden)去世,这恰是他的壮年以及学术创作生涯的盛期。他发表了不少专著和论文以及许多关于"法兰克人"时期的资料集。

霍普夫的最重要、最有价值的著作是他的《从中世纪开端至当代的希腊史》(Geschichte griechenlands vom Beginne des Mittlelalters bis auf die neuere Zeit,1867—1868),其中,特别是以霍普夫亲自收集的手稿资料为基础的部分,显示出作者对原始资料使用的广博知识。他的著作的大量篇幅专门写"法兰克人"在东方的统治,他以大量档案材料为依据,详细地叙述了在重要的政治中心及爱琴海诸岛上的外来统治的历史。霍普夫收集的手稿未全部发表;因此,在他的书中以这些材料为根据的部分,当然可以作为真正的原始材料。霍普夫所写的历史详细地分析了定居希腊的斯拉夫人的问题。他提出了反对当时著名的法尔梅赖耶(Fallmerayer)*理论的事实和论据,该理论认为现代希腊人与古代希腊人没

---

* 法尔梅赖耶,德国的拜占庭学家(1790—1861年)。主要著作为《中世纪莫里亚半岛史》两卷(1830、1836年)。他根据6世纪教会历史学家埃瓦格留斯的著作断言,希腊人早已完全斯拉夫化。他认为,19世纪20年代的人们称颂反土耳其统治的希腊人为古希腊英雄的优秀后代是对历史的误解。——译者

有血缘关系,今天的希腊人是中世纪侵入希腊的斯拉夫人和阿尔巴尼亚人的后裔。㉛ 令人遗憾的是,霍普夫的这一重要著作被收在销量很有限的旧版《科学与艺术百科全书》(Erisch-Gruber, *Allgemeine Encyklopädie der Wissen-schaften und Künste*, Vols. LXXXV, LXXXVI)中,这一版本缺乏索引目录之类必不可少的工具,很不能令人满意。同时,作者并没有最后完成这本书,史料的整理无计划,笔法枯燥而繁琐。但是它的大量新鲜的从未出现过的史料,却翻开了希腊中世纪史上法兰克人统治时期历史的全新篇章。至今,霍普夫的手稿珍品还保存在柏林国家图书馆内。它们为历史学家们提供了丰富的资料来源。

在以后数年,一些法国学者参考霍普夫的著作写了较通俗的关于中世纪希腊或拜占庭史的概述,其中,至少应提到赫兹伯格和格雷戈罗维乌斯这两个人。

赫兹伯格。——G.F.赫兹伯格(G.F.Hertzberg)是研究古罗马古希腊的学者。后来,他逐渐对中世纪有了兴趣,撰写了两部通史性质的著作《古典时期结束至当代的希腊史》(*Geschichte Griechenlands seit dem Absterben des antiken Lebens bis zum Gegenwart*),共四卷,于1876—1879年出版于哥达(Gotha);《迄至16世纪末的拜占庭及奥斯曼帝国史》(*Geschichte der Byzantiner und des Osmanischen Reiches bis gegen Ende des sechzehuten Jahrhunderts*),1883年出版于柏林。尽管这两部书事实上不具有首创价值,但却由于它们出色的流畅的文笔,把霍普夫著作的许多

㉛ 关于这个问题,将在下文176—179页深入讨论。

成果介绍给了较广泛的读者。后一部分由 P.V.贝佐布拉佐夫（Bezobrazov）译成俄文出版（1896 年，莫斯科）。这一译本比德文原书更有价值，因为贝佐布拉佐夫不仅简要地说明了这一学科可用的文献，而且增补了许多附录，介绍了俄罗斯学者在拜占庭内政史领域研究的主要成果。这些补充材料涉及被赫兹伯格忽视的那些方面，诸如宏伟的建筑物、宫廷仪式、手工业和商人公会、农民、农民公社和农业法，保护农民土地所有权和保护农奴制的措施，农奴的地位、农民份地、税册、纳税制度及征税者的弊端等。该书对于粗略了解拜占庭史是非常有价值的。

格雷戈罗维乌斯。——另一位以霍普夫的研究成果作为自己写作基础的是 F.格雷戈罗维乌斯（F.Gregorovius）。他因著有大部头的中世纪罗马史而闻名。这一著作使作者产生了研究另一个古典文明中心雅典的中世纪史的念头，这一研究的成果就是他的两卷本《中世纪雅典城史》，1889 年于斯图加特出版。这部著作是以霍普夫的著作为基础史料的，如格雷戈罗维乌斯所说，霍普夫的著作开创了从事这一领域研究工作的先河，为之奠定了稳固基础，也为后来可能开始的这类工作奠定了基础。[②] 但是，作者也描述了这个国家的精神生活，这是霍普夫所忽视的方面。他巧妙地处理了这个问题。他搜集了自霍普夫以来发现的新材料，以拜占庭

[②] 《自查士丁尼时期到土耳其时期的中世纪雅典城史》（*Geschichte der Stadt Athen im Mittelalter von der Zeit Justinian's bis zur türkischen Eroberung*）（简称《中世纪雅典城史》），I, xviii—xix。

通史为背景,出色地描述了雅典的中世纪史。他的记叙到19世纪希腊王国的建立为止。

柏里。——J.B.柏里(J.B.Bury,1861—1927年)是剑桥大学的教授。除了拜占庭研究领域的其他著作,他还写了三卷拜占庭帝国通史,叙述了自395年到867年的大事。头两卷出版于1889年,书名是《从阿卡第到伊琳娜时代的晚期罗马帝国史》(*A History of the Later Roman Empire from Arcadius to Irene*),这部两卷本作品研究的事件至800年,即教皇利奥三世在罗马为查理大帝加冕为止。N.H.贝恩斯(N.H.Baynes)曾说过:"1889年柏里的《晚期帝国史》出版时,未曾有一个人能够想到他竟对拜占庭帝国史做了这样深入广泛的研究。这是一部惊人的拓荒者的著作,它的出版,确定了柏里作为一个历史学家的地位。"③该书的第三卷出版于23年以后,题目是《从伊琳娜的倒台到瓦西里一世即位的东罗马帝国史》(*A History of the Eastern Roman Empire from the Fall of Irene to the Accession of Basil I*)(伦敦,1912年)。该卷叙述了从802年至867年的历史。1923年出版了前两卷的第二版。它只记载到查士丁尼大帝统治结束(565年)。它不只是个增补修订版,而几乎是一部拜占庭帝国早期历史的新作。用作者的话说,这两卷书的第1卷可以用"日耳曼人对西欧的征服"为题,第2卷用"查士丁尼时代"㉞为题。但是,565年至800年的

---

③ N.H.贝恩斯(N.H.Baynes)编:《柏里著作的参考书》(*A Bibliography of the works of J.B.Bury*),5—6。这是一部极出色的作品。其中柏里引用的著作目录出现于1—124;作者去世讣告,124;柏里著作的完整参考书目,125—175。

㉞ 柏里:《晚期罗马帝国史》,前言,vii。

历史却未能再度出版。显然柏里打算写一部完整的拜占庭史，但是令人遗憾的是，未及实现这一规划他就于1927年6月1日在罗马去世。

柏里在他的著作中，支持了一种对于罗马帝国的正确的看法，即它的存在自公元1世纪*延续到15世纪。柏里在他的第一版序言中说道：没有任何历史时期，像"晚期罗马帝国"之类的错误名称那般会引起人们的误解和混乱的了。由于不正确的术语超出了人们在开始时可能的设想，就使分期的意义经常被误解，分期的原本特征经常被歪曲。理解古代转变为近代这几个世纪的历史，第一步就是理解古罗马帝国不间断地始终存在至1453年这一事实，罗马皇帝世系从屋大维·奥古斯都到拜占庭的末帝帕列奥洛格朝的君士坦丁是无间断的连续的世系。这一基本事实由于现在用"拜占庭"及"希腊"这些名称来称呼这一帝国的后期阶段而混乱不堪。用"拜占庭帝国"这一词汇的史家们通常由于何时是"罗马帝国"的结束以及"拜占庭帝国"的开始而争执。有时，这一断限被划到君士坦丁大帝建立君士坦丁堡，有时候划到狄奥多西大帝去世，有时候划到查士丁尼统治时期，有时候（例如芬利的划分）划到伊苏里王朝的利奥即位，而且，采用其中任一种分期的历史学家并不能断言采用另一种不同分期的历史学家是错误的，因为所有这些划分纯属专断。罗马帝国到1453年前并没有结束，因而如"拜占庭""希腊""古罗马人的"或"希腊-罗马帝国"之类的措辞都

---

* 原文如此。实际上，应该是公元前1世纪，即从屋大维称帝（公元前27年）开始进入罗马的帝国时代。——译者

只能搞乱重要的历史现象,且一直难以纠正。然而,柏里在1923年断言,习惯上称为拜占庭历史的新开端应该由君士坦丁大帝统治开始,柏里在他的《晚期帝国史》第1卷的开头有这样的声明:"历史的延续,意味着由过去支配现在和将来,这已是毫无疑义的了,曾被看作是重要的年代断限,除了在全面论述通史中作为便利的标记之外,已被公认为意义不大了。然而,我们可以称有些年代为某一时代的顶点,在这时,往日积聚的趋势已达到了这样一点:它能迅速地导致一个明显的变革,使世界向新的方向发展。这样一个时代的顶点,出现在4世纪初的罗马帝国中。君士坦丁大帝的统治比帝国创建者奥古斯都的统治更为全面地开创了一个新时期。"㉟

由于这些原因,柏里为他所写的这两卷关于公元800年以前这段时期的历史著作第一版命名为《晚期罗马帝国史》。公元800年,查理大帝在罗马加冕称帝。从此,在两个互相匹敌的帝国名称前加上形容词"西方的"和"东方的"就是十分正确的了。但是不适当的是,"东罗马帝国"这一名称并没有限于这一合理的用法。我们听到过5世纪有一个东罗马帝国和一个西罗马帝国,提到西罗马帝国在476年的陷落的说法。这种说法虽然有权威人士的赞许,但仍是错误的,并导致了更大的混乱。它的错误是,罗马帝国只有一个,在5世纪时并没有分裂,虽然通常它出现过不止一个皇帝,但并不是两个帝国。说5世纪有两个帝国就是最明显地歪曲了帝国结构的理论。在君士坦提乌斯和康斯坦斯(君士坦丁皇帝

㉟ 柏里:《晚期罗马帝国史》,I,i。见G.奥斯特洛戈尔斯基(G.Ostrogorskey)"拜占庭历史的分期问题"("Die Perioden der byzantinischen Geschichte"),《历史杂志》(*Historische Zeitschrift*),CLXIII(1941),235页注1。

的两个继承者)的时代,无人能说这是两个罗马帝国;同样,在东西方皇帝阿卡第与霍诺留之间,狄奥多西二世与瓦伦提尼安三世之间,利奥一世与安提密阿之间,其政治关系与在君士坦丁的二子之间一样,只有两个皇帝,没有两个帝国。尽管他们各自为政,有时甚至互相敌对,但理论上,他们统治的帝国并未受影响。罗马帝国并不是在476年灭亡的;这一年仅仅标志着一个阶段,甚至在帝国崩溃的长达整整一个世纪的进程中,它也不是一个最重要的阶段。罗穆洛·奥古斯都被废黜甚至没有动摇罗马帝国,更不能导致一个帝国灭亡。然而,令人遗憾的是,吉本却提出了所谓"西方帝国的灭亡"论,许多现代著作家也对这一提法予以赞许。

这样,罗马帝国的存在实际是自公元前1世纪延续到公元15世纪。只有从公元800年以后,由于西方建立了另一个罗马帝国,它方可以称为东罗马帝国以示区别。㊱ 因此,柏里为他1912年出版的记载公元800年以后重大事件的第三卷书命名为《东罗马帝国史》(*A History of the Eastern Roman Empire*),以此与头两卷相区分。

柏里提出,18世纪的哲学家和著作家们论述拜占庭史的方法是肤浅的,并指出,这些名家忽视了在西欧文明发展中最重要最基本的因素,即晚期罗马帝国及新罗马的影响。㊲ 当然,柏里的观点并不新鲜,这种罗马帝国历史并没有中断的认识,在他之前,已有

㊱ 柏里:《晚期罗马帝国史》,I,v—vii;这一前言在第2版出版时被舍去,但它对我们进行历史研究仍有借鉴作用。见 F.多尔格(F.Dölger)"评论:柏里"("Review: Bury"),《拜占庭杂志》(*Byzantinische Zeitchrifte*),XXVI,1—2(1926),97。

㊲ 柏里:《晚期罗马帝国史》,I,v—vii。

一些著作家认识到了。例如孟德斯鸠的《罗马盛衰原因论》一书就体现了这一点。但是,柏里却以与众不同的能力发展了这一论题并使它更有说服力。

柏里所写的"历史"应该受到密切的关注。他在叙述公元 800 年以前的帝国东部历史时,都会相应叙述帝国西部的事件。当然,这体现了他认为罗马帝国是统一的观点。柏里并不把自己局限于描述政治史,他的书中各章都专门论述了行政管理、文化、社会生活、地理学和艺术等问题。第 2 版的头两章专门论述君主制和管理机构,被一位罗马帝国史的著名专家认为是对于晚期罗马帝国占主导地位的总体情况的最简洁的叙述。㊳ 柏里懂得俄语和其他斯拉夫语,因而,他使用并评价了所有俄罗斯及保加利亚关于拜占庭史的著作。

兰普罗斯。——斯彼里登·兰普罗斯(Spiridon Lampros)是一个希腊学者,雅典大学的教授,他积极出版历史文献及手稿,也为阿索斯山的希腊文手稿做了一个目录。他的主要贡献是自 1886 年开始,到 1908 年(即他去世前九年)完成的六卷本著作《从古代到君士坦丁堡陷落的希腊插图史》('Iστορία τῆς 'Ελλάδος μετ' εἰκόνων ἀπὸ τῶν ἀρχαιοτάτων χρόνων μέχρι τῆς ἁλώσεως τῆς κωνσταντινονπόλεως)。这一著作是面向广大读者的普及读物,而不是专为学者使用的,它广泛地、清楚地叙述了拜占庭帝国灭亡之前的历史,但作者没有说明他使用的材料之出处。该著

㊳ M.罗斯托夫采夫(M.Rostovtzeff):《罗马帝国社会经济史》(The Social and Economic History of the Roman Empire),628。

作附有许多图片加以说明。㊴

格尔泽。——新近故去的格尔泽（H. Gelzer）是耶拿大学的教授，他为克伦巴赫的《拜占庭文献史》（*History of Byzantine Literature*）第二版写了一篇《拜占庭帝国史概要》（*Abriss der byzantinischen Kaisergeschichte*）（慕尼黑，1897年）。这一概要主要涉及对外关系史部分，是直接以赫兹伯格（Hertzberg）的著作为依据的。作为一个政党的成员，格尔泽有时以自己的好恶支配自己对拜占庭时期历史事件的评价。他的概要作为基本参考资料或许是有价值的。

读一读这位德国学者在他的概要的结尾部分的声明是很有趣的。

俄国沙皇与巴列奥洛格王室的公主结婚，君士坦丁·摩诺马赫的皇冠落到了克里姆林宫的全俄罗斯独裁者手里，俄国代表了拜占庭帝国的直接延续。而且，只有俄国沙皇才能够使圣索菲亚教堂永远恢复真正的信仰，使小亚细亚永远挣脱土耳其人的魔掌。英国的干涉是违反自然和历史的，因此一定会破产——尽管这一过程也许是缓慢的。只要希腊正教的保护者俄国沙皇能够深刻地理解他的这一伟大责任，他就

㊴ 见希腊文编写的纪念兰普罗斯文集《斯彼里登·兰普罗斯（1851—1919年）》，A. N. 斯基阿斯（Skias）主编，5—29；兰普罗斯的著作参考文献，35—85；一些在他去世后发表的手稿文件，86—138。亦见 E. 斯台法努（E. Stephanu）："斯彼里登·兰普罗斯（1851—1919年）；赛诺封·西德里台（1851—1929年）"（Xénophon Sidéridés, 1851—1929），《东方之声》（Échos d'Orient），XXIX（1930），73—79。关于兰普罗斯在拜占庭研究领域的作品还没有得到充分的研究。

能够完成其伟大历史使命,成为君士坦丁堡的皇帝。⑩

赫瑟林。——1902 年,荷兰莱登大学的教授赫瑟林(D.C. Hesseling)发表了他所著的《拜占庭:自君士坦丁堡建城时期以来的我们的文明的研究》(*Byzantium*:*Studien over onze beschaving na de stichting van Konstantinopel*)*(哈莱姆,1902 年)。由于荷兰语不是广泛通用的语言,这部书直到 1907 年,其法文译本《赫瑟林论拜占庭文明》(*Essai sur la civilisation byzantine par D.C.Hesseling*)出版时,才为多数人所接触阅读。这个译本是著名的法国拜占庭学家、研究院院士 G.施伦伯格(G. Schlumberger)翻译的,他有点隐约地暗示:"这个译本是为适应懂法文的读者们之兴趣而作。"

赫瑟林的著作严密简洁,从广义的方面描写了拜占庭文明,并涉及东方帝国的丰富多彩生活的各个方面。在政治事件中,作者仅仅选择那些有助于说明拜占庭文明的事件;在涉及历史人物及个别事件时,只选择那些能体现他的基本理论者。赫瑟林把注意力多放在文学和艺术上。这部《论拜占庭文明》虽然对于专业学者来说有点浅显,然而对于想通过有充分理论根据的通俗易懂的叙述来了解拜占庭时期的一般重要性的人来说还是很有价值的。

布塞尔。——F. W. 布塞尔(F. W. Bussell)的两卷本英文著作《罗马帝国:从多米提安即位(81 年)到尼斯福鲁斯三世退位(1081 年)的政体史论》(*The Roman Empire*:*Essay on the Con-*

---

⑩ 《拜占庭帝国史概要》,1067。

* 以下简称《拜占庭》。——译者

stitutional History from the Accession of Domitian[81A.D.] to the Retirement of Nicephorus III[1081A.D.])于1910年在伦敦出版,虽然这部书并不缺乏有趣的想象和比拟,但由于叙述含糊不清,文字重复,缺乏明晰的轮廓,因而,使这些有价值的意见有时变得难于理解。虽然作者努力为自己的研究寻找根据(如 I,1—2、13—17),但这一研究著作的资料却没有严格按照年代排序,读者们会意外地在第2卷中看到520—1120年拜占庭帝国与亚美尼亚的简要关系史。布塞尔的著作因没有注明参考材料的出处而不易阅读。作者的主要观点是:罗马帝国的共和政体在较早的时期非常显明,并持续存在了很长时期,到科穆宁朝,即1081年,这一共和制完全被拜占庭独裁和专制的政体所取代了。

《剑桥中世纪史》。——《剑桥中世纪史》中有一部附有出色文献目录的拜占庭帝国的全史,该书第1卷涵括了从君士坦丁大帝到518年阿那斯塔修斯去世期间的历史,第2卷中的几章则写了从518年查士丁尼即位到破坏圣像者的历史,第4卷专写717—1453年的拜占庭历史与古代斯拉夫人、亚美尼亚、蒙古人和巴尔干国家历史的联系,但没有记载帕列奥洛格王朝的专章。这一中世纪的通史是在已故的J.B.柏里指导下出版的,代表了著名的西欧学者们的协同工作。

罗美因。——1928年,让·罗美因(Jan Romein)用荷兰文发表了一部相当成功的拜占庭史概要,名为《拜占庭:东罗马帝国政治和文明史评论》(Byzantium. Geschiedkundig Overzicht van Staat en Beschaving in het Oost-Romeinsche Rijk)。这是一部以原始史料为基础的很可靠的著作,尽管没有注明材料出处。它不仅记述了政治史,而且论述了帝国的社会、经济、文化的发展,而且

第一章　拜占庭历史研究的回顾　　　　　　　　　　*41*

有35幅精美插图。

瓦西列夫。——A.A.瓦西列夫(A.A.Vasiliev)著的《拜占庭帝国史》(*The History of the Byzantine Empire*)于1928年和1929年出版于威斯康星的麦迪逊。这一著作记载了从4世纪到1453年灭亡的帝国的全部历史。1932年此书以法文出版了增订版,并附以插图和令人略感不足的地图。这一法文版由著名的法国拜占庭学家、已故的夏尔·迪尔(Charles Diehl)写了一篇内容丰富的前言。[41]

任西曼。——斯蒂芬·任西曼(Stephen Runciman)的很有价值的《拜占庭文明》(*Byzantine Civilization*)一书出版于1933年。任西曼的著作之开端,讨论了君士坦丁堡的建城问题;在以后各章中,他简洁而清楚扼要地介绍了政治史、帝国组织、行政管理、宗教和教会、陆军和舰队、外交事务、商业、城市和农村生活、教育和学术、文学和艺术,最后,还论及了"拜占庭与其周边世界"。这是一部极为重要而且写得相当出色的作品。[42]

约尔加。——已故的罗马尼亚历史学家N.约尔加(N.Iorga)于1934年用法文发表了他所写的《拜占庭生活史:帝国和文明》(*Histoire de la vie byzantine. Empire et civilisation*)(简称《拜占庭生活史》)。作者把拜占庭帝国史分为三个时期:(1)从查士丁尼到希拉克略之死的"世界帝国";(2)从希拉克略时期到科穆

---

[41]　A.A.瓦西列夫:《拜占庭帝国史》(法文版),法译者P.布罗丹(Brodin)和A.布尔吉纳(Bourguina),由A.皮卡尔(Picard)主编,夏尔·迪尔撰写了前言。该版本扉页上说明该书译自俄文是不准确的;它是自英文版译出的。但是,翻译者很可能也使用了俄文的唯一版本。见各种版本上的参考书目。

[42]　见夏尔·迪尔对任西曼所写《拜占庭文明》的评论,载《拜占庭杂志》,XXXIV(1934),127—130。迪尔指出了一些错误,但是其结论部分仍然宣布此书是一部优秀作品。

宁朝即"希腊文明的中期帝国";(3)科穆宁朝和帕列奥洛格时期即"拉丁人渗透的帝国"。这部书包括拜占庭历史的多方面的大量资料和许多敏锐的意见,有一些颇有独创性的,有时会引起争论的想法。它有一个丰富广泛的文献目录。

迪尔和马尔赛。——夏尔·迪尔和乔治·马尔赛(George Marçais)所著的《从365年到1081年的东方世界》(Le Monde oriental de 365 à 1081)(简称《东方世界》)是作为《世界通史》(Histoire générale)丛书中的一卷于1936年在巴黎出版的,这是在古斯塔夫·格洛茨(Gustave Glotz)的指导下出版的。在研究拜占庭的过程中,其命运与这个东方帝国有不可分割联系的穆斯林世界的历史第一次被纳入一部论述拜占庭的著作中。这两位著名的作者,的确奉献了一部优秀作品。当然,迪尔全部依靠了他过去的著作。为符合这套丛书的计划,迪尔以395年为其著作的上限,因此对拜占庭研究十分重要的整个4世纪没有被包括在该书中。迪尔所叙述的拜占庭史以1081年,即十字军开始时期,为其下限,这一时期,是近东历史全新时期的开始。该书不仅对帝国政治史,而且对它的内部生活、社会和经济结构、立法及形形色色别具风格的文化都进行了精彩的描述。此外,该书有另一个极好的基本史料与现代著作的文献目录。[43]

---

[43] 在 E.施泰因(E.Stein)的一篇评论中指出:"各种严肃的评论都认为,夏尔·迪尔的《拜占庭史》被列于格罗齐的丛书中是十分遗憾的。"载《比利时历史和文献杂志》(Revue belge de philologie et l'histoire),XVII(1938),1024—1044。这一评价不仅不公正,而且不准确。见亨利·格雷古瓦(Henri Gregoire)的强有力的辩护词,载《拜占庭》(Byzantion),VIII,2(1938),749—757,该文提到了 G.奥斯特洛戈尔斯基用塞尔维亚-克罗地亚语所写的赞扬性的书评,该文被格雷古瓦译为法语。亦见 A.A.瓦西列夫发表于《拜占庭与当代希腊年鉴》(Byzantinisch-Neugriechiche Jahrbücher),XIII,1(1937),114—119 的评论。

《东方世界》的第 2 卷是夏尔·迪尔、鲁道夫·居兰德(Rodolphe Guilland)、利西麦克·厄科诺摩(Lysimaque Oeconomos)和勒内·格鲁塞(René Grousset)合写的,书名是《1081 年至 1453 年的东欧》(*L'Europe Orientale de 1081 à 1453*)。这部著作出版于 1945 年。迪尔与厄科诺摩合写 1081—1204 年的历史,居兰德负责 1204—1453 年的拜占庭史,格鲁塞写东方拉丁国家史。该书包括了拜占庭邻国的民族和保加利亚人、塞尔维亚人、奥斯曼土耳其人的历史概要,并涉及了威尼斯、热那亚文明、特拉布松帝国、塞浦路斯王国、乞里奇亚的亚美尼亚王国和拉丁人在希腊海岛的领地。这是一个非常有用而重要的贡献。㊹

海歇尔海姆。——1938 年弗里茨·海歇尔海姆(Fritz Heichelherm)用德语写作并出版了两卷本巨著《从旧石器时代到日耳曼人、斯拉夫人、阿拉伯人迁移时代的古代经济史》(*Wirtschaftsgeschichte des Altertums von Paläolitickum bis zur Völkerwanderung der Germanen, Slaven und Arabes*)。今天特别值得注意的两章是第八章"从奥古斯都到戴克里先时期"和第九章"近古时代,从戴克里先到为后代保护古典文明宝藏的希拉克略时期"。这部书收入了大量 4、5、6、7 世纪的帝国社会经济状况的各种材料,然而这些资料的处理比较混乱。因此很难用作参考书。该书以浓重的德语风格写成,但是拜占庭部分还是值得研究的,也

㊹ 夏尔·迪尔于 1944 年 11 月 4 日死于巴黎。关于迪尔的著作及其重要意义,见 V.劳伦特(V.Laurent)"夏尔·迪尔,拜占庭历史学家"("Charles Diehl, historien de byzance")及 G.布拉提亚努(Bràtianu)"夏尔·迪尔和罗马史"("Charles Diehl et la Roumanie"),《东南欧历史杂志》,XXII(1945),5—36。

应该得到拜占庭学家的详细评论。

阿曼托斯。——希腊学者康斯坦丁·阿曼托斯（Constantine Amantos）于1939年出版了他的《拜占庭帝国史》（*History of the Byzantine Empire*）第一卷。这卷的时间上限为395年下限为867年，即马其顿王朝开始统治时期。在这本书的开头，阿曼托斯对4世纪的帝国状况做了精彩的描述，重点描述了基督教的胜利、君士坦丁堡的建立和日耳曼人的入侵。这是一部包括许多重要评论的可靠著作。它表现出现代希腊人不仅非常重视近东的古代研究和现代政治，而且极度重视近东的中世纪史，这对希腊历史是非常重要的阶段。阿曼托斯著作的第二卷包含了867—1204年的历史，于1947年出版。

奥斯特洛戈尔斯基。——1940年一个居住在贝尔格莱德的俄国学者，即乔治·奥斯特洛戈尔斯基（George Ostrogorsky），用德文发表了《拜占庭国家史》（*Geschichte des byzantinischen staates*）。㊺ 这是第一流的著作。它记载了至灭亡为止的整个拜占庭历史时期。奥斯特洛戈尔斯基出色地描述了16世纪以来对拜占庭历史研究的发展。帝国的早期，即324—610年的历史，按照后来写作手册中的计划，仅仅简略地一带而过。该书提供了特别实用的、经过精心选择的注释和参考材料，非常可靠地描写了东方帝国的历史。如书名所表明，作者主要的意图是，展示出内部及外

㊺ 奥斯特洛戈尔斯基的作品被收入《古代科学手册第2卷〈拜占庭手册〉》（*Byzantinisches Handbuch im Rahmen des Handbuchs der Altertumwissenschaft*）第1部分，该书由瓦尔特·奥托（Walter Otto）主编。但该手册第一卷和第二卷的第二部分却从来没有出现过。

部政治变化影响下的拜占庭国家的发展。因此,书中虽然也注意社会、经济、文化现象,但却以政治史为主。作为对本卷的补充,奥斯特洛戈尔斯基在《剑桥欧洲经济史——罗马帝国衰落之后》一书中,写得极为出色的一章"中世纪拜占庭帝国土地所有制状况"是值得推荐的。奥斯特洛戈尔斯基的著作是一部出色的学术著作,是研究拜占庭历史的学者所必需的。㊻ 1947 年到 1950 年,法国著名拜占庭学家路易·布莱耶尔(Louis Brehier,死于 1950 年 10 月)出版了三卷著作,其标题是:《拜占庭世界》(*Le Monde Byzantin*):第一卷《拜占庭兴衰史》(*I. Vie et mort de Byzance*),第二卷《拜占庭帝国的制度》(*II. Les Institutions de l'Empire Byzantin*),第三卷《拜占庭文明》(*III. La Civilisation Byzantine*)。

简明通史。——其他一些简要介绍拜占庭历史的著作是为适应广大读者需要而写的。其中多数没有什么科学价值。但是,这些普及读物,虽然基本上不使用第一手资料,但毕竟有助于唤起一些读者欲深入研究拜占庭帝国历史的愿望。这类读物中大多数是用英语写的。

C. W. 欧曼(C. W. Oman)的《拜占庭帝国》(*Byzantine Empire*,第 3 版,伦敦,1892 年)生动而形象。F. 哈里森写了一部仅

㊻ 见 H.格雷古瓦的一篇对于奥斯特洛戈尔斯基所作的相当出色的评论,《拜占庭》,XVI,2(1944),545—555。亦见哲尔曼·茹亚尔(Gemaine Rouillard)对此书的重要评论:"近期关于拜占庭国家历史研究的著作评论"("A propos d'un ouvrage récent sur l'histoire de l'État byzantin"),《文献学杂志》(*Revue de philologie*),III,14(1942),169—180。

63 页的简明《中世纪早期拜占庭》(*Byzantine History in the Early Middle Ages*,伦敦,1900 年),试图以柏里和芬利的研究成果为借鉴,从发展西欧文明的角度来确定拜占庭的重要地位。㊼ 法国人皮埃尔·格莱尼耶(Pierre Grenier),从来不是一位严肃的拜占庭历史学家,他莫名其妙地企图描绘一幅关于拜占庭社会和政治变革的图景。他的著作以两卷本出版,标题是《拜占庭帝国:其社会和政治变革》(*L'Empire byzantin : son évolution sociale et politique*,巴黎,1904 年)。格莱尼耶的综合性论述并不都是那么令人满意,而且他犯了或大或小的一些错误,但其可原谅之处就是因为他并非专业学者。不过,他所写的拜占庭历史比较有趣,因为它提供了大量的各方面信息。另一部结合拜占庭帝国的整个历史研究君士坦丁堡城的简明而精练的著作是 W.N.胡顿(W.N.Hutton)的《君士坦丁堡:帝国的古都的故事》(*Constantinople : The Story of the Old Capital of the Empire*),1904 年于伦敦出版。

  K.罗思(K.Roth)写了一部简明而枯燥的拜占庭历史《拜占庭帝国史》(*Geschichte des Byzantinischen Reiches*,莱比锡,1904 年),他还于 1917 年出版了一部简明的《拜占庭帝国社会和文化史》(*Sozial und Kulturgeschichte des Byzantinischen Reiches*)。R.冯·斯卡拉(R.von Scala)教授以其对拜占庭的原始资料和文献材料的透彻了解为基础,为赫尔莫霍特(Helmoholt)编写的《世界通史》写了一部十分精练的拜占庭简史。他把这部简史命名为

㊼ 后来此书在 F.哈里森的《我的著作集:百岁纪念、书评、回忆录等》(*My books : Centenaries, Reviews, Memoirs*)一书中重印,180—231。

《亚历山大大帝以后的希腊化问题》(*Das Griechentum seit Alexander dem Grossen*)。在此简史中,斯卡拉将他的注意力集中于分析和确定拜占庭文明的重要意义。此外,还有另一部英文版著作,虽简明扼要但其学术风格很严谨、作品质量很好,它是由罗马尼亚作家 N.约尔加所写,标题是《拜占庭帝国》,1907 年在伦敦出版。E.福尔德的插图精美、文笔生动的著作《拜占庭帝国——欧洲文明的后卫》(*The Byzantine Empire—the Rearguard of European Civilization*),于 1911 年出版。遗憾的是,这本书只是极其简明地记载了拜占庭帝国自 1204 年以后不断衰落的历史。

另一部简明的拜占庭史被收入 E.拉维斯(E.Laviss)和 A.兰鲍德(A.Lambaud)主编的多卷本通史中,书名是《自 4 世纪到当代的世界历史》(*Histoire générale du IVe siècle à nos Jours*)。N.图尔基(N.Turchi)的意大利文著作《拜占庭文明》(*La civiltà bizantina*,都灵,1915 年),也是一部极有价值的拜占庭文化史综述。

1919 年,夏尔·迪尔出版了他的著作《拜占庭帝国史》(*Histoire de l'Empire Byzantin*)。在此书中,迪尔试图并不单纯地简明叙述拜占庭帝国的政治史,他记载了更为重要的内部发展进程,并对拜占庭文明的重要地位加以阐述。这本书包括一个简明的参考书目,还附有许多地图和插图。它在法国曾多次再版。它的一部英文译本于 1925 年于英国出版,是由 G.艾夫斯(G.Ives)自法文版翻译的。

夏尔·迪尔在其《拜占庭帝国史》中,描绘了一幅生动明晰的拜占庭内部生活的图景。他讨论了帝国兴旺和衰落的多方面原因,拜占庭文明对其周边邻国的影响和土耳其、俄罗斯和巴尔干半岛所继承的拜占庭遗产。⑬ 奥古斯特·海森伯格（August Neisenberg）在他所写的《拜占庭帝国：国家和社会》（*Staat und Gesellschaft des Byzantinischen Reiches*）一书中，对拜占庭的生活及其文明特点进行了严肃而详尽的探讨，写得很成功。该书是 P.辛内伯格（P. Hinneberg）所编的《当代文化》（*Die Kultur der Gegenwart*）丛书的一部分。N.H.贝恩斯（Norman H.Baynes）在其《拜占庭帝国》（伦敦，1926 年）一书中描述了同样的一幅拜占庭生活和文明的图景，他的这本书上限起自 4 世纪下限至十字军于 1204 年攻克君士坦丁堡。至于拜占庭帝国在 11 世纪时的历史，则有 L.哈尔芬（L.Halphen）的《蛮族世界：自大规模入侵到 11 世纪突厥征服》（*Les Barbares: des grandes invasions aux conquêtes turques du XIe siècle*，巴黎，1926 年）；其中列出了一些参考书。此外，还有一部近期出版的带有通史性质的著作《拜占庭的成就：历史的回顾（330—1453 年）》（*The Byzantine Achievement. An Historical Perspective. A. D. 330—345*），是由罗伯特·拜伦（Robert Byron）所写 1929 年于伦敦出版。有一部法文版的小书，由奥古斯特·贝利（Auguste Bailly）所写，书名为《拜占庭》（巴黎，1939 年），它以群众喜闻乐见的形式描述了整个拜占庭帝国的历史，此书不仅十分有用，而且可读性甚强。《拜占庭帝国》（*Imperial Byzantium*）是一部德文原版作品的英译本，作者为贝尔塔·迪

---

⑬　此书的主要部分构成了迪尔在《剑桥中世纪史》第 4 卷第 23、24 章内容的主要基础。在《拜占庭历史重大问题》（*Les grands problèmes de l'histoire byzantine*）一书中，他的观点阐述得更为严谨，见该书 178 页。

纳(Bertha Diener),该书于 1938 年出版。㊾ 作者使用了她所能接触到的当代拜占庭学者的研究成果,以一种生动形象的笔法记载了帝国的历史,这反映在各章的标题上。其第三章的标题是:"天使和宦臣",而她的最后一章,即记载了第四次十字军征服之后的拜占庭概貌的那章,其标题是:"仲夏夜之梦"。由保罗·勒梅勒(Paul Lemerle)所写的,虽然简明但十分精辟的《拜占庭史》也于 1943 年在巴黎出版。㊿ 此外,关于拜占庭历史的十分简明的杰作,可见收于《天主教百科全书》中的 E.格兰德(E.Gerland)所写的词条和在《大不列颠百科全书》中 J.B.柏里所写的词条。

在拜占庭历史研究方面最优秀的先导性作品,是 O.希克(O. Seeck)所作的《古典世界的衰亡》(Geschichte des Untergangs der antiken Welt)。该书于 1895 年到 1920 年出版,记载了 476 年之前的历史事件。还有另外两部十分有用的研究拜占庭历史的先导性著作是 E.施泰因(E.Stein)所写的《晚期罗马帝国史》(Geschichte des spätrömischn Reiches)和 F.洛特(F. Lot)所写的《古典世界的终结和中世纪的开端》(La Fin du monde antique et le debut du moyen âge,巴黎,1927 年),它包括了查士丁尼大帝时代的历史。施泰因的著作的第二卷,是用法文写的,其标题是《晚期帝国史》(Histoire du Bas-Empire),它记载了 476—565 年这一时

㊾ 1937 年出版的该书德文原版书名是《拜占庭。皇帝、天使和宦臣》(Byzanz. Von Kaisern, Engeln und Eunuchen),作者先是用"迦拉哈得爵士(Sir Galahad)"的化名出版此书的,其法文版亦于同年出版。

㊿ 见 V.格鲁梅尔(V.Grumel)所写的十分推崇赞扬此书的书评,载于法文《拜占庭研究》(Études byzantines),II(1945),275。

期的历史。该书于 1949 年出版。

拜占庭文献史。——拜占庭文献研究不可缺少的参考书是慕尼黑大学的已故教授卡尔·克伦巴赫（Karl Krumbacher）所编的《拜占庭文献史，自查士丁尼到东罗马帝国的结束》（*Geschichte der byzantinischen Litteratur von Justinian bis zum Ends des ostrümischen Reiches*，慕尼黑，1897 年）* 的第二版，这一版本中所提及的神学著作部分由 A.埃尔哈德（A.Ehrhard）所撰写，同一版本内亦包括了 H.格尔泽的《拜占庭帝国政治史纲》（*Survey of Byzantine Political History*）。克伦巴赫教授的这一著作是现存的研究拜占庭文献资料的最重要的参考著作。它收集了对于严格的学者们来说十分可信的巨量资料，也反映出作者付出了非同寻常的艰苦努力。由于克伦巴赫精通俄语和其他斯拉夫语言，因此使用了俄语和其他斯拉夫语的资料文献。当然，他的著作是为专家而写，并不是为一般读者所读的。但是，他为更多的读者写了一卷特别简明扼要的拜占庭文献历史的小册子，即仅有 50 页的《中世纪希腊文学》（*Die Griechisch Literatur des Mittelalters*），被收入 P.辛内伯格的《当代文化》丛书中。此外，K. 迪特里奇（K. Dieterich）的著作《拜占庭史和中世纪希腊文学》（*Geschichte der byzantinischen und neugriechischen Literatur*，莱比锡，1902 年）一书也比较重要。还有一些重要的资料被收入意大利作者 G.蒙特拉蒂奇（G. Montelatici）的著作《拜占庭文献史（324—1453 年）》（*Storia della letteratura bizantina*，324—1453）中，该书又被收

---

* 以下简称《拜占庭文献史》。——译者

入《马努埃里·霍埃普利的科学丛书》(*Manuali Hoepli , serie scientifica*),1916 年于米兰出版。这本书并不是克伦巴赫著作的简单重复;它出版于克伦巴赫著作问世的 19 年之后,含有许多新的信息。S.梅尔卡第(S.Mercati)为此写了一部很详细的评论,并指出了许多错误(《罗马与东方》杂志,VIII[1918],171—183)。在波兰出版的拜占庭文献简史是由扬·塞达克(Jan Saidak)所写的《拜占庭文献学》(*Littratura Byzantynska*,华沙,1933 年),但它并不十分可靠。对于拜占庭文学发展早期的研究,即自 4 世纪以来的文献史,W.克里斯特(W.Christ)写的《希腊文学史》(*Geschichte der Griechischen Litteratur*,第二卷,慕尼黑,1924 年)是一部十分有用的书。另外还有三部书十分有价值,它们是:F.A.瑞特(F.A.Wright)所写的《晚期希腊文学史,自公元前 323 年亚历山大大帝去世,至公元 565 年查士丁尼皇帝去世》(1932 年,纽约);奥托·巴登维尔(Otto Bardenhewer)的《教父著作全集》(*Patrologie*,第三版,1910 年,弗赖堡)和巴登维尔的《古代希腊文学史》(*Geschichte der altkirchlichen Literatur*,五卷本,弗赖堡,1910 年)。最后一部著作的后三卷,即涵盖 4—8 世纪这一时期历史的部分,是特别重要的。N.约尔加在其论文"拜占庭文学。它的思想、它的分枝及它的倾向"中简明地分析了拜占庭文学发展的特点,该文章收于《东南欧历史研究》,II(1925),370—397。

俄罗斯的拜占庭研究

19 世纪

19 世纪后半期,俄罗斯学者对于拜占庭史表现出了浓厚的兴趣。

德国籍院士。——19 世纪前半期,德国学者在俄罗斯开辟了对拜占庭的研究领域,他们是一些被选为俄罗斯科学院院士、永久留在彼得格勒的学者。这些德国学者特别关注于确定拜占庭及拜占庭史料在俄国历史上的重要性。在这些院士中间,Ph.克鲁格(Ph.Krug,1764—1844 年)和 A.库尼克(A.Kunik,1814—1899 年)是应该提到的。

西方派和斯拉夫派。——对于 19 世纪上半期俄罗斯思想家的著名代表来说,拜占庭历史时常成为支持某一特定的社会运动的资料。例如:一些斯拉夫派学者[51],以拜占庭帝国的事件为他们的理论提供根据并做辩护。西方派的学者则从已被引用的同样史料中找根据,试图说明拜占庭历史的消极影响,并指出,如果俄罗斯决定仿效已亡帝国的传统,就可能面临极大的危险。在赫尔岑(Herzen)的一部著作中,他写道:

---

[51] 斯拉夫派学者羡慕彼得大帝之前的俄罗斯正教会和古罗斯的政治社会结构,他们认为,彼得大帝的改革将俄罗斯引入歧途。西方派学者则相反,认为俄罗斯人应该生活在西欧的完全影响下,俄罗斯只是在彼得大帝改革之后才成为一个文明国家。

第一章 拜占庭历史研究的回顾

罗马的统治结束了古代希腊的存在,并同时保留了它,正如熔岩和灰尘保留了庞贝和赫尔库拉内一样。拜占庭时期已揭开了棺盖,但是死去的东西仍然不能复活;像任何其他墓穴一样,它被教士、修士或阉人们这些不能生育的真正代表们所掌管……拜占庭帝国能够生存,但是它的功能已经终止。大体说来,历史只关注那些正处于舞台上,即那些正在有所作为的民族。㉜

另一位西方派的 P.Y.查达耶夫(P.Y.Tchaadayev)在他的第一封哲学信札中写道:"按照我们倒霉命运的安排,我们向不幸的使人深恶痛绝的拜占庭帝国寻求一个道德准则,这曾是我们教育的基础。"㉝但是,这种论调没有任何历史价值。这些思想家无疑是天才的、受过高等教育的人,但他们绝不是真正的拜占庭历史学家。

19 世纪中叶,人们对于研究拜占庭历史的重要性有了明确的认识。一个热情的斯拉夫派学者 A.S.霍米亚可夫(A.S.Khomiakov)在 19 世纪 50 年代写道:"我们以为,用蔑视的态度谈论拜占庭帝国意味着暴露他自己的无知。"㉞1850 年,著名的莫斯科大学

㉜ 见"往事与沉思"("The Past and Thoughts"),《钟声》(*Venezia la bella*),X,53—54。

㉝ 《著作与信札》(*Works and Letters*),赫申索恩(Herschensohn)编,II,118;法文版,I,85。另一封将此思想表现得更为强烈的论述,见于这封信的另一个版本中,II,13(赫申索恩编)。

㉞ "一个希腊人为拜占庭辩护的呼声"("The Voice of a Greek in Defense of Byzantium"),《作品集》(第 4 版,1914 年),III,366 页页注。

教授 T.N.格拉诺夫斯基（T.N.Granovsky）写道：

我们有必要提起拜占庭历史对我们俄罗斯人的重要性吗？从君士坦丁堡（帝都）㊽，我们接受了我们民族文化最优秀的部分，即我们的宗教信仰和文明的开端。东方帝国把俄罗斯引进了基督教各民族的家庭。但是，除此之外，仅仅由于我们是斯拉夫人这一事实，就使我们与拜占庭帝国的命运紧紧联系在一起。在这方面，外国学者们还没有认识到，也不可能充分地认识到。㊾

按照格拉诺夫斯基的意见，在他的那个时代，只有俄罗斯学者或斯拉夫学者，才能对拜占庭历史的主要问题给予恰当的解释，他说："对于我们受到许多恩惠的这些现象进行研究，是我们的职责。"㊿

瓦西列夫斯基。——V. G. 瓦西列夫斯基（V. G. Vasilievsky, 1838—1899 年）是一位全面从事拜占庭历史科学研究的真正奠基者，他是彼得格勒大学的教授，俄罗斯科学院的院士。他发表了大量关于拜占庭史的专门问题（内部的和外部的历史）的杰作，并以他的大部分精力和敏锐的分析能力，致力于研究拜占庭和

㊽ 俄罗斯人称君士坦丁堡为 Tsargrad，即"皇帝之都"。

㊾ "拉丁帝国：评梅多威克夫的著作"（"The Latin Empire : A Review of Medovikov's Work"），载《T.N.格拉诺夫斯基著作全集》（*Complete Works of T.N. Granovsky*）(第 4 版, 1900 年), 378。

㊿ "拉丁帝国：评梅多威克夫的著作"，《T.N.格拉诺夫斯基著作全集》, 379。

俄罗斯的关系。瓦西列夫斯基的一些著作在通史领域中是十分重要的。例如,许多著名欧洲学者承认瓦西列夫斯基的著作《拜占庭和佩切涅洛人》(*Byzantium and the Patzinaks*)是研究第一次十字军东征的学者们所必读的。㊳ 1925 年故去的教授康达可夫(N. P.Kodakov)及院士 Th.I.乌斯宾斯基(Th.I.Uspensky)也都是著名的学者,前者在拜占庭艺术研究方面,后者在拜占庭社会历史研究领域都很著名。此处对这三位历史家的著作不拟进行更深入的讨论,因为瓦西列夫斯基仅仅出版过一些专题著作,而康达可夫的著作则侧重拜占庭艺术㊴,而这里我们所要概略回顾的是只限于拜占庭历史方面的一般著作。乌斯宾斯基有点例外,后面将较多地介绍他的两卷本的拜占庭帝国通史,这一著作出版于 1914 年和 1927 年。

总之,到 20 世纪初,俄罗斯学者们对于拜占庭研究的主要贡献是他们详细地调查研究并阐明了许多专门的、有时是极其重要的问题。

叶尔托夫。——1837 年,I.叶尔托夫(I.Ertov)以俄文发表了

㊳ 1938 年是纪念瓦西列夫斯基百岁诞辰的年份。见 A.A.瓦西列夫所写"我对 V.G.瓦西列夫斯基的回忆"("My Reminiscences of V.G.Vasilievsky")和 G 奥斯特洛戈尔斯基所写"V.G.瓦西列夫斯基,拜占庭学者和现代俄罗斯拜占庭学的奠基者"("V. G.Vasilievsky, as Byzantinologist and Creator of Modern Russain Byzantology"),两篇文章都在《康达可夫研究院年鉴》(*Annales de l' Institut Kondakov*), XI(1940), 207—214、227—235。在苏维埃俄国,N.S.列别德夫(N.S.Lebeder)也写了一篇相当好的文章,评说瓦西列夫斯基和他的著作的重要性,见《历史杂志》(*Istoričesky Journal*), 1944 年。

㊴ 见康达可夫去世后出版的《中世纪艺术和文化史概览及注释》(*Sketches and Notes on the History of Medieval Art and Culture*), III, 455。

两卷本著作《选自通史的东罗马或君士坦丁堡帝国史》(History of the Eastern Roman or Constantinopolitan Empire, Selected from the General History)。从标题"选自通史"可看出,这一著作仅仅是作者的15卷本《由俄罗斯国家形成,到东罗马帝国的灭亡期间的民族迁徙和欧、亚、非三洲新国家的建立,世界通史及其续篇》(1830—1834年出版)的选录。叶尔托夫是一个商人的儿子,依靠自学成才。他写这部拜占庭帝国史的指导思想是:"首先是俄罗斯读者需要一部记叙体的历史。"[50]他表明,他用作史料的资料"除了选自许多书本和期刊外,还有鲁瓦约的历史、勒博的《东罗马帝国史略》及亚当(Adam)对吉本的《罗马帝国衰亡史》所作的节译"。[51] 自然,叶尔托夫这一包括君士坦丁堡陷落为止的历史事件汇编并没有什么科学价值,但是,在他所生活的那个时代,这却是个意外的尝试。

20 世纪

库拉科夫斯基。——最早试图写一部严格的拜占庭通史的俄罗斯学者是已故的基辅大学教授 J.A.库拉科夫斯基(J.A.Kulakovsky)。他的专业是罗马文学,但他在大学教授罗马史,因此,在罗马古文物及帝国时代的罗马制度史方面做了许多工作。1890

---

[50] 在1926年,英国历史学者诺曼 H.贝恩斯写道:"所有的关于土地占有制度和租税制度的历史文献是经过高度科学地处理的,而且其中多数最好的著作是俄语著作。"见《拜占庭帝国》,248。

[51] 《东罗马或君士坦丁堡的帝国史》(History of the Eastern Roman or Constantinopolitan Empire),前言。

第一章　拜占庭历史研究的回顾

年以后,他花费了部分时间研究基督教考古学和拜占庭历史。在20世纪早期(1906—1908年),他翻译了4世纪时著名的罗马异教历史学家阿米亚努斯·马尔切利努斯(Ammianus Marcellinus)的著作,这一译本成了他此后研究拜占庭史的入门作品。1910年他发表了《拜占庭帝国史》第一卷,记载了395年至518年的史实。第二卷出版于1912年,第三卷出版于1915年,这两卷包括了由518年到717年的拜占庭历史,即到破坏圣像时期。第一卷的修订本于1913年已出版。作者以不寻常的勤奋和不倦的精力深入研究了希腊文的、拉丁文的和东方的(译本)拜占庭历史资料。他以这些文献为基础,凭借自己对于这一时期文献的广泛了解,撰写了至717年为止的详尽的拜占庭历史。库拉科夫斯基教授论述了拜占庭帝国内部生活的一些方面,但在大量涉及外部政治生活的细节中,内部生活有时却显得模糊不清了。第三卷特别有价值并值得重视。按照作者在第一卷前言中的声明,他企图以生动逼真的描写,使读者能领会那些古代精神的实质。库拉科夫斯基说道:"我们俄罗斯的过去以不可分割的纽带与拜占庭帝国紧密联系在一起,在此基础上,我们俄罗斯的民族精神显示出了它自己的本质。"对于在俄罗斯中学教育中取消希腊文的学习,他深感遗憾:"也许有一天,我们俄国人会像西欧的那些人一样地了解到,不是'现代'这最后一个词,而是'希腊'这第一个词,意味着欧洲义化的创造性的开端。"在第三卷的前言中,作者又一次解释他写作这部拜占庭史的计划:"我的目的是根据对史料的直接研究,根据对拜占庭历史的各种期刊中大量出现的、当代研究者就这一时期的历史对各种个别问题的资料进行的研究,介绍一个连续的、年代准确的、尽可能完善的帝国生活图景。"库拉科夫斯基教授的著作,就其对拜占庭历史事实的描写及一些原始史料的内容来说,是有很大价值的。它也包含了现代历史学科在拜占庭历史的主要社会政治问题上的重要意见和推论。库拉科夫斯基对历史事件的描述相当详细,这就解释了这一事实,即这一近 1400 页的三卷著作,只记载了拜占庭帝国 8 世纪初之前的历史。

Th.I.乌斯宾斯基。——1914 年,君士坦丁堡的考古研究所前任所长,俄国科学院士 Th.I.乌斯宾斯基(Th.I.Uspensky),出版了《拜占庭帝国史》第一卷。这一优秀的著作附有许多地图、插图和画片,描述了由 4 世纪至 8 世纪初(即破坏圣像时期)的历史事件。这本书代表了拜占庭历史领域内的一个专家试图写一部拜占庭帝国通史的最初尝试。从事这项工作的是拜占庭历史及文学领域内最著名的一位学者。他勤奋的一生,几乎全献给了对拜占庭帝国不同时期、不同方面的复杂历史的研究。他于 1928 年在列宁格勒去世,终年 83 岁。乌斯宾斯基希望为广大读者提供一部通俗易懂的叙述体的历史,他并没有在脚注和尾注中纳入诸多参考资料,只是介绍了他使用的主要资料和第二手论著。该书的第二卷第一部出版于 1927 年,其中讨论了破坏圣像时期的历史以及斯拉夫语传教者西里尔(君士坦丁)和美多德(Methodius)的问题。

乌斯宾斯基著作的第一卷的问世,是对"拜占庭文明"的主要因素正在出现,复杂的拜占庭文化正在形成时期的拜占庭史的广泛介绍。作者不可避免地要从拜占庭历史的过去事件中为现代生活寻找一些"教训"。他谈到拜占庭东方行省统治的重要性时指出,的确是在小亚细亚,即在尼西亚帝国内,13 世纪恢复拜占庭帝国的计划就已成熟了。他断定,"历史的教训是要受到严格检验的",而且要由那些等着瓜分拜占庭这个博斯普鲁斯垂危病人遗产的同时代人来评价。㉜他进一步指出:

> 如果我们认为自己有权力避免积极参与处理与拜占庭遗产有关的事情,我们就会犯极大的错误。尽管,按常规,继承人有权接受或拒绝留给他的遗产,而俄罗斯在东方问题上的作用是历史遗留下来的,不是主观意志所能改变的,除非一些意想不到的冲击能使我们忘掉或在记忆中清除那些使我们生存、斗争和历经磨难的事件的回忆。㉝

纵观全部著作,乌斯宾斯基都试图解释斯拉夫和拜占庭的关系问题,他在1912年10月序言的结尾中,要读者去翻阅关于南斯拉夫历史的几章,以解释"巴尔干半岛今天的悲惨事件",即第二次巴尔干战争的问题。㉞乌斯宾斯基解释道,他的目的是为俄罗斯读者提供重要的材料,这些材料会帮助他清楚地认识一个仔细衡量并深思熟虑的体系。另外,他希望他的读者认识到,深入研究拜占庭史以及它与过去俄罗斯的关系,不仅对俄罗斯学者是必不可少的,而且对于形成并正确指引俄罗斯的政治与民族意识,也是同样必要的。

作为"拜占庭化"(Byzantinism)这一名词的坚定信奉者,乌斯

㉜ 《拜占庭帝国史》(*History of the Byzantine Empire*),I,xii。
㉝ 同上书,46—47。
㉞ 同上书,xiv。

宾斯基特别注意为这一名词下定义。按他的想法,构成"拜占庭化"的基本特征是蛮族对帝国的入侵及3、4世纪的文化、宗教危机。⑥"拜占庭化是历史的法则,它的影响表现在东南欧人民的历史中。这一法则甚至在当代仍在支配着许许多多的国家的发展;它表现在一整套特别的信仰及政治制度中,人们也可以说,它表现在阶级结构和土地关系的特有形式中。"⑥"拜占庭化"——所谓拜占庭化是罗马精神与较古老的文化,诸如犹太的、波斯的和希腊的古老文化,相融合的结果——这一术语的使用主要是指"影响5—8世纪罗马帝国逐渐被改造成拜占庭帝国所有因素的综合。"⑥"日耳曼人和斯拉夫人的迁移引起许多变化,导致了帝国在社会经济结构和军事制度方面的变革。新的因素对东方的罗马帝国的改革施加了巨大的影响,使它逐渐带有拜占庭化的特征。"⑥拜占庭化通过以下几种现象表现出来:(1)"不断地清除通行的拉丁语而逐渐代之以希腊语,或确切地说,代之以拜占庭语。(2)各民族争取政治上的优势的斗争;(3)新的艺术发展,新的创作动机的出现,导致新的历史丰碑以及在文学领域中出现的独具风格的作品,于是,在东方文化的模式和传统影响下渐渐发展起了新的、有独创性的方法。"⑥

乌斯宾斯基认为东方的罗马帝国在大约8世纪时就获得拜占

---

⑥ 《拜占庭帝国史》,47—48。
⑥ 同上书,16。
⑥ 同上书,39。
⑥ 同上书,39—40。
⑥ 同上书,40。

庭化的显著特点,这一观点是与英国拜占庭学家芬利的观点相一致的。乌斯宾斯基的总体思想在其《拜占庭帝国史》第一卷中没有得到证明;可能只有在他的拜占庭帝国史全部问世时,或至少到拉丁人进犯时期,才有可能恰当地做出判断。

第一卷里提出的主要问题是:(1)斯拉夫人迁居到巴尔干半岛及其对拜占庭生活的影响;(2)拜占庭帝国的土地所有制;(3)军区制度,即帝国行省的管理制度。尽管这些问题在乌斯宾斯基的著作中没有最终的答案,但他所进行的解释提出了进一步研究这些复杂问题的必要。

乌斯宾斯基的这一著作,在它出版之前至少酝酿了 25 年,并且其写作周期也相当长,该书的不同部分其重要价值大不相同。其中一些章节写得新颖、生动、有趣,反之,其他一些根据过时的资料所写的章节,远远低于他的同时代学者达到的水平。关于阿拉伯人和伊斯兰教徒的论述是这方面的实例。乌斯宾斯基用了相当的篇幅专论帝国的社会生活,这是本书的主要成就之一。这一著作能够使读者了解早期的拜占庭史;这位把自己的学者生涯几乎全部献给拜占庭时期的专家对这段历史做了清楚的说明。1948 年他的《拜占庭帝国史》第三卷(1081—1453 年)出版,第二卷的后半部却未能出版。

谢斯塔可夫。——谢斯塔可夫(S.P.Shestakov)是喀山大学的教授。1913 年他发表了《拜占庭帝国史讲义》(*Lectures on the History of the Byzantine Empire*)。该书的第二次增订本于 1915 年出版。这部书叙述了由 3、4、5 世纪野蛮人迁入东、西罗马帝国境内开始到公元 800 年查理大帝的加冕典礼为止的历史。作者叙述了有关帝国外交的政治事件和帝国社会生活的面貌,并列出了有关这一历史学科的编史工作和文献资料。这些资料不十分精确,记载也很粗糙。

C.N.乌斯宾斯基。——俄罗斯学者 C.N.乌斯宾斯基(C.N. Uspensky)[70]于 1917 年在莫斯科出版的《拜占庭史纲要》(Outlines in Byzantine History)一书,留给我们一个很清新、生动的印象。这本书仅有 268 页,却包含一个很值得重视的综合性前言和罗马帝国社会经济发展的概况。它使读者接触到拜占庭时期的重要内政问题。本书的叙述至破坏圣像后期与 843 年恢复圣像崇拜,即狄奥多拉统治时期为止。这本纲要的特点是,把重点放在帝国的内部组织、宗教和社会发展问题上;只是在作者认为有助于解释社会的某些现象时才叙述一些政治事件。乌斯宾斯基慎重地发展了他的主要的、十分正确的观点,即罗马帝国和拜占庭帝国具有希腊化的性质。他的兴趣是试图在世俗的和教会的土地占有制方面调查拜占庭生活中封建化的过程。乌斯宾斯基尤其对破坏圣像时期有兴趣。他的《纲要》最后几章值得特殊注意。他分析了第一批蛮族王国在帝国境内的建立,查士丁尼统治下的行政改革和财政管理、军区的组织、6—8 世纪农民和所谓的《农业法》、土地占有以及特免权问题。这本书分量不大,但内容丰富,很有价值。

瓦西列夫。——瓦西列夫(A.A.Vasiliev)的《拜占庭帝国史》(History of the Byzantine Empire)最初是在俄国出版的俄文著作。全书两卷包括拜占庭帝国的全部历史。第一卷出版于

---

[70] 他于 1917 年死于莫斯科。

1917年,书名是《拜占庭历史讲义;第一卷,到十字军开始时期(1081年)》。第二卷包括由十字军至君士坦丁堡陷落这一历史时期,分三册出版:(1)《拜占庭和十字军人》(彼得格勒,1923年);(2)《拉丁人在东方的统治》(彼得格勒,1923年);(3)《拜占庭帝国的衰亡》(列宁格勒,1925年)。这部书的多次翻译和增订版的资料都收在本书的参考文献部分。

贝佐布拉佐夫。——《拜占庭文化概要》(Sketches in Byzantine culture)是 P.V.贝佐布拉佐夫(P.V.Bezobrazov)去世后发表的研究成果。他死于1918年10月,此书于1919年在彼得格勒出版。这本叙述生动的著作,含有作者对拜占庭生活中很多东西的反感情绪,因而,他以相当暗淡的色彩描写拜占庭的生活。他论述了皇帝、皇后、教士、政府官员、地主、工匠、文学、人文景观、消遣方式和诉讼事件等。贝佐布拉佐夫是个很有才华的学者,他的著作是有价值的,令人满意的。

列夫臣柯。——列夫臣柯(M.V.Levchenko)著的《拜占庭简史》(History of Byzantium,莫斯科和列宁格勒,1940年)是1940年出现于苏维埃俄国的第一部试图用马克思主义观点概述拜占庭历史的著作。且不谈作者对"资产阶级拜占庭学家"的例行攻击(显然这在苏维埃俄国是强制性的),这本书还是显示出作者有很好的史料知识的修养。虽然作者在选择史料方面有些偏见,但它还是描述了许多有关内政史,特别是政治经济方面的重要问题。列夫臣柯把这些问题与民众的利益相联系。他写道:"俄罗斯从拜占庭接受了基督教。与此同时,斯拉夫人接受了文字和较高的拜占庭文化的某些因素,显而易见,我们国家的劳动大众有理由关心拜占庭的历史,苏联的历史学家必须满足这一要求,并在马克思列宁主义方法论的基础上,写出博学的拜占庭历史。"(俄文版,第4页)

期刊、主要参考资料和草纸文献

第一种拜占庭研究的专业期刊是《拜占庭杂志》(*Byzantinische Zeitschrift*),于1892年于德国创刊。该期刊除了刊登大量文章和书评外,还包括一个关于拜占庭历史出版物的详细书目。其中俄罗斯和斯拉夫出版物占很大篇幅。卡尔·克伦巴赫教授是这一期刊的创建者和第一位主编。到1914年,该刊已经出版了24卷,1909年还出版了该刊前12卷的详细分类索引。在第一次世界大战期间,《拜占庭杂志》停刊,战后复刊。该刊目前的主编是弗朗茨·多尔格(Franz Dölger)。*

1894年,俄罗斯社会科学院开始出版《拜占庭年鉴》(*Vizantiysky Vremennik*),由 V.G.瓦西列夫斯基和 V.E.莱格尔(V. E.Regel)主编。该杂志在其内容编排方面可谓效仿了德国前辈。在其参考书目中,与斯拉夫人民的历史和近东基督教国家有关的作品占很大篇幅。该期刊是以俄文出版的,但是偶然也发表用法文和现代希腊文所写的文章。它也在第一次世界大战期间停刊,战后复刊。到1917年该刊已经发行了22卷,但第23卷直到

---

* 此书(即瓦西列夫的《拜占庭帝国史》)所依据的英文版本出版年代是1964年,因此,作者所说的"目前"已经是半个世纪之前的事了。——译者

1923 年才问世，第 25 卷于 1928 年发行。在该刊第 16 卷中含有前 15 卷的分类索引，该索引是由 P.V.贝佐布拉佐夫做的。Th.I.乌斯宾斯基也曾主编《拜占庭年鉴》，直到他去世。1947 年以后，在苏维埃俄国，一套新的《拜占庭年鉴》开始出版；1951 年，该年鉴出版到第四卷。

另一种拜占庭杂志是《拜占庭》*（Βυζαντίς），1909 年由雅典拜占庭学会创刊。但该期刊只出现了两卷。1915 年以后，一部新的俄文期刊《拜占庭评论》（*Vyzantiyskoe Obozrenie*）发行了三卷，是由多尔巴特（Dorpat）大学历史和文学院编辑的，主编者是 V.E.莱格尔。其第三卷出版于 1917 年。

N.A.比斯（N.A.Bees）1920 年在柏林出版了《拜占庭与当代希腊年鉴》(*Byzantinisch-neugriechische Jahrbücher*)，其出版宗旨与《拜占庭杂志》相同。该期刊的前五卷是在希腊的雅典出版的，当时比斯在这里担任一所大学的教授。该刊的第 17 卷发行于 1944 年。

1923 年，在布鲁塞尔举行的第五届国际历史学会上，拜占庭研究部表达了创建一个新的国际性拜占庭杂志的愿望。1924 年，在布加勒斯特举行的第一届国际拜占庭学者大会上，出版这样一种杂志的最后计划定型，1925 年，第一卷出版。标题是《拜占庭。国际拜占庭研究评论》(*Byzantion. Revue Internationale des Etudes Byzantines*)**，其主编是保罗·格兰多尔（Paul Graindor）

---

* 以下译文作《拜占庭杂志》(希腊版)。——译者
** 以下译文作《拜占庭》(布鲁塞尔)。——译者

和亨利·格雷古瓦(Henri Grégoire)。这一卷是纪念著名的俄罗斯拜占庭学者 N.P.康达可夫 80 周岁诞辰的专辑,但是,该卷正式出版的那一天,人们得到了康达可夫去世的消息(1925 年 2 月 16 日)。

在 1924 年至 1950 年,一种新的希腊文出版物、20 卷的《拜占庭研究学会年鉴》('Επετηρὶς 'Εταιρείας Βυζαντινῶν Σπουδῶν)在雅典问世。其中刊登的许多文章是十分有价值,十分重要的。

除了这些杂志提供的资料外,许多涉及拜占庭时期研究的重要资料也可见于其他的与拜占庭学者没有直接关系的杂志中。对于拜占庭研究特别有意义的是希腊语杂志《当代希腊的记忆》(Νέος 'Ελληνομνήμων),1904 年起由 S.兰普罗斯(S.Lompros)主编,在他去世后则由其他一些希腊学者主编;还有《东方之声》(Echos d'Orent)杂志和《东方基督教杂志》(Revue de l'Orient Chrétien)。

关于拜占庭法律的基本著作是《希腊-罗马法制史》(Geschichte des greichisch-rümischen Rechts),该书的编者是著名的德国法学家卡尔·爱德华·扎哈利亚·冯·林根塔尔(Karl Eduard Zachariä von Lingenthal)。其第三版于 1892 年在柏林出版。关于早期的法典,有雅克·哥德弗洛瓦(Jacques Godfroy)编的《狄奥多西法典》(Codex Theodosianus)。哥德弗洛瓦(又称哥特弗勒德[Gothofredus,1587—1652])是生于日内瓦的法学家,后赴法国学习法律和历史。在工作了 30 年以后,他出版了自己编辑的《狄奥多西法典》,附有他所做的重要注释和评论,这些注释和评论至今对于研究早期拜占庭立法仍然十分有价值。他的著作的第一版发行于他去世13年以后。另一部重要的著作是莫特罗伊（Mortreuil）的法文版《拜占庭法律史》(Histoire du droit Byzantin)，该书共三卷，于1843—1847年在巴黎出版；还有E.海姆巴赫（E.Heimbach）用德文为《埃尔斯克和格鲁伯百科全书》(Ersch und Gruber Encyclopedia)写的"拜占庭法律概要"（LXXXVI，191—471）；奥古斯特·恩格尔曼（August Engelman）所写的俄文评述《希腊罗马法的学术研究，对最近的论述文章的评述》，该书的目的在于"介绍拜占庭的立法史"，出版于1857年。由于人们很少提及它，也难以找到该书的版本，这部作品几乎绝迹了。但是，它的内容提要很可能使学者们感兴趣，它包括拜占庭与希腊-罗马法的重要性，希腊-罗马法文献史概要、希腊-罗马法的概念和规模'法律发展的各个时期及其特点。现代人研究希腊-罗马法的主要目的，以及1824年以来发表的关于希腊罗马法的研究文献等。另一部俄罗斯著作是由阿扎勒维奇（Azarevitch）所写的《拜占庭法律史》(A History of Byzantine Law)（两卷本，雅罗斯拉夫，1876—1877年）。意大利学者L.西西里亚诺（L.Siciliano）于1906年写了一部相当全面的希腊罗马法概要，并附有非常有价值的书目注释，发表于《意大利法律百科全书》(Enciclopedia Giuridica Italiana, Vol IV, part 5, fasc.451、460)中。这一概要于1906年在米兰出版了单行本。另一些有用的作品有阿尔多·阿尔伯托尼（Aldo Albertoni）所写的《有关意大利对拜占庭法律的研究综述》(Per una esposizione del diritto byzantino con riguardo all' Italia，伊莫拉，1927年），以及诺曼·贝恩斯在《拜占庭杂志》（XXVIII

[1928]，第474—476页）中的补充意见和 H.V.威特肯（Wittken）所写《拜占庭时期对查士丁尼法典的发展》（*Die Entwicklung des Rechts nach Justinian in Byzanz*）（哈雷，1928年）。

关于拜占庭艺术的最重要的著作有：N.P.康达可夫《从希腊手稿中的微型画看拜占庭艺术和圣像的历史》（敖德萨*，1876年；阿特拉斯，1877年；法文修订版，巴黎，1886—1891年，此版分为两卷）；巴耶特（Bayet）：《拜占庭艺术》（其法文版 *L'Art byzantin* 发表在 A.迈克尔主编的法文版《艺术史》，第一卷和第三卷，巴黎，1905年和1908年）；夏尔·迪尔《拜占庭艺术手册》（*Manuel d'art byzantin*，巴黎，1910年；增补和修订版，两卷本，1925—1926年）；O.M.多尔顿（O.M.Dalton）《拜占庭艺术和建筑》（*Byzantine Art and Archeology*，牛津，1911年）和《东方基督教艺术历史遗迹概览》（*East Christian Art：A Survey of the Monuments*，牛津，1925年；这部由多尔顿所写的书有一部分是论述建筑的）；L.布莱耶尔（L.Bréhier）《拜占庭艺术》（*L'Art Byzantin*，巴黎，1924年）；H.佩尔斯（H.Peirce）和 R.蒂勒（R.Tyler）《拜占庭艺术》（*L'Art Byzantin*），两卷本（巴黎，1934年）。

在拜占庭编年史中比较重要的有：H.L.克林顿（Clinton）《罗马记事》（*Fasti Romani*，英文版，两卷本，牛津，1845—1850年），其中记载了641年希拉克略皇帝去世以前的历史；穆拉尔特（Muralt）《拜占庭编年史纪要》（*Essai de chronographie byzantine*，两卷本，圣彼得堡和巴塞尔，1855年和1873年），该书囊括了至1453

---

* 此处的敖德萨是俄国黑海岸的城市，而不是美国的奥德萨。——译者

年止的全部拜占庭历史，但是使用它时要特别谨慎；奥托·希克（Otto Seeck）《自311年至476年，即基督教帝国准备时期的皇帝和教宗年表》(*Regesten der Kaiser und Päpste für die Jahr 311 bis 476 N. Chr. Vorarbeit zu einer Prosopographie der christlichen Kaiserzeit*)是十分重要的著作；同样重要的有弗朗兹·多尔格（Franze Dölger）的《东罗马帝国皇帝年表》(*Regesten der Kaiserurkunden des oströmischen Reiches*，慕尼黑和柏林，1924—1932年)，该著作被收入《中世纪和当代希腊文献大全》(*Corpus der griechischen Urkunden des Mittelalters und der neueren Zeit* 慕尼黑和维也纳研究所；亦见 V.格吕梅尔（V.Grumel）《君士坦丁堡牧首法令敕令集》(*Les Régestes des Actes du Patriarcat de Constantinople*，伊斯坦布尔，1932年和1936年)，它包括了自381年到1043年的历史。对于拜占庭编年史进行新的科学的研究还是当代拜占庭学研究中的重要问题。

对于拜占庭研究的其他领域的有关资料，例如，货币学、印章学和草纸学方面的信息，可见克伦巴赫的《拜占庭文献史》，也可见各种拜占庭专业期刊的文献目录。

只是在最近三四十年间，学者们在纸草研究领域开始意识到拜占庭时代的特别重要的意义。如这一领域最好的当代学者H.I.贝尔（H.I.Bell）所说，早期的草纸学家们，只是以继母的眼光看待拜占庭时期，而且把注意力只集中于托勒密时期和罗马时期。⑦

---

⑦ 贝尔："文明的衰落"("The Decay of a Civilization")，《埃及考古杂志》(*Journal of Egyptian Archaeology*)，X(1924)。

第二章 自君士坦丁大帝至查士丁尼时代的帝国

君士坦丁和基督教

罗马帝国在4世纪经历的文化和宗教危机是世界历史上最重要的事件之一。古代异教文化*同基督教（它在4世纪初君士坦丁统治时期得到了官方承认，并在4世纪末由狄奥多西大帝宣布为国教）发生了冲突。看起来，上述两个处于冲突中的、代表着完全对立观念的因素，似乎永远不会有调和的基础。但是，基督教和异教希腊文化确实逐渐交融，形成了基督教-希腊-东方文化，后被称为拜占庭文化，它的中心就在罗马帝国的新都——君士坦丁堡。

在帝国发生的诸多变化中起重要作用的人物是君士坦丁大帝。在他统治时期，基督教第一次取得官方认可而且为其此后的发展奠定了坚实基础；从此以后，古老的异教帝国逐渐变成基督教帝国。

---

* 西方学者一向把前基督教时期的古典文化称为异教文化，中译者只是遵照作者的语境翻译，不含任何个人偏见。——译者

第二章　自君士坦丁大帝至查士丁尼时代的帝国

一些在其历史发展早期皈依基督教的民族或国家,鉴于它们过去的历史还没有形成牢固的传统,仅有一些模糊的、原始的习俗和管理形式,宗教的改变在人民生活中因而不曾引起巨大危机。但在4世纪的罗马帝国则不是这种情况。它已具有一种古典的世界性的文化,发展了当时颇为完善的政府机构。它有伟大的历史和深邃的思想体系——这一思想已与人民结为一体。然而这个帝国在4世纪变成了基督教国家,进入了一个新的时期。在这一时期内,帝国的过去被否定了,有时是完全的否定,这势必会引起特别尖锐且难以渡过的危机。显然,古老的异教世界,至少是在其宗教领域内,已不再能适应罗马国家的需要。新的需要和新的愿望出现了,只有基督教能满足这种需要。

当一个非常重要的历史时刻与恰在此时充当领袖角色的某个历史人物相联系时,就会出现记载此人功绩的完整的文学作品,以颂扬他在此特定时期的重要贡献,并试图深入其精神生活的深处。4世纪的这样一个重要人物就是君士坦丁大帝。

君士坦丁生于纳伊苏斯城(Naissus,今尼什[Nish])。从其父亲康斯坦提乌斯·克洛卢斯家系(Constantine Chlorus)看,君士坦丁可能属于伊利里亚的家族。其母亲海伦(Helena)是基督徒,后被奉为圣海伦。她曾经去巴勒斯坦朝圣。据传说,她此行发现了基督殉难的真十字架。① 305年,戴克里先(Diocletian)和马克西米安(Maximian)根据原订的协议放弃帝位,退隐为民。迦勒里

---

① 见 H.樊尚(H.Vincent)和 F.M.阿贝尔(F.M.Abel)在《耶路撒冷。地志、考古和历史研究》(*Jérusalem．Recherches de topographie，d'archéologie et d'histoire*)(以下简称《耶路撒冷》),II,202—203。

乌斯（Galerius）成为东方的奥古斯都，君士坦丁之父康斯坦提乌斯（Constantius）则领西方奥古斯都头衔。次年，康斯坦提乌斯逝于不列颠，他的军团拥立其子君士坦丁继任奥古斯都。这时，罗马帝国发生了叛乱。起义群众和军队驱逐了迦勒里乌斯，拥立已放弃帝位的马克西米安的儿子马克森提乌斯（Maxentius）为奥古斯都。年迈的马克西米安与其子恢复帝号并共同治理国家。随后是一个时期的内战。其间，马克西米安与迦勒里乌斯皆故世。这时，君士坦丁与一个新的奥古斯都利基尼乌斯（Licinius）结盟，于312年在罗马城附近的一次决战中打败马克森提乌斯。马克森提乌斯企图逃离敌军追击时，溺死于台伯河（在台伯河上的米尔维安桥［Milvian］附近的萨克拉布拉［Saxa Rubra］）。两位得胜的皇帝——君士坦丁和利基尼乌斯于米兰会晤，据历史传说，他们在此颁布了著名的《米兰敕令》。两位皇帝间的和平关系没有维持多久，斗争迅速开始，最后以君士坦丁的全面胜利而告终。324年，利基尼乌斯被杀，君士坦丁成为罗马帝国的唯一统治者。

君士坦丁统治时期，对后来的历史进程有着最大影响的两件事是官方承认基督教及把首都从台伯河岸迁到博斯普鲁斯海峡，即从古罗马迁至"新罗马"君士坦丁堡。学者们在研究基督教在君士坦丁时期的地位时，特别注意到两个问题，即君士坦丁之"皈依"基督教和《米兰敕令》。⑱

---

⑱ 关于迄今为止与君士坦丁大帝的研究有关的基本情况，见 A.皮加尼奥尔（A. Piganiol）的极有价值的文章"关于君士坦丁问题研究的现状（1930—1949年）"（"L'état actuel de la question contantinienne, 1930/1949"），《历史》（*Historia*），I（1950），82—96。

君士坦丁之改宗基督教

历史学家和神学家们主要对君士坦丁之"皈依"基督教的原因深感兴趣:君士坦丁为什么偏爱基督教?他的态度,是否应被视为其政治上远见卓识的一种表现?他是仅把基督教视为其实现政治目标的手段,还是由于其内心信仰而采纳了基督教?或者,归根结底,他的"改宗"是否既由于政治野心的影响,也有其对基督教的心灵上的理解?

解决这一问题的主要困难在于历史资料中提供的情况互相矛盾。基督教主教尤西比乌斯(Eusibius)所描写的君士坦丁同异教作家佐西姆斯(Zosimus)笔下的君士坦丁没有丝毫共同之处。历史学家们因此有充分理由根据他们自己的成见来回答这一错综复杂的问题。法国历史学家布瓦西耶(Boissier)在其《异教的衰落》一书中写道:

> 遗憾的是,当我们研究那些在历史中充当了领导角色的大人物,并试图研究其生活和记载他们的行为时,我们很少满足于最自然的解释。因为这些人物有着非凡人物的名望,我们就不打算相信他们的行为与其他凡夫俗子相同。我们去探究他们最简单的行为背后的隐秘原因;我们认为他们有周密的考虑、深邃的思想和他们从未梦想过的背信弃义。所有这些在对君士坦丁其人的研究上都应验了。一种偏见成为流行看法,即这位精明的政治家企图愚弄我们;他越是热衷于宗教事务,并宣称他本人是真正的信仰者,我们就越是企图证明他

完全不关心宗教事务,他是怀疑基督真理的人。他在事实上并不关心任何宗教而只是偏爱那种最有助于他自己的宗教。②

长期以来,著名的德国历史学家雅各布·布克哈特*(Jacob Burkhardt)在其天才著作《君士坦丁大帝时代》(*The Time of Constanfine the Great*)一书中所表达的观点,即关于君士坦丁是不信基督教者这一断言对史学界有很大影响。他笔下的君士坦丁是为野心和强烈的权势欲所左右的天才政治家,是为了实现其世界目标而不惜牺牲一切的人。布克哈特写道:"人们时常企图深入君士坦丁的宗教观念中,然后描绘在其宗教信仰中可能发现的变化。所有这些都是徒劳的。因为,论及这位天才人物(其野心和对权力的渴望无时不在困扰着他的生活),不可能存在他是基督徒还是异教徒,是信教还是不信教者这样的疑问。这种人就其本质来说是不信教者(unreligiös)……即便他曾有瞬息时间停下来考虑他自己的真正宗教信仰,也一定是迫不得已的。"这位"极端的利己主义者"在认识到基督教势必成为世界性势力之后,即由此观念出发而恰当地利用了它。按布克哈特的说法,君士坦丁伟大业绩的成功恰恰基于这一认识。而且,君士坦丁给予基督教的特权也同给予异教的特权完全一样。要从这位捉摸不定的人物的行为中寻找任何规律性完全是徒劳的,这里只有偶然性。君士坦丁"这个身

---

② 《异教的衰落》(*Fall of Paganism*),I,24—25。
* 布克哈特生于瑞士巴塞尔,兰克门生,此处原文有误。——译者

着皇袍的利己主义者,只做那些,或允许做那些可以增加他个人权力的事情"。布克哈特以尤西比乌斯的《君士坦丁传》为其主要资料,却忽视了一个事实,即此书的记载并不可靠。③ 这里所简要介绍的布克哈特的论断,不承认君士坦丁皇帝有任何宗教感情。

德国神学家阿道夫·哈纳克(Adolph Harnack)以不同的资料为依据,在其《基督教在1—3世纪的发展》(*The Expansion of Christianity in the First Three Centuries*)④一书中,得出了同样的结论。他在研究了帝国各行省的基督教状况后,认为当时基督徒的实际数量不能确定,并得出结论:尽管在4世纪初,基督徒在帝国的实际数量很多且具有很大影响,但他们在群众中并不占优势。然而他又进一步指明:

> 人数的多少与其实际影响并不总是成正比;一个小团体往往产生很大的影响——如果它的成员大部分来自领导阶层;而一大群人也可能只产生小的影响——如果其成员来自下等阶级,或主要来自农村。基督教是一个城镇的宗教;城镇越大,基督徒的数量越大(即使是相对而言)。这就使基督教有着特别的优势。而且,基督教在当时已深入农村,遍及许多行省;如同我们在小亚细亚大多数行省所见,而在亚美尼亚、

---

③ 布克哈特:《君士坦丁大帝时代》(*Die Zeit Constantin's des Grossen*)(第3版,1898年),326、369—370、387、407。

④ 该书由J.莫法特(J.Moffatt)译为英文,1904年;德文第4版(增订版),1925年。

叙利亚、巴勒斯坦和北非(包括其乡镇)也不例外。

哈纳克依据基督教传播的广泛程度把帝国所有行省分为四类。据此,他分析了各类地区基督教的状况,指出,4世纪初,基督教会的中心在小亚细亚。众所周知,在历史上著名的君士坦丁"逃往"高卢事件发生之前数年,他曾作为人质居留在戴克里先设于尼科米底(Nicomedia)的行宫中。他对于亚洲的印象在高卢变得深刻了,体现为他在政治上的深思熟虑,这使他做出了决定性的结论:他可以通过支持强有力的教会和主教而受益。如果有人问,若没有君士坦丁,基督教会是否能够取得胜利?这样提问是愚蠢的。因为,还会有另一个君士坦丁或其他某人出现。况且,早在君士坦丁出现之前,基督教已在小亚细亚取得胜利,在其他行省也必将如此。历史并不需要特别的启示,也不需要天国的神圣大军带来业已存在的事实。它只需要一位敏锐而有力、对宗教状况又有极大兴趣的政治家。此人就是君士坦丁。他只是在清楚地认识到并牢牢地抓住必然出现的机遇这一点上是一个天才。⑤

显然,哈纳克只把君士坦丁视为天才的政治家。事实上,即使人们只是粗略地估计一下当时基督徒的数量也是不可能的。然而,许多近代最优秀的学者都承认,在当时的帝国与社会,异教思想仍是主导的因素,基督徒则必定处于少数。根据 V.博洛托夫(V. Bolotov)教授的统计:"至君士坦丁时期,基督徒有可能只占

---

⑤ A.哈纳克(A.Harnack):《基督教在1—3世纪的发展》(*Die Mission und Ausbreitung des Christentums in den ersten drei jahrhunderten*)(第2版,1906年),II,276—285;莫法特译本,452—466。

帝国全部人口的 1/10；甚至不足 1/10。任何认为当时基督徒数量超过全部人口 1/10 的说法都是不可靠的。"⑥他的这一统计，与其他一些学者的估计是一致的。目前，学者们似乎一致同意，君士坦丁时期基督徒仍然处于少数。如果这一点成立，那么，关于君士坦丁对基督教的态度出于纯政治目的的这一看法就必须放弃了。因为，一个伟大的政治家绝不可能依赖于那些只占帝国人口 1/10，又没有参与当时政治事务的群众来实现自己广泛的政治谋略。

《罗马和罗马人史》(History of Rome and of the Roman People)的作者迪律伊(Duruy)在夸大君士坦丁的作用这一点上多少受到了布克哈特的影响。他认为，在宗教上，"君士坦丁是虔诚而冷静的有神论者"。根据他的意见，君士坦丁"很早就意识到基督教在其基本教义方面是同他的一神教信仰相一致的"。⑦但是，尽管如此，迪律伊继续写道，政治的考虑对于君士坦丁来说还是最为重要的：

> 同波拿巴企图使教会与法国革命相妥协一样，君士坦丁也力图使古老的宗教同新的宗教和平共处，同时偏爱后者。他理解世界发展的方式，助其发展而不急于求成。由于这位皇帝的荣耀，他无愧于在他自己的凯旋门上嵌刻的、自诩的称号"和平的保卫者"(quietis custos)……我们已努力深入到君士坦丁的思想深处，并在此发现他之所以接受基督教是由于

---

⑥ 《古代教会史讲义》(Lectures on the History of the Ancient Church)，III，29。
⑦ 《罗马人史》(Histoire des Romains)，VII，102；M.M.里普利(Ripley)译本，VII，517。

统治策略而非宗教信仰。⑧

然而,迪律伊在其他方面强调:"尤西比乌斯所描写的君士坦丁常在天地万物之间看到他人所不曾注意的事物。"⑨

1913年,在纪念所谓《米兰敕令》颁布16个世纪的活动中出版了大批著作,其中有E.施瓦茨(E.Schwatz)所写的《君士坦丁大帝与基督教会》(*Kaiser Constantin und die Christliche Kirche*)和F.多尔格(F.Dölger)所编的《论文集》(*Gesammelte Studien*)。施瓦茨指出:"君士坦丁具有一个世界主宰者的非凡洞察力。他很清楚,为了建立自己计划中的世界帝国,与教会结盟是至关重要的。他也有勇气有能力违背一切皇权主义的传统来实现这一联合。"⑩在多尔格主编的《论文集》中,E.克雷布斯(E.Krebs)写道,君士坦丁对于基督教所采取的一切步骤,仅仅是促使教会胜利的第二位因素;其主要原因还是在于基督教会本身的超自然的力量。⑪

许多学者对这一问题的意见是大相径庭的。P.巴蒂福尔(P. Batiffol)为君士坦丁辩解,认为他的改宗是虔诚的,⑫而在研究君

---

⑧ 《罗马人史》,VII,86、88、519—520。

⑨ 《罗马人史》,VI,602。

⑩ 《君士坦丁大帝与基督教会》,2。

⑪ "君士坦丁大帝及其时代"("Konstantin der Grosse und seine Zeit"),见F.多尔格主编《论文集》,2。

⑫ 《君士坦丁与天主教会的和解》(*La Paix Constantinienne et le Catholicisme*),256—259(见O.希克在此问题上的讨论)。

士坦丁时期的钱币学领域享有盛名的学者 J.莫里斯(J.Maurice)则在近期试图证实君士坦丁皈依基督教时神迹的存在。⑬ 布瓦西耶指出,对于政治家君士坦丁来说,把他自己交给当时占帝国人口少数且毫无政治影响的基督徒,无疑会是一种冒险。因此,既然君士坦丁没有因政治理由改变自己的信仰,那么,必须承认,他这样做是出于信仰。⑭ F.洛特倾向于赞成君士坦丁改宗是出于信仰。⑮ S.施泰因则坚持这是出于政治理由。他说,君士坦丁的宗教政策最重要的一条,是他把基督教会引进国家机构中。他还推断,君士坦丁在某种程度上受到了波斯的琐罗亚斯德教国教会的影响。⑯ H.格雷古瓦写道,政策,尤其是对外政策,总是优先于宗教。⑰ A.皮加尼奥尔(A.Piganiol)说,君士坦丁是不懂基督教的基督徒。⑱

但是,通常来说,与君士坦丁在 312 年战胜马克森提乌斯有关的君士坦丁"皈依"基督教事件,不能被认为是他真的改宗基督教;他实际上是在去世那一年才接受基督教信仰。在他统治的整个时

---

⑬ 《君士坦丁大帝。基督教文明的起源》(*Constantin le Grand.L'Origine de la civilisation chrétienne*),30—36。

⑭ G.布瓦西耶:《异教的末日,关于 4 世纪西方最后的宗教斗争的研究》(*La Fin du paganisme;étude sur les dernières luttes religieuses en Occident au quatrième siècle*),I,28;并见 H.勒克莱尔(H.Leclercq):"君士坦丁"("Constantin"),《基督教考古和礼仪辞典》(*Dictionnaire d'archéologie chrétienne et de liturgie*),III(2),col,2669。

⑮ 《古代世界的末日》(*La Fin du monde antique*),32—38。

⑯ 《晚期罗马帝国史》(*Geschichte des spätrömischen Reiches*),I,146—147。关于洛特和施泰因的作品,见 N.贝恩斯的重要评论,刊于《罗马研究杂志》(*Journal of Roman Studies*),XVIII(1928),220。

⑰ "论君士坦丁之'改宗'基督教"("La 'convension' de Constantin"),《布鲁塞尔大学学报》(*Revue de l'Université de Bruxelles*),XXXVI(1930—1931),264。

⑱ 《君士坦丁大帝》(*L'Empereur Constantin*),75。

期,君士坦丁一直保有"大祭师"(pontifex maximus)的称呼;他一直称星期日为太阳日(dies solis);而"战无不胜的太阳"(sol invictus)在当时通常是指波斯的神密特拉,对密特拉神的崇拜遍及整个罗马帝国的东西方。有一段时期,这种对太阳神的崇拜是对基督教的严重挑战。显然,君士坦丁是太阳神崇拜的支持者,这种崇拜在他自己的家族中传世。从各方面的可能性来看,他的"战无不胜的太阳"是阿波罗神。莫里斯曾注意到,这种太阳宗教使君士坦丁在帝国赢得了大批群众。[19]

近来,一些历史学家进行了一次有意义的尝试以说明君士坦丁只是延续了其他罗马皇帝所实行的政策,而不是唯一的基督教斗士。据格雷古瓦说,利基尼乌斯在君士坦丁之前即开始对基督教实行容忍政策。德国史学家舍内贝克对格雷古瓦的论点表示怀疑:他认为马克森提乌斯在他所管辖的那部分帝国是基督教的斗士,而且为君士坦丁树立了可仿效的榜样。[20]

即使君士坦丁确实对基督教颇为了解,他的政治谋略也必然地影响到他对基督教的态度,而基督教在许多方面会有助于他。他明白,基督教必将成为帝国各民族间的主要联系因素。"他需要通过教会的统一而巩固帝国的统一。"[21]

关于君士坦丁之改宗基督教的事件,通常与君士坦丁和马克

---

[19] 《君士坦丁时代的古钱》(*Numismatique constantinienne*),II,viii、xii,xx—xlviii。

[20] 格雷古瓦:"论君士坦丁之'改宗'基督教",《布鲁塞尔大学学报》,XXXVI(1930—1931),231—232。汉斯·冯·舍内贝克(Hans von Schoenebeck):《论马克森提乌斯及君士坦丁的宗教政策》(*Beiträge zur Religionspolitik des Maxentius und Constantin*),1—5,14,22,27。

[21] E.特鲁贝茨库(E.Trubezkoy):《5世纪西方基督教的宗教和社会观念》(*Religious and Social Ideals of Western Christianity in the Fifth Century*),1,2。

森提乌斯交战期间,天空中出现一枚闪光十字架这一著名故事相联系;于是一次神迹即构成了君士坦丁"皈依"的一个原因。然而,叙述这一神迹的史料在历史学家中引起了许多争议。关于这次神迹的记载最早见于君士坦丁同时代的基督教徒拉克坦提乌斯(Lactantius)的作品,他在其著作《基督教迫害者之覆灭》(*De mortibus persecutorum*)中谈到了君士坦丁在梦中接到一个警告,要他在其护甲上刻上基督圣符(*coeles te signum Dei*)的标记[22]。但拉克坦提乌斯并没有提到传说中君士坦丁所看到的天象。

君士坦丁的另一个同时代人恺撒里亚的尤西比乌斯在两部著作中写到君士坦丁对马克森提乌斯的胜利。在其早期作品《基督教会史》中,尤西比乌斯只提到,当君士坦丁出发去解罗马之围时,"向上帝及圣子耶稣基督、人类的救世主祈祷",[23]显然,他在此处未提及君士坦丁的梦或其护甲上的圣符。另一部著作《君士坦丁传》写于君士坦丁战胜马克森提乌斯的二十五年之后,且通常被认为(也许是错误地认为)是尤西比乌斯所写的。该书提到,君士坦丁大帝本人讲到,当他向马克森提乌斯进攻当中,看到在落日之上有一闪光的十字架,上有"以此致胜"(τούτῳ νίκα)的字样,并发誓这是千真万确的。他和他的军团战士都被这一天象所震惊。次日夜,基督在梦中来到君士坦丁面前,带着同样的圣物,并让君士

---

[22] 见《基督徒迫害者之覆灭》,44。
[23] 《基督教会史》(*Historia ecclesiastica*),IX.9.2。见《尼西亚和后尼西亚基督教会教父文选》(*A Select Library of Nicene and Post-Nicene Fathers of the Christian Church*)(以下简称《尼西亚和后尼西亚教父》),P.沙夫(Schaff)、H.韦斯(Wace)等编,2nd ser.,I,363。

坦丁制作一枚同样的十字架,带着它向他的敌人进攻。天刚破晓,君士坦丁即向他的亲兵们宣布了这一奇妙的梦境,然后,召集工匠艺人,向他们描述了自己所见之物的轮廓,令匠人们着手制造军旗,㉔此即著名的拉巴鲁(*labarum*)。㉕拉巴鲁是一形如长枪的长柄十字架,其横轴上是一条丝绸,上面以金缕刺绣并以宝石嵌就君士坦丁及其二子的肖像;在十字架顶端有一个金环,环内为基督名字的缩写字母。㉖自君士坦丁以后,拉巴鲁成为拜占庭帝国的旗帜。至于君士坦丁进军途中幽灵的出现和上帝派来援助君士坦丁的天兵天将的叙述则可见于其他作者的作品。在这方面的资料记载甚为混杂而且互相矛盾,不可能从历史角度予以恰当评论。有的作者走得更远,以至于说,神迹的发生并非在君士坦丁对马克森提乌斯的进军途中,而是发生于君士坦丁自高卢出发以前。

所谓《米兰敕令》

在君士坦丁统治时期,基督教的存在和发展得到了官方的许可。第一个有利于基督教的法令是311年由迦勒里乌斯颁布的,他也曾经是最残忍的基督教迫害者之一。这一敕令宽恕了基督徒过去对于政府欲使他们回到异教传统中的诸项指令的顽强反抗,

---

㉔ 尤西比乌斯(Eusebius):《君士坦丁传》(*Vita Constantini*),I,38—40。

㉕ Labarum词源之谜后来由H.格雷古瓦解决,见"Labarum的词源",《拜占庭》(布鲁塞尔),IV(1929),477—482;这是取拉丁语Laureum中的军旗(signum)或旗帜(vexillum)之义。也见《拜占庭》,XI(1937),XIII(1939),583。格雷古瓦之前,对于"labarum"之词源研究的先驱是17世纪的瓦勒西乌斯(Valesius,or H.Valois)。

㉖ Labarum的形状可见于君士坦丁时期的钱币。见莫里斯《君士坦丁时期古钱研究》I,2及插图IX。

第二章 自君士坦丁大帝至查士丁尼时代的帝国

宣布他们存在的合法性。敕令宣布:"基督徒仍可以存在,也可以设立他们的集会场所,但不得因此而做有悖于良好秩序的事情。因此,为了报答朕的这一恩惠,他们必将为朕的国家,即他们自己国家的长治久安向他们的上帝祈祷。"㉗

两年以后,当君士坦丁战胜了马克森提乌斯并与利基尼乌斯媾和之后,与利基尼乌斯在米兰会晤,在此地,他们颁发了十分重要的,但被错误地称为是《米兰敕令》的文件。该文件的原文已经失传,但利基尼乌斯发给尼科米底政区长的拉丁文复件却被拉克坦提乌斯保留在其著作中。另一拉丁原文的希腊文译本由尤西比乌斯在其《基督教会史》一书中引用。

依照这一文件,基督徒和信仰其他宗教的人被给予充分的自由去追随他们所选择的任何信仰。所有针对基督徒的迫害手段也被废止。

> 从现在起,那些希望履行基督的崇拜仪式的每一个人,皆可以自由地、无条件地去履行该崇拜而不受任何干扰。对于这些决定,我们*认为最好是以充分的方式向尔卿(即比西尼亚的省长)解释清楚,即尔卿应该知道,我们已经慷慨地、毫无保留地给予了所谓基督徒实行其崇拜的权利。而且,当尔卿

㉗ 拉克坦提乌斯:《基督徒迫害者之覆灭》,34,4—5;尤西比乌斯:《基督教会史》,viii,17,9—10。

* 此处用的是第一人称的复数形式,相当于中国帝王的自称"朕",但由于此处是两个皇帝的联合声明,也可译为"我们"。——译者

留意到,我们已给予所谓的基督徒该项恩准时,尔卿亦应理解我们同样公开慷慨地恩准其他人自由实行他们自己的崇拜,这于我们时代之平和是相适宜的;每个人都有自由实行他所选择的崇拜仪式,因为我们并不愿意贬抑任何一种崇拜仪式的荣耀。㉘

该文件亦命令,原来从基督徒手中没收的私人房舍和教堂必须无保留地全部归还原主。

1891年,德国学者O.希克提出了没有人颁发过所谓《米兰敕令》的观点。他指出,唯一出现过的敕令是311年由迦勒里乌斯颁布的《容忍敕令》。㉙但多数历史学家长期以来不承认这一观点。1913年,竟有许多国家隆重地举行纪念《米兰敕令》颁布1600周年的庆祝活动,并有大量论及此问题的著作问世。然而,事实上,以上引述的利基尼乌斯于313年在尼科米底颁布的敕令,是对迦勒里乌斯311年敕令的认可,而迦勒里乌斯的文件显然没有得到令人满意的贯彻。313年3月,由君士坦丁和利基尼乌斯在米兰颁布的文件并不是敕令,而是致小亚细亚及整个东方各行省省督

㉘ 拉克坦提乌斯:《基督徒迫害者之覆灭》,48、4—8;尤西比乌斯:《基督教会史》,X,5,6—9。(亦见企鹅古典丛书中尤西比乌斯著作的英译本。该译本中同段文字与瓦西列夫书中译文出入甚大。——译者)

㉙ "所谓'米兰敕令'"("Das sogenannte Edikt von Mailand"),《基督教会史杂志》(Zeitschrift für Kirchengeschichte),VII(1891),381—386。亦见希克《古典世界衰亡史》(Geschichte des Untergangs der antiken Welt)(第2版,1897年),495。

第二章 自君士坦丁大帝至查士丁尼时代的帝国

的信,用以解释并指教他们应如何对待基督徒。㉚

根据这一敕令,我们的结论是,君士坦丁和利基尼乌斯给予基督教与其他宗教,包括异教信仰者,以同样权利。但若认为基督教在君士坦丁时期就获得了胜利,却属为时过早。对于君士坦丁来说,基督教似乎是可以与异教共存的。他所采取措施的重要意义在于,他不仅允许基督教存在而且事实上将它置于政府的保护之下。这在早期基督教的历史上是特别重要的一刻。然而,尼科米底敕谕并没有为某些史学家制造如下理论提供论据,㉛该理论认为,在君士坦丁时期,基督教已被置于其他宗教之上,其他宗教则只是得到宽容,因此《米兰敕令》宣布的不仅是对基督教的容忍,而是基督教的至高无上。㉜ 但是,如果论及《米兰敕令》究竟是使基督教取得了至尊权利还是获得了与其他宗教平等的权利这一问题时,结论一定更倾向于后者。然而,尼科米底敕谕的意义是重大的。如一位历史学家所说:"事实上,不需要任何不必要的夸张,

---

㉚ 我将介绍一些学者的论断。J.尼普芬格(J.Knipfing):在"所谓313年的米兰敕令之问世背景的最新探索"("Das Angebliche 'Mailänder Edikt'")(《基督教会史杂志》,XL[1922年].218)一文中说:"所谓的'米兰敕令'之存在应该否定。"N.贝恩斯在《罗马研究杂志》。XVIII(1928年),228 中写道:"我们现在知道了,根本没有什么'米兰敕令'。"E.卡斯帕尔(Caspar)在其《教皇制度史》(Geschichte des Papsttum)I,105 注3 中写道:"'米兰敕令'的提法必须从历史上取消。"格雷古瓦在"论君士坦丁之改宗基督教"(《布鲁塞尔大学学报》,XXXVI[1930—1931],263)一文中说:"君士坦丁于米兰颁布的313年的(容忍敕令)并非敕令,而是致亚洲和东方各省督的敕答或信件。"

㉛ A.列别德夫:《基督徒受迫害的时代》(The Epoch of Christian Persecutions)(第3版,1904年),300—301。

㉜ N.格罗苏(Grossu):"米兰敕令"("The Edict of Milan"),《基辅神学研究院公报》(Publications of the Spiritual Academy of Kiev)(1913),29—30。

'米兰敕令'无疑有极大的重要性。因为这则敕谕结束了基督教在帝国统治范围内的非法地位,并颁布了完全的宗教信仰自由,如是,就使异教从其唯一国家宗教的地位降至与其他宗教同等的地位。"㉝

君士坦丁对教会的态度

君士坦丁不仅使基督教作为一种特定的宗教学说与其他宗教享有同等权利,而且也使基督教教士们得到了与异教祭师们同样的全部特权。他们被免于纳国税,免于公务,而且免于担任可能影响他们行使宗教义务的公职(即享有豁免权)。任何人都可以向教会捐献财产,因而教会取得了遗产权。如是,随着宗教自由宣言的颁行,基督教社团被承认为合法社团;从法制观念上看,基督教被置于一个全新的位置上。

主教法庭得到了极为重要的特权。任何人都有权在被诉讼方同意的条件下,把民事讼案提交主教法庭,即使对于该讼案的审理过程已由民事法庭开始进行。到君士坦丁统治末期,主教法庭的权限更为扩大:(1)主教的判决应视为终审判决,讼案中所涉及的任何年龄的人必须接受;(2)任何民事诉讼案件在审理的任何阶段

㉝ A.布里连托夫(A.Brilliantov):《君士坦丁大帝与米兰敕令》(*Emperor Constantine the Great and the Edict of Milan*),157,参见 M.A.胡特曼(Huttman):《基督教地位的确定和异教之被摒弃》(*The Establishment of Christianity and the Proscription of Paganism*),其中写道:"虽然我们可以视君士坦丁为第一位基督教皇帝,而且首先使基督教和异教处于分庭抗礼的地位,但他并不是第一个使基督教成为合法宗教的皇帝,因为迦列里乌斯早在311年已这样做了。"(123)关于基督教与异教自由地共存之典型表现,亦可见诸于古钱,参见莫里斯《君士坦丁时代的古钱》,II,iv。

都可转交主教法庭审理,而无视被诉讼方是否反对;(3)主教法庭的判决世俗法庭必须执行。这些司法特权提高了主教们在社会上的威信,但同时,也加重了他们的负担,出现了许多矛盾纠纷。由于对主教的判决进行上诉被视为非法,而主教的判决却并不总是正确的,因而,败诉一方总是抱怨,愤慨不已。此外,这一附加的职责,又给主教们的生活带来过多的世俗利益。

教会也由于从国家资源中获得地产、钱财及谷物的馈赠而在物质上日益富有,基督徒不可能再被迫参与异教的节日。同时,基督教的影响使国家在对罪犯的惩罚上有所缓和。

君士坦丁的名字还与那些在他的广阔帝国各处建立的无数教堂联系在一起。据说罗马的圣彼得教堂和拉特兰教堂是他所建。他对巴勒斯坦特别有兴趣。据说他的母亲海伦就是在那里发现了真十字架。在耶路撒冷,基督安葬之处,圣墓教堂巍然耸立;在奥利弗山上,君士坦丁建立了耶稣升天教堂;在伯利恒城,建立了圣诞教堂。在新都君士坦丁堡及其城郊,也建立了许多教堂,其中最著名的是使徒教堂和圣伊琳娜教堂。圣索菲亚教堂亦可能是在君士坦丁时期奠基,在他的后继者康斯坦提乌斯(Constantius)时期完成。在君士坦丁统治时期的其他地区,如安条克、尼科米底和北非,也兴建了许多教堂。[34]

---

[34] 例如,关于尼科米底的教堂,见 J.索尔赫(J.Sölch)的"比提尼亚移民区历史地理研究。尼科米底、尼撒、普鲁萨"("Historisch-geographische Studien über bithynische Siedlungen.Nikomedia,Nizäa,Prusa"),《拜占庭和当代希腊年鉴》(*Byzantinisch-neugriechische Jahrbücher*),I(1920),267—268;关于非洲教堂,见 D.格塞尔(D. Gsell)《阿尔及利亚古代遗址》(*Les Monuments antiques de l'Algérie*),II,239。

自君士坦丁之后,在帝国内发展起了三个重要的基督教中心:早期基督教的罗马,位于意大利,但仍存在对异教的同情并在一定时期内持续着异教的传统;基督教的君士坦丁堡,在东方基督徒心目中迅速成为第二罗马;最后,是基督教的耶路撒冷。自皇帝提图斯于公元70年摧毁了耶路撒冷并在其领土上建立罗马的殖民地(埃利亚-卡匹多利纳城)以后,到2世纪皇帝哈德良统治时期,古老的耶路撒冷已失去其重要性,尽管它曾是基督教会的诞生地和最早的使徒传道中心。在君士坦丁时期,基督教的耶路撒冷获得了新生。在行政上,该省的首府是恺撒里亚而不是埃利亚。这一时期在此三个中心兴建的教堂成为基督教会在尘世间获得胜利的标志。这个教会迅速成为国家教会。尘世王国的新思想和基督教之"彼世"王国及世界末日即将到来的概念形成直接对立。㉟

阿利乌斯派教义和尼西亚会议

由于4世纪早期出现的新形势,基督教会经历了一个十分活跃的时期,特别表现在教义领域。在4世纪,教义问题不是像3世纪那样只涉及个别人,如德尔图良和奥利金*等,而是涉及了整个派别,即由大群的、组织严密的个人组成的团体。

在4世纪,宗教会议的召集成为常事,而且,这些会议被认为

㉟ V.巴托尔德(V.Barthold)文章,见《东方学院通报》(*Transactions of the Orient College*),I,463。

* 德尔图良(Tertullian,约155或160—220年)和奥利金(Origen,185?—254年)皆为早期基督教著作家。——译者

是解决宗教争端的唯一有效手段。但在这一运动中,在教会与国家关系中出现了一种新的要素,这对后来的教权与俗权之关系极其重要。自君士坦丁大帝以来,国家介入了宗教争端并按自己的意愿支配它们。显然,在许多时候,国家的利益并不总是与教会利益相一致的。

许多世纪以来,东方的文化中心是埃及城市亚历山大,在这里,知识活动如一股巨流倾泻而下。自然,新的教义运动也源于亚历山大城。按照 A.斯帕斯基(A.Spassky)教授的说法:"成为东方神学发展的中心,并在基督教世界里获得了哲学教会这一声望"的亚历山大教会,"从不厌倦于研究高深的宗教和科学问题"㊱。虽然亚历山大的地方教会监督阿利乌斯(Arius)的名字成为君士坦丁时期最重要的"异端"教义的称呼,但这一派教义却是3世纪后半期源自叙利亚的安条克,当时最有学问的人卢西安(Lucian)曾在此地建立了一个神学注释学校。该学校如 A.哈纳克所说:"是阿利乌斯教义的温床,其领袖卢西安是阿利乌斯以前的阿利乌斯。"㊲

阿利乌斯提出了上帝之子是被造者(created being)的理论。这一理论构成阿利乌斯异端的基础。在远离埃及的地方,恺撒里亚的主教尤西比乌斯和尼科米底土教尤西比乌斯,都支持阿利乌

㊱ 《基督教主教全盛时期的教理运动史》(*The History of the Dogmatic Movements During the Period of the Ecumenical Councils*),137。

㊲ 《教会史手册》(*Lehrbuch der Dogmengeschichte*)(第 4 版,1919 年),II,187。

斯的观点。敌对情绪日益高涨。尽管阿利乌斯的弟子们竭尽全力保护他,阿利乌斯仍被亚历山大主教亚历山大逐出教会。地方当局欲安抚教会内部人士这一骚乱的努力也没有成功。

君士坦丁打败利基尼乌斯并成为唯一的皇帝后,立即于324年到达尼科米底,在此地,他听取了阿利乌斯的弟子们和他的反对者两方的抱怨意见。由于君士坦丁首先考虑到的是在帝国内部维持宗教和平,而没有意识到该教义争端的全部重要性,于是,他写信给大主教亚历山大和阿利乌斯,敦促他们达成谅解。他还举例说明,哲学家们也曾有过争论,但他们都能和平共处。他在信中还指示道,对于亚历山大和阿利乌斯来说,达成谅解不应该有困难,因为他们双方都相信上帝和耶稣基督。"因此,让我重新享有平静的、不受烦扰的日日夜夜,那么,永远的欢愉和恢复平静的喜悦,将成为我日后生活的一部分。"君士坦丁在信中如是说。㊳

科尔多瓦(西班牙)主教奥西乌斯(Hosius)(君士坦丁对他十分尊敬)前往亚历山大城送这封信。他送交了这封信后,彻底地调查了这一事件始末,回到皇帝身边时向皇帝解释了阿利乌斯运动的全部意义。只到此时,君士坦丁才决定召集一次宗教会议。

第一次基督教主教公会议在皇帝诏令下于比提尼亚城市尼西亚召开。与会者的准确数字不详,尼西亚派的教父们时常被估计

㊳ 尤西比乌斯:《君士坦丁传》,II,72。I.冯·海克尔(I.von Heikel)编《尤西比乌斯著作集》(*Eusebius Werke*),71;《尼西亚与后尼西亚教父》(*Nicene and Post-Nicene Fathers*),1st ser.,I,518。

为318人。㊴ 其中多数是东方的主教。年迈的罗马主教派了两个地方教会监督作为他的代表出席会议。在会议上的诸项议程中，最为重要的是阿利乌斯派的争论。皇帝主持会议，有时甚至领导会议的讨论。

尼西亚会议的决议未保留下来。至于会议进程中是否有任何文字记录也值得怀疑。关于该次会议的情况，人们主要是从那些与会者的作品及历史学家的记载中得知。㊵ 阿利乌斯的最激烈最干练的对手是亚历山大教会的副主教亚大纳西（Athanasius）。经过激烈的辩论之后，会议摒弃了阿利乌斯派异端，在接受了一些修改和补充意见后，采纳了与阿利乌斯派教义相对的信条，即耶稣基督被承认是上帝之子。不是被造的，与圣父同体。* 许多阿利乌斯派主教签字表示认同。他们中间最顽固者，包括阿利乌斯本人，被判流刑和监禁。一个研究阿利乌斯教派的最权威人士写道："阿利乌斯教派曾以勃勃生机开始了它的伟业，而且几年之内它在东方的优势似乎无可匹敌。但是，它的势力在尼西亚会议召开之际

㊴ 与此不同的数目，见巴蒂福尔《君士坦丁的和平》（*La Paix constantinienne*）（第3版，1914年），321—322。参见 E.霍尼格曼（E.Honigmann）"出席尼西亚会议教父名单原本"，《拜占庭》（布鲁塞尔），XIV(1939)，17—76。亦见霍尼格曼"尼西亚会议、强盗会议及卡尔西顿会议出席者原始名单"（"The Original List of the Members of the Council of Nicaea, the Rober-Synod and the Council of Chalcedon"），《拜占庭》（布鲁塞尔），XVI,1(1944)，20—80。（强盗会议即449年的宗教会议，其详细过程见本书第三章。——译者）

㊵ S.A.韦尔肯豪瑟（Wilkenhauser）："关于尼西亚宗教会议记录保留问题"（"Zur Frage der Existenz von Nizänischen Synodalprotocolen"），载 F.多尔格编《研究文集》，122—142。

* 尼西亚信经的中文译文全文可见中国基督教协会编《要道问答》（1983年7月）。——译者

衰竭了,在基督教世界的一致责难下萎靡不振……当会议闭幕时,阿利乌斯教派看来已被无望地粉碎了。"㊶会议的庄严宣言向所有的基督教团体通告了教会内部的和谐与一致。君士坦丁写道:"恶魔将不再有任何力量来对抗我们,因为所有那些他曾心怀叵测地设计出来毁灭我们的伎俩已从根本上被铲除了。圣灵的光辉在上帝的指令下驱散了所有那些纷争、分裂和骚乱,即造成不和谐的致命毒剂。"㊷

但现实并没有实践君士坦丁的愿望。尼西亚会议通过摒弃阿利乌斯教的举动,不仅未能使阿利乌斯派争端终止,反而引起了许多新的类似的运动和混乱。君士坦丁本人对阿利乌斯派的态度也逐渐出现了明显的转变,开始倾向于它。在尼西亚会议几年之后,阿利乌斯及其最坚定的弟子从流放地被召回。㊸ 但阿利乌斯的突然辞世使他未能恢复其活动。那些支持尼西亚信条的领袖则取代了阿利乌斯派人士而被判刑;并且尼西亚信经从未被正式重申或被正式摒弃,它逐渐被有意忘却或部分被其他教义所取代。

人们很难解释强烈反对尼西亚会议的缘起及君士坦丁态度发生改变的原因。也许在诸如宫廷影响,家庭的密切关系等各种解释中,下述观点应引起重视。当君士坦丁最初试图解决阿利乌斯

㊶ H.格沃特金(H.Gwatkin):《阿利乌斯教派研究》(*Studies on Arianism*),(第2版,1900年),I,1—2。

㊷ 索克拉蒂斯(Socratis):《基督教会史》(*Histoira ecclesiastica*),I,9。见《尼西亚和后尼西亚教父》,2nd. ser., II,13。

㊸ 见 N.贝恩斯的两篇论文"亚大纳西",《埃及考古杂志》(*Journal of Egyptian Archaeology*),XI(1925),58—69;"亚历山大里亚与君士坦丁堡:基督教会的权术研究"("Alexandria and Constantinople: A Study in Ecclesiastical Diplomacy"),XII(1926),149。

问题时，他并不了解东方的宗教状况，在东方，对阿利乌斯派的同情占优势；君士坦丁皇帝曾在西方接受教育，受到其西方导师们，如科尔多瓦主教奥西乌斯之类的影响，因此，他决定支持尼西亚信经。这是符合当时他自己的观点的，但并不符合东方状况。后来，当君士坦丁意识到尼西亚决议是与大多数教会的精神相左并与东方大众的愿望相冲突时，遂采取了对阿利乌斯教义更有利的态度。在君士坦丁统治的晚年，阿利乌斯教派甚至深入宫廷，在帝国东部逐年稳固。尼西亚信经的追随者被剥夺其教职并判流放。但由于资料状况不尽人意，阿利乌斯派在这一历史时期的优势还不够清晰。㊹

君士坦丁直到晚年仍是一位异教徒。只是在临终前，他才接受了尼科米底主教、一个阿利乌斯派信徒尤西比乌斯施予的洗礼；但 A.斯帕斯基指出，君士坦丁在临死时指示，把著名的阿利乌斯的反对者亚大纳西从流放地召回。㊺ 君士坦丁还使他的诸子成为基督徒。

君士坦丁堡的奠基

君士坦丁统治时期仅次于承认基督教的第二件大事，就是在博斯普鲁斯海峡的欧洲一岸，即进入普罗蓬蒂斯海（马尔马拉海）的入口处，原麦加拉人*殖民地拜占庭（Βυζάντιον）的旧址，建立

㊹ 例如格沃特金试图解君士坦丁对于阿利乌斯派的不同态度是考虑到保住亚洲的问题，见《阿利乌斯派研究》(*Studies on Arianism*)（第 2 版，1900 年），57、96。

㊺ 《教义运动史》(*Dogmatic Movements*)，258。

* 麦加拉(Megara)，古希腊城邦国家，位于伯罗奔尼撒半岛。——译者

了首都。

早在君士坦丁以前，古代人就已完全意识到坐落于欧洲交界处、控制着两海（黑海和地中海）通路的拜占庭在战略上和商业上的优势。它也接近光辉的古典文化的主要发源地。根据史料判断，早在公元前7世纪前半期，麦加拉人就在博斯普鲁斯海峡南端的亚洲一岸，即与后来建立的君士坦丁堡相对的地方，建立了一个殖民地，叫卡尔西顿。几年后，另一部分麦加拉人在博斯普鲁斯海峡南端的欧洲一岸建立了另一个殖民地拜占庭，其名称源自麦加拉远征军的司令拜扎斯（Βύζας）。拜占庭较于卡尔西顿的优势，古人也十分了解。公元前5世纪的希腊历史学家希罗多德（iv，144）写道，波斯将军迈加比佐斯*在到达拜占庭时，称卡尔西顿的居民是瞎子。因为他们在为自己的城市选择城址时，选择了两个之间较差的一个，却忽视了后来拜占庭奠基于其上的那个较好的地点。后来的作家及其作品，包括斯特拉波（vii，6，约320年）及罗马历史学家塔西佗（《编年史》xii，63），把迈加比佐斯的这一断言略为改头换面地归于希腊德尔斐的阿波罗神谕**，神谕在答复麦加拉人所提出的在哪里建城的问题时，回答道，他们应在"瞎子"的土地对面定居。在希波战争期间和马其顿的腓利普时代，拜占庭曾发挥了重要作用。公元前2世纪的希腊历史学家波利比阿透彻地分析了拜占庭的政治和经济地位。他在论述希腊和黑海沿岸诸城贸易关系的重要性时写道，没有拜占庭居民的许可，任何一只

---

* 此处原文为Megabazus，与通常所见的Megabyzus有异。——译者

** Pythian Apollo 庇西亚阿波罗，即希腊德尔斐的太阳神庙，相传这里是阿波罗的神示所，常回答人们的问题，预言将来的事件。——译者

第二章 自君士坦丁大帝至查士丁尼时代的帝国

商船也不可能进入或离开黑海,因此,拜占庭人控制了黑海沿岸所有那些不可缺少的产品。㊻

自罗马取消共和后,皇帝们不止一次想把首都由共和意识控制下的罗马迁至东方。据罗马历史学家苏埃托尼乌斯(Ⅰ,79)记载,朱利乌斯·恺撒企图从罗马迁都到亚历山大城或伊利翁(原特洛伊)。在基督教纪元的前几个世纪,皇帝们也时常在对外扩张的军事行动中或巡游整个帝国时长期离开罗马。2世纪末,拜占庭曾受到一次沉重的打击:塞普提米乌斯·塞维鲁(Septimius Severus)在打败了他的对手,即拜占庭支持的佩塞尼乌斯·尼格尔(Pescennius Niger)后,对该城进行了可怕的劫掠,几乎使之彻底毁灭。与此同时,东方吸引着皇帝们。戴克里先(284—305年在位)更乐于住在小亚细亚城市尼科米底,并以许多辉煌的新建筑美化了这个城市。

当君士坦丁决定创建一个新的首都时,并没有立即选择君士坦丁堡。至少,他一度考虑过他的出生地纳伊苏斯(尼什)、萨迪卡(索菲亚)和塞萨洛尼卡(今萨洛尼卡)。他的注意力曾特别地转向埃涅阿斯*的城市特洛伊。据传说,是埃涅阿斯曾在意大利的拉丁姆为罗马国家奠基。君士坦丁大帝曾亲自出发去历史名城特洛伊,亲自划定了拟建城市的城区疆界。据5世纪的基督教作家索佐门(Sozomen)记载,当特洛伊城门竣工之际,上帝在一天夜里向

㊻ 波利比阿(Polybius):《历史》(*Historia*),iv,38、44。

* 罗马神话中所传特洛伊和罗马的英雄,古罗马诗人维吉尔的《埃涅阿斯纪》中的主人公:他率领在特洛伊战争劫后余生的众人历尽艰难,百折不回,终于到达台伯河口。——译者

君士坦丁托梦,要他为自己的首都另选城址。此后,君士坦丁选定了拜占庭。甚至在一个世纪之后,当旅行者航行至特洛伊近海时,还可以见到君士坦丁开始进行的未完成建筑。㊼

当时的拜占庭尚未完全从塞普提米乌斯·塞维鲁造成的严重打击中恢复元气,仅仅还是一个村庄,只占有伸入马尔马拉海的岬角之一部分。323 年,君士坦丁决定兴建新都,325 年,主要建筑的营建工程开始进行。㊽ 据基督教传说,当君士坦丁皇帝手持长矛圈定城界时,其廷臣为预期划定的首都范围而震惊,遂问:"我们的主啊,您还要走多久?"皇帝答:"我将继续前行,直至在我前面的引路者停止。"㊾这就是说有某种神力在引导着他。为了建都,皇帝从各地征调劳力与建筑材料。罗马、雅典、亚历山大、以弗所及安条克的异教遗物皆用于美化新都。有 40 000 名哥特士兵,即所谓"同盟军"(foederati),参加了营建工程。为了吸引大批居民,皇帝赐予新都以许多商业和金融特权。330 年春,新都的营建工作进

㊼ 索佐门(Sozomenis):《基督教会史》(Historia ecclesiastica),II,3。
㊽ 见 J.莫里斯《君士坦丁堡的起源》(Les Origines de Constantinople),289—292;L.布莱耶尔:"君士坦丁和君士坦丁堡的奠基"("Constantin et la fondation de Constantinople"),《历史杂志》(Revue historique),CXIX(1915),248;D.拉图(Lathoud):"君士坦丁堡的建都及启用"("La Consécration et la dédicace de Constantinople"),《东方之声》,XXIII(1924),289—294。C.埃莫罗(Emereau):"关于君士坦丁堡之起源及奠基的记载"("Notes sur les origines et la fondation de Constantinople"),《考古杂志》(Revue archéologique),XXI(1925),1—25。E.格兰德(Gerland):"拜占庭与君士坦丁堡城的建立"("Byzantion und die Gründung der Stadt Konstantinopel"),《拜占庭与当代希腊年鉴》,X(1933),93—105。R.雅南(Janin):《拜占庭的君士坦丁堡》(Constantinople Byzantine)(巴黎,1950 年),27—37。
㊾ 菲罗斯托尔吉(Philostorgii):《基督教会史》(Historia ecclesiastica),II,9;J.比德(Bidez)编,20—21,并见其他资料。

展顺利,君士坦丁认为已可以正式启用为新都了。330 年 5 月 11 日,新都正式启用,随之而来的是持续 40 天的庆祝活动。是年,基督教的君士坦丁堡于异教的拜占庭城址上屹立。(50)

虽然人们难以估计君士坦丁时期这一新都的规模,但肯定远远大于原拜占庭城的范围。关于 4 世纪君士坦丁堡的人口,人们也没有准确的记载,仅能估计到它可能多于 20 万人。(51) 为了抵抗来自陆地的敌人,君士坦丁修建了由金角湾到马尔马拉海的城墙。

几年之后,古代的拜占庭已成为一个世界帝国的都城,被称为“君士坦丁之城”,即“君士坦丁堡”。首都采用了罗马的市政体制,被划为 14 个区(即政区),其中的两个区位于城墙之外。但君士坦丁时期的遗迹几乎无一留存至今。然而,可上溯至君士坦丁时期
的圣伊林娜教堂(它在查士丁尼大帝及利奥三世时期曾两次重建) 60
仍然存在。著名的取自德尔斐*(公元前 5 世纪)的小蛇柱——原为纪念普拉提亚战役而建——被君士坦丁移至新都,置于竞技场内,现虽有破损,但依然存在。

君士坦丁以其天才的洞察力认识到君士坦丁堡的地理位置在政治、经济及文化上的优势。在政治上,君士坦丁堡或通常所称的“新罗马”,在抵御外敌方面有特别的优势。海上进攻是不可能的,在陆地上则有城墙防卫。在经济上,君士坦丁堡控制了与爱琴海

(50) N.贝恩斯:《拜占庭帝国》,18。

(51) 施泰因:《晚期罗马帝国史》,I,196。洛特:《古代世界的末日》,81。A.安德列亚德倾向于承认该市人口达 70 万—80 万,见“拜占庭诸帝时期君士坦丁堡的人口”(“De la population de Constantinople sous les empereurs byzantins”),《计量》(*Metron*),I(1920),80;也见 J.B.柏里《晚期罗马帝国史》,第 2 版(1931 年),I,88。

* 古希腊宗教中心。——译者

和地中海的全部贸易,因而必然会成为欧洲与亚洲的贸易中介地。最后,在文化上,君士坦丁堡的最大优势是靠近希腊化文化的最重要的中心,这种希腊化的文化在基督教的影响下,发展成为新的"基督教-希腊-罗马"或"拜占庭"的文化。Th.I.乌斯宾斯基写道:

> 为新都选择城址、建设君士坦丁堡,并创建了一个世界历史名城,是君士坦丁的政治和统治天才的不可磨灭的成就之一。君士坦丁对世界的贡献并不在于他的宗教容忍敕令,即使他没有那样做,他的直接继承者也会被迫承认基督教的胜利地位,而这种历史的延缓对基督教毫无损害。但是,由于君士坦丁永久地把世界的首都迁至君士坦丁堡,他就拯救了古代文化并为基督教的传播创造了一个有利的环境。[52]

君士坦丁大帝时期之后,君士坦丁堡即成为帝国的政治、宗教、经济和文化中心。[53]

---

[52] 《拜占庭帝国史》,I,60—62。

[53] 我们有时注意到一种低估君士坦丁堡奠基的重要性的倾向。见希克《古典世界衰亡史》(第2版,1921年),III,426—428。施泰因追随他的观点,见《晚期罗马帝国史》,I,2—3、193页注6;也见《守护神》(*Gnomon*),IV(1928),411—412;还见 E.施泰因"一个拜占庭国家的永久都城"("Ein Kapital vom persischen und von byzantinischen staate"),《拜占庭与当代希腊年鉴》,I(1920),86。洛特宣称,无论从哪方面看,君士坦丁堡的奠基都是一件十分重大的历史事件,但他又称之为"一个谜",并补充道,该城市之诞生是由于一个君主因狂热的宗教情绪,异想天开的结果。见《古代世界的末日》,39—40、43。

戴克里先和君士坦丁的改革

君士坦丁与戴克里先的改革是以建立严格的中央集权制，采
用庞杂的官僚政治，行政与军事权力明确分离为特征的。这些改
革并非是别出心裁的新东西，早在奥古斯都时期，罗马帝国就倾向
于中央集权。随着罗马逐渐吞并了在数个世纪内发展起高度发达 61
的文化和古老统治形式的希腊化东方（在托勒密的埃及尤其如此）
为新的领地，罗马人遂逐渐从这些新征服地吸取了现存的传统及
希腊化的观念。在马其顿的亚历山大的帝国废墟上建立起来的那
些国家：阿塔利斯的波加蒙，塞琉古朝的叙利亚和托勒密朝的埃
及，以其无限的神权君主制为典型特点。这种制度在埃及表现出
更稳定、更绝对的形式。对于埃及的民众来说，这块土地的征服者
奥古斯都和他的继承者与此前的托勒密诸王一样，仍然是绝对的
神佑君主。这同罗马的元首制*概念截然对立，这种元首制是罗
马共和政治和新发展起来的统治形式之间采取妥协的一种尝试。
然而，希腊化东方的政治影响逐渐改变了罗马元首们最初的权力
范围，这些元首很快表现出他们更偏爱东方及东方关于皇权的概
念。苏埃托尼乌斯曾提到第一世纪的皇帝卡利古拉准备接受皇冠
（*diadem*）。(54) 据史料记载，3 世纪前半期的皇帝埃拉加巴卢斯
（Elagabalus）已经秘密地戴上了皇冠；(55)而众所周知的是，3 世纪

* 也叫“第一公民”（The First Principe），是罗马帝国早期皇帝的称号，始于奥古斯都时期。——译者

(54) 《卡利古拉》（*Caligula*），22：*nec multum afuit quin statim diadema sumeret*.

(55) 见兰普利迪乌斯（Lampridius）《安东尼・埃拉加巴卢斯的生平》（“*Antonini Heliogabali Vita*”），23，5：*quo* （*diademate gemmato*）*et usus est domi*。

后半期的奥勒良是第一个公开戴上皇冠的皇帝，同时，铭文和货币上均称他为“神”和“主”（*Dues Aurelianus*，*Imperator Deus et Dominus Aurelianus Augustus*）。(56) 正是奥勒良在罗马帝国确立了专制的统治形式。

在托勒密埃及的基础上，后来又在萨珊波斯的影响下，罗马皇权发展到4世纪时几乎臻于完善。戴克里先和君士坦丁都希望对帝国的专制组织施加影响，为达此目的，他们只是简单地以罗马（尤其是自奥勒良以后）已经了解的在希腊化的东方占主导地位的习俗和做法为模式改变了罗马的体制。

3世纪的危机和军事混乱极大地干扰和瓦解了帝国的内部结构。奥勒良曾经一度恢复了帝国统一，而且，由于这一成功，当时的文献和铭文都赋予奥勒良以“帝国光复者”（*Restitutor Orbis*）
62 的称号。但是，在他去世之后又是一段动荡时期。随后是戴克里先为他自己树立了以正式的规范的途径指导整个帝国组织结构的目标。但事实上，他只完成了一次伟大的行政改革。无论如何，戴克里先和君士坦丁使帝国的内部结构发生了如此重大的变化，因此，他们可以被视为在东方的强烈影响下创建新型君主制的真正奠基人。

曾在尼科米底度过许多时光并从总体来说更偏爱东方的戴克里先吸纳了东方君主政体中的许多特质。他是真正的专制者，皇帝-神君（emperor-god）。东方的奢华和繁琐宫廷礼仪被引入他的宫廷。他的臣仆在被允准面圣时，必须先跪拜于地，然后才敢抬

---

(56) L.奥莫（L.Homo）：《论奥勒良皇帝的统治》（*Essai sur le règne de l' empereur Aurelien*），191—193。

第二章　自君士坦丁大帝至查士丁尼时代的帝国

眼看他们的君主。与皇帝有关的一切均被视为神圣——他的话语、他的宫廷及他的财富;他本人则是一位圣人。他的宫廷(后来被君士坦丁迁至君士坦丁堡)聚敛了大量金钱,成为无数阴谋诡计的中心,这些阴谋诡计在拜占庭后来的生活中导致严重的混乱。于是,与东方君主制密切相关的专制政体由戴克里先明确地建立起来并成为拜占庭帝国统治结构最显著的标志之一。

为了把这一容纳了诸多民族的庞大帝国组织起来,戴克里先采用了由四人权力构成的"四头"体制(即四帝共治)。国家的统治权力由两个拥有同等权力的奥古斯都分担。其中一个在帝国东部,一个在帝国西部;但是,两个人都必须为一个罗马国家的利益工作。帝国仍保持统一;然而,两个奥古斯都的任命,却表明即使在那个时代,政府也已意识到希腊东方和拉丁西方之间的区别,因此,对于这两个部分的统治不可能由一人承担。每个奥古斯都由一位恺撒辅佐,这位恺撒在奥古斯都去世或退位之后,升为奥古斯都,并选一位新的恺撒。这样,就创造了一种人为的王朝体系,以避免因各种竞争者的野心而导致阴谋和冲突。这一制度也意味着,罗马军团在选举新皇帝时的决定性作用被剥夺了。最早的两个奥古斯都是戴克里先和马克西米安,他们的恺撒是迦勒里乌斯和康斯坦提乌斯·克洛卢斯(君士坦丁大帝之父)。戴克里先统治亚洲各行省和埃及,首府设在尼科米底;马克西米安管辖意大利、非洲和西班牙,首府设在米兰(Mediolanum);迦勒里乌斯治埋巴尔干半岛及临近的多瑙河诸省,其中心在萨瓦河上的西尔米乌姆(Sirmium,靠近现米特罗维察[Mitrovitz])*;而康斯坦提乌斯·

---

*　今科索沃米特罗维察(Mitrovoca)。——译者

克洛卢斯管理高卢和不列颠,中心地在奥古斯塔·特里维洛卢姆(Augusta Trevirorum,今特里尔或特里夫斯)和埃布拉库姆(Eburacum今约克)。这四位统治者被视为一个唯一帝国的统治者,一切政令皆以四个人名义签发。尽管从原则上讲,两个奥古斯都有同等权力,但戴克里先作为皇帝有绝对的优势。恺撒们则是两个奥古斯都的臣属。经过一段时期后,奥古斯都必须放弃其头衔并将其传给恺撒们。事实上,戴克里先和马克西米安也的确于305年放弃了奥古斯都头衔,隐退为民,迦勒里乌斯和康斯坦提乌斯·克洛卢斯则成为奥古斯都。但是随之而来的骚乱结束了人为的四头政治,到4世纪初期,四头政治已不复存在。

帝国行省统治的巨大变化也始于戴克里先。在他统治时期,元老院行省与帝国行省之间的区别消失了,所有行省都直接依附于皇帝。以前,行省数量较少,而其管辖地则很大,行省总督们手中握有极大的权力。这种情况曾给中央政府制造了许多危机,暴乱时常发生。这些大省的总督在其军团支持下,常常是危险的皇位觊觎者。戴克里先为摆脱这些大行省的政治威胁,决定把它们划为较小的单位。在他继位时存在的57个省被划为96个新省,也许更多。而且,这些行省皆由那些只拥有行政权力的省督管辖。由于史料中提供的信息有限,戴克里先创建的较小行省的确切数字不详。对于这一时期帝国行省结构的主要资料是所谓《职衔录》(*Notitia dignitatum*),这是一部关于宫廷、行政及军事官员的官名录,也含有各行省的名称。据学者们的研究,这份未标明日期的文件应是5世纪前半期的文件,因此含有戴克里先的继承者在各行省统治中引进的一些变化。《职衔录》中列出了120个行省。其他的行省名录——毫无疑问在更早些的文献中——列出的行省数量较少。(57) 在戴克里先时期也有相当一些小的邻近新省组合为一个叫作州(diocese)的单位，同样由一位只拥有单纯行政权力的官员管辖。帝国当时有 13 个州，其管辖范围接近旧时的行省。4 世纪时，所有的州又进而组合为四个(有时三个)大的联合体(大区， 64
prefectures)，置于大区长官(praetorian prefects，此乃当时最为重要的官职)的管辖下。自君士坦丁剥夺了他们的军事职权*后，他们就成为整个行政统治机构的首脑，不仅控制着州长，也控制着省督们。到了 4 世纪末，为了行政统治的目的，整个帝国分为四个大部分(大区)：(1)高卢：包括不列颠、高卢、西班牙和非洲西北角；(2)意大利：含非洲、意大利、阿尔卑斯山及多瑙河之间各行省以及巴尔干半岛的西北角；(3)伊利里亚：为最小的大区，含达契亚、马其顿及希腊诸省；(58)(4)东方政区：包括亚洲领土，及其北方位于欧洲大陆的色雷斯和其南部的埃及。

---

(57) 该《职衔录》为 426—437 年的文献。见 J.B.柏里"论《职衔录》"("The Notitia Dignitatum")，《罗马研究杂志》，X(1920)，153；柏里"维罗纳的省名录"("The Provincial list of Verona")，《罗马研究杂志》，XIII(1923)，127—151。

* Prae luriam pertect 一职，在君士坦丁改革之前称"近卫军长官"，有军权。——译者

(58) 关于 4 世纪末，即当伊利里亚省有时与意大利及非洲大区合并时期伊利里亚的复杂历史，见 E.施泰因"晚期罗马帝国政治史研究"("Untersuchungen zur spätrömischen Verwaltungsgeschichte")，《莱茵语言学博物馆》(*Rheinisches Museum für Philologie*)，N.S.LXXIV(1925)，347—354。也见施泰因《晚期罗马帝国史》，I："390 年以前的罗马帝国"("Imperium Romanum anno 390 P.Ch.N.")中的地图(划有三个大政区)，以及 J.R.帕朗克(Palanque)"论晚期帝国的大政区"("Essai sur la préfecture du prétoire du Bas-Empire")；E.施泰因于《拜占庭》(布鲁塞尔)，9，(1934)327—353 的长篇评论；帕朗克的答复"论 4 世纪大政区名录——答 M.埃内斯特·施泰因"("Sur la liste des préfets du prétoire du IVe siècle.Réponse à M.Ernest Stein")，《拜占庭》(布鲁塞尔)，IX(1934)，703—713。

由于这方面资料的匮乏，戴克里先改革的许多细节尚不得而知。然而，应该强调的是，戴克里先为了保证他的权力足以应付行省可能出现的复杂情况，而把军事和行政权力严格分割；从他的时代以后，各行省的省督只拥有司法和行政权。戴克里先的行省改革对意大利有特别的影响，她由帝国的首要地区降为普通行省。这一行政改革导致大量新官员的产生和下级官员严格服从上级的复杂的官僚制度。君士坦丁大帝则在某些方面进一步发展和扩大了自戴克里先开始的重组帝国的措施。

因此，戴克里先和君士坦丁改革的主要特征是，确立了绝对的君主权力和严格的军政分权制，而后者导致一个庞杂的官僚体系的产生。在拜占庭时期，前者，即由此出现的君主专制体系得以保持；而后者，则由于军政权力不断合并的倾向，经历了极大的变化。在拜占庭帝国，保持了大量的官员及各种头衔。这种官僚体系延续到拜占庭帝国的最后时期，但在高官显贵的名称及职能方面则发生了许多变化，其中许多名称由拉丁文变为希腊文；许多官员被
65 贬抑至徒有虚名或仅表示其身份等级；大量新的官员和显贵则在随之而来的时期内出现。

4 世纪，帝国历史中一则极为重要的事件是蛮族，即日耳曼人（哥特人）的逐渐移入。关于这一问题的详细考察见于本书对 4 世纪的综合情况的讨论之后。

君士坦丁大帝于 337 年去世。他得到了少有的、深刻的、来自许多不同方面的赞扬。据 4 世纪的历史学家欧特罗庇厄斯（Eutropius）记载，罗马元老院把君士坦丁列于众神榜中；(59)历史尊其

---

(59) 见其《罗马简史》（*Breviarium historiae Romanae*），X，8。

第二章 自君士坦丁大帝至查士丁尼时代的帝国

为"伟大者",教会宣称他是圣者,等同于早期基督教的使徒(Isoapostolic)。近代历史学家们则愿意把他与俄罗斯的彼得大帝⁶⁰和法国的拿破仑相比。⁶¹

恺撒里亚的尤西比乌斯写了他的"君士坦丁颂"以赞美基督教在击溃了撒旦的造物(邪恶的诸神)、摧毁了异教国家的斗争中的凯旋:

> 唯一上帝的概念已经诏示于全人类了。与此同时,唯一的世界帝国即罗马帝国,兴起并繁荣昌盛。在此同一时期,由于上帝的指令,两株受上帝护佑的幼苗,即罗马帝国和基督徒的虔诚教义一同萌发出来以利人类……两股强大的力量出于同一个起点,由唯一的统治者和唯一的基督教信仰所支配,征服并降顺了所有那些敌对势力。⁶²

---

⁶⁰ 《基督教人物传记辞典》(A Dictionary of Christian Biography)中,"君士坦丁一世"(Constantine I)一条(644)说:"如果我们要把君士坦丁与任何近代伟人相比的话,更应该与俄罗斯的彼得大帝而不是与拿破仑相比较。"见迪律伊《罗马史》,VII,88;里普利译,VII,2,519。

⁶¹ 格雷古瓦:"论君士坦丁的'皈依'",《布鲁塞尔大学学报》,XXXVI(1930—1931),270:"以君士坦丁的军事天才确切做一比较,他是4世纪伟大宗教革命时期的拿破仑。"

⁶² 《君士坦丁颂》(De laudibus Constantini),XVI,3—5;海克尔编,I,249;《尼西亚及后尼西亚的教父》,2nd ser.,I,606。

自君士坦丁大帝到6世纪早期的皇帝和社会

君士坦丁大帝去世后,他的三个儿子君士坦丁(Constantine)、康斯坦提乌斯(Constantius)和康斯坦斯(Constans)同领奥古斯都衔,分割了帝国的统治权。很快,三个统治者之间发生了斗争,在这场斗争中,三兄弟中有两兄弟被杀。君士坦丁逝于340年,康斯坦斯逝于十年以后,于是康斯坦提乌斯成为帝国唯一的主宰,其统治一直延续到361年。他没有子嗣,在其兄弟们相继去世后,他煞费苦心地考虑皇位的继承问题。此前他对自己所有的亲族成员曾实行了捕杀政策,只有他的两个堂兄弟伽卢斯(Gallus)和朱利安(Julian)幸免于难,但他们被逐出了首都。为了保住自己家族的皇位,康斯坦提乌斯还是指定伽卢斯为恺撒。后来伽卢斯引起皇帝的怀疑,于354年被暗杀。

在此情况下,伽卢斯的兄弟朱利安被召进康斯坦提乌斯宫廷,355年,被指定为恺撒,并与康斯坦提乌斯之妹成婚。朱利安的去世,结束了君士坦丁王朝。在他的短暂统治(361—363年)之后,是他的继承人、原宫廷侍卫长约维安(Jovian)同样短时期的统治(363—364年),他是由军队拥立为奥古斯都的。在约维安去世后,皇位的新人选是瓦伦提尼安一世(Valentinian Ⅰ,364—375年在位),他登基后,立即被士兵们胁迫指定他的兄弟瓦伦斯(Valens)为奥古斯都和"共治者"(364—378年)。瓦伦提尼安管辖帝国的西部,帝国的东半部则由瓦伦斯治理。瓦伦提尼安在西方的继承人是他的儿子格拉提安(Gratian,375—383 年在位),而与此同时,军队拥立了格拉提安的异母兄弟、4 岁的瓦伦提尼安二世为奥古斯都(375—392 年在位)。瓦伦斯去世后,格拉提安指定狄奥多西(Theodosius)登上奥古斯都的尊位,责成他统治帝国的西半部和伊利里亚的大部。狄奥多西原出身于帝国的西端(西班牙),是狄奥多西家族的第一个皇帝,该家族直到 450 年幼者狄奥多西去世前,一直占据皇位。

狄奥多西去世后,他的儿子阿卡第(Arcadius)和霍诺留(Honorius)分治帝国;阿卡第居东,霍诺留居西。依其前人的惯例,4 世纪,当瓦伦斯与瓦伦提尼安一世共治、狄奥多西和格拉提安及瓦伦提尼安二世共治时,权力的分割并没有破坏帝国的统一;同样,在阿卡第与霍诺留共治时,国家的统一仍一如既往,只是在一个国家内有两名统治者。当时的人们正确地认识到这一问题。5 世纪的历史学家、《反异教史》(*History Against the Pagans*)一书的作者奥罗修斯(Orosius)写道:"阿卡第和霍诺留开始治理共同的帝国,只是分配了他们的座席。"(63)

在 395—518 年期间,统治帝国东方的诸帝中,前二位是狄奥多西大帝的后人:其子阿卡第(395—408 年在位),与一个日耳曼(法兰克人)的首领之女欧多克西娅(Eudoxia)成婚;阿卡第的儿子幼者狄奥多西(408—450 年在位),他的妻子阿特奈斯(Athenais)是一位雅典哲学家之女,受洗后取教名为欧多西娅(Eudo-

---

(63) 奥罗修斯:《反异教史》,VII,36,1。

cia)。狄奥多西二世去世后，其姐招色雷斯的马西安为婿，马西安遂承继帝位(450—457年)。于是，在450年，西班牙的狄奥多西王朝的男性血统继承结束。马西安去世后，生于色雷斯或"伊利里亚的达契亚"，即生于伊利里亚大政区的一个军团将校利奥一世(457—747年在位)，被选为皇帝。利奥一世之女阿里阿德涅(Ariadne)与伊苏里亚的芝诺(Zeno)成婚，生子利奥，利奥则在其外祖父去世后，成为皇帝(474年)，时年六岁。但他在几个月后死去，即在他已指定了自己的父亲，出身于小亚陶鲁斯山区的山民伊苏里亚蛮族部落的芝诺为"共治帝"之后。这个利奥即历史上所称的小皇帝利奥二世。他的父亲芝诺于474—491年在位。芝诺死后，其妻阿里阿德涅又召纳年迈的宫廷侍卫官(*silentiary*)[64]、伊利里亚(今阿尔巴尼亚)都拉基乌姆(今都拉索)人阿那斯塔修斯(Anastasius)为婿。491年，阿那斯塔修斯宣布即帝位，即阿那斯塔修斯一世，在位至518年。

上述皇帝年表说明，自君士坦丁大帝逝后至518年，君士坦丁堡的皇位首先属于君士坦丁的达达尼亚王朝*，或更确切地说是君士坦丁之父的王朝，他父亲可能来自巴尔干半岛某罗马化的蛮族部落；其后，是一些罗马人——约维安和瓦伦提尼安一世的家族；随后，是西班牙的狄奥多西王朝的三个成员，再次，则是偶然出现的属于许多不同种族的皇帝，其中有：色雷斯人、一个伊苏里亚

---

[64] *silentiarii* 是皇帝宫廷的守门者，有引见来访者之责。

* 此提法出于古希腊与罗马的神话传说。在神话中，达达尼亚人是宙斯之子达尔芝诺斯的后裔，亦为特洛伊人的祖先。特洛伊战后，埃涅阿斯西行建罗马城，成为罗马人的祖先。——译者

人和一个伊利里亚（也许是一个阿尔巴亚）人。在这整个时期，皇位从未被一个希腊人所占据。

康斯坦提乌斯（337—361 年在位）

君士坦丁大帝的诸子在其父去世后共同治理帝国。分享了帝国统治权的三兄弟之间的敌对情绪由于当时帝国必须同波斯人和日耳曼人进行艰苦斗争而进一步复杂化。三兄弟不仅政治观点不尽一致，宗教观点也不相同。君士坦丁和康斯坦斯是尼西亚信经的强硬派，而康斯坦提乌斯则继续发展了其父在晚年的宗教政策，公开支持阿利乌斯派。在持续的内战中，君士坦丁被杀，几年后，康斯坦斯也被杀。康斯坦提乌斯遂成为帝国的唯一统治者。

作为阿利乌斯派的坚定信徒，康斯坦提乌斯一直实行阿利乌斯派的政策，反对异教。在康斯坦提乌斯的一则敕令中宣布：要“令所有异教不复存在，令不洁的祭祀牺牲得以根除”(65)。但在当时，君士坦丁堡城外的异教寺庙仍然存在。数年后，皇帝颁布的一道敕令命令关闭所有神庙，禁止人们入内，禁止所有城乡居民供奉牺牲，并以死刑和籍没财产相威胁。另一敕令指出，任何供奉牺牲或尊崇异教诸神的人，均将被处以死刑。(66) 在康斯坦提乌斯希望庆祝他登基 20 周年时，第一次到达罗马，他视察了那些被信奉异 68
教的元老们保护下来的无数古迹，下令将被异教视为罗马旧时所有伟业之化身的胜利女神祭坛（Altar of Victory）迁出元老院。

---

(65) 《狄奥多西法典》（*Codex Theodosianus*），XVI，10，2。

(66) 《狄奥多西法典》，XVI，10，3—6。

这一行为对异教徒产生了深刻的影响,因为他们预感其末日即将来临。在康斯坦提乌斯时期,教士们的豁免权得以扩大;主教们被免于接受世俗审判。

尽管针对异教的一些政策十分苛刻,但异教不仅仍与基督教共存,有时甚至能从政府当局得到某些庇护。因此,康斯坦提乌斯在罗马并没有解散男女祭师们,在一项法令中,他甚至下令为非洲选一位祭师(sacerdos)。直到其去世时,康斯坦提乌斯依然保留着"大祭师"的称号。然而,总的来说,异教在他的统治时期经历了许多挫折,与此同时,基督教的阿利乌斯派却有所发展。

康斯坦提乌斯执行的顽固的阿利乌斯派政策导致他同尼西亚派,特别是同著名的尼西亚派首领亚历山大的亚大纳西发生了严重冲突。康斯坦提乌斯逝于361年,尼西亚派和异教徒都不可能诚挚地哀悼他们的皇帝之去世。由于皇位将由一位公开的坚定异教徒朱利安继承,异教徒们欢欣鼓舞。基督教方面对于康斯坦提乌斯之死所持态度则通过圣·哲罗姆(St.Jerome)*之口表达出来,他说:"我主苏醒了,控制了风暴,野兽死了,和平恢复了。"[57]康斯坦提乌斯在征伐波斯途中逝于乞里奇亚(Cilicia)**,但他的遗体

---

* 圣·哲罗姆(347—419/420年),拉丁文名尤西比乌斯·希罗尼姆斯(Eusebius Hieronymus)。早期西方教会四大拉丁教父之一。曾以拉丁文翻译和注释《圣经》。——译者

[57] 哲罗姆:《一个鲁西法追随者与正教奉行者的论辩》(Altercatio Luciferiani et Orthodoxi),19,J.P.米涅(Migne)编:《拉丁教父文献全集》(Patrologia Latina),XXVIII,181。

** 古地名,为安纳托利亚至叙利亚的必经之地。其西、北两面临陶鲁斯山,南濒地中海。公元前1世纪划为罗马行省。10世纪中期以后,其东部为阿拉伯人所占。——译者

被送回君士坦丁堡，新皇帝朱利安出席了在使徒教堂(67a)为他举行的盛大葬礼，该教堂据称是君士坦丁大帝所建。元老院把这位已故皇帝列于众神榜中。

背教者朱利安(361—363年在位)

康斯坦提乌斯的继承者朱利安的名字，是同在帝国内复兴异教的最后努力紧密相连的。朱利安是一个相当重要的人物。长期以来，他吸引了许多学者和作家的注意力，围绕他的文学作品数不胜数。保留至今的朱利安本人的作品也为后人评价他的哲学思想和行为提供了丰富的资料。此领域内的研究者的主要目的，曾经是要理解和阐释这个如此坚定地相信他的行为正确和成功的狂热的“希腊人”(Hellen)，这个在4世纪后半期开始复兴异教并使它 69
成为帝国宗教生活基础的人。

朱利安很早失去双亲，他的母亲在他出生后几个月就去世了，他的父亲去世时他只有六岁。他接受了很好的教育。对他最有影响的导师和生活中的向导是马尔多尼奥斯(Mardonius)，此人是希腊文学家和哲学家，曾给朱利安的母亲教授荷马和赫西俄德的著作。而在马尔多尼奥斯向朱利安教授古典文学巨匠的作品时，一位基督教教士，可能是尤西比乌斯，引导他学习了《圣经》。尤西比乌斯曾先后任尼科米底和君士坦丁堡的大主教，是虔诚的阿利

(67a) 对于此教堂的创建者，有些资料把它归于君士坦丁大帝，但另一些资料将它归于康斯坦提乌斯。见G.道尼(G.Downey)“君士坦丁堡原圣使徒教堂之初建者”(“The Builder of the Original Church of the Apostles of Constantinople”)，《顿巴登橡树园论文集》(*DumBarton Oaks Papers*)，VI(1951)，51—80。

乌斯派信徒。因此,一位历史学家说(68),朱利安同时接受了两种不同的教育,它们虽伴随他的左右,但互不干扰。朱利安在青年早期接受了基督教洗礼。后来,他回忆此事时,称之为一场试图忘却的噩梦。

朱利安的早年生活是在莫大的恐惧和忧虑中度过的。康斯坦提乌斯视他为潜在的王位觊觎者并怀疑他图谋篡位,因此,时而把他放逐至远离首都的行省,时而召他回都城置于自己的监视之下。朱利安了解他的家族成员被谋杀的所有真相,即他们都是在康斯坦提乌斯命令下被杀,因此他时常担心死亡。康斯坦提乌斯曾令他在卡帕多细亚居住许多年,在此地,他在陪伴着他的老马尔多尼奥斯的指导下,继续学习古典作品,同时,他也在此地熟知了圣经和福音书。后来,康斯坦提乌斯先是把朱利安转移至君士坦丁堡,后来又把他转移至尼科米底,在这个时期,朱利安继续学习并首次展现了他对异教思想的强烈偏好。

当时最伟大的修辞学家利巴尼奥斯(Libanius)在尼科米底任教。他是希腊化文化的真正领导者,他拒绝学习拉丁语,对之不屑一顾。他贬斥基督教,致力于解决希腊化的所有问题。他对异教的热情是无止境的。他的文学作品在尼科米底特别普及。当康斯坦提乌斯决定派朱利安去尼科米底时,他预料到利巴尼奥斯热情的作品可能会在朱利安这个青年学生思想意识中产生强烈的影响。因此,他禁止朱利安去听这位著名修辞学家的课。表面上,朱利安并没有违背这则圣旨,但他学习了利巴尼奥斯的作品。与曾

(68) P.阿拉德(P.Allard):《背教者朱利安》(*Julien l' Apostat*),I,269。

经听过这位鼓舞人心的教师讲课的人讨论他的讲义,并模仿他的文风和语气,以至于后来人们称他为利巴尼奥斯的学生。在尼科米底时,朱利安也热情地学习了玄妙的新柏拉图主义。这一理论目的在于通过符咒召集死人和鬼神(theurgy)来预测将来。著名哲学家、以弗所的马克西姆斯(Maximus of Ephesus)在这方面对朱利安影响甚大。

当朱利安从其兄长伽卢斯之死(由于康斯坦提乌斯之命,伽卢斯被杀)的恐怖时期幸存下来后,他被召至米兰行宫,受到赦免,后被流放至雅典。雅典这座因其伟大历史而著称的城市,当时只不过是一个宁静的行省小镇;作为其光辉历史的遗物,还保留着一座异教学院。朱利安居留雅典,对他是至关重要的。在他晚年的一封信中,"以极为欢愉的心情回忆了阿提卡的演讲……雅典的园林和城郊。它的香桃木,以及苏格拉底居住过的简陋房舍"[69]。许多史学家认为,在朱利安留居雅典期间,曾被一位埃琉西斯教派*的祭师带入了祭奠埃琉西斯的古典仪式中,布瓦西埃认为,这是一种接受新的皈依者的洗礼[70]。然而有些学者对于朱利安皈依埃琉西

---

[69] 朱利安:《作品全集》(*Quae Supersunt omnia*),F.C.赫特林(F.C.Hertlein)编,I,328,335;《皇帝朱利安的著作集》(*The Works of the Emperor Julian*),W.C.瑞特(W.C.Wright)编,II,217。

* 源于古希腊神话的秘密宗教形式,以希腊埃琉西斯为中心,表现为对谷神德墨忒耳和她的女儿帕耳塞福涅进行秘密崇拜。——译者

[70] 《异教的末日》,I,98,见 J.格夫肯(J.Geffecken)《皇帝朱利安》(*Kaiser Julianus*),21—22;作者认为朱利安皈依了多神教。见 G.内格里(G.Negri)《背教者朱利安》(*Julian the Apostate*),杜凯斯·利塔-维斯孔蒂-阿雷塞(Duchess Litta-Visconti-Arese)英译,I,47。

斯派表示怀疑。[71]

355年，康斯坦提乌斯指定朱利安为恺撒，把自己的妹妹海伦嫁给他，并派他统领军队去高卢，增援那里的远征军。这支军队与节节进逼的日耳曼人进行着长期而艰难的斗争，这些日耳曼人正在蹂躏罗马土地、劫掠城市、屠杀人民。朱利安非常成功地完成了解救高卢的使命，并在阿根托拉杜姆（Argentoratum，今斯特拉斯堡）附近打败了日耳曼人。朱利安在高卢的主要行宫位于卢特提亚-巴黎希奥卢姆（Lutetia Parisiorum，后称巴黎）。当时，它是位于塞纳河一个岛上的小城市，一直被称为 La Cité（城，拉丁语 civitas），以数架木桥与塞纳河两岸衔接。在塞纳河左侧，已经有许多房舍和园林，可能是在康斯坦提乌斯·克洛卢斯时期建立的宫殿；其遗址至今仍可在巴黎的克吕尼博物馆附近见到。朱利安选择了这处宫室作为其驻地。他热爱卢特提亚，在他的一部后期作品中，回忆了他的"可爱的卢特提亚"的冬天。[72]

朱利安成功地把日耳曼人赶过莱茵河，他写道："当我还是恺撒时，三次渡过莱茵河；我把被扣在莱茵河彼岸作为俘虏的两万多人索要回来……现在，承蒙众神的护佑，我收复了所有的城镇，而当那时，我已光复了近40个。"[73] 朱利安在他的士兵中间受到极大的尊敬和爱戴。

---

[71] 阿拉德：《朱利安》，I，330。关于朱利安之早年生活，见 N.H.贝恩斯"背教者朱利安的早年生活"（"The Early life of Julian the Apostate"），《希腊研究杂志》，LXV（1925），251—254。

[72] 朱利安：《作品集》（Opera），II，438；瑞特编，II，429。

[73] 同上书，I，361；瑞特编，II，273。

第二章　自君士坦丁大帝至查士丁尼时代的帝国

康斯坦提乌斯以怀疑和嫉妒的心情关注朱利安的胜利,当他进行对波斯的远征时,要求朱利安从高卢给他派一支援军。高卢士兵起义反抗这一命令。他们把朱利安用盾牌举起来,拥戴他为奥古斯都。新的奥古斯都要求康斯坦提乌斯承认这一既成事实(fait accompli),但遭到拒绝。一场内战似乎不可避免。恰在此时,康斯坦提乌斯去世。361年,朱利安被承认是全帝国的皇帝。康斯坦提乌斯的追随者和宠臣被处以极刑,新皇帝对他们进行了迫害。

朱利安早已是一个热情的异教追随者,但他在康斯坦提乌斯去世之前,一直被迫隐匿自己的宗教信仰,直到他成为帝国的主宰后,才开始实现他复兴其热爱的宗教之神圣梦想。在即位之后的几星期内,朱利安就颁布了与他所珍爱的这一计划有关的敕令。历史学家阿米亚努斯·马尔切利努斯描述了这一时期:

> 尽管在很早的童年时期,朱利安就倾向于对众神的崇拜,而且随着他的成长,逐渐变得依恋于众神,然而由于许多方面的忧虑,使他在参与同这一问题有关的活动时,尽可能保密。但是,一旦他的恐惧结束后,他发现自己有了随心所欲的权力,于是,他表现出了他的秘密思想倾向,并以公开的积极的敕令,命令开放异教神庙,并为崇拜众神而在神庙内供献牺牲。[74]

---

[74] 阿米亚努斯·马尔切利努斯:《罗马史》(Res Gestae),XII,5,1—2。

这一敕令并不出乎人们意料，因为每个人都知道朱利安对异教的态度。异教徒欢悦无比；对于他们来说，异教的恢复不仅意味着他们有了宗教信仰的自由，同时也是宗教上的胜利。

朱利安即位时，君士坦丁堡城中没有一座异教神庙，而且，鉴于短期内不可能在此建立诸多神庙，朱利安极有可能在主会堂实行他的供奉仪式，该主会堂原是为人们散步和举行会议所用，自君士坦丁大帝之后，这里被饰以胜利女神像。据教会史家索佐门记载，在此会堂中曾发生这样一件事，一位盲老人由一孩童引路走到这位皇帝面前，当众称他是渎神者、不信者和背教者，朱利安回答说："你是个瞎子，而你的神，一个加利利人*，不会治好你的眼睛。"但这个老人回答说："感谢上帝使我成为瞎子，使我不必看到你对神的不敬。"朱利安对此大胆的议论不予理会，而继续供奉牺牲。(75)

72 朱利安清楚意识到，欲恢复异教原有的纯物物形式已不可能；为了创造一个足可以同基督教会竞争的组织结构，有必要在许多方面改变罗马异教的表现形式。于是，皇帝决定借用基督教组织的一些因素，而对于这些东西，他堪称行家里手。他按照基督教会教阶制的原则组织了异教的祭师队伍；异教神庙内部也依照基督教教堂的模式来安排；异教徒们必须讨论和阅读古希腊哲人们的玄义（类似基督教会的布道）；唱诗也被用于异教仪式中；对于异教的祭师们，也要求他们遵守生活的戒律；他还以开除教籍和进行惩

* 加利利人是古罗马异教时期对耶稣的蔑称。——译者

(75) 索佐门：《基督教会史》，V，4；索克拉特斯（Socratis）：《基督教会史》（*Historia ecclesiastica*），III，2。

罚的手段要求人们服从清规戒律。换句话说，朱利安为了复兴和改造已恢复的异教，竟然到他所深恶痛绝的宗教中寻找依据。

在万神庙中供奉的牲畜数量之大，甚至导致异教徒对此举的怀疑，且出现了不少笑柄。皇帝亲自参加供奉牺牲的活动，甚至不嫌弃与此行为有关的最卑下的劳动。据利巴尼奥斯记载，皇帝围着神坛转来转去，点火、操刀、宰杀飞禽，他甚至对于禽鸟的内脏构造了如指掌。(76) 由于大量禽兽用于牺牲祭奠，一首曾用来讽刺另一位皇帝、哲学家马可·奥勒留（Marcus Aurelius）* 的小诗又开始流传：“小白牛向马可恺撒问候！如果你取胜，那将是我们的末日。”(77)

异教的这一胜利必然强烈地动摇基督教的地位。但起初，似乎对基督教没有什么严重的威胁。朱利安邀请了各个宗教派别的领袖及其教众进宫，向他们宣布，内部纷争已结束，每个人都可以追随他们已选择的宗教而不受任何阻扰和恫吓。因此，朱利安独立统治的第一个举动，就是宣布实行宗教宽容政策。有时候，基督徒可以在朱利安面前进行他们的争论。随后，朱利安则以马可·奥勒留的口气说道：“听我说，阿勒曼尼人和法兰克人也曾听命于我。”(78)朱利安即位后不久，即颁布敕令召回了在康斯坦提乌斯时期被罚以流放的大主教们，而不问其宗教倾向如何；同时，还归还

(76) 《演说集》(*Oratio*)，“致至尊的皇帝朱利安”(“*Είς ’Ιουλιανὸν αὐτοκράτορα ὕπατον*”)，XII，82；F.弗尔斯特(F.Förster)编，II，38。

* 罗马皇帝(161—180 年在位)。——译者

(77) 阿米亚努斯·马尔切利努斯：《罗马史》，XXV.4，17。

(78) 同上书，XXV，5，3—4。

了他们被没收的财产。

这些从流放处回来的宗教领袖分属于不同的宗教派别,其观点是不可调和的,他们也不可能和平共处相安无事,而是立刻被卷进严肃的宗教斗争。朱利安显然估计到了这一发展趋势。尽管他似乎给了所有的人以宗教自由,但朱利安十分了解基督徒的心理,并感觉到随后势必发生争执;一个分裂的基督教会不会成为异教的严重威胁。与此同时,朱利安给予那些必将放弃基督教的人以极大的特权。因此这类背教事件频频发生。圣·哲罗姆称朱利安的这一政策是"温柔的镇压,他吸引群众,而不是迫使群众加入供奉牺牲者的行列"[79]。

与此同时,基督徒开始逐渐地被解除了行政和军事职务,其位置被异教徒所取代。君士坦丁大帝的著名旗帜拉巴鲁,即军队所使用的军旗被取缔了,士兵们盾牌上的闪光十字架被异教的象征符号所取代。

但是,对基督教最沉重的打击还是朱利安对学校的改革。他的第一道敕令是关于帝国大城市内教授的任职,教授的候选者必须由城市提出,每一当选者均须由皇帝批准。这样,皇帝就可以拒绝批准任何一位他不喜欢的人。此前,教授的任命是属于城市的司法权限。而更重要的是他的第二道敕令,此敕令保留在朱利安的书信集中。该敕令指出:"所有那些从事教学的人,无论如何必然是品行端正的人,而且,在其灵魂深处,不得隐藏与国家精神不

---

[79] 哲罗姆:《编年史,自奥林匹亚赛会》(*Chronicon*, *ad olympiad*),285;米涅编:《拉丁教父文献全集》,XXVII,691—692。

第二章 自君士坦丁大帝至查士丁尼时代的帝国

一致的东西。"⑧这一敕令以"国家精神"这一措辞来表示皇帝本人的异教倾向。在此敕令中,朱利安宣称,那些讲解荷马、赫西俄德、德摩斯提尼、希罗多德及其他经典作家作品的人,居然不信仰这些作家所信仰的多神教,是荒唐可笑的:

> 我给予他们这种选择,或是不再讲授那些他们不认为是令人称羡的作品;或者,如果他们希望去教,则首先要真正使他们的学生相信,他们所曾讲解并指责的任何一位如荷马、赫西俄德这样的作者并非犯有不信神、愚昧之罪及崇拜众神的错误。因为,既然他们因讲授这些作者的作品而得到报酬,维持生计,那么,他们就等于承认,他们是最无耻的贪恋钱财者,而且,为了几个德拉(drachmae),*他们可以忍受一切。的确,迄今为止,有许多人被指控不去众神庙朝拜,而且,来自各方面的威胁恐吓是人们隐瞒其对众神的真正信仰的原因。但是,既然众神已赐予我们自由,那么在我看来,那些欲教授其不认之为真理的东西则是荒唐至极了。但是,如果他们相信,他们是讲授那些智者思想的人,而且正是由于这些智者他们才能坐在先知的位置上,那么,首先应确定他们对待众神是虔诚的。然而,如果他们认为这些作者在敬仰最崇高的众神方面是错误的,那么,让他们去基督教的教堂中去解释《马太福音》和《路加福音》吧……这就是关于宗教和世俗教师的法

---

⑧ 朱利安:《作品集》,II,544ff.,《书信集》,42;瑞特编,III,117—123。
* 古希腊银币名。——译者

令……然而,这可能是医治这些人(甚至如同治病一样)违反其本人意愿的恰当的治疗手段,尽管,我们对于所有犯这种病的人以宽容和恩惠。因为我认为,我们应该教育,而不是惩罚那些狂人。㉛

朱利安的朋友和其军中的战友阿米亚努斯·马尔切利努斯简要地解释了这一敕令:"[朱利安]禁止信奉基督教的修辞学者教书,除非他们转而崇拜众神。"㉜换言之,即除非他们成为异教徒。根据当时一些基督教作者的作品,有些人认为朱利安还颁布了第二道敕令,不仅禁止基督徒在公共学校中教书,甚至禁止他们在此类学校就学。圣奥古斯丁写道:"朱利安禁止基督徒教授和学习文艺(liberales litteras),难道不是迫害教会吗?"㉝但第二道敕令的原文没有保留下来,有可能这则敕令从未颁行过,尤其是在第一道敕令禁止基督徒教课,也就间接地禁止了基督徒接受教育之后。自上述有关教育的法令颁布后,基督徒只能把他们的子女送到由异教徒任教的语法和修辞学校学习,然而,大多数基督徒避免这样做,因为他们担心在接受异教徒之教育一二代后,基督徒的青年一代又将变成异教徒。另外,如果基督徒不接受普通教育,他们在文化上势必居于异教徒之下。因此,朱利安的敕令,尽管只有一个,对基督徒却特别重要,因为它极大地威胁着基督徒的未来。吉本相当确切地评价道:"基督徒被直接地禁止教书,也间接地被禁止

㉛ 朱利安:《作品集》,II,544ff.,《书信集》,42;瑞特编,III,117—123。

㉜ 《罗马史》,XXV,4,20。

㉝ 《上帝之城》(De civitate Dei),XVII,52。

第二章 自君士坦丁大帝至查士丁尼时代的帝国

学习,因为在道义上他们不可能进入异教学校。"⑭

绝大多数基督徒语法学家和修辞学家宁可放弃其教学生涯也不皈依异教。而且,即使在异教徒中,对朱利安的敕令也有不同态度。异教作家阿米亚努斯·马尔切利努斯在论及此事时写道:"但是,朱利安之禁止修辞和语法学家教育基督徒,这是残酷的行为,而且它应该被埋葬在永久的沉默中。"⑮

值得注意的是基督徒对这一敕令做何反应。其中一些人只是天真地因皇帝使那些虔诚者难于学习异教作家的作品而庆幸。为了取代异教文学的地位,当时的基督教作家,尤其是阿波里纳利乌斯(Apollinarius)父子,即大小阿波里纳利乌斯,建议为学校创作出他们自己的新文学教材。为此目标,他们把《诗篇》译成类似品达(Pindar)*的颂歌体诗文的形式;摩西《五经》译为六韵诗;《福音书》被改写为类似柏拉图式的对话形式。这些仓促创作的文学作品,不可能拥有任何真正的艺术价值,无一件能保存下来。朱利安死后,他的敕令即无足轻重了,这些应景之作迅速地消亡了。

362 年夏,朱利安巡视东方诸省,在安条克停留。那里的群众,用朱利安的话讲,"都选择了无神论",即都选择了基督教⑯。由于基督徒占绝大多数,因此,为迎接皇帝到达安条克而举行的官方欢迎仪式,使人感觉到(有时则表现出)相当冷淡,甚至是仇恨。

---

⑭ 《罗马帝国衰亡史》,J.B.柏里编,chap.13。亦见内格里《背教者朱利安》,译本,II,411—414。

⑮ 《罗马史》,XXII,10,7。

* 公元前 5 世纪希腊竖琴歌手,其四卷本的胜利颂歌对西方世界有很大影响。——译者

⑯ 朱利安:《作品集》,II.461;瑞特编,II,475。

朱利安在安条克的巡视是十分重要的,因为这使他相信恢复异教是困难的,甚至是不可能的。在叙利亚的这个首府城市中,人们丝毫不为来访皇帝的宗教宽容政策所感动。朱利安在其讽刺性的作品《大胡子皇帝的仇视者》[57]中讲述了他视察安条克的经历。在一个重要的异教节日里,朱利安期望在安条克郊区达佛涅的阿波罗神庙中,会看见一大群百姓、用于牺牲的畜群、用于祭奠的酒、袅袅的香烟及其他异教节日中的供奉物。但是,当他进入神庙时,却惊讶地看到,那里只有一个祭师,抱着一只供献祭的鹅。在朱利安的记载中,他讲道:

> 在你所推算的第十个月(罗尔斯,我想你是这样称谓它),有一个由你的祖先为纪念这位神明[阳光、太阳神、阿波罗]而确立的节日,而且,满怀热情地拜谒达佛涅是你的职责。于是,我匆匆离开宙斯·卡西奥斯神庙,想象着只有在达佛涅,我可以看到你的财富和公众的精神状态。而且,我恰像一个人在梦中看到幻象一样,在自己的头脑中想象着应该出现的仪程,有用作牺牲的牲畜、奠酒、颂神的唱诗团、香烟和围绕着神庙殿堂的年轻人,他们带着神圣的情感,穿着白色衣服。但是,当我抵达神庙时,我看到那儿没有香烟缭绕,根本不如想象中那样,亦没有一头牲畜用于牺牲。我一度惶惑不解,还以为我们在神庙外面,而你在那儿等待我的信息,对我表示崇

---

[57] 朱利安蓄有长胡子,这在皇帝中来说是极少见的,人们时常为此嘲笑他。关于该书(Misopogon,或 Beardhater——译者),见内格里《背教者朱利安》译本,II,430—470(该作品之大部在该书中译出)。

第二章 自君士坦丁大帝至查士丁尼时代的帝国

敬,因为我是最高祭师。* 但是,当我开始询问该城市欲以什么东西在一年一度的节日中用作奉献太阳神的牺牲时,祭师回答:"我从我自己家中带来了一只鹅用以奉献神明,但这座城市并未为这一节日做任何准备。"⑧

安条克就是这样,没有庆祝这个异教节日。同样的情况亦有发生,这引起了朱利安对基督徒的仇恨。在达佛涅神庙突然失火时,他的仇恨更强烈了。自然,基督徒被怀疑是神庙纵火者。朱利安被这次火灾激怒,遂下令关闭安条克的主教堂以示对基督徒的惩罚。教堂内的财物立即被抢走,圣殿被亵渎。许多其他城市也仿而效之。形势发展极为严重。反过来,基督徒也破坏异教众神像。一些基督徒首领殉难。完全的无政府状态威胁着帝国。

363年春,朱利安离开安条克,开始对波斯的征伐,其间,他被一长矛刺中,受了致命伤。他被抬回营帐之后,很快就去世了。谁也不知道是什么人给了他致命的一击,后来,关于这一事故的各种传说流传开来。虽然,其中有一则传闻说,皇帝是被基督徒刺杀的;然而,基督教的历史学家记载了下述传说:"皇帝从(自己的伤口)上接了一捧血抛向空中,惊呼:'啊!加利利人(基督徒),你们赢了!'。"⑨

---

* 源自古罗马时期传说,罗马帝国时期及拜占庭帝国早期的皇帝均取最高"大祭师"(*supreme pontiff*)之称谓。——译者

⑧ 朱利安:《作品集》,II,467;瑞特编,II,487—489。

⑨ 狄奥多莱蒂(Theodoreti):《基督教会史》(*Historia ecclesiastica*),III,7;L.帕芒蒂耶(L.Parmentier)编,204—205,及其他资料。

他的将领和密友在皇帝营帐中,围绕在垂危的皇帝身边,朱利安留下了自己的遗言。这段遗言保留于阿米亚努斯·马尔切利努斯的作品中(XXV,3,15—20)。当皇帝带着哲学家的平静走向死神时,他为自己的生活和行为做了辩解,他感到自己的力量正在衰竭,表示希望有一位有道明君取代他的位置。然而,他没有指定身后的继承者。他注意到自己周围的人正在哭泣,他则仍以尚未泯灭的权威指责他们,说,为一位即将与天空和群星合为一体的皇帝悲泣是一种耻辱。363 年 6 月 26 日午夜,他辞世了,享年 32 岁。著名的修辞学家利巴尼奥斯认为,朱利安之死可与苏格拉底之死相提并论。⑩

军队拥戴宫廷侍卫长约维安(Jovian),一个尼西亚派基督徒继承皇位。迫于波斯王的压力,约维安签署了和约,波斯取得了底格里斯河东岸数省。朱利安之死得到了基督徒的欢呼。基督教作家称这位皇帝为"龙""尼布甲尼撒""希律"和怪兽(monster)。*但他仍被葬于圣使徒教堂中的一口紫红色石棺中。

朱利安遗留下来许多著作,这使后人有机会更细致地了解他。朱利安宗教信仰的核心是太阳崇拜,这是在对光明之神密特拉**的崇拜及没落的柏拉图主义影响下而创立的。早在其幼年时代,

---

⑩ 《演说集》:"朱利安之死"('Eπιτάφιος ἐπὶ 'Iουλιανῷ),XVIII,272;弗尔斯特(Förster)编,II,355;见 N.贝恩斯"基督教传说中所记背教者朱利安之死"("The Death of Julian the Apostate in a Christian Lgend"),《罗马研究杂志》,XXVII(1937)22—29。

* 在西方传统中,"龙"是可怖可惧的动物,绝不是如中国传统中的吉祥物。以上比喻皆出自《圣经》,为基督徒所深恶痛绝之人和物。——译者

** 古代近东盛行崇拜太阳神密特拉的宗教,罗马时代这影响还很强,基督教的早期也受到这种宗教传统的影响。——译者

第二章　自君士坦丁大帝至查士丁尼时代的帝国

朱利安就热爱自然,特别是天空。在他那篇主要反映他的宗教哲学观点的论文"太阳之王"㉛中,他写道,从孩提时代,就特别期望这一神圣星体的光芒深入他的灵魂。他不仅渴望在白天凝视太阳,而且在晴朗的夜晚,他也会放下一切,仰望美丽的夜空。在他陷入沉思时,他会听不到别人对自己说话,有时还意识不到自己究竟在做什么。据朱利安自己写得相当晦涩难懂的有关他的宗教理论的文章看,他的宗教哲学思想可简化为一种信仰,即相信以三个太阳的形式出现的三个世界。第一个太阳为至尊的太阳,是万物的思想,是精神理性的整体;它是绝对真理的实体,最高原则的王国和第一本原。可见世界及可见的太阳,即物质世界,仅仅是第一世界的反映,但却不是直接的反映。在这两个世界之间,即精神上的及物质上的世界之间,有一知识的世界,亦有着它自己的太阳。于是,三个太阳就这样组成精神的(或可感知的),知识的和物质的世界。知识世界是精神的或理性世界的反映,同时又是物质世界所效法的榜样,因此物质世界仅仅是反映物的影像,是绝对模式的次一级的产物。至尊的太阳是人类所不可及的。物质的世界则是绝对物质,是不能神化的。因此,朱利安把他所有的注意力集中于居中的知识的太阳上。他称之为"太阳之王"并崇拜它。

尽管朱利安怀有恢复异教的热情,但是,他也明白恢复异教有很大的困难。他在一封信中写道:"我需要很多人帮助我复兴那些在邪恶时代衰落的东西。"㉜但是,朱利安不理解,衰落的异教不可

㉛　朱利安:《作品集》,I,168—169;《演说集》,IV,瑞特编,I,353—355。
㉜　朱利安:《作品集》,II,520;《书信集》,21,瑞特编,III,17。

能再一次兴起。因为它已死亡了。他的行为势必要失败。布瓦西埃说:"他的计划只能遭到毁灭,而世界不会从它的毁灭中失去什么。"㉝格夫肯(Geffcken)写道:"这一热情的亲希腊者,一半是东方的,一半是'前拜占庭的'。"㉞另一传记作家写道:"朱利安皇帝似乎是地平线上闪烁的幽灵,那颗希腊之星已消失在地平线下,但对他来说,希腊仍是文明的圣地和母亲,他以赤子的热诚,称希腊为他的唯一的真正故乡。"㉟

4 世纪末期的教会和国家

狄奥多西大帝和基督教的胜利。——在朱利安的继承者、虔诚的尼西亚信经追随者约维安统治时期(363—364年),基督教恢复了其往日的地位。然而,这并不意味着对异教的新的镇压。当约维安继位时,异教徒的这种恐惧被事实证明是没有理由的。约维安意在建立朱利安以前帝国已有的社会秩序。他宣布实行完全的宗教宽容政策。他允许异教徒重新开放其神庙,并继续供奉祭品,尽管他坚持尼西亚信经。他并没有对其他宗教派别实行强制性的禁令。被驱逐的不同基督教派别均被免于惩罚而回到家乡。君士坦丁大帝设计的军旗(拉巴鲁)在军队中又出现了。约维安只在位几个月,但他在宗教领域中的活动在其同代人当中留下了深

㉝ 《异教的衰落》,I,142。
㉞ 《朱利安皇帝》,126。
㉟ 内格里:《背叛者朱利安》,II,632。关于朱利安的理财政策,可见 E.孔迪拉奇(E.Condurachi)的重要研究"朱利安皇帝的理财政策"("La financière de l'Empereur Julien"),《罗马科学院历史通报》(*Bulletin de la section historique de l'Académie roumaine*),XXII,2(1941),1—59。

刻的印象。5世纪的基督教史学家,一位阿利乌斯派基督徒菲利斯托尔吉乌斯(Philistorgius)评价道:"约维安皇帝使教堂恢复了其原来的用途,把他们从背教者朱利安强加于他们的受迫害的炮烙中解救出来。"⑯

364年2月,约维安突然去世。他的两个兄弟瓦伦提尼安一世(364—375年在位)和瓦伦斯(364—378年在位)成为继承者,分别统治帝国:瓦伦提尼安成为帝国西半部的统治者,瓦伦斯则受权治理帝国东半部。两兄弟在宗教观点上有很大分歧。瓦伦提尼安信奉尼西亚信经,瓦伦斯则是一个阿利乌斯派基督徒。但是,瓦伦提尼安的尼西亚派主张并没有导致他对其他信条的不容忍,在他统治期间,宗教自由更有保障,而且比过去更彻底。在其统治初期,瓦伦提尼安颁布了一则敕令,允许每一个人,"有崇拜他自己想崇拜的任何神明的自由"⑰。异教受到完全的宽容。然而,瓦伦提尼安以一系列措施表现出他是一个信奉基督教的皇帝;其中之一,是他恢复了君士坦丁大帝赐予基督教教士的一切特权。瓦伦斯则执行完全不同的政策。当他宣布自己是一个阿利乌斯派基督徒之时,他就对所有其他基督教派的教义采取排斥态度,然而,尽管他的镇压措施并不严厉,亦不系统,帝国东部的人民却在其统治时期经历了巨大的恐惧和忧虑。

在外交事务方面,两兄弟被迫同日耳曼人进行严峻的斗争。瓦伦斯在其征伐哥特人期间过早去世。西方的瓦伦提尼安的皇位

---

⑯ 《基督教会史》,VIII,5;比德编,106—107。
⑰ 《狄奥多西法典》,IX,16,9。

则由其子格拉提安(375—383年在位)和幼子瓦伦提尼安二世(375—395年在位)继承。在瓦伦斯去世(378年)后,格拉提安指定狄奥多西为东方的和伊利里亚地区的奥古斯都。

尽管年幼懦弱的瓦伦提尼安二世是阿利乌斯派教义追随者,但他在帝国内政方面没起过重要作用,而格拉提安和狄奥多西的统治则相当坚决地放弃了宗教宽容政策,而表现出对尼西亚信经的绝对尊奉倾向。在这方面最为重要者是东方的统治者、号称"大帝"的狄奥多西(379—395年在位)的政策,他的名字正是同基督教的胜利相联系的。他对他所选定的教义之坚定不移的倾向,使他对异教传统不留任何容忍余地。

狄奥多西家族之兴起是在4世纪的后半期,是他的父亲(也叫狄奥多西)奋斗的结果,他在瓦伦提尼安一世统治时期曾是西方最杰出的军事统帅。当狄奥多西皇帝被指定为享有至尊地位的奥古斯都之前,他对基督教思想不甚有兴趣;但当他即位之后第二年,他就在萨洛尼卡接受了该城市的尼西亚派主教阿斯科利乌斯(Ascholius)的洗礼。

狄奥多西必须面对两个难题:(1)在一个被不同的宗教派别搞得支离破碎的帝国内建立统一;(2)保护帝国抵抗日耳曼蛮族,即在狄奥多西时期威胁着帝国生存的哥特人的不断进攻。

在瓦伦斯统治时期,阿利乌斯派占有优势地位。自瓦伦斯去世后,特别在狄奥多西当选前帝位空缺的短暂时期,宗教争端又一次激化,有时还带有极为原始的形式。这些扰乱人心的运动在君士坦丁堡表现得特别明显。对于教义的争论已超出了教职人士的范围,被社会的所有阶层所关注,甚至为街头巷尾的群众所讨论。

第二章 自君士坦丁大帝至查士丁尼时代的帝国

自4世纪中期以后,关于圣子之"性"的问题在各处教堂、礼拜堂、皇宫、修士的草棚中或广场上、市场内,都引起了热烈的争论。尼斯主教格列高利不无讽刺地描写了4世纪后半期盛极一时的辩论情景,"街头巷尾、市场、广场、十字路口到处都挤满了那些正在谈论这一难以理解的事物的人群。当我问我该付多少奥布里(oboli)*时,他们却用哲学化的'受生'或'不被生'来回答我;当我想知道面包的价格时,一个人回答曰:'父比子大';当我询问,我的浴池是否已经备好,一人说:'圣子不是任何东西所造'。"⑱

到狄奥多西继位之时,情况有了变化。狄奥多西一到君士坦丁堡,就要求阿利乌斯派大主教放弃阿利乌斯教派信念,接受尼西亚信经。然而,大主教拒绝这样做,而且情愿离开首都,迁至城外。在城外,他继续主持阿利乌斯派的集会,但君士坦丁堡内的所有教会则都皈依了尼西亚派。

狄奥多西亦得面对如何确立他与异端和异教的关系问题。甚至在君士坦丁时期,大公教(即普世的)教会(*ecclesia catholica*)已面临异端问题。狄奥多西统治时期,大公教信徒与异端的区别通过立法而严格界定:大公教信徒是一个严格奉行尼西亚信经者,而那些追承其他宗教信条的人,则是异端(*haeretici*)。但异教(*pagani*)则被认为是另一范畴的问题。

自狄奥多西公开宣布他是尼西亚派之后,就开始了与异教和异端的长期顽强的斗争,随着时间的推移,对他们的惩罚也越来越

---

* 奥布里,古希腊货币。——译者

⑱ "关于圣子及圣灵的辩论"("Oratio de Deitate Filii et Spiritus Sancti")米涅编:《希腊教父文献全集》,XLVI,557。

重。他于380年的法令中规定,只有那些相信《福音书》和《使徒书信》中所宣传的圣父、圣子、圣灵三位一体的信众,可称其为大公教信徒;而其他那些坚持"臭名昭著的异端教义"的"疯狂的人们"无权称他们的集会场所为教堂,而且应受严厉惩罚。⑨ 据一位历史学家讲,狄奥多西的这一法令清楚地表明,狄奥多西"是第一个由于他自己的原因而不是由于教会的原因为他的臣民强行规定基督教信仰原则的皇帝"⑩。狄奥多西还颁布了一系列其他法令,绝对禁止异端举行任何形式的集会,不管是公开的还是私下的,只有尼西亚信条的追随者有权举行集会。而这一派将接管首都及帝国全境的所有教堂。异端信徒的世俗权利也大大被剥夺了,特别在有关馈赠及遗产问题上。

由于狄奥多西带有那样的宗教偏见,他急于在基督教会内建立和平和一致。为此,他于381年在君士坦丁堡召开了一次宗教会议,只有东方教会的教职人员参加了。这次会议以第二次基督教主教全会著称。在所有的普世基督教会议中,这次会议的资料是最为欠缺的,会议的议程尚属未知。它在一段时期内不被承认是一次普世基督教会议;只是在451年,即此次会议之后的一次普世基督教会议上,它才被正式承认为普世的会议。在第二次普世基督教会议上,讨论的主要宗教问题是马基顿尼(Macedonius)的异端问题,他是一个"温和的阿利乌斯派"(Semi-Arians)*,企图证

---

⑨ 《狄奥多西法典》,XVI,1,2。
⑩ N.切尔尼阿夫斯基(N.Tcherniavsky):《狄奥多西皇帝和他的宗教政策》(*The Emperor Theodosius and His Religious Policy*),188—189。
* 为马基顿尼所创,有时他说圣子或道与圣父的神性"本质同一",有时又说他与圣父的神话"完全相似"。——译者

明圣灵(道)为被造。会议摒弃了马基顿尼异端,也批驳了许多以阿利乌斯派思想为基础的其他异端;重申了尼西亚信经中关于圣父和圣子的信条,并加入关于圣父来自圣灵(道)的内容;并且采纳了圣灵与圣父和圣子同性的说教。由于这次会议的资料欠缺,一些西欧学者质疑于这次君士坦丁堡会议的信条。除了基督教对教义理解的分歧外,这一信条对于所有基督教派来说,不仅是居统治地位的信条而且是正式的信条。有些学者亦认为这一新的信条不是,也不可能是第二次普世会议的成果,它是伪造的;另一些学者亦试图证明这一信条或是在这次会议之前,或是在这次会议之后产生的。然而,大多数学者,特别是俄罗斯教会史学家们,同意这一君士坦丁堡信条的确是由参加第二次普世会议的教父们起草的。然而它只是在卡尔西顿会议上正统教义取得胜利后才广为普及。

第二次普世会议也规定了君士坦丁堡牧首(patriarch)与罗马主教(bishop)的地位的排序。* 该会议的第三条法规宣布:"君士坦丁堡主教应位于罗马主教之次,因为君士坦丁堡是新罗马。"

---

* 原文如此,在君士坦丁堡宗教会议之前,帝国基督教会五个资深教区主教比较有影响力,此即罗马、君士坦丁堡、安条克、耶路撒冷和亚历山大,其主教都称为教父(希腊文παπάς,约等同于英文 partriarch[族长、大教长])。此次宗教会议提出了各教区教长之间的位分差别,突出了罗马和君士坦丁堡大教长的领袖地位,特别是强调了君士坦丁堡大教长与号称圣使徒彼得建立的罗马教会平等的原则,此事引起了拜占庭基督教会各资深首脑之间的矛盾和后来无休止的斗争。(见下文有关部分)在查士丁尼时代,罗马主教被皇帝尊为"罗马之父"(pope),于是 pope 被罗马主教专享,可译为"教皇""教宗"。后来,随着东西方教会的分离,罗马教宗在西欧世界取到了至高无上的地位,以基督教世界的领袖自居。而东方各教区的大教长(Partriarch)仍保持原来的称呼,中文译为牧首。见本书第3章,原书第149—150页。——译者

这是归于君士坦丁堡是帝国的首都这一政治上的领先地位。古老的东方各大教区牧首则反对君士坦丁堡牧首地位的上升。

君士坦丁堡大教区当时由神学家、纳西昂的格列高利(Gregory of Nazianzus)主持工作。在狄奥多西统治前期,他在首都发挥了极为重要的作用。由于他不能使出席宗教会议的众多意见分歧的教派取得一致,遂退位离席,离开君士坦丁堡。他的位置被奈克塔利乌斯(Nectarius)所取代。此人庸俗至极,神学造诣极差,但知道如何取悦于皇帝。奈克塔利乌斯成为会议的主持者。会议于381年夏闭幕。

狄奥多西对于大多数教职人士,即大公教派(尼西亚派)教士的态度相当慷慨。他保留并扩大了他的前任皇帝赐予主教和教士们的一些特权,即有关个人责任、法庭责任及类似方面的特权。然而,他注意到不使这些特权与政府的利益相冲突。于是,狄奥多西颁布了一则向教会征收附加税(*extraordinaria munera*)[⑩]的法令,而且教堂可以作为受当局迫害的罪犯的避难所这一特权亦由于常被滥用而受到极大限制。特别是,那些对政府负有债务者不得在教堂中寻求庇护以逃避索债者,教士也不得藏匿他们。[⑫]

狄奥多西的目标是成为帝国教会的唯一仲裁人。总的来讲,他实现了这一目标。然而,有一次,他与西方教著名领袖米兰主教安布罗斯(Ambrose)发生了严重的冲突。在教会和国家的关系问题上,狄奥多西和安布罗斯有着针锋相对的观点:狄奥多西主张国

[⑩]《狄奥多西法典》,IX,16,18。
[⑫]《狄奥多西法典》,IX,45,1。

家的权力居于教会之上,安布罗斯则主张教会不能服从世俗权力。

他们的冲突由于在萨洛尼卡发生的大屠杀而爆发。在这个富裕而人口众多的大城市中,驻扎着大批日耳曼人士兵,其首领既无知又无能,从不阻止士兵的暴虐行为。市民们被日耳曼人的暴行所激怒,终于揭竿而起,杀了一些日耳曼人指挥官和一些士兵。盛怒之下的狄奥多西偏袒那些在其宫廷居于高位的日耳曼人,以血腥的屠杀责罚萨洛尼卡市民,妇孺皆不予赦免。皇帝的命令由日耳曼人执行了。这一劣迹绝不能任之不受处罚。安布罗斯遂把狄奥多西逐出教会。狄奥多西虽拥有权力,却被迫公开承认他的罪孽,并卑屈地接受了安布罗斯对他的责罚,安布罗斯禁止他在悔罪期间穿皇袍。

狄奥多西在同异端的无情斗争中,对异教亦采取了决定性的步骤。他公布了一系列法令禁止供奉牺牲祭神,禁止用动物内脏占卜,禁止参观神庙。事实上,这导致许多异教神庙被关闭,其中一些当时已为政府所征用,另一些也几乎完全被毁坏,神庙中的所有那些丰富的艺术珍宝被狂热的基督教徒抢劫一空。仍然作为亚历山大城之异教崇拜中心的、供奉塞拉庇斯神(Serapis)*的著名神庙塞拉帕姆遭到的破坏尤为显著。狄奥多西的最后一则反异教法颁布于 392 年。它完全禁止供奉牺牲、燃烧香烛、悬挂花圈、使用美酒及占卜等活动。它也宣布,所有那些不服从者,将被判欺君

---

* 希腊化时代埃及的最重要神祇之一,是埃及和希腊宗教观念和宗教崇拜形象合流的结果,它综合了埃及死而复生之神奥西里斯(农业神、地狱神)和希腊神话中诸神哈得斯(地狱之神)、阿斯克勒庇俄斯(医神)和阿波罗神的神性,成为后来的希腊-罗马世界最重要的异教神之一。——译者

渎神,因而将受严厉的惩罚。这一法令称古老的宗教为"异教迷信"(*gentilicia superstitio*)⑬

有一位历史学家称392年的法令为"异教的挽歌"⑭。这是狄奥多西在东方反异教的最后一个步骤。

在帝国西部,在格拉提安、瓦伦提尼安二世和狄奥多西反异教斗争中一个相当著名的事件,是由一件从罗马元老院中移走胜利女神祭坛的事件而发生的*。在君士坦丁统治时期,这一祭坛已被移出,但被背教者朱利安恢复。元老们(其半数为异教徒)认为这一强制性的将祭坛移走意味着昔日伟大的罗马之最后衰落。著名的异教演说家西马库斯(Symmachus)被派往皇帝处请愿,请求恢复元老院中的这一雕像。Th.I.乌斯宾斯基称此请愿为"垂死的异教之最后的哀歌,它胆怯而悲切地哀求小皇帝(瓦伦提尼安二世)对这一信仰大发慈悲,他的祖先由于这一信仰而得到荣誉,罗马由于这一信仰而伟大"⑮。但是西马库斯此行没有成功。393年,举行了最后一次奥林匹克竞技活动,而古典文化的其他遗产,如菲迪亚斯**的雕塑作品宙斯像则从奥林匹亚迁至君士坦丁堡。

因此,狄奥多西的宗教政策与其前任皇帝有很大的区别,那些皇帝(如朱利安)虽然偏爱某一派基督教或异教,却仍对其他教派

---

⑬ 《狄奥多西法典》,XVI,10,12。

⑭ G.劳琛(G.Rauschen):《狄奥多西大帝统治时期的基督教会年鉴》(*Jahrbücher der christlichen Kirche unter dem Kaiser Theodosius dem Grossen*),376。

* 本章前文提出将胜利女神祭坛移出元老院的是君士坦丁的儿子康斯坦提乌斯。——译者

⑮ 《拜占庭帝国史》,I,140。

** 菲迪亚斯(Phidias),古希腊雕塑家。——译者

第二章　自君士坦丁大帝至查士丁尼时代的帝国

团体实行一种相当程度的宽容政策;从法律上讲(de jure),仍维持着宗教信仰的平等。但是,狄奥多西则视尼西亚信经为唯一合法的信条,他对基督教会的所有其他教派实行了绝对的禁止,对于异教亦是如此。狄奥多西是相信其权威应高于教会和臣民的宗教生活的皇帝之一。他一生的目标就是创造一个唯一的尼西亚派教会;但是,尽管他付出了努力,却并未成功。宗教争端问题远没有停止,而是迅速发展、升级,使5世纪的宗教生活更为动荡、斗争更激烈。对于异教,狄奥多西则取得了完全的胜利。由于异教徒被剥夺了公开承认其信仰的机会,异教作为一个有组织的团体已不复存在。当然,帝国仍有异教徒;但只有个别家庭或个别人秘密地怀念其垂死的宗教信仰值得留恋的过去。然而,位于雅典的异教学院,尚未受到狄奥多西任何法令的影响;它继续从事在学生中传播古典文学知识的事业。

4世纪的日耳曼人(哥特人)问题。——4世纪末期,哥特人问题成为帝国最尖锐的问题。哥特人于基督教时代之初即占据了波罗的海南岸,可能是于2世纪后半期,向南迁徙至今日南俄罗斯地区,原因尚属未知。他们一直抵达黑海沿岸,定居于顿河和多瑙河下游之间的地区。德涅斯特河(Dniester)将哥特人分为两个部族:东哥特人(亦被称为 Ostrogoths 或 Ostgoths)和西哥特人(Visigoths)。与当时所有其他日耳曼人部族一样,哥特人处于野蛮时代。在他们的新领地上,他们发现自己所在的文化环境极为优越。在黑海北岸,早于基督教时代以前很久就布满了无数富裕的希腊人殖民地。他们的文化水平甚高。如考古发掘所证实,这些影响远抵北方很远之处。而且,甚至直到基督教时代之早期世纪,仍可感觉到他们的影响。当哥特人迁移至黑海北岸时,克里米亚正处于富裕而文明的博斯普鲁斯王国统治之下。通过与这些古老的希腊人殖民地和博斯普鲁斯王国的联系,哥特人开始熟悉并了解了古典时期的文化;同时,由于在巴尔干半岛上不断接近罗马帝国,他们逐渐接触了更先进的文明。由于这些文明的影响,当这些哥特人后来出现在西欧时,在文化上已优于其他所有日耳曼部族,而后者在西方开始其历史时还仍然处于完全的蒙昧状态。

在3世纪,继哥特人向南抵黑海附近定居以后,即沿着两条路线进行迁徙:一方面,他们向海洋发展,以便有可能利用海洋进攻沿海城市;另一方面,在西南方向,哥特人抵达了罗马帝国的多瑙河边境,并开始与帝国发生接触。

哥特人先是占领了黑海北岸,然后于3世纪侵入克里米亚和博斯普鲁斯王国之大部。在3世纪后半期,他们使用博斯普鲁斯王国的舰队从事一些海盗袭击,多次掠夺高加索和小亚细亚的富庶海岸。他们沿着黑海海峡,进入马尔马拉海(普罗蓬蒂斯),并穿过赫勒斯滂(达达尼尔)海峡进入爱琴海(Arehipelago)。在进行这些侵袭时,他们掠夺了拜占庭、赫里索波利斯(面对拜占庭的小亚一岸城市,今土耳其斯库台[Scutari])、西齐库斯(Cyzicus)、尼科米底和爱琴海诸岛。哥特人海盗甚至到达更远处:他们进攻以弗所和萨洛尼卡,而当他们抵达希腊沿海时,他们蹂躏了阿尔戈斯、科林斯,甚至可能抵达雅典。然而,幸运的是,雅典古典艺术之无价宝藏得以幸免于难,未遭毁坏。克里特、罗得岛,甚至遥远的塞浦路斯岛都多次体验哥特人袭击之苦。然而,在所有这些海上远征活动中,哥持人只满足于掠夺。随后,哥特人舰队回到他们自己处于黑海北岸的家乡。有些海盗团伙在外国海岸受到惩处或被罗马军队所截获。

更严重的问题是哥特人与帝国在陆地上的关系。他们利用帝国在3世纪的危机和无政府状态,于该世纪前半期开始渡过多瑙河,进入帝国领土。皇帝戈尔狄安(Gordian)被迫向哥特人缴纳岁贡。但这样并不能使哥特人满足,不久以后,哥特人又进入罗马领土并抢劫马其顿和色雷斯地区。皇帝德西阿斯(Decius)进军讨伐之,但于251年在与哥特人战争中败北。269年,克劳狄(Claudius)在纳伊苏斯(尼什)附近击败哥特人,所俘获的大批战俘,有些人被安置于军队,而另一些人则被迁至人烟罕至的罗马诸行省中作为隶农(coloni)定居。由于这次对哥特人的胜利,克劳狄被冠以"哥特库斯"*(Gothicus)的称号。但是曾一度复兴帝国的奥勒良(Aurelian,270—275年在位),却被迫把达契亚让给了蛮族,而把该地的居民移至莫西亚**。4世纪,史料中经常出现罗马军中服役的哥特人的记载。据历史学家约达尼斯(Jordanes)记载,在马克西米安统治时期,有一支哥特人部队曾忠实地为罗马人服役。⑩ 众所周知,君士坦丁大帝军中的哥特人在他与利基尼乌斯的斗争中帮助了君士坦丁大帝。在君士坦丁时期,西哥特人曾允诺为皇帝装备40 000名士兵。在朱利安的军队中,也有一支哥特

---

* 即克劳狄二世哥特库斯(268—270年在位)。"哥特库斯"即"打败哥特人"之意。——译者

** 古罗马行省,位于今南斯拉夫和保加利亚北部,北界多瑙河,西临德里纳河,东濒黑海,南抵黑马斯山脉。——译者

⑩ 约达尼斯:《哥特史》(Getica),XXI,110;T.蒙森编,86。

人军团。

3世纪,基督教开始在哥特人中间传播。很可能是在哥特人的无数次海上侵袭活动中于小亚捕获的基督教战俘把基督教传到哥特人中间。哥特人基督徒甚至派出代表,即他们的主教塞奥菲卢斯(Theophilus)出席了第一次普世基督教全会,他还是尼西亚信经的签名者之一。4世纪,多瑙河哥特人真正的启蒙者是乌尔斐拉(Vulfila),有些人认为他是希腊人后裔,但出生于哥特人的土地上。他曾在君士坦丁堡居住若干年,后来在此地接受了一位阿利乌斯派主教授予的主教圣职。当他回到哥特人中间时,曾按照阿利乌斯派教义传播了几年基督教。为了在他的人民中间传播《福音书》,他仿照一些希腊字母发明了哥特字母,并把《福音书》译成哥特语。阿利乌斯派基督教在哥特人中间的传播对于哥特人后来的历史有重大意义,因为当他们在罗马帝国领土上定居时,是这一宗教信仰上的差别阻碍了他们与崇尚尼西亚信经的当地人民实现融合。而克里米亚的哥特人则一直是希腊正教徒。

376年,由于匈奴人自亚洲入侵,结束了哥特人与罗马帝国间的和平关系。匈奴人是蒙古人种的野蛮部落。⑩ 在西行途中,他们击败了东哥特人,随着不断西行,他们抵达了西哥特人占领的地

---

⑩ 关于匈奴民族的起源问题有三种主要论点:蒙古人种、突厥人种和芬兰人种。见 K.伊诺斯特兰采夫(K.Inostrantzev):《匈奴和匈奴人》(*Hunnu and Huns*,第 2 版,1926 年),103—109。这是十分重要的研究。俄罗斯历史学家伊洛瓦伊斯基(Ilovaisky,死于 1920 年)在其全部学术生涯中都在与难以理喻的匈奴人起源于斯拉夫人的顽固理论进行争论。约一百年前的俄罗斯学者维尔特曼(Weltman),于 1858 年甚至称阿提拉是"全俄罗斯的独裁君主!"(Huns 一词在中国亦被译为"匈人",似受上列争论影响,本书从中国多数学者早年译法,仍作"匈奴人"。——译者)

区。匈奴人对西哥特人这个边境国家全力进攻,野蛮屠杀,甚至祸及妇女和儿童。哥特人无力抵抗,遂被迫越过边境进入罗马帝国领土。史料记载,哥特人站在多瑙河北岸,大声悲号,苦苦哀求罗马当局允许他们过河。这些蛮族民众要求定居于色雷斯和莫西亚地区,耕种这里的土地,并向帝国承诺将为军队提供士兵,同罗马皇帝的臣民一样奉守皇帝的所有法令。地方官派出使者到皇帝那里申述哥特人的情况。罗马大多数高级官员和将军倾向于接受哥特人,因为他们看到了政府这样做会大有益处。首先,他们认为,这是复兴农耕区和军队的良策。其次,这些新的臣民将保护帝国,而各行省的本地居民可以付货币税以免除军役,这将增加政府的收入。接受哥特人入境的这派人取胜了。这些蛮族被正式允许渡过多瑙河。正如菲斯泰尔·德·库朗热(Fustel de Coulanges)所说:"就这样,四五十万蛮族,其中有一半可能从军,被允准进入帝国领土。"⑱即使上述数字是一种夸张提法,事实上,迁居于莫西亚的哥特人数量的确很大。开始,这些蛮族过着和平的生活,但是,由于将军们和文官们挪用贪污了一部分用于这些居民安家之需的资金,哥特人逐渐不满和愤怒起来。这些高级官员不仅克扣给予哥特人的食品,而且虐待哥特男人,欺侮其妻儿。许多哥特人被迫乘船渡海到小亚定居。哥特人的抱怨和不满没有引起政府的关注,最后,这些蛮人终于起而暴动。他们得到了匈奴人和阿兰人的

---

⑱ 《古代法国政治制度史》(*Histoire des institutions politiques de l'ancienne France*)(第2版,1904年),408。

帮助，一路攻击进入色雷斯，并进军君士坦丁堡。当时，瓦伦斯皇帝正在同波斯交战。当哥特人造反的消息传来时，他立刻离开安条克迅速回到君士坦丁堡。双方军队在378年于亚得里亚堡附近进行了一场决战，瓦伦斯在战斗中被杀，罗马军队彻底失败。

通向首都的道路显然向哥特人开放了，哥特人穿越巴尔干半岛直抵君士坦丁堡城下，但是，他们显然没有一项进攻帝国的全面计划。瓦伦斯的继承者狄奥多西，在他自己的哥特人军队帮助下打败了哥特人，阻止了他们在帝国内的侵袭。当一群哥特人与帝国进行斗争时，另一些哥特人却乐于在帝国军中服役，与他们本部族的人民作战。5世纪的异教历史学家佐西姆斯在狄奥多西取胜之后，记载道："由于曾驻在色雷斯的蛮族被消灭，色雷斯恢复了和平。"[109]哥特人在亚得里亚堡的胜利并未帮助他们在帝国的任一行省中定居。

此后，哥特人开始以一种和平的方式影响帝国的生活。狄奥多西完全理解，他不可能在帝国内以暴力来控制蛮人，于是他决定实行与哥特人保持和平关系的政策，即在哥特人中间传播罗马文化的一些因素，吸收他们进入罗马军队。这一期间，其职责在于保护帝国，逐渐地，就其大部分来讲，变为日耳曼人军队，他们为了保卫帝国常常必须与其本民族同胞进行斗争。哥特人不仅影响到高级军官，而且波及帝国行政管辖之地。许多十分重要的官职掌握于日耳曼人手中。狄奥多西在实行其宠信日耳曼人的政策时，没

---

[109] 《新历史》(Historia nova)，IV，25，4；L.门德尔松（L.Mendelssohn）编，181。

有认识到,日耳曼化的自由发展可能威胁帝国的生存。他在把帝国防卫任务交给日耳曼人方面表现出特别的不明智:在这一时期,哥特人吸收了帝国的战争艺术、罗马的战术和作战方法,迅速成为一支强大的军队,随时可以同帝国相抗衡。地方上的希腊-罗马居民被迫退向后方,不安地目睹着日耳曼人势力的增长。一个反日耳曼人运动逐渐兴起,导致帝国生活出现了的严重危机。

狄奥多西于395年逝于米兰;他的遗体经过防腐处理运至君士坦丁堡,葬于使徒教堂大殿内。由于他在对异教斗争中于基督教的伟大贡献,狄奥多西被尊为"大帝"。他的两个过于年轻懦弱的儿子阿卡第和霍诺留被拥立为帝国皇帝,阿卡第成为帝国东部的皇帝,而霍诺留治理西半部。

狄奥多西并没有成功地解决他那个时代的主要问题。第二届基督教大公会议由于宣布了尼西亚信经为基督教的主要形式,没有能实现教会统一。阿利乌斯派以多种表现方式继续存在,而且在它的进一步发展中导致了新的宗教运动,这一新的运动在5世纪时不仅影响到帝国的宗教利益,而且,影响到与之有关的帝国的社会生活。在帝国的东方行省叙利亚和埃及尤其如此,在这两个省内,新的宗教运动导致的后果尤其引人注目。事实上,狄奥多西在他的晚年也从其原来强硬的尼西亚派立场后退了。他被迫向当时在军队中占绝对优势的阿利乌斯派日耳曼人让步。于是,哥特人不仅在行政和军事领域,而且在宗教领域日渐有极大的影响。日耳曼人的主要中心是首都君士坦丁堡、巴尔干半岛和小亚细亚。东方各省,即叙利亚、巴勒斯坦和埃及并没有强烈地感受到哥特人势力的影响。于是,由于宗教和民族的原因,罗马地方居民的不满越来越强。简言之,狄奥多西没有能解决他统治时期的两个主要问题:创造一个统一正统的教会和建立同蛮族的和平关系。这两个极为复杂的问题留给了他的继承者。

5世纪的民族和宗教问题。——这一时期因遇到的主要民族和宗教问题相交集的方式而具有特别的重要性。民族问题既涉及帝国内的不同民族间的冲突也涉及帝国与外来入侵的野蛮部族所进行的斗争。

希腊文化似乎一直应该是联系帝国东部各民族的主要力量,但事实并非如此。早在马其顿的亚历山大及其后继者时期,希腊文化的影响就远抵幼发拉底河和埃及。亚历山大本人认为殖民方式是传播希腊文化的最好方式,据说,他自己就在东方建立了不止70个城市。他的继承者继续实行他的殖民化政策。希腊文化的传播在某种程度上发展到北起亚美尼亚、南达红海、东至波斯和美索不达米亚的地区。但希腊文化并没有达到这些行省之外。希腊文化的主要中心是埃及的亚历山大。而且所有地中海沿岸地区,即小亚细亚、叙利亚和埃及等地,希腊文化皆占主导地位;而在这三个地区中,小亚细亚可能是希腊化程度最高的;它的海岸曾在相当一个时期布满了希腊人的殖民地,它们的影响逐渐地,虽然并不那么容易地深入小亚腹地。

在叙利亚,希腊文化只达到上层受过教育的阶层,其希腊化影响很弱。这里的广大群众,并不通晓希腊语,还在讲他们自己的民族语言,即叙利亚语和阿拉伯语。一位著名的东方学者写道:"即使在安条克这样的世界性城市中,普通百姓仍在讲亚拉姆语(即叙利亚语),因此,人们可以不受置疑地设想,在叙利亚行省内,希腊语并不是有教养阶层的语言,而只是那些从事特殊研究者的语言。"⑩ 5 世纪的《叙利亚罗马法学手册》是一明显的证据,它证明了叙利亚语在东方的广泛应用。⑪ 现存的这本手册的最古老的叙利亚文手抄本是 6 世纪早期,即查士丁尼以前的抄本。这本叙利亚文所写的书,可能是在北部叙利亚写成,是从希腊文翻译的。希腊原文版本尚未发现,但从现存资料分析,它可能写于 5 世纪的 70 年代。无论如何,叙利亚文译本几乎是在希腊原本问世后紧接着出现的。除了这个叙利亚语文本外,还有该法学手册的阿拉伯语和亚美尼亚语文本,这表明,该手册很可能源出于教会,因为它相当详尽地分析了关于婚姻和继承法的条款,并且大胆地提出了教职人士的特权问题。它非常广泛地多方面论及东方(即自亚美尼亚到埃及诸省)生活中的问题,而且,该法律手册版本众多,以及13、14 世纪许多叙利亚阿拉伯文著作都引用该手册的内容,这一事实表明,在东方,此种叙利亚民族语言一直居主导地位。后来,当查士丁尼的立法正式颁行于整个帝国时,由于他的法典对于东方诸省来说太过庞大,太难于理解,所以在实际使用这部法典时,东方人仍使用《叙利亚罗马法学手册》代替《查士丁尼法典》。7 世纪,随着阿拉伯人征服东方各省,这本《叙利亚罗马法学手册》甚至在阿拉伯统治区也被广泛使用。这本叙利亚法学手册早在 5 世纪前半期

---

⑩ Th.内尔德克(Th.Nöldeke):"评蒙森关于罗马对东方统治政策的叙述"("Ueber Mommsen's Darstellung der römischen Herrschaft und römischen Politik im Orient"),《东方研究杂志》(*Zeitschrift der morgenländischen Cesellschaft*),XXXIX(1885),334。

⑪ K.G.布伦(K.G.Bruns)和 E.萨考(E.Sachau):《5 世纪以前的叙利亚罗马法手册》(*Syrisch-Römisches Rechtsbuch aus dem fünften Jahrhundert*)。

就被译成叙利亚文这一事实清楚地表明,此地广大群众显然不熟悉希腊语和拉丁语,而是强烈地依赖于他们本地的叙利亚语言。

在埃及也是如此。除了距离最近的世界文化中心亚历山大以外,希腊文化只是在上层中、在该行省的社会宗教生活之名流人物中间传播。广大群众继续说他们的埃及民族语言(柯普特语)。

中央统治机构发现很难处理东方各省的事务,不仅是因为这里混杂的民族成分,而且由于叙利亚和埃及以及小亚细亚相当一些行省的大多数人顽固地坚持阿利乌斯派信仰,而且有次一级的各个支派。5世纪,由于这些行省宗教生活的重要新发展,原来复杂的民族问题变得更为复杂。

在东方帝国的西部诸省,即巴尔干半岛、首都、小亚细亚西部,这一时期的重要问题是哥特人的势力已威胁帝国的生存。而当5世纪中期,政府对此问题做了有利于政府的解决之后,似乎有一段时期凶残的伊苏里亚人在首都占据了同哥特人一样的地位。在东方,与波斯的战争仍在继续,同时,在巴尔干半岛北部,保加利亚人——其民族源于匈奴人(突厥人)[13]——和斯拉夫人开始了他们的破坏性的进攻。

阿卡第(395—408年在位)

阿卡第继位时只有17岁。他既没有经验,也没有与他的至

---

[13] 关于早期保加利亚人的起源问题,见 V.兹拉塔尔斯基(V.Zlatarsky)《中世纪保加利亚国家史》(*A History of the State of Bulgaria in the Middle Ages*),I,23以下。L.尼德勒(L.Niederle):《古代斯拉夫人手册》(*Manuel de l'antiquité slave*),I,100。J.莫拉弗斯齐克(J.Moravcsik):"关于匈牙利人的历史"("Zur Geschichte der Onoguren"),《匈牙利年鉴》(*Ungarische Jahrbücher*),X(1930),68—69。

尊地位相应的意志力，而且，他很快发现自己完全被一些宠臣所控制，他们总是从他们自己的利益和他们所代表的派系的利益出发处理国家大事。最有影响的一个宠臣是鲁菲努斯（Rufinus）。奥多西在位期间被指定为阿卡第的导师。鲁菲努斯不久被暗杀，两年之后，阉臣欧特罗庇厄斯（Eutropius）对皇帝施加了最大的影响。这一新宠之飞黄腾达主要是由于他安排了阿卡第与欧多克希娅的婚事，她是在罗马军中服役的一个法兰克人军官的女儿。阿卡第的弟弟霍诺留曾由他父亲安排在天才的统帅斯提利科（Stilicho）辅佐之下，他是一标准的罗马化的日耳曼蛮人，在他同他自己的人民进行的斗争中，为帝国做出了重大贡献。

哥特人问题的解决。——阿卡第时代政府的要患是哥特人问题。早先定居于巴尔干半岛北部的西哥特人，此时是在一位新的野心勃勃的首领阿拉里克·巴尔达（Alaric Balta）的统治下。在阿卡第统治早期，阿拉里克率部众向莫西亚、色雷斯、马其顿出发，甚至威胁到首都。鲁菲努斯的外交排解改变了阿拉里克进攻君士坦丁堡的原定计划。哥特人的注意力开始转向希腊。阿拉里克穿过色萨利，取道温泉关进入中希腊。

这一时期，希腊的居民几乎纯粹是希腊人，总的来说，这与波桑尼亚斯（Pausanias）和普鲁塔克所了解的差不多。据格雷戈罗维乌斯记载，希腊先祖的古代语言、宗教、习俗和法典在城镇和乡村几乎保持不变。除了基督教正式被宣布为占主导地位的宗教，对众神的崇拜已为国家所诅咒和禁止并必将灭亡外，古典的希腊仍然带有异教的精神和艺术的烙印,其主要原因是古典遗迹的存留。[13]

哥特人大军席卷希腊之时,抢劫和毁灭了维奥蒂亚和阿提卡。雅典的海港比雷埃夫斯港落入哥特人之手;值得庆幸的是,他们放过了雅典。5世纪的异教历史学家佐西姆斯叙述了关于阿拉里克进攻雅典的传说:当阿拉里克以他的军队包围了雅典城墙时,看到身穿胄甲的女神雅典娜·普洛玛科斯*和特洛伊英雄阿喀琉斯站在城墙前。阿拉里克为这一神迹所震惊,遂放弃了进攻雅典的打算。[14]伯罗奔尼撒半岛在哥特人进攻中受害最大,因为西哥特人掠夺了科林斯、阿尔戈斯、斯巴达及其他一些城市。斯提利科承担了保卫希腊的任务,带着他的军队进入了科林斯地峡上的科林斯湾,从而切断了阿拉里克由中希腊退兵的后路。于是,阿拉里克费尽心机,克服重重困难进军北方,进入伊庇鲁斯。皇帝阿卡第竟恬不知耻地赐予这个蹂躏了帝国希腊诸省的人以"伊利里亚军事长官"(*Magister militum per Illyricum*)的荣誉头衔。此后,阿拉里克不再威胁东部,而把他的主要注意力转向意大利。

除了在巴尔干半岛和希腊的威胁外,自狄奥多西大帝以来,哥特人的主要影响在首都表现得特别明显,在这里,最重要的军事职位和许多重要的行政职务皆在日耳曼人之手。

当阿卡第登上皇位时,首都最有影响的集团是日耳曼人集团,

---

[13] 格雷戈罗维乌斯:《中世纪雅典城史》,I,35。

* 普洛马科斯,希腊语意为保卫者,此处强调雅典娜是雅典城的保护神。——译者

[14] 佐西姆斯:《新历史》,V,6;门德尔松编,222—223。

其首脑人物是帝国军队中一位著名的将军、哥特人盖伊纳斯（Gaïnas）。在他周围，聚集着哥特民族出身的士兵和地方上亲日耳曼人运动的代表。这一集团的弱点是，大多数哥特人都是阿利乌斯派信徒。在阿卡第统治早期，第二大势力是强大的阉人宠臣欧特罗庇厄斯的党徒。他得到各类阿谀奉承者的支持。而他们对他的兴趣仅仅是由于他能帮助他们实现个人的贪欲。盖伊纳斯和欧特罗庇厄斯不能友好相处，因为他们都在争权夺利。除了这两派之外，史学家们还提到了第三派，他们既恨日耳曼人，也恨欧特罗庇厄斯，其成员有元老、廷臣及大部分修士。这一派代表着民族的和宗教的观念，反对日益增长的外来蛮族的影响。自然，这一派拒绝支持粗俗的掌权者欧特罗庇厄斯。该派别的主要领导者是首都市长奥勒良。[15]

当时的许多人意识到日耳曼人掌权的威胁，最后，政府也意识到这点。保留下来的一份文件，生动地描述了某些社会集团对日耳曼人问题的反应。此文件即希奈修斯（Synesius）所写的"论皇权"（"The Emperor's Power"），有时被译为"王者的职权"（["Concering the office of King"]）的奏章，该奏章是向阿卡第呈递，甚至是向他宣读的。希奈修斯是北非昔兰尼加人，一位皈依基督教的有教养的新柏拉图主义者。399年，他由北非出发赴君士坦丁堡请求皇帝减免昔兰尼加城的赋税。后来，当他回归故里后，被选为北非托勒密城的主教。在他居留君士坦丁堡的三年内，逐渐清楚地看到日耳曼人对帝国的威胁，并撰写了上述奏章。据

---

[15] 柏里：《晚期罗马帝国史》，I, 127。

一位历史学家讲,该奏章应被称为以奥勒良为首的民族派的反日耳曼人宣言。⑩ 希奈修斯这样提醒皇帝:

> 没有任何理由使武装的(蛮人)掌权并成为公民的统治者。于是,手无寸铁的人不得不在军事冲突中同富有战斗经验的人作战。当务之急,是把那些(外族人)调离指挥岗位,并剥夺其元老资格;因为,古代罗马人所视之为最高荣誉的元老称号,由于外族人的影响而变得声誉扫地。在这件事情上,同在其他许多事情上一样,我为我们的愚蠢而震惊。在每个多少殷实的家庭中,我们皆可看到斯基泰(哥特)人奴隶;他们是厨师、侍仆;同样,那些背着小椅子在街头徘徊、为那些乐于在露天就坐休息的人准备座席的人,也是斯基泰人。但是,那些同样长着浅色头发的人却梳着优卑亚(Euboic)发型;那在私人生活中只当奴仆角色的人竟是我们政治生活中的统治者,这难道不令人惊诧无比吗?皇帝应该清理我们的军队,恰似我们把谷壳和其他杂质从一公升小麦中清除掉一样,否则,若是杂种发芽势必危及良种。您的父王由于特别的慈悲,曾仁厚地接纳了他们(蛮人),赐予他们同盟者的地位,授予他们政治权利和荣誉,并慷慨地赏赐他们土地。但是,这些蛮人并不认为这些高尚的举动是先帝的仁厚;却把它们理解为我们软弱的表现,这使他们更为傲慢不可一世。您必须增加我们民族的后备军数量,从而强化我们的军队,增强我们的勇气,完

---

⑩ 柏里:《晚期罗马帝国》,I,129;(1889),83。

第二章 自君士坦丁大帝至查士丁尼时代的帝国

成在帝国内尚需完成的事业。在对待这些蛮人的问题上必须强硬。或是使他们像古代的美塞尼亚人一样去耕种土地——这些美塞尼亚人曾放下武器成为拉凯戴蒙人*的奴隶而耕作——或是让他们原路回去,向住在(多瑙)河对岸的那些人声明,罗马人不再对他们施仁政,他们是在一位高贵的年轻人统治之下。⑩

因此,面对日耳曼人对政府的威胁,希奈修斯的主张是,把哥特人逐出军队,建立一支罗马国民组成的军队,并安置哥特人去耕种土地。如果哥特人不愿意接受这一安排,希奈修斯建议,罗马人应把哥特人从罗马领土上清除出去,让他们回到他们原来所居住的多瑙河彼岸。

在帝国军队中最有影响的将领,即哥特人盖伊纳斯不能容忍宠臣欧特罗庇厄斯的绝对影响,而此恰好就出现了一个付诸行动的机会。当时,弗里吉亚的哥特人——他们是由狄奥多西大帝安置在这个小亚的行省的——发动了起义,在其首领特里比吉尔德(Tribigild)领导下蹂躏了这一地区。盖伊纳斯被派去镇压这一危险的起义,该起义后来被证实是他的秘密盟友发动的。盖伊纳斯

---

* 拉凯戴蒙人,即希腊的斯巴达城邦的居民,他们对美塞尼亚人的征服和奴役是其历史上的重要事件。——译者

⑩ "论皇权"(Περὶ Βασιλείας),《演说集》,Par,14—15;米涅编:《希腊教父文献全集》,LXVII,1092—1097。柏里:《晚期罗马帝国史》,I,129—130。A.菲茨杰拉德(A.Fitzgerald):《昔兰尼的希奈修斯书信集》(*The Letters of Synesius of Cyrene*),23—24。菲茨杰拉德:《昔兰尼的希奈修斯之论文和圣歌集》(*The Essays and Hymns of Synesius of Cyrene*),含有致阿卡第皇帝的奏章和一些政治演说,已译为英文(1930年),见该书 I,134—139;关于"论皇权"的注释,见该书 206—209。

与特里比吉尔德相勾结,故意使派往镇压起义的帝国军队失利,然后,这两个哥特人控制了局势。随后,他们向皇帝提出,必须把欧特罗庇厄斯罢官,交由他们处理。阿卡第的妻子欧克多西娅和奥勒良派对于欧特罗庇厄斯也十分不满。于是,在日耳曼人的压力下,阿卡第被迫屈服,把欧特罗庇厄斯判了流刑(399年)。但这并没有令胜利的哥特人满意。他们强迫皇帝把欧特罗庇厄斯押解回首都审判,并处以极刑。如愿后,盖伊纳斯又要求皇帝允许信奉阿利乌斯派基督教的哥特人使用首都内的一个教堂做礼拜,但遭到君士坦丁堡牧首、("金口"[the Golden-Mouthed])约翰·赫里索斯顿(John Chrysostom)的强烈反对。当盖伊纳斯了解到不仅整个首都,而且帝国的绝大多数人皆与主教取同一立场时,就没有坚持这一要求。

哥特人在首都得到强有力的落脚点之后,开始成为帝国命运的主宰。阿卡第和首都居民亦完全意识到这一局势的危险性。但是,盖伊纳斯虽然取得了成功,却无力保持他在君士坦丁堡的支配地位。当他离开首都时,城市立即爆发了起义。许多哥特人被杀。他已不再能回到首都。这使阿卡第受到鼓舞,遂派出忠于自己的异教哥特人弗拉维塔(Fravitta)在盖伊纳斯试图由海上进入小亚细亚时击败了他。盖伊纳斯企图在色雷斯寻找藏身之处,但却落入匈奴人手中。匈奴王杀了他,把他的首级作为礼物送给阿卡第。于是,哥特人的威胁亦由于另一个日耳曼人弗拉维塔之力而被摆脱了,弗拉维塔则由于为帝国立此大功而被指定为帝国执政官。5世纪初,哥特人的问题以有利于帝国的方式解决了。后来,哥特人努力恢复他们原有的势力,但已无关紧要。

第二章　自君士坦丁大帝至查士丁尼时代的帝国

约翰·赫里索斯顿。——在复杂的日耳曼人问题背景下，促生了一位重要的人物，君士坦丁堡牧首约翰·赫里索斯顿（John Chrysostom）。[113] 他生于安条克，师从著名的修辞学家利巴尼奥斯，意欲选择世俗职业。后来他抛弃了这一想法，接受了基督教洗礼，此后，完全献身于安条克的传教事业，在此地，他担任了11年教会监督。自君士坦丁堡牧首奈克塔利乌斯（Nectarius）去世后，欧特罗庇厄斯选定了这位名扬四海的安条克传教士作为牧首。约翰害怕安条克人民因热爱他们的传教者而阻止其离任，遂秘密地离开了安条克，前往首都。尽管亚历山大主教塞奥菲卢斯（Theophilus）费尽心机，约翰还是于396年被授予主教职并任职于首都教区。于是，牧首的宝座就由这个具有非凡演说才能、理论与实际行为一贯相符的理想主义者和严格道德准则的倡导者所据

---

[113] 1926年，N.贝恩斯写道："的确令人惊讶的是，竟没有一部有价值的赫里索斯顿的传记。"见"亚历山大和君士坦丁堡：基督教外交史研究"（"Alexandria and Constantinople：A Study in Ecclesiastical Diplomacy"），《埃及研究杂志》，XII(1926)，150。现在我们已有了一部详尽而引用文献准确的两卷本传记，是由一位本笃派修士P.赫里索斯托穆斯·保(Chrysostomus Baur)撰写，书名为《圣徒约翰·赫里索斯顿及其时代》(Der heilige Johannes Chrysostomus und seine Zeit)。笔者发现此书中提到了一部十分详尽的赫里索斯顿的传记，其中有着大量依据原始资料的注释，该传记见于《圣约翰·赫里索斯顿全集》(Oeuvres complètes de saint Jean Chrysostome)中，由M.热南(M.Jeannin)英译。也见N.突尔基(N.Turchi)《拜占庭文明》(La Civiltà bizantina)，225—267，此文未见于保尔所著的传记中。亦见L·梅耶(Myer)《圣约翰·赫甲索斯顿，完善基督教的大师》(S.Jean Chrysostome, maître de perfection chrètienne)。A.科里罗·德·阿尔博诺兹(A Crillo de Albornoz)：《约翰·赫里索斯顿及其对拜占庭社会的影响》(Juan Crisostomo y su influencia social en el imperio bizantino)，187。S.阿特瓦特(S.Attwater)《圣约翰·赫里索斯顿》(St.John Chrysostome)，113。见《基督教会史——自基督教之初至今》(Histoire de l'église depuis les origines jusq' a nos jours)，A.弗里希(A.Fliche)和V.马丁(V.Martin)编，IV，129—148。

有。由于约翰无情地反对过度奢侈,且坚定捍卫尼西亚信经,故而树敌甚多。他的一个最危险的敌人是皇后欧克多西娅,她爱奢华,图享受。约翰在其演说中公开抨击了她。他在布道时,⑲竟把皇后比作耶洗别(Jezebel)和希罗底(Herodias)。* 他强烈地反对把首都的一个大教堂让给哥特人作为他们的礼拜堂,他对阿利乌斯派基督教的这一敌视态度也使他面临许多敌人。当然,后来哥特人服从了皇帝的拒绝令,继续使用设在首都城门外的教堂。约翰对信奉正教的哥特人十分重视。他在君士坦丁堡城外划给他们一座教堂,时常前去视察,并经常通过翻译与他们举行会谈。

约翰执着的宗教思想、不肯与任何人妥协的态度和他对奢靡之风的尖锐批评,使他的敌对者越来越多。皇帝本人也很快受到那些反对这位主教的人的影响,公开地表示反对约翰。这一公开对抗致使约翰退隐小亚细亚,但首都在其热爱的主教离任后起了骚动,迫使皇帝把约翰从流放地召回。然而,国家与牧首的和平并没有维持多久,为皇后雕像举行的落成典礼又使约翰有了新的机会发表激烈的演说,并在演说中责备了皇后的堕落。于是,他又一次被贬,他的追随者"约翰派"也受到严酷迫害。最后,404年,约翰被流放至卡帕多细亚的城市库库苏斯(Cucusus),他经过漫长而

---

⑲ 对于这些布道词中某些篇章的可信程度曾有过疑问。见希克《古典世界衰亡史》,V,365、583。保尔:《圣徒约翰·赫里索斯顿及其时代》,II,144—145、196、257;柏里:《晚期罗马帝国史》,I,155。

* 耶洗别(公元前846—?),以色列王妃名,以残忍放荡闻名;希罗底(公元前14—公元40年),《圣经·新约》中的人物,大希律王之孙女,参与杀害施洗者约翰。——译者

第二章　自君士坦丁大帝至查士丁尼时代的帝国

艰难的旅程，才到达这个被他称为"世间最荒凉的地方"。[120] 三年以后，他在被送往黑海东岸遥远的流放地时，在旅途中辞世，从此结束了中世纪早期东方教会最卓越的一个领袖的一生。罗马教宗和西方皇帝霍诺留都努力干预和阻止对约翰和"约翰党"的迫害，但没有成功。

约翰留下了丰富的文学遗产，包括他对时代社会和宗教生活的生动描写。作为个人，他是极少数敢于公开地反对握有重权的盖伊纳斯之流的阿利乌斯派主张的人，而且，他的忠贞不渝的信念捍卫了使徒教会的理想。他曾被称为人类社会曾有过的具有最美好道德情操的典型之一。"他对罪孽毫不留情而对犯罪者又充满仁爱。"[121]

阿卡第 408 年去世，当时，他的妻子欧克多西娅已离世，他的儿子和王位继承人狄奥多西仅仅七岁。

---

[120] 约翰·赫里索斯顿：《书信集》(*Epistola*)，234；米涅编：《希腊教父文献全集》，LII，739。

[121] 有一部引人入胜的作品，描写了赫里索斯顿与皇后（欧克多西娅）的关系及阿卡第时期的宫廷生活，即助祭马可为他的同事和朋友加沙主教波菲利乌斯撰写的《波菲利乌斯生平》(*Vita Porphyrii*)，其可靠性有时被人们所怀疑。但毫无疑问，这一文献有相当可信的历史根据。见 H.格雷古瓦和 M.A.库热内(M.A.Kugener)"《加沙主教波菲利乌斯之生平》是否可靠？"(La vie de Porphyre, évêque de Gaza, est-elle authentique)，《布鲁塞尔大学学报》，XXXV (1929—1930)，53—60。亦见对上述两位学者编译的波菲利乌斯生平的著作《助祭马可〈加沙主教波菲利乌斯之生平(IX—CIX)〉》(*Marc le Diacre, Vie de Porphyre évêque de Gaza*)所作的著名前言。柏里的《晚期罗马帝国史》(I，142—148)亦大段引用上书的内容。保尔认为《生平》一书是十分可靠的资料(I，XVI，并见 II，157—160)。此问题值得进一步探讨。

幼者狄奥多西二世(408—450年在位)

据一些史料记载,阿卡第留下了遗嘱,指定波斯王耶兹迪格德一世(Yezdegerd I)*作为他的幼年继承者的监护人,因为他担心君士坦丁堡的宠臣会篡夺狄奥多西的王位。波斯王忠实地完成了这一重任,并通过他自己的一名亲信保护狄奥多西,反对廷臣的阴谋。许多学者否定这一故事的可靠性,但没有多少实质性的理由;因为同样的事件在其他历史时期亦有发生,似乎没有足够的理由否定它。⑫

两大帝国间的友好关系,是基督教在耶兹迪格德一世统治时期的波斯受到不寻常的厚待之根源。波斯的历史记载中,称耶兹迪格德一世为"背教者""坏人",罗马和基督徒的朋友,袄教祭司(Magi)的迫害者,这反映了袄教徒和贵族的观点。但是,在基督教资料中,则赞扬他的仁慈、温和、慷慨,有时还说他甚至准备皈依基督教。无论如何,事实上,耶兹迪格德一世与君士坦丁大帝同样意识到了他的帝国内的基督徒对于他的政治目标是多么重要。409年,他曾允许基督教公开举行其礼拜仪式,并恢复了他们的教堂。一些史学家称他的法令是亚述基督教会的《米兰敕令》。⑬

---

* 原文为 Yezdegerd,与通用英译法(Yazdegerd)不同。其在位年代为399—420年,其间与罗马保持了友好关系。——译者

⑫ 柏里:《晚期罗马帝国史》,II,2页注1。

⑬ 见 J.拉布尔(J.Labourt)《萨珊波斯时期的基督教徒》(*Le Christianisme dans l'Empire Perse sous la dynastie Sassanide*)(第2版,1904年),93;W.A.威格朗(W.A. Wigram):《亚述教会史导言》(*An Introduction to the History of the Assyrian Church*),89。

第二章　自君士坦丁大帝至查士丁尼时代的帝国

410年,在塞琉西亚召开了一次会议,在会上组建了波斯的基督教会。塞琉西亚(泰西封)主教被选为教会首脑。他被赐予"卡托利科斯"(Catholicos)*的称号,并将驻于波斯帝国的首都。与会者发表了以下声明:"我们完全一致地向我们仁慈的主祈求,使战无不胜的英明的王中之王耶兹迪格德福寿绵长,万岁,万万岁!"[12]但是基督徒并没有长期享有完全的自由。在耶兹迪格德统治晚年,对基督徒的迫害重新开始了。

狄奥多西二世不是一个天才的政治家,他也没有特别的兴趣处理国家大事。在漫长的统治时期,他一直怠于处理政务,过着孤独的隐居生活。他用大多数时间从事书法活动,以其美轮美奂的手书抄写许多古代手稿。[13]但是,在狄奥多西身边有着许多精明强干的人,他们对这一时期帝国内部生活中许多重大事件贡献卓著,使狄奥多西时期因此而享有盛誉,以至于史学家们不再将狄奥多西视为一个软弱、不走运的皇帝。在狄奥多西统治时期最有影响力的人是他的姐姐普尔喀丽娅(Pulcheria)。就是她安排了狄奥多西同雅典哲学家之女,一个有很高文化修养和文学天才的女子雅典娜(受洗后取名欧多西娅)结婚。欧多西娅写了一些作品,主要论及宗教问题,但也反映了一些当代政治事件。

---

* Catholicos,与牧首(Partriach)同义,专指亚美尼亚教会、聂斯脱利派教会(亚述教会)和天主教加勒底教会的首脑。——译者

[12] J.B.夏博(J.B.Chabot):《东方教务会议,或聂斯脱利派教务会议》(*Synodicon Orientale, ou Recueil de Synodes Nestoriens*),见《国家图书馆手稿笔记和摘编》(*Notices et extraits des Manuscrits de la Biliothèque Nationale*),XXXVII(1902),258。

[13] 见L.布莱耶尔:"拜占庭诸帝的私生活"("Les empereurs byzantins dans leur vie privée"),《历史杂志》,CLXXXVIII(1940),203—204。

在狄奥多西二世时期,帝国东半部的外部斗争远比帝国西半部顺利。在东方和边境,没有必要进行连续不断的征伐,而在西方,则由于日耳曼人的迁徙经历了十分严重的危机。对于罗马人来说,最可怕的震动是西哥特人首领阿拉里克进入原异教罗马的首都罗马城。此后不久,在西欧和北非的罗马领土上建立了他们最早的一批王国。帝国的东半部曾一度受到匈奴人的威胁,他们进攻拜占庭领土并几乎进军至君士坦丁堡城墙下,皇帝被迫付给他们大笔金钱,割让多瑙河以南的土地,此后方建立起友好的关系。后来君士坦丁堡派出了以马克西敏(Maximin)为首的使团去潘诺尼亚。他的朋友普利斯库斯(Priscus)随行,曾为这一使团的活动写了特别重要而全面的记录,描述了阿提拉的宫廷和匈奴人的许多风俗习惯。这一记载因其不但描写了匈奴人,而且描写了被匈奴人征服的多瑙河中游地区的斯拉夫人的情况而具有特别重要的意义。[20]

神学争端和第三次基督教全会。——前两次基督教全会明确地解决了耶稣基督既是神也是人的问题。但是,对于那些苦苦思考耶稣基督之神性和人性的结合如何发生这一问题的、喜欢追根究底的神学家来说,这一决议并不令人满意。4世纪末,安条克即产生了基督的两性没有完全结合的理论。后来,这一理论试图证实基督在与神性结合之前和之后,均有完全独立的人性。当这一

---

[20] 关于普利斯库斯之记载的英文大意,见柏里《晚期罗马帝国史》,I,279—288;也见 W.恩斯林(W.Ennslin)"马克西敏和他的同行者,历史学家普利斯库斯"("Maximinus und sein Begleiter, der Historiker Priskos"),《拜占庭与当代希腊年鉴》,V (1926),1—9。

理论还只局限于寥寥数人的小范围之内时,它并未引起教会内部的任何骚动。但是,当君士坦丁堡牧首的职位传于这派理论的顽固追随者,安条克的教会长老聂斯脱利(Nestorius)时,由于他把安条克派的这种理论强加于整个教会,而使局势发生了决定性的变化。在聂斯脱利就位伊始致皇帝的著名演说中说:"我的陛下,请赐予我一片清除了异端的土地,我将还报您以天国。帮助我消灭异端吧,我将帮助您打败波斯人。"⑫这里的"异端",指的是所有那些不同意聂斯脱利关于耶稣基督的独立人性之观点的人。聂斯脱利称圣母不是"神的母亲",而是"基督的母亲"、"一个人的母亲"。

聂斯脱利对于他的反对者所施的迫害在教会引起了轩然大波。亚历山大牧首西里尔(Cyril)特别强烈地反对他,罗马教宗塞莱斯廷(Celestine)则在罗马召集的宗教会议上摒弃了这一新的异端教义。狄奥多西为了结束教会的这些争端,于431年在以弗所召集了第三次基督教全会,这次会议摒弃了聂斯脱利派教义。聂斯脱利被流放至埃及,在此地结束了他的余生。

对聂斯脱利派理论的摒弃并没有能完全消灭它,在叙利亚和美索不达米亚还有许多追随者。于是皇帝命令这些行省统治者对聂斯脱利派追随者采取强硬措施。聂斯脱利派教义的主要中心是埃德萨,这里是传播安条克教派思想的著名学校所在地。489年,即在芝诺统治时期,这一学校被毁,其中的教师和学生被逐出埃德萨。他们到了波斯,在尼西比斯建立了新的学校。波斯王欣然接

---

⑫ 索克拉蒂斯:《基督教会史》,VII,29;见《尼西亚及后尼西亚的教父》,II,169。

纳并对他们提供庇护。他认为他们是拜占庭帝国的敌人，他打算在适当的时机利用他们为自己的利益服务。波斯的聂斯脱利派或叙利亚—迦勒底派基督教会的首领被称为卡托利科斯。基督教的聂斯脱利派教义，通过波斯广泛地传播至中亚并在印度找到了相当多的追随者。

以弗所会议之后，在拜占庭教会内，特别是在亚历山大，出现了反对聂斯脱利派教会的新的运动。由于亚历山大西里尔的后人相信耶稣基督身上的神性高于人性，于是，他们的结论是，基督身上的人性已完全被神性所吸收；因此，耶稣基督只有一个神性。这一新的理论称"一性"（monophysites）或"一性派教义"，其追随者则为"一性教徒"。* 由于狂热的一性教徒、亚历山大的主教狄奥斯库鲁（Dioscorus）和君士坦丁堡修道院院长优迪克斯（Eutyches）这两个强硬的一性派成员的推动，一性派发展迅速。皇帝站在狄奥斯库鲁一边，认为此人是亚历山大西里尔思想的拥护者。这派新的教义受到君士坦丁堡牧首和罗马教宗"伟大"的利奥的反对。于是，狄奥斯库鲁敦促皇帝于449年在以弗所召集了宗教会议，此即著名的"强盗会议"。以会议主持人狄奥斯库鲁为首的亚历山大一性派信徒迫使那些不同意他们意见的与会者承认优迪克斯的教义（一性教派）为正统，并谴责这一新教义的反对者。皇帝批准了此次会议的决议，正式承认这次会议为普世的基督教会议。自然，这一会议未能建立教会内部的和谐。随之而来的是剧烈的动荡时期。此间，狄奥多西二世辞世，给他的继承人留下了悬而未

---

* monophysitism，源于希腊语，μόνος 即"唯一"Φύσις 即"性"。——译者

决的一性派问题,这个问题在拜占庭历史上占相当重要的地位。

除了激烈而重要的宗教事件外,在狄奥多西时代还有一些涉及帝国内部生活的事件,成为这一时代具有重要性的历史标志。

君士坦丁堡的高等学府*。——君士坦丁堡高等学府的组建和《狄奥多西法典》的制定是狄奥多西统治时期发生的两个重大事件。

5世纪以前,著名的哲学学园的故乡雅典,一直是罗马帝国"异教"教育的中心。许多希腊的修辞学和哲学教授,即以辩论家著称者,从帝国的各个地区来到雅典,有的是来展示他们的知识和口才,有的则希望在教学领域谋求一个好的职位。这些教师的工资一部分来自帝国财务部门,一部分来自各个城市财库。在雅典做指导教师或讲课的收入均高于其他城市。4世纪末年基督教的胜利给予雅典学园以沉重打击,而且,哥特人于4世纪末的劫掠性入侵也极大地影响了那里的文化生活。甚至在阿拉里克和西哥特人离开这里以后,雅典学园也未能恢复原有状况;哲学家的数量在极大地减少。而对雅典异教学园最为沉重的打击则是由于君士坦丁堡高等学府,或君士坦丁堡大学的建立。

当君士坦丁堡成为帝国首都之后,许多修辞学家和哲学家来到这所新城。因此,早在狄奥多西二世以前,这里已有一座高等学府。教师和学者们从非洲、叙利亚及其他地方被请到君士坦丁堡。圣希罗尼姆斯(Hieronymus)**在其《编年史》(360—362年)中写

---

* 原文为Higherschool,似乎不能使用中世纪"大学"(University)的概念,故译为"高等学府"。——译者

** 即哲罗姆。——译者

道:"最有学问的语法学家埃万修斯(Euanthius)逝于君士坦丁堡,于是卡利修斯(Carisius)从非洲被请来接替他的位置。"[128]据一位研究中世纪君士坦丁堡高等学府的近代学者说:"在狄奥多西二世时期,该学府不是初建,而是重新组建。[129]"425年,狄奥多西颁布了有关组建一所高等学府的敕令。[130]学府将设31位教授职位,讲授语法、修辞、法学和哲学。其中将有3位修辞学家(oratores)和10位语法学家用拉丁语授课。而由另外5位修辞学家或辩证法学家(sofistae)及10位语法学家用希腊语授课。此外,该法令还为哲学家提供一个席位,为法学家提供两个席位。在拉丁语仍是帝国的官方语之时,在学府里设置希腊语教授席位表明,皇帝已开始看到,在帝国的新都君士坦丁堡,希腊语作为帝国东方多数人使用并了解的语言,有其不可忽视的权利。希腊语的修辞学家也比拉丁语的修辞学家多两名。新的学府有着独立的校舍和教室、讲演堂。教授不允许在家里私下辅导任何人,他们必须全力以赴地在学府内授课。他们从帝国财政部门得到固定薪金,而且可以升至很高的级别。君士坦丁堡的这一教育中心成为雅典异教学园的危险竞争者,而雅典学园则日渐衰落下去。在拜占庭后来的历史中,狄奥多西二世所建的高等学府一直是帝国最优秀的文化势力聚合的中心。

---

[128] 《编年史》(Chronicon);米涅编:《拉丁教父文献全集》,XXVII,689—690。见 H.乌泽纳(H.Usener)"四位拉丁语法学者"("Vier Lateinisch Grammatiker"),《莱茵文学博物馆》(Rheinisches Museum für Philologie)第23卷(1868),492。

[129] 见 F.福克斯(F.Fuchs):《中世纪君士坦丁堡的大学》(Die Höheren Schulen von Konstantinopel im Mittelalter),2。

[130] 《狄奥多西法典》,XIV,9、3。

《狄奥多西法典》。——自狄奥多西二世统治时期开始,有了保存至今的最古老的罗马皇帝们的法令汇编。长期以来,帝国一直需要这样一部法令汇编,因为无数分散的法令易于被人遗忘或丢失,因而,引起当时司法执行中的混乱,给法官们造成了许多困难。当时有两部较早的敕令集:《格雷格利亚努斯法典》(*Codex Gregorianus*)和《赫尔墨吉尼乌斯法典》(*Codex Hermogenianus*),可能是据其作者格雷格利亚努斯及赫尔墨吉尼乌斯而得名。但关于这两位作者,人们所知甚少。其中第一部敕令集可回溯到戴克里先时期,可能包括了自哈德良至戴克里先时期的敕令。第二部敕令全集则包括了4世纪后期到4世纪60年代的敕令。这两部法典均已失传,只能通过尚存的残卷得知它们的存在。

狄奥多西的计划是,以前两部早期法典为模式颁布一个法令汇编。它将包括自君士坦丁大帝至狄奥多西二世时期的基督教皇帝们的敕令。由皇帝指派的编委会经过八年的工作,用拉丁文编出了所谓《狄奥多西法典》。它于438年在帝国东部颁布,此后不久,即被引入帝国西部。狄奥多西的法典分为16卷,每卷分为若干条款(*tituli*)。各卷分别论述政府统治的某些方面,如官制、军事、宗教生活等。在每一条款下的敕令依其颁布的年代顺序排列。在此法典颁布之后发布的敕令被称为"新律"(*leges novellae*)。⑬

狄奥多西的法典有伟大的历史意义。首先,它是有关4—5世纪帝国内政史的最有价值的资料。由于它也包括了基督教成为国

---

⑬ O.希克:"《狄奥多西法典》的颁布"("Die Quellen des Codex Tehodosianus"),《311—476年皇帝和教宗的统治》(*Regesten der Kaiser und Päpste fur die Jahre 311 bis 476n.Chr.*),1—18。

教时期的敕令,因而可以认为,这部法令集在某种意义上概括了基督教这一新教在司法领域贯彻了何种目标和它为司法实践带来的变化。其次,这一法典同前两部早期法典一起,构成了查士丁尼后来的立法活动的坚实基础。最后,狄奥多西的法典在日耳曼人迁徙期间被引入西部帝国,与两部早期法令集、后来的新律和帝国时期罗马的少数其他法律文献(如盖尤斯的《法学阶梯》)一起,对蛮族的立法发生了直接或间接的巨大影响。著名的、为西哥特人统治下的罗马臣民所定的《西哥特罗马法》(*Lex Romana Visigothorum*)只不过是《狄奥多西法典》和上述其他资料的删节本。所以《西哥特罗马法》也被称为《阿拉里克节选本》(*Breviarium Alaricianum*),此即由西哥特王阿拉里克二世在 6 世纪初颁布的节选本。这是《狄奥多西法典》对蛮族立法的直接影响的例证。但是更常见的是通过这部西哥特法典而产生的间接影响。在中世纪早期,包括查理曼时代,西欧立法亦受到这一《节选本》的影响,成为罗马法在西欧的主要资料。这清楚地表明,罗马法在蛮族迁徙时期就已经影响了西欧而不是通过《查士丁尼法典》,《查士丁尼法典》在西欧之传播要晚得多,约在 12 世纪前后。这一事实有时被学者们所忽视,甚至像菲斯泰尔·德·库朗热这样著名的历史学家也说:"科学证明,查士丁尼的法律集在高卢的影响后来持续到中世纪。"[13]《狄奥多西法典》的影响更为深远,因为《阿拉里克节选本》显然在保加利亚的历史中发挥了某种作用。至少,这是克罗地亚学者博吉希奇(Bogišić)的意见,他的论点后来被保加利亚学者

---

[13] 《古代法国政治制度史》(第 2 版,1904 年),513。

鲍布切夫(Bobtchev)所发展和证实,他认为,《阿拉里克节选本》是被教皇尼古拉一世送给保加利亚王鲍里斯的,是在鲍里斯866年请求教皇赐予保加利亚《宇宙法典》(leges Mundanae)之后。为答复这一要求,教皇在其"致保加利亚执政官的回信"(Responsa papae Nicolai ad consulta Bulgarorum)中声称,他将送给保加利亚人一部"罗马人的不朽法典"(venerandae Romanorum leges)。博吉希奇和鲍布切夫认为,此即《阿拉里克节选本》。⑬ 即使如此,这一法典在古代保加利亚人中的价值也不能过于夸大。因为,几年之后,鲍里斯即与罗马教廷决裂,并向君士坦丁堡靠拢。但是,仅就教皇送《节选本》这一事实本身,即可说明在9世纪该节本在欧洲生活中的重要性。所有上述例证显然说明了《狄奥多西法典》的伟大深远的影响。⑭

君士坦丁堡的城墙。——君士坦丁堡城墙的建筑亦是狄奥多西时期的重要事件。君士坦丁大帝曾在新都周围建筑了城墙。到狄奥多西二世时期,该城市的扩展已远远超出了城墙的范围。因此有必要采取新的手段来防护城市,抵抗敌人的进攻。罗马城于410年被阿拉里克攻克的命运,对于君士坦丁堡是一个严重警告,

---

⑬ V.博吉希奇:《成文法在斯洛文尼亚南部·萨格勒布》(Pisani Zakoni na slovenskom jugu.U Zagrebu),11—13;S.鲍布切夫:《古代保加利亚法制史》(History of the Ancient Bulgarian Law),117—120。

⑭ 有一部由克利德·法尔(Clyde Pharr)翻译的该法典英译本,同译者有 T.S.戴维森(T.S.Davidson)和 M.B.法尔(M.B.Pharr),普林斯顿大学出版社出版,1951 年。也见阿道夫·贝格尔(Adolph Berger)和 A.阿瑟·席勒(A.Arthur Schiller):《英美对罗马、希腊及希腊-埃及法典及有关学科研究目录》(Bibliography of Anglo-American Studies in Roman, Greek And Greco-Egyptian Law and Related Sciences),75—94;此乃非常有用的作品,其中有多处论及拜占庭时期的问题。

君士坦丁堡于5世纪上半期也受到匈奴人侵扰的威胁。

　　这一极其困难的问题由狄奥多西宫廷中一些有才干的人着手解决了。城墙修筑分两期完成。在狄奥多西幼年时期,当时的摄政、禁卫长官安提米乌斯(Anthemius)于413年修筑了一道筑有数座塔楼的城墙。该城墙自马尔马拉海延伸至金角湾,屹立于当年君士坦丁大帝的城墙以西。这堵曾经保护了首都免遭匈奴人进攻的安提米乌斯新城墙,至今仍残存于马尔马拉海以北至拜占庭皇宫的废墟之间,该皇宫即众所周知的泰克福尔·塞雷宫(Tekfour Serai)。一次强烈的地震摧毁了该城墙,于是,大政区长君士坦丁重修了城墙,并在其外围筑了另一道城墙及许多塔楼,墙外环以很深的护城壕,并注满了水。于是,在陆地上,君士坦丁堡有了三道防线:两道由台地隔离开的城墙和外墙周围的深沟。在君士坦丁堡市长居鲁士(Cyrus)任期内,又在沿海修筑了新的城墙。在这些城墙上的两篇铭文(一篇希腊文,一篇拉丁文)中谈到了狄奥多西的建筑活动,该铭文被断定是修筑城墙时的铭文,至今仍清晰可见。此外,居鲁士时期,在首都街道实行了夜间照明。⑬

---

　　⑬ 见《复活节编年史》(*Chronicon Pasehale*),I,588。关于居鲁士和君士坦丁的建筑活动,见柏里《晚期罗马帝国史》,I,70、72和72页注2。并见A.范米林根(A.Van Millingen)《拜占庭的君士坦丁堡,城墙及相关历史遗迹》(*Byzantine Constantinople, the Walls of the City and Adjoining Historical Sites*),48;B.梅耶-普拉特(B.Meyer-Plath)和A.M.施内德(A.M.Schneider):《拜占庭的陆上城墙》(*Die Landmauer von Konstantinopel*)。柏里没有使用的关于居鲁士传记的一些新的材料,见于"圣丹尼尔-斯蒂利特之一生"("Life of St.Daniel the Stylite"),刊于H.德莱哈耶(H.Delehaye)编《博兰会文集》(*Analecta Bollandiana*),XXXII(1913),150。德莱哈耶:《斯蒂利特的圣徒们》(*Les Saints Stylites*),30—31。也见N.贝恩斯"圣丹尼尔的一生"("The Vita S. Danielis"),《英国历史评论》,XV(1925),397。(博兰会是续编圣使徒传的组织。——译者)

狄奥多西二世逝于450年。尽管他软弱,缺乏一个政治家的能力,但他的长期统治对此后的历史却有相当重要的意义,尤其从文化角度来看。狄奥多西由于幸运地选择了可信的官员,因而成就了伟大的业绩。君士坦丁堡的高等学府和《狄奥多西法典》一直是5世纪早期文化运动的杰出成就。在这一时期修筑的城墙,使得君士坦丁堡在许多世纪内难以被拜占庭的敌人攻破。N.H.贝恩斯评价道:"从某种意义上讲,君士坦丁堡的城墙对于东部帝国,就意味着枪和炮,由于缺乏这些,西方的帝国才毁灭了。"⑬

马西安(450—457年在位),利奥一世(457—474年在位)和阿斯帕尔

狄奥多西死后没有留下继承人。他的上了年纪的姐姐普尔喀丽娅同意做马西安(一个色雷斯人)名义上的妻子,随后,马西安称帝。马西安是个很有能力的谦和的士兵,他之所以能继承皇位只是由于当时颇有影响的将军、阿兰人阿斯帕尔的恳求。

在4世纪末和5世纪初成为国家真正威胁的哥特人问题在阿卡第时期已获得有利于政府的解决。然而,拜占庭军队中的哥特人在帝国内部仍是一股势力,尽管其影响力已大大减弱,而且在5世纪中期,蛮族人阿斯帕尔在哥特人支持下,试图再次恢复哥特人以往之势力。他也曾一度成功,两个皇帝马西安和利奥一世,都是由于阿斯帕尔的努力而被拥立为帝的,而阿斯帕尔的阿利乌斯派信仰是他自己未能登上皇位的唯一障碍。于是,首都再次公开表

---

⑬ 《拜占庭帝国》,27。

示了对阿斯帕尔、他的家庭和蛮族在军队中影响的普遍不满,有两个事件加深了哥特人与首都市民的对立。利奥所发动的对汪达尔人的出海征伐,耗费了大量钱财和精力,却遭到了完全的失败。人们指责阿斯帕尔是叛徒,因为他曾反对这次远征——这是很自然的,因为这次战争的目的是要击溃汪达尔人,即日耳曼人。当时,阿斯帕尔已经从利奥那里为自己的儿子谋取了恺撒的爵位,即帝国的最高爵位。皇帝决定摆脱日耳曼人的控制,于是,他在驻扎于首都的好战的伊苏里亚人帮助下处死了阿斯帕尔和他的一些家人,给日耳曼人在君士坦丁堡宫廷中的势力以致命打击。由于这些屠杀行为,利奥一世从他的同时代人那里得到"刽子手"(*Makelles*)的称号,但是历史学家 Th.I.乌斯宾斯基却肯定,仅依此事件而给予利奥一世"伟人"称谓是可以的,因为这件事是使军队实现民族化,动摇蛮族军队优势地位的重要步骤。⑬

经常构成帝国最大威胁的匈奴人在马西安时期从多瑙河中游进入帝国西部各省,后来他们在那里进行了著名的卡塔劳温战役(Catalaunian battle)。此后不久,阿提拉去世。他的巨大帝国瓦解了,匈奴人对拜占庭帝国的威胁在马西安时期消除了。

第四次基督教全体主教公会议。——马西安即位时,面临着他的前任皇帝未能解决的教会内部事务极为复杂的局面。这时,一性派已成为胜利者。马西安因倾向于前两次基督教全会的立场,不能容忍这一胜利;于是,他于451年在卡尔西顿召集了第四次基督教全体会议。事实证明,这次会议对于以后的历史都具有

---

⑬ 《拜占庭帝国》,I,330。

重大影响。出席这次会议的使节甚多,且有罗马教宗派来的代表。

这次会议谴责了以弗所"强盗会议"的决议,罢免了狄奥斯库鲁,拟定了一个完全否定一性派教义且与罗马教宗观点完全一致的宗教信条。会议认为"唯一的、同一基督兼有人神两性。两性不可混淆,不可改变,不可离散"。肯定了前几次基督教全体会议的主要教义,成为正统教会宗教教义的基础。

卡尔西顿宗教会议的决议在拜占庭历史上也有巨大的政治意义。拜占庭统治者由于在5世纪公开反对一性派,使东方行省,即叙利亚与埃及疏远了帝国,因这里的大部分人都是一性派信徒。即使在451年的宗教会议谴责了一性派之后,一性派仍坚持他们的宗教信条是正宗,不愿意做任何妥协。埃及教会还取消了在宗教仪式中使用希腊语的传统,开始使用埃及的民族语(柯普特语)做礼拜。在耶路撒冷、亚历山大和安条克,由于被帝国强制推行此次宗教会议的决议而引起的宗教骚乱,则带有严重的民族起义的性质。这些骚乱由于军政当局的血腥屠杀才被镇压下去。然而,镇压并没有解决这一时期的根本问题。在复杂的、越来越尖锐的宗教争端的背景下,清晰可辨的是明显的民族矛盾,在叙利亚和埃及尤其如此。埃及和叙利亚的地方居民渐渐地确信他们渴望脱离拜占庭帝国。东方各行省的宗教骚乱及这些地区民族成分的混杂,为7世纪波斯人和阿拉伯人先后征服这些富庶、文明发达地区提供了便利。

卡尔西顿宗教会议的法规第28条引起的皇帝与罗马教宗之间的争执,也是十分重要的。虽然该条款没有被罗马教宗所承认,但它在东方帝国却被普遍接受。它提出了君士坦丁堡牧首和罗马教宗的位次关系问题,该问题早在第二次基督教全会的第3条款中已有决议,根据上述决议,卡尔西顿宗教会议第28条给予"新罗马最神圣的宗座与其所驻城市相应的特权,这座城市由于教宗和元老院而享有殊荣且与旧都罗马城同样受到尊重,因而,在宗教事务上也应与罗马同等重要,但位于罗马教宗之次。"⑬此外,该条款亦给予君士坦丁堡大主教为本都、亚细亚、色雷斯等几个多民族混居的行省授主教职的权力。Th.I.乌斯宾斯基说:"这一决议足以使人想到,这三个名称包含了所有在东方、在南俄罗斯和巴尔干半岛上基督教传播的地区,以及所有那些东方传教士事实上已在相应地区获得的教区。至少,这就是后来捍卫君士坦丁堡牧首之权益的希腊圣典学者们的意见。总之,这就是法规第28条的世界性意义。"⑭因此,马西安和利奥一世都是严格的信奉正统教义的皇帝。

芝诺(474—491年在位),奥多阿克和东哥特人狄奥多里克

利奥一世去世(474年)后,皇位传给了他六岁的外孙利奥,小利奥在同年把皇位交于他的父亲芝诺后去世。* 芝诺在他的儿子死后,成为唯一的皇帝(474—491年在位)。他的继位标志着一支新的蛮族势力在宫廷中排挤了日耳曼人势力,此即伊苏里亚人的

---

⑬　J.D.曼西:《新编圣公会议文集》(1762年),VII,445。
⑭　《拜占庭帝国》,I,276。
*　此以皇帝的亲人为"共治"帝之习俗,始自戴克里先时期"四头政治",在整个拜占庭时期均可见。——译者

势力,芝诺是这一极其野蛮的民族之一员。当时,伊苏里亚人在首都占有了最好的地位和最重要的官职。芝诺很快意识到即使在他自己人中间,有人也在阴谋反对他,于是他在平息山区伊苏里亚人的叛乱时表现得十分果断。他命令这里的居民拆除他们的大部分防砦。然而,在芝诺一生中,帝国内部伊苏里亚人的优势地位却一直存在。

芝诺统治时期,意大利还发生了极其重要的事件。5世纪后半期,日耳曼人的军队首领之势力有了极大的发展,他们的意愿几乎可以决定西方罗马皇帝的废立。476年,这些蛮族人首领之一奥多阿克(Odovacar)废黜了最后一个皇帝、年轻的罗慕洛·奥古斯都,他自己成为意大利的统治者。为了使自己在意大利的统治更加稳固,奥多阿克从罗马元老院派出了使团,向芝诺承诺意大利不需要另一个皇帝,芝诺可以成为整个帝国的皇帝。同时,奥多阿克请求芝诺赐予他罗马贵族的爵位,并责成他来管理意大利。这一要求得到批准。奥多阿克成为皇帝合法指派的意大利统治者。过去,人们认为476年是西方罗马帝国灭亡的年份。但这是不正确的。因为在5世纪时,并不存在一个独立的西罗马帝国。如同过去一样,这个时期只有一个罗马帝国,由两个皇帝治理,一个在西部,另一个在东部。在476年,帝国只有一个皇帝,即东部帝国的统治者芝诺。

成为意大利的统治者之后,奥多阿克采取了明显的独立态度。芝诺也完全意识到这一点。鉴于他不能公开地反对奥多阿克,他决定利用东哥特人。自从阿提拉的匈奴帝国瓦解后,东哥特部族一直留在潘诺尼亚。在其国王狄奥多里克的领导下,频繁地侵扰巴尔干半岛，甚至威胁到帝国的首都。芝诺成功地诱使狄奥多里克把注意力转向意大利那些富庶的行省，从而达到了一箭双雕的目的：一方面，他摆脱了北方邻国的威胁，同时，又利用外部势力解决了他与讨厌的意大利统治者之间的矛盾。无论如何，对于芝诺来说，狄奥多里克留在意大利总要比他留在巴尔干半岛少一些威胁。

狄奥多里克转向意大利后，打败了奥多阿克，控制了其首府拉文纳。在芝诺死后，狄奥多里克在意大利建立了东哥特王国，定都拉文纳。于是，巴尔干半岛完全摆脱了东哥特人的威胁。

合一通谕。——芝诺统治时期的主要问题是宗教问题，经常引发诸多骚乱。在埃及和叙利亚，以及巴勒斯坦和小亚细亚的某些地区，人们顽固地坚持一性派信条。芝诺的两位前任皇帝所实行的正统宗教政策在东方很不得人心。教会领袖也完全意识到这一严峻形势。后来，倾向于卡尔西顿决议的君士坦丁堡牧首阿卡第和亚历山大牧首彼得·孟古斯（Peter Mongus）特别急切想找到使教会濒临分裂的各派相互妥协的途径。他们向芝诺提出建议，也欲尝试以某种双方都能接受的妥协方案达到相互谅解。芝诺接受了这一建议，并于482年颁布了《合一通谕》（*Henoticon*）*，致亚历山大牧首管区的那些教会。在这一法令中，他在涉及耶稣基督的两性，即其人性和神性的结合问题时，极力避免谈及任何对正教教义或一性派教义的不敬。《合一通谕》充分肯定了在第一次和第二次基督教全体主教公会议上提出的、而在第三次基督教全体

---

* Henoticon 为希腊文 *ἑνωτικόν*（即联系、联合之意）的音译。——译者

第二章 自君士坦丁大帝至查士丁尼时代的帝国

主教公会议上得到承认的宗教基础：宣布将聂斯脱利和优迪克斯及其从人逐出教会，并指出："耶稣基督按神性而言与天父有相同的本质，按人性而言与我们有相同的本质。"然而，《合一通谕》显然避免使用"一性"或"两性"的措辞，也不提卡尔西顿宗教会议关于基督的两性结合的说法。在《合一通谕》中只有一处提到卡尔西顿宗教会议，是用这样的措辞："于是，朕在此诅咒所有那些曾经坚持、正在坚持或在任何时候，无论它是卡尔西顿会议或任何其他宗教会议上坚持任何其他不同信条的人。"⑩

起初，《合一通谕》似乎改善了亚历山大城的局势，但终究没有能使正教派或一性派都满足。正教派不甘心向一性派让步；一性派则考虑到《合一通谕》措辞混乱，认为让步不够。于是在拜占庭帝国的宗教生活中产生了新的矛盾。教派的数量也增加了。有一部分教士拥护和解的想法因而支持《合一通谕》，而正教派和一性派运动的极端分子不愿意做任何妥协。那些坚定的正教徒被称为"不眠者"(Akoimetoi)＊，因为在这些人的修道院中，宗教仪式昼夜不停地进行，因此，他们须把其成员分为三班；一性派的极端派称为"无首脑派"(Akephaloi)，因为他们不承认已接受《合一通谕》的亚历山大教会牧首是他们的首领。罗马教宗也反对《合一通谕》，他分析了对《合一通谕》不满的东方教士的抱怨，然后研究了

---

⑩ 埃瓦格留斯(Evagrii)：《基督教会史》(Historia Ecclesiastica)，III, 14；J.比德和L.帕芒蒂耶编，113。《叙利亚编年史》(The Syriac Chronicle)，即《米蒂利尼的扎哈利编年史》(Chronicle of Zachariah of Mitylene)，III, 8；F.J.哈米尔顿(F.J.Hamilton)和E.W.布鲁克斯(E.W.Brooks)译，123。

＊ 此处的教派名称皆出自希腊语。——译者

《合一通谕》,决定在罗马举行的一次宗教会议上谴责君士坦丁堡牧首阿卡修斯(Acacius),并将他破门。阿卡修斯则在其祈祷时不再提教宗的名字以示报复。这实际上是东西方教会间第一次真正的分歧;这一状态持续到518年查士丁一世继位之时。⑩ 于是,以5世纪日耳曼人诸王国在西方的建立为标志的帝国东、西两部分的政治裂痕。在芝诺统治时期又因宗教上的纠纷而扩大了。

阿那斯塔修斯一世(491—518年在位)

伊苏里亚人问题的解决,波斯战争。保加利亚和斯拉夫人的侵袭,长城,与西方的关系。——芝诺死后,其寡妻阿里阿德涅选择了年迈的阿那斯塔修斯为她的丈夫。阿那斯塔修斯出生于都拉基乌姆,在宫廷中担任一极小的官职——宫廷侍卫官(silentiarius)⑪,只是在他签署了一份不采取任何宗教改革政策的书面保证后才得以加冕为帝,这一提议是由坚定的卡尔西顿派、君士坦丁堡牧首提出的。

阿那斯塔修斯遇到的第一个问题,是解决伊苏里亚人问题,因为他们在芝诺统治期间已取得了相当的权利。他们享有特殊地位,激怒了首都人民。当阿那斯塔修斯得悉他们自芝诺死后一直在阴谋反对新任皇帝时,遂采取了紧急行动。一些重要岗位撤换

---

⑩ 见 S.萨拉维尔(S.Salaville)"《合一通谕》事件和5世纪拜占庭分裂的开端"("L'Affaire de l'Hénotique ou le premier schisme byzantin au Ve siècle"),《东方之声》(Échos d'Orient),XVIII(1916)225—265、389—397;XIX(1920)49—68、415—433. 文中也包括有关于阿那斯塔修斯统治的讨论。

⑪ 宫廷侍卫官,即皇帝上殿召集会议及料理朝政时守卫宫廷大门的卫士。

第二章 自君士坦丁大帝至查士丁尼时代的帝国

了伊苏里亚人，没收他们的财产，把他们逐出首都，之后经过长达六年艰苦的斗争，伊苏里亚人才在他们的故乡伊苏里亚被制伏。许多人迁徙到色雷斯。阿那斯塔修斯的伟大贡献就在于他彻底地解决了伊苏里亚人问题。

在对外事务上，除了同波斯进行的旷日持久而又毫无益处的战争外，多瑙河前线的局势对此后的历史有很大的影响。自东哥特人离开此地迁往意大利后，在阿那斯塔修斯统治时期，保加利亚人、盖塔人、斯基泰人在帝国北方边境经常进行侵扰。5世纪侵袭拜占庭领土边境地区的保加利亚人，是匈奴人（突厥人）的一支。芝诺统治时期的史料，在涉及拜占庭帝国北方东哥特人的迁徙时，第一次提到巴尔干半岛上的保加利亚人。

至于盖塔人和斯基泰人这两个含混不清的称呼的提出，是由于当时的编年史家还不太了解帝国北方民族的大致构成，因此，这两个称呼很可能是概括的称呼。历史学家们认为他们可能包括一些斯拉夫部族。7世纪早期的拜占庭历史学家塞奥菲拉克特（Theophylact），则直接指出盖塔人即斯拉夫人。⑬ 那么，就在阿那斯塔修斯统治时期，斯拉夫人和保加利亚人开始了对巴尔干半岛的侵扰。据一则史料，"一支盖塔人的骑兵"蹂躏了马其顿、塞萨利、伊庇鲁斯，甚至远抵温泉关。⑭ 有些学者甚至提出斯拉夫人在更早时期已进入巴尔干半岛。例如俄罗斯学者德里诺夫（Dri-

---

⑬ 《历史》（Historiae），III，4、7；C.德博尔编，116。见柏里：《晚期罗马帝国史》，I，434—436。

⑭ 科米蒂斯·马尔切利努斯：《编年史，至517年》（Chronicon, ad annum 517）；T.蒙森编，II，100。

nov)即以其对巴尔干半岛上的人名和地理名称的研究为根据,把斯拉夫人移居巴尔干半岛的开端定于2世纪后期。⑮

阿那斯塔修斯时期,保加利亚人和斯拉夫人的侵扰在当时没有造成巨大影响,因为这些蛮族匪帮在抢劫了拜占庭民众后,即回到他们的出发地。然而,这些侵扰是6世纪查士丁尼时期斯拉夫人大规模侵入巴尔干半岛的前奏。

为保卫首都免遭北方民族的侵扰,阿那斯塔修斯在色雷斯地区君士坦丁堡西方约40英里处修筑了所谓"长城"。该城墙自马尔马拉海伸展到黑海,"使这座城市,"据一则史料说,"不再是一个半岛而成为事实上的岛屿。"⑯然而,这一长城并没有达到初建时所定的目标。由于施工仓促,加之地震造成的裂缝,使它不能成为阻止敌人接近君士坦丁堡的真正屏障。现在土耳其人几乎在同一地点修筑的防卫系统卡塔尔雅防线,十分接近阿那斯塔修斯城墙旧址。其残迹现今仍可见到。

在阿那斯塔修斯时期,西欧发生了更重大的变化。狄奥多里克成了意大利国王;而在更远的西北方,克洛维早在阿那斯塔修斯即位之前已建立强盛的法兰克王国。这些王国均屹立于原来属于罗马皇帝,即当时的拜占庭皇帝的疆土上。自然,遥远的法兰克王国不可能独立于君士坦丁堡的权力之外;况且,在被征服民族的眼

---

⑮ 《斯拉夫人之占据巴尔干半岛》(*The Slavic Occupation of the Balkan Peninsula*)。目前,在苏维埃俄国(指20世纪50年代的苏联。——译者),人们对于斯拉夫人入侵巴尔干半岛问题表现出极大的兴趣。在这一论题上发表了许多篇论文,德里诺夫的理论颇受欢迎。德里诺夫的著作已被收入他的一部新版著作集中,由 V.兹拉塔尔斯基编辑,I,139—364。

⑯ 埃瓦格留斯:《基督教会史》,III,38;比德和帕芒蒂耶编,136。

第二章 自君士坦丁大帝至查士丁尼时代的帝国

中,新来者只有得到来自博斯普鲁斯海岸的正式认可才有真正的权威。因此,当哥特人拥立狄奥多里克为意大利国王时,据一位当代编史家称,虽然"没有等到帝国新任君主(阿那斯塔修斯)的指定"⑩,狄奥多里克还是请求阿那斯塔修斯赐予他后来由奥多阿克还给芝诺的帝国权力的标志。经过长期的谈判,并数次向君士坦丁派遣使团的活动,阿那斯塔修斯承认了狄奥多里克是意大利的统治者,于是狄奥多里克的统治在意大利人民眼中合法化。⑩ 然而,哥特人的阿利乌斯派信仰,成为哥特人和意大利居民之间建立进一步友好联系的障碍。

至于法兰克王克洛维,阿那斯塔修斯送给他一张令状,授予他执政官头衔,克洛维感激涕零地接受了。⑩ 当然,这仅仅是名誉执政官头衔,并不包括在这一地位所行使的责权。然而,这对于克洛维却是至关重要的。高卢地区的罗马人只认可东方的皇帝是最高权力的持有者,只有他才能将所有其他权力恩赐于人。阿那斯塔修斯授以克洛维执政官的证书,向高卢民众证实了克洛维统治的合法性,使克洛维具有了理论上仍是罗马帝国之一部分的行省总督身份。

拜占庭皇帝与日耳曼王国的这些关系清楚地表明,在5世纪

---

⑩ 阿诺尼姆斯·瓦勒希亚努斯(Anonymous Valesianus),Par.57;V.格尔德豪森(V.Gardhausen)编,295;T.蒙森编:《编年史》(Chronica Minora),I,322。

⑩ 见J.桑德威尔(J.Sundwell)《论罗马帝国的衰落》(Abhandlungen zur Geschichte des ausgehenden Römertums),190—229。

⑩ 都尔主教格雷高利(Gregorii Turonensis Episcopi):《法兰克人史》(Historia Francorum),II,38(XXVIII);H.奥蒙(H.Omont)和G.科伦(G.Collon)编,72。(见《法兰克人史》中文版[商务印书馆],97—98。——译者)

晚期和6世纪早期,关于一个帝国的观念仍然很强。

阿那斯塔修斯的宗教政策、维塔利安叛乱和内政改革。——阿那斯塔修斯虽然向君士坦丁堡牧首保证不实施任何宗教上的变革。但是,他的宗教政策仍是有利于一性派的;不久以后,他又公开站在一性派方面。这一举动在埃及和叙利亚这些一性派广泛传播的地区受到热烈欢迎。但在首都,皇帝的一性派思想却引起了极大混乱。而且当阿那斯塔修斯仿效安条克教会的做法下令在歌颂"三圣"的祈祷文(神圣·神圣·神圣的我主上帝)中加上"为吾等牺牲"的颂词(即神圣的上帝,神圣的强有力的上帝,神圣的不朽的上帝,为吾等牺牲,受吾等尊崇)时,在君士坦丁堡发生了巨大的骚乱,几乎导致皇帝退位。

阿那斯塔修斯的宗教政策引起了维塔利安(Vitalian)在色雷斯的起义。维塔利安率领着一支由匈奴人、保加利亚人(也许还有斯拉夫人)组成的大军,在一支舰队的掩护下,向首都进发;他的目标是政治性的,即他希望废黜皇帝。但是他却对世人说,他的起兵是为了捍卫受压制的正统教会。经过长期而艰苦的战斗,起义最后被镇压。但这次起义仍具有重要的历史意义。Th.I.乌斯宾斯基曾评论道:"维塔利安通过三次率领他的成分混杂的军队接近君士坦丁堡,又从政府那里攫取了巨量钱财的举动,向蛮族揭示了帝国的弱点和君士坦丁堡的富裕,并教给了他们有关水陆联合作战的战术。"⑩

阿那斯塔修斯的内政尚没有得到充分的研究和相应的评价,

---

⑩ 《拜占庭帝国史》,I,352。

但无疑是激进的,并且对帝国重要的经济和财政问题产生了很大影响。

阿那斯塔修斯的一项十分重要的财政改革就是取消了人们憎恶的"金银税"(chrysargyron),这是一种用金银完税的项目(拉丁文称之为 lustralis collatio,或用其全称 lustralis auri argentive collatio)*,这种税远溯于4世纪早期,征税对象是帝国所有手工业和专门职业者,甚至于奴仆、乞丐和妓女。农民的工具和牲畜,如马、骡、驴和犬等可能也得交这种税。贫困阶层尤其因"金银税"的负担而叫苦不迭。原则上,该税应该每五年只征一次,而实际上,该税的征税日期却由当局随意决定,而且是突如其来的,而且这种税的频繁征收经常逼得百姓走投无路。⑬尽管此税的征收使国库拥有巨额收入,阿那斯塔修斯仍决定取缔它,并公开焚烧了一切有关该税收的文件。民众欣然于这项税收的废除;一个6世纪的历史学家说:"人们需要修昔底德那样善于辞令的人和更为高雅的东西来描述人对皇帝的感激之情。"⑬一则6世纪的叙利亚文资料描述了埃德萨人在迎接废除金银税的敕令到来时的欢悦:

---

* 拉丁文原意为"五年洁净祭"或"五年洁净祭金银税"。系古罗马举行"五年洁净祭"时工商人员所纳的捐税。——译者

⑬ O.希克:"五年洁净祭税"("Collatio lustralis"),《古典学实用百科全书》(*Real-Encyclopädie der Classischen Altertumswissenschaft*),A.F.保利(A.F.Pauly)和 G.威索瓦(G.Wissowa)等编,IV,370—376。

⑬ 埃瓦格留斯:《基督教会史》,III,39;比德和帕芒蒂耶编,137。E.W.布鲁克斯(E.W.Brooks):《剑桥中世纪史》(*Cambridge Medieval History*),I,484,称"金银税"为"一种对所有牲畜、庄稼或行业所征的税;柏里:《晚期罗马帝国史》",I,441,"所得税"。

整个城市沸腾了,城中老少民众皆身穿白袍,手持燃烧的长烛和满盛燃香的香炉,唱着赞美上帝和歌颂皇帝的圣歌和颂词,来到圣塞尔吉乌斯和圣西门教堂,在此进行感恩圣餐。然后,他们回到城市,举行了整整一星期的节日喜庆活动,并决定他们将年年庆祝这一节日。城里所有的工匠沉浸在喜悦之中,到大教堂的庭院和所有的城市门廊中举行露天宴会。

以"金银税"名义在埃德萨征集的黄金数是每四年140磅。[153] 这一税项的取消使教会特别满意,因为它包含了妓女的收入,这无疑是承认了这一社会弊病的合法性。[154]

自然,"金银税"的废除使国库失去了一笔可观的岁入,但这一损失很快就因采用新税而得到补偿。此即"黄金税"(chrysoteleia),或"以黄金完税",即以现金完税而不是实物税。这显然是阿那斯塔修斯用于维持军队开支的土地税。这对于贫困阶层来说仍是沉重的负担,因此,看起来,整个财政改革是一种更经常的税务摊派而不是真正地减免税收。[155] 也许,在阿那斯塔修斯时期最重要的财政改革,是在他所信赖的大政区长、叙利亚的马里努斯(Marinus)建议下所采取的、取消由城市共和体(库里亚)负责征

---

[153] 《斯提利科的约书亚编年史》(*The Chronicle of Joshua the Stylite*),W.瑞特编,Chap.XXXI,22。

[154] 柏里:《晚期罗马帝国史》,I,422页注。

[155] E.W.布鲁克斯:"从阿卡第到阿那斯塔修斯的东方行省"("The Eastern Provinces from Arcadius to Anastasius"),《剑桥中世纪史》,I,484;E.施泰因:《拜占庭帝国史研究》(*Studien zur Geschichte des byzantinischen Reiches*),146。

集市政税的体制;阿那斯塔修斯指定一些称为 vindices 的税官来征收市政税。这些管理者可能由大政区长任命。尽管这项新的征税体制相当可观地增加了国库岁入,但在后来的统治时期还是发生了变化。在阿那斯塔修斯统治下,土地贫瘠状况变得比以往更为严重。额外的税收负担施于那些无力的纳税人和贫瘠土地。丰产地的所有者于是有责任向政府纳全税。这一附加税,希腊语称为 epibole($\acute{\epsilon}\pi\iota\beta o\lambda\acute{\eta}$),即"增加"、"附加"的意思。这是可回溯至托勒密朝埃及的十分古老的制度。这种制度在查士丁尼大帝统治时期以相当肯定的形式确立下来。⑬ 阿那斯塔修斯也颁行敕令强调,任何一个在同一地方居住满三十年的自由租地农,都得成为"科洛尼"(colonus)*,即附属于土地的人,但他不失去自己的自由人身份和拥有财产的权利。

阿那斯塔修斯一世时期还以大规模的货币改革著称。在498年,他开始发行大铜币弗里斯(follis)及它的小附币。新的币制很受欢迎,在较穷的市民中尤其如此。因为一直处于流通领域的铜币质地甚差,且没有标明币值。新的货币由君士坦丁堡、尼科米底

---

⑬ 关于"epibole",除了 H.莫尼耶(H.Monnier)的"拜占庭法制史研究"("Études du droit byzantin"),《新法制史杂志》(Nouvelle Revue historique de droit),XVI(1892),497—542,637—672;还可见 F.多尔格《论拜占庭财政管理史(尤其在 10—11 世纪)》(Beiträge zur Geschichte der byzantinischen Finanzverwaltung besonders des 10 und 11Jahrhunderts),128—133;G.奥斯特洛戈尔斯基:"论拜占庭税制"("A Byzantine Treatise on Taxation"),《纪念 N.P.康达可夫学术论文集》(Recueil d'études dédiées à N.P.Kondakov),114—115;奥斯特洛戈尔斯基:"10 世纪拜占庭帝国的农村公社土地"("Die ländiliche Steuergemeinde des byzantinischen Reiches im X.Jahrhudert"),《社会经济大季刊》(Vierteljahrschrift für sozial-und Wirtschaftsgeschichte),XX(1927),25—27。这三篇文章提供了很好的书目索引。

* 即"隶农"。——译者

和安条克的三个制币厂锻制,由阿那斯塔修斯管理。阿那斯塔修斯采用的大铜币直到大约 7 世纪后半期一直是帝国的标准流通货币。⑬

在他的人性化改革中,阿那斯塔修斯颁布了禁止在竞技场举行人兽搏斗表演的敕令。

尽管阿那斯塔修斯时常恩准对一些行省和城市,特别是在帝国东部由于对波斯战争而遭破坏的行省城市减免税收,尽管他进行了包括长城、引水渠和亚历山大城的灯塔及其他一些建筑工程的兴建,但到他的统治末年,政府仍有相当雄厚的黄金贮备。据史学家普罗柯比估计(或许有些夸张),这笔财富有 32 万磅黄金,约相当于今 6 500 万到 7 000 万美元。⑬ 阿那斯塔修斯时期的经济状况对于他的第二个继承者查士丁尼的大规模活动有着极其重要的意义。阿那斯塔修斯时代是查士丁尼时代辉煌的序幕。

---

⑬ 见 W.罗思(W.Wroth)《不列颠博物馆中的拜占庭帝国货币目录》(*Catalogue of the Imperial Byzantine Coins in the British Museum*),I,XIII—XIV,LXXVII;柏里《晚期罗马帝国史》,I,440—447。R.P.布莱克(R.P.Blake)的最近的研究成果:"阿那斯塔修斯一世的货币改革及其经济意义"("The Monetary Reform of Anastasius I and Its Economic Implications"),《文化史研究》(*Studies in the History of Culture*),84—97。布莱克写道:"4 世纪早期的物价暴涨现象消除了,实现了合理而稳定的价格标准;至于阿那斯塔修斯的改革事实上对这一事件起多大作用,则由于缺乏更详尽的数据而难以确定。"(97)。

⑬ 《秘史》(*Historia quae dicitur Arcana*),19,7—8;J.豪里(Haury)编,21。德莱哈耶(Delehaye):"斯蒂利特的圣丹尼尔之生平"("Life of Daniel the Stylite"),《博兰会文集》,XXXII(1913),206;法文版,86。亦见贝恩斯"圣丹尼尔生平",《英国历史评论》,XL(1925),402。

小结

自阿卡第至阿那斯塔修斯时期(395—518年)的主要问题是民族和宗教问题,以及那些总是与宗教运动密切相关的政治事件。4世纪晚期,日耳曼人(更确切地说是哥特人)的强权,在首都变得越来越强,以至于威胁到整个国家。这一问题由于哥特人的阿利乌斯派信仰而更进一步复杂化,它所带来的威胁在5世纪初阿卡第统治时期减弱了,而到5世纪中期,当它极为无力地爆发时,被利奥一世完全扫除了。在5世纪末,出现了来自北方的东哥特人的新威胁,芝诺把这种威胁成功地引向意大利。于是帝国东半部的日耳曼人问题得到了有利于政府的处理。

5世纪后半期,帝国的东部也成功地解决了不那么尖锐和典型的民族问题,即伊苏里亚人的权势问题。保加利亚人和斯拉夫人在这一时期仅仅开始骚扰帝国的边界,还不可能预见这些北方人将注定在拜占庭帝国的历史中充当重要角色。阿那斯塔修斯时期仅仅可以被视为巴尔干半岛上的斯拉夫人时代的开始。

这一时期的宗教问题分为两个阶段,至芝诺时期以前为"正教"时期,在芝诺和阿那斯塔修斯时期为一性派时期。芝诺对一性派的偏爱态度和阿那斯塔修斯对一性派的明显同情不仅从教义观点上,而且从政治观点上看都是很重要的。到5世纪末,帝国的西半部尽管在原则上还承认帝国的统一,但在事实上已脱离君士坦丁堡。在高卢、在西班牙、在北非,新的蛮族王国已经建立;意大利实际上是由蛮族首领统治,而且在5世纪末,东哥特王国在意大利已经建立。这种局面说明了东方各行省——埃及、巴勒斯坦及叙利亚——为什么对于罗马帝国的东半部*变得特别重要。芝诺和阿那斯塔修斯的伟大功绩恰在于他们了解到帝国的重心已经转移,并且意识到东方各省的重要性,因而使用一切可能的手段寻找使东方各省与首都紧密联系的途径。鉴于这些东方行省,特别是埃及和叙利亚,普遍地尊崇一性派教义,因此对于帝国来说,唯一的途径是不惜一切代价与一性派妥协。芝诺颁布那道回避主要问题,着意混淆视听的《合一通谕》,即源于此。这是同一性派达成谅解的最初步骤之一。当这一企图未能达到预期效果时,阿那斯塔修斯就决定采用明确的一性派政策。这两位皇帝与他们的前任诸帝相比,都是有政治远见的统治者。他们的一性派政策受到了首都、巴尔干半岛、小亚细亚的多数行省、海上诸岛和巴勒斯坦一些地区有着广泛群众基础的正教运动的对抗。正教也受到罗马教宗的支持,由于《合一通谕》的颁布,罗马教宗与君士坦丁堡断绝了一切关系。政治和宗教之间不可避免的冲突是阿那斯塔修斯统治时期国内宗教骚乱的根源。他未能在生前使帝国实现预期的和平与统一。他的继承者则把帝国引向另一条截然不同的道路,而且,东方诸行省的分离在这一时期之后期已初露端倪。

总之,这一时期充斥了被完全不同的目标和愿望激励着的各个不同民族的相互斗争:日耳曼人和伊苏里亚人企望获得政治上的优势,而埃及的柯普特人和叙利亚人则关心他们宗教教义的胜利。

---

　　* 本书作者一向强调罗马帝国没有分为两个帝国,而只是由不同皇帝统治的两个部分,因此,此处提到"帝国的东半部"实际上就是指我们通常所称谓的"拜占庭帝国"的有效统治区域。——译者

第二章 自君士坦丁大帝至查士丁尼时代的帝国

文学、学术、教育和艺术

从4世纪到6世纪初,文学、学术和教育的发展与基督教和古代异教世界及其伟大文化之间建立密切联系相关。3世纪和4世纪的基督教护教者针对一个基督徒是否允许使用异教资料的争论,没有得出明确的结论。一方面,一些护教者在希腊文化中找到了有价值的东西,认为它与基督教是一致的;另一些人则否认异教古典文化对于基督徒有任何意义,并摒弃它。而在热烈的宗教和哲学争论的中心亚历山大,占优势的是一种完全不同的态度,在那里,关于古典异教文化与基督教的相容性的讨论似乎要把这两种看来互不相容的因素融合到一起。例如,2世纪晚期的作者亚历山大的克雷芒(Clement of Alexandria)就说过:"哲学,作为一个向导,准备了那些被基督称为完美的东西。"[19]然而,在基督教时代前三个世纪内的争论,并没有解决异教文化和基督教的关系。

但是,世界在发展,异教的社会逐渐皈依了基督教,4世纪,基督教受到了特别强大的推动。这一方面是由于政府的保护,另一方面,则是大量的被称为"异端"的人。他们唤醒了知识界的争论,掀起了热烈的讨论,并提出了一系列新的重要问题。与此同时,基督教逐渐吸收了许多异教文化的因素,因此,如克伦巴赫所说:"基

---

[19] 《教理基础》(Stromata),I,5;米涅编:《希腊教父文献全集》,VIII,717—720。

督教的论题不知不觉地披上了异教的外衣。"⑩由于教义和诗歌领域内的伟大作家的作品,4世纪和5世纪的基督教文学更加丰富了,与此同时,异教思想的代表人物继续发展着异教的传统。

在罗马帝国的广阔疆域内,即在7世纪的波斯人和阿拉伯人征服之前保持着的帝国疆界内,四五世纪的基督教东方地区有几个风格各异的著名学术中心,其有代表性的学者的巨大影响远远越出其本土城市和行省的界限之外。在小亚细亚的卡帕多细亚,4世纪有三位著名的"卡帕多细亚人":大瓦西里(Basil the Great),他的朋友、神学家格列高利及瓦西里的兄弟、尼斯的格列高利(Gregory of Nyssa)。叙利亚的重要文化中心是沿海的安条克城和贝鲁特城;贝鲁特城因其在法学领域的研究而特别驰名,其光辉时期大约自公元200年起至551年。⑩ 在巴勒斯坦,当时的耶路撒冷尚未从提图斯统治时期的破坏中完全恢复。* 因此,它在4—5世纪的文化生活中没有充当重要角色。但是,恺撒里亚和4世纪末以前的巴勒斯坦南部城市加沙与其著名的修辞学家和诗人学派的繁荣,为这一时期贡献了文学和思想的宝库。但是,最重要的还是埃及的城市亚历山大,它始终是在整个亚洲东方**有着广泛而深刻

---

⑩ 《中世纪希腊文学。当代的文学,其发展和目标》(*Die griechische Literature des Mittelalters.Die Kultur des Gegenwart*;*Ihre Entewicklung und ihre Ziele*)(第3版,1912年),337。

⑩ P.科林内(P.Collinet):《贝鲁特法律学校的历史》(*Histoire de l'École de droit de Beyrouth*),305。

* 此处指罗马皇帝提图斯(79—81年)指挥下的对犹太人战争造成的破坏。——译者

** 指罗马帝国统治下的东方亚洲行省。——译者

影响的文化中心。注定要在查士丁尼时代有着辉煌前途的新城君士坦丁堡，此时则仅仅开始出现文学活动的痕迹。在君士坦丁堡，官方对拉丁语（在某种意义上是脱离了社会实际生活的语言）的保护特别明显。这一时期对于整个文化和文学运动具有某种重要性的是东方帝国位于其西部的另两个中心：萨洛尼卡和雅典，而雅典和它的异教学园，后来因其胜利的竞争者君士坦丁堡高等学府的兴起而失去了光辉。

通过拜占庭帝国东部和西部各行省文化发展的比较，可揭示出一个有趣的现象：在欧洲的希腊，虽有其古老的人民，但其精神活动和创造性与亚洲及非洲各省的发展相比却是微不足道的，尽管事实上这些行省的大部分，如克伦巴赫所说，只在亚历山大大帝之后才被"发现"和殖民化。克伦巴赫还凭借"我们多数人喜爱的现代数字表达方式"断言，拜占庭的欧洲诸省在这一时期的文化活动中只占全部文化创作活动的十分之一。⑯ 事实上，这一时期的大多数作者来自亚洲和非洲，而在这些地方，自君士坦丁堡奠基以后，所有的历史学家都是希腊人。教父文学在4世纪和5世纪早期进入其发展的光辉时代。

卡帕多细亚的大瓦西里和纳齐昂的格列高利在雅典和亚历山大最好的修辞学校中接受过令人羡慕的教育。但遗憾的是，关于瓦西里的兄弟、三人之中最伟大的思想家、尼斯的格列高利的早期受教育情况已没有确切的资料存在。他们都精通古典文学，并代表了所谓的"新亚历山大运动"。这一运动虽然使用着哲学思想的成果，在研究宗教教义时坚持理性的立场，并拒绝采纳所谓的"亚

---

⑯ 《中世纪希腊文学。当代的文学，其发展和目标》，330。

历山大"学派的极端的神秘主义-寓言性的运动,但他们一直没有放弃教会的传统。这3位作者除了留下那些丰富的神学著作(他们顽强地反对阿利乌斯派,捍卫正教教义)外,还留下了大量演说稿和书信。这些演说稿和书信是这一时期最丰富的文化资料之一部分,但人们还没有从历史的观点对它们加以透彻的研究。纳齐昂的格列高利也留下了一些诗,它们主要涉及神学方面、教义方面和喻世方面,但也有某种历史意义。他的长诗《关于他自己的生活》(*About His Own Life*)在形式和内容上都可在整个文学领域占有很高的地位。凭借他们的才华,这三位作者成为其城市的唯一代表。"当这三位著名的天才人物逝去时,卡帕多细亚黯然无光了,正是这三个人使它名扬四海。"⑱

叙利亚的文化中心安条克产生了与亚历山大学派相对立的运动。这一运动坚持《圣经》文字上的原意,而不加以任何人为的诠释。这一运动是诸如利巴尼奥斯的学生、安条克的宠儿约翰·赫里索斯顿("金口约翰")这样一批活动家领导的。约翰受过完整的古典教育,兼备非凡的文法和修辞能力,他的大量著作构成了世界伟大文学宝库中的一部分。后代人为他的天才的魅力和高尚情操所倾倒,后来,历代的文学运动都借鉴他的著作中的思想、想象和表达方式,以作为取之不尽的源泉。他的名气如此之大,以至于随着时间的流逝,人们把许多匿名作者的作品归于他名下。但是,确实属于他的那些著作、布道词和演说词以及200余封书信,主要是在他流放期间写成的,它们为我们提供了了解帝国内部生活的特

---

⑱ E.菲亚隆(E.Fialon):《关于圣瓦西里的历史和文学研究》(*Étude historique et littéraire sur Saint Basile*)(第2版,1869年),284。

别宝贵的资料。⑭ 后人对他的态度以14世纪的拜占庭作者尼斯福鲁斯·卡利斯图斯（Nicephorus Callistus）最为典型，他写道："我曾读过他写的上千首布道词，它们流溢出无以言表的馨香。从青年时代起，我就热爱他，倾听他的声音就如那声音来自于上帝。而且，我所知，我所为，都是属于他的。"⑮

巴勒斯坦城市恺撒里亚，产生了"基督教会史之父"尤西比乌斯，他生活于3世纪后半期到4世纪早期，大约于340年去世。前文曾提到他是记载了君士坦丁大帝生平的主要作者。尤西比乌斯生活于两个重大历史时期的过渡期：一方面，他目睹了戴克里先及其继承者对基督徒的严酷迫害，并由于他的基督教信仰而身受其害；另一方面，自迦勒里乌斯的敕令之后，他经历了基督教在君士坦丁统治下逐渐胜利的时期，并参与了阿利乌斯派争端，有时还倾向于阿利乌斯派。后来，他成为君士坦丁皇帝最忠实、最亲密的朋友之一。尤西比乌斯写了许多神学和历史著作。在《福音之准备》（Εὐαγγελικὴ προπαρασκευή, Praeparatio evangelica）这部巨著中，他针对异教徒对基督教的宗教攻击进行反驳，为基督徒辩护。在《福音之实证》（Εὐαγγελικὴ ἀπόδειξις, Demonstration evangelica）一书中，他论述了《摩西法典》仅具有世俗方面的意义，《旧约》中之预言已由耶稣实现了。他在《圣经》评注方面的著

---

⑭ J.M.万斯（J.M.Vance）：《自约翰·赫里索斯顿开始的4世纪晚期拜占庭文学史》（Beiträge zur byzantinische Kulturgeschichte am Ausgange des IV. Jahrhunderts aus den Schriften des Johannes Chrysostomos）。

⑮ 《基督教会史》（Historia ecclesiastica），XIII，2；见米涅编《希腊教父文献全集》，CXLVI，933。P.保尔以这段精彩的文字，作为他所著的赫里索斯顿传记的开篇。见该传记 I, vii。

作及其他一些著作都在同时代的神学领域中占有重要地位。这些著作也含有一些后来散佚的古代作品之摘要。

对于本章涉及的内容,尤西比乌斯的历史著作更为重要。《编年史》(*Chronicle*)一书显然写于戴克里先的迫害以前,其中有对迦勒底人、亚述人、希伯来人、埃及人、希腊人和罗马人之历史的简要叙述,其主要部分列出了最重要的历史事件发生的年表。遗憾的是,迄今为止,此书只存留了一部亚美尼亚文译本和圣哲罗姆著作中的拉丁文节录,其原本的形式和内容的准确结构没有能保留至今。而且现存的两个译本均不是译自希腊文原本,而是译自尤西比乌斯逝后不久出现的《编年史》的节本。

尤西比乌斯的杰出的历史著作是《基督教会史》,共计 10 卷,包括了自基督时代至君士坦丁战胜利基尼乌斯时期。根据他自己的说明,他写此书的目的不是叙述战争和纪念将军们的胜利,而是要"以不朽的文字记载为了灵魂的和平而进行的最平和的战争,并弘扬那些为真理而不是为国家、为敬神而不是为最亲爱的朋友而从事勇敢业绩的人"⑯。在尤西比乌斯笔下,教会的历史成为殉道者和屠杀者的历史,并伴有许多恐怖和罪孽。由于该书的丰富文献基础,这部历史可以被确认为基督教时代前 3 个世纪中最重要的资料。此外,尤西比乌斯的重要性也在于他是第一个写出一部基督教会史、并从所有可能的方面论述了这一论题的人。他的这部成名作品《基督教会史》成为后来许多教会历史学家写作的依

---

⑯ 尤西比乌斯:《基督教会史》(*Historia ecclesiastica*),前言,V;《尼西亚与后尼西亚的教父》,I,211。

第二章 自君士坦丁大帝至查士丁尼时代的帝国

据,并时常被仿而效之。早在4世纪初,鲁菲努斯(Rufinus)的拉丁文译本就使它传遍西方。⑯

《君士坦丁传》是尤西比乌斯晚年的作品(如果此书确为他所写的话),该书曾在学术界引起各种不同的解释和评价。人们并不把此书列入历史著作类,而是将它列入颂词之类。书中的君士坦丁被视为神命皇帝,有先见之明,是注定要引导人民走向自由的新摩西。按照尤西比乌斯的解释,君士坦丁的三个儿子就象征着圣三位一体,而君士坦丁本人就是基督徒的真正保护人,这些基督徒实现了他们过去梦寐以求的最高理想。为了保持其著作内容的一致性,尤西比乌斯没有触及这一时代的阴暗面,没有提示他那个时代的邪恶现象,只是一味地歌颂和炫耀他的英雄。然而,只要恰当地使用这一作品,人们还是可以相当透彻地了解君士坦丁时期。而且,此书的写作特别采用了官方文件,这些文件很可能是在该书初稿问世以后插入的。⑱ 尽管尤西比乌斯不具备非凡的文学才能,但他还是应该被视为中世纪早期最伟大的基督教学者,一个极大地影响了中世纪基督教文学的作者。

许多历史学家承续了尤西比乌斯开创的事业:君士坦丁堡的索克拉底斯(Socrates)将其《基督教会史》续写至439年;出生于巴勒斯坦城市加沙附近的索佐门是另一部《基督教会史》的作者,

---

⑯ 关于那些以尤西比乌斯的《基督教会史》为基础史料所写的作品,见 R.拉克(R.Laqeur)《尤西比乌斯,他那个时代的历史学家》(*Eusebius als Historiker seiner Zeit*),作者指出了尤西比乌斯作品的后三卷,即8—10卷在历史上的重要性。

⑱ 1938年格雷古瓦令人信服地证实(我确信如此),尤西比乌斯并不是以目前形式流传下来的这部《君士坦丁传》的作者,《拜占庭》(布鲁塞尔),XIII(1938),568—583;XVI(1939),318—319。

该书下限也到 439 年；基鲁斯主教狄奥多莱（Theodoret of Cyrus），一个安条克人，写了一部同样性质的历史，包括自尼西亚会议至 428 年期间的事件；最后，阿利乌斯派的菲洛斯托尔吉乌斯（Philostororgius）从其阿利乌斯派观点出发，记载了 425 年以前的历史。

这一时期的埃及有着最为活跃并丰富多彩的文化生活，尤其在其发达的文化中心亚历山大城。

4 世纪末期和 5 世纪早期文学生活中一个非常重要的人物是昔兰尼加的希奈修斯（Synesius）。他是一个相当古老的异教家族的后代，在亚历山大受过教育，后来受到了新柏拉图主义哲学的神秘主义影响，由柏拉图主义者转变为基督徒，他娶了一位基督徒女子，晚年成为托勒密的主教。尽管如此，希奈修斯可能总被人们认为是一个异教徒而不像基督徒。他赴君士坦丁堡的使命及他的"论王权"演说，表明他对政治的关心。他原不是一位历史学家，但他在 156 封书信中留下了特别重要的历史资料，这些信件也反映了他在哲学和修辞学方面的出色才能，成为拜占庭中世纪的一种典型风格。他那些以古典诗歌的风格和韵律写成的颂词看来是哲学和基督教观点的独特的混合体。这位主教-哲学家觉得对于他来说如此宝贵的古典文化已逐渐走向末日。⑱

---

⑱ 菲茨杰拉德（Fitzgerald）：《希奈修斯的书信》（*Letters of Synesius*），11—69。菲茨杰拉德：《希奈修斯的文章和赞美诗》（*Essays and Hymns of Synesius*），1—102（一个内容丰富的前言）；103—107（极好的参考书目）。也见 C.H.科斯特（Coster）："希奈修斯，阿卡第皇帝时代的元老"（"Synesius, a Curialis of the Time of the Emperor Arcadius"），《拜占庭》（布鲁塞尔），XV（1940—1941），10—38，很好的文献综述。

第二章　自君士坦丁大帝至查士丁尼时代的帝国

在同阿利乌斯派的尖锐而长期的斗争中，出现了一位杰出的人物，即坚定的尼西亚派信徒亚历山大主教亚大纳西，他留下了大量著作，专门论述4世纪的神学争端。他还写了一部《圣安东尼传》，此人为东方修道主义的创建者之一，在书中，他描绘了禁欲生活的典型画面。埃及修道主义最伟大的历史学家、海伦那城的帕拉第乌斯（Palladius of Helenopolis），也是5世纪的人。他生于小亚细亚，但由于他在埃及修道院世界中旅居大约十年而十分熟悉埃及修道院生活。在亚历山大的亚大纳西影响下，帕拉第乌斯再一次展示了修道生活的理想，并在其历史著作中采用了传说中的资料。亚历山大主教、聂斯脱利派的无情敌人西里尔也生活于这一时期。他在颠沛流离而又勤奋的一生中，写了大量的书信及训诫词。这些训诫词是后来的希腊主教们时常铭记于心的。他也留下了许多教义争论和《圣经》注释方面的论文，它们是5世纪基督教会史的主要资料之一。他自己承认，他在修辞学方面所受的教育很不够，因此他不能以自己文风的古雅纯正而自豪。

这一时期另一位特别重要的人物是女性哲学家伊帕蒂娅（Hypatia），她在5世纪早期被亚历山大城狂热的基督教暴民杀害。她是一个美貌绝伦、才华出众的女子，从她的父亲——著名的亚历山人数学家——那里，她熟悉了数学和古典哲学。作为一位教师，她的杰出表现赢得了广泛的尊敬。在她的学生中，有昔兰尼加的希奈修斯这样伟大的文学家，希奈修斯曾在他的许多书信中提到伊帕蒂娅的名字。还有一则史料，讲述了她是怎样"身穿长袍，时常在城内巡行，向那些热情的听众解说柏拉图、亚里士多德或其他哲学家的思想"⑰。

希腊文学在埃及一直繁荣到451年,即卡尔西顿会议摒弃一性派教义之时。由于该派教义属于埃及的正式宗教,因此,卡尔西顿会议之后,埃及教会取缔了希腊语,代之以柯普特语。此后发展起来的柯普特文学甚至比希腊文学更为重要,因为那些已失传的希腊语原版著作目前仅以其柯普特语的翻译本流传至今。

这一时期的宗教颂词文学十分发达。颂词作者们逐渐放弃了他们原来模仿古典诗韵的做法,发展了自己的格律形式。这些格律十分原始并一度被认为仅仅是散文,在相当近的时期,这些格律甚至还受到不公正的非议。它们是以各种形式的藏头韵和尾韵为标志的。令人遗憾的是,人们对4—5世纪的宗教颂歌所知甚少,因而对于它们逐渐发展的历史也很模糊不清。然而,它们显然是充满活力的。当神学家格列高利在他的多数诗歌颂词中仿效古韵律时,颂歌作者罗曼努斯(Romanus,他的作品出现在6世纪早期阿那斯塔修斯一世时期)却使用了新的格律,并使用了藏头韵和尾韵。

学者们长期以来曾就罗曼努斯是生活于6世纪还是8世纪争论不休。他的简略"生平"则提到,他是在皇帝阿那斯塔修斯统治时期到达君士坦丁堡的,但长期以来无法判断这位阿那斯塔修斯是阿那斯塔修斯一世(491—518年在位)还是阿那斯塔修斯二世(713—716年在位)。然而,学术界通过对罗曼努斯作品的长期研

---

⑰ 《苏伊达斯辞典》(*Suidae Lexicon*),伊帕蒂娅条。查尔斯·金斯利(Charles Kingsley)的著名小说《伊帕蒂娅,长着旧面孔的新敌手》(*Hypatia, or New Foes with an Old Face*)是十分有趣,颇有教益的作品。

第二章　自君士坦丁大帝至查士丁尼时代的帝国

究,确定他指的是前者。⑪ 颂歌作者罗曼努斯有时候被称为拜占庭时期最伟大的诗人,是"韵律的品达"⑫"最伟大的宗教天才""现代希腊的但丁"。⑬ 他写了大量华丽的赞美诗,其中就有著名的基督教赞美诗"圣母今日带来了超验的实体"(*Supersubstantial*)。⑭ 罗曼努斯生于叙利亚,他写作的盛期极有可能是在查士丁尼统治时期。因为,据他的《生平》一书中说,当他在阿那斯塔修斯统治时期从叙利亚来到君士坦丁堡时,他仅是个年轻的助祭,在君士坦丁堡,他奇迹般地从上天获得了写作赞美诗的才能。6 世纪出现的罗曼努斯的精美作品似乎表现出,5 世纪的宗教诗歌已达到发展的较高阶段;遗憾的是,可证实这一点的资料尚不充分。但是,若没有教会诗歌在早些时候的发展为基础,像罗曼努斯这样一

---

⑪　见 A.A.瓦西列夫:"颂歌作者罗曼努斯的生活年代"("The Lifetime of Romanus the Melode"),《拜占庭年鉴》,VIII(1901),435—478。P.马斯(P.Maas):"颂歌作者罗曼努斯的生平年表"("Die Chronologie der Hymnen des Romanos"),《拜占庭杂志》(德文),XV(1906),1—44。更近期的研究文章有:M.卡尔朋特(M.Carpenter)"罗曼努斯吞下的那张纸"("The Paper that Romanos Swallowed"),《史鉴》,VII(1932),3—22;"罗曼努斯和东方的神秘戏剧"("Romanos and the Mystery Play of the East"),《密苏里大学学报》(*The University of Missouri Studies*),XI,3(1936);E.米奥尼(Mioni):《颂歌作者罗曼努斯评 10 首未出版的颂歌》(*Romano il Melode-Saggio critico e dieci inni inediti*),VI,230(从中可看出他并不了解瓦西列夫的研究);G.卡梅利(G. Cammelli)《颂歌作者罗曼努斯》(*Romano il Melode*)。

⑫　克伦巴赫:《拜占庭文献史》,663。

⑬　H.格尔泽(H.Gelzer):《拜占庭主题创作的起源》(*Die Genesis der byzantinischen Themenverfassung*),76,格尔译认为罗曼努斯生活于 8 世纪。参见 E.施泰因:《守护神》(*Gnomon*),IV(1928),413。"在我看来,教会诗人罗曼努斯是无聊至极(*langweilig*)。"

⑭　见 G.卡梅利"颂歌作者罗曼努斯的圣诞赞美诗"("L'inno per la natività de Romano il Melode"),《拜占庭研究》(1925 年),45—48。卡梅利:《颂歌作者罗曼努斯》,88。

位非凡的诗人在6世纪出现,的确是难以想象的;同样遗憾的是,由于罗曼努斯的多数赞美诗仍未出版,⑮也难以对他进行恰当的评价。

以拉丁文写作的拉克坦提乌斯(Lactantius)是4世纪早期的北非基督教作家。由于他是《基督教迫害者之覆灭》(*De mortibus persecturum*)一书的作者而具有特殊的重要性。此书记录了所谓《米兰敕令》⑯发布之前戴克里先和君士坦丁时代的历史。

这一时期有许多著名的基督教文化作者,但异教文学也并不落后。在异教文学的代表人物中,有许多重要的天才人物,其中之一就是帕夫拉戈尼亚的迪米斯提乌斯(Themistius of Paphlagonia),他是4世纪后半期的人。他在君士坦丁堡的学校做过哲学教育的指导,宫廷发言人,也是一位受到基督徒和异教徒同等尊敬的元老。他写了一部大型的《亚里士多德著作节选集》,他试图在此书中解析这位希腊哲学家的复杂思想。他也写了大约40篇演说词,这些演说词提供了这一时期的重要事件和他的私生活的丰

---

⑮ P.马斯已完成了对罗曼努斯作品的评论版,见《拜占庭杂志》(德文),XXIV(1924),284。

⑯ 见 M.尚茨(M.Schanz)《罗马文学史》(*Geschichte der römischen Litteratur*)(第3版,1922年),3,413—437;关于《基督教迫害者之覆灭》,462—467(第3版),427以下。关于拉克坦提乌斯其人的最好作品是 R.皮孔(Pichon)的《拉克坦提乌斯·君士坦丁时期的哲学和宗教运动研究》(*Lactance. Étude sue le movement philosophique et religieux sous le règne de Constantin*)。关于拉克坦斯乌斯的最近期的传记收在 K.罗勒(K.Roller)《在拉克坦提乌斯的〈基督教迫害者之覆灭〉一书中的帝国历史》(*Die Kaisergeschichte in Laktanz De mortibus persecutorum*),41。W.弗莱彻尔(W.Fletcher)《反尼西亚派基督教文献》(*Ante-Nicene Christian Library*)英译本,XXI—XXII。

富资料。4世纪异教教师中最伟大的是安条克的利巴尼奥斯,他对其同代人的影响超过了当时任何人。在他的学生中,有约翰·赫里索斯顿、瓦西里和纳西昂的格列高利,年轻的朱利安皇帝在其即位之前曾以极大的热情修过他的课程。利巴尼奥斯的65篇公开演讲词具有特别重要的意义,它们提供了当时帝国内部生活的丰富资料。他的信件集也相当重要,这些信件内容之丰富、气质之非凡,堪与昔兰尼加的希奈修斯的信件相媲美。

朱利安皇帝是4世纪文化生活中一个相当出色的人物,尽管他的生命很短暂,但他明显表现出了在文学各个领域的才能。他的演说,如他"致太阳神"的申诉,反映了他对哲学和宗教的朦胧思考;他的书信;他的"斥基督徒"(目前仅保留了其片断);他的讽刺作品《大胡子皇帝的仇视者》(*Misopogon*)⑰是针对安条克人写的,作为传记资料非常重要。所有这些都说明,朱利安是一个天才的作家、历史学家、思想家、讽刺作家和伦理学家。他的作品所反映的现实生活之深度是必须加以强调的。然而,这位年轻皇帝的英年早逝,使他的非凡天赋没有得到充分发展的机会。

4—5世纪的异教文学在纯历史领域也有许多代表者。其中最为重要的是4世纪用拉丁文写了著名的罗马诸帝传记集的作者,其书名为《奥古斯都列传》(*Scriptores Historiae Augustae*)。对于该书作者身份的认定,以及对于此书的历史价值的认定曾引

---

⑰ 安条克人蔑称朱利安是"大胡子"。

起了各种争论,并产生了许多文学作品。[178] 但是,在1923年,一位英国作者写道:"写作《奥古斯都列传》所投入的时间和工作……是巨大的,而论其对历史研究进程的实际作用,却是毫无意义的。"[179] N.贝恩斯最近做了一个十分有意思的努力,企图证实这部《奥古斯都列传》的写作是朱利安皇帝的授意,其目的很明显,即宣传朱利安,宣传他的全部统治和宗教政策。[180] 这一观点并没有被学者们所接受。[181]

色雷斯的普利斯库斯(Priscus)是5世纪的历史学家,也是帝国赴匈奴使团的成员,是另一个有杰出贡献的人。他的《拜占庭史》(现只存有残卷)及他关于匈奴人生活习俗的记载都相当有趣且颇有价值。事实上,普利斯库斯的作品也是6世纪的拉丁文历史学家卡西奥多鲁斯(Cassiodorus)和约达尼斯记载阿提拉和匈奴人历史所依据的主要资料。生活于5世纪和6世纪早期的佐西姆斯写了《新历史》(*The New History*),记载了410年阿拉里克包围罗马之前的历史。作为一个热忱的旧教教徒,他解释道,罗马帝

---

[178] 例如尚茨:《罗马文献史》(第2版,1905年),III,83—90。A.格尔克(A. Gercke)与E.诺登(E. Norden):《古典学导言》(*Einleitung in die Altertumswissenschaft*)(第2版,1914年),III,255—256。A.罗森伯格(A.Rosenberg):《罗马史研究的入门及史料来源》(*Einleitung und Quellenkunds zur römischen Geschichte*),231—241。

[179] B.亨德森(B.Henderson):《哈德良皇帝的生平和他的元首生涯》(*The Life and Principate of the Emperor Hadrian*),275。

[180] 《〈奥古斯都列传〉:其写作年代和目的》(*The Historia Augusta: Its Date and Purpose*),57—58;该书有一个极好的书目,7—16。作者在该书的卷首引用了亨德森的话。

[181] N.贝恩斯:"《〈奥古斯都列传〉:其写作年代和目的》。对于批评的回答",《古典学季刊》(*The Classical Quarterly*),XXII(1928),166。作者本人强调他的假说总的来说受到了"极坏的压制"。

国的衰落是因为诸神被罗马人摒弃而愤怒,他还特别谴责了君士坦丁大帝。他对朱利安的评价非常之高,据一位近代作者讲:"佐西姆斯不仅是罗马衰落时期的历史学家,而且是他所捍卫和赞美的共和国的理论家;他是5世纪唯一的'共和派'。"[12]

阿米亚努斯·马尔切利努斯(Ammianus Marcellinus),是出生于安条克的叙利亚人,于4世纪末写了他的《罗马史》(Res Gestae),这是一部用拉丁文写就的罗马帝国史。他意欲将此书写成塔西佗《历史》的续编。该书记载了自涅尔瓦(Nerva)即位到瓦伦斯去世时期(96—378年)的历史。该书只有最后18卷保留下来,涵盖353—378年的历史,作者由他随同朱利安远征波斯的艰苦的军事生活之体验中受益匪浅,留下了关于当时历史的第一手资料。尽管他直到去世前都不是基督教徒,但他对基督教表现出了极大的容忍力。他的历史作品是研究朱利安和瓦伦斯时期的重要资料,也是研究哥特人和早期匈奴人历史的重要资料。他的文学天赋受到近代学者的高度评价。施泰因称他是塔西佗和但丁之间最伟大的文学天才,[13]贝恩斯称他是罗马最后一位伟大历史学家。[14]

雅典这座衰落中的古典思想的城市,是5世纪新柏拉图主义的杰出代表、君士坦丁堡的普罗克洛斯(Proclus)的家乡,他有很长一段时间在雅典教书和写作。此地也是狄奥多西二世的皇后欧多西娅·雅典娜的出生地,欧多西娅也颇有文学天赋,并写过几部

---

[12] E.孔迪拉奇(Condurachi):"佐西姆斯的共和思想"("Les Idées politiques de Zozime"),《古典学评论》(Revista Clasică),XIII—XIV(1941—1942),125、127。

[13] 《晚期罗马帝国史》,I,331。

[14] 《罗马研究杂志》,XXVIII,2(1928),224。

作品。

这一时期的西欧文化,是以圣奥古斯丁的重要著作为其杰出代表的,还有其他一些天才的诗歌和散文作家的作品,在此处暂且不予讨论。

首都迁至君士坦丁堡后,在4—5世纪,拉丁文仍然是官方语言。在狄奥多西法典中收入的所有皇帝敕谕及后来5世纪和6世纪早期公布的敕令都使用拉丁语。但在狄奥多西二世时期,君士坦丁堡高等学校的全部课程中,拉丁语的优势地位则处于衰落之中,人们显然更乐于使用希腊语,首先因为,这是在帝国东部广泛使用的口语。在雅典的异教学校中,希腊传统也占统治地位。

4—6世纪是各种因素逐渐融合发展出一种被称作拜占庭的或东方基督教的新艺术的时期。随着历史科学更深入地探究了这一艺术的根源,可以看出东方艺术及其传统在拜占庭艺术发展中的优势地位越来越明显了。到了19世纪末,德国学者提出了"罗马帝国的艺术"的理论,认为,罗马帝国的艺术在帝国的前两个世纪中于西方发展,取代了处于衰落中的东方希腊化文化的地位,因此,它为4—5世纪的基督教艺术奠定了基础。目前,这一理论已被摒弃。自从1900年,D.V.阿伊那洛夫(Aïnalov)的著名作品《拜占庭艺术的希腊化源泉》(*Hellenistic Origin of Byzantine Art*)问世,及1901年奥地利学者J.斯特拉齐格夫斯基(Strzygowski)的杰出著作《东方还是罗马》(*Orient or Rome*)一书出版之后,拜占庭艺术的起源问题已经以一种全新的方式出现;人们认为在东方基督教艺术发展中的主要角色当然是归于东方,问题在于须确定如何理解"东方"一词及东方的影响。不倦的学者斯特拉

第二章 自君士坦丁大帝至查士丁尼时代的帝国

齐格夫斯基在其大量的同类作品中强调了古代东方对拜占庭艺术的巨大影响。起初,他在君士坦丁堡寻找这一影响的中心;后来他转向埃及、小亚细亚和叙利亚,竟至远及东方和北方,越过两河地区,进入伊朗高原和阿尔泰-伊朗的群山之中及亚美尼亚,寻找这些主要影响的根源。他认为:"希腊是属于古典艺术的,而伊朗是属于新的基督教世界。"⑯他也援引印度和中国的新疆地区对此问题做进一步的说明。现代历史科学虽然承认他在探索拜占庭艺术起源问题上的伟大贡献,但对于他最现代的假说仍持很大的保留意见。⑯

4世纪是拜占庭艺术史上最重要的时期。在罗马帝国境内,基督教信仰的新地位,即先是被承认为合法宗教,后来成为国家宗教,促进了基督教的迅速发展。基督教的、希腊化的和东方的三种因素在4世纪汇合,从中产生了所谓的东方基督教艺术。

由于君士坦丁堡被定为帝国的政治中心,它也逐渐成了文化和艺术的中心。但这并不是立即发生的。"君士坦丁堡并不曾存在过现成的文化来抵制或控制外来力量的影响;她首先要平衡和同化新的影响,而这是至少要有一百年时间才会完成的使命。"⑰

叙利亚、安条克、埃及(以亚历山大为首)及小亚细亚的艺术生活显示出更多的古典传统的痕迹,在东方基督教艺术的形成中,产

---

⑯ 《基督教会艺术的起源》(*Ursprung der christlichen Kirchenkunst*),英文版,18;O.多尔顿(O.Dalton)和 H.布劳恩赫茨(H.Braunholtz):《基督教会艺术的起源》(*Origin of Christian Church Art*),21;斯特拉齐格夫斯基作品的目录,253—259。

⑯ 例如,C.迪尔(C.Diehl):《拜占庭艺术手册》(第 2 版,1925—1926 年),I,16—21;O.多尔顿:《东方基督教艺术》,10—23,特别是在 366—376。

⑰ O.多尔顿:《拜占庭艺术和考古》,10。

生了极为强大有益的影响。叙利亚的建筑艺术在4—6世纪一直繁荣。耶路撒冷、伯利恒及拿撒勒的庄严华丽的教堂,早在君士坦丁大帝时期就建立起来了。安条克和叙利亚的教堂尤为壮丽辉煌。"安条克,作为一种灿烂文化的中心,自然在叙利亚的基督教艺术中居于主导地位。"[18]遗憾的是,长期以来,关于安条克艺术的资料甚为欠缺,只是在近期,人们对这一艺术之美及其重要意义才有了较深的了解。[19] M.德沃格(M.de Vogue)于1860年和1861年挖掘了位于叙利亚中部的那些"死城"的遗址,为人们揭示了4—6世纪基督教建筑样式的概念。5世纪末期一座最典型的建筑物是坐落于安条克和阿勒颇之间的著名的圣西门·斯蒂利特(Kalat Seman)*修道院,它那庄严的遗址至今仍给人留下深刻印象。[20] 约旦河东侧姆沙塔的著名石柱中楣,现存于柏林弗里德里希皇家博物馆,显然也是4、5或6世纪的作品。[21] 5世纪初期的代表性建筑是埃及的一处华美教堂,它是阿卡第皇帝在一个著名的埃及圣徒梅纳斯(Menas)墓上所建。只是近期 C. M. 考夫曼(C.

---

[18] 迪尔:《拜占庭艺术手册》,I,26。

[19] C.R.莫里(C.R.Morey):《安条克的镶嵌画》(*The Mosaics of Antioch*)及三卷本的精美著作《奥伦特的安条克》(*Antioch-on the-Orontes*)。

* 斯蒂利特(Stylite)即柱头修士,因其始祖西门(5世纪)长期在柱头苦修而得名。见《不列颠百科全书》中文版,第9卷,第538页。——译者

[20] 见迪尔《拜占庭艺术手册》的平面图和照片,I,36—37、45—47。J.马泰恩(J. Mattern):"上叙利亚的死城旅行"("A travers le villes mortes de Haute-Syrie"),《圣约瑟夫大学文集》(*Mélanges de l' Université Saint-Joseph*),XVII,1(1933),175。关于圣西门的教堂,见87—104;内有许多插图,该书的新版《叙利亚的死城》(*Villes mortes de Haute-Syrie*)(1944),115—138。

[21] 关于年代鉴别上的不同说法,见迪尔《拜占庭艺术手册》,I,53;多尔顿:《东方基督教艺术》,108页注1。

M. Kaufmann)才挖掘和考察了它的遗址。⑫ 在镶嵌画、画像及丝织画（早期基督教时代的丝织画像）及相应领域，同样存在一些拜占庭早期的重要作品。

5世纪修建的君士坦丁堡的城墙至今仍存。金门（Porta Aurea）是皇帝正式进入君士坦丁堡的城门，建于4世纪末或5世纪初；它以建筑的壮丽而驰名于世，至今尚存。

君士坦丁时期修建的教堂有君士坦丁堡的圣伊琳娜教堂和使徒教堂。圣索菲亚教堂可能是君士坦丁时期奠基而落成于其子康斯坦提乌斯时期。这些教堂于6世纪为查士丁尼所重建。5世纪建于首都君士坦丁堡的另一座教堂斯图迪恩的圣约翰教堂，如今是米尔-阿克尔清真寺。

早期拜占庭艺术的遗产也在帝国西部地区被保存下来。其中有萨洛尼卡的一些教堂，戴克里先在达尔马提亚的斯帕拉托的行宫（4世纪早期）；罗马的圣玛利亚古教堂中的一些绘画（显然是5世纪末以来的作品）；⑬拉文纳的加拉·普拉奇迪陵和正教洗礼堂（5世纪）；还有北非的一些遗址。

4、5世纪的艺术史，应视为查士丁尼大帝时代的准备阶段，在查士丁尼时代，"君士坦丁堡的自我意识已充分觉醒，并赋予自身发展的动力"，这一时期已被公正地誉为拜占庭艺术的第一个黄金时代。⑭

---

⑫ 《梅纳斯遗址》，I。
⑬ 多尔顿：《东方基督教艺术》，249及以下。迪尔：《拜占庭艺术手册》，I，352。
⑭ 多尔顿：《拜占庭艺术和考古》，10。

第三章 查士丁尼大帝及其直接继承者（518—610年）

芝诺和阿那斯塔修斯的继承者之对外政策和宗教政策是与他们的前任直接对立的，他们把关注的目光自东方转向了西方。

518—578年，拜占庭帝国的皇位一直由下述人物占据：长者查士丁（Justin the Elder，518—527年在位），原为宫廷侍卫长（Count of the Excubitors①），在阿那斯塔修斯死后，一次偶然机会被选为皇帝；他的著名外甥查士丁尼大帝（Justinian the Great，527—565年在位）；查士丁尼的外甥查士丁二世，即幼者查士丁（Justin the Younger，565—578年在位）。查士丁和查士丁尼的名字与他们的斯拉夫血统紧密相关，常被许多学者视为历史遗案，其斯拉夫出身的说法源自修道院长塞奥菲鲁斯（Theophilus）所写的皇帝查士丁尼的生平。据称塞奥菲鲁斯是查士丁尼的一位老师。这部生平记录是17世纪由梵蒂冈图书馆的馆员尼古拉斯·阿莱曼努斯出版的。"生平"提到了查士丁尼及其亲属的特别的名字，

---

① Excubitors是拉丁文，拜占庭早期的御林军团。

第三章　查士丁尼大帝及其直接继承者(518—610年)

这些名字是他们在其家乡所用的。据斯拉夫学高级权威的观点，这些名字是斯拉夫人的名字。例如：查士丁尼的名字"尤普拉夫达"(Upravda)是斯拉夫语中"真理""正义"之义。英国学者布赖斯(Bryce)在19世纪末(1883年)发现并研究了阿莱曼努斯所使用的手稿。他证明，该手稿写于17世纪早期，其中提法纯系传说，没有任何历史价值。现在，关于查士丁尼是斯拉夫民族出身这一提法必须摒弃。② 查士丁和查士丁尼可能是伊利里亚人或阿尔巴尼亚人。查士丁尼出生于上马其顿，距阿尔巴尼亚边界上今日之乌斯库布不远处的一个村庄里。一些学者认为查士丁尼的家族可上溯到达达尼亚(即上马其顿)的罗马移民后裔。③ 据此，查士丁尼王朝的前三位皇帝是伊利里亚人或阿尔巴尼亚人，不过显然，他们都已经罗马化了。他们的民族语言是拉丁语。

懦弱而无子嗣的查士丁二世选定了一个军队指挥官、色雷斯人提庇留(Tiberius)为嗣子，封他为恺撒。当时，查士丁二世发表了一篇重要的演说，该演说因它的诚挚和忏悔的语气在当代人的

---

② J.布赖斯："关于塞奥菲鲁斯所撰查士丁尼生平"("Life of Justinian by Theophilus")，《罗马皇家学会国家历史档案》(*Archivio della Reale Società Romana di Storia Patria*)，X(1887)，137—171；亦见《英国历史评论》，II(1887)，657—684。

③ C.吉莱切克(C.Jireček)：《塞尔维亚史》(*Geschichte der Serben*)，I，36。J.B.柏里：《晚期罗马帝国史》，II，18页注3。关于查士丁尼的出身，见A.A.瓦西列夫"查士丁尼的斯拉夫出身问题"("The Problem of Justinian's Slavic Origin")，《拜占庭年鉴》(俄文)，I(1894)，469—492。近期亦有许多关于查士丁尼出身问题的文章问世。

心目中留下了深刻的印象。④ 由于该演说词被书记员速记下来，至今仍保留了它的最初形式。查士丁二世死后，提庇留继位，称提庇留二世（578—582年在位）。提庇留二世死后，查士丁尼王朝即告结束，因为提庇留的继承者是他的女婿莫里斯（Maurice，582—602年）。关于莫里斯的民族出身问题，史料众说不一；有些史料说，他的家乡及他的家族所在地是卡帕多细亚的城市阿拉比苏斯（Arabissus）⑤，而另一些人虽然也称他为"卡帕多细亚人"，但认为他是位居拜占庭皇位的第一个希腊人。⑥ 这种说法事实上并不自相矛盾，因为他很可能是出生于卡帕多细亚的希腊人后裔。⑦ 另一种说法认为他是个罗马人。⑧ J.A.库拉科夫斯基认为他可能是亚美尼亚血统，因卡帕多细亚地方的居民多是亚美尼亚人。⑨ 莫

---

④ 该演说词的文稿载于塞奥菲拉克特·西莫加特的《历史》（*Historia*）一书中（III,2）；C.德博尔编，132—133。亦见埃瓦格留斯《基督教会史》，V,13；比德和L.帕芒蒂耶编，208—209。以弗所的约翰（John of Ephesus）：《基督教会史》（*Ecclesiastical History*），III,5；R.帕涅-史密斯（Payne-Smith）译本，172—176；E.W.布鲁克斯（E.W. Brooks）译本，93—94。俄国学者V.瓦尔登伯格（V.Valdenberg）在一篇论及此演说的重要文章中，认为上述三位作者引用的文字出自同一演说词的三种不同抄本，见"查士丁二世致提庇留的演说"（"An Oration of Justin II to Tiberius"），《苏联科学院年鉴》（*Bulletin de l' Académie des sciences de l' Union des Republiques socialistes souietiques*），II(1928)，129。英译本见柏里《晚期罗马帝国史》，II,77—78。

⑤ 埃瓦格留斯：《基督教会史》，V,19。以弗所的约翰：《基督教会史》，V,21；帕涅-史密斯译本，361。

⑥ "助祭保罗"（"Pauli Diaconti"），《伦巴德人史》（*Historia Langobardorum*），III,15。

⑦ E.施泰因：《关于拜占庭帝国历史的研究——查士丁二世和提庇留·康斯坦提努斯统治时期》（*Studies aus Geschicte des byzantinischen Reiches vornehmlich unter den Kaisern Justinus II und Tiberius Constantinus*），100页及注2。

⑧ 埃瓦格留斯：《基督教会史》，V,19。

⑨ 库拉科夫斯基：《拜占庭史》，II,419。

里斯是被色雷斯暴动者福卡斯（Phocas，602—610年在位）推翻的。福卡斯是这一时期的最后一个皇帝。

查士丁一世

查士丁继位后，背离了两位前任的宗教政策，立即明确地站到卡尔西顿会议的支持者一边，开始严酷镇压一性教派。他重新了同罗马的和平关系建立起来，从而，自芝诺的《合一通谕》以来，东西方教会之间的不和就此结束。这一时期几位皇帝的宗教政策是以正统教义为基础的，于是，再度使拜占庭东方的各行省与帝国相分离，而在520年，查士丁的外甥查士丁尼——在他舅父执政的第一年，人们就感觉他非同一般——在其致教宗霍尔米斯达斯（Hormisdas）的信中，表达了一种有趣的温和的暗示。他机智地向教宗建议，应对持不同宗教观点的人取温和态度："您应该用耐心，而不是用镇压和血腥手段去劝导人们服从上帝，否则，将事与愿违，我们赢得了人们的灵魂，却失掉了许多人的肉体和他们的灵魂。因此，明智之举是以温和与宽厚的态度去纠正长期以来形成的谬误。那种不遗余力地为人们医治旧疾而不使新的伤痛由此发生的医生，才能真正受到赞扬。"[⑩]最有趣的是，这一建议出自查士丁尼口中，因为后来，他本人并没有时常奉行这一政策。

首先，在查士丁与遥远的阿比西尼亚的阿克苏姆王国的关系中，出现了与上述观念相悖的情况。阿比西尼亚国王在他对犹太

[⑩]《榛实集》(Collectio Avellana)，no.196,《拉丁教父文献全集》，XXXV(1895)，655—656。

人的保护者也门国王的战争中,得到了查士丁和查士丁尼的有力支持,于是,他在阿拉比亚半岛南端与曼德海峡相望的也门得到了一个立足点,并在此地复兴了基督教。起初,人们惊讶于这位顽固坚持卡尔西顿信条、并在国内积极反对一性教派的、信奉正统基督教的查士丁尼,居然会支持一位一性教派的阿比西尼亚国王。但是,在帝国的法定边界之外,拜占庭皇帝是保护一切基督教的,而不问他是否与自己崇尚相同的教义。从对外政策的观点看,拜占庭皇帝认为,基督教会取得的每一项成就,都是符合国家的基本政治或经济利益的。

查士丁和阿比西尼亚王之间的和睦相处(rapprochement)对于后世产生了相当意外的影响。在14世纪的阿比西尼亚出现了一部最重要的阿比西尼亚文学作品《王者的荣耀》(Kebra Nagast),其中搜集了相当有趣的一些传说。该书声称,阿比西尼亚的统治家族可上溯到所罗门和示巴女王*时期;至今阿比西尼亚仍声称,统治他们的王朝是世界上最古老的王朝。据《王者的荣耀》一书作者说,阿比西尼亚人是上帝的选民,是新的以色列;他们的王国比罗马帝国还要高一层次。罗马王查士丁与阿比西尼亚王卡勒布(Kaleb)应该在耶路撒冷会面,并在他们之间平分世界。这一极其有趣的传说清楚地表明,查士丁时期在阿比西尼亚历史编纂传统中留下了深刻的烙印。[11]

---

* 所罗门王和示巴女王都是《圣经·旧约》中的人物。关于他们的传说,见《列王记》(上),chap.10。——译者

[11] A.A.瓦西列夫:"查士丁一世(512—527年)和阿比西尼亚"("Justin I [518—527] and Abyssinia"),《拜占庭杂志》(德文),XXXIII(1933),67—77。亦见瓦西列夫《查士丁一世》(Justin the First),299—302。

第三章　查士丁尼大帝及其直接继承者(518—610年)

查士丁尼与狄奥多拉的统治

查士丁的继承者,他的外甥查士丁尼(527—565在位)是整个查士丁尼王朝统治时期的中心人物。他的名字与他的皇后狄奥多拉紧密相联。她是拜占庭时期一个重要的天才女人。查士丁尼时期的历史学家普罗柯比所写的《秘史》以夸张手法描绘了狄奥多拉年轻时的堕落生活。当时,作为一个竞技场饲熊人的女儿,狄奥多拉生活于道德败坏的演艺环境中,成为随意向许多男人献媚邀宠的女人。造物主赐予她天生丽质、优雅、聪明、智慧。据一位历史学家(迪尔)讲:"她使得君士坦丁堡喜悦,神迷,并使之蒙受耻辱。"[12]普罗柯比说,在街上遇到狄奥多拉的人都不敢接近她,担心一接触即玷污了自己的长袍。[13]但我们对于所有那些涉及未来皇后的贬抑之词都应该持怀疑的眼光,因为它们都出自普罗柯比之手。他的《秘史》之宗旨即是诬蔑查士丁尼夫妇。经历了早年的动荡生活后,狄奥多拉在首都销声匿迹了,在非洲居住了一些年。当她再度回到君士坦丁堡后,已经不再是早年的轻浮戏子了。当查士丁尼第一次见到狄奥多拉时,她已经离开了舞台,过着隐居生活。她的大部分时间从事毛纺手工,并热衷于宗教问题的讨论。她的美丽打动了查士丁尼,遂被查士丁尼带回皇宫,授予她贵族头衔,并很快与她成婚。查士丁尼登上皇位,她即成为皇后。狄奥多

---

[12] 夏尔·迪尔:《拜占庭人物传》(*Figures byzantines*),I,56;H.贝尔(H.Bell)英译本《拜占庭人物传》(*Byzantine Portraits*),54。

[13] 普罗柯比:《秘史》,9、25;J.豪里(J.Haury)编,60—61。

拉无愧于她的新的高贵地位。她一直是忠实的妻子,而且对于国事有相当的兴趣。她有着相当敏锐的洞察力,曾对查士丁尼的所有决策产生深刻的影响。在532年的暴动中(这一事件将在下文探讨),狄奥多拉扮演了最为重要的角色。由于她的冷静和非凡的活力,防止了帝国陷入更进一步的混乱。从她的宗教信仰来说,她公开倾向于一性教派,因此成为她的游移不定的丈夫的直接反对者。查士丁尼在他的长期统治中一直坚持信奉正统教派,但他也对一性教派做了一些让步。狄奥多拉比查士丁尼更理解信奉一性教派的各东方行省的重要性,这些省的确是帝国最有活力的部分。因此,她决意要同它们建立和平关系。狄奥多拉于548年因患癌症而先于她丈夫多年去世。⑭ 可上溯至6世纪,在拉文纳圣维塔利教堂的著名镶嵌画中,出现了在侍妇们簇拥下的身披长袍的狄奥多拉像。与狄奥多拉同时代的、及其以后的教会史学家们十分挑剔地论及她的性格。尽管如此,东正教年历的11月14日仍标明是正教国王查士丁尼及王后狄奥多拉的圣纪念日。⑮ 她被葬于君士坦丁堡圣使徒教堂。

查士丁尼的对外政策及其理想

查士丁尼的大量战争活动分为进攻和防御两大部分。对西欧

---

⑭ 维克托利斯·托能西斯(Victoris Tonnensis):《编年史》(*Chronica*),(年代不详),549:"Theodora Augusta Chalcedonsis synodi inimica canceris plaga corpore toto perfusa vitam prodigiose finivit"(皇后狄奥多拉,卡尔西顿信经的反对者,因癌症扩散,结束了她奇迹般的生命);见T.蒙森编《编年史》,2,202。

⑮ 大主教塞尔吉乌斯(Arch. Sergius):《东正教教仪全历》(*The Complete Liturgical Calendar*[*Menelogion*]*of the Orient*)(第2版,1901年),II,1,354。

第三章 查士丁尼大帝及其直接继承者（518—610年）

的日耳曼人蛮族，他取攻势；对东方的波斯人和北方的斯拉夫人他取守势。

他把主要兵力用于西方，在那里拜占庭的军事行动获得圆满成功，汪达尔人、东哥特人，乃至于一些西哥特人被迫臣服于拜占庭皇帝，地中海几乎成为拜占庭的内湖。查士丁尼亦在其敕令中自称："阿勒曼尼人、哥特人、汪达尔人、非洲人的皇帝弗拉维乌斯·查士丁尼（Flavius Justinian）。"但是，这种表面上的荣耀还有消极方面。拜占庭帝国取得成功的代价太过沉重，导致了拜占庭国家经济上的全面崩溃。总之，由于全力用兵西方，东方和北方则暴露在波斯人、斯拉夫人和匈奴人的进攻之下。

查士丁尼认为，帝国的主要敌人是日耳曼人。因此，在6世纪，日耳曼人问题又在拜占庭帝国出现。只是与以前相反，5世纪是日耳曼人进攻帝国；到了6世纪，则是拜占庭帝国向日耳曼人施压。

查士丁尼带着他作为罗马人和基督徒的皇帝的理想登上拜占庭皇位。基于自己是罗马皇帝继承者的信念，他梦想着恢复一个唯一的帝国，使它的疆域扩展到1—2世纪时期的罗马疆界范围。作为基督教统治者，他不能允许信奉阿利乌斯派的日耳曼人压迫正教的人民大众。作为罗马皇帝的合法继承人，君士坦丁堡的皇帝对于当时被蛮族人占领的西部欧洲有历史的权利。日耳曼人诸王只不过是拜占庭皇帝的臣属，是皇帝委托他们统治西方。法兰克王克洛维已经从阿那斯塔修斯处接受了执政官头衔，阿那斯塔修斯也曾正式承认了东哥特国王狄奥多里克。当他决心发起反哥特战争时，查士丁尼写道："哥特人以暴力攫取了朕属意大利，并拒绝将它们归还。"⑯他一直认为自己是罗马帝国疆界内的所有统治者的当然领主。作为基督教的皇帝,查士丁尼有责任在"不信者"(包括异教徒和异端)中间传播真的信仰。在 4 世纪时由尤西比乌斯表达出的思想,在 6 世纪仍保持着活力。这就是查士丁尼之信念的基础,他相信他的责任就是重建一个统一的罗马帝国,"这个帝国",用他在一则《新律》中的话来讲:"原来曾伸展到两个大洋的沿岸,罗马人因不慎而失去了它。"⑰从这一古老的原则出发,查士丁尼相信他的责任是在恢复了的帝国内、在分裂者和异端之间,建立唯一的基督教信仰。这一理想信念使得查士丁尼这个充满野心的政治家和十字军人*梦想光复整个已知世界。

然而,必须记住,查士丁尼皇帝对于罗马帝国的古老领土的要求,也不完全是他个人的信念。在那些被蛮族侵占的行省中生活的人民大众眼里,这一要求是无可非议的。那些沦于阿利乌斯派统治下的各省居民把查士丁尼视为他们唯一的保护者。在汪达尔统治下的北非,情况尤其糟糕,因为这些汪达尔蛮人对当地的基督教正教居民进行了严酷的迫害,他们把许多市民及教士代表投入囚牢,并没收了他们的许多财产。逃离非洲的避难者和流放者(其中包括许多正教的大主教)来到了君士坦丁堡,要求皇帝出兵进攻汪达尔人,并向他保证,民众的大起义将随之爆发。

---

⑯ 普罗柯比:《哥特战争》(*De bello Gothico*),I,5—8;J.豪里编,II,26。

⑰ 查士丁尼《新律汇编》(*Novellae Constitutiones*) N0.30(44),II;K.E.扎哈利亚·冯·林根塔尔(Zacharia von Lingenthal)编,I,276。

* 此处是指查士丁尼以传播基督教信仰为己任,与 10—13 世纪西欧封建主进攻东方穆斯林统治区的十字军毫无联系。——译者

第三章 查士丁尼大帝及其直接继承者(518—610年)

同样的情况亦在意大利发生。在那里，尽管狄奥多里克长期实行宗教保护政策，十分重视罗马文化，意大利当地居民仍然是敢怒而不敢言，并把他们的目光转向君士坦丁堡，希望从君士坦丁堡得到帮助，把他们从新来者手中解放出来，并恢复正统的基督教信仰。

更重要的是，那些蛮族国王自己也支持皇帝的野心。他们一直表现出对帝国的深切敬意，以多种方式表白他们对皇帝的臣属地位，并以种种手段渴望获得罗马贵族身份。他们还把拜占庭皇帝的头像锻压在他们发行的货币上。法国学者迪尔说[18]："他们竟自愿地重复西哥特首领的话，他说：'皇帝无疑是地上的神，任何人起而反对他都应该以自己的血来抵罪'[19]。"

然而，尽管非洲和意大利的状况有利于查士丁尼，对汪达尔人和东哥特人的进攻仍然是十分困难的持久战争。

与汪达尔人、东哥特人和西哥特人的战争。这些战争的结局。波斯人，斯拉夫人。——对汪达尔人的远征并不是一件容易的事。它意味着要由海路向北非输送一支大军，而且，这支军队不得不对抗拥有一支强有力的舰队的民族，他们早在5世纪中期就成功地袭击了罗马。此外，把主力军转运到西方必将在东方引起严重后果。帝国最危险的敌人波斯人，在东方一直不停地对君士坦丁堡发动战争。普罗柯比记录了第一次讨论进攻非洲问题的重要会

---

[18] 《查士丁尼与6世纪的拜占庭文明》，137。
[19] 约达尼斯：《哥特史》，XXVIII；T.蒙森编，95。

议。⑳大多数最忠实于皇帝的大臣,对这一行动能否成功表示怀疑,认为此举很唐突。查士丁尼自己也开始动摇;最后,他克服了一时的软弱,坚持原拟计划。这一远征计划即最后确定。此时,波斯统治家族内部发生了一次变动,因此,532年,查士丁尼与波斯的新统治者签订了"永久和平"协议,其条件是甚为屈辱的:拜占庭皇帝必须向波斯王付一大笔年贡。但是这一和议却使查士丁尼有可能在东方和南方的行动更为自由。查士丁尼于是任命天才的将军贝利撒留(Berisarius)统率这支远征埃及的大军和舰队,贝利撒留是查士丁尼在实施其军事计划时的最可靠助手。而且,在接受此次使命之前,他曾成功地镇压了国内危险的"尼卡"(Nika)起义,关于这一节,下文将加以介绍。

此时,汪达尔人和东哥特人已经不再像以前那样是危险的敌人。他们不适应南方的温暖气候,受到罗马文明的影响,已经迅速失去了过去的活力和能量。这些日耳曼人信奉阿利乌斯派基督教,使他们与当地的罗马民众的关系甚为紧张。柏柏尔人的不断起义也削弱了汪达尔人的力量。查士丁尼敏锐地观察到这些,他以灵活的外交手段加深了汪达尔人内部的不和,同时,他十分肯定地认为,日耳曼人诸王国不会联手反对他,因为,东哥特人与汪达尔人势如水火,信奉正统基督教的法兰克人也在不断与东哥特人斗争,而远在西班牙的西哥特人也不能成为战争的主要对手。所有这些都使查士丁尼觉得有希望各个击破敌人。

---

⑳ 《汪达尔战争》(*De bello vandalico*),I,10;豪里编,I,355—360;H.B.杜因(Dewing)英译本,II,90—101。

第三章 查士丁尼大帝及其直接继承者(518—610年)

对汪达尔人的战争从533年延续到548年[21]，其间有过数度平静。贝利撒留以数次辉煌的胜利迅速降伏了整个汪达尔王国，因而，查士丁尼能够胜利地宣告："由于上帝的仁慈，他不仅给予我们非洲及他的全部行省，而且把汪达尔人占领罗马时一度夺走的帝国权柄归还给了我们。"[22]皇帝认为战争结束了，遂把贝利撒留和大部分军队撤回君士坦丁堡。当地的原住民柏柏尔人立即掀起剧烈的暴动，留守部队被迫卷入一场严峻的斗争。贝利撒留的继承者所罗门(Solomon)被彻底击败，本人被杀。这场长期战争持续到548年，这时，由于外交家和天才将军约翰·特罗格利塔(John Troglita)取得的一场决定性的胜利，使帝国的权力又得以恢复。他是帝国重新征服非洲的第三位英雄，他使非洲完全平静达十四年之久。他的业绩由当时的非洲诗人科利普斯(Corippus)在其历史著作《约翰》(Iohannis)一书中记载下来。[23]

这些征服战争的成功并没有使查士丁尼的期望得到完全满足，因为除了海勒立斯石柱*附近的坚强堡垒塞普图姆(Septum，今西班牙的休达城)外，北非的西部，即直达大西洋岸的地区，尚未归属帝国。然而，北非的大部分，以及科西嘉、撒丁尼亚和巴利阿

---

[21] 关于这次战争，见夏尔·迪尔《拜占庭的非洲》(L'Afrique byzantine)，3—33、333—381。迪尔：《查士丁尼》，173—180。W.霍姆斯(W.Holmes)：《查士丁尼和狄奥多拉时代》(The Age of Justinian and Theodora)(第2版，1912年)，II，489—526。柏里：《晚期罗马帝国史》，II，124—148。

[22] 《查士丁尼法典》，I，27，1，7。

[23] 柏里：《晚期罗马帝国史》，II，147。

* 即直布罗陀海峡。——译者

利群岛,皆成为拜占庭帝国的领土。查士丁尼花费了相当的精力致力于恢复这些征服岛屿上的秩序。即使在今天,大量的拜占庭防砦和堡垒的废墟仍是这位皇帝为保卫他的领土而付出巨大努力的见证。

对东哥特人的战争更是耗费精力,从535年延续到554年,中间亦有些许和平。这场战争的前十三年与汪达尔战争同时进行。查士丁尼以干预东哥特人的内部斗争的方式,开始了战争行动。一支军队首先征服达尔马提亚——当时,这一地区是东哥特王国的一部分;另一支军队则由贝利撒留率领由海路行军,轻松地攻取了西西里岛。后来,这支军队渡海至意大利,占领了那不勒斯和罗马。此后不久,即540年,东哥特首都拉文纳向贝利撒留打开了城门。不久,贝利撒留就带着被俘的东哥特王离开意大利回到君士坦丁堡。查士丁尼则在自己的王衔"非洲的和汪达尔人的皇帝"之上,又加上了"哥特人的"修饰词。意大利似乎已经完全被拜占庭帝国征服了。

然而,此时,哥特人中间出现了一个精明强干的国王托提拉(Totila),他是最后一个捍卫东哥特人之独立的英雄。他迅速而果断地扭转了局面,他的军队进展十分迅速,乃至于贝利撒留被立即从波斯召回,派往意大利担任最高指挥官以对付东哥特人的反攻。但是,贝利撒留也不能控制这一局面。拜占庭在意大利和海上诸岛的征服地被东哥特人迅速夺回。不幸的罗马城在罗马人和东哥特人之间屡次易手,变成了一堆废墟。当贝利撒留由于他的失败而应召离开意大利后,他的后继者、另一名优秀的拜占庭将军纳尔泽斯(Narses)数次展示出其伟大战略天赋,一举战胜哥特人。托提拉的军队于552年在翁布里亚的高卢人基地(Busta Gallorum)被击败,托提拉逃离战场,但未能逃生。[24]"他的血染战袍和宝石头盔被交给纳尔泽斯,纳尔泽斯则把这些东西送至君士坦丁堡,置于皇帝脚下,以此证明,一直蔑视皇帝权力的人已经不复存在了。"[25]到554年,经过二十年的毁灭性战争,意大利、达尔马提亚和西西里与帝国重归统一。同年,查士丁尼颁布的《国事诏书》(Pragmatic Sanction)把东哥特人夺去的土地归还给意大利的土地贵族和教会,并恢复了他们以前的特权;诏书中也列出了一些意在使已经破产的民众减轻负担的措施。但是,对东哥特人的长期战争阻碍了意大利工商业的发展,而且,由于缺少劳动力,意大利的许多土地无人耕种,罗马也一度成为毫无政治意义的第二等废墟城市。然而,教宗仍然选择它作为自己的驻节地。

查士丁尼的最后一次军事行动是针对比利牛斯半岛上的西哥特人。他利用西哥特人内部发生篡权内战之机,于550年向西班牙派出了海军。尽管这支军队数量不大,但它却取得了显著成功。许多航海城市及堡砦被攻克,最后,查士丁尼从西哥特人手中夺得

---

[24] 关于此战的最详细记载,见柏里《晚期罗马帝国史》,II,261—269、288—291。

[25] 《约翰·马拉拉斯编年史》(Chronicle of John Malalas),486。狄奥凡尼:《编年史》(Chronographia),年代不详,6044;C.德博尔编,228。亦见柏里《晚期罗马帝国史》,II,268。

了半岛的南端及迦太基、马拉加及科尔多瓦等城市。因而,这块领土事实上囊括了西至圣维森特角,东至迦太基的地区。㉖ 在西班牙建立的这个帝国行省经过了一些变革,处于君士坦丁堡治下达七十年。但这个行省究竟是独立省还是附属于非洲总督,却并不十分明确。㉗ 近期在西班牙已经发现了一些教堂和其他拜占庭建筑艺术的遗址,但价值不大。㉘

所有这些进攻性战争使帝国的领土扩大了一倍。达尔马提亚、意大利、北非的东部(今日阿尔及利亚和突尼斯的一部分),西班牙的东南部、西西里、撒丁尼亚、科西嘉和巴利阿利群岛成为帝国领土的一部分,地中海又一次成为事实上的罗马内湖。帝国的边界自海勒立斯石柱(即加德斯海峡)直达幼发拉底河。但是,即使取得了这一巨大的成功,查士丁尼的成就仍与他的期望相距甚远。他并没有能征服整个西部帝国。北非的西部、比利牛斯半岛、

㉖ 迪尔:《查士丁尼》,204—206。柏里:《晚期罗马帝国史》,II,287。塞浦路斯的乔治(Georgii Cyprii):《罗马帝国版图描述》(*Descriptio Orbis Romani*);H.格尔泽编,xxxii—xxxv;F.格雷斯(Görres):"位于西班牙西哥特王国沿海的拜占庭领地(554—624年)"("Die byzantinischen Besitzungen an den Kusten des spanischwestgothischen Reiches"),《拜占庭杂志》(德文),XVI(1907),516。E.布奇尔(E.Bouchier):《罗马帝国治下的西班牙》(*Spain under the Roman Emperor*),54—55。R.阿尔塔米拉(R.Altamira):《剑桥中世纪史》,II,163—164。P.古贝尔(P.Goubert):"拜占庭与西哥特的西班牙(554—711年)"("Byzance et l'Espagne wisigothique,554—711"),《拜占庭研究》,II(1945),5—78。

㉗ 柏里:《晚期罗马帝国史》,II,287。古贝尔:"拜占庭与西哥特的西班牙",《拜占庭研究》,II(1945),76—77(至624年)。

㉘ J.普伊吉·伊·卡达法尔(J.Puigi I Cadafalch):"拜占庭西班牙领土上的宗教建筑"("L'Archtecture religieruse dans le domaine byzantin en Espagne"),《拜占庭》(布鲁塞尔),I(1924),530。

第三章　查士丁尼大帝及其直接继承者（518—610年）

东哥特王国的北部、阿尔卑斯山以北（原雷蒂亚省和诺里克省）*仍在他的势力范围之外。整个高卢省不仅完全独立于拜占庭势力之外，甚至在某种程度上战胜了他，因为查士丁尼被迫把该省割让给法兰克王。而且，必须记住，皇帝的权力在广阔的新征服区也并不稳固。帝国政府既没有权威也没有其他办法使自己的地位更加巩固，只能通过武力征服。因此，查士丁尼对外征服战争的辉煌胜利只是以后一系列严重政治经济问题的开始。

查士丁尼的防御性战争，却远远不成功，而且有时候甚至是十分屈辱的。这些防御性战争，指的是在东方与波斯的战争和在北方与斯拉夫人及匈奴人的战争。

6世纪的两大强国拜占庭与波斯在东方边界已经进行了数个世纪的流血战争。自"永久"和平协议之后，波斯国王、天才而精明的统治者库斯鲁·努什尔万（Chosroes Nushirvan）看清了查士丁尼对西方的野心而充分利用了这一局面。㉙ 库斯鲁充分意识到波斯帝国西部边界诸省的重要利益，遂抓住了东哥特人求援时机，撕毁了"永久"和平协议，公开与拜占庭帝国对抗。㉚ 一场血战开始

---

* 雷蒂亚山及诺里克山分别为阿尔卑斯山脉的两个支脉。——译者

㉙　E.施泰因对库斯鲁的评价甚高，而且认为他的父亲喀瓦德是一个天才人物。他把喀瓦德与马其顿的腓力浦和普鲁士的弗里德里希·威廉一世相比，认为这些人的儿子以其自己的成就埋没了他们的父亲那不大光辉的、但可能是付出更艰难代价的成就，因为他们是在父辈基业上成功的人。见施泰因"波斯和拜占庭国家的一个重要时期"（"Ein Kapitel vom persichen und vom byzantinischen Staate"），《拜占庭与当代希腊年鉴》，I(1920)，64。

㉚　关于查士丁尼时期的波斯战争，见迪尔《查士丁尼》，208—217。霍姆斯：《查士丁尼和狄奥多拉》，II，365—419、584—604。柏里：《晚期罗马帝国史》，II，79—123。J.库拉科夫斯基：《拜占庭史》，II，188—208。

了。波斯人取得了明显的胜利。贝利撒留从意大利被召回,但却不能阻止库斯鲁的进兵。库斯鲁进入了叙利亚,抢劫和摧毁了安条克"这个既古老又重要的城市,罗马人在东方占有的所有城市中最大、最富裕、人口最多、最美丽,而且各方面都最为繁荣的城市"③。在其进军期间,库斯鲁抵达了地中海沿岸。在北方,波斯人企图强行挺进黑海,但在高加索拉齐卡省(今拉齐斯坦)的拉齐斯坦人那里遇到了抵抗。当时,拉齐卡仍附属于拜占庭。经历了重重困难之后,查士丁尼才成功地购买了五年的和平,为此,他必须付大笔金钱。当时,库斯鲁也厌烦了无休止的对抗,于是,在561或562年,拜占庭帝国与波斯达成停战五十年的协议。历史学家米南德(Menander)②准确而详尽地记载了这次谈判及和约签订的细节。这项协议规定,皇帝必须付波斯人一大笔年金,同时,波斯王许诺,在波斯境内对基督徒实行宗教宽容政策,但有个苛刻的条件,即基督徒不得吸收新的皈依者。罗马和波斯商人不管贩卖什么商品,只能在设有海关的一些指定地点通过。这一协议,对于拜占庭来说,最重要的一点是波斯人同意撤离黑海东南岸的拉齐卡地区,并把它归还给罗马人。换言之,波斯人未能在黑海沿岸取得可靠的据点;黑海仍由拜占庭帝国完全占有,这是一个具

---

③ 见普罗柯比《波斯战争》,II,8,23;豪里编,I,188;杜因编,I,330—331。
② 米南德:《文摘》(Excerpta);B.G.尼布尔(B.G.Niebuhr)编:《拜占庭历史资料大全》(Corpus Scriptorum Historiae Byzantinae)(波恩,1829年),346及以下。在本书的以下部分,涉及该文献集的部分,将引用波恩版的《君士坦丁·波菲罗杰尼图斯皇帝的历史摘录》(C.德博尔编),I,175页及以下。

第三章 查士丁尼大帝及其直接继承者(518—610年)

有重要政治经济意义的事件。㉝

在帝国北部巴尔干半岛上,防卫战争的性质大不相同。北方的蛮族保加利亚人和斯拉夫人早在阿那斯塔修斯时期就曾蹂躏了半岛上的那些行省;在查士丁尼时代,在普罗柯比笔下,斯拉夫人第一次有了自己的名字"Sclavenes"。普罗柯比称之为匈奴人的大批斯拉夫人和保加利亚人游牧民族,几乎年年越过多瑙河,深入拜占庭行省,以火和剑毁灭一切。一方面,他们抵达首都君士坦丁堡近郊,并深入赫勒斯滂海;另一方面,他们穿越希腊半岛,直抵科林斯地峡并向西直抵亚得里亚海沿岸。在查士丁尼统治时期,斯拉夫人开始明显地向爱琴海沿岸移动。在他们极力进抵爱琴海沿岸的过程中,抵达了帝国最重要的城市之一萨洛尼卡,这座城市及它周围地区很快成为斯拉夫人在巴尔干半岛上的主要聚居地。帝国的军队对斯拉夫人的入侵进行了拼死的斗争,并时常把斯拉夫人驱赶回多瑙河北岸。但不是所有的斯拉夫人都能退回多瑙河北岸。查士丁尼的军队因忙于应付其他重要的战争,不可能对斯拉夫人在巴尔干半岛上每年一度的骚扰采取决定性行动。一些斯拉夫人于是留了下来。这一时期,巴尔干半岛上的斯拉夫人问题的出现应该予以重视,因为它在6世纪晚期和7世纪初势必成为帝国最重要的问题之一。

㉝ 关于此协议的细节,可见 K.居特博克(K.Güterbock)《查士丁尼时代的拜占庭-波斯外交》(*Byzanz und Persien in ihren diplomatisch-völkerectlichen Beziehungen im Zeitalter Justinians*),57—105。柏里:《晚期罗马帝国史》,II,120—123;他认为该协议是在562年签署的。施泰因:《查士丁二世和提庇留》,5—6;施泰因认为该协议签于561年(2,28页注3)

除了斯拉夫人以外,日耳曼人的一支格庇德人(Gepids)*和匈奴人的一支戈特里古尔人(Kotrigurs)也由北方侵入巴尔干半岛。在558—559年冬天,戈特里古尔人在其首领查波尔汗(Zabergan)率领下进入色雷斯。由这里,他们派一支部队前去骚扰希腊,另一支侵入了色雷斯的刻尔松尼斯(Chersonese),第三支,包括骑兵,则在查波尔汗亲自率领下向君士坦丁堡进军。拜占庭的国土遭到蹂躏。君士坦丁堡陷入恐慌之中。遭到入侵的各行省教会把其财宝送至首都君士坦丁堡,或用船运至博斯普鲁斯海峡的小亚细亚一岸。查士丁尼召来了贝利撒留,要他在这一危机时刻拯救巴尔干半岛。戈特里古尔人虽然在所有三路军进攻中都遭到失败,但色雷斯、马其顿和色萨利地区,却由于这次入侵而在经济上受到惨重打击。㉞

匈奴人的威胁不仅在巴尔干半岛上,而且在克里米亚偏僻的塔夫里斯半岛面临同样的威胁。该半岛位于黑海沿岸,构成帝国的一部分。这里的两个城市克尔松和博斯普鲁斯以其在数个世纪的蛮族包围中保留希腊文明而著称。它们也在帝国和现今俄罗斯领土之间的贸易方面起到了重要作用。到了5世纪末,匈奴人已经占领了该半岛的平原,并开始威胁那里的拜占庭领地和在拜占庭保护下的、以多里(Dory)为中心的一小片哥特人聚居地。在匈奴人威胁的压力下,查士丁尼建立并恢复了一些堡垒,并修建了长

---

* 格庇德人是一支斯拉夫人部落,1世纪在波罗的海南岸居住,后不断南迁,在3世纪时进入中欧特兰西瓦尼亚北部山区。6世纪前半期,常与伦巴德人发生冲突,567年以后,被纳入阿瓦尔人管辖范围。——译者

㉞ 柏里:《晚期罗马帝国史》,II,298—308。

第三章 查士丁尼大帝及其直接继承者(518—610年)

城,该长城的残迹至今仍可见到,㉟这是一种塔夫里斯防线(limes Tauricus),起到了有效的保护作用。㊱

查士丁尼和狄奥多拉向外传播基督教的热情极高,甚至对于居住在埃及和阿比西尼亚(Abyssinia,即埃塞俄比亚)之间的上尼罗河地区的非洲居民也不忽视,这些居民即远在第一瀑布以远的布来米人(Blemyes)和他们的南方邻居诺贝达人(Nobadae,即努比亚人)。由于狄奥多拉的聪明才智及其活动能力,诺贝达人和他们的国王西尔克(Silko)皈依了一性教派,而且,这位皈服基督教的国王与拜占庭联手迫使布来米人接受了同一信仰。为了庆祝自己的胜利,西尔克在布来米人的一个圣殿里建立了一块碑铭,柏里评价该铭文说:"这个小国之君说的大话似乎应出自阿提拉或帖木儿之口。"㊲该铭文上写:"我,西尔克,诺贝达和所有埃塞俄比亚人的国王($βασιλίσκος$)。"㊳

查士丁尼外交政策的意义。——纵观查士丁尼的整个对外政策,我们必须说,他的无休止的、并没有实现其全部计划和愿望的长期战争,对帝国的影响总的来说是灾难性的。首先,这些大规模

㉟ W.托马切克(W.Tomaschek):《塔夫里斯的哥特人》(*Die Goten im Taurica*),15—16。A.A.瓦西列夫:《克里米亚的哥特人》(*The Goths in the Crimea*),70—73。查士丁尼城墙的遗址迹可在其原址见到。

㊱ 瓦西列夫:《克里米亚的哥特人》,75。J.库拉科夫斯基:《塔夫里斯的过去》(*The Past of the Tauris*),(II,1914),60—62。塔夫里斯是克里米亚的古名称,见柏里:《晚期罗马帝国史》,II,310—312。

㊲ 柏里:《晚期罗马帝国史》,II,330。

㊳ 《希腊文碑铭大全》(*Corpus Inscriptionum Graecarum*),III,5072(P.486)。G.勒费弗尔(G.Lefebvre):《埃及的基督教希腊文碑铭全集》(*Recueil des inscriptions grecques chrétiennes d'Egypte*),628。

的军事行动消耗了巨额金钱。普罗柯比在他的《秘史》中估计(可能有些夸张),阿那斯塔修斯留下的积蓄,在当时看来是相当巨大的财富,即价值32万磅的黄金(相当6500万或7000万美元*),却由查士丁尼在极短的时期内(即他舅父查士丁当政时期)全部花光。㊴据6世纪另一则史料,即叙利亚人以弗所的约翰披露:阿那斯塔修斯时期帝国的国库积蓄在查士丁尼死后,直到查士丁二世时期才用完;㊵然而,这一结论是不正确的。阿那斯塔修斯留下的资金肯定比普罗柯比欲使我们相信的数目要小,这笔钱在查士丁尼的事业中一定有极其重大的意义。但仅凭此项资金是远远不够的。新的税收比疲惫不堪的居民能够承受而且付出的数目要大。皇帝以节约军费来削减国家开支的企图导致军士数量的减少,这自然使得西部征服地十分不安全。

从查士丁尼作为罗马人的观点来看,他的西征是可以理解的,也是自然的。但从帝国的实际利益来看,应该承认,这些西征活动是不必要的、有害的。6世纪东西方之间的鸿沟已经如此巨大,欲使两者统一的愿望本身就是时代的错误。真正的统一是不可能实现的。已经征服的诸省只能靠武力来维持,而帝国既无军力,也无财力。查士丁尼沉湎于他的美好梦想中,没有认识到东方边境及东方诸省的重要性,而后者才是拜占庭帝国的根本利害所系。仅仅出于皇帝本人之愿望的西征活动,不可能带来长久性的结果;而且,恢复罗马帝国的计划也随着查士丁尼之死而废弃了,尽管它并

---

* 此处是本书原作者瓦西列夫在20世纪40—50年代的基本估计。——译者

㊴ 普罗柯比:《秘史》,19,7—8;豪里编,121。

㊵ 约翰:《基督教会史》(*Ecclesiastical History*),V,20;佩涅-史密斯(Payne-Smith)译本,358;布鲁克斯译本,205。

没有永远被废弃。与此同时,查士丁尼的整个对外政策在帝国内引起了特别严重的经济危机。

查士丁尼和特里波尼安的立法工作

查士丁尼由于他的立法活动的彻底性,已经成为举世瞩目的历史人物。查士丁尼认为,一个皇帝"不仅必须以军事武装使自己荣耀,而且必须以法律来装备自己,由此,他才能在战争时代及和平时代都立于不败之地;他不仅应该是克敌制胜的强者,而且应该是坚强的护法者。"[41]此外,他相信,是上帝赐予帝王以制定和解释法律的权力,因此,一位皇帝必须是立法者,他的权力来自上天。但是,很自然地,除了所有这些理论根据外,查士丁尼还有实际上的考虑,因为他十分清楚,他那个时代的罗马法处于十分混乱的状态。

在前基督教时期的罗马帝国,帝国的立法权完全集中于皇帝手中,立法的唯一形式是皇帝的敕令,被称为"法"和"法令"(leges),与之相对的所有创制于早期立法时的法令和由古典时期法学家所阐释的律令被称为"旧法"(jus vetus)或"古法"(jus autiquum)。自3世纪以后,法学迅速衰落。法律的颁布仅限于纯粹的编纂,目的是为那些不能研究全部法学著作的法官提供一部由皇帝敕令和举世闻名的古代法学家著作的摘编。但是,这类汇编都属于个人行为,没有得到官方认可,所以在实际执法时,法官必须参照所有的皇帝敕令和所有的古典法学作品,这是远非任何

---

[41] 查士丁尼:《法学阶梯》(Institutiones),前言;J.T.阿布迪(J.T.Abdy)和 B.沃尔克(B.Walker)译本,xxi。

一个人的能力所能胜任的。帝国当时没有出版有关皇帝敕令的核心刊物。这些敕令散在于各种档案中,在数量上年年增加,很难在实际生活中运用,尤其当新的敕令不断取代旧的敕令时,更为困难。所有这些都说明编纂一部帝国敕令汇编是十分必要的。早在查士丁尼以前,人们就在这个方面做了许多工作。在查士丁尼的立法著作中,他极大地受益于早年的《格雷格利亚努斯法典》《赫尔墨吉尼乌斯法典》和《狄奥多西法典》。为了便于引用古典法规(jus vetus),狄奥多西二世时期曾与他的西方同代皇帝瓦伦提尼安三世一起颁布了一则敕令,该敕令只承认五位最著名的法学家的著作具有最高权威,其他法学作者则可以被忽略。当然,这只是该问题的暂时解决方法,尤其是在这五位选定的法学家著作中根本不易找到对某个特定案例的解决办法,因为这些法学家的说法时常互相矛盾。而且,这些古代法学家的决断在生活条件已经发生变化之时已经太过陈旧而无法执行。因而,制定一部涉及整个法律体制的官方修订法典和对数世纪来法学发展进行总结极为必要。

早期的法典只收集了一定时期内皇帝们的敕令,并没有涉及法学作品。查士丁尼不仅开始着手编纂在他的时代以前的帝国敕令集,而且开始修订古代法学作品。他的主要助手和实施整体方案的核心人物是特里波尼安(Tribonian)。

这项工作之进展速度是惊人的。528年2月,皇帝召集了一个由10位专家组成的编委会,其中有"皇帝立法工作的膀臂,而且在某种程度上是这些专家的组织者"特里波尼安,以及君士坦丁堡

第三章 查士丁尼大帝及其直接继承者(518—610年)

的法学教授塞奥菲卢斯(Theophilus)。㊷ 该编委会的任务是,修订三部较早的法典,从中删除陈腐过时的东西,并把《狄奥多西法典》颁布之后出现的敕令进行系统整理。所有这些工作的成果汇合于一部法典集成中。早在529年4月,《查士丁尼法典》(*Codex Justinianus*)就正式颁布了,它被分为10卷,收集了自哈德良皇帝以来至查士丁尼时期的敕令;它成为帝国的唯一权威性法典,从而取代了以前的三部法典。尽管查士丁尼的法典编纂工作从旧法典中受益甚大,但修订"旧法"工作却是他的首创。530年,特里波尼安受命组织一个委员会,修订所有古典法学家的作品,从中摘录,淘汰所有过时的东西,剔除一切互相矛盾之处,最后,按一定顺序把所搜集的资料整理排列。编委会阅读和研究了大约2000册书,计300万行以上。这是一部巨著,用查士丁尼自己的话来说:"在他下令编书之前,'没有任何人曾经期待或者想象过,这竟是人力所及之事'。"㊸而且,编委会"删除了所有'旧法'中之重复和多余的内容"㊹,三年内即告完成。这部于533年问世的巨著分为50卷,称为《法学汇纂》,*Digestum*),或 Pandects, *Pandectae**。这一著作立即成为帝国司法活动中可以直接采用的依据。㊺

尽管查士丁尼的这部《法学汇纂》十分重要,但由于仓促编就,

㊷ 柏里:《晚期罗马帝国史》,II,396。

㊸ 《大法典》(*Constitutio Tanta*),前言;P.克吕格尔编,13;C.H.蒙罗译本,I,xxv。

㊹ 《查士丁尼法典(修订本)》(*Codex Justiniani, de emendatione Codicis*),克吕格尔编,4。

* Pandectae 是希腊文 $Πανδεκτες$ 的拉丁文拼法,意同 Digest。——译者

㊺ 瓦西列夫:"查士丁尼的《法学汇纂》,纪念《法学汇纂》颁布1400周年(533—1933年)"("Justinian's Digest. In commemoration of the 1400th anniversary of the publication of the Digest"),《拜占庭和当代希腊研究杂志》,V(1939),711—734。

不可避免地在某些方面有疏漏。其中有许多重复、互相矛盾和一些相当过时之处。此外,由于编委会被授权删节、解释和压缩古代的文献原本,最终成书有相当的专断性,有时甚至肢解了古代文献。该著作的致命缺陷是缺乏统一性。对于这一缺陷的质疑,发端于19世纪的一些著名法学家,他们对罗马的古典法律评价过高,因而对查士丁尼《法学汇纂》的评价十分苛刻。然而,即使《法学汇纂》有上述缺陷,它仍有很大的实用价值。它也为后代保留了迄今为止已经失传的一些古代罗马法学著作中摘编的丰富资料。

在编纂《法学汇纂》期间,特里波尼安和他的两个著名助手,君士坦丁堡法学教授塞奥菲卢斯和贝鲁特(在叙利亚)的教授多罗西斯(Dorotheus)受命解决另一个问题。据查士丁尼说,"没有人能承担所有这些艰深知识的重负",此处的"艰深知识",即指《民法典》和《法学汇纂》。譬如,那些"站在法律的入口处,迫切想进入其神秘境界"的年轻人[46],不可能掌握这两部巨著的所有内容,因此,有必要为他们编一种方便可用的手册。这部原准备供学生使用的《民法手册》于533年公布。它分为四册,称为《法学阶梯》*(Institutions,或 Institutiones)。用查士丁尼的话来说,这部概要是要把"所有'旧法'的混浊水源导入一个清澈的湖泊中"。[47] 皇帝核准《法学阶梯》的敕令就是致"迫切想要学习法学的年轻人(cupidae legum juventuti)"的。[48]

---

[46] 《大法典》,II;克吕格尔编,18;蒙罗译本,XXX。
* 亦译为《法理概要》。——译者
[47] 《大众法典》(Constitutio Omnem),2;克吕格尔编,10;蒙罗译本,XX。
[48] 《法学阶梯》,克吕格尔编,xix;阿布迪译本,xxi。

第三章 查士丁尼大帝及其直接继承者(518—610年)

在编纂《法学汇纂》和《法学阶梯》期间,常规的立法活动并没有停止。一方面颁布了许多新的法令,另一方面对许多事情重新审定。简言之,529年出版的《民法典》看来在许多方面过时了,因此,534年着手进行新的修订增补工作。这部修订增补的12卷本法典问世,被称为《法典修订本》(Codex repetitae praelectionis)。该版本取缔了529年的旧版,搜集了自哈德良至534年的法令。这部著作的问世,宣布了《法典》编纂工作的结束。而该法典的第一个版本后来则绝版。

534年以后颁布的敕令被称为《新律》(Novellae Leges)。虽然《查士丁尼法典》《法学汇纂》《法学阶梯》均以拉丁文写成,但《新律》的大部分是以希腊文拟就的。这一事实表明查士丁尼这位紧随罗马传统的皇帝对现实生活的需要做了一个重大让步。在一则"新律"中,查士丁尼写道:"朕写这部敕令时没有用拉丁母语,而是用了希腊口语,以便使它能易于为公众理解。"[49]查士丁尼企图把所有的"新律"编辑成集,但他没有成功,然而,在他统治时期,出现了一些非官方的"新律"汇集本。《新律》被视为查士丁尼立法工作的最后一部分,并成为他那个时代帝国内政史的重要资料。

查士丁尼认识到,《法典》《法学汇纂》《法理概要》和《新律》这四部法典应形成一部法学集丛。但在他统治时期,未能形成这样的全集。只是在相当晚的时期,即在中世纪,自12世纪初开始,当罗马法的研究在欧洲复兴时,查士丁尼的所有立法著作才以《民法大全》(Corpus juris civilis)而著称于世。至今,它们仍被称为《民

---

[49] 《新律》,7(15)a;K.E.扎哈利亚·冯·林根塔尔编,I,80。

法大全》。

查士丁尼法学著作庞大的体系及使用大多数民众所不理解的拉丁文字，使得一些以希腊文解释《法典》的注释本和某些部分的摘要，以及从字面上对于《法学阶梯》和《法学汇纂》加以解释的作
146 品大量出现。这些小册子形式的希腊文法学集纂，是适应当时的需要，并出于应用上的考虑而编的，与其拉丁原文相对照，有许多错误和疏漏；即使如此，它们还是把原本抛到了幕后，并几乎完全取代了它的地位。(50)

为了与这部新的法律著作相协调，法学教育活动也发生了相应的改革，采用了新的学习课程设置。法学课程的学习期限定为五年。第一年的主要学习科目为《法学阶梯》；第二、三、四年学习《法学汇纂》，最后，即第五年学习《法典》。关于这一新的课程设置，查士丁尼写道："当所有的法学秘密被揭示出来时，学生们就不会为任何东西所欺瞒，而且当学生们通读了特里波尼安和其他人为我们编辑成集的著作以后，他们会成为杰出的律师和法官，成为最能干的，无论在何时何地都有所作为的人。"(51)在致法学教授们的敕令中，查士丁尼写道："从现在起，在上帝的监护下，你们要教授学生法学知识，开辟我们所为之奠基的道路，这样，他们将沿这条道路成为杰出的司法官员和政治家。而且你们将在所有时代都

(50) 扎哈利亚·冯·林根塔尔：《希腊-罗马法制史》(1892)，5—7。亦见 P.科林内(P.Collinet)"查士丁尼(565)以后至 1453 年的拜占庭立法"("Byzantine Legislation from Justinian(565) to 1453")，《剑桥中世纪史》，IV，707。科林内：《贝鲁特法学院史》(*Histoire de l' ecole de droit de Beyrouth*)，186—188、303。

(51) 《大众法典》，6；克吕格尔编，II；蒙罗译本，xxxiii。

得到最高的荣耀。”(52)在致学生的敕令中,皇帝写道:“要以勤奋、刻苦的精神学习我们的这些律法,并对它们很好地融会贯通,这样的良好愿望将激发你们的能力,当你们的全部法律学习课程结束时,你们将有能力治理我们的帝国,我们帝国的疆域将取决于你们的责任。”(53)但学校的教学本身仅限于单纯地掌握所教授的教材,并在这些教材的基础上进行解释,而不得引用古典作家的原著来核实或重新解释法学教材,只允许学生们对法典做文字上的翻译和撰写摘要及选段。

尽管该法典在死刑判决方面有明显欠缺,在执法上也有许多弱点,但这部6世纪的巨型立法著作仍具有广泛的、不朽的意义。查士丁尼的法典保存了罗马法,而罗马法为指导大多数现代社会的立法提供了基本的原则。迪尔曾说过:“查士丁尼的理想成就了人类进步最有价值的伟业。”(54)12世纪,当西欧开始研究罗马法,或者在通常情况下,如人们所说,当西欧开始承认罗马法时,查士丁尼的民法典在许多地方成为真正的法律。I.A.波可洛夫斯基(I. 147
A.Pokrovsky)教授曾说:“罗马法得到了新生,并且第二次把世界联系起来。西欧的所有立法活动的发展,甚至那些现代的立法活动,都一直受到罗马法的影响……罗马立法的最有价值的内容被成段成章地引入当代法典中,并以这些当代法典的名义在发挥着

(52) 《大众法典》,II;克吕格尔编,12;蒙罗译本,xxiv。

(53) 《皇帝敕令集》,7;克吕格尔编,xix;阿布迪(Abdy)译本,xxiv。这是一则论及《法学阶梯》的敕令。

(54) 迪尔:《查士丁尼和晚期罗马帝国》,248。

作用。”(55)

最近，在研究查士丁尼的立法著作方面，人们的观点有了一个重要转变。迄今为止，查士丁尼的法典，除了《新律》之外，它们都被认为最初是作为进一步理解罗马法的辅助手段，也就是说，它们只具有辅助性的，而不具备第一位的重要性。人们并没有研究这部《法典》本身，它也从来没有被视为“独立的”研究主题。从这一观点出发，人们对查士丁尼，尤其是特里波尼安产生了疑义，认为他们采用删节或扩充原法典内容的方式歪曲了古典法的原意。然而，现在人们所关注的，是查士丁尼的法典是否适应了他那个时代的需要，而且在多大程度上适应了这一需要。于是，人们公正地不再把古典法律条文的更改归于编纂者的主观意志，而是归于他们欲使罗马法适应6世纪罗马帝国东部的实际生活条件的愿望。这部法典在完成这一目标上的成就，必须结合当时的总的社会条件，希腊化思想和基督教对于法典编纂者无疑是有影响的，而且东方的生活习俗也必然反映在对古典罗马法的更改中。因此，一些学者谈到了查士丁尼立法著作的东方特点。当代法制史学科的问题是应该充分肯定和评价查士丁尼《民法典》、《法学汇纂》和《法理概要》中的拜占庭因素。(56) 查士丁尼的新法，作为通行立法的产物，自然是反映了当代生活状况的变化和它的需要。

查士丁尼时代有三座法律学校十分繁荣。一座在君士坦丁堡，一座在罗马，一座在贝鲁特。其他学校都被取缔了，因为皇帝

(55) 波可洛夫：《罗马法制史》(第2版，1915年)，4。

(56) P.科林内：《查士丁尼的立法史研究》(*Études historiques sur le droit de justinien*)，I，7—44。

担心它们会成为异教繁衍的基地。551年,贝鲁特城被一场可怕的地震、海啸和大火摧毁,贝鲁特的学校则迁至西顿,但此后不再那么重要了。

在俄罗斯,当沙皇费多尔·阿列克赛耶维奇(Fedor Alekseievich,1676—1682)统治时期,确定了把查士丁尼《民法大全》译为俄文的计划。一位德国学者对此做了及时报道,称此举是"海勒立斯式的壮举"(*hoc opus Hercule dignum*),但遗憾的是,这项计划并没有进行。(57)

查士丁尼的宗教政策 148

作为罗马皇帝的继承者,查士丁尼认为,恢复罗马帝国是他的职责;同时,他希望在帝国内确立唯一的法典和唯一的信仰。"一个国家、一部法典、一个教会"——这就是查士丁尼全部政治生涯中的简明信条。他笃信绝对王权,强调在一个秩序完好的国家中,一切皆附属于皇帝的权威。教会应该成为政府机构手中的有力武器,因此尽一切努力使教会服从自己。历史学家们曾试图分析查士丁尼教会政策的动机,有些人得出结论说,对于查士丁尼来说:"政治是第一位的,宗教只是国家的奴仆";(58)另一些人则认为,这

(57) 奥斯特洛戈尔斯基:"沙皇费多尔·阿历克赛耶维奇时代的一项宏伟计划"("Das Projekt einer Rangtabelle aus der Zeit des Caren Fedor Alekseevič"),《斯拉夫历史和文化年鉴》(*Jahrbuch für Kultur und Geschichte der Slaven*,),IX(1933),133页注131。参见L.罗埃万森(Loewnson)《东欧历史杂志》(*Zeitschrift für Osteuropäische Geschichte*),N.S.II,part 2,234ff.。

(58) 见A.克内希特:《查士丁尼皇帝的宗教政策》(*Die Religions-Politik Kaiser Justinians*),53、147。J.勒朋:《塞维鲁的一性派思想》(*La monophysisne sévérien*),73—83,库拉科夫斯基:《拜占庭》,II,233—262。柏里:《晚期罗马帝国史》,II,360—394。

个"君士坦丁大帝第二只要涉及教会问题就会忘记他的直接的政治责任"。[59] 在查士丁尼成为教会主宰的欲望中,他不仅要亲自控制教会的内部组织和教士的命运,甚至那些高级教士的命运;同时,他也确信,他的责任是为其臣民决定特别的教规。无论皇帝采取什么宗教信仰,他的臣民都必须遵从。拜占庭皇帝有权力规范教士的生活,根据自己的判断来决定高级教职阶层的人选,并在教士的诉讼案中充当调节人和法律仲裁人。他保护修士、促进新教堂和修道院的兴建,赐予教会和修道院种种特权,以表示他对教会的恩宠。他也花费了许多精力以图在自己的臣民中建立统一的宗教信仰。他经常参加教义争论,对有争议的教义问题进行最后裁决。这种以皇帝的权力干预宗教和教会事务,乃至深入到个人宗教信仰的内心世界的深层领域的政策在历史上被称为"皇帝-教权主义"(*Caesaropapism*)。而查士丁尼就是这样的皇帝-教权主义者的典型代表。[60] 在查士丁尼的观念中,国家的统治者既是皇帝也是教宗;他把所有世俗的和教会的权力集于一身。而那些强调查士丁尼一切活动的政治意义的历史学家强调,在查士丁尼的皇帝-教权主义中,其主要动机是希望保障自己的政治权力,加强统治力量,并为他因偶然机会而取得的王位寻找宗教上的支持。

---

[59] 列别德夫:《第六、七、八次全基督教主教公会议》(第3版,1904年),16。
[60] 关于拜占庭的皇帝-教权主义,见 G.奥斯特洛戈尔斯基"拜占庭教会和国家关系",《库达柯夫研究院年鉴》,IV(1931),121—123。也见比翁多·比翁迪(Biondo Biondi),《查士丁尼在基督教公教会立法中的第一原则》(*Giustiniano Prino Principe è Lequslatore Gattolico*),11—13。

第三章 查士丁尼大帝及其直接继承者(518—610年)

查士丁尼受过很好的宗教教育。他精通《圣经》,热衷于参加宗教讨论,并写了许多宗教赞美诗。宗教争端在他看来是十分危险的,从政治观点上看尤其如此,因为它们威胁着帝国的统一。

尽管查士丁和查士丁尼之前的两个皇帝芝诺和阿那斯塔修斯曾经遵循了与东方一性教派教徒保持和平的政策,并因此与罗马教会决裂,但查士丁和查士丁尼却毫不动摇地偏爱罗马教会,并同它恢复了友好关系。这势必导致东方各行省与帝国的分离,这是同查士丁尼的计划不相容的,因为查士丁尼极其迫切地想在他的庞大帝国内建立统一的信仰。但是,要在东方和西方的教会,即在亚历山大、安条克和罗马教会间实现教会统一是不可能的。一位历史学家讲过:"查士丁尼的统治在其教会政策上是双面的雅努斯神[*],它一面转向西方,要求罗马予以指导,另一面则转向东方,在埃及和叙利亚修士中间寻找真理。[51]"

查士丁尼的教会政策的基本目标在其统治初期是建立同罗马的密切联系;因此,他曾以卡尔西顿会议的护卫者身份出现,该会议的决议曾受到东方各行省的强烈反对。在查士丁尼统治期间,罗马教区享有最高教会的权威。在查士丁尼致罗马主教的信中,就称他为"教父""罗马之父""使徒之父""教父和牧首"等,于是,教父(pope)的头衔,就被用来特指罗马主教。在一封敕令中,这位皇帝称罗马主教为"所有神圣教会之首"(*caput omnium*

---

[*] 雅努斯(Janus),罗马神话中的兽性精灵,门神。除了以门为其象征外,它有时以两面人的形象出现,一面回顾过去,另一面朝向将来。——译者
[51] A.迪亚科诺夫(A.Dyakonov):《以弗所的约翰和他的教会史著作》(*John of Ephesus an His Ecclesiastical-Historical Works*),52—53。

sanctarum ecclesiarum)^㉖，而在他的一则"新律"中，特别提到"最受恩宠的君士坦丁堡大主教的教区，即新罗马，应位于最神圣的使徒教区旧罗马之次"。^㉖

查士丁尼开始同犹太人、异教徒和异端决裂。在异端派中包括摩尼教派、聂斯脱利派、一性教派、阿利乌斯派和其他不大重要的宗教教义理论的派别。阿利乌斯派当时在西方日耳曼人诸部族中传播。在帝国各地残存的异教残余势力和异教徒们仍视雅典学园为他们的主要中心。犹太人和小股异端教派追随者则主要集中于近东各行省。当然，得到最广泛追随者的是一性教派。在西方，与阿利乌斯派的斗争采取了军事征服的形式，这种军事征服以日耳曼诸王国完全地或部分地臣服于拜占庭而告结束。查士丁尼坚信，在帝国内部，有必要建立统一的信仰，因此，不可能对其他信仰和异端教派的领导取容忍态度，这些人在查士丁尼统治时期，遭到军队和行政权威的严酷镇压。

雅典学园的关闭。——为了彻底根除异教残余，查士丁尼于529年关闭了位于雅典的著名哲学学园，认为它是衰朽的异教思想的最后堡垒。在5世纪狄奥多西二世时期君士坦丁堡学府的创建，已经预告了该学园的衰亡，学园的许多教授被流放，学园的财产被没收。一位历史学家写道："当圣本尼狄克（St. Benedict）摧毁了意大利的最后一处国家圣殿、位于卡西诺山圣林中的阿波罗神殿的同一年，人们也见证了位于希腊的古典异教堡垒的毁

㉒　克内希特：《查士丁尼皇帝的宗教政策》，62—63。
㉓　《新律》，131，B；扎哈利亚·冯·林根塔尔编，II，267。

灭。"⑭从这一时期起,雅典完全丧失了其原来作为文化中心的重要地位,降为不显眼的二流城市。该校的一些哲学家欲迁居波斯,他们听说,波斯王库斯鲁对哲学很感兴趣。他们在波斯受到极好的礼遇,但是,异邦的生活对于这些希腊人来说甚难适应。在库斯鲁先同查士丁尼达成协议,使查士丁尼在协议中承诺他将不迫害这些哲学家,也不强迫他们改宗基督教信仰之后,决定让他们回归祖国。查士丁尼履行了诺言,这些异教哲学家在拜占庭帝国境内完全和平、安全的环境中度过了余生。但查士丁尼未能彻底根除异教,异教仍在偏僻的地区继续秘密地存在着。

犹太人和他们的宗教亲族,即巴勒斯坦的撒马利亚人*,不能屈从于政府的迫害政策,发动了起义,但迅速被残酷镇压。许多犹太会堂遭到毁灭,而在那些尚存的未被毁灭的会堂中,也禁止诵读希伯来文的《旧约》,而需代之以70位学者译的希腊文本(所谓七十子译本)《圣经》。人们的政治权利被剥夺。聂斯脱利派也受到严酷镇压。

宗教问题及第五次全基督教主教会议。——当然,最为主要的是查士丁尼对一性教派的态度。首先,他与一性教派的关系有极大的政治意义,而特别涉及埃及、叙利亚和巴勒斯坦等东方各行省的重要问题。其次,一性教派受到查士丁尼的妻子狄奥

---

⑭ 克内希特:《查士丁尼皇帝的宗教政策》,62—65。
* 犹太人一支。公元前8世纪,位于巴勒斯坦北部的以色列国被亚述帝国所灭,亚述王萨尔贡二世采取了移民政策,将一部分本地犹太人迁往外地,另外又从外地迁来不少异族居民,安置在原以色列首都撒马利亚城,这些外族移民同犹太人融合的后代被称为"撒马利亚人",他们因其"血统不纯"而受到犹太人鄙视。——译者

多拉的支持,而她对查士丁尼有强大的影响。一个当时的一性教派作者(以弗所的约翰)称她为"满腔热情地爱基督的女子",是"最具基督教精神的皇后,她受上帝派遣在困难时期保护受迫害者"⑥。

由于她的劝说,查士丁尼在其统治初期试图同一性教派和平共处。他允许那些在查士丁统治时期及他自己统治早年遭到流放的主教回归故里。他邀请许多一性教派教徒到首都,参加宗教和解会谈。据一位目击者讲,在这个会议上,查士丁尼要求他们同其对手"为了正统基督教和虔诚人民的利益,完全心平气和地"⑥讨论所有未决的问题。他把首都一处宫殿内的一些房间赐给500名一性教派修道士,说成是"给予隐修者的最大的绝好的奖赏"⑥。535年,"一性教派的真正立法者"及其首领塞维鲁(Severus)到达君士坦丁堡,并在那里住了一年。⑧"535年年初,帝国的首都在某种程度上出现了阿那斯塔修斯统治时期发生的那种情况。"⑥君士

---

⑥ 《东方福音诠释》(*Commentarii de Beatis Orientalibus*),W.J.范杜温(W. J. Van Douwen)及J.P.N.兰德(J.P.N.Land)编,114、247;E.W.布鲁克斯编:《东方教父著作全集》,XVIII(1924),634(432)、677(475)、679(477)。亦见迪亚科诺夫:《以弗所的约翰和他的教会史著作》,63。

⑥ J.D.曼西:《新编圣公会议文集》(*Sacrorum Conciliorum nova et amplissima collectio*),VIII(1762),817。凯撒里·巴罗尼(Caesari Baronii):《基督教编年史》(*Annales ecclesiastici*),A.泰奈尔(A.Theiner)编,IX,32(532年?),419。

⑥ 以弗所的约翰:《笔记》(*Commentarii*),155;布鲁克斯编,II,677(475)。见迪亚科诺夫:《以弗所的约翰和他的教会史著作》,58。

⑧ J.马斯佩罗(J.Maspero):《亚历山大教会主教史》(*Histoire des patriarches d'Alexandrie*),3、100、110。勒朋:《塞维鲁的一性派思想》(*Le Monophysisme sévérien*),74—77。

⑥ 马斯佩罗:《亚历山大教会主教史》,110。

坦丁堡牧首区已经交给了特拉布松主教安希姆斯（Athimus），他因其对一性教派的调和政策而著名。一性教派似乎已经取得了胜利。

然而，事态很快发生了变化，教宗阿伽佩图斯（Agapetus）和一伙"不眠者"（极端正教派）*到达君士坦丁堡后，即挑起了反对安希姆斯牧首的宗教调和政策的喧嚣，查士丁尼不无遗憾地被迫改变了他的和解政策。安希姆斯被撤职，一位正统派的牧师梅纳斯（Menas）接续了他的职位。有一则资料记载了此事发生之后皇帝与教宗之间的对话，查士丁尼对教宗说："我可以迫使你接受我的意见，否则我会把你流放。"而阿伽佩图斯回答："我曾希望见到一位最好的基督徒皇帝查士丁尼，但我现在看到了一位戴克里先；无论如何，我不怕您的威胁。"⑦皇帝之所以对教宗让步，很可能是由于当时对东哥特人的战争在意大利刚刚开始，他需要得到西方人士的支持。

即使如此，查士丁尼并没有放弃他同一性教派和解的进一步努力。这时，他提出了著名的"三章案"（*The Three Chapters*）问题。此案涉及三位5世纪的教会作家，即莫普苏埃斯蒂亚的狄奥多勒（Theodore of Mopsuestia）、居鲁士的狄奥多莱（Theodoret of Cyrus）和埃德萨的依巴斯（Ibas of Edessa）。一性教派对卡尔西顿会议的指责，是因为上述三位作家有聂斯脱利派信仰倾向，却

---

* 见前章关于阿列乌斯派争论的部分，原书第108页。——译者

⑦ 《教宗阿伽佩图斯生平》（*Vita Agapeti papae*.），见L.D.杜切斯内（L.D.Duchesne）编《大主教传》（*Liber Pontificalis*），I, 287. 曼西：《新编圣公会议文集》，VIII, 843。

未在该次会议上受绝罚。罗马主教和"不眠者"遇到了极为强大的对手。查士丁尼义愤填膺地宣称,在上述问题上,一性教派是正确的,正教派必须赞同他们。他在6世纪40年代早期发了一则敕令,谴责了上述三位作者的作品,并威胁道:"任何企图保护或赞同此三者的人都将受到绝罚。"⑦

查士丁尼希望所有的教会人士对此敕令都承担义务,要求所有的牧首和主教在该敕令上签字。但这并不容易实现。西方教会担心若自愿签署该协议,可能意味着侵犯了卡尔西顿会议的权威。一位著名的迦太基助祭写道:"如果卡尔西顿会议的决议也要讨论,那么,尼西亚会议不是也可能受到同样的威胁吗?"⑫除了上述疑问外,人们还提出,是否应该诅咒死人,因为这三位作者早在前一世纪都已经谢世。最后,一些西方教会的首脑达成这样的意见,即,皇帝以该敕令侵犯了教职人士的良心。但是,在东方教会,人们并不赞成这种观点,这里的历朝皇帝参与裁决宗教争端问题已经在长期的实践中得到认可。东方教会也引用《旧约·圣经》中约书亚王的故事,他不仅镇压了活着的奉偶像崇拜的教士,而且打开了在他统治时期之前已经去世的那些人的坟墓。在圣坛上焚烧了他们的遗骨(《列王记》下,23:16)。于是,东方教会乐于接受该敕令,并谴责"三章"的作者们,西方教会则不然。总之,查士丁尼的

---

⑦ 《关于"三章"的敕令》之所以如是称呼,是由于其敕令中包括由上述三位作者写的文章或段落,但是,此名称原来的意义很快被人忘记了。"三章"后来专指狄奥多勒、狄奥多莱和依巴斯三个人(因在希腊文中,κεφάλαια与英文chapter同义,可解释为"章、节",也可解释为"头",因此,国内也有译为"三头案"者。——译者)。

⑫ 弗尔金蒂·费尔南迪(Fulgentii Ferrandi):《书信集》,VI,7;J.P.米涅编:《拉丁教父文献全集》,LVII,926。

敕令没有得到教会的普遍承认。

要劝说西方教会支持他,查士丁尼首先要取得罗马教宗的允许。因此,当时的罗马主教维吉利乌斯(Vigilius)被召至君士坦丁堡,在那里滞留了七年之久。当他到达君士坦丁堡时,立即公开声明他本人反对皇帝的敕令,并宣布将君士坦丁堡牧首除籍。但是,他渐渐屈服于查士丁尼和狄奥多拉的威压。458年,维吉利乌斯发表了摒斥"三章"的声明,即所谓的"宣判书"(Judicatum),从而与四位东方教会的牧首取得一致。这是狄奥多拉的最后胜利。她相信一性教派的最后胜利是不可抗拒的。她也于该年去世。在维吉利乌斯被邀请到君士坦丁堡之时,西欧的修士们不得不为"最英明的君主查士丁尼和狄奥多拉"不停地祈祷。⑦

然而,西方教会并不赞成维吉利乌斯实行的妥协。非洲的大主教们在召集了一个主教会议后,竟至将维吉利乌斯处以绝罚。由于这些事件的影响,教宗的立场动摇了,他取缔了已经公布的"宣判书"。查士丁尼决定求助于基督教主教公会议。这一会议于553年在君士坦丁堡召开。

第五次全基督教主教公会议所讨论的问题比前几次宗教会议更为简单。它不必处理新的异端问题,而只须对第三、四次全基督教主教公会议提出的一些问题进行修正,其中一部分是涉及聂斯脱利教派思想的,而主要的则涉及一性教派信仰问题。皇帝极其渴望当时滞留在君士坦丁堡的教宗维吉利乌斯出席会议。但是,

---

⑦ 《日耳曼人历史文献,书信集》(*Monumenta Germaniae Historica*, *Epistolarum*),III,62页注41。

维吉利乌斯以种种理由予以回避,而且,所有决议都是在他缺席的情况下达成的。会议讨论了三位有争议的作者的著作,并赞成皇帝的意见。会议的决议谴责并绝罚:"渎神的前莫普苏埃斯蒂亚主教狄奥多勒*及他的那些渎神的著作,以及狄奥多莱以渎神的态度所写的所有作品,及伊巴斯的那些渎神的书信,和那些已经写了,或正在写东西为他们辩护的人(ad defensionem eorum)。"⑭该会议的决议是被强制通过的,查士丁尼还制定了镇压及流放那些不同意摒斥"三章"作者的大主教的政策。教宗维吉利乌斯被流放至马尔马拉海上的一个小岛上。最后,他同意签署该会通过的诅咒性的决议,才被允许回到罗马,途中于叙拉古去世。直到6世纪末,西方教会仍没有接受553年基督教会议的决议,只是在大格列高利一世(590—604年在位)时期,才宣布,"在有关'三章'讨论的会议上,没有任何东西违犯或以任何方式改变宗教问题",⑮于是,553年的宗教会议在整个西方被认可,与前4次基督教全体主教公会议具有同等地位。

查士丁尼想利用这场激烈的宗教斗争来调和一性教派与正统派的关系,但却没有出现他预想中的结局。一性教派并不满足于对他们的让步。在查士丁尼晚年,他显然倾向于一性教派,反对他

---

* 此处原文为Theodoret(与原书152页Theodore,不符)。——译者

⑭ 曼西:《新编圣公会议文集》,IX,376。

⑮ 《大格列高利书信集》(Epistolae Grecorii Magni),II,36;曼西:《新编圣公会议文集》,IX,1105。《教宗格列高利一世书信集》(Gregorii I papae Registrum epistolarum),L. M. 哈特曼(L. M. Hartmann)编,II,49,载《日耳曼历史文献,书信集》,I,151。

的主教均遭到流放。这时,一性教派竟然可能成为迫使所有人接受的国教。而这将带来新的更为严峻的矛盾。但在此时,年迈的皇帝辞世了,帝国的宗教政策随之又一次发生了变化。

在总结查士丁尼的宗教政策和教会政策时,人们要问,他是否成功地在帝国建立了一个统一的教会。当然,回答是否定的。正统教派与一性教派并没有重归统一。聂斯脱利派、摩尼教派和犹太教及异教在某种程度上依然存在。帝国并不存在宗教的统一。查士丁尼试图实现宗教统一的目标应该说是失败了。

但是,谈及查士丁尼的宗教政策,我们也不应忽视他的传教活动。作为一名基督教帝国的皇帝,他认为自己的责任是在自己的帝国范围以外传播基督教。多瑙河畔的赫鲁利人(Heruli)*和一些高加索人部族,以及北非和尼罗河中游地区的土著民族都是在查士丁尼时期皈依基督教的。⑯

查士丁尼的内政

尼卡起义。——查士丁尼即位之时,帝国的内部生活处于无秩序和动乱之中。土地荒芜,民有饥色,特别是在帝国首都以外的诸行省中。税收也无常规。竞技场诸党派、大地主、被剥夺皇位继承权的阿那斯塔修斯的亲属,以及分散的宗教团体,使帝国内部矛

---

* 日耳曼人之一支,源于斯堪的纳维亚半岛,3世纪进入多瑙河流域,受罗马帝国军队打击而渐趋衰落。——译者

⑯ 见马斯佩罗《亚历山大诸牧首》(*Patriarches d'Alexandrie*),65。他对查士丁尼时代的一性派问题做了很好的描述,见102—165。亦见迪亚科诺夫《以弗所的约翰和他的教会史著作》,51—87。

盾更加激化,造成极为严峻的局面。

查士丁尼登基之时,他非常清楚,帝国的内政需要进行广泛的改革。他没有退缩。关于这方面的材料,主要来源于他的《新律》和吕底亚的约翰所写的论文《论罗马国家的政治》以及查士丁尼的同时代人普罗柯比所著《秘史》等。近期,人们从草纸文献中亦发现了更有价值的资料。

在查士丁尼统治之初,他目睹了首都一次可怕的起义,这次起义几乎剥夺了他的皇位。在君士坦丁堡市中心的大竞技场(Hippodrome),是热衷于赛车竞技活动的首都居民最喜欢的聚会地点。每个新登基的皇帝在加冕后,通常都应出现在竞技场的皇帝包厢,即希腊语称之为"座席"(Kathisma)的地方,接受民众的第一次欢呼拥戴。竞技驭手们身着绿、蓝、白、红四色驭服。自早年基督教会禁止角斗活动以来,赛车一直是竞技场的热门项目。组织良好的竞技党是以不同颜色的赛车手为核心而形成的。这些群体用自己的钱财来资助赛车手、马匹和赛车,并时常与其他颜色的党派竞争和相斗。他们很快即以绿党、蓝党、白党、红党的名字相称呼。竞技场、赛马和竞技场各党派是拜占庭帝国从罗马帝国继承而来的传统,后来的文学传说则把它们的起源归于罗慕路斯和雷穆斯的神话时代。四个党派所取的不同颜色名称,其原来意义并不十分清楚。查士丁尼时期,即6世纪的资料认为,这些名称与四种元素相对应,即地(绿)、水(蓝)、风(白)和火(红)。竞技场的节日活动特别壮观,观众的数量有时可达50 000人。

竞技场各党派在拜占庭时期被称为吉莫(demes),它后来发展为代表一定政治、社会或宗教倾向的政治党派。竞技场民众的呼声成为一种公众舆论和民族诉求。Th.I.乌斯宾斯基曾说过："由于当时没有印刷术，竞技场成为自由表达民众舆论的唯一场所，这种舆论有时可把他们的意志强加于当局。"⑰皇帝有时也被迫出现在竞技场上，向民众解释他的行为。

6世纪时君士坦丁堡最有影响的竞技党是蓝党（Venetoi），它赞成基督教正统教义，故也被称为"卡尔西顿党"，或称之为卡尔西顿会议的拥护者。另一党是绿党（Prasinoi），它支持一性教派。在阿那斯塔修斯时期，曾出现过一次反对这位一性教派皇帝所支持的绿党的暴动。在一次可怕的冲击和破坏后，正统教派的党徒拥立了一个新皇帝，并冲向竞技场。皇帝阿那斯塔修斯诚惶诚恐地出现在竞技场，没有戴皇冠，并让传令官向群众宣布他随时准备退位。民众看到皇帝如此可怜，心生怜悯。于是他们安静下来，一场起义平息了。但是，这一场面却生动描述了竞技场和首都民众对帝国乃至于对皇帝本人的影响。由于查士丁和查士丁尼的继位，正教派占了优势，蓝党胜利了。然而狄奥多拉喜欢绿党，因此，即使在皇室内部，也有分歧。

吉莫不仅代表政治和宗教倾向，也代表不同阶级的利益，这一点似乎是肯定的。蓝党可以视为上层阶级的代表，绿党则代表下层阶级。如果这一点确凿无疑的话，那么，拜占庭的竞技党作为一

---

⑰ Th.I乌斯宾斯基：《拜占庭帝国史》，I，506。

个社会因素,有它的新的和极为重要的意义。⑱

竞技党斗争的极为有趣的翻版也出现在6世纪东哥特王狄奥多里克统治下的罗马城,这里也有两个对立的党派,蓝党和绿党在持续斗争,其中蓝党代表上层统治阶级,绿党代表下层民众。⑲

关于此问题的一个重要的新的提法最近得到了强调和讨论。一位俄罗斯学者,已故的 A. 迪亚科诺夫指出,兰鲍德(Rambaud)、马诺也罗维奇及其他人犯有"方法上的错误",他们没有能辨别出吉莫和竞技党的不同,它们显然是风马牛不相及的事物,必须区别对待。但是,迪亚科诺夫研究的目标不是解决这一问题而是重新提出问题,因此,该提法应在将来更专业化的著

---

⑱ 见 M.马诺也罗维奇(M.Manojlović)的极其重要的文章,它最初于1904年以塞尔维亚-克罗地亚文字发表,几乎无人能引用。H.格雷古瓦把它译为法文,标题是:"君士坦丁堡的民众"("Le people de Constantinople"),《拜占庭》(布鲁塞尔),XI(1936),617—716。马诺也罗维奇的论文尚未被广泛接受。F.多尔格(F.Dölger)接受了这一观点,《拜占庭杂志》(德文),XXXVII(1937),542;奥斯特洛戈尔斯基批驳了它(《拜占庭国家史》,41页注1)。E.施泰因由于1920年批驳了此观点(他没有亲自读马诺也罗维奇的塞尔维亚-克罗地亚原文论述),但于1930年接受了这一观点,《拜占庭杂志》(德文),XXX(1930),378。本书作者相信,马诺也罗维奇令人信服地论述了他的观点。

⑲ E.孔迪拉奇(Condirachi):"6世纪初罗马的竞技党和竞技场娱乐活动",《东南欧历史杂志》(*Revue historique du sud-est européen*),XVII(1941),95—102,特别是96—98的部分。关于这一重要结论的资料是卡西奥多鲁斯的同时代作品《杂录》(*Variae*,该《杂录》记录了狄奥多里克及其继承人的敕令和律令。——译者)。亦见马诺也罗维奇的未经任何资料验证而得出的不甚慎重的断语:"这种(阶级的)具体化源出于早期罗马的竞技场。"《拜占庭》(布鲁塞尔),II(1936),642、711—712。

作中加以考虑。⑩

532年君士坦丁堡起义的原因是多方面的。直接反对查士丁尼的有三重势力:王朝的、民众的和宗教的。阿那斯塔修斯尚存的众侄子认为,由于查士丁和随后的查士丁尼的即位,使他们掌握皇权的权利受到了冒犯,在信奉一性教派信仰的绿党支持下,他们欲废黜查士丁尼。由于普遍的苦难而激起的反抗是针对高级官员的,特别是反对著名的法学家特里波尼安和大政区长卡帕多细亚的约翰(John of Cappadocia),他们因亵渎法律和无耻的勒索及残酷行为,在民间引起了普遍的不满。最后,宗教的反抗势力是来自一性教派信众。他们在查士丁尼统治初年受到了极大的限制。所有这些一起引起了首都人民的暴动。而且,值得重视的是,蓝党和绿党一度放弃了两党之间宗教上的对立,齐心协力地反对可憎

---

⑩ K.迪亚科诺夫:"5—7世纪拜占庭的吉莫和竞技党"("The Byzantine Demes and Factions [τὰ μέρη]in the Fifth to the Seventh Centuries"),《拜占庭年鉴》(1945年),M.V.列夫臣柯编,144—227;前言,144—149。这是一篇相当优秀的作品,对于进一步研究上述问题提供了不可缺少的基础。关于吉莫和竞技党后来的情况,特别是竞技党的作用在7世纪逐渐衰弱的历史,见 G.布拉提亚努(G.Brătianu)"7世纪排犹主义的危机与拜占庭党派政治的结束"("La fin du regime des parties à Byzance et la crise antisemite du VIIe siècle"),《东南欧历史杂志》,XVII(1941),49—57;迪亚科诺夫:"5—7世纪拜占庭的吉莫和竞技党",《拜占庭年鉴》(1945),226—227。格雷古瓦在这方面的评价可能不太准确,他说:"事实上,自641年以后,人们再也找不到竞技场各党派之政治作用的痕迹。",见"碑铭学的注释"("Notules epigraphique"),《拜占庭》(布鲁塞尔),XIII(1938),175。亦见 F.德沃尔尼克(F.Dvornik)"拜占庭的竞技党"("The Circus Parties in Byzantium"),《拜占庭、后拜占庭杂志》(*Byzantina Metabyzantine*),I(1946),119—133。

的政府。皇帝派出了传令官到竞技场，同民众进行谈判，但没有达成任何协议。[31] 起义迅速波及整个城市，最好的建筑和艺术遗产遭到破坏或焚烧。大火也烧到了圣索菲亚教堂，即后来的圣索菲亚教堂的原址。起义者用以激励自己的口号是"尼卡"，希腊语意为"胜利"、"克敌制胜"，这次起义因此被称为"尼卡起义"。查士丁尼被迫同意罢免特里波尼安和卡帕多细亚的约翰，并亲自到竞技场面对群情激昂的民众，宣布这一决定，但是仍不能平息众怒。阿那斯塔修斯的一个侄子被宣布为皇帝。当查士丁尼及其廷臣谋士躲在宫中，已经准备逃跑时，狄奥多拉出现了。她所说的话被普罗柯比记录下来："一个人来到这个世界上，就不可能逃避死亡；但是对于一个曾经君临天下的人，流亡是最不可忍受的——噢，陛下，如果您希望解救你自己，这并没有困难；我们有足够的金钱；那边就是海，海上有船。但是，想一想，一旦你逃到一个安全的地点，你是否就不会求死而去求生了呢？我赞成一句老话：皇家的紫衣是最好的葬袍。"[32] 皇帝于是振作起来，任命贝利撒留去镇压这次已经持续了六天的叛乱。贝利撒留把起义者驱赶到竞技场，把他们包围起来，处死了三四万人。起义被镇压了，阿那斯塔修斯的侄子

---

[31] 见狄奥凡尼《编年史》中所记皇帝查士丁尼通过一位传令官（mandator）与绿党的激烈对话，德博尔编，181—184；亦见《复活节编年史》（*Chronicon Paschal*），620—621。参见 P.马斯（P.Maas）"Metrische Akklamationen der Byzantiner"，《拜占庭杂志》（德文），XXI（1912），31—33、46—51。柏里认为，这里所指可能是查士丁尼统治的其他时期；见《晚期罗马帝国史》，II，40 页及注 3、72。柏里在第 72—74 页转引了该对话的英文译文。

[32] 见普罗柯比《波斯战争》，I，24、35—37；豪里编，I，130；杜因编，I，230—233。

被杀,查士丁尼再一次坐稳了宝座。㉝

税收和财政问题。——查士丁尼对内政策的最典型特点是他与大土地所有者之间的顽强斗争,目前这一点尚未得到完全的解释。这一对立在《新律》和草纸文书中,以及普罗柯比的《秘史》中有所评介。普罗柯比虽然倾向于保护贵族,且在《秘史》中充斥着许多对于查士丁尼的荒谬指责——在他的眼中,查士丁尼是居于帝国宝座上的暴发户——但是,他描述了一幅6世纪社会斗争的特别有趣的图画。帝国当局认为,它最危险的竞争者和敌人就是大土地所有者,他们在处理其庞大地产上的事务时完全无视中央的权力。查士丁尼有一则"新律"谴责了各行省中国家和私人土地所有权的分离情况,将其归罪于地方巨头的放纵无度,随后,他向卡帕多细亚省的总督指示道:"朕得悉在各行省中竟有如此之大的弊端,乃至上级政府中几乎无一人可以促其改正。朕甚至羞于谈及大地主产业上的管理者多么不合体统地被保镖们簇拥着到处招摇过市,他们拥有那么多的一群属民,而且多么无耻地掠夺一切……国家的财富,包括所有的马匹,几乎全部成为个人的私有,它们被盗取、被掠夺,但没有一个人能直言谏阻,因为人们的嘴都被黄金塞住了。"㉞显然,卡帕多细亚的巨头们在他们的行省中有着完全的权威,他们甚至豢养自己的军队、武士和保镖,同时掠夺私人的乃至国家的土地。同样值得注意的是,该"新律"签发于尼卡起义四年以后。查士丁尼时期关于埃及的类似资料也见于草

㉝ 关于尼卡起义,见迪亚科诺夫"5—7世纪拜占庭的吉莫和竞技党"一文中的论述,《拜占庭年鉴》(1945),209—212。

㉞ 《新律》,30(44),5;扎哈利亚·冯·林根塔尔编,I,268。

纸文书中。一位著名的埃及大地主家庭的成员阿庇翁（Apions）在6世纪于埃及许多地区拥有庞大地产。几乎全部农村都是属于他的产业。他的家法几乎就是法律。他有自己的秘书和管家,大群工人,他自己的估税员和收税使及司库,警察,甚至他自己的邮政系统。这类巨头均有他们自己的监狱,养着自己的军队。⑥ 大地产也同样集中于教会和修道院中。

查士丁尼针对这些大地产主进行了无情的斗争。他干涉遗产继承问题,强制性地、有时是不择手段地要求他们向皇帝馈赠,或以某些假证为根据抄没其财产,或煽动宗教方面的讼案剥夺教会地产,以种种手段有意识地、坚持不懈地摧毁大地产。特别大规模的剥夺大地产的活动发生于532年的起义之后。然而,查士丁尼没有能完全摧毁大地主制,大地主势力在以后的各个时期仍是帝国生活中久盛不衰的现象。

查士丁尼看到并认识到,是贪污、盗窃、巧取豪夺等行政统治的种种弊端,导致如此严重的贫穷和破坏,并且势必引起帝国内部的动乱。他十分清楚,帝国内部的此种状况对于社会稳定、城市财政、农业等有着极坏的影响,而且,这种财政上的混乱势必导致帝国生活中的混乱。他急切想纠正这一现状。他还相信进行新的重

---

⑥ H.贝尔:"拜占庭时期埃及的奴隶制地产"("The Byzantine Servile State in Egypt"),《埃及考古杂志》(*Journal of Egyptian Archaeology*),IV(1917),101—102。贝尔:"埃及农业历史的一个新时期"("An Epoch in the Agrarian History of Egypt"),《埃及学研究文集——纪念让·弗朗索瓦·尚普利昂》(*Études égyptologiques dédiées à Jean-François Champolion*),263。M.格尔泽:《拜占庭统治下的埃及研究》(*Studien zur byzantinischen Verwaltung Aegyptens*),32、83—90。A.E.R.博克:"拜占庭在埃及的帝国主义统治"("Byantine Imperialism in Egypt"),《美国历史评论》,XXXIV(1928),6。

第三章 查士丁尼大帝及其直接继承者(518—610年)

大改革是皇帝的责任和义务,也是对上帝感恩的行为,因为上帝赐予了皇帝所有的恩宠。但是,作为绝对皇权理论的坚定不移的代表,查士丁尼认为拥有一个经过改造且完全服从皇权的官僚集团和实现中央集权的统治是改革帝国现状的唯一手段。

查士丁尼首先将他的注意力转向帝国的财政方面,此时帝国的财政正受着特别严重的威胁。诸多军事行动需要巨额资金,但是,捐税进入国库却遇到越来越多的困难。这一事实使皇帝警醒,因此,他在一则"新律"中写道:"考虑到大量的战争支出",他的臣民们"必须向政府自愿地、全部地缴纳税款。"[36]因此,一方面,他向私有财产的神圣不可侵犯挑战,另一方面,他声称自己是纳税人抵制官吏们巧取豪夺的保护人。

535年的两则重要的"新律"对于研究查士丁尼改革至关重要。它们包含了行政改革的原则基础和对于行政官员新职责的规定。其中一则"新律"命令统治者:"要以父辈的感情对待所有的忠实臣民,保护臣民去抵制压迫;他们应该拒绝受贿,在实行司法审判和行政决策时公平合理;他们应该镇压犯罪,保护无辜者,依法惩治犯罪等。总之,对待臣民要似父亲对待自己的孩子那样。"[37]官员们要"在保证自己的手处处干净(不受贿)"的同时,特别关注政府的收入,"增加国家的财富,且尽一切努力保证国家利益"[38]。考虑到对非洲和对汪达尔人的战争,以及即将进行的新的军事行

---

[36]《新律》,8(16),10;扎哈利亚·冯·林根塔尔编,I,104。
[37]《新律》,8(16),8;扎哈利亚·冯·林根塔尔编,I,102。
[38]《新律》,28(31),5;扎哈利亚·冯·林根塔尔编,I,197。

动,"新律"说:"应该上交政府的捐税必须完全地、自愿地在规定的日期内交齐。因此,如果你们能通情达理地面对这些官员,帮助他们顺利地为朕征税并及时上交,那么,朕将赞扬这些官员的热情和你们的睿智;从而在治者和被治者之间处处保持美好的和平的协调一致。"㉙行政官员们必须发重誓,忠于职守,与此同时,他们必须保证在其管辖的行省内完成税收任务。大主教们则应该监视官员们的行为表现。那些被揭发犯罪者将从严惩处,而那些忠于职守者则将得到升迁的机会。在查士丁尼的观念中,行政官员和行政纳税人的职责是如此单纯:前者必须忠诚,后者必须自愿地、全部地、定期地完税。在以后的敕令中,查士丁尼时常提到他用以推行行政改革的这些原则。

但是,帝国的诸行省统治情况并不完全相类似。有些行省,尤其是那些国界沿线的行省,居住着不安分的民族,需要更强有力的统治。戴克里先和君士坦丁的改革过分强调了行省的分割,建立了一支庞大的官僚队伍,实行了严格的军政分权制。而查士丁尼时期,在某种程度上说,已经结束了上述体制,回到了戴克里先改革之前的行政体制上去。查士丁尼采用了(尤其在东方)把若干小的行省合并为大省的方法,而在小亚细亚的一些行省中,由于军、政官员间时常不和,竟至发生冲突,查士丁尼下令将军政权力集中于一位官长之手,称其为统领(praetor)。皇帝查士丁尼对埃及,尤其是负责向君士坦丁堡供应谷物的亚历山大地区格外关注。据一则"新律"披露,埃及的贸易组织和向首都运粮的活动处于极度

㉙ 《新律》,8(16),10;扎哈利亚·冯·林根塔尔编,I,106。

第三章 查士丁尼大帝及其直接继承者(518—610年)

的混乱中。㉚ 为了重新规范这一帝国政治生活中极为重要的活动,查士丁尼授权一位行政官员奥古斯塔利斯(*vir spectabilis Augustalis*)对于埃及两省㉛,尤其是亚历山大这个人口众多、不安定的城市实行军事管制。但是,在各行省集中领地和权力的企图,在查士丁尼时期并没有制度化。

查士丁尼在东方一些行省贯彻其军政合权思想同时,在西方则继续实行军政分权的旧制,尤其在后征服的意大利和北非两大政区。

查士丁尼希望他的大量应急法令能够纠正政体内的一切缺欠,并"以其英明的举措给帝国带来一个新的繁荣时期"㉜。但是,结果非他所愿。他的所有那些敕令都不可能改变人的本性。从他后期的"新律"中可以清楚地看到,叛乱、侵夺和毁灭的事件持续不断。因而必须不断地反复重申皇帝的敕令以使民众意识到这些法令的存在,而在另一些省,有时则有必要实行军法管制。

有时,当急需资金时,查士丁尼也使用他在法令中禁止使用的措施。他以高价出卖官职,违背自己的承诺加征新税,尽管他在"新律"中清楚地说明民众对此新税是无力负担的。由于财政困难的压力,他使用了货币贬值的方法,发行劣质货币;但是,人民的态

㉚ 《敕谕》(*Edictum*),13(96),前言;扎哈利亚编,I,529—530。
㉛ 格尔泽:《关于拜占庭治下之埃及的研究》,21—36。柏里:《晚期罗马帝国史》,II,342—343。G.茹亚尔:《拜占庭埃及的行政统治》(*L' Administration civile de l' Egypte Byzantine*)(第2版,1928年),30。
㉜ 《新律》,33(54),前言;扎哈利亚·冯·林根塔尔编,I,360。

度变得令人恐惧,他几乎立即被迫废弃了这种政策。㉝ 他使用一切可能的手段来充实国库。正如 6 世纪一位诗人科利普斯所说:"国库如同人体的胃供应着人体的所有器官。"㉞征课捐税的手段之严酷达到了极限,在疲惫的民众中产生了灾难性的后果。一位当时的作家评价道:"对于纳税人来说,外国侵略的到来也比国库官员的到来好对付一些。"㉟由于农村居民不堪政府的压迫纷纷逃离,村庄变得穷困不堪,人烟稀少。土地颗粒无收,许多地区发生了暴动。

查士丁尼意识到帝国日渐衰落,恢复经济是拯救它的唯一途径,于是,他使用了最危险的手段恢复经济。他削减了军队的数量,并时常停发军饷。但是,主要由雇佣兵组成的军队常掀起暴动反对这一措施,并向手无寸铁的平民百姓实施报复。军队的减少还伴随着其他严重的后果:边境处于无人保护的境地,蛮族可自由出入拜占庭国界进行破坏性骚扰。查士丁尼修建的边防设施也无力维护。由于政府无力武装抵抗蛮族,查士丁尼不得不对蛮族贿赂,这些贿赂构成新的大宗支出。据法国学者迪尔的意见,这形成了恶性循环。货币的短缺迫使军队削减,军人的缺乏则需要有更

㉝ 《约翰·马拉拉斯编年史》,486。如果笔者没有搞错的话,柏里的著作中没有提及此段文字。

㉞ 《查士丁尼颂》(*De laudibus Justini*),II,249—250。

㉟ 约安尼斯·利迪(Joannis Lydi):《论行政制度》(*De Magistratibus*),III,70;I. 贝克编,波恩版,264。R.温斯克(R.Wuesch)编:《特伊布纳希腊罗马文献集成》(*Bibliotheca scriptorum graecorum et romanorum Teubneriana*),162。

第三章 查士丁尼大帝及其直接继承者(518—610年)

多的钱去同敌人媾和。⑯

除了这一切灾难外,又有经常的饥荒、瘟疫和地震——这些灾难减少了人口,增加了对政府救济的需求——查士丁尼统治末期的帝国的确悲惨至极了。在所有天灾中,542年的毁灭性瘟疫尤其应该予以关注。它起源于埃及边境上的佩鲁西亚。关于人们提到它发生于埃塞俄比亚之说难以确定,因为有一种古代的传统疑惑,认为瘟疫通常发生于埃塞俄比亚。如同修昔底德在写作"伯罗奔尼撒战争"开头时,先考察了雅典的瘟疫一样,在君士坦丁堡目睹了这场瘟疫之发生的历史学家普罗柯比也详尽描述了这种致命疾病的症状及其后果。这场瘟疫自埃及传至巴勒斯坦和叙利亚,次年到达君士坦丁堡,然后传遍小亚细亚并穿越美索不达米亚进入波斯。它还渡海进入意大利和西西里。瘟疫在君士坦丁堡持续了4个月,死亡率相当高;城市和乡村都被废弃,农业中止了,到处是饥饿、恐慌,加之大批人逃出感染区,使帝国陷入一片混乱。所有的宫廷活动都停止了。皇帝本人也感染了瘟疫,但未危及生命。⑰ 唯一有助于了解这种悲惨史实的是查士丁二世的第一则"新律",他说,"国库负债累累,达到极端贫穷",而且,"军队极端缺乏给养,帝国很容易遭到蛮族的进攻和骚扰"⑱。

因此,查士丁尼在行政改革方面的尝试完全失败了。在财政

---

⑯ 迪尔:《查士丁尼》,311。

⑰ 普罗柯比对这场瘟疫的记载是最完全、原则上是最权威的。在瘟疫流行期间,他正在君士坦丁堡。《波斯战争》,II,22—23。亦见柏里《晚期罗马帝国史》,62—66;普罗柯比的描述,见63—64。H.津塞尔(H.Zinsser):《鼠、虱和历史》(*Rates, lice and History*),144—149;其中译自普罗柯比的记载部分,见145—147。

⑱ 扎哈利亚·冯·林根塔尔编:《希腊罗马法制史》,III,3。

上,帝国处于崩溃的边缘。皇帝的内外政策之间有着密切的联系;他在西方进行的大规模军事行动,需要大量金钱支出,使得东方崩溃,留给他的后人诸多困难。如同他在早期"新律"中所强调的,他一心想在帝国建立秩序,提高行政机构的道德水准,但是,这些良好的愿望却由于他作为罗马皇帝继承人的责任感而进行的军事行动而毁灭了。

查士丁尼统治时期的商业

查士丁尼的统治在拜占庭商贸史上留下了清晰痕迹。在基督教时期,同异教时期的罗马帝国一样,主要是同东方国家进行贸易。最稀有的珍贵商品来自遥远的国度——中国和印度。早期中世纪的西欧,正处于新的日耳曼国家的形成过程中——其中有些国家被查士丁尼的将军所征服——其经济发展处于极其不利的境地。东罗马帝国则由于它的首都有着优越的地理位置,因其特殊的地理环境所使然,成为东西方交通的中介地,并一直保持着这种地位,直到十字军时期。

但是,拜占庭帝国与远东诸民族的商业关系并不是直接的;这里的中介使者是萨珊朝的波斯帝国,它在同拜占庭商人的中转贸易活动中获得巨额利润。当时,近东有两条主要的商路,一条是陆路,一条是海路。陆路的商队路线自中国西境出发,途经苏格迪亚纳(Sogdiana,今布哈拉)抵波斯边境,在这里由中国商人把货物转给波斯人,波斯人则把它们运至拜占庭边境的海关。海路运输有以下几种方式:中国商人用船只把他们的货物运至位于印度半岛南端的塔普罗班内岛(Taprobane,即锡兰,今斯里兰卡)。在此

第三章 查士丁尼大帝及其直接继承者(518—610年)

地,中国商品卸船后,主要转上波斯货船,经印度洋、波斯湾、底格里斯河与幼发拉底河口,然后沿幼发拉底河上行将这些货物运达拜占庭设于河上的海关。因此,拜占庭与东方的贸易在很大程度上取决于帝国同波斯的关系,而且,由于拜占庭时常发生与波斯的战争和冲突,帝国与东方的贸易关系亦经常中断,损失甚大。东方贸易的主要物品是中国生丝,其生产过程中国人严格保密。鉴于生丝的生产过程中有许多困难,因此,生丝的价格以及在拜占庭市场上急需的丝织品价格时常涨至惊人的程度。除了中国生丝之外,中国和印度还向西方出口芳香剂、香料、棉花、珠宝及其他拜占庭帝国特别需要的物品。查士丁尼对于拜占庭对波斯经济上的依赖关系十分不满,遂决心寻找直接通往中国和印度的商路,从而摆脱波斯人势力的影响。

印度洋航海者科斯马。——在查士丁尼时期,有一部重要的著作问世,此即6世纪中期印度洋航海者科斯马(Cosmas Indicopleustes[59])撰写的:《基督教地志》(*Christian Topography*)或《世界地志》(*Cosmography*)。

---

[59] Indicopleusters 意为"航行至印度的"或"印度洋航海者"。此书由 J.麦克林德尔(J.MacCrindle)译为英文,书名是《一位埃及修士科斯马的基督教地志》(*The Christian Topography of Cosmas, an Egyptian Monk*)。见 C.比兹雷(C.Beazley)《近代地理学的黎明》(*The Dawn of Modern Geography*),I,190—196、273—303。对科斯马著作最全面、最形象的概括介绍,见 E.温斯泰德(E.Winstedt)《印度洋航行者科斯马的〈基督教地志〉》(*The Christian Topography of Cosmas Indicopleustes*),vi。M.V.阿那斯托斯(M.V.Anastos):"印度洋航行者科斯马的〈基督教地志〉写于亚历山大城"("The Alexandrian Origin of the Christian Topography of Cosmas Indicopleustes"),《顿巴登橡树园文献集》,III(1946),75—80。

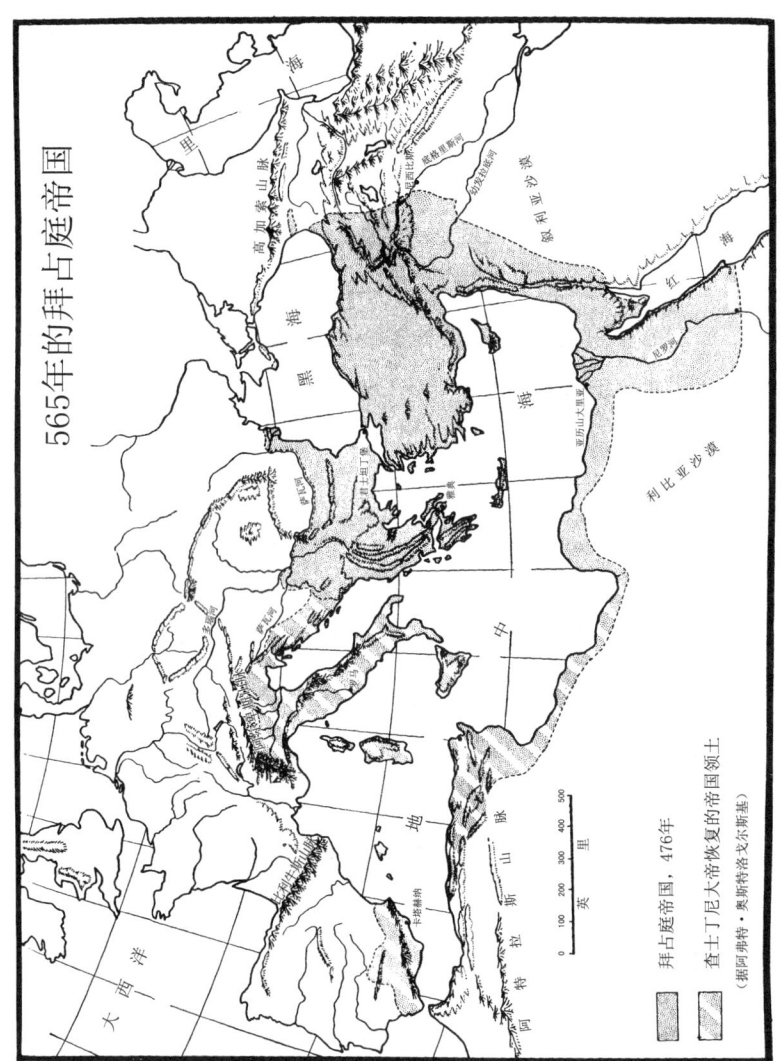

第三章 查士丁尼大帝及其直接继承者(518—610年)

这部著作因其囊括了红海地区和印度洋的地理状况及拜占庭与中、印的贸易关系等资料而颇有价值。

科斯马生于埃及,很可能是在亚历山大城。他从青年时期即开始从商,但他对家乡的商业条件极不满意,遂进行了数次远程航行。其间,他到过红海沿岸、西奈半岛、埃塞俄比亚(阿比西尼亚),并很可能远抵锡兰。他是信奉聂斯脱利教派的基督徒,晚年成为一名修士,他的希腊语绰号"印度洋航海者"在他的著作的很早的版本中就已经出现。

《基督教地志》的基本目标,是向基督徒证明大地不是球形的,而是如同摩西圣殿的约柜那样是一个矩形盒子,整个宇宙形同一般常见的犹太教圣殿,从而否定了托勒密的体系。但是,这部著作的巨大历史意义在于所揭示的有关地理及商贸的信息。作者有意识地向他的读者提供了他所使用的资料,并给予了透彻的评估。他把自己作为目击者所做的观察同那些从其他目击者处获得的资料及道听途说的"事实"相区分。根据亲身经历,他描述了阿克苏姆城(在所谓阿克苏姆王国内)的阿比西尼亚国王的宫廷,并准确地记载了努比亚和红海沿岸的数个重要碑铭。他也谈到了印度和非洲的动物,而且,最重要的是,他记载了有关塔普罗班内(锡兰)岛的极有价值的资料,说明了该岛在早期中世纪商业中的重要地位。据此,6世纪时的锡兰是世界性的贸易中心,它一方面联系中国,另一方面联系东非、波斯,并通过波斯联系拜占庭。用科斯马的话来说:"这个岛,由于它地处中心位置,经常有来自印度各地及波斯、埃塞俄比亚的船只。"⑩在该岛上常住的波斯基督教徒是信

---

⑩ 印度洋航海者科斯马:《基督教地志》,XI;米涅编:《希腊教父著作全集》,LXXXIII,445;温斯泰德编,322;麦克林德尔编,365。

奉聂斯脱利派基督教的,并有他们自己的教会和修士。

值得注意的是,尽管拜占庭与印度之间几乎完全没有直接贸易关系,但自君士坦丁大帝时期以降,拜占庭货币就出现在印度市场上,这显然不是由拜占庭商人,而是由中介者波斯商人和阿比西尼亚人(阿克苏姆人)带去的。印制着4、5、6世纪拜占庭皇帝的名字(包括阿卡第、狄奥多西、马西安、利奥一世、芝诺、阿那斯塔修斯一世、查士丁一世)的货币,在南北印度都可见到[⑩]。在6世纪的国际经济生活中,拜占庭帝国充当了十分重要的角色,乃至于如科斯马所说:"从大地的这一端至那一端,所有的国家都以罗马货币(即拜占庭金币诺米斯马[nomisma]或索里达[sdidus]*)从事贸易和交换。这种货币受到了各个国家人民的重视,没有任何其他国家拥有类似货币。"[⑫]

科斯马讲了一个特别有趣的故事,表明拜占庭金币(诺米斯马)在印度受到特别的重视:

> 锡兰国王曾经在一次会见仪式上,接见了一位拜占庭商人索帕特鲁斯(Sopatrus)和一些波斯商人,接受了他们的朝拜,赐座后,与之会谈。他询问他们:"你们的国家国势如何?诸事遂顺

---

⑩ 见R.塞维尔(R.Sewell):"印度发现的罗马货币"("Roman Coins in India"),《皇家亚细亚学会杂志》(*Journal of the Royal Asiatic Society*),XXXVI(1904),620—621。M.克沃斯托夫(M.Khvostoc):《希腊-罗马时期埃及对东方的商业活动史》(*History of Oriental Commerce in Greco-Roman Egypt*)230。E.沃明顿(E.Warmington):《罗马帝国和印度间的商业贸易关系》(*The Commerce Between the Roman Empire and India*),140。

* 拜占庭货币名。——译者

⑫ 《基督教地志》,II;米涅编,《希腊教父文献全集》,XXXVIII,116;温斯泰德编,81;麦克林德尔编,73。

否?"他们回答说:"一切遂顺。"然后,在谈话中,国王问道:"你们两国的国王哪个更伟大、更有权力?"一个年长的波斯人抢过话头,答道:"我国的国王更有权力、更伟大而且更富有,而且他是名副其实的王中之王,无论他想要做什么,都能办得到。"但是,索帕特鲁斯却保持了沉默。于是,锡兰王问他:"罗马人,难道你没有什么可说的吗?""既然他已经讲了这样的话,我还能说什么呢?"索帕特鲁斯回答,"但是,如果您愿意探其究竟,您这里已经有两个国王了,只要您考察一下,您自然知道他们两个何者更伟大、更有权力。"国王闻此言后颇为困惑,说:"你怎么能说我这里有两个国王呢?""当然有,"索帕特鲁斯回答,"两个国王的货币——一个是诺米斯马,罗马人的货币,另一个是德拉克马,即另一个国王的货币。陛下只须检验一下钱币上的头像,自然知道真情……"国王察看了一下两枚货币,说:"罗马人当然是富裕、有力、聪明的人民。"于是,他下令给予索帕特鲁斯以极大的荣耀,让他骑着大象在城市街道上巡游,以鼓声伴行,十分隆重。这一故事是索帕特鲁斯本人及其随从向我们讲述的,这些随从是由阿杜尔(Adule)随同他来到锡兰的;而且,当他们讲述此事时,波斯人也为这件事的发生而深感懊悔。⑬

科斯马的著作除了历史地理方面的价值外,亦有极大的艺术价值,他的文字间饰有大量的图片(微型画),其中一些图片有可能出自他的手笔。6世纪的原稿抄本今已无存,但后来的《基督教地

---

⑬ 《基督教地志》,XXI;米涅编,448—449;麦克林德尔编,368—370。这个故事似乎是一个传说,很像普林尼所记载的,在克劳狄皇帝统治时期来自锡兰的使者的故事。普林尼(Pliny):《博物志》(*Naturalis Historia*),VI,85。见 J.E.腾南特(J.E.Tennent):《锡兰》(第5版,1860年),I,566。

志》手抄本包含了其原有的微型图的仿制品。因此,成为早期拜占庭,特别是亚历山大艺术史上的珍贵资料。如 N.P.康达可夫所说:"除了拉文纳的镶嵌壁画外,科斯马著作中的微型画比当时任何其他的艺术遗产更具有查士丁尼时代的拜占庭艺术的特点,或者说,是他统治时期最辉煌的艺术成果。"⑭

科斯马的著作后来被译为斯拉夫文字,在斯拉夫民族中间广泛传布。科斯马的《基督教地志》有多种俄文译本,上面还附有印度洋航海者科斯马的画像及许多图片和微型画,它们在古代俄罗斯艺术史上有着极其重要的价值。⑮

拜占庭的商业保护政策。——查士丁尼确立了使拜占庭商业摆脱对波斯的依赖这一目标,包括了通过红海建立起同印度的直接联系。红海的东北角(位于阿卡巴湾内)是由拜占庭港口艾拉(Ayla)所控制的,在这里,印度商品可从陆路通过巴勒斯坦和叙利亚到达地中海。另一个港口克利斯马(Clysma,靠近现苏伊士运河)则位于红海的西北岸。在阿卡巴湾入口处的一个小岛,尤塔巴(Iotabe,今蒂朗)岛上,接近西奈半岛南端处,于查士丁尼统治期间建立了一处海关以接纳过往船只。⑯ 但是,拜占庭在红海上

---

⑭ 《拜占庭艺术史,微型画研究特辑》(*Histoire de l'art byzantin considéré principalement dans les miniatures*),I,138;俄文版(1876),88。

⑮ E.雷汀(E.Redin):《由希腊文及俄文版编译的印度洋航海者科斯马的〈基督教地志〉》(*The Christian Topography of Cosmas Indicopleustes, from Greek and Russian Versions*),D.V.阿伊那洛夫(D.V.Aïnalov)编。

⑯ W.海德(W.Heyd):《中世纪利凡特贸易史》(*Histoire du commerce du Levant au moyen âge*),I,10。迪尔:《查士丁尼》,390。R.P.F.M.阿贝尔(R.P.F.M.Abel):"尤塔巴岛"("L'Isle Jotabe"),《圣经杂志》(*Revue biblique*),XLVII(1938),520—524。

第三章 查士丁尼大帝及其直接继承者(518—610年)

的船只数量太少,不足以维持正常贸易。这迫使查士丁尼与阿克苏姆王国的基督教国家埃塞俄比亚建立密切联系,劝告他们在印度购买生丝,然后把它转卖给拜占庭帝国。他显然希望他们充当拜占庭帝国与印度之间的贸易中介人,像波斯人在当时所做的那样。但是,皇帝的这些一厢情愿的企图没有成功,因为阿比西尼亚商人不能与印度的波斯人势力相竞争,购买丝绸的垄断权仍在波斯商人手中。最终,查士丁尼未能开辟与东方进行直接贸易的新途径。在和平时期,波斯仍是这项最重要贸易的中介人,并一直获得巨大利益。

这时,一个机遇帮助查士丁尼解决了帝国丝绸贸易中的极其重要的难题。有某人或某几个人⑩成功地避开了中国检查者的监视,从塞林达(Serinda)偷了一些蚕籽到拜占庭,这成为希腊人开创一个新产业的基础。蚕种迅速繁殖,大片的桑树种植也出现了,许多丝绸织造坊*迅速建立起来。其中最重要的丝织工坊位于君

---

⑩ 关于这一点,资料记载并不一致,普罗柯比《哥特战争》,IV,17;豪里编,II,576)把这次冒险事件归于几个修士。在《狄奥凡尼历史摘抄》(*Excerpta e Theophanis Historia*),波恩版,484。L.丁道尔夫[L.Dindorf]编:《希腊简史》(*Historici Graci minores*),I,447 中提到,此盗蚕者是一个波斯人。在 F.李希霍芬(F.Rchithofen)的,《中国,亲身旅行的成果和以之为根据的研究》(后简称《中国》)(*China, Ergebnisse eigener Reisen und darauf gegründeter studien*)一书,II,528—529、550 中,对史实和人名的记载甚为混乱,普罗柯比提到的"塞林达"有时被认为是中国的和田。见李希霍芬《中国》,550—551。海德:《中世纪利凡特贸易史》,II,12。柏里:《晚期罗马帝国史》,II,332 页及注 1。关于拜占庭丝绸工业历史的一般状况,见 R.S.洛佩斯(R.S.Lopez)的极其重要的文章"拜占庭帝国的丝绸工业"("On the history of the silk industry in the Byzantine Empire"),《史鉴》,XX(1945),1—431,还配有若干幅插图。

* 这里的工坊,原文为 factory。显然,拜占庭时期不可能有现代意义上的工厂,但它显然也不同于中世纪的手工业作坊,此处用"工坊",只是遵从国内处理译名问题的传统理念。——译者

士坦丁堡;其他则见于叙利亚城市贝鲁特、蒂雷和安条克,后来在希腊,主要在是底比斯出现。在埃及的亚历山大也有一处丝织工坊,因为埃及的服装亦在君士坦丁堡出售。⑩ 丝绸产业成为国家垄断的产业,并使政府获得大笔收入,然而,这并不足以改善帝国处于危机中的财政状况。拜占庭丝织品被运往西欧各地,装饰着西方君主的宫廷和富商的宅邸。这导致了查士丁尼时期商贸活动的巨大变化,并使他的继承者查士丁二世能向一位访问拜占庭宫廷的突厥使者展示这项正处于全面发展中的产业。⑩

查士丁尼修建了许多防砦和防护严密的边防设施,实施其保护帝国免遭敌人袭击的庞大计划。在几年之内,他在北非、多瑙河和幼发拉底河岸、亚美尼亚山区及遥远的克里米亚半岛上的帝国边界建立了几乎连绵不断的堡垒(castella),恢复并扩充了罗马帝国早期创立的庞大防卫系统。用普罗柯比的话来说,查士丁尼以这项建筑活动"拯救了帝国"。⑪ 普罗柯比在《论建筑》一书中写道:"如果我们将查士丁尼皇帝在这里建立的防砦之数量向那些住在遥远国度的人描述,而他们却没有机会亲自验证我的记载,我相信,这些防砦数量之多,在他们来看,一定是荒唐无稽,完全不可信的。"⑪ 甚至在今天,沿着原拜占庭边境线上保留的大量防砦的废墟仍使当代旅游者吃惊。查士丁尼不仅建筑了边界防砦,作为基

---

⑩ J.埃伯索尔特(J.Ebersolt):《拜占庭奢侈品艺术》(*Les Arts somptuaries de Byzance*),12—13。G:茹亚尔:《拜占庭埃及的行政统治》(第 2 版,1928 年),83。

⑩ 《狄奥凡尼历史摘抄》,波恩版,484;《希腊罗马世界逸事》(*Fragmenta Historicorum Gracorum*),IV,270。

⑪ 《论建筑》,II,1,3;波恩版,209;豪里编,III,2,46。

⑪ 《论建筑》,IX,4,1;波恩版,277;豪里编,III,2,116。

督教皇帝,他还建立了许多教堂建筑,其中,无与伦比的君士坦丁堡圣索菲亚大教堂成为拜占庭艺术中划时代的标志。关于圣索菲亚大教堂,将在本节的下一部分介绍。查士丁尼很可能将他的建筑活动范围伸展到遥远的克里米亚山区,在这里的哥特人主要集聚中心多里建立了一个大教堂。曾经有一片刻有查士丁尼名字的铭文残片在那里出土。[12]

查士丁尼的直接继承者

当强大的查士丁尼的形象在历史舞台上消失之时,他精心制造的、一度使帝国保持平衡的统治体系亦土崩瓦解了。柏里说道:"他去世后,各种传闻被释放出来,分裂的因素开始全力发挥作用;人为制造的体系崩溃了;帝国的性质发生了迅速的、明显的变化;虽然在查士丁尼忙乱的统治时期之重要事件中人们倾向于忽视这些变化,但它肯定经历了长时间的发展演变过程。"[13] 565年至610年是拜占庭历史上最为灰暗无华的时期,混乱、贫穷和瘟疫席卷了整个帝国。查士丁二世时期的一位史学家、以弗所的约翰甚至认为,世界末日即将来临。[14] 芬利则认为:"历史上也许没有任何一个时期,其社会竟处于如此全面的道德衰败中。"[15]然而,这一时期

---

[12] 瓦西列夫:《克里米亚的哥特人》,71。
[13] 柏里:《晚期罗马帝国史》,II,67。
[14] 《基督教会史》,I,3;佩涅-史密斯(Payne-Smith)编,3;布鲁克斯编,1—2。
[15] 《希腊史》,H.F.托泽斯编,I,298。K.阿曼托斯认为,这种说法多少有些夸张,见《拜占庭国家史》('Ιστορία τῦ Βυζαντινοῦ κράτυς),I,260。

的事件，则表明这一悲观的描述多少有些言过其实，因此，应予以纠正。

查士丁尼的继承者依次是：小查士丁（Justin the Younger, 565—578年在位）、提庇留二世（Tiberius II, 578—582年在位）、莫里斯（Maurice, 582—602年在位）和福卡斯（Phocas, 602—610年在位）。在这四位统治者中，最杰出的是精力充沛的战士和能干的领袖莫里斯。查士丁二世的意志坚强的妻子索菲亚（Sophia）极像查上丁尼的皇后狄奥多拉，对帝国事务发挥了很大的影响。这一时期，帝国对外事务中最重要的事件是对波斯战争，与巴尔干半岛上的斯拉夫人和阿瓦尔人以及征服意大利的伦巴德人的斗争。在帝国内政方面，皇帝们的顽固正教宗教政策及两个总督区的建立有极其重要的意义。

波斯战争

查士丁尼于562年同波斯人签订的五十年和平协议被查士丁二世撕毁了，因为他拒绝继续付规定的年贡。对波斯的共同敌意使拜占庭帝国和突厥人之间发展起了重要的关系，突厥人是在此前不久出现于西亚和黑海沿岸的。他们占据了波斯和中国之间的土地，并把波斯视为自己的主要敌人。突厥使者越过了高加索山脉，长途跋涉到达君士坦丁堡，在那里，他们受到了友好的接待。拜占庭和突厥人开始制定一项建立反波斯的攻守同盟的试探性计划。突厥使者向拜占庭提出了能使拜占庭摆脱波斯人的制约，由他们在同中国的丝绸贸易中充当中介的重要建议——这正是查士丁尼曾经迫切想得到的，只不过查士丁尼试图在阿比西尼亚人帮助下通过南部海路达此目的,而突厥人则考虑到了北方的陆路。然而,这次谈判没有达成反波斯共同行动的真正联盟,因为在6世纪60年代末,拜占庭帝国更关心西方的发展,特别关心的是处于伦巴德人进攻下的意大利。此外,查士丁也认为突厥人的军事力量并不那么充足。

罗马人突厥人之间的短暂的交谊导致拜占庭和波斯的关系紧张化。[16] 在查士丁、提庇留及莫里斯时期,对波斯战争几乎连续不断。在查士丁二世时期,拜占庭对波斯战争的形势十分不利,不得不放弃包围尼西比斯堡垒的军事行动;来自多瑙河彼岸的阿瓦尔人侵入了拜占庭属巴尔干,而达拉城,一个重要的设防边境重镇,经过六个月的包围后也沦入波斯人之手。这一损失是如此深刻地刺激了意志薄弱的查士丁二世,他开始精神错乱。这时,皇后索菲亚以支付45 000金币的代价取得了休战一年的和约(574年)。[17] 12世纪的一部叙利亚编年史,自然是根据早期的资料所编,它评价道:"当听到达拉沦陷的消息时……皇帝绝望了,他下令关闭商店,停止商贸活动。"[18]

提庇留和莫里斯时期的波斯战争对于拜占庭帝国是较为成功的,这一方面是由于莫里斯较为英明能干,同时,由于波斯发生了

---

[16] 柏里:《晚期罗马帝国史》,II,97。库拉科夫斯基:《拜占庭》,II,359。施泰因:《查士丁二世和提庇留》,21。S.瓦耶(S.Vaihé):"6世纪突厥人与拜占庭的结盟计划"("Projet d'alliance turco-byzantine au VIe siécle"),《东方之声》,XII(1909),206—214。

[17] 对于这次战争的记载,见柏里《晚期罗马帝国史》,II,95—101;库拉科夫斯基:《拜占庭》,II,360—369;施泰因:《查士丁二世与提庇留》,38—55。

[18] 《叙利亚米凯尔的编年史》(Chronique de Michel le Syrien),J.B.夏博(J.B. Chabot)译本,II,312。

争夺王位的斗争,也有助于莫里斯在对波斯战争中据有优势。[119] 莫里斯达成的和约具有极大的重要性:在这个协议中,波斯属亚美尼亚和美索不达米亚东部的地区,以及达拉城,都被移交给拜占庭;拜占庭每年必纳的屈辱的年贡也就此取消了;最后,帝国摆脱了波斯人的威胁,能够将其注意力集中于西方事务中,特别是可能对付斯拉夫人和阿瓦尔人在巴尔干半岛上的不断攻击。[120] 对波斯的另一场战争是在福卡斯时期开始的,但是,对于这次战争的讨论则应另当别论了,因为尽管它对于拜占庭帝国来说至关重要,但是直到希拉克略统治时期,这场战争才告结束。

斯拉夫人和阿瓦尔人

查士丁尼去世后,巴尔干半岛发生了极其重要的事件,但令人遗憾的是,目前对于这些事件的认识,均因资料记载的琐碎受到限制而难以深入。在查士丁尼统治时期,斯拉夫人时常攻击巴尔干

---

[119] 关于这次战争,见施泰因《查士丁二世和提庇留》,58—86(此时提庇留还只是恺撒),87—102(此间,提庇留已经当了皇帝-奥古斯都)。

[120] 关于提庇留时期和莫里斯时期的波斯战争,见库拉科夫斯基《拜占庭》,II,383—394,426—446;M.J.海金斯(M.J.Higins):《莫里斯皇帝时期的对波斯战争,I,年表,附有波斯日历的简史》(*The Persian War of the Emperor Maurice . I , The Chronology , with a Brief History of the Persian Calendar*);海金斯:"6世纪末期的国际关系"("International Relations at the Close of the Sixth Century"),《天主教会历史评论》(*The Catholic Historical Review*),XXVII(1941),279—315。海金斯心目中的英雄是提庇留,"一个可以在帝国的长期历史中耸立于诸伟人之中的高大形象"(315);V.米诺斯基(V.Minorsky):"罗马和拜占庭在阿特罗帕特内的战争"("Roman and Byzantine Canpaigns in Atropatene"),《东方与非洲研究学院通报》(*Bulletin of the Scholl of Oriental and African Studies*),XI(1944),244—248(591年的战争);P.古伯特(P.Goubert):《前伊斯兰时期的拜占庭》(*Byzance avant l'Islam*),80—117。

第三章 查士丁尼大帝及其直接继承者(518—610年)

半岛诸行省,曾深入到半岛南部很远处,而且经常对北方的萨洛尼卡构成威胁。查士丁尼去世后,这些骚扰仍在继续。因此,有许多斯拉夫人开始定居于拜占庭各省中,并逐渐占据了半岛。这些斯拉夫人在入侵时得到了阿瓦尔人的帮助。阿瓦尔人是一支源出于突厥人的民族,当时居住在潘诺尼亚地区。斯拉夫人和阿瓦尔人威胁着首都和马尔马拉海沿岸以及爱琴海,并深入到希腊半岛,远至伯罗奔尼撒。关于这些入侵的消息传到了埃及,那里的尼基乌(Nikiu)主教约翰曾在7世纪福卡斯皇帝统治时期写道:"据说,这一时期的蛮族诸王依靠野蛮人、外族人及伊利里亚人毁灭了基督教城市,把城中的居民掳为俘虏,没有哪个城市可以逃脱,只有萨洛尼卡例外;因为该城的城墙坚固,而且由于有上帝的帮助,这些民族不能占领它。"[121]有一位19世纪的德国学者曾经提出一个理论(下文详加阐述),认为在6世纪末,希腊人已经被斯拉夫人全部消灭。关于斯拉夫人定居于巴尔干半岛的问题研究,主要根据殉道者底米特里(Demetrius)的著作,他是半岛上主要的斯拉夫居住中心萨洛尼卡市的保护圣使徒。[122]

到了6世纪末7世纪初,拜占庭军队已经不能阻止斯拉夫人和阿瓦尔人的持续南下,这导致巴尔干半岛的民族成分发生了深刻变化。巴尔干半岛已经逐渐被斯拉夫移民所占领。总的来说,

---

[121] 《尼基乌主教约翰编年史》(*Chronicle of John, bishop of Nikiu*)(英译本)。M.佐登伯格(M.Zotenberg)编:《国家图书馆手稿摘要及札记》(*Notices et extraits des manuscripts de la Bibliothàque Nationale*),XXIV(1883),109,430;R.H.查尔斯英译本,175—176。

[122] 塔夫拉里:《萨洛尼卡于14世纪的起源》(*Thessalonique des origins au XIVe siécle*),101—108。

这一时期的作家们对北方诸部族的情况知之甚少,他们分不清何者为斯拉夫人,何者为阿瓦尔人,因为他们是联合进攻帝国的。

查士丁尼去世后,意大利已经无力抵抗敌人的进攻,日渐被一支新的日耳曼蛮族所征服,即在查士丁尼摧毁了哥特人王国后仅数年光景就出现于意大利半岛上的伦巴德人。6世纪中期,伦巴德人与阿瓦尔人结盟,摧毁了多瑙河中游的野蛮部族格庇德人的王国。后来,可能是害怕他们自己的同盟者,他们在其国王阿尔博因(Alboin)率领下,带着妻子儿女离开潘诺尼亚进入意大利。伦巴德人中有多个不同部族,其中萨克森人的数量特别大。流行的传统观点指责查士丁尼军中的前将军及意大利的年迈统治者纳尔泽斯(Narses)曾邀请伦巴德人进入他的统治区。但这一指责应该被认为是没有根据的。自查士丁二世继位后,纳尔泽斯就因年迈退休,而且不久后死于罗马。

568年,伦巴德人进入了北意大利。这是一支蛮族部族,信奉阿利乌斯派基督教。他们所经之处,均被夷为平地。他们迅速地征服了北意大利,这一地区则开始被称为伦巴底。拜占庭统治者没有相应的手段抵抗他们,躲在拉文纳城墙内,伦巴德人未加理会,径直南下。大群伦巴德人几乎散布于整个意大利半岛,轻而易举地占领了那些不设防的城市。他们到达了南意大利后,迅速占领了贝内文托。虽然他们没有能攻占罗马,但他们却从北、东、南三个方向包围了罗马行省。他们切断了拉文纳与罗马之间的一切联系。这样,罗马不可能指望从拉文纳获得援军,更不可能从更远的君士坦丁堡统治者那里获得援军,君士坦丁堡的皇帝们当时正在经历东罗马历史上最困难、最混乱的时期。伦巴德人迅速在意大利建立了一个庞大的日耳曼人王国。提庇留,乃至莫里斯更热心于试图与法兰克王希尔德贝尔特二世(570—595年在位)结盟,以劝诱他们与意大利的伦巴德人为敌。但这一努力最终失败了。他们互换过一些使团,希尔德贝尔特也曾数次派军队到意大利,但只是为了收复法兰克王国古时的占领地,而不是为了帮助莫里斯。一个半世纪之后,法兰克诸王在教宗而不是拜占庭皇帝的召唤下,最后摧毁了意大利的伦巴德王国。⑫ 经受了伦巴德人不止一次围困的罗马城,顺从其命运的安排,在罗马教宗那里找到了保护者,罗马教宗在形势逼迫下,不仅关注着罗马人民的精神生活,而且组织了这一城市对伦巴德人的抵抗。就在这同一时期,即6世纪末,罗马教会产生了它最杰出的领袖人物、伟大的教宗格列高利一世。他早年曾是驻君士坦丁堡的教宗使者(*apocrisiarius*),在那里居住了六年,居然没有掌握最基本的希腊语。⑬ 但是,尽管有语言上的不足,他仍十分了解君士坦丁堡的生活和政治。

伦巴德人对意大利的征服清楚地表明了查士丁尼对西方外交政策的软弱无力。在西方,帝国没有掌握足够的军队来保护已经被征服的东哥特王国。它也为意大利逐渐脱离拜占庭帝国并削弱帝国在意大利的政治权威准备了条件。

---

⑫ 柏里:《晚期罗马帝国史》,II,160—166。G.勒韦迪(G.Reverdy):"希尔德贝尔特二世与拜占庭的关系"("Le Relations de Childbert II et de Byzance"),《历史杂志》(*Revue historique*),CXIV(1913),61—85。

⑬ 关于格列高利在君士坦丁堡的侨居生活,见F.杜登《伟大的格列高利:他在历史和思想史上的地位》(*Gregory the Great: His Place in History and Thought*),I,135—157。格列高利可能于586年被召回罗马(156—157)。

宗教问题

查士丁尼的继承者偏爱正教,如在查士丁二世时期那样,一性教派曾一度受到相当残酷的镇压。在莫里斯和福卡斯统治期间,拜占庭帝国与罗马教会间的关系是值得研究的重要问题。格列高利反对君士坦丁堡牧首采用"普世教会"的称呼。而且,在一封致莫里斯的信中,格列高利指责君士坦丁堡牧首、"迅捷者"约翰太骄傲自大,他说:

> 我被迫大声疾呼,并说:噢!圣殿!噢!人品!而今,当整个欧洲沦于蛮族势力之下,当城镇被破坏、军营被摧毁、各行省人烟灭绝,当农民不再种地,当偶像崇拜者猖獗,满足于屠杀那些真信者的时代——那些本应该躺在地上和尘埃中痛哭流涕的教士,却企图以新的亵渎神圣的头衔来为他们自己的名字增加虚荣。我最虔诚的主啊,面对此情此景,难道我是在保护我自己的权利吗?难道我是在发泄我自己独有的愤怒吗?不,我是在捍卫全能的上帝和普世教会的利益。但他*却应该受到谴责,他的作为是有渎于神圣的普世教会的,他自高自大、他贪图取得独树一帜的称号,他还想以这种特殊的称呼凌驾于您的帝国的尊荣之上。⑫

---

* 此处的"他"即指君士坦丁堡牧首,"迅捷者"约翰。——译者

⑫ 《书信集》(*Epistolae*),V,20;米涅编:《拉丁教父文献全集》,LXXII,746—747栏;《日耳曼历史文献,书信集》,I,322(V,37);英译本:《尼西亚及尼西亚后的教父们》,XII,170—171。

第三章 查士丁尼大帝及其直接继承者(518—610年)

这位罗马主教没有得到期待中的让步,他曾一度停止向君士坦丁堡派驻使节。当602年君士坦丁堡发生了反对莫里斯的起义时,教宗格列高利给新皇帝福卡斯写了一封信,使用了一些这个占据拜占庭皇帝宝座的愚蠢暴君根本不配的语言:

> 光荣属于最高的神……愿天欢喜,愿地快乐(《圣诗旧约·诗篇》,96:11)。* 让迄今为止极端苦恼的公众呜呼您的壮举吧!……让每一个在虔诚的皇帝治下的人最大限度地恢复其自由吧!因为罗马皇帝不同于其他民族的君王,那些君王是奴隶们的领主,而罗马国家的皇帝们却是自由人的领主。⑯

福卡斯显然十分高兴,因为随后他就禁止君士坦丁堡牧首领有"普世的"头衔,并宣布:"接受圣使徒彼得圣位的主教是所有教会的领袖。"⑰

于是,一方面,福卡斯在处理外交内政的全部政策中遭到惨败,引起其臣民的抱怨和愤怒;另一方面,他与罗马的关系却以他对罗马教宗的服从为前提,在他统治的整个时期都维持着和平、友好。为了纪念这些友好关系,拉文纳总督在罗马议会广场竖立了一个石柱,上有颂扬福卡斯的铭文,这一遗迹至今仍在。

---

* 原文作95:11,但此段经文确是在《诗篇》的96:11,全文为:"愿天欢喜,愿地快乐,愿海和其中所有的都欢乐",故做此修改。——译者

⑯ 《书信集》XIII,31;米涅《拉丁教父文献全集》,LXXVII,1281—1282;《日耳曼历史文献,书信集》,II,397(XIII,34);《尼西亚和后尼西亚的教父们》,XIII,99。

⑰ 《大主教传》(*Liber Pontificalis*), L.杜切斯内编:I,316。

总督区的形成和610年革命

与伦巴德人的征服相关,意大利的行政管理方面发生了改变,与此同时,在北非的行政统治方面也发生了相应的变化,这种变化奠定了帝国的新的行省统治模式,即所谓"军区"(Themes)制的基础。

拜占庭在意大利的政权没能对伦巴德人进行相应的抵抗,致使伦巴德人轻而易举地占领了意大利半岛的三分之二。因此,面对巨大的危险,拜占庭政府决定把对意大利的行政管理权置于军事首领之手。拜占庭在意大利的统治是以军事总指挥——总督(exarch)为核心,由他从其首府拉文纳指导所有行政官员的活动。拉文纳总督区的形成可上溯到6世纪末莫里斯皇帝时期,但这种行政司法权与军事权的合并并不意味着直接取缔行政官员。行政官员仍与军事管理者同时存在,只是在军事总督监督下工作。后来,行政官员才似乎完全被军事官员所取代。总督作为皇帝权力的代表,在他的辖区行使皇帝所钟爱的皇帝教权主义原则。这一政策表现在诸如作为最高权威对总督区内的宗教事务进行干预或仲裁这类法令中。总督的权力是无限的,他被赐予皇家的荣耀。建于拉文纳的总督宫殿被视为是神圣的,并称作"圣宫"(Sacrum Palatium),这一称呼通常只用于皇帝的居处。而且,总督在任何时候进入罗马城,都受到恭迎圣驾的礼仪:元老院、修士和市民在城外隆重地迎接他。军事事务、整个行政统治、司法和财政事

第三章 查士丁尼大帝及其直接继承者(518—610年)

务——所有这些都处于总督的全面控制下。[⑫]

拉文纳总督区的兴起是由于伦巴德人在意大利的入侵,与此相类似的情况也发生在北非,由于非洲摩尔人(这些摩尔人在资料中有时被称为毛鲁西人-柏柏尔人)经常发动抵抗拜占庭占领军的大规模起义,构成了对拜占庭统治的威胁,促使拜占庭在前汪达尔人王国所在地建立了非洲总督区。非洲总督区(也时常被称为迦太基总督区)的开端,也可上溯到6世纪末莫里斯皇帝统治时期。非洲总督区的建立原则与它在拉文纳的先行者相同,也得到了拉文纳总督那样的无限权力。[⑬]

自然,只是由于特别需要,才迫使皇帝不得不委任像总督这样拥有无限权力的官员。尽管它的出现适应了一定的客观需要,但它很可能成为皇帝最危险的竞争者。北非总督的确举起了讨伐福卡斯的旗帜,总督之子将于610年成为皇帝。在非洲,总督们是由莫里斯慎重地选任的,他们在治理这块土地时表现得相当老到和充满活力,他们成功地抵抗了当地土著的进攻,保护了这片土地。而另一方面,拉文纳的总督却没能克服伦巴德人的威胁。

按照法国学者迪尔[⑭]的说法,这两个总督区可视为军区(行省或区域)组织的起源,而这种行省制度的改革开始于7世纪,逐渐被推广于帝国全境。它的显著特点是使军区逐渐凌驾于行政权力

[⑫] 关于拉文纳总督区的形成,见夏尔·迪尔《拜占庭在拉文纳总督区的行政统治(568—751年)》(*Études sur l'administration Byzantine dans l'exarchat de Ravenne, 568—751*),3—31。

[⑬] 迪尔:《拜占庭统治下的非洲》(*L'Afrique byzantine*),453—502。

[⑭] 《拜占庭研究》(*Études Byzantines*),277(军区制的起源[L'Origine du régime des thèmes])。

之上。伦巴德人和摩尔人的进攻在6世纪末导致帝国西部和南部的重要变化,而波斯和阿拉伯人的进攻后来导致帝国在东方采用相同的措施,斯拉夫人和保加尔人(Bulgars)*的侵袭则导致巴尔干半岛上的同样的改革。

福卡斯对阿瓦尔人和波斯人外交政策的失败,以及他用来维持自己的地位而采取的唯一的血腥恐怖的极端手段,最终导致非洲总督希拉克略(Heraclius)的起义。埃及迅速地投入这一起义中,在非洲总督之子(也叫希拉克略)的指挥下,非洲舰队向首都航行,首都人民推翻了福卡斯,站到希拉克略一方。福卡斯被捕后遭到杀害。希拉克略(那个非洲总督的儿子)登上了拜占庭皇帝宝座,从此开始了一个新的王朝。

希腊的斯拉夫人问题

19世纪早期的学者们对于6世纪下半期斯拉夫人侵入巴尔干半岛的资料进行研究后,提出了一个结论性意见,即6世纪的希腊已经完全斯拉夫化了,这一意见引起了学者们的热烈争论。

19世纪20年代,当希腊人举起革命旗帜反对土耳其人统治时,整个欧洲弥漫着一种对希腊人深刻同情的情绪。当这些自由战士以其英勇的抗争,成功地维护了民族的独立,并在欧洲各强国帮助下创立了一个独立的希腊王国时,当热情的欧洲社会把这些英雄视为古希腊人的子孙,并承认他们继承了列奥尼达(Leoni-

---

* 古保加利亚人。——译者

das)、埃帕米农达(Epaminondas)及菲洛皮门(Philopoemen)*的品质时——从一个德意志小镇上发出了震惊欧洲的呼声,它宣称,在新建立的希腊王国的居民们的血管中流动的血液,没有一滴来自真正的古希腊人;全欧洲援助神圣的希腊人子孙的事业的高尚动力基于一个错误的认识;古代希腊人的因素很久以前就消失了,并早已被一种新的、完全不同的种族因素,主要是来自斯拉夫人和阿尔巴尼亚人的因素所取代。这个敢于公开地、大胆地提出这一理论,彻底动摇了当时欧洲人信念的人物,就是法尔梅赖耶(Fallmerayer),当时,他是德国一所大学里通史讲座教授。

法尔梅赖耶在他的《中世纪莫里亚半岛史》(1830年)的第一卷中,写道:

> 欧洲的希腊民族已经完全灭绝了。其自然的美丽、崇高的精神、传统习俗的朴素无华、艺术上的创造力,它的种族、城市、乡村,它的石柱和神殿的辉煌,乃至这个民族的名称本身,都已经从希腊大陆上消失了。两重废墟和两个新的不同人种的沉积层,掩埋了古希腊人的坟墓。** 希腊精神的不朽杰作和一些在希腊本土的古典遗址,现在只能证实很久以前这里曾有一个被称为"希腊人"的民族。而且,倘若不是为了这些废墟、坟丘和坟墓,倘若不是因为这些遗址、不是由于这里居

---

* 列奥尼达、埃帕米农达和菲洛皮门均为古希腊政治家。——译者

** 此处根据瓦西列夫的英文本译出,在孙秉莹与谢德风翻译的汤普逊先生的《历史著作史》中,对这段引文有不同的译法。见《历史著作史》(商务版)第四分册,第709页。——译者

民的悲惨命运——在此时,被激发出人类同情心的欧洲人对于这些居民倾注了他们的全部同情、倾慕、眼泪和辩才——我们就会说,只是一种空幻的梦想,一种无生命力的想象,一种纯系非本质的表面现象产生了他们灵魂深处的东西。因为,在现代希腊的基督教人群的血管中,没有一滴血来自真正的古希腊人,一股可怕的飓风曾经使希腊半岛自伊斯特拉到伯罗奔尼撒半岛的最远角落布满了属于伟大的斯拉夫民族的新部族。西徐亚的斯拉夫人、伊利里亚阿尔诺特人,北方土地的子民,塞尔维亚人和保加尔人的血亲、达尔马提亚人和莫斯科人——所有这些人,我们现在称之为希腊人,而且令他们惊讶的是,我们把他们的宗系上溯到伯里克利和菲洛皮门时期……这些有着斯拉夫人的面部特征、弯弯的眼睫毛及阿尔巴尼亚山区牧民那种鲜明特征的人民,当然不是那喀索斯(Narcissus)、亚西比德(Alcibiades)及安提诺乌斯(Antinous)的血统后代;只有那些浪漫主义的热情想象者才仍然梦想着古希腊人与他们的索福克勒斯和柏拉图会在今天复生。[13]

法尔梅赖耶的理论主要是根据6世纪晚期的教会历史学家埃瓦格留斯的作品中所提供的资料。埃瓦格留斯写道:"阿瓦尔人两次入侵至'长城'边,攻克了兴吉都努(贝尔格莱德)、安奇阿卢斯和

---

[13] 《中世纪莫里亚半岛历史》(*Geschichte der Halbinsel Morea während des Mittelaters*)(德文版),I,iii—xiv。

整个希腊,以及其他城镇和防砦,以火和剑毁灭了一切,与此同时,其军队的大部则在东方作战。"[132]由于埃瓦格留斯在其著作中提到了"整个希腊",成为法尔梅赖耶称在伯罗奔尼撒半岛希腊民族已经灭绝的根据。此处埃瓦格留斯所提的"阿瓦尔人"并没有使法尔梅赖耶感到困惑,因为在那个时期,阿瓦尔人是同斯拉夫人联合起来攻击拜占庭帝国的。这次被法尔梅赖耶认定是589年发生的入侵其实并没有彻底灭绝希腊人。对希腊人的最后打击如法尔梅赖耶所想象的那样,是746年来自意大利的瘟疫传入希腊。关于这一点,可见10世纪皇帝作家君士坦丁·波菲罗杰尼图斯的著名引文,他在叙述了这场可怕的瘟疫后评价道:"整个地区斯拉夫化,成为蛮人的土地。"[133]法尔梅赖耶估计,皇帝君士坦丁·科普洛尼姆斯(Constantine Copronymus)去世的那一年(775年),可以认为是希腊这片土地再次陷于荒无人烟境地的最后年代,在这一时期,希腊的土地逐渐被斯拉夫人和他们建立的新城镇、新村庄所充斥。[134]

在后来的著作中,法尔梅赖耶没有任何根据地把自己的理论使用于整个阿提卡半岛。在《莫里亚半岛史》第二卷中,他提出了一个新的阿尔巴尼亚化的理论,按照这一说法,居住在希腊的希腊-斯拉夫人在约1325—1360年已经被阿尔巴尼亚移民消灭并

---

[132] 《基督教会史》,VI,10;比德和帕芒蒂埃编,228。

[133] 《论军区制》(De Thematibus),II,53。有时,我们可发现另一种译法:"整个土地沦于奴隶之手,成为蛮族的土地",因为君士坦丁·波菲罗杰尼图斯在这里使用了一个不平常的动词"ἐσθλαβώθη",它可以被译为"斯拉夫化",也可译为"沦为奴隶"。本书作者倾向于前者。

[134] 《中世纪莫里亚半岛史》,I,208—210。

取代,因此,19世纪的希腊人革命,事实上是阿尔巴尼亚人的事业。

法尔梅赖耶的第一个激烈的反对者就是德意志历史学家卡·霍普夫。他全面地研究了希腊的斯拉夫人问题,于1867年出版了《自中世纪初至当代的希腊史》(History of Greece from the Beginning of the Middle Ages to our own Times)。但是,由于霍普夫不惜一切代价地企图贬低希腊历史中斯拉夫因素的重要意义,从而使自己走入了另一个极端。以他的观点看,斯拉夫人移居希腊的情况只发生于750年到807年之间;而在750年之前根本没有斯拉夫移民。霍普夫还指出,法尔梅赖耶关于阿提卡的斯拉夫化的意见是以错误的文献资料为根据的。⑬

然而,关于这一题目的大量的、常常相互矛盾、缺乏连续性的文献,毕竟提供了足够的根据,使我们能推断出,自6世纪末以来,在希腊有相当大规模的斯拉夫人移民运动,但它并没有导致希腊半岛的完全斯拉夫化,也没有导致希腊人的完全灭绝。此外,在整个中世纪至15世纪的各种史料中,都提到斯拉夫人出现在希腊、主要是出现在伯罗奔尼撒半岛的情况⑬。关于斯拉夫人深入巴尔干半岛的最重要资料是上文提到的圣底米特里的《编年史》(Acta)。法尔梅赖耶和霍普夫都没有使用这一资料,事实上,直到如

---

⑬ 《自中世纪初至当代的希腊历史》(Geschichte Griechenlands vom Beginn des Mittelalters bis auf die neuere Zeit),I,103—109。

⑬ A.A.瓦西列夫:"希腊的斯拉夫人"("The Slavs in Greece"),《拜占庭年鉴》,V(1898),416—438。自1898年以后,出现了关于这一争论问题的大量作品;至于这些出版物的详细目录,可见 A.本(A.Bon)所写《拜占庭时期的伯罗奔尼撒半岛》(Le Péloponnèse Byzantin)(巴黎,1951年),30—31。

今,该作品仍没有得到充分的研究。[130]

学者们时常讨论法尔梅赖耶理论的起源。他的观点并不新颖。关于希腊的斯拉夫人影响问题,早在法尔梅赖耶之前就已经有人提到,然而他是第一个公开地、决断性地表达这一判断的人。1913年,一位俄罗斯学者以充分的论据证明,法尔梅赖耶理论的真正创始人是科皮塔尔(Kopitar),他是19世纪维也纳的斯拉夫学研究者。他在其作品中提到了自己关于斯拉夫因素在新希腊民族形成中之重要作用的想法。当然,他没有详细地阐述这一思想,而且他也没有以非科学的自相矛盾的东西引起轰动。[131] 彼得洛夫斯基说道:"法尔梅赖耶的理论之极端性,在当前,经过人们对有关问题的透彻研究之后,已经被证明是不成立的,但这一理论本身,由于作者生动地自圆其说地阐述,还是应该引起那些完全地,或不完全地反对这一理论的历史学者们的注意。"[132]毫无疑问,这一理论虽然有一些十分明显的夸大事实,但它在历史科学领域的确起到了相当重要的作用,它把学术研究的注意力引向了一个最重要的,同时又是最模糊不清的问题,即斯拉夫人于中世纪进入希腊的问题。当我们注意到,这一著作出自一个首先把其注意力放在中

---

[130] 关于《圣底米特里编年史》(*Acta sancti Demetrii*)的意义,有一个非常重要的评述,见格尔泽《拜占庭军区制的起源问题》(*Die Genesis der byzantinischen Themenverfassung*),42—64。亦见塔弗拉里《14世纪萨洛尼卡的兴起》(*Thessalonique des origines au XIVe siede*),101。

[131] N.彼得洛夫斯基(Petrovsky):"论法尔梅赖耶理论的起源"("On the Problem of the Genesis of Fallmerayer's Theory"),《公众教育部杂志》(1913),143,149。

[132] N.彼得洛夫斯基:"论法尔梅赖耶理论的起源",《公众教育部杂志》(1913),164。

世纪整个巴尔干半岛和希腊的种族成分变化这一问题上的作者时,法尔梅赖耶的作品就有了更普遍的历史意义。目前,在苏维埃俄国,关于斯拉夫人在巴尔干半岛的早期入侵和定居的观点得到了强有力的支持。在当代俄国杂志,如《历史杂志》《古代历史通讯》中,出现了一些论述上述题目的文章。法尔梅赖耶深为俄罗斯历史学者们所欢迎,他们认为,法尔梅赖耶的工作还没有得到应有的评价。在苏维埃俄国,现代大斯拉夫运动看来比一百年前的类似运动,即在本书第一章提及的那次运动更强有力。

文献、学术和艺术

518年至610年,帝国在学术和文学的多个方面留下了丰富的遗产,反映了查士丁尼多方面的活动,这些活动甚至令他的同代人震惊。查士丁尼皇帝本人就致力于在教义和赞美诗作品方面的文学创作活动。莫里斯也表现出在文学上的鉴赏力,他不仅赞助并鼓励文学活动,而且经常在夜晚用很多时间讨论或考虑诗歌或历史方面的问题。[14] 这一时期产生了许多历史学家,查士丁尼的事业为他们提供了丰富的资料。

查士丁尼时期的杰出历史学家是凯撒里亚的普罗柯比,他留下了有关这一时期历史的完整充实的画面。普罗柯比因受过法学

---

[14] 米南德(Menander):《著作摘编》(Excerpta),波恩编,43;《希腊历史残篇》(Fragmenta Historicorum Graecorum),IV,202。塞奥菲拉克塔斯·西莫加特(Theophylact Simocatta):《历史》(Historia),VIII,13,16;德博尔编,311。柏里:《晚期罗马帝国史》,II,182。

教育，被任命为著名将军贝利撒留的顾问和秘书，他随同贝利撒留参与了对汪达尔人、哥特人及波斯人的战争。他不仅是杰出的历史家，而且是杰出的作家。作为历史学家，他占据着获取各种文献和第一手资料的相当优越的地位。他与贝利撒留的亲密关系，使他能看到在办公室和档案库中保存的所有档案资料；而他因积极参与历次征战，对国家的极端熟悉，使他能够通过个人的观察和来自同代人的资料获得相当有价值的鲜活的资料。

在写作风格和表达方式上，普罗柯比经常模仿古典的历史学家，特别是希罗多德和修昔底德的写作手法。然而，尽管他一向依赖于古代历史学家的老派希腊语言，尽管他的表达方式有某些矫揉造作，普罗柯比的写作风格还是严谨、流畅、生动的。他写了三部主要著作。其中最长的一部是《历史八卷》，描述了查士丁尼与波斯人、汪达尔人和哥特人的战争，同时记载了帝国政治生活中的许多其他方面。作者以略带褒扬的口气谈论皇帝，但以大量的事例表达了他对这位皇帝的憎恶情感。这本书可以视为查士丁尼时代的通史。普罗柯比的第二部著作《论建筑》，是对皇帝的十足的赞词，很可能是在皇帝的命令下写的，其主要目的是记载并描述查士丁尼在他的巨大帝国内建立的无数建筑。尽管此书中有些华而不实的夸张和过分的赞美之词，它却含有丰富的地理、地志和财政方面的资料，因此，是关于帝国社会经济史研究方面的有价值的资料。普罗柯比的第三部作品《秘史》（*Anecdota*）则与其他两部完全不同。它是对查士丁尼及其妻子专制统治的恶意诽谤，其中，作者不仅对皇帝夫妇予以恶言攻击，而且攻击贝利撒留和他的妻子。在此书中，查士丁尼被说成是在当时的帝国内发生的一切不幸事件的始作俑者。这一著作与其他两部作品的相互矛盾之处如此引人注目,乃至一些学者开始怀疑《秘史》的真实性,人们认为,这三部著作完全出自同一位作者之手几乎是不大可能的。只是通过对《秘史》与属于查士丁尼时代的其他资料的仔细比较研究,才确定这部著作确是普罗柯比的真正作品。只要恰如其分地使用,此著作可作为6世纪拜占庭帝国内政史的特别有价值的资料。因此,普罗柯比的所有这些著作,尽管夸大了查士丁尼行为的美和丑,还是为人们进一步了解这一时代的生活提供了极其重要的当代记载。不仅如此,斯拉夫历史学者和斯拉夫古典学者在普罗柯比的著作中还找到了有关斯拉夫人生活和信仰的重要资料。同时,德国学者也从此书的许多事件中搜集到了有关德意志早期的历史资料。

历史学家、大主教彼得是查士丁尼和普罗柯比的同时代人。彼得是一位杰出的律师和外交家,曾经多次作为使节被派往波斯帝国和东哥特宫廷进行外交活动。在东哥特宫廷,他曾被囚禁三年整,他的作品有《历史》(或《罗马帝国史》),如果人们可以通过现存的大量残篇判断的话,该书叙述了自"后三头"时期到背教者朱利安时期的事件。还有一篇论文,题为《论国家政体》(Katastasis,即《礼仪手册》),其中一部分收于10世纪君士坦丁·波菲罗杰尼图斯时期的著名作品《宫廷礼仪手册》中。

自普罗柯比以后,至7世纪早期,一系列历史著作先后问世,每一个历史学家都去续写他们前人的著作。

普罗柯比的续作者是受过良好教育的著名律师、小亚细亚的阿加西阿斯(Agathias),他曾写了一些短诗和警句,还有一部多少有些仿写痕迹的《论查士丁尼的统治》,它包含了自552年到558

年的历史事件。阿加西阿斯之后,所谓"保护者"米南德在莫里斯皇帝统治时期写了一部《历史》。该书是阿加西阿斯著作的续篇,记述了558—582年(即莫里斯皇帝即位这一年)发生的历史事件。此书只有一些片断至今犹存,但根据这些片断(特别是从历史学和人种学的角度来看),足以证实此书中资料的重要性;这些片断提供了足够的证据,能够说明米南德是一位比阿加西阿斯更优秀的历史学家。米南德著作的续写者,是塞奥菲拉克特·西莫加特(Theophylact Simocatta)。此人是埃及人,生活于希拉克略时代,并据有帝国秘书的位置。他写了一部关于自然科学的著作和一封书信集,还有一部关于莫里斯时期(582—602年在位)的历史。塞奥菲拉克特的写作风格在其采用讽喻的手法和矫揉造作的语言方面远远超过了他的直接前辈们。克伦巴赫曾说过:"与普罗柯比和阿加西阿斯相比,塞奥菲拉克特是一个螺旋式上升的顶点。贝利撒留时期的历史学者尽管很夸张,但还是朴实自然的;诗人阿加西阿斯则在表达其思想方面使用了大量诗一样的华丽辞藻;但是他们两人在感染力方面却都不能与塞奥菲拉克特相比,塞奥菲拉克特在每一个转折时期,都以新的、牵强附会的想象、讽喻、格言和神话传说使读者惊诧不已。"⑩尽管如此,塞奥菲拉克特的作品还是记载了莫里斯时期历史的特别重要的资料,而且,作者也提供了关于6世纪末巴尔干半岛上的波斯人和斯拉夫人情况的特别重要的史料。

查士丁尼派往萨拉森人和阿比西尼亚人处的使者诺诺苏斯

---

⑩ 克伦巴赫(K. Krumbacher):《拜占庭文献史》,249。

（Nonnosus）写了他这次远行的笔记。由于时间的流逝,该笔记只留下了一些残篇,被收在大主教佛提乌（Photius）的著作中；但即使是这样一个片断,也提供了他所访问的那些国家的自然状况和民族风情的极好资料。佛提乌也保存了拜占庭的狄奥凡尼*所写的历史著作的片断。狄奥凡尼是 6 世纪末期的作者,在他的作品中可能包括了自查士丁尼到莫里斯统治早期这一时期的历史。这一片断十分重要,因为它包含有关于蚕丝业被引进拜占庭的证据,也包括有关突厥人的一些最早的资料。另一部对于 5—6 世纪教会史特别有价值的是叙利亚的埃瓦格留斯的作品,他逝于 6 世纪末。他的六卷本的《基督教会史》是为索克拉特斯、索佐门和狄奥多莱的历史作品所写的续篇。它记载了自 431 年以弗所宗教会议之后至 593 年的历史事件。该书除了记载宗教事件外,还含有当时其他世俗事务的一些重要资料。

吕底亚的约翰（John the Lydian）曾以其受过优良的教育而驰名,查士丁尼曾对他十分重视,竟然命他写一篇赞美皇帝的颂词。除了其他作品外,约翰留下了一篇论文《论罗马国家的统治》,此文还没有得到足够的研究和评价。它包含有关于帝国内部结构的许多重要事实,可以成为普罗柯比《秘史》的重要补充资料。⑭

我们已经讨论过了"印度洋航行者"科斯马所写的《基督教地志学》的重要意义,他航行所至的区域之广大是与查士丁尼的扩张

---

* Theophanes,旧译狄奥方。——译者

⑭ 关于吕底亚的约翰的著作和它的重要性,可见于 E.施泰因《关于戴克里先以来"大政区长"一衔的探讨》(*Untersuchungen über das Officium der Prätorianenprafektur seit Diokletian*)。

计划有密切关系的。地理学方面的著作还有一部关于查士丁尼时代东罗马帝国的统计勘测资料,它出自语法学家希罗克利斯(Hierocles)的笔下,题为《希罗克利斯旅游指南》(*A Fellow-Traveler of Hierocles*)。作者并没有把他的考察范围仅限于宗教方面,而是考察了帝国的政治地理,包括64个省和912个城市。我们不能确定此番考察只是希罗克利斯本人自发的行为还是受到了某个上级权力机构的指派。但无论如何,在希罗克利斯的枯燥的考察中,含有极好的资料,它可用来确定查士丁尼统治初期帝国的政治地位。⑬ 希罗克利斯的记载是后来的君士坦丁·波菲罗杰尼图斯研究地理问题的主要资料。

除了上述历史学家和地理学家之外,6世纪也有它的编年史家。查士丁尼时代与古典文学仍有密切联系,因此,枯燥乏味的编年史在这一时期还只是极少的例外,但它们在晚期拜占庭时期有极大的发展。

处于历史学家和编年史家之间的是米利都的赫西基乌斯(Hesychius of Miletus),从各方面的可能来看,他生活于查士丁尼时代。他的著作仅有若干片断保留于佛提乌和10世纪的辞书作者苏伊达斯(Suidas)的作品中。根据这些片断来看,赫西基乌斯以一种编年体写了一部包含自古亚述时期到阿那斯塔修斯去世(518年)这个期间的世界史。此书现存大部分残篇,其中涉及拜占庭的早期历史,甚至上溯到君士坦丁大帝之前。赫西基乌斯也

---

⑬ 希罗克利斯的作品写于535年之前,见克伦巴赫《拜占庭文献史》,417;蒙特拉蒂奇(Montelatici):《拜占庭文献史,354—1453年》,76。

是记载查士丁和查士丁尼早期统治的一部历史书的作者。此书在写作风格和构思上与上述著作大不相同,包含有对作者同时代的许多事件的描述。赫西基乌斯的第三部著作是含有许多学科领域的著名希腊语作者的人物词典。由于他的书没有收入基督教作者的情况,一些学者肯定,赫西基乌斯很可能是异教徒;然而,此种意见没有被普遍接受。⑭

6世纪的真正编年史家是没有受过教育的安条克的叙利亚人约翰·马拉拉斯(John Malalas)。他写了一部记载整个世界历史的希腊文编年史,根据仅存的手稿判断,这部书记载了自埃及历史的神话时代到查士丁尼统治末年的事件。但很可能也记载了后来一个时期的历史。⑮ 该编年史是基督教徒所写,其写作目的是为基督教辩护,非常明显地暴露了作者的君主政治倾向。该编年史内容混杂,既有传说也有事实;既有重要史实,也有微不足道的小事。它显然不是为受过教育的读者所写,而是为教俗民众所写,为了他们,作者记载了许多各种各样的奇闻逸事。"该著作对于民众来说是完整意义上的历史读物。"⑯ 该书的风格值得特别注意,因为这是第一部以希腊口语写作的重要著作,这种通俗的希腊民间口语,把希腊语与拉丁语及东方的口语相混合,在东方甚为流行。由于该编年史适合于民众的口味和心理状态,因而对拜占庭、东方及斯拉夫编年史产生了巨大的影响。马拉拉斯作品的大量斯拉

---

⑭ 蒙特拉蒂奇:《拜占庭文献史》,63—64。
⑮ 约翰·马拉拉斯的编年史很可能写至查士丁尼统治初年,而在一个新的版本中则增加了由作者本人或其他人所写的续篇。见柏里《晚期罗马帝国史》,II,435。
⑯ 克伦巴赫:《拜占庭文献史》,326。

第三章 查士丁尼大帝及其直接继承者(518—610年)

文片段和它们的译本对于恢复其编年史的希腊文本的原貌有着重要的意义。[147]

除了大量的以希腊文撰写的著作外,这一时期(518—610年)还有以弗所的约翰(John of Ephesus)所写的叙利亚语著作。此人于6世纪后期(可能是586年)去世。[148] 约翰出生于上美索不达米亚,是坚定的一性教派信徒。他曾在君士坦丁堡和小亚细亚度过他一生中的许多岁月,在小亚时,他曾主持以弗所教区;他还同查士丁尼及狄奥多拉有过个别交往。他是《东方圣徒传》(或者是《关于东方圣徒的生活方式》)一书的作者,也写了一部《基督教会史》(叙利亚文),该书记载了自朱利乌斯·恺撒至585年的历史。这部《基督教会史》只有最重要的和最原始的那个部分,即记载521年到585年历史的部分,得以存续下来。这作品保存了这一历史时期的特别重要的资料。叙利亚的约翰所写的这本《基督教会史》是以一位一性教派信徒的眼光所写,因此它不仅揭示了许多有关一性教派教义基础的教义基础,还揭示了它的民族和文化背景。据一位专门研究叙利亚的约翰作品的作者评价:约翰的《基督教会史》,"通过揭示一性教派斗争的文化基础而揭示了基督教与异教斗争的最后状况"。它"对于研究拜占庭帝国6世纪的政治和

---

[147] 马拉拉斯编年史的第8—18卷的斯拉夫语译本被M.斯宾卡(M.Spinka)和G.道尼(G.Downey)合作译成英文。A.T.奥姆斯蒂德(Olmstead)在其书评中写道:"约翰·马拉拉斯毫无疑问是世界上最差的编年史作者。历史学家可以责骂他的愚蠢,但又必须使用他的作品,因为马拉拉斯保存了大量最重要的史实记载,否则它们将会失传。"《芝加哥神学院丛书》(The Chicago Theological Seminary Register),XXXI,4(1942),22。

[148] E.W.布鲁克斯(E.W.Brookes):《东方教父著作集》(Patrologia Orientalis),XVII(1923),vi。

文化基础,特别在确定东方因素对这种政治文化影响的程度方面,具有极其重要的价值。在他的记载中,作者深入到帝国生活的所有详情细节中,从而为深入了解这一时期的生活方式、习俗及考古工作提供了丰富的资料⑭"。

持续发生于整个6世纪的一性教派争论问题在教义学及辩论学领域导致了重要的文学活动。即使是查士丁尼也不能置身于这些文学争论之外。在一性教派方面,以希腊语写的作品并没有保留下来。我们可以从其反对派的作品中发现一些引文或在叙利亚及阿拉伯的文学作品中保留下来的译文。正统宗教方面的作者,有查士丁和查士丁尼时代的拜占庭人莱昂提乌斯(Leontius)。他留下了一些反对聂斯脱利派、一性教派及其他异端派的著作。关于这位教义学家及辩论家的生活情况,资料奇缺。⑮ 他是查士丁时代一个重要的新思潮的典型代表,此即,柏拉图思想对于教父们的影响已经让位于亚里士多德的思想。⑯

6世纪东方修道主义和隐修主义的发展在禁欲主义、神秘主义及圣徒文学著作方面留下了痕迹。约翰·克里马库斯(John Climacus)长期隐居于西奈山上,写了一部著名的作品《天梯》(Scala Paradisi)⑰。该书共30章,或30个阶梯,其中,作者描述

---

⑭ 迪亚科诺夫:《以弗所的约翰和他的教会史著作》,359。

⑮ 见F.洛夫斯(F.Loofs)《拜占庭的莱昂提乌斯》(Leontius von Byzanz),297—303。W.吕加默(W.Rügamer)《拜占庭的莱昂提乌斯》(Leontius von Byzanz),49—72。

⑯ 吕加默:《拜占庭的莱昂提乌斯》,72。

⑰ 此处借用了《圣经·创世记》(28:12)中雅各梦见天梯的典故。书名用的是希腊文的属格 ὁ τῆς κλίμακος,后被拉丁化为 Climacus,于是,Johnnes Climacus 就成为西方对这位作者名字的传统拼法。

了由精神上的禁欲到道德上的完善需经过的诸阶段。此书在拜占庭修士们中间成为最流行的读物,指导着他们达到禁欲和完美。但是,《天梯》一书不仅流行于东方帝国,它还有叙利亚文、现代希腊文、拉丁文、意大利文、西班牙文、法文和斯拉夫文等多种文字的译本。其中一些手稿中包含许多有趣的插图(微型画),描述了教会和修道院的生活。⑬

在谈到6世纪的圣徒传记作品时,必须把斯奇索城的西里尔(Cyril of Scythopolis)置于首位。他是一个巴勒斯坦人,曾在著名的巴勒斯坦圣萨瓦斯修道院度过其晚年。西里尔打算编辑一部系统描写修道院中的圣徒"生平"的全集,但没能完成这一计划。很可能是由于他英年早逝。但他的一些作品已经保留下来,其中有优西米乌斯(Euthymius)的生平和圣萨瓦斯(St.Sabas)的生平,此外还有一些较短的圣徒传记。由于他记叙事件的准确,以及作者对修道生活的深刻理解,加之其文风的朴实无华,因此,西里尔的全部现存作品都可作为早期拜占庭文献史上的重要资料。⑭ 约翰·莫斯库斯(John Moschus)也是一个巴勒斯坦人,他生活于6世纪末和7世纪初,出版了著名希腊文著作《精神的牧场》(*Pratum Spirituale*),该著作是以他对巴勒斯坦、埃及、西奈山、叙利亚、小亚细亚及地中海、爱琴海诸岛上的许多修道院的游历中取得

---

⑬ 关于《天梯》一书中许多微型画的再版,见于 G.R.莫里(G.R.Morey)《佛里尔收藏本中的东方基督教绘画》(*East Christian paintings in the Freer Clection*),1—30。也见 O.M.多尔顿(O.M.Dalton)《东方基督教艺术》(*East Christian Art*),316。

⑭ 见埃德华·施瓦茨(Eduard Schwartz)《斯奇索城的西里尔》(*Kyrillos von Skythopolis*)。

的切身体验为基础而写的。该著作包括了作者游历各处的感受,并涉及关于修道院和修道士们生活的多方面资料。在某些方面,《精神的牧场》一书对于研究文明史有极重要的意义。此书后来在拜占庭帝国和其他地方,包括俄罗斯,成为人们喜爱阅读的一本书。

这一历史时期在诗歌文学方面也有许多代表人物。十分肯定的是,以教会歌曲著称的颂歌作者罗曼努斯(Romanus the Melode)创作活动的顶峰是在查士丁尼时代。同一时期的宫廷侍卫长保罗完成了他的两部诗作,(用希腊语韵律)描述了圣索菲亚教堂和它的美丽的圣坛。他的这两部作品在艺术史上极其重要[155],也受到前面提到过的同时代历史学家阿加西阿斯[156]的赞扬。最后,北非的科利普斯(Corippus of North Africa,他后来定居于君士坦丁堡),一个不大有诗才的人,以拉丁韵律诗体写了两部著作。其中之一《约翰尼斯》(Johannese)是纪念和颂扬拜占庭将军约翰·特罗戈利塔(John Troglita)的著作,他镇压了北非土著反抗帝国统治的起义,其中记载了北非地理和人种学,以及非洲战争的重要资料。科利普斯所叙述的史实有时比普罗柯比的记载更为可靠。科利普斯的第二部著作《赞歌》(或《查士丁颂》)以夸张的笔调描述了幼者查士丁二世之登基以及他统治时期的最早事件;他也记载了许多有关6世纪拜占庭宫廷礼仪方面的重要史实。

---

[155] 见此两部书的新版,P.弗里德朗德(Friedländer):《加沙的约翰尼斯和宫廷侍卫长保罗》(*Johannes von Gaza und Paulus Silentiarius*),227—265;评述;267—305。

[156] 《历史》,V,9;波恩版,296—297;L.A.丁多夫(L.A.Dindorf)编:《希腊简史》,II,362。

草纸文书中提到了一个叫狄奥斯库鲁(Dioscorus)的人,他于6世纪生活于上埃及的一个小村庄阿芙罗狄托。他是科普特人,似乎接受过很好的普通教育,而且在法学方面受过深入训练;他也乐于实现其文学方面的抱负。尽管他搜集了大量的契约文件和其他草纸文书,构成社会和行政史方面十分珍贵的资料,但他的诗对希腊化诗歌文学的发展却毫无贡献;这些诗只能是非专业性的习作,其中"满是明显的错误,在语法和韵律方面也是如此"。据 H.贝尔讲,他至少读了足够多的希腊文学作品,但却写出了令人诅咒的韵诗。[150] J.马斯佩罗(J.Maspero)称狄奥斯库鲁是埃及的最后一个诗人,也是尼罗河流域最后一个希腊化文学的代表人物。[151]

查士丁尼统治时期雅典异教学园的关闭可能对这一时期的文学和教育活动没有产生很严重的损害,因为这个学园早已经失去了它存在的意义。它在一个基督教帝国中已经不再重要。古典文学的财富已经逐渐地,常常是在表面上渗入基督教文学的作品中。狄奥多西二世组建的君士坦丁堡大学在查士丁尼时代仍然活跃。法学方面的新作品表明在这一时期法学研究的重要性。但是,这种研究,只局限于正规地掌握法学文献的翻译技巧以及写出简明的短文和摘要。关于查士丁尼去世后法学制度的发展情况,我们

---

[150] "拜占庭的附属国"("Byzantine Servile State"),《埃及考古杂志》,IV(1917),104—105;贝尔:"大英博物馆内的希腊纸草文书"("Greek papyri in the British Museum"),《埃及考古杂志》,V(1917),iii—iv. 亦见 W.舒巴特(W.Schubart)《草纸学导言》(*Einführung in die Papyruskunde*),145—147、495。

[151] "埃及的最后一位希腊诗人:狄奥斯库鲁,阿波罗之子"("Un Dernier poète grec d'Egypte:Dioscore, fils d'Apollôs"),《希腊研究杂志》,XXIV(1911),426、456、469。

没有准确的资料信息。虽然莫里斯皇帝表现出在学术上的极大兴趣,他的继承者福卡斯却显然停止了君士坦丁堡高等学府的学术活动。⑲

在艺术领域,查士丁尼时代堪称是拜占庭艺术的"第一个黄金时代",在建筑活动方面创建了卓越非凡的丰碑——圣索菲亚大教堂。⑯

圣索菲亚,整个东方都称之为大教堂,是在查士丁尼的指令下,于圣索菲亚(圣智)小教堂的原址上所建,该小教堂在尼卡起义期间(532年)被焚毁。据后来的记载说,为了使这座圣殿成为辉煌无比的建筑,查士丁尼命令各省的省督们以当地最好的古代遗物来装饰首都。大量的色彩缤纷、花纹迥异的大理石从最富矿产地运至首都。金银珠宝和象牙也被运来装点圣殿,使之更辉煌壮观。

皇帝挑选了两位最天才的建筑师安提米乌斯(Anthemius)和伊西多尔(Isidore)来实施这一雄伟的计划。他们两人都是小亚细亚人,安提米乌斯是特拉勒斯人,伊西多尔是米利都人。他们热情地着手从事其伟业,并熟练地指导着10,000名工人从事建筑。皇帝亲自视察这项工程,以浓厚的兴趣关注着它的进程,并提出建议,鼓舞工人的劳动热情。在五年之内,这一建筑完工了。537年

---

⑲ F.福克斯(F.Fuchs):《君士坦丁堡的高等学府》(*Die höheren Schulen von Konstantinopel*),7—8。

⑯ 关于圣索菲亚教堂的最新作品是 E.H.斯维福特(Swift)《圣索菲亚》(*Hiagia Sophia*)。亦见托马斯·怀特莫尔(Thomas Whittemore)所著的《关于伊斯坦布尔的圣索菲亚大教堂中镶嵌画的早期报导》(*Preliminary Reports on the Mosaics of St.Sophia at Istanbul*),始于1933年。

的圣诞节,皇帝亲自出席了圣索菲亚大教堂的竣工典礼。后来的资料记载,皇帝为他自己的成就而倾倒,在进入这座圣殿时说:"光荣属于上帝,他相信我能成就这番壮举!所罗门啊,我战胜了你。"⑯在竣工仪式上,群众得到了皇帝赐与的诸多恩典,首都也举行了盛大的庆祝活动。

从外观看,圣索菲亚大教堂很是简朴,因为它完全是砖墙,无法做任何修饰。甚至那著名的穹顶,从外部看也有些笨重。在现代,圣索菲亚已经被其周围的土耳其式房屋所埋没。为了要完整地评价这一圣殿之壮丽辉煌,人们必须从其内部观察。

在早年,这一圣殿有一个宽大的庭院,即正院(atrium),被柱廊所环绕,正中是一个美丽的大理石喷泉。正方形院落与圣殿相连的第一道入口,是一条环形游廊(大回廊),游廊内有五座门与圣殿的内廊相通。由内廊进入圣殿有九座大铜门;中间一座最宽大最高的皇门是供皇帝出入的大门。圣殿本身的建筑是依照"穹顶式教堂"的模式而建的,其平面是一极大的长方形,中央部分有一宏伟的中殿,中殿顶部筑了一个巨大的穹顶,穹顶周长为31米,其顶端拔地而起50米。它的建成是非常不容易的。在穹顶的基部有40扇高大的窗户,以使充分的光线洒遍整个殿堂。中殿两侧建立了两层拱顶,饰之以华丽的石柱。地板与石柱都是由彩色大理石筑成,在墙壁的许多部分也使用了这种大理石。精美的镶嵌画(土耳其人统治时期曾被覆盖)曾经使参观者眼花缭乱。在朝

---

⑯ 见《君士坦丁堡原始手稿》(*Scriptores originum Constantinopolitanarum*),T.普莱格尔(T.Preger)编,I,105。

拜者眼中，留下最深刻印象的是穹窿内的巨大十字架在众星烘托下闪着耀眼的光。甚至在今天，人们仍可透过土耳其人在穹窿下部的涂盖层*，看到生有双翼的高大天使。

对于圣索菲亚教堂的建筑者来讲，最大的困难是建立一个巨型的透光良好的穹顶，即使现代建筑家们也未能超越这一成就。建筑者虽然完成了这一使命，但是，这个著名的穹顶并没有能维持很久；甚至在查士丁尼时期，它就坍塌了，并且在查士丁尼统治末期以不甚大胆的方针重新修筑。查士丁尼的同时代人以一种不亚于其后代的，甚至现代人的激情谈论圣索菲亚大教堂。14世纪的俄罗斯朝圣者诺夫哥罗德的斯蒂芬在其《君士坦丁堡游记》(Travels to Tsargrad)**中说："至于圣索菲亚大教堂，即'圣智教堂'是远非人类的头脑可以想象，可以描述的。"⑯尽管这座教堂经历了多次反复的强烈地震，却仍然坚固地屹立至今。1453年，它被改为清真寺。斯特拉齐格夫斯基(Strzygowski)曾经讲过："在构思上，这座教堂(圣索菲亚)纯粹是亚美尼亚风格的。"⑱

---

* 在当代，圣索菲亚大教堂已经作为博物馆正式开放，接待来自世界各地的游客，内部一些拜占庭时期的绘画也经过整修而重见天日了。——译者

** 此处用"Tsagrad"一词(即帝都)称呼君士坦丁堡，因此，该书亦可译为《帝都游记》。古罗斯人称拜占庭皇帝为"沙"(Tsa)，其发音来自于恺撒(Caesa)，后来我国学者将此词译为"沙皇"，专指伊凡三世以后的俄罗斯专制统治者。——译者

⑯ "诺夫哥罗德的朝圣者斯蒂芬"("The Pilgrimage of Stephan of Novgorod")，《俄罗斯民间故事》(Tale of the Russian People)，T.萨哈洛夫(T.Sakharov)编，II, 52。M.N.斯佩兰斯基(M.N.Speransky)：《从14世纪的诺夫哥罗德古典文学中所见到的》(From the Ancient Novegorod Literature of the Fourteenth Century)，50—76；引文见53。

⑱ 《基督教堂的兴建》(Ursprung der christlichen Kirchenkunst)，O.多尔顿和H.布劳恩赫茨译，46；见多尔顿《东方基督教艺术》，93。

随着时间的流逝,关于圣索菲亚之建立的真实故事变成了一种带有大量神迹细节的传奇式故事文学。这些传奇故事由拜占庭帝国传入南斯拉夫和俄罗斯的,乃至传入伊斯兰教和阿拉伯的及土耳其的文学作品中。斯拉夫的和阿拉伯的传奇文本对于人们研究各民族之间文学方面的相互影响的历史[18]有着重要意义。

查士丁尼在首都建立的第二所著名教堂是圣使徒教堂。该教堂原是君士坦丁皇帝或者是康斯坦提乌斯时期所建。但是到了6世纪,它已经完全破败不堪了。查士丁尼推倒了该教堂,以更大、更壮丽的规模给予重建。这是一座十字形平面的教堂,有四个相同的殿室,四个穹顶簇拥着一个中心穹顶。这座教堂的建筑师也是特拉勒斯的安提米乌斯和幼者伊西多尔。1453年,土耳其人攻占了君士坦丁堡后,此教堂被摧毁。在此教堂的原址为征服者穆罕默德二世建立了清真寺。从威尼斯的圣马可教堂那里,可以较清楚地看到当年君士坦丁堡这座圣使徒教堂的形象,圣马可教堂就是按照它的模式建立的。它的模式也为以弗所的圣约翰教堂和法国佩利格的圣弗隆教堂(St.Front)所模仿。以弗所的主教尼古拉·梅萨利特(Nicholas Mesarites)曾在13世纪初对圣使徒教堂已经丧失的美丽镶嵌画进行过描述,并且A.海森柏格(A.Heis-

---

[18] 见 M.N.斯佩兰斯基(M.N.Speransky)"南斯拉夫和俄罗斯文学中关于帝都圣索菲亚大教堂之建筑的传说"("The South-Slavonic and Russian Texts of the Tale of the Construction of the Church of St.Sophia of Tzarigrad"),《纪念 V.N.兹拉塔尔斯基文集》(*Memorial Volume in Honor of V.N.Zlatarsky*),13—422。V.D.斯米尔诺夫(V.D.Smirnov):《关于圣索菲亚的土耳其传说》(*Turkish Legends on Saint Sophia*)。

enberg)也对这些艺术品进行了透彻的研究。⑯ 圣使徒教堂是人所共知的自君士坦丁大帝以来至 11 世纪止的历代拜占庭皇帝的墓葬地。

在东方的叙利亚,在西方的帕伦佐、伊斯特里亚,特别是在拉文纳,都可见到君士坦丁堡之建筑风格的影响。

现在,圣索菲亚教堂可以因其穹顶,因其石柱上的雕饰,因其墙面和地面的彩色大理石,而且尤其因其建筑技术的精湛而令人神往;但不久以前,人们却看不到这一著名圣殿内的精美镶嵌画,因为它们在土耳其时期被涂盖了。然而,后来,由于穆斯塔法·凯末尔·阿塔图克领导下的近代土耳其共和国的开放政策,圣索菲亚大教堂的历史新时期开始了。最重要的是该建筑开始向外国建筑家和学者们开放。1931 年,土耳其政府颁布了一项法令,授权美国的拜占庭研究所揭去圣索菲亚教堂内壁画的覆盖物并保存这些艺术品。该研究所所长托马斯·怀特莫尔教授被允准使这些镶嵌画重现天日,1933 年,这项工程自前廊开始启动。1934 年 12 月,穆斯塔法·凯末尔宣布,该教堂已经不再是清真寺,它将作为拜占庭艺术的遗迹和博物馆而受到保护。而且,由于怀特莫尔的不倦的、计划周密的工作,圣索菲亚教堂的奇妙镶嵌画逐渐重现了它们往日的光艳华丽。怀特莫尔于 1950 年去世后,这项工作由保尔·A.安德伍德(Paul A.Underwood)教授接续。

在西欧的北意大利城市拉文纳,保存着拜占庭镶嵌画的优秀

---

⑯ 《君士坦丁堡的圣使徒教堂》(*Die Apostelkirche in Konstantinopel*),10 页及以下。

第三章　查士丁尼大帝及其直接继承者(518—610年)

作品。1500年以前的拉文纳是亚得里亚海岸的一个富饶的城市。在整个5世纪，它是最后几代西罗马皇帝的避难处；6世纪时，它成为东哥特王国的首都；最后，自6世纪中期到8世纪中期，它是查士丁尼自东哥特人手中夺取的拜占庭属意大利的中心。它是拜占庭的总督(viceroy或exarch)驻节地。这最后一个时期，是拉文纳的光辉时期，此时，政治的、经济的、文化的和艺术的活动都得到了迅速发展，形成滚滚激流。

拉文纳的艺术遗产与三位历史人物有密切关系：其一，是狄奥多西大帝之女儿，西帝瓦伦提尼安的母亲加拉·普拉西狄亚(Galla Placidia)；其二是东哥特国王狄奥多里克；其三是查士丁尼。在此，我们且不谈加拉·普拉西狄亚和狄奥多里克时期的早期遗址，而只简要地讲述一下查士丁尼时期拉文纳的艺术遗址。

查士丁尼在其长期统治中，始终对在庞大帝国各处修建民用和宗教建筑的不朽丰碑十分感兴趣。在征服拉文纳后，查士丁尼完成了那些在东哥特时期已经开始建筑的教堂。从艺术角度看这些教堂，有两座具有特别重大的意义，即圣维塔利教堂(St.Vitale)和克拉斯(Classis，拉文纳的港口)的圣阿波里纳利教堂(St.Apollinare)。这些教堂的主要艺术价值在于它们的镶嵌画。

距拉文纳城约三英里处，荒凉的沼泽地，即中世纪该城的富饶贸易港口所在地，耸立着外观简陋的克拉斯的圣阿波里纳利教堂，其外形是典型的古代基督教教堂。在该教堂的一侧，是一个后来建造的圆形钟楼。教堂内有三个殿堂。教堂四壁，镶着一些饰以浮雕的石棺，里面埋葬着拉文纳最著名的一些大主教的遗骨。在穹顶的下部，可见到6世纪的镶嵌画。画上是拉文纳的圣保护使徒圣阿波里纳利高举双手的立像，他的周围，在一片和平宁静的风景画面上，环绕着一群羊羔；在阿波里纳利的上方，在巨大的缀满星斗的蓝天圆形浮雕上，一个宝石十字架闪着光。这所教堂里的其他镶嵌画则是晚些时候的作品。⑯

拉文纳的圣维塔利教堂是研究查士丁尼时期艺术成就的最有价值的资料。在这座教堂里，6世纪的镶嵌画几乎全都被保存下来了。穹形教堂圣维塔利教堂的内部墙壁上，自上至下都覆盖着美妙的浮雕和镶嵌装饰。该教堂后殿的半圆形殿堂因其两侧的镶嵌画而特别著名。其中一幅是在大主教、教士和廷臣环绕下的查士丁尼；另一幅是他的妻子狄奥多拉和她的侍妇们。这两幅画上的人物服饰因其灿烂夺目而令人倾倒。拉文纳，这座有时被称为"意大利-拜占庭的庞培城"或"西拜占庭"⑰的城市为研究5—6世纪的早期拜占庭艺术提供了最有价值的资料。

查士丁尼的建筑活动并不仅仅局限于建筑堡垒和教堂。他还建筑了许多修道院、宫殿、桥梁、蓄水池、引水渠、浴池和医院。在拜占庭的边远行省中，查士丁尼的名字是同西奈山上的圣凯瑟琳修道院的建筑活动相联系的。在该教堂的后殿拱壁上，是一幅耶稣变容的镶嵌画，据推算是6世纪的作品。⑱

---

⑯ 多尔顿：《东方基督教艺术》，77—78。

⑰ 亦见夏尔·迪尔《拉文纳》(*Ravenne*)，VIII，132。

⑱ 见 V.贝内塞维奇(V.Beneševič)"关于西奈山上的耶稣变容图之年代考证"("Sur la date de la mosaïque de la Transfiguration au Mont Sinaï")，《拜占庭》(布鲁塞尔)，I(1924)，145—172。

第三章 查士丁尼大帝及其直接继承者(518—610年)

查士丁尼时期的一些极其重要的丝织物和纺织品亦保留至今。⑯尽管在教会的影响下,雕塑作品总的来说是处于衰落状态,但仍出现了大量的特别精美的象牙雕刻品,尤其见于一些双联记事板和执政官使用的双联板*中,这些记事板多属于5世纪初至541年查士丁尼取缔执政官制这一时期的遗物。

在查士丁尼时代,所有的作家、圣索菲亚教堂及圣使徒教堂的建筑者都是北非人或亚洲人,希腊化的东方仍然继续滋养着拜占庭帝国的文化艺术生活。

概观查士丁尼之长期的、多变而复杂的统治,可以看出,就他所计划的主要方面而言,他没有达到预期的结果。很显然,由查士丁尼的信念,即"罗马皇帝有义务收复帝国失去的土地"所激发的对西方的辉煌的军事征伐事业最后没有成功。这些战争绝对不符合帝国的真正利益,它的真正利益主要是在东方;因此,这些战争在很大程度上导致了国家的衰落。国家资源的贫乏导致军队的削减,使得查士丁尼不可能在其新征服的省区巩固自己的统治。这一结局在他的后继者统治时期变得更为明显。皇帝的宗教政策也是失败的,因为它后来未能带来宗教的统一,而仅仅使东方以一性教派为主体的各行省更加混乱。查士丁尼在其行政改革上遭到最彻底的失败,这些改革始于皇帝真诚的愿望,可由于地方官的巧取豪夺和沉重的税收,却导致农村的凋敝和人口的减少。

然而,查士丁尼有两项成就在人类文明史上留下了深刻的烙

---

⑯ 见迪尔《拜占庭艺术手册》,I,230—277。

* 可折叠的双联记事板,自古罗马时期以来帝国用以表示皇室、权贵和教士的身份。——译者

印,并且完全符合他的"大帝"之称号,此两项成就即他的"民法法典"和圣索菲亚大教堂。

第四章 希拉克略时代
(610—717年)

希拉克略(Heraclius)及其占据拜占庭皇位的直接继位者建立的统治王朝,可能属于亚美尼亚血统。这一点,至少可以从7世纪亚美尼亚历史学家塞贝奥斯(Sebeos)所提供的关于希拉克略时代的价值不菲的原始资料中推断出来。他写道,希拉克略家庭与著名的亚美尼亚家族阿尔萨息斯(Arsacids)家族有亲缘关系。① 与这一说法有些矛盾的是,几份史料都提到希拉克略的一头淡色金发。② 他于610年至641年在位。他的儿子君士坦丁是他的第一位妻子欧多西娅(Eudocia)所生。希拉克略去世后,君士坦丁只在位统治九个月,于641年去世。历史上通称他为君士坦丁三世(因君士坦丁大帝的一个儿子被称为君士坦丁二世)。君士坦丁三世去世后,希拉克略的第二个妻子马尔蒂娜(Martina)所生的希拉克罗那斯(希拉克利恩)执掌皇权几个月。他于641年秋天被废,

---

① 《希拉克略皇帝的历史》(*The History of the Emperor Heraclius*),XXXII;1862年俄文版,129;F.马克莱尔(F.Macler)法译本,108。

② 见 A.佩尼斯(A.Pernice)《希拉克略皇帝》(*L'Imperatore Eraclio*),44。H.格雷古瓦:"执掌拜占庭皇权的亚美尼亚王朝"("An Armenian Dynasty on the Byzantine Throne"),《亚美尼亚季刊》(*Amenian Quarterly*),I(1946),4—21。他称582年至713年整个时期是拜占庭历史上的第一个亚美尼亚时代(8)。

接着君士坦丁三世的儿子康斯坦斯二世（Constans II）继位（641—668年在位）。他的名字的希腊文词形康斯塔斯（Constas，拉丁文是Constans）可能是他的正式名字君士坦丁的昵称。在拜占庭的货币上，在这一时期的西方官方文件里，甚至在一些拜占庭史料中，他都被称为君士坦丁。拜占庭的人民显然称他为康斯坦斯。他的继位者是他的精力旺盛的儿子君士坦丁四世（668—685年在位）。君士坦丁四世通常的绰号是"波戈那图斯"（Pogonatus），意思是"有胡须者"。但是现代学者却认为这个绰号是指他的父亲，而不是指他自己。③ 685年，随着君士坦丁四世的去世，希拉克略王朝的盛期宣告结束。该王朝的最后一名统治者是君士坦丁四世的儿子查士丁尼二世（绰号里诺特米图斯[Rhinotmetus]，意思是"被割掉鼻子的"），他两次执政——一次从685年至695年，另一次从705年至711年。查士丁尼二世执政时期，以多行暴政著称，但至今人们对其尚未充分研究。看起来，有理由猜想，查士丁尼二世残酷对待贵族代表们的行为不仅仅归咎于他的专横，而且应归咎于他内心对那些不愿屈从他的意志和极端专制政策并极力要废黜他的贵族成员不满。史料中清楚地显示出他们对查士丁尼二世的一贯敌对倾向。他于685年被废黜，鼻子和舌头被割掉，④被逐到克尔松的克里米亚城。他逃到卡扎尔汗（Khagan of khazars）那里，与其妹妹联姻。后来，在保加利亚人的帮助下，重新登上拜占庭皇帝宝座。返回首都君士坦丁堡之后，他对当年参与推翻其

---

③ 见E.W.布鲁克斯"谁是君士坦丁·波戈那图斯？"（"Who was Constantine Pogonatus"），《拜占庭杂志》（德文），XVII（1908），460—462。

④ 并没有使他完全丧失说话能力。

第四章 希拉克略时代(610—717年)

统治的人员实行残酷的报复。这一暴政导致了711年的革命,查士丁尼二世和他一家被杀。711年标志希拉克略王朝的结束。查士丁尼两次统治的间隔时期,有两位短暂执政的皇帝:来自于伊苏里亚的军队统帅莱昂提乌斯(Leontius,695—698年在位)和阿普西玛尔(Aposimar),阿普西玛尔获取帝位之后,采用提庇留的名号(提庇留三世,698—705年在位)。一些学者倾向于承认阿普西玛尔-提庇留属于哥特-希腊血统。⑤ 自711年残酷的查士丁尼二世被废黜之后,从711年至717年的六年间,有三人短暂执掌拜占庭的帝位:亚美尼亚人瓦尔丹(Vardan)或菲利彼库斯(Philippicus,711—713年在位)、阿特米乌斯(Artemius,加冕典礼时更名为阿那斯塔修斯,即阿那斯塔修斯二世,713—715年在位)和狄奥多西三世(715—717年在位)。拜占庭帝国从695年起普遍存在的混乱状态,直至717年著名的统治者利奥三世登基才结束。他开创了拜占庭帝国历史上的一个新时代。

对外问题

波斯战争和对阿瓦尔人及斯拉夫人的战役

具有卓越才能和非凡活动能力的希拉克略皇帝,实际上似乎也是残暴的福卡斯死后的一个模范统治者。据他的同代人庇西迪亚诗人乔治记载,希拉克略强调,"权力要显示爱而不是恐怖";诗

---

⑤ 柏里:《晚期罗马帝国史》,II,354。

人乔治以绝佳的诗韵描述了希拉克略与波斯人的战争和与对阿瓦尔人入侵者的战争。⑥"希拉克略是中世纪拜占庭的创造者,"奥斯特洛戈尔斯基说道,"他的国家概念是罗马的,他的语言和文化传统是希腊的;他的信仰是基督教的。"⑦由于在他执政时期帝国的处境非常危险,所以希拉克略的成就更值得注意。波斯人从东方正造成威胁,阿瓦尔人和斯拉夫人从北方威胁帝国。而在国内,福卡斯时运不济的统治之后,国内形势完全陷入混乱状态。新任皇帝希拉克略既无金钱又无足够的军事力量;在他统治早期,严重的动荡震撼着帝国。

611年,波斯人开始进攻叙利亚,占领了拜占庭东方省的主要城市安条克。稍后,他们又占领了大马士革。在完全控制了叙利亚后,他们向巴勒斯坦推进。614年开始对耶路撒冷进行为时20天的围攻。最后波斯人的攻城塔和攻城槌撞破城墙。正如一则史料所记载:"邪恶的敌人猛烈地攻进了城市,像疯狂的野兽和狂怒的龙。"⑧他们抢劫城市,毁掉基督教教堂。君士坦丁大帝和海伦*建立的圣墓教堂的财宝被抢劫,教堂被付之一炬。基督教徒遭受

---

⑥ 《对波斯战争》(De expeditione persica),vss.90—91;I.贝克编:《拜占庭历史文献大全》(Corpus Scriptorum Historiae Byzantinae),17,该全集在下文中将标明"波恩版"。

⑦ 《拜占庭国家史》,96。

⑧ 安提奥库斯·斯特拉特古斯(Antiochus Strategus):《614年波斯人占领耶路撒冷》(The Capture of Jerusalem by the Persians in the Year 614),N.马尔(N.Marr)英译,15;F.C.康尼贝尔(F.C.Conybeare)英译,《英国历史评论》,XXV(1910),506。P.皮特斯(P.Peeters):"波斯人攻克耶路撒冷记"("La Prise de Jerusalem par les Perses"),《圣约瑟夫大学学报》(Mélanges de l'Université de Saint-Joseph),IX(1923)。

* 海伦,即圣海伦,君士坦丁之母,见本书第二章。——译者

第四章 希拉克略时代(610—717年)

了残酷的暴力和残杀。耶路撒冷的犹太人站到波斯人一边,疯狂参加了大屠杀,据史料记载,在这次屠杀中,有60,000名基督徒死亡,许多财宝从圣城运回波斯,基督教世界最宝贵的纪念物之一——"真十字架"*被运到泰西封。众多的俘虏被送到波斯,其中有耶路撒冷的主教扎哈利亚(Zachrias)。⑨

波斯人对巴勒斯坦的劫掠性征服和对耶路撒冷的抢劫,成为该省历史的转折点。

> 这是自提图斯**时期攻占耶路撒冷以来,前所未闻的一次灾难,而且这次灾难是无法补救的。在历史上,该城再也没有出现过像君士坦丁时期那样的光辉,而且,城内如欧麦尔清真寺那样的巨型建筑,再也不可能在历史上创造一个时代。从此以后,耶路撒冷城和它的建筑物不断地、一点点地走向衰落。至于给欧洲带来了大量掠夺物和许多历史后果的十字军的入侵,在耶路撒冷城的历史上引起的只是麻烦、混乱和衰落。波斯人的侵略在短时间内消除了强行输入巴勒斯坦的古典希腊罗马文明的影响。农业破产,城市人口减少,许多寺院和隐修院***或被暂时关闭或被永久毁坏,所有商业停止发展。

---

* 传说是当年耶稣赴难被钉死于上的十字架。630年(有的学者认为在629年9月4日)重新安置的"真十字架"直到今天还在黎巴嫩。——译者

⑨ 见H.樊尚和F.M.阿贝尔《耶路撒冷》,II,Pt.4,926—928。

** 提图斯是古罗马帝国的将军和皇帝(40?—81年),79—81年在位,70年领兵镇压耶路撒冷的起义,攻陷该城后,进行彻底破坏。——译者

*** 此处的隐修院即lauras,是修道者实行个人的禁欲生活的隐修处,该处的修士们不过集体生活。——译者

这次入侵使从事抢劫的阿拉伯部落摆脱了曾制约着他们的恐惧和同盟的束缚,开始形成统一体,从而使他们后一时期有可能进行全面性的进攻。从此之后,该地区的文化发展结束了。巴勒斯坦进入了动乱的时期,如果不是因为这种混乱持续到我们所处的时代,这一时期可能很自然地被称为中世纪时期。⑩

波斯人之所以能轻易地征服叙利亚和巴勒斯坦,可以根据这些省的宗教状况做出部分解释。这些地区大部分的居民(尤其是叙利亚人)并没有信奉中央政府支持的正统教派。这些省的聂斯脱利教*和后来的一性教派受到拜占庭中央政权的严格压制,因此,他们很自然地乐于接受崇拜火的波斯人的统治。在波斯人的领土上,聂斯脱利教享有相当的宗教自由。

波斯人的侵略不限于叙利亚和巴勒斯坦。部分波斯军队穿越整个小亚细亚之后,占领了靠近博斯普鲁斯海峡的马尔马拉海岸边的卡尔西顿城,在赫里索波利斯(现在的斯库台)扎营,与君士坦丁堡相对垒。与此同时,另一支波斯军队出发去进攻埃及。可能在618年或619年,亚历山大城失陷。在埃及,也正像在叙利亚和巴勒斯坦一样,一性教派的居民完全支持波斯人反抗拜占庭的统治。埃及的丧失对拜占庭帝国是一个沉重的打击,因为埃及是君士坦丁堡的谷仓,埃及谷物供应的停止,严重影响了首都君士坦丁

---

⑩ 康达可夫:《穿越叙利亚和巴勒斯坦的考古旅行》(*An Archeological Journey through Syria and Palestine*),173—174。

* 聂斯脱利教,中国史籍称"景教",于635年(唐太宗贞观九年)传入中国。——译者。

堡的经济形势。

除了波斯战争而导致的拜占庭南部和东部地域的严重损失外,拜占庭帝国北部也出现了另一个巨大的威胁力量。巴尔干半岛的阿瓦尔-斯拉夫游牧部落由阿瓦尔汗率领向南迁移,掠夺和破坏了拜占庭北部各省,兵临君士坦丁堡城下,攻破了城墙。这次远征不是一次战役,而是一系列的抢劫,随之,阿瓦尔汗携带大量的俘虏和掠夺物北归。⑪ 希拉克略的西方同代人,塞维利亚主教伊西多尔的著作中,提到了这些侵略者。他写道:"希拉克略在位第十六(五)年的年初,斯拉夫人便从罗马人手里夺取了希腊,波斯人夺取了叙利亚、埃及和许多行省。"⑫ 约在这时(620年),拜占庭失去了其在西班牙的最后一块领地,西哥特国王斯温希拉(Swinthila)完全占领了西班牙。但巴利阿利群岛仍在希拉克略手中。⑬

经过一段时间的犹豫之后,希拉克略皇帝决定向波斯人开战。考虑到国库空虚,希拉克略只好求助于首都和各省教会的珍宝圣

---

⑪ 这次阿瓦尔人的侵略可能发生在617年。见N.贝恩斯"阿瓦尔人突然袭击的日期"("The Date of the Avar Surprise"),《拜占庭杂志》(德文),XXI(1912),110—128。

⑫ 伊西多尔的编年史并不准确。西班牙的伊西多尔(Isidori Hispalensis):《大编年史》(*Chronica Majora*);J.P.米涅编《拉丁教父文献全集》,LXXXIII,1056(统治的第5年);T.蒙森《日耳曼历史文献,古典作家》,11;《大编年史》(*Chronica Minora*),II,479(统治的第16年)。

⑬ F.格雷斯(F.Görres):"西班牙西哥特王国海岸的拜占庭领地(554—624年)"("Die byzantinischen Besitzungen an den Küsten des spanisch-westgothischen Reiches"),《拜占庭杂志》(德文),XV(1907),530—532。E.布奇尔(E.Bouchier):《罗马帝国统治下的西班牙》(*Spain Under the Roman Empire*),59—60。P.古伯特(P.Goubert):"拜占庭与西哥特西班牙(554—711年)"("Byzance et l'Espagne wisigothique,554—711"),《拜占庭研究》,II,(1945),48—49、76—77。

器，他下令将这些圣器打制成大量的金币和银币。他企图给阿瓦尔汗送去显贵身份的人质和大批金钱，消除其在帝国北部形成的威胁。622年春天，希拉克略渡过海峡到小亚细亚，招募了大量的士兵，对他们进行了几个月的训练。以夺回"真十字架"和圣城耶路撒冷这一附带目标的对波斯战争，采用了宗教战争的形式。

现代历史学家认为，从622年至628年，希拉克略可能指挥了三次对波斯战争，每次都取得辉煌胜利。同代诗人庇西迪亚的乔治为这一重大胜利创作了一首胜利的凯歌（*epinikion*），题名是：《希拉克略》（*Heraclias*）；而在另一首诗《六日》（*Hexaemeron*）中，他叙述了上帝创造世界的六天，用以暗喻希拉克略战胜波斯人的六年。20世纪的历史学家Th.I.乌斯宾斯基将希拉克略的战争与亚历山大大帝的辉煌战争相比。[14] 希拉克略获得了高加索部落的支援，并与卡扎尔汗结成联盟。波斯北部与高加索交界的行省成为希拉克略采取军事行动的主要战场。

当皇帝领兵外出在远方打仗时，首都面临着非常严重的危机。阿瓦尔汗撕毁了与希拉克略达成的协议，于626年率领庞大的阿瓦尔人和斯拉夫人的大队人马，直抵君士坦丁堡。他还与波斯人达成协议，后者马上派部分军队到卡尔西顿城。阿瓦尔人和斯拉夫人的军队对君士坦丁堡的包围引起了居民的极大恐慌，但首都卫戍部队成功地击退对方的进攻，敌人溃逃而去。波斯人一听到溃败消息，马上从卡西顿城调走军队，直接开往叙利亚。626年拜占庭人在君士坦丁堡城下打败阿瓦尔人，这是野蛮的阿瓦尔王国

---

[14] 《拜占庭帝国史》，I，684。

第四章　希拉克略时代(610—717年)

衰弱的主要原因之一。⑮

与此同时,希拉克略于627年底在古代尼尼微遗址附近(现底格里斯河边的摩苏尔附近)的战斗中,击溃了波斯人,并进军到波斯中部各省,获得大量战利品。他派人给君士坦丁堡送去一份长长的自鸣得意的声明,描述了对波斯人战争的成功,宣布战争的结束和他取得的辉煌胜利。⑯"629年,希拉克略的荣誉如日中天,他的天才光芒驱散了笼罩在帝国上空的黑暗。现在,一个伟大、和平的光荣时代展现在所有人的眼前。一直令人恐怖的波斯敌人永远屈服,多瑙河边的阿瓦尔人的势力正迅速衰落。有谁能抵御拜占庭的军队?有谁能威胁帝国?"⑰这时,波斯国王库斯鲁被废黜并被杀掉,他的继位者喀瓦德·谢罗尔与希拉克略进行了和平谈判。根据双方订立的协议,波斯归还所占领的拜占庭帝国的叙利亚、巴勒斯坦和埃及省,交还圣物"真十字架"。希拉克略以凯旋式回到首都。630年他偕妻子马尔蒂娜赴耶路撒冷,在那里,"真十字架"被重新安置于原地,整个基督教世界为之振奋。当时的亚美尼亚史学家塞贝奥斯对这一事件做了以下描述:

---

⑮ 佩尼斯:《希拉克略皇帝》,141—148。J.库拉科夫斯基:《拜占庭史》,III,76—87。

⑯ 此声明现保存在《复活节编年史》,724—734;意大利版佩尼斯《希拉克略皇帝》,167—171。

⑰ 佩尼斯:《希拉克略皇帝》,179。见 V.米诺斯基(V.Minorsky):"罗马人和拜占庭人在阿特罗帕特的战争"("Roman and Byzantine Campaigns in Atropatene"),《东方和非洲研究学会公报》(Bulletin of the School of Oriental and African Studies),XI,2(1944),248—251(626—628年希拉克略的战争)。

> 当他们进入耶路撒冷城时,全城欢天喜地。皇帝、王侯、所有军士和城市居民兴高采烈。人们满怀激情,泪洒如雨,悲叹之声、哭泣之声不绝于耳;因为皇帝和全体人员是如此激动,乃至于谁也唱不出赞颂我主的圣歌。皇帝将它("真十字架")安置在原来的地方,交还该教堂的所有东西,所有物件悉数复归原位;他向城里的所有居民和所有教堂分发了礼物,赠送了香烛金。⑱

有趣的是,希拉克略对波斯人的胜利,在《古兰经》中也有提及:"希腊人曾在近东领土上被波斯人打败,但是在失败后的几年内,他们又反过来把对手打败。"⑲

希拉克略对波斯人战争胜利的意义。——这次波斯战争的胜利,在拜占庭帝国历史上,是一个重要的时代标志。在中世纪早期的这两个主要世界大国拜占庭帝国和波斯之间,后者完全丧失了先前的重要性,变成了一个弱国。不久,因受到阿拉伯人的攻击,波斯失去了它的政治地位。胜利的拜占庭帝国给了它最强硬的敌人以致命的打击,收复了帝国丧失的所有东方行省,"真十字架"回归基督教世界。同时,使首都摆脱了阿瓦尔-斯拉夫游牧部落的可怕威胁。拜占庭帝国似乎处于光辉和势力的顶点。印度国王在希

---

⑱ 《希拉克略皇帝》(*Emperor Heraclius*),帕特卡诺夫(Patkanov)译本,111;F.马克莱尔译本,91。两位翻译者在最后的一句中,将"恩赐"(benediction)译成"礼物"(gifts)。见库拉科夫斯基《拜占庭》,III,118页注1。

⑲ 《古兰经》,XXX,I;这一章的题目是"希腊人",G.塞尔(G.Sale)译,330—331。(本书提到的《古兰经》译文与中文版的《古兰经》译文有较大差别。见马坚《古兰经》,中国社会科学出版社,1981年版,309。——译者)

拉克略战胜波斯人时,派人向他祝贺并赠予大量的珠宝。[20] 法兰克国王达格贝尔特(Dagobert)派去特使,与拜占庭帝国缔结正式和约。[21] 在630年,波斯女王博兰(Borane)显然也向希拉克略派去一名特使,签订正式和约。[22]

629年波斯战争胜利结束之后,希拉克略首次正式采用basileus(王)的王衔。在东方,特别是埃及,该王衔用于指代帝王已经用了好几个世纪。4世纪时,该王衔在拜占庭帝国讲希腊语的地方流行,但是并没有把它当成一种正式的头衔。7世纪以前,希腊语词中,与拉丁语名词"皇帝"(*imperator*)相对应的是"君主"(αὐτοκράτωρ)一词,即独裁者,在词源上并非与"皇帝"(imperator)相符。拜占庭皇帝承认其为basileus的唯一外国统治者是波斯的国王(边远的阿比西尼亚国王除外)。柏里写道:"只要在罗马帝国之外,有一个具有很大独立性的basileus,皇帝们便避免采用将会与另一位君主相同的头衔。但是当那位君主降到封臣的地位时,便不再存在同时使用同一名称的问题。于是皇帝正式采用

---

[20] 狄奥凡尼:《编年史》;C.德博尔编,335。

[21] 《弗雷德加编年史及其续编》(Chronicarum quae dicunter Fredegarii Scholastici),IV,62。《日耳曼历史资料集,墨洛温王室手稿》,II,151。也可见《法兰克王达格贝尔特一世编年》(*Gesta Dagoberti I Regis Francorum*),24;《日耳曼历史资料集》,409。

[22] 《编年简史》(*Chronica Minora*),I;吉迪(I.Guidi)译,《东方基督教手稿大全·叙利亚手稿》(*Corpus scriptorum christianorum orientalium*, *Scriptores Syri*),ser.III,iv。阿伽比乌斯·德蒙彼杰(Agapius[Mahboub] de Menbidg);《世界史》(*Histoire universelle*),A.A.瓦西列夫编;《东方教父全集》,VIII(1912),II(2),453(193)。《叙利亚迈克尔编年史》,J.B.夏普译,II,420。见T.内尔德克(T.Nöldeke)《萨珊时期的波斯和阿拉伯历史》(*Geschichte der Perser und Araber zur Zeit der Sasaniden*),391—392。内尔德克:《波斯历史论文集》(*Aufsätze zur persischen Geschichte*),129。

这一存在已达几个世纪并早已为他非正式应用的王衔以强调上述事实。"[23]

阿拉伯人

在被希拉克略收复的叙利亚、巴勒斯坦和埃及省,一性教派居民重新占优势,政府对待一性教的态度又成了头等棘手和非常重要的问题。尽管希拉克略与波斯的长期持续性战争以辉煌成果而告终,但是,由于人力损失惨重和极为沉重的财政负担,必然暂时地削弱了拜占庭帝国的军事力量。而且帝国无法获得急需的休整时间,因为在波斯战争结束不久,又出现了令人生畏的、完全在意料之外和起初没有充分意识到的威胁——阿拉伯人。他们对拜占庭帝国和波斯的进攻,开始了世界历史的一个新时代。

吉本对阿拉伯人的进攻做了以下论述:"当希拉克略皇帝在君士坦丁堡或耶路撒冷庆祝胜利时,叙利亚边境的一座不引人注目的城镇受到萨拉森人的抢劫。萨拉森人还歼灭了一些前去救援的军队。如果它不曾是一个强大革命的前兆,它应属于一般的、不大的偶然事件。这些强盗是穆罕默德的追随者,他们的粗野勇敢来源于沙漠。希拉克略统治的最后八年,他原来从波斯人那里光复的省份又落入阿拉伯人手中。"[24]

穆罕默德和伊斯兰教。——在基督教时代之前很久,闪米特

---

[23] 《晚期罗马帝国的法律制度》(The Constitution of the Later Roman Empire),20;J.B.柏里:《文章精选》(Selected Essays),H.坦普利(Temperley)编,109。该观点受到 E.施泰因的反对,见《拜占庭史》(Byzantinische Zeitschrift),XXIX(1930),353。

[24] 《罗马帝国衰亡史》,J.B.柏里编,chap.46。

第四章 希拉克略时代(610—717年)

人种的一支阿拉伯人占据了阿拉伯半岛和位于半岛北部并一直伸展到幼发拉底河畔的叙利亚沙漠。阿拉伯半岛的面积大约相当于欧洲的四分之一。被东面波斯湾、南面印度洋、西面红海所包围；在北面，它渐渐地伸入叙利亚沙漠。历史上，阿拉伯半岛上最著名的省份是：(1)位于中部高原的纳季德*；(2)位于半岛西南部的也门(或称"阿拉伯福地")；(3)沿着红海边，从半岛北部伸展到也门的狭长地带希贾兹**。干旱的土地并不是处处都适合人类的居住且阿拉伯人是游牧民族，主要占据着中部和北部阿拉伯半岛。贝都因人过着游牧生活，自认为是阿拉伯民族纯血统的真正代表者，真正具有高贵和勇敢的人性。他们非常傲慢，甚至蔑视少数城市和乡村的定居居民。

罗马帝国***不得不因保卫东方叙利亚边境而陷入了与阿拉伯人部落的冲突。为此目的，东罗马皇帝在边界修筑了防御工事，即所谓的"叙利亚防线(*limes*)"。它类似于那些为防御日耳曼人进攻而沿多瑙河边界建立的著名的罗马防线(*limes romanus*)，****当然，其规模小于罗马防线。沿着叙利亚边界的一些主要的罗马防御工事遗址，现在仍然存在。⑤

---

* 旧译内志。——译者

** 旧译汉志。——译者

*** 此处原文如此。本书作者一向认为，罗马帝国并没有分裂，拜占庭就是罗马，只不过后来其语言和核心民族成分发生了变化。因此，历史上没有拜占庭这个帝国，这是后人的称谓。——译者

**** 从1世纪初起，罗马帝国为了防御日耳曼人，开始在多瑙河上设置防线。——译者

⑤ 关于叙利亚防线，见 R.杜索德(R.Dussaud)《前伊斯兰时期叙利亚的阿拉伯人》(*Les arabes en Syrie avant l'slam*)，24—56。

早在公元前2世纪,在叙利亚的阿拉伯人中便形成了独立国家。它们受到阿拉米文明和希腊文明的强大影响,因此它们有时被说成是阿拉伯-阿拉米人建立的希腊化王国。在这些城邦中,佩特拉因其处于大商路过境处的有利地位,变得特别富裕和重要。该城邦的宏大遗址,引起了当今历史学家和考古学家的重视。

就文化和政治概念来看,在罗马帝国时代存在的所有叙利亚-阿拉伯国家中,最重要的是帕尔米拉(Palmyra),该国勇敢的女王,即罗马和希腊作家所称赞的、受过希腊文化教育的齐诺比娅(Zenobia),在3世纪的后半期,占领了埃及和小亚细亚的大部分,形成了一个强大的国家。根据B.A.图雷夫(B.A.Turaev)[㉕]的说法,这是东方反击的初次表现,也是首次将罗马帝国分裂为两部分:东方和西方。罗马皇帝奥勒良恢复了帝国的统一。273年,被捕的齐诺比娅女王只好随着胜利者的奏凯战车进入罗马。叛乱的帕尔米拉被夷为平地。然而,它的令人难忘的遗址像佩特拉的那些废墟一样,仍吸引着学者和旅行者。帕尔米拉的著名的纪念性铭文,即帕尔米拉的关税表刻在一块巨大碑石上,内容包括有关该城邦的商贸和金融的非常有价值的材料。它曾被运往俄国,保存在列宁格勒的修道院里。

拜占庭时期,有两个阿拉伯王朝非常突出。一个是叙利亚的加萨尼王朝(Ghassanids)依附于拜占庭皇帝,其宗教倾向是一性教派。6世纪查士丁尼统治时期,该王朝变得特别强大,曾援助拜占庭帝国在东方的军事行动。7世纪初,当波斯人占领叙利亚和

[㉕] 《古代东方史》(History of the Ancient East)(第2版,1914年),II,313。

第四章 希拉克略时代(610—717年)

巴勒斯坦时,该王朝可能不复存在。第二个阿拉伯王朝莱赫米朝(Lakhmids),以幼发拉底河边的希拉城为中心。由于它与波斯萨珊王朝有封臣关系,与加萨尼王朝处于敌对状态。7世纪初,该王朝也不复存在。在希拉城中,基督教中的聂斯脱利派有相当多的信徒,甚至莱赫米王朝的一些成员也信奉该教。两个阿拉伯王朝为了保卫各自王国的边境,加萨尼人站在拜占庭一边,莱赫米人站在波斯人一边。显而易见,7世纪初,这两个附庸国皆已灭亡,致使穆罕默德扩张时代,在阿拉伯半岛和叙利亚沙漠,已经不存在任何一个可称为国家的独立政治机构。自公元前2世纪末起,也门还存在着赛白人-希米亚人(Sabaeans-Homerites)王国。但是,约在570年,也门被波斯人占领。㉗

在穆罕默德时代之前,古代阿拉伯人生活在部落组织中。血缘关系是维系其共同利益的唯一基础,这种共同利益几乎完全限于忠诚、保护、援助以及对攻击部落的敌人实施报复,满足部落的产生、延续和部落间血仇斗争的最低需要。在古阿拉伯诗歌与散文传说中,保存了古老时代习俗的有关证据。在古阿拉伯的各个部落间的相互关系中,敌意和傲慢是两个居支配地位的因素。*

古阿拉伯的宗教观念是原始的,各部落都有自己的神和圣物,如石头、树和泉水。他们以这些东西推测命运,在阿拉伯半岛的一

㉗《狄奥凡尼历史摘编》(*Excerpta e Theophanis Historia*),波恩版,485;见内尔德克(Nöldeke)《波斯与阿拉伯历史》(*Geschichte der Perser und Araber*),249—250。C.孔蒂·罗希尼(C.Conti Rossini):《埃塞俄比亚史》(*Storia d'Etiopia*),199。

* 本文以下部分对伊斯兰教与穆罕默德的描述,完全忠实于原作者的观念,译者未增减任何个人观点。——译者

些地区，对星星的崇拜是主流。研究阿拉伯古代史的一位专家说，在宗教的实践方面，古阿拉伯人在被崇拜物面前几乎没有超出自然崇拜者的宗教感情。[28] 他们相信自然界存在着友好的力量，而更经常可见的是恶意的力量，他们称之为精灵。在阿拉伯人的观念中，对于最高的不可见的力量安拉的认识是模糊的。他们显然也不知道作为一种崇拜仪式的祈祷活动。当他们求助于神时，他们的符咒通常是请求帮助以对敌人的某些伤害和侵犯进行报复。戈德齐赫也认为"幸存的前伊斯兰时期的诗文完全没有涉及努力向神靠近，甚至也没提及令人尊崇的灵魂，只是轻描淡写地表示了他们对民族的宗教传统的态度"[29]。

贝都因人过的游牧生活显然不利于形成进行宗教崇拜的永久固定的中心，即使是极其原始的崇拜形式。但是，除了贝都因人之外，还有沿商贸道路一线产生和发展起来的城市及乡村的定居居民，他们主要来自半岛的南部和北部，从也门至巴勒斯坦、叙利亚和西奈半岛的驼队所行之路。这条商道沿线最富裕的城市是麦加（古代著作中的马克拉巴[Macoraba]），在穆罕默德出现很久以前便很闻名。处于第二重要地位的是叶斯里卜（Yathrib）*，即后来的麦地那，位于更北的地方。这两个城市是南来北往的驼队商人合适的歇宿地点。在麦加和叶斯里卜的商人中，以及在半岛其他地方如北部的希贾兹和也门的居民中，都有许多犹太人。在北方，

---

[28] I.戈德齐赫（I.Goldziher）："论伊斯兰教"（"Die Religion des Islams"），收于《当代文化：东方宗教》（*Die Kultur der Gegenwart：Die Religionen des Orients*），P.辛内伯格（P.Hinneberg）编，III,1,part 2,102。

[29] 同上。

* 亦译为雅特里布。——译者

自罗马-拜占庭的巴勒斯坦和叙利亚省;在南方,自阿比西尼亚经也门,有许多基督徒深入半岛内。麦加成为半岛上混杂的居民们的中心集聚点。在古代,麦加便有圣庙克尔白,它原先显然是非阿拉伯的。它是一座四方形的石头建筑,约有35英尺高,藏有主要的崇拜物黑陨石。传说,这块石头是上天降下来的,以亚伯拉罕的名义参与了圣殿的建造。由于麦加便利的商业位置,来自阿拉伯所有部落的商人常往来于该城。有些传说证实,为了吸引更多来客,克尔白圣殿内放置了许多不同部落所崇拜的偶像,以便各个部落的代表在麦加逗留期间可以崇拜他们敬仰的神。来此的朝拜者不断增加,尤其是在"上帝和平"的圣日期间来客众多。所谓"上帝和平"是阿拉伯人的一则惯例,它多少可以保证那些派代表到麦加朝圣的各个部落的领土不受侵犯。宗教节日期间,麦加同时也是大集市,阿拉伯人与外来商人进行商品交换,这给麦加带来大量的收益。麦加城迅速变得非常富裕。约5世纪时,一个显赫的部族古莱氏部落开始统治麦加。爱财的麦加人从不忽略物质利益,为了增加自己的私利,市民们经常利用神圣的集会。按一位学者的说法:"以其贵族的统治地位,以其对传统仪式的控制,麦加城带有一种实利主义和傲慢的寡头的特征,在那里不可能找到深刻的宗教满足感。"[30]

---

[30]《当代文化:东方宗教》,III,1,part 2,103。又见 P.H.拉芒(P.H.Lammens)"希吉拉时期的麦加"("La Mecque à la veille de l'hégire"),《圣约瑟夫大学学报》(*Mélanges de l'Université de Saint-Joseph*),IX(1924),439;拉芒:"前伊斯兰时期阿拉伯半岛西部的圣殿",("Les sanctuaries préislamiques dans l'Arabie Occidentale"),《圣约瑟夫大学学报》,XI(1926),173。

在麦加，阿拉伯人有足够的机会了解基督教和犹太教，在它们的影响下，甚至早在穆罕默德之前，麦加已有一些人受到与枯燥乏味的旧的宗教习俗截然不同的宗教思想的鼓舞。对一神教的渴望和禁欲主义生活方式的向往，是这些默默无闻的传道者的崇高理想。他们在个人的体验上找到了满足，但是并没有影响他们周围的人们并改变信仰。使阿拉伯人统一起来和建立一个世界性宗教的是穆罕默德。他首先从一位真诚的忏悔布道者成为一位先知，然后成为一个政治社会的领袖。

穆罕默德约生于570年，属哈希姆（Hashimite）氏族。哈希姆氏族是古莱氏部落中最穷的氏族之一。他很小的时候，父母便去世，为了挣钱过活，他只好在富裕的寡妇赫底澈（Khadidja）的商队中当一名牵骆驼手。当他与赫底澈结婚时，经济状况大为改观。从儿童时代起，他便是一个性格敏感、柔弱的人。与犹太人和基督徒的接触及受到他们的影响，他开始越来越多地思考麦加的宗教组织问题。在他的思想中经常产生的许多疑问，使他时时感到绝望和无休止的痛苦，他变得易于激动、不安。当他在麦加郊区独自徘徊期间，得到安拉的启示，他心中坚信上帝已派他去拯救走上歧途的他的人民。

穆罕默德40岁时，决定公开表达他的主张。他开始先在自己家族的小范围内传道。后来，向下层阶级构成的小团体中传道，稍后又在一些重要市民中传教。然而古莱氏部族的首领们公开反对穆罕默德，使他无法在麦加待下去。622年，他秘密地带领着自己的信徒，离开了他出生的城市，向北方到达叶斯里卜。该城包括犹太人在内的居民经常要求他到那里，答应让他过得更舒适惬意。

他们非常热烈地迎接他和他的信徒。后来把他们的城市更名为麦地那,意思是"先知之城"。

正像人们经常不十分准确的提法那样,迁移的这一年或者是穆罕默德从麦加到麦地那的"逃亡"(阿拉伯语中的 hidjra 被欧洲人误读为"hegira")之年,标志着穆罕默德时代的开始。[31] 从622年开始,阿拉伯人和所有其他的穆斯林用统一的太阴历来计年。伊斯兰教的太阴年比太阳年稍短些。伊斯兰教徒通常认为622年7月16日星期五是"希吉拉"第一年的开始。无论如何,这个年历只是从622年之后第16年时才被采用。

史料中所提供的有关伊斯兰教的问题,是无法令人满意的。关于穆罕默德早期在麦加的生活,几乎没有权威性的资料。他在这一时期的说教是那样模糊、含混不清、原始,那时还不可能称它为一种新的宗教。

在麦地那,穆罕默德成为一个大公社的首领,开始为一个以宗教为基础的政治国家奠基。他发展了其宗教的主要原则,采用了某些宗教仪式,巩固了自己的政治地位。之后,在630年,他出发去征伐麦加。一进入麦加城,他立刻毁掉圣像和所有多神教的遗物,只崇拜唯一神安拉,以安拉为新宗教的基础。穆罕默德对所有的敌人给予大赦,不准屠杀和抢劫。从此之后,穆罕默德和他的信徒可以自由地到麦加朝圣,举行新的礼拜式。穆罕默德于632年去世。

---

[31] 将"hidjra"一词翻译成逃亡不太准确,因为阿拉伯词根"hadjara"并不含有"逃亡"的意思。该含义是"脱离关系""离弃自己的部落""迁移";见《伊斯兰教百科全书》(Encyclopédie d l' lislam),II,320—321。

穆罕默德的逻辑不是很清楚，因此，难以对他的宗教教义进行系统性的介绍。他的教义是在其他宗教——基督教和犹太教，以及一定程度上也在波斯王国萨珊王朝时代的波斯宗教（琐罗亚斯德教）的影响下产生的。近代史学家们已经得出结论："与以前的看法相反，原始的穆罕默德公社与基督教的关系比它与犹太教的关系更为密切。"[32]穆罕默德年轻时随商队外出期间，以及后来在麦加和叶斯里卜（麦地那）时，就已经接触了其他宗教。他的教义的独有特征，是实现人对安拉的完全依赖和对安拉意志的无条件顺从。这一信仰是严格的一神教，安拉被认为对其创造物有无限威力。穆罕默德的宗教取名为伊斯兰教，意思是"顺从或服从安拉"。伊斯兰教的信仰者称为穆斯林或伊斯兰教徒。奠定这个宗教基础的，是安拉为唯一神的独特思想。"万物非主，唯有安拉，穆罕默德是安拉的使者"的陈述，是伊斯兰教的基本原则之一。摩西和耶稣基督都被视为先知，耶稣是仅次于穆罕默德的一位先知；但是伊斯兰教的教义宣称两者都没有穆罕默德伟大。穆罕默德在麦地那期间，宣布他的宗教教义代表着真正恢复到了纯正的亚伯拉罕宗教，而这一宗教却被基督教和犹太教所亵渎。穆罕默德的首要问题之一，是领导阿拉伯人摆脱野蛮状态（阿拉伯语即查希里叶[Djahiliyya]），对他们反复灌输较高的道德规范。他劝诫他的人民用和平、爱和自我克制取代普遍存在的仇杀等残忍习俗。他促

---

[32] 见 V.巴托尔德"第一批伊斯兰清真寺的方位"("The Orientation of the First Muslim Mosques")，《俄国艺术史研究所通讯》，I(1922)，116。C.H.贝克尔：《伊斯兰教世界的发展及其本质：伊斯兰研究》(*Vom Werden und Wesen der Islamischen Welt*; *Islamstudien*)，I，429。

使某些阿拉伯部落废除在那里流行的溺杀新生女婴的习惯。他还力图调整婚姻关系,限制一夫多妻制,把法律上允许的妻子数目减少至四个,允许个人在婚姻关系上更为自由。他提出了包括继承权在内的人权思想,取代旧的氏族观念。穆罕默德提出了有关祈祷和禁食方面的问题。祈祷时必须面朝克尔白的方向;大斋戒期定在9月份,即"莱麦丹月"(Ramadan);每周的假日定在星期五。新教义禁止食用血、酒、猪肉和自然死亡的牲畜或者那些用于异教偶像祭献牲畜的肉。赌博也被禁止。所有穆斯林必须相信天使和魔鬼的存在。天国、地狱、复活和末日审判的观念则完全是功利主义的。这些观念的基本因素可以在犹太-基督教的伪经中找到。穆罕默德的教义中包括了安拉的宽恕、罪人的忏悔和提倡善行。现代的宗教法规和条例大约在穆罕默德去世之后逐渐形成。例如,甚至在倭马亚王朝(Omayyads, Ommiads)时期,也还没有严格规定固定的祈祷时间。③ 规定的要求可以归纳为五点:(1)立誓信奉唯一神安拉和他的先知穆罕默德;(2)按规定的时间严格遵守规定的仪式,进行规定的祈祷;(3)献纳一定金钱供应军队和穆斯林社会的慈善费;(4)在莱麦丹月实行斋戒;(5)到麦加的克尔白朝圣(这种朝圣阿拉伯语称为"哈吉"[haji])。所有伊斯兰教信仰的基本原理和法规集中在穆罕默德启示的圣书《古兰经》中,该书分为114章(阿拉伯语称为"启示"[Sura])。传说中的穆罕默德的言行,后来被汇集成不同的书,定名为"逊奈"[Sunna]。

  穆罕默德时代的早期伊斯兰教历史,由于涉及这一时期的资

---

③ I.戈德齐赫:《伊斯兰教研究》(*Muhammedanische Studien*),II,20。

料匮乏,尚模糊不清并且存在争议。而对于7世纪时的拜占庭帝国史来说,这尤其是非常重要的问题。因为这一问题的相应解决,必然极大地影响到人们对于阿拉伯人以超乎寻常的速度夺取拜占庭东部及南部省份叙利亚、巴勒斯坦、埃及和北非这些军事胜利的原因的理解。

有三位造诣很深的学者,代表着学者们对于伊斯兰教问题的占主导地位的几种不同意见。戈德齐赫写道:"毫无疑问,穆罕默德考虑到将他的宗教传播到阿拉伯境外,将原来只在最亲近的亲属中传布的教义变成能够控制整个世界的力量。"㉞格里姆(Grimme)谈到,根据《古兰经》的内容,人们会认为伊斯兰教的最后目标是"完全占有阿拉伯半岛"。㉟凯塔尼(Caetani)则写道,先知穆罕默德从来没有想到使整个阿拉伯土地和所有阿拉伯人接受他的宗教。㊱

穆罕默德在世时,并不是整个阿拉伯半岛都追随他。一般可以说,有史以来,阿拉伯半岛从未承认全境内只有一位统治者。实际上,穆罕默德控制的地方也许不到半岛的三分之一。这一地区逐渐地受到伊斯兰教新思想的深刻影响,而阿拉伯半岛的其余地区仍处于与穆罕默德出现之前基本上没有区别的政治和宗教组织的控制之下。在半岛西南部的也门,基督教流行。半岛东北部的

㉞ I.戈德齐赫:"论伊斯兰教",《当代文化:东方宗教》,辛内伯格编,III,1,106。

㉟ 《穆罕默德》(Muhammed),I,123。夏尔·迪尔和G.马尔赛:《395—1018年的东方世界》,176。

㊱ 《东方历史研究》(Studi di storia orientale),III,236、257。

各个部落也信奉基督教,该教很快在美索不达米亚和幼发拉底河沿岸的各阿拉伯行省占支配地位。与此同时,波斯的官方宗教迅速地衰落下去。所以,到穆罕默德去世时,他既不是整个阿拉伯半岛的政治统治者,也不是整个半岛的宗教领袖。

有趣的是,拜占庭帝国最初只把伊斯兰教看成是阿利乌斯派基督教的一派,并将它与其他基督教派同等看待。拜占庭反对伊斯兰教的论辩性文献,其态度如同它反对一性教派、一意教派和其他信奉异端学说者一样。如是,8世纪一位生活在穆斯林宫廷里的萨拉森家族成员约翰·大马士革(John Damascene)并不把伊斯兰教看成是一种新宗教,而认为伊斯兰教在本质上只是类似于早期基督教的其他异端,是从正统的基督教信仰中分离出来的一个教派。拜占庭的历史学家也对穆罕默德的出现和他发动的政治运动显得很不感兴趣。㊲ 第一位记录了"萨拉森人(阿拉伯人)的统治者和先知"穆罕默德生平的某些事迹的编年史学家是狄奥凡尼(Theophanes),他的书写成于9世纪早期。㊳ 在中世纪西欧的观念中,伊斯兰教并不是另一种宗教,而是基督教的一派,其教义与阿利乌斯教派相似;甚至中世纪晚期的但丁,在他的《神曲》中仍认为穆罕默德是一位持异端者,称他是一位"播种流言蜚语和分裂教会的人"(*Seminator di Scandalo e di scisma*〔《地狱篇》,XXVIII,

---

㊲ K.居特伯克(K.Güterbock):《拜占庭关于新生伊斯兰教的论战》(*Der Islam im Lichte der byzantinischen Polemik*),6、7、11、67—68。

㊳ 德博尔编:《编年史》,333。W.艾克内(W.Eichner):"有关伊斯兰教的拜占庭资料"("*Die Nachrighten über den Islam bei den Byzantinern*"),《伊斯兰教》(*Der Islam*),XXIII(1936),133—162、197—244。

31—36])。

7世纪阿拉伯征服胜利的原因。——人们通常认为,7世纪阿拉伯人在同波斯和拜占庭帝国的战争中取得惊人军事胜利的主要原因之一,是穆斯林的宗教热情。这种热情常常产生宗教的狂热和极端的偏执。人们认为阿拉伯人猛烈进攻亚洲和非洲省份,是决心执行先知的旨意,先知已经向他们提出欲使全世界皈服伊斯兰教这一新宗教。阿拉伯人胜利的原因,一般被解释为宗教的狂热使穆斯林视死如归和战无不胜。

这一观点应该被认为是没有事实根据的。在穆罕默德去世时,虔诚的穆斯林并不多,甚至在第一次大规模征服结束之前,这一小群人仍留在麦地那。穆罕默德的信徒很少在叙利亚和波斯作战。绝大部分参战的阿拉伯人由贝都因人构成,伊斯兰教对他们只是传闻。他们关心的只是物质、现世的利益,所渴望的劫掠物和无限制的放纵,在他们当中不存在宗教热情。况且,早期的伊斯兰教在本质上是宽容的。《古兰经》直接谈到"真主将不强加于人"(II,257),早期伊斯兰教对待基督徒和犹太教的宽容态度是众所周知的。《古兰经》谈到安拉对其他信仰的宽容:"如果神愿意,他将使人民形成一个统一的宗教社会。"(XI,120)* 穆斯林的宗教狂热和偏执是后来的现象,与阿拉伯民族格格不入,可以解释为受外族改宗者的影响。阿拉伯人在7世纪的胜利征服,不能归于宗教的热情和狂热。

---

* 此处所引《古兰经》译文章节,与马坚所译中文版《古兰经》完全不同,见中国社会科学出版社,1981年版,第30—31、175页。——译者

第四章 希拉克略时代(610—717年)

根据最近的一些研究结果(如凯塔尼所做),阿拉伯人势如破竹之进攻的真正原因是功利主义的。阿拉伯的有限的自然资源不再能够满足人口本身的需要,在贫困和饥饿的威胁下,阿拉伯人被迫背水一战,以摆脱"沙漠这一灼热的监狱"。不堪忍受的生活条件是促使阿拉伯人进攻拜占庭帝国和波斯的原因。在这一运动中,不存在宗教的因素。㊴

尽管这一观点在某种程度上是正确的,但是谁也无法仅仅从物质需要方面对于阿拉伯人的军事胜利做出令人满意的解释。诸原因中也包括了拜占庭的东部和南部行省叙利亚、巴勒斯坦以及埃及的内部情况极为有利于阿拉伯人的征服。本书前面已反复指出过这些行省在宗教上的日益不满。顽固的一性教派和部分聂斯脱利教徒总是与专制的中央政权发生经常性的冲突,查士丁尼大帝以后尤其如此。拜占庭皇帝的强硬政策使得叙利亚、巴勒斯坦和埃及这些行省随时愿意脱离拜占庭帝国,变成阿拉伯人的属地。阿拉伯人宗教上的宽容为人所知。他们唯一有兴趣的是在被征服的省内征课例税,被征服地的人民的宗教信仰并没有引起阿拉伯人的关注。

另一方面,由于拜占庭中央政权向一性教派做出了某些让步,西部行省的一部分正教徒也对政府的政策不满,7世纪时尤为突出。10世纪的阿拉伯人基督教历史学家优迪奇乌斯(Eutychius)在提到关于希拉克略的"一意教"倾向时说,埃梅萨(希姆斯)的居民称希拉克略皇帝是一位"一意教徒(Monothelete),是我们的信

㊴ 凯塔尼:《东方历史研究》,I,368。

仰的敌人"。㊵ 另一位9世纪的阿拉伯历史学家贝拉德索里（Beladsori）说道，埃梅萨的居民当时对阿拉伯人说，"比起我们已经受的专制统治和侮辱来说，我们更乐于接受你们的统治和司法"㊶。当然，这是穆斯林的陈述，但它准确反映了基督正教居民的精神状态。拜占庭的叙利亚和巴勒斯坦省的绝大部分居民是闪米特人种，而且主要是阿拉伯血统。阿拉伯征服者在被臣服的省份里遇到的是讲他们自己的语言的、同一种族的人民。按一位学者的说法，"因此，这不是对外国土地的征服问题，如果征服外国的土地，对它的税收将构成唯一的直接收入；阿拉伯人是在收复他们自己的领土，这片领土在外国人的枷锁下已经衰亡"㊷。除了普遍性的宗教不满和东部行省与阿拉伯人的密切关系之外，拜占庭帝国和它的军队虽然在反对波斯人的长期连续不断的战争中最后取得胜利，但自身亦受到削弱，无法对新兴阿拉伯人的力量进行有效的抗击。

在埃及，对阿拉伯人的抵抗软弱无力是有特殊原因的，其主要原因归于拜占庭军队存在的普遍问题。从军队的数量上看，拜占庭军队可能是足够强大，但军队的普遍组织结构不佳。它被分成

㊵ 《年代纪》（*Annales*），L.切克霍编（L.Cheikho）：《东方教会文献全集，阿拉伯文献》（*Corpus Scritorum Christianorum Orientalium, Scriptorum Arabici*），II,5,I.4。米涅拉丁文译本：《希腊教父文献全集》（*Patrologia Graeca*），CIX,1088。

㊶ M.J.德戈杰编（M.J.De Goeje）：《沦陷地区的文献》（*Liber expugnationum regionum*），137；P.希提（P.Hitti）英译本。《伊斯兰国家的起源》（*The Origins of the Islamic State*），I,211。见巴托尔德文章《东方学院学报》，I(1925),468。

㊷ M.J.德戈杰：《叙利亚征服记》（*Mémoire sur la conquête de la Syrie*）（第2版，1900年），I；C.贝克尔："萨拉森人在东方的扩张"（"The Expansion of the Saracens—the East"），《剑桥中世纪史》，II,345。

第四章　希拉克略时代(610—717年)

许多部分,由五位权力平等的统帅或行省的督军(duces)指挥。这些指挥官没有统一的行动,他们对行省里的一般问题不关心;个人之间互相敌视,对共同的目标缺乏团结协作;加之军事上的无能,抵抗无法奏效。士兵也不比他们的将领好。尽管埃及军队数量庞大,其领导的无能和训练水平的低劣,使部队变得很不可靠,而且叛变的危险性很大。马斯佩罗(Maspero)谈道:"毫无疑问,阿拉伯人取得惊人胜利的原因有很多,但拜占庭在尼罗河流域失败的主要原因是军队的素质差,无法承担它所肩负的保卫埃及的任务。"[43]根据对草纸文献的研究,格尔泽认为,早在阿拉伯人征服时期之前,埃及那些早已经出现的占有大地产的特权阶级,实际上已独立于中央政权之外,虽然它没有建立事实上的本地统治机构,但也是拜占庭统治衰落的一个主要原因。[44] 阿梅利诺(Amélineau)也根据对草纸抄本的研究,提出另一个有利于阿拉伯人征服的重要因素:埃及的行政功能不健全。[45] 英国的草纸研究专家H.I.贝尔(H.I.Bell)称阿拉伯对埃及的征服"并不令人惊奇,它不是神对有罪过的基督教世界实施报复的例子,它只不过是必然倒坍的一座根基败坏的建筑"[46]。所以,若要概括阿拉伯人取胜的基本原

---

[43]《拜占庭埃及的军队组织》(*Organisation militarire de l'Egypte Byzantine*),119—132。A.E.R.博克:"埃及的拜占庭帝国主义"("Byzantine Imperialism in Egypt"),《美国历史评论》,XXXIV(1928),8.。

[44]《对拜占庭统治下埃及的研究》(*Studien zur byzantinischen Verwaltung*),2。

[45] "阿拉伯对埃及的征服"(La Conquête de l'Égypte par les Arabes),《历史杂志》,CXIX(1915),282。G.茹亚尔(G.Rouillard):《拜占庭埃及的行政统治》(第2版,1928年),241—248。

[46] "作为拜占庭之附属地的埃及"("The Byzantine Servile State in Egypt"),《埃及考古》,IV(1917),106。

因,必然包括叙利亚、巴勒斯坦和埃及的宗教状况;叙利亚和巴勒斯坦两地的居民与阿拉伯人的种族间的亲密关系;拜占庭军事力量的不足;军事组织的无能;不健全的行政机构和埃及的阶级关系的特定状况。

拜占庭和阿拉伯的历史学家都大大地夸张了双方军队的数量,实际上交战双方的军队并不太多。一些学者估计,参加叙利亚和巴勒斯坦战役的阿拉伯士兵为 27 000 人。即使如此,恐怕也夸大了原有数字。[47] 拜占庭的军队甚至可能少于此数,而且,参与军事行动的也不仅仅是半岛的阿拉伯人,他们包括毗邻波斯和拜占庭边境的叙利亚沙漠的阿拉伯人。

通过对早期伊斯兰教的更进一步研究,显然应该把宗教因素放在当时政治事件的背景之中。"伊斯兰教变成了一种政治力量,只有如此,才能战胜它的敌人,如果伊斯兰教永远只是一种简朴的道德和宗教的说教,那么它将在怀疑主义的、重视物质利益的阿拉伯人中间,特别在麦加的敌对气氛中间迅速消亡。[48] 伊斯兰教的得胜者不仅要处理非伊斯兰教的皈依问题,而且要处理他们的臣服问题。"[49]

8 世纪初期以前的阿拉伯人征服。君士坦丁四世和阿拉伯人对君士坦丁堡的包围。查士丁尼二世与阿拉伯人。——穆罕默德去世(630 年)之后,他的亲戚阿卜·伯克尔(阿卜·贝克尔)被选为穆斯林的领袖,享有哈里发(Khalifa)的称号,意思是"代理人"

---

[47] 凯塔尼:《东方历史研究》,I,370—371。
[48] 同上书,III,3。
[49] I.戈德齐赫:《伊斯兰教研究》(*Vorlesungen uber den Islam*),25。

第四章 希拉克略时代（610—717年）

(vicar)*随后的三位哈里发：欧麦尔、奥斯曼和阿里都是通过选举而掌权的，但没有建立王朝。这四位在穆罕默德去世后接连继位的执政者便是为人所知的"正统哈里发"。哈里发欧麦尔时代，阿拉伯人对拜占庭领土的征服最为重要。

关于穆罕默德写信给包括希拉克略在内的其他国家的统治者，要求他们改奉伊斯兰教，希拉克略则乐意地响应这一说法，现在普遍地被认为没有历史根据，而纯属后人的虚构。㊾然而，直至今日，仍有学者认为它与历史事实相符。㊿

穆罕默德在世时，只有贝都因人的个别先遣队越过拜占庭的边境，但是在第二任哈里发欧麦尔时代，越过拜占庭边境的事件频频发生。7世纪三四十年代的军事行动的先后顺序并不十分清晰。发生事件的次序可能如下：634年，阿拉伯人占领了拜占庭所属约旦河外的要塞布斯拉（Bothra）；635年攻陷叙利亚的大马士革城；636年，雅穆克河一战导致阿拉伯人占领整个叙利亚省；637和638年，在经受连续两年的围困之后，耶路撒冷投降。在这次围困中，哈里发欧麦尔为一方，正教的著名捍卫者、耶路撒冷的主教索夫罗纽斯为另一方，各自扮演着领导者的角色。索夫罗纽斯同

---

* "vicar"，此处用词不甚确切。哈里发的原意是"先知的继承者"。——译者

㊾ 凯塔尼：《伊斯兰教年鉴》(*Annali dell' Islam*)，I，731—734。于阿尔（Huart）认为穆罕默德的便节觐见"拜占庭皇帝"一事值得怀疑；参见于阿尔《阿拉伯历史》(*Histoire des Arabes*)，I，145—155。J.马斯佩罗称穆罕默德的要求"也许是一个含有历史内涵的传说"；《亚历山大牧首区史》(*Histoire des patriarches d' Alexandrie*)，23。迪尔和马塞斯（Marçais）：《东方世界》(*Le Monde oriental*)，174。

㊿ 柏里：《罗马帝国晚期的法律制度》(*Constitution of the Later Roman Empire*)，II，261。巴特勒（Butler）：《阿拉伯人对埃及的征服》(*The Arab Conquest of Egypt*)，139及以下。

意耶路撒冷向欧麦尔投降的原文已保存下来。文中要求确保该城的基督教居民享有某些宗教和社会保障。不幸的是,文件后来被做了一些篡改。在阿拉伯人进入耶路撒冷之前,基督教徒已成功地将"真十字架"从城内转移到君士坦丁堡。与此同时,阿拉伯人对美索不达米亚和波斯的占领,结束了阿拉伯人对亚洲进行征服的第一个时期。7世纪30年代末,阿拉伯人的大将阿慕尔领兵到达埃及东部边境,开始进行征服。在641年或642年希拉克略死后,阿拉伯人占领了亚历山大,得胜的阿慕尔给在麦地那的欧麦尔送去了这样的消息:"我已经占领了一座城市,对它我将不加以描绘。我这样说就够了,我已经获取了那里的配有4000个浴室的4000座庄园,40 000名缴人头税的犹太人和400处供王室娱乐的场所。"㊷ 到了40年代末,拜占庭帝国不得不永久地放弃了埃及。征服埃及之后,阿拉伯人接着向北非的西部海滨推进。到了650年,叙利亚、小亚细亚的一部分,上美索不达米亚、巴勒斯坦、埃及和北非拜占庭行省的一部分,已经被控制在阿拉伯人手里。

阿拉伯人通过征服,使自己的势力达到了地中海沿岸,但大海的自然威力成了他们面前的新问题。阿拉伯人没有舰队,无力与庞大的拜占庭舰队对抗,阿拉伯人新占领的地中海海岸行省便很容易受到攻击。阿拉伯人很快认识到这一严峻局面。当时叙利亚的统治者,即后来的哈里发穆阿威叶(Moawiya)开始积极建设庞大的舰队,并首先在擅长于航海的本地希腊-叙利亚居民中征集水手。最近对草纸文献的研究表明,在7世纪末,埃及统治当局处理

㊷ P.K.希提:《阿拉伯史》,164—165。

第四章 希拉克略时代(610—717年)

的重大问题之一是船只的建造和配备有经验的水手。㊸

早在7世纪50年代,即康斯坦斯二世在位时,穆阿威叶统领的阿拉伯舰队便开始进攻拜占庭的属地,占领了重要的海运中心塞浦路斯岛。他们在小亚细亚近岸处击败了由拜占庭皇帝亲自统率的舰队,夺取了罗得岛,毁掉了岛上著名的阿波罗巨像,*其势力伸展到克里特岛和西西里岛,威胁着整个爱琴海,且显然指向拜占庭帝国的首都。阿拉伯人将征服中俘获的俘虏,尤其是西西里岛的俘虏运送到大马士革城。

阿拉伯人在7世纪的征服,夺取了拜占庭帝国的西部和南部各省,使它丧失了作为世界上最强大国家的重要地位。由于领土缩小,拜占庭帝国变成一个希腊居民占优势的国家,但显然并不像一些学者所认为的那样变成完全是希腊人的国家。希腊民族居绝大多数的地区包括小亚细亚及其邻近的爱琴海诸岛屿、君士坦丁堡及其毗邻的行省。总之,这一时期,巴尔干半岛包括伯罗奔尼撒半岛在内,由于出现了大量的斯拉夫移居者,人种构成发生了相当大的变化。在西部,拜占庭帝国仍然占有着伦巴德王国没有囊括进去的部分意大利领土,即包括南意大利、西西里岛和其他几个与之相邻的地中海岛屿、罗马以及拉文纳总督区。7世纪时,意大利成为许多不愿接受阿拉伯征服者统治的埃及和北非居民的避难

㊸ 贝克尔:《剑桥中世纪史》,II,352。贝克尔:《伊斯兰教研究》(*Islamstudien*),I,96。P.卡尔(P. Kahle):"中世纪亚历山大历史"("Zur Geschichte des mittelalterlichen Alexandria"),《伊斯兰教》(*Der Islam*),XII(1922),32—33、35。

* 即屹立于罗得岛港口的阿波罗太阳神巨像,该像建于公元前280年,是世界七大奇观之一。——译者

所,因此,聚居于拜占庭属南部意大利地区的希腊居民人口数量快速增长。也许可以说,罗马帝国在这一时期才转变为拜占庭帝国,因为此时帝国处理的问题开始限于较小的范围内,不再像当年那样广阔。例如,一些历史学家,像格尔泽便认为,拜占庭帝国领土的严重丧失甚至间接地对帝国有益,因为这使它摆脱了外民族的成分,而且"仍然承认拜占庭皇权的小亚细亚和巴尔干半岛的部分居民,形成了语言和信仰完全同质的和稳固可靠的忠诚民众"。[54]从7世纪中叶起,拜占庭帝国的注意力不得不主要放在君士坦丁堡、小亚细亚和巴尔干半岛。但是,即使是这些有限的领土,也常受到伦巴德人、斯拉夫人、保加利亚人和阿拉伯人的威胁。L.布莱耶尔写道:"这一时期的君士坦丁堡充当了经常性的防御者的历史角色,其疆域的扩展与缩小交替出现,一直持续到15世纪。"[55]

认真考虑迄今仍被疏漏或忽略的一些史料,即拜占庭圣徒传记所提供的史实资料,对于研究阿拉伯人征服的影响是非常重要的。拜占庭的圣徒传记清晰生动地描述了在阿拉伯人海陆进攻的压力之下,大量拜占庭人从帝国的边境迁移到帝国腹地的真实情况。圣徒传记进一步证实、补充并生动描述了历史学家以及编年史家记述得相当简洁的事件。阿拉伯人的威胁引起拜占庭帝国中

---

[54] 《拜占庭帝国史概要》,951。
[55] "希拉克略时期拜占庭的变化"("La Transformation de l'empire byzantine sous les Héaclides"),《学术杂志》(*Journal des Savants*),N.S.XV(1917),402。

第四章　希拉克略时代(610—717年)

心地区人口密集的首要意义,可望因此而得到充分说明。㊱

由于受到柏柏尔人的有力抵抗,阿拉伯人对北非的进一步征服暂时停止了一个时期。阿拉伯人方面的军事行动,也因最后的"正统的哈里发"阿里与叙利亚统治者穆阿威叶之间爆发了内战而停顿。这次流血冲突以661年阿里的被杀和穆阿威叶的胜利而告终。后者继位,开始建立新的倭马亚王朝,新任哈里发确定大马士革作为这个帝国的首都。穆阿威叶加强了自己在国内的权力后,派遣舰队进攻君士坦丁堡并恢复其在北非的西进运动,重新开始了对拜占庭帝国的军事进攻。

在精力旺盛的君士坦丁四世(668—685年在位)统治时,拜占庭帝国处于最艰难的时期。当时,阿拉伯人的军队穿过爱琴海和赫勒斯滂海峡,进入普罗蓬蒂斯海,驻扎在西齐库斯(Cyzicus)城。阿拉伯人以该港口为基地,屡次围攻君士坦丁堡,均未得逞。阿拉伯人通常是在夏季的几个月内发动年度进攻。阿拉伯人没能攻下君士坦丁堡的主要原因,是拜占庭皇帝知道如何组织该城进行有效的抵抗。拜占庭军队成功的防御主要归功于使用"希腊火",或叫"液体火"或"海面火";它是由一名叙利亚-希腊逃亡者、设计师卡利尼库斯(Callinicus)所发明的。这一发明的常用名称曾导致一些误解。"希腊火"是一种爆炸性化合物,*装在特制的管状容器或水瓶中掷出,当它与敌方的船只撞击时,便燃烧起来。拜占庭

㊱ 见 A.P.鲁达科夫(A.P.Rudakov)《拜占庭文化概要——根据希腊圣徒传记的材料》(*Outlines in Byzantine Culture, based on Data from Greek Hagiography*),65。

* 通常认为是一种用石油等混合而成的高度可燃物,在水面上能充分燃烧起来。——译者

的舰队配备了特殊的"带有管状投掷设施"*的船只,它在阿拉伯人中间引起了极端恐惧。此处,拜占庭还采用了其他方法向敌人猛掷"人造火",这种火的特殊性质是它在水面上可以燃烧。在相当长的时期内,这种火的物质构成被拜占庭政府严格保密,这一新式武器曾使拜占庭获得无数次胜利。[57]

阿拉伯舰队攻占君士坦丁堡的所有企图都归于失败。677年,阿拉伯舰队撤离,驶向叙利亚海岸。归航中,舰队驶经小亚细亚南部海岸时遭受大风暴的破坏。阿拉伯人在小亚细亚陆上采取的军事行动也没有成功,年迈的穆阿威叶只好同意与拜占庭皇帝

---

* 原文此处为"siphonophore",属动物学名词。指一种深海水母类动物,其源自希腊语"siphno"(管子),"phore"(携带),此处借用来说明拜占庭船只投掷"希腊火"的特制船只。——译者

[57] 现存一篇涉及"希腊火"之采用的论文,出自马可·格雷库斯的手笔,该文毫无疑问是迟自9世纪才用希腊文撰写而成。它发表在为《马可·格雷库斯描述"希腊书"之书》(*Liber ignium a Marco Graeco descriptus*)的拉丁文译本里。最好的版本是M.贝尔托洛(M.Berthelot)编的《中世纪化学》(*La Chimie au moyen âge*),I,100—135,内有一篇法文译文,和关于此文的准确讨论;参见最近出版的亨利·W.L.海姆的《大炮的起源》(*The Origin of Artillery*),45—63;克伦巴赫《拜占庭文献史》,636—637,par.9。吉本:《罗马帝国衰亡史》,柏里编,VI,10页注22,539—540。由于他们不了解贝尔托洛版的书,遂引用了F.霍费尔(F.Höfer)的旧版《化学史》(*Histoire de la chimie*),I,491—497。又见马克斯·雅恩斯(Max Jähns)《从远古时期至文艺复兴的战争艺术历史手册》(*Handbuch einer Geschichte des Kriegswesens von der Urzeit bis zur Renaissance*),512—514。C.欧曼(C.Oman):《中世纪战争艺术》(*A History of the Art of War in the Middle Ages*)(第2版,1924年),II,206,209—210。C.曾格哈利斯(C.Zenghelis):"希腊火"("Le feu gregeois"),《拜占庭》(布鲁塞尔),VII(1932),265—286。尼古拉·D.凯洛尼斯(Nicholas D.Cheronis):"中世纪的化学战争,卡利尼库斯特殊预制的火器"("Chemical Warfare in the Middle Ages, Kalinikos Prepared Fire"),《化学教育》(*Journal of Chemical Education*),XIV,8(1937),360—365。卡利尼库斯发现,将硝石加入可引起燃烧的化合物中能增加其易燃的作用,见该书第364页。

第四章 希拉克略时代(610—717年)

缔结和约,条件是拜占庭人每年向阿拉伯人缴付一定数额的年贡。[58]

由于成功地击退了阿拉伯人对君士坦丁堡的进攻并缔结了有利于拜占庭的和约,君士坦丁不仅为他自己的帝国,而且也为整个西欧做出伟大贡献,从而使西欧免受穆斯林的严重威胁。这里特别注意到君士坦丁对西方产生的重大影响是有意义的。根据一位编年史家的记载,当君士坦丁四世取得胜利的消息传至阿瓦尔汗和其他西方统治者那里时,"他们派出使节带着礼物到皇帝那里,恳求他与他们建立和平友好关系……从而给东方和西方带来一个伟大的和平时期"。[59]

君士坦丁四世的继承者查士丁尼二世第一次统治时期(685—695年),在阿拉伯西部边境发生的一次事件,对后来阿拉伯与拜占庭关系的发展产生了很大影响。在叙利亚黎巴嫩山区长期居住着所谓马尔代特人(Mardaites,意为"反叛者""背叛者"或"匪帮")。他们被组织到军队中,在其居住地为拜占庭政府提供防御服务。阿拉伯人控制了叙利亚之后,马尔代特人向北撤退到阿拉伯与拜占庭的边境处。他们对邻近地区经常性的突然袭击,给阿拉伯人带来许多麻烦和忧虑。根据编年史所记,马尔代特人构成

---

[58] 见 M.卡纳尔(Canard)"历史和传说中关于阿拉伯人对君士坦丁堡的进攻"("Les Expéditions des Arabes contre Constantinople dans l'histoire et dans la légende"),《亚细亚杂志》(*Journal Asiatique*),CCVIII(1926),63—80。卡尔(Kahle):"中世纪亚历山大的历史"("Zur Geschichte der mittelalterlichen Alexandria"),《伊斯兰教》(*Der Islam*),XII(1922),33。

[59] 狄奥凡尼:《编年史》,德博尔编,356。

了"一堵铜墙铁壁",⑩保护小亚细亚免受阿拉伯人的入侵。通过查士丁尼二世时议定的和约,查士丁尼二世同意马尔代特人定居于拜占庭帝国的内地行省。对此让步,哈里发同意缴纳一定的贡金。查士丁尼二世采取的这一步骤,毁掉了自己的"铜墙铁壁"。后来,在潘菲利亚(小亚细亚南部)、伯罗奔尼撒半岛、凯法利尼亚岛(Kephallenia)和其他几个地区都发现了成为海员的马尔代特人。马尔代特人从阿拉伯人的边境迁移走,无疑使阿拉伯人在新征服的几个行省内的地位得到巩固,便利于他们随后深入小亚细亚的进攻行动。库拉科夫斯基教授把这一事件看成是"为在异教徒统治下的基督徒着想"⑪,皇帝所采取的行动,是没有充分根据的。马尔代特人的这次迁移纯粹是政治原因。

　　7 世纪 60 年代,阿拉伯军队在企图从东面攻占君士坦丁堡的同时,在北非也开始向西部移动。7 世纪结束时,阿拉伯人占领了非洲总督区的首府迦太基。8 世纪初,占领了靠近海勒立斯石柱的塞普特姆(现在西班牙的要塞休达)。约同一时期,阿拉伯人在塔立克(Tarik)将军统率下,从非洲渡海进入西班牙,迅速地从西哥特人手里夺取了半岛的绝大部分。现代"直布罗陀"的阿拉伯名字来源于塔立克的名字,意思是"塔立克的山"(the Mountain of Tarik)。这样,在 8 世纪早期,穆斯林从另一个方向即从比利牛斯半岛威胁着西欧。

　　研究阿拉伯语言和文化如何迅速和深入地传遍整个西班牙这

---

⑩　狄奥凡尼:《编年史》,德博尔编,364。
⑪　库拉科夫斯基:《拜占庭》,III,255。

一课题,是特别有意义的。大量的城市基督徒采纳了阿拉伯文化,虽然他们并没有接受伊斯兰教。他们足以构成一个社会阶层,被阿拉伯血统的人称为"穆扎赖卜人"(Mozarabs),即"阿拉伯化的人"。9世纪时,科尔多瓦主教阿尔瓦罗(Alvaro)在他的一篇布道词中抱怨道:

> 我的许多教友在读阿拉伯人的诗文和虚构的故事,研究伊斯兰哲学家和神学家的著作,不是为了反驳它们,而是更准确更雅致地学习阿拉伯语言和正确地进行表达。在他们当中,谁来学习《福音书》、《先知书》和《使徒传》呢?天呀!所有天资颇高的年轻的基督徒只懂得阿拉伯语言和文学,刻苦地研习阿拉伯语著作……如果有人谈及基督教的著作,他们便轻蔑地回答说,无论怎样说,它们都不值得重视(*quasi vilissima contemnentes*)。天呀!基督徒已经忘记了他们自己的语言。在1 000人当中,几乎找不到一个人能用拉丁文给朋友写一封像样的祝贺。但是有多得不可胜数的人使用阿拉伯语最优雅地表达自己,他们用阿拉伯文做的诗比阿拉伯人自己作的诗更华丽和更有艺术性。[62]

在埃及可以看到同样的情况。699年,阿拉伯语被强制性地成为

---

[62] 《科尔多瓦的阿尔瓦罗演说。启蒙的图书》(*Alvari Cordubensis opera. Indiculus luminosus*),F.H 弗洛里斯(Florez)编:《神圣的西班牙》(*España Sagrada*),I(1753),274。见 J.克拉奇科夫斯基(Kratchkovsky)《西班牙的阿拉伯文化》(*The Arab Culture in Spain*),11—12。

通用语言,标志着希腊和埃及的文学在埃及领土上之完结。从此之后,埃及开始了把柯普特语著作翻译为阿拉伯语的时代。㊿

阿拉伯人和叙利亚、巴勒斯坦及埃及居民之间的关系,与在北非即现代的黎波里、突尼斯、阿尔及利亚和摩洛哥民众建立的关系非常不同。在叙利亚、巴勒斯坦和埃及,阿拉伯人在当地居民中没有遇到强烈的反抗,而是得到他们很大的支持和同情,阿拉伯人对这些新的臣民则给予了极大的宽容以为回报。除少数例外,他们将教堂留给基督徒,并给予他们举行宗教仪式的权利,只要求基督徒定期缴纳一定额度的税赋并保证在政治上忠于阿拉伯人的统治。耶路撒冷作为最受基督徒崇拜的地方之一,仍然向来自遥远的西欧各地到巴勒斯坦圣地朝拜的人们开放。耶路撒冷仍然为朝圣者提供旅店和医院。我们还必须注意到,在叙利亚、巴勒斯坦和埃及,阿拉伯人接触了拜占庭文明,他们受到的影响很快便变得显而易见。简言之,在叙利亚和巴勒斯坦,征服者和被征服者间建立的和平关系持续了一个相当长的时期。而埃及的形势则不大令人满意。即使如此,对基督徒的态度仍很宽容,至少在阿拉伯统治的早年是这样。

阿拉伯人征服之后,被占领的拜占庭行省中牧首职权落入一性教派手里。尽管如此,穆斯林统治者仍给予叙利亚、巴勒斯坦和埃及的正教居民某些特权。在中止了一段时间后,安条克和亚历山大的正教主教区也恢复了。这些主教区至今仍存在。10 世纪

㊿　N.贝恩斯:《埃及考古》,XVIII(1932),90。他引用了 L.勒福尔(L.Lefort)"阿拉伯人入侵前埃及文学的最后时代""*Le Littérature égyptienne aux derniers siècles avant l'invasion arabe*",《埃及编年史》(*Chronique d'Egypte*),VI(1931),315—323。

的阿拉伯历史学家和地理学家马苏第(Masudi)说,在阿拉伯人统治下的所有四座圣山——西奈山、何烈山*,耶路撒冷附近的橄榄山和约旦山(他泊山[Thabor])仍掌握在正教手中,只是一性教派和其他的"异端教派"(包括伊斯兰教徒)逐渐地从正教那里借用了耶路撒冷的圣殿和圣地。与麦加和麦地那一样,耶路撒冷后来也被认为是伊斯兰教的圣城。对于穆斯林来说,耶路撒冷的神圣意义是由于穆阿威叶在该城宣布为哈里发之时而确立的。[64]

北非的形势则大不一样。这里绝大部分是柏柏尔人部落,尽管他们正式地接受了基督教,但仍然处于原始的野蛮状态。他们对阿拉伯军队进行了顽强抵抗,结果柏柏尔人地区受到严重的劫掳和破坏,数以万计的俘虏被掠往东方,卖为奴隶。迪尔说:"今天在突尼斯的一些死城中,在多数情况下,保持着阿拉伯人入侵时留下来的遗迹,人们可随时看到这些可怕袭击的痕迹。"[65]当阿拉伯最后成功地征服了北非各省之后,许多当地居民迁移到意大利和高卢,曾一度在基督教编年史中很著名的非洲教会遭受了非常严重的打击。迪尔对这个时期发生的事件提出了以下的看法:"拜占庭帝国在两个世纪内,在这些地方艰难地维持了罗马的遗产,在两个世纪里,帝国依靠坚固要塞的防卫,使这些行省有可能获得了巨大而又稳固的进步。在两个世纪内,帝国在北非帝国领地内维持着古典文明的传统,并通过宗教宣传使柏柏尔人皈服于一种更高

---

* 《旧约》中的圣山,位于西奈半岛,据说是上帝颁布律法之地。——译者

[64] J.韦尔豪森(J.Wellhausen):《阿拉伯帝国及其衰落》(*Das Arabische Reich und sein Sturz*),133。巴托尔德文章,《东方学院学报》,I(1925),468—469。

[65] 《拜占庭统治下的非洲》,590。

端的文化。阿拉伯人的侵略用五十年毁灭了这一切。"⑯尽管伊斯兰教在柏柏尔人中迅速传播,但基督教仍存在于他们中间,甚至在14世纪时,我们还听说北非存在"一些小范围的基督教'孤岛'"。⑰

斯拉夫人在巴尔干半岛及小亚细亚的发展和保加利亚王国的起源

从6世纪下半叶起,斯拉夫人不仅继续进攻和夺取拜占庭帝国在巴尔干的领地,而且深入到赫勒斯滂海、萨洛尼卡、南希腊和亚得里亚海沿岸,并大批定居下来。希拉克略统治时期,阿瓦尔-斯拉夫人于626年发动了对拜占庭首都的进攻,之后,斯拉夫人持续不断地迁入巴尔干半岛,开始密集地定居下来。萨洛尼卡被斯拉夫部落包围,坚固的城墙也难以抵御住他们的进攻。

斯拉夫人的舰队还进入了爱琴海,攻击拜占庭舰队,经常切断对拜占庭首都的粮食供应。康斯坦斯二世不得不进行"反斯克拉文尼亚(Sclavinia)"⑱的战争,从此以后,大量的斯拉夫人移居到小亚细亚和叙利亚。根据 V.I.拉曼斯基(Lamansky)的说法,⑲在查士丁尼二世执政时,一群不少于80,000人的斯拉夫族居民被

---

⑯ 《拜占庭统治下的非洲》,592。E.默西埃(E.Mercier):《北非历史》(*Histoire de l'Afrique septentrionale*),I,218。
⑰ H.勒克莱尔(H.Leclercq):《基督教的非洲》(*L'Afrique chrétienne*),II,321—323。R.巴塞特(R.Basset)说,柏柏尔人当中的本地基督徒12世纪已经被消灭了,见《伊斯兰教百科全书》(*Encyclopédie de l'Islam*),I,721。
⑱ 狄奥凡尼:《编年史》,德博尔编,347。
⑲ 《小亚细亚、非洲和西班牙的斯拉夫人》(*The Slavs in Asia Minor, Africa and Spain*),3。

迁移到小亚细亚的奥普西奇翁(Opsikion)军区。其中一部分(约30,000人)是被查士丁尼二世调去的,他们后来参加了抵抗阿拉伯人的战争,其间,他们背叛了皇帝查士丁尼二世,站到穆斯林一边。由于发生这一严重的变故,奥普西奇翁剩余的斯拉夫人遭受了可怕的屠杀。属于当年奥普西奇翁军区比提尼亚省斯拉夫人军事移居地的一枚印章被保存至今。它是一件具有重要价值的历史遗物。B.S.潘切恩科(Panchenko)在使这枚印章公之于众并加以解释时强调,它是"斯拉夫部落历史的新的片断",它"在大迁徙的迷雾中透出了一线光明"。⑦ 随着7世纪的开始,斯拉夫人在小亚细亚定居的问题有了非常深远的意义。

7世纪下半叶,一件引人注目的事件是在拜占庭帝国北疆、多瑙河下游沿岸建立了新的保加利亚王国。该王国随后的历史对拜占庭帝国的命运影响甚大。这一时期提到的保加利亚人是指古保加尔人,他们属于匈奴(突厥人)血统,与奥纳格(Onogurs)部落有密切的亲缘关系。康斯坦斯二世统治时期,一支保加尔游牧部落在阿斯帕鲁奇(Asparuch,即伊斯佩里奇[Isperich])统领下因受到卡扎尔人的逼迫,从亚速海沿岸的大草原向西迁移,定居在多瑙河口,后来又向更远的南方迁移,进入今天称为多布罗加(Dobrudja)的拜占庭领土。V.N.兹拉塔尔斯基(V.N.Zlatarsky)断言,这些保加尔人以前已经与拜占庭帝国达成协议,作为帝国的同

---

⑦ "7世纪比西提亚的斯拉夫人遗物"("The Slavonic Monument in Bithynia of the Seventh Century"),《君士坦丁堡俄罗斯考古研究所通报》(*Transactions of the Russian Archeological Institute in Constantinople*),VIII(1902),1—2、15。

盟者，他们被要求保卫多瑙河边界，以防其他蛮族人的进攻。⑦ 至于这一推断是否正确，因为人们对保加尔人的早期历史所知甚少，难以确定。而且即使的确存在这样的协议，它也很难维持长久。保加尔人的游牧部落曾使君士坦丁四世忧心忡忡。因而他于679年发动了对保加尔人的战争。这次军事行动，以拜占庭军队完全失败而告终。君士坦丁四世被迫缔结一项和约，按照该条约规定，他需向保加尔人纳年贡，并割让自多瑙河至巴尔干半岛之间的领土，此即原来的莫西亚（Moesia）和小斯基泰（Smaller Scythia，今多布罗加）。多瑙河口和黑海岸的部分地区则仍然由保加尔人控制。拜占庭皇帝被迫承认的这一新王国，成为危险的邻居。

保加尔人建立政权之后，逐渐扩大他们的领土，与相邻行省中聚居的斯拉夫人发生冲突。保加尔人新来者使斯拉夫人了解了他们的军事组织和军训方法。这成为巴尔干半岛各斯拉夫部落实现统一的一个要素。而在此之前，他们仅是各自独立的群体。保加利亚*逐渐发展成为一个强大的国家，自然而然地对拜占庭帝国构成严重威胁。此后，拜占庭执政者对保加利亚人和斯拉夫人发动了许多次军事进攻。从数量上看，阿斯帕鲁奇统领的保加利亚

---

⑦ "保加利亚编年史"（"Bulgarian Chronology"），《科学院俄语和文学部通报》（*Izvestia otdeleniya russkago — yazyka i slovesnosti Akademii Nauk*），XVII，2(1912)，40。兹拉塔尔斯基：《中世纪保加利亚国家史》，I，19—122、135—136。兹拉塔尔斯基认为伊斯佩里奇带领保加利亚人在7世纪60年代（但是在688年康斯坦斯二世去世之前）定居于今多布罗加的北部（第138页）。J.莫拉弗斯齐克（J.Moravcsik）关于"奥纳格人的历史"（"Zur Geschichte der Onoguren"），《匈牙利年鉴》（*Ungarische Jahrbücher*），X(1930)，72—73、80、84、89。

* 保加利亚建国后，其居民不再被称为保加尔人，而称为保加利亚人。因为，保加尔人从此改变了其游牧生活的传统，成为定居居民。——译者

游牧部落人数比斯拉夫人少,他们很快发现自己处于周围斯拉夫人强有力的影响之下,于是,在保加利亚人中间发生了人种方面的巨大变化,他们逐渐地丧失了原有的匈奴(突厥)民族的特性,到9世纪中期,他们几乎完全斯拉夫化,尽管直至今天他们仍然采用保加利亚这一古老的称呼。⑫

1899年和1900年,君士坦丁堡的俄罗斯考古研究所在据称是古保加尔人活动中心(aul)的地区进行了考古发掘,发现了非常有价值的遗物。在保加利亚东北部,在今阿伯巴村(Aboba)附近的保加利亚王国古都(Pliska[普利斯卡]或 Pliskova[普利斯科瓦])遗址,即舒姆拉(Shumla)或舒门(Shumen)城东北方向,考古发掘者发现了早期保加利亚诸汗所修建宫殿的地基,以及建有塔楼和城门的部分宫墙,一个大教堂的地基、铭文、许多艺术品和装饰品、金币、铜币和铝制印章。⑬可是,不幸的是,由于涉及这一时期的原始资料非常缺乏,对这些东西无法做出恰如其分的估价和阐释,人们只能进行假设和推断。指挥这次考古发掘的 TH.I.乌斯宾斯基认为:"君士坦丁堡的俄罗斯考古研究所在舒姆拉附近遗址上的发掘已经发现了非常重要的资料,足以证明保加尔人游牧部落曾定居巴尔干半岛并由于与拜占庭帝国的接触而受其影响,逐渐地发生了变化。"⑭他还谈到"通过发掘保加利亚古都所发现

---

⑫ L.尼德勒(L.Niederle):《古代斯拉夫人手册》(Manuel de l'antiqué slave),I,100—101。

⑬ 见"阿伯巴-普利斯卡的保加利亚古迹资料"("Materials of Bulgarian Antiquity Aboba-Pliska"),《君士坦丁堡俄罗斯考古研究所通报》,X(1905)。

⑭ 《拜占庭帝国史》,I,777。

的保加利亚人的风俗习惯的最早古物,证明他们很快受到拜占庭文化的影响,统治他们的诸汗在宫廷里逐渐采用了君士坦丁堡宫廷的习惯和礼仪"[75]。发掘期间出土的绝大部分文物属于阿斯帕鲁奇之后的时代,主要是八九世纪之物。这次发掘工作还远没有结束。

拜占庭帝国的迁都计划。——7世纪中期,君士坦丁堡的形势发生了根本性的变化。阿拉伯人占领了拜占庭的东部和东南部各省,并经常进攻小亚细亚各省。阿拉伯人的舰队亦在地中海和爱琴海取得远征的胜利。另一方面,北部边界兴起了保加利亚王国,巴尔干的斯拉夫人也逐渐向拜占庭首都和爱琴海沿岸方向推进并进入希腊。这使君士坦丁堡面临新的特殊局面,首都不再是安全之地。本来首都总是从东方各省获得军队,但现在东方一部分行省已丧失,保留下来的行省也受到各方面的威胁,处于危险之中。仅仅根据这些新的情况,我们完全可以解释康斯坦斯二世为何希望离开君士坦丁堡,将首都迁回到古罗马城或意大利的其他地方。编年史学家将康斯坦斯皇帝离开首都解释为,欲逃避人民对他屠杀同胞兄弟的行为而产生的憎恨。[76]但这种解释很难从历史角度接受。

事实是,康斯坦斯皇帝认为在君士坦丁堡里不再安全。而且,他很可能意识到,意大利和西西里很快便不可避免地会受到北非的阿拉伯人的威胁,决定通过亲临其地加强帝国在地中海西部地

---

[75] 《拜占庭帝国史》,I,729。

[76] 乔治·塞得里努斯(George Cedrenus):《历史概要》(*Historiarum compendium*)(波恩版),I,762。

第四章　希拉克略时代(610—717年)

区的力量，以便能够采取各种措施阻止阿拉伯人越出埃及边界继续向外扩张。康斯坦斯皇帝很可能不打算永久性地离开君士坦丁堡，而只是想仿效4世纪的皇帝们那样*为帝国在西部建立第二个中心，希望这一措施有助于制止阿拉伯人的进一步进攻。无论如何，在现代史学作品中，初看令人大惑不解的康斯坦斯二世之西行的渴望，被认为并非出自皇帝个人的敏感，而是出自政治形势的需求。

与此同时，意大利的形势也非如期望中的平稳。由于拉文纳与君士坦丁堡相隔甚远，加之东方的形势非常复杂，当地的总督们已不再感觉到康斯坦斯皇帝的威严，公开表示背叛。而伦巴德人又占据着意大利的大部分领土。然而，拜占庭皇帝的权力在罗马、那不勒斯、西西里和意大利的最南部仍得到承认，而这些地方的居民主要是希腊人。

康斯坦斯二世离开君士坦丁堡之后，立即经雅典前往意大利。在罗马、那不勒斯和南部意大利有过短期逗留，最后在西西里的叙拉古居住下来。他在意大利度过了其在位的最后五年，但没能实现他原定的计划。他与伦巴德人展开的斗争也没有取得成功。西西里仍然经常受到阿拉伯人的威胁。一个反对他的阴谋酝酿而成，他在叙拉古的一个浴室里被悲惨地杀害。他死后，迁都帝国西部的设想随之放弃。他的儿子君士坦丁四世仍然驻于君士坦丁堡。

---

*　指罗马帝国皇帝君士坦丁大帝(306—337年)在希腊旧城拜占庭建立新都一事——译者

希拉克略王朝的宗教政策

一意派*和"信仰告白"

希拉克略反对波斯人的战争为拜占庭帝国收回了一性教派占多数的东方各行省——叙利亚、巴勒斯坦和埃及——于是,重新提出了政府应该如何对待一性教派的问题。甚至在战争期间,希拉克略已经开始与东方各省的一性教派主教协商,试图在教义领域做出某些让步以达到一定程度上的教会统一。如正教会答应承认耶稣基督有两个本性,一个行动(能力,$ἐνέργεια$)或一个意志($θέλημα$)**,这种宗教统一看起来是可能的。从后一个希腊单词"$θέλημα$"而来,这派被称"为 Monotheletism",即"一意派",这是历史上众所周知的名称。⑦ 安条克和亚历山大,以皇帝希拉克略任命的一性教派牧首们为代表,乐于努力达成协议,君士坦丁堡牧首塞尔吉乌斯(Sergius)也乐于如此。但是,住在亚历山大的巴勒斯坦修士索夫罗纽斯起来反对一意派学说。他为反对这一新教义提出的深刻论证,对于削弱希拉克略之调和政策的基础有很大威胁。罗马教宗霍诺留意识到,围绕着历次全基督教主教会议所有未决

---

* 也称为"基督一志论派"。见《大不列颠百科全书》(中文版),第四卷,第160页。1986年,中国大百科全书出版社。——译者

** "$ἐνέργεια$"在希腊语中与英语 energy 意义相通;"$θέλημα$"可理解为 will,即意愿。——译者

⑦ 在《天主教神学辞典》(*Le Dictionnaire de theologie catholique*)中,有一篇论述一意派教义的非常好的文章,瓦康(Vacant)和阿芒(Amann)编,X,2,cols.2307—2323。

教义问题进行辩论是危险的,遂宣布一意派教义是正确的。索夫罗纽斯晋升为耶路撒冷牧首后,这一职位使他有足够的机会取得更广泛的影响。他给君士坦丁堡牧首送去一封辩论性信件,信中运用精辟的神学理论论证一意派教义是非正统的。希拉克略预感到教会大乱即将来临,急忙发布了《信仰告白》($\check{\epsilon}\kappa\theta\epsilon\sigma\iota\varsigma$ 即 Exposition of Faith),承认耶稣基督是两性而一意。该文件的基督论部分便是由塞尔吉乌斯牧首起草。皇帝原来希望《信仰告白》能为调和一性教派和正统教派的关系起重要作用,可是他的愿望落空了。新任教宗没有批准《信仰告白》,而是极力捍卫所谓基督有两种意志和两种作用的学说,宣布一意派教义是一种异端邪说。这一做法导致了教宗和皇帝之间产生意想不到的对立。而且,当《信仰告白》发布时,并没有像希拉克略预计那样产生大的影响。希拉克略的主要目的是想调和东方一性教省份与正教的关系,可是在《信仰告白》于638年发布时,叙利亚、巴勒斯坦和美索不达米亚的拜占庭领土已经不再属于拜占庭帝国,它们已经被阿拉伯人占领。只有埃及行省还归属帝国,但它的日子也不多了。一性教派的问题也已失去它原有的政治意义。希拉克略颁布的政令毫无结果。同样,在这方面,早前试图达成宗教和解的尝试也无法令人满意,从未成功地解决过主要问题,主要原因是争论双方的大多数人都十分顽固。

康斯坦斯二世的《信仰诏示》

希拉克略去世之后,康斯坦斯二世继位,宗教政策有了进一步发展:康斯坦斯二世仍顽固坚持一意派的观点,尽管这一行动已失去政治上的意义,而且有碍于同罗马教宗保持友好的关系。当阿拉伯人于7世纪40年代占领埃及之后,康斯坦斯二世为了与教宗取得和解,做出一系列姿态,表示愿意对一意派的学说做若干方面的改变。为此,他在648年发布了《信仰诏示》τύπος,即(Type of Faith),禁止"所有有着虔诚的基督教信仰并属于天主教会和使徒教会的正教臣民,互相之间为一个意志或一个行为(能力)或两个行为(两种能力)和两个意志而争辩"。⑱ 除了禁止争论之外,《信仰诏示》命令撤除涉及该问题的书面辩论文件,此即指希拉克略颁布的、供在圣索菲亚大教堂后殿上的《信仰告白》。但是,康斯坦斯二世的这一措施没能实现其所期望的宗教和平。在罗马拉特兰宗教会议上,教皇马丁当着希腊教士代表的面,谴责"最渎神的《信仰告白》(impiissima Ecthesis)"和"错误的《信仰诏示》(Scelerosus Typus)",并宣布,凡与起草这两个法令文件有关的人员均犯有异端罪。⑲ 7世纪杰出的神学家、忏悔者马克西姆斯(Maximus Confessor)总的来说是坚决反对《信仰告白》和一意派教义的。在东方教会内部,对康斯坦斯二世的宗教政策的极端不满也越来越突出。

康斯坦斯被罗马主教在拉特兰宗教会议上的表现所激怒,遂命令拉文纳总督逮捕马丁,将他押送到君士坦丁堡。总督执行了命令。马丁在君士坦丁堡被宣判犯有企图在西部帝国各省煽动暴

---

⑱ J.D.曼西:《新编圣公会议文集》,X,1029—1032。K.J.冯·赫弗勒(K.J.von Hefele):《基督教宗教会议史》(*A History of the Councils of the Church*),V,95—96。

⑲ 曼西:《新编圣公会议文集》,X,1157—1158;赫弗勒:《基督教宗教会议史》,112—113。

乱反对皇帝的罪行。他受到严重的侮辱,被关进监狱。稍后,他又被押送往位于克里米亚南岸的边远城市、拜占庭时期通常放逐贬黜者的流放地克尔松,不久便死去。他在克尔松写的信中,抱怨生活条件恶劣,请求他的朋友给他送去食物,特别是"只能听到,但从没有见到"[80]的面包。很可惜,马丁的信中没能提到7世纪时克尔松的文化和经济状况。

康斯坦斯皇帝和君士坦丁堡牧首继续与马丁主教位的继任者协商,最后与马丁之后的第二任继任者维塔利安(Vitalian)缔结和约。教会内部分裂停止了。与罗马的宗教和解在政治上对拜占庭帝国是重要的,因为它巩固了皇帝在意大利的地位。

著名的反一意派人物、忏悔者马克西姆斯被意大利总督逮捕,转交给君士坦丁堡,由一个陪审团判罪,被残酷地断肢。他死于长途流放之中,成为殉教者。

第六次全基督教主教公会议与宗教和解

虽然一意派已失去它的政治意义,但它仍在人民中间起到了分化离间的作用,甚至在《信仰诏示》禁止讨论此类问题之后仍是如此。康斯坦斯二世的继位者君士坦丁四世执政时,迫切希望在帝国建立彻底的宗教和平,他于680年在君士坦丁堡召开了第六次全基督教主教公会议,谴责一意派,认为耶稣的两种本性表现在他的三位一体上,而且"为了拯救人类,两种天生的意志和两种行

---

[80] 马蒂尼(Martini):《教皇书信集》(*Papae Epistola*),XVI;米涅编:《拉丁教父文献全集》,LXXXVII,202。见 H.K.曼恩(H.K.Mann)《中世纪早期教皇传记》(*The Lives of the Popes in the Early Middle Ages*)(第2版,1925年),I,pt.1,400。

为（能力）和谐地融合在一起"㉛。

拜占庭与罗马的和平的确重新建立起来。第六次全基督教主教公会议给教宗送去一封信，称他是"站在信仰之磐石上的全世界基督教会的领袖"，并宣称他给皇帝的信件阐述了宗教的真正原理。㉜

这样，在君士坦丁四世统治时期，拜占庭政府明确表示反对一性派和一意派。亚历山大、耶路撒冷和安条克三个牧首区虽由于阿拉伯人的征服而脱离拜占庭帝国，但也派出了它们的代表参加了第六次宗教会议。安条克牧首马卡里乌斯（Macarius）显然生活在君士坦丁堡，而管辖范围只是奇里乞亚和伊苏里亚。㉝ 他在这次宗教会议上为一意派案件争辩，为此被罢免并被开除出教。第六次宗教会议的决定向叙利亚、巴勒斯坦和埃及表明，君士坦丁堡已经放弃了同这些不再属于拜占庭帝国领土的行省寻求宗教和解的努力。拜占庭与罗马的和好，是通过与东部各省的一性派和一意派居民坚决划清界限才取得的。而这实际上非常有利于阿拉伯政权在这些行省进一步得以巩固。叙利亚、巴勒斯坦和埃及名副其实地从拜占庭帝国分离出去了。

在第六次宗教会议上与罗马达成的协议无法维持长久。到君士坦丁四世的继承者查士丁尼二世统治时期，拜占庭与罗马的关系又变得紧张。为了完成第五次和第六次全基督教主教公会议提

㉛ 曼西：《基督教会议文献补编》（*Amplissima collectio concliorum*），XI，629—640；赫弗勒，《基督教宗教会议史》，V，175。

㉜ 曼西：《基督教会议文献补编》，XI，683—688。

㉝ E.W.布鲁克斯《英国历史评论》，XXXIV（1919），117。

出的任务,查士丁尼二世于691年在君士坦丁堡穹顶大厅召开宗教会议。这次会议名称取自开会地点,叫"特鲁兰会议"(Trullan)⑭或"五六次会议"(Quinisext*,*Quinisextum*),因为会议完成了前面两次全基督教宗教会议的任务。这次会议也自称为全基督教(普世的)主教公会议。但教宗塞尔吉乌斯拒绝在会议法规上签字,因为他不同意其中规定的禁止周六戒斋和允许传教士结婚等条款。查士丁尼二世仿效康斯坦斯将马丁流放到克里米亚的做法,下令逮捕塞尔吉乌斯,并将他带到君士坦丁堡。但是,意大利的军队与拜占庭帝国的特使作对,保护了教皇。而且,如果不是教皇为特使求情,他必死无疑。⑮

查士丁尼二世第二次执政(705—711年)时,教宗君士坦丁应皇帝的邀请到了君士坦丁堡,他是应召到拜占庭帝国首都的最后一位教宗。查士丁尼以最高的荣耀款待他。教宗的传记作者说:他头戴皇冠,匍匐在教宗的脚下,吻了他的脚。⑯查士丁尼二世和教宗达成满意的和解。可是没有确切的资料论及其事。正如德国教会史学家赫弗勒(Hefele)指出的那样,到这一时期,教宗君士坦丁毫无疑问的是接受了中庸之道,而教宗约翰八世(872—882年)步其后尘,继续前进,宣称"他接受所有与真正的信仰、良好道德和罗马教令不相矛盾的那些原则"。⑰教宗君士坦丁安全地返回了

---

⑭ 希腊文 ὁ τροῦλλος 意思是圆形或钟形屋顶。

* Quinisext,意即"五六次基督教全会"。——译者

⑮ 见F.格雷斯(F.Görres)"查士丁尼二世与罗马教宗"("Justinian II und das römanische Papsttum"),《拜占庭杂志》(德文),XVII(1908),440—450。

⑯ L.杜切斯内(L.Duchesne)编:《大主教传》(*Liber Pontificalis*),I,391。

⑰ 赫弗勒:《基督教宗教会议史》,V,240。

罗马,受到人民的热烈欢迎。宗教和解似乎在拜占庭帝国已经严重缩小的版图内最后完成了。

军区制的起源和发展

在拜占庭历史上,军区制通常与希拉克略王朝的统治时代联系在一起。军区制是一种特殊的行省体制。它是时代环境的产物,其显著特征是行省统治者的军事权力发展到最后完全凌驾于行政机构的权力之上。这一过程不是突然出现,而是渐进的。在一个长时间内,希腊语"军区"($\tau\grave{o}\ \theta \acute{\varepsilon}\mu\alpha$)意思是指驻扎在某个行省的军队,只是后来,可能在8世纪时,该词的意思才不仅指军事分遣队,也指该分遣队所驻扎的省份。这样,该词开始用于拜占庭帝国的行政区划。

论及拜占庭军区问题的主要的原始资料是《论军区》这部著作。作者是10世纪的拜占庭皇帝君士坦丁·波菲罗杰尼图斯,成书年代因而大大晚于希拉克略王朝,该书有它的不足,即对一些地区的叙述中以五六世纪的地理著作为依据,非常粗浅地或一字不漏地照搬照抄。虽然该书没有提供数量可观的有关7世纪军区体制的资料,但它将该体制的开端与希拉克略的名字联系在一起。作者写道:"自利比亚的(即阿非利加的)希拉克略执政开始,罗马帝国的版图已经缩小,自东部至西部都受到破坏。"[88]有趣的是,9世纪上半叶的阿拉伯地理学家伊本·胡尔达巴(Ibn-Khurdadh-

---

[88] 《论军区》(De thematibus),12。

bah，或称胡尔达兹比[Khordadhbeh])和10世纪早期库达马(Kudama)的著作中，也发现了与这一问题有关的重要资料，尽管这两位作者并不是希拉克略同时代的人。这些材料也还没有得到充分研究和解释。为了对军区制的早期历史进行研究，历史学家运用了编年史学家偶然性的评述，尤其是查士丁尼二世于687年致教宗的拉丁文信件，该信件与第六次全基督教主教公会议的确认有关。这封信里有一张当时的军区列表，虽然还没有称为军区，但用拉丁文"军队驻地"(exercitus)表示。⑧ 在当时的历史原始资料中，拉丁文 exercitus 和希腊文 στρατός（有时用 στράτευμα）常常用于表示由军队管理的省或地区。

军区制的真正先驱是6世纪末在拉文纳和迦太基(阿非利加)建立的总督区。伦巴德人的进攻引起了意大利行政机构的变化，如同柏柏尔人(摩尔人)在北非的进攻所引起的情况一样。中央政权着眼于建立更有效地应对外来敌人的防御体系，试图以其边境行省的强大军事权力机构保障领土的统一。7世纪时，波斯和后来的阿拉伯人的征服，夺去了拜占庭帝国东部各省。小亚细亚的局势完全变了，原来从不需要认真防卫的领土变成经常受到毗邻的穆斯林严重威胁的地方。拜占庭政府不得不在东部边境采取重大举措。重新组合军事力量，建立新的行政区划，给予军队首领以特殊的权力。这些军队首领的作用在当时是非常重要的。新建的阿拉伯舰队造成的威胁，同样是严重的。早在7世纪时，该舰队几

---

⑧ 曼西：《基督教会议文献补编》，XI，737—738。也见 H.格尔泽《拜占庭军区制的起源》(Die Genesis der byzantinischen Themenverfassung)，10—17。

乎控制了地中海,并威胁着小亚细亚海岸,爱琴海诸岛屿,甚至意大利海岸和西西里。在拜占庭帝国的西北部,斯拉夫人占领了巴尔干半岛的相当大部分,并深入到包括伯罗奔尼撒半岛在内的希腊。在北部边境,保加利亚王国于7世纪的下半叶兴起。所有这些形势的改变,迫使拜占庭帝国把最不安全的各行省分成由强有力的军事首领统治的,类似总督区的大政区。帝国被军事化了。⑨

拜占庭的军区并不是凭着一项立法而产生,每个军区都有其本身的历史,有时还是相当长的历史。每一军区的起源问题,只有对每个军区进行专门的研究才能解决。在这方面,库拉科夫斯基的著作很重要。他认为,希拉克略打败波斯人之后采取的军事措施是新的行政制度的出发点。布莱耶尔支持这一观点。亚美尼亚也许是拜占庭帝国在波斯威胁压力下军事化的一个典型。因为当希拉克略改组亚美尼亚政府时,没有任命文职行政官员。掌权者完全是军方人士。因此,当时军区制仅仅是把亚美尼亚形成的政体用于其他行省。⑨ Th.乌斯宾斯基提出,要注意斯拉夫人的问题。他说,于军区形成的时期,巴尔干半岛到处住满了斯拉夫人,斯拉夫人中相当多的志愿者参与了开拓比提尼亚移居地的活动,对小亚细亚军区机构的建立做出了贡献。⑫ 无论如何,对这一论

---

⑩ E.施泰因:"关于波斯和拜占庭的历史"("Ein Kapitel vom persischen und vom byzantinischen Staate"),《拜占庭与当代希腊年鉴》,I(1920),76、84。E.达尔科(E. Darkó):"拜占庭帝国的军事化"("La militarizatione dell' Impero Byzantino"),《拜占庭与当代希腊研究杂志》,V(1939),88—99。

⑪ 见库拉科夫斯基论这一问题的文章,《拜占庭》,III,287—431。见 L.布莱耶尔文章,《学术杂志》,N.S.XV(1917),412、505。

⑫ 《拜占庭帝国史》,I,685—686。库拉科夫斯基:《拜占庭史》,III,395。

断应持谨慎态度,因为在7世纪末,查士丁尼二世将80 000名斯拉夫人迁移到奥普西奇翁军区之前,不存在大量斯拉夫移民进入小亚细亚的证据。

人们确切知道的是,为了抗御面临的危机,拜占庭帝国于7世纪在东方建立了以下四个大军事分区,后来称为军区,此即:(1)亚美尼亚军区(Armeniaci 或 Armeniakoi),位于接近亚美尼亚的小亚细亚东北部;(2)安纳托利军区(Anatolici-Anatolikoi),该区名称源自希腊文"安纳托利"($ανατολη$),即"东方的";(3)"帝国神佑的奥普西奇翁军区"(希腊文 $οψίκιον$,拉丁文 obsequium)位于小亚细亚,濒临马尔马拉海;(4)沿海的卡拉维希奥诺鲁姆军区(thema Caravisionorum)。后来在8世纪时,可能称为西比拉伊奥特(Cibyraiot),位于小亚细亚南岸和邻近的岛屿。前两个军区占了小亚细亚的中间部分,东面起自奇里乞亚的边界,西面到爱琴海海岸,作为防御阿拉伯人的屏障。第三个军区起着阻止外来的敌人、保护首都的作用。第四个军区即沿海军区,目的是抗御阿拉伯舰队的进攻。

这种军区组织,同6世纪萨珊波斯国王喀瓦德(Kawadh)和库斯鲁·努尔什万(Chosroes Nushirvan)统治时期的军事化组织有惊人的相似之处。在波斯,帝国的整个领土也在四位军事首领之间划分。两者如此相似和如此密切,以至于施泰因将其解释为是拜占庭皇帝经过深思熟虑后采用了波斯人的改革。他说,有关资料使人们不无理由相信,希拉克略研究过两位波斯君主的改革,也许甚至从波斯的档案中接受了某些东西。"向自己的敌人学习总是一切真正的政治家的愿望。"⑬

在巴尔干半岛,色雷斯军区则是为了反对斯拉夫人和保加利亚人而建。后来,也许在 7 世纪结束时,由于反击斯拉夫人入侵希腊,在希腊又建立了希腊或希腊迪科伊(Helladikoi)军区。大约同一时期,为了抵抗已对地中海西部构成威胁的阿拉伯人从海上进攻,建立了西西里军区。这些军区或地区除少数例外,均是由将军(strategoi)进行统治。西比拉伊奥特军区的统治者被称为海军统领(drungarius 即 vice-admiral);奥普西奇翁的军区首领称"统领"(comes)。

如是,军区组建的时间可以追溯到在波斯威胁的压力下,希拉克略试图将拜占庭帝国军事化的时期。无论如何,就目前所知,他仅是成功地完成了亚美尼亚的改组。战胜波斯人的辉煌胜利,使叙利亚、巴勒斯坦和埃及回归拜占庭,这些行省急需整编。可是,由于阿拉伯人很快又从希拉克略的手中夺走这些行省,所以他来不及完成这一任务。波斯人的危害已经消除,可是新的、更危险的阿拉伯人的威胁取而代之。希拉克略的继承者效法前任,创建了军事区划(后来称为军区)抗击阿拉伯人。与此同时,帝国北部受到日益壮大的斯拉夫人和保加利亚人的威胁,终于促使诸位皇帝将这种防卫方法也扩展到巴尔干和希腊。

在这些军区和总督区内,文职官员并没有立即让位给军事统治者。文官行政机构即地方行省(eparchies)在新的制度下,在大多数地区继续存在。当然,由于外来威胁,军方被授予全权,使他

---

⑬ 施泰因所写论文:《拜占庭与当代希腊年鉴》,I(1920),84—85。

第四章　希拉克略时代(610—717年)

们的势力比官方行政机构的势力越来越强大。施泰因谈道:"希拉克略播下的种子已经惊人地发育成长。"⑭

有迹象表明,希拉克略在拜占庭的法规制定方面也有建树。在他执政期间颁布的《新律》中,以612年至629年发布的、涉及教士中各类问题的四则法令最具代表性。还有一些其他法律的内容与希拉克略有关,虽然这些法律没能完好地保存下来,但仍有迹象可寻。而且有可能证明这些法律的某些方面被西方日耳曼人和东方阿拉伯人所吸收并引用到他们的法规当中。至少在一些涉及伪造货币、制定官方度量标准和发布政府文件等问题的法律中可以证明这一点。⑮

混乱时期(711—717年)

查士丁尼二世之后,有三位短期执政者:瓦尔丹或菲利彼库斯、阿那斯塔修斯二世和狄奥多西三世,他们在登基不久便相继被废黜。整个帝国一片混乱,四处兵变。瓦尔丹因特别喜爱一意派,破坏了同罗马的友好关系。但阿那斯塔修斯二世恢复了以前与教

---

⑭ E.施泰因:《查士丁二世与提庇留研究》(*Studien der Justinus und Tiberius*),140。G.奥斯特洛戈尔斯基:"论伊苏里亚王朝的错误的改革政策"("Über die vermeintliche Reformtätigkeit der Issaurier"),《拜占庭杂志》(德文),XXX(1929—1930),397—400。

⑮ 见R.洛佩斯(R.Lopez)"7世纪拜占庭法规和日耳曼人以及阿拉伯人对它的接受"("Byzantine Law in the Seventh Century and its Reception by the Germans and the Arabs"),《拜占庭》(布鲁塞尔),XVI,2(1941),445—461。希拉克略的新法典原文见K.E.扎哈利亚·冯·林根塔尔《希腊罗马法制史》,III,38—48。J.泽波斯(J.Zepos)与P.泽波斯:《希腊罗马法》(*Jus graecoromanum*),I,27—29。

皇订立的协议。在对外问题上，拜占庭帝国非常不成功。保加利亚人决定对查士丁尼的被害实施报复，因为后者曾经友好地对待他们。他们向南推进，直抵君士坦丁堡。阿拉伯人经陆路穿过小亚细亚不断地推进，经水路在爱琴海和普罗蓬蒂斯威胁君士坦丁堡。拜占庭正经历着与610年革命发生时相仿的一个危机时期，再一次需要有一位能将拜占庭从无法避免的危难中拯救出来的有魄力、有实力的人物。得到了公众拥护的安纳托利亚军区首领利奥便是这样的人物。软弱的狄奥多西三世认识到自己对迫在眉睫的威胁完全无能为力，于是放弃了帝位。717年，利奥胜利进入君士坦丁堡，由教宗在圣索菲亚大教堂为他加冕称帝。他饶恕了狄奥多西。于是，利奥由一位在军区中享有广泛权力的军事统帅上升至九五之尊的皇帝。

文献、学术和艺术

在拜占庭帝国的整个历史中，从610年至717年是学术和艺术的最黑暗时代。前一世纪取得非常丰富的知识成就之后，智慧的创造似乎完全消亡了。这一时期毫无生机的主要原因，必须从拜占庭帝国的政治局势方面寻找。国家不得不把所有的精力投放在抵御外来的敌人方面。先是波斯、后是阿拉伯人占领了文化发达、知识成果丰富的东方行省和叙利亚、巴勒斯坦、埃及。阿拉伯人还威胁着小亚细亚、地中海各岛屿，甚至拜占庭的首都。阿瓦尔—斯拉夫人在巴尔干半岛构成威胁。所有这些，实际上形成了抑制文化知识和艺术活动的环境。这种恶劣形势不仅体现在东方

第四章 希拉克略时代(610—717年)

被夺走的各行省,而且也体现在仍然是拜占庭领土的行省里。

在这整个时期里,拜占庭帝国没有出现一位历史学家。只有圣索菲亚的副主祭、生活在希拉克略时代的小亚细亚庇西迪亚省的乔治,用和谐、正确的韵文描述了希拉克略对波斯人和阿瓦尔人的战争。他留下了三部历史著作:(1)《关于希拉克略皇帝对波斯人的讨伐战争》(On the Expedition of Emperor Heraclius against the Persians);(2)《关于626年阿瓦尔人对君士坦丁堡的进攻,以及对圣母玛利亚的祈祷使他们归于失败》(On the Attack of the Avars on Constantinople in the Year 626, and their Defeat through the Intercession of the Holy Virgin);和(3)《希拉克略》(Heraclias),是在皇帝取得对波斯人最后胜利时,致皇帝的赞词。在其他辩论体、挽歌体及带有宗教性质的著作中,我们应该提到的是《六天》(Hexaemeron)。它是叙述创世纪并引喻当时事件的一种哲学-神学说教诗。这部著作因涉及基督教作家特别喜爱的主题而流传到拜占庭帝国境外。例如,14世纪便有一本斯拉夫-俄罗斯语译本。庇西迪亚的乔治的诗才在后世受到很高评价。人们甚至要求11世纪著名的拜占庭学者和哲学家迈克尔·塞勒斯(Michael Psellus)回答这一问题:"欧里庇得斯和庇西迪亚的乔治,何者为最好的诗人?"现代学术界认为乔治是拜占庭时期最好的世俗诗人。[96]

这一时期的编年史家,有安条克的约翰和《复活节编年史》(Chronicon Paschale)的佚名作者。安条克的约翰可能生活在希

---

[96] 克伦巴赫:《拜占庭文献史》,709。

拉克略时代。他写了一部从亚当时期到福卡斯皇帝去世（610年）时的世界编年史。由于该书现在幸存下来的多是残篇，所以学者们对该书的真正作者究竟是谁这一争论长期没有解决。有时候，人们还认为他就是约翰·马拉拉斯（他也是叙利亚安条克人）。根据现存的片断材料，可以看得出，安条克的约翰的著作远胜于马拉拉斯的，因为它不是从安条克本地的狭窄范围来考虑世界历史，而具有更广泛的历史目标。该书在运用早期原始资料方面，也显得更为熟练。还是在希拉克略时代，某些佚名的教士编了所谓的《复活节编年史》，虽然该书仅仅是从亚当到629年的历史事件年表，但它毕竟包括一些相当重要的历史评论，这部毫无独创性的作品的主要价值在于它对所用资料的批判和记载作者同时代事件的那一部分。

在神学领域，7世纪的一意派辩论正像早些时候的一性教派辩论一样，产生了相当多的文献，但均没有能保存下来。由于它们受到7世纪宗教会议的谴责，早已被毁掉，其方式如同人们毁灭一性派作品一样。所以，第六次全基督教主教公会议的法令和忏悔者马克西姆斯的著作便几乎成为评价这些文献的唯一根据，它们在反驳对方的过程中引用了这些被毁掉的著作的片段。

忏悔者马克西姆斯是最著名的拜占庭神学家之一。作为希拉克略和康斯坦斯二世的同时代人，他在7世纪一意派辩论期间是正教的坚定的捍卫者。他因信念坚定而被判入狱，受到了无数次严酷折磨之后，他被放逐到远离君士坦丁堡的高加索地区拉齐卡省。他在那里度过了生命的最后岁月。他那些关于辩论术、圣经诠释、禁欲主义、神秘主义和礼拜仪式的著作中，主要反映了三位著名教父(伟人亚大纳西、纳西昂的格列高利和尼斯的格列高利)对他的影响,也有在中世纪广为流传的所谓"伪丢尼修"(Dionysius the Arepagite,或 Pseudo-Arepagite)* 的神秘主义观点的影响。在拜占庭神秘主义的发展中,马克西姆斯的著作特别重要。一位研究马克西姆斯的现代学者写道:"将'伪丢尼修'的枯燥乏味的思辨的神秘主义与好沉思的禁欲主义的现实的伦理道德问题结合,蒙神恩的马克西姆斯创立了拜占庭神秘主义的一种生动模式,该模式反复出现在后世的禁欲主义者的许多著作中。因此,他可以被认为是拜占庭神秘主义的名副其实的创造者。"[97]遗憾的是,马克西姆斯没能留下其观点的系统性论述,因此,这些观点必须从他的大量著作中挑选出来。除了神学和神秘主义著作之外,马克西姆斯还留下大量的重要信件。

马克西姆斯著作的影响和重要性并不局限于东方,它们还扩展到西欧。此后,影响到9世纪西欧著名思想家斯科特·埃琉吉那的约翰(Johannes Scotus Eriugena)。他对"伪丢尼修"的著作也非常感兴趣,他承认只是通过马克西姆斯所解释的"奇迹般的方法",他才取得对丢尼修"最朦胧"思想的理解。他称马克西姆斯是"天才的哲学家""全智者""最杰出的教师",等等。马克西姆斯论

---

* 所谓"伪丢尼修",活动时期约在公元500年前后。据说是一位修道士的假名。他写了许多文章和书信,试图将新柏拉图主义的哲学同基督教神学与神秘主义经验相结合。起到了为基督教会(尤其是西方基督教会)教义理论中的神秘主义体系奠基的作用。——译者

[97] S.埃彼法诺维奇(S.Epifanovich):《神佑的忏悔者马克西姆斯与拜占庭神学》(*The Blessed Maximus Confessor and Byzantine Theology*),137;克伦巴赫:《拜占庭文献史》,63、141。

神学家格列高利的著作由埃琉吉那译为拉丁文。㉘马克西姆斯同时代的一位年轻人西奈山的阿纳斯塔修斯（Anastasius Sinaita）采用了与马克西姆斯类似的方式创作了自己的辩证的和评注性质的文学作品，但其才华远逊于马克西姆斯。

在圣徒传记方面，必须提到耶路撒冷的主教索夫罗纽斯。他经历过阿拉伯人对圣城耶路撒冷的围攻，他的著作详尽地描述了埃及地方的圣徒居鲁士（Cyrus）和约翰尼斯（Johannes）的殉教及其显示的奇迹，还包括了许多有关自然地理和人文风俗习惯史的资料。具有同样重要性的是生活于7世纪塞浦路斯的尼亚波利斯（Neapolis in Cyprus）主教莱昂提乌斯（Leontius）的著作。他是几部"传记"的作者。其中7世纪亚历山大主教的传记《记仁慈的约翰》，对研究当时的社会和经济生活史特别有价值。与大多数圣徒传记作者不同，莱昂提乌斯是为广大民众撰写《圣徒传》，因此他的语言中反映了民间口语的极大影响。㉙

概言之，在希拉克略王朝这一黑暗时代和艰难岁月的文化活动中，屈指可数的几位拜占庭作家大部分出自东方各省，而其中部分行省已处在新的统治者穆斯林的控制之下。

考虑到希拉克略王朝时期的对外事务，毫不奇怪，这个时期没有给今天留下不朽的艺术品是很正常的。无论如何，幸存下来的

㉘ A.布里连托夫（A.Brilliantov）：《从斯科特·埃琉吉那的约翰的著作中所见东方神学对西方的影响》（*The Influence of Eastern Theology upon Western as Evidenced by the Works of John the Scot Eriugena*），50—52。

㉙ H.格尔泽：《尼亚波利斯的莱昂提乌斯所著〈亚历山大里亚主教、慈善的约翰尼斯的崇高生活〉》（*Leontios' von Neapolis Leben des heiligen Johannes des Barmherzigen Erzbischofs von Alexandrien*），xli。

第四章 希拉克略时代(610—717年)

极少量的 7 世纪的遗迹清楚地表明,查士丁尼的"黄金时代"为拜占庭的艺术生活打下了坚实基础。虽然自 6 世纪下半叶起,拜占庭艺术在国内显得微不足道,但到 7 世纪时,拜占庭艺术在帝国境外的影响则非常明显。许多有日期可查的亚美尼亚教堂便是拜占庭影响的突出典范,其中有在 611—628 年重建的埃德格米亚钦(Edgmiatsin 或 Etschmiadzin)大教堂和 622 年建造的阿尼(Ani)城堡的教堂。687—690 年建于耶路撒冷的欧麦尔清真寺是纯粹的拜占庭建筑。在罗马,圣玛利亚·安提卡教堂(Santa Maria Antica)中,有一些壁画是属于 7 世纪或 8 世纪初的作品。[100]

---

[100] 夏尔·迪尔:《拜占庭艺术手册》,I,329—359。

第五章 破坏圣像时代(717—867年)

伊苏里亚或叙利亚王朝

直到最近,在一些历史著作中,仍把这一拜占庭新王朝的创建者利奥三世皇帝(717—741年在位)称为伊苏里亚人。他和他的继承者建立的政权,通常被称为伊苏里亚王朝。然而,在19世纪末,出现了一种观点,认为利奥三世并非伊苏里亚人,而是叙利亚人。[①] 目前,这一观点被一些学者所接受,[②]而另一些学者则持否定态度。[③] 对这一问题的争论,可以追溯到9世纪初的编年史学家狄奥凡尼,他是论及利奥血统的主要作者。他写道:"伊苏里亚的利奥是哲尔曼尼西亚(Germanicea)地方的人,实际上出生于伊苏里亚。"[④]9世纪后半期,罗马教宗的图书管理员阿那斯塔修斯将

[①] K.申克(K.Schenk):"皇帝利奥三世的内政"("Kaiser Leons III Walten im Innern"),《拜占庭杂志》(德文),V(1896),296及以下。

[②] N.约尔加:"破坏圣像运动的起源"("Les Origines de l'iconoclasme"),《罗马科学院历史部通报》(*Bulletin de la section historique de l' Académie roumaine*),XI (1924),147。

[③] J.A.库拉科夫斯基:《拜占庭史》,III,319。

[④] 狄奥凡尼:《编年史》,德博尔编,391。

第五章 破坏圣像时代(717—867年)

狄奥凡尼的著作译成拉丁文,没提及伊苏里亚,可是谈到利奥是哲尔曼尼西亚人,且生于叙利亚(genere Syrus)⑤。《小斯蒂芬传》也称利奥"由叙利亚人所生"(ὁ συρογενής)⑥,哲尔曼尼西亚位于叙利亚的北部边界,乞里奇亚的东部。一份阿拉伯人的资料提到,利奥是居住于马拉什(Marash)地方的基督教居民。马拉什即哲尔曼尼西亚。因此,他能流利地讲地道的阿拉伯语和罗曼语*。⑦ 我们没有理由假定狄奥凡尼将叙利亚的哲尔曼尼西亚与伊苏里亚省的哲尔曼诺波利斯城相混淆。⑧ 利奥原籍属叙利亚是完全可能的。

利奥三世的儿子即君士坦丁五世科普洛尼姆斯(Constantine V Copronymus,741—775在位)娶了卡扎尔汗的女儿伊琳娜。他们的儿子利奥四世通常被称为卡扎尔人,他于775—780年在位。利奥四世的妻子是出生于雅典的希腊女子,名字也叫伊琳娜。利奥四世死后,因为她的儿子君士坦丁六世(780—797年在位)尚未成人,遂使伊琳娜成为拜占庭帝国的统治者。伊琳娜是一个有野心有魄力的女子,她的儿子成人后,双方进行了一场权力之争。结果她废黜了亲生儿子,弄瞎了他的眼睛,自己成为帝国的真正统治

---

⑤ 狄奥凡尼:《三卷编年史》,德博尔编,251。

⑥ J.P.米涅:《希腊教父文献全集》,C,1084。

* 此处的罗曼语即希腊语。——译者

⑦ E.W.布鲁克:"阿拉伯原始资料中关于716—718年战争的记载"("The Campaign of 716—718 from Arabic Sources"),《希腊研究杂志》,XIX(1899),21—22。

⑧ Th.I.乌斯宾斯基:《拜占庭帝国史》,II(1),5。

者(797—802年在位)。她以行动回答了拜占庭帝国的妇女能否登位掌权,即成为帝国真正意义上的统治者的问题。自拜占庭帝国建立以来,皇后们便享有"奥古斯塔"(Augusta)的称号,在皇子尚未成人时,她们总是以其儿子的名义行使帝国皇帝的职权。5世纪时,狄奥多西二世的姐姐普尔喀利娅(Pulcheria)在其弟尚未成年时,便充当了摄政王。查士丁尼的妻子狄奥多拉,在影响政治事务上占有特别重要的地位。但是,狄奥多拉的政治影响完全取决于她丈夫的意愿,其他妇女也都是以儿子或兄弟的名义享有统治权。在拜占庭帝国历史上,伊琳娜是第一位享有名副其实的最高权威,自主地行使统治权的女性统治者。她代表着对帝国世俗传统的革新。应该特别注意的是,在官方的文件和法令中,她没有被称为"女皇"而是被称为"虔诚的皇帝(basileus)伊琳娜"。⑨ 按照当时的观念,只有男性皇帝才是正式的立法者,所以有必要假定伊琳娜就是皇帝。伊琳娜于802年在一位最高行政官员尼斯福鲁斯(Nicephorus)领导的政变中被废黜,后来死于流放地。尼斯福鲁斯登上了皇位。随着伊琳娜被废黜,伊苏里亚王朝宣布结束。717—802年,占据拜占庭帝国皇位的是来自小亚细亚或北叙利亚的具有东方血统的家族世系。君士坦丁五世的婚姻,才使最高统治者的东方血统与卡扎尔人的血统相融合。

拜占庭对阿拉伯人、保加利亚人和斯拉夫人的态度

利奥登上皇帝宝座之时,是拜占庭帝国正经历的一个最为关

---

⑨ K.E.扎哈利亚·冯·林根诺尔:《希腊罗马法制史》,III,55。J.泽波斯和P.泽波斯:《希腊-罗马法》,I,45。

第五章 破坏圣像时代(717—867年)

键的时期。除了利奥皇帝与拜占庭贵族代表者进行的斗争(自查士丁尼二世被第一次废黜之时起,贵族便特别爱寻衅),导致国内非常混乱外,还有东方阿拉伯人的威胁正逐渐逼近拜占庭首都。这个时期与君士坦丁四世在位的7世纪70年代的情况很相似,而且许多方面似乎更为危险。

早在利奥前两任皇帝统治时期,阿拉伯军队已经由陆路穿过整个小亚细亚到达西方,占领了靠近爱琴海岸的萨迪斯(Sardis)和波加蒙(Pergamus)。率领这些阿拉伯军队的是著名的马什拉马(Maslamah)将军。* 717年,利奥入主君士坦丁堡几个月之后,阿拉伯军队从波加蒙出发,向北方推进,到达濒临赫勒斯滂海的阿比都斯(Abydos)。他们由此渡过海峡在欧洲海岸登陆,很快到达君士坦丁堡城下。根据编年史记载,与此同时,一支拥有1800艘各类船只的庞大船队通过赫勒斯滂海峡和普罗蓬蒂斯海峡,从海上包围了君士坦丁堡。首都受到了全面的围攻。然而,利奥以极佳的方法,使首都做好反包围战的准备,显示了他卓越的军事才能。"希腊火"的再一次巧妙使用,重创了阿拉伯的船只。717年和718年冬天的严寒,加之饥荒严重,导致穆斯林军队最后完全失败。保加利亚人迫于同利奥三世原有的协议,同时也为了自我保护,在色雷斯境内参与了同阿拉伯人作战,使阿军损失惨重,阿拉伯人对君士坦丁堡的围困仅一年多一点就被迫撤兵。利奥三世以其智慧和才能解救了拜占庭的首都。与这次围攻有关的是,史籍中第一次提到在黄金角使用了拦阻敌军进港的铁链。

---

* 当时阿拉伯国家苏莱曼哈里发的兄弟(715—717年)。——译者

历史学家们津津乐道于谈论穆斯林这次进攻君士坦丁堡失利的伟大意义。利奥三世抗击阿拉伯人的成功,恰恰证明他不但拯救了拜占庭帝国和东方基督教世界,而且也拯救了西方的欧洲文明。英国学者柏里称718年为"全基督教的节日",希腊历史学家兰普罗斯(Lampros)将这次战争与古希腊的对波斯战争相比较,称利奥三世是中世纪希腊化时期的米泰亚德(Miltiaodes)。* 如果说君士坦丁四世将阿拉伯人阻止在君士坦丁堡城下,那么,利奥三世则逼迫阿拉伯人退却。这是阿拉伯人对这座"神佑"城市进行的最后一次进攻。从这一点来看,利奥的胜利就有了世界性的历史意义。阿拉伯人对君士坦丁堡的征战,连同马什拉马的名字,在以后的伊斯兰教传奇中,有着深远的影响。马什拉马的名字至今仍与一座清真寺联系在一起。据传说,该清真寺是他在君士坦丁堡建立的。⑩

然而在早期哈里发执政史上,这一时期仍是最辉煌的时期之一。强有力的哈里发瓦利德一世当权之时(Walid I,705—715

---

* 雅典将军及政治家(约前540—前489年)。——译者

⑩ J.B.柏里:《晚期罗马帝国史》,II,405;S.兰普罗斯:《希腊史》(Ιστορία Ἑλλάδος),III,729。亦见 M.卡纳尔(Canard)"阿拉伯人对君士坦丁堡的进攻"("Les expéditions des Arabes contre Constantinople"),《亚细亚杂志》,CCVIII(1926),80—102。君士坦丁七世波菲罗杰尼图斯也认为君士坦丁堡里的一座清真寺为马什拉马所建。见《帝国行政》(De administrando imperio),J.J.赖斯克(J.J.Reiske)和 I.贝克(I.Bekker)编《拜占庭历史手稿大全》(Corpus Scriptorum Historiae Byzantinae),101—102;莫拉弗斯齐克·詹金斯(Moravcsik-Jenkins)编,1949,92。P.卡尔:"中世纪亚历山大史"("Zur Geschichte der mittelalterlichen Alexandria"),《伊斯兰教论丛》(Der Islam),XII(1922)。34,X.A.诺米库(X.A.Nomiku):"君士坦丁堡的第一所清真寺"("Τὸ πρῶτο τζαμὶ τῆς Κωνσταντινουπόλεως"),见《拜占庭研究年鉴》(Ἐπετηρὶς Ἑταιρείας Βυζαντινῶν Σπουδῶν),I(1924),199—201。

年),正值拜占庭帝国的混乱时代。就建筑成就而言,他可以与拜占庭帝国的君主相媲美。当时在大马士革建立了一座清真寺,恰如圣索菲亚教堂之于基督教世界一样,在一个相当长的时期内,成为伊斯兰世界最宏伟壮观的建筑。穆罕默德在麦地那的圣墓同耶路撒冷的耶稣墓一样壮丽辉煌。饶有趣味的是,在穆斯林中间,与这些建筑有关的传说,不仅和穆罕默德有关,而且和耶稣基督联系在一起。据伊斯兰教的传说,当耶稣第一次受召重返人间时,将从大马士革清真寺中的一个尖塔降临,而麦地那穆罕默德坟墓近旁的空地将作为耶稣再临后遁世的墓地。⑪

拜占庭帝国与哈里发之间的战争逐渐带有圣战的性质,其结果,希腊人和阿拉伯人均无法达到自己的目的,因为希腊人无法取得耶路撒冷,阿拉伯人也无法夺取君士坦丁堡。"在这种情况下,"V.巴托尔德写道,"基督徒和穆斯林的胜利变成了悔罪,两者都盼望着世界末日的来临。似乎只有在世界末日到来之前,他们才能达到自己国家的最后目标。在拉丁语世界和希腊语世界中,广泛流行着一种传说,大意是,在世界末日之前,一位基督教统治者(法兰克国王或拜占庭皇帝)将进入耶路撒冷,把他的世俗权力交给救世主。而穆斯林期望的世界末日,则是以君士坦丁堡的陷落为先导,⑫'唯一虔诚的'倭马亚王朝的哈里发欧麦尔二世(717—720年

---

⑪ 巴托尔德文章,《东方学院学报》,I(1925),467—470。
⑫ H.拉芒:《倭马亚朝哈里发穆阿威叶一世统治之研究》(*Études sur le règne du calife Omaiyade Moawia I*),444。

在位)的统治发生在'希吉来'*后的一百年(约720年),并非偶然,因为在前任哈里发苏莱曼围攻君士坦丁堡失败后,人们便盼望伊斯兰国家之灭亡与世界末日同时到来。"⑬

732年,即围攻君士坦丁堡失败后十四年,阿拉伯人从西班牙向西欧的推进被查理·马特——软弱的法兰克国王的宫相——在普瓦提埃成功地阻止了。⑭

阿拉伯人在718年失败后,利奥三世在位期间没有再采取针对帝国的激烈军事行动,主要原因是他们明显地受到北方的游牧部族卡扎尔人的威胁。利奥三世当时已安排了他的儿子及皇位继承人君士坦丁与卡扎尔汗之女联姻,卡扎尔汗开始支持这位新亲戚。由此,利奥在同阿拉伯人的斗争中,找到了两个同盟者,开始是保加利亚人,接着是卡扎尔人。然而,阿拉伯人并没有偃旗息鼓,而是继续进攻小亚细亚,还经常深入到小亚西部,甚至到达尼西亚,即普罗蓬蒂斯海的岸边。在统治末期,利奥在弗吉尼亚(即今通往科尼亚的铁路附近的阿菲坞-克拉-希萨[Afiun-Qara-Hisar])的阿克罗伊农(Acroïnon)战役中,击败了阿拉伯人。这次胜利,迫使阿拉伯人从小亚细亚西部退到东部。因阿克罗伊农战役产生了与

---

* 指穆罕默德于622年从麦加出走到麦地那。该年为伊斯兰教的纪元元年。——译者

⑬ 巴托尔德文章,《东方学院学报》,I(1925),470—471;A.A.瓦西列夫:"东西方中世纪的世界末日思想"("Medieval Ideas of the End of the World: west and east"),《拜占庭》(布鲁塞尔),XVI,2(1944),472—473。

⑭ 在我的《拜占庭帝国史》(1917年俄文版)和英文版第1版(1928年)中,对普瓦提埃战役的重要意义颇有夸张。亦见A.多普斯克(A.Dopsch)《欧洲文化发展的经济社会基础》(*Wirtschaftliche und soziale Grundlagen der europäischen Kulturentwicklung*)(第2版),1924,II,298。

第五章 破坏圣像时代(717—867年)

穆斯林有关的突厥民族英雄、穆斯林圣战勇士(加齐)赛义德·巴图(Saiyid Battal)的传奇。他的坟墓至今仍在埃斯奇舍尔(Eskishehr)即中世纪的多里拉伊乌姆(Dorylaeum)南部的一个村子里。这一英雄的历史人物原型,是在阿克罗伊农战役中阵亡的穆斯林斗士阿布达拉·艾尔-巴图(Abdallah al-Battal)[15]。因此,同阿拉伯人的战争,在当时已经被利奥三世卓有成效地解决了。

8世纪中叶,当倭马亚王朝被阿拔斯朝取代时,阿拉伯哈里发帝国内因王朝更替引起严重的内乱。阿拔斯王朝首都搬迁,政治中心从大马士革转移到远离拜占庭边境的底格里斯河畔的巴格达。这使利奥三世的继位者君士坦丁五世可以通过许多次成功的远征,将拜占庭帝国的国界沿着小亚细亚的整个边界向东方大大推进。

但是,在伊琳娜掌权时期,阿拉伯人在哈里发阿尔-麦海迪(Al-Mahadi)指挥下,又发动了一次成功的攻势,进入小亚细亚。782—783年,女皇伊琳娜被迫乞和,缔结了耻辱的三年停战协定:女皇同意每年向阿拉伯人缴纳70 000或90 000第纳尔的赔偿金,

---

[15] J.韦尔豪森(J.Wellhausen):《倭马亚时期阿-拜战争》(Die Kämpfe der Araber mit den Römaern in der Zeit der Umaijiden),444—445;《伊斯兰百科全书》中有专章记载巴图的事迹(I,698)。也见巴托尔德《东方学院学报》,I(1925),470;D.B.麦克唐纳德(D.B.Macdonald):"阿拉伯黑暗时期的早期历史"("The Earlier History of the Arabian Nights"),《皇家亚洲社会杂志》(Journal of the Royal Asiatic Society)(1924),281;卡纳尔(Canard):"阿拉伯人对君士坦丁堡的进攻"("Les expéditions des Arabes contre Constan-tinople"),《亚细亚杂志》,CCVIII(1926),116—118;W.M.拉姆赛(W.M.Ramsay):"641—964年阿拉伯人征服小亚细亚的企图及其失败原因"("The Attempts of the Arabs to Conquer Asia Minor,641—964 A.D.,and the Causes of Its Failure"),《罗马科学院历史部年鉴》,XI(1924),2。在涉及史诗《边界武士迪吉尼斯》(Digenes Akrites)时,我们还会谈及关于艾尔-巴图的故事。

一年分两次结清。在签订协议的同年(783年),伊琳娜可能将军队从东方前线调往马其顿、希腊和伯罗奔尼撒半岛镇压斯拉夫人起义,因此,削弱了拜占庭在小亚的地位。798年,在哈里发哈伦-阿尔-赖世德(Harun-ar-Rashid)时期,阿拉伯军队取得战争胜利之后,同拜占庭帝国缔结了一项新的和平协定,拜占庭缴付的款项与麦海迪时期相同。

伊苏里亚诸皇帝与保加利亚的统治者之间的关系很活跃。保加利亚人不久前在多瑙河下游获得一个要塞后,首先是要保护自己的政治生存,顶住拜占庭对于阿斯帕鲁奇已获得的成就进行破坏的企图。8世纪,保加利亚王国内部的情况错综复杂,首领们为了获得"汗"的最高宝座,你争我夺,引发了许多宫廷纷争。而且,保加利亚人作为新来的统治者又不得不与半岛上被征服的斯拉夫人进行斗争。7世纪晚期和8世纪早期,保加利亚诸汗在对付拜占庭这个最危险的敌人时,表现得极其灵活。保加利亚人支持查士丁尼二世恢复了帝位。他们还积极支持利奥三世用武力将阿拉伯人从君士坦丁堡城下赶走。此后三十多年内,拜占庭的作家没有再对保加利亚人有过什么记载。在利奥三世统治期间,保加利亚王国成功地与拜占庭保持和平关系。

在君士坦丁五世执政时期,保加利亚人与拜占庭的关系变得紧张起来。由于得到叙利亚人和亚美尼亚人(他们已经从东方边境迁移至色雷斯定居)的帮助,拜占庭沿着保加利亚边界构筑了许多防御工事。君士坦丁五世还蔑视保加利亚派到君士坦丁堡的使节。此后,保加利亚人开始采取军事行动加以反击。为了消灭保加利亚王国,君士坦丁指挥了陆上和海上的八九次战役,虽取得许

第五章 破坏圣像时代(717—867年)

多战果,但君士坦丁的目标最终落空。然而,一些历史学家仍认为他是"屠杀保加利亚人的刽子手(Bulgaroctonus)"。⑯他对保加利亚人进行了不懈的战争,构筑了许多对付保加利亚人的堡垒。

到8世纪末,保加利亚王朝内部的纷争已经结束;保加利亚人与斯拉夫人的尖锐对抗也变得不明显了。总之,9世纪开始出现了一个逐渐形成中的保加利亚,一个斯拉夫化的,并以进攻拜占庭为其既定目标的强大国家。保加利亚人的进攻性政策在8世纪后期已经显露无遗。在君士坦丁六世和他母后伊琳娜执政时期,拜占庭在军事上失败以后,被迫同意向保加利亚人纳贡。

在8世纪拜占庭和保加利亚人的军事冲突中,保加利亚人的军队中也包括斯拉夫人,因为他们已经成为保加利亚王国的一部分。8世纪,斯拉夫人占据巴尔干半岛的过程仍在继续。在利奥三世时代,一位去圣地朝圣的西方人参观了伯罗奔尼撒的城市蒙内姆巴西亚(Monembasia),并写道,该城位于斯拉夫人的土地上。⑰还有许多资料提到,8世纪时,在都拉基乌姆和雅典均有斯拉夫人。⑱在君士坦丁·波菲罗杰尼图斯的著作《论军区》中(在本书前言部分已有引述),明显提到君士坦丁五世时期,"当鼠疫在整个世界蔓延时,整个伯罗奔尼撒半岛变得斯拉夫化和野蛮化

---

⑯ A.伦巴德(A.Lombard):《拜占庭历史研究:罗马皇帝君士坦丁五世》(*Études d'histoire Byzantine*:*Constantine V*,*empereur des Romains*),59。

⑰ 威利巴尔迪(Willibaldi):《传记》(*Vita*);G.H.珀茨(G.H.Pertz)编:《日耳曼历史文献,手稿》(*Monumenta Germaniae Historica*,*Scriptorum*),XV,93。

⑱ A.A.瓦西列夫:"希腊的斯拉夫人"("The Slavs in Greece"),《拜占庭年鉴》,V(1898),416—417。

了"⑲。此处提到的是746—747年的大瘟疫,它发源于意大利,对希腊的南部和君士坦丁堡造成的危害尤其严重。这次瘟疫之后,为了使首都君士坦丁堡复兴,君士坦丁皇帝从许多行省向君士坦丁堡移民。甚至按照广为接受的观点,早在8世纪中叶,伯罗奔尼撒半岛就已经斯拉夫化了。同一时期,还必须注意到,由于瘟疫的袭击和皇帝为复兴君士坦丁堡而向首都移民,一些地区人烟稀少,斯拉夫移民则在此间定居,形成新的定居点。8世纪末,伊琳娜女皇派出一支特遣队到希腊、萨洛尼卡和伯罗奔尼撒去"对付斯拉夫人的部族"⑳,后来,这些希腊的斯拉夫人积极地参加了反对伊琳娜的阴谋活动。这一事实清楚地表明,在8世纪时,斯拉夫人在巴尔干半岛,包括整个希腊不仅已经稳固地定居,而且参与了帝国的政治活动。到了9世纪时,保加利亚人和斯拉夫人已经成为拜占庭帝国两个非常危险的敌人。

伊苏里亚或叙利亚王朝诸皇帝的内政

立法。——利奥三世不仅是拜占庭帝国的一位天才领袖和抗击外部敌人的强有力的领导者,而且是一位英明有才能的立法者。早在6世纪查士丁尼时代,各行省的大多数人已经很少能理解或完全无法理解拉丁文本的《查士丁尼法典》、《法学汇纂》和《法理概要》了。在许多地区,尤其是在东方,人们更乐于使用旧的习惯法

---

⑲ 《论军区》,53—54。
⑳ 狄奥凡尼:《编年史》,德博尔编,456—457。

第五章 破坏圣像时代(717—867年)

而不是官方的成文法,5世纪叙利亚法律书籍的广泛流传则清楚地证明了这一点。用希腊文发布的《新律》只是用来处理常见的法律问题。与此同时,7世纪期间,由于拜占庭帝国逐渐丧失了其东部行省叙利亚、巴勒斯坦、埃及、南部的北非和巴尔干半岛的北部地区,就其民间语言来说,已变得越来越"希腊化"。由于希腊语得到广泛使用,制定一部能够反映自查士丁尼大帝以来的社会生活状况所有变化的希腊文法典,已经成为必要。

利奥三世充分认识到这一需要,将编纂法典的任务交给一个由他亲自挑选的人员组成的委员会。在该委员会的努力之下,一部法典出台了,它定名为《法律选编》(Ecloga),以"全智的和虔诚的利奥和君士坦丁皇帝"的名义公布。但是,法典公布的具体时间难以确定。尽管俄国的拜占庭专家V.G.瓦西列夫斯基倾向于该法典发布于利奥执政初期(约726年),[21]但另一些学者则认为该法典的颁布应在利奥执政的后期(739—740年)。[22] 最近有的学者对于《法律选编》是否属于利奥三世和君士坦丁五世时期产生了一些怀疑。[23] 在当代,绝大多数学者把法典发布的日期确定在726

---

[21] K.E.扎哈利亚·冯·林根塔尔:《希腊-罗马法史》(第3版,1892年),16。P.科林内:"查士丁尼以后至1453年的拜占庭立法",《剑桥中世纪史》,IV,708(740年3月说)。V.格鲁梅尔(Grumel):"论利奥三世《法律选编》公布的日期"("La Date de la promulgation de l'Ecloge de Leon III"),《东方之声》,XXXIV(1935),331。

[22] "破坏圣像时期的法规"("Legislation of the Iconoclasts"),《公众教育部杂志》,CXCIX(1878),279—280;亦见V.G.瓦西列夫斯基的著作,IV,163。

[23] C.N.乌斯宾斯基:《拜占庭史纲要》,I.216—218。

年3月。㉔

"Ecloga"(即《法律选编》)这一名词的意思是"选择"或"精选",便表明了该法典的来源。法典标题是:"由全智和虔诚的利奥和君士坦丁皇帝,从查士丁尼大帝颁布的《法理概要》、《法学汇纂》、《法典》、《新律》中节选,并以更为人道的观点(希腊语:Εἰς τὸ φιλανθρωπότερον)或如其他人所译的"以改进的观点")加以修订的法律简编。"㉕这一引言明确地阐明,以前历代皇帝所发布的法令曾经被写入各种法学著作中,但它们的意义对于一些人来说比较难于理解,而对另一些人而言几乎是完全无法理解,对于那些没有生活在"神佑"的帝国都城里的人尤其如此。㉖上述所谓"各种著作"指的就是对于查士丁尼法律著作所做的希腊语翻译和注释,这些翻译和注释经常被人们用来取代其法典的拉丁文原著。极少数人能够理解这些希腊文的翻译和注释。这些版本众多而纷

㉔ D.金尼斯(D.Ginnis):"关于伊苏里亚朝《法律选编》颁布的日期"("Das promulgationsjahr der Isaurischen Ecloge"),《拜占庭杂志》(德文),XXIV(1924),356—357;《罗马法手册,伊苏里亚的利奥三世和君士坦丁五世于726年在君士坦丁堡发布的〈法律选编〉》(*A Manual of Roman Law, the Ecloga published by the Emperors Leo III and Constantine V of Isauria at Constantinople A.D.726*),E.H.弗莱什菲尔德(Freshfield)编,2;C.A.斯普尔伯(Spulber):《伊苏里亚朝的〈法律选编〉》(*L'Eclogue des Isauriens*),83。在第81—86页详细论述了《法律选编》的颁布日期。G.奥斯特洛戈尔斯基:"700—800年的狄奥凡尼年表"("Die Chronologie des Theophanes im 7 und 8 Jahrhundert"),《拜占庭与当代希腊年鉴》,VII(1930),6页注。又见E.弗莱什菲尔德《罗马帝国晚期的罗马法。伊苏里亚时期》(*Roman Law in the Later Roman Empire. The Isaurian Period*)。

㉕ K.E.扎哈利亚·冯·林根塔尔:《未刊行的希腊-罗马法典全集。利奥与君士坦丁的〈法律选编〉》(*Collectio librorum juris graeco-romani ineditorum. Ecloga Leonis et Constantini*)。泽波斯:《希腊-罗马法》(*Jus graeco-romanum*),II,11。

㉖ 《法律选编》,par.11。泽波斯主编:《希腊-罗马法》,II,13。

繁混杂、相互矛盾的法学著作给拜占庭帝国的民法造成极大的混乱。利奥三世清楚地看到这一现存问题,决定加以改变。在其引言中,强调了编写此《法律选编》的原则,即引入公正和正义的思想。它们强调,法官们必须"不徇私情,通过清晰的推理论证,做出公正的判决;他们不得轻视穷人,或让触犯法律的实权人物逍遥法外……他们要堂堂正正地拒收贿赂",司法部门的所有官员必须从帝国的"圣库"*中获得规定的薪水,因此,"他们不得从任何可能处于他们管辖之下的人中间牟利,使先知所预言的:'他们为了银子卖了义人'(《圣经·阿摩斯书》,2:6),无法成真。那么,我们将不会因为触犯上帝的戒律而受到天谴。"[27]

《法律选编》的内容分成 18 个专题,主要论述民法,有关刑法只占很少分量。它们涉及婚礼、订婚、嫁妆,遗嘱和无遗嘱死亡的财产问题,涉及监护、奴隶的释放、作证、各种与买卖、租赁有关的责任义务等。只有一个专题中有一章涉及惩罚的刑律。

《法律选编》在许多方面不同于《查士丁尼法典》,甚至因有时采纳了习惯法的原则和那些与查士丁尼的官方立法著作并存的司法程序而与《查士丁尼法典》相对立。与《查士丁尼法典》相比较,《法律选编》在许多方面代表了进步。例如,其婚姻法引进了更为高尚的基督教观念的内容。当然,在论述刑法一章里,充斥着使罪

---

* 即国库。——译者

[27] 《法律选编》,par.11、13;俄文译本,瓦西列夫斯基:"破坏圣像时期的法令"("Legislation of the Iconoclasts"),《公众教育部杂志》,CXCIX(1878),283—285;《著作集》(*Works*),IV,168—169。斯普尔伯(Spulber):《法律选编》,5—9。弗莱什菲尔德(Freshfield):《罗马法》(*Roman Law*),68—70,两者都有英文译本;泽波斯:《希腊-罗马法》,II,14、16—17。

犯躯体致残的规定,如断臂、割舌、劓刑及致盲的刑罚等。但是,不能因此而认为《法律选编》是一部野蛮的法律,因为多数场合下这些刑罚是用来替代死刑的。就这种意义而言,伊苏里亚王朝诸皇帝可以公正地宣布,他们所完成的法典比起前任皇帝们的法典要"仁慈得多"。而且,《法律选编》规定,对贵族和平民、富人和穷人的刑罚一律平等。《查士丁尼法典》则常常没有任何坐实的证据便确定不同的刑罚。《法律选编》还以其大量引用圣经来确认不同司法原则而著称。"《罗马法》的精神开始在基督教的宗教气氛中发生变化。"㉘整个8、9世纪直至马其顿王朝(867年)时期,《法律选编》作为法律教育的指南,取代了查士丁尼的《法理概要》,并不止一次地被修订。例如,有《私法选编》(Ecloga Privata)和《私法补编》(Ecloga Privata Aucta)等,㉙马其顿王朝的瓦西里皇帝登基之后,发生了变化,他偏爱《查士丁尼法典》,正式宣布伊苏里亚王朝诸皇帝的法律条文是胡说八道(文学名词为"无稽之谈"),因为它否定了神学教条,破坏了有益的立法。㉚即使如此,马其顿王朝的皇帝仍从这部被责难的律书中借用了许多章节纳入自己的律书。而且,即使在他们执政时期,《法律选编》仍得到重新

㉘ 柏里:《晚期罗马帝国的法律制度》,II,414。

㉙ 这些法典的问世时期是有争议的,但也许应确定在867年马其顿王朝瓦西里一世就任之前的某个时候。见扎哈利亚·冯·林根塔尔《希腊-罗马法制史》,IV,4;E.H.弗莱什菲尔德:《一部罗马法指南修订本,〈私法补编〉》,2,斯普尔伯《法律选编》,94—95;还见扎哈利亚·冯·林根塔尔《希腊-罗马法制史》(第3版,1892年),36(诺曼人统治下南部意大利的《私法补编》)。

㉚ 扎哈利亚·冯·林根塔尔:《未刊行的希腊-罗马法典全集》,62。泽波斯:《希腊-罗马法》,II,237。

修订。

饶有趣味的是,利奥和君士坦丁制定的《法律选编》,后来成为东正教(尤其在俄国)法律集的一部分。刊印的俄文版《统治书》(*Kormchaia Kniga*)或称《行政法规》一书的副标题是:"两位虔诚的皇帝、最英明的利奥和君士坦丁制定的法典。"㉛《法律选编》对古代斯拉夫人立法文献的影响还有其他证据。

几乎不能认为,《法律选编》是一种"非常大胆的改革",这是希腊的拜占庭主义者,伊苏里亚王朝诸帝的热情崇拜者佩帕里哥普洛的看法。他说:"现在,当《法律选编》的编纂者提出的原则为最先进的国家的民法所采纳时,对一位在一千多年前为那些只有在我们这个时代才取得成功的原则而斗争的天才人物给予应有的新尊重的时刻终于到来了。"㉜这是一位热情的希腊爱国主义者的评论。不过,现代世界仍然承认《法律选编》具有重要意义。它开创了希腊-罗马或拜占庭法制史上的一个新时期,一直持续到马其顿王朝的建立,其时,《查士丁尼法典》又恢复了先前的地位,但做了许多基本性的修改。而利奥三世的《法律选编》的实质,首先是符合当时的社会生活的要求。

学者们还探讨了其他三个法律文件:《农业法》或称《农民法》($νόμος\ γεωργικός$),《军事法》($νόμος\ στρατιωτικός$)和《罗得

㉛ 在10世纪,即俄国信奉基督教之后不久问世的这本书,规定了使徒教会的教规和全基督教宗教会议的规章,以及东正教拜占庭皇帝们的民法。

㉜ 《希腊文明史》,205、209。

海洋法》(νόμος ροδίων ναυτικός),*它们都与伊苏里亚王朝相关联,尤其是与利奥三世的名字联系在一起。三个法律文件的不同抄本,以大量的手稿形式附于《法律选编》或其他法律书籍之后,但没有署上作者的名字或第一次发布的时间。因此,只能依赖书中的线索,即评估其内容和文字,或将其与别的相类似的文件相比较,以确定其发布的时间。

三部法律著作中,最引人注目的是《农业法》。研究拜占庭法律的最高权威,德国学者扎哈利亚·冯·林根塔尔已经改变了他对该书的看法。他开始时认为,该书出自私人编写者之手,应当出现于8世纪或9世纪时。他认为,该法典是部分吸收了查士丁尼的法典,部分吸收当地的习惯法而编成。③ 后来,他倾向于承认《农业法》是利奥和君士坦丁立法活动的一个结果。它的发布,不是与《法律选编》同时,便是在它颁布之后不久。④ 他同意俄国学者 V.G.瓦西列夫斯基和 Th.I.乌斯宾斯基的看法。他们认为这一文件是处理从事农业劳动的民众中一般性的侵权行为的农村治安法规集。它主要涉及盗窃木材、田地和果园水果的各种行为,牧民非法侵入他人土地,或疏忽失误、虐待牧畜或被牲畜所伤害等事件的处理。俄国学者 B. A. 潘切恩科(Pančenko)对《农业法》做了

---

* 上述几部法典于20世纪初在我国教育部重大课题资助下,由东北师范大学的学者译成了中文。见"《罗得海洋法》译注"(王小波:《古代文明》,2010年,第3期);"拜占庭《农业法》译注"(王翘、李强:《古代文明》,2011年,第4期);"拜占庭《军事法》译注"(李强、徐家玲:《古代文明》,2013年,第2期)。——译者

③ 《希腊-罗马法历史手稿》(Historiae Juris Graeco-Romani Delineatio),32。

④ 扎哈利亚·冯·林根塔尔:《希腊-罗马法制史》(第3版,1892年),250。这一观点被瓦西列夫斯基所接受。见"破坏圣像者的法规"("Legislation of the Iconoclasts"),《公众教育部杂志》,CXCIX(1878),97;《著作集》,IV,199。

第五章 破坏圣像时代(717—867年)

专门的研究,称它是"一部在农民中间实施的习惯法的补充,它涉及农民迫切需要,但在正式立法中又找不到的法规"。㉟

这部法典没有注明日期。一些学者认为属于利奥三世时期。但必须承认,这一问题还没有真正解决。按照潘切恩科的看法,"也许甚至在7世纪时,便需要这样的法规。该律书的原始的朴素的经验主义的特点是:精神上更接近于文明最严重衰落的时代,而不是《法律选编》的编纂时期"。㊱《农业法》是否发布于8世纪还有待证明,也许人们会发现该书出现于更早的时期。维尔纳茨基(Vernadsky)和奥斯特洛戈尔斯基认为《农业法》是7世纪末查士丁尼二世统治下"精心制作的产物"。㊲ 1945年,苏联历史学家E.利普西兹(Lipshitz)对这一问题的看法具有权威性。她在重新考虑了以前的所有的观点之后,赞同《农业法》发布于8世纪后半期的可能性最大。也就是说,她进一步证实了扎哈利亚·冯·林根塔尔和瓦西列夫斯基原来的观点。㊳

㉟ 《拜占庭帝国的农民产业。农业法和修道院文献》(*Peasant Property in the Byzantine Empire.The Rural Code and Monastic Documents*),86。

㊱ 同上书,30。

㊲ G.维尔纳茨基:"论拜占庭农业法的起源"("Sur les origines de la Loi agraire byzantine"),《拜占庭》(布鲁塞尔),II(1926),173。G.奥斯特洛戈尔斯基:"拜占庭立法的经济和社会发展基础"("Die wirtschaftlichen und sozialen Entwicklungsgrundlagen des byzantinischen Reiches"),《社会经济史季刊》(*Vierteljahrschrift für Sozial und Wirtschaft Geschichte*),XXII(1929),133。E.施泰因也倾向于接受这一日期,《拜占庭杂志》(德文),XXIX(1930),355;F.多尔格反对这一理论,见《历史杂志》(*Historische Zeitschrift*),CXLI(1929),112—113。

㊳ E.利普西兹:"拜占庭农民和南斯拉夫人的移居地(特别基于〈农业法〉的详细数据)"("The Byzantine Peasantry and Slavonic Colonization[Particularly upon the Data of the Rural Code]"),《拜占庭年鉴》(1945),104—105。

由于《农业法》没有涉及罗马帝国后期居于支配地位的"隶农制"或农奴制问题,也引起了学者们的关注。但是,《农业法》却包括各种新的现象:农民的私人财产、公社土地所有制、强制劳役的废除和允许自由迁移等。学者们通常将这些现象与斯拉夫人在拜占庭帝国广泛的定居联系在一起。这可能带来了他们特有的社会生活方式,尤其是农村公社。潘切恩科在他的著作中所强调指出的,在《农业法》中没有谈到农村公社的看法,已经在现代作品中被否定。然而,Th.I.乌斯宾斯基则过高地估计了这部法典的重要意义,认为《农业法》对整个拜占庭具有普遍意义,甚至宣称,考虑到自由农民阶级和小土地所有者阶级的出现,《农业法》"一定已经成为东方经济发展史上的新的起点"。㊴

该观点可能会使人们误以为在7—8世纪农奴已经完全被废除,而事实并非如此。㊵迪尔在他的《拜占庭帝国史》中认为,《农业法》是利奥三世和他的儿子的成就,并谈到它的"目的是限制大地产令人担忧的发展,阻止小自由产业的消失,以确保农民有较好的生活条件"㊶。这又走得太远了。

英国学者 W.阿什布尔内(Ashburner)翻译、编辑了《农业

㊴ 《拜占庭帝国史》,I,28。也见 A.沃格特(A.Vogt)《拜占庭皇帝瓦西里一世(867—886年在位)及9世纪末的拜占庭文明》(Basil Ier empereur de Byzance, 867—886 et La civilisation byzantine à la fin du IXe Siècle),378。

㊵ 任西曼断言,伊苏里亚诸皇帝明确地弃用废除农奴制的政策,从而完成了这些改革。见任西曼《罗曼努斯·雷卡平皇帝和他的统治》(The Emperor Romanus Lecapenus and His Reign),225。

㊶ 《拜占庭帝国史》,69;G.B.艾夫斯(G.B.Ives)译本,56。见迪尔关于8世纪《农业法》的重要性的简短评论;夏尔·迪尔和G.马塞斯:《395—1018年的东方世界》(Le Monde Oriental de 395 à 1018),256页及注23。

法》,并对它进行了全面深入的研究。然而,他不懂俄文,无法获悉俄国人的研究成果。他赞同扎哈利亚·冯·林根塔尔的观点,即人们通行的说法:《农业法》是破坏圣像时期法典的构成部分,在很大程度上是现存习惯法的汇编。与此同时,阿什布尔内有三个重要的地方与扎哈利亚·冯·林根塔尔不同:(1)《农业法》的起源;(2)农民阶级在法律中的地位;(3)法典中提到的两种租佃形式的经济特征。至于《农业法》与《法律选编》的关系,他所持有的看法并不像扎哈利亚·冯·林根塔尔那样认为两者关系密切。他认为在《农业法》所描绘的社会状况中,农民可以从一个地方迁移到另一个地方。但他同意这位德国学者的观点,即《农业法》使用的"命令的口气"表明它不是出于私人法学家而是出自立法机构的文件。[42]

因扎哈利亚·冯·林根塔尔的权威影响并得到研究拜占庭历史领域的著名俄国学者的支持,而使斯拉夫人对拜占庭帝国的国内习惯法产生特殊影响的理论在史学编纂领域占有稳定的位置。除了关于斯拉夫人定居拜占庭帝国的一般叙述,这些学者还以小自由农民和农村公社的观念在罗马法中属于外来因素这一事实,作为支持其理论的主要根据。因此,这些东西一定是由某种新的因素,即斯拉夫因素进入拜占庭生活中所致。V. N. 兹拉塔尔斯基(Zlatarsky)新近支持斯拉夫人因素对《农业法》有影响的理论,认为该法规是由利奥三世所编,并以利奥的对保加利亚政策加以

---

[42] 《农业法》,见《拜占庭与当代希腊研究杂志》,XXX(1910),84;XXXII(1912),68—83。C.费里尼编的文本,见《拜占庭杂志》(德文),VII(1898),558—571;重印于《康塔多·费里尼作品集》(*Opera di Contardo Ferrini*),I,375—395。

解释。利奥看到，在他统治下的斯拉夫人很想归附保加利亚人，并与他们结成保加利亚-斯拉夫同盟。所以他将斯拉夫人的习惯法吸收到他的法律之中，希望以此提供更加吸引斯拉夫人的条件。㊸但是，近年来，人们通过对《狄奥多西法典》、《查士丁尼法典》及稍后的《新律》、草纸资料和圣徒传记等文献的仔细和全面的研究，清楚地证明，在罗马帝国的村庄里也曾经居住着自由劳动者，而且在很早时期便存在着公社的土地所有制。因此，无法根据《农业法》做出一般性的结论，它也许只可能提供另一种证据，即在拜占庭帝国内，小自由农民，自由农村公社和农奴同时共存。总之，必须抛弃斯拉夫人对上述法典之影响的观点，应根据尚未充分利用的新旧资料，将注意力转向对罗马帝国早期和后期的小自由农民和农村公社问题的研究方面。㊹

最近时期，出现了将《农业法》与拜占庭草纸文献的原文进行比较的令人振奋的尝试，㊺但仅仅限于对语源学上的相似之处的

㊸ V.N.兹拉塔尔斯基：《中世纪保加利亚国家史》，I,197—200。

㊹ 见两部在欧洲和美国鲜有人知道的俄罗斯人著作中涉及上述问题的章节，C.N.乌斯宾斯基："所谓'农业法'"("The So-Called 'Rural Code'")，《拜占庭史纲》(Outlines in the History of Byzantium)，162—182；A.P.鲁达科夫的《拜占庭文化史纲要——根据希腊圣徒传资料所编》(Outlines in the Byzantine Culture Based on Data of Greek Hagiography)，176—198。又见 G.维尔纳茨基"关于拜占庭农村公社的笔记"("Notes on the Peasant Community in Byzantium")，《布拉格俄罗斯学术作品集》(Ucheniya Zapiski osnovannya Russkoy Uchebnoy Kollegiey v Prage)，I,2(1924)，81—97。但维尔纳茨基对前面提到的两部著作并不了解。还可见 N.A.君士坦丁尼斯库(N.A.Constantinescu)"社会改革还是财政改革？"("Réforme Sociale ou réforme fiscale?")，《罗马尼亚科学院历史学院通报》(Bulletin de la section historique de l'Académie roumaine)，XI(1924)，95—96。

㊺ 维尔纳茨基："论拜占庭农业法的起源"("Sur les origines de la Loi Agraire byzantine")，《拜占庭》(布鲁塞尔)，II(1926)，178—179。

第五章 破坏圣像时代（717—867年）

研究,这些相似之处虽有时十分明显,但却无法确定它从纸草文献中沿用了哪些内容。阿什布尔内先生断言,这类相似只证明了不需要任何证据的事实,即同一时代的立法者使用同样的语言。㊻

从斯拉夫人研究的角度看,《农业法》亦具有伟大意义。该法规的一个古俄语译本,构成了一部就其内容和历史意义而言都是最有价值的法律汇编的一部分。该法律汇编题名为《所有东正教君王管理各项事务依据的律书》(The Lawbook by Means of Which All Orthodox Princes have to Regulate All Affairs)。著名的俄国宗教法规学者 A.S.帕夫洛夫（Pavlov）也出版了这部《农业法》的评论本。该本是在古老的塞尔维亚立法著作中发现的。

在各种法律著作的手稿中,《海洋法》和《军事法》常被附在《法律选编》或其他法律文件之后。这两部法规都没有注明日期。但是根据某种推论（无论如何,它没有得到最后的解决）,一些学者把它们归于伊苏里亚王朝时期的产物。

《海洋法》在手稿中有时也称为《罗得海洋法》,是一部涉及商业航海的法规。一些学者假定它是摘自《法学汇纂》第14卷的第二章,该章几乎是原原本本地采用了所谓的《船弃货物的罗得法》(Lex Rhodia de jactu)这部希腊法的内容,即当船主在航行遇到危险时,为挽救商船免遭不幸而将船上部分货物抛入水中的事件发生时,船主与货主之间应当分摊其损失。目前,《罗得法》源出于《法学汇纂》,并与《法律选编》有关这一点已经被扎哈利亚·冯·

㊻ "农业法",《希腊研究杂志》,XXXII(1924),71。

林根塔尔所认可,可是并没有被学者们普遍接受。㊼

我们目前所看到的这部法典,是由各个时期、各种不同性质的资料汇集而成;大多源出于当地的习惯法。阿什布尔内认为,《海洋法》的第三部分显然计划成为《帝国法典》(Basilics)第53卷中的一部分,㊽并推断《海洋法》的第二版是《帝国法典》的编纂者或在他们直接指导下完成的。保留至今的这个文本,是以其第二版为主体的。㊾

《海洋法》的文体是纯官方的,其内容与查士丁尼的《法学汇纂》极为不同,因为它明显地反映了后来的影响。例如,该法律确定了船主、船租商人、乘客各自对船只和货物的安全所负的责任。万一碰上风暴或海盗,他们都有责任赔偿损失。这一条款意在提供一种安全保险,同时附有其他的特别裁决,这是由于自7世纪希拉克略时代起,海上贸易和海上交通受阿拉伯人和斯拉夫人海盗的抢劫,常常处于非常危险的境地。海盗变成惯常现象,以致船主和租船商只能共赴危难,才能继续从事他们的商业活动。

《海洋法》编纂的时间,只能大概确定。它可能在600年至800年之间,非官方汇集而成。总之,没有理由将《海洋法》、《农业法》和《军事法》这三本书归咎于同一个来源。㊿

尽管马其顿王朝恢复了《查士丁尼法典》的准则,但是《海洋

㊼ W.阿什布尔内(W.Ashburner):《罗得海洋法》(The Rhodian Sea Law),lxviii、lxxviii、cxiii。

㊽ 关于这一马其顿王朝时代的法典,见原书第342—343页。

㊾ 《罗得海洋法》,cxii、cxiii。

㊿ 同上书,cxii、cxiv。

法》实际上在10世纪、11世纪甚至12世纪还影响着拜占庭的法官们。这一迹象表明,7、8世纪之后,拜占庭的海上贸易并没有得到恢复。后来,垄断海上贸易的意大利人拥有了自己的海洋法。随着拜占庭海上贸易的衰落,《海洋法》变得过时了。所以,13、14世纪的法律文件中便再也没有提及它。[51]

《军事法》或《军人法》或译《士兵法》选录自查士丁尼的《法学汇纂》《查士丁尼法典》中的希腊语释文和《法律选编》,后来,该法规又增补了另外一些资料。《军事法》的主要内容是对服军役者犯了叛变、违令、逃跑和通奸罪的处罚细则,刑罚非常严厉。如果学者们认为《军事法》属于伊苏里亚王朝时期的产物是正确的话,那么它便提供了利奥三世实行严格军纪的一个极好的简要说明。[52]然而,不幸的是,少得可怜的资料无法证实《军事法》属于这一时期的这个断言。事实上,前面所谈关于《农业法》《海洋法》和《军事法》的论述,都说明上述三部小型法典无一可以认定是伊苏里亚诸帝的作品。[53]

军区制。——由芬利始,大多数学者认为,由7世纪开始形成

---

[51] 见 H.克雷勒(H.Kreller)论及《罗得法》的文章:"罗得法,关于罗马海洋法之沿革的探讨"("Lex Rhodia. Untersuchungen zur Quellengeschichte des römischen Seerechtes"),《贸易权与破产法杂志》(*Zeitschrift für das Gesamte Handelsrecht und Konkursrecht*),XXV(1921),257—367。

[52] 扎哈利亚·冯·林根塔尔:《希腊 罗马法法制史》(第3版,1852年),16—17。亦见"6世纪—10世纪的军事法和军事科学"("Wissenschaft und Recht für das Heer vom 6.bis zum Anfang des 10 Jahrhunderts"),《拜占庭杂志》(德文),III(1894),448—449。

[53] 迪尔和科林内持这样的观点,即这三部法规是伊苏里亚王朝时期的作品,见《剑桥中世纪史》,IV,4—5、708—710。但是,柏里在导言中(xiii)谈道:按他个人的看法,在阿什布尔内的研究之后,上述观点是站不住脚的,至少前两个法典并非属于伊苏里亚朝。

的各行省的军区制之组织的完善是在8世纪,有时特别提出是在利奥时期。芬利写道:"将新的地区划为军区……是由利奥进行改革起,并持续到拜占庭统治的终结。"㊴格尔泽对此尤其明确地断言:"利奥坚决地撤除文职官员,将各省文官的权力转到军事代理人手中。"㊶Th.I.乌斯宾斯基写道:"只是在伊苏里亚人利奥的统治时期,以牺牲省的文官政府为前提,在加强军区军事统帅(strategus)的权力方面,产生了突然的变化。"㊼可是,仍然存在的事实是,我们并没有发现有关利奥在行省组织方面有所建树的资料。现存的一张涉及各军区机构的名录是由9世纪上半叶的阿拉伯地理学家伊本·胡尔达巴(Ibn-Khordadhbeh)㊽所记载的。学者们将他的资料与7世纪各军区的有关资料相比较,已经得出结论,认为8世纪伊苏里亚王朝时期军区的划分已经发生某些变化。资料表明,在小亚细亚,除了7世纪设立的三个军区之外,可能在8世纪利奥时代又建立了两个新军区。(1)色雷斯军区(Thraces-

---

㊴ 《自614年至1057年的拜占庭帝国史》(History of the Byzantine Empire from DCXIV to MLVII)(第2版,1856年),13—14;H.F.托泽编,II,29。

㊶ 《拜占庭军区制的起源》(Die Genesis der byzantinischen Themenverfassung),75。

㊼ 《拜占庭帝国史》,I,812;II,55—56。

㊽ 伊本·胡尔达巴的阿拉伯文原件已经被译成法文。M.J.德戈杰(M.J.de Goeje):《阿拉伯地理学藏书》(Bibliotheca Geographorum Arabicorum),VI,77及以下。格尔泽:《拜占庭军区的起源》,82及以下;E.M.布鲁克斯:"拜占庭各军区的阿拉伯文名录"("Arabie Lists of Byzantine Themes"),《希腊研究杂志》,XXI(1901),67及以下。也可见10世纪末波斯地理书上的一张拜占庭军区列表。哈杜德·阿尔-阿拉姆(Hudud al-Alam):《世界各地区。波斯地志。伊斯兰纪元372年,即公元982年》(The Regions of the World.A Perisian Geography 372 A.H.,982 A.D.),V.米诺斯基(V.Minorsky)译,156—158、421—422。

第五章 破坏圣像时代(717—867年)

ian),位于小亚细亚西部,即从原来安纳托利亚大军区的西部地区划分出来,因驻于该地的军人来自色雷斯而得名;(2)布切拉里安军区(Bucellarians),在大奥普西奇翁军区的东部,该军区的名称取自布切拉里安人(通常受雇于拜占庭帝国或私人的一些罗马人和外国军队)。君士坦丁·波菲罗杰尼图斯提到,布切拉里安人参加了军队行动,并为军队提供给养。[58] 这样,约当9世纪初,小亚细亚便有五个军区。这个时期(例如在803年)的原始资料提到有"五个东方军区"[59]。8世纪末,拜占庭欧洲部分显然只剩下了四个行省:色雷斯、马其顿、希腊和西西里。可是,即使我们基本掌握了9世纪上半叶小亚细亚的军队数目,但是否完全取消了行政官员的权威,并把他们的职权移交给军队这一问题还不能确定。利奥三世对军区制的决定性贡献也不能得到证实,这只是一种猜测而已。[60]

在伊苏里亚王朝统治之下,军区制的形成和扩展是与威胁拜占庭帝国内外的危险紧密联系在一起的。从原来幅员广大的军区中分割出来组成新的军区,是出自政治上的考虑。利奥依据自己的经验,清楚地知道,让一大片领土控制在一个握有全部权力的军事统帅手里,是何等危险。他既有可能造反,也有可能觊觎皇位。

---

[58] 《论军区》,28。
[59] 狄奥凡尼的续写者:《历史》,波恩版,6。
[60] 库拉科夫斯基:《拜占庭》,III,391—392。E.施泰因:"关于波斯与拜占庭国家的一个问题"("Ein Kapitel vom persischen und vom byzantinischen State")《拜占庭与当代希腊研究》,I(1920),75—77。奥斯特洛戈尔斯基:"有关伊苏里亚朝的改革作用的推测"("Über die vermeintliche Reformtätigkeit der Isaurier"),《拜占庭杂志》(德文),XXX(1929—1930),397。奥斯特洛戈尔斯基:《拜占庭国家史》,105页及注4。迪尔和马尔赛:《395—1016年的东方世界》,256。

而且外部的威胁,同样需要加强中央的军事权力,尤其当各省区受到拜占庭帝国的敌人——阿拉伯人、斯拉夫人和保加利亚人的威胁时,便更为迫切。另外,国内的危险还来自权力过大的军事长官,他们松散地隶属于中央政权,常与中央维持类似诸侯的关系。所以,迫切需要将他们管辖的绵延成片的广大领土予以缩小。

为了增加和控制拜占庭帝国的财政收支,以应付各种事业的需要,利奥三世在西西里和卡拉布里亚增加人头税,其数额比原先高出三分之一。为了使这项措施有效地执行,他下令将所有男孩的出生记录保留下来。对破坏圣像者怀有敌意的编年史学家将这一命令同埃及法老对犹太人的政策相比较[61]。约在利奥三世统治末期,他向帝国所有臣民征收维修君士坦丁堡城墙的税金,该城墙因强烈地震而受到破坏。该项工程在他任期内完成,在君士坦丁堡城墙内的城楼上,许多处铭文上有利奥和他的儿子、共治皇帝君士坦丁的名字,可以证实这一点。[62]

宗教争论和早期破坏圣像运动

破坏圣像运动[63]的历史可以分为两个时期,第一个时期从726年到780年,正式结束于第七次基督教全体主教公会议之时;第二

---

[61] 狄奥凡尼:《编年史》,德博尔编,410。F.多尔格:《东罗马帝国的皇帝敕谕研究》(*Regesten der Kaiserurkunden des oströmischen Reiches*),I,no.300,36。E.施泰因:《拜占庭杂志》(德文),XXIX(1930),355。

[62] A.范米林根:《拜占庭的君士坦丁堡,城墙及相关历史遗迹》,98—99,以及这两页中的图解说明。

[63] Iconoclast,为希腊语词,意为"圣像破坏者";另一个名词 Iconodule 意为"圣像崇拜者"。

第五章 破坏圣像时代(717—867年)

个时期从813年到843年,结束于所谓的"正教"的恢复之时。

对破坏圣像时代的研究,因现掌握资料情况而显得困难重重。破坏圣像时期的所有著作:皇帝的敕令,753年、754年和815年的破坏圣像宗教会议的法令以及破坏圣像者的神学论著等,都被取得胜利的圣像崇拜者破坏无遗。我们所知的一些幸存的破坏圣像文献的片断,只是在圣像崇拜者用以批驳圣像破坏者观点的论著中有一些片断的介绍。因而,753年至754年的破坏圣像宗教会议的敕令在第七次基督教全体主教公会议的决议中得以保存,但也许不是完全的原件。815年宗教会议的法令则在正教牧首尼斯福鲁斯发表的一篇论文中发现,而大量的破坏圣像文献的许多只言片语也在反对破坏圣像运动的一篇论争性论文和神学论文中找到。其中特别有价值的是著名的神学家和教会圣歌作者约翰·大马士革(即大马士革的约翰)的三篇著名的《反对蔑视圣像者的论文》。作者与最先下令破坏圣像的两位皇帝(利奥三世和君士坦丁五世)是同时代人。破坏圣像者为了传播自己的思想,有时借助于写作一些鼓动性的著作。但是,残留下来的有关破坏圣像运动的原始资料则由于人们的敌意而产生了误解。因此,后来的学者对破坏圣像时期的评论存在极大的分歧。

学者们首先把他们的注意力转向关于破坏圣像原因的探索上。破坏圣像运动断断续续持续了100多年,给拜占庭带来了非常严重的后果。研究这一时期的一些学者已经注意到诸位破坏圣像皇帝推行这一政策的宗教原因;而另一些学者则认为主要出自于政治上的原因。人们认为,利奥三世决定破坏圣像,是因他希望这一行动能消除基督教徒同犹太教徒及伊斯兰教徒之间建立亲近关系的一个主要障碍。因为后两者都不赞成圣像崇拜。利奥相信,与这两个民族建立亲近的宗教关系将有助于使他们归属于拜占庭帝国。著名的希腊历史学家佩帕里哥普洛已经对破坏圣像时期进入了深入的研究——关于他对《法律选编》的偏见,我们在前面已经提及。他认为,以"破坏圣像"这个词定义这一历史时期是不妥的,因为这个词并没有全面地界定这一时期。他相信,与破坏圣像、禁止崇拜圣物、减少修道院数目的宗教改革运动同时进行的,除了保持基督教教义的完整之外,还有一场社会的和政治的改革。破坏圣像的皇帝们试图剥夺教士手中的对公众教育的权力。这些统治者的行为并非出自个人或皇室的臆想,而是清楚地理解了社会需求和舆论要求,在深思熟虑的基础上,慎重行事。他们受到社会最有知识的阶层、大部分高级教士和军队的支持。破坏圣像改革的最后失败,应归因于仍然有许多人依恋于旧的信仰,而且极端敌视新的改革。这一群体主要包括了普通百姓、妇女和大批的修士。利奥三世显然无法用新的精神来教育这些人。[64] 上述即是佩帕里哥普洛对这一时期的基本认识。毫无疑问,他把8世纪几位皇帝的改革活动看成是一种社会的、政治的和宗教的革命时,便夸大了这一运动的意义。然而,他仍然是第一个指出破坏圣像运动的重要性和复杂性的学者,从而引起了其他学者对这一时期的重视。有些学者认为,皇帝们制定破坏圣像的政策,既基于宗教

---

[64] 佩帕里哥普洛:《希腊文明史》,188—191。他早些时候在《从远古到当代的希腊人民史》第3章中亦阐明了同样的观点。

上的考虑,也基于政治上的考虑,而政治上的考虑是决定性的。他们强调,利奥三世渴望在生活的各个方面都成为独尊的专制君主,试图通过禁止圣像崇拜把人们从教会的强大影响下解放出来。教会使用圣像崇拜这一强有力的工具来保证平信徒的忠诚。利奥的最终理想是获得至高无上的权力以控制笃信宗教而团结一致的人民。帝国的宗教生活将从此受到皇帝们破坏圣像政策的制约,这 253
些政策将有助于这些统治者实现他们"被改革的热情之光所环绕"的政治理想。(65) 在近些时候,一些学者,如弗兰奇曼·伦巴德(Frenchman Lombard),开始认为破坏圣像运动是一场纯粹的宗教改革,其目的在于阻止以过分崇拜圣像的形式而"复兴异教的进程",并且"恢复基督教的原始纯洁性"。伦巴德认为,这次宗教改革与政治变革平行发展,但有它本身的历史。(66) 法国的拜占庭学者布莱耶尔特别提醒人们注意破坏圣像运动包括两个性质截然不同的问题:(1)关于对圣像崇拜本身的一般性讨论;(2)宗教艺术的合法性问题,即是否允许借助于艺术手段描绘超验世界及圣徒、圣母玛利亚和耶稣基督的形象问题。换句话说,布莱耶尔提出了破坏圣像影响到拜占庭艺术风格这一突出问题。(67) C.N.乌斯宾斯基把他的研究重点从破坏圣像运动本身转移到拜占庭政府对修道院土地所有权的产生和发展采取的政策问题上。他写道:

---

(65) K.施瓦茨罗斯(K.Schwarzlose):《圣像之争,希腊教会内的一场斗争,其特点及其政策》(*Der Bilderstreit, ein Kampf der Griechischen Kirche um ihre Eigenart und ihre Freiheit*),42、46、48、50。

(66) 《君士坦丁五世》(*Constantine V*),105、124、127、128。

(67) 《破坏圣像之争》(*La Querelle des images*),3—4。

利奥的统治政策从一开始就基本上是反对修道院的,到8世纪时,这些修道院在帝国已经处于一种超乎寻常的地位。利奥三世这一政策的基本目标并不是基于任何宗教上的考虑。但是,被镇压的修道院群体和修道院封建主义的辩护士们发现,将这一争端转移到神学领域对他们有利,以便于宣布诸皇帝们的所作所为是不信神的异端者的行为,从而使破坏圣像运动失去民心,并动摇民众对皇帝的信任。破坏圣像运动的实质便这样被巧妙地隐蔽起来,而且只有付出极大的努力才可能使它重新被揭示出来。⑱

从这些不同的见解来看,破坏圣像运动显然是一种非常复杂的现象。可是,原始资料的令人遗憾的欠缺,始终是人们清楚认识这一问题的障碍。⑲

首先,所有的破坏圣像的皇帝都是出身于东方行省的人,利奥

---

⑱ 《拜占庭史纲要》,213、237。约尔加:"论破坏圣像的起源问题",《罗马科学院历史部通报》(Bulletin de la section historique de l'Académie roumaine),XII(1924),147—148。G.奥斯特洛戈尔斯基极力反对乌斯宾斯基的这一观点,见《拜占庭杂志》(德文),XXX(1929—1930),399页及注2。

⑲ 关于破坏圣像运动的最近的论著,见 H.勒克莱尔在《基督教考古辞典》(Dictionnaire d'archélogie chrétienne)中的"圣像"条目,VII,180—302;并见 Th.I.乌斯宾斯基的《拜占庭帝国史》,II,23—53、89—109、157—174。亦见 E.J.马丁《破坏圣象斗争史》(History of the Iconoclastic Controversy);J.马克斯(J.Marx):《拜占庭皇帝敕令研究》(Der Bilderstreit der byzantinischen Kaiser);G.B.拉德纳(G.B.Ladner):"拜占庭破坏圣像斗争的起源及其意义"("Origin and Significance of the Byzantine Iconoclastic Controversy"),《中世纪研究》(Medieval Studies),II(1940),127—149。L.布莱耶尔:"破坏圣像运动"("Iconoclasme"),《基督教会史》(Histoire de l'Eglise),A.弗里奇(Fliche)和 V.马丁编,V,431—470(至754年)。该书十分重要,是一部难得的文献目录集。

三世和他的王朝的其他皇帝是伊苏里亚人,或许是叙利亚人。9世纪时,重新恢复破坏圣像运动的皇帝利奥五世是亚美尼亚人,迈克尔二世(Michael II)和他的儿子狄奥菲卢斯(Theophilos)则出生于小亚细亚中部的弗里吉亚省。圣像崇拜的恢复者却都是妇女(伊琳娜和狄奥多拉)。伊琳娜属于希腊血统,狄奥多拉则生于小亚细亚的帕夫拉戈尼亚省。该省位于黑海岸,与比提尼亚交界,距首都不远,也就是说,她们两个都不是出生于小亚细亚半岛中部的人。不能认为,破坏圣像的皇帝的出生地是无关紧要的因素。他们出生于东方行省这一实际情况也许有助于弄清他们在破坏圣像运动中的角色和运动本身的意义。

在8、9世纪,反对圣像崇拜运动并非是一个全新的突发性的运动,它已经历过一个长时间的渐进过程。长时期以来,采用镶嵌工艺、壁画、雕塑或雕刻等形式表达人物形象的基督教艺术曾引起许多虔诚的宗教人士的不安,因为它与被抛弃的异教崇拜形式很相似。4世纪初,埃尔维拉宗教会议(Council of Elvira,在西班牙举行)已经规定"在教堂内不得有图画,墙壁上不得有供敬仰和崇拜的偶像"(ne quod colitur et adoratur in parietibus depingatur)[70]。

---

[70] J.D.曼西:《新编圣公会议文集》,II,11(原文 Consilium Liberitanum,无解,经查阅曼西原著,此处应是作者笔误,应是 Consillium Eliberitanum,即《埃尔维拉会议文献集》,XXXVI。——译者)关于这段文字的另一个解释,见勒克莱尔《基督教考古学辞典》,VII,215。但是这个文件的存在是很显然的。关于埃尔维拉宗教会议之法令的可靠性,见 A.哈纳克(A.Harnack)《尤西比乌斯之前的古代基督教文献史》(Geschichte der altchristlichen Litteratur bis Eusebis),II。《编年史》(Die Chronologie),II,450 中说:"它的可靠性……尚需证实。"关于此会集的时间,见 A.皮加尼奥尔《君士坦丁大帝》,81—82。

4世纪,当基督教获得合法地位,后来又成为国教后,教堂中开始以圣像作为装饰物。4、5世纪,圣像崇拜在基督教会内部逐渐兴起和发展起来。对这一行为,人们的看法不一。4世纪的教会史作家,凯撒里亚的尤西比乌斯认为人们对耶稣基督、圣使徒彼得和保罗的偶像崇拜是"一种异教徒的习俗"。⑦ 同样在4世纪,塞浦路斯的埃彼法尼乌斯(Epiphanius)在一封信中写道,他将画有耶稣基督圣像或某一种圣徒的教堂窗帘撕成了碎片,认为它"亵渎教会"。⑫ 5世纪时,一位叙利亚主教在被委以圣职之前谴责了偶像。在6世纪,安条克发生了一次反对崇拜圣像的严重动乱。在埃德萨,闹事的士兵向基督的圣像扔石头。在7世纪,也出现了一些攻击偶像和破坏圣像的事情。6世纪末,西欧马赛(旧名马西利亚)主教命令将教堂里的所有圣像全部搬走和毁掉。教宗格列高利一世写信给他,赞扬他热情地倡导不应以"任何人工制造之物作为崇拜的对象"(nequid manufactum adorari posset)。但是,

---

⑦ 《基督教会史》(Historia ecclesiastica),VII,18,4。
⑫ 此事件的希腊文原文,见奥斯特洛戈尔斯基《对拜占庭破坏圣像历史的研究》(Studien zur Geschichte des byzantinischen Bilderstreiter),74。上述文件的拉丁文本亦见于此书第74页。另外,P.马斯:"约翰·埃彼法尼乌斯信札中有关破坏圣像的论述"("Die ikonoclastiche Episods in dem Brief des Epiphanios an Johannes"),《拜占庭杂志》(德文),XXX(1929—1930),282;还可见米涅编《希腊教父文献全集》,XLIII,390。D.塞拉依斯(D.Serruys)在其《铭文及书法报告集》(Comptes rendus de l'Academie des inscriptions et belles-letter),I(1904),361—363,反对这一说法,认为此说不可信。同时可见奥斯特洛戈尔斯基《拜占庭国家史》,83—88。但是,H.格雷古瓦在其《拜占庭》(IV(1909),769—770)。F.多尔格在《哥廷根科学通报》(Gotingische gelehrte Anzeigen)发的文章(1929年,357—358)中对奥斯特洛戈尔斯基的观点进行了重要的评析。马斯在《拜占庭杂志》(德文)(30[1929—1930]),279、286,以及施泰因在《拜占庭杂志》,29(1928),356亦提到这一点。

第五章　破坏圣像时代（717—867年）

与此同时，他也批评了这位主教的破坏圣像之举，认为他这样做的结果会剥夺不识字的人接受历史教育的机会，因为这些人"至少能在看到壁上的圣像之时读到他们无法在书中看到的东西"[73]。他在给这位主教的另一封书信中写道："在你禁止崇拜它们时，我们也全都赞成你；但是我们责备你破坏了它们……崇拜一尊圣像（*Picturam adorare*）是一回事，但是通过这些圣像所描述的故事而知道什么应该崇拜则是另一回事。"[74]格列高利一世和另外一些人认为，圣像是一种对民众普及教育的手段。

东方各省破坏圣像的倾向，多少有点受犹太人影响。犹太人的信仰中禁止偶像崇拜，有时狂热地攻击任何形式的偶像崇拜。7世纪下半期，类似的影响来自穆斯林，在《古兰经》所说的"偶像是撒旦的一种令人厌恶的作品"(5:92)*在这句话的引导下，穆斯林认为偶像崇拜是一种异教崇拜。历史学家们常常谈到，在利奥发布其破坏圣像的敕令之前三年，阿拉伯的哈里发叶齐德二世在他的国家曾发布一项法令，要求在他统治下的基督教臣民毁掉教堂内的偶像。这一传说的可信程度有时候受到怀疑，但找不到多少根据。[75]无论如何，穆斯林对拜占庭东方各省的影响在研究破坏

---

[73] 《书信集》，IX，105；米涅编：《拉丁教父文献全集》，LXXVII，105；L.M.哈特曼(L.M.Hartmann)编，《日耳曼修道院资料，书信集》(*Mon.Germ.Hist.*, *Epistolarum*)，II，195；英译本《尼西亚和后尼西亚教父》，P.沙大等人编，2nd，ser.，XIII，23。

[74] 《书信集》，XI，13；米涅编《拉丁教父文献全集》，LXXVII，1128；哈特曼编《书信集》，VI.，10；《尼西亚及后尼西亚教父文献集》，XIII，54。

* 《古兰经》（马坚译）中译本此段为："拜像、求签只是一种秽行，只是恶魔的行为。"中国社会科学出版社，1981年，第89页。——译者

[75] 见C.贝克尔《伊斯兰教世界的发展及其本质：伊斯兰教研究》，I，446（他断定叶齐德发布了该项敕令）。

圣像运动中都必须加以考虑。一位年代史编者把利奥皇帝当成是"具有阿拉伯思想的人"⑯($σαρακηνόφρων$),尽管实际上很少有证据宣称他直接受到伊斯兰教的影响。还有一个名气很大的东方中世纪派别,即居住在小亚细亚东部中央地方的保罗派教徒,他们也强烈地反对偶像崇拜。简言之,利奥三世登基之时,在小亚细亚的拜占庭东部各省,一个强大的破坏圣像运动已经发展起来。俄国东正教会史学家 A.P.列别德夫(A.P.Lebedev)写道:"也许可以明确肯定,在破坏圣像时期(8 世纪)之前,破坏圣像者的人数是很大的,他们是一种令教会有充足理由感到惧怕的力量。"⑰破坏圣像运动的主要中心之一是小亚细亚的一个中部行省弗里吉亚。

在此期间,圣像崇拜已经扩展得非常广泛,而且势力极其强大。耶稣基督、圣母玛利亚、形形色色的圣徒像及根据《旧约圣经》及《新约》的内容绘制的场景,大量地用于装饰基督教教堂。这一时期,安置在各种教堂中的圣像不仅有镶嵌工艺画、壁画,也有象牙雕、木雕和青铜雕像,就是说,它们都是绘制的或雕塑的偶像,还有一些被复制用来装饰手抄圣书的微型袖珍画。对于那些"非凡人之手制作的圣像",人们更是顶礼膜拜;由于虔诚的信仰,人们相信它们具有超凡的奇迹力量。圣像崇拜也进入家庭,有时,一些圣像被选为孩子们的教父;有时,圣徒的绣像成为拜占庭贵族们的吉服装饰。有一位元老院议员所穿的宽大袍服上就绣有耶稣基督一生经历的图画。

---

⑯ 狄奥凡尼:《编年史》,德博尔编,405。约尔加认为这种称呼是"一个恶意诽谤的绰号",《罗马科学院历史部通报》,XI(1924),143 页注 3。

⑰ 《6、7、8 世纪的基督教全体主教公会议》(*Ecumenical Council of the Sixth, Seventh, and Eighth Centuries*)(第 3 版,1904 年),142。

第五章　破坏圣像时代(717—867年)

有时候,圣像崇拜者把装饰用的圣像看得过于表面化,他们不是崇拜由偶像所代表的人物或理想,而是崇拜偶像本身或制作偶像的材料。因为这种崇拜无生命之物的方式与异教崇拜的形式有亲缘关系,故在真正的信徒中造成迷惑。据 N.P.康达可夫说:"与此同时,首都的修道院数量有了显著的增长,各种修道团体和女修院也迅速增长,到 8 世纪时(也许更确切地说,是接近 8 世纪末)达到了难以置信的程度。"⑱ 而据 I.D.安德烈夫(I.D.Andreev)的意见,破坏圣像时期,拜占庭修士的数量可能达到 100 000 人,这一估计是毫无夸大的。他说:"请注意,在今天的俄国(即 1907 年)的广阔土地上分散着 1.2 亿人口,却只有大约 40 000 人是修士或修女。不难想象,在其领土相对小于俄国的拜占庭领土上,修道院的数量该有多么密集。"⑲

于是,一方面,对普通的或神奇的偶像和圣物的崇拜使许多在这一时期流行风气影响下成长起来的人感到迷惑茫然;另一方面,修道主义的超常发展和修道院的迅速增加与拜占庭国家的世俗利益发生了冲突。随着大批身体健康精力旺盛的青年人沉溺于修道院的精神生活,拜占庭帝国失去了军队、农业和工业方面所需的人力,修道院和寺院常常为那些企图逃避国家义务的人提供避难所。所以,许多修士并不是出自追求高尚理想的虔诚愿望而果断地脱离世俗事务。在 8 世纪的教会生活中,宗教和世俗两方面因素必须区别开来。

生于拜占庭帝国东部的破坏圣像的皇帝们,非常熟悉在东部

---

⑱ 《圣母玛利亚的肖像研究》(*Iconography of the Holy Virgin*),II,3。
⑲ 《哲曼努斯和塔拉修斯,君士坦丁堡牧首》(*Germanus and Tarasius, Patriarchs of Constantinople*),79。

各省盛行的那种宗教观点。他们的成长伴随着这些宗教观点并与之产生共鸣。当他们登上拜占庭皇位时,他们的观点则被带到首都,成为制定宗教政策的依据。这些皇帝并非像过去常常强调的那样,是异教徒或理性主义者。相反,他们是有虔诚信仰的,试图清除那些侵蚀宗教并使之偏离原初正道的错误。[30] 在他们看来,偶像崇拜和圣迹崇拜是异教残余,为了恢复原始基督教信仰的纯洁性,必须不惜一切代价取缔它们。利奥三世在写给教宗格列高利二世的信中讲:"我是皇帝,也是教士。"[31]以此原则出发,利奥三世认为,他有权将自己的宗教观强加给他的所有臣民。他的态度不能被认为是一种创举,他只是接受了以前的拜占庭皇帝们尤其是查士丁尼大帝时代流行的皇帝教权主义观点。查士丁尼早已认

---

[30] 关于亚美尼亚历史学家格翁德(Ghevond)所保存的哈里发欧麦尔二世与利奥三世在教义问题讨论方面的通信集一事特别重要,但也可能是伪造的,见杰弗里的精辟研究:"格翁德所保存的欧麦尔二世与利奥三世通信集"(Ghevond's Text of the Correspondence between Umar II and Leo III),《哈佛神学评论》(*Harvard Theological Review*),XXXVII(1944),269—332。

[31] 格列高利二世:《书信集》,XIII,"来自伊苏里亚皇帝利奥的书信"("ad Leonem Isaurum imperatorem"),米涅编:《拉丁教父文献全集》,LXXXIX,521(原文为 imperator sum et sacerdos)。格列高利给利奥三世的信件的真伪问题,见 L.格拉德(L.Guérard):"格列高利二世致伊苏里亚朝利奥的信"("Les Lettres de Grégoire II a Léon L'Isaurien"),《考古和历史文集》(*Mélanges d'archéologie et d'histoire*),X(1890),44—60。亦见 H.曼恩(Mann)《教宗传》(*The Lives of the Popes*)(第 2 版,1925年),I,498—502。对我们目前这一议题并不是很重要。无论如何,对于这封信究竟是真迹还是伪造这一问题,各方都有足够的根据加以说明。见 J.B.柏里编辑的吉本著作第 5 卷,附录 14;赫弗勒-勒克莱尔:《宗教会议史》(*Histoires des conciles*),III(2),659—664;卡布罗尔(Cabrol):《基督教考古辞典》(*Dictionnaire d'archélogie chrétienne*),VII(1),248。E.卡斯帕尔(E.Caspar)新出版的格列高利二世的书信,见《基督教会史杂志》(*Zeitschrift für Kirchengeschichte*),LII(1933),29—89,特别是第 76 页。最近的研究,更有助于证实该书信的真实性。

第五章 破坏圣像时代（717—867年）

为，他自己无论是在宗教上还是在世俗事务中，都拥有独一无二的权力。利奥三世也是如此，他是皇帝教权主义思想的典型代表。

在利奥统治的前九年里，因致力于抵抗外来的敌人和巩固皇权，没有对圣像崇拜者采取任何措施。这一时期，他的宗教活动只是要求犹太人和东部的孟他努斯教派（Montanists）*接受基督教洗礼。

根据编年史家狄奥凡尼的说法，只是在利奥统治的第十年，即726年，他才"开始宣布破坏圣物和所有崇拜的偶像"。㊷ 现代大多数学者相信，反对圣像的第一个法令颁布于726年或725年。不幸的是，这个法令的原文尚不为人知。㊸ 利奥颁布法令后，随即下令将卡尔克门（通向皇宫的庄严入口处）门楣上的基督教雕像毁掉。但这引起一场骚乱，主要参与骚乱者是妇女。派去破坏圣像的帝国官员被杀，皇帝严惩了那些圣像的捍卫者，为被杀的官员报了仇。这些受害者成为圣像崇拜的第一批殉难者。

利奥三世对偶像崇拜采取的敌对行动引起了强烈的反抗，君士坦丁堡的牧首哲曼努斯和罗马教宗格列高利二世坚决反对利奥皇帝的政策。在希腊和爱琴海诸岛爆发了保卫圣像的起义。尽管利奥的军队很快将其镇压下去，但是，来自民众的强烈反抗使利奥

---

* 孟他努斯派为2—9世纪活动于小亚细亚一带的基督教异端派别，其创始人孟他努斯6世纪里遭到查士丁尼镇压，其残余势力活动到9世纪。——译者

㊷ 《编年史》，德博尔编，404。

㊸ 有关的近期出版物，见夏尔·迪尔"利奥三世和伊苏里亚王朝（717—802年）"("Leo III and the Isaurian Dynasty, 717—802")，《剑桥中世纪史》，IV, 9。勒克莱尔：《基督教考古辞典》，VII (1), 240—241；Th. 乌斯宾斯基，《拜占庭帝国史》，II, 25及以下。

不可能进一步采取决定性的措施。

最终,在730年,利奥皇帝召开了可称为宗教全会的会议,发布了另一个反对圣像崇拜的法令。该会议很可能没有产生新的法令,而只是恢复了725年或726年的法令[34],哲曼努斯因拒绝签署此法令而被罢免并被迫隐居于自己的庄园里,在那里平静地度过了他的余生。君士坦丁堡牧首的职位,由愿意签署法令的阿那斯塔修斯充任。这样,反对圣像崇拜的法令现在就不仅仅是由皇帝发布,而且也以教会的名义公布于众,因为它由牧首署名批准,就形成了教会法令。这种权威对于利奥来说是有重大意义的。

至于破坏圣像法令颁布后的整个时期,即利奥统治的最后十一年中,关于破坏圣像的原始记载几乎没有。显而易见,这一时期并不存在粗暴对待圣像崇拜的情况。不管怎样,在利奥三世统治时,有组织地破坏圣像的活动并不存在,至多只出现过公开破坏圣像的少数孤立事件。据一位学者的看法:"在利奥三世统治时期,与其说是实际破坏圣像及镇压其崇拜者,倒不如说是该运动的一个预备时期。"[35]

有人认为,8世纪的破坏圣像运动并不是以破坏圣像开始,而是把圣像置于高处,使虔诚的教徒无法对它们实行崇拜,这一说法不能成立。因为,在拜占庭各教堂内的大多数偶像是壁画或镶嵌画,不可能移动,也不可能从教堂的墙壁上移走。

利奥反对偶像的敌视政策已经在大马士革的约翰所写的,"驳

---

[34] 勒克莱尔:"君士坦丁",《基督教考古辞典》,III,248(他认为,第二个法令发布于729年)。

[35] 安德烈夫:《哲曼努斯和塔拉修斯》,71。

蔑视圣像者"的三篇著名论文中得以反映。约翰生活在第一位破坏圣像的皇帝统治时期，居住于阿拉伯哈里发统治区内。其中两篇很可能是写于利奥统治时期，但第三篇论文的写作日期却无法准确确定。

继教宗格列高利二世之后反对利奥三世破坏圣像政策的教宗是格列高利三世。他在罗马召开了宗教会议，宣布将破坏圣像者逐出教会。随之而来的是意大利中部从拜占庭帝国分离出去，成为由教宗和西欧势力所完全控制的地区，但是，南部意大利仍在拜占庭帝国的统治之下。

在利奥三世的继承者君士坦丁五世科普罗尼姆斯统治时期（741—775年），情况就完全不同了。君士坦丁在他的父亲教导之下，奉行一种非常坚决的破坏圣像政策。在他统治的最后几年内，开始迫害修道院和修士。除他之外，再没有第二位破坏圣像时期的君主受到如此之多的诽谤。圣像崇拜者的著作中称他为"多头恶龙"、"修道制度的残忍迫害者"，是"艾哈伯和希律"*。因此，后人若想不带任何偏见地评价君士坦丁五世并不是一件容易的事。但 E.施泰因称他为罗马历史上最大胆和最无约束的思想家⑧，却是言过其实了。

754 年的宗教会议及其后果。——当皇帝君士坦丁五世继位时，欧洲各行省人们仍然在崇拜圣像，而在小亚细亚各行省居民

---

* 艾哈伯是《旧约》中的人物，约当公元前 9 世纪在位，曾下令除掉他祖上所造的一切偶像；希律则是《新约》中的老希律王，他在公元前 37 年到公元前 4 年在位，以残虐而闻名。——译者

⑧ 《拜占庭帝国历史研究》（*Studien zur Geschichte des byzantinischen Reiches*），140。

中，却有大量的破坏圣像者。君士坦丁皇帝在其继位的前两年内，一直在同领导着捍卫圣像者起义的妹夫阿塔瓦斯杜斯(Artavasdus)进行着不懈的斗争。阿塔瓦斯杜斯一度成功地迫使君士坦丁退出首都，自己登基称帝。在他统治帝国时期，恢复了圣像崇拜。后来，君士坦丁皇帝成功地推翻了阿塔瓦斯杜斯的统治，恢复了皇权，并严酷地惩罚了煽动造反的那些人。但是，阿塔瓦斯杜斯的举动毕竟向君士坦丁表明，要恢复圣像崇拜并不是十分困难的事，这迫使君士坦丁采取更为决定性的步骤，以在民众的意识中加强破坏圣像观念的地位。

考虑到这一目标，君士坦丁皇帝决定召集一次宗教会议，拟定破坏圣像政策的基本原则，批准其合法性，以使民众确信皇帝之举措是合理的。这次会议在正对着君士坦丁堡的博斯普鲁斯海峡亚洲一岸的耶利亚宫中召开，出席者有300多位主教。会议的召开时间是754年。(87) 到会者没有一个是牧首级的教会领袖，因为当时君士坦丁堡的牧首职位空缺，安条克、耶路撒冷和亚历山大教会牧首拒绝出席这次会议，教宗的使者也没有能出席这次会议。后来，这些事实被认为是否定这次会议，宣布会议决定无效的充分根据。宗教会议召开几个月后，会场转到君士坦丁堡，并选举产生了新的牧首。

754年宗教会议的法令保存在第七次全体基督教主教公会议

---

(87) 对于这一日期的确定，见奥斯特洛戈尔斯基《对拜占庭破坏圣像历史的研究》。14页注1。《基督教会史》(*Histoire de l'Eglise*)，弗里奇和马丁编，V，468。此前，人们一般认为会议是在753年召开的。

第五章　破坏圣像时代(717—867年)

的法令中(或许是部分或稍有更改),它明确谴责圣像崇拜,宣布了如下的内容:

> 根据圣经,在全体圣父的支持下,我们以三位一体的名义一致宣布,在基督教教堂中,将诅咒、排斥和抛弃由艺术家的邪恶艺术以任何质地的材料所制作的圣像。今后,无论何人胆敢制作或崇拜这类东西,或将它置于教堂里、私人住宅内,或秘密地收藏它,如果他是主教、教士或司祭将被免去圣职,如果他是修士或俗人,将被革除教籍,并作为背叛上帝者和基督教教义的敌人而按照世俗法由教父们论处。

这则法令的意义,一方面在于它是反对圣像崇拜的公开宣言,更重要的方面在于它规定了崇拜圣像的罪人要受到帝国法律的审判,即将那些圣像崇拜者置于世俗权力审判之下。这一事实后来被第七次全体基督教主教公会议的与会者视为某些皇帝极其粗暴地对待教会和修士们的一个证据。该法令规定,下列行为将受到破门律处罚:"敢于用卑俗的颜料描绘道成肉身的耶稣的神像……或用毫无价值的色彩材料在无生命的图像上描绘圣徒们的形象,因为这种意图是错误的,是为魔鬼所提倡的。"结尾是赞词:"愿新帝君士坦丁、最虔诚的皇帝益寿延年! ……愿最虔诚的和最正统的(皇后)益寿延年……是你们制定了神圣的第六次全体基督教主教公会议的信条,是你们破坏了所有的偶像。"会议宣布了将原来的君士坦丁堡牧首,"木头的崇拜者"哲曼努斯和"倾向于帝国敌人穆斯林、不信神的导师、曲解圣经的"⑱曼苏尔(即约翰·大马士革)逐出教会。

这次宗教会议一致通过的法令,对于民众产生了非常强大的影响。安德烈夫教授说:"许多过去曾模糊地认为破坏圣像是错误举动的人们现在变得平静了;许多曾在两种思想倾向之间动摇不定的人现在可以根据这次会议的决议所提供的充足理由而形成明确地反对圣像崇拜的观点。"⑲民众被要求发誓,保证摒弃偶像崇拜。

宗教会议之后,对圣像的破坏变得十分无情而且激烈。圣像被砸烂,被烧毁,被涂抹遮盖,并受到诋毁。圣母玛利亚的圣像受到特别激烈的破坏。⑳ 许多圣像崇拜者被处死、被严刑拷打或者被投入监狱,并丧失了他们的财产。许多人被放逐,或被流放到遥远的行省。在各处教堂内,人们以树林、禽兽或打猎、竞技场面的图画取代了神圣的偶像。根据《小斯蒂芬传》所说,在君士坦丁堡布莱舍内宫的圣母玛利亚教堂失去了以往的风采,被新的绘画所覆盖,人们将它改造成"水果仓库和鸟舍"㉑。在对这些圣像画(镶嵌画和壁画)和雕像的破坏中,许多价值连城的艺术珍品被毁坏。还有大批绘图手稿也被破坏殆尽。

---

⑱ 曼西:《新编圣公会议文集》,XIII,323、346、354、355;赫弗勒:《基督教宗教议史》,V,313—315;关于对君士坦丁制定的反对圣像崇拜的754年宗教会议的影响的讨论,见奥斯特洛戈尔斯基《对拜占庭破坏圣像历史的研究》,7—29。

⑲ 《哲曼努斯和塔拉修斯》,96。

⑳ 奥斯特洛戈尔斯基:《对拜占庭破坏圣像历史的研究》,29—40。

㉑ 米涅:《希腊教父文献全集》,C,1120。V.G.瓦西列夫斯基:"小斯蒂芬传"("The Life of Stephen the Younger"),《著作集》,II,324。

第五章　破坏圣像时代(717—867年)

在破坏圣像的同时,圣物也遭到了破坏。破坏圣像时期的一首讽刺诗保留下来,其中谈及对圣物的过度崇拜。诗作者提到,被毁坏的圣物中有殉道者普罗柯比的十只手,狄奥多勒的15个下骸骨和圣乔治的四个头骨等。[52]

君士坦丁五世对修道院的态度极端偏执。对僧侣们,即那些"邪恶的爱好者和偶像崇拜者"[53],开始发动十字军式的无情讨伐。他同修道院制度的斗争异常激烈,以至于一些学者发现很难对这一时期的改革下一准确的定义,人们认为,很难确定这场斗争究竟是反对偶像的斗争还是直接反对修道者的斗争。C.N.乌斯宾斯基明确指出,"历史学家们和神学家们提出'破坏圣像'(iconomachia)而不是'破坏修道院(monachomachia)'的概念,是有意识地歪曲事实。"[54]皇帝对僧侣的迫害采用了许多严厉的手段。他们被迫穿上俗人的服装,一些人被逼迫或在当局威胁下结了婚。有一次,他们被迫排成两列纵队在竞技场内穿行,每人手中牵着一个女人,受着场内群众的讥笑和辱骂。编年史家狄奥凡尼提到了小亚细亚的一位省督曾将他辖区内的修士和修女集合在以弗所,对他们说:"每一位愿意服从皇帝和我的人,必须穿上白色礼服,马上娶一位妻子;那些不照此谕办理的人,将被弄瞎眼睛并放逐到塞浦路

---

[52] 佩帕里哥普洛:《从远古到当代的希腊人民史》,P.卡罗里兹编,III,703—707。该讽刺诗是11世纪上半期的诗人,米蒂利尼的克里斯托弗(Christopher of Mytilene)所作。见《米蒂利尼的诗人克里斯托弗》(*Die Gedichte des Christo-phoros Mitylenaios*),E.库尔茨(E.Kurtz)编,76—80(no.114);俄文翻译者 D.谢斯塔科夫(D. Shestakov):"拜占庭文化复兴的三位诗人"("The Three Poets of the Byzantine Renaissance"),《喀山大学学报》(*Transactions of the University of Kazan*),LXXII,11—14。

[53] 瓦西列夫斯基:"小斯蒂芬传",《著作集》,II,322。

[54] C.N.乌斯宾斯基:《拜占庭史纲要》,I,228。

斯。"他的行为受到了君士坦丁五世的赞扬,后者写信给这位省督说:"我已经看出来,你是完全遵照朕的意愿办事的人。"㊿显然,塞浦路斯是皇帝处罚那些不服从他的修士们的流放地之一。据记载,当时有五位修士逃离了该地,到了穆斯林哈里发统治区,并被带到巴格达。㊺修道院的修士们被赶走,修道院被改造成兵营和武器库,其财产被没收;世俗人士被禁止接受修道院的庇护。所有这些规定,致使大量的修士迁移到不受皇帝的破坏圣像政策影响的地区。根据一些学者的说法,在利奥和君士坦丁时期,仅意大利便接受了约50 000名这样的避难者。㊼这一情况,对中世纪南部意大利的命运具有重大意义,它使当地希腊民族和正教的势力加强了。但是,即使是南部意大利,显然也无法完全免受破坏圣像的困扰。至少有一重要的证据表明,在9世纪时,德卡波利特(Decapolite)的圣格列高利落到意大利南部城市海德鲁斯(今奥特朗托)的一位力主破坏圣像的主教手中。㊽还有许多修士迁移到黑海北岸、叙利亚和巴勒斯坦的海滨地区。在君士坦丁五世统治时期被害的殉教者当中小斯蒂芬尤其著名。

㊿ 狄奥凡尼:《编年史》,德博尔编,445、446。类似的资料亦见于《新殉道者圣罗曼努斯传》(Life of S.Romanus the Néomartyr)。P.皮特尔:"一篇格鲁吉亚资料所记载的新殉道者圣罗曼努斯(780年5月1日殉道)"("S.Romain le Neomartyr[†1 mai 780]d'aprés un document géorgien"),《博兰会文集》,XXX(1911),413。圣罗曼努斯约730年生于加拉提亚,他离开自己的国家到达东方,被阿拉伯人俘虏,780年在幼发拉底河畔殉难。

㊺ 《新殉道者圣罗曼努斯传》,419。

㊼ 安德烈夫:《哲曼努斯和塔拉修斯》,78。

㊽ F.德沃尔尼克(F.Dvornik):《德卡波利特的圣格列高利一生及9世纪马其顿的斯拉夫人》(La vie de saint Grégoire de Décapolite et les Slaves Macédoniens au IX siécle),41、58。

第五章 破坏圣像时代(717—867年)

在卡扎尔人利奥四世(775—780年在位)统治期间,拜占庭帝国内部的生活要比他的父亲君士坦丁五世执政时期平静。虽然利奥四世也是一位主张破坏圣像的君主,但他对修士们没有表现出明显的敌意,修士们又恢复了一定的影响。他在短暂的统治期间内,没有表现出自己是一位狂热的破坏圣像者,很有可能是他受到了他的妻子伊琳娜的影响。伊琳娜是雅典人,以热衷于崇拜圣像而著称。帝国所有圣像崇拜者对她都寄予厚望,奥斯特洛戈尔斯基说道:"他对圣像纷争采取的温和态度,是从君士坦丁五世的破坏圣像政策到皇后伊琳娜统治下恢复圣像崇拜的相应的过渡。"[39] 780年,随着利奥四世去世,破坏圣像的第一个时期结束。利奥四世的儿子君士坦丁六世较年幼,帝国的统治权委托给皇后伊琳娜,她注定要恢复圣像的崇拜。

尽管伊琳娜确实倾向于圣像崇拜,但是在她统治的最初三年里并没有采取任何正式恢复圣像崇拜的决定性措施。她之所以迟迟不动,原因是帝国的所有军事力量不得不用于对内与觊觎王位者进行斗争,对外同居住在希腊半岛的斯拉夫人进行战斗。另外,恢复圣像崇拜必须相当谨慎,因为军队大部分人赞成破坏圣像。而被君士坦丁宣布为帝国法律的754年的破坏圣像宗教会议的决议在拜占庭帝国的大多数民众那里仍然有一定的影响。无论如何,许多高级教士很有可能是被迫的,而不是信服地接受破坏圣像宗教会议的谕令。因此,根据安德烈夫教授的看法,他们构成了"随时准备屈服于破坏圣像的皇帝推行改革行动的一种因素,但不

---

[39] 《对拜占庭破坏圣像历史的研究》,38。

会真正对抗反对破坏圣像者的措施"[100]。

在伊琳娜统治的第四年,君士坦丁堡牧首座传入塔拉修斯的手中。他提出,为了恢复圣像崇拜,必须召开一次全体基督教主教公会议。罗马教宗哈德里安一世接到了邀请,派出他的使节出席这次会议。786年,宗教会议在圣使徒教堂召开。可是,首都的军队敌视圣像崇拜,手持刀剑冲进教堂,强迫到会者解散。破坏圣像派似乎再一次取得了胜利,但是,这只是一个短暂的时期。伊琳娜巧妙地用忠实于她思想的新军队更换了不顺从的军队。

翌年(787年),宗教会议在比提尼亚的尼西亚城召开。在此曾召开过第一次全体基督教主教公会议。而这一次,在尼西亚举行了七次会议,但皇帝和皇后都未到会。第八次和最后一次会议则是在君士坦丁堡的皇宫进行。到会的主教超过了300名。在东部教会历史上,这是第七次,也是最后一次全基督教主教公会议。

会议决定恢复圣像崇拜。圣像崇拜被认定合法,那些拒绝接受会议决议的人被逐出教门。此外,那些"把圣像称为偶像,且认为基督徒把圣像当作上帝来崇拜,或认为加特力教会接受偶像者"也被开除教籍。参加这次宗教会议的主教们向"新一代君士坦丁和新一代海伦"[101]欢呼。会议规定,所有修复的教堂必须放置圣物,它们是正教教堂必不可少的;将修道院改成普通住宅的做法

---

[100] 《哲曼努斯和塔拉修斯》,98。

[101] 曼西:《新编圣公会议文集》,XIII,735—740。(这里是把君士坦丁五世与他的母亲伊琳娜同4世纪的君士坦丁皇帝和他的母亲海伦相比。由于君士坦丁大帝在其母亲的影响下承认了基督教的合法地位,才有了后来的地中海"基督教世界"大一统局面。——译者)

受到了严厉的谴责,决议要求所有那些被破坏圣像者废除和改作俗用的修道院必须重新恢复。会议谴责出卖教会圣职,非常注重提高教士的品行,等等。会议还禁止男女混居的修道院的存在。

这次尼西亚会议的突出重要性,不仅仅表现在恢复圣像崇拜方面,会议还为圣像崇拜者创立了其先前同反对圣像崇拜者进行斗争所缺乏的组织体系。它收集支持圣像崇拜的所有神学论据,以便让圣像崇拜者在以后同破坏圣像者的争论中派上用场。总之,这次宗教会议为圣像崇拜者提供了一种武器,有利于他们在破坏圣像运动的第二个时期内同对手进行各种斗争。

8世纪时,拜占庭诸皇帝进行的所谓"破坏圣像"的活动,仅仅是该时期的一个方面的问题,也许并非最重要的问题。因为这一时期的绝大多数资料都转引自后来获得胜利的圣像崇拜派单方面的作品。几乎所有的破坏圣像的文件,实际上均被毁掉。但是,根据一些偶然和分散的幸存下来的资料,也许可以做出这样的结论:利奥三世和君士坦丁五世的主要精力是直接针对大量的修道院地产世俗化和限制数量庞大的修士。也就是说,针对那些逃避国家的控制和在管理上几乎完全独立的因素,因为它们正在削弱帝国的生命力和帝国的统一。

查理大帝的加冕及其对拜占庭帝国的意义

"查理的加冕,不仅仅是中世纪的重要事件,而且也是中世纪屈指可数的重大事件之一,如果逐个考察这些大事,可以说,如果它们没有发生,世界的历史将会完全不同。"⑩这一事件由于涉及拜占庭帝国,因此具有特别重大的意义。

在中世纪人们的观念中,罗马帝国是唯一的帝国,因而,以前几个世纪出现两个或两个以上的皇帝时,都被看作是两位皇帝共治一国。"476年西罗马帝国灭亡"这一说法是错误的。唯一帝国的观念是查士丁尼于6世纪采用穷兵黩武政策的背景。800年,著名的查理大帝在罗马加冕称帝时,这一观念仍然存在。

尽管在理论上,唯一帝国的概念在中世纪思想意识中占主导地位,但在现实中,这一观念是过时了。8世纪后期,东方的或拜占庭的希腊-斯拉夫人世界和西方的罗马-日耳曼人世界,在语言、人种构成和文化问题上,是两个截然不同、各自独立的世界。以现代观点来看,尽管中世纪存在唯一帝国的观念,但它是与历史时代不合的;而以中世纪观点来看,却并非如此。

破坏圣像运动为公元800年的这一著名历史事件起了推波助澜的作用。极力反对拜占庭皇帝的破坏圣像措施,将破坏圣像者开除教籍的教皇转向了西方,希望在法兰克王国逐渐掌握实权的宫相(major-domos)中及后来的加洛林王朝诸王中寻找友谊和保护。8世纪末,法兰克王国由加洛林王朝的最著名代表查理大帝(或查理曼)统治,查理大帝的宫廷教师和学者阿尔昆(Alcuin)于799年6月给他写了一封著名的信:

---

⑩ 布赖斯(Bryce):《神圣罗马帝国》(*The Holy Roman Empire*),50。

第五章 破坏圣像时代(717—867年)

迄今为止,世界上曾出现过三位伟人。(第一位是)崇高的罗马教宗,他代表传道者的领袖圣彼得治理他的教区。……第二位是尊贵的和世俗的第二罗马帝国的领袖,但据传说,这位皇帝被他自己的臣民、而不是外国人如此邪恶地剥夺了皇位⑱。第三位是陛下,至尊的王位的拥有者,我主耶稣基督按其意旨已经赐予你作为基督教人民的统治者。你比其他伟人有更强大的力量、更卓著的智慧、更显赫的王国。你是罪恶的仇敌,迷路人的向导,不幸者的慰藉;你注定要替天行道⑭。

教宗和法兰克国王的共同利益导致了查理的加冕,这是比较复杂的问题,文献资料中也有多种说法。事件本身是众所周知的,800年的圣诞节,正当圣彼得大教堂举行隆重的庆典时,教皇利奥三世将皇帝的宝冠置于跪在地上的查理国王头上。在教堂内出席庆典的民众欢呼道:"上帝为最虔诚的奥古斯都查理加冕,伟大的创立和平的查理延年益寿,永远胜利。"

对于查理大帝的加冕事件,学者们曾经提出过不同的意见。一些人认为,查理只得到了皇帝的头衔,而没有得到什么新的权力,实际上他仍然像以前一样,只是"法兰克和伦巴德的王,一位罗

---

⑱ 阿尔昆在此处指的是拜占庭皇帝君士坦丁六世被他的母亲伊琳娜弄瞎了眼睛这件事。
⑭ 《德意志历史资料集·书信集》,IV;《加洛林书信集》(*Epistola Carolini Aevi*),II,288(no.173)。

马的贵族"[165]。也就是说,查理在获得皇冠时,只是接受了一个新的称呼。其他人则认为,由于查理在800年的加冕仪式,一个新的西方帝国建立起来,它完全独立于现存的"东方帝国"或拜占庭帝国。对查理加冕的上述两种不同看法,似乎都掺杂进了后人的分析猜测。在8世纪末,没有,也不可能有名义上的皇帝,或者形成一个独立的西方帝国。查理的加冕事件必须从当时人的立场上分析,即从当事者查理大帝和教宗利奥三世自己的看法来认识它。

两位当事者并没有打算创建一个与东方罗马帝国相抗衡的西方帝国。毫无疑问,查理相信,他接受了皇帝的称号,便成为唯一的罗马帝国的唯一的统治者和继承者。加冕一事仅仅意味着罗马已经宣布从君士坦丁堡收回皇帝当选权。当时人们心里并没有想到两个帝国同时存在,就其本质来说,帝国是唯一的。"一个唯一帝国的信念是以唯一上帝的教义为基点的,因为,只有具备了上帝暂时代理者的资格,皇帝才能够在地球上行使其权力。"[166]这一时期占主导地位的条件,有利于民众接受这种皇权观念——这是当时唯一可能被人们接受的观念。

查理与拜占庭皇帝之间的交往,早在公元800年之前就开始了。787年,查理的女儿罗特鲁德(Rotrud,希腊人称之为埃鲁思罗[Eruthro])被安排与拜占庭皇帝、约12岁的君士坦丁结了婚,

---

[165] W.塞克尔(W. Sickel):"查理大帝加冕,一次法律史上的讨论"("Die Kaiserwahl Karls der Grossen.Eine rechtsgeschichtlich Erörterung"),《东方帝国史研究通讯》(*Mitteilungen des Instituts für österreichische Geschichts forschung*),XX(1899),1—2,3。

[166] A.加斯奎特(A.Gasquet):《拜占庭帝国与法兰克王权》(*L'Empire byzantin et la monarchie franque*),284—285。

当时,君士坦丁的母亲伊琳娜是帝国的真正统治者。[⑩] 当时的一位西方历史学家、副主祭保罗曾写信给查理国王,说:"我高兴地看到你的美丽的女儿将漂洋过海去接受君权,以使她能将法兰克王国的权力施及亚洲。"[⑱]

797年拜占庭帝国的太后伊琳娜废黜了法定的皇帝、她的儿子君士坦丁,伊琳娜成为帝国的实际统治者,与罗马帝国的传统发生了尖锐的冲突,因为罗马帝国从来未曾出现女性掌握全部皇权的先例。在查理和教宗利奥看来,皇位出现了空缺,查理接受皇冠,是继承了统一的罗马帝国的空悬皇位,成为合法的皇权继承者,但不是罗慕洛·奥古斯都的继承者,而是利奥四世、希拉克略、查士丁尼及狄奥多西和君士坦丁大帝这一东部皇脉的继承者。关于上述观念的重要证据,见于涉及公元800年及其后若干年的西方编年史中,在那些编年史中,人们根据拜占庭皇帝的年代来记叙历史事件,查理的名字恰好列于君士坦丁六世之后。

如果以上就是查理接受帝国皇冠的基本理由,那么,拜占庭帝国对他加冕的态度又是如何呢?拜占庭这个东方帝国对这一问题的看法也同当时普遍流行的观念相一致,在支持伊琳娜当政的同时,拜占庭帝国将800年的加冕事件看成是许多企图反对这位法定统治者的"犯上"行动之一,帝国害怕(并非没有道理)新加冕的皇帝会追随其他造反者的足迹,用武力进攻君士坦丁堡,废黜伊琳

---

⑩　多尔格:《东罗马帝国的敕谕研究》,I,41(no.339);对所用的资料文献做了说明。

⑱　"副主祭保罗的诗篇,XII"("Versus Pauli Diaconi,XII"),《加洛林时期拉丁诗歌全集》(*Poetae latini aevi carolini*),I,50。

娜皇帝,夺取皇位。在拜占庭当局的眼里,查理加冕只是一些西方行省反对拜占庭帝国法定皇帝的反叛活动之一。[109]

查理当然完全意识到他的地位并不稳定,他的加冕并不能使他合法地统治罗马帝国的东部,德国史学家 P.施拉姆(P. Schramm)称查理的加冕是"强烈地侵犯了皇权的行为",还指出,查理并没有自称为"罗马人的皇帝"(这是拜占庭皇帝的正式称号),而是自称为"管辖罗马人的皇帝"(*imperium Romanum gubernans*)[110]。查理认识到,在伊琳娜逊位之后,拜占庭帝国必将要选出另一位皇帝,这位皇帝的权力也将无可置疑地得到东方的承认。由于预见到这一复杂情况,查理开始与伊琳娜谈判,意欲同她结成姻缘,并希望"因此而将东方和西方的各行省统一起来"[111]。换言之,查理明白,如果得不到拜占庭的承认,他的皇帝称号就没有什么意义。伊琳娜乐意接受对方的求婚,但是她很快便被废黜和流放(802年),致使这一计划落空。

---

[109] 1893 年,J.B.柏里写了一篇论及查理大帝和海伦的很重要的大胆的论文。他在文中试图推测海伦对 800 年查理加冕事件的根本想法。见柏里"查理大帝和海伦"("Charles the Great and Irene"),《赫耳墨雅典娜》(*Hermathena*),8(1893),17—37。许多学者至今未读过这一文章。后来,柏里虽然没有否定自己的看法,但在他所著的《东罗马帝国史》(317—321)中,在探讨查理大帝与拜占庭皇廷之间的谈判时,亦略去了对此的论述。见 N.贝恩斯《J.B.柏里著作书目提要》(*A Bibliography of the Works of J.B.Bury*),7—8、136。贝恩斯评论柏里的沉默时说:"这是憾事,谁都觉得那应该是一个正确的理论。"

[110] 凯泽(Kaiser):《罗马与重建》(*Rom und Renovatio*),I,12—13。

[111] 狄奥凡尼:《编年史》,德博尔编,475。迪尔拒绝承认这一谈判的存在,见《剑桥中世纪史》,IV,24,他提到,在公元 800 年时,伊琳娜 50 岁;但柏里在发于《赫耳墨雅典娜》VIII(1893),24 上的文章"查理大帝和伊琳娜"一文中提到,在 794 年,海伦只有 44 岁。奥斯特洛戈尔斯基也怀疑这一谈判是否发生,见《拜占庭国家史》,128 页注 2。

第五章 破坏圣像时代(717—867年)

伊琳娜失去拜占庭帝国的皇位之后,政权落入尼斯福鲁斯手中,查理与尼斯福鲁斯之间仍然继续进行着谈判,可能涉及使拜占庭皇帝承认查理的皇帝称号的问题。但是,直到 812 年,拜占庭皇帝迈克尔一世朗伽巴(Michael I Rangabé)派出使团至法兰克首都埃克斯-拉-夏佩勒(亚琛)时,才称查理是皇帝。这就最后承认了 800 年查理加冕的合法性。很可能也是自 812 年起,作为对查理之皇帝称号的一种平衡,"罗马人的皇帝"($Βασιλεύς\ τῶν\ ‘ρωμαίων$)这一称号开始正式应用于拜占庭,即专指君士坦丁堡的合法统治者,成为拜占庭皇帝的最高权力的象征。⑫ 自 812 年以后,基督教世界有两位皇帝,尽管从原则上讲,当时仍然只有一个罗马帝国。柏里说道:"换言之,812 年的行为在理论上再现了 5 世纪的情况,迈克尔和查理,利奥五世和虔诚者路易共同治理这个帝国,如同阿卡第与霍诺留,瓦伦提尼安三世与狄奥多西二世一样,'罗马帝国'的疆域这时自亚美尼亚边界一直延伸到大西洋。"⑬ 自

---

⑫ F.多尔格:"保加利亚汗国和拜占庭帝国"("Bulgarisches Cartun und byzantinisches Kaisertum"),《第四届国际拜占庭研究会议文献》(Actes du IVe Congrès international des études byzantines)(1934,9)。《保加利亚考古学研究所学报》(Bulletin de l'Institut archeologique Bulgare),9(1935),61。G.布拉提亚努(G.Brătianu):《拜占庭经济和社会史研究》(Études Byzantines d'histoire economique et sociale),193。

⑬ 《东罗马帝国史》(Eastern Ro - man Empire),325。亦见 L.哈尔芬《蛮族世界:自大规模入侵到 11 世纪突厥征服》,243—250。印有"罗马人皇帝"这一称号的印鉴见于 8 世纪。对此,多尔格谈道:"罗马人的皇帝"这一正式称号通常出现于 812 年的官方文献中,而不会在此之前出现。当然,此前可能偶然使用过。多尔格:《拜占庭杂志》(德文),XXXVII(1937),579。格雷古瓦:《拜占庭》(布鲁塞尔),XI(1936),482。关于这一问题的一般性讨论,见奥斯特洛戈尔斯基《拜占庭国家史》,137 页注 2。

然,这个"统一的帝国"纯粹是有名无实的。东西方两个帝国都过着完全不同的生活。而且,帝国统一的观念在西方也早已经被遗忘了。

查理为西方取得的帝位是短命的。在查理大帝帝国分裂后的一系列混乱中,皇帝的称号时常易主。在10世纪前半期,这一称号就完全消失了,只是在10世纪后半期再次复生,但是这次则不再是历史上的旧帝国,而是"德意志民族的神圣罗马帝国"。

因此,只是在公元800年之后,才有可能谈及一个东方的罗马帝国,而J.B.柏里在为他所著的《拜占庭帝国史》第三卷命名时表明了他的这一态度,该书被命名为《东罗马帝国史》,包括自802年(即伊琳娜被废黜后)到马其顿王朝统治这一时期的事件,而他的前两部著作被命名为《晚期罗马帝国史》。

伊苏里亚王朝历史概述

历史学家对伊苏里亚家系的最早几位统治者,尤其是对利奥三世的成就,给予了很高评价。的确如此,在一个严重混乱的无政府时期之后,利奥三世登上皇位,成为一位杰出的军事家、天才的统治者和了解时代问题的明智的立法者。我们应该把破坏圣像者的宗教政策与他们的其他行动完全区分开来。在绝大部分的历史著作中,利奥三世受到高度赞扬,例如,希腊人认为他是"东罗马帝国最伟大的统治者之一,人类的保护者"[⑪]。德国人认

---

⑪ 佩帕里哥普洛:《从远古到当代的希腊人民史》,III,467。

第五章 破坏圣像时代(717—867年)

为,他是"据有帝位的最伟大的人物之一"[115],他清楚地了解"在上层和下层进行激烈改革的必要",是"用铁血手段恢复帝国的人物,一位伟大的军事天才"[116]。一位英国学者认为,利奥的成就是"使罗马帝国复兴"[117],而一位法国学者则认为伊苏里亚王朝诸帝"为了提高人民的精神、物质和知识水平,做出了最伟大和最令人钦佩的努力","在组织人民抵抗外来入侵者的威胁中,与查理大帝所采取的措施"[118]相比毫无逊色。最近,查尔斯·迪尔论述道:"自伊苏里亚诸皇帝的统治起,产生了一种新的生活原则,永远地丰富了这个世界。"[119]俄国的学者们在这方面的研究则不大深入,除了教会史学者之外,他们并没有针对这一时期的统治者做特别的评价,也并没有对破坏圣像的整个历史进行详细的研究。J. A. 库拉科夫斯基所著的三卷书只涉及破坏圣像诸皇帝统治时代的一些事件,S. P. 谢斯塔可夫(Shestakov)所著的《拜占庭史讲义》一书的第一卷也包括了这一时期,但没有任何评价。在 C. N. 乌斯宾斯基的《简史》中,可以看到对于反对修道院和修道士运动的很有意义的新评价。最近,Th. I. 乌斯宾斯基写道:"伊苏里亚朝的利奥对于这一时期的粗暴行为是有责任的,他使政府将信仰和对上帝崇拜的复杂问题留给军方和治安部门去处理,从而伤害了人民的宗教

---

[115] K.申克:"皇帝利奥三世的内政",《拜占庭杂志》(德文),V(1896),289、296。
[116] H.格尔泽:《拜占庭帝国史概要》,960。
[117] 柏里:《晚期罗马帝国史》,II,410。
[118] 伦巴德:《拜占庭历史研究:罗马皇帝君士坦丁五世》,II,169。
[119] 《剑桥中世纪史》,IV,26。

感情,使局部的问题变成国家的重要问题。"⑳

我们必须承认最早的两位破坏圣像皇帝的精力充沛和某些行政天才,而且必须承认利奥三世确实拯救了帝国;与此同时,也应该充分运用一些可用的历史资料,避免对于伊苏里亚王朝过分的赞誉。因为,无论他们是多么虔诚,他们所推行的政策毕竟给帝国的生活带来了极大的混乱。甚至在破坏圣像运动的第一时期,即8世纪时,这一运动就导致了意大利与拜占庭的疏离,使拜占庭与教会的关系极度紧张。教皇开除了破坏圣像者的教籍,并转而向西方寻求政治上的支持和保护。如此导致了教宗与法兰克统治者建立友好关系,开创了中世纪史上的一个新的非常重要的时期。与此同时,亦逐渐奠定了东西方两个教会此后最后分裂的基础。伊苏里亚王朝统治时期的拜占庭帝国丧失了中部意大利,包括拉文纳总督区。8世纪中期,该地区被伦巴德人所控制,后来由矮子丕平将其献给教宗。

无论如何,至今尚未有伊苏里亚王朝的全史面世。这个时期的许多重大问题仍然没有解决,例如,修士和修道院数量减少的问题、修道院土地显然经常用作俗用的问题,都需要进行调查研究。目前,在社会问题方面,对伊苏里亚王朝诸皇帝推行破坏圣像政策做更全面的研究,是拜占庭史研究的基本问题之一。认真探讨这一问题,也许能更好地弄清整个所谓"破坏圣像"时期的历史,揭开它的更深层的意思,这具有更广泛的历史意义。

---

⑳ 《拜占庭帝国史》,II,22。

伊苏里亚王朝的继承者和阿莫里亚或弗里吉亚王朝(820—867年)

802—867年在位的皇帝和他们的血统

历史学家们认为,从9世纪开始至867年马其顿王朝建立统治的这段时期,是在伊苏里亚王朝诸皇帝统治下的帝国复兴时代至马其顿诸帝执政的辉煌时代的转变时期。但是,最近绝大部分的研究表明,该时期并非仅仅是尾声,也不仅仅是一个序曲。它表现出了它本身的重要性,标志着拜占庭文化的一个新时代。⑫

802年的革命废黜了女皇伊琳娜,尼斯福鲁斯一世(802—811年在位)登上了拜占庭皇位。据东方的史料,尼斯福鲁斯是阿拉伯人血统。⑬必定是他的一位先祖迁居到了小亚细亚的一个行省庇西迪亚(Pisidia),尼斯福鲁斯就出生在该地。在拜占庭的编年史中,802年这样的革命实际上是比较罕见的。在拜占庭帝国时期,绝大多数的政治暴动都是由军队的将军即军人领袖发动和领导的。尼斯福鲁斯的行动却是个例外,他与军队没有任何关联,只是位居财政大臣的高职。这位皇帝于811年在对保加利亚人的战争

---

⑫ 柏里:《东罗马帝国史》,viii。
⑬ 泰白里(Tabari):《年代纪》(*Annales*),III(2),695;《叙利亚的迈克尔编年史》(*Chronique de Michel le Syrien*),J.B.夏博译,III(1),15。E.W.布鲁克斯:"阿巴斯朝统治早期的拜占庭人和阿拉伯人"("Byzantines and Arabs in the Time of the Early Abbasids"),《英国历史评论》(1900),743;以及布拉提亚努(Brâtianu):《拜占庭研究》(*Études byzantines*),187、191—195(涉及尼斯福鲁斯的整体政策)。

中战死，几个月后，皇位由他的儿子斯陶拉希乌斯（Stauracius）继承。斯陶拉希乌斯曾在对保加利亚战争中受了重伤，继位当年（811年）就去世，但在他去世之前便被废黜，"圣宫总监"（curopalates）*迈克尔一世有机会继承大统。他出生于朗伽巴的希腊人家族，因迎娶了尼斯福鲁斯一世的女儿、不幸的斯陶拉希乌斯的姐姐普罗科庇娅（Procopia）而进入宫廷。但是迈克尔的统治时间也很短（811—813年），因为他在对保加利亚的战争中失利，被一位军事领袖，出生于亚美尼亚的利奥所废黜，此人后来被称为亚美尼亚的利奥五世（813—820年）。820年，利奥五世被杀，皇帝之位落到他的一个禁卫军首领迈克尔二世手中（820—829年在位）。他的绰号是"口吃者"，他来自小亚细亚的一个行省弗里吉亚的阿莫里亚要塞，因此他所建立的，以三个人为主要代表人物的王朝（820—867年），就被称为阿莫里亚王朝或者是弗里吉亚王朝。他是一位粗俗的、愚钝的外省人，"在异端者、希伯来人和半希腊化的"⑬弗里吉亚人当中度过了其青年时代。后来的一份叙利亚史料甚至断言，他是个土生土长的犹太人。⑭ 他死后，其王位传于他的儿子塞奥菲卢斯（Theophilous，823—842年），他娶了出生于小亚细亚的帕夫拉戈尼亚的狄奥多拉为妻，即后来著名的恢复正教崇拜的人

---

* curopalates，希腊语 κουροπαλάτης，来自拉丁语 curapalatii，即宫廷总监之意。该头衔始自查士丁尼一世时期，初仅封授于皇室成员或姻亲。如驸马。后来也用于封授外族属国的君主，如高加索地区的格鲁吉亚君主（630—1060年有16位领此称号者）和亚美尼亚君主（635年之后有数位）。因此，在用于拜占庭内部时。可译圣宫总监，用于外族领主时即用音译"科罗帕拉蒂"。——译者

⑬ 柏里：《东罗马帝国史》，III，78。

⑭ 《叙利亚的迈克尔编年史》，夏博译，III（1），72。

物。这一王朝的最后一位皇帝是塞奥菲卢斯夫妇的儿子、腐败无能的迈克尔三世,他以"醉鬼"这一可鄙的绰号而遗臭万年。

在拜占庭的史学记载和后来的文学作品中,没有任何一位皇帝像这位"醉鬼"迈克尔三世、"拜占庭的卡里古拉"那样受到如此坏的评价。人们反复描述这位皇帝难以置信的肤浅、酗酒如命、令人震惊的背信弃义及讨人嫌的污言秽语。但是,近来,H.格雷古瓦提出了强有力的论据来恢复迈克尔三世的名誉。他提出了迈克尔时代的许多史实,特别是他对东方阿拉伯人进行的积极而有效的战争,以此说明,阿莫里亚朝的这位最后一代君主具有天才的气质,而且他的确促进了拜占庭历史上的一个胜利时期的出现(843—1025年)。[15] 没有人像格雷古瓦那样走得如此之远,竟然称迈克尔三世为"天才";事实上他在28岁时就被暗杀而死,也许迈克尔的确没有足够的时间来发挥他的能力。虽然,他的确有一些讨人嫌的缺点,但是我们需承认他还是有能力及首创精神的,而且——这一点也许是更重要的——他设法在自己身边选择了一些天才的顾问和行政官员。格雷古瓦强调迈克尔对东方的阿拉伯人取得的军事胜利对于民众中流传的故事和诗歌有着深刻影响,是恰当的;迈克尔对北方敌人罗斯人取得的胜利(860—861年)也产生了同样深刻的影响。[16]

---

[15] 见 H.格雷古瓦"牧首福修斯新论"("Du Nouveau sur le Patriarche Photius"),《比利时皇家学会分类文献通报》(*Bulletin de la classe des letters de l'Académie royale de Belgique*),XX(1934),38—39。在其他一些文章和研究报告中,格雷古瓦强调了同一观点。

[16] A.A.瓦西列夫:《860—861年俄国人第一次进攻君士坦丁堡》(*The First Russian Attack on Constantinople in 860—861*)。

在迈克尔三世未达法定年龄期间,他的母亲正式统治拜占庭帝国达十四年之久,她将所有的行政事务都交给了她的宠臣狄奥克提斯图斯(Theoctistus)。迈克尔三世成年后,下令杀死了狄奥克提斯图斯,迫使他的母亲进入修道院,自己登基当了皇帝。这一激烈的政治变动主要是由迈克尔的舅舅、其母亲的弟弟巴尔达斯(Bardas)策动和领导的,于是,他迅速擢升为帝国的最高贵族等级,圣宫总监和恺撒,在政府的所有事务中开始具有特别的影响。一个曾经拜见过迈克尔的阿拉伯使节,记载了关于迈克尔全不在意帝国事务的有趣事实。这位使者写道:"从我走上宫殿后一直到离开那里,只有一位翻译在说话,皇帝听着,或点头或摇头表示赞成或反对。他的舅舅处理了一切事务。"[127]巴尔达斯具有多方面的天才,他成功地与帝国的敌人斗争,并表现出对教会利益的清醒的理解。他竭诚地在他的臣民中间传播更多的知识,发展教育事业。但是他仍然被宫廷中的新宠瓦西里,即后来的马其顿王朝的创立者施以阴谋杀害。巴尔达斯死后,迈克尔将瓦西里收为嗣子,并为他加冕称"共治皇帝"。他们两人的共治只持续了一年多,瓦西里怀疑迈克尔一世在阴谋反对他,故唆使自己的一些朋友在一次宫廷宴会后杀害了他的恩主。从此,瓦西里成为帝国的唯一统治者和拜占庭历史上最著名的马其顿王朝的创立者。

---

[127] 这个故事被阿拉伯人编年史家泰白里保留在其《年代纪》中,德戈杰编,III,1451;俄文译本。亦见 A.A.瓦西列夫《拜占庭与阿拉伯人》,I,188;附录,58。V.R.罗森(V.R.Rosen):《保加利亚人的屠杀者——皇帝瓦西里二世》(*The Emperor Basil Bulgaroctonus*),147。A.A.瓦西列夫:《拜占庭与阿拉伯人》,法文译本,I,321—322。迪尔和马赛:《395—1081年的东方世界》,I,320页注135。柏里:《东罗马帝国史》,英文版,280—281。

因此，自802年到867年，拜占庭王位的占据者先是两位阿拉伯人，或者说是闪米特人；后来是一个希腊人迈克尔一世，但他娶了阿拉伯人尼斯福鲁斯的女儿；随后是一位亚美尼亚人；最后是三位弗里吉亚人，或者几乎可以称其为半希腊人。在拜占庭的历史上，王权第一次落入闪米特民族出身的帝王的手中。这表明，在这一时期，东方因素在帝国的统治中发挥了十分重要的作用。

拜占庭帝国的对外关系

阿拉伯人和斯拉夫人以及斯拉夫人托马斯起义。——9世纪时，拜占庭帝国和阿拉伯人之间的敌对关系几乎持续不变。在东方边境线上，双方的这种敌对关系表现为武装冲突的连续不断，几乎每年定期发生，同时伴有战俘的经常性交换。在穆斯林一方，为了抵抗拜占庭人的攻击，自叙利亚到亚美尼亚边境修筑了一系列防御工事。同样的防御性城市在拜占庭一方也建立起来。所有这类防御工事在小亚细亚构筑了一种"防线"。9世纪时，发生在东方边界线上的冲突只有极少数情况下导致深入对方领土范围内的重要战争。由于严重的内部争斗，加之波斯人和后来的突厥人在穆斯林帝国中占据了优势，哈里发国家在9世纪逐渐在政治上趋于衰弱，如同在7、8世纪时那样，穆斯林在东方边境对于拜占庭的持续进攻，已不再能威胁拜占庭帝国的生存。但是，这类进攻却对拜占庭的边界行省造成了极大的破坏：侵犯了居民的财产、削弱了人们缴纳赋税的能力，并杀害了许多边境居民。9世纪的前三十年，穆斯林帝国的统治者是著名的哈里发哈伦-阿尔-赖世德（Harun-ar-Rashid，786—809年在位）和马蒙（Mamun，813—833年在位),在这两位哈里发的统治下,波斯文化的影响几乎占绝对的优势,迫使阿拉伯民族退居幕后。就其政治观点而言,9世纪的哈里发们,特别是哈里发马蒙,与拜占庭皇帝一样,相信他们的权力在国家社会生活的各个方面都是绝对的,无限的。

尽管阿拉伯和拜占庭在东方边界有着冲突,但除了极少数例外,并没有对任何一方产生严重的后果。但是,穆斯林舰队在地中海上的行动则使他们占领了克里特岛、西西里大部和南意大利的数个重要据点,这却是具有特别重大意义的。

在9世纪阿拉伯-拜占庭关系问题上,具有特别重要地位的是阿拉伯人参与了反对迈克尔二世的托马斯(Thomas)起义。这次起义发端于小亚细亚,领导者托马斯具有斯拉夫人血统。该起义导致了规模宏大的内战,持续了两年之久。它是迈克尔二世时期发生的核心事件,从政治、宗教和社会观点来看,都具有深远的意义。在政治上,它的重要性在于,托马斯成功地聚集了整个小亚细亚的军队,只有两个军区的军队不支持他。据一些史料记载,在他的旗帜下,集合了小亚细亚和高加索边境的各个民族。除了他自己的民族——斯拉夫民族(他们自大规模地自欧洲大陆迁徙到小亚细亚后,已经建立了一些巨大的移居地)外,托马斯的军队包括波斯人、亚美尼亚人、伊庇利亚人和高加索地区的其他一些部族的成员。⑫ 鉴于托马斯领导着这样一支强有力的庞大队伍,哈里发马蒙立即毫不犹豫地与托马斯结成了紧密的联盟,欲帮助他推翻

---

⑫ 迈克尔皇帝给西方皇帝虔诚者路易的一封信,见巴罗尼(Baroni)《基督教会年代纪》(*Annales ecclesias-tici*),泰奈尔(Theiner)编,XVI,63;吉尼西乌斯(Genesius),波恩版,33。

迈克尔二世。为此,阿拉伯人曾得到托马斯的承诺,将得到拜占庭边境地区的一些土地。经过马蒙的同意,或者是在马蒙的建议下,托马斯在安条克接受了大主教乔布(Job)的加冕,称为"罗马人"的皇帝,于是,拜占庭皇帝面临着一个非常危险而且强有力的竞争对手。东方的阿拉伯人显然十分关注这次起义的发展。

从宗教的观点看,这次起义的重要性在于托马斯利用了大多数民众对恢复破坏圣像运动的政策而产生的不满情绪,宣称他自己是坚定的圣像崇拜者,甚至自称是曾在前一时期恢复圣像崇拜的女皇伊琳娜的儿子君士坦丁。这一政策赢得了许多支持者。

这次运动导致了一些社会冲突。小亚细亚的收税人站在了托马斯一边,于是,据一则史料披露,出现了"奴隶反对他们的主人"的斗争。⑫下层阶级的成员希望为他们自己建立一个更好的更光明的未来社会,而起来反对他们的压迫者——那些地主。据同一则史料披露,随后出现的内战,"就像尼罗河突然泛滥,冲击着大地,但不是用水,而是用血"⑬。

在爱琴海水师的支持下,托马斯指挥他的军队进攻君士坦丁堡。途中,他轻而易举地击败了迈克尔军队的抵抗,然后从海陆两面包围了帝国的首都。当他到达了欧洲一岸时,色雷斯和马其顿的斯拉夫人加入了他的队伍。对君士坦丁堡的包围持续了整整一年。迈克尔受到强大的压力,但是,由于两个事件的发生,他赢得了最后的胜利。一方面,他打败了托马斯的水师;另一方面,他得

---

⑫ 狄奥凡尼续作者:《历史》,波恩版,53。
⑬ 同上。

到了保加利亚人的支持。这些保加利亚人在其国王奥穆尔塔格（Omurtag）的率领下，出人意料地出现在北方，打败了自陆上包围君士坦丁堡的起义军队。托马斯无法重新集结他的人力，无望地走向失败。他被迫逃跑，后来被逮捕并被处死。他的军队残余也被轻易地消灭了。这次难以对付的革命持续了两年多，在823年被彻底粉碎，迈克尔从此感到能够稳坐龙椅了。[131]

这次起义的结局对于拜占庭帝国来说是相当重要的。起义的失败也是恢复偶像崇拜的失败。托马斯的失败还意味着哈里发马蒙进攻拜占庭帝国的计划失败了。再者，这次起义使小亚细亚产生了非常大的社会性变化。6世纪时，在查士丁尼大帝统治下，由隶农身份的农民耕作的大地产制在拜占庭帝国广泛发展。以后几个世纪的史料记载中，提到了小土地占有者和小农土地占有者。但是，10世纪时，大地产占优势的状况再次出现，而小亚细亚尤为突出。这很可能是托马斯起义带来的一个结果。毫无疑问，这次起义引起了大量的小土地所有者破产。他们不堪政府税收的重负，被迫将自己的财产转移到富裕邻居的名下。然而，不管出于什么原因，10世纪大地产的出现甚至开始威胁皇权，小亚细亚尤其如此。[132]

---

[131] 关于托马斯起义的最详细的批判性记载，可参看瓦西列夫的《拜占庭与阿拉伯人》，21—43；法文版，23—49。柏里：《东罗马帝国史》，84—110。Th.I.乌斯宾斯基：《拜占庭帝国史》，II(1)，279—292。笔者法文版《拜占庭帝国史》的编者曾提及，笔者认为托马斯是亚美尼亚人血统(26)。这种说法不确实。事实上，笔者一直认为托马斯是斯拉夫人。

[132] 芬利：《希腊史》，托泽编，II，133；柏里：《东罗马帝国史》，II，110。

第五章　破坏圣像时代（717—867年）

直到9世纪30年代末期,拜占庭与阿拉伯的冲突仍没有重大的结局。这时的哈里发国家正受到国内严重动乱的困扰,而且由于拜占庭帝国不时加以巧妙地干预而日趋严重。迈克尔二世的儿子塞奥菲卢斯于830年在小亚细亚被打败,但是,翌年(831年)他又在乞里奇亚取得了对阿拉伯人边防军的胜利,在回军君士坦丁堡时受到盛大的凯旋仪式的欢迎。⑬此后的几年,塞奥菲卢斯没有取得重大的胜利。一位阿拉伯历史学家甚至说道,哈里发马蒙期望着使整个拜占庭帝国归服。⑭塞奥菲卢斯曾经向马蒙派出了使节,提出了和平建议。但是,在833年,马蒙去世,他的兄弟穆塔希姆(Mutasim)继哈里发位。在穆塔希姆统治的早年,拜占庭与阿拉伯哈里发国家的敌对行动暂时停止了。837年,塞奥菲卢斯重新发动了攻势,并取得了极大的成功。他占领并焚烧了扎波特拉(Zapetra)要塞,并侵入其他地区。为了庆祝这次胜利,君士坦丁堡臣民为他举行凯旋式,再现了六年前他归城时受到欢迎庆典活动的盛况。⑮但是,838年,穆塔希姆装备了一支大军,深入小亚细亚,并在长期包围之后,占领了弗里吉亚重要的、筑有坚固防御工事的阿莫里亚(Amorion)城,这座城市是当前统治王朝的发源

---

⑬ 见瓦西列夫《拜占庭和阿拉伯人》,82—92;法文版,103—104;柏里:《东罗马帝国史》,254、472—477。关于凯旋式的描述,见君士坦丁·波菲罗杰尼图斯《拜占庭礼仪制度》,503—507。

⑭ 雅库比(Yaqubi):《历史》(*Historiae*),M.Th 霍茨马(Houtsma)编,II,573;瓦西列夫:《拜占庭和阿拉伯人》,附录9;法文版,274。

⑮ 瓦西列夫:《拜占庭和阿拉伯人》,113—117;法文版,37—43。柏里:《东罗马帝国史》,260—262。关于凯旋式的记载,见《拜占庭礼仪制度》,507—508。

地,用阿拉伯编年史中一句夸张的话来说,这座城市是"基督教的眼睛和基地"。穆塔希姆在成功地占领了阿莫里亚后,企图向君士坦丁堡进军,但当他听到家乡发生了军事政变的紧急消息时,被迫放弃了原计划,返回叙利亚。⑬

在希腊教会的编年史中,包围阿莫里亚的战斗是同42名战俘殉道者的著名传奇故事联系在一起的:他们由于拒绝皈依伊斯兰教而被拖到底格里斯河边斩首,尸体被扔到河里,但却奇迹般地浮在水面上,一些基督徒将尸体打捞上来,为死者举行了隆重的葬礼。⑬

阿莫里亚的失陷给塞奥菲卢斯皇帝造成了极为沉重的压力。他想利用自己的军事力量有效地抗击阿拉伯人进攻的希望完全落空,乃至害怕失去自己的首都,于是转而向西方去寻求援助。他的使者出现在威尼斯,进入了法兰克国王虔诚者路易设于因格尔海姆的行宫中,甚至远至最西方的西班牙,出现在倭马亚埃米尔的宫廷中。西方各统治者都十分友好地接待了他的使者,却没有给予

---

⑬ 泰白里:《年代纪》,III,1236;俄文版,见瓦西列夫《拜占庭与阿拉伯人》,附录,30;法文版,249—295。关于阿莫里亚朝对阿拉伯人进攻的最详细的记载,见泰白里的阿拉伯文版《年代纪》,III,1236—1256;俄文版,30—46;法文版,295—310。至于这次战争的总的情况,见瓦西列夫《拜占庭和阿拉伯人》,俄文版,119—140;法文版,144—177。柏里:《东罗马帝国史》,262—272。柏里:"838年穆塔希姆穿越安纳托利亚的军事远征"("Mutasim's March Thorugh Cappadocia in A.D.838"),《希腊研究杂志》,XXIX(1909),120—129。

⑬ 见《阿莫里亚的42名殉道者记事》(Acta 42 martyrum Amoriensium),V.G.瓦西列夫斯基和P.尼基汀编:《皇家科学院学报》(Transactions of the Imperial Academy of Sciences),VIII ser.,VII,2(1905),35。有希腊文和俄文的详细评注。该"记事"提供了一些重要的历史资料。见柏里《东罗马帝国史》,271—272。亦见《一篇关于阿莫里亚42名殉道者生平的希腊文记载》(A Greek Text of the life of 42 Martyrs of Amorion),根据巴黎国家图书馆手稿第1534号所编,编者A.A.瓦西列夫,《皇家科学院学报》,VIII ser.,III,3(1898),16。

塞奥菲卢斯任何积极的支持。

在阿莫里亚王朝统治的最后时期,包括塞奥菲卢斯统治的最后几年和迈克尔三世统治时期,东方阿拉伯哈里发国家内部的纷争阻碍了阿拉伯人重新发动对拜占庭帝国的大规模战争。实际上,拜占庭军队有多次机会可以打败阿拉伯人。863 年,梅利特尼(Melitene)的埃米尔(总督)欧麦尔攻陷了拜占庭黑海岸的城市阿米苏斯(Amisus,萨姆松[Samusun])。但是,黑海的阻隔使他不能采取进一步行动。他感到愤怒至极。据说他竟像当年希波战争时的薛西斯一样,用鞭子抽打海水。同一年,当他回军之时,遭到了佩特罗纳斯(Petronas)率领的拜占庭军队的阻击和包围,在博森(Poson)发生激战(准确位置至今未能确定),阿拉伯军队几乎全军覆没,欧麦尔本人亦被杀害。⑬拜占庭军队获得的这一辉煌胜利的消息在君士坦丁堡的竞技场内获得了极大的反响,一首专门庆祝埃米尔在战场上死去的歌曲在史料中被保留下来。⑭

罗斯人第一次进攻君士坦丁堡。——在每年与阿拉伯人作战的同时,史料突然开始提到了"罗斯",即罗斯人对君士坦丁堡的第一次进攻。直到近期,这一事件的发生被大多数历史学家认定是发生于 865 年或 866 年,而且这件事经常与罗斯王公阿斯科德(Ascold)和迪尔(Dir)的远征相联系。但是,自 1894 年以后,当一

---

⑬ 瓦西列夫:《拜占庭与阿拉伯人》,II,199—201;柏里:《东罗马帝国史》,III,283—284。

⑭ 君士坦丁·波菲罗杰尼图斯:《拜占庭宫廷礼仪》(*The Ceremonial Book of Constantine Porphyrogennetos*),I,69;波恩版,332—333。见 J.B.柏里"关于君士坦丁·波菲罗杰尼图斯描写宫廷礼仪的著作"("The Ceremonial Book of Constantine Porphyrogennetos"),《英国历史评论》,XXII(1907),434。

部很短的匿名编年史在布鲁塞尔被一位比利时学者弗朗兹·库蒙特(Franz Cumont)公布后,上述意见被认为是错误的了。这一编年史提供了非常准确的资料,罗斯人的 200 艘舰船是在 860 年 6 月 18 日到达君士坦丁堡的,但是他们遭到了惨败,损失了许多船只。⑩ 在此匿名的编年史出版之前的一个很长时期,许多学者怀疑这一事件发生的日期早于原来估计的年份,而且根据许多编年史的资料估计,都倾向于将此事的发生确定于 860 年是正确的。于是,18 世纪的一位著名的意大利学者阿塞马尼(Assemani)断定,罗斯人对君士坦丁堡的第一次进攻发生在 859 年年底或 860 年年初,但是,后来的学者们完全忘记了他的研究成果。⑪ 早在布鲁塞尔的手稿发现之前十四年,完全独立于阿塞马尼的研究,俄罗斯教会的历史学家戈鲁宾斯基(Golubinsky)也得出了结论,认为这次进攻发生在 860 年和 861 年年初。⑫

与这一事件同时代的教宗佛提乌在一次布道中,曾将罗斯人说成是"粗鲁和野蛮的西徐亚人"把他们的进攻描写为一片"野蛮顽固和可怕的海洋","一场可怖的北方风暴"。⑬

与西方的阿拉伯人的斗争。——在东方对阿拉伯人进行军事行动的同时,帝国也与西方的阿拉伯人展开了斗争。7 世纪时,阿

---

⑩ 《布鲁塞尔秘密档案》,《拜占庭编年史手稿 11376 号》(*Anecdota Bruxellensia*,I.*Chronoiques Byzantines du Manuscrit 11376*),F.库蒙特(F.Cumont)编,33。

⑪ 见《世界教会年历》(*Kalendaria Ecclesiae Universae*),I,240—243;IV,9。

⑫ 《俄罗斯教会史》(*A History of the Russian Church*),I(1),21—22(第 2 版,1901 年),II(1),40。

⑬ 《关于罗斯人入侵的布道词》(*In Roussorum incursionem Homilae*),I—II,《维也纳古典辞书》,A.纳乌克(A.Nauck)主编,201、209、221。

第五章 破坏圣像时代（717—867 年）

拉伯人经过艰难的战争所征服的北非，已经迅速地摆脱了东方哈里发们的控制，于是，自 800 年后，阿拔斯哈里发们已经不再能对埃及以西的领土行使控制权。一个独立、拥有一支强大舰队的阿格拉布王朝于 9 世纪（800 年）在突尼斯兴起。

这一时期，拜占庭帝国在地中海占有的全部领地均受到了阿拉伯人的严重威胁。甚至早在 9 世纪前半期，即当尼斯福鲁斯一世统治时期，非洲的阿拉伯人就援助了伯罗奔尼撒半岛上的斯拉夫人起义，并参与了对佩特雷的围攻。在迈克尔二世统治时期，拜占庭帝国失去了有着重要战略意义和商业意义的海岛克里特，来自西班牙的阿拉伯移民占领了这座岛屿。这些移民先是在埃及找到了栖身之地，后来进入克里特。阿拉伯人的首领在此岛上建立了一个新城，在其周围挖掘了深深的城壕，阿拉伯语称其为汉达克（handak），由此，这座岛屿有了新的名字：汉达克斯（Chandax），或称坎迪亚（Candia）。⑭ 克里特岛也成为海盗团伙的巢穴，这些海盗时常出没于爱琴海诸岛和沿海地区，袭击和掠夺这些地方，给拜占庭帝国的政治和经济带来极大的干扰。

对于拜占庭帝国来说，更严重的损失还是西西里的丧失。早在 7、8 世纪间，这个岛就成为阿拉伯人攻击的目标，尽管这些攻击还不算严重。但是，在阿莫里亚王朝统治时期，情况有了变化。在迈克尔二世统治后期，一个叫作欧菲米乌斯（Euphemius）的人组

---

⑭ 很难说清楚，克里特岛被阿拉伯人征服的时间是在 823 年还是 825 年，参见瓦西列夫《拜占庭与阿拉伯人》，45—53；关于这一时期，亦见该书 49 页注 1；法文版，49—61。柏里：《东罗马帝国史》，287—291。布鲁克斯的一篇文章在以批判眼光研究史料方面特别有意义，该文认为这一征服是在 828 年。E.布鲁克斯："阿拉伯人占领克里特"（"The Arab Occupation of Crete"），《英国历史评论》，XXVIII（1913），432。

织了一场反对皇帝的起义,他后来还自立为帝国的统治者。他很快意识到自己的军力不足以抵抗皇帝的军队,于是向非洲的阿拉伯人请求援助。这些阿拉伯人到了西西里;但是他们却不去帮助欧菲米乌斯,而是开始进攻西西里岛,欧菲米乌斯后来被拥护拜占庭皇帝的人们杀死。⑮ 按照一位意大利历史学家伽伯托的说法,欧菲米乌斯是一位空想家、一位理想主义者、一位为他的国家取得独立地位的勇敢战士,而且是一位在意大利创建一个独立国家"罗马-意大利帝国"(*Impero romano italiano*)这一传统政策的继续者。但是,伽伯托对欧菲米乌斯的评价却没有可资证实的证据。⑯ 阿拉伯人开始在帕诺莫斯(巴勒莫)定居,并逐渐占领了西西里岛的大部,包括墨西拿。到了阿莫里亚朝末期,西西里岛上的所有城市中,只有叙拉古(Syracuse)仍留在基督徒的手中。对阿拉伯人来说,西西里岛是进攻南意大利拜占庭领土的天然跳板。

从西西里进入亚平宁半岛的南端有两个小的半岛:位于西南部的一个是古代著称的卡拉布里亚(Calabria),另一个是位于西北的布鲁提乌姆(Bruttium)。在拜占庭时期,它们的名字有了变化。自7世纪以后,布鲁提乌姆这一名称越来越不被人提起,而是逐渐地被称为卡拉布里亚,于是,这两个小半岛开始使用同一名

---

⑮ 关于欧菲米乌斯的起义,见 F.伽伯托(F.Gabotto)《欧菲米乌斯使意大利脱离拜占庭的分离运动》(*Eufemio il movimento separatista nella Italia byzantina*)。亦见瓦西列夫:《拜占庭和阿拉伯人》,56—75;法文版,61—88。柏里:《东罗马帝国史》,294—302、478—480。当然,阿玛利(Amari)的基础性的著作是不可缺少的资料。

⑯ 伽伯托:《欧菲米乌斯使意大利脱离拜占庭的分离运动》,6—7。瓦西列夫:《拜占庭和阿拉伯人》,73—74。法文版,85。亦见 M.阿玛利《西西里穆斯林的历史》(*Storia der Musulmani di Sicilia*),I,282;(第2版,1933年),412。

称；换言之，当时的卡拉布里亚指的就是拜占庭在南意大利的环绕塔兰图姆(Tarentum)湾的全部领地。⑩

9世纪，意大利的政治局势如下：拜占庭帝国保留着威尼斯和坎帕尼亚的大部分、那不勒斯公爵领地、其他两位公爵的领地再加上南部的两个小半岛。威尼斯和坎帕尼亚只是在政治上松散地隶属于拜占庭，因为它们有自己的自治政府。南意大利则直接归属于拜占庭；意大利的大部分掌握在伦巴德人手中。7世纪时，伦巴德公爵贝尼文托从拜占庭帝国手中夺得了塔兰图姆；于是他的领土就抵达了该海湾，将拜占庭的意大利领土分隔开来，此后，上述两个半岛只能通过海上互相联系。而当查理大帝征服意大利，在罗马举行加冕礼后，整个亚平宁半岛，除了拜占庭的领土之外，就都处于这位西方皇帝的统治之下。但实际上，在南部，他的权力无法达到教宗国和斯波莱托(Spoleto)的疆界之外。贝尼文托公爵领仍然保持着独立国家的地位。

随着西西里岛被逐渐征服，阿拉伯人的舰队也开始劫掠意大利海滨地区。在塞奥菲卢斯统治时期，塔兰图姆被阿拉伯人占领，对拜占庭统治下的南意大利各省直接构成一个严重的威胁。前来支援拜占庭皇帝的威尼斯舰队，在塔兰图姆遭受惨败。与此同时，阿拉伯人占领了意大利半岛东部的重要设防城市巴里，从这里，阿拉伯人直接向意大利内陆地区发动进攻。西方皇帝路易二世曾带着其军队来到这里，但是被阿拉伯人打败，被迫撤退。与此同时，

---

⑩ J.盖伊(J. Gay)：《南部意大利与拜占庭帝国》(*L' Italie Méridionale et l' Empire Byzantin*)，5—6。

在9世纪40年代,阿拉伯海盗出现在台伯河口并威胁着罗马,但是,在抢得丰富的战利品之后,他们就撤离了这座古都。位于罗马城墙之外的圣彼得教堂和圣保罗教堂在这次攻击中受到严重破坏。

总之,阿莫里亚王朝时期的阿拉伯-拜占庭冲突导致拜占庭帝国在西方世界的失败。克里特岛和西西里岛丢掉了;但是克里特岛于961年被拜占庭收复,而西西里岛则从此永远脱离了拜占庭的控制。南意大利的许多其他重要据点也落于阿拉伯人手中,但直到9世纪中期以后,这里才形成较大的连成一片的阿拉伯人统治区。而在帝国的东方边界,对阿拉伯人斗争的结果则完全不同。在这里,帝国几乎成功地保持了它的领土未受到侵犯。边境地区的些许变化并没有对历史的一般进程发生决定性的作用。在这方面,阿莫里亚王朝的努力对于帝国是十分重要的。因为在这个王朝的数任皇帝统治的四十七年间,帝国能够抵挡住阿拉伯人在东方入侵的压力,总的来看,基本上维护了拜占庭的小亚细亚的领土完整。

阿莫里亚统治时期的拜占庭和保加利亚人。——9世纪初,保加利亚的国王是克鲁姆(Krum),他是一个能干的勇士和英明的组织者,而且事实证明,他是拜占庭帝国特别危险的敌人。尼斯福鲁斯皇帝意识到克鲁姆是一位强有力的对手,他将有能力将马其顿和色萨利的斯拉夫族居民争取过去与拜占庭为敌,尼斯福鲁斯遂从帝国的其他地区迁移了许多居民到这两个行省定居。尼斯福鲁斯希望以此防止两省内的保加利亚人和斯拉夫人结成同盟,但据一则史料披露,这一措施在移民中引起了很大不满。⑱

---

⑱ 狄奥凡尼:《编年史》,德博尔编,486。

第五章 破坏圣像时代(717—867年)

811年,在与保加利亚发生多次冲突后,尼斯福鲁斯对克鲁姆发动了一次征伐战争,但他与他的军队陷入埋伏圈,遭到惨败。尼斯福鲁斯死在战场上,他的儿子斯陶拉希乌斯受重伤,几乎全军覆灭。自378年著名的亚得里亚堡战役,瓦伦斯皇帝在与西哥特人作战的战场上被杀以来,尼斯福鲁斯是又一个死在对蛮族斗争的战场上的皇帝。克鲁姆将战死皇帝的头骨制成一个碗,强迫所有的保加利亚贵族("波利阿德"[*boliads*])用它饮酒。⑭

813年,克鲁姆也打败了迈克尔一世。迈克尔一世率领了一支大军前去征伐克鲁姆,其规模之大是空前的——连小亚细亚的边境军队也被调出来以壮其军威。但是,拜占庭军队数量上的优势并没有起多大作用;他们遭到了决定性的失败,仓皇溃退,直到君士坦丁堡城下。同年,当亚美尼亚的利奥五世登上拜占庭的皇位之后不久,克鲁姆对君士坦丁堡发动了进攻,包围了这座城市,如一则史料所记载,他的目的是"将他的长枪插在金门(即君士坦丁堡城墙)上"。⑮但是,就在这堵城墙边,他的胜利进攻被阻止了。他很快死去,拜占庭帝国暂时从保加利亚人的威胁下获得了喘息机会。⑯

克鲁姆的继承者奥穆尔塔格(Omurtag),是"保加利亚早期历史中最著名的人物之一",⑰他在利奥五世时期,与拜占庭帝国签

---

⑭ 狄奥凡尼:《编年史》,德博尔编,491。塞德来尼(Cedreni):《简史》(*Historiarum compendium*),波恩版,II,42。

⑮ 狄奥凡尼:《编年史》,德博尔编,503。

⑯ 柏里:《东罗马帝国史》,339—354。Th.乌斯宾斯基:《拜占庭帝国史》,II(1),250—263。S.任西曼:《第一保加利亚帝国史》(*A History of the First Bulgarian Empire*),51—70。

⑰ Th.乌斯宾斯基:《拜占庭帝国史》,II(1),263。

订了一则为期三十年的和平协议。该协议主要是处理了两国在色雷斯行省的边界问题。至今人们仍能看见这些边界线上的泥土界墙残迹。⑬利奥五世与保加利亚缔结和约之后,重建了色雷斯和马其顿一些被毁的城市。他还建筑了环绕首都的更为坚固的一堵新城墙,以便有效地预防保加利亚人可能发动的再次进攻。

此后,直到9世纪50年代初,保加利亚与拜占庭之间相对安宁。此时,保加利亚的王位传给了鲍里斯(Boris,或 Bogoris,852—889年)。他的名字与保加利亚人皈依基督教的事件紧紧联系在一起。远在鲍里斯执政之前,基督教已经"找到"保加利亚,主要是利用保加利亚人与拜占庭军队作战时被俘的拜占庭军士从事传教活动。异教徒保加利亚汗曾经残酷迫害"堕落者和被堕落者"。Th.I 乌斯宾斯基断言:"毫无疑问,基督教很早便在保加利亚人中开始传播……甚至早在8世纪,其诸王公的宫廷里就有许多基督徒。保加利亚历史上的许多麻烦事件以及汗位的经常变更都与基督教与异教之间的斗争有关。"⑭

鲍里斯之皈依基督教是由保加利亚国内的政治形势所促成的,这使他致力于同拜占庭帝国建立更密切的关系。希腊传教士们来到保加利亚去向当地居民传播基督教。大约在864年,鲍里斯国王接受了洗礼,并取名为迈克尔,此后不久,他的人民也接受

---

⑬ 见 J.B.柏里"814年的保加利亚和约与色雷斯地区的大界墙"("The Bulgarian Treaty of A.D.814 and the Great Fence of Thrace"),《英国历史评论》,XXV(1910),276—287。

⑭ "保加利亚古典资料阿博巴-普利斯卡"("Materials for Bulgarian Antiquities,Aboba-Plisca"),《君士坦丁堡俄罗斯考古学院学报》,X(1905),197。亦见 Th.乌斯宾斯基《拜占庭帝国史》,II(1),453。

第五章 破坏圣像时代(717—867年)

了基督教。但是,两位著名的斯拉夫传道者圣西里尔(St.Cyril)和圣美多德(St.Methodius)兄弟直接参与了鲍里斯的洗礼一事却没有足够权威的资料可资证实。保加利亚人接受了拜占庭教士所施行的基督教洗礼这一事实,加强了拜占庭帝国在巴尔半岛上的威望和影响。然而,鲍里斯很快认识到,拜占庭教会不愿意承认保加利亚教会完全独立。他希望保持自己指导保加利亚教会之精神统治的权力,他担心他的王国会成为拜占庭帝国政治上的附庸。鲍里斯决定与罗马教廷形成教会的同盟。他派出了使者去见教宗尼古拉一世,请他派拉丁传教士到保加利亚去。教宗非常乐意满足鲍里斯的请求。于是,拉丁教会的主教们和传教士们迅速来到保加利亚,而希腊教士则被驱逐出去。但是,教宗的胜利是短暂的,因为保加利亚很快再次转向希腊教会,这是在后来,即在马其顿王朝时期[⑮]才发生的事。

鲍里斯在宗教上动摇不定之时,正是君士坦丁堡与罗马教会的关系十分紧张时期,但是,这一时期基督教会没有发生公开的分裂。鲍里斯向希腊的教士或拉丁教士提出的请求并不标志着他想皈依正教或大公教会。从理论上说,这一时期的教会仍然是一个统一的普世教会。

[⑮] 关于保加利亚皈依基督教的最新论述,见 F.德沃尔尼克(F.Dvornik)《9世纪的斯拉夫人、拜占庭及罗马》(*Les Slaves, Byzance et Rome au IXe siècle*),184—195;V.兹拉塔尔斯基:《中世纪保加利亚国家史》,I(2),31—152。S.任西曼:《第一保加利亚帝国》,104(在涉及865年9月的事件时,提到了兹拉塔尔斯基的著作)。A.瓦伊兰特(Vaillant)和 M.拉斯卡利斯(Lascaris):"关于保加利亚人接受基督教的日期的讨论"("La Date de la conversion des Bulgares"),《斯拉夫研究杂志》(*Revue des études slaves*),8(1933),13(864年)。Th.I.乌斯宾斯基:《拜占庭帝国史》,II,451—479,该书强调,保加利亚人皈依基督教是在865年。

破坏圣像运动的第二阶段及正教的恢复。9世纪基督教会的分裂

802年到867年,最初统治拜占庭的皇帝们并没有在政治上实行破坏圣像的政策,而且,伊琳娜女皇所恢复的对圣像的崇拜活动,几乎是在逐渐加强,也没有成为新的攻击目标。尼斯福鲁斯实行的是宗教宽容政策,同时加之以世俗权力对教会的控制。尽管他承认尼西亚会议的决议(尼西亚信经)和圣像崇拜者的胜利,但他并不是圣像崇拜者的热情追随者。对于那些狂热的圣像崇拜者来说,尼斯福鲁斯的宗教宽容政策几乎就像异端那样坏。很可能,这时候宗教问题并没有怎么引起皇帝注意。它们只在涉及国家事务时才引起关注。但是在尼斯福鲁斯时期,特别是在德高望重的牧首塔拉修斯被新任牧首尼斯福鲁斯所替代之后,修道院制度经历了一个相当忧虑的阶段,因为新任牧首是皇帝从俗人当中按照自己的意志直接提拔起来的。这一选择受到了著名的斯图迪昂(Studion)的狄奥多勒和他的追随者斯图迪昂派(Studites)的反对,但这些反对者后来被判流刑。

迈克尔一世朗伽巴在位称帝只有一段很短的时间(811—813年)并不断受到大牧首和修士们影响。他是教会的一个顺从的儿子和教会利益的保护者。在其统治时期,狄奥多勒和斯图迪昂派的成员们被从流放地赦召回来。

伊琳娜恢复圣像崇拜之后,已历经了四分之一世纪,破坏圣像运动仍然在小亚的东方各行省和军队各级官兵中间保有其活力。813年,一个出生于亚美尼亚的军事首领利奥承袭了皇位。在其

第五章 破坏圣像时代(717—867年)

前辈皇帝们统治时期,利奥身为一个天才的将军掌控着极大的权力,而且,他小心地隐藏自己反对崇拜圣像的观点;但是,当他废黜了迈克尔一世朗伽巴,自己坐稳了皇帝的宝座后,就开始公开推行自己的破坏圣像政策。有一份资料提到了这位皇帝说过这样的话:"你们看,所有那些接受圣像崇拜的皇帝不是死于流放地就是死于战场上。只有那些并不崇拜圣像的人能够在他们的皇位上享尽天年。这些皇帝享有很高的荣誉,并安葬在使徒教堂的寝灵内。我要仿效他们的榜样而破坏偶像,如是,在我百年以后及我的儿子死后,我们的家族仍能长治久安,至第四代第五代。"[149]

利奥五世的破坏圣像政策受到了牧首尼斯福鲁斯的强烈反对,他后来被皇帝撤职。君士坦丁堡牧首之职则落于完全同意利奥五世破坏圣像宗教政策的狄奥多图斯(Theodotus)身上。815年,第二次反对偶像崇拜的宗教会议在君士坦丁堡的圣索菲亚大教堂召开。这次会议通过的决议在恢复偶像崇拜之后被毁坏了,但是它的声明却保留在大牧首尼斯福鲁斯的辩护词中,后来公开出版。[150]

这次会议"在确立和肯定了神所认可的圣父们的教诲,并与六次神圣的基督教主教全体会议精神相一致的前提下,摒弃了传统所不认可的制造和装饰崇拜偶像的无益行为,而更注重在精神和真埋方面的崇拜"。该决议进一步指出,由于政权由男性转入女性

---

[149] 《莱昂·巴尔达斯之子的匿名作者手稿》("Scriptor incertus de Leone Bardae filio"),波恩版,349。

[150] 关于这次会议,见奥斯特洛戈尔斯基《对拜占庭破坏圣像历史的研究》,46—60。

（伊琳娜）之手，"女性统治者愚蠢地"恢复了对"死人"和"无生命的偶像"的崇拜及燃烛焚香之举。会议禁止未经授权而制作或绘制加特力教会*的签有假名的偶像，否认大主教塔拉希乌斯（Tarasius）所承认的对圣像的崇拜，亦斥责在圣像前点灯燃烛焚香的行为。这一声明从本质上是754年破坏圣像会议的基本思想的重复，754年的决议得到了肯定。这次会议规定要禁止崇拜圣像也没有必要继续生产偶像。由于这次宗教会"避免称圣像为偶像，因为这是有罪的"⑱，因此人们认为这次会议比第一次破坏圣像会议更温和。但是，最近又有人提出这样的观点，认为第二次破坏圣像运动，尤其在利奥五世和塞奥菲卢斯统治时期的这一运动，并不比利奥三世和君士坦丁五世统治时期更温和、更宽容，"只是在精神上更为贫乏"⑲。

破坏圣像第二时期的皇帝们——亚美尼亚人利奥五世，口吃者（斯塔梅尔[Stammerer]）迈克尔二世和塞奥菲卢斯施行的宗教政策，与破坏圣像第一时期全然不同。破坏圣像第二时期的斗争只持续了大约三十年（815—843年），从时间上看，与长达五十年的破坏圣像第一时期的斗争相比要短得多。破坏圣像第一时期的斗争是在圣像崇拜者毫无警觉的情况下发生的，因此他们没有充分地组织起来，也没有做好进行斗争的准备。但是，破坏圣像者的

---

* 指西派罗马教会。——译者

⑱ M.D.塞吕斯（M.D.Serruys）："815年的破坏圣像会议决议"（"Les actes du Concile Iconoclaste de l'an 815"），《考古学及历史学文集》（*Mélagnes d'archéologire et d'histoire*），XXIII（1903），348—349。奥斯特洛戈尔斯基的较近期的更好的著作：《对拜占庭破坏圣像历史的研究》，48—51。

⑲ 奥斯特洛戈尔斯基：《对拜占庭破坏圣像历史的研究》，56。

极端措施迫使这些圣像崇拜者团结起来,坚定了他们的信仰,改进了斗争方法,集中了他们的教义理论和反驳对方的资料。因此,破坏圣像的第二时期,圣像破坏者受到比他们的前辈们更为强有力的抵抗。斗争对于他们来说更为困难。来自斯图迪恩修道院院长狄奥多勒和他的追随者斯图迪恩派的反抗尤其激烈,他们是坚定的圣像崇拜的维护者,在民众中有极大的影响。此外,狄奥多勒公开写文章发表演说,反对皇权干预教会事务,维护教会独立和信教自由的原则。皇帝为狄奥多勒的行为所激怒,将他流放至偏远之地,并惩治他的追随者。

根据现存的资料(这些资料无一例外地对破坏圣像者抱有敌意),在利奥五世时期,对圣像的破坏和崇拜圣像者的迫害十分严厉。资料中,将这一时期被迫害的人称为殉道者。另一方面,即使是利奥五世的最激烈的反对者也不得不承认,他在保卫帝国方面是卓有成效和工于心计的,在实行政治统治时也是非常英明的。据一位历史学家,被利奥五世罢免职位的牧首尼斯福鲁斯所说:"在利奥五世死后,罗马人的帝国失去了一个非常伟大的统治者,尽管他对上帝并不虔诚。"[60]其他时代的人称利奥是"令人生畏的蛇",称他的统治时期相当于"严冬和浓雾"。[61]

对于利奥的继承者迈克尔二世持何种宗教观点,学者们意见不一。一些历史学家认为他是中庸和顺其自然的,是一位"遵循宽

---

[60] 吉尼西乌斯(Genesius):《权力》(Regna),波恩版,17—18;亦见狄奥凡尼续作者《历史》,波恩版,30。
[61] 见 A.多布罗克龙斯基(A.Dobroklonsky)《神佑的斯图迪恩修道院院长,忏悔者狄奥多勒》(Blessed Theodore the Confessor and Abbot of Studion),I,850。

容道路和宣布信仰自由的伟大原则的"[162]人,另一些人称他为"虔信的破坏圣像者,尽管不那么狂热","他坚定地支持利奥的破坏圣像改革,因为这些政策与他个人的信仰一致,同时他又拒绝进一步迫害圣像崇拜者"[163]。还有一个近期的研究者认为,迈克尔的"政治方案含有试图调和所有的宗教纠纷的意向,甚至也包括了对宗教争议的问题保持强制性的沉默和对争论的双方采取宽容态度"[164]。

然而,尽管迈克尔有着破坏圣像的倾向,但他并没有进一步发动对圣像崇拜者的迫害活动。但是,当后来成为君士坦丁堡牧首的美多德向这位皇帝提交了罗马教宗的信,要求他恢复对圣像的崇拜时,美多德却受到了残酷的惩罚,被监禁在一座坟墓里。与利奥五世在世时相比,同时代的人们这样来形容迈克尔二世的统治,像"烈火已经熄灭,但还有余烬在冒烟","像缓慢爬行的蛇,这些异端者活动的尾巴还没有被斩断,仍然在蠕动","冬天已经过去,但是真正的春天还没有到来"等。[165] 著名的圣像和正统教义的保护者、斯图迪昂的狄奥多勒,就死于迈克尔统治时期。

迈克尔二世的继承者,即最后一位破坏圣像的皇帝塞奥菲卢斯,是一位十分精通神学理论的人,他特别因其热情崇拜圣母玛利亚和圣徒而闻名,他也是一些教会颂歌的作者。历史上对塞奥菲

---

[162] 格尔泽:《拜占庭帝国史概要》,967;施瓦尔茨罗斯(Schwarzlose):《温和的斗士》(Der Bilderstreit),72;特尔诺夫斯基(Ternovsku):《希腊东方教会》(The Graeco-Eastern Church),487。

[163] N.格罗苏(N.Grossu):《神佑的斯图迪恩的狄奥多勒》(The Blessed Theodore of Studion),151。

[164] 多布罗克龙斯基:《神佑的斯图迪恩修道院院长,忏悔者狄奥多勒》,I,849。

[165] 多布罗克龙斯基:《神佑的斯图迪恩修道院院长,忏悔者狄奥多勒》,850。

卢斯的评价是十分矛盾的,有人对他苛刻指责,也有人对他讴歌颂扬。对于破坏圣像者来说,塞奥菲卢斯的统治时期是破坏圣像运动第二阶段中最艰苦的时期。在破坏圣像事务方面,塞奥菲卢斯的主要顾问和运动的领导者是"语法学家"约翰(John the Grammarian),后来的君士坦丁堡牧首。他是当时最有学问的人,同中世纪其他有学问的人一样,他被指责为巫师和施妖术者。这一时期,修士们(其中许多人是绘制圣像者)受到了残酷的镇压。例如,一位绘制圣像者、修士拉扎路斯(Lazarus)的手掌被烧红的铁块灼伤;而狂热保护圣像的两兄弟狄奥凡尼和狄奥多勒则受了鞭刑,前额上被烙了侮辱性的希腊诗句,这些诗句是塞奥菲卢斯皇帝自己专为惩治圣像崇拜者所写的,从此这两兄弟就被称为"受烙刑者"(graptoi)。

但是,历史学家们只要以更带批判性的态度研究塞奥菲卢斯时期的史料记载,他们可能就会改变以往的看法,不再将塞奥菲卢斯统治时期视为迫害维护圣像者最严酷的时期。能够说明这一时期迫害活动之残酷的史料极少。柏里认为,塞奥菲卢斯的宗教迫害活动没有超出一定的地域范围,因为皇帝只坚持在首都和其近郊实行破坏圣像的政策。柏里还认为,在整个破坏圣像运动的第二时期,对圣像的崇拜活动在希腊和小亚细亚的诸海岛和沿岸地区仍然十分繁荣。但这一事实还没有被历史学家们所普遍接受。英国学者也相信,皇帝只在极少数的案例中实行了极端严厉的刑罚。⑯ 对于破坏圣像第二时期进行正确的历史评价还有待于学者

---

⑯ 柏里:《东罗马帝国史》,III,140—141。

们做进一步的工作。

　　塞奥菲卢斯之妻狄奥多拉是一个狂热的圣像崇拜者,而她的丈夫也早已知道她的宗教倾向。当塞奥菲卢斯于842年去世后,由于她的儿子迈克尔尚幼,狄奥多拉遂成为帝国的正式统治者,她所面对的首要问题就是恢复对圣像的崇拜。圣像破坏者的对抗并不像在第一个恢复圣像崇拜的皇帝伊琳娜时期那样强烈,因为狄奥多拉仅用了一年多一点的时间就召开了一个宗教会议来宣布她的宗教主张,而伊琳娜则用了七年时间才完成这一使命。君士坦丁堡牧首"语法学家"约翰被免职,君士坦丁堡教区的权力被授予美多德,他在迈克尔当政时曾经饱受迫害。狄奥多拉召集的这次宗教会议决议并没有被保存下来,但是其他一些资料表明,这次会议重申了尼西亚会议的决议,恢复了圣像崇拜。当这个会议结束了其使命后,人们在843年3月11日,即大斋日*的第一个星期天于圣索菲亚大教堂举行了隆重的礼拜仪式。这一节日至今仍是希腊正教的重要节日。而直到最近不久,人们通常仍认为恢复圣像崇拜的确切日期是842年。⑯

　　在近东,破坏圣像运动第二时期的结束是以9世纪的三位东方主教,即以亚历山大的克里斯托弗(Christopher)、安条克的乔

　　＊ 大斋日,即复活节前40天的礼拜日,这一天人们举行宗教仪式和狂欢活动,随后即进入斋期。——译者

　　⑯ 见C.德博尔:"罗斯人对拜占庭的进攻"("Der Angriff der Rhosauf Byzanz"),《拜占庭杂志》(德文),IV(1895),449—453。瓦西列夫:《拜占庭与阿拉伯人》,附录,142—146;法文版,418—421(关于恢复正统信仰的时间问题)。根据一些较可靠的资料,C.鲁帕勒夫(Loparev)强调,正统信仰的恢复并不是在843年3月11日,而是在这一年的4月11日:"可视为拜占庭历史资料的8、9世纪的圣徒传记"("Hagiography of the Eighth and Ninth Centuries"),《拜占庭杂志》,II(1916),172页注1。

布(Job)和耶路撒冷的瓦西里的名义所联合发表的声明为标志的，该声明宣布要保护圣像。

简言之，破坏圣像者主要从宫廷要人和军队（包括军队中的将领们）中间获得支持，这些将领有些人成功地获得了君临天下的高位，如利奥三世、利奥五世和迈克尔二世等。一些学者认为军队中反对崇拜圣像的倾向应归因于大多数士兵都是从东方民族中间征集的，其中主要是亚美尼亚人，他们被政府大量迁移到帝国西方的行省，特别是色雷斯省。因此，大部分军队士兵都是出于信仰破坏圣像者。据一位学者说："正教的崇拜方式被东方的士兵们视为'异类'，他们认为用任何暴力手段来对付他们称之为'偶像崇拜者'的那些人都是正义的。"⑱至于宫廷官员和高级教士，可以说他们并不是在追随自己的信仰，而是被恐惧和野心所驱使。君士坦丁堡的民众和绝大多数教士则热衷于圣像崇拜。破坏圣像派的皇帝们都是天才的勇士、明智的行政管理者及对阿拉伯人和保加利亚人作战的胜利者，其中一些人还被认为是拯救了基督教世界，保护了西方文明的英雄；但是他们破坏圣像并不是出于政治上的目标和野心，而实实在在是为了信仰。推动他们实行破坏圣像的宗教手段的动力在于：他们坚信自己是在从事改革教会和净化基督教的事业。但这些皇帝的宗教改革活动有时甚至阻碍了他们去实现其英明的政治目标。对圣像崇拜者的斗争引起了国内的动乱，削弱了帝国的政治实力。它也导致了与西方教会的不和，使意大利逐渐从帝国分离出去。只是在对待修道士和修道院的政策问题

---

⑱ 布莱耶尔：《关于圣像崇拜之争》(*La Querelle des images*)，40。

上，可以认为，破坏圣像的皇帝们带有政治目的。在神学上，我们很难对破坏圣像的理论进行细致的评价，因为几乎所有关于论述破坏圣像之理论根据的文件都被圣像崇拜者销毁了。即使在破坏圣像者当中，也有温和派和激进派之区别。圣像画被看作具有两种潜在危险的因素，一是有回到异教崇拜的危险，二是有回到历次宗教会议所批判的某种异端信仰上的危险。在谈及破坏圣像运动第二时期时，有必要强调，虽然8世纪伊苏里亚朝的皇帝们在破坏圣像第一时期受到了东方小亚细亚各行省人民的支持，但在9世纪则不同了。在破坏圣像运动的第二时期，"破坏圣像思想的狂热性显然被削弱了，这个运动在精神上已经枯竭了"⑩。

崇拜圣像派主要包括西部各省（包括意大利和希腊）的普通民众、所有的修道士和大部分教士、君士坦丁堡的大部分居民（虽然有时由于外部压力他们也假装支持圣像破坏活动），最后是帝国其他一些地区，诸如爱琴海诸岛、小亚细亚沿岸各行省的民众。崇拜圣像者的神学理论，是以圣经为基础，由大马士革的约翰和斯图迪恩的狄奥多勒所发展起来的。他们认为，圣像不仅是启蒙民众的手段，而且他们相信，由于圣像保存着它们所代表的圣者（基督、圣母和众圣徒）的神性和美德，因而具有了神奇的力量。

破坏圣像运动在这一时期的艺术生活中留下了深刻的烙印。大量美轮美奂的不朽艺术作品，如镶嵌画、壁画、雕像和袖珍画在反对偶像的斗争中被毁灭。装饰得丰富多彩的教堂墙壁不是被人

---

⑩ Th.乌斯宾斯基：《拜占庭帝国史》，II(1)，358。奥斯特洛戈尔斯基：《拜占庭国家史》，53、59。

们用灰泥覆盖，就是被重新装饰。N.P.康达可夫写道："简言之，首都的教会生活被迫面对着抗议者的艺术荒漠，它们迟早会取代拜占庭的所有艺术生活……大批有教养的、富有的人举家迁徙至意大利；成千上万的修士和苦行者在南意大利、小亚细亚和卡帕多细亚建立了许许多多的洞穴和隐修所，这种情况被希腊画家们用画记载下来。因此，只有到拜占庭帝国的外围，到小亚细亚或南部及中部意大利，才可能找到8、9世纪的希腊绘画艺术和雕像艺术的遗迹。"⑩但是，在破坏那些描绘基督、玛利亚和圣徒的画像的同时，破坏圣像者选择了新的主题来创造一种新的艺术形式。他们采用新的装饰技术，描绘世俗的景象，如狩猎图、竞技场图、树木、飞禽走兽等，一些巧夺天工的象牙、珐琅类艺术品和一些重要的袖珍画都从破坏圣像运动时代保留下来。总之，破坏圣像者的艺术倾向被艺术史学者视为是回到了亚历山大时期的古典传统，而且有非常明显的写实主义及研究自然的倾向。⑪破坏圣像时期的一个重要后果，是圣者的雕塑艺术品或圣者的神性故事在东方教会消失了。这既不是教会也不是国家正式加以禁止，而是自然而然地消失的。一些历史学家将这种情况看成是破坏圣像者对极端的圣像崇拜者的部分胜利。⑫

　　破坏圣像运动的影响也见于拜占庭的货币和印章中。一种全新的货币和印章模式在破坏圣像思想的影响下于8世纪出现了。这些新的货币和印章上不再印制耶稣基督、圣母玛利亚及圣徒的

---

⑩ 《对圣母玛利亚肖像的研究》(*Iconography of the holy Virgin*)，II，5。
⑪ 见夏尔·迪尔《拜占庭艺术手册》，340；(第2版，1925年)，I，366。
⑫ 柏里：《东罗马帝国史》，III，430。

头像，而只有题铭；有的时候则印制十字架形象或十字形交叉的文字。大体上说，硬币上的图案几乎完全印制十字形和皇室家族人物的形象。人物肖像的绘制模式并不比以前的圣像好多少，而是完全因袭旧例。⑬ 后来，当圣像崇拜恢复时，耶稣基督、圣母玛利亚和圣徒的图形又出现在货币和印章上。

　　破坏圣像运动促使意大利和教宗脱离了拜占庭帝国，也构成9世纪基督教会最后分裂的主要原因之一。公元800年，查理大帝的加冕致使教宗与拜占庭帝国之间形成了更深的鸿沟。基督教会最后的分裂发生于9世纪后半期迈克尔三世在位时，即当君士坦丁堡发生著名的佛提乌和伊格纳修斯（Ignatius）事件之后。

　　伊格纳修斯担任君士坦丁堡牧首期间，对圣像崇拜的热情保护是广为人知的。他被废黜后，牧首一职被授予当时的大学者、世俗人士佛提乌。于是，在拜占庭帝国形成了两个对立的派别，一派拥护佛提乌，一派拥护不肯自动放弃牧首头衔的伊格纳修斯。两派不停地相互指责，引发了激烈的争论，最后迫使迈克尔三世召开了一次宗教会议。站在伊格纳修斯一边的罗马教宗尼古拉一世也受到邀请，但他只派出他的一个使者赴会。然而，他派出的使者经不起威胁利诱，遂违背教宗意愿，批准了对伊格纳修斯的罢免并任命佛提乌接任君士坦丁堡牧首。为了抵制这一决定，教宗尼古拉一世在罗马召开了宗教会议，强烈谴责佛提乌，宣布恢复伊格纳修

---

⑬ 见 W.罗思（W.Wroth）:《不列颠博物馆所藏拜占庭货币目录》，I, xciii；O.M.多尔顿:《东方基督教的艺术》（East Christian Art），224。

斯的职务。迈克尔对罗马宗教会议的公告并不在意,而是激烈地对教皇声明,君士坦丁堡的教会不承认罗马教宗所声称对普世基督教会的领导地位。这件事恰恰发生在保加利亚国王鲍里斯皈依基督教的时期。如前所述,在这一事件上,君士坦丁堡教会与罗马教会发生了激烈的争吵。867年(迈克尔去世那一年),君士坦丁堡召集了另一个宗教会议,在这次会议上,主教们批判并强烈谴责了罗马教宗在因循"异端"教义,因为他在基督教信仰告白中加上了"与圣子"*的句子;同时,他们也批评了罗马教宗错误地干预君士坦丁堡教会事务。于是,罗马教宗和君士坦丁堡牧首开始互相革除教籍,教会出现了分裂。随着迈克尔三世死去,事情发生了变化。新任皇帝瓦西里一世在其上台伊始,即废黜了佛提乌的教职,请回伊格纳修斯重新担任君士坦丁堡牧首。⑩

文献、学术和艺术

如破坏圣像运动这样深刻、复杂和激烈的运动,必定导致广泛的文学创作活动。然而,不幸的是,破坏圣像者的文学作品几乎完全被获胜的圣像崇拜者毁掉。今天我们所知道的只是零星地保存

---

* 这是基督教天主教会与东正教会分歧的一个重要问题。在东正教信仰者中,人们严格按照尼西亚信经和卡尔西顿信经的原则,强调圣二位 体中的圣灵"来自圣父",而在天主教中,后来因强调基督耶稣的首生地位,而将此句改为"来自圣父和圣子"。虽然,后来东正教会对这一原则表示了妥协,但它却构成基督教会于1054年正式分裂时的一个重要的教义方面的原因。——译者

⑩ 关于佛提乌,见弗朗西斯·德沃尔尼克(Francis Dvornik)的纪念文集《佛提乌分裂,历史和传说》(*The Photian Schism, History and Legend*)(剑桥大学出版社,1948年)。

在反对破坏圣像者的著作中,他们所引证的内容是出于反驳的目的。因此,可以说,所有幸存的破坏圣像时期的文学著作,实际上只代表崇拜圣像者一派的观点。

如之前希拉克略王朝一样,破坏圣像时期虽有编年史家留下的大量著作,但却没有哪位历史学家能够留下有助于后人正确理解这些编年史及其有关资料,并对破坏圣像时期的历史进行研究的具有较高价值的历史著作。死于9世纪早期的乔治·辛塞鲁斯(George Syncellus)⑬,曾写了一部上溯至创世时代至戴克里先统治时期(284年)的编年史,这部书是他在修道院中完成的。但这部书并没有留下任何关于破坏圣像时代的事件的记载,因为这位作者并没有描述当代的事件。不过,由于它对一些早期希腊编年史(他以这些编年史为基本史料)中问题的评介,此书仍具有特别的价值。

乔治·辛塞鲁斯的朋友、忏悔者狄奥凡尼仿照乔治·辛塞鲁斯的模式,于9世纪早期续写了乔治的编年史。作为一位编年史学家,狄奥凡尼对后世各时期的文学有着巨大的影响。他在破坏圣像的第二个时期,是破坏圣像者的激烈反对者。因此受到当朝皇帝、亚美尼亚人利奥五世的审讯。被监禁了一个时期之后,他被流放到爱琴海上的一个小岛上,817年逝于此地。狄奥凡尼的编年史始于乔治·辛塞鲁斯编年史的结尾处,即自戴克里先统治时期开始,一直写到迈克尔一世朗伽巴于813年去世为止。尽管狄

---

⑬ 辛塞鲁斯(Sycellus)是拜占庭帝国内授予极有名望的修士的尊号,其原意为"与静室为伴者"。

奥凡尼在分析历史事件和人物方面十分清楚地表达了正教的观点，而且在叙述有关史实方面往往带有偏见；但他的著作仍然有较高的价值，这不仅是由于它收录了更早时期的资料（其中一些资料今已失传），而且，作为破坏圣像运动时期的同时代人，它比其他任何拜占庭的编年史都更多地记载了这一时期的事件。狄奥凡尼的著作成为后来编年史家们最喜欢采用的资料。他的这一著作于9世纪下半期由罗马教皇的图书管理员阿那斯塔修斯翻译成拉丁文，其在西方对于中世纪编年史家的价值，与它在东方对于希腊编年史家的价值是等同的。⑮

这一时期的另一位重要作家是9世纪早期的君士坦丁堡牧首尼斯福鲁斯。他由于在亚美尼亚人利奥五世统治时期大胆地反对破坏圣像，而遭到免职和放逐。尼斯福鲁斯坚定地相信，崇拜圣像者的观点是正确的，因此在他的神学著作（其中有些仍未出版）中，极力为圣像崇拜者辩护。他反驳圣像破坏者的观点主要集中于他的三篇反驳文章"驳渎神的马蒙（这里他指的是君士坦丁五世）反圣灵化体说的无知的反上帝的谬论邪说"中。⑯ 从历史的观点来看，他的《简史》（叙述了自602年莫里斯皇帝去世后至769年期间的历史）是相当有价值的。尽管尼斯福鲁斯在写这部著作时尽量运用通俗的叙述方法，以能适合更广泛的读者群，因而使之不免带有布道词的特点，但它仍不失为一部重要的资料书，因为它叙述了

---

⑮ 关于辛塞鲁斯，见 G.奥斯特洛戈尔斯基的"狄奥凡尼"一文，见《古代科学文化知识百科全书》(*Real-Encyclopädie der Classischen Altertumswissenschaft*)，A.F.保利，(A.F.Pauly)、G.威索瓦(G.Wissowa)编，II(1934)，2127—2132。

⑯ 见米涅《希腊教父文献全集》，C，205以下。

不少关于这一时期政治和宗教史的重要事件。该《简史》与狄奥凡尼著作的惊人雷同之处说明这两位作者都运用了相同的资料。⑰

最后,另一位反对破坏圣像运动的坚定斗士、修士乔治·哈马托鲁斯(George Hamartolus)也留下了一部世界编年史,其记载的时间上溯至亚当时期,下至842年皇帝塞奥菲卢斯之死,即圣像崇拜的最后胜利。这一著作对于这一时期的文化史特别有意义,因为它涉及当时拜占庭修道院中占主导地位的许多问题的争论,包括修道院生活的本质、破坏圣像的异端邪说的传播,以及阿拉伯伊斯兰教信仰的传播等。它也生动地描述了9世纪拜占庭修道院生活所提倡的价值观和追求目标。哈马托鲁斯的编年史成为后来拜占庭世界史的内容排序的依据,对于斯拉夫人,尤其是俄罗斯的早期文献记载产生了巨大的影响。可以说,俄罗斯编年史的产生与哈马托鲁斯的著作有着极其密切的关系。有一部哈马托鲁斯编年史的古斯拉夫-俄罗斯文译本的手稿中有127幅微型画,这些画至今还没有得到深入的研究和评价,但它们无疑对于研究13世纪俄罗斯和拜占庭艺术史有着极其重要的意义。这一手稿是流传至今的哈马托鲁斯编年史的唯一插图抄本。⑱除了另一位记述了亚美尼亚的利奥五世皇帝统治时期的匿名作者外,乔治·哈马

---

⑰ R.布赖克(R. Blake):"论君士坦丁堡牧首尼斯福鲁斯一世的文学生涯"("Note sur l'activité littéraire de Nicephore Ier, patriarche de Constantinople"),《拜占庭》(布鲁塞尔),XIV(1939),1—15。

⑱ 阿伊那洛夫:"乔治·哈马托鲁斯的编年史"("La Chronique de George Hamartolus"),《第二届国际拜占庭研究会文集》(Compte-rendu du deuxième Congrès international des études byzantines)(1927),127—133。

托鲁斯是记载了自813年到842年当代事件的唯一编年史作者。[129] 他从一个修道士的狭隘观点出发,主要根据同时代人的口头传说和自己的观察来记载这一时期的历史。哈马托鲁斯的手稿原文在后来的几个世纪中多次被修改和补充,因此,传下来的手稿文字十分复杂混乱,乃至于该著作中哪些内容是可靠的原始记载竟成为拜占庭比较语言学研究中最为困难的问题之一。只是到了20世纪早期,才出版了哈马托鲁斯的希腊文著作的点校版。[130] 最近,出版了一部哈马托鲁斯著作的古斯拉夫-俄罗斯语译本的点校本,并附之以这部编年史的希腊文手稿续篇,该续篇构成了斯拉夫文译本的基础。[131]

破坏圣像者的文献几乎全部被取胜的圣像崇拜者破坏殆尽;但是,关于754年破坏圣像会议的部分详细敕令却被保留在第七次基督教全体主教公会议的决议中。由君士坦丁五世科普罗尼姆斯所写的一部反对圣像崇拜的巨著之残篇也被保留在君士坦丁堡教长尼斯福鲁斯的三篇驳斥文章中。君士坦丁五世还是其他一些文献资料的作者。[132] 他曾下令依据《圣经》和早期教父们的著作,

---

[129] 关于这方面的一部重要的同时代著作,见 H.格雷古瓦《新发现的亚美尼亚的利奥时期一位匿名作者的手稿》("Un nouveau fragment du Scriptor incertus de leone Armenio")一文,《拜占庭》(布鲁塞尔),XI(1936),417—428。格雷古瓦认为,"拜占庭编年史的新发现手稿的作者;'亚美尼亚的利奥时期的匿名作者'是马拉拉斯著作的最后一个续作者",见《比利时皇家学会分类文献通报》,XXII(1936),420—436。

[130] 修道士乔治:《编年史》,C.德博尔编。

[131] V.M.伊斯特林(V.M.Istrin):《乔治·哈马托鲁斯编年史的古斯拉夫-罗斯文版本》(*The Chronicle of George Hamartolus in Its Old Sloueno-Russian Version*)。

[132] 见奥斯特洛戈尔斯基:《对拜占庭破坏圣像历史的研究》,7—14。

撰写一部有助于圣像破坏者的综合著作，而且在754年的全基督教主教公会议上，也提出了一项同样的任务；但这两部著作都没有能流传下来。一些破坏圣像者的诗作则被收留于斯图迪恩的狄奥多勒的作品中。第七次全基督教主教公会议宣布，所有的破坏圣像者的文学作品都应该销毁，而且其决议的第九款这样说："所有那些直接反对崇拜圣像的幼稚的剧本、疯狂的讽刺文章及谬误百出的作品，以及所有其他异端的著作，都得上交给君士坦丁堡牧首。任何人如果私藏这类作品，如果他是主教、司祭或助祭，都应被免职；如果他是修士或居士，将被开除教籍。"[13]

关于保护圣像崇拜的文献资料卷帙浩繁，对后来的一位作者的著作产生了深刻的影响，这个人一生都在已经不属于拜占庭的领地上度过，他就是大马士革的约翰（John Damascene）。他是叙利亚人，当时叙利亚处于阿拉伯人的统治下。约翰是大马士革哈里发的廷臣，大约于750年死于著名的巴勒斯坦圣萨瓦斯（St.Sabas）修道院中。约翰在教义学、辩论术、历史、哲学、讲演和诗歌方面都留下了大量著作。他的主要著作是《知识的源泉》（The Source of Knowledge），该书第三部分为"正教教义阐释"，试图系统阐述基督教信仰和基督教教义学的主要原则。通过这一阐述，约翰为圣像崇拜者提供了与其对手进行斗争的强有力的理论武器，而在破坏圣像运动的早期，这些人却没有能掌握它。后来，在13世纪，这部著作被西方教会的著名教父托马斯·阿奎那用来作

---

[13] 曼西：《新编圣公会议文集》，XIII，430。

为他写作《神学大全》的范本。在大马士革的约翰所写的辩论文中，我们必须注意他所写的三篇"驳蔑视圣像者"的论文，作者坚定大胆地在这三篇论文中为圣像崇拜行为辩护。在基督教会文学方面，约翰还特别因其创作的圣诗而誉满天下，尽管他的这些赞美诗与前代的赞美诗作者罗曼努斯（Romanus the Hymnwriter）的诗作相比，在形式上更为复杂；但就这些诗的深刻表现力和包含的深刻教义来说，是基督教会最好的圣歌。约翰也写了许多华丽的布道词，用于庆祝基督教的诸多重大节日，如纪念圣父、圣母玛利亚，或纪念先知、使徒及殉道者们的节日。他所写的用于复活节弥撒礼的布道词特别庄严，歌词表达了在基督耶稣战胜了死亡和地狱时，其信徒们无比喜悦的心情。在约翰的笔下，教会圣歌达到了至高至美的顶峰。在他之后，拜占庭的教会诗歌创作领域便再也没有出现过著名人物。⑱

大马士革的约翰的名字也与一部传奇作品《巴尔拉姆和约瑟法特》（*Barlaam and Josaphat*）密切相关，它在整个中世纪都是操各种民族语言的民众所喜爱的作品。毫无疑问，这部传奇故事取材于著名的佛本生故事。它极有可能是东方的基督教徒借来为自己所用的佛陀之生活故事的翻版；其作者本人说，这个故事是他从印度得知的。在整个中世纪，直到近代，人们几乎完全一致地将其归于大马士革的约翰的作品；但是，到1886年，法国东方学家 H.

---

⑱ M.朱吉（M. Jugie）："大马士革的圣约翰的生活"（"La vie de S. Jean Damascène"，《东方之声》，XXIII(1924)，137—161。O.巴登维尔（Bardenhewer）：《古代教会文献史》（*Geschichte der altkirchlichen Literatur*），V，51—65。

索腾伯格（H.Zotenberg）却举出了一些证据说明约翰并非该书的作者，许多学者也接受了他的结论。[15] 但是，近年来，研究这方面问题的学者却对此有所怀疑，有些倾向于旧时的观点。所以，当一位学者在写作1910年版的《大公教会百科全书》中涉及大马士革的约翰的词条时，强调《巴尔拉姆和约瑟法特》毫无疑问应该是约翰所写[16]，最近，一些编译这部著作的作者认为，大马士革的圣约翰的名字仍然有权出现在他们所出版的这部著作的扉页上。[17]

破坏圣像的第二个时期是以著名的圣像崇拜拥护者斯图迪恩的狄奥多勒的活动为标志的。他是著名的君士坦丁堡修道院的住持，该修道院于君士坦丁五世时期衰落，但在狄奥多勒任住持时期复兴。在他的管理下，实行了一部新的、以集体生活（cenoby）为基础的修道院法规；修道院建立的一座学校满足了修士们对于文化生活的需求。这些修士必须受到读、写、誊抄手稿的训练，必须学习圣经和教父们的著作，学习写作赞美诗，并在举行礼拜时吟唱这些赞美诗。

作为生活在破坏圣像这一激烈动荡时期的伟大教父和社会工作者，狄奥多勒在文学的不同分支学科表现了杰出才能。他的教义学著作意在发展关于圣像和圣像崇拜的基本论点。他的大量布道词被编入所谓《小教义问答手册》和《大教义问答手册》(Small

---

[15] 克伦巴赫：《拜占庭文献史》，886—890。

[16] J.B.奥克内尔（J.B.O'Conner）："大马士革的约翰"，《大公教会百科全书》，VIII，459—461。

[17] 大马士革的圣约翰：《巴尔拉姆和约瑟法特》，C.R.伍德沃德（C.R.Woodward）和H.马丁利（H.Mattingly）英译本，7。

and Large Catechisms)中,得到最广泛的传播。他还留下了许多警示格言、藏头诗*和圣歌等,但对于这些东西人们还无法进行深入的分析和研究,因为其中一些东西至今还没有出版,而另一些东西则出现于一些并不科学严谨的版本中(如俄文的礼拜书)。他收藏的大量的论及宗教教规和社会本质问题的书信,对于研究他那个时代的文化史有极其重要的意义。

破坏圣像第二时期的最后两位统治者在位时期文化上的代表是以拜占庭时期唯一的天才女诗人卡西娅(Kasia)的创造性活动为标志的。当塞奥菲卢斯决定结婚时,首都集中了来自各行省的佳丽听凭皇帝选择,卡西娅就在其中。按常规,皇帝应手持金苹果在佳人们的行列前走过,将这个金苹果送给他选定的新娘。他几乎就要把这个苹果送给卡西娅了,因为卡西娅比其他佳丽更能打动他的心,但是她在回答皇帝提问时表现得过于大胆,乃至皇帝改变了初衷,选择了狄奥多拉,即后来恢复正教崇拜的人。卡西娅后来则建了一所修道院,在此地度过了余生。卡西娅所留给教会的诗歌和赞美诗特别有新意而且特别生动活泼。克伦巴赫在专门研究了她的诗作之后,讲道:"她也是一位极其聪明,但又与众不同的女性,她将深邃的洞察力及对宗教的笃信态度与坦荡磊落的文风和对女性略带轻视态度的倾向融在了一起。"[18]

对圣像崇拜者的迫害行为,后来由于圣像崇拜者的胜利而成为人们引以为荣的事件,这为许多圣者的传记提供了丰富的资料

---

* 即诗行中的头一个词或最后一个词能重新组合成一首诗的文体。——译者
[18] 克伦巴赫:《拜占庭文献史》,716;亦见柏里:《东罗马帝国史》,81—83。

源,从而出现了拜占庭圣徒传记的辉煌时期。

阿莫里亚王朝时期,拜占庭帝国的高等教育领域有了长足的进步,在知识的各个分支学科也有了一些进步。在迈克尔三世统治时期,他的叔父恺撒巴尔达斯组建了君士坦丁堡高等学府。⑱这所高等学府就坐落在宫廷中;它的主修课程是异教时期即被纳入教学设置、后来被拜占庭和西欧的学校所接纳的七门课程。这七门课程通常被称为"七艺"(septem artes liberales),分为两大类:"三科"(trivium),即语法、修辞和逻辑;"四术"(quadrivium),即算术、几何、天文和音乐。这所学校里也学习哲学和古代文学作品。为了使所有的人都有机会接受教育,巴尔达斯宣布该校将实行免费入学;学校的教授由国库付给优厚的待遇。这一时期著名的学者佛提乌,就是巴尔达斯所建立的这所高等学校的教师。

该学校在后来的马其顿王朝统治时期,成为荟萃全帝国最有才智的优秀人才的核心。迈克尔三世时期结束其牧首任期的佛提乌,在9世纪后半期的知识和文学运动中成为中坚人物。他才华横溢,渴求知识并接受过优越的教育,后来则将其全部精力投入教育他人的事业中。他进行的教育是多方面的。他知识广博,不但表现在神学方面,而且包括了文法、哲学、自然科学、法学和医学。

---

⑱ 参见 F.福克斯《中世纪君士坦丁堡的高等学府》,18;福克斯认为巴尔达斯建立的学府是一种新型的学园。关于利奥三世烧毁了君士坦丁堡大学及大学图书馆和大学里的教授们的传说,仅仅是后人的杜撰。见布莱耶尔"君士坦丁堡的高等教育历史探索"("Notes sur l'histoire de l'enseignement supérieur à Constantinople"),《拜占庭》(布鲁塞尔),IV(1929),13—28;III(1927),74—75。福克斯:《中世纪君士坦丁堡的高等学府》,9—11(参考书目)。

他将一些渴求丰富自己知识的人集中在自己身边。由于佛提乌特别专注于研究科学知识,因此同中世纪的其他热爱科学者一样,被指责为致力于研究"禁学"占星术和从事占卜。据说,他在少年时代就把自己卖给了犹太术士,[198]因此,柏里说:"这位牧首似乎是浮士德的先驱之一。[199]"作为他那个时代的最有学问的人,他不仅仅从事教育活动,而且用大量时间从事写作,留下了多种多样的丰富的文学遗产。

在佛提乌的作品中,当以《图书集成》(*Bibliotheca*,人们通常称其为《千卷书集》[*Myriobiblon* *])最为重要。该书的引子部分描述了特别有趣的场景:在佛提乌的家中,似乎有一个读书俱乐部,在这里,他所选定的一些朋友聚集在一起,阅读各种形式的文学作品,包括世俗的、宗教的、异教时期的及基督教时期的作品。佛提乌的丰富藏书随时供他的朋友们使用。为了满足朋友们的要求,佛提乌开始撰写他们已经读过的一些书的摘要。[200]在《图书集成》中,佛提乌摘录了许多作品中的精华,其中有的比较简短,也有的比较长。同时,佛提乌根据这些摘录的东西写上自己的评注意见。书中记载了许多语言学家、雄辩家、历史学家、自然科学家、医生、宗教会议和圣徒的情况。该书的最大价值,在于它保存了一些已经失传的作品的片断。《图书集成》一书只收集散文作家的作

---

[198]　西梅恩·马吉斯特(廷臣西梅恩):《迈克尔与狄奥多拉》(*De Mihaele et Theodora*),chap.31,670。
[199]　柏里:《东罗马帝国史》,III,445。
*　此处的希腊文原意是"千卷书集"。——译者
[200]　柏里:《东罗马帝国史》,III,446。

品。在神学、语法学领域,佛提乌也留下了大量著作,同时也有一些布道词和书信等。在他的两篇布道词中,佛提乌提到了860年罗斯人对君士坦丁堡的第一次进攻,他是这一事件的目击者。

佛提乌知识渊博,热衷于研究古典时期的作品。从这方面看,他是拜占庭文学运动的代表。这一文学运动自9世纪中期以来就十分明显,在首都君士坦丁堡尤其如此,而巴尔达斯建立的大学就是这一运动的典型代表。佛提乌的大部分时间就是在此大学中任教。在他生活的时代,由于他的影响,世俗科学和宗教神学的教育之间发展起了一种更为亲密的关系。佛提乌在处理自己与他人的关系中,是如此宽容,乃至于一位克里特岛上的伊斯兰教统治者(埃米尔)都能成为他的朋友。他的一个学生,10世纪的一位君士坦丁堡牧首尼古拉斯·米斯提克斯(Nicolaus Mysticus)在一封写给这位埃米尔之子(也是他的继承者)的信中指出,佛提乌"虽然清楚地知道,宗教上的障碍是无法逾越的,可是,明智、友善以及能使人性高贵和闪光的其他品质却影响着热爱公正和平的人;所以,尽管信仰不同,但他热爱你的父亲,因为他具备了这些高贵品质。"⑲

语法学家、牧首约翰是破坏圣像派的支持者,他以其渊博的知识得到了同代人的敬仰,甚至因此而被诬为"施巫术者"。另一个著名的人物是利奥,他是塞奥菲卢斯时期一个杰出的数学家。由于他师门兴盛,桃李满天下,他的名声广泛传扬,使得阿拉伯哈里发马蒙,一个热衷于发展教育的君主,期盼利奥到他的宫廷中任

---

⑲ 《书信集》,II;米涅编:《希腊教父文献全集》,CXI,37;亦见柏里《东罗马帝国史》,III,439。

职。当塞奥菲卢斯得知这一邀请后，就付给利奥一份薪俸，指派他做君士坦丁堡一所教堂内的公众教师。马蒙派人送了一封私人信件给塞奥菲卢斯，请他把利奥派往巴格达短期访学，并说明，他将视此举为一种友好的表示，而且为了表达其诚意，按照传统，他将与拜占庭保持永久和平，而且付给拜占庭国家2000磅黄金。但是，皇帝拒绝接受这一条件。在这件事情上，塞奥菲卢斯是将科学"视为一种应该保守的秘密，就像希腊火的制造一样，并认为，用文化去启蒙蛮族人是愚蠢之举"。⑲后来，利奥被选为萨洛尼卡的主教。但由于他的破坏圣像立场，被狄奥多拉罢免，但他仍在君士坦丁堡任教，并成为巴尔达斯所建立的君士坦丁堡高等学校的校长。需记住的是向斯拉夫人传播基督教的使徒君士坦丁（西里尔），就曾在佛提乌和利奥的指导下学习，而且在他赴卡扎尔人中间传教之前，曾任君士坦丁堡高等学校的哲学教授。

以上简明的介绍已经足可以证明，在破坏圣像时期，拜占庭文化生活繁荣、知识运动兴旺，而且毫无疑问，如果流传至今，人们还能看到，破坏圣像运动的整个时期的各种不同的涉及诸多领域的破坏圣像者们的作品。

塞奥菲卢斯和马蒙之间关于数学家利奥的通信，是有其特别意义的，它有助于人们考察9世纪前半期，哈里发和拜占庭帝国之间存在的文化交流关系。这个时期，在哈伦·赖世德和马蒙统治下的阿拉伯帝国，知识和科学正处于繁荣发展时期。为了能超越巴格达的繁华，塞奥菲卢斯模仿了阿拉伯的建筑模式修建了一座

---

⑲ 狄奥凡尼的续作者：《历史》，波恩版，190；柏里：《东罗马帝国史》，436—438。

宫殿。某些证据表明,巴格达对拜占庭的影响是积极的,⑮但是这一困难的问题却超出了本书的讨论范围。

人们经常强调,在艺术领域,破坏圣像时期仅仅留下了消极的后果。事实上,也确有许多具有不朽价值的艺术作品被破坏圣像者毁掉。"他们的极端行为令人感到痛惜;他们破坏文化和艺术的汪达尔人行为*不仅在当时不得人心,就是在今天我们所生活的时代也同样如此。"⑯但是,在另一方面,破坏圣像时代通过再次复兴希腊模式,尤其是亚历山大模式,并借鉴了阿拉伯人的东方装饰艺术模式(阿拉伯人的模式则来自于波斯),从而把一种新的文化源流引进拜占庭艺术生活中。而且,尽管破坏圣像者明显地压制以基督像、圣母像和圣使徒像为代表的宗教艺术,但是在这一时期,他们却能够容忍受到明显希腊化影响、更带有现实主义特点的人像绘制模式。日常生活的风俗传统成为艺术热衷于表现的主题,而且总的来看,世俗艺术完全占据了优势。这一倾向的另一个实例是君士坦丁五世科普罗尼姆斯竟下令将他所喜爱的一幅驭车手的图像作为装饰物,挂在原来描绘第六次基督教主教全体公会议的一幅壁画的位置。

这一时期的艺术作品,无论是宗教性的还是世俗的,都几乎已

---

⑮ 狄奥凡尼的续作者:《历史》,波恩版,438;也可见 F.福克斯《中世纪君士坦丁堡的高等学府》,18。

* 在蛮族大迁徙时期,由于汪达尔人对罗马城的进攻和对文化的破坏,导致西方语言中一个成语的出现,即称破坏人类文化成果的行为是"汪达尔主义",这里为了叙述的顺畅,笔者改为"汪达尔人行为"。——译者

⑯ O.M.多尔顿:《拜占庭艺术与考古》,14。

经完全被毁。在萨洛尼卡的若干教堂内，一些镶嵌画可能是这一时期被毁掉的。许多象牙制的雕饰品，特别是象牙首饰盒，也可归于9世纪时的作品。破坏圣像时期的插图手稿（这类手稿上的插图一般都是拜占庭僧侣的作品）也能证明这种精神已经深入艺术生活中。从书页四周插图的角度来看，《克鲁多夫诗篇》（*Chludoff Psalter*）有着极其重要的意义。这部最古老的鎏金装饰诗篇现保存在莫斯科⑲。但是，令人甚为遗憾的是，现存的可供人们研究破坏圣像时期艺术的资料极少。许多现存的、被人们认为是破坏圣像时期的东西，只是依据可能的证据，但却无法真正确定。

因此，迪尔称颂破坏圣像时期是之后马其顿时期拜占庭艺术第二个黄金时期的准备阶段：

在破坏圣像时期，拜占庭艺术的第二黄金时代已经具备了它的基本特质。从破坏圣像时期起就出现了代表马其顿时期艺术特点的两种对立的倾向。如果说，在马其顿时期存在着受古典传统影响的帝国艺术的繁荣，而且对于肖像画和世俗生活的日益增长的兴趣在宗教艺术中逐渐占主导地位，如果说在官方和世俗艺术的对立面有着一种更为严肃、更带宗教性、更拘泥于传统的修道院艺术，如果说由于此两种倾向的

---

⑲ 迪尔：《拜占庭艺术手册》（第2版，1925年），379—381；多尔顿：《东方基督教会艺术》，309；

相互影响而产生了一系列经典之作,那么,正是在破坏圣像时期,播下了这颗丰收的种子。因此,破坏圣像时期在研究拜占庭艺术史方面是一个特别值得注意的时期,这并不仅仅由于它实际产生的成果,而是由于它对未来的影响。[19]

---

[19] 《拜占庭艺术手册》(第2版,1925年),I,385—386;多尔顿:《拜占庭艺术和建筑》,16;亦见柏里《东罗马帝国史》,429—434。

第六章 马其顿王朝(867—1081年)

马其顿王朝的历史可分为两个时期,其重要性和持续时间各不相同。第一时期从867年到1025年,即瓦西里二世(Basil II)去世的那一年。第二时期较短,从1025年到1056年,即该王朝家族的最后一位成员皇太后狄奥多拉去世的那一年。

第一时期是帝国政治历史的最辉煌时期。拜占庭军队在其东部和北部边界上同阿拉伯人、保加利亚人、罗斯人的斗争在9世纪末和10世纪初取得了辉煌的胜利。尽管在10世纪下半期和11世纪早期曾有过数次军事失败,但最后还是取得了胜利。尼基福鲁斯·福卡斯(Nicephorus Phocas)和约翰·齐米西斯(John Tzimisces)统治时期帝国取得了最为伟大的军事胜利,到瓦西里二世时期达到顶峰。这一时期,小亚细亚的分裂主义运动受到镇压;拜占庭对叙利亚的影响得到加强;亚美尼亚部分地区归属于帝国,部分地区则降为帝国的附庸;保加利亚成为帝国的一个行省;罗斯人则在接受基督教后,在宗教、政治、商业和文化上与帝国建立了密切的联系。这一时期是拜占庭帝国最为强盛、最为辉煌的时代。巨型法典《帝国法典》(the Basilics)的公布和那些直接反对大地产制恶性发展的大量新律表现出帝国立法工作的强化与密集,以大主教佛提乌、君士坦丁·波菲罗杰尼图斯为代表的文化生活的发展，更增强了马其顿王朝第一时期的光辉及其重要性。

自1025年强大的皇帝瓦西里二世死后，帝国进入连续不断的宫廷政变和无政府时期，这导致1056—1081年的混乱局面。1081年，随着科穆宁（Comneni）家族的第一个皇帝夺取了帝位，帝国重新获得力量，内部秩序重新稳定，学术及艺术活动再度繁荣。

王朝的起源

关于马其顿王朝的创立者源于何方的问题，主要由于史料来源不同而有许多不同的意见。希腊史料认为瓦西里一世是亚美尼亚人或马其顿人，亚美尼亚史料则确认他为纯正的亚美尼亚血统，而阿拉伯人则认为他是一个斯拉夫人。一方面，人们普遍接受"马其顿"这一王朝称呼；另一方面，一些学者仍然认为瓦西里是亚美尼亚人，还有一些人，特别是19世纪70年代以前的俄国史学家们则认为他是斯拉夫人。大多数学者认为瓦西里是亚美尼亚人，后移居马其顿，因而把他的王朝称为亚美尼亚王朝。但鉴于马其顿地区有过许多亚美尼亚人和斯拉夫人，推断瓦西里出自亚美尼亚-斯拉夫的混血家族①应是比较正确的。据一位专门研究瓦西里时代的史学家说，瓦西里的家庭可能属亚美尼亚世系，后来因为同大

---

① 见 A.瓦西列夫"马其顿的皇帝瓦西里之出身渊源考"("The Origin of Empiror Basil the Macedonian"),《拜占庭年鉴》(俄文),XII(1906),148—165。

第六章 马其顿王朝（867—1081年）

量定居于部分欧洲地区（马其顿）的斯拉夫人通婚而逐渐斯拉夫化了。② 更准确地说，从民族构成这个观点来看，马其顿王朝应属亚美尼亚-斯拉夫成分。近年来学者们已确定瓦西里出生在马其顿的卡里奥波利斯（Charioupolis）城。③

瓦西里称帝前经历不凡。他来君士坦丁堡谋生时，还只是一个无名青年。由于他身材魁梧、体魄健壮、能驯服烈马而引起宫廷的注意。迈克尔三世（Michael III）听说了他的情况后就把他调进宫中作为自己的宠臣，不久又声明与他"共治"，让他在圣索菲亚教堂中加冕称帝。然而瓦西里却以暴行来报答这位皇帝的恩宠：当他注意到迈克尔在怀疑他时，便命令手下人杀掉这位大恩人，自己登上了皇位（867—886年）。他去世后，皇位传给了他的儿子，被称为哲学家和智者的利奥六世④（886—912年在位）和亚历山大（886—913年在位）。利奥的儿子君士坦丁七世波菲罗杰尼图斯

---

② A.沃格特：《瓦西里一世与9世纪晚期的拜占庭文明》（*Basile I, et la civilisation Byzantine à la fin du IXe siècle*）（以下简称《瓦西里一世》），21页注3。见N.阿东兹（N.Adonz）"皇帝瓦西里（867—886年在位）的出身及其年龄"（"L'âge et l'origine de l'empereur Basile I"），《拜占庭》（布鲁塞尔），IX（1934），223—260（认为他是亚美尼亚人）。西拉尔皮·德内尔塞西亚（Sirarpie der Nersessian）：《亚美尼亚与拜占庭帝国》（*Armenia and the Byzantine Empire*），20。目前，关于瓦西里是亚美尼亚血统的观点已经被普遍接受。

③ A.帕帕多布鲁斯-凯拉梅乌斯（Λ.Papadopoulos-Kerameus）：《特拉布松帝国历史起源》（*Fontes historiae Imperii Trapezuntini*），79。见N.A.比斯（Bees）"关于马其顿王朝皇帝瓦西里一世之出身民族的重要问题"（"Eine unbeachtete Quelle über die Abstammung des Kaisers Basilios I, des Mazedoniers"），《拜占庭与当代希腊年鉴》，IV（1923），76。

④ A.沃格特："智者利奥六世的青年时代"（"La jeunesse de Leon VI le Sage"），《历史杂志》（*Revue Historique*），CLXXIV（1934），389—428。

(Ⅶ Porphyrogenitus,913—959 年)仍然不关心国事,把他的时间都花在阅读同时代著名学者的优秀文学作品上。政权实际上掌握在他的岳父、富有才能且又精力充沛的水军将领罗曼努斯·雷卡平(Romanus Lecapenus,919—944 年在位)⑤手中。944 年,罗曼努斯·雷卡平的儿子们逼其父放弃权力隐退至修道院中,他们自己掌握了皇权。945 年,君士坦丁·波菲罗杰尼图斯废黜了他们,于 945—959 年独掌朝政。他的儿子罗曼努斯二世只统治了四年(959—963 年),留下了寡妻狄奥凡诺(Theophano)和两个年幼的儿子瓦西里和君士坦丁。狄奥凡诺召了能征惯战的将军尼斯福鲁斯二世福卡斯(963—969 年在位)为夫,使之承继帝位。尼斯福鲁斯被害以后,皇位传给了约翰·齐米西斯(969—976 年在位),他由于娶了罗曼努斯的妹妹、君士坦丁七世的女儿狄奥多拉而能够称帝。直到约翰·齐米西斯死后,罗曼努斯二世的两个儿子,即绰号为保加利亚人屠夫的瓦西里二世(Bulgaroctonus,Bulgar-Slayer,976—1025 年在位)和君士坦丁八世(976—1028 年在位)才开始成为帝国的统治者。国家统治权主要掌握在瓦西里二世手中,在他统治下,帝国达到强盛辉煌的顶峰。他死后,马其顿王朝开始进入衰落时期。君士坦丁八世死后,年迈的元老院议员罗曼努斯·阿吉鲁斯(Romanus Argyrus)因娶了君士坦丁的女儿佐伊(Zoë)而称帝,从 1028—1034 年一直统治着帝国。他死后,佐伊在 56 岁时,又与她的情人帕夫拉戈尼亚人迈克尔(Michael the

---

⑤ St.任西曼:《皇帝罗曼努斯·雷卡平及其统治》(The Emperor Romanus Lecapenus,and His Reign),对雷卡平的人品和他的作为给予了极高的评价,238—245。

Paphlagonian)结婚,迈克尔在佐伊的恳求下称帝,人称帕夫拉戈尼亚人迈克尔四世(1034—1041年在位)。在迈克尔四世及其侄子、另一个偶然崛起的无名小辈迈克尔五世卡拉法特斯(Michael V Calaphates)统治期间,帝国内部充斥着混乱和不满情绪,一直持续到迈克尔五世被废黜和被刺瞎。此后两个月,拜占庭帝国由再次孀居的佐伊和她的妹妹狄奥多拉构成十分特别的权力组合,执掌了皇权。同年(1042年),佐伊再次改嫁,她的新丈夫、君士坦丁九世摩诺马赫(Constantine IX Monomachus)称帝,于1042—1055年统治帝国。佐伊先于她的第三个丈夫君士坦丁·摩诺马赫去世,狄奥多拉在君士坦丁·摩诺马赫之后,成为帝国的唯一统治者(1055—1056年)。继8世纪末9世纪初著名的伊琳娜女皇统治之后,佐伊和狄奥多拉的统治成为拜占庭历史上第二个、也是最后一个女人执政的实例。她们都是作为独裁者和最高统治者占据王位的,也就是说她们是"罗马人的"女皇*。狄奥多拉在死前不久,接受宫廷党的要求,选择年迈的政治家迈克尔·斯特拉条提库斯(Michael Stratioticus)作为她的继承人。狄奥多拉死于1056年,迈克尔·斯特拉条提库斯随之登上了王位。狄奥多拉是统治时期长达一百八十九年之久的马其顿王朝的最后一位统治者。

---

* 按照拜占庭人和后世多数拜占庭学者的观点,拜占庭帝国始终没有脱去其罗马帝国的躯壳,其统治者一直以"罗马人"自称。这是地中海一统世界的"幽灵"顽强存在于欧洲的一个具体事例。——译者

马其顿王朝的外交

拜占庭帝国同阿拉伯和亚美尼亚的关系

马其顿王朝的创建者瓦西里一世在外交政策上的主要问题是同穆斯林世界的斗争。由于帝国此时同东方的亚美尼亚、北方的罗斯和保加利亚、西方的威尼斯及西部的皇帝都保持着和平的关系,因而客观环境对于帝国取得胜利极其有利。此外,突厥人的势力在阿拉伯宫廷中的影响不断加强,引起东部哈里发国家的内部纷争;868年,独立的图伦(Tulunids)王朝于埃及独立,背叛了阿拉伯哈里发帝国;北非阿拉伯人内战;陷入当地基督教居民包围之中的西班牙倭马亚王朝的困难——所有这些因素都增强了帝国在斗争中的优势。因此,瓦西里的位置非常有利于他在同东部和西部的阿拉伯人斗争中取得胜利。然而,尽管在瓦西里一世统治时期拜占庭帝国同阿拉伯人的斗争几乎一直没有间断,但它却并没有能充分利用这些有利的外部条件。

9世纪70年代初,瓦西里一世为了与保罗派(Paulicans)进行斗争,派兵进入小亚的东部,占领了保罗派的主要城市台弗瑞斯(Tephrice)。这一征服扩大了拜占庭帝国的领土,而且使得瓦西里直接面对东部阿拉伯人。在几次激战之后,双方的冲突转变成每年必然发生、却又不会产生任何本质性结果的冲突。有时希腊人获胜,有时阿拉伯人获胜,但最终,拜占庭在小亚的边界还是明显地东移了。

瓦西里同西方阿拉伯人的关系是更为严重的问题。当时西方的阿拉伯人占据着西西里岛的大部分和南意大利的一些重要地方。意大利的困境使得占据着重要城市巴里的西方皇帝＊路易二世插手其间。他和瓦西里一世结成联盟，企图把帝国西部的阿拉伯人赶出意大利和西西里岛。但这次联盟并没有成功，它很快就瓦解了。路易死后，巴里城的市民把这座城市献给了拜占庭的官员。

与此同时，阿拉伯人占领了西西里岛以南的战略要地马耳他岛，经过九个月的围困之后，于878年攻克叙拉古城。当时生活于该城的修士狄奥多西目睹了此城被困的情景，留下了重要的描述。在叙拉古被攻陷后，狄奥多西被阿拉伯人囚禁在帕勒莫。他讲道，在围困期间，饥饿困扰着这座城市，居民们不得不吃草、兽皮、骨粉，甚至于尸体，大饥饿导致大瘟疫，许多人因此丧生。⑥叙拉古城失陷后，拜占庭帝国在西西里岛的许多要塞中只保留了位于东部海岸的陶罗美米乌城（Tauromemium）或称陶尔米那（Taormina）。这一损失是瓦西里对外政策的一个转折点。他全面进攻阿拉伯人的计划并没有实现。然而在瓦西里统治的后几年，帝国军队在将军尼斯福鲁斯·福卡斯的率领下占领了南部意大利的塔兰图姆城，并进一步向意大利内陆挺进，这可以被视为继叙拉古城失

　　＊ 法兰克帝国于843年分裂后，领皇帝衔的罗退耳继承了意大利，他死后，其领土在三个儿子之间瓜分，其长子路易二世承皇帝位，称路易二世。——译者

　　⑥ 《修士狄奥多西关于叙拉古之失陷致司祭利奥的书信》(Θεοδοσίου Μοναχοῦ καὶ γραμματικοῦ ἐπιστολὴ πρὸς Λέοντα Διάκονον Περὶ τῆς ἁλώσεως Σνρακούσης)，哈斯（Hase）编，180—181；C.祖来提（C.Zuretti）编，167。见 A.A.瓦西列夫：《拜占庭与阿拉伯人》，II，59—68。

陷之后的一点安慰。

瓦西里不能接受同西方帝国组成的反阿联盟出现的消极后果,遂企图与亚美尼亚国王阿舍特·巴格拉提(Ashot Bagratid)建立另外一个联盟,以击败东部的阿拉伯人。但就在此时,瓦西里去世了。尽管失去了叙拉古城,抵抗阿拉伯的战争也没有获胜,瓦西里在某种程度上仍然扩大了帝国在小亚的占有地,并且恢复了拜占庭帝国在南意大利丧失的统治地位。一位新近研究瓦西里时期的学者说:"年迈的瓦西里能够在和平中死去。他已在东部和西部完成了伟大的军事任务,同时也是文明教化的任务。瓦西里留下的是一个比其接手时更强大、更富有影响力的帝国。"⑦

除与阿拉伯的关系以外,瓦西里和其邻邦所保持的和平往来均被其后继者"智者"利奥六世(886—912年在位)给破坏了。他同保加利亚人进行战争,以后者胜利告终。在战争期间,马扎尔人(匈牙利人)第一次出现在拜占庭的历史记载中。在利奥统治后期,罗斯人逼近君士坦丁堡。亚美尼亚作为帝国的盟国,不断受到阿拉伯人的进犯,却没有从拜占庭帝国那里得到预想的援助。此外,皇帝的第四次婚姻也引起了剧烈的内乱。所有这些内忧外患使帝国同伊斯兰国家的斗争变得更加复杂和困难。

利奥六世时期反对阿拉伯人的斗争大体上并不成功。在帝国东部边界的军事冲突中,阿拉伯人同希腊人互有胜负。彼此都未占到更多的便宜。在西部,穆斯林占领了意大利墨西拿海峡沿岸的城市雷吉乌姆(Rhegium),此后,这一海峡完全处于阿拉伯人的

---

⑦ 沃格特:《瓦西里一世》,337。参见《剑桥中世纪史》,IV,54。

统治之下。902年，阿拉伯人又占领了拜占庭在西西里岛上最后的、也是最重要的要塞陶尔米那。此城的陷落意味着整个西西里岛归属于阿拉伯人，因为在这一地区那些仍属于希腊人的小城市在帝国后来的历史中并未起到重要作用。在利奥六世统治的后期，皇帝制定东方政策时已不再考虑与西西里岛阿拉伯人的关系。

10世纪初的穆斯林水军表现活跃。早在9世纪末，克里特海盗就不断袭击伯罗奔尼撒沿岸和爱琴海诸岛。后来，叙利亚和克里特的水军联合行动，形成了更大的威胁。穆斯林水军在希腊的伊斯兰教徒特里波利斯的利奥（Leo of Tripolis）率领下，于904年攻克萨洛尼卡城，这是这一时期阿拉伯水军最为声名卓著的行动。阿拉伯人是在长期的艰难围困之后才攻克这座城市的，但他们只在此停留几天，就带着大量俘虏和丰富的战利品启程东行叙利亚。在这场劫难之后不久，拜占庭帝国才开始加强了对萨洛尼卡城的防卫。关于阿拉伯偷袭该城的详尽史料是由一位经历了整个艰难围困时期的教士约翰·卡麦尼阿提斯（John Cameniates）记录下来的。⑧

阿拉伯的海上行动迫使拜占庭统治者加强水军建设。906年，拜占庭水军将领希梅里乌斯（Himerius）在爱琴海大败阿拉伯

---

⑧ "萨洛尼卡沦陷纪实"（"De excidio Thessalonicensi narratio"），贝克编:《拜占庭历史资料大全》，487—500。见瓦西列夫《拜占庭和阿拉伯人》，2，143—153。A. 斯特拉克（A. Struck）: "记904年萨拉森人攻陷萨洛尼卡之战"（"Die Eroberung Thessalonikes durch die Sarszenen im Jahre 904"），《拜占庭杂志》（德文），XIV（1905年），535—562。O. 塔弗拉里:《14世纪萨洛尼卡的兴起》，143—156。

人。但在911年,利奥六世为了对抗东部阿拉伯人同克里特的阿拉伯人联合而组织的、同样由希梅里乌斯领导的海上远征探险却遭惨败。君士坦丁·波菲罗杰尼图斯精确地记载了这次远征队的组成,其中有700名罗斯人。⑨

因此,在利奥六世时期拜占庭帝国同阿拉伯人的斗争是极不成功的:它在西方失去了西西里;在南意大利,继召回尼斯福鲁斯·福卡斯之后,拜占庭军队毫无进展;在海上,拜占庭水军也遭到了几次惨败。

尽管帝国同阿拉伯人在宗教信仰上不同,在军事上也存在着冲突,但当帝国的官方文献涉及阿拉伯人时,却常使用十分友好的词汇。当时的君士坦丁堡牧首尼斯福鲁斯·米斯提克斯(Nicephorus Mysticus)在写给克里特岛上"最英明、最荣耀、最敬爱"的埃米尔的信中提到:"萨拉森人和罗马人作为整个世界的两大帝国,与日月一般永恒共存,同放光辉。仅仅由于此,即使我们有不同的生活习惯、方式和宗教,也必须像兄弟般相处。"⑩

在君士坦丁七世波菲罗杰尼图斯(913—959年在位)和罗曼努斯一世雷卡平(919—944年在位)的长期统治期间,直到10世纪的最后三十年,拜占庭帝国一直没能有效地打击阿拉伯人,因为帝国的所有力量都投入到对保加利亚的战争之中。幸运的是,这

---

⑨ 《拜占庭宫廷礼仪》,II,44;波恩版,651。
⑩ 《书信集》,I;米涅编:《希腊教父著作全集》,CXI,28。见 J.赫尔根洛特尔(J. Hergenröther)《佛提乌,君士坦丁堡的大主教》(*Photius, Patriarch von Constantinopel*)(以下简称《佛提乌》),II,600;瓦西列夫:《拜占庭和阿拉伯人》,附录,197。

第六章 马其顿王朝(867—1081年)

一时期的哈里发国家也正处于分裂之中,建立了若干分立的小王朝。然而,这时应注意到拜占庭水军的一次成功的行动:曾于904年夺取了萨洛尼卡城的帝国叛徒、海盗、特里波利斯的利奥的水军于917年在利姆诺斯(Lemnos)⑪被彻底消灭了。

保加利亚战争之后,希腊和阿拉伯的军队中都出现了颇有能力的将军。希腊本土的约翰·库尔库阿斯(John Curcuas)在编年史上被称为是"第二个图拉真或贝利撒留""几乎征服了1000座城池"。曾有人写过关于他的专著,可惜没有流传下来。⑫ 他的天才为东方世界带来了新的黎明;也正是因为他,"帝国的对东方政策似乎浸入了一种新的精神,一种自信的进取精神"⑬。阿拉伯方面的优秀将领是赛伊夫-阿迪-道拉(Saif-ad-Daulah),他是统治着阿勒颇的独立的哈姆丹(Hamdanids)王朝*中的一员。他的宫廷成为繁荣的文学活动中心,他的统治时期也被当代人称为"黄金时代"。约10世纪中期,库尔库阿斯在阿拉伯属的亚美尼亚取得许多胜利,并收复了上美索不达米亚的许多城市。933年库尔库阿斯占领了梅利特尼(Melitene);944年,埃德萨城被迫放弃其珍贵的圣物,被称为"圣面"(mandilion, τὸ μανδίλιον)的圣迹肖像**被大张旗鼓地运到了君士坦丁堡。这是库尔库阿斯的最后胜利。

---

⑪ 瓦西列夫:《拜占庭和阿拉伯人》,附录,219。
⑫ 狄奥凡尼的续作者:《历史》,波恩版,427—428。
⑬ 任西曼:《皇帝罗曼努斯·雷卡平及其统治》,69、135、241—249。
* 10—11世纪出现于西亚地区,以摩苏尔和阿勒颇为中心的阿拉伯人一支哈姆丹人建立的地方王朝。——译者
** 基督教传说中,在耶稣赴难途中,几位妇女用手帕给耶稣擦脸,却留下了他的头部肖像,此后,这张帕子被称为"圣面",在基督教会内部受到保护和崇拜。——译者

307 这些胜利使他成为"当代的英雄"。⑭ 但是,由于他拥有广泛的群众基础而令政府感到不安,最后他被免职。此时,也是罗曼努斯·雷卡平倒台之时,一个月之后,他的儿子们也被赶下了王位。君士坦丁·波菲罗杰尼图斯成为唯一的帝王。"一个时代就此结束,新的人物正阔步走上历史舞台。"⑮

　　罗曼努斯·雷卡平时期也是拜占庭帝国对东方政策的重要时期。经历三个世纪的防御战争后,帝国在罗曼努斯和约翰·库尔库阿斯的领导下开始反击敌人并取得胜利。边境情况在罗曼努斯统治时期也分外不同。边境各省较少受到阿拉伯人的袭击。在罗曼努斯统治的后二十年,穆斯林侵略者只有两次越过了边境。罗曼努斯任命"帝国几代人中最杰出的战士库尔库阿斯"为总司令。"他给帝国军队带来新的精神,并率领他们胜利地进入异教徒国家……约翰·库尔库阿斯是第一位伟大的征服者,并因此而应该受到高度赞扬。这种赞扬部分应归功于罗曼努斯·雷卡平的正确判断,在他的领导下,帝国经历了二十年的辉煌。"⑯

　　君士坦丁·波菲罗杰尼图斯统治后期主要是与赛伊夫-阿迪-道拉进行殊死的斗争。尽管希腊人在几次冲突中都被击败,但斗争的结果却是帝国在美索不达米亚平原北部击败了阿拉伯人,并且渡过了幼发拉底河。在这一时期的斗争中,未来的皇帝约翰·

---

⑭ 任西曼:《皇帝罗曼努斯·雷卡平及其统治》,145。在 M.卡纳尔所写的《赛伊夫-阿迪-道拉》一书中有着丰富的阿拉伯史料收藏提及赛伊夫-阿迪-道拉的事迹。

⑮ 任西曼:《皇帝罗曼努斯·雷卡平及其统治》,146。

⑯ 同上书,146—150。

齐米西斯崭露头角。949年帝国组织的反对克里特阿拉伯人的大规模海上远征队惨遭失败,众多船只受损。在拜占庭军队中,有629名罗斯人参加了这场战役。⑰但是,希腊人与穆斯林在西方、在意大利和西西里所发生的持续冲突,在整个历史进程中不占重要地位。

约翰·库尔库阿斯和约翰·齐米西斯在东线的征战使帝国的疆界越过幼发拉底河,开创了拜占庭战胜穆斯林的新时代。法国史学家朗博(Rambaud)评价说:"瓦西里一世的所有失败都得到了补偿;通往塔尔苏斯、安条克、塞浦路斯和耶路撒冷的道路被打开了……君士坦丁足以为其生前以基督名义所行的伟大事业而感到欣慰。他为东方的希腊人和西方的法兰克人(即为西欧国家)开辟了十字军时代。"⑱

在罗曼努斯二世(959—963年在位)的短暂统治期间,他的才华横溢、精力充沛的将军、未来的皇帝尼斯福鲁斯·福卡斯占领了克里特岛,摧毁了威胁着爱琴海诸岛及其沿岸居民的阿拉伯海盗的老窝。再次征服克里特岛使帝国获得了地中海上重要的战略要地和商业据点。⑲随后,尼斯福鲁斯·福卡斯在帝国东方同赛伊夫-阿迪-道拉的斗争也取得了同样的胜利。在艰难的围困之后,他又暂时占领了哈姆丹王朝的所在地阿勒颇城。

---

⑰ 关于这次远征,见瓦西利夫《拜占庭与阿拉伯人》,II,279—286
⑱ 《10世纪的希腊帝国。君士坦丁·波菲罗杰尼图斯》(L'Empire grec au dixième siècle. Constantin Prophyrogénète),436。
⑲ A.M.谢泼德(A.M.Shepard):《拜占庭收复克里特岛(960年)》(The Byzantine Reconquest of Crete(960AD)),1121—1130。

以后的三个皇帝，即尼斯福鲁斯·福卡斯、约翰·齐米西斯和瓦西里二世——保加利亚人屠杀者，对穆斯林战争的胜利构成帝国军事史上最为辉煌的篇章。尼斯福鲁斯·福卡斯在他统治的六年中（963—969年），把主要精力放在东方，有时也关注一下保加利亚的敌对行为，由于罗斯大公斯维雅托斯拉夫（Sviatoslav）的介入，那里的局势变得更为严重。在意大利，帝国的部分军事力量被与德意志国王奥托大帝（Otto the Great）的冲突所牵制。在东方，继塔尔苏斯之后，帝国又攻克了乞里奇亚，同时，帝国水军从阿拉伯手中又夺回了重要的塞浦路斯岛。13世纪的阿拉伯地理学家雅库特（Yaqut）根据塔尔苏斯城陷落后的一些幸存者的叙述，生动地记载了一件与塔尔苏斯城陷落相关的事情。尼斯福鲁斯·福卡斯在塔尔苏斯城墙下竖立了两面旗帜，分别象征罗马土地和伊斯兰土地。他令传令官宣布，站在第一面旗帜下的人可得到一切所希望得到的：正义、公正、财产安全和身家性命、孩子、好的道路、公正的法律以及一切优惠的待遇；而站在第二面旗帜下的则是支持通奸行为、不公正的立法、暴力、敲诈的人们，他们将被没收土地和征用财产。[20]

占领乞里奇亚和塞浦路斯为尼斯福鲁斯打开了通往叙利亚的道路，他开始实现自己的梦想：占领叙利亚的心脏安条克。尼斯福鲁斯侵入叙利亚之后不久就将安条克包围起来，但他看到这一围困显然要持续相当长的一段时间，就留下军队回到了首都。在他

---

[20] 《地理学词典》（Geographisches Wörterbuch），韦斯藤菲尔德（Wüstenfeld）编，III, 527。见V.巴托尔德文章，《东方学院学报》，I（1925），476。

第六章 马其顿王朝(867—1081 年)

留居首都期间,即他统治的最后一年(969 年),他的士兵们攻克了安条克城,并大肆劫掠,从而实现了他的抱负。"这样,基督徒的军队重新占领了大都市安条克——壮丽的神佑城市(查士丁尼如此称呼该城),该城在古代是拜占庭在东方的竞争对手,也是伟大的主教和圣徒的城市,是宗教会议和异端繁荣之城。"[21]安条克陷落不久,拜占庭军队占领了叙利亚的另一个更为重要的中心城市、哈姆丹王朝的所在地阿勒颇城。[22] 拜占庭将军同阿勒颇首领签订的重要协议迄今犹存,其中明确规定了划归拜占庭皇帝的叙利亚各地区的边界及其名称,它们从此将以皇帝为宗主。在被划归帝国的区域中,安条克城最为重要。阿勒颇城(阿拉伯语称 Haleb)成为帝国的属国。该地区的穆斯林向帝国纳税,而基督徒则免去一切税收。阿勒颇的埃米尔答应参与帝国同那些行省中的非穆斯林的战争,并承诺要保护境内拜占庭商队的安全,保证为基督徒修复被毁坏的教堂,允许基督徒改信伊斯兰教,也允许伊斯兰教徒改信基督教。

这一协议签于尼斯福鲁斯·福卡斯于 969 年被刺身亡之后。穆斯林从未受到过如此的屈辱,乞里奇亚和叙利亚的一部分以及安条克被拜占庭夺回,大部分领土置于帝国宗主权的控制之下。

11 世纪阿拉伯历史学家安条克的雅希亚(Yahya)提到:穆斯

---

  [21] G.施伦伯格:《10 世纪的拜占庭皇帝,尼斯福鲁斯·福卡斯》(*Un empereur byzantin au dixième siècle.Nicèphore Phocas*),723。

  [22] 该协议内容保存在 13 世纪阿拉伯历史学家卡马尔-阿迪-丁(Kamal-ad-Din)的著作中。见 G.弗里塔格(G. Freytag)《萨阿德-阿尔达拉在阿勒颇城的统治》(*Regnum Saahs-Aldaulae in oppido Halebo*),9—14。拉丁译本,波恩版,助祭利奥(Leo the Deacon):《历史》,391—394。

林相信尼斯福鲁斯·福卡斯还能征服整个叙利亚和其他行省。这位编年史家还写道:"尼斯福鲁斯的入侵已成为士兵们喜欢的事,没有人攻击或反对这些入侵。他的军队可以到任何他想去的地方,击败任何企图改变或阻止他实现其意愿的人的反抗……没有人能抵抗他。"[23]当时的希腊史学家助祭利奥写道:"如果尼斯福鲁斯没有被暗杀,他可能将他的帝国(即希腊帝国)的疆界固定在东起印度西至世界尽头(即大西洋)的地域内。"[24]

尼斯福鲁斯·福卡斯的西方政策是失败的。这一时期,帝国在西西里的最后一个据点被阿拉伯人攻取,至此,西西里完全被控制在阿拉伯人手中。福卡斯的继承者约翰·齐米西斯(969—976年在位)的主要任务是保住帝国在乞里奇亚和叙利亚取得的成果。在他统治之初,他不能亲自参与东部边境的军事行动,因为在北方同罗斯和保加利亚人的战争以及国内的巴尔达斯·福卡斯(Bardas Phocas)起义迫使他无力分神。他在北方的斗争中取得了胜利,也成功地镇压了巴尔达斯·福卡斯的叛乱。而拜占庭公主狄奥凡诺嫁给德意志王位的继承者、未来的皇帝奥托二世,使意大利问题得到了解决。只有在这时,约翰·齐米西斯才得以转过身来处理东方问题。

齐米西斯在与东方穆斯林的战斗中获得重大的胜利。关于他进行的最后一场战斗的重要史料,即他写给盟友亚美尼亚国王阿

---

[23] 《安条克的雅希亚-伊本-赛义德的年代纪》(Histoire de Yahya-ibn-Said d'Antioche),J.克拉奇克夫斯基(J.Kratchkovsky)和 A.A.瓦西列夫编辑和翻译《东方教父文献全集》,XVIII(1924),825—826(127—128);L.切克霍(L.Cheikho)编,135。

[24] 助祭利奥:《历史》,V,4;波恩版,81。

第六章 马其顿王朝(867—1081年)

舍特三世(Ashot III)的一封信,被收入亚美尼亚历史学家、埃德萨的马休(Matthew)的作品中。㉕ 信中表明,皇帝为了达到从穆斯林手中解放耶路撒冷的最后目标,开始了真正的十字军征伐。他的军队从安条克出发,首先进入大马士革,又南下进入巴勒斯坦,在那里,拿撒勒和凯撒里亚城自愿投降,甚至耶路撒冷也开始乞求恩典。在皇帝致阿舍特的信中还提到:"若不是居住在那里的非洲异教徒出于恐惧而躲在海岸城堡中,我们可以在上帝的帮助下进入圣城耶路撒冷,并进入耶路撒冷圣殿祈祷。"㉖ 约翰·齐米西斯在到达耶路撒冷之前,还沿着海岸向北进军,占领了沿途许多城市。在同一封信中,他说:"腓尼基、巴勒斯坦和叙利亚都从穆斯林的枷锁下被解放出来,并承认了拜占庭希腊人的权威。"㉗ 当然这封信中多有夸张之处。比照那位安条克的基督教徒阿拉伯史学家雅希亚的可靠记载,可以清楚地看到,巴勒斯坦战役的结果并不那么显赫。拜占庭军队可能根本就没有越过叙利亚的边界。㉘

当拜占庭士兵返回安条克城后,皇帝齐米西斯回到君士坦丁堡,976年初去世。一个拜占庭编年史学家写道:"所有的国家都

㉕ E.都拉里耶(E.Dularier):"埃德萨马休的编年史"("Chronique de Matthieu d'Edesse"),《亚美尼亚历史文献》(*Bibliothèque historique arménienne*),16—24。Chr. 库楚克-约内索夫(Kuchuk-Ioannesov):"皇帝约翰·齐米西斯致亚美尼亚王阿舍特三世的信"("The Letter of Emperor John Tzimisces to the Armenian King Ashot III"),《拜占庭年鉴》,X(1903),93—101。

㉖ 都拉里耶:"埃德萨马休的编年史",20;库楚克-约内索夫:"皇帝约翰·齐米西斯致亚美尼亚王阿舍特三世的信",上引《拜占庭年鉴》,98。

㉗ 都拉里耶:"埃德萨马休的编年史",22;库楚克-约内索夫:"皇帝约翰·齐米西斯致亚美尼亚王阿舍特三世的信",上引《拜占庭年鉴》,100。

㉘ 见巴托尔德文章,《东方学院学报》,I(1925),466—467。他说,该书信中关于入侵巴勒斯坦的记载纯系胡言乱语,完全不可信。

因约翰·齐米西斯的猛烈进攻而战栗;他扩大了罗马的领土,萨拉森人和亚美尼亚人纷纷逃窜,波斯人畏惧他;所有的人都向他敬献贺礼,向他讨好以乞求和平;他的军队直抵埃德萨和幼发拉底河畔,到处都是罗马人的军队;叙利亚和腓尼基也处于罗马战骑的铁蹄之下,他获得极大的胜利;基督徒们的刀剑所向披靡。"㉙然而约翰·齐米西斯最后的伟大征服并没有使被征服行省合并起来,他的军队返回安条克,这里成为10世纪晚期拜占庭军队在近东的主要基地。

在约翰·齐米西斯的后继者瓦西里二世统治时期,总体形势不利于向东方进攻政策的实行。小亚地区的巴尔达斯·斯克莱鲁斯(Bardas Sclerus)和巴尔达斯·福卡斯起义的威胁和对保加利亚连年不断的战争迫使瓦西里无力分心。在起义被镇压之后,尽管同保加利亚的战争还未结束,皇帝还是频繁地投入了同穆斯林的斗争。帝国在叙利亚的一切都受到埃及哈里发的巨大威胁,帝国附属城阿勒颇几次被敌军占领。瓦西里二世经常出其不意地出现在叙利亚,以恢复拜占庭在当地的影响,但并未能实现进一步的征服。11世纪初,皇帝同埃及的法蒂玛朝哈里发哈希姆(Hakim)达成和平协议。此后在瓦西里统治的剩余时间内没有再同东部阿拉伯人发生激烈冲突。同时,阿勒颇也摆脱了作为拜占庭附庸的地位。

尽管瓦西里同哈里发哈希姆达成了正式的和平协议,但后者仍然时常实行残酷迫害基督徒的政策,这无疑使作为基督教皇帝

㉙ 乔治·哈马托鲁斯:《续作者》,E.穆拉尔特(E.Muralt)主编,865。

的瓦西里深感懊恼。1009年,哈希姆下令破坏耶路撒冷的圣墓教堂和各各他(Golgotha)*教堂。教堂中的圣物和财物被掠走,教士被驱逐,朝圣者被迫害。当时的阿拉伯历史学家、安条克的雅希亚说,哈希姆的严酷命令的执行者"竭尽全力破坏圣墓教堂,将其夷为平地"㉚。惊恐的基督教徒和犹太教徒聚集于穆斯林官府,承诺放弃自己的宗教信仰,接受伊斯兰教。哈希姆破坏教堂的命令是由他的基督教徒管理者签署的。

显然,瓦西里二世并没对受迫害的基督教徒及其避难所采取什么保护措施。在哈希姆死后(1021年)的一段时间里,穆斯林恢复了对基督徒的宽容政策。1023年,耶路撒冷牧首尼斯福鲁斯被派到君士坦丁堡,宣布圣墓教堂和所有在埃及和叙利亚的教堂都将被重建,圣物业已归还给基督教徒。一般情况下,基督徒在哈里发统治区是安全的。㉛ 当然在这样短的时间如此迅速地重建教堂是夸张的说法。

在西方,西西里的阿拉伯人不断侵袭南意大利,而拜占庭政权被其他问题所纠缠也无暇顾及。德皇奥托二世(与拜占庭皇帝有亲戚关系)曾干涉意大利事务,取得了对阿拉伯人斗争的一些胜利之后,仍以惨败结束。瓦西里二世在他统治末期,开始计划对西西里进行大规模的再征服,但他却死于备战期间。

---

* 各各他,即《新约》中所记载的耶稣受难地,亦称骷髅地。——译者
㉚ V.罗森(V.Rosen):《保加利亚人屠夫瓦西里皇帝》(*The Emperor Basil Bulgaroctonus*),46;俄文版,48。《安条克的雅希亚-伊本-赛义德的年代纪》,切克霍编,196。
㉛ 见巴托尔德文章,《东方学院学报》,I(1925),477。这里最好的资料是来自雅希亚的记载。

瓦西里二世死后,帝国陷入混乱,使得穆斯林敢于发动一系列进攻,并在阿勒颇地区取得特别的成功。帝国年轻而有才华的将军乔治·马尼阿西斯(Maniaces)多少改变了这种情况,他在11世纪前30年代前期占领了埃德萨,拿走了此地的第二圣迹——一封伪造的耶稣基督写给埃德萨国王阿布戈尔(Abgar)的信。㉜ 该城陷落后,皇帝罗曼努斯三世向穆斯林提出了和谈条件。其中前两条关系到圣城耶路撒冷,值得特别注意。其一,基督徒应该有权重建一切被毁坏的教堂,帝国将由国库出资修复圣墓教堂。其二,皇帝有权指派耶路撒冷的主教。由于双方在某些条款上存在异议,谈判进行了很长时间。哈里发似乎也不反对前两项要求。在1036年达成的最后协议中,规定皇帝有权用自己的钱修复圣墓教堂。㉝ 1046年,波斯旅行家拿西尔-伊-库斯劳*参观了被修复的教堂,描述了它的宽敞恢弘,说它可容纳8,000人。他还说,大教堂的建造使用了最精巧的技术、色彩丰富的大理石及高明的装饰及雕刻艺术,教堂内部到处都是装饰画和金色的织锦缎。波斯旅行家这篇传奇性的记载中甚至说,皇帝本人也到过耶路撒冷,他是秘密私访,没人能认出他来。这位波斯旅行家写道:"在哈希姆统治埃及的时候,希腊的皇帝就曾以这种方式到过耶路撒冷。当哈希姆得知他来到的消息后,派人找来一个侍从说:'你在圣城清真

㉜ 见前面涉及埃德萨第一圣迹"圣面"的记载。
㉝ 雅希亚:《历史》,切克霍编,270—271;《伊本-阿尔-阿希尔》,托恩伯格编,IX,313。见巴托尔德文章,《东方学院学报》,I(1925),477—478。
* 本处原文是 Nasiri-Khuseau,但随后的注释中为 Nasir-i-Khusrau;因在文中做此纠正。——译者

寺中可看到一个如此这般长相的人,看到他后你就上前靠近他,对他说:是哈希姆派你去那里的,否则他会以为哈希姆居然不知道他的到来;但是要向他问好,因为我对他没有恶意'"。㉞

尽管乔治·马尼阿西斯在几次战斗中都取得了胜利,但帝国对西西里的收复计划并没有取得任何实质性的结果。值得一提的是,这一时期参加征服西西里行动的有曾为帝国服务的瓦拉几亚-罗斯人兵团。斯堪的纳维亚传说中的著名冒险英雄哈拉尔德·哈德拉德(Harald Haardraade)也参加了这次战斗。到11世纪中期,帝国又开始面对新的敌人塞尔柱突厥人。它是拜占庭帝国后期的主要敌人。

这样,在马其顿王朝时期,尽管瓦西里二世死后曾有一段混乱时期,但由于约翰·库尔库阿斯、尼斯福鲁斯·福卡斯、约翰·齐米西斯和瓦西里二世的努力,帝国东部边境曾远达幼发拉底河和叙利亚。安条克也曾是拜占庭领土的一部分。这是拜占庭同东方穆斯林关系史上最辉煌的一页。

同一时期,拜占庭帝国同亚美尼亚的关系有了重要的向友好方向的发展。几世纪以来,亚美尼亚一直是罗马和波斯争夺的焦点。两大帝国自古以来为之相争不休的结果,终于使亚美尼亚于4世纪末被瓜分。其西部较小的部分和狄奥多西城(现在的埃尔祖鲁姆)归罗马帝国;东部大部分地区则落入萨珊波斯之手,而且在东方,人们称之为波斯属亚美尼亚(Persarmenia)。按照一位历

㉞ 拿西尔-伊-库斯劳:《叙利亚和巴勒斯坦游记》(*A Diary of a Journey Through Syria and Palestine*),居伊·勒斯特朗吉(Guy le Strange)译,55—56。

史学家的观点来看,亚美尼亚在政治上划分为"东、西两部分,导致在拜占庭和伊朗不同统治下的亚美尼亚人的生活在文化上产生分化"。㊳ 查士丁尼大帝在亚美尼亚进行了重要的军事和行政改革,其目的是要破坏一些残留的地方习俗,把亚美尼亚变成帝国的一个普通行省。

7世纪时,阿拉伯人征服叙利亚并击败波斯后,又占领了亚美尼亚。亚美尼亚人、希腊人和阿拉伯人的史料对此记载不一。亚美尼亚人后来利用哈里发国家内乱,无暇关注亚美尼亚事务之机,多次试图发动起义打碎新的枷锁,但这些起义受到残酷镇压。据马尔(N.Marr)说,在8世纪初,亚美尼亚完全被阿拉伯人摧毁了;"封建领主们被残酷地消灭,基督教的一切辉煌建筑均被毁于一旦,总之,几个世纪以来所有的文化成就都化为乌有"㊴。

9世纪中期,阿拉伯哈里发意识到在同拜占庭帝国的斗争中需要亚美尼亚的帮助,遂给予亚美尼亚的统治者,巴格拉提家族的阿舍特以"王中之王"(Prince of Princes)的称号。阿舍特的英明统治得到普遍认可,9世纪末哈里发又封他为国王,于是由巴格拉提王朝统治下的亚美尼亚王国正式建立起来。此消息在瓦西里一世死前不久传到拜占庭,他立刻赠给这位新王同等的荣耀,送给他一顶王冠,并且与之签订了友好的联合协议。瓦西里在信中称阿

㊳ N.阿东兹(N.Adonz):《查士丁尼时代的亚美尼亚》(*Armenia in the Epoch of Justinian*),3—4。

㊴ "高加索文化区和亚美尼亚"("The Caucasian Cultural World and Armenia"),《公众教育部杂志》,LVII(1915),313—314;见巴托尔德文章,《东方学院学报》,I(1925),467。

第六章 马其顿王朝(867—1081年)

舍特为亲爱的儿子,并使之相信在所有国家中,亚美尼亚将永远是帝国最亲密的盟友。㊲这清楚地表明,皇帝和哈里发都希望同巴格拉提王朝的阿舍特建立反对另一方的联盟。㊳

阿舍特死后带来的混乱局面迫使穆斯林干涉亚美尼亚内部事务。仅在10世纪早期"铁腕"("the Iron")阿舍特二世的统治时期,㊴亚美尼亚才在拜占庭军队和伊庇利亚(即格鲁吉亚)国王的帮助下,在一定程度上清除了国土上的阿拉伯人。阿舍特二世亲自访问了君士坦丁堡罗曼努斯·雷卡平的宫廷,并受到凯旋式的欢迎。他是第一位获得"沙赫"(Shahinshah,即"王中之王")称号的亚美尼亚国王。他的后继者阿舍特三世在10世纪后半期正式迁都到阿尼,此后又在那里建了许多宏伟的建筑物,后该城发展成为一个繁华的文明中心。直到第一次世界大战以前,俄罗斯的境内还保存着阿尼旧城的废墟,俄罗斯学者马尔在此地进行了大量的考古发掘,并取得了辉煌的成果,它不仅从总的方面有利于对亚美尼亚史和高加索人民的文明进行研究,而且它清楚地表明了拜占庭对基督教东方的影响。

由塞尔柱突厥人入侵所造成的亚美尼亚内部纷争迫使瓦西里

㊲ 让·加特力克斯(Jean Catholicos):《亚美尼亚历史》(Histoire d' Arménie),A.J.圣马丁(A.J.Saint-Martin)译,126。

㊳ 瓦西列夫:《拜占庭与阿拉伯人》,83—84;J.劳伦特:《自阿拉伯征服到886年处于拜占庭和穆斯林之间的亚美尼亚》(L' Arménie entre Byzance et l' Islam depuis la conquête arabe jusqu' en 886),282—283。格鲁塞(Grousset):《亚美尼亚史》(Histoire de l' Amenie)(巴黎,1947年),394—397。

㊴ 关于这一时期的情况,见任西曼《皇帝罗曼努斯·雷卡平及其统治》,125—133、151—174。

二世在结束了对保加利亚战争后转而维护自己的统治地位。于是，亚美尼亚的一部分归属于帝国，另一部分则被置于附庸的地位。帝国东方边境的这一新的扩展，是这位年迈的皇帝在其积极而卓有成就的统治时期取得的最后一次军事胜利。[40] 为此，君士坦丁堡为瓦西里举行了盛大的入城凯旋式。11 世纪 40 年代，在君士坦丁九世摩诺马赫统治下，亚美尼亚的新都阿尼被拜占庭帝国接管，从而结束了巴格拉提王朝的统治。该王朝的最后一位统治者被带到君士坦丁堡。在那里，作为他在卡帕多西亚失去的王国的补偿，他得到了一笔养老金和博斯普鲁斯海峡上的一处宫殿。然而拜占庭帝国并不能维持在亚美尼亚的统治，亚美尼亚人对于中央政府的行政统治和宗教政策极度不满。此外，驻亚美尼亚的拜占庭军队大部分被召回到欧洲保卫君士坦丁·摩诺马赫，先是被他用来镇压利奥·托尼基奥斯（Leo Tornikios）的叛乱，后来又被用来抵抗帕齐纳克人（Patzinaks，亦称佩彻涅格人[Pechenegs]）的进攻。突厥人借此机会逐渐蚕食吞并了亚美尼亚。

拜占庭帝国同保加利亚和马扎尔人的关系

马其顿王朝统治时期与保加利亚的关系对帝国而言是极其重

---

[40] J.劳伦特（J.Laurent）：《1081 年以前西亚地区的拜占庭与塞尔柱突厥人》（*Byzance et les Turcs Seldjoucides dans l'Asie occidentale jusqu'en 1081*），16—18。关于这次瓦西里征伐亚美尼亚的详细情况及瓦西里与阿拔斯人及伊庇利亚人之间的关系，见 G.施伦伯格（G.Schlumberger）《10 世纪末期拜占庭的辉煌业绩》（*L'Épopée Byzantine a la fin du dixième siècle*），II，498—536。格鲁塞：《亚美尼亚史》，547—580。

第六章 马其顿王朝(867—1081年)

要的。尽管在保加利亚王西梅恩统治时期,保加利亚成为拜占庭帝国的劲敌,甚至威胁到帝国的首都和皇帝的权力,但马其顿王朝还是彻底地使这个王国屈服于帝国,并成为拜占庭的一个行省。

瓦西里一世统治时期,帝国同保加利亚国家保持着和平关系。迈克尔三世死后,保加利亚教会和希腊教会之间关于恢复联合的谈判取得了可喜成果。鲍里斯国王甚至送他的儿子西梅恩到君士坦丁堡接受教育。这种友好关系对双方都有利。瓦西里在解除了北方威胁后,便倾其全力在小亚细亚腹地同东方的阿拉伯人和意大利的西方穆斯林进行斗争。鲍里斯则需要和平以致力于国家内部建设,该王国此时接受了基督教不久。

利奥六世继位(886年)以后,由于关税上的争端使保加利亚的贸易受到严重损害,双方的和平关系遭到破坏。当时保加利亚的统治者是鲍里斯的儿子、著名的国王西梅恩。他"对知识的热爱使他反复阅读古人的作品"[41],他为其王国的文化教育事业发展做了许多事情。他要实现其宏伟的政治目标需要拜占庭帝国付出代价。利奥六世意识到他没有能力同西梅恩对抗,因为拜占庭军队正忙于同阿拉伯人交战,故而寻求野蛮的马扎尔人的帮助。后者同意从北部突袭保加利亚以分散西梅恩对拜占庭边境的注意力。

这是欧洲历史上极其重要的时刻。在9世纪末,马扎尔人(Hungarians,Ugrians;拜占庭史料常称其为突厥人,西方史料有

---

[41] 尼古拉斯·米斯提克斯(Nicholas Mystici):《书信集》(*Epistola*),XX;米涅编:《希腊教父文献全集》,CXI,133。

时称其为阿瓦尔人㊷)第一次卷入欧洲国家的国际关系之中。正如格罗特(C.Grot)所指出的:"以最文明的国家拜占庭的一个同盟者身份首次出现在欧洲军事舞台上的,是马扎尔人。"㊸在开始时的几次交战中,西梅恩被马扎尔人击败,但西梅恩显示出其应付紧急情况的才能,他一方面与拜占庭谈判以赢得时间,乘机赢得了帕齐纳克人与之联手。在帕齐纳克人的帮助下,他打败了马扎尔人,并迫使他们向北退至多瑙河中游一带,即后来他们建立了国家的地区。获胜后,西梅恩又向拜占庭进攻。在一次决定性的战斗胜利后,他抵达君士坦丁堡城下。失败了的皇帝与西梅恩议和,保证不再与保加利亚为敌,并且每年送贵重礼品给西梅恩。

在904年阿拉伯人包围、掠夺了萨洛尼卡之后,西梅恩迫切希望将这一城市并入他的王国。利奥六世只是以割让其国土上其他地区领地的方式才使西梅恩的这一愿望没有得逞。保加利亚和拜占庭帝国在904年所立的界碑仍然存在,碑上刻有两国间的协议,㊹对此,保加利亚历史学家兹拉塔尔斯基(Zlatarsky)评论道:

㊷ 关于马扎尔人的起源问题十分复杂,很难确定他们究竟起源于芬-乌格尔人还是突厥人。见J.B.柏里《东罗马帝国史》,III,492;《剑桥中世纪史》,IV,194—195。J.莫拉弗斯齐克(J.Moravcsik):"匈牙利人的起源问题研究"("Zur Geschichte der Onoguren"),《匈牙利年鉴》(*Ungarische Jahrbücher*),X(1930),86、89。C.A.马卡特尼(C.A.Macartney):《9世纪的马扎尔人》(*The Magyars in the Ninth Century*),176—188。我还没有读过J.齐涅(Szinnyei)所著的《匈牙利人的起源问题,其语言和文化》(*Die Herkunft der Ungarn,ihre Sprache und Urkultur*)。

㊸ 《自9世纪到10世纪初的摩拉维亚和马扎尔人》(*Moravia and Magyars from the Ninth Until the Beginning of the Tenth Centuries*),291。

㊹ Th.I.乌斯宾斯基:"财政官西梅恩时期拜占庭与保加利亚边界上的界碑"("The Boundary Stone between Byzantium and Bulgaria under Simeon"),《君士坦丁堡俄罗斯考古学院学报》,III(1898),184—194。

第六章 马其顿王朝(867—1081年)

"根据这一协议,此前一直属于拜占庭帝国的马其顿南部和阿尔巴尼亚南部的所有斯拉夫土地,从此时开始(904年)成为保加利亚王国的一部分,换句话说,由此条约,西梅恩将巴尔干半岛上的斯拉夫人均统一在保加利亚王权之下,这些斯拉夫人奠定了保加利亚国家最根本的形态。"[45] 从该条约签署到利奥统治结束,保加利亚和拜占庭帝国再也没有发生冲突。

从利奥六世去世到927年保加利亚国王西梅恩去世,在拜占庭帝国与保加利亚国家之间几乎是连年战争,西梅恩极其渴望攻克君士坦丁堡。牧首尼古拉斯·米斯提克斯曾送给他一封"不是用墨而是用泪水"[46]写成的乞怜信,但仍无济于事。牧首也曾试图威胁西梅恩,告诉他帝国将同罗斯人、帕齐纳克人、阿兰人和西突厥人,即马扎尔人和匈牙利人结盟。[47] 但西梅恩非常清楚这种计划中的联合是不可能实现的,因此这些威胁对他不能奏效。保加利亚军队数次击败希腊人,特别是917年的战斗,希腊损失惨重,当时拜占庭军队驻扎在靠近安奇阿鲁斯(Anchialus,在色雷斯)的阿奇鲁斯(Achelous)河边。历史学家助祭利奥在10世纪末期参观了这一战争的遗址,他写道:"直到现在,人们在安奇阿鲁斯还能

---

[45] "在修辞学家和廷臣财政官西梅恩编年史中对于保加利亚人的记载"("Accounts of the Bulgarians in the Chronicle of Simeon Metaphrastes and Logothete"),《民间传说、科学教学汇编》(*Sbornik za narodni umotvoreniya, nauka I knizhnina*),XXIV(1908),160。亦见兹拉塔尔斯基《中世纪保加利亚国家史》,I(2),339—342。

[46] 尼古拉斯·米斯提克斯:《书信集》,V;米涅编,《希腊教父文献全集》,CXI,45。

[47] 尼古拉斯·米斯提克斯:《书信集》,XXIII,米涅编《希腊教父文献全集》,CXI,149—152。

看到成堆的遗骨,罗马军队在这里企图溃逃,却耻辱地被砍成碎片。"㊽阿奇鲁斯战役之后,通向君士坦丁堡的大门向西梅恩打开了。但918年,保加利亚军队却忙于应付塞尔维亚战事。㊾ 919年,机智而精力充沛的海军将军罗曼努斯·雷卡平称帝。同时,保加利亚军队急速南下抵达达达尼尔海峡㊿,并于922年占领了亚得里亚堡(Odrin)。这样,保加利亚军队一方面意欲出兵希腊中部,另一方面则指向君士坦丁堡城下,并扬言随时可能将其占领。皇帝在郊外的宫殿被烧毁。同时,西梅恩企图同非洲的阿拉伯人结成联盟,共同攻击君士坦丁堡。除君士坦丁堡和萨洛尼卡以外,整个色雷斯和马其顿都处于保加利亚的控制之下。君士坦丁堡的罗斯考古所在保加利亚东北阿帕巴(Aboba)附近的考古发掘中挖掘出几根石柱,它们是用于建造保加利亚王宫附近大教堂的;它们的历史意义在于上面刻有西梅恩征服过的拜占庭城市的名称。由于他在巴尔干半岛上拥有了曾经属于拜占庭的大部分领土,所以西梅恩自称为"保加利亚人和希腊人的皇帝"。

923年或924年,罗曼努斯·雷卡平和西梅恩在君士坦丁堡

㊽ 《历史》,Ⅶ,2;波恩版,124。

㊾ 关于10世纪前半期的拜占庭和塞尔维亚,见C.吉莱切克(C.Jireček)《塞尔维亚史》(Geschichte der Serben),Ⅰ,199—202。F.西齐克(F.Šišic):《克罗地亚史》(Geschichte der Kroaten),Ⅰ,127—129、140—143。S.斯坦耶维奇(S.Stanojević):《塞尔维亚人民史》(History of the Serbian People)(第3版,1926年),52—53。

㊿ 兹拉塔尔斯基:《中世纪保加利亚国家史》,Ⅰ(2),412(920年)。任西曼:《皇帝罗曼努斯·雷卡平及其统治》,87(919年)。亦见任西曼《第一保加利亚帝国史》,163(其中没有提到达达尼尔海峡)。

城下举行了历史上著名的会晤。皇帝乘游艇先到,西梅恩则自陆路来。两位君主彼此问候后,开始会谈,罗曼努斯当时的谈话记录被保留下来。(51) 会谈在某种意义上达成了停战协议,虽然罗曼努斯必须付给西梅恩年贡,但协议条款并不苛刻。考虑到新形成的塞尔维亚王国的威胁,西梅恩也不得不从君士坦丁堡撤军。此时塞尔维亚王国正在同拜占庭谈判。而西梅恩同阿拉伯人的谈判却并没有获得令人满意的结果。后来他又重新组织一次对君士坦丁堡的进攻,却遗憾地死于备战期间(927 年)。

保加利亚的领土在西梅恩时代大肆扩张,从黑海沿岸到亚得里亚海沿岸;从多瑙河下游至色雷斯和马其顿中部,远及萨洛尼卡。由于这些成就,西梅恩的名字对于斯拉夫统治者企图取代巴尔干半岛上的希腊人的统治的第一次尝试具有重要意义。

温和的彼得继承了西梅恩的王位,并与帝国联姻建立了联系。帝国与他所签订的和平协议承认了他的王位,也承认了西梅恩所建立的保加利亚主教区。两国的和平大约持续了四十年。在保加利亚人的一系列辉煌胜利之后,此和平条约对拜占庭很有利,“实际上可以认为保加利亚已衰落了”(52)。这一条约体现了罗曼努 319
斯·雷卡平英明政策的真正成功。西梅恩时代的“大保加利亚”在彼得统治下因内部纷争而分裂。随着保加利亚政治势力的衰落,

(51) 狄奥凡尼的续作者:《历史》,波恩版,408—409。《廷臣西梅恩》,波恩版,737—738。见兹拉塔尔斯基《中世纪保加利亚国家史》,I,(2),464—469,特别是 467 页注 1,提到了有关资料。任西曼:《皇帝罗曼努斯·雷卡平及其统治》,90—93、246—248(924 年)。

(52) 任西曼:《皇帝罗曼努斯·雷卡平及其统治》,100。

马扎尔人和帕齐纳克人于934年侵入色雷斯,并深入到君士坦丁堡。943年,他们再次出现在色雷斯。罗曼努斯·雷卡平同他们缔结了五年和平条约,在他死后,该条约又被重订并持续到君士坦丁·波菲罗杰尼图斯统治时期结束。㊿ 到10世纪后半期,马扎尔人对巴尔干半岛又进行了数度入侵。保加利亚的衰落十分有利于拜占庭帝国。尼斯福鲁斯·福卡斯和约翰·齐米西斯与保加利亚人进行了不断的斗争,并由于尼斯福鲁斯·福卡斯的邀请,得到罗斯大公斯维亚托斯拉夫(Sviatoslav)的援助。罗斯军队在保加利亚的胜利把斯维亚托斯拉夫带到帝国边境,这令帝国皇帝深感不安。因为罗斯军队后来已推进到拜占庭的领土上了。一位早期罗斯编年史家说,斯维亚托斯拉夫"几乎到达了帝都(Tzargrad)(君士坦丁堡)城下"。㊾ 约翰·齐米西斯以保护保加利亚免遭新征服者蹂躏为借口率领大军抗击罗斯人。他打败了斯维亚托斯拉夫,征服整个东部保加利亚,并俘获保加利亚全部王室成员。这样,在约翰·齐米西斯时代帝国完成了对东部保加利亚的合并。

约翰·齐米西斯死后,保加利亚人利用帝国内乱举行起义反对拜占庭统治。这一时期的杰出领导人是西部保加利亚的统治者萨穆尔(Samuel),他可能是新王朝的创建者,"也是第一保加利亚

㊿ J.马尔卡特(J.Marquart):《东欧与东亚的斗争》(*Osteuropäische und ostasiatische Streifzüge*),60—74(谈到934年的入侵)。任西曼:《皇帝罗曼努斯·雷卡平及其统治》,103—108。

㊾ 《拉弗连季编年史》(*Laurentian Chronicle*),在971年条目下。

第六章 马其顿王朝(867—1081年)

帝国杰出的统治者之一"[55]。瓦西里二世同萨穆尔的长期斗争对拜占庭帝国不利,因为拜占庭的主要军力都在东方。萨穆尔征服了许多地区并自称保加利亚国王。直到11世纪早期,局势才转而有利于瓦西里。他对待保加利亚人是如此残酷,以至于得到"保加利亚人的屠夫"("Bugaroctonus")的绰号。当萨穆尔看到14,000名保加利亚人被瓦西里二世弄瞎,并送回故土时,这可怕的场景使他受惊而死。萨穆尔于1014年死后,保加利亚人根本无力反抗希腊人,不久就被拜占庭帝国征服。1018年,第一保加利亚王国灭亡,成为拜占庭帝国的一个行省,被帝国官员所统治,但保留了一定程度的内部自治权。

约在11世纪中期,在彼得·德里彦(Peter Delyan)领导下,保加利亚爆发了反对拜占庭帝国的起义,后被镇压,保加利亚的自治权也被取消。在拜占庭统治时期,希腊文化逐渐渗入到保加利亚人居住的地区,但保加利亚人仍是一个独立的民族,到12世纪第二保加利亚王国成立时达到极盛。

据奥地利史学家记载:"1018年保加利亚王国的衰落是11世

---

[55] 见兹拉塔尔斯基对萨穆尔行动的热情赞扬《中世纪保加利亚国家史》,I(2),742—743。关于萨穆尔,亦见任曼《第一保加利亚帝国》,241—243。东、西保加利亚的情况在当时是有争议的,而且提出了十分复杂的问题。有一种猜测,认为约翰·齐米西斯征服了整个保加利亚帝国,包括其西部和东部,而且只是在他死后,拜占庭的内部矛盾,萨穆尔在西保加利亚起义,成功地建立了他的斯拉夫-马其顿帝国。见D.阿纳斯塔西耶维奇(D.Anastasijeveić)"关于西保加利亚情况的假说"("A Hypothesis of Western Bulgaria"),《斯科普里社会科学学报》(Bulletin de la Société Scientifique de Skoplje),III(1927),1—12;法文著作见梅朗·乌斯宾斯基的作品。亦见 J.伊凡诺夫(J.Ivanov)"萨穆尔皇帝的家系起源"("The Origin of the Family of the Tsar Samuel"),《纪念 V.N.兹拉塔尔斯基》(Volume in Honor of V.N.Zlatarsky),55。

纪,也是整个中世纪最重要、最具有决定性的事件。罗马帝国(拜占庭)再次崛起,其领土扩展至亚得里亚海与黑海之间、多瑙河至伯罗奔尼撒半岛南端的广大地区。"㊱

拜占庭帝国与罗斯

马其顿王朝时期,罗斯同拜占庭的关系相当活跃。据罗斯编年史家记载,智者利奥六世统治期间,罗斯大公奥列格(Oleg)在907年率水军出现在君士坦丁堡城下,在大肆掠夺该城市郊并杀了许多人之后,奥列格迫使拜占庭皇帝同他谈判并达成协议。尽管在拜占庭、西方、东方的史料中至今仍没有发现有关这次远征的记载和奥列格的名字,但罗斯编年史家的近乎传说的详细记载却是以历史事实为基础的。907年草签的协议很可能在911年的正式协议中得到承认。据这位古时的罗斯史家的记载,该条约给罗斯人提供了重要的商业特权。㊲

㊱ K.R.冯霍费勒尔(K.R.von Hüfler):《关于斯拉夫历史领域的论题》(*Abhandlungen aus dem Gebiete der slavischen Geschichte*),I,229。

㊲ G.奥斯特洛戈尔斯基:"奥列格大公对君士坦丁堡的征伐"("L'espédition du prince Oleg contre Constantinople"),《康达可夫研究院年鉴》,XI(1940),47—62。奥斯特洛戈尔斯基全面地再次证实了奥列格的远征是一件历史真实。我特别强调我的观点,是因为,在目前,关于罗斯早期历史的研究再次进入了一个重要时期。在西欧一些著名的学者中,有一股刻意求实之风。他们判断奥列格是一个传说中的人物,对君士坦丁堡的入侵也是"传说中的"。他们假定罗斯的信史只是在941年,罗斯大公伊戈尔进攻君士坦丁堡时才开始;此前的所有资料都被视为带有某种寓言故事性质的传说。见 H.格雷古瓦"关于奥列格的传说及伊戈尔远征"("La légende d'Oleg et l'expédition d'Igor"),《比利时皇家学院古典文献学通报》(*Bulletin de la classe des letters de l' Académie Royale de Belgique*),XXIII(1937),80—94。由于篇幅所限,此处不能一一列举持此类观点的作者的名字。瓦西列夫:"罗斯人第二次攻击君士坦丁堡"("The Second Russian Attack on Constantinople"),《顿巴登橡树园研究文集》,VI(1951),161—225。

第六章 马其顿王朝(867—1081 年)

助祭利奥的著名历史是 10 世纪后半期最有价值的资料,其中有一段记述,即使现在也可被视为希腊资料中发现的唯一关于奥列格和议的线索,但却没得到应有的重视。这就是助祭利奥所记述的、约翰·齐米西斯对斯维雅托斯拉夫的威吓:"我希望你不要忘记你父亲伊戈尔的失败;他撕毁了誓约($τάς$ $ἐνόρκους$ $σπονδάς$),率大军和水军从海上进攻帝国城市。"[58]这里的"誓约"是指伊戈尔即位以前帝国与罗斯所签的和约,必定就是俄罗斯编年史家所记的奥列格的协议。拜占庭史料记载,从 10 世纪早期起就有附属于拜占庭的罗斯军队,911 年协议的相应条款中(如同罗斯编年史家所记载的那样),也规定,如果罗斯人愿意,可以参加拜占庭帝国的军队。[59]将以上两种资料对比起来看,将是很有趣的。

1912 年,一位美国犹太学者舍赫特(Schechter)将 10 世纪有关卡扎尔人-罗斯人-拜占庭人关系的犹太文中世纪零散资料编辑起来并译成英文。这一文献的特别重要之处在于它提到了"罗斯国王 Helgu(即奥列格)"的名字以及有关他的一些新资料,他远征

---

[58] 《历史》,VI,10;波恩版,106。见兰姆波德(Lambaud)《10 世纪的希腊帝国》(*L'Empire grec au dixième siècle*),371。A.库尼克(A.Kunik):《关于托帕库斯·哥提库斯的报告》(*On the Report of the Toparchus Gothicus*),87;M.苏祖莫夫(M.Suzumov):"关于助祭利奥和斯齐利特斯的资料"("On the Sources of Leo the Deacon and Scylitzes",《拜占庭评论》(*Vizantiyskoe Obozrenie*),II,1(1916 年),165。

[59] 瓦西列夫:《拜占庭与阿拉伯人》,II,166—167。

君士坦丁堡失败就是其中之一。⑩ 此文献中所存在的年代学和地理学上的难点仍处于研究的初期阶段,因而还难以对其过早地做出明确的判断。但无论如何,此文献的公开促使人们对古老的罗斯编年史中奥列格的历史加以重新审视。

在罗曼努斯·雷卡平时期,罗斯大公伊戈尔两次进攻帝都。他的名字不仅被载入罗斯史料之中,而且也被保留在希腊文和拉丁文史料之中。他在941年的首次进攻中,率领庞大的水军驶往黑海的比提尼亚沿岸和博斯普鲁斯海峡。罗斯人在此海岸大肆掠夺,并沿着该海峡的亚洲一岸向赫里索波利斯(Chrysopodis,现在的斯库塔里,面对君士坦丁堡)进军。伊戈尔的这次远征以彻底失败告终,大批罗斯水手被希腊火摧毁,残余的水军则逃回北方,被希腊人俘获的罗斯战俘被处死。

---

⑩ S.舍赫特:"一份未知的卡扎尔人文献"("An Unknown Khazar Document"),《犹太季评》(*Jewish Quarterly Review*),N.S.III(1912—1913),181—219;提到 Helgu 一名是在 217—218。见 P.C.科科弗佐夫(Kokovtzov)"关于10世纪卡扎尔人和卡扎尔-罗斯-拜占庭关系的犹太新文献"("A New Jewish Document on the Khazard and the Khazaro-Russo-Byzantine Relations in the Tenth Century"),《公众教育部杂志》,XLVIII(1913),150—172。科科弗佐夫:"对于剑桥和牛津所存犹太-卡扎尔手稿的注释"("A Note on the Judeo-Khazar Manuscripts at Cambridge and Oxford"),《苏联社会科学院论坛》(*Comptes-rendus de l'Académie des Sciences de l'Union des Républiques Soviétiques Socialistes*)(1926),121—124。对于此文献的新的解释,见 V.A.莫施因(V.A.Moshin)"再论新发现的卡扎尔文献"("Again on the Newly Discovered Khazar Document"),《塞尔维亚、克罗地亚和斯洛文尼亚王国的俄罗斯考古学会报告》(*Publications of the Russian Archaeological Society in the Kingdom of Serbs, Croats, and Slovenes*),I(1927),41—60;作者在此处否认提到的名字是奥列格,并将该文献揭示的资料归于晚些时候,即943—945年发生的历史事件。关于此文献的新的俄文译本是科科弗佐夫所译的《10世纪的希伯来-卡扎尔文献》(*A Hebrew-Khazar Correspondence of the Tenth Century*),XXVI—XXXVI,113—123。

第六章 马其顿王朝(867—1081年)

944年,伊戈尔开始他的第二次远征,其规模远远超过前一次。罗斯编年史家记载,伊戈尔组织了由"瓦拉几亚人、罗斯人、波良人(Poliane)、斯拉夫人、克里维齐人(Krivichi)、提沃尔齐人(Tivertsy)和帕齐纳克人"组成的大军。[51]拜占庭皇帝对伊戈尔的备战规模感到恐慌,遂派自己的最好的一些贵族(boyars,波雅尔)担任使节去伊戈尔和帕齐纳克人那里,送给他们贵重礼物,并承诺伊戈尔将给他与奥列格所获的同样数量的年贡。尽管如此,伊戈尔还是向君士坦丁堡挺进。但是当他行进到多瑙河岸时,他与自己的亲兵们(Druzhina)商量后,决定接受帝国提出的条件,返回基辅。第二年,希腊人与罗斯人签订了条约。与奥列格的条款相比,这次罗斯人在该条约中所获较少。这一和平协议据说将"与日月同存,与天地共在"。[52]

该条约所议定的友好关系在君士坦丁七世波菲罗杰尼图斯在位时的957年表现得尤为突出。这一年,俄罗斯女大公奥尔加(Olga,即Elga)来到君士坦丁堡,受到皇帝、皇后及王储的热烈欢

---

[51] 波良人、克里维齐人和提沃尔齐人是东斯拉夫人的东方支系的部族,他们生活在第聂伯河及其支流沿岸和德聂斯特河沿岸。

[52] 见《拉弗连季编年史》,945年的条目下(接近该协议签订的时期)。A.沙赫马托夫(A.Shakhmatov):《往年纪事》(*The Story of the Current Times*),I,60;英文版,S.H.克罗斯(S.H.Cross):《俄罗斯早年编年史》(*The Russian Primary Chronicle*),160—163;关于拜占庭和罗斯之间的协议存在着许多文献,特别是以俄文记录的文献。见瓦西列夫《拜占庭和阿拉伯人》,II,164—167、246—249、255—256。J.库里斯切尔(J.Kulischer):《俄罗斯经济史》(*Russische Wirtschaftsgeschichte*),I,20—30;K.帕尔托娃(K.Bártová):"941年伊戈尔对帝都的远征"("Igor's Expedition on Tsargrad in 941"),《拜占庭斯拉夫杂志》(*Byzantinoslavica*),VIII(1939—1946),87—108。

迎。关于欢迎她的详情记载在10世纪名著《拜占庭宫廷礼仪》(63)
323 中。尼斯福鲁斯·福卡斯与约翰·齐米西斯同罗斯大公斯维亚托斯拉夫的关系在前文对保加利亚战争的有关叙述中则已经讨论了。

“保加利亚人的屠夫”瓦西里二世与罗斯大公弗拉基米尔(Vladimir)的关系更为重要，后者的名字与罗斯人接受基督教紧密相联。10世纪最后十年，皇帝及其王朝都处于危急之中。反对瓦西里的起义领袖巴尔达斯·福卡斯几乎赢得了整个小亚细亚的支持并逼近首都；与此同时，帝国北部行省则处于保加利亚人入侵的威胁之中。瓦西里向北方的弗拉基米尔请求帮助，与他建立了同盟关系，条件是，弗拉基米尔派6,000名士兵帮助瓦西里，瓦西里将其妹安娜公主嫁给弗拉基米尔，同时，弗拉基米尔还须接受并向其民众传播基督教。这样，在辅助的罗斯军团即所谓“瓦拉几亚人-罗斯人亲兵团”的帮助下，巴尔达斯·福卡斯的叛乱被镇压，领导者被处死。可是瓦西里显然不愿意履行诺言来安排他妹妹安娜与弗拉基米尔的婚事。于是罗斯大公包围并占领了拜占庭帝国在克里米亚的重镇克尔松(Chersonesus，或 Korsun)，强迫瓦西里屈服，以履行他的诺言。弗拉基米尔终于受洗并同拜占庭公主安娜结了婚。至于罗斯人的皈依基督教发生在988年还是989年，并没有定论。有的学者认为是前者，也有的承认后者。此后在罗斯和拜占庭帝国之间建立了和平、友好的关系，并持续了相当长的时

(63) 君士坦丁·波菲罗杰尼图斯：《拜占庭宫廷礼仪》，II，15；波恩版，594—598。亦见克罗斯《俄罗斯早年编年史》，168—169。

间。在两国之间进行着广泛的自由贸易。

据君士坦丁·摩诺马赫统治时期的史料记载,1043年,君士坦丁堡的"斯基泰(Scythian)商人"(即罗斯人)和希腊人发生了争执,一名罗斯贵族在争执中被杀。[64] 这可能是被罗斯人用来发动对拜占庭帝国战争一个充足理由。罗斯大公智者雅罗斯拉夫派他的长子弗拉基米尔率领大批船只和军队前往拜占庭海岸。罗斯水军几乎被帝国军队用希腊火彻底歼灭,余部仓慌撤退。[65] 这是中世纪史上罗斯人对君士坦丁堡的最后一次进攻。由于突厥部族波罗伏齐人于11世纪中叶以后出现在今俄罗斯南部的大平原上,使这一地域的民族成分发生了变化,俄罗斯与拜占庭不可能再有直接的关系。

帕齐纳克问题

11世纪,希腊史料中的帕齐纳克人,或是罗斯编年史家笔下的佩切涅格人,在相当长的时间内极大地影响着帝国的命运。甚至在第一次十字军东征以前不长的一段时间内,帕齐纳克人的短暂而野蛮的历史还——仅一次——在世界历史中扮演了相当重要的角色。

---

[64] 乔治·塞得里努斯(Georgii Cedreni):《历史概要》(*Historiarum compendium*),波恩版,II,551。

[65] 我们的主要资料来自迈克尔·塞勒斯的《编年史》(*Chronographia*),C.萨塔斯编,《未编辑出版过的中世纪希腊文献目录》(*Documents inedits velatifs à L' histoire de Grèce au moyen áge*)(以下简称《中世纪希腊文献目录》),IV,143—147;E.雷诺德(Renauld)编,II,8—13。乔治·塞德里努斯《历史概要》,波恩版,II,551—555。见V.G.瓦西列夫斯基《著作集》,I,303—308。施伦伯格《拜占庭的业绩》,III,462—476。

拜占庭帝国很早就知道了帕齐纳克人。约在9世纪的某一时期,帕齐纳克人就定居在现在的瓦拉几亚地区、多瑙河下游的北部以及罗斯南部平原上。因此,它的领土自多瑙河下游伸展到第聂伯河沿岸之间,有时还能超出这一界限。它在西部与保加利亚王国的边界是确定的,但在东部却没有明确的疆界,因为帕齐纳克人总是不断受到其他野蛮游牧部落,尤其是乌齐人(Uzes)、库曼人(Cumans)或波罗伏齐人的压力而向西退却。帕齐纳克人、乌齐人和库曼人都起源于突厥部族,因而是塞尔柱突厥人的同族,而后者在11世纪就开始威胁拜占庭在小亚的领地。现在残存的库曼语词典清楚地表明库曼人或波罗伏齐人的语言同其他突厥部族的语言极其相近,双方只是在方言上有所不同。在随后的历史发展中,帕齐纳克人与塞尔柱人的亲缘关系是极其重要的。

拜占庭统治者把帕齐纳克人当作自己最重要的北方邻居,因为它是保持帝国同罗斯人、马扎尔人和保加利亚人之间均势的基本因素。君士坦丁·波菲罗杰尼图斯在其写于10世纪的著作《论帝国行政》一书中对帕齐纳克人颇费了一些笔墨。他还把这本书送给他的儿子——王位的继承者罗曼努斯,建议罗曼努斯为了帝国的利益,首先要同帕齐纳克人保持和平、友好的关系。只要帕齐纳克人与帝国保持友好关系,罗斯人、马扎尔人、保加利亚人就不能进攻帝国。君士坦丁在这本书中所记载的许多情况证明帕齐纳克人充当了帝国在克里米亚地区(克尔松军区)同罗斯人、卡扎尔人和其他邻国进行贸易的商业中介。⑯ 所以10世纪的帕齐纳克

---

⑯ 君士坦丁·波菲罗杰尼图斯:《论帝国行政》,67—74;莫拉弗齐克-詹金斯(Moravesik-Jenkins)编,48—56。

人不论在政治上还是在经济上,对帝国都是十分重要的。

10世纪后半期和11世纪早期,情况有了变化。约翰·齐米西斯征服了东保加利亚,瓦西里二世继续征服直到将整个保加利亚纳入帝国统治。以前的保加利亚处于帝国和帕齐纳克人之间,现在,帕齐纳克人则成为帝国的直接邻国。帝国的这些新邻居帕齐纳克人强大势众、富有侵略性,帝国难以抗拒在波罗伏齐人压力下引起的帕齐纳克人的猛攻。11世纪的教会作家、保加利亚的塞奥菲拉克特(Theophylact)谈到了他称之斯基泰人的帕齐纳克人的入侵:"他们的进攻快似闪电;他们的撤退笨重但却同样迅速;沉重的掠夺品并不能影响他们的速度……更可怕的是他们人数众多,远胜于春天的蜂群,没有人能说得清那是几千、几万,他们的数量无以计数。"⑰显然在11世纪中期以前,帝国并没有理由畏惧帕齐纳克人,但到了11世纪中期,当他们越过多瑙河以后,形势就变得危险了。

V.G.瓦西列夫斯基是众多历史学家中清楚地阐明帕齐纳克人重要历史地位的第一人。1872年,他写下了帕齐纳克人对拜占庭领土入侵的情况:"这一事件对人类历史意义重大,但却被现在的史学著作所忽略。其后果几乎同引起民族大迁徙的西哥特人越过多瑙河一样重要。"⑱

君士坦丁·摩诺马赫(1042—1055年在位)把保加利亚的一些地区划给帕齐纳克人居住,并把多瑙河沿岸的三个重要堡垒给

---

⑰ 《致皇帝阿列克修斯·科穆宁的演说》(*Oratio in Imperatorem Alexium Comnenum*);米涅编,《希腊教父文献全集》,CXXVI,292—293。

⑱ "拜占庭和帕齐纳克人"("Byzantium and the Patzinaks"),《著作集》,I,7—8。

了他们,以使他们能保护帝国领土不受居住在对岸的同族人的进攻。抵抗罗斯大公们的进犯成为帕齐纳克人定居者的职责。

但是在多瑙河北岸的帕齐纳克人仍然持续南下。在入侵早期,有大批人渡过多瑙河(一些史料认为有800,000人)[69]来到亚得里亚堡,而少部分人到达君士坦丁堡。但君士坦丁·摩诺马赫的军队能够阻击这群人并且给他们以沉重打击。到君士坦丁统治末期,抵制帕齐纳克人的入侵则更为困难了。拜占庭皇帝组织了一次征讨,但全军覆没。"在这个可怕的屠杀之夜,溃败的拜占庭军团几乎没有任何抵抗就被野蛮人所歼灭;只有少部分人通过某种方法得以逃生,来到亚得里亚堡。以往所有的胜果都丧失殆尽。"[70]

这次彻底失败使帝国无力再组织同帕齐纳克人的新的斗争,皇帝不得不出高价购买和平。他的厚礼诱使帕齐纳克人允诺和平地住在巴尔干半岛北部各省境内。帝国也授予帕齐纳克人王公们以拜占庭宫廷显贵的头衔。这样,在马其顿王朝后期,尤其在君士坦丁·摩诺马赫时期,帕齐纳克人成为帝国北部最危险的敌人。

帝国与意大利及西欧的关系

这一时期意大利发生的主要事件是阿拉伯人在西西里和南意大利获得的成功。在9世纪中期,圣马可共和国(即威尼斯)彻底摆脱了拜占庭帝国的束缚,成为一个独立的国家。帝国与这个新

---

[69] 乔治·塞得里努斯:《历史概要》,波恩版,585。
[70] 瓦西列夫斯基:"拜占庭和帕齐纳克人",《著作集》,I,24。

国家后来在相互尊重各自独立自主权的前提下进行了一系列谈判,如在瓦西里一世时期所做的。9世纪时,他们在许多方面,如在同入侵的西阿拉伯人和亚得里亚海沿岸的斯拉夫人斗争方面有着共同利益。

从瓦西里一世开始,他与路易二世之间的主要通信被保存下来。从信中可以看出这两个统治者就路易二世所采用的帝号是否合法的问题展开了激烈的讨论。因而,直到9世纪后半期,800年的加冕结果仍然是一个敏感事件。尽管一些史学家断言路易二世给瓦西里的信是伪造的,[71]但近代的史学家并不认可[72]。瓦西里同路易二世结盟的企图失败了。但在他统治末期,拜占庭对巴里和塔兰图姆的占领及尼斯福鲁斯·福卡斯在南意大利对阿拉伯人的胜利都增强了拜占庭在意大利的影响。意大利的小块领地,如那不勒斯公爵领地、贝尼文托、斯波莱托、萨莱诺公爵领地以及其他公国,对待帝国的态度总是视帝国与阿拉伯人战争的进程而定。教宗约翰八世由于充分认识到阿拉伯人对罗马的威胁,所以无视最近同东方教会的分裂,仍积极同瓦西里一世谈判。为了实现与东方帝国结成政治上的同盟,教宗表明他随时准备做出许多让步。有些学者甚至提出秃头查理死后(877年),西方皇位空缺了三年

---

[71] 见 M.阿玛利(M.Amari)《西西里穆斯林的历史》(*Storia dei Musulmani di Sicilia*)(第2版,1933年),I,381,I,522—523。A.克莱恩克劳茨(A Kleiclausz),《加洛林帝国:它的起源和演变》(*L'Empire Carolingien: ses origines et ses transformations*),443 以下。

[72] J.盖伊(J.Gay):《南部意大利与拜占庭帝国》,84、87、88;L.M.哈特曼:(L.M. Hartmann):《中世纪意大利历史》(*Geschichte Italiens im Mittelalter*),III(1),306—307。F.德沃尔尼克(F.Dvornik):《斯拉夫人,9世纪拜占庭与罗马的关系》(*Les Slaves, Byzance et Rome au IXe siècle*),220—221。

半是由于教宗约翰八世有意拖延加冕时间，以避免伤害拜占庭皇帝的感情，罗马人太需要他们帮助了(73)。

利奥六世时期，拜占庭在意大利的领土被划分为两个军区：卡拉布里亚（Calabria）和隆格巴迪亚（Longobardia）。卡拉布里亚军区是大西西里军区的残余部分，因为自叙拉古和陶尔米那陷落后，西西里就完全受阿拉伯人的控制。拜占庭军队在意大利的胜利使利奥六世明确地把隆格巴迪亚从凯法利尼亚岛（Kephallenia）军区，即爱奥尼亚群岛中分离出去，并使它成为一个独立的军区。由于连年战争，而拜占庭军队又经常败北，卡拉布里亚和隆格巴迪亚的边界经常发生变化。随着10世纪拜占庭在南意大利影响的增强，希腊修道院和教会的数量也显著增加，其中有一些成为后来的文化中心。

同一世纪，拜占庭帝国同南意大利还面临着一个新崛起的竞争者，即962年由教宗约翰十二世在罗马加冕的德意志统治者奥托一世。历史上他以德意志民族的“神圣罗马帝国”的创建者而著称。奥托一世得到帝王称号后，又渴望成为整个意大利的统治者。当然，这直接侵犯了拜占庭的利益，尤其是隆格巴迪亚的利益。奥托同东部皇帝尼斯福鲁斯·福卡斯谈判，后者当时还梦想与奥托结成反阿拉伯的联盟，谈判进展缓慢；奥托却突然向意大利南部的拜占庭行省发动进攻，但并未成功。

为了同东部皇帝进一步谈判，德意志统治者派出他的使者、曾

(73) A.加斯奎特（A.Gasquet）：《拜占庭与法兰克君主》（*L' Empire byzantin et la monarchie franque*），459—460。

第六章　马其顿王朝(867—1081年)

在君士坦丁·波菲罗杰尼图斯统治时期在拜占庭宫廷任过使节的克雷莫诺主教留德普兰德(Liudprand)前往君士坦丁堡。博斯普鲁斯海峡两岸的人们并没有给他以应有的尊重,他受到极大的侮辱。后来他带着恶意诽谤的态度记载了他的第二次君士坦丁堡之行,同第一次的带着敬意的记载恰成对比。从他的第二部著作、通常被称为《君士坦丁堡出使记》的记载中,可以看到拜占庭皇帝还在继续争论西方统治者是否可以称为"帝王"(basileus)的旧问题。留德普兰德指责拜占庭的软弱和消极,并为德意志君主的要求辩护,他写道:"罗马在为谁服务,在为谁的解放而呐喊?罗马城市向谁纳税?这古老的城市不是曾为妓女服务吗?那么,趁所有人都在昏睡,处于无力状态时,我的君主,最神圣的皇帝,将罗马从这种羞辱中解脱出来吧!"[74]当留德普兰德意识到希腊人正有意识地拖延谈判进程以赢得时间组织对意大利的征伐,还阻止他同自己的君主取得任何联系时,他费尽心机逃离了君士坦丁堡。

两个帝国决裂了,奥托一世入侵了阿普利亚行省。但新的拜占庭皇帝约翰·齐米西斯完全改变了帝国对意大利的政策。他不仅与奥托一世签订合约,而且为了加强他们之间的关系,还把拜占庭的公主狄奥凡诺(Theophano)嫁给奥托的儿子,即后来的继承者奥托二世。这样,两大帝国间的联盟最终形成。阿拉伯人进攻南意大利时,拜占庭皇帝约翰·齐米西斯的后继者瓦西里二世因忙于处理内部纷争而无能为力,迫使年轻的奥托二世(973—983年在位)组织反攻。奥托二世在一次战斗中失败,不久死去。此

---

[74]　《君士坦丁堡出使记》(*Relatio de legatione constantinopslitana*),chap.17。

后，德意志人入侵意大利拜占庭军区但行动很长时间内止息了。

10世纪末，拜占庭在所属意大利实行了行政改革。以往隆格巴迪亚军区的将军被一位驻在巴里的意大利长官（*catapan*）取代。在意大利各王国陷于无尽的争斗之中的时候，拜占庭的这位长官能够处理保卫南意大利海岸的棘手问题，使之免受萨拉森人入侵。

狄奥凡诺公主的儿子奥托三世（983—1002年在位）是在对拜占庭帝国和古典文化热切崇拜的环境中受教育的，他是瓦西里二
329 世时代的人，也是他的亲戚，还是当时的著名学者吉尔伯特（Gerbert）的学生，此人后来成为教宗西尔维斯特二世。奥托三世毫不掩饰他对德意志人的粗俗下流的仇恨，梦想恢复古代的罗马帝国，以罗马城为其首都。詹姆斯·布赖斯（James Bryce）写道："没有人能压制他把七丘之城再变成首都而把德国、伦巴底和希腊重新降至适合于它们原有地位的附属行省的渴望；没有人能像他这样忘记现实而生活在古代的灵光中；没有任何人像他这样充满着热情的神秘主义和对以往之荣耀的敬仰，中世纪帝国的思想就奠基于这种敬仰之上。"(75)尽管在奥托的想象中，古罗马有特别崇高的地位，但他主要还是被东罗马的宫廷，他母亲曾经居住和成长起来的仙境似的地方所吸引。只有追随拜占庭统治者的脚步，奥托三世才会有希望在罗马恢复帝位。他自称为罗马皇帝，并把未来的专制世界称为"罗马世界"（*Orbis romanus*）。这位热情奔放的年轻人在11世纪初（1002年），年仅22岁时就突然死去，他的梦幻

(75) 《神圣罗马帝国》，148。

般的计划势必给拜占庭帝国的生活带来种种混乱和困难。

11 世纪初,南意大利的拜占庭行省由于威尼斯水军的介入而免遭阿拉伯人的进攻,但很快又遇到新的、更强大的敌人诺曼人的威胁,后来,诺曼人进一步威胁到东方帝国。诺曼人的第一支大规模特遣部队是应反抗拜占庭统治的起义者梅勒斯(Meles)的邀请,于 11 世纪来到意大利的。但是,梅勒斯与诺曼人联军在坎尼附近被击败,该地由于汉尼拔在第二次布匿战争的胜利而享有盛名。瓦西里二世之所以取得胜利,多少应归功于服役于拜占庭军队的罗斯士兵。坎尼的胜利巩固了拜占庭在南意大利的地位,以至于在 11 世纪 40 年代,拜占庭皇帝帕夫拉戈尼亚人迈克尔四世能够组织起一支水军,从阿拉伯手中夺回西西里。这只水军由乔治·马尼阿西斯率领。军队中有斯堪的纳维亚的英雄哈拉尔德·哈德拉德和瓦拉几亚-罗斯亲兵团。尽管这场战役取得了胜利,并在许多方面取得进展,占领了墨西拿,但未能再次征服西西里,这主要是由于乔治·马尼阿切斯被怀疑有野心而被召回。(76)

在拜占庭与罗马教会斗争期间——其结局是 1054 年的东西 330
方教会分裂——诺曼人支持罗马教宗,并开始缓慢而稳步地进入拜占庭属意大利。在这一斗争的最后时期,即 11 世纪中期,意大

(76) 关于在乔治·马尼阿切斯军中服役的哈德拉德的情况,见 V.G.瓦西列夫斯基“瓦拉几亚-罗斯人兵团和瓦拉几亚-英国人兵团(*druzina*)在君士坦丁堡”(“The Varangian-Russian and Varangian-English Company〈druzina〉 in Constantinople”),《著作集》,I,289—290。R.M.道金斯(R.M.Dawkins):“希腊人和诺曼人”(“Greeks and Northmen”),《习惯是君主:致 R.R.马列特博士的论文》(*Custom Is King*:*Essays predented to Dr.R.R.Marett*),45—46。

利的诺曼人中间出现了一位精力旺盛、智能超群的领袖罗伯特·吉斯卡尔德(Robert Guiscard)，他的主要活动是在马其顿王朝之后的时代开始的。

社会与政治的发展

教会事务

马其顿王朝时期拜占庭帝国教会生活中的主要事件，就是基督教会在持续了将近两个世纪的争执之后，于11世纪中期最终分裂为东方正教会和西方大公教会。

瓦西里一世上台后所处理的第一件教会事务就是废除佛提乌的牧首职位，恢复曾于迈克尔三世时期被解职的牧首伊格纳修斯的职位。瓦西里一世希望通过这一措施巩固他非法夺来的帝位。因为恢复伊格纳修斯的职位使他既可同教宗保持和平，又可以获得拜占庭人的支持。他很清楚，他们中的很多人都是被免职的伊格纳修斯的虔诚信徒。在瓦西里和伊格纳修斯写给教宗的信中，都承认教宗的权威和在东方教会中的影响。瓦西里一世写道："灵魂之父、神圣可敬的大教宗，请加速我们教会的革新，并通过您对不公正行为的干预，而给予我们诸多恩惠，即免于任何争论与阴谋的真正团结和精神联合，尊重基督的统一教会以及听命于一个牧人的臣民。"伊格纳修斯则寄给教宗一封充满了谦卑之词的信，请求罗马主教向君士坦丁堡派教宗代理。他的结束语是："有了他们（代理），我们就可以非常恰当地安排好我们的教会，这是因上帝的深谋远虑,明确地交付于至高的圣彼得加以调理,并在您的指导与介入下拥有的教会。”(77)这些信表明教宗在争夺东方教会权问题上显然取得了一时的胜利。但是教宗尼古拉一世并没有在他生前得知自己的胜利,在他死后,信才被送到他的继承者教宗哈德良二世手中。

在罗马会议和后来于 869 年在君士坦丁堡举行的有教宗代表 331
出席的宗教会议上,佛提乌被革职,他的同党与他一起被逐出教门。869 年的君士坦丁堡会议迄今为止仍然被西方教会视为一次全基督教公会议。

于是,拜占庭帝国的教会生活完全服从于教宗。但皇帝对保加利亚宗教事务所持的态度却迥然不同。在迈克尔三世统治末期,拉丁传教士在那里已经占据了优势。但瓦西里一世不顾教宗及其代表的反对,将拉丁传教士赶出保加利亚,保加利亚国王鲍里斯又同东部教会结成同盟。这一事件对以后保加利亚人的历史命运有深远影响。

被免职后监禁中的佛提乌生活非常贫困,但在伊格纳修斯担任牧首期间,他还是受到弟子们的尊敬与重视。不久,瓦西里认识到他对佛提乌态度的错误,便试图改正,他召回佛提乌并把他带到拜占庭宫廷,委托他教育皇家子女。后来,在年迈的伊格纳修斯死后,瓦西里恢复了佛提乌的牧首职位,这标志着帝国对教宗新政策

(77)　曼西:《新编圣公会议文集》,XI,47、49。见 A.列别多夫《9、10 和 11 世纪教会分裂史》(*A History of the Separation of the Churches in the Ninth, Tenth and Eleventh Centuries*)(第 12 版,1905 年),117、120。德沃尔尼克:《佛提乌分裂,历史与传说》,136 及以下。

的开始。

879年,在君士坦丁堡召集了一次会议。与会者的数量和会议本身的重要性超过了一些全基督主教公会议。据一位历史学家,这次会议是"自卡尔西顿会议以来仅见的一次在整体上看都是真正庄严的事件"[78]。教宗约翰八世的使者也出席了这次会议。他们不仅被迫同意赦免佛提乌,恢复他的罗马教籍,而且要没有任何异议地听大会宣读尼西亚-君士坦丁堡信经,而该信经中并不包括西方广泛使用的"与圣子"(filioque)的字样。最后,与会的教宗使者惊呼:"如有人拒绝承认佛提乌为神圣牧首,或拒绝与他接触,他的命运就会同犹大一样被排斥于基督徒之外。"大公教会历史家们在描绘佛提乌时说:"对佛提乌的赞扬是大会的开幕词,而闭幕词还是在夸赞这位牧首。"[79]会议还申明罗马教宗与所有其他主教处于同等地位,无权对整个基督教会指手画脚,因而,君士坦丁堡的牧首也不必由罗马教宗指派。愤怒的教宗派遣一位使节到君士坦丁堡,坚持取消会议上所通过的一切不合教宗意愿的决议。这位使者也肩负着使命去达成关于保加利亚教会的某些让步的协议。但瓦西里和佛提乌不仅拒不让步,甚至扣押了这位使者。以往,人们相信,当这一消息传到教宗约翰八世耳中时,他会在圣彼得大教堂的庄严仪式上,手举《福音书》,在他的信众面前宣布将佛提乌逐出教会,即所谓的"第二次佛提乌分裂"。然而,近来阿曼(Amann)、德沃尔尼克和格吕梅尔的研究表明:"第二次佛提乌分

---

[78] 赫尔根洛特尔(Hergenröther):《佛提乌》(Photius),II,462。
[79] 同上书,II,524。见德沃尔尼克《佛提乌分裂,历史与传说》,187。

第六章 马其顿王朝(867—1081年)

裂"并不存在,约翰八世和他的任何一位后继者都没有将佛提乌[30]逐出教门。帝国和罗马的关系没有完全停止,只是变成了偶然的、不明确的联系。佛提乌并没有终生占据牧首一职,886年,他的学生利奥六世继承瓦西里一世的帝位后,佛提乌被迫离职并于五年之后去世。他漫长的一生在拜占庭帝国的宗教和文化生活中发挥了重要作用。

瓦西里一世在其统治期间,还致力于向非基督教人群传播基督教。也许正是在这一时期,帝国努力使罗斯人皈依基督教。但有关这方面的资料极少。有一份资料记载着瓦西里劝说罗斯人"参加有益的洗礼"[31],并接受由伊格纳修斯任命的大主教。但很难确定资料中记载的是哪一部分罗斯人。定居于伯罗奔尼撒半岛上的大部分斯拉夫部落就是在瓦西里一世统治时期皈依基督教的,异教的斯拉夫人还是居住在塔夫盖突斯(Taygetus)山里。现在,人们还知道瓦西里曾强迫帝国的犹太人接受基督教。

利奥六世将佛提乌解职的原因可能是因为利奥担心这位牧首及其教徒在政治上的影响正在不断发展,同时他也想让自己的兄弟斯蒂芬(Stephen)戴上牧首的圣冠,从而使帝王在帝国教会事务上取得无限的权威。佛提乌强烈反对帝王控制宗教事务的企图。利奥的继承人却明显地倾向于通过相互妥协而取得同罗马教会的

---

[30] 见 H.格雷古瓦所做的关于此问题的非常清晰的简述:"关于牧首佛提乌事件的新观点"("Du nouveau sur le Patriarche Photius"),《比利时皇家学院古典文献学通报》,XX(1934),36—53。德沃尔尼克:《佛提乌分裂,历史与传说》,202—236。

[31] 狄奥凡尼的续作者:《历史》,波恩版,342—343。

和解。

10 世纪初牧首尼古拉斯·米斯提克斯掌权时,拜占庭帝国的教会问题变得极为复杂。尼古拉斯·米斯提克斯是佛提乌的亲戚和学生,也是他最杰出的继承者。据一位历史学家说:"佛提乌最高尚的品质都在他的学生尼古拉斯·米斯提克斯身上表现出来,后者比任何人都更加努力地效仿佛提乌所体现的理想模式。"㊷这位牧首留下了一部极为重要的书信集,它对于研究历史和教会问题是十分有价值的。

利奥的第四次婚姻导致了利奥皇帝与尼古拉斯之间激烈的冲突,后者强烈反对这次婚姻,认为它违背了所有的教会法规。㊸但是,利奥还是强迫一位教会长老为他与佐伊(Zoë)举行了婚礼,于是,佐伊成为利奥的第四位妻子(他的前三个妻子之前都很快地相继去世)。在婚礼仪式结束时,由于牧首缺席,利奥亲自为皇后佐伊带上王冠;这一事件,使尼古拉斯·米斯提克斯有了指责皇帝的机会,说皇帝利奥"既是佐伊的新郎,又是她的主教"㊹。当东方教会的牧首们被问及对此事的态度时,都表示赞成利奥的第四次婚姻。㊺但这次婚姻在帝国民众中引起了极大的混乱。这位倔强的牧首尼古拉斯·米斯提克斯被革职、流放。君士坦丁堡会议决定

㊷ 赫尔根洛特尔:《佛提乌》,III,655。
㊸ 见夏尔·迪尔关于智者利奥第四次婚姻的重要记载,《拜占庭人物传》(*Figures byzantines*)(第 4 版,1909 年),I,181—215;英译本,H.贝尔:《拜占庭人物传》(*Byzantine Portraits*),172—205。
㊹ 《书信集》,XXXII;米涅编:《希腊教父文献全集》,CXI,197。
㊺ 亚历山大牧首尤提克斯(Eutychii Alexandrini patriarchae):《年代纪》(*Annales*);L.切克霍(L.Cheikho)、B.卡拉·德沃(B.Carra de Vaux)、H.扎亚特(H.Zayyat)编,II,74;米涅编:《希腊教父文献全集》,CXI,1145。

为帝王的婚姻免罪,而不拆散他的第四次婚姻。经过长期的深思熟虑后,优西米乌斯(Euthymius)被任命为牧首。

这次会议并没有给帝国带来和谐。拜占庭教士形成两派。支持尼古拉斯·米斯提克斯的一派反对这次会议对皇帝的第四次婚姻的认可,并谴责新的牧首优西米乌斯。另一少数派则承认宗教会议对利奥第四次婚姻的认可,承认优西米乌斯是教会选定的领袖。两派的分歧从首都扩散到行省,尼古拉斯派和优西米乌斯派的顽强对抗随处可见。一些学者将这一斗争视为此前刚刚平息不久的佛提乌和伊格纳修斯之间斗争的继续。⑯最后,皇帝看到,只有精力充沛、经验丰富的尼古拉斯·米斯提克斯才能挽救这一局势,在他死前(912年)不久,他将尼古拉斯从流放地召回,免除了优西米乌斯的职位,使尼古拉斯重新坐上牧首的宝座。⑰

为了帝国的宗教和平,尼古拉斯·米斯提克斯努力与罗马教会恢复友好往来,这种友好关系因教宗赞同利奥的第四次婚姻曾受到破坏。当佐伊在她的儿子君士坦丁七世波菲罗杰尼图斯幼年时期摄政时,尼古拉斯·米斯提克斯的权力被剥夺。而当919年,当政权转移到君士坦丁的岳父罗曼努斯一世·雷卡平手中时,佐伊被送进修道院,尼古拉斯·米斯提克斯再次复职。在他出任牧首的最后几年里发生的主要事件,是在920年于君士坦丁堡召集

---

⑯ N.波波夫(N.Popov):《智者利奥六世》(*The Emperor Leo VI the Wise*),160。
⑰ 涉及利奥的第四次婚姻和这一时期的整个历史的非常重要的资料,见《优西米乌斯传记:智者利奥统治时期(886—912年)的秘史》(*Vita Euthymii*: *Ein Anecdoton zur Geschichte Leo's des Weisen A.D.886—912*),C.德博尔编;作为对希腊史料的补充,德博尔对这一传记从历史角度做了非常有价值的研究。

了尼古拉斯派和优西米乌斯派共同参加的宗教会议。他们起草了《联合通告》(ὁ τόμος τῆς ἑνώσεως)，并使之在全体大会上通过。该法令强调(基督徒的)第四次婚姻"无疑是违法的、无效的，因为它被教会所禁止，被基督教世界所不容"[88]。但《通告》中没有直接涉及智者利奥的婚姻问题。双方对会议的决议都很满意。尼古拉斯派和优西米乌斯派之间的妥协，可能正如德里诺夫(Drinov)所猜测的那样，是由于"保加利亚军队的入侵在拜占庭人中间所引发的恐怖心理"[89]。会后，帝国教会与教宗交换了几封信件，教宗同意派两位主教到君士坦丁堡来，谴责由利奥的第四次婚姻而引发的冲突。这样，罗马与君士坦丁堡教会之间的直接联系就此恢复。俄罗斯教会历史学家 A.P.列别多夫在总结这一时期时说："在君士坦丁堡和罗马的这次新的教会分裂中，牧首尼古拉斯是完全的胜利者。罗马教会不得不屈从于君士坦丁堡教会，并且谴责自己所做的决议。"[90]尼古拉斯·米斯提克斯死于925年，此后，罗曼努斯·雷卡平完全控制了教会，如任西曼所说："皇帝教权主义再次取得胜利。"[91]

皇帝尼斯福鲁斯·福卡斯对宗教也很感兴趣。他是最有能力的战士，他的名字与帝国军事史上的辉煌胜利密不可分。他曾把

---

[88] 波波夫：《智者利奥六世》，184。亦见曼西《新编圣公会议文集》，XXVIII，337—338。

[89] 《10世纪的南斯拉夫人与拜占庭》(*The Southern Slaves and Byzantium in the Tenth Century*)，21；重印于《M.S.德里诺夫著作集》(*Works of M.S.Drinov*)中，V.N.兹拉塔尔斯基编，I，365—520。

[90] 《教会的分裂》(*Separation of the Churches*)（第2版，1905年），325。

[91] 任西曼：《皇帝罗曼努斯·雷卡平及其统治》，70、243。

大部分时间和精力花费在修道院上,继位之前尤其如此。他曾穿过苦行修士的粗毛上衣修行,同阿索斯山上的大修道院的创建者、阿索斯的亚大纳西(Athanasius)关系密切。《圣亚大纳西传记》中甚至记载了醉心于宗教的尼斯福鲁斯曾真诚地向亚大纳西表达自己的宗教热情,倾诉了他想抛弃一切世俗的虚荣献身上帝的神圣梦想。㉜ 在拜占庭历史学家助祭利奥笔下,尼斯福鲁斯是一个"坚持不懈地日夜祈祷和奉献于上帝;在唱赞美诗时情绪激昂、不追求任何虚荣之事"㉝的人。尼斯福鲁斯·福卡斯一半是战士,一半是教士。㉞ 当这位具有苦行倾向的皇帝同年轻漂亮的狄奥凡诺结婚时,许多拜占庭人都深感吃惊,因为新娘是罗曼努斯二世的寡妻,且名声不好。人们对于尼斯福鲁斯的这种认识可见于其石棺上的碑铭,碑铭志曰:这位皇帝"征服了一切,但却不能征服女人"㉟。

尼斯福鲁斯的最重要的宗教措施是他在964年颁发的著名《新律》,涉及修道院及与其密切相关的慈善事业机构。马其顿王朝时期,修道院所占大地产的比例超乎寻常,并不断侵害那些受到该王朝几位皇帝保护的小地产者的利益。甚至早在破坏圣像运动之前,即在7世纪末8世纪初,东方教会已占有大量的地产。一些学者曾经把东方教会拥有的地产同这一时期法兰克王国统治下的西方教会的土地财富相比,这些国王们曾经抱怨由于土地转入教

㉜ 《阿索斯山的圣亚大纳西传记》(*Vie de Saint Athanase l'Athonite*),L.波迪编《博兰会文集》(*Analecta Bollandiana*),XXV(1906),21。

㉝ 《历史》,V,8;波恩版,89。

㉞ 施伦伯格:《10世纪的拜占庭皇帝,尼斯福鲁斯·福卡斯》,366。

㉟ 梅利特尼大主教约翰论尼斯福鲁斯的碑铭志。出版于波恩版的助祭利奥《历史》453,亦见塞德里努斯《历史概要》,II,378。见克伦巴赫《拜占庭文献史》,368。

会手中而使国库空虚。8世纪破坏圣像的皇帝曾发起反修道院的攻势,一些修道院被关闭,其财产被收归国有。这一改革类似于同时期西法兰克王国在著名宫相查理·马特(Charles Martel)的倡导下所实行的教会财产世俗化。随着破坏圣像运动的失败和马其顿王朝的兴起,东方修道院的数量又迅速增加,土地财产也在迅速膨胀。罗曼努斯一世雷卡平的《新律》已经表现出某种限制修道院地产增长的倾向。尼斯福鲁斯·福卡斯则在964年对于此问题采取了更具决定意义的一步,他颁布了上述的《新律》。

这则《新律》指出,既然过度贪婪这一"顽症"已漫延于各个修道院和"其他圣地",既然"取得巨额地产和获得对大量果树的管理权"并不能被看作是使徒的戒律或是神父的传统;那么,皇帝希望"根除上帝所痛恨的野心的罪恶",为达此目的,今后禁止建立新的修道院,也不得为维修旧的修道院、医院和旅店而捐款、赠物,不得向大主教和主教们赠礼。㊞

这一苛刻的法令必然在宗教感极强的人们中间引起强烈不满,因而未能强行维持很长时间,而且实施时也并不完善。瓦西里二世废除了尼斯福鲁斯·福卡斯的《新律》,"认为这是一个粗暴的法律,它不仅触犯了教会和医院,而且冒犯了上帝本身"㊟。他恢

㊞ K.E.扎哈利亚·冯·林根塔尔:《希腊-罗马法制史》,III,292—296。V.G.瓦西列夫斯基:"拜占庭内政史资料;有利于农民土地所有者的措施"("Materials for the Internal History of Byzantium"),《公众教育部杂志》,CCII(1879),224及以下。J.泽波斯与P.泽波斯(J.and P.Zepos):《希腊-罗马法》,I,249—252。

㊟ 扎哈利亚·冯·林根塔尔:《希腊-罗马法制史》,III,303。瓦西列夫斯基:"拜占庭内政史资料;有利于农民土地所有者的措施",《公众教育部杂志》,CCII,(1879),220;泽波斯:《希腊-罗马法》,I,259。

第六章 马其顿王朝（867—1081年）

复了瓦西里一世和智者利奥六世时期的修道院法，即《帝国法典》和君士坦丁·波菲罗杰尼图斯的《新律》。他废除尼斯福鲁斯·福卡斯的《新律》，其中一个原因就是他确信这一法令引起了上帝的愤怒，从而导致当时（10世纪末期）国内外的混乱和复杂局面，几乎导致帝国的崩溃。

尼斯福鲁斯·福卡斯在南意大利的阿普利亚和卡拉布里亚行省采取了加强拜占庭教会组织的重要步骤。在这两个地区，自10世纪后半期起天主教和西方势力的影响日益强大，在德意志皇帝奥托一世加冕和隆格巴迪亚军区的势力在南意大利强化之后尤甚。尼斯福鲁斯·福卡斯通过阿普利亚和卡拉布里亚两地的大主教，禁止两地举行拉丁教会礼仪，规定必须坚持希腊教会的礼仪。这一措施成为促使教宗与拜占庭帝国分裂的众多原因之一。在尼斯福鲁斯皇帝统治后期，教宗开始称他为"希腊人的皇帝"，而把拜占庭皇帝的正式头衔"罗马人皇帝"的称呼送给了德意志人奥托。值得一提的是，尼斯福鲁斯·福卡斯曾经试图把所有那些在与异教徒斗争中牺牲的战士奉为圣人，最后却因为牧首和众主教的强烈反对而不得不放弃这一计划。

尼斯福鲁斯·福卡斯和约翰·齐米西斯的名字还与以修道院生活著称的阿索斯山生活新时代的开端有密切联系。早在4世纪初修道生活方式开始确立之时，就有一些隐修者散居在这座山上，约在7世纪时，山上开始出现一些破旧的小修道院。在8世纪破坏圣像时期，人迹罕至的阿索斯山成为许多受迫害的圣像崇拜者的避难所，他们带来了大量的教会用品、圣物和手稿。但阿索斯也并非安全之所，常受到阿拉伯人的来自海上的侵袭，致使许多修士或是被杀,或是被俘,这种情况一直持续到10世纪中期,当时阿索斯几乎是满目荒凉。尼斯福鲁斯·福卡斯时期,阿索斯山的修道院组织变得更强大,圣亚大纳西建立起第一座有修道士组织并实行新戒律(typikon,希腊语中经常用这一词代表拜占庭帝国的修道院章程)的修道院,这些戒律决定了修道院未来的生活方式。阿索斯山的隐修士们强烈反对新的修道院制度,他们向尼斯福鲁斯·福卡斯的继承者约翰·齐米西斯抱怨,反对圣亚大纳西,指责圣亚大纳西违反了"圣山"的传统(亚大纳西的"戒律书"中对阿索斯山的称呼)。齐米西斯调查了这一情况,并确认了阿索斯山的古老教规,它允许隐修士和修院修士同时生活于圣山上。在圣亚大纳西倡导下,许多希腊的和其他国家的新修道院建立起来。瓦西里二世时期,已经有了一座伊庇利亚(或格鲁吉亚)修道院。来自意大利的移民则建立了两座修道院:罗马修道院和阿马尔菲修道院。东方教会的一位很有学问的罗斯学者、主教波菲利乌斯·乌斯宾斯基(Porphyrius Uspensky)断言:到亚大纳西年迈而逝时(大约公元1000年),在阿索斯山上约有3 000多"不同身份"的修士。[38] 早在11世纪,山上就有一个罗斯修道院。"圣山"作为阿索斯山的官方称呼首次出现于11世纪中期,皇帝君士坦丁九世在颁行第二套修道院规则之时[39]。修道院的管理权归属于院首(Igumens)会议,会议由修道院院首中的首领(希腊文 $\pi\rho\tilde{\omega}\tau o\varsigma$,意即第一号人物)控制,这一院首会议被称为圣山首脑会议(prota-

---

[38] 《阿索斯山历史》(History of Athos),III(1),154。
[39] 《阿索斯山历史》,III(1),93、170—171。P.梅耶(P.Meyer):《关于圣山阿索斯历史的主要文献》(Die Haupturkunden für die Geschichte der Athosklosters),153。

第六章 马其顿王朝(867—1081年)

ton)。因此,在马其顿王朝时期,阿索斯山不仅是拜占庭帝国的文化中心,而且是当时整个世界的一个非常重要的文化中心。

9世纪起日益严重的教会间的分歧到11世纪中期终于出现了最后的结局。这一分裂的主要原因是教义问题,但11世纪中期意大利局势的变化无疑加速了这一分裂。尽管尼斯福鲁斯·福卡斯一再加以禁止,拉丁教会的影响仍不断地渗入到阿普利亚和卡拉布里亚的教会组织中。11世纪中期的教宗是利奥九世,他的兴趣不仅仅局限于宗教事物,还深入到政治领域。在他保护下,西欧修士中所掀起的克吕尼运动得到进一步的发展。该运动的目标是改革教会,提高教会的道德水平,加强已松弛的教规,摧毁教会生活中的世俗传统和习惯(如出售教职、修士结婚、世俗授职等)。无论克吕尼运动的倡导者走到哪一个行省,他们都使所到之处的精神生活直接依附于教宗。克吕尼运动在南意大利的发展使得东部教会大为不满。而利奥九世却还相信他有足够的政治基础干涉南意大利事务。教宗在与君士坦丁堡牧首(迈克尔·塞鲁拉利乌斯[Michael Cerularius])交换信件时,谈到著名的"君士坦丁的赠礼"(*Donatio Constantini*)文件,据说,这一文件曾赋予罗马主教在精神和世俗上的双重权力。然而,尽管东西方教会之间存在着种种分歧,教会分裂的到来还不会那么快,尤其是当拜占庭皇帝君士坦丁九世摩诺马赫一直在希望找到一个和平解决的方法之时。

教宗的使者来到了君士坦丁堡,其中有极其傲慢的红衣主教亨伯特(Humbert)。这些教皇使节,尤其是亨伯特对君士坦丁堡牧首的态度极其傲慢无礼,后者因而拒绝与他们继续谈判,也拒绝向罗马做任何让步。于是,在1054年夏天,这些使节将绝罚文件置于圣索菲亚大教堂的圣坛上,称牧首"迈克尔及其追随者犯了上文所论及的错误且态度恶劣……他们将同一切异端、恶魔及其使者同罪"。同时,迈克尔·塞鲁拉利乌斯作为回应也召开了一个会议,驱逐了罗马使者和所有相关的人,"他们来到上帝之城,竟然像狂风暴雨、饥馑灾疫,乃至于豺狼野兽一样,企图摧毁真理"。

如此,1054年东、西方教会最终分裂。另外三位东方教区牧首*对待分裂的态度对迈克尔·塞鲁拉利乌斯来说意义重大。迈克尔·塞鲁拉利乌斯通过安条克的牧首向耶路撒冷和亚历山大的牧首通告了分裂的情况并附以适当的解释。尽管缺少具体的资料,但可以肯定这三位牧首都对正教忠心耿耿,并坚决支持君士坦丁堡牧首。

对君士坦丁堡牧首来说,1054年的分裂是一个大胜利,这使他完全摆脱了西方教宗的束缚,他的权力在斯拉夫世界和三个东方教区变得格外强大。但对于帝国的政治生活来讲,分裂却是一场灾难,因为这使得帝国与西方从此后不可能出现在教宗统一影响下的政治谅解。这对于拜占庭帝国来说是致命的打击,因为在当时,特别是出现了东部土耳其人的威胁之后,帝国非常需要西方

---

⑩ 米涅编:《拉丁教父文献全集》,CXLIII,1004。
⑪ 列别多夫:《教会的分裂》,347。
* 当时东方地区除了君士坦丁堡大教区外,还有安条克教区、耶路撒冷教区和埃及教区。这些教区的牧首依基督教最早的传统,应该与君士坦丁堡牧首和罗马主教处于同等地位。但是,由于阿拉伯人的占领,这三个教区在帝国政治生活中几乎不占什么作用,只在宗教上保持着与君士坦丁堡牧首的联系,在名义上服从君士坦丁堡牧首的领导。——译者
⑫ 见L.布莱耶尔《11世纪东方的分裂》(*Le Schisme oriental du XIe siècle*),232—241。

的帮助。布莱耶尔这样评价此次分裂的后果:"正是这次分裂使君士坦丁堡的帝国与西方实现和解的一切努力都化为乌有,分裂为帝国的衰落铺平了道路。"[103]

1054 年的分裂只是在教会和帝国的官方阶层有所影响,普通公众对此次分裂的反应相当平静;而且在相当长的一段时间里,人们仍然不了解东西方教义间所存在的差异。罗斯对这次分裂的态度值得重视。11 世纪罗斯大主教区的主教基本由君士坦丁堡指派或确认,因而,它也很自然地会接受东部教会的观点,但大多数罗斯人对拉丁教会没有什么抵触情绪,也不可能发现对方的教义有何不妥之处。例如 11 世纪的罗斯大公还曾要求教宗帮助他镇压篡位者,而这一要求也并未在罗斯民众中引起任何惊讶或抗议。[104]

帝国的立法及社会和经济关系

《法学手册》(*Prochiron*)和《法学导论》(*Epanagoge*)。——马其顿王朝的立法活动异常活跃。瓦西里一世希望创立一部包罗万象的希腊罗马或拜占庭法典,按年代顺序将新法和旧法编排起来。也就是说他想恢复查士丁尼时代的法典,并使之适应变化了的形势,同时将后来颁布的法律补充进去。大都以拉丁文写成的

---

[103] "希腊教会",《剑桥中世纪史》,IV,273。亦见 J.盖伊《11 世纪的教宗与教会》,166—167。M.朱吉(Jugie);"迈克尔·塞鲁拉利乌斯时期的分裂"("Le Schisme de Michel Cérulaire"),《东方之声》,XXXVI(1937),440—473。

[104] 关于这一问题,在 B.莱布(B.Leib)的书《11 世纪末期的罗马、基辅和拜占庭》(*Rome, Kiev, et Byzance a la fin du XIe siècle*)中有许多重要的记载,18—19、51、70。

《查士丁尼法典》的四个部分，十分晦涩难懂，人们通常只能学习它以拉丁文为蓝本的希腊文缩写本，或希腊文的说明、选段和注释。这些东西虽广泛传播，但并不准确，有的甚至曲解了原意。瓦西里一世试图将法典中已被新法所废弃的旧法删除，同时增添一些新的法规。新法典中所保留的一些拉丁术语都有希腊文解释，因为希腊文是瓦西里一世时期立法工作所使用的语言。瓦西里一世本人则把他在法学领域进行改革的活动称为"对古法的净化"⑯($ἀν$ $ακάθαρσις$ $τῶν$ $παλαιῶν$ $νόμων$)

瓦西里深知，编纂计划中的法典需要较长时间，因此，他先组织出版了以《法学手册》($ὁ$ $πρόχειρος$ $νόμος$，意即《精确法律手册》)为标题的小型著作。这部手册可以引起人们对于帝国用以进行统治的简明法律著作的兴趣。《法学手册》的前言指出，这些法律是建立在帝国公正的基础之上的，"按照所罗门的看法，一个国家只能依靠法律才能够繁荣。"(《法学手册》前言 14:34)⑰。《法学手册》分为40个条目，包括民法的主要通则和各种侵犯和犯罪刑罚的详细条目。《法学手册》的主要资料，尤其是头21条，来源于查士丁尼的《法学阶梯》。《查士丁尼法典》的其他部分则极少被使用。由于人们通常使用查士丁尼这部古老法典的希腊文修订本和删节本，因此，《法学手册》的编译者多使用这类希腊文的资料而不

---

⑯ 《皇帝瓦西里、君士坦丁和利奥的〈法学手册〉》(*Imperatorem Basilii Constantini et Leonis Prochiron*)，K.E.扎哈利亚·冯·林根塔尔编，par.3, 10; E.弗莱什菲尔德(E.Freshfield)：《东罗马帝国的〈法学手册〉》(*A Manual of Eastern Roman Law*)，51。泽波斯：《希腊-罗马法》，II, 117。

⑰ 扎哈利亚·冯·林根塔尔：《皇帝瓦西里、君士坦丁和利奥的〈法学手册〉》，par.4。

是使用拉丁文的资料。《法学手册》认为皇帝利奥和君士坦丁的《法律选编》(*Ecloga*)是"对好的法律的篡改,对帝国没有什么用处",并指出,再保持这种法律的效力是"不明智的"。[107] 尽管新法典对于伊苏里亚时期的立法评论如此刻薄,但由于伊苏里亚皇帝的《法律选编》很实用也很普及,《法学手册》还是引用了它的许多内容,尤其是在第21条以后的部分。根据《法学手册》的介绍,人们若要详细地了解现行法律,就应该学习瓦西里时期所编纂的60卷本大法典。[108]

到瓦西里统治末期,一部题为《法学导论》(*Epanagoge*,希腊文 ἡ ἐπαναγωγή,意即介绍、导言)的新的法学著作编成问世。一些学者曾错误地认为这一法学著作仅仅是对《法学手册》的修改和补充。[109] 依据其前言,《法学导论》是一部40卷本的、编纂于瓦西里一世时期的"净化的"古法之导论;[110] 该导论也分为40个条目。这两部汇编,一是《法学手册》中提到的60卷本,一是《法学导论》中提到的40卷本,具体包含什么内容还不清楚。上面提到的这两种法典可能在瓦西里一世时期并没有编著完毕并出版,但已

---

[107] 扎哈利亚:上引书,par.9;E.弗莱什菲尔德:《东罗马帝国的〈法学手册〉》,51;泽波斯:《希腊-罗马法》,II,116。

[108] 在12世纪出现了名为《〈法律选编〉与〈法学手册〉合订本》(*Ecloga ad Prochiron mutata*)的法典,用于诺曼王统治下的西西里岛。见K.E.扎哈利亚·冯·林根塔尔《希腊-罗马法制史》(第3版,1892年),36,E.弗莱什菲尔德:《晚期罗马法手册——〈法律选编〉和〈法学手册〉合订本》(*A Manuel of Later Roman Law—the Ecloga ad Prochiron mutata*),I。扎哈利亚·冯·林根塔尔:《希腊-罗马法制史》,IV,53;该法典的作者生活于10和12世纪之间。

[109] 沃格特:《瓦西里一世》,134;《剑桥中世纪史》,IV,712。

[110] 《未刊行的希腊-罗马法全集》,扎哈利亚·冯·林根塔尔编,62。泽波斯:《希腊-罗马法》,II,237。

形成了他的后继者利奥六世的《帝国法典》的基础。一些学者认为《法学导论》未曾正式出版过,而仅仅是一个草稿。[11] 另一些学者则认为这是一部正式颁布的法令。[12]

《法学导论》与《法学手册》大不相同。首先,它的第一部分包含了全新的、令人感兴趣的内容,论述了皇权、教权及其他行政和宗教官员的权力,清晰地描绘了帝国的行政和社会结构以及教会与国家的关系。[13] 其次,《法学导论》从《法律手册》中借用的资料也按照一种新的方式排列。几乎可以肯定,牧首佛提乌参与了编写《法学导论》的工作,在界定政权同皇权的关系、新罗马牧首同其他教区大主教(他们仅被视为地方主教)的地位问题的条文中,充分反映了他的影响。同《法学手册》一样,《法学导论》的序言也批判破坏圣像皇帝的《法律选编》是"伊苏里亚朝皇帝们的不经之谈,它企图反对神圣的教义、破坏神圣的法律"[14]。《法学导论》的这一部分也谈到要全部废除《法律选编》的规定,但它仍然使用了《法律选编》中的部分资料。

需要指出的是,《法学导论》同拜占庭的许多其他立法著作一

---

[11] 扎哈利亚·冯·林根塔尔:《希腊-罗马法制史》,22。

[12] V.索克尔斯基(V.Sokolsky):"关于《法学导论》的性质和意义"("Concerning the Nature and Meaning of the Epanagoge"),《拜占庭年鉴》,I,(1894),26—27;亦见G.维尔纳茨基(G.Vernadskey)"智者利奥的《战略学》和《法学导论》"("The Tactics of Leo the Wise and the Epanagoge"),《拜占庭》(比利时),VI,(1931),333—335。

[13] 见 G.维尔纳茨基"《法学导论》中关于教会政策的论述及其对 17 世纪俄罗斯生活的影响"("Die kirchlichpolitische Lehre der Epanagoge und ihr Einfluss auf das russische Leben im XVII,Jahrhundert"),《拜占庭与当代希腊年鉴》,VI(1928),121—125。

[14] 扎哈利亚·冯·林根塔尔:《未刊行的希腊-罗马法全集》,LXII。泽波斯:《希腊-罗马法》,II,237。

样,已被译成斯拉夫文,10世纪的斯拉夫法典和罗斯的《法规》(所谓 Kormchaia Kniga)或《行政法规》中,都有《法学导论》的选段。《法学导论》中的思想对后来俄罗斯的历史有着巨大的影响,例如有文献记载,在17世纪沙皇阿历克塞·米哈伊洛维奇(Aleksei Mikhailovich)时期,在处理关于大主教尼康(Nikon)的事件中,就直接引用了《法学导论》中有关皇帝权力的条文。[15]

《法学手册》、《法学导论》以及对"古法实行净化"的工作是瓦西里一世统治时期所取得的最主要成就。因此可以说,瓦西里恢复了曾被忽视的罗马法中的要素,再现了查士丁尼的法律,并添加了因社会和经济状况变化而出现的新法,使之与他那个时代的社会生活密切相关。

《帝国法典》(The Basilics)和《法典拾遗》(The Tipucitus)。——瓦西里在法学领域的主要成就使他的儿子、继承者智者利奥六世有可能出版《帝国法典》(τὰ βασιλικά),这是最完整、最有价值的希腊罗马法和拜占庭法。这部以希腊文写成的法典修订并收入了《查士丁尼法典》的全部内容。帝国为此曾专门组织了一个司法委员会负责编撰。以前人们错误地认为 Basilics 一词源于瓦西里一世的名字,因为法典的大部分是在那一时期完成的。但事实上,该词却源于希腊文 basileus 一词,意思为沙皇、皇帝,所

---

[15] G..维尔纳茨基:"《法学导论》中关于教会政策的论述及其对17世纪俄罗斯生活的影响"("Die Kirchlich-politische Lehre der Epanagoge"),《拜占庭与当代希腊年鉴》,VI,(1928),127—142。他谈到了《法学导论》中的思想在俄罗斯大主教费拉尔特(1619—1631年)和尼康(1652—1658年)时期的影响。

以这词正式的解释应为"帝国法典"。⑯

利奥六世编纂的法律全书分为60卷,它仍然遵循着瓦西里一世既定的目标:努力复兴查士丁尼时期的立法工作,但对那些已经不适应拜占庭生活变化而失去其存在意义的部分则予以删除。因此,《帝国法典》不是对《查士丁尼法典》给予字面的、完整的翻译,而是使其适应已经变化了的新形势。查士丁尼以后所颁布的新律和其他法律文献,包括瓦西里一世和利奥六世时期的新律都被选入《帝国法典》。目前并没有一部手稿完整地保存了《帝国法典》的内容,但把各种残卷加以汇集,内容可达全部内容的三分之二以上。

为了能重新构建起《帝国法典》的遗失部分,11或12世纪的一部法学著作就变得十分重要即《法典拾遗》(Tipucitus,希腊语τιποũκειτος)⑰,这部书由拜占庭的法学家帕齐斯(Patz-

---

⑯ 见《帝国法典》开始部分的编者序(proemium),收于《60卷本帝国法典文献》(Basilicorum Libri LX),G.海姆巴赫(Heimbach)编,I,xxi—xxii;I.D.泽波斯编,I(1896),3。对《帝国法典》的这一部分还没有能确定其日期(是在886—892年间还是在888、889或890年)。见G.海姆巴赫"关于君士坦丁·波菲罗杰尼图斯时期《帝国法典》的最新版本"("Ueber die angebliche neueste Redaction der Basiliken durch Constantinus Porphyrogeneta"),《法学史杂志》(Zeitschrift für Rechtsgeschichte),VIII (1869),417。海姆巴赫:《60卷本帝国法典文献》,chap.6;《帝国法典的导言和简明教程》(Prolegomena et Manuale Basilicorum continens),III。P.科林内:"自查士丁尼死后(565年)至1453年间的拜占庭立法"("Byzantine Legislation From the Death of Justinian〈565〉to 1453"),《剑桥中世纪史》,IV,713。

⑰ 该标题来自希腊语词:τί ποũ κεῖται,拉丁语词为:quid ubi invenitur?(此两种语言都用的是疑问句,意为"发生了什么?〔曾经是什么?〕",译者据其含义译为"法典拾遗"。——译者)

es)⑱所作,是关于《帝国法典》的目录,而且每一标题下都有小标题和最重要的章节,指明它的相应段落,但该书并未全部出版。⑲

《帝国法典》中重申的古典法律的内容虽然根据现存的社会情况进行了谨慎的调整,但仍然是带有人为性质的,而且并不完整。因此,《法律选编》中的许多条文,即使在《帝国法典》颁布之后,也仍保持其效力,后来还得到多次修订和扩充。但《帝国法典》仍然是拜占庭法学和文化领域的巨著,地位仅次于《查士丁尼民法典》。它仍是一部现代人尚未开辟的研究领域,对于它的科学的彻底的研究无疑将展现出一个新的领域,并扩大人们的视野。⑳

---

⑱ 关于《法典拾遗》的作者,见"'法典拾遗'或60卷本帝国法典摘要的前言"("τιπούκειτος sive Librorum LX Basilicorum Summarium praefatio")一文,刊于《学习与探索》(Studi e testi),XXV。G.费拉里(G.Ferrari):《拜占庭杂志》(德文),XXVII(1927),165—166;P.科利内说,《法典拾遗》一书出自一位匿名学者(《剑桥中世纪史》,IV,722)。亦见 P.诺埃耶(P.Noailles)《法典拾遗》,刊于《纪念乔治·科尼尔罗马法研究文集》(Melangés de Droit Romain dédiés à George Cornil),II,175—196。A.贝格尔(Berger):"〈法典拾遗〉书名的起源"(Tipoukeitos: The Origin of a Name),《传统》(Traditio),III(1945),394—402。贝格尔写道:"如果我们能回想起近代的参考书'Who's Who',我们就能够将帕齐斯的作品之名称译为'那里是什么?'"(第400页)这一研究结论非常有价值。

⑲ 第1—12卷的简介,由C.费里尼(C.Ferini)和J.梅尔卡第(J.Mercati)编;第13—23卷的简介,收于《60卷本帝国法典文献摘要》;XIII—XXIII,由F.多尔格编,刊于《学习与探索》,51。一些由费里尼写的关于《帝国法典》的手稿和重组的文章见于《康塔多·弗里尼作品集》(Opere di Contardo Ferrini),I,349—363。

⑳ 见劳森(Lawson)在其研究《帝国法典》时所写的文章之开头:《帝国法典》是研究拜占庭法律的核心,而且迄今为止却只有少数专家才知道它的内容。F.H.劳森:"帝国法典"("The Basilica"),《法学季评》(The Law Quarterly Review),XLVI(1930),486。A.A.瓦西列夫:"查士丁尼的《法学汇纂》"("Justinian Digest"),《拜占庭与当代希腊年鉴》,v,(1939),734。在 A.阿尔伯托尼(A.Albertoni)所著的《拜占庭法律概貌》(Per una esposizione del diritto bizantino)一书中可以发现有关《帝国法典》的十分有用的信息,见该书43、55—57。

《市政官手册》(The Book of the Eparch)。——这可能是利奥六世时期最引起人们关注的文献,是"反映君士坦丁堡城内历史的无价之宝"[⑫]。19 世纪末期瑞士学者尼克尔(Nicole)[⑫]在日内瓦发现了此书,称其为 Book of the Eparch* 或 Book of the Prefect。有关这部文献出现的确切年代尚未确定,但可能成书于利奥六世时期或 10 世纪末期,或者是在尼斯福鲁斯·福卡斯时期(963 年以后)。[⑫]

君士坦丁堡的市政官是拜占庭时期帝国首都的管理者,几乎拥有无限的权力,换句话说,他处于帝国官僚阶层的最高层次。他

[⑫] Th.乌斯宾斯基:"君士坦丁堡的市政官手册"("The Eparch of Constantinople"),《君士坦丁堡俄罗斯考古研究所通报》,IV,2(1890),90。

[⑫] 《市政官手册,即智者利奥六世对君士坦丁堡行会的敕令》(*Le Livre du préfet ou l'édit de l'empereur Léon le Sage sur les corporations de Constantinople*),J.尼克尔(J.Nicole)编。欲寻其他版本,请看参考书目。

* Eparch(希腊文)、Prefect(拉丁文)都是君士坦丁堡市政官的头衔。——译者

[⑫] 1935 年,希腊历史学者 A.P.赫里斯托菲洛布鲁(A.P.Christophilopoulos)显然确定了其成书的具体年代是 911 年 9 月 1 日到 912 年 5 月 11 日之间。《智者利奥六世时期的市政官手册及拜占庭行会》(*Τὸ ἐπαρχικὸν βιβλίον Λέοντος Τοῦ Σοφοῦ καὶ αἱ συντεχνίαι ἐν Βυζαντίῳ*),13。G.米克威茨(G.Mikwitz)在他论及此书的书评时说明,希腊学者们已经解决了争端,《拜占庭与当代希腊研究年鉴》,XII(1936),369。亦见米克威茨《行会的垄断性》(*Die Kartelljunktionen der Zünfte*),205。但是,赫里斯托菲洛布鲁将他的结论奠基于帕帕多布鲁斯-凯拉梅乌斯(Papadopppoulos-Kerameus)对于君士坦丁堡保存的一部希腊文手稿的错误描述之上。按照帕帕多布鲁斯-凯拉梅乌斯的说法,这部手稿中含有《市政官手册》的内容,但我们现在知道事实并非如此。它实际上是巴勒斯坦的艺术家朱利安·阿斯卡洛尼特(Julian Ascalonites)写的一些法规。因此,赫里斯托菲洛布鲁的"发现"应该被摒弃。见 D.吉尼斯"市政官手册与朱利安·阿斯卡洛尼特的法规(*Τὸ ἐπαρχικὸν βιβλίον καὶ οἱ νόμοι Ἰουλιανοῦ τοῦ Ἀσκαλωνίτου*)",《拜占庭研究会年刊》(*Επετηρίς Ἑταιρείας Βυζαντινῶν Σπουδῶν*),XIII(1937),183—191;尤其应注意第 183—185 页的内容。相关的希腊文手稿文献,见 187—191。

的首要职责是维持首都的公共秩序和安全。为此他还有一大批雇员受他支配,称为市政书记员。此外,他还在司法上管辖首都的工匠和行会的商人。《市政官手册》从一个方面反映了在其他早期资料中所罕见的君士坦丁堡的生活状况。书中列举了手工工匠和商人的各个阶层,记录他们行会内部的组织、政府对他们的态度等。这一文件中的行会是以公证人行会(οἱ ταβουλλάριοι, Tobularii)为首的,在现代概念中,这个公证人行会组织根本不可能被列入普通的手工业和商人行会之中,他们要熟知 60 卷《帝国法典》。其次是珠宝商行会、抽丝匠行会、纺织工行会、亚麻匠行会,以及制蜡业、肥皂业、皮革业、面包业的行会。《市政官手册》所列举的行业名单中还提到了钱商、丝织品和服装商人、生丝商人、香料商、蜡和肥皂商、杂货商、屠夫、猪贩、鱼贩和马贩、卖面包者、酒店主等。每个行业部门都是垄断的,任何人想经营两个行业,即使这两个行业很相近,都将受到严厉的惩罚。行会内部的生活、它们的组织和工作、市场的许可、价格和利润规则、进出首都城关及其他许多问题都受到政府的严厉控制。在拜占庭帝国,自由贸易和自由生产是不存在的。君士坦丁堡的市政官是唯一有权可以亲自干涉或通过其代表来干涉行会生活及规定生产和贸易的人。[⑫]

---

⑬ 《市政官手册》中有大量的文字记载;奥斯特洛戈尔斯基在其《拜占庭国家史》一书中指明了这一点,见该书 177 页注 3。A.斯托克勒(A.Stöckle)对此手册进行了最好的研究,见《晚期罗马与拜占庭的行会》(*Spätromische und byzantinische Zünfte*),147—148(关于时间的确定)。在俄罗斯,P.V.贝佐布拉佐夫的文章,见《拜占庭年鉴》。XVIII(1911),33—36;亦见此作者的对于 G.F.赫兹伯格的《拜占庭人》(*Geschichte der Byzantiner*)一书的俄文译本。

345 在这些资料中发现的拜占庭行会管理规则完全可以作为同西欧中世纪行会做有趣比较的数据。

利奥六世以后的上百个《新律》提供了 9 世纪末和 10 世纪初拜占庭帝国内部的丰富资料,但迄今人们对此还没有进行足够的研究和利用。⑮

"权势者"和"贫弱者"。——9、10 世纪瓦西里一世和利奥六世时期的立法工作促进了拜占庭法学著作的一度繁荣:一方面是出现了大量有关《帝国法典》的注释和解说(这类注释通常被称为 Scholia);另一方面是各种法典的简缩本和手册问世。10 世纪拜占庭皇帝们的立法著作还有一种越来越明显的倾向:皇帝们被迫以大量新律抵制当时帝国社会和经济生活中的最尖锐问题,即大土地所有制的过度发展极大地损害了农民小土地所有者和自由农民公社的发展。

马其顿王朝时期,"权势者"($\delta\upsilon\nu\alpha\tau o\iota$,或称豪绅[magnates])阶层的势力再次显著增长。而作为他们对立面的"贫弱者"($\pi\acute{\epsilon}\nu\eta\tau\epsilon\varsigma$),则可与中世纪西欧的穷人(pauperes)及罗斯历史中莫斯科公国时期的依附者 siroti 相比。10 世纪拜占庭帝国的这些穷人通常是那些小土地所有者和有组织的村社成员,10 世纪时帝国的重税和各种赋役迫使他们向豪绅们求救,以牺牲自由和独立为代价换得

---

⑮ 扎哈利亚·冯·林根塔尔:《希腊-罗马法制史》,III,65—226;泽波斯:《希腊-罗马法》,I,54—191。见 H.莫尼耶(H.Monnier)《智者利奥六世的新律》(Les nouvelles de Léon Le Sage)。C.A.斯普尔伯(C.A.Spulber):"智者利奥六世的新律"("Les nouvelles de Léon le Sage")。亦见奥斯特洛戈尔斯基在《拜占庭国家史》中的评述,第 172 页。

第六章 马其顿王朝(867—1081年)

保护。

"权势者"阶层在10世纪的兴起,表面上似乎很突然,其实部分原因可以归于9世纪30年代的托马斯起义。这一点在小亚细亚表现得尤为明显,那里的大土地所有者的数量在10世纪得到显著的增长。起义的长期性和艰苦性使得大量小土地所有者破产,被迫将财产转移给富裕的邻居。但这仅是拜占庭帝国大地产发展的原因之一。总体来说,9、10世纪拜占庭帝国的大土地所有制问题一直没有获得充分的研究。

马其顿王朝的统治者至少从罗曼努斯·雷卡平(919—944年在位)时期,到瓦西里二世(死于1025年)时期都在积极保护小土地所有者和农村公社社员的利益,使之免遭"权势者"阶层的侵害。其原因应该归于大土地所有制的过度发展。那些权势者由于控制着大量奴隶和土地资产,很容易组织并供养由依附者组成的军队,因而有充足的力量蓄谋对抗中央政府。皇帝保护小土地所有者和公社农民,反对大土地所有者,实际就是保护自己的权力和皇位,他们的权力和皇位在10世纪受到严重威胁,在小亚细亚表现得尤其明显。

皇帝也被迫保护所谓的"军事份地"。早在罗马帝国时期就有一种惯例,把边境地区的田地分给士兵,有时也将帝国内地的土地分给他们,条件则是他们将继续为帝国服军役。这种土地分配制度虽一直实施到10世纪,但已呈衰落状态。9、10世纪,这些军事领地也开始受到"权势者"阶层的威胁,他们购买军事份地,如他们购买小土地所有者的土地一样。因此,这一时期的皇帝们也努力保护这些军事份地。

马其顿王朝皇帝所采取的保护农民和军事份地的措施事实上非常简单。他们禁止大土地所有者购买农民土地或军事份地。922年由罗曼努斯一世雷卡平所颁布的《新律》成为国家对权势者斗争的开始。《新律》规定：(1)对任何不动产如土地、房屋、葡萄园等的购买、暂时或长期租用，其优先权将属于农民和自由公社；(2)"权势者"阶层不得以任何方式，包括捐赠、遗赠、购买、租用、交换等，来获取贫穷者的财产；(3)在此敕令公布前三十年以任何方式转让于大地主的军事份地或那些将要被转让的军事份地将无偿地归还原主。

在帝国颁布《新律》之后不久，帝国内部发生的几场大灾难，使得罗曼努斯所实施的措施处于困难的境地。不时发生的霜冻、饥荒、瘟疫使农民处境十分艰难，大土地所有者借此机会用极低的价格，甚至仅用少量的面包就能购买这些农民的地产。权势者们的这一令人震惊的行为迫使罗曼努斯在934年又颁布了第二则《新律》，他尖锐地责骂富人的残酷、贪婪，说他们对于那些"不幸的村庄而言，就像瘟疫和坏疽一样吞噬村民的生命，使他们濒于死亡的境地"⑯，《新律》规定在饥荒年前后被权势者以非法方式购买土地的农民，可以用当时卖地的价格买回自己的土地；购得土地的人须在农民付钱后立即迁走。《新律》在简单回顾了拜占庭军队的成功之后，做了如下声明："如果我们已获得同外敌作战的胜利，那么我们以正当的对自由的渴望和严厉的法律同国内的天灾人祸及良好

---

⑯ 扎哈利亚·冯·林根塔尔:《希腊-罗马法制史》,III,247。泽波斯:《希腊-罗马法》,I,210。

社会秩序的斗争又怎会失败呢?"⑫

但是罗曼努斯的法令并未能阻止大土地所有制的发展以及小土地所有者及农民公社的瓦解。随后,在君士坦丁·波菲罗杰尼图斯的一则《新律》中,正式声明罗曼努斯时期的旧法未得到施行。在君士坦丁时期颁布的《新律》中,对富有者的限制超过了罗曼努斯。而后来同罗曼努斯二世的遗孀结婚而取得王位的尼斯福鲁斯·福卡斯本是权势者阶层中的一员,他自然比以往的国王们更理解并倾向于权势者这一阶层的利益。用 V.G.瓦西列夫斯基的话来说:尼斯福鲁斯·福卡斯的《新律》"无疑反映了这一领域内实行了有利于权势阶层的逆向立法活动,即便皇帝仅仅谈到要以公正的立场来处理双方的利益"⑬。这则《新律》指出:"以往的立法者总认为统治者是正义的代表,声称他们对所有人一视同仁",它强调,在尼斯福鲁斯·福卡斯之前的统治者们实际上却已经偏离了最初的理想。"他们完全忽视了权势者的产权,甚至不允许他们保留已经拥有的领地。"⑭尼斯福鲁斯·福卡斯废除了以往的法令,从而令权势者阶层的势力大增,更加目无法纪。

保加利亚人的屠杀者瓦西里二世是权势者阶层的最冷酷无情的敌人。小亚细亚的两个大家族的首领巴尔达斯·福卡斯和巴尔达斯·斯克莱鲁斯(Bardas Sclerus)曾组织了反对皇帝统治的起

---

⑫ 扎哈利亚·冯·林根塔尔:《希腊-罗马法制史》,III,252。V.G.瓦西列夫斯基:"拜占庭内政史资料"("Materials for the Internal History of Byzantium"),《公众教育部杂志》,CCII(1879),188;《著作集》,IV,281。泽波斯:《希腊-罗马法》,I,214。

⑬ 瓦西列夫斯基:《著作集》,206;《著作集》,IV,302。

⑭ 扎哈利亚·冯·林根塔尔:《希腊-罗马法制史》,III,297。泽波斯:《希腊-罗马法》,I,253—254。

义,并几乎取得了成功。罗斯大公弗拉基米尔的出兵干涉使帝国免遭覆亡。因此,毫不奇怪,瓦西里二世无疑把大土地所有者当作他最有威胁力的敌人,也必然对他们严酷镇压。一次,瓦西里二世途经卡帕多细亚,他和他的军队在尤斯塔修斯·马雷努斯(Eustathius Maleinus)著名的庄园里受到奢侈款待。他开始担心尤斯塔修斯·马雷努斯会步福卡斯和斯克莱鲁斯的后尘成为他的竞争对手,于是将尤斯塔修斯强行带回首都,直到后者死去。马雷努斯死后,他的大地产被没收。《新律》中也提到另一件类似的事情:皇帝听说小亚农民出身的菲罗卡尔(Philocales)变成巨富且享有很高的声望,还获得了极高的行政职务,并将他居住的村庄变为自己的财产,甚至改了名字。瓦西里就命令把菲罗卡尔的豪华建筑全部夷为平地,将这些土地归还穷人,菲罗卡尔又成为一个普通的农民。⑬ 而像福卡斯、斯克莱鲁斯、马雷努斯以及菲罗卡尔这些人无疑只是小亚细亚的众多大土地所有者中的几名代表而已。

996年的著名《新律》取消了四十年来实行的保护那些曾非法获得农民土地的权势者的权利,以及那些"以赠礼或暴力手段延长合同期,以图将他们用欺骗手段从穷人那里得到的地产最后据为己有"的人的权利。⑭ 在罗曼努斯颁布第一则《新律》以前,那些被

---

⑬ 扎哈利亚·冯·林根塔尔:《希腊-罗马法制史》,III,310;瓦西列夫斯基:"拜占庭内政史资料",《公众教育部杂志》,CCII(1879),217;《著作集》,IV,314—315。泽波斯:《希腊-罗马法》,265。

⑭ 扎哈利亚·冯·林根塔尔:《希腊-罗马法制史》,308;瓦西列夫斯基"拜占庭内政史资料",《公众教育部杂志》,215—216;《著作集》,IV,312—313。泽波斯:《希腊-罗马法》,I,263。

大土地所有者从农村公社成员手中获得的地产,只有当他们能够出具书面证据或足够的证人证明其所有权时,才可能继续保留。《新律》表明国库的需求将不受任何规定的限制;因此国家"可以将它的权利上溯至恺撒·奥古斯都时期"[⑫]。关于军事领地的问题也迫使马其顿王朝的统治者颁发了几则《新律》。

除了 996 年的《新律》以外,瓦西里二世还颁布了一则有关税收的法令,即"联保制"(Allelengyon,源出于希腊文 $\alpha\lambda\lambda\eta\lambda\acute{\epsilon}\gamma\gamma\upsilon o\nu$,意思是"相互保证")。早在 9 世纪初(关于这方面,有关资料已做了简单的说明[⑬]),尼斯福鲁斯一世就提出穷人的富有近邻有义务为穷人纳税。联保制作为一种税收形式并不是什么新奇事物,它代表了后期罗马"联保地税"(*epibole*)制的继续和另一种形式(见本书中关于阿那斯塔修斯统治时期的讨论*)。"联保制使农民增加了额外的负担,这充分说明了为什么农村公社社员会有如此沉重的负担,为什么农民通常愿意拥有一份依附于他人的产业。"[⑭]尼斯福鲁斯一世的法令引起人们对皇帝的极度怨恨,迫使他的后

---

⑫ 扎哈利亚·冯·林根塔尔:《希腊-罗马法制史》,III,315。瓦西列夫斯基:"拜占庭内政史资料",《公众教育部杂志》,220;《著作集》,IV,317。泽波斯,《希腊-罗马法》269。

⑬ 狄奥凡尼:《编年史》,德博尔编,486。柏里:《东罗马帝国史》,III,214。

* 即本书第二章。——译者

⑭ G.奥斯特洛戈尔斯基,"中世纪拜占庭的农业状况"("Agrarian Conditions in the Byzantine Empire in the Middle Ages"),《剑桥经济史》(*Cambridge Economic History*),I,202—203。关于联保地税和联保责任制的问题仍然是值得争论的。见 F.多尔格《关于 10—11 世纪拜占庭的财政管理问题》(*Beiträge zur Geschichte der byzantinischen Finanzverwaltun besonders der 10 und 11. Jahrhunderts*),129—130。亦见 G.布拉提亚努(G. Brătianu)《拜占庭经济社会史研究》(*Études Byzantines d'histoire économique et sociale*),197—201。

继者放弃了这一税收办法。但是,在瓦西里二世的对保加利亚战争急需大量资金、而他也日益渴望给权势者阶层以沉重的打击时,却恢复了这一法令,以使富人有责任替没有支付能力的穷人支付税金。如果瓦西里二世极力实行的这一措施能够坚持长期有效实施的话,它或许会导致教俗大地产的毁灭。然而,联保制仅仅强制实行了很短的一段时间。在11世纪前半期,当罗曼努斯三世阿吉鲁斯同君士坦丁八世的女儿佐伊结婚,获得了王位后,为了维护权势者阶层的利益,也为了找到一条与高级教士和土地贵族相妥协的方式,宣布取消了联保制。

总之,10世纪马其顿王朝皇帝们所颁布的法令尽管在某种程度上限制了大土地所有者的兼并活动,但成效甚微。11世纪,上述著名的《新律》逐渐为人们所遗弃。同一世纪,拜占庭的皇帝们在对内政策上开始发生了本质性的变化,他们开始越来越公开倾向于对大地主保护和关爱,加速了农奴制的进一步发展。然而自由农民公社和自由小土地所有者并没有从帝国消失。这些组织仍继续存在,在本书涉及晚期历史的部分还将加以讨论。

行省管理

9世纪的帝国和马其顿王朝时期的行省管理仍延续前面已经论及的军区的管理体制。它的发展主要表现在两个方面:一方面是旧军区被不断地分割,因而增加了大量的新军区;另一方面,一些军管区的地位也得到提高,而在以前,它们往往有另一个名字,如兵站(clisurae*)。

---

* 此是希腊文原文κλεισούρα的拉丁拼法,原意为山口、关隘,此处用意译,见下文。——译者

第六章 马其顿王朝(867—1081年)

原来被历史学家认为是军区制之前身的两个总督区都已经从帝国中分离出去:迦太基(阿非利加)总督区于7世纪中期被阿拉伯人占领;拉文纳总督区在8世纪初期由伦巴德人占领,不久又被割让给法兰克国王矮子丕平。754年,丕平把它献给教宗,奠定了中世纪教宗领的基础。7世纪的拜占庭帝国除了上述两个总督区外,还有5个军事地方政府,但那时还没有被叫作"军区"。9世纪初,帝国出现了10个军区:5个在亚洲、4个在欧洲、1个在沿海地区。根据9世纪阿拉伯地理学家伊本-库尔达巴(Ibn-Khurdadhbah)书中的材料及其他资料,历史学家们认为9世纪时期帝国约有25个军事区,但是它们并不都是军区,其中包括两个兵站,一个都督领(ducatus*)和两个领主地(archontatus**)。宫廷礼仪官菲罗塞乌斯(Philotheus)在899年写的关于宫廷礼仪的文献(该文献通常作为君士坦丁·波菲罗杰尼图斯时期的所写的《拜占庭宫廷礼仪》一书的一部分)中,提到出席列班的军区贵族时列了25个军区⑬;在君士坦丁·波菲罗杰尼图斯于10世纪所写的著作《论军区》中,则列举了29个军区:亚洲17个,包括4个沿海军区;欧洲12个,包括西西里军区,其中一部分在10世纪阿拉伯人征服西西里之后形成了卡拉布里亚军区。12个欧洲军区中也包括克里

---

* Ducatus,官名袭自晚期罗马时期,其词形同中世纪的公爵,但此处沿用中国古官职的名称"都督",以有别于中世纪西方的封建公爵。该官职是集军政权力于一身的地方官,其地位和职责与军区首长相似但不完全相同。——译者

** 该词源于希腊语词 αρχηνταιν$,意为有贵族身份的人,此处应指贵族地产。——译者

⑬ J.B.柏里:《9世纪的帝国统治体系,附克列托罗洛吉昂·菲罗塞奥斯文献的修订版》(*The Imperial Administrative System in the Ninth Century, with a revised text of the Kletorologion of Philotheos*),146—147。

米亚的克尔松(Korsun),它可能形成于 9 世纪,经常被人称为"the Klimata"或"Gothic Klimata"(哥特高地)。由 V.贝内塞维奇(V.Beneševič)列举的在 921—927 年以前罗曼努斯·雷卡平所控制的军区共 30 个。⑬ 11 世纪时增加为 38 个,⑭绝大多数由军事长官——将军(strategus)统治。由于军区在数量上经常发生变化,而且缺乏与军区的历史发展相关的史料,人们对拜占庭时期的这一重要方面的了解还相当有限,且不准确。

值得一提的是"兵站"(clisurae)和兵站长官(clisurachs),clisura 在现代希腊语中是"山口"的意思,而拜占庭时期,却是指在兵站长官管理下的前线要塞及其有限的邻近区域,或者更经常的是,"一个较小的行省"。该兵站长官的权力不如将军那样大,也可能不是同时集行政和军事双重权力于一身。有一些兵站,例如塞琉西亚的兵站、小亚细亚的塞巴斯蒂亚兵站以及其他一些地方的兵站,随着转化为军区而日益重要。

居于军区统治者位置上的将军有很多附属权力。至少在智者利奥六世时期,东方的军区,包括海上军区的将军们可以从国库接受固定的薪俸,西方的军区的将军则从自己的领地上收取年俸而不是通过国库。

军区组织的发展在马其顿王朝时期达到最高峰。此后,军区

---

⑬ V.贝内塞维奇:"克列托罗洛吉昂·菲罗塞奥斯之前的拜占庭行政官阶表"("Die byzantinischen Ranglisten nach dem 'Kletorologion Philothei'"),《拜占庭与当代希腊研究年鉴》,V,118—122;关于其年代,见 164—165。

⑭ N.斯卡巴拉诺维奇(N.Skabalanovich):《11 世纪的拜占庭国家与教会》(The Byzantine State and Church in the Eleventh Century),193—230。

制开始逐渐衰落,一方面是由于塞尔柱突厥人在小亚细亚的入侵,另一方面原因则在于十字军时期帝国生活的变化。

混乱时期(1056—1081年)

皇帝们

早在1025年,保加利亚人的屠杀者瓦西里二世死后,帝国便进入一个混乱不堪、帝位更换频仍的时期,逐渐衰落。佐伊女皇助她的三个丈夫相继登上皇位。1056年,随着佐伊的妹妹狄奥多拉女皇死去,马其顿王朝最终结束了。随后是混乱时期,持续了二十五年(1056—1081年),直到著名的科穆宁王朝的创立者阿列克修斯·科穆宁(Alexius Comnenus)登上王位。

这二十五年间的历史从表面看来,是帝国皇位的频繁更替,而且登上皇位者多为平庸之辈,但它却是拜占庭帝国历史上最重要的时期,因为就在这二十五年间,帝国内外环境的变化导致了西方的后来称为"十字军"运动的开端。

这一时期,拜占庭帝国外部的敌人从各个方面对帝国施加压力:诺曼人在西方的活动十分活跃;帕齐纳克人和乌齐人在北方;塞尔柱突厥人在东方活动。最终,拜占庭帝国的领土被大大压缩了。

这一时期的另一个显著特征是军事首领和大土地贵族(尤其是小亚细亚的土地贵族)发动了反抗中央政府的斗争。经过多次反复较量之后,行省与中央的斗争以军人和大土地所有者的胜利

352 而告结束，这是行省对中央的胜利。阿列克修斯·科穆宁成为胜利者的首领。

11世纪混乱时代的所有皇帝都是希腊人。1056年，年迈的女皇狄奥多拉在宫廷党的胁迫下选择了年迈的贵族迈克尔·斯特拉条提库斯(Michael Stratioticus)为继位者，此后不久，她便死去。宫廷派的候选人迈克尔六世斯特拉条提库斯在位时间大概只有1年(1056—1057年)。以小亚细亚军队为首的反对派此时形成，他们拥立了他们的将军、大土地所有者的代表、以抗击突厥人而闻名的伊萨克·科穆宁(Isaac Comnenus)为帝。这是在混乱时期军人派对中央政府的首次胜利。迈克尔·斯特拉条提库斯被迫退位，以平民身份度过了余生。

军人派的胜利只维持了短暂的时间。伊萨克·科穆宁在位时间仅两年(1057—1059年)，然后就退位，隐居于修院之中。至于他退位的原因，至今仍是一个谜。也许他是精心策划的反对派之阴谋的牺牲品，他们对于他的独立统治并不满意。据说，伊萨克·科穆宁考虑到国库收入的特殊重要性，为增加国库收入，通常对非法获得土地的大地产者痛下杀手，其中既有世俗大地产者，也有教会的大地产，他还减少了高级官员的薪俸。著名学者和政治家迈克尔·普赛勒斯(Michael Psellus)很可能参与了反对伊萨克·科穆宁的阴谋。

伊萨克退位，君士坦丁十世杜卡斯即位(1059—1067年在位)，他是个天才的理财者和正义的维护者，只关心国内行政事务，而对军务一般地毫不过问。他统治时期，中央贵族派对在伊萨克·科穆宁时期获胜的军人派的不断抗争,或者是首都对行省的抗争。这位"官僚、修辞学家和学者统治时期是不幸的时期"⑬。来自北方的帕齐纳克人和乌齐人以及东部塞尔柱突厥人的威胁证明非军事性的行政管理并不合理。帝国迫切需要一位能够组织必要的军事力量来抗击敌人的统治者。甚至如11世纪的反军人派代表迈克尔·赛勒斯也说:"军队是罗马帝国的脊梁!"⑬因而帝国内部对皇帝的反对情绪很强烈。君士坦丁十世杜卡斯死于1067年,他的妻子欧多西娅·玛克列姆博莉莎(Eudocia Macrembolitissa)继他之后当政几个月。军人派则迫使她嫁给生于卡帕多细亚的杰出将军罗曼努斯·狄奥吉尼斯(Romanus Diogenes)。罗曼努斯加冕之后称罗曼努斯四世狄奥吉尼斯,统治时间为1067—1071年。

罗曼努斯的继位标志着军人派的第二次胜利。这位士兵出身的皇帝统治帝国四年,以悲剧告终;因为他被塞尔柱突厥人俘虏,成为苏丹的阶下囚。当得知皇帝被俘的消息时,首都君士坦丁堡发生了大规模的骚乱。经过犹豫思考,人们选举了欧多西娅·玛克列姆博莉莎与君士坦丁·杜卡斯之子、迈克尔·赛勒斯的学生,绰号为帕拉皮纳克斯(Parapinakes)的迈克尔七世杜卡斯为帝。⑭欧多西娅则躲进修道院寻求保护。罗曼努斯被苏丹释放回国时,

---

⑬ 格尔泽:《拜占庭帝国概要》,1006。
⑬ K.萨塔斯:《中世纪希腊文献目录》,IV,58。
⑭ 绰号帕拉皮纳克斯的起因是由于在这位迈克尔统治时期,农业歉收,拜占庭金币诺米斯马贬值,一个诺米斯马的金币以往能买一摩底(medimnus,古罗马量度单位)面包,而此时则只能买一个摩底的1/4,即一个 pinakion(皮纳基翁)的面包。

发现已是新君在位。尽管他曾得到承诺,新君将保证他个人的人身安全,但他还是被野蛮地刺瞎双眼,不久死去。

迈克尔七世杜卡斯·帕拉皮纳克斯(1071—1078年在位)爱好学习、学术争论及诗歌写作,对军事活动不感兴趣。他恢复了其父君士坦丁十世杜卡斯时期的官僚体制,而这并不适用于帝国的外部形势。突厥人和帕齐纳克人的威胁要求帝国必须有一位受到军队支持的军人皇帝来领导,才可以使帝国免遭毁灭。于是,一位"有希望实现大众诉求的代言人"[⑭],小亚一个军区的将军尼斯福鲁斯·波达尼塔特斯(Nicephorus Botaniates)脱颖而出。他在小亚细亚称帝,迫使帕拉皮纳克斯穿上道袍,进入了修道院。而他则进入首都,由君士坦丁堡牧首为他加冕称帝。从1078—1081年,他一直稳坐皇帝宝座,但由于年老体弱,他难以处理内政外交中的难题。与此同时,各行省的大土地贵族也不承认他作为皇帝的权力,于是,在帝国各处出现了许多帝位觊觎者。阿列克修斯·科穆宁就是其中之一,他是先帝伊萨克·科穆宁的侄子,也与以前的统治家族杜卡斯家族有亲戚关系,而且他表现出有能力利用现存条件达到他的目标,获得君临天下的地位。于是,波达尼塔特斯也被废黜隐退于修道院,后获得圣职。1081年阿列克修·科穆宁加冕为皇帝,结束了拜占庭历史上的混乱时期。科穆宁王朝的第一位统治者在11世纪的登基标志着军人派和行省大土地所有者的又一次胜利。

---

⑭ 斯卡巴拉诺维奇:《11世纪的拜占庭国家与教会》,115。

显而易见,皇位如此频繁更替和无休止的公开或隐蔽的宫廷斗争,必然使帝国对外政策失利,致使帝国从中世纪历史的巅峰地位上跌落下来。而且,由于来自外部的敌人——东方的塞尔柱突厥人,北方的帕齐纳克人和乌齐人,西方的诺曼人等——成功的军事行动造成的帝国外部复杂而危险的环境加速了帝国衰落的步伐。

塞尔柱突厥人

拜占庭帝国很早以前就知道突厥人。6世纪后半期,曾有过突厥-拜占庭结盟的设想。突厥人也曾在拜占庭的军队中受雇为雇佣军或皇帝卫队。⑭ 在东方帝国边境外的阿拉伯军队中亦有大量的突厥人,这支军队曾于838年积极参与了夺取并掠夺阿莫里亚(Amorion)的活动。但帝国与突厥人的早期关系和斗争直到11世纪以前都没有在帝国历史上产生重要影响。直到11世纪前半期,塞尔柱突厥人出现在帝国的东部边界时,情况才开始发生了变化。⑮

---

⑭ 君士坦丁·波菲罗杰尼图斯:《拜占庭宫廷礼仪》,波恩版,661;哈伦-伊本-雅希亚(9世纪)的作品,收于 M.德戈杰(M.de Goeje)《阿拉伯地理学文献目录》(*Bibliotheca geographorum arabicorum*),VII,121、124;哈伦-伊本-雅希亚对君士坦丁堡的描述亦被收于伊本-鲁斯塔(Ibn-Rustah,10世纪人)的阿拉伯地理学著作中。A.A.瓦西列夫:"哈伦-伊本-雅希亚和他对君士坦丁堡的描述"("Harun-ibn-Yahya and his Description of Constantinople"),《康达可夫研究院年鉴》,V(1932),156、158。马尔卡特(Marguart):《东欧与东亚的斗争》(*Osteuropäische und ostasiatische Streifzüge*),216、219、227。

⑮ P.威特克(P. Wittek):"关于拜占庭与突厥人的地名"("Von der byzantinischen zur türkischen Toponymie"),《拜占庭》(布鲁塞尔),I(1935),12—53。威特克:"关于罗姆突厥人国家的两个问题"("Deux chapitres de l'histoire des Turcs de Roum"),《拜占庭》(布鲁塞尔),XI(1936),285—302。

塞尔柱突厥人（Seljuqs 或称 Seljucids）是突厥人首领塞尔柱克（Sejuq）的后代。塞尔柱克曾在公元 1000 年左右于突厥斯坦汗（Turkestan khan）的手下供职。塞尔柱克与他的部族从吉尔吉斯大草原移至布哈拉附近的河中地区，在此接受了伊斯兰教。塞尔柱克部族的势力在短时期内得到极大增长，乃至于塞尔柱克的两个孙子曾率领野蛮的突厥游牧部落袭击过霍拉桑（Khurasan）。

塞尔柱人在西亚的发展开创了穆斯林历史上的一个新时代，同时也开始了拜占庭历史上的新时代。在 11 世纪，伊斯兰世界已不再是一个统一的整体。西班牙、非洲和埃及早已在政治上独立于巴格达哈里发的势力之外。叙利亚、美索不达米亚和波斯也分裂为若干个在不同的统治者管理下的独立王朝。11 世纪中期，塞尔柱人征服波斯后，深入美索不达米亚，进入巴格达。从此，巴格达的哈里发处于塞尔柱人的保护之下。但是，塞尔柱人的苏丹并不住在巴格达，而是通过一位将军控制着这个重要的城市。不久以后，又有一些新突厥人部落来到这里，使塞尔柱人的势力大增。他们征服了整个西亚，包括从阿富汗斯坦到拜占庭帝国小亚的边界地区及埃及的法蒂玛哈里发国家。

从 11 世纪开始，塞尔柱人成为拜占庭帝国历史上极其重要的因素，他们开始威胁到帝国在小亚和高加索的边界行省。11 世纪 40 年代，君士坦丁九世摩诺马赫吞并了亚美尼亚及其新的首都阿尼。从此，亚美尼亚不再是突厥人与拜占庭帝国之间的中间屏障；只要亚美尼亚的领土受到进攻，帝国领土也就同样受到进攻。而且，在这种进攻中，突厥人总是非常成功。突厥人军队也向小亚发动了攻势。

第六章 马其顿王朝(867—1081年)

在伊萨克·科穆宁既活跃但又十分短暂的统治时期,帝国的东方在反击突厥人进攻时防卫很成功。但在伊萨克倒台后,君士坦丁·杜卡斯不重视军务的政策削弱了小亚细亚的军事力量,有利于突厥人进入拜占庭境内。据一位史学家记载,政府似乎乐于看到那些"固执而傲慢的行省遭遇不幸"。"同意大利一样,帝国的东部行省由于中央政权的错误而付出了极大的代价"[14]。在君士坦丁十世杜卡斯及其妻子欧多西娅·玛克列姆博莉莎继杜卡斯之后的七个月执政期间,塞尔柱人的第二个苏丹阿尔普·阿尔斯兰(Alp Arslan)征服了亚美尼亚,蹂躏了叙利亚、乞里奇亚和卡帕多细亚。在凯撒里亚(卡帕多细亚的首都),突厥人劫掠了这里的主要圣处瓦西里教堂,教堂里保存着圣徒的遗骨。[15] 一位拜占庭编年史家谈到迈克尔·帕拉皮纳克斯(1071—1078年在位)时期时说:"在这位皇帝统治时期,几乎整个世界,无论海上还是陆地,被那些不信神的野蛮人占领的地方都被摧毁,变得荒无人迹,因为所有的基督徒都惨遭杀戮,所有的居民区及其教堂都被他们抢劫一空,东方全部毁灭了,成为不毛之地。"[16]

帝国的军人派为欧多西娅找了一个丈夫,即罗曼努斯·狄奥吉尼斯。这位新皇帝指挥了几次反抗突厥人的战役,并在其早期

---

[14] C.纽曼(C.Neuman):《十字军时期的拜占庭世界》(*Die Weltstellung des byzantinischen Reiches vor den Kreuzzügen*),107;法文版,104。

[15] 迈克尔·阿塔利奥塔(Michaelis Attaliotae):《历史》(*Historia*),94;约翰尼斯·斯奇利查(Joanis Scylitzae),《历史》,661。

[16] 《匿名编年史》('Ανωνύμον Σύνοψις Χρονική);萨塔斯:《中世纪希腊文献目录》,VII,169。关于11世纪突厥人在1071年以前的侵掠活动,亦见叙利亚的迈克尔的编年史,夏博译,III,158—165。

战事中取得了一些成功。他的军队由下列不同部族组成：马其顿斯拉夫人、保加利亚人、乌齐人、帕齐纳克人、瓦拉几亚人和法兰克人（西方民族），这些部族缺乏正规的训练和正规的组织，不能有效抵抗突厥骑兵的迅速进攻。拜占庭军队中最不可靠的部分是乌齐人和帕齐纳克人的轻骑兵，他们一旦与突厥人发生冲突，就立即有了"血浓于水"的感受。

罗曼努斯·狄奥吉尼斯的最后一次对突厥人采取攻势以其军队于1071年在亚美尼亚境内凡湖（Van）北部曼兹克特（Manzikert，现在的梅拉兹戈尔德［Melazgherd］）附近对突厥人的失败而告终。战役开始前不久，拜占庭军队中的乌齐人支队及其首领就投靠了突厥人。这在罗曼努斯·狄奥吉尼斯的军队中引起极大的不安。在战斗的紧急关头，一位拜占庭将领又开始散布帝国军队失败的谣言，士兵们惊慌失措，立即溃不成军。尽管罗曼努斯英勇奋战，还是被突厥人俘虏，但当他到达敌军营帐中时，却受到敌军将领阿尔普·阿尔斯兰充满敬意的欢迎和问候。

胜负双方签订了永久和平协议和建立友好关系的盟约，阿拉伯史料中记载了协议的主要条款：(1) 罗曼努斯·狄奥吉尼斯必须付出相应数量的金钱赎回人身自由；(2) 拜占庭须向阿尔普·阿尔斯兰交付大笔年贡；(3) 拜占庭应送还所有的突厥战俘。⑩但罗

---

⑩ G.威尔（G.Weil）：《卡里芬的历史》（*Geschichte der Chalifen*），III，115—116。J.劳伦特："拜占庭与小亚细亚的塞尔柱突厥人，阿列克修斯·科穆宁之前的和约"（"Byzance et les Turcs Seldjoucides en Asie Mineure, leurs traités anterieurs à Alexis Comnène"），《拜占庭》（布鲁塞尔），II（1911—1912）、106—126。见 C.卡亨（C.Cahen）的一篇绝妙文章"从穆斯林资料中所见之曼兹克特战役"（"La campagne de Mantzikert d'apres les sources musulmanes"），《拜占庭》（布鲁塞尔），IX（1934），613—642。

第六章　马其顿王朝(867—1081年)

曼努斯回到君士坦丁堡时,发现迈克尔七世杜卡斯已成了皇帝,罗曼努斯被政敌们弄瞎了双眼,不久死去。

曼兹克特战役标志着帝国的最终命运。虽然依据协议,拜占庭帝国似乎没有向阿尔普·阿尔斯兰割让领土,⑱但帝国的损失是相当惨重的,因为保卫小亚边境的军队已经被彻底摧毁了,帝国根本无力再抵抗突厥人的进攻。而迈克尔七世杜卡斯所实行的不重视军务的软弱政策进一步加深了帝国的困难处境。曼兹克特战役给拜占庭在小亚细亚的统治以致命一击,而小亚细亚是拜占庭帝国最重要的领地。1071年以后,就再没有能够抵抗突厥人进攻的拜占庭军队了。一位学者甚至过分地强调说这次战役使突厥人掌握了拜占庭帝国的命运。⑲另一历史学家则把这次战役称为"拜占庭帝国的死期",并且进一步论述道:"尽管这次战役造成的各种可怕的后果没有马上显现出来,但小亚细亚东部、亚美尼亚、卡帕多细亚等地,这些著名的行省(它们曾是如此多的著名帝王及将士们的家乡以及构成帝国主要军事力量的基地)永远不属于帝国了,突厥人开始在以往曾经辉煌的古罗马的废墟上支起了游牧帐篷。人类文明的摇篮从此落入穆斯林的野蛮而极其残酷的统治之下。"⑳

---

⑱ J.劳伦特在《1081年以前西亚的拜占庭与塞尔柱突厥人》(*Byzance et les Turcs Seldjoucides dans l'Asie occidentale jusqu' en 1081*)第95页提到,这一协议"也许提出了割让土地的要求";但是,我们并不知道这一协议的详细内容(第95页注1)。亦见卡亨:"从穆斯林资料中所见之曼兹克特战役",《拜占庭》(布鲁塞尔),IX(1934),637—638。

⑲ A.格夫罗尔(A.Gfrörer):《拜占庭历史》(*Byzantinische Geschichten*),III,791。

⑳ 格尔泽:《拜占庭帝国史概要》,1010。

从1071年的大灾难到1081年阿列克修斯·科穆宁登基,这十年间帝国边防崩溃,内部的派系斗争激烈,而且这些派系纷纷向外寻求援助,突厥人则利用这一时机渗入到拜占庭帝国的内部。部分突厥人先头部队曾到达小亚细亚西部各行省,而帮助尼斯福鲁斯·波达尼塔特斯获得王位的突厥军队甚至随着这位帝王进入了尼西亚和赫里索波利斯(现在的斯库塔里)。

在罗曼努斯·狄奥吉尼斯和阿尔普·阿尔斯兰死后,突厥人和帝国都认为没有必要再遵从两位前统治者所签订条约中的相关规定。突厥人开始利用一切机会掠夺帝国在小亚细亚的行省,而且,据一位当时的拜占庭编年史学家说,他们进入这些行省,不再是偶然的抢劫,而是要成为这里的永久主人。[151] 但这种说法似乎有些夸张,至少在1081年以前,情形并非如此。如J.劳伦特所强调的,"在1080年,即突厥人第一次出现在博斯普鲁斯沿海之后的第七年,他们还没有在任何地方定居,也没有建立国家;他们仅仅是冒险者和无秩序的掠夺者。"[152] 阿尔普·阿尔斯兰的后继者将小亚细亚的军事领导权转交给苏莱曼-伊本-库塔尔米什(Suleiman-ibn-Qutalmish),他占领小亚细亚中部后,在此建立了罗姆(Rum)苏丹国或叫作小亚细亚苏丹国。[153] 因其首都位于原拜占庭属小亚细亚的最富有、最美丽的城市伊科尼姆(今科尼亚),所以这个塞尔

---

[151] 约翰尼斯·斯奇利查:《历史》,波恩版,708。

[152] 劳伦特:《1081年以前西亚的拜占庭与塞尔柱突厥人》,13—26、97(特别是注3)、110—111。

[153] Rum(罗姆)一词只是穆斯林作者常用来称呼中世纪拜占庭希腊人及其产业的名词,意即"罗马的";Rum一词也用于特指小亚细亚。

柱人的国家常常被称为伊科尼姆⑭苏丹国（Sultanate of Iconium）。苏丹国由此为中心地向四周扩张，北部最远达到黑海、南部达地中海海岸，成为帝国最危险的竞争者。突厥人军队继续向西方挺进，而拜占庭军队却毫无抵抗之力。

塞尔柱人的进攻以及北部乌齐人、帕齐纳克人对首都的威胁迫使迈克尔七世杜卡斯·帕拉皮纳克斯在其统治早期向西方求助。他派遣使者去见教宗格列高利七世，允诺他将促使教会的联合以报答教宗的援助。格列高利七世的反应友好，派出大批使者前往西欧各个君主并向"全体基督教徒们"（ad omnes christianos）求助，声称"异教徒正在对基督教帝国施加巨大的压力，以前所未有的残酷毁灭了一切，他们甚至到了君士坦丁堡的城下"⑮。但格列高利的请求并未带来任何实质性的结果，同时，他自己也卷入了与德意志王亨利四世争夺授职权的长期而激烈的斗争。阿列克修斯·科穆宁即位时，塞尔柱人的西进运动已明显成为帝国的致命威胁。

帕齐纳克人

马其顿王朝末期，帕齐纳克人已经成为拜占庭帝国北部最危险的敌人。帝国政府允许他们定居在巴尔干北部地区，并授予几

---

⑭ 在该苏丹国的早期阶段，伊科尼姆在东方资料中被视为首都；但希腊文资料中称尼西亚的苏莱曼行宫为其首都。劳伦特：《1081年以前西亚的拜占庭与塞尔柱突厥人》，8页及注1，11页及注1。劳伦特："拜占庭与罗姆苏丹国的起源"（"Byzance et l'origine du sultanat de Roum"），《夏尔·迪尔文集》（*Mélanges Charles Diehl*），I，177—182。

⑮ 米涅：《拉丁教父文献全集》，CXLVIII，329。

个帕齐纳克人王公以宫廷大臣的职位。但这些措施并没有真正解决帕齐纳克人问题。首先,帕齐纳克人并不能使他们自己习惯于这种定居生活;其次,新的帕齐纳克人部族及其近亲乌齐人部族正不断从多瑙河彼岸而来,并以南向发展为其目标,以便于掠夺拜占庭的领土。伊萨克·科穆宁成功地抵抗了"从其洞穴里爬出来"进犯拜占庭领土的帕齐纳克人。[154] 他恢复了拜占庭在多瑙河岸的权威,也有效地抵抗住了突厥人的进攻。

在君士坦丁·杜卡斯皇帝统治时期,乌齐人出现在多瑙河沿岸。"这是一次真正的迁徙活动;其整个部落,人数达60万,携带其家产和牲畜,齐聚于多瑙河的左岸。一切阻止其过河的努力都失败了。"[155]萨洛尼卡、马其顿、色雷斯,乃至于希腊半岛等地区都成为可怕的掠夺目标。当时的一位拜占庭史学家评论道:"恐怕整个欧洲的人民(当时)都在关注这一移民问题。"[156]当这一可怕威胁得到解除后,人们又将之归因于上帝之神迹的帮助。一些乌齐人甚至进入了帝国为皇帝服役,在马其顿接受了一些由他们管理的领地。帕齐纳克人和乌齐人曾在曼兹克特的战役中起到重要作用。

迈克尔七世杜卡斯·帕拉皮纳克斯接受了其总理大臣的建议,实施了新的财经政策,削减了通常送给多瑙河沿岸的赠款,引起该地区帕齐纳克人和乌齐人的骚乱。他们同多瑙河对岸的那些

---

[154] 约翰尼斯·斯奇利查:《历史》,波恩版,645。
[155] 瓦西列夫斯基:"拜占庭与帕齐纳克人"("Byzantium and the Patzinaks"),《著作集》,I,26。
[156] 迈克尔·阿塔利奥塔:《历史》,84。

游牧部落结盟，并同一个反对皇帝的拜占庭将军达成协议，同时联合了其他部族，包括斯拉夫人在内，联合向巴尔干南部进发，掠夺了亚得里亚堡行省，进而包围了君士坦丁堡，致使首都供给短缺。在此紧急关头，迈克尔·帕拉皮纳克斯迫于塞尔柱人和帕齐纳克人的压力而向教宗格列高利七世请求援助。

但是，很显然，拜占庭人成功地使用了其狡诈的外交阴谋，在围困君士坦丁堡的盟军中制造了种种矛盾。盟军开始后撤，带着大量的战利品回到多瑙河沿岸。这一时期末期，帕齐纳克人积极参与了尼斯福鲁斯·波达尼塔特斯和阿列克修斯·科穆宁争夺王位的斗争。

在科穆宁王朝以前的混乱时期，乌齐人和帕齐纳克人问题并未得到解决。北部突厥人对帝国的威胁（在此时已经危及帝国首都）问题也留给了科穆宁王朝。

诺曼人

马其顿王朝末期，诺曼人出现在意大利。他们利用拜占庭帝国的内乱及其与罗马的分裂，开始成功地进入帝国的意大利属地。拜占庭的政府对此威胁无能为力，帝国的军队已全部投入到同塞尔柱突厥人的斗争中，塞尔柱人与北方的帕齐纳克人和乌齐人，似乎成为诺曼人的天然同盟者。用纽曼的话说："帝国在意大利维护自己权利的斗争中只能使用它的左臂。"[19]在同拜占庭帝国的斗争中，诺曼人最强有力的武器就是它的水军，后来这支水军又为诺曼

---

[19] 纽曼：《十字军时期的拜占庭世界》，103；法文版，100。

陆军提供了极大的援助。在11世纪中期,诺曼也出现了一个十分出色的领袖罗伯特·吉斯卡尔德(Robert Guiscard),"他本是一个强盗头子,后来却成为一个帝国的奠基者"[⑩]。

罗伯特·吉斯卡尔德的主要目标就是占领拜占庭的南意大利属地。虽然拜占庭帝国面临着许多困难,但它在11世纪五六十年代在意大利和诺曼人的斗争却互有胜负。罗伯特占领了布林迪西、塔兰图姆和雷吉乌姆,但几年后,拜占庭派往巴里的军队又收复了前两个城市,在这支军队中有许多瓦拉几亚人。但在后期的斗争中,诺曼人获得了最后胜利。

罗伯特·吉斯卡尔德包围了巴里,这是帝国在南意大利的中心城市,也是意大利半岛上最坚固的堡垒。9世纪时,阿拉伯人只是以其狡猾的计谋,方能够以较短的时间攻克此城。同一世纪,该城还顽强地抵抗了西方(法兰克)帝国皇帝路易二世的进攻。罗伯特对巴里的围攻是一项十分艰巨的军事行动,诺曼人的水军封锁了巴里的港口,起了重要的配合作用。围困持续了三年之久,直到1071年,巴里才被迫向罗伯特投降。[⑯]

巴里的失陷标志着拜占庭在南意大利统治的结束。罗伯特从巴里这个阿普利亚的重要据点出发,迅速征服了拜占庭帝国在意大利内陆的零星领地。对南意大利的征服也使罗伯特的军队可以着手从穆斯林手中夺回西西里。

诺曼人征服南意大利并没有完全使拜占庭丧失影响力。在西

[⑩] 纽曼:《十字军时期的拜占庭世界》,102;法文版,99。
[⑯] 关于这方面的资料,见盖伊《南部意大利与拜占庭帝国》,536页注3。

第六章 马其顿王朝(867—1081年)

欧各地,仍然能强烈地感受到人们对东方帝国的统治、它的传统及其辉煌成就无比倾慕的气氛。查理大帝的西方(法兰克)帝国*,或德意志奥托大帝的帝国,在许多方面都能反映出东方帝国的传统、思想及外部生活条件对他们的影响,这种影响长达几个世纪之久。南意大利的诺曼征服者,以罗伯特·吉斯卡尔德为代表,自然也感受到拜占庭帝国的强大魅力。

阿普利亚公爵罗伯特把自己看作是拜占庭皇帝的合法继承者,因而在其征服地区保存了拜占庭的统治体系。于是我们看到,在诺曼人文献中提到了卡拉布里亚军区,并记载了一些仍由将军(或总督)统治着的城市,而且,诺曼人还努力地试图获得拜占庭贵族的头衔。希腊语仍然是卡拉布里亚的教堂礼拜仪式中使用的语言,同时,在诺曼人占领时期,一些地区仍以希腊语作为官方语言。总之,征服者和被征服者并没有彼此融合,他们仍各自保留各自的语言、习惯和风俗。

罗伯特·吉斯卡尔德的野心不止限于领土有限的南部意大利。当他了解到帝国正处于内忧外患的困境之中时,便急于想得到帝国皇帝的宝冠。

1071年春天巴里的失陷与同年8月曼兹克特战役中帝国的惨败,使这一年成为整个拜占庭历史上最为重要的一年。在西方,帝国完全失去了南意大利,在东方,帝国对小亚细亚的统治也将崩溃。领土的缩小,加之又丢掉了小亚细亚这一重要的兵源,拜占庭

---

* 西方拜占庭学者们一般认为查理大帝建立的帝国与拜占庭之间的关系,承袭了戴克里先以后实行的多头共治体系,因此,他们泛指查理大帝建立的法兰克帝国为西方帝国,而称拜占庭为"东罗马"。见本书的第一章和第二章的有关论述。——译者

帝国从11世纪下半期开始大为衰落。即使在科穆宁统治时期帝国出现了某种程度的复兴,但它仍逐步将其政治、经济上所占有的重要地位让与西欧。

皇帝迈克尔七世杜卡斯·帕拉皮纳克斯清楚地意识到罗伯特对帝国的威胁,企图通过两家王族成员的联姻来解除诺曼人的威胁。皇帝让自己的儿子娶了罗伯特的女儿,但这并不能缓和已有的局势。迈克尔被废后,诺曼人恢复了对帝国的敌对行动。在科穆宁继位之初,他们就已经准备将其军事进攻的目标从意大利半岛转向亚得里亚海的东海岸。在帝国内乱时期,拜占庭的整个边境从亚洲到欧洲都大为后退,而内部则陷入持续不断的王位纷争之中,这一时期留给科穆宁新王朝的是一个非常棘手的政治遗产。

教育、学术、文学和艺术

马其顿王朝既是一个国内外事务纷繁复杂的时代,也是一个文化、教育、艺术高度发展的时代。这一时期最清晰地展示了拜占庭的学术特征,表现为世俗因素与教会因素的进一步融合,或者说是古代异教思想与基督教的新观念在宇宙知识发展和百科知识方面的和解,最后表现为创造性人才的缺乏。君士坦丁堡的高等学府在这一时期再度成为教育、学术、文学发展的中心,聚集了最高层次的文化力量。

智者利奥六世是佛提乌的学生,尽管他还称不上是文学天才,但写了几本布道词、教堂圣歌及其他方面的著作。他的最大贡献在于努力维持佛提乌所创造的学术氛围,因此,正如一位史学家所说:"他在拜占庭教育方面,特别是在教会教育方面占有一席之地。"[16]利奥支持和保护所有从事学术文学活动的人;在他的时代,"帝国的皇宫有时变成了新的学院和讲堂"[16]。

10世纪帝国文化运动的杰出人物是皇帝君士坦丁七世波菲罗杰尼图斯,他对于拜占庭文化的发展做出了很大的贡献,不仅表现在保护教育方面,而且贡献了许多原创性作品。他把国家事务交给罗曼努斯·雷卡平管理,而把自己的大部分时间花在他感兴趣的问题上。由于他的积极参与和他对文化活动的贡献,君士坦丁七世成为当时拜占庭文化和学术活动的中心人物。他写了许多东西并带动其他人从事写作,并努力提高国民的教育水平。他的名字与许多宏伟建筑物的建筑活动联系在一起;他特别热衷于音乐和艺术,并将大量金钱用于编辑古代的文献。

君士坦丁七世时期的10世纪文学作品大部分被保留下来,其中一部分是君士坦丁本人所写,部分是在他的赞助下由其他人完成的,还有一部分是在他的建议下所编的以古代文献选集的形式或以百科全书的形式搜集的涉及许多问题的摘要。他的作品中有一部颂扬其祖父瓦西里一世的传记;另一部书是《论帝国行政》,这部作品是要传给他的儿子和其他后继者的,其中包括关于外国地理、拜占庭帝国同邻国的关系、拜占庭的外交等重要史料。该书开

---

⑯ N.波波夫:《智者利奥六世》,232。
⑯ 同上。

始的各章记录了当时北方的民族:帕齐纳克人、罗斯人、乌齐人、卡扎尔人、马扎尔人(即突厥人)等,尤其是前两个民族,在拜占庭的政治和经济生活中起到了至关重要的作用。书中也记载了阿拉伯人、亚美尼亚人、保加利亚人、达尔马提亚人、法兰克人、南意大利人及威尼斯人和一些其他民族。书中还用斯拉夫语和罗斯语(即斯堪的纳维亚语)记下了第涅伯河各支流的名字。它是关于罗斯王公起源于斯堪的纳维亚人这一理论的最重要的根据之一。该书编成于948年到952(或951)年年间。其编排顺序不同于现在出版的版本。柏里曾写一篇文章对该书做过专门的研究,认为该书是(由不同文献)拼凑而成。⑭但书中对10世纪帝国的政治、外交和经济实力做了深刻的阐述。⑮ 在他的第三部著作《论军区》中,保存了大量地理资料,其部分内容依据于五六世纪的地理著作。在君士坦丁七世时期,还编成了另一部伟大著作《拜占庭宫廷礼仪》。该书实际是对帝国既定宫廷生活法规的详尽说明,几乎可以被看作是一本"宫廷法规"。它主要依据不同时期对于宫廷生活的官方记载而编成,其中包括皇帝的洗礼、婚礼、加冕礼、葬礼及各种

---

⑭ 柏里:"关于《论帝国行政》一书"("The Treatise De administrando imperio"),《拜占庭》(德文),XV(1906),517—577;扎格来布的G.马诺也罗维奇(G.Manojlović of Zagreb)在塞尔维亚-克罗地亚出版了四部重要的关于这篇文章的论文集,刊于《扎格来布学术院院刊》(Publications of the Academy of Zagreb),CLXXXII—CLXXXVII(1910—1911)。作者在1927年于贝尔格莱德举行的国际拜占庭研究大会上,将这四篇论文的摘要译成法文;见《国际拜占庭大会报告文集》(Compte-rendu du Congrès)(1929),45—47。

⑮ 目前我们有一部新的关于《论帝国行政》的评注版,由莫拉弗斯齐克(Moravicsik)编辑,其英文翻译版由R.詹金斯(R.Jenkins)主编(1949年)。

教会仪式,接待外国使节、组织军事远征、官员的任命,各官阶的称呼及其他生活细节等。不仅涉及帝国的宫廷生活,还涉及了整个帝国的社会生活。拜占庭的宫廷礼仪是从罗马帝国晚期戴克里先和君士坦丁大帝的宫廷礼仪的基础上发展起来的,后来又渗透到西欧及斯拉夫各国(包括俄罗斯)的宫廷之中。甚至于20世纪的土耳其宫廷礼仪也受到它的影响。君士坦丁还用大量的笔墨叙述了944年人们将基督的"圣容"* 从埃德萨转至君士坦丁堡时的隆重盛大的场景。在民众传统中认为这一"圣容"最初是由基督送给埃德萨王公的。

在君士坦丁周围集合的文学与学术圈中,出现了历史学家约瑟夫·吉尼西乌斯(Joseph Genesius)和狄奥多勒·达弗诺帕特斯(Theodore Daphnopates)。约瑟夫写了一部从利奥五世至利奥六世时期的历史(813—886年);狄奥多勒写的一部历史著作没有能保留下来,但有一些外交信件、基督教假日布道词及一些传记作品却得以保留。同一时期的罗得岛的君士坦丁(Constantine the Rhodian)还写了一部描述使徒大教堂的诗歌,因为这个著名教堂后来被土耳其人毁坏,这首诗也成为极有价值的东西。

在君士坦丁时期出现的"百科全书"中有著名的《圣徒传记》,是由西梅恩·梅塔弗拉斯特斯(Simeon Metaphrastes)所编。还有10世纪早期的著名作品《帕拉蒂纳手稿集》(*Anthologia Palatina*),由君士坦丁·凯法拉斯(Constantine Kephalas)编纂而成。

---

* 此即天主教传统中,耶稣基督在被钉十字架之前,扛着十字架赴刑场的"苦路"上显示的一次奇迹:一位妇女用手帕给基督擦汗,却把他的面容像相片一样印在手帕上。后人遂将这块手帕供奉起来,称其为"圣容"。——译者

它的名称来自于目前收藏于德国海德堡的唯一的帕拉蒂纳手稿（Codex Palatinus）。一些学者认为君士坦丁·凯法拉斯与罗得岛的君士坦丁是同一人，这种看法是不正确的。帕拉蒂纳手稿集汇集了大量从异教时代到基督教时代的短诗，是10世纪优秀文学作品中的代表作。⑯

君士坦丁·波菲罗杰尼图斯时期还出现了一部著名的"苏伊达斯（Suidas）词典"。我们没有得到任何关于这部词典作者的生活和个人情况的介绍资料，只知道该词典是解释各种常用词汇、相应名称和文章的资料最丰富的词典。其中涉及那些迄今已经失传的著作的文学和历史文献尤其具有重要的历史价值。尽管它有许多缺憾，但"苏伊达斯词典仍是欧洲其余地区的学术活动趋向衰落时期的拜占庭学者辛勤编著的结晶。这是拜占庭帝国在其内外交困的时代仍然不遗余力地广泛保留和发展古代文化遗产的又一新的例证"⑰。

马其顿王朝统治时期的另一位10世纪早期著名人物是凯撒里亚的主教阿莱萨斯（Arethas）。从他的作品中可以看出他学识渊博，对文学作品，不论是教会文学还是世俗文学，都深有研究。首先，他用希腊语写的关于《启示录》（Apocalypse）的评注早已为人所知，他为柏拉图、卢西安、尤西比乌斯等人的作品所做的注释，及他的一位保存在莫斯科的一部手稿中尚未出版的价值可观的书

---

⑯ 克伦巴赫：《拜占庭文献史》，727。蒙特拉蒂奇：《拜占庭文献史》，120—125。
⑰ 克伦巴赫：《拜占庭文献史》，568。其近期研究见书后参考文献目录。

第六章 马其顿王朝(867—1081年)

信集,都表明他是10世纪文学运动中的一位杰出人物。⑱

在这一时期教会生活中特别活跃的大主教尼古拉斯·米斯提克斯则留下了150多封有价值的书信。其中包括写给克里特岛上的阿拉伯埃米尔的信,写给保加利亚的西梅恩,给各任教宗,给皇帝罗曼努斯·雷卡平以及给主教们、修士们及各类地方行政官员的信。这些书信提供了10世纪帝国内部生活和政治史的资料。

司祭利奥生活于瓦西里二世时期,见证了对保加利亚战争,留下了一部10卷本的历史著作,涉及959—975年的历史,还记录了帝国与阿拉伯人、保加利亚人和罗斯人所进行的战役。这本史书具有特别重要的历史价值,因为它是唯一以希腊语写成的详尽记述尼斯福鲁斯·福卡斯和约翰·齐米西斯光辉时代的史料。还由于司祭利奥的著作记载了斯维亚托斯拉夫与希腊人战争的详尽资料,对于了解罗斯人的早期历史颇有价值。

约翰·卡麦尼阿提斯(Jonh Cameniates)是萨洛尼卡的教士,他写了一部关于904年阿拉伯人征服萨洛尼卡的专著,前面已经提到,他是这场战争的目击者。

这一时期的编年史学家中有位匿名的狄奥凡尼著作的续作者(Theophanes Continuatus)。他以吉尼西乌斯、君士坦丁·波菲罗杰尼图斯以及乔治·哈马托鲁斯的续作者的著述为依据描写了

---

⑱ 关于阿莱萨斯和他的生活环境的一些重要数据,见 M.A.桑奎因(M.A.Shanguin)"10政治世纪前半期的拜占庭政治人物"("Byzantine Political Personalities of the First Half of the Tenth Century"),《拜占庭年鉴》(1945),228—236。

818—961年的历史。但这位作者究竟是谁至今仍是一个谜[169]。

  10世纪的编年史学家以下列四人为代表：语法学家利奥（Leo the Gramarian）、米利特尼的狄奥多西（Theodosius of Melitene）、匿名的乔治·哈马托鲁斯（George Hamartolus）的续作者以及廷臣及财政官西梅恩（Symeon Magister and Logothete），即所谓的"伪廷臣财政官西梅恩"。但这些人都不是原作者，他们只是对财政官西梅恩的编年史加以抄袭、删节和修改，而该作者的希腊文原版著作从未出版过，共有一部旧的斯拉夫语版本，基本上能够从中发现原希腊文著作中的思想。[170]

  约翰·基里奥特斯（John Kyriotes）也是10世纪拜占庭文学史上的一位颇有名望的人，一般，人们都称呼他的绰号"吉尔梅特斯"（Geometres），他从事文学活动的高峰时期主要是在尼斯福鲁

---

  [169] 喀山的S.P.谢斯塔可夫（S.P.Shestakov）相信狄奥凡尼的续作者是狄奥多尔·达弗诺帕特斯（Theodore Daphnopates）。见他的"关于狄奥凡尼的续作者问题"（"The Question of the Author of the Continuation of Theophanes"），《第六届国际拜占庭研究大会报告文集》（Compte-rendu du deuxième congrès international des études byzantines），(1929)，35—45。见H.G.尼克斯（Nickles）"狄奥凡尼续作者"（"The Continuatio Theophanis"），《美国文学协会会刊》（Transactions of the American Philological Association），LXVII(1937)，221—227。

  [170] 关于编辑这本著作的问题是由瓦西列夫斯基于1895年提出来的，在近期也进行了详尽研究并由奥斯特洛戈尔斯基进行了细致的讨论。见瓦西列夫斯基的文章"财政官西梅恩的斯拉夫文和希腊文的编年史"（"The Chronicle of Logothe in Slavonic and Greek"），《拜占庭年鉴》，II(1895)，78—151。奥斯特洛戈尔斯基："财政官西梅恩之编年史的一部斯拉夫文版本"（"A Slavonic Version of the Chronicle of Symeon Logothete"），《康达可夫研究院年鉴》，V(1932)，17—36。亦见奥斯特洛戈尔斯基用法文所写的一部简明的，但非常清楚的关于这一问题的概述："关于907年奥列格大公对君士坦丁堡的进攻"（"L'Expédition du Prince Oleg contre Constantinople en 907"），《康达可夫研究院年鉴》，XI(1939)，50。

斯·福卡斯、约翰·齐米西斯和瓦西里二世时期。其中尼斯福鲁斯·福卡斯是他心目中可敬爱的英雄。他写了一部警句和随想诗的诗集,这是一部包括禁欲主义(伊甸园)的韵文和一些赞美圣母的颂歌的文集。他的警句和随想诗与当时重要的政治事件紧密相连,如:尼斯福鲁斯·福卡斯和约翰·齐米西斯之死,在他的《起义》一诗中描写的巴尔达斯·斯克莱鲁斯和巴尔达斯·福卡斯起义,保加利亚战争等。这些诗歌都能引起当时的学者的浓厚兴趣。在他的一首诗中,约翰·基里奥特斯描述了他自己从君士坦丁堡到塞里布利亚(Selybria)旅途中,那些受到战争侵扰地区时的状况,生动而深刻地描绘出一幅当地农民遭受战争和毁灭之苦的悲惨画卷。[⑪] 克伦巴赫说:"约翰·吉尔梅特斯是拜占庭文学史上最优秀的人物。"[⑫]这无疑是正确的。约翰的许多诗歌值得译成现代语言。他的散文作品,具有修辞、注释、演讲等方面的特点,但不及诗歌作品优秀。

在尼斯福鲁斯·福卡斯统治时期,还有一位据称是伪-卢西安·迪阿洛戈(Pseudo-Lucianic Dialogue)所编写的《爱国者》(*Philopatris*)。人们曾经认为,它代表了"拜占庭式的人文主义",

---

[⑪] 米涅:《希腊教父文献全集》,CVI,956—959,俄文版,瓦西列夫斯基:《著作集》,II,121—122。

[⑫] 克伦巴赫:《拜占庭文献史》,734。已故波兰文学家J.塞达克(J.Saidak)专门整理约翰·吉尔梅特斯作品,特别是他歌颂圣母的诗作品。见其文章"如何认识约翰·吉尔梅特斯作品的重要意义"("Que signifie Κυριώτης Γεωμέτρης?"),《拜占庭》(布鲁塞尔),VI(1931),343—353。见塞达克在其《拜占庭文献史》(*Literatura Bizantyńska*)中写的短文。

因为，在 10 世纪，出现了"希腊精神和古典品位的复兴"⑬。

米蒂利尼的克里斯托弗（Christopher of Mytilene）是拜占庭时期最著名的诗人之一，只是近年来他的名字才为人所知。他曾在 11 世纪前半期曾经非常活跃。他的短篇作品主要采用短长格、三音步的韵律，以讽刺短诗或对包括当时一些皇帝在内的各种人物的致词为形式，这些作品以其风格优美、充满睿智的精神而著称。⑭

10 世纪时，拜占庭文明进入发展的辉煌时期，处于蛮荒时代的西方代表来到博斯普鲁斯海峡之滨接受教育。但在 10 世纪末到 11 世纪初，帝国将其全部注意力都投入到使帝国达到军事顶峰的战争中时，知识和教育活动有所衰落。瓦西里二世甚至轻视知识分子。12 世纪的作家安娜·科穆宁娜评论道："从保加利亚人的屠杀者瓦西里到君士坦丁·摩诺马赫时期，大多数人都忽视知识，但学术活动并没有完全衰落下去，后来又再度复兴起来。"⑮个

---

⑬ S.雷纳克（S.Reinach）:"拜占庭的基督教与爱国者"（"Le Christianisme à Byzance et la question du Philopatris"），收入他的《崇拜、神秘主义和宗教》（Cultes, mythes et religions）（第 2 版，1922 年），I, 368、391。

⑭ 克伦巴赫:《拜占庭文献史》，737—738。蒙特拉蒂奇:《拜占庭文献史》，128—130。E.库尔茨（E.Kurtz）编:《米蒂利尼的克里斯托弗·米蒂利尼的诗集》（Die Gedichte des Christophoros Mytilenaios）。

⑮ 安娜·科穆宁娜:《阿列克修斯传》，V, 8; A.雷弗尔谢德（A.Reifferscheid）编，I, 177—178; E.A.S.达沃斯（E.A.S.Dawes）译本，132。G.布克勒尔（G.Buckler）:《安娜·科穆宁娜研究》（Anna Comnena, A Study），262。亦见迈克尔·塞勒斯（Michael Psellus）《编年史》（Chronography）; 萨塔斯编:《中世纪希腊文献目录》，IV, 19; E.雷诺德（E.Renauld）编，I, 19。

第六章 马其顿王朝(867—1081年)

别人仍勤奋写作，在油灯下度过漫漫长夜。⑯ 只是在11世纪中期，在君士坦丁·摩诺马赫统治时期，由政府资助的高等教育才大规模地开展起来。当时以年轻的君士坦丁·普赛勒斯为首的一大批学者使皇帝关注他们的学术规划，并在宫廷内有着重大影响。关于高等学校教学性质的改革引发了激烈的争论，一派希望建立法律学校，而另一派则希望建立哲学学院，即实施普通教育的学院。两派争论极为激烈，以至于采取了上街游行示威的形式。皇帝出面解决了这一问题，他建立了一所哲学学院和一所法律学院。随后在1045年建立了高等学府。有关建立法律学校的《新律》被保留下来。以著名学者和作家塞勒斯为首的哲学学院开设哲学课程，目的在于使学生受到多学科的普通教育。法律学院则是一种司法学堂和研究机构。

拜占庭政府迫切需要受过教育的、富有经验的官员，尤其是司法官员。由于缺少专门的司法学校，年轻人只能从现任法官、公证员、律师那里获得法律知识，但这些人的专业知识也不够深入广泛，君士坦丁·摩诺马赫建立法学院的目的就是要满足这种迫切需要。学院由约翰·克希菲林（John Xiphilin）主持，他是塞勒斯的同代好友。与以前一样，教育是免费的，教授们从帝国得到较高的薪水、丝绸服饰、生活必需品和复活节礼物。想要进入学院的人皆获许可，而无视入学者的身份、地位和经济状况，但他们必须有足够的知识准备。关于建立法学院的《新律》体现了政府对于教育

---

⑯ 福克斯（Fuchs）:《中世纪君士坦丁堡的高等学府》(*Die höheren Schulen von Konstantinoplel im Mittelalter*)，24—25。

和司法知识的态度。11世纪的法学院有明确的实际目标,因为它需要为社会培养出大量懂得帝国法律的官员⑰。

哲学学院院长君士坦丁·塞勒斯(人们通常熟悉他的教名迈克尔),生于11世纪前半期,他受到过良好的教育,具有渊博的知识和卓越的才能,深受同时代人的尊敬,成为帝国最有影响的人物之一。他应邀来到宫廷,被授予高官要职。与此同时,他还给许多学生讲哲学和修辞学。他在一封信中写道:"我们使凯尔特人(即西欧人)和阿拉伯人着迷;甚至这两块大陆的人们都为我们的荣耀而倾倒;尼罗河灌溉着埃及的土地,我的话则滋润着埃及的精神……他们中的一个人把我称为智慧之光;另一个人则称我为导师;第三个人也给我起了最美好的名字赞誉我。"⑱后来,塞勒斯追随他的朋友、后来的法学院院长约翰·克希菲林去修道院隐修,取教名迈克尔。但隐居的修士生活不合乎塞勒斯的性格。所以他离开修道院回到首都,再次担任在宫廷中的要职。到他的晚年,塞勒斯甚至担任了总理大臣。他死于11世纪末,大约在1078年。⑲

塞勒斯时代的拜占庭正处于动荡和衰落的时期,王位更换频仍,政策朝令夕改,但是,塞勒斯在不断调节自己适应实际生活的变化方面表现出了非凡的才能。在他为九个皇帝供职期间,官位不断提高,影响不断扩大。他能果断地利用谗谄、阿谀或贿赂来建

---

⑰ F.福克斯:《中世纪君士坦丁堡的高等学府》,详细地描述了这两所高等院校的情况。

⑱ K.萨塔斯:《中世纪希腊文献目录》,V,508。

⑲ 雷诺德:《编年史家迈克尔·塞勒斯与拜占庭的百年历史(976—1077年)》(Michel Psellos: *Chronographie ou Histoire d'un siècle de Byzance*, 976—1077), I, ix.

立自己的声望,因此不能说他有较高的道德水准,在这方面他与生活在这个动荡和困难时期的其他大多数人并无区别。

但他所具有的许多特长却使他高于同时代人。他是一个受过高等教育的人,阅读广泛,工作勤奋。他一生中取得了许多成就,留下了宗教哲学(他追随柏拉图的思想)、自然科学、文学、历史、法律等多方面著述;他还写了一些诗歌、若干讲演稿及许多信件。他在其《历史》一书中记述了从约翰·齐米西斯之死到他本人生活的最后几年这一历史时期(976—1077年)的历史,此书是研究11世纪历史的非常有价值的资料,尽管它在论述中略有偏见。塞勒斯的所有文学活动,均显示出他是一位世俗文化的代表,他的作品中充斥了希腊化文化的影响。显然他对自己的评价并不很谦虚,在他的编年史中他写道:"我能肯定,即使在讲最简单的事情时,我也能做到妙语生花,不费任何力气就可以脱口而出。"[18]在其他地方,他还谈到君士坦丁九世"特别羡慕他超凡的辩才,他总是被塞勒斯的语言所吸引";迈克尔六世"极为欣赏他,听到他的话如同品尝甜蜜";君士坦丁十世"为他所说的话所陶醉";尤多西亚"将他视为上帝"[19]。历史学家们对于塞勒斯的为人处事的方式仍然不很赞同,但他无疑在11世纪的拜占庭文化生活中占有较高的位置,如同佛提乌在9世纪,君士坦丁·波菲罗杰尼图斯在10世纪所获得的地

---

[18] 雷诺德:《编年史家迈克尔·塞勒斯与拜占庭的百年历史(976—1077年)》,139;萨塔斯:《中世纪希腊文献目录》,IV,123—124。

[19] E.雷诺德:《迈克尔的语言风格研究》(Études de la langue et du style de Michel Psellos),432—433;雷诺德:《编年史家迈克尔·塞勒斯与拜占庭的百年历史》,I,xiv—xv。

位一样。⑱

马其顿王朝,尤其在 10 世纪时,还是史诗和大众诗歌大发展的时期。其主要英雄人物是瓦西里·狄吉尼斯·阿克里特斯(Basil Digenes Akrites)。帝国东部边境连绵不断的战争和动荡的生活为这些史诗和诗歌的创作提供了富有冒险精神的英雄题材。而瓦西里·狄吉尼斯·阿克里特斯的英雄事迹则在边境各行省人们的记忆中留下了最为深远的烙印。他的原名是瓦西里,狄吉尼斯和阿克里特斯则是他的别号。Digenes 意为"生于两个民族的结合",这源于他父亲是一位阿拉伯穆斯林,而他的母亲是一位希腊基督徒,Digenes 常用于指代不同种族的双亲所生的孩子。Akrites(复数为 Akritai)来源于希腊语 akra($\check{\alpha}\kappa\rho\alpha$),意思是"边境",在拜占庭时期,这一名词通常用来称呼最外围的边境保卫者。边境区(Akritai)有时相对于中央而言保持着一定的独立性。它与西欧的 markgraves(意为边境土地的统治者)和罗斯历史上乌克兰(ukraina,意为边境)的哥萨克人处于同等地位。

史诗中的英雄狄吉尼斯·阿克里特斯将其毕生的精力献给了同穆斯林和阿波拉特人(Apelatai)的斗争。Apalatai 最初意为赶

---

⑱ J.赫西:"迈克尔·塞勒斯"("Michael Psellus"),《史鉴》(Speculum),X(1935),81—90。赫西:《拜占庭帝国的教会和学术活动(867—1185 年)》(Church and Learning in the Byzantine Empire,867—1185),73—88。M.贾吉(M.Jugie):"迈克尔·塞勒斯"("Michael Psellus"),《天主教神学辞典》(Dictionnaire de théologie catholique),XIII(1936),1149—1158。V.瓦尔登堡(V.Valdenberg):"迈克尔·塞勒斯的哲学思想"("The Philosophical Ideas of Michael Psellus"),《拜占庭年鉴》(1945),249—255。

走牲畜的人,后来指强盗,主要指拜占庭帝国东部边境上的山盗。"这些人勇敢而又强壮,半是英雄半是强盗"⑬,他们蔑视皇帝和哈里发的权威,在他们的土地上掳掠。和平时期,基督教和穆斯林联合起来与他们作战,而在战争时期,双方又都要争取这些蛮勇人士的帮助。兰姆鲍德说过,在边境地区,"人们常感到他们远离拜占庭帝国,似乎不是在英明的皇帝统治下的一个省份,而是处于西方那样的封建混乱秩序中"⑭。

通过狄吉尼斯·阿克里特斯史诗中所表现出来的一些线索,可以判断,该书中所依据的真实事件背景大约发生于10世纪的卡帕多细亚和幼发拉底河地区。在史诗中,狄吉尼斯为基督教和帝国取得了伟大的胜利,在他看来,正教会和罗马是密不可分的。从对狄吉尼斯之宫殿的描述中,人们几乎可以看到"保加利亚人的屠杀者"瓦西里二世所深恶痛绝的大土地所有者的富有和显赫。据说,狄吉尼斯·阿克里特斯的原型并不是基督徒,而是具有半传奇色彩的穆斯林战士,赛义德·巴塔尔加齐*(Saiyid Battal Ghazi),740年的阿克罗伊农(Acroïnon)战役令这位加齐声名远播。即便是在拜占庭历史的最后几年里,人们也颇为熟悉狄吉尼斯。12世纪的诗人狄奥多勒·普洛德罗姆斯(Theodore Prodromus)在试图赞美皇帝曼纽尔·科穆宁时,竟找不到比"新阿克里特斯"

---

⑬ A.N.维切洛夫斯基(A.N.Veselovsky):"狄吉尼斯史诗"("The Poem of Diogenes"),见《欧洲通报》(*Vestnik Europy*)(1875),753。

⑭ 《拜占庭历史研究》,73。

* 加齐(Ghazi)是穆斯林对圣战勇士的通称,不是人名。——译者更为合适的赞誉之词了。⑯

按照柏里的说法:"正如荷马史诗反映了早期希腊文明的各个方面,而《尼布龙根之歌》反映了日耳曼在大迁徙时期的文明一样,《狄吉尼斯》也全面地展示了一幅拜占庭帝国小亚及边境生活的综合画面。"⑯拜占庭帝国保存了这部史诗。至今,塞浦路斯和小亚细亚地区的人们仍在歌咏着这位著名的拜占庭英雄。⑰旅行家们仍可以在特拉布松附近看到他的坟墓,按传统说法,这座墓可以用来保护新生儿,使其免遭邪恶的诅咒。就这部史诗的内容来看,它同西欧著名史诗,查理曼大帝时期的《罗兰之歌》或《熙德之歌》(The Cid)特别相似。而西方的这两部史诗都取材于基督教与伊斯兰教的斗争。

在现存的几部《狄吉尼斯·阿克里特斯》史诗的手稿中,最早的一本写成于 14 世纪。⑱近来对它的研究已进入一个新的富有成果的阶段,H.格雷古瓦开辟了这个新时代,他的合作者 M.卡纳尔(M. Canard)和 R.古森斯(R. Goossens)则成功地继续了他的

---

⑮ 《希腊民间文学》(*Bibliotheque grecque vulgaire*),E.莱格兰德(E.Legrand)编,I,83(V,180),96(V,546)。亦见《普洛德罗姆希腊语通俗诗选》(*Poèmes Prodromiques en grec vulgaire*),D.C.赫瑟林和 H.佩尔诺(H.Pernot)编,55(V,164)。E.让塞姆(E. Jeanselme)和 L.厄科诺摩(L.Oeconomos):"针对修道院院长的讽喻诗"("La Satire contre les Higoumènes"),《拜占庭》(布鲁塞尔),I(1924),328。

⑯ J.B.柏里:《希腊大地上的骑士传奇》(*Romance of Chivalry on Greek Soil*)(以下简称《骑士传奇》),18—19。

⑰ 一些关于阿克里特斯的诗是由 S.基里亚基迪斯(S.Kyriakides)出版的《狄吉尼斯·阿克里特》('Ο Διγένης 'Ακρίτας)(1926),119—150。

⑱ 见 D.C.赫瑟林:《狄吉尼斯·阿克里特斯史诗的最早手稿版本》(*La plus ancienne redaction du poème épique sur Digenis Akritas*),1—22。

第六章　马其顿王朝(867—1081年)

研究。几乎可以肯定，狄吉尼斯的原型就是狄奥吉尼斯(Diogenes)，他是小亚阿纳托利亚军区的地方长官(turmarchus)，他在788年同阿拉伯人的战斗中牺牲。史诗取材于10世纪的一些历史事件，当时拜占庭的军队曾驻于幼发拉底河和靠近萨莫萨塔附近的狄吉尼斯墓地，时间约为940年。人们还发现在拜占庭、土耳其和阿拉伯史诗，甚至包括《一千零一夜》之间，有许多有趣的联系。这一史诗由于它的历史背景及其所具有的东方史诗的特色而成为拜占庭文学研究中最富有魅力的问题。⑲

拜占庭史诗通常是以民谣的形式反映在俄国的传世史诗中，其中《狄吉尼斯·阿克里特斯》也占有一席之地。出现了古俄文写作的《狄吉尼斯·阿克里特斯的生活和事迹》(The Deeds and Life of Digenes Akrites)；19世纪早期的俄国史学家卡拉姆金(Karamzin)也了解这部文学作品，并在最初把它看成是罗斯的神话传说。这部史诗在古代罗斯文学中占有颇为重要的地位，因为古代罗斯人的生活和语言无论是在宗教方面还是在世俗方面都深受拜占庭帝国的影响。值得注意的是，在俄文版的《狄吉尼斯》史诗中，人们

---

⑲　1942年，H.格雷古瓦出版了一部特别出色的以现代希腊文写的关于《狄吉尼斯·阿克里特斯史诗》研究的义集，题目是《拜占庭史诗中的历史和诗歌》(The Byzantine Epic in History and Poetry)。由于这部独立的著作是以当代希腊语写的，因此读者数量比较有限，出版其英语或法语的译本是特别需要的。在格雷古瓦对于该史诗的大量研究文章中，我希望指出两种，它们可以成为特别有用的介绍性作品："狄吉尼斯·阿克里特斯的坟墓及其年代"("Le tombeau de Digenis Akritas")，以及"狄吉尼斯·阿克里特斯其人"("Autour de Digenis Akritas")，它们都分别刊发在《拜占庭》(布鲁塞尔)，VI(1931)，481—508；VII(1932)，287—320。

甚至发现了一些在希腊文史诗中未曾出现过的片断。⑲

混乱时期帝国的文化和艺术生活继续沿着马其顿王朝时代开创的道路发展下去。例如,迈克尔·塞勒斯的活动在此间并没有间断。仅此事实即可以说明帝国的文化生活并没有停止。塞勒斯在这一混乱时期像在马其顿王朝时期一样受到短期在位的那些皇帝们的宠爱。

迈克尔·阿塔利特斯(Michael Attaliates)是这一混乱时期的著名作家之一。他生于小亚细亚,后来移居君士坦丁堡,在那里从事司法和立法工作。他的现存作品主要涉及历史和法理学领域。他依据个人的亲身经历记述了从1034—1079年的历史,生动地展现了马其顿王朝的末代统治及混乱时期的画卷。迈克尔·阿塔利特斯的写作风格表明,在科穆宁王朝时期,古典的艺术复兴已广为发展。迈克尔的法律论文全部以《帝国法典》为依据,颇受大众欢迎,他的目标是编辑一本普及性的简明法律手册,以使所有人都能理解。关于11世纪拜占庭帝国文化生活中许多颇有价值的资料,可见于迈克尔为了保护他所建立的贫民院和修道院所编写的法规。其中包含有贫民院及管理该贫民院的修道院的所拥有的财产清单,捐赠给修道院图书馆的图书目录等。

马其顿王朝时期是拜占庭艺术史上的极其重要的发展时期。

---

⑲ 见 M.斯佩兰斯基(M.Speransky)的非常重要的一篇论文:"狄吉尼斯的业迹"("Digenis Deeds"),《俄罗斯语言和文学学部文集》(*Yazika I Slovesnost*),XCIX,7(1922);法文,见 P.帕斯卡尔(P.Pascal)"狄吉尼斯,'奴隶'还是'德沃杰尼耶的事迹'"("Le 'Digenis', slave ou la 'Geste de Devgenij'"),《拜占庭》(布鲁塞尔),X(1935),301—304。

第六章 马其顿王朝(867—1081年)

从9世纪中期到12世纪为止的这段时期,即包括马其顿之后的科穆宁王朝在内,被学者们认为是拜占庭艺术的第二个黄金时代,第一个黄金时代则是在查士丁尼大帝时代。反对偶像崇拜运动使得拜占庭艺术从沉闷的教会和修道院的影响中解放出来,并为其在宗教题材之外找到新的出路。这些道路导致人们回归早期亚历山大艺术模式的传统,也发展了借鉴于阿拉伯装饰艺术,即与伊斯兰装饰艺术密切相关的新的艺术形式,以更为现实主义的态度处理历史的和世俗的主题,以取代宗教的主题。但马其顿王朝时期的艺术创造并没有局限于借用和照搬,而是引进了一些属于他们自己的东西,一些带有原创性的东西。

马其顿王朝和科穆宁王朝时期对希腊风格的复兴使引进一些远胜于4世纪希腊化风格中自然美的东西成为可能;它集中了许多早期时代中的庄严性和力量感。这些特质对于拜占庭中期的表现方式产生了影响,并排除了6世纪的呆板形式,这种呆板形式只能在皇帝势力不能够达到的偏远省份的宗教中心才能得以继续。它们赋予拜占庭艺术的高贵而优雅、严谨而和谐、平和而高雅的风格,并使之成为拜占庭艺术成熟时期的特色。这种特色逐渐与宗教情感相和谐,具有希腊时代所不曾拥有的严肃性。尽管,如果认为在以后几个世纪中拜占庭艺术系统化并且不断希腊化的这种提法可能有些夸张,但可以肯定,绝对地彻底地东方化不再有可能实现了。[19]

---

[19] O.M.多尔顿:《东方基督教艺术》,17—18。

著名的奥地利艺术史学家 J. 斯特拉齐格夫斯基（Strzygowski）试图证明一种同马其顿王朝密切相关的理论。根据他的观点，马其顿王朝的第一个统治者，一个生于亚美尼亚的君王的继位，标志着拜占庭艺术开始了一个新阶段，也就是说开始了一个亚美尼亚艺术开始影响拜占庭艺术创造力的阶段。换句话说，他要证明，传统观念，即认为拜占庭艺术直接影响亚美尼亚的理论是错误的。亚美尼亚的艺术确实对马其顿王朝产生深远的影响，许多亚美尼亚艺术家和建筑师曾在拜占庭帝国工作。瓦西里一世所建造的新教堂可能就是一座亚美尼亚教堂设计的再现；10世纪时圣索菲亚教堂的圆顶被地震所毁时，修复工作交给了一位亚美尼亚建筑师，亚美尼亚阿尼大教堂的建筑者。但正如查尔斯·迪尔所说，斯特拉齐格夫斯基的理论尽管有许多创造性的东西，但仍不可以被全部接受。⑲

瓦西里一世是一位伟大的建筑者。他主持建造了新教堂（the Nea）。该教堂的建立是瓦西里建筑政策中的一项大事，其重要性和查士丁尼时代修建圣索菲亚一样。他还建造了一个新宫殿凯努尔金（Kenourgion），使用了精美的镶嵌画加以装饰。他还修复和装饰了圣索菲亚大教堂和圣使徒大教堂。圣索菲亚大教堂在989年被地震毁坏后在10、11世纪皇帝们的关注下得以修复。

在马其顿王朝的统治下，帝国首次出现了圣像绘画学校，这所学校不仅制作了大量圣像，装饰了许多教堂，而且还为许多手稿附

---

⑲ J.斯特拉齐格夫斯基：《亚美尼亚与欧洲的建筑》（*Die Baukunst der Armenier und Europa*）。见夏尔·迪尔《拜占庭艺术手册》，I, 476—478。多尔顿：《东方基督教艺术》, 34—35。

第六章 马其顿王朝(867—1081年)

上插图。在瓦西里二世时期写成的著名的《梵蒂冈宗教月历》(*Vatican Menologium*)中,附有漂亮的微型画,这些微型画由8位作者完成,其名字都镶嵌在画的边框里。[⑬] 这一时期还出现了许多有趣的、原创的、工艺精细的小画像。

当时主要的艺术发展中心是首都君士坦丁堡,但这一时期拜占庭的各省也保留下来一些艺术珍品,例如在维奥蒂亚的斯克利普教堂(874年);10—11世纪建于圣山阿索斯的教堂群;弗西斯的斯蒂里斯的圣路加教堂(11世纪);开俄斯岛上的新莫尼教堂(11世纪中期);阿提卡半岛上的达芙尼修道院教堂(11世纪末)。在小亚细亚,卡帕多细亚的一些岩洞教堂中保存了大量生动而有趣的壁画,其中有许多属于9、10、11世纪的作品。对于这些"展示了令人惊异的丰富的壁画作品"[⑭]的卡帕多细亚壁画的发现与研究主要与德热法尼翁有关,他倾其半生投入到卡帕多细亚——"一个拜占庭艺术的新行省"[⑮]的细致研究之中。

马其顿王朝时期拜占庭艺术的影响绝不仅限于帝国内部。罗马著名的圣玛利亚安提卡教堂中的较晚时期的绘画(成画于9、10

[⑬] 西拉尔皮·德内尔塞西亚(Sirapie der Nersessian):"论宗教月历和年代和为瓦西里二世写作的诗篇"("Remarkes on the Date of the Menologium and the Psalter Written for Basil II"),《拜占庭》(布鲁塞尔),XV(1940—1941),104—125。

[⑭] 多尔顿:《东方基督教艺术》,250。

[⑮] 迪尔:《拜占庭艺术手册》,II,567—579。见G.德热法尼翁(G.de Jerphanion)《拜占庭艺术的一个新的行省,卡帕多细亚岩洞教堂研究》(*Une nouvelle province de l'art byzantin. Les églises rupestres de Cappadoce*),I, part 1,附有精美的插图。迪尔的研究(《拜占庭艺术手册》,[第2版,1925—1926年],II,908—909)中所谈,在这本书中还没有使用。

世纪)可能是马其顿复兴时期⑱最优秀的作品。在罗斯,基辅的圣索菲亚教堂(1037年)以及许多其他的俄罗斯教堂也都带有马其顿王朝皇帝统治时期的风格。

从艺术多样性与原创性来看,867—1025年是马其顿王朝最辉煌的时期,也是拜占庭艺术的鼎盛时期。这一时期的绘画作品最具有活力和创造力。在接下来的混乱时期和科穆宁王朝时期,即1081年以后,枯燥、呆板,与以前的风格截然相反的艺术风格又得以复生。

>在瓦西里二世时期进入亚美尼亚的拜占庭的旗帜已经撤离;塞尔柱突厥人的旗帜却前进了。这时在拜占庭国内,一成不变的精神据统治地位,在宫廷礼仪的展示中,在阿列克修斯及其宫廷的精神表现中都可以感觉到这种东西。所有这些都反映在西方十字军东征之前的一个世纪的艺术作品之中。前进的动力枯竭了,当时唯一可能的变化是被动地接受外来思想。宗教热情也被吸纳到这种正统观念之中。宗教仪程无创造性的设计,产生了许多指导手册,或者绘画指南。人们开始按照这种僵化的体系行事,文章的写作按照刻板的模式,绘画也要有规定的颜色了。⑲

---

⑱ 迪尔:《拜占庭艺术手册》,II,585。
⑲ 多尔顿:《东方基督教艺术》,18—19。

读经典·新时尚

HISTORY OF THE BYZANTINE EMPIRE

A. A. Vasiliev

拜占庭帝国史

(324—1453)

第二卷

〔美〕A.A. 瓦西列夫 著

徐家玲 译

第 二 卷

第七章　拜占庭与十字军

科穆宁诸皇帝及其对外政策

  1081年的革命使阿列克修斯·科穆宁（Alexius Comninus）登上皇位。他的叔叔伊萨克在11世纪60年代末曾短暂称帝（1057—1059年）。"科穆宁"这个希腊姓氏曾在瓦西里二世时期的史料中第一次被提及，该家族源于距亚得里亚堡不远的一个村庄。后来成为小亚细亚的大土地所有者。① 伊萨克叔侄两人都以军事天才而著称。在阿列克修斯统治时期，军人派和各省大土地所有者战胜了首都的官僚文职集团。同时，动乱时代也宣告结束。三位科穆宁皇帝父传子继，成功保持皇位一个世纪。

  由于阿列克修斯老练而富有活力的统治（1081—1118年），他成功地抵御了外部威胁，于危亡之中拯救了帝国。但在皇位继承问题上产生了纠纷。他生前很早就立其子约翰为嗣。此举

---

① F.夏朗东（F.Chalandon）：《论科穆宁王朝阿列克修斯一世的统治》（*Essai sur le règne d'Alesix Ier Comnène*），21。最近有一种假说，认为科穆宁家族起源于瓦拉几亚人。G.穆尔努（G.Murnu）："科穆宁家族的起源"（"L'origine des Comnènes"），《罗马尼亚科学院历史简报》，XI（1924），212—216。

激怒了长公主安娜——史著《阿列克修斯》的著名作者。她的丈夫尼斯福鲁斯·布莱昂纽斯（Nicephorus Bryennius）也是个历史学家。为了废黜约翰,立丈夫为皇位继承人,安娜机关算尽。无奈年迈的阿列克修斯意志坚定,不为所动。他死后,约翰继位为帝。

约翰二世（1118—1143年在位）登基伊始,便遭劫难。一场篡位阴谋被曝光。他的姐姐安娜是主谋,他母亲也牵连其中。这场阴谋被粉碎,但约翰将阴谋者从轻发落,对大部分人只剥夺了他们的财产。他的宽宏仁慈赢得了普遍敬重,人们称他为"好人约翰"（或"仁者约翰",Caloyan）。希腊和拉丁作家对他的品格都倍加赞赏。尼西塔斯·科尼阿特斯（Nicetas Coniates）说:"约翰是占据罗马皇位的科穆宁家族所有皇帝中的典范（κορωνίς）。"②就连一向对拜占庭统治者评判严厉的吉本也称约翰是"最优秀和最伟大的科穆宁皇帝"。即使"哲人马可（奥勒利乌斯）也不会鄙视他的后代之发自内心的,而非来自学府的故作姿态的敦厚品质"③。

约翰反对不必要的奢侈和铺张浪费。在他统治期间,宫廷厉行节约,从不无休止地举行娱乐性消遣和节宴,也从不耗费巨额开支。另一方面,这个仁慈、平和、品德高尚的皇帝在位期间却展开了一连串的军事行动。

---

② 尼西塔斯·科尼阿特斯（Nicetas Choniates）:《历史》（*Historia*）,I。贝克（Bekker）编:《拜占庭历史文献大全》（*Corpus Scriptorum Historiae Byzantinae*）,64—65;以下引文作"波恩版"。

③ E.吉本:《罗马帝国衰亡史》,J.B.柏里编,V,229。

他的儿子和继承人曼纽尔一世(1143—1180年在位)与其父形成鲜明对比。这位崇尚西方的新皇帝早就把西方骑士生涯作为自己的理想。甫一继位,他便改变了先皇立下的朴素严谨的规矩。声色犬马,花天酒地,骄奢淫逸等所有的西方生活方式开始流行于君士坦丁堡。他频频出访外国君主的宫廷,如德意志和法兰西国王、伊科尼姆苏丹,以及以耶路撒冷国王阿摩利(Amaury)一世为首的几个东方的拉丁王公的宫廷。所有这些都耗资巨大。

大量西欧人出现在拜占庭宫廷,大多数的要职肥缺落入他们之手。曼纽尔两次结婚,两任妻子都是西方的公主。第一任妻子苏尔兹巴赫的贝尔塔(Bertha of Sulzbach)是德意志国王康拉德三世(Conrad Ⅲ)的妻妹,嫁到拜占庭后改名为伊琳娜;第二任妻子玛丽是安条克王公之女,法兰西的绝色美人。曼纽尔的统治完全受西方理想和一统昔日罗马帝国的梦想所支配;为此,他企图在教宗的帮助下剥夺德意志国王的王位;他甚至准备与西方大公教公联合。然而,拉丁人的压迫和曼纽尔对本国利益的忽视,在人民中引起了普遍不满,改朝换代的呼声日益高昂。但曼纽尔在他的政策破产之前就去世了。

曼纽尔去世时,他的儿子和继承人阿列克修斯二世(1180—1183年在位)年仅12岁,由皇太后安条克的玛丽摄政。实际上,大权落入太后的宠臣、曼纽尔的侄子阿列克修斯·科穆宁之手。新政权依赖于遭人痛恨的拉丁人的支持。自然,人民的愤怒日益增长。太后玛丽以前那么受欢迎,现在也被看作"外国人"。法国史学家迪尔把此时的玛丽比作法国革命时期的玛丽·安东妮特;

后者当时被人民称作"奥地利人"④。

一个反对宠臣阿列克修斯·科穆宁独揽朝政的强大集团形成了。为首的是安德罗尼卡·科穆宁。他是拜占庭历史上地位独特的人物,属于史学家和小说家笔下的重要典型。他是约翰二世的侄子、曼纽尔的堂弟,属于科穆宁家族较年轻的一支;该分支曾经被剥夺皇位,具有非凡的活动能量,但有时这种能量则被导向错误方向。以后,到该分支第三代的时候,出现了一位特拉布松帝国的皇帝,历史上称之为"大科穆宁王朝"。作为12世纪的一位"流放王公"、灵魂中"具有类似于恺撒·博吉亚的精神"的"拜占庭历史上的未来的理查三世""中期拜占庭帝国的亚西比德",安德罗尼卡成为"12世纪拜占庭美德与邪恶的典型化身"。⑤他英俊潇洒,温文尔雅,智勇双全,满腹经纶,对于那些仰慕他的女人,他轻佻热情且多疑,必要时也虚伪善辩;他野心勃勃、阴险狡猾,后来则变得粗暴可怕。正如迪尔所说,他是个天才,有可能成为穷途末路的拜占庭帝国的拯救者和复兴者;但他可能"缺乏一点道德观念",因而不堪重任。⑥

与安德罗尼卡同时代的史学家尼西塔斯·科尼阿特斯(Nice-

---

④ 夏尔·迪尔:《拜占庭人物传》(1909年第4次修订版),II,112。

⑤ V.G.瓦西列夫斯基:"两个帝国的联盟",《斯拉夫杂志》(*Slavyansky Sbornik*),II(1877),255—257;《V.G.瓦西列夫斯基著作集》(*Works of V.G. Vasilievsky*)(以下简称为《著作集》),IV,68—70;迪尔:《拜占庭人物传》,II,90、93。R.冯斯卡拉:"亚历山大大帝之后的希腊人",H.F.赫尔墨特(H.F.Helmolt):《世界史》(*Weltgeschichte*),V,95。

⑥ 《拜占庭人物传》,II,93。L.布莱耶尔:"安德罗尼卡(科穆宁)"("Andronic〈Comnène〉"),《宗教历史与地理辞典》(*Dictionnaire d'histoire et de geographie ecclésiastiques*)(以下简称《地理辞典》),II,1782。

tas Choniates)曾写道:"只有意志坚如磐石,千锤百炼的人才不会为安德罗尼卡的眼泪和口若悬河的花言巧语所打动。"这位史学家把他比作"多面的普鲁塔斯"⑦。

安德罗尼卡与曼纽尔关系不错,但还是受到他的猜疑。安德罗尼卡在拜占庭无法洗清自己。在曼纽尔统治的大多数时间里,他流浪于欧亚各国。他先是被送到乞里奇亚,后又被送到匈牙利边境。他受到"政治背叛"和"阴谋弑君"的指控,身陷囹圄,在君士坦丁堡度过几年监狱生活。经过多次惊人的冒险,他通过一条废弃管道,成功地越狱。继而又被抓回,加刑数年,但他重又逃脱,到了北方,投奔西北罗斯的加里奇(Galich)大公雅罗斯拉夫。1165年的一位罗斯编年史家说:"皇帝的堂弟安德罗尼卡爵士由君士坦丁堡投奔加里奇王公雅罗斯拉夫,受到盛情款待,并赠予他几座城市以示安慰。"⑧根据拜占庭史料记载,安德罗尼卡受到雅罗斯拉夫好心款待。住到雅罗斯拉夫官邸,与其同吃,同住,同游猎,甚至参加他与波雅尔(罗斯贵族)们举行的会议。⑨ 安德罗尼卡在加里奇大公宫廷中的活动使曼纽尔坐卧不宁。因为曼纽尔的那位不安分的亲戚已经在与拜占庭的交战国匈牙利人谈判。于是,皇帝决定宽恕安德罗尼卡。安德罗尼卡被雅罗斯拉夫"荣耀地"(如一位

---

⑦ 尼西塔斯·科尼阿特斯:《历史》,波恩版,317、319。

⑧ 《伊帕切夫编年史》(*Ipatyevskya Lietopis*)第 359 页的 6673 年 =《沃斯切夫编年史》(*Voskresenskaya lieropis*)中的同一年,《罗斯编年史大全》(*Complete Collection of Russian Chronicles*),VII,78。

⑨ 雅尼斯·辛那姆斯(Ioannis Cinnami):《历史》(*Historia*),波恩版,232。尼西塔斯·科尼阿特斯:《历史》,波恩版,172。

罗斯编年史家所说)送回君士坦丁堡。⑩

他被任命为小亚细亚乞里奇亚公爵,但他在那里并没有停留很久。随后,他经安条克到了巴勒斯坦;在那儿,他爱上了拜占庭皇帝的亲戚、耶路撒冷国王的遗孀狄奥多拉。狄奥多拉答应了安德罗尼卡的求婚。皇帝恼羞成怒,下令弄瞎安德罗尼卡的双眼。安德罗尼卡闻讯后,携狄奥多拉逃往国外。他们颠沛流离数年,先是在叙利亚、美索不达米亚和亚美尼亚,后又到了遥远的伊比利亚(乔治亚或格鲁吉亚,在高加索)。

最后,曼纽尔的手下捉住了安德罗尼卡心爱的狄奥多拉和他们的孩子;由于无法忍受这个重大打击,安德罗尼卡决定向曼纽尔屈服。他显然对自己的荒唐经历进行了忏悔,因此受到曼纽尔的宽恕。安德罗尼卡被任命为小亚细亚黑海之滨本都省的总督,这算是一种对有危险的亲属的光荣流放。正在此时,也就是1180年,曼纽尔去世,他12岁的儿子继位,称阿列克修斯二世。其时,安德罗尼卡已经60岁了。

以上即是反对摄政皇后安条克的玛丽及其宠臣阿列克修斯·科穆宁的亲拉丁政策的首都人民,所寄于期待的安德罗尼卡的生涯。而安德罗尼卡也就势扮演了一个铲除奸佞、扶持幼主阿列克修斯二世的卫士角色,成了"罗马人的朋友"(φιλορώμαιος),赢得了筋疲力尽的人们的心。他被神化了。当时,萨洛尼卡的尤斯塔修斯说,安德罗尼卡"在大多数人心目中比上帝还可亲",或者,起

---

⑩ 《伊帕切夫编年史》与《沃斯切夫编年史》都有记载。

码"与上帝不相上下"。⑪

在首都造出了舆论声势之后,安德罗尼卡向君士坦丁堡进发。首都人民闻讯,纷纷向拉丁人发泄积怨。愤怒的群众向拉丁居住区发起攻击,大肆屠杀拉丁人,不分男女老幼;他们不仅抢劫民宅,而且将拉丁教堂和慈善机构掠夺一空;在一所医院,病床上的病人也遭到杀害;教宗使节被羞辱,然后被斩首;许多拉丁人被送往突厥市场,卖为奴隶。正如 Th.乌斯宾斯基所说,由于 1182 年的拉丁人大屠杀,"东西方世界之间仇恨的种子得到了浸种,即使还没有被种下"⑫。独揽朝纲的阿列克修斯·科穆宁被监禁致盲。安德罗尼卡终于胜利回到君士坦丁堡。为了巩固政权,他逐渐剪除异己,下令绞死皇太后——安条克的玛丽。他与阿列克修斯二世成为共治帝。虽然他曾郑重宣布保护阿列克修斯,但几天之后却下令将其秘密绞死。这样,到 1183 年,63 岁的安德罗尼卡成了至高无上的独一皇帝。

安德罗尼卡阴谋篡位的事实终于昭然于天下,于是,他只有通过恐怖和残暴手段才能维护其统治。在外交事务中,他缺乏活力和进取精神。人民开始反对他。1185 年,一场革命将伊萨克·安吉列送上皇帝宝座。安德罗尼卡逃跑未遂。被褫夺皇位的他受尽了折磨和凌辱。他以超人的勇气忍受着万般痛苦,他

---

⑪ 尤斯塔修斯(Eustathii):《被拉丁人占领的萨洛尼卡》(*De Thessakinica a Latinis capta*),波恩版,388。

⑫ "皇帝阿列克修斯二世和安德罗尼卡·科穆宁"("Emperors Alexius II and Andronicus Comneni",《公众教育部杂志》,CCXIV(1881),73。Th.乌斯宾斯基:"最后的科穆宁皇帝。对抗的开端"("The Last Comneni.Beginnings of Reaction"),《拜占庭年鉴》,XXV(1927—1928),14。

反复地祈求:"主啊,可怜可怜我吧!你为什么践踏那已经倒伏的芦苇?"⑬新帝甚至不允许掩埋他那被撕裂的尸体。拜占庭的最后一个辉煌的王朝随着这一悲剧而告结束。

阿列克修斯一世和第一次十字军战争前的对外关系

新帝阿列克修斯的天才的、受过良好教育的女儿安娜·科穆宁娜提到,她父亲一登基,便面临着东方突厥人和西方诺曼人的威胁。她"看到他的帝国在极端痛苦之中呻吟"⑭。帝国外部环境非常恶劣,而且愈发棘手和复杂。

诺曼战争。——阿普利亚公爵罗伯特·吉斯卡尔德征服了意大利南部的拜占庭领土后,制定了更加野心勃勃的计划。他将战火引向巴尔干半岛的亚得里亚海岸,企图在拜占庭的心脏插上一刀。他将阿普利亚交给小儿子罗杰治理,自己则与哥哥博希蒙德(第一次十字军战争的著名参加者)一起,带着大舰队,进攻阿列克修斯。他的主要目标是夺取伊利里亚的海滨城市都拉基乌姆(以前称 Epidamnus[埃皮达姆努斯];斯拉夫语为 Druch[Drač],现都拉索)。都拉基乌姆是都拉基乌姆军区的重要城市,建于"保加利亚人的屠杀者"瓦西里二世时期,城防坚固,是帝国的西大门。始建于罗马时期的著名军事公路埃格纳提亚大道从都拉基乌姆经

---

⑬ 尼西塔斯·科尼阿特斯:《历史》,波恩版,458。关于安德罗尼卡之死的几个资料,参见 N.拉多伊契奇(N.Radojčić)《科穆宁朝末代两帝》(*Dva posljednja Komnena na corigradskom prijestola*),94 页注 1。

⑭ 安娜·科穆宁娜:《阿列克修斯》,III,9;A.赖弗谢德(A.Reifferscheid)编,I,117。

萨洛尼卡,再往东延伸至君士坦丁堡。因此,十分明显,罗伯特的主要目标自然是都拉基乌姆。这次远征是"十字军的前奏曲,为法兰克人入主希腊奠定了基础"⑮。"是罗伯特·吉斯卡尔德组织的前十字军,反对阿列克修斯·科穆宁的重要战争。"⑯

阿列克修斯·科穆宁知道仅凭自己的力量无法对抗诺曼人的威胁,遂转向西方求救。德意志的亨利四世是他求援的君主之一。而当时亨利的帝国困难重重,他与教宗格列高利七世的斗争还未结束。因此,他无力援助拜占庭皇帝。但是,威尼斯出于利益考虑,答应了阿列克修斯的请求。为了报答它的舰队出手援助,皇帝向圣马可共和国允诺巨大的商业特权。在拜占庭与诺曼人的战争中支持东方的拜占庭皇帝符合威尼斯的利益。因为诺曼人获胜,他们会立即夺取通向拜占庭和东方的贸易之路;换句话说,他们将会取得威尼斯人长期希望控制的权益。况且,威尼斯也面临着迫在眉睫的危险:诺曼人对爱奥尼亚群岛,特别是对科孚岛和凯法利尼亚岛以及巴尔干半岛西海岸的占领,将会封锁亚得里亚海,破坏威尼斯人在地中海上的垄断地位。

占领科孚岛之后,诺曼人分海、陆两路包围了都拉基乌姆。虽然威尼斯舰队解了海上之围,但在阿列克修斯指挥下的陆军却遭到惨败。陆军由马其顿斯拉夫人、突厥人、瓦拉几亚-英吉利皇家卫队以及其他民族的成员组成。1082年初,都拉基乌姆对罗伯特

---

⑮ C.霍普夫:《从中世纪初到当代的希腊史》,I,141。
⑯ H.格雷古瓦和R.德凯泽:"罗兰之歌和拜占庭或希腊语用法对罗曼语系语言学的影响"("La Chanson de Roland et Byzance ou de l'utilité du grec pour les romanistes"),《拜占庭》(布鲁塞尔),XIV(1939),274。

敞开了大门。但这时南部意大利发生了叛乱,罗伯特只得回去应付。他将远征军委托给博希蒙德指挥。最后,这支远征军被击败。⑰罗伯特再次远征拜占庭,取得胜利。但一种流行病蔓延在他的军队中,罗伯特本人也不幸染疾,1085年死于凯法利尼亚岛北部。甚至到今天,岛上的一个小港湾和村庄费斯卡尔多(中世纪的吉斯卡尔多,维斯卡尔迪[Wiscardi]港,得名于罗伯特·吉斯卡尔德),还能使人想起强大的阿普利亚公爵。罗伯特死后,诺曼人对拜占庭的入侵也告一段落,都拉基乌姆再度归属希腊人。⑱

显然,罗伯特入侵巴尔干半岛的政策破产了。然而,在他统治时期,拜占庭在南部意大利的领土问题却有了定论。罗伯特在意大利建立了诺曼人国家,因为他第一个成功地将他的诺曼同胞们建立的诸国统一起来,形成阿普利亚公国,而且使它辉煌一时。罗伯特的死导致该公国长达五十年的衰落时期。之后,西西里王国的建立开辟了意大利诺曼历史的新时代。法国史学家夏朗东宣称,罗伯特·吉斯卡尔德"为他的后代们的野心开辟了一条新路:自他之后,诺曼人开始对东方虎视眈眈;在东方,十二年之后,以希腊帝国的灭亡为代价,博希蒙德将建立属于他自己的公国"。⑲

威尼斯人由于以它的舰队帮助了拜占庭,作为回报,拜占庭皇

---

⑰ 见 R.B.尤塔尔(R.B.Yewdale):《安条克公爵博希蒙德一世》(*Bohemond I, Prince of Antioch*),18—22。

⑱ 夏朗东:《论科穆宁王朝阿列克修斯一世的统治》,64—92。F.夏朗东:"早期科穆宁王朝",《剑桥中世纪史》,IV,329—330。吉斯卡尔德死亡的地方尚未确定。夏朗东:《论科穆宁王朝阿列克修斯一世的统治》,93页注9。尤塔尔在其《博希蒙德一世》一书的第23页说,吉斯卡尔德死于科孚岛的卡西奥普。

⑲ 夏朗东:《论科穆宁王朝阿列克修斯一世的统治》,94。

帝赐予其大量的贸易特权,使圣马可共和国在帝国境内有了特殊地位。除了慷慨赠予威尼斯教会的精妙礼品、授予总督及威尼斯最高主教及其后任者荣誉称号和固定年薪外,阿列克修斯于1082年5月颁发的帝国特许状(或称"黄金诏书",即盖有帝国金印的特许证),允许威尼斯商人在拜占庭帝国自由买卖,并且免除关税、港口费及其他贸易税赋;拜占庭海关官员无权检查他们的货物。威尼斯在首都还得到了一大片侨居区,配有许多店铺、库房和三个登陆港口——这些设施在东方被称为 scales(三海之港[*maritimas tres scalas*]),供威尼斯船只自由装卸货物。阿列克修斯的特许状列出了帝国向威尼斯人开放的商业价值最高的地点,从小亚细亚的沿海地区和内陆、巴尔干半岛和希腊、爱琴海诸岛直到君士坦丁堡。在这份文件中,这些地方被称为"Megalopolis",即"大都市",威尼斯则承诺将成为帝国的忠实臣属。⑳ 特许状中所列举的特权使威尼斯商人获得了比拜占庭商人更多优惠条件。阿列克修斯的特许状为威尼斯在东方的殖民势力奠定了稳固的基础;威尼斯由特许状而建立的经济优势在拜占庭长期无人匹敌。但随着形势的变化和时间的推移,同样的经济特权也逐渐成为帝国与圣马可共和国之间政治冲突的因素之一。

  帝国与突厥人和帕齐纳克人的斗争。——早在阿列克修斯·科穆宁之前,东方和北方的突厥人,特别是塞尔柱人和帕齐纳克人

---

⑳ G.L.F.塔菲尔(G.L.F.Tafel)和 G.M.托马斯(G.M.Thomas):《威尼斯共和国古代贸易和国家历史文献》(*Urkunden zur ältern Handels-und Staatsgeschichte der Republik Venedig*),I,51—54。参见 F.多尔格《中世纪和近代希腊文献汇编》,I(1),27—28;此书列有丰富的参考书目。

就威胁着拜占庭帝国。在阿列克修斯统治时期,这种威胁加剧了。诺曼人的失败和吉斯卡尔德的去世使阿列克修斯有能力恢复拜占庭在西方远达亚得里亚海岸的领土,但在另一条边境线上,突厥人和帕齐纳克人的进攻节节胜利,拜占庭则连连失地。安娜·科穆宁娜夸张地宣称,那时,博斯普鲁斯海峡附近是罗马帝国的东方边界,亚得里亚堡是西方边界。㉑

小亚细亚几乎全部为塞尔柱人占领。不过,幸运的是,突厥人内部发生了权力之争,削弱了突厥人的力量,使其全国陷入无政府状态。然而由于帕齐纳克人从北面进攻,阿列克修斯无法充分利用突厥人的内讧。

在与拜占庭冲突之时,帕齐纳克人在帝国内部找到了盟友——住在巴尔干半岛上的保罗派教徒。㉒保罗派的信仰形成于3世纪,由萨莫萨塔的保罗所创,属于东方二元论宗教派别摩尼教的主要分支之一,7世纪得到改革。保罗派教徒居住于帝国东部边界的小亚细亚,他们坚守本门戒律,生性嗜武好战,有时令拜占庭当局十分头痛。在对内政策中,拜占庭常用的办法是将帝国的各个民族从一地迁移到另一地;比如,斯拉夫人被迁至小亚细亚,亚美尼亚人被迁至巴尔干半岛。8世纪时,保罗派教徒被君士坦丁五世科普洛尼姆斯(Constantine V Copronymus)大批迁到色雷斯;10世纪时,约翰·齐米西斯也照此办理。巴尔干半岛的菲利浦城成为保罗派教徒活动的中心。齐米西斯在该城的东部巴尔

㉑ 《阿列克修斯》,VI,11;赖弗谢德编,I,214—215。
㉒ 参见前文,原书第256页。

干半岛上建立了一个殖民地区,将这些难以控制的顽固的民众从帝国东部边境地区的根据地和堡垒迁移至此。同时,他也希望新居住地的保罗派教徒充当抵御北方蛮族斯基泰人频繁入侵的堡垒。10世纪时,保罗派牧首鲍格米尔(Bogomile)改革了保罗派教义,并且将其传播到保加利亚。此后,他的信徒便被拜占庭作家称为"鲍格米尔派"。后来,鲍格米尔派又从保加利亚传入塞尔维亚和波斯尼亚,然后传入西欧。这个东方的二元论教派在西欧得到了不同的名称:在意大利称帕塔林(Patrins)派,在德意志和意大利称卡塔尔(Cathari)派,在法兰西称勃布利肯派(Poblicans,即保罗派)和阿尔比派。

这些移居巴尔干半岛的东方教徒却让拜占庭统治当局失望了。首先,这个异端教派传播之广泛和迅速,出乎拜占庭统治当局预料。其次,在意识形态和世俗事物中,鲍格米尔派成了斯拉夫民族政治上反对苛刻的拜占庭当局的代言人。特别是在被瓦西里二世征服的保加利亚更是如此。所以,鲍格米尔派不仅没有抵御北方蛮族对拜占庭领土的入侵,反而招来帕齐纳克人反对拜占庭。库曼人(波洛伏齐人)也加入了帕齐纳克人的行列。

在与帕齐纳克人的斗争中,拜占庭虽然取得暂时的胜利,但也耗尽了国力。11世纪90年代末,阿列克修斯·科穆宁在多瑙河下游的德里斯特拉(Dristra,即 Durostolus, Silitria)遭到惨败,他本人也差一点被俘。由于帕齐纳克人和库曼人因战利品分配而发生内讧,帕齐纳克人没能乘胜追击。

拜占庭用战争赔款换来了暂时的安宁,但它不得不熬过1090—1091年的难关。经过顽强战斗,帕齐纳克人攻到了君士坦丁堡城下。安娜·科穆宁娜叙述道，在殉道者狄奥多勒·泰隆（Theodore Tyron）纪念日那天，首都居民无法像往年那样大批地出城拜谒城外的殉道者之墓，因为帕齐纳克人就站在城下，着实不能打开城门。㉓

这时，一个突厥海盗查哈斯（Tzachas）开始从南面威胁首都，帝国形势更加严峻。查哈斯年轻时在君士坦丁堡尼斯福鲁斯·波达尼塔特斯的宫中效力，曾获拜占庭高级官衔。阿列克修斯·科穆宁登基时，他逃到小亚细亚。他的舰队占领了士麦那和小亚细亚海岸的一些城市以及爱琴海上的一些岛屿。之后，他野心勃勃，企图从海上打击君士坦丁堡，以切断首都的一切供应。为了实现他的计划，他与北方的帕齐纳克人和东方小亚细亚的塞尔柱人达成协议。他自以为胜券在握，便自封为皇帝（*basileus*），佩戴皇家徽标，梦想将君士坦丁堡变为他的国都。帕齐纳克人和塞尔柱人都是突厥人。只有军事和政治上的联系才使他们意识到他们之间的种族血缘关系。俄罗斯学者 V.瓦西列夫斯基说："查哈斯集蛮族的好勇斗狠与拜占庭的高度文明于一身，又熟谙当时东欧的政治关系，可谓拜占庭的克星。他计划充当全突厥人行动的灵魂。他将会，也能够为帕齐纳克人漫无目的的流浪和抢劫设计一个合理的最终目标和总体规划。"㉔看来，在东方帝国的废墟上将会出现一个塞尔柱人和帕齐纳克人的全新的突厥国家。瓦西列夫斯基

㉓ 《阿列克修斯》，VIII，3；赖弗谢德编，II，6—7。
㉔ V.G.瓦西列夫斯基："拜占庭和帕齐纳克人"，《著作集》，I，76。有一部关于查哈斯的突厥文专著是由阿克兹·尼梅·库拉特（Akdes Nimet Kurat）著，恰卡（Çaka）出版。

继续写道:"拜占庭帝国在突厥人的入侵中挣扎。"㉕另一位俄罗斯史学家 Th.乌斯宾斯基写道:"在 1090—1091 年的冬季,阿列克修斯·科穆宁所面临的形势就像帝国的末期那样:当时奥斯曼土耳其已经包围了君士坦丁堡,并切断了它的一切对外联系。"㉖

阿列克修斯意识到了这生死攸关的形势,他采取了拜占庭一贯的以蛮制蛮的外交政策。他请求库曼人(波洛伏齐人)诸汗(王公)——那些"绝望中的盟友"帮助他打败帕齐纳克人。在罗斯编年史常常出现的、凶残野蛮的库曼汗图戈尔汗(Tugorkhan)和波尼亚克(Boniak),㉗接受邀请来到君士坦丁堡,他们被奉若神明,受到盛情款待。皇帝谦卑地提出求援之事,库曼汗们觉得能够跟皇帝平起平坐是一种殊荣。他们向阿列克修斯信誓旦旦,也的确信守了诺言。1091 年 4 月 29 日,一场血战开始了;罗斯人和库曼人全部投入战斗。帕齐纳克人被无情地粉碎和歼灭了。安娜·科穆宁娜记载:"人们可以看到奇异的场面:整个民族,成千上万的、多如蚂蚁的人在那一天与妻子儿女一起消失了。"当时拜占庭有一首歌反映了这次战斗:"斯基泰人(安娜·科穆宁娜对帕齐纳克人的称谓)只差一天而未能看到 5 月的阳光。"㉘库曼人为基督教世界立下了汗马功劳。"他们的首领,波尼亚克和图戈尔汗当之无愧

㉕ V.G.瓦西列夫斯基:"拜占庭和帕齐纳克人",《著作集》,I,77。

㉖ 《十字军史》,8。

㉗ 安娜·科穆宁娜:《阿列克修斯》,VIII,4;赖弗谢德编,II,9:ό Τογορτάκ,ό Μανιάκ.参见瓦西列夫斯基"拜占庭和帕齐纳克人",《著作集》,I,98 页注 2。

㉘ 《阿列克修斯》,VIII,5;赖弗谢德编,II,15。战斗发生于 1091 年 4 月 29 日,即 5 月的前一天。《阿列克修斯》的编者伊丽莎白·道斯(Elizabeth Dawes)如此翻译这首歌:"斯基泰人只差一天未能看到 5 月。"《阿列克修斯》,道斯译,205。

地成为拜占庭帝国的拯救者。"㉙

阿列克修斯凯旋而归。被俘的帕齐纳克人大部分被处死。这个可怕部落的残余在巴尔干半岛瓦达尔(Vardar)河东部定居下来,后来,他们加入了拜占庭军队,成为一支特别支队。逃出巴尔干的帕齐纳克人也元气大伤,三十年不敢再犯拜占庭。

曾经震骇拜占庭朝野的查哈斯试图派舰队支援帕齐纳克人,未果。在与希腊海军交锋中。他也损兵折将。后来皇帝挑拨尼西亚苏丹反对查哈斯。苏丹邀请查哈斯赴宴,在宴会上将其杀死。从此,苏丹与阿列克修斯签订了和平协议。1091年的危机就这样在有利于拜占庭帝国的形势下得以解决,1092年的形势便大有改观。

在1091年那些绝望的日子里,阿列克修斯不仅在库曼蛮族中寻求同盟,他也显然在西方拉丁人中寻求过援助。安娜·科穆宁娜写道,阿列克修斯"焦急地派出专使到处招募雇佣军"㉚。从她另一篇文章中得知,这类专使也到了西方。之后不久。阿列克修斯便"盼望着雇佣军自罗马到来"㉛。

在论及上述事件时,史学家们通常要提到阿列克修斯·科穆宁写给老朋友佛兰德的罗伯特伯爵的一封信。这位伯爵曾于几年前拜谒圣地返回途中,经过君士坦丁堡。信中,皇帝描绘了"希腊基督徒的神圣帝国遭受到帕齐纳克人和突厥人压迫"的绝望处境:基督徒们,不分男女老幼被凌辱,被屠杀;国土几乎全部

㉙ 瓦西列夫斯基:"拜占庭和帕齐纳克人",《著作集》,I,107。
㉚ 《阿列克修斯》,VIII,3;赖弗谢德编,II,12。
㉛ 《阿列克修斯》,VIII,5;赖弗谢德编,II,12。

沦丧;"现在只剩下君士坦丁堡,而且很快也要落入敌手——除非上帝和他的拉丁信徒的援助尽快到来";皇帝"遭到突厥人和帕齐纳克人追杀,从一个城市到另一个城市",他宁愿将君士坦丁堡交给拉丁人而不愿拱手送给异教徒。为了刺激拉丁人的欲望,信中还附有一张长长的清单,列出了首都珍藏的古物,提醒这位伯爵,那里有无数的金银珠宝。"所以,带着你的所有的人,动员你的所有军队,快来吧,以免这些财富落入突厥人和帕齐纳克人之手……如果能抽身,抓紧时间,不要对这个基督教帝国和比它更重要的圣墓无动于衷。愿你在天堂里得到报偿,而不是在末日。阿门!"㉜

V.瓦西列夫斯基认为这封信写于1091年。他说:"1091年,一声绝望的哀号从博斯普鲁斯海峡传到西欧。那是一个落水者渴望一根救命稻草的呼唤。在这些外国人面前,拜占庭皇帝不顾一切地暴露了这个希腊基督教帝国所遭受的屈辱和欺凌。"㉝

这份如此生动地描述了1091年拜占庭生死攸关形势的文件,引起了学术界的争论。文件仅存有拉丁文本。学者们有许多分歧:有一些人,如俄罗斯学者V.瓦西列夫斯基和Th.乌斯宾斯基认为这封信是真实的;其他人,如法国学者莱昂则认为它是伪造的。近来,对这个问题感兴趣的史学家有保留地倾向于承认它的

㉜ P.E.莱昂(P.E.Riant):《阿列克修斯·科穆宁致佛兰德伯爵罗伯特的伪书信》(*Alexii I Comneni ad Robertum I Flandriae comitem epistola spuria*),10—20,H.哈根迈尔(H.Hagenmeyer):《1088—1100年的十字军书信》(*Die Kreuzzugsbriefe aus den Jahren 1088—1100*),130—136。多尔格:《未公布的希腊文献汇编》,II,39—40(no. 1152)。

㉝ 瓦西列夫斯基:"拜占庭和帕齐纳克人",《著作集》,I,90。

真实性,即承认阿列克修斯确实给佛兰德的罗伯特写过一封信,但信的原件并未保存下来。法国史学家夏朗东承认这封信件的中间一段来源于原件,但它的拉丁文本则是在第一次十字军东征前夕由西方某个(煽动者)为挑动十字军而编造的。㉞ 最近,德国学者哈根迈尔研究并发表了这封信。他基本上同意瓦西列夫斯基的观点:承认阿列克修斯信件的真实性,但持保留态度。㉟ 1924年,B. 莱布写道,这封信只是克莱蒙会议之后不久的夸大其词,它肯定是受到阿列克修斯致罗伯特的信件的启发,该信提醒罗伯特履行他当初许下的派兵援助阿列克修斯的诺言。㊱ 最后,1928年,布莱耶尔写道:"根据夏朗东的假设,罗伯特返回佛兰德之后可能忘记了自己的承诺;所以,阿列克修斯派信使给他送信。当然,那封信的内容与我们今天见到的完全不同。至于我们今天见到的这封信,很可能是在1098年安条克遭到围攻之时,为寻求西方援助而以那封真实的信为基础编造出来的。也就是说,阿列克修斯的信与十

㉞ 夏朗东:《论科穆宁王朝阿列克修斯一世的统治》,附录,325—326;尤其注意331、334、336。书中也叙述了阿列克修斯致佛兰德伯爵的信这一问题产生的来龙去脉。

㉟ "科穆宁王朝阿列克修斯一世至佛兰德伯爵罗伯特一世的信"("Der Brief des Kaisers Alxios I Komnenos an den Grafen Robert I von Flandern"),《拜占庭研究杂志》(德文),VI(1897),26。哈根迈尔:《1088—1100年的十字军书信》,38—40。亦参见 H.皮朗:《阿列克修斯·科穆宁致佛兰德人罗伯特——佛兰德伯爵之信的目的》,《公众教育部杂志》,L(1907),217—227。G.卡洛(G.Caro):"第一次十字军报告"("Die Berichterstattung auf dem ersten Kreuzzuge"),《新古典学年鉴》,XXIX(1912),50—62。

㊱ 《11世纪末的罗马、基辅和拜占庭》(Rome, Kiev et Byzance à la fin du XIᵉ siècle),122;原信法文本摘要,188—189。

字军东征的起因毫无联系。"㊲ H.居贝尔(Sybel)在描写十字军第一次发起时,认为阿列克修斯致佛兰德的罗伯特的信是与十字军有关的官方文件。㊳

这里我们之所以花费笔墨讨论阿列克修斯致佛兰德的罗伯特的信,是因为它在一定程度上牵涉皇帝是否求援于西方的问题。当时,安娜·科穆宁娜关于阿列克修斯致信西方求援的叙述证明了这个事实:阿列克修斯一定写过信给佛兰德的罗伯特;该信很有可能是今天所存的被修饰过的拉丁文本信件的基础。阿列克修斯的信很有可能写于生死攸关的1091年。㊴ 同样,很有可能在1188—1189年,皇帝的使节也送信给克罗地亚国王兹沃尼米尔(Zvonimir),敦促他参加阿列克修斯·科穆宁"对异教徒"的斗争。㊵

阿列克修斯战胜了外来敌人之后,接着又战胜了内部敌人。企图利用帝国危难之机篡夺皇位的阴谋家也被揭穿,并受到了惩罚。

除了上面提及的民族之外,塞尔维亚人和马扎尔人(匈牙利人)在第一次十字军东征之前,即阿列克修斯·科穆宁统治期间也

㊲ L.布莱耶尔:《中世纪教会与东方:十字军》(*L'eglise et L'Orient du moyen âge*;*Croisade*)(以下简称《十字军》)(1928年第5次修订版),58。N.约尔加:《人类历史综论》(*Essai de synthèse de l'histoire de l'humanité*),II,276—277。约尔加否认这封信有任何意义。G.布克勒尔(G.Buckler):《安娜·科穆宁娜研究》(*Anna Comnena. A Study*),457页注1)声称至少这封信的大部分是杜撰的。亦参见 C.埃德曼(C.Erdmann):《十字军运动的兴起》(*Die Entstehung des Kreuzzugsgedankens*),365;但是,原信中的某段天才文字是否成为那封伪造信件的基础这一事实并不重要。

㊳ 《第一次十字军东征史》(*Geschichte des ersten Kreuzzuges*)(1881年第3版),7—9。

㊴ 多尔格:《未公布的希腊文献汇编》,II,39(no.1152)在1088年条目下提到此信。

㊵ F.西齐克(F.Šišic):《克罗地亚史》(*Geschichte der Kroaten*),I,315—316。

崭露头角。11世纪下半期,塞尔维亚王公采用国王(kral)称号,宣告了塞尔维亚的独立。这就是塞尔维亚第一王国。它定都于斯考德拉(Skadar,即斯库台[Scutari])。在拜占庭与诺曼人的战争中,塞尔维亚站在帝国一边,但在关键时刻倒戈。拜占庭收复都拉基乌姆以后,阿列克修斯与塞尔维亚就开始了敌对状态。当时帝国处境危难,阿列克修斯无暇顾及塞尔维亚问题。不过,在十字军东征前夕,塞尔维亚与帝国重归于好。

阿列克修斯在位期间,匈牙利与拜占庭的关系渐趋紧张。此前,当西梅恩在位期间,匈牙利人(乌戈尔)曾经积极参加10世纪的保加利亚—拜占庭战争。11世纪末,地处内陆的匈牙利阿帕德(Arpad)王朝的几任国王开始向南方的海洋扩张,直抵达尔马提亚海岸。这引起了威尼斯和拜占庭的不满。于是,随着十字军东征的临近,帝国的对外政策日益扩展和复杂,新问题不断出现。

多次克服外来危险的阿列克修斯·科穆宁似乎是为帝国创造了和平。在11世纪将尽之时,他开始准备与东方塞尔柱人的战争。对于这场显而易见的斗争,皇帝采取了不少进攻性措施。正当战争逼近之际,忽闻十字军部队接近边境。第一次十字军战争开始了;它改变了阿列克修斯的计划,使他和他的帝国走上一条致命的新道路。

第一次十字军东征与拜占庭

十字军时代是世界历史中最重要的时代之一,从经济史和总体文化的角度来看更是如此。长期以来,人们只关注它的宗教方面,而忽略了这场复杂的、全面的运动的其他方面。第一个意识到十字军的多方面意义的国家是法国。1806年,法国科学院国家研究中心颁发一项奖金,奖励那些"研究十字军运动对欧洲人民的公民自由、他们的文明及其对知识、商业和工业的进步所产生的影响"的最优秀的学术著作。当然,在19世纪初期彻底讨论这个问题为时尚早;而且这个问题现在仍然悬而未决。但是值得指出的是,中世纪狭隘的宗教观念妨碍了人们对十字军时代进行专门研究。1808年,有两部书摘取了法国科学院的桂冠:一部是德国人A.黑伦(A.Heeren)所著的《论十字军对欧洲的影响》,以德语和法语同时出版;另一部是法国人M.舒瓦瑟尔·达扬古(M.Choiseul Daillecourt)所作,书名为《论十字军对欧洲人民的影响》。虽然这两部书现在已经过时,但也颇有意义,特别是前一部。

当然,十字军时代在基督教和伊斯兰教这两大世界性宗教自7世纪以来的斗争史上是最重要的时代。这个过程不仅仅涉及宗教意识动机,甚至在最明显地反映了十字军从异教徒手中夺回圣地这个信念的第一次十字军东征期间,世俗目的和利益动机的驱使也是显而易见的。"十字军中有两种人:一类出于宗教热忱,另一类出于政治目的。"[41]在引述德国学者库格勒这句话时,法国史学家夏朗东补充说:"库格勒的论证确凿无疑。"[42]然而,学者们对11世纪西欧社会的内部生活条件,尤其是当时意大利城市的经济发展的研究越是深入,就越是相信经济因素在第一次十字军的准

---

[41] B.库格勒(B.Kugler):"皇帝阿列克修斯和亚琛的阿尔贝特"("Kaiser Alexius und Albert von Aachen"),《德国历史研究》(*Forschungen zur deutschen Geschichte*),XXIII(1883),486。

[42] 《论科穆宁王朝阿列克修斯一世的统治》,161;夏朗东:"早期科穆宁王朝",《剑桥中世纪史》,IV,334。

备和实施中起着非常重要的作用。而且,每次新的十字军都更加强烈地表现出其世俗的色彩;最后,在第四次十字军东征期间,当十字军于 1204 年占领君士坦丁堡并建立拉丁帝国时,世俗动机终于彻底战胜了这场运动的原初动机。

拜占庭在那个时代起到了十分重大的作用,所以,要想全面彻底弄清十字军的起因和发展,就必须对东方帝国进行研究。尤其是研究十字军运动的学者大都站在过于"西方化"的立场上对待这个问题,认为希腊帝国是"十字军所有罪责的替罪羊"㊸。

自从阿拉伯人于 7 世纪 40 年代在世界历史舞台上首次亮相后,他们就以异乎寻常的速度征服了东方帝国领土上的叙利亚、巴勒斯坦、美索不达米亚、小亚细亚东部、埃及、非洲北岸和大部分领土原属于西哥特人的西班牙。7 世纪下半叶和 8 世纪初,阿拉伯人两次围攻君士坦丁堡,先后被坚强而天才的君士坦丁四世和伊苏里亚人利奥三世击败——当然,他们取得胜利的过程并非一帆风顺。732 年,阿拉伯人翻越比利牛斯山入侵高卢,被查理·马特阻挡于普瓦蒂埃。9 世纪,他们征服了克里特岛。10 世纪初,西西里和南意大利的帝国领土也大部分落入他们之手。

阿拉伯人的征服彻底改变了欧洲的政治和经济形势。正如 H.皮朗所说,阿拉伯的骇人进攻"改变了世界面貌。它的崛起摧毁了古代欧洲。它结束了孕育它的地中海文明世界……地中海曾

㊸ F.夏朗东:《第一次十字军史》(*Histoire de la première croisade*),序言,I。A.格鲁恩(A.Gruhn)的德语论著《十字军时代的拜占庭政治》(*Die Byzntinische Politik zur Zeit der Kreuzzuge*)毫无意义,因为它没有史料的佐证。

经是罗马人的内湖；现在，几乎成了穆斯林的内湖"⁴⁴。但对于这位比利时史学家的断言，必须有所保留地接受。西欧与东方国家的商业联系受到穆斯林的限制，但并未中断。商人和朝圣者依然来来往往，带有异国情调的东方产品在欧洲，如在高卢，依然能够随处可见。⁴⁵

原初伊斯兰教是以宗教宽容政策而著称的。10世纪时，偶然出现过攻击基督教堂和教徒的事件，但并不带有宗教的动机，因此这种不幸事件的发生只是个别现象。在其征服区，阿拉伯人在多数情况下保留了基督教堂和基督教的礼拜活动。他们并未禁止基督教慈善事业。9世纪初，在查理大帝时代，他们还在耶路撒冷为朝圣者开设客栈和医院；兴建和修复新教堂和寺院——为此，查理大帝还向巴勒斯坦送去大批"救济品"。寺院内附设图书馆。朝圣者可以不受干扰地拜谒圣地。查理大帝的法兰克帝国与巴勒斯坦之间的关系，包括一些西方君主与阿拉伯哈里发哈伦·阿尔-赖世德之间互换使节，导致一些学者得出这个结论：在查理大帝时代，巴勒斯坦有一个为保护基督徒利益而专设的法兰克保护区；保护

---

⁴⁴ "穆罕默德和查理曼"（"Mahomet et Charlemagne"），《比利时语言学和历史学杂志》（*Revue belge de philologie et d'histoire*），I(1922)，85。"没有伊斯兰教，法兰克帝国可能永远不会存在；没有穆罕默德，也不会出现查理曼。"(86)。皮朗：《中世纪的城市》（*Medieval Cities*），24、26；法语版，25、28。见 R.S.洛佩斯（R.S.Lopez）"穆罕默德和查埋曼：修订本"（"Mohammed and Charlemagne: A Revision"），《史鉴》，XVIII(1943)，14—38。

⁴⁵ L.哈尔芬（L.Halphen）："11世纪和12世纪欧洲人对地中海的征服"（"La Conquête de la Méditerranée par les Europeens au XIe et au XIIe siècles"），《纪念 H.皮朗史学文集》（*Melanges d'histoire offerts à H.Pirenne*），I，175。J.埃伯索尔特（J.Ebersolt）；《东方和西方》（*Orient et Occident*），I，56—57。N.约尔加刊于《东南欧历史杂志》，VI(1929)的文章，77。

区内不受哈里发政治权力的影响。⑯但是,另外一些史学家否认两国关系的重要性,认为"保护区"根本不存在。跟"查理大帝远征圣地的传说类似,它只是一个神话"⑰。最近有一篇名为"关于建于圣地的查理大帝保护区的传说"的文章论及此事。⑱"法兰克保护区"一词与许多其他语汇一样,只是一种习惯称谓,其意义相当模糊;但是,对这一问题的探讨有助于揭示这样一个事实,即9世纪初法兰克帝国已经对巴勒斯坦很感兴趣,这对于十字军以前的国际关系有着相当影响。

10世纪下半期,尼斯福鲁斯·福卡斯和约翰·齐米西斯统治下的拜占庭军队对于帝国东部的阿拉伯人取得的辉煌胜利,使叙利亚的阿勒颇和安条克成为帝国的附庸国。从那以后,拜占庭军队可能进入了巴勒斯坦。⑲这些军事成功对于耶路撒冷产生了影响。所以,法国史学家布莱耶尔判断,这时,可以谈及拜占庭的保

---

⑯ 见 A.A.瓦西列夫:"查理大帝和哈伦·阿尔-赖世德"("Charlemagne and Harun ar-Rashid"),《拜占庭年鉴》,XX(1913),63—116。布莱耶尔:《十字军》第5版,1928年,22—34。布莱耶尔:"查理大帝和巴勒斯坦",《历史杂志》(Revue historique),CLVII(1928),277—291。对这个问题,布莱耶尔提供了完整的参考书目。

⑰ E.乔兰森(E.Joranson):"所谓的巴勒斯坦法兰克保护区"("The Alleged Frankish Protectorate in Palestine"),《美国历史评论》,XXXII(1927),260。亦见 V.巴托尔德"查理大帝和哈伦·阿尔-赖世德"("Charlemagne and Harun ar-Rashid"),《基督教东方》Christiansky Vostok,I(1912),69—94。

⑱ A.克莱恩克劳兹(A.Kleinclausz):"关于查理大帝在圣地设保护区的传说"("La Légende du protectorat de Charlemagen sur la Terre Sainte"),《叙利亚》(Syria),VII(1926),211—233。St.任西曼:"查理大帝和巴勒斯坦"("Charlemagne and Palestine"),《英国历史评论》,L(1935),606—619;巴勒斯坦查理大帝保护权的理论应视为一个传说(619)。

⑲ 见原书第308—310页。

护区已经取代了法兰克人的保护区。⑩

10世纪下半期（969年），巴勒斯坦落入埃及法蒂玛王朝之手，但这一地区政治地位的变化似乎没有，至少在一开始时没有给东方基督徒的生活带来实质性影响。朝圣者依然安全地来到巴勒斯坦。但是，到了11世纪，情况发生了变化，疯狂的法蒂玛朝哈里发哈希姆（Hakim）——"埃及的尼禄"，⑪开始对本国的基督徒和犹太人野蛮迫害。1009年，他派人捣毁了耶路撒冷的耶稣复活教堂和耶稣受难地各各他（Golgotha）。他后来停止捣毁教堂，仅仅因为他害怕同样的命运会降临到基督教地区的清真寺。⑫

当L.布莱耶尔写到圣地的拜占庭保护区时，他注意到了11世纪阿拉伯史学家、安条克的雅希亚（Yahya）的一句话。这位学者写道，1012年，一个反叛哈里发哈希姆的贝都因酋长夺取了叙利亚，强迫当地的基督徒恢复耶路撒冷的耶稣复活教堂，并任命一位主教作为耶路撒冷教会的牧首；然后，这个贝都因人"帮助他重建了耶稣复活教堂，并尽其所能修复了许多地方"。⑬罗斯学者V.罗森如此解释这句话："那个贝都因人这样做可能是为了取悦

---

⑩ 布莱耶尔："查理大帝和巴勒斯坦"，《历史杂志》，CLVII（1928），38—39。

⑪ G.施伦伯格（G.Schlumberger）：《10世纪末的拜占庭史诗》（*L'Épopée Byzantine à la fin du dixième siècle*），II，442。

⑫ M.卡纳尔（M.Canard）："历史上和传说中阿拉伯人对君士坦丁堡的远征"（"Les Expéditions des arabes contre Constantinople dans 1'histoire et dans la légende"），《亚细亚杂志》（*Journal Asiatique*），CCVIII（1926），94。

⑬ V.罗森（V.Rosen）：《保加利亚人的屠杀者瓦西里皇帝》（*The Emperor Basil Bulgaroctonus*），47；俄文版，40。安条克人雅希亚·伊本·赛义德（Yahis Ibn Saïd Antiochensis）；《编年史》（*Annales*），L.切克霍（L.Chcekho）编，201。

于希腊皇帝"㊴。布莱耶尔亦赞成罗森对于雅希亚记载的这一事件的推断。既然对这个贝都因人的行为之动机的推断并非出自雅希亚本人,人们也许无法赞成布莱耶尔所强调的关于拜占庭在巴勒斯坦建立了保护区的理论。㊵

不过,无论如何,那只是恢复圣地的开端。1021年,哈希姆死后,对基督徒的宽容时代就开始了。拜占庭与法蒂玛朝媾和,皇帝能够着手于耶稣复活教堂的真正修复工作。在11世纪中期君士坦丁·摩诺马赫时期,该耶稣复活教堂竣工。基督徒居住区修筑了坚固的城墙加以保护,朝圣者又可以前去拜谒圣地了。史料中所提到的这些朝圣者中,有著名的诺曼底公爵"魔鬼罗伯特",他于1035年从耶路撒冷返程途中死于尼西亚。㊶ 可能还是在这一时期(11世纪40年代),当时著名的瓦兰几亚人哈罗德·哈德拉德带着一队斯堪的那维亚人从北方来到耶路撒冷,与叙利亚和小亚细亚的穆斯林发生了冲突。㊷ 基督徒的灾难重新开始。1056年,圣

㊴ 《保加利亚人的屠杀者瓦西里皇帝》,356。

㊵ 布莱耶尔从施伦伯格的《10世纪末的拜占庭史诗》,II,448中找到雅希亚的断言。施伦伯格通过罗森的著作使用了雅希亚的论断,提出了与罗森的假设相关的正确记述。

㊶ 见 E.弗里曼(E.Freeman)《诺曼人征服英国史》(*The History of the Norman Conquest of Englan*),I,473;II,187。埃伯索尔特:《东方和西方》,79。布莱耶尔:"查理大帝和巴勒斯坦",《历史杂志》,CLVII(1928),45。

㊷ V.G.瓦西列夫斯基:"11、12世纪君士坦丁堡的瓦兰几亚-罗斯人和瓦兰几亚-英国人兵团"("The Varangian-Russian and Varangian-English Company in Constantinople in the Eleventh and Twelfth Centuries"),《著作集》,I,265—266。K.杰尔斯特(K.Gjerset):《诺威人民史》(*History of the Norwegian People*),I,278。

墓被封闭。300多位基督徒被驱赶出耶路撒冷。㊽

显然,被破坏的耶稣复活教堂修复得富丽堂皇。一位罗斯朝圣者、修道院院长(igumen)丹尼尔于12世纪初,即耶路撒冷王国于1099年建立后不久,到过巴勒斯坦。他数过教堂的立柱,描述了大理石镶制的地板和六扇门,描述了教堂中的镶嵌艺术,留下了重要资料。他还描述了《新约》中提到过的巴勒斯坦的许多教堂、圣迹和圣处。㊾丹尼尔和当时一位盎格鲁-撒克逊朝圣者萨乌福(Saewulf)都提到"异教萨拉森人"(即阿拉伯人)如何藏在山洞中,如何伺机拦劫过路的朝圣者。"萨拉森人总是为基督徒设下陷阱,然后藏在山间的隐蔽处和山洞中,日夜监视着,寻找他们的猎物。"㊿

阿拉伯人对基督徒的宽容,在西方世界也明显可见。例如11世纪末西班牙人从阿拉伯人手中夺回托莱多时,他们吃惊地发现城中的基督教堂完好无损,圣事照常进行,没有受到干扰。与其类似,11世纪末诺曼人占领西西里时,发现该岛虽然已经经历了两百余年的阿拉伯人统治,众多基督徒依然自由地保持其信仰。可见,1009年捣毁耶稣复活教堂和各各他殉难地是11世纪激怒西方基督徒的第一个事件。与圣地有关的第二个事件则发生于11

㊽ 《圣伍尔弗拉米尼神迹奇事》(*Miracula S. Wulframni*),D.T.马比雍编,381—382。埃贝索尔特:《东方和西方》,74。

㊾ "罗斯修道院院长丹尼尔的生活和朝圣",《东正教巴勒斯坦文集》(*Pravoslavny Palestinsky Sbornik*),III(1887),15—16;B.德基特洛沃(de Khitrowo)编,I,12以下。H.樊尚和N.阿贝尔:《耶路撒冷》,II,258。

㊿ "罗斯修道院院长丹尼尔的生活和朝圣",德基特洛沃编,I,12以下。《萨乌福朝拜耶路撒冷和圣地》(*Pilgrimage of Saewulf to Jerusalem and the Holy Land*),8。

世纪下半期。

塞尔柱突厥人在曼兹克特粉碎了拜占庭军队之后,于1071年在小亚细亚建立罗姆(或伊科尼姆)苏丹国,继而成功地向四周扩张。他们取得了一系列军事成功:1070年,突厥将军阿茨格(Atzig)进军巴勒斯坦,占领耶路撒冷。不久该城发生叛乱。阿茨格再次进攻,占领并洗劫了它。然后,突厥人征服了叙利亚的安条克,在小亚细亚的尼西亚、西齐库斯和士麦拿站稳脚跟。接着,又占领开俄斯岛、莱斯博斯岛、萨摩斯岛和罗德岛。耶路撒冷和其他地方的欧洲朝圣者处境恶化了。即使学者们对于突厥人迫害和侮辱基督徒的记载多少有些夸张,人们却仍难以认可拉姆赛(Ramsay)关于塞尔柱人对待基督徒的政策甚为温和的说法:"塞尔柱苏丹们以最仁慈和宽容的态度统治基督教臣民。甚至带有偏见的拜占庭史学家也时时暗示:基督徒常常觉得苏丹的统治好过皇帝的统治……在塞尔柱人统治下的基督徒比在拜占庭帝国统治下的人们更快乐,而且其中最惨的却是那些生活在不断遭到侵扰的拜占庭边境地区的基督徒。至于宗教迫害,在塞尔柱时代绝对没有。"[50]

1009年耶稣复活教堂的被毁和突厥人在11世纪80年代对

---

[50] 《弗里吉亚的城市和主教管区》(*The Cities and Bishoprics of Phrygia*),I,16、27。J.W.汤普逊也认可这一观点,他在其《中世纪经济社会史》第391页错误地将此论断归于W.拉姆赛(W.Ramsay)的文章:"穆斯林和基督教徒争夺小亚细亚之战"("The War of Moslem and Christian for the Possession of Asia Minor"),《当代评论》(*Contemporary Review*),XC(1906),1—15。关于11世纪末巴勒斯坦的突厥人,参见P.E.莱昂(P.E.Riant)"十字军历史评论目录"("Inventaire critique des letters historiques de croisades"),《东方拉丁文献档案》(*Archives de l'orient latin*),I(1881),65。

耶路撒冷的征服强烈地影响到具有浓厚宗教情感的西欧大众,激起了一股狂热宗教情绪。而且,许多欧洲人认识到,如果拜占庭倒在突厥人脚下,整个基督教西方会直接面对可怕的威胁。"经过数百年的混乱和蹂躏,"一位法国史学家说,"地中海世界难道又将遭到蛮族的攻击?这就是1075年以前人们所面临的生死攸关的问题。在11世纪期间,其元气得到恢复的西欧必须对此做出回应:对于突厥人的频繁进攻,它准备以一次十字军予以还击。"㊷

但是,由于突厥人力量的不断增长,拜占庭皇帝们已感受到了越来越大的威胁。经过曼兹克特的惨败,他们似乎无力独自抵抗突厥人。他们寄希望于西方,特别是教宗。教宗作为西欧的精神领袖可以利用自己的影响引导西欧人民给予拜占庭足够的援助。正如阿列克修斯·科穆宁给佛兰德的罗伯特的信中所示,皇帝也经常求助于西方的一些个别统治者。不过,阿列克修斯所要求的只是一些援助力量,而不是强大的、组织精良的军队。

教宗们很爽快地答应了东方皇帝的请求。除了纯意识形态的动机(帮助拜占庭从而帮助整个基督教世界解救圣地)外,教宗显然也考虑到天主教会的利益所在。如果这项事业成功,教宗会扩大自己的影响,使东方教会回归天主教会的怀抱。他们不会忘记1054年的教会分裂。拜占庭皇帝原来是想从西方招募一些援助性的雇佣军,但逐渐地、特别是在教宗的鼓动下,发生了变化,演化为十字军的思想,这就是说,演化为西欧民众参与的一场大规模的

㊷ L.哈尔芬:《野蛮人:11世纪突厥人征服时期的大规模侵略行动》(Les Barbares: des grandes invasions aux conquêtes turques du XIe siècle),387。亦见埃德曼《十字军运动的兴起》,特别见363—377。

群众性运动,有时,这些人是由他们的君主和杰出的军事领袖来领导的。

直到19世纪下半叶,学者们还相信,组织发动十字军的第一个念头和第一声号召出自10世纪末的一位著名教士吉尔伯特(Gerbert),即后来的教宗西尔维斯特二世(Sylvester Ⅱ)。在他的书信中,有一封是"自被毁的耶路撒冷教会致普世教会"的信。信中,耶路撒冷教会请求普世教会的援助。今天,研究吉尔伯特的最权威的专家认为,该信确实是在他成为教宗以前的亲笔信;但从该信中看不出关于十字军的计划,只有一点一般性的信息,要求虔诚的基督徒们捐款援助耶路撒冷基督教会组织。⑬ 10世纪末巴勒斯坦基督徒的地位还不至于恶化到要求组织十字军的地步。

然而,在科穆宁王朝之前,由于塞尔柱人和帕齐纳克人的压力,皇帝迈克尔七世杜卡斯曾经致信格列高利七世,请求帮助,并答应重新使教会统一。教宗也写了许多信给(欧洲)封建领主,敦促他们支持摇摇欲坠的帝国。在致勃艮第公爵的信中,他写道:"我们希望……在诺曼人征服之后,我们能到君士坦丁堡帮助那些由于萨拉森人的频繁进攻而绝望的、迫切要求我们伸出援助之手的基督徒。"⑭在另一封信中,格列高利七世谈到"伟大帝国的悲惨命运"。⑮ 在致德意志国王亨利四世的信中,教宗写道:"大部分海

---

⑬ T.哈维(T.Havet):《吉尔伯特书信集(983—997年)》(*Letters de Gerbert, 983—997*),22页及注3。N.巴布诺夫(N.Bubnov):《作为史料的吉尔伯特书信集》(*The Collection of Gerbert's Letters as a Historical Source*),Ⅱ,230页注137。亦见居贝尔:《第一次十字军运动史》(1881年第2次修订版),458—459。

⑭ J.P.米涅编:《拉丁教父著作全集》,CXLVIII,326。

⑮ 同上书,329。

外基督教世界正在被疯狂的异教徒摧毁,他们每天像牲畜一样遭到屠杀,基督教种族正在灭绝";他们在乞求帮助,以免"基督教在我们这个时代毁灭——上天绝不容许发生这种事"。在教宗的敦促下,意大利人和其他欧洲人(阿尔卑斯山外侧的人们[ultramontani])正在装备一支50 000人以上的军队;而且,如果可能的话,他们将选举教宗为远征军领袖。他们愿意兴兵与上帝的敌人作战并到达圣墓。"我必须这样做,"教宗继续写道,"因为曾在圣灵的问题上与我们发生分歧的君士坦丁堡教会,现在要与罗马教廷和解。"⑯

这些信中所提到的不仅仅是组织十字军解放圣地。格列高利七世正在计划远征君士坦丁堡,解救拜占庭——基督教世界的主要东方屏障。在教宗倡导的援助之后,接着将是教会的合一。"分裂的"东方教会回归"正宗的"天主教会的怀抱。这些信给人以这种印象:问题不在于征服圣地而在于保护君士坦丁堡。而且,这些信都写于11世纪80年代,正值耶路撒冷落入突厥人之手和巴勒斯坦基督徒处境每况愈下之际。因此,在格列高利的信中,对伊斯兰教的圣战好像占据次要地位;在组织西方基督徒与东方穆斯林的战争的同时,教宗已将"分裂的"东方考虑在内。对格列高利来说,后者更为可怕。在一份有关西班牙摩尔人占领地的教宗通谕中,教宗公开宣称,他宁愿将这些地区交于异教徒——穆斯林之手,也不愿看到它们落入教会的叛逆者之手。⑰ 如果格列高利七世的这

---

⑯ J.P.米涅编:《拉丁教父著作全集》,CXLVIII,386。
⑰ J.P.米涅编:《拉丁教父著作全集》,CXLVIII,290。见 C.科勒(C.Kohler)发表于《历史杂志》上的文章,LXXXIII(1903),156—157。埃德曼:《十字军运动的兴起》,149。

些信件包含了他最初的十字军计划的话,那么十字军的活动则表明格列高利的计划与1054年的教会分裂有关。

同迈克尔七世一样,处于1091年的特别危险的压迫下的阿列克修斯·科穆宁也曾求助于西方,要求西方派雇佣军队前来援助拜占庭。但库曼人的参战和突厥海盗查哈斯的暴死结束了危机。所以,到了第二年,即1092年,阿列克修斯已经认为西方军队对于拜占庭没有用处了。然而,格列高利在西方开创的运动,特别由于自高自大而精力充沛的乌尔班二世的活动,已经广泛地发展起来。阿列克修斯所请求派出小规模援军的要求已经被遗忘。现在是一场大规模的群众性运动。

1841年,德国史学家H.居贝尔首次发表了他的第一部重要的研究成果。他从西方的立场出发,总结出十字军的主要起因:⑱ (1)中世纪普遍的宗教精神由于11世纪的克吕尼运动而增长。在一个因反省罪恶而绝望的社会,人们倾向于禁欲、隐修、精神行为和朝圣。当时的神学和哲学也深受其影响。这种精神因素是激起大多数人解放圣墓的热情的首要原因。(2)在11世纪,特别是在格列高利七世时期,教宗权力的增长。十字军好像很符合教宗的愿望,因为他们为教宗权力和权威的进一步扩大开辟了广阔的前景。教宗是十字军的首创者和精神领袖。如果这项事业能成功,教宗将会把权威延伸到许多新的国家,并且能使"分裂的"拜占庭回到天主教会的怀抱。因此,他们援助东方基督徒和拯救圣地的精神愿望与扩大权力和权威的希望交织在一起。(3)不同社会阶

---

⑱ 居贝尔:《第一次十字军运动史》(1881年第2次修订版)。

层的世俗动机也起着相当重要的作用。除了一般的宗教热情之外,封建贵族、男爵和骑士还充满了冒险精神和尚武精神。东征是他们满足野心和好战情绪、增加财富的千载难逢的机会,至于下层人民,如农民,处于封建专制政治的压榨下,原始的宗教感情是一种慰藉,他们关心的是参加十字军起码暂时可以摆脱封建压迫,延长偿还债务期限,保护其妻儿老小和少得可怜的财产,并从罪恶中解脱出来。后来,学者还强调了第一次十字军兴起的其他因素。

11世纪,到圣地朝拜的人数特别多。有时,朝圣者结成相当大的群体;除了这些个别性的朝圣者之外,还有对圣地的真正远征。在1026—1027年,700个朝圣者在一个法国修道院院长的带领下来到巴勒斯坦,其中有许多诺曼骑士。同年,安古莱姆(Angoulême)伯爵威廉率领法国西部的几个修道院院长和大批贵族,由海路向耶路撒冷航行。1033年,圣墓周围出现了前所未有的熙熙攘攘的人群。但是,最著名的朝圣活动还是发生于1064—1065年。7 000多人(通常认为有12 000人)在德意志班贝格主教京特(Günther)率领下进行了一次朝圣。他们经过君士坦丁堡和小亚细亚,历尽诸多艰险和各种损失,浩浩荡荡来到耶路撒冷。据史料记载:"去时7 000人,回来的不到2 000人。"而且他们在归途中"由于物质匮乏而大量减员"。朝圣领袖京特也英年早逝,"而他只是在这次冒险中丧失生命的许多人中的一个"⑩。

与十字军东征以前的这些和平朝圣活动相关的一个问题是:

---

⑩ 见 E.乔兰森(E.Joranson)"1064—1065年的德意志人大朝圣"("The Great German Pilgrimage"),《十字军和其他史学论文,致丹那·C.穆恩罗》(The Crusades and Other Historical Essays Presented to Dana C.Munro),39。

这种朝圣,是否如人们通常所认为的那样,意味着 11 世纪是从和平朝圣到十字军时代的军事远征的一个过渡?许多学者试图证明:由于突厥征服之后巴勒斯坦的形势发生了变化,朝圣队伍都携带武器,以求在可能遇到攻击时自保。现在,由于 E.乔兰森的研究,才确定了这一事实:11 世纪规模空前的朝圣活动完全是由非武装人员组成。于是,又涉及另一个话题:"前十字军时期的朝圣究竟有没有携带武器的远征?"⑦诚然,朝圣队伍中有一些骑士确实带有武器。但是,"虽然他们身着戎装,却仍然是和平朝圣者"而不是十字军战士。⑦ 不过,他们对十字军运动的兴起,确实起到了推波助澜的作用,因为他们向西欧人描述了圣地的形势,激起了人们对圣地的好奇心。⑦ 所有这些朝圣活动都发生在突厥人征服巴勒斯坦之前。对 11 世纪突厥征服之前欧洲人的朝圣活动进行的最新研究成果表明,在塞尔柱人占领巴勒斯坦之前,朝圣者就经常受到阿拉伯人虐待。⑦ 所以,"只要阿拉伯人占领耶路撒冷,欧洲

---

⑦ 见 E.乔兰森"1064—1065 年的德意志人大朝圣",《十字军和其他史学论文,致丹那·C.穆恩罗》,40。

⑦ O.多比亚齐-罗杰斯特文斯基(O.Dobiache-Rojdestvensky):《十字军时代:十字军运动中的西方》(*The Epoch of the Crusades ; the West in the Crusading Movement*),16。

⑦ 见布莱耶尔《十字军》,42—50 对朝圣者的描述。亦见乔兰森"1064—1065 年的德意志人大朝圣",《十字军和其他论文,致丹娜·C.穆恩罗》,4,n.to p.3;40 页注 141。在 C.克拉姆普(C.Crump)和 E.雅各布(E.Jacob)编《中世纪遗产》(*In the Legacy of the Middle Ages*)63 页,有以下误导性断言:"朝圣时代深化了人们对实际利益的追求,十字军才随之而来。"

⑦ 乔兰森:"1064—1065 年的德意志人大朝圣",《十字军和其他论文,致丹娜·C.穆恩罗》,42。

基督徒的朝圣就会不受骚扰"⑭的说法,现在看来是过于乐观了。

关于 11 世纪期间拜占庭至圣地朝圣的历史没有任何记载。但是一个拜占庭修士埃彼法内(Epiphane),即第一部以希腊语撰写圣地游记的作者,曾描写了十字军以前的巴勒斯坦。此人生卒年代无法确定,学者们的认定从 8 世纪末到 11 世纪之间不等。⑮

第一次十字军之前,欧洲实际上已经经历了三次真正的十字军:在西班牙对摩尔人的战争、诺曼人对阿普利亚和西西里的征服和 1066 年诺曼人对英格兰的征服。而且,11 世纪,以威尼斯为中心,在意大利发生了一场政治和经济运动。亚得里亚海岸的平定奠定了威尼斯海上霸权的基础。1082 年,阿列克修斯·科穆宁向威尼斯签发的著名特许状为圣马可共和国打开了拜占庭市场。"从那一天起威尼斯的世界性商业活动开始了。"⑯那时的威尼斯像其他仍处于拜占庭控制下的南部意大利城市一样,自由出入穆斯林港口。与此同时,10 世纪和 11 世纪初曾遭非洲伊斯兰教海盗几次劫掠的热那亚和比萨于 1015—1016 年对穆斯林所属的撒丁尼亚发动了一次远征,成功地征服了撒丁尼亚和科西嘉。这两个城市的船只挤满了与该两岛相对的非洲海岸各港口。1087 年,在教宗的鼓励下,他们成功地进攻了北非海岸的梅底亚(Meh-

---

⑭ H.洛伊(H.Loewe):"塞尔柱人",《剑桥中世纪史》,IV,316。
⑮ 例如,见 K.克伦巴赫《拜占庭文献史》,420。樊尚和阿贝尔:《耶路撒冷》,II, xxxvii。
⑯ 夏尔·迪尔:《一个贵族共和国:威尼斯》(*Une république patricienne*: *Venise*),33。

dia)。所有这些对异教徒的远征不仅仅出于宗教狂热或冒险精神,也有经济上的原因。

在西欧历史上,与十字军起因有关的另一个因素,是一些西欧国家约于11世纪初开始的人口增长。在佛兰德和法国,人口的增加是确凿无疑的。11世纪末的大规模群众运动的一个方面,就是发生于中世纪西欧一些国家,特别是法国的拓殖运动。11世纪的法国经历了频繁的饥荒、旱灾、天花和严冬。这些艰苦的生存条件使人们想起遥远东方的富足和繁荣。如果将这些因素考虑在内,我们可以得出结论:在11世纪将尽之时,欧洲已经在精神上和经济上为大规模的十字军远征做好了准备。

第一次十字军东征之前的整体形势完全不同于第二次十字军之前的形势。1096—1147年的51年,是历史上最重大的时代之一。在这51年中,欧洲的经济、宗教和整个文化发生了巨变,一个新世界向西欧敞开。随后的十字军活动并未使这个时代的成就有所增加,它们只是延续了这51年的发展过程。一个意大利史学家将第一次十字军称为"无结果的疯狂"(*sterili insanie*),今天想想他的话,仍然使人百思不得其解。⑰

第一次十字军是基督教世界对异教徒发动的第一次有组织的进攻。这种进攻并不局限于中欧、意大利和拜占庭。它开始于欧洲的西南角西班牙,结束于一望无际的俄罗斯大草原。

至于西班牙方面,1089年教宗乌尔班二世写信给西班牙的伯

---

⑰ F.切罗内(F.Cerone):"阿拉贡的阿方索的东方政策"("La politica orientale di Alfonso d'Aragona"),《那不勒斯省历史档案》(*Achivio storico per le provincie Napolitane*),XXVII(1902),425。

第七章 拜占庭与十字军

爵、主教和子爵（vice comites）及其他贵族及权势者，授权他们留在自己的土地上，而不必去耶路撒冷；而且他们须聚积力量恢复被摩尔人毁坏的基督教堂。⑱ 这是反对异教运动的十字军的右翼。

在东北方，罗斯正奋力抵抗蛮族波洛伏齐人（库曼人）的进攻。波洛伏齐人于11世纪中期出现于南部大草原，攻城略地，占领了罗斯到东方和南方的所有通道，阻断商业贸易。罗斯史学家克鲁切夫斯基写道："罗斯人与波洛伏齐人的斗争——一场延续了将近两个世纪之久的斗争——在欧洲历史上占有重要地位；因为，正当西方与亚洲和东方进行大较量之时，正当伊比利亚半岛发起对摩尔人的进攻之时，罗斯构成了欧洲的左翼。然而，担当这个历史重任的代价极大。它不仅使罗斯人丧失了第聂伯河的居住地，而且改变了罗斯人的生活趋向。"⑲罗斯就以这种方式投入了全面的西欧十字军运动之中；在自卫的同时，也阻挡了蛮族异教徒对欧洲的进攻。"如果罗斯人想到以十字架为旗帜，"莱布说，"他们就应该

---

⑱ 乌尔班二世训令，1089年7月1日发于罗马，见 J.D.曼西《新编圣公会议文集》，XX，701。米涅：《拉丁教父文献全集》，CLI，302—303。P.雅非(P.Jaffé)：《罗马教廷登记册》(*Regesta Pontificum Romanorum*)，I，663(no.5401)。见莱昂"十字军历史文书评注"("Inventaire critique")，《东方拉丁文档案》，I(1881)，68—69；对于这封教宗诏书的真实性，莱昂持怀疑态度，但又说不出站得住脚的理由。见埃德曼《十字军运动的兴起》，295页及注38。

⑲ V.O.克鲁切夫斯基(V.O.Kluchevsky)：《俄罗斯史》(*A History of Russia*)，C.J.赫加斯(C.J.Hogarth)译，I，192；1906年俄语第2版，I，344—345。见莱布《11世纪末期的罗马、基辅和拜占庭》，276页注1，277。虽然罗斯编年史对十字军不置一语，但11世纪的罗斯人应该知道十字军。N.约尔加：《东方和罗曼尼亚事件选》(*Choses d'Orient et de Roumanie**)，39—40，其中否认罗斯与十字军的关系。D.A.拉索夫斯基(D.A.Rasovsky)："波洛伏齐人，波洛伏齐军事史"("Polovotzi, Military History of Polovotzi")，《康达可夫研究院年鉴》。XI，(1940)，98。

* 此处的 Roumanie，指拜占庭首都周边地区，不是罗马尼亚。——译者

明白他们的首要任务是：通过捍卫自己的土地为基督教世界服务——正如教宗致西班牙人的信中所写。"㉚

斯堪的那维亚各王国也参加了第一次十字军，不过是以较小的团队加入主力军。1097年，一个丹麦贵族斯韦恩（Svein）带着一队十字军来到巴勒斯坦。在北方，从未有过宗教的狂热。大多数斯堪的那维亚十字军战士并无宗教热忱。他们参加这场运动纯系出于对战争和冒险的热爱以及对财富和荣誉的渴望。㉛

高加索地区有两个基督教国家，亚美尼亚和格鲁吉亚。拜占庭在1071年的曼兹克特一役败北后，亚美尼亚遂由突厥人控制，所以高加索亚美尼亚人自然要参加十字军。格鲁吉亚于11世纪为塞尔柱人占领。直到1099年十字军占领耶路撒冷时，国王"复国者"大卫才将突厥人赶走。这件事发生于约1100年；或者，如一个亚美尼亚编年史家所宣称，当"一支法兰克军队经过长途跋涉并获神佑占领耶路撒冷和安条克时，格鲁吉亚复国，大卫重掌大权"。㉜

1095年，得胜的教宗乌尔班二世在皮亚琴察召集会议，讨论西欧的复杂局势和改革计划。阿列克修斯·科穆宁的使者在会议上吁请援助。有些学者否认了这一说法。但研究这个问题

㉚ 《11世纪末期的罗马、基辅和拜占庭》，276页注1。

㉛ 杰尔斯特（Gjerset）：《挪威人》（*Norwegian People*），I，313—314。见 P.E.莱昂《斯堪的那维亚人对圣地的远征和朝拜》（*Expéditions et pèlerinages des scandinaves en Terre Sainte*），127—171。

㉜ M.布罗塞特（M.Brosset）：《格鲁吉亚史》（*Historie de la Géorgie*），I，352—353。亦见 A.第尔（A.Dirr）"格鲁吉亚"，《伊斯兰教百科全书》，II，139—140。W.E.D.艾伦（W.E.D.Allen）：《格鲁吉亚人民史》（*A History of the Georgian People*），95—97。

的专家最近得出结论:阿列克修斯确实在皮亚琴察发出过求援的呼吁。㊿当然,这不是居贝尔所言及的引发第一次十字军的"最后动力"。㊾同以前一样,即使阿列克修斯在皮亚琴察发出了请援的呼吁,但却从未想过召请十字军。他需要的不是十字军,而是一支能打败三年来横行于小亚细亚的突厥人的雇佣军队。大约在1095年,基里耶·阿尔斯兰(Qilij Arslan)被选为尼西亚苏丹。"他将尼西亚士兵的妻儿老小迁至此地,并使这座城市成为苏丹们的永久居住地。"㊿换句话说,基里耶·阿尔斯兰确立尼西亚作为他所建立的突厥人国家的首都。为了对付突厥人的肆虐,阿列克修斯可能在皮亚琴察吁请援助。但他的目的不是要求一支支援圣地的十字军,而是一支能对付突厥人的援军。他的吁请在皮亚琴察被接受。不幸的是,关于这段插曲的资料甚少。一位史学家最近提出:"自皮亚琴察会议至十字军到达拜占庭,关于东方与西方

㊿ 见 D.C.穆恩罗(D.C.Munro)"1095年皇帝阿列克修斯一世曾经在皮亚琴察会议上求援吗?"("Did the Emperor Alexius I Ask for Aid at the Council of Piacenza,1095?"),《美国历史评论》,XXVII(1922),731—733。J.盖伊:《11世纪的教宗和基督教》,366。莱布:《11世纪末期的罗马、基辅和拜占庭》,180。布莱耶尔:《查理大帝和巴勒斯坦》,《历史杂志》,CLVII(1928),61—62。多尔格:《未公布的希腊文献汇编》,II,43(no.1176),有很好的参考书目。夏朗东在《第一次十字军史》(I,156)中认为皇帝使者到皮亚琴察是为了重新开始教会合一的谈判;亦见17—18。R.格鲁塞:《十字军和耶路撒冷的法兰克王国史》(Histoire des Croisades et du royaume franc de Jerusalem),I,5。19世纪中叶,F.帕尔格雷夫(F.Palgrave)提出一个异想天开的理论:皮亚琴察的希腊使者实际是塔兰特的博希蒙德派来的间谍,见《诺曼底和英格兰史》(The History of Normandy and of England),IV,509—510。见尤塔尔(Yewdale)《博希蒙德一世》(Bohemond I),I,34 页注 1。
㊾ 《第一次十字军运动史》,182。
㊿ 安娜·科穆宁娜:《阿列克修斯》,VI,12;赖弗谢德编,I,220;道斯编,163。

关系的记载十分模糊不清。"⑯

1095年11月,在克莱蒙(法国中部奥维涅省)召开了著名的宗教会议。与会的人很多。城里房屋不足,大批人只好宿于露天。会上讨论了一些特别重要的问题(主要是严肃的神学问题)。会议结束后,乌尔班二世发表了慷慨激昂的演说(原本已失)。后来,有些与会人员追述了这次演说,但各不相同。⑰ 教宗愤怒地申斥了基督徒在圣地遭受的迫害,敦促人们拿起武器,去解放圣墓和东方基督徒。人们呼喊着"上帝希望如此",或"此乃上帝所愿"(Deus lo volt),拥向教宗。在教宗建议下,人们在右肩缝上红十字作为未来十字军战士的标志(这就是"十字军"一词的由来)。教宗允诺赦免他们的罪愆,解除他们的债务,离家时保护他们的财产。参加十字军者全凭自愿,但不许反悔。变节者将被视为逃犯,并且将被开除教籍。宗教狂热从法国蔓延于整个意大利、德国和英国。一场波澜壮阔的东进运动形成了。但它的实际规模和重要意义在当时的克莱蒙会议上还无法预料和想象。

于是,在克莱蒙会议上煽动起来的运动在第二年采纳了十字军的形式,这正是乌尔班二世的杰作。他发现,11世纪下半期的社会生活状况,无论从宗教角度还是从政治经济角度考虑,都有利于实施这项伟大事业。

在小亚细亚的危险步步逼近的时候,克莱蒙会议做出了组成

---

⑯ F.邓卡夫(F.Duncalf):"教宗的第一次十字军计划"("The Pope's Plan for the First Crusade"),《十字军及其他论文》,48—49。

⑰ D.C.穆恩罗:"1095年教宗乌尔班二世在克莱蒙的演讲"("Speech of Pope Urban II at Clermont"),《美国历史评论》,XI(1906),231—242。

第一次十字军的决定。这个消息使阿列克修斯惊慌失措,因为他未料到、也不希望自己所得到的援助是一支十字军。当他向西方征募雇佣军时,目的是要保护君士坦丁堡,即他自己的国家。至于去解放一片早在四百年前就不属于帝国的圣地,对他来说是第二位的事情。

对拜占庭来说,11世纪根本不存在组织十字军的问题。无论是民众还是皇帝都没有那种宗教狂热,也没有任何组织十字军的宣传布道活动。对拜占庭来说,从来自北方和东方的外敌威胁中拯救帝国的政治问题与远征圣地毫无关系。东方帝国见识过自己的"十字军"。早在7世纪,就有过希拉克略远征波斯的辉煌胜利。在这次远征中,帝国收复了圣地和圣十字架。在帝国也发生过尼斯福鲁斯·福卡斯、约翰·齐米西斯和瓦西里二世抵抗叙利亚阿拉伯人的卓著战绩,那时,皇帝们几乎已经计划着收复耶路撒冷。但计划没有能够实现,而且由于11世纪突厥人在小亚细亚迅猛的进攻增加了帝国的压力,迫使帝国放弃了一切恢复圣地的愿望。对拜占庭来说,在那个时候收复巴勒斯坦太不切合实际,与帝国生死攸关的问题毫无关系。1090—1091年帝国濒临灭亡的边缘,当阿列克修斯向西方求援时,对他的回答则是十字军的到来,而他的本意却只是拯救帝国。在他的抑扬格诗(应该是留给太子约翰的政治遗嘱)中,有一些句子提到了第一次十字军,十分有趣,诗曰:

难道你忘记了我的遭遇?难道你从未想到、也从未考虑过西方对于我们这个国家的运动?其结果必将是——他们主宰一切,而使新罗马的崇高尊严蒙羞,使皇室名誉扫地!所以,我的儿子,快想办法堵住野蛮人那贪婪的嘴。因为那嘴里吐出的是对我们的仇恨;否则,又会招来一支愤怒的大军,向我们投掷火把,同时城周围的敌人也会乘机作乱。⑧

同样是描写十字军,安娜·科穆宁娜的《阿列克修斯》中也有一段,可以与其父的诗做一对比:

> 于是,史无前例的动乱发生了,动乱中有男有女。头脑单纯者急于光临圣地,拜谒主的坟墓;别有用心者,特别是博希蒙德之流,企图趁机夺取首都。他们的朝拜只是一种借口。⑧

皇帝和他博学的女儿异常生动地表明了拜占庭对十字军的态度。在阿列克修斯看来,十字军与那些威胁着帝国的蛮族、帕齐纳克人和突厥人是站在同一立场上的。安娜·科穆宁娜对十字军中那些真心拜谒圣地的"头脑单纯者"只是一笔带过。11世纪末十字军的想法与拜占庭的精神大相径庭。拜占庭朝野只有一个愿望:摆脱从北方和东方咄咄逼近的突厥人部族的威胁。而第一次十字军仅仅是西方的一项事业,与拜占庭的政治没有什么关系。确实,东方帝国给予十字军人一些部队以配合行动,但这些拜占庭军队并没有走出小亚细亚边界以外。拜占庭也没有参与征服叙利

---

⑧ P.马斯:"皇帝阿列克修斯一世的诗"("Die Musen des Kaisers Alexios I"),《拜占庭研究杂志》(德文),XXII(1913),357—358,328—329。如果我没有搞错的话,这段文字尚未在涉及第一次十字军历史的研究中使用过。

⑧ 安娜·科穆宁娜:《阿列克修斯》,V,5;赖弗谢德编,II,76;道斯编,250。该段最后一句,道斯译为:"把这看成必然结果。"

亚和巴勒斯坦的行动。㉚

1096年春天,由于法国亚眠的彼得(人称"隐修士彼得"。关于他有过一部历史传奇,描述了十字军运动的兴起,但这段传说已经被否定)的宣传,在法国聚集了一大批穷人、小骑士和无家可归的流浪汉,他们几乎是手无寸铁,通过德意志、匈牙利和保加利亚向君士坦丁堡进发。在亚眠的彼得和另一个被称为"穷光蛋"沃尔特(Walter)带领下的这些乌合之众,根本不知道他们经过的是什么国家,也不习惯于服从命令,只是在沿途大肆劫掠和破坏。阿列克修斯·科穆宁听到十字军将近的消息大为不满;而当听说他们沿途的所作所为时,更引起了他的警觉。这些十字军在君士坦丁堡附近依然毫无收敛之意,大肆骚扰。阿列克修斯·科穆宁匆忙地让他们渡过博斯普鲁斯海峡,进入小亚细亚。他们在尼西亚附近几乎全部被突厥人轻而易举地杀光。隐修士彼得在此之前已逃回君士坦丁堡。

隐修士彼得和他所率领的这支乌合之众的经历可以说是第一次十字军的序曲。这些部队给拜占庭留下了恶劣印象,致使后来的十字军也不受欢迎。而对于那些如此轻而易举地消灭彼得部队的突厥人来说,他们却坚信他们可以在对付其他的十字军部队中取胜。

1096年夏,西欧伯爵、公爵和王公们的十字军远征开始了;换

㉚ 见 M.卡纳尔(M.Canard)在"伊斯兰教和基督教世界的圣战"("La Guerre sainte dans le monde islamique et dans le mond crétien")一文中做的重要研究,《非洲杂志》(*Revue africaine*),LXXIX(1936),605—623。卡纳尔还强调,11世纪的拜占庭并不存在圣战的观念。

言之,一支真正的军队集结起来。但西欧的任何一位君主均未参加这次远征。德意志的亨利四世正全力与教宗争夺授职权。法兰西腓力一世因为与合法妻子离婚而与另一女子结婚被开除教籍。英国威廉二世鲁弗斯(Rufus)正与诸侯、教会和人民斗得不可开交,政权不稳。

在这次十字军的首领中,应该提到以下人物。第一位是下洛林的公爵、布戎的戈弗雷(Godfrey of Bouillon),后人写的一部传奇将他描写成一位虔诚的圣徒,这使人们很难辨清他的真实形象。实际上,他是一个智勇双全的战士和虔诚的教徒。他希望这次远征能弥补他在欧洲领地上的损失。他的两个兄弟也参加了远征。其中一个叫鲍德温(Baldwin),后来成了耶路撒冷王国的国王。洛林军队在戈弗雷带领下开始了东征。诺曼底公爵罗伯特也参加了十字军。此人是征服者威廉的儿子和英王威廉·鲁弗斯的兄弟。他参加十字军不是出于宗教动机或骑士精神,而是对于自己在公爵领地的不很强大的权力感到不满。在出发之前,他将这片领地抵押给其兄弟,换回了一笔现金。弗曼杜瓦(Vermandois)伯爵休是法王的弟弟,他野心勃勃,对荣耀和财富充满了渴望,深受十字军将士尊敬。佛兰德的罗伯特之子、粗鲁暴躁的佛兰德伯爵罗伯特二世也参加了十字军,而且由于他的十字军冒险精神被称为"耶路撒冷人"。⑪ 三支军队的首领分别是:弗曼杜瓦的休是法国中部军队的首领;诺曼底的罗伯特和佛兰德的罗伯特是法国北

---

⑪ 关于佛兰德的罗伯特二世,可参见 M.M.克纳彭(M.M.Knappen)"第一次十字军时期的佛兰德的罗伯特二世"("Robert II of Flanders in the First Crusade"),《十字军和其他论文》,79—100。

部的两支军队的首领;法国南部军队的首领是图卢兹伯爵雷蒙德。他因与西班牙的阿拉伯人作战而闻名遐迩,是一个天才的领导者和虔诚的基督徒。最后是罗伯特·吉斯卡尔德之子、塔兰图姆的博希蒙德和他的侄子坦克雷德(Tancred)。坦克雷德率领南意大利的诺曼军队。他对宗教无甚兴趣。很有可能他们叔侄首先要同他们的宿敌拜占庭算账。而且,很明显,博希蒙德已经产生了占有安条克的野心。[32] 于是,诺曼人将纯世俗的和政治因素带入十字军运动,是完全与十字军运动的初衷相违的。在所有的十字军队伍中,博希蒙德的军队可能是素质最好的一支。"因为其中有许多人与西西里的萨拉森人和南意大利的希腊人交过手。"[33]所有的十字军部队都抱有自己的目的,既无整体计划,也无总指挥官。于是,法国人在第一次十字军中起了主要作用。

十字军从海、陆两路到达君士坦丁堡。像隐修士彼得的军队一样,他们所到之处竭尽烧杀抢掠之能事。目睹过十字军行为的保加利亚大主教塞奥菲拉克特(Theophylact)在一封信中解释了为什么他缄默很久才痛责十字军。他写道:"我紧闭双唇,主要是因为法国人的到来或者说侵略——不管人们怎样称呼——魇住了我们所有的人。我们已没有感觉。我们喝够了被侵略这杯苦酒……由于习惯于法国人的凌辱,我们比以前更能忍受不幸。时

---

[32] 见尤塔尔《博希蒙德一世》,I,44。在途经巴尔干半岛到拜占庭途中,博希蒙德尽量顺从阿列克修斯和他的使者的意愿(第40页)。但尤塔尔指出:"在利欲熏心的计划背后,博希蒙德抱着什么目的参加十字军,我们可能永远无法知道。"(第44页)

[33] 同上书,38。

光最能使人变得聪明。"㉞

  显然阿列克修斯·科穆宁有充分的理由不信任这些所谓十字军信念的捍卫者。他愤怒并警惕地等待着从四面八方而至的十字军军队,这群人根本不像他希望从西方得到的适度援助。有的史学家指责阿列克修斯和希腊人背信弃义,不忠于十字军。这种指责必须加以驳斥——特别是当人们注意到十字军在行军途中的劫掠和暴行之后更应如此。同样,现在也要驳斥吉本做出的严厉的和反历史的定性。他写道:"打个不太文雅的非历史的比喻,阿列克修斯皇帝就像一头豺狼,紧跟着狮子的脚印,以求吞食狮子的残羹冷炙。"㉟当然,阿列克修斯不会卑贱到吞吃十字军留下的残羹冷炙。他是一位政治家,十分清楚十字军给帝国带来的致命威胁。因此,他的第一个念头就是:尽快将这些易骚动和危险的人送到小亚细亚,完成他们击败异教徒的东征使命。拉丁人和希腊人之间弥漫着不信任和憎恨;他们面对的问题不仅仅是宗教上的分裂,而且是政治上的对立。将来,只有用长剑来解决他们之间的争端。19世纪,一位受过教育的希腊爱国者、著名文学家比凯拉斯写道:

  在西方人眼中,十字军人在这场有着纯宗教目标的伟大运动中担负着崇高的使命,因为当时的欧洲……以她顽强而蓬勃的生命力和文化黎明的荣耀充当着基督教世界和文明的捍卫者,具有自我牺牲精神的捍卫者。拉丁贵族的祖先曾经

㉞ 《书信集》,IX,米涅编《拉丁教父文献全集》,CXXVI,324—325。
㉟ 《罗马帝国衰亡史》,布瑞编,chap.59。

战斗在十字架下,自然,有一种伟大的自豪感仍然激励着曾经战斗在十字架下的拉丁贵族的后代。然而当东方人目睹成群的未开化的蛮族洗劫和掠夺基督教行省和罗马帝国时,当那些自称基督的捍卫者以消灭分裂者为由谋杀基督的教士时,他们同样自然地忘记了这样一种运动原本是以宗教为宗旨、以显著的基督教精神为特征的……十字军在历史舞台上的出现是帝国最后一出悲剧的头一幕。⑯

研究阿列克修斯·科穆宁的史学家夏朗东把吉本描写隐修士彼得的话用于——至少部分用于所有的十字军:"跟随隐修士彼得的强盗既无理智也无人性,简直就是禽兽。"⑰

于是,1096年,十字军时代揭开了序幕。它所产生的各种影响是深刻的,它对拜占庭和东方及西欧都具有重大意义。

12世纪阿拉伯史学家伊本·阿尔卡兰尼西(Ibn al-Qalanisi)第一次描写了十字军运动开始时对东方民族所产生的影响:"在这一年(回历490年,即1096年12月19日—1097年12月8日)开始不断地传来战报,报告了不计其数的法兰克军队从海上涌向君士坦丁堡的消息。随着接连不断的战报在民间广泛传播,人们惶惶不可终日。"⑱

---

⑯ D.比凯拉斯(D.Bikélas):《拜占庭时期和近代的希腊》(*La Grèce byzantine et moderne*),29。比凯拉斯:《关于基督教希腊问题的七篇论文》(*Seven Essays on Christian Greece*),布特侯爵约翰译,35—36。

⑰ 《第一次十字军史》,159—160。

⑱ 《大马士革十字军编年史》(*The Damascus Chronicle of Crusaders*),H.A.R.吉布(H.A.R.Gibb)译,41。

在十字军逐渐集合于君士坦丁堡之后,阿列克修斯将它们视为前来支援自己的雇佣军。他希望这些十字军人承认皇帝是远征军首领,并坚持让他们以附庸身份向皇帝宣誓效忠。最后,阿列克修斯与十字军各部首领达成正式协议,十字军承认阿列克修斯为其宗主,并承诺将所有那些攻取下来的原属拜占庭的城镇,都归还给其原主拜占庭皇帝。可惜,十字军各部的效忠誓言并未完全履行。从各方面迹象看来,阿列克修斯对各不同地区提出了不同的要求。小亚细亚地区是拜占庭帝国和希腊民族的权力和生存的必要条件,但前不久在曼兹克特一役(1071年)后沦陷。因此,阿列克修斯直接要求收回小亚细亚。对于很久以前失去的叙利亚和巴勒斯坦,皇帝并未提出要求,只是要它们承认帝国的宗主地位。[29]

十字军渡过海峡到了小亚细亚后,即开始征伐。1097年,攻下尼西亚,并按照与阿列克修斯签订的条约将其归还拜占庭。接着,十字军在多里拉伊乌姆(埃斯奇舍尔)再次取胜,逼迫突厥人退出了小亚细亚西部,缩进内陆。这一胜利,使拜占庭有机会在小亚海岸恢复其原来的势力。十字军克服了恶劣的自然环境和气候条件,以及穆斯林的顽强抵抗,挺进到小亚细亚的东部和东南部。在上美索不达米亚,鲍德温夺取埃德萨,并迅速在此地建立了自己的公国。这是东方的第一块拉丁属地,也是基督徒抵挡亚洲突厥人进攻的堡垒。但鲍德温的榜样有危险的一面:其他男爵会竞相效仿,建立自己的王国,从而危及十字军的最终目标。后来,这种危

---

[29] 参见尤塔尔《博希蒙德一世》,44。G.德热法尼翁:"卡帕多细亚碑铭文和尼西亚的希腊帝国史"("Les Inscriptions cappadociennes et l'histoire de l'Empire Grec de Nicée"),《东方基督教杂志》,I(1935),244—245。

险果然发生了。

经过一场长期殊死的围城战之后,叙利亚的主要城市,一个十分坚固的堡垒安条克终于向十字军投降。通往耶路撒冷的大门打开了。但十字军首领之间由于争夺安条克而发生激烈冲突。最后,塔兰图姆的博希蒙德步鲍德温的后尘做了安条克的统治者。⑩ 无论在埃德萨,还是在安条克,十字军都未能恪守对阿列克修斯的效忠誓言。十字军大部分军队留守在新的公国,只有很少一部分,约20,000—25,000人到达耶路撒冷。此时的十字军已是强弩之末了。

当时的耶路撒冷已从塞尔柱人手中转入法蒂玛王朝一个强有力的哈里发之手。经过一场猛烈的围城战,十字军人于1099年7月15日强攻下耶路撒冷城,并开始在城里展开一场可怕的大屠杀。他们将圣城洗劫一空,运走大批金银珠宝。著名的欧麦尔清真寺也遭到抢劫。在被征服的叙利亚和巴勒斯坦的狭长海岸地带,耶路撒冷王国建立了。布戎的戈弗雷满意地接受了"圣墓保卫者"称号,被选为国王。新国家完全仿效西方的封建制度。

第一次十字军远征以耶路撒冷王国和几个独立的拉丁属地的建立而告终。由此而产生的政治形势更加复杂了。拜占庭由于小亚细亚突厥人的削弱和收复大量失去的国土而得到满足。虽然如此,它对安条克、埃德萨和的黎波里王国的出现却有所警觉,因为它们成了帝国新的政治对手。帝国对它们的不信任与日俱增,乃

---

⑩ 详情参见尤塔尔《博希蒙德一世》,52—84。夏朗东:《第一次十字军史》,177—249。

至于在11世纪与自己原来的同盟者十字军人反目为仇,毫不犹豫地与以前的敌人突厥人结为同盟;另一方面,定居于新领地的十字军也害怕帝国势力在小亚细亚的扩张,他们也同突厥人联盟反对拜占庭。十分明显,十字军事业的精神在12世纪已经完全发生了蜕变。

我们不能说阿列克修斯·科穆宁与十字军已发生完全决裂。当然,皇帝对东方拉丁领地的形成确实大为不满,因为这违背了十字军对他的效忠誓言。然而,他也没有拒绝给予十字军以适当的帮助。比如,他负责将他们送回欧洲家乡。皇帝与塔兰图姆的博希蒙德发生了决裂。因为从拜占庭的利益角度考虑,博希蒙德不断蚕食他的邻国、软弱的突厥埃米尔的领土及拜占庭的领土,使安条克的势力过于强大。于是,安条克自然成为阿列克修斯的首要目标。此外,普罗旺斯军队的首领、图卢兹的雷蒙德也不满意自己在东方的地位,同样视博希蒙德为主要对手,开始接近阿列克修斯。当时,阿列克修斯还无暇顾及耶路撒冷问题。

皇帝与博希蒙德的斗争是不可避免的。机会终于到了。突厥人埃米尔马立克(Malik)加齐在11世纪末征服卡帕多细亚,建立了独立的达尼什曼德王朝,后来在12世纪下半期被塞尔柱人摧毁。该王国的埃米尔马立克加齐突然俘获了博希蒙德。阿列克修斯与埃米尔谈判,愿以一笔巨款换回博希蒙德。但是,谈判没有结果。博希蒙德被其他人赎回,回到安条克。按照与十字军签订的条约,阿列克修斯要求博希蒙德归还安条克;但博希蒙德坚决拒绝。

1104年,穆斯林在埃德萨南部的哈伦大败博希蒙德和其他拉丁王公。这次战役几乎摧毁了叙利亚的基督教属地,也使阿列克修斯和穆斯林产生了新的希望。看到博希蒙德被削弱,他们幸灾乐祸。哈伦战役的惨败使博希蒙德在亚洲建立强大诺曼帝国的计划破产;他意识到,他已无力再与不共戴天的敌人穆斯林和皇帝交战,继续待在亚洲实非上策。他决定回欧洲集聚新的力量,给予拜占庭帝国首都君士坦丁堡以强有力打击。他将安条克委托给侄子坦克雷德统治,自己乘船回到阿普利亚。安娜·科穆宁娜对他的航行做了夸张但有趣的描述,其中不乏幽默调侃:为了避开希腊船只的搜捕,博希蒙德装成死人躲进棺材,最后终于横渡爱琴海,返回意大利。[101]

博希蒙德的归来受到最狂热的欢迎。人们成群结队来迎接他,一位中世纪作者说:"好像他们要看基督本人一样。"[102]博希蒙德重新集结军队之后,又向拜占庭开战。教宗支持他的计划。一位美国学者解释说,他对阿列克修斯的讨伐"不再仅仅是一场政治运动;现在它得到了教会的支持,采取了十字军的神圣形式"[103]。

博希蒙德的部队可能大部分来自法国和意大利,但其中也可能有英国人、德国人和西班牙人。他的计划是继承父亲罗伯特·

---

[101] 安娜·科穆宁娜:《阿列克修斯》,XI,22;赖弗谢德编,II,140—141。见夏朗东《第一次十字军史》,II,236页注6。尤塔尔:《博希蒙德一世》,102页注99。此传说流行于西方。在中世纪,装死和假葬的记述有据可考。见瓦西列夫斯基《著作集》,I,234—235。

[102] "圣战历史"("Historia belli sacri[〈图德伯特历史的模仿与续篇〉Tudebodus imitatus et continuatus]"),D.布凯(D.Bouquet):《十字军运动史汇编》(Recueil des historiens des croisades),III,228。尤塔尔:《博希蒙德一世》,106。

[103] 尤塔尔:《博希蒙德一世》,108、115。此观点得到A.C.克雷(A.C.Krey)的支持:"《帝王传记》中一个被忽略的片断及其与第一次十字军文学的联系"("A Neglected Passage in the Gesta and Its Bearing on the Literature of the First Crusade"),《十字军和其他论文》,76—77。

吉斯卡尔德1081年的事业，先夺取都拉基乌姆，穿越帖撒罗尼迦，进军君士坦丁堡。可惜天不遂人愿，博希蒙德在都拉基乌姆受挫，被迫与阿列克修斯签订了屈辱性和约。和约主要条款是：博希蒙德称臣于阿列克修斯及其儿子约翰；与皇帝的敌人战斗；将征服的原拜占庭属地交还拜占庭；如果博希蒙德以任何方式得到以前不属于拜占庭的领土，都可以认为是由皇帝赏赐给他的领地。博希蒙德允诺：如果他侄子坦克雷德不愿对皇帝臣服，他就向侄子开战。安条克教会的牧首将由皇帝指定，从希腊东正教会内的神职人员中挑选，安条克不允许有拉丁牧首。最后，博希蒙德面对基督的十字架、棘冠、木钉和长矛庄严宣誓：他将履行和约条款。[104]

随着博希蒙德的庞大侵略计划的破产，他那叱咤风云的生涯也行将结束，而这对于十字军运动似乎是毁灭性的。在他死前的最后三年，博希蒙德已经销声匿迹了。他于1111年死于阿普利亚。

博希蒙德之死使得阿列克修斯处入困境，因为安条克的坦克雷德不肯接受他的叔叔所承诺的和约，也不肯将安条克归还给拜占庭皇帝。阿列克修斯不得不重新开始这桩事业。他与廷臣讨论了向安条克发动进攻的问题，但却从没有付之实现。显然，在这个时候，帝国已经不可能进行这项困难重重的计划。在博希蒙德死后不久，坦克雷德也一命呜呼，但这并不能使进攻安条克的计划变得容易一些。阿列克修斯统治的最后几年，几乎每年都与小亚细亚的突厥人作战。帝国也常常获得胜利。

---

[104] 博希蒙德的原稿可在安娜·科穆宁娜的著作中找到，《阿列克修斯》，XIII，12；赖弗谢德编，II，209—221；道斯编，348—357。参见尤塔尔《博希蒙德一世》，127—129；多尔格：《未公布的希腊文献汇编》，II，51—52（no.1243）；很好的参考书目。

在帝国的外部政策中,阿列克修斯成功熬过了艰苦的岁月。人们经常从他与十字军的关系这个角度,而不是从他的整个对外政策的角度来评价他的活动。毫无疑问,这是错误的。与阿列克修斯同时代的保加利亚主教塞奥菲拉克特在他的信中引用了《圣经·诗篇》(79:13)中的话,将保加利亚省比做一棵葡萄藤,其果实"为所有的路人采摘"⑮。法国史学家夏朗东说,这个比喻也许可用于阿列克修斯时代的东方帝国。⑯ 它的邻居都想趁火打劫,攫取帝国的领土。诺曼人、帕齐纳克人、塞尔柱人和十字军都威胁着拜占庭。阿列克修斯接手了这个衰落的帝国,成功地抵挡住所有这些外敌的威胁,从而使拜占庭的解体过程延缓了相当长的时间。阿列克修斯在位期间,帝国在欧洲和亚洲的疆土扩大了。帝国的敌人四散而去,因此,仅从边疆问题来看,阿列克修斯的统治无疑是相当成功的。人们时常指责阿列克修斯没有处理好与十字军的关系。但如果我们考虑到,当时蓄意破坏和掠夺东方的西方十字军已经严重威胁帝国的生存,而作为一代君主的阿列克修斯是在维护自己国家利益,那么,上述指责就根本不成立了。总之,在对外关系中,阿列克修斯成功地克服了重重困难,改善了帝国的国际地位,扩展了边疆,并一度制止了来自四面八方的敌人的压力。

约翰二世时期的外部关系

与西方各国日益频繁的接触。——阿列克修斯的儿子和继承

---

⑮ 《书信集》,XVI;米涅编,《希腊教父著作全集》,CXXVI,529。
⑯ 《第一次十字军史》,I,321—322。

人约翰二世是一个军人皇帝,其在位期间的大部分时间在疆场上度过。他基本上沿袭了其父的对外政策。阿列克修斯曾对他指出:欧洲和亚洲问题最多,也是帝国利益所在。约翰决定在政治上承其父之遗志。父亲已经阻止了敌人侵入拜占庭,儿子决心"从其邻国手中夺回失去的希腊各省,并梦想恢复拜占庭帝国昔日的辉煌"⑰。

约翰虽然深谙欧洲形势,但对欧洲事务并不感兴趣。他常常征战于欧洲,但那只是防御性的战争。直到他统治末期,随着南意大利的西西里王国的形成和诺曼威胁的加剧,欧洲事务对于拜占庭才变得特别重要。约翰对外政策的主要兴趣集中在小亚细亚。在欧洲关系方面,随着西欧国家的增多,拜占庭与他们的接触才日渐增多。

诺曼人的威胁曾经拉近了阿列克修斯与威尼斯的关系。威尼斯答应派舰队支持拜占庭,阿列克修斯特许以圣马可共和国许多贸易特权。大批威尼斯人来到帝国,特别是君士坦丁堡。他们发了横财,并很快在首都形成一个威尼斯人移民区。其人数之多、财富之巨足以使威尼斯人控制首都。久而久之,他们忘了自己并不是在自己的祖国,也不是在征服地,开始对拜占庭下层人民和高官显贵表现得傲慢无礼、咄咄逼人,于是犯了众怒。但阿列克修斯赠给比萨人的一点商业特权却没有引起威尼斯人的警觉。

阿列克修斯在位时,拜占庭人和威尼斯人的关系尚不特别紧

---

⑰ F.夏朗东:《科穆宁王朝。11、12世纪拜占庭帝国研究》(*Les Comnène. Études sur l'Empire byzantin au XIe au XIIe siècle*)(以下简称《科穆宁王朝》),II,10。

张。但他死后,一切都变了。听说诺曼人统治下的阿普利亚发生了内乱,约翰认为拜占庭的诺曼威胁已经解除。他决定正式废除其父与威尼斯人缔结的商业条约。勃然大怒的威尼斯人立即派舰队侵入亚得里亚海和爱琴海诸岛。约翰自知无法抵挡威尼斯舰队,不得不在登基不久就与威尼斯议和,恢复1082年的商业条约。约翰在位期间,其他意大利沿海城市如比萨和热那亚也享有商业特权,但与威尼斯相比不可同日而语。

约翰在位的头几年,帕齐纳克人问题已完全解决。自从阿列克修斯·科穆宁时期帕齐纳克人被库曼人(波洛伏齐人)打败之后,在三十年内,帕齐纳克人不敢再犯拜占庭。但约翰继位伊始,稍稍恢复了点元气的帕齐纳克人又越过多瑙河,侵入拜占庭领土。帝国军队予以迎头痛击,取得决定性胜利。为了纪念这次胜利,约翰专门设了一个"帕齐纳克节"。拜占庭史学家尼西塔斯·科尼阿特斯说:"直到12世纪末,人们还在庆祝帕齐纳克节。"⑱这次战役使帕齐纳克人一蹶不振。那些被俘的帕齐纳克人定居于拜占庭,并在帝国军队中组成一个独立团队,开始为拜占庭效力。

匈牙利(亦称乌戈尔[Ugria])人在亚得里亚海岸的扩张倾向已经引起了阿列克修斯·科穆宁的不满,从而导致拜占庭与匈牙利的紧张关系。约翰与一位匈牙利公主的婚事似乎可以改善双方的关系。"但那种婚姻,"俄罗斯史学家C.格罗特说,"无法消除长期的互不信任和对立。"⑲匈牙利(马扎尔)人在达尔马提亚海岸的

---

⑱ 尼西塔斯·科尼阿特斯:《历史》,波恩版,23。
⑲ 选自《12世纪的乌戈尔(匈牙利)人和斯拉夫历史》(History of Ugria〈Hngary〉 and the Slavs in the Twelfth Century),26—27。

定居自然威胁着拜占庭,而匈牙利与塞尔维亚的日趋接近更使帝国不安。11世纪初被"保加利亚人的屠杀者"瓦西里二世强行并入拜占庭的塞尔维亚人和保加利亚人于11世纪中期开始叛乱。11世纪末和12世纪初,塞尔维亚第一次摆脱拜占庭控制。约翰在位时,塞尔维亚和匈牙利的关系已经明显地亲密起来,匈牙利愿意帮助塞尔维亚获得独立。一位塞尔维亚公主嫁给了一位匈牙利王子。于是,到约翰统治末期,西北方的匈牙利和塞尔维亚的亲密关系足以引起拜占庭的不安。

约翰对他们采取的军事行动都相当成功,但未取得最终胜利。然而,有一位匿名的赞颂词作者,却以阿谀奉承的口气赞颂约翰在巴尔干半岛的军事行动:"你对欧洲人的战斗是多么荣耀啊!他(约翰)打败了达尔马提亚人,使斯基泰人和那些长年生活于大篷车中的蛮人吓得抱头鼠窜;他使蛮夷的鲜血流入多瑙河,染红了多瑙河的水。"[10]

约翰在位的最后十年,与南意大利的关系彻底改变。经过一段时期的动乱,南意大利开始了一个强大而辉煌的新时代。罗杰二世用武力统一了西西里和南意大利。而且,在1130年圣诞节,他在巴勒莫正式加冕称王。这两个地区的联合立刻使罗杰二世成为欧洲强大的君主之一。这对拜占庭是一个可怕的打击。理论上,皇帝仍然对南意大利土地拥有所有权。他认为,诺曼人的占领只是暂时的。收复意大利是12世纪历任皇帝的最大梦想。罗杰

---

[10] 《拜占庭史料集》(*Fontes rerum byzantinarum*),W.莱格尔(W.Regel)编,II,334。至今为止,无人使用过这个资料。赞颂者将帕齐纳克人和其他侵犯拜占庭的北方部落称为斯基泰人和游牧人。

的加冕似乎有损帝国尊严；承认他的地位无疑意味着放弃意大利各省的权利。

罗杰的突然崛起不仅于拜占庭不能接受，在意大利拥有重大利益的德意志君主也不能接受。在共同的危险面前，约翰二世同德意志的洛塔尔（Lothar）达成和约；洛塔尔死后，又同霍亨斯陶芬王朝的康拉德三世达成和约。以后不久，这种关系发展为两大帝国的正式同盟。他们之间的和约和后来的同盟的主要目标是摧毁南意大利的诺曼人势力。这个同盟在约翰的继任者曼纽尔时代至关重要。如果说约翰对罗杰势力的打击无关痛痒的话，曼纽尔至少阻挡了诺曼人对拜占庭的进攻。罗杰与曼纽尔的连年战争清楚地说明他心中早有这样一个侵略计划。因此，约翰的西方政策中最重要的部分在于他对西西里王国的态度和创建了两大帝国的联盟。

与东方的关系。——在小亚细亚，约翰几乎是年年打仗，且节节胜利。于是，在12世纪40年代时，他收复了帝国很久以前丧失的领土。这时，他以为，既然突厥势力已经崩溃，他可以暂停对突厥人的战争，从容地对东南方亚美尼亚人的乞里奇亚和十字军公国安条克进行一场新的征伐。

亚美尼亚的乞里奇亚国家，或小亚美尼亚，形成于11世纪末，是从北方的亚美尼亚本土逃出来的难民所建，他们是在其国家受到塞尔柱人侵犯之前逃出来的。一个叫鲁宾（Ruben）的贵族家族此时开始在新的国家占据统治地位。小亚美尼亚不断蚕食拜占庭领土，渐渐扩大了自己的版图。它与东方的拉丁王公关系密切，对帝国怀有敌意。所以，约翰·科穆宁远征小亚美尼亚，想趁其内乱时惩治它。他还计划同时解决安条克公国的问题,因为安条克在第一次十字军期间拒绝向拜占庭皇帝宣誓效忠,后来又背信弃义,拒绝履行阿列克修斯与博希蒙德签订的条约。

约翰的远征十分成功。乞里奇亚被征服,亚美尼亚王公和他的儿子被押往君士坦丁堡。吞并了小亚美尼亚,拜占庭帝国边界扩大,沿至安条克公国。在与安条克的斗争中,约翰也取得了决定性的胜利。在猛烈的进攻之下,安条克被迫求和。约翰同意讲和,但有一个条件:安条克公爵必须承认帝国的宗主地位。公爵愿意宣誓效忠皇帝,而且,作为臣服的标志,他必须在安条克城堡上悬挂帝国旗帜。一年以后,皇帝重返安条克,作为安条克的宗主,他在众皇子、大臣们、官员们和士兵们的簇拥下庄严地进入城门。街道两旁张灯结彩,欢迎胜利者的队伍。安条克公爵骑马伴随在皇帝身旁,俨然就是皇帝的扈从。在城门口,是安条克牧首带着牧师们在迎接皇帝;进城后,百姓们和着圣曲,唱着圣歌,夹道欢迎皇帝一行。皇帝先到教堂,然后来到公爵宫中。⑪

约翰的赞颂者说:"你是基督的热爱者,主的斗士,打击蛮人的伟大英雄和以利亚(Elijah)之剑,(安条克)欢迎您!它抹掉你的汗珠,温柔地拥抱你。全体臣民蜂拥而出,男女老幼喜气洋洋,迎接你的凯旋……到处人声鼎沸,意大利人、亚述人,这一群,那一伙……将军和军官簇拥着你,像众星捧月一样!"⑫

---

⑪ 提尔的威廉(William of Tyre):《海外领地政治编年史》(*Historia rerum in partibus transmarinis gestarum*),XV,3;载《十字军历史汇编》,I,658—659;E.A.C.克雷英译本,II,97。

⑫ 莱格尔:《拜占庭史料集》,II,358—359。

皇帝还有进一步的计划。史料显示,他梦想在幼发拉底河流域重建拜占庭权力,也似乎考虑过干涉耶路撒冷王国的事务。[113] 约翰很有可能做过如此考虑:首先要使耶路撒冷国王仿效安条克王公承认拜占庭的宗主地位。赞歌作者说:"别懊丧!(世间)热爱基督和拜谒基督圣地的人们"(《希伯来书》,XI:13);"别再害怕杀人魔掌。热爱基督的皇帝已为它们套上锁链,并将不义之剑折断。你为他们清扫了通往世俗的可见的耶路撒冷之路,从而为自己开辟了另一条更神圣更宽广的路——通往神圣的天国耶路撒冷之路。"[114]

然而,计划都失败了。在1143年远征突厥人途中,约翰到乞里奇亚山上打猎,不幸被毒箭射中胳膊,死于他乡异域。临终前,他立次子曼纽尔为帝。约翰一生都在为帝国而战斗。他给他的继任者留下一个强大的、幅员辽阔的帝国——比他从自己强大的、天才的父亲手中接任时强大得多、辽阔得多。约翰的赞颂者认为他超越了马其顿的亚历山大和罗马时期的汉尼拔。其颂词如下:"凯尔特的橡树那么坚固,你曾把它连根拔起;乞里奇亚的雪松那么高大,你曾把它掷到山下!"[115]

---

[113] 雅尼斯·辛那姆斯:《历史》,波恩版,25。尼西塔斯·科尼阿特斯:《历史》,波恩版,56。提尔的威廉:《海外领地政治编年史》,XV,21,《十字军历史汇编》,I,691;克雷英译文,II,126。

[114] 莱格尔:《拜占庭史料集》,II,338、339。

[115] 莱格尔:《拜占庭史料集》,336、346、347、353。作者认为诗中所言凯尔特橡树即指安条克的法兰克人公国。

曼纽尔一世的政策与第二次十字军

与突厥人的关系。——如果说约翰对外政策的注意力主要是在东方,那么他的继任者曼纽尔则由于与诺曼的亲属关系和他个人对西方的同情而纠缠于西方事务。这给帝国带来可悲的后果。塞尔柱人由于未受到有效的抵抗而势力坐大,再一次形成了对东部帝国边界的严重威胁。

小亚细亚的拜占庭边界地区,几乎不断地暴露在穆斯林的毁灭性攻击下,穆斯林不断地消灭和驱逐基督徒民众。曼纽尔不得不在边界地区重建秩序,为此,他在经常遭到敌人入侵的主要地区建立和恢复了一些要塞和堡垒,以抵挡入侵者。

然而,却不能说曼纽尔对突厥人的斗争是成功的。在他统治的最初几年,他与上面提到的达尼什曼德王朝,即卡帕多细亚的穆斯林埃米尔结盟,以对付小亚细亚的敌人,伊科尼姆(或罗姆)国家的苏丹。帝国军队顺利地抵达苏丹国的主要城市伊科尼姆(科尼亚)。然而,可能他们获悉苏丹已经得到了增援,只是掳掠了郊区便撤退了。在撤退过程中,帝国军队遭到塞尔柱人的袭击,几乎全军覆没。这时,传来十字军的消息。这使苏丹和皇帝都感到威胁。于是,双方被迫停战媾和。

两个帝国的联盟。——曼纽尔统治的早年,继承了其前任皇帝们的对西方政策,与德意志结盟。这是因为意大利的诺曼人势力坐大对双方形成了威胁。与德意志康拉德三世的谈判由于约翰之死而一度中断。现在谈判重新开始。约翰在世时提出的曼纽尔与康拉德的妻妹苏尔兹巴赫的贝尔塔的婚事也重新提上议程。康拉德致信曼纽尔,说这桩婚事将是建立"永恒友谊、永久联盟"的保证,德意志朝廷允诺"以皇帝之友为友,以皇帝之敌为敌";[⑯]假如帝国遇到危险,德意志不仅将派出援军,而且,如果必要的话,康拉德将倾其兵力,御驾亲征。曼纽尔与贝尔塔的联姻标志着两个帝国的正式联盟。贝尔塔嫁到拜占庭后更名为"伊琳娜"。曼纽尔希望能消除罗杰二世对帝国的威胁。当然,面对拜占庭和德意志这样的对手,罗杰也绝对不敢轻举妄动。[⑰]

但是,一个始料不及的事件打破了曼纽尔的美梦和政治计划。第二次十字军改变了整个局面——至少在一段时间内是这样;它使拜占庭丧失了德意志的支持,从此面临十字军人和诺曼人的双重威胁。

第二次十字军。——第一次十字军之后,东方的基督教统治者,即拜占庭皇帝和安条克、埃德萨和的黎波里的拉丁统治者以及耶路撒冷国王,不是联合起来粉碎穆斯林力量,而是陷于内讧和邻邦之间的勾心斗角中。而拜占庭与安条克和埃德萨的反目成仇更损害了他们的共同利益。一度被十字军削弱和击退的穆斯林趁机东山再起,在美索不达米亚重新构成对基督教国家的威胁。

1144年,一位穆斯林统治者赞吉(Zangi),或称莫苏尔的阿塔贝格(政治上独立的突厥人统治者就称为阿塔贝格[Atabegs]),突

---

⑯ 弗莱兴的奥托(Otto of Freising):《皇帝腓特烈一世业绩》(*Gesta Friderici I imperatoris*),I,24(25);G.维茨编,33。

⑰ E.卡斯珀尔(E.Caspar):《罗杰二世(1101—1154年)和诺曼-西西里王国的建立》(*Roger II〈1101—1154〉 und die Gründung der normannisch-sicilischen Monarchie*)(以下简称《罗杰二世》),365。

然夺取了埃德萨。一部最近被译为法语的匿名作者写的叙利亚编年史详细记载了赞吉夺取埃德萨城的事件。这位编年史家记载道:"在夺取埃德萨四天后",赞吉"离开了此城……埃德萨居民则去赎回被俘者,该城重新住满了居民。总督赞吉-埃得-丁(Zain-ed-Din)是一个相当有修养的人,他对这些居民非常好。"⑱但赞吉于1146年去世,原埃德萨伯爵乔斯林(Josclin)夺回了该城。赞吉的儿子努尔-阿得-丁又轻而易举地将其占领。于是,基督徒遭到屠杀,妇女儿童被卖为奴隶。整座城市满目疮痍。这对东方基督教世界是一个沉重打击,因为埃德萨伯爵领的地理位置决定了它就是十字军最先受到穆斯林攻击的前沿。耶路撒冷、安条克和的黎波里都无法救援埃德萨。同时,随着埃德萨的陷落,拉丁领土,特别是安条克开始受到严重威胁。

埃德萨的陷落对西方造成深刻影响,重新唤起了人们对圣地的兴趣。但是,当时的教宗尤金三世(Eugenius Ⅲ)无法发动或倡导一次新的十字军远征。在这个世纪的50年代,罗马发生了一场民主运动,著名的布雷西亚的阿诺德也参加了这场运动,动摇了教宗在"上帝之城"的地位,甚至迫使他一度离开罗马。法王路易七世似乎是十字军的真正发动者,但使这次十字军付诸实现的鼓吹手是克莱沃的伯纳德。他的大声疾呼首先说服了法国。然后,他又到德国劝说康拉德三世举起十字架,参加东征。

但是,西方人从第一次十字军的悲惨遭遇中吸取了教训,同时

---

⑱ J.夏博:"十字军历史片断(Un Épisode de l'histoire des croisades)",《M.古斯塔夫·施伦伯格纪念文集》(Mélanges offerts à M. Gustave Schlumberger),Ⅰ,179。

对其结局也感到极大失望。他们失去了以前的那种热情。在勃艮第维兹莱会议上,法国封建主甚至准备反对组织十字军。但他们最终为伯纳德的激情和雄辩的口才所打动。按照伯纳德的构想,路易七世的计划得以扩大。由于伯纳德的努力,不仅组织了一支远征东方的十字军,还组织了另外两支远征军:一支去征伐占据比利牛斯半岛上的里斯本城的穆斯林,另一支远征北方易北河岸的斯拉夫异教徒。

史学家们激烈指责伯纳德将德意志拖入十字军的思想。第二次十字军的研究专家、德国学者库格勒(Kugler)认为这是"最令人不愉快的想法";⑲俄国学者 Th.乌斯宾斯基称之为"圣伯纳德致命的错误",他应该对德意志在东征时遭遇的悲惨命运负责。⑳事实上,东征期间,德意志和法兰西一直处于敌对状态。这就预示着这次东征肯定不会成功。

十字军的消息引起曼纽尔警惕。他预料到十字军会给拜占庭带来危险,危及他在东方的拉丁诸属地,特别是安条克的权威。如果它们得到西方支持,会轻视拜占庭皇帝。而且,德意志参加十字军使拜占庭失去了保障——两大帝国联盟的基础。如果德意志国王长期留在东方,他也无法照顾拜占庭帝国在西方的利益,从而使野心勃勃的罗杰有机可乘。鉴于第一次十字军曾一度危及首都安全,曼纽尔命令修复城墙和塔楼。显然,他对康拉德与他之间的友谊和关系没有太大信心。

---

⑲ 《第二次十字军历史研究》(*Studien zur Geschichte des zweiten Kreuzzuges*),96。

⑳ 《十字军史》,55、57。

据 V.瓦西列夫斯基所说:"曼纽尔无疑希望在对基督教共同敌人的斗争中充当盟主角色。"⑫⓪曼纽尔之所以在第二次十字军东征期间抱如此希望,除了对东方伊斯兰教的未来命运极度关切之外,还有一些特殊原因:当时基督教世界只有曼纽尔一个皇帝。霍亨斯陶芬王朝的康拉德三世尚未被罗马教宗加冕,自然不能享有皇帝称号。

1147年,十字军的首领们决定循着第一次十字军走过的路,由陆路抵达君士坦丁堡。首先是康拉德经由匈牙利进发;一个月后,路易紧随其后。像第一次东征一样,这次直抵君士坦丁堡的十字军沿途依然烧杀抢掠。

当德意志军队驻扎在首都城下时,曼纽尔竭尽全力在法国人到来之前将他们运往亚洲。最终,经过与其亲戚和盟友康拉德几次交涉,他达到了目的。德军在小亚细亚给养不足,继而又遭到突厥人的进攻,后来只有残部回到尼西亚。一些史学家将德意志远征军的失败归咎于曼纽尔,声称他与穆斯林达成协议,挑动他们攻击十字军。有些史学家,如居贝尔和 Th.乌斯宾斯基甚至认为是曼纽尔与突厥塞尔柱人结成了同盟。⑫但最近的学者大都认为,对曼纽尔的

---

⑫⓪ "两个帝国的联盟",《斯拉夫研究文集》(*Slavyansky Sbornik*),II(1877),214;《著作集》,IV,22—23。

⑫ H.居贝尔:《关于第二次十字军》(*Ueber den zweiten Kreuzzug*),441。Th.乌斯宾斯基:《十字军史》,61。乌斯宾斯基:"曼纽尔·科穆宁的东方政策"("The Eastern Policy of Manuel Comnenus"),《俄国巴勒斯坦学会报告》(*Accounts of the Russian Palestine Society*),XXIX(1926),114。参见库格勒《第二次十字军历史研究》,166 页注 60。

指责没有足够的证据,他不应该为德国人的失败承担责任。[123]

德国人到达小亚细亚不久,法国人就抵达君士坦丁堡。这引起曼纽尔更大的警惕,他对路易更加捉摸不透。东征前不久,罗杰还与路易谈判,允许路易穿过他在意大利的领地到东方去。曼纽尔怀疑路易与罗杰秘密结盟,或"与西西里非正式结盟"[124]。皇帝的猜测有其足够的根据。

看到曼纽尔忙于同十字军周旋,罗杰不顾基督教世界的大局,只图达到自己的政治目的。他突袭科孚岛,并蹂躏了拜占庭的其他岛屿。然后,诺曼人在希腊登陆,夺取底比斯和科林斯。这两个城市当时以其丝绸工厂和丝织品而著名。诺曼人不满足于夺取大批珍贵丝织品,"还将大批俘虏和熟练织匠,不分男女",带到西西里。有些史学著作将这些被送到巴勒莫的织匠称为西西里丝绸生产和丝织工业的创始人,是不正确的。事实上,在此之前西西里就有了丝绸生产和蚕丝业。不过,希腊妇女的到来的确为丝织工业注入了新鲜血液。[125]雅典同样遭到诺曼人的掳掠。[126]

诺曼人在希腊得逞的消息传到君士坦丁堡城下的法国人中,他们已经听说了曼纽尔和突厥人达成协议的谣传,对此怒不可遏,听到这个消息,十分激动。路易手下一些将领建议乘机夺取君士坦丁堡。面对这样的危险,曼纽尔故伎重演,决心尽快将法国人弄

---

[123] 夏朗东:《科穆宁王朝》,287。

[124] E.柯蒂斯(E.Curtis):《西西里的罗杰和1016—1154年南意大利的诺曼人》(*Roger of Sicily and the Normans in Lower Italy, 1016—1154*),227。

[125] 参见 F.夏朗东《诺曼人在意大利和西西里的统治》,II,135—137。亦见卡斯珀尔《罗杰二世》,376—384。

[126] 只有西方史料提及雅典的陷落和劫难。见卡斯珀尔《罗杰二世》,382页注5。

到小亚细亚。当时谣传德国人在小亚细亚正节节胜利，所以路易同意渡过博斯普鲁斯海峡，甚至向曼纽尔宣誓效忠。到了小亚细亚，路易才得知德国军队战败的真相。当时，两军会师，携手前进，但在大马士革遭到惨败。康拉德大失所望，搭乘一艘希腊船离开巴勒斯坦，到达萨洛尼卡。其时曼纽尔正在此地准备向诺曼人开战。曼纽尔与康拉德在萨洛尼卡会晤，审时度势，决定联合对付罗杰。之后，康拉德返回德国。

十字军一无所获。留在东方的路易王意识到仅靠自己的力量不会有任何作为。几个月后，他取道南意大利与罗杰会晤，然后回到法国。

一度以轰轰烈烈的气势开始的第二次十字军东征以失败而告终。东方穆斯林未遭到削弱，反而恢复了勇气，甚至希望毁灭基督教的东方领地。此外，法国和德国军队以及巴勒斯坦和欧洲基督徒之间的争斗损害了十字军的威望。曼纽尔本人乐意看到十字军结束。因为，与德国的盟约使拜占庭力量得到加强，他可以放开手脚在西方对付罗杰。不过，将十字军的失败归咎于拜占庭皇帝是不公平的，应该归咎于十字军的组织不良和纪律涣散。罗杰进攻亚得里亚海诸岛和希腊也严重破坏了十字军的计划。总而言之，十字军事业的宗教基础正在消失，世俗的政治的动机自此以后越来越露骨。

第二次十字军之后曼纽尔的对外政策。——十字军远征期间，曼纽尔就完成了与罗杰开战的备战，以报复罗杰侵入亚得里亚诸岛和希腊，继而占领科孚岛的一箭之仇。同以前一样，威尼斯略带不安地关注诺曼势力的增长，打算派舰队协助拜占庭的行动。

作为回报,她将得到帝国内新的商业特权。威尼斯已经根据以前的贸易条约在君士坦丁堡得到一些居住区和船港(斯卡拉),现在又得到新的居住区和一个船港。⑫ 皇帝一边进行谈判,一边加紧备战。他决心打败"那条西方龙","新的亚玛力(Amalek)",⑫"那条将要吐出比埃特纳火山喷发时的愤怒火焰还要高的西西里的龙"——当时的资料如此形容罗杰。⑫ 曼纽尔的计划绝不仅仅是将敌人赶出拜占庭国土。他希望以后将战争转入意大利,恢复那里的拜占庭势力。

在备战工作接近完成时,库曼人(波洛伏齐人)渡过多瑙河,侵入拜占庭领土。曼纽尔的计划暂时中断。不过,他很快就解决了库曼人。然后,在威尼斯舰队的支持下,曼纽尔攻克了科孚岛。

罗杰意识到拜占庭-德意志联盟对他构成的威胁,德意志人已经答应向皇帝提供一支陆军,并且威尼斯已经派出舰队。他巧妙地运用外交手腕,以图掣肘拜占庭。在他挑拨之下,霍亨斯陶芬王朝的宿敌韦尔夫(Welf)公爵借助西西里舰队起而反对康拉德,从而使其无法进入意大利援助曼纽尔;而塞尔维亚人也在匈牙利人(乌戈尔人)支持下对曼纽尔开战,从而将其精力引向北方。由于被十字军失败的噩梦所缠绕,路易七世也迁怒于希腊人。在从东方回国的途中,路易与罗杰达成谅解,准备再一次组织十字军,教

---

⑫ 条约内容参见塔菲尔和托马斯《古代商业和国家历史条约集》,I,109—113。扎哈利亚·冯·林根塔尔:《希腊-罗马法制史》,III,525—529。

⑫ 参照《出埃及记》,17:8—14。

⑫ 扎哈利亚·冯·林根塔尔:《希腊-罗马法制史》,III,443。萨洛尼卡的尤斯塔修斯(Eustathii Thessalonicensis):《悼曼纽尔·科穆宁》(*Manuelis Comneni Laudatio funebris*),par.17;米涅:《希腊教父文献全集》,CXXXV,984。

训拜占庭。路易远征时代在法国摄政的修道院院长叙热（Suger）是这次十字军的发动者，著名的克莱沃的伯纳德自告奋勇，担当起领导十字军的重任。一位法国修道院院长致信西西里国王，说："我们的心，几乎所有法国人的心都在渴望与你共享和平；希腊人和他们的该死的国王以卑贱下流的阴谋对待我们的朝圣，我们为此而震惊……起来，帮助上帝的臣民……对这些大逆不道的邪恶行为进行报复吧。"[⑬] 与此同时，罗杰也正在加强与教宗的联系。总之，对于"正统的"德意志朝廷和"分裂的"拜占庭皇帝之间的联盟，西方是深恶痛绝的。在意大利，人们认为康拉德已经受了希腊异端的传染，所以教宗尽力劝其回归真理之路，皈依天主教会。教宗尤金三世、叙热院长和克莱沃的伯纳德正在摧毁两个帝国的联盟。所以，V.瓦西列夫斯基解释道，在12世纪中期，"一个以罗杰国王为首的反对曼纽尔和拜占庭的坚强同盟正在形成。匈牙利和塞尔维亚已经归属这个同盟，教宗和法国正要加入这个同盟，德国及其国王正被拉向这个同盟。如果同盟形成，君士坦丁堡可能在1204年以前就已经大祸临头了。"[⑬]

然而，帝国有惊无险。法国国王的计划流产了。一则因为法国骑士反应冷淡；二则叙热不久便一命呜呼；三则由于康拉德依然忠实地遵守与东方帝国缔结的盟约。

正当曼纽尔行将利用两帝国之盟成就其大事之际，康拉德驾崩（1152年）。此时，已经决定了对意大利战争的方案。德国国内

---

⑬ 尊者彼得：《书信集》，VI，16；米涅编：《拉丁教父文献全集》，CLXXXIX，424。
⑬ "两个帝国的联盟"，《斯拉夫研究文集》，II（1877），244；《著作集》，IV，55—56。

第七章 拜占庭与十字军

谣言四起,说国王是被御医毒死,这些御医都是来自于罗杰控制的萨莱诺医学院。康拉德的继承者弗里德里希一世巴巴罗萨登基。他认为君权至高无上,由上帝所赐;他不愿与东方帝国共享意大利利益。他登基伊始,便与教宗签订条约。在条约中,他称曼纽尔为 *rex*(王),而不是像康拉德那样称他为皇帝。他还发誓要将皇帝驱逐出意大利。然而不久,不知为什么,他又改变主意,打算与拜占庭结盟。

1154年,拜占庭的可怕敌人罗杰死去。新国王威廉一世决心摧毁两个帝国之间的同盟和拜占庭-威尼斯同盟。圣马克共和国很清楚曼纽尔企图立足于意大利,因而不能同意他的计划。而诺曼人在亚得里亚海建立根据地同样对威尼斯不利。在上述任何情况下,海岸都将隶属于某一个大国,而这无疑会阻止威尼斯船只自由进出亚得里亚海和地中海。于是,威尼斯撕毁了与拜占庭的协议,与威廉一世结盟,并在西西里王国获得重要贸易特权。

当拜占庭在南意大利获得了一些胜利,即占领了巴里和其他一些城市后,1156年,威廉在布林迪西重创曼纽尔军队,拜占庭远征的成果立即付诸东流。同年,阿普利亚首府巴里被威廉夷为平地。当时有人说:"伟大的阿普利亚首府向来以其荣耀而出名,以其财富而强大,以其居民的高贵贵族血统为骄傲,以其美丽的建筑让世人叹为观止。现在,它却倒卧于一片废墟之中。"[13]

曼纽尔在意大利的行动虽然不成功,但却使弗里德里希·巴

---

[13] 胡戈·法尔坎笃(Hugo Falcandus):《西西里史》(*Historia sicula*)载 L.A.穆拉多里(L.A.Muradtori):《意大利历史资料手稿》(*Scriptores rerum italicarum*),VII,269。

巴罗萨清醒地认识到拜占庭皇帝的目的所在。所以,他最后断绝了与拜占庭的联盟。与弗里德里希同时代的史学家弗莱兴的奥托写道:"虽然(弗里德里希)痛恨威廉,但是他不希望外国人夺走他的帝国的领土,曾经被暴君罗杰掠夺的领土。"[13]于是,曼纽尔丧失了与巴巴罗萨和解的所有希望,从而丧失了收复意大利的所有希望。1158年,曼纽尔与西西里的威廉签订和约。和约的具体条款是什么,我们不得而知。但它意味着拜占庭放弃了长期的、高贵而荣耀的计划,也意味着"始于萨克森王朝的洛塔尔和约翰·科穆宁时期,后来由于康拉德和曼纽尔个人关系而得到加强的两帝国之间的友谊和同盟的最终破裂"。此后,拜占庭军队再也没有进入意大利。[14]

在新形势下,拜占庭政策的目标有了变化。现在,必须阻止霍亨斯陶芬王朝获得意大利。而弗里德里希·巴罗萨则认为意大利必须承认他的权利。拜占庭的外交开始朝新的方向发展。曼纽尔企图破坏弗里德里希与教宗之间的关系,以求在将来与弗里德里希的斗争中赢得教廷支持。为了诱惑教宗,他暗示:东西方教会可以合一。他想挑起教宗和德意志国王之间的矛盾,"以达到恢复东方帝国的所有权利和扼杀西方帝国于萌芽之中的目的"[15]。然而,这些谈判都失败了,因为教宗们绝不愿意依赖于任何皇帝;相反,充满神权政治思想的12世纪教宗们,企图凌驾于拜占庭皇帝

---

[13] 弗莱兴的奥托:《皇帝腓特烈一世业绩》,II,49。

[14] V.G.瓦西列夫斯基:"南意大利战争(1156—1157年)"("The South Italian War, 1156—1157"),《斯拉夫研究文集》,III(1876),400;《著作集》,IV,138。

[15] 夏朗东:《科穆宁王朝》,II,557。

之上。

当弗里德里希·巴巴罗萨与北意大利诸城开战时,曼纽尔用金钱积极支持后者。被弗里德里希破坏的米兰城墙在拜占庭皇帝的帮助下得以修复。1176年5月29日,弗里德里希在北意大利的莱尼亚诺大败,北意诸城及其支持者教宗大获全胜,这一形势似乎大大改善了曼纽尔在意大利的地位。他与热那亚、比萨和威尼斯的关系对他也特别有利。在德意志威胁的压力下,威尼斯又开始向拜占庭靠拢。但曼纽尔似乎因缺乏金钱而想夺取威尼斯商人在拜占庭领土上的巨额财富而自肥,突然下令逮捕帝国领土上的所有威尼斯人,并没收他们的全部财产。自然,威尼斯不会善罢甘休,遂派出舰队进攻拜占庭。但由于瘟疫的流行,舰队无功而退。在曼纽尔的有生之年,拜占庭与威尼斯的友好关系再也未能恢复。

为了报复拜占庭在意大利的政策,弗里德里希·巴巴罗萨决定以其人之道还治其人之身。他与拜占庭在东方的死敌、伊科尼姆苏丹基里耶·阿尔斯兰谈判,企图引诱他进攻希腊帝国。他希望通过制造小亚细亚紧张局势,使曼纽尔无法插手欧洲事务。

这时,小亚细亚的形势渐趋严峻。被约翰·科穆宁征服的乞里奇亚在其首领索罗斯(Thoros)率领下发生叛乱。曼纽尔两次派兵镇压皆告失败。更为严峻的是,索罗斯与他以前的敌人安条克王公,夏蒂荣的雷金纳德(Reginald)结为同盟,共同对付希腊人。与此同时,雷金纳德从海上进攻塞浦路斯成功。曼纽尔率兵亲征乞里奇亚,索罗斯仓皇而逃。1158年,曼纽尔又成了乞里奇亚的主人。索罗斯得到宽恕,对皇帝俯首称臣。现在,轮到安条克了。

夏蒂荣的雷金纳德知道自己无力与拜占庭抗衡,决定祈求曼纽尔的宽恕。当时,皇帝在乞里奇亚的莫普苏埃斯蒂亚(Mopsuestia)(十字军的马米斯特拉[Mamistra]);雷金纳德"在伟大的科穆宁面前祈求"。⑬ 这是一个最屈辱的场面:雷金纳德赤足拜倒在皇帝面前,将剑柄交给他,恳求他的仁慈。"同时,"提尔的威廉写道,"他号啕大哭,哀求饶恕。他哭了很长时间,以至于每个人都感到恶心。许多法国人都鄙视和指责他。"⑬当时,东方各国,包括远方的阿巴斯人(阿布克哈兹人[Abkhaz])和伊庇利亚的使节都目睹了这个场面,感慨颇深。⑬ "这一幕使拉丁人在整个亚洲名声扫地。"⑬雷金纳德臣服于帝国,所以后来一个名叫罗伯特的人作为拜占庭和安条克两个国家的共同使者被派往英王亨利二世的宫中。⑭ 耶路撒冷国王鲍德温三世亲自来到莫普苏埃斯蒂亚拜谒曼纽尔,受到盛情款待。但他被迫与皇帝签定条约,保证向皇帝提供

---

⑬ G.施伦伯格:《夏蒂荣的雷金纳德》(*Renaud de Chatillon*),107。

⑬ 《海外领地政治编年史》,XVIII,23;《十字军历史汇编》,I,860—861;M.鲍林(M.Paulin)编,II,232。该书的拉丁文本说:"他交出他的剑,接着扑倒在皇帝脚下,五体投地。在场的所有人都感到恶心。拉丁人的面子被他丢尽了。"提尔的威廉:《海外领地政治编年史》,E.A.巴布科克和A.C.克雷译,II,277。关于此事,参见普洛德罗姆斯的一首诗,见《十字军历史汇编》,II,305—310。

⑬ 约翰尼斯·辛那姆斯:《历史》,IV,18;波恩版,183。

⑬ 施伦伯格:《夏蒂荣的雷金纳德》,110、111。提尔的威廉:《海外领地政治编年史》,XVIII,23;《十字军历史汇编》,I,861;"拉丁人的面子被丢尽"。

⑭ 《国王亨利二世时期的档案大卷》(*The Great Roll of the Pipe for the Reign of King Henry the Second*)(以下简称《档案大卷》),XXVIII,125。

第七章 拜占庭与十字军

军队。萨洛尼卡的尤斯塔修斯向皇帝致词说,国王"从耶路撒冷赶来,对皇帝的威望和业绩惊叹不已,钦佩万分"[⑭]。

1159年4月,曼纽尔隆重地进入安条克。夏蒂荣的雷金纳德和其他拉丁王公徒步空手伴随其左右,耶路撒冷国王徒手骑马,紧随其后。街道两旁张灯结彩,锣鼓喧天,颂歌四处飞扬。身着法衣的安条克牧首将曼纽尔引至教堂。在这八天中,帝国旗帜在城墙上迎风飘扬。[⑮]

雷金纳德的归顺和曼纽尔之进入安条克标志着拜占庭对拉丁人政策的胜利。这是六十年努力和斗争的结果。"安条克问题是第一次十字军的产物,多少年来一直困扰着拜占庭皇帝",但即使经历了无数的困难和战争,拜占庭皇帝却"从来没有对安条克失望"[⑯]。

在伯利恒的圣诞教堂,保存着一段1169年的铭文:"此教堂竣工于6677年,即第二小纪年度(相当于1169年),作者:伊弗雷姆,油画家和镶嵌师。其时正值至尊的皇帝曼纽尔·科穆宁、耶路撒冷的伟大国王阿摩利(Amary)和圣城伯利恒最神圣的主教拉乌尔(Raoul)在位。"[⑰]曼纽尔的名字与阿摩利放在一起可能意味着希

[⑭] 莱格尔:《拜占庭史料集》,I,39。
[⑮] 夏朗东:《科穆宁王朝》,II,451—452。
[⑯] 同上书,446。
[⑰] M.德沃格(M.de Vogüé):《圣地的教堂》(*Les Églises de la Terre Sainte*),99。《希腊文献汇编》,IV,339(no.8736)。H.樊尚和F.N.阿贝尔:《伯利恒:圣诞教堂》(*Le Sanctuaire de la Nativité*),157—161。

腊皇帝对耶路撒冷国王的宗主权已经建立。⑭

至于曼纽尔与伊斯兰教王公们的关系,他与基里耶·阿尔斯兰曾一度融洽。1161—1162年,苏丹还出访过君士坦丁堡,受到皇帝隆重接待,希腊和东方史料都仔细地描述过。苏丹在首都逗留了八天。首都的金银财富让这位名噪四海的客人大开眼界。豪华的宫廷宴会让基里耶眼花缭乱,他甚至不敢在皇帝身旁落座。皇帝特地为苏丹举行了马上比武和竞赛活动,甚至在海上演示了著名的"希腊火"。每日两餐都用金银器皿送到苏丹面前,吃完以后并不回收,听任苏丹处理。有一天,皇帝与苏丹共进晚餐,把所有金银器皿和饰物作为礼物都赠送给了他。⑮

1171年,耶路撒冷国王阿摩利一世出访君士坦丁堡,同样受

---

⑭ 夏朗东:《科穆宁王朝》,II,449。布莱耶尔:《十字军》(1928年第5次修订版),109;布莱耶尔笔误为1172年。关于"曼纽尔拥有圣地宗主权"这一观点遭到樊尚和阿贝尔的否认(《伯利恒:圣诞教堂》,160),但是受到G.德热法尼翁(G.de Jerphanion)的热烈拥护("卡帕多细亚碑铭志和尼西亚的希腊帝国史",《东方基督教杂志》,I(1935),245—246)和J.L.拉蒙特(J.L.LaMont)的抵制("拜占庭皇帝对拉丁人的十字军国家拥有多大程度的宗主权?" ["To What Extent Was the Byzantine Empire the Suzerain of the Latin Crusading State?"],《拜占庭》[布鲁塞尔],VII[1932],253—264,特别是263)。这一铭文标志着这座教堂只不过是一位强大而虔诚的君主赠给一个基督教世界最著名的教会的礼物。

⑮ 约翰尼斯·辛那姆斯:《历史》,V,3,波恩版,204—208。尼西塔斯·科尼阿特斯:《历史》,III,5—6;波恩版,154—158。《叙利亚的迈克尔的编年史》,夏博译,III,319;根据他的观点,格列高利·阿布尔法拉吉(Gregorii Abulpharagii),即巴尔-赫布莱乌斯(Bar-Hebraei)编写了《叙利亚编年史》(*Chronicon Syriacum*),布伦和基尔什编,358—359。见夏朗东《科穆宁王朝》,II,463—466。Th.I.乌斯宾斯基:"曼纽尔·科穆宁的东方政策",《俄罗斯巴勒斯坦学会报告》,XXIX(1926),115—117。

到奢侈豪华的招待。提尔的威廉对此做了详细的描述。⑩ 曼纽尔在近东的权威和国际声望已经鼎盛一时。

但是,基里耶·阿尔斯兰访问帝国首都的政治结果无足轻重。双方签订了友好条约,持续时间却不长。数年以后,苏丹向朋友和大臣们宣称,对拜占庭破坏越大,皇帝赠赐的礼物将会越贵重。

在这种情况下,东部边界的和平不可能维持太久。也许是由于弗里德里希的煽动,各地战事又起。曼纽尔亲率部队出征苏丹国首都伊科尼姆(即科尼亚)。1176 年,拜占庭军队陷入弗里吉亚山谷。此地离边界不远,筑有米里奥凯法罗(Myriocephalon)城堡。突厥人四面夹击,于 1176 年 9 月 17 日大败拜占庭军队。⑭ 皇帝九死一生,差点成为阶下囚。拜占庭史学家尼西塔斯·科尼阿特斯写道:"当时的场面催人泪下;更确切地说,这一巨大灾难令人无法表达他们的哀悼:整个战场腥风弥漫,尸体填平沟壑,充斥草丛……亲友们哭喊着死者的名字,路人无不落泪哀恸。"⑮

当时有位史学家曾于 1179 年到过君士坦丁堡。他描写了米里奥凯法罗惨败后曼纽尔的心情:

---

⑩ 提尔的威廉:《海外领地政治编年史》,XX,22—24;《十字军历史汇编》,I,981—987;巴布科克和克雷译,II,377—83。见 G.施伦伯格《12 世纪耶路撒冷国王阿摩利一世在埃及的战争》(Campagnes du roi Amaury Ier de Jérusalem en Égypte, au XII siècle),311—331。夏朗东:《科穆宁王朝》,II,546—549。

⑭ 关于战役的日期,见 A.A.瓦西列夫"米里奥凯法罗之役的确切日期"("Das geneau Datum der Schlacht von Myriokephalon"),《拜占庭研究杂志》(德文),XXVII (1927),288—290。

⑮ 尼西塔斯·科尼阿特斯:《历史》,247。

据说从那一天起,皇帝因那次致命的灾难而变得郁郁寡欢,一蹶不振。此后,他在自己的臣民面前再也表现不出以往那种愉悦情绪,无论其臣民采取什么办法都不能使他快活。自那以后,他也失去了驰骋疆场的雄风,健康每况愈下。总之,那次灾难时刻压迫着他,使他无法得到心灵的安宁和平静。[150]

曼纽尔写了一封长信将这次失败通报给西方的朋友、英国金雀花王朝亨利二世。信中对这次战斗做了详细描写,但对其灾难严重程度尽量淡化。有趣的是,他还谈到了1066年以后在拜占庭战争中出现的英格兰人,特别是那些加入皇帝卫队的英格兰人。[151]

即使拜占庭在米里奥凯法罗战役中遭到了毁灭性打击,但一位不知姓名的赞颂词作者却仍然将曼纽尔在突厥人面前的败逃美化为光辉业绩:"遭到大群伊斯马仪人(Ismaelitians,即突厥人)进攻后,他(曼纽尔)单枪匹马,在刀林箭雨中杀出一条生路。"[152]曼纽尔的一个侄子,在用油画装饰自己的新房时,"下令将苏丹(伊科尼姆的)的所作所为画出来,如此画在他房间墙壁上的图画,也许更

---

[150] 提尔的威廉:《海外领地政治编年史》,XXI,12;《十字军历史汇编》,I,1025;巴布科克和克雷译,ii,415。

[151] 这封信被收入罗格里·范胡埃得内(Roger van Hoveden)的《编年史》中,W.斯塔布斯(Stubbs)编,II,102—104。

[152] S.兰普罗斯:"马西安手稿"("Ο Μαρκιανòς Κώδιέ"),《新希腊回忆录》(Νέος Ελληνομνήμων),VIII(1911),149。亦见 S.P.谢斯塔可夫(S.P.Shestakov)"对马西安手抄诗歌第524组的注释"("Notes to the Poems of the Codex Marcianus gr.524"),《拜占庭年鉴》,XXIV(1923—1926),46—47。

适合于保留在黑暗中。"⑬十分可能,这幅不同寻常的画再现了可怕的米里奥凯法罗之役。

但是,不知什么原因,基里耶·阿尔斯兰并未乘胜追击,而是坐下来与皇帝谈判。双方达成和解协议。小亚细亚的一些拜占庭堡垒被拆毁。

1071年的曼兹克特之役已经动摇了拜占庭在小亚细亚的统治。但当时的人们并不理解这一点,还想重整旗鼓,摆脱塞尔柱人的威胁。两次十字军远征并未减少那种威胁。1176年的米里奥凯法罗之役最终毁灭了拜占庭将突厥人驱逐出小亚细亚的希望。自那以后,帝国再也无力在东方发动有效的攻势。她几乎无法保护东部边界,无法击退经常来犯的突厥游牧部落。库格勒宣称:"米里奥凯法罗之役最后决定了整个东方的命运。"⑭

这次战役失败之后,曼纽尔也曾致信于弗里德里希·巴巴罗萨,信中极力贬低突厥人苏丹。但弗里德里希对于曼纽尔的惨败早已了如指掌。⑮他在复信时宣称,"德意志皇帝已经继承了伟大的罗马皇帝们的权力,不仅要统治罗马帝国,还要统治'希腊王国'"(*ut non solum Romanum imperium nostro disponatur moderamine*, *verum etiam regnum grecie ad nutum nostrum regi et*

---

⑬ 约翰尼斯·辛那姆斯:《历史》,波恩版,267。见夏尔·迪尔《拜占庭艺术手册》,I,405。

⑭ 库格勒:《第二次十字军历史研究》,222。

⑮ 尤斯塔修斯的《编年史》(*Annales Stadenses*)中保留了此信的片断,K.珀茨编:《日耳曼历史遗产,作家》(*Monumenta Germaniae Historica*, *Scriptores*),XVI,349。此信被误认为是1179年所写。见H.冯·卡普赫尔(H.von Kap-Herr)《曼纽尔皇帝的西方政策》(*Die abendlandische Politik Kaiser Manuels*),104页注6。

sub nostro gubernari debeat imperio）；因此，他要求曼纽尔承认西方皇帝的权威，并屈服于教宗的权威。最后，他说，曼纽尔企图在西方帝国的诸侯中间挑拨离间，是枉费心机；今后，他要根据曼纽尔的表现调整自己的策略。⑭ 这位霍亨斯陶芬家族的君王认为，拜占庭皇帝应当服从于他这个西方皇帝。因此，独一帝国的观念在12世纪仍然存在。起初，曼纽尔做过这个梦；后来拜占庭大势已去，弗里德里希又开始做这个梦。

1177年，威尼斯会议召开。与会者有弗里德里希、教宗和取胜的意大利城市代表。会议确认意大利各市镇的独立地位，并调节了德国统治者与教宗的关系。换句话说，威尼斯条约结束了德意志、伦巴德同盟和教廷之间的斗争——这场斗争曾经被曼纽尔利用来为其外交政策服务。Th.乌斯宾斯基说："威尼斯会议对拜占庭帝国是一个打击。它不亚于米里奥凯法罗之役中伊科尼姆苏丹对拜占庭的打击。西方各敌对势力间的和解为西方各国在1204年征服君士坦丁堡并形成东方的拉丁人国家奠定了基础。"⑮

1177年的会议对威尼斯具有特别的意义。它集合了以西方皇帝和教宗为首的欧洲社会精英们。10,000多外国人来到威尼斯，为它的美丽、财富和实力所倾倒。当时的一位史学家向威尼斯人致词，他写道："啊，在这个安定平和的国家里生活该是多么幸

---

⑭ H.冯·卡普赫尔《曼纽尔皇帝的西方政策》第156—157页载有该书信的全文。

⑮ "阿列克修斯二世和安德罗尼卡"（"Alexius II and Andronicus"），《公众教育部杂志》，CCXII（1880），123—124。

福！愿荣耀永远伴随着你的名字！"⑱

曼纽尔去世前夕，取得了他的最后一次外交成功，即实现了他的儿子、继承人阿列克修斯与法王路易七世的八岁女儿联姻。这位小公主阿格尼斯(Agnes)在拜占庭改名为安妮(Anne)。由于这次联姻，第二次十字军后拜占庭与法国之间的紧张关系似乎有所缓和。萨洛尼卡的尤斯塔修斯写了一篇赞颂词，描写了帝国的新娘从法国到达大都市君士坦丁堡时的盛况。⑲

其次，在米里奥凯法罗战役后，当曼纽尔给英王亨利二世写了那封著名的信件后，两国宫廷之间的关系变得非常友好。史料证明，在曼纽尔统治的最后几年，拜占庭使团曾在威斯敏斯特出现。亨利二世派乔弗里·德·海亚(Gerffrey de Haia)接待希腊使者；后来这位乔弗里又出使君士坦丁堡。⑳ 亨利二世知道曼纽尔爱好打猎，遂通过不来梅的一艘商船托运了一箱猎狗送给曼纽尔。㉑

总的来说，曼纽尔的政策与其祖父和父亲所实行的谨慎沉稳的政策大不相同。作为奥古斯都、君士坦丁和查士丁尼的继承人，他沉湎于恢复大一统帝国的幻想之中；他本人又受西方文化、风俗和礼节的强烈影响。所以，他的绝大部分精力都用来与意大利和

---

⑱ 《威尼斯历史文献》(Historia ducum Veneticorum)年代不明，1177；珀茨：《日耳曼历史遗产，作家》，XIV，83。见 H.克雷施梅尔(H.Kretschmayr)《威尼斯史》(Geschichte von Venedig)，I，268。W.C.哈兹利特(W.C.Hazlitt)：《威尼斯共和国：它的兴起、发展和衰落》(The Venetian Republic: Its Rise, Its Growth, and Its Fall)，I，231—232。迪尔：《一个贵族共和国：威尼斯》，45—46。

⑲ 莱格尔：《拜占庭史料集》，I，80—92；亦见 xiii—xiv。

⑳ 《档案大卷》，XXVI，166、187、192、208；XXVIII，125。

㉑ 《档案大卷》，XXVIII，19。

匈牙利斗争,并发展与西方帝国、法国、威尼斯和其他意大利市镇的关系。他忽视了东方,致使伊科尼姆苏丹势力坐大,最后,当米里奥凯法罗战役的灾难之后,帝国在小亚细亚的全部希望彻底破灭了。

曼纽尔给予西方的优惠有悖于拜占庭的利益,况且西方与拜占庭当时在文化上存在着差异。这也给帝国带来灾难性后果。曼纽尔对外国人实行开放政策,赐予外国人以要职肥缺,引起国人强烈不满,从而播下了血腥冲突的种子。

曼纽尔时代的史学家这样评论他的政策:"幸亏曼纽尔死得早,未看见他的政策的恶果;当时的有识之士早已预见到这种恶果。曼纽尔皇帝的这份遗产太难接受,他的继任者中无一人可能恢复昔日帝国的地位。接下来的几年,帝国迅速走下坡路;而且可以恰如其分地说,这种衰落正始于曼纽尔统治时期。"⑯其实,早在马其顿王朝时期,在保加利亚人的屠杀者瓦西里二世于1025年死后,拜占庭帝国就开始衰落了——这样说或许更精确。科穆宁王朝的头两位皇帝阿列克修斯和约翰成功地延缓了这一衰落过程,但未能阻止衰落。曼纽尔的错误政策导致帝国回到衰落之路,再无回天之力。赫茨伯格(Hertzberg)评论道:"曼纽尔埋葬了拜占庭古典时期的荣誉和伟大成就。"⑯这位19世纪的史学家与12世纪末科穆宁及安吉列时代的著名作家——萨洛尼卡的尤斯塔修斯

---

⑯ 夏朗东:《科穆宁王朝》,II,607—608。亦见 F. 科戈纳索(F.Cognasso)《曼纽尔·科穆宁去世前拜占庭的党争和宫廷斗争》(*Partiti politici e lotte dinastiche in Bizanzio alla morte di Manuele Comneno*)(都灵,1912年),216(4)。

⑯ 《拜占庭史》(*Geschichte der Byzantiner*),318。

不谋而合:"随着曼纽尔的去世,罗马人的传统毁灭殆尽。黑暗笼罩了全国,好像发生了日食一样。天意如此!"⑭

曼纽尔·科穆宁这个色彩丰富的历史人物的影响自然不会局限于拜占庭帝国内。他的名字和事迹,特别是他的传奇故事不仅出现于俄罗斯编年史中,也出现于俄罗斯史诗和俄罗斯歌曲中。曼纽尔曾经将以弗所的圣母像送给波洛茨克(Polotzk)公主欧芙罗西尼亚(Euphrosinia)。⑮普雷斯特·约翰写给曼纽尔的那封著名的传奇书信也不应被忘记。

科穆宁王朝的最后两位皇帝阿列克修斯二世和安德罗尼卡一世的对外政策

俄罗斯史学家 Th.乌斯宾斯基写道:"科穆宁王朝的最后两代皇帝阿列克修斯和安德罗尼卡统治的五年尤为重要:前朝行政制度的弊端此时显现恶果,朝纲震荡不安,由此顺理成章地引发了国家的改革。"⑯曼纽尔死后,其子阿列克修斯二世(1180—1183 年在位)登基。但阿列克修斯仅仅 12 岁,他的母亲、安条克的玛丽(玛丽亚)摄政;然而,直接控制朝政的却是玛丽的宠臣、曼纽尔的侄子阿列克修斯·科穆宁。激烈的宫廷斗争以及日益增长的拉丁势力将著名的安德罗尼卡(Andronicus)引进首都。他早已制定了觊觎

---

⑭ 《被拉丁人占领的萨洛尼卡》(*De Thessalonica a Latinis capta*),波恩版,380。
⑮ 见 A.谢德尼科夫(A.Sedelnikov)"有关曼纽尔·科穆宁的英雄事迹传说"("The Epic Tradition Concerning Manuel Comnenus"),《斯拉夫》(*Slavia*),III(1924—1925),608—618。
⑯ "阿列克修斯二世与安德罗尼卡"("Alexius II and Andronicus"),《公众教育部杂志》,CCXII(1880),100。

皇位的野心计划,此时,他抓住了机会,自称自己是被奸臣围绕的幼皇阿列克修斯二世的保护者和希腊民族利益的维护者。在他进入首都之前不久,对拉丁人的大屠杀就已经开始了。威尼斯资料中没有记载 1182 年的大屠杀,但毫无疑问,威尼斯商人在这场斗争中损失惨重。

同年,即 1182 年,安德罗尼卡进入君士坦丁堡。虽然他曾庄严起誓,但还是开始公开地实行独裁统治。他先逮捕了权倾一时的阿列克修斯·科穆宁,弄瞎其双眼;然后,逮捕了摄政太后安条克的玛丽。之后不久,又将不幸的皇帝阿列克修斯二世处以绞刑。1183 年,63 岁的安德罗尼卡成了拜占庭帝国至高无上的皇帝。为了巩固其地位,他与阿列克修斯二世的遗孀、法国的安妮(安娜)结婚。安妮在她 14 岁的丈夫死时,还不足 12 岁。

民众之所以热情拥戴安德罗尼卡,是因为他们对这位新皇帝充满了期望。安德罗尼卡在帝国内部生活中面临着两个主要问题:第一,建立一个民族政权,剔除进入拜占庭的拉丁势力;第二,削弱官僚贵族和土地贵族,因为大土地所有者的势力破坏和摧毁了农村阶层。不管这个计划的实施多么困难,它在普通大众中赢得了巨大支持。

雅典大主教迈克尔·阿克米那图斯(科尼阿特斯)的著作是反映 12 世纪帝国内部形势的最珍贵的资料之一。他以赞美的语气写道:"我能记得的第一件事,就是罗马帝国在困难和痛苦的时刻如何求助于它以前的宠儿——伟大的安德罗尼卡去推翻压迫者——拉丁君主,这些拉丁人就像杂草一样已经将它自己移植于王国的新生枝蔓上。安德罗尼卡并无大批人马,只有正义。他轻装前进，向那个可爱的城市进发……他对给予他厚爱的首都的第一个回报就是摆脱拉丁暴君的傲慢，清除帝国内的野蛮人成分。"⑯

"随着安德罗尼卡的即位，一个新的党派掌握了政权。"⑱ Th. 乌斯宾斯基说："科穆宁王朝的最后一个代表是——至少看起来像是人民的国王，农民的国王。人们歌颂他，并将他的事迹编成故事传诵。这些故事被保存于尼西塔斯·科尼阿特斯的《编年史》和未发表的《历史》手稿的边注中。"⑲尼西塔斯提到许多事情，其中一件就是安德罗尼卡将自己的塑像立于四十殉道者教堂北大门附近。皇帝塑像并未穿皇袍戴玉佩，而是穿着朴素的衣衫，手拿镰刀，是一个勤劳朴实的劳动者形象。⑳

安德罗尼卡大刀阔斧地推行改革。为了减少受贿的可能性，许多官员的年薪被提高；廉洁者被选为法官；税赋负担大大减轻，中饱私囊的税务官受到严厉惩罚。他以强硬措施对待大土地所有者，许多拜占庭贵族被处死。迈克尔·阿科米那图斯写道："我们很久以前就深信：你对贫穷者温和，对贪婪者严厉，你是弱者的庇

---

⑯ 《索佐门的编年史家米哈伊尔·阿克米那特》(Μιχαὴλ Ἀκομινάτου τοῦ Χωνιάτου τὰσωζόμενα)，兰普洛斯编，I，157。见 Th.I.乌斯宾斯基"曼纽尔之后的科穆宁皇帝。反叛的开端"("The Last Comneni.The Beginning of Reaction")，《拜占庭年鉴》，XXV(1927—1928)，20。

⑱ L.布莱耶尔："安德罗尼卡（科穆宁）"，《宗教历史与地理词典》，II，1780。

⑲ Th.乌斯宾斯基："阿列克修斯二世和安德罗尼卡"，《公众教育部杂志》，CCXII(1880)，18，21。

⑳ 《公众教育部杂志》，CCXII(1880)，15；乌斯宾斯基谈的不是塑像，而是一幅画或镶嵌画。见尼西塔斯·科尼阿特斯《历史》，波恩版，432。

护者,枉法者的克星;你像西弥斯*(Themis)一样公正无私,廉洁奉公。"⑪

安德罗尼卡对拜占庭那些贵族(包括世袭贵族和土地贵族)的斗争,使意大利的历史学家科戈纳索联想起16世纪的俄罗斯沙皇伊凡雷帝对于俄罗斯贵族的斗争。他写道:

> 同安德罗尼卡曾试图摧毁拜占庭贵族的优势地位一样,伊凡也试图如此办理,摧毁俄罗斯的波雅尔(俄罗斯贵族)势力;而且,他们两个人都同样地被迫诉诸暴力手段,但俄罗斯沙皇做得更甚。然而,令人感到遗憾的是,他们在摧毁贵族势力的同时,也削弱了国家。伊凡四世时,就发现他在斯蒂芬·巴托里的波兰人势力面前无能为力,如同当年安德罗尼卡在诺曼人国王威廉二世面前无能为力一样。伊凡四世作为一个年轻而坚强的人民的君主,以迅雷不及掩耳的速度拯救了俄罗斯;安德罗尼卡则未能完成拜占庭帝国的改革和促其强盛的使命而早早倒台。古代的旧体制不可能继续得到支持,安德罗尼卡所梦寐以求的一个新的组织体系却过早地托付给了那些没有经验的人。⑫

当然,拜占庭社会制度历史久远,安德罗尼卡无力对它实行激

---

* 古希腊神话中司司法和正义的女神。——译者

⑪ Th.乌斯宾斯基,:"阿列克修斯二世和安德罗尼卡",《公众教育部杂志》,CCXII(1880),19。迈克尔·阿克米那图斯:《著作集》,S.兰普洛斯编,142。

⑫ 科戈纳索:《曼纽尔·科穆宁去世前的拜占庭党争和宫廷斗争》,290(78)。

进的改革。遭受镇压的土地贵族只是在等待时机,以图推翻这个可恨的统治者,代之以保持前三个科穆宁皇帝的社会政策的统治者。由于害怕叛乱和宫廷阴谋,安德罗尼卡疑神疑鬼,最后干脆采取恐怖政策。他经常滥杀无辜,触犯了上层阶级,也在平民大众中引起了与日俱增的仇恨。以前曾经狂热地接受并敬爱他的人们,现在却因他的背信弃义想抛弃他。他们已经开始寻找一位新皇帝。对那时君士坦丁堡人民的反复无常,尼西塔斯·科尼阿特斯有过鲜明的描写:"任何一个骚动的城市,它的人民都是盲目而顽固的;而君士坦丁堡的群众特别不安分守己,特别狂暴,而且特别'能另辟蹊径',因为其成分十分混杂……对他们来说,对皇帝漠不关心是天大的罪过,今天他们将他拥立为合法主人,明天就会把他贬为罪犯。"⑫

而对外政策的失败更加剧了复杂而危机重重的国内形势。安德罗尼卡认为,从帝国基本的和根本的利益考虑,政治上与外部世界隔绝是不切实际的;为了挽救绝望的形势,他必须与自己所深恶痛绝的西方势力重修旧好。

实际上,西方对拜占庭的态度极具威胁性。曼纽尔死后,拜占庭在西方有两个敌人:德意志国家和西西里王国。曼纽尔朝代两个帝国的联盟曾经是西欧政策的基础,现在已告结束;同时,拜占庭支持伦巴德各城市与弗里德里希·巴巴罗萨斗争使东方帝国的敌人逐渐靠近西西里王国。

在1182年君士坦丁堡大屠杀中幸免于难的拉丁人回到西方

---

⑫ 尼西塔斯·科尼阿特斯:《历史》,波恩版,304—305。

自己的国家。他们讲述了自己的可怕经历,并号召国人为他们报仇雪恨。遭受惨重经济损失的意大利商业共和国更是怒不可遏。还有一些遭受安德罗尼卡迫害的拜占庭贵族家族也逃到意大利,企图劝诱意大利诸国征讨拜占庭。

与此同时,西方对东方帝国的威胁日益加剧。弗里德里希·巴巴罗萨让他的儿子和继承人亨利娶了西西里王国的女继承人康斯坦丝(Constance)。这桩婚事的安排是在1184年,也就是安德罗尼卡去世的前一年在德国宣布的。这次事件意义重大。因为弗里德里希死后,他的儿子可以将那不勒斯和西西里并入德意志国王的地产。如果东方帝国的这两个敌人出于共同政治利益合而为一,将对拜占庭构成可怕的威胁。德意志与诺曼王族的联姻很有可能就是为了在西西里王国建立一个立足点,实现西方皇帝对付拜占庭的计划。因为在诺曼人的帮助下,德意志更容易征服希腊人的"国王"。一位中世纪史学家宣称,至少"这位与希腊人王国为敌的皇帝试图促成皇储与罗杰的女儿结合"。⑭ 与安德罗尼卡同时期的西西里国王威廉二世趁拜占庭内乱之机,组织了一次对拜占庭的大规模远征。其目的当然不仅仅是报复1182年的大屠杀或支持拜占庭扶立新君,而是企图夺取拜占庭皇位。安德罗尼卡决定与西方和东方谈判。

1185年,他与威尼斯签订条约。⑮ 据说,为了与圣马可共和国

---

⑭ 《科隆的马克西米安年代纪》(*Annales Colonienses Maximi*),1185,载珀茨(Pertz):《日耳曼历史文献集·书信集》,XVII,791。

⑮ 科戈纳索:《曼纽尔·科穆宁去世前的拜占庭党争和宫廷斗争》,294—295(82—83)。布莱耶尔:"安德罗尼卡(科穆宁)",《历史辞典》,II,1781。

达成协议,"换取对帝国的支持"(pro firmatione Imperii),安德罗尼卡释放了1182年大屠杀之后囚禁于君士坦丁堡的威尼斯人,并答应每年支付赔款,补偿他们的损失。实际上,他已开始履行条约中的义务,并于1185年付出第一笔赔款。[16] 同时,他极力向教宗靠拢,显然,他希望能得到教宗的支持,由此向教宗承诺给予天主教会一些特权。1182年末,教宗卢修斯三世曾派使节到达君士坦丁堡。[17] 而且,据一部西方编年史的重要记载,1185年安德罗尼卡不顾君士坦丁堡牧首的反对,在君士坦丁堡建立了一座教堂,馈赠给它以足量的岁入,供拉丁天主教牧师举行圣礼;"直到今天,那座教堂还被称作拉丁教堂。"[18]

在安德罗尼卡去世前不久,他还与埃及苏丹萨拉丁正式结盟。正如一位西方编年史家所说:"在悲伤和绝望之下,(安德罗尼卡)甚至向萨拉丁求助,并听从他的建议。"[19]盟约条款经宣誓生效:如

---

[16] 安德烈·丹杜利(Andrae Danduli):《编年史》(Chronicon),穆拉多里(Muratori)编,《意大利历史资料手稿》(Rerum italicarum scriptores),XII,309(1182年?)。亦见H.F.布朗(H.F.Brown):"12世纪末君士坦丁堡的威尼斯人和威尼斯居住区"("The Venetians and the Venetian Quarter in Constantinople to the Close of the Twelfth Century"),《希腊研究杂志》,XL(1920),86。

[17] 科戈纳索:《曼纽尔·科穆宁去世前的拜占庭党争和宫廷斗争》,298—299 (86—87)。布莱尔:"安德罗尼卡(科穆宁)",《历史辞典》,II,1781。

[18] 本尼迪克·阿巴蒂斯(Benedicti Abbatis):《国王亨利二世业绩》(Gesta regis Henrici Secundi),W.斯塔布斯(W.Stubbs)编,I,257:construxerat ecclesiam quandam nobilem in civitate Constantinopolis, et eam honore et redditibus multis ditaverat, et clericos Latinos in ea instituit secundum consuetudinem Latinorum, quae usque, hodie dicitur Latina. 同样的记载亦见罗格里·德胡梅得内《编年史》,斯塔布斯编,II,205.

[19] 《教士大年纪》(Chronicon Magni Presbiteri),即《赖歇尔斯贝格年代纪》(Annales Reicherspergenses),珀茨编:《日耳曼历史文献集,书信集》,XVII,511。

果萨拉丁在皇帝的建议和支持下占领耶路撒冷,他就应该占有其他任何一片可能征服的土地——除阿斯卡隆之外,耶路撒冷和整个海岸将获得自由;但前提是,萨拉丁必须承认安德罗尼卡对这个国家的宗主权;如果他们合作成功,皇帝应该拥有伊科尼姆苏丹的被征服地,最远可达安条克和小亚美尼亚。"可惜安德罗尼卡未及实施这个计划便一命呜呼。"[18]这样,根据这项盟约,安条克将被割让给萨拉丁,条件是萨拉丁承认帝国的宗主权。然而,无论是与威尼斯的条约,还是对教宗的讨好,乃至于同著名的萨拉丁的协议都无法挽救拜占庭的厄运或保住安德罗尼卡的权力。

在地中海东部,塞浦路斯岛总督伊萨克·科穆宁宣布独立,脱离帝国。由于缺乏优秀的舰队,安德罗尼卡未能镇压这次扰乱。塞浦路斯丢掉了。这对帝国是个极大的打击。因为那里是拜占庭重要的战略和商业据点,该据点与东方拉丁国家的贸易,可以为国库带来大量的收入。

但主要的和决定性的打击来自西方。西西里的威廉二世精心组织了一次对帝国的远征。像往常一样,战火燃起于都拉基乌姆。都拉基乌姆立即落入诺曼人之手;然后,他们沿着埃格南提亚军路(Via Egnantia)向萨洛尼卡进军。强大的诺曼舰队也抵达那里。威尼斯在这次战争中似乎保持绝对中立。

---

[18] 珀茨:上引书,XVII,511,见 R.罗恩里希(R.Rohriche)《耶路撒冷王国史(1100—1291年)》(*Geschichte des Konigreichs Jerusalem, 1100—1291*),494(一次正式联盟)。N.拉多伊契奇(N.Radoječić):《科穆宁朝末代两帝》(*Dva posljednja Komnena na carigradskom prijestolju*),85。科戈纳索:《曼纽尔·科穆宁去世前的拜占庭党争和宫廷斗争》,297(85)。多尔格:《未公布的希腊文献汇编》,II,91(no.1563)。布莱耶尔:"安德罗尼卡(科穆宁)",《历史辞典》,II,1781。

第七章 拜占庭与十字军

著名的海陆两路围攻萨洛尼卡的十日战开始了。萨洛尼卡大主教尤斯塔修斯目睹了这场战斗,并将其记载下来。他的记载虽然有些夸张,但却是珍贵的史料。1185年8月,仅次于君士坦丁堡的拜占庭第二号城市萨洛尼卡落入诺曼人之手。诺曼人对它进行了疯狂的破坏和大屠杀,以报1182年拉丁大屠杀之仇。当时的拜占庭史学家尼西塔斯·科尼阿特斯说:"我们和他们(拉丁人)之间形成了仇恨的无底深渊;即使我们依然保持外事联系并且经常栖身于同一屋顶之下,我们的心灵再也不能沟通,简直是水火不容。"[18]经过几天的烧杀抢掠,诺曼军队继续向东方行进,直抵君士坦丁堡。

萨洛尼卡的失陷和诺曼军队逼近的消息传到君士坦丁堡,人民发动了起义。他们指责安德罗尼卡抵抗不力。伊萨克·安吉列(Issac Angelus)突然被宣布为皇帝。安德罗尼卡被推翻,在酷刑折磨之下死去。1185年的革命宣告了拜占庭科穆宁王朝的终结。

安德罗尼卡一世登基之时,以保护农业阶级或农民、打击大土地所有者的独裁统治,并消灭拉丁人在拜占庭的膨胀势力为其基本国策。他的短暂统治与其他科穆宁皇帝的统治时期形成鲜明对比。只为这一个原因,安德罗尼卡的统治值得进行认真严密的科学研究。安德罗尼卡时代的一些问题,特别是社会问题和利益问题,至今尚未得到圆满解释。这就为进一步的研究提供了特别具有吸引力的空间。

---

[18] 尼西塔斯·科尼阿特斯:《历史》,波恩版,391—392。

安吉列王朝的对外政策

安吉列王朝诸皇帝的特征

安吉列王朝由于1185年革命而取得皇位。该王朝属阿列克修斯·科穆宁的同时代人君士坦丁·安吉列家族的后人,该家族原是小亚细亚的菲拉得尔菲亚城人(Philadelphia),出身低微,但君士坦丁娶了阿列克修斯皇帝的一位女儿为妻而进入上层社会,此即安吉列家族第一位皇帝伊萨克二世安吉列的祖父。所以,伊萨克二世应该属科穆宁家族的母系支脉。

安德罗尼卡晚期的目标之一是建立一个民族政府;很明显,他大志未酬,并且在其统治行将结束时,开始转向西方。他去世之后,建立民族政府已是大势所趋。所以,正如安吉列王朝伊萨克二世统治时期的意大利史学家科戈纳索所说:"9月12日(1185年)的革命特别具有民族性和贵族性;所以,在所有的阶级中,只有拜占庭贵族从革命中得到好处。"⑱

伊萨克二世(1185—1195年在位)并无治国才能。用格尔泽的话来说,他是"邪恶道德的化身,坐在恺撒们腐朽的宝座上"⑲。拜占庭宫廷的穷奢极欲、铺张浪费和强暴专横、敲诈勒索使人民忍无可忍;而在对外关系方面,统治者则表现得盲目、缺乏决断,特别

---

⑱ "颓废的拜占庭皇帝安吉列的伊萨克二世"("Un imperatore Bizantino della decadenza Isacco II Angelo"),《贝萨里翁》(*Bessarione*),XXXI(1915),44;抽印本,18。

⑲ 《拜占庭帝国史纲要》,1032。

是当巴尔干半岛上的第二保加利亚王国对帝国安全构成新威胁时,在小亚细亚,当突厥人横行而第三次十字军又未能积极阻挡时,表现得尤其如此。所有这一切在全国引起了不满和愤怒。于是,民众的暴乱接连发生,皇帝亦走马灯似的更换。然而,引起普遍不满的主要原因也许是"民众对安德罗尼卡意识到的两种恶行再也无法忍受,即财政官的贪欲和富有者的傲慢"[⑭]。最后,在1195年,发生了反对伊萨克的阴谋暴乱,策划者是伊萨克的兄弟阿列克修斯,他在一些贵族和军人的支持下,推翻了伊萨克的统治。伊萨克被弄瞎双眼,送进监狱,他的弟弟阿列克修斯做了皇帝,称阿列克修斯三世安吉列(1195—1203年在位)或安吉列·科穆宁,有时候,人们称他为平庸者($Βαμβακοράβδης$)[⑮]。

新皇帝跟他哥哥一样平庸无能。同样地穷奢极欲,同样地缺乏政治才能。同样地懒于理政,在军事上也同样地无能,这导致帝国更迅速地走向分裂,蒙羞。尼西塔斯·科尼阿特斯辛辣地讽刺阿列克修斯三世:"不管是什么样的文件,只要呈递给皇帝,他立即签字;哪怕这份文件只是一堆废话,或者文件呈递者要求什么人在陆地行船或在海上耕地,或要求将高山移往大海中央,或像神话传奇那样,将阿索斯山搬到奥林匹斯山上,这都无关紧要。"[⑯]首都贵族竞相效仿皇帝,互相攀比谁更为豪华奢侈。民众暴动在各省和首都此起彼伏。居住在君士坦丁堡的外国人——威尼斯人和比萨

[⑭] 科戈纳索:"颓废的拜占庭皇帝",《贝萨里翁》,XXXI(1915),59;抽印本,33。
[⑮] 见 N.A.比斯(N.A.Bees)"平庸者,皇帝阿列克修斯三世安吉列",《拜占庭和当代希腊年鉴》,III(1922),285—286。
[⑯] 《历史》,波恩版,599—600。

人经常在大街上遭遇流血冲突。对外关系方面也同样不成功。

其时,被废黜的伊萨克二世的儿子,年轻的阿列克修斯王子乘坐一艘比萨人的船从拜占庭逃到意大利。此后又到了德国,投奔国王士瓦本的腓力。腓力是伊萨克·安吉列的女婿,阿列克修斯王子的姐夫。那时正是第四次十字军开始发动之时。王子哀求德王和教宗帮助他双目失明的父亲恢复皇位。经过百般周旋,阿列克修斯终于说服威尼斯舰队取消埃及之行,转向君士坦丁堡。1203年,十字军夺取拜占庭首都,废黜阿列克修斯三世,将年老失明的伊萨克扶上皇位(1203—1204年);然后,他们又将王子阿列克修斯扶上皇位,作为共治帝(称阿列克修斯四世)随侍其父左右。十字军则驻扎在君士坦丁堡附近,监督他们订立的各项条款的实施。

然而,皇帝无力履行这些条款,而且两位皇帝对十字军俯首帖耳的行为,在首都引起了暴动。结果阿列克修斯五世杜卡斯·莫卓弗劳斯(Ducas Mourtzouphlos)被立为皇帝(1204年)。阿列克修斯五世娶了阿列克修斯三世的女儿为妻,与安吉列家族建立了姻亲关系。伊萨克二世和阿列克修斯四世在这场暴乱中丧生。十字军看到他们在首都失去了两位皇帝的支持,而且莫卓弗劳斯又举起了反对拉丁人的大旗,与十字军为敌,遂决定将君士坦丁堡据为己有。由于拉丁人的顽强进攻,首都人民的殊死抵抗失败了,君士坦丁堡终于在1204年4月13日落入西方骑士之手,遭到残暴蹂躏,皇帝逃离首都。拜占庭帝国倒台了。取而代之的是以君士坦丁堡为其首都的封建的拉丁帝国和东方帝国各地出现的数个封臣国家。

安吉列王朝或安吉列-科穆宁王朝起源于希腊民族,但他们未能为帝国奉献一位强大的皇帝；在内忧外患中，它只是加速了帝国的灭亡。

诺曼人和突厥人的关系及第二保加利亚王国的形成

在1185年革命那一年，也就是安德罗尼卡一世被废黜和伊萨克·安吉列登基那一年，帝国的形势非常危险。诺曼人陆军在占领萨洛尼卡之后开始进军首都君士坦丁堡，与此同时，诺曼舰队也已经抵达。但是诺曼人取得胜利后得意忘形，开始在征服地区大肆掠夺；他们过分自负和蔑视拜占庭军队，吃了败仗，被迫退出萨洛尼卡和都拉基乌姆。他们的舰队登陆行动的失败迫使他们撤离君士坦丁堡。伊萨克·安吉列与威廉二世签订和约，宣告诺曼战争结束。对于小亚细亚的塞尔柱人的威胁，伊萨克·安吉列以重礼贿赂和年贡换取了暂时安宁。

对于伊萨克·安吉列来说，即使与诺曼人暂时休战，也占了很大便宜。因为在他统治的最初几年，巴尔干半岛发生了对帝国意义重大的几个事件。1018年被"保加利亚人的屠杀者"瓦西里二世征服的保加利亚曾几次试图恢复独立。1186年，保加利亚终于摆脱拜占庭的枷锁，成立了第二保加利亚王国。

这场运动的领袖是彼得，或卡洛彼得（Kalopeter）及亚琛（亚桑[Asen或Asan]）两兄弟。对于他们的家世和瓦拉几亚人参加1186年起义的问题，史学家曾做过几次探讨。以前，史学家们认为这两兄弟曾生活在瓦拉几亚人当中，因而学会了他们的语言。V.瓦西列夫斯基说："这两位领袖正是保加利亚和瓦拉几亚两个民族融合的典范。这一点在所有记载这次自由之战的史料中十分明显,也为近代史学家们所强调。"⑱最近,保加利亚史学家将彼得和亚琛的家世追溯到保加利亚北方的库曼-保加利亚人,否认瓦拉几亚-罗马尼亚人参加过1186年的起义;并且认为,特尔诺沃第二保加利亚王国的建立完全是保加利亚民族的成就,与瓦拉几亚人无关。⑱ 然而,近代的罗马尼亚史学家激烈地重申瓦拉几亚人在第二保加利亚王国建立中的作用,认为这个新王国属于瓦拉几亚人,即罗马尼亚人。⑲

这个问题掺杂着保加利亚人和罗马尼亚人的一些民族主义因素,因此有必要以尽可能超然和公正的学术态度加以探讨。在可靠资料的基础上,应该得出如下结论:瓦拉几亚人,即今天的罗马尼亚人的祖先,曾经掀起,并轰轰烈烈地进行了12世纪下半叶巴尔干半岛上的这场解放运动;保加利亚人参加了这场运动。从某种程度上说,多瑙河对岸的库曼人也参加了这场运动。瓦拉几亚人在这个重大事件中的作用不可忽视。当时最杰出的希腊史学家尼西塔斯·科尼阿特斯明确表明这场暴动肇始于瓦拉几亚人(Blachi);他们的领袖彼得和亚琛属于这个民族;这个时期拜占庭

---

⑰ V.G.瓦西列夫斯基的评论发表于《公众教育部杂志》,CCIV(1879),181。

⑱ 例如,参见 P.穆塔弗奇也夫(P.Mutafchiev)《普洛塞克的统治者。12世纪末和13世纪初保加利亚历史》(*The Rulers of Prosec. Pages from the History of Bulgaria at the End of the Twelfth and the Beginning of the Thirteenth Century*),6—7。V.兹拉塔尔斯基:《1185年叛乱首领彼得和亚琛的家世渊源》(*The Origin of Peter and Asen, the Leaders of the Insurrection in* 1185),427。P.尼克夫(P.Nikov):《第二保加利亚帝国(1186—1936年)》(*The Second Bulgarian Empire 1186—1936*),23。

⑲ 见 G.布拉提亚努"维奇那一世对拜占庭的统治史和热那亚在多布罗加的商业史上的贡献",《罗马尼亚科学院历史研究所简报》,X(1923),136。布拉提亚努:《维奇那和切塔采亚·阿尔巴的研究》(*Recherches sur Vicina et Cetatea Alba*),93。

帝国的第二次战争就是针对瓦拉几亚人;彼得和亚琛死后,瓦拉几亚人帝国由他们的弟弟约翰继承。只要尼西塔斯提到保加利亚人,他总是将他们与瓦拉几亚人相提并论,即"保加利亚人和瓦拉几亚人"。[190] 跟随皇帝弗里德里希·巴巴罗萨进行东征(1189—1190年)的西方教士安斯伯特记载道,皇帝在巴尔干半岛同希腊人和瓦拉几亚人作战,称彼得或卡洛彼得为"瓦拉几亚人和大多数保加利亚人的皇帝"(*Blacorum et maxime paxime partis Bulgarorum dominus*)或"瓦拉几亚人和库曼人的皇帝(*imperator*)",或只声称"被他们称作希腊皇帝的瓦拉几亚人皇帝"(*Kalopetrus Bachorum*[*Blachorum*]*dominus itemque a suis dictus imperator Grecie*)。[191] 教宗英诺森三世曾于1204年与保加利亚国王卡洛扬(Calojoannes)通信,称他为"保加利亚人和瓦拉几亚人之王"(*Bulgarorum et Blacorum rex*);在回复教宗的信中,卡洛扬自称"保加利亚之瓦拉几亚王国的皇帝"(*imperator omnium Bulgarorum et Blacorum*),但落款签名是:"保加利亚皇帝卡洛扬"(*imperator Bulgariae Calojoannes*);特尔诺沃大主教自称"全保加利亚与瓦拉几亚人第一主教"(*totius Bulgariae et Blaciae Primas*)。[192]

尽管这场解放运动是瓦拉几亚人发起的,但保加利亚人无疑

---

[190] 尼西塔斯·科尼阿特斯:《历史》,波恩版,482、485、487—489、516、622。

[191] 安斯伯特(Ansbert 或 Ansbertus):《弗里德里希大帝远征史》(Historia de expeditione Frederici Imperatoris),26、44、48、54。

[192] 英诺森三世(Innocent III):《书信集》(*Epistolae*),VII;米涅编:《拉丁教父著作全集》,XV,特别是见 col.287;VI,290;VIII,292—293;IX,294;XI,295;XII,295—296。

积极参加了这场运动,可能主要负责新王国的内部组织工作。库曼人也参加了这场运动。从民族学上来说,新生的保加利亚王国是瓦拉几亚-保加利亚-库曼民族的混合国家。如果尼西塔斯·科尼阿特斯的观点可以接受的话,那么它即是瓦拉几亚人所统治的王朝。⑬

这场运动的原因是瓦拉几亚人和保加利亚人对拜占庭统治不满,想要独立。形势似乎对他们特别有利。由于安德罗尼卡时期的混乱和1185年的革命,拜占庭帝国元气大伤,无力采取适当措施平息这场暴动。而尼西塔斯则幼稚地认为,这次叛乱的起因是由于伊萨克·安吉列在筹办其与匈牙利公主的婚礼时,抢走了瓦拉几亚人的牛,才引起了叛乱。⑭

彼得,这个"叛逆的可恶的奴隶"(雅典人迈克尔·阿克米那图斯如此称呼他⑮),和亚琛在开始时遭到拜占庭军队的打击;但他

---

⑬ 关于第二保加利亚王国的形成,见 K.R.冯·霍费勒尔(K.R.von Höfler)的经典著作;如果我未弄错的话,在涉及这个问题时,1943年以前学者们在进行这方面研究时从未提到过他的这部专著:《关于斯拉夫人历史的论文集, I. 第二保加利亚王国(1186—1257年)的创建者瓦拉几亚人亚琛兄弟》(*Abhandlungen aus dem Gebiete der slavischen Geschichte . I.Die Wallachen als Begrunder des zweiten bulgarischen Reiches der Asaniden*, 1186—1257), 229—245。N.班内斯库(N.Bănescu):《中世纪历史上的一个问题:第二保加利亚帝国的形成及其特征》,(*Un probleme d'histoire médiévale: Création et caractère du Second Empire Bulgare*), 84—93。奥斯特洛戈尔斯基最近强调,库曼人和瓦拉几亚人在彼得和亚琛起义中的作用相当大,《拜占庭国家史》, 287页注3。R.L.沃尔夫(R.L.Wolff):"第二保加利亚帝国的起源及其在1204年前的历史"("The Second Bulgarian Empire.Its Origin and History to 1204"),《史鉴》(1949), 167—206。

⑭ 尼西塔斯·科尼阿特斯:《历史》,波恩版,481。

⑮ 《编年史家米哈伊尔·阿克米那特·科尼阿特斯作品拾遗》(Μιχαὴλ Ἀκομινάτου τοῦ Χωνιάτου τὰ σωζόμενα),兰普罗斯编, I, 246—247。

们却能够从多瑙河对岸的库曼人中补充兵源。战争对帝国愈来愈困难,于是,彼得和亚琛成功地与拜占庭达成了一项和约。彼得在他揭竿而起时已经自称沙皇,并且黄袍加身。现在,这个新保加利亚王国被承认是一个政治上不受拜占庭控制的独立国家,定都特尔诺沃,并建立了独立的国家教会。[⑲] 这个新的王国就是人所共知的特尔诺沃保加利亚王国。[⑳]

与保加利亚起义的同时,一场类似的运动在塞尔维亚境内爆发。统一了塞尔维亚的"大祖潘"(Gereat Župan,伟大的统治者)斯蒂芬·尼曼加(Stephen Nemanja)建立了王朝。他与保加利亚的彼得达成协议,联手对付拜占庭帝国。[㉑]

1189 年,第三次十字军的参与者、德意志的弗里德里希·巴巴罗萨在拜谒圣地途中,经巴尔干半岛到达君士坦丁堡。塞尔维亚和保加利亚试图利用这个有利时机取得弗里德里希的帮助。弗里德里希在尼什停留期间,接待了塞尔维亚使节和大祖潘斯蒂芬·尼曼亚(the Great Župan Stephen Nemanya)本人,同时,与保加利亚展开谈判。塞尔维亚和保加利亚建议与弗里德里希联盟对付拜占庭皇帝,条件是弗里德里希允许塞尔维亚合并达尔马提亚和保有征服的拜占庭领土,同时允许亚琛兄弟永久拥有保加利

[⑲] P.尼克夫:《保加利亚和保加利亚教会史史料研究》(*Studies in the Historical Sources of Bulgaria and in the History of the Bulgarian Church*),8—13。V.兹拉塔尔斯基:《中世纪保加利亚帝国史》,II,441—483。

[⑳] 同⑲所引。亦见 P.尼克夫《13 世纪初以来的保加利亚外交》(*Bulgarian Diplomacy from the Beginning of the Thirteenth Century*),76—77。

[㉑] C.吉莱切克:《塞尔维亚史》,I,270。

亚,确保彼得的王位。弗里德里希没有给他们最后答复就上路了。[19] 19世纪的史学家V.瓦西列夫斯基对此发表评论说:"解决巴尔干半岛斯拉夫人问题的主动权曾一度操纵在西方皇帝手中;巴巴罗萨几乎就要接受塞尔维亚和保加利亚首领的帮助对付拜占庭。毫无疑问,这将会导致希腊帝国的毁灭。"[20]

十字军进入小亚细亚之后不久,拜占庭军队遭到保加利亚人的沉重打击。皇帝本人险些被俘。据当时的资料记载,"大规模的杀戮使诸多城市哀泣,使乡村哀歌。"[21]

1195年,拜占庭爆发革命,伊萨克被废黜并被刺瞎了双眼,他的兄弟阿列克修斯登基。阿列克修斯做的第一件事是巩固皇位。所以,他与保加利亚人和谈。但保加利亚人提出难以接受的条件。不久以后,1196年,由于希腊人的阴谋策划,亚琛和彼得先后被杀害,他们的弟弟约翰接替他们成为统治者。他以前曾作为人质在君士坦丁堡生活过,谙熟拜占庭习俗。他就是"1196年威胁希腊人,后来又威胁拉丁人"[22]的著名沙皇卡洛扬。保加利亚人承认教宗是他们教会的领袖,特尔诺沃大主教也被提升为首席主教。

于是,在安吉列王朝统治期间,巴尔干半岛上崛起了一个以保加利亚国王为代表的强大对手。第二保加利亚王国在安吉列王朝末期势力坐大,成了在拜占庭领土上建立的拉丁帝国所面临的真

---

[19] C.吉莱切克:《塞尔维亚史》,I,271—272。
[20] 瓦西列夫斯基文章,《公众教育部杂志》,CCIV(1879),196—197。
[21] 尼西塔斯·科尼阿特斯:《历史》,波恩版,565。
[22] 瓦西列夫斯基文章,《公众教育部杂志》,CCIV(1879),203。(此处原标明XXIV,即第24卷,经核对前文,确定此处有误。——译者)

正威胁。

第三次十字军和拜占庭

在毫无成就的第二次十字军之后,基督徒东方领土*的局势仍然令人极其不安:各王公之间的内部纷争、宫廷阴谋、军事骑士团间的争执和个人利益的追逐——所有这些都在不断削弱基督徒的势力,使穆斯林得寸进尺。基督徒领土上最重要的中心安条克和耶路撒冷已经无力自保。12世纪中期夺取大马士革的强大的叙利亚统治者努尔丁·马茂德(Nurad-Din Mahmud)开始对安条克虎视眈眈。然而,真正的危险还是来自埃及。具有强大野心计划的天才首领和精明的政治家库尔德人萨拉丁于12世纪70年代末推翻了法蒂玛王朝,建立阿尤布王朝,统治了埃及。萨拉丁趁努尔丁去世之机,征服了叙利亚,后来又征服美索不达米亚大部分,从南、东、北三面形成了对耶路撒冷王国的包围之势。

当时,耶路撒冷正经历着严重动乱,这一点萨拉丁非常清楚。当得知他妹妹所在的穆斯林商队遭到基督徒的抢劫时,萨拉丁便进入了耶路撒冷王国,并于1187年在靠近提比留海**的赫丁(哈丁)战役中打败了基督徒军队。耶路撒冷国王以及许多其他基督徒王公都落入萨拉丁之手。然后,萨拉丁占领了一些军事重地,如贝鲁特、西顿、雅法等,从而切断了基督徒可能获得的海上供给。接着,他进军耶路撒冷,并于同年(1187年)秋天轻而易举地占领

---

  * 此处指十字军建立的海外领地。——译者
  ** 即耶路撒冷北方的加利利海,或称加利利湖,是《圣经·新约》记载中耶稣早期生活和传道的重要地区之一。——译者

圣城。欧洲的所有牺牲和宗教热忱都已付诸东流。耶路撒冷又落入异教徒之手。组织一次新的十字军东征已经势在必行。

西方的教宗正为新的东征而积极活动。他成功地敦促法国国王奥古斯都菲利普二世、英国狮心王理查一世和德国国王弗里德里希一世巴巴罗萨这三位君主参加了这次运动。但这次轰轰烈烈的十字军运动并无总的指导思想。首先,参加者都各自试图与将要路经地区和国家的领主们搞好关系。菲利普·奥古斯都和理查经过西西里,自然要讨好西西里国王。弗里德里希·巴巴罗萨要经过巴尔干半岛到达东方,所以要与匈牙利国王、塞尔维亚大祖潘、拜占庭皇帝伊萨克·安吉列,甚至与小亚细亚的伊科尼姆苏丹(萨拉丁的对手,一个穆斯林)进行谈判。由于政治上的需要,十字军的君主们不惜与异教徒结盟。然而,十字军所面临的对手却不是他们以前所面对的那样一盘散沙般的穆斯林军队,而是战无不胜的天才而英明的萨拉丁,他已经征服了埃及、巴勒斯坦和叙利亚,尤其当他拿下耶路撒冷之后,势头更盛。听到十字军出征的消息,他立即号召穆斯林同基督徒,这些"狂吠的狗"和"蠢才"(他在给他兄弟的信中这样称呼十字军[203])做积极的、坚忍不拔的斗争。这是一次抗击基督徒的反十字军运动。一部中世纪传奇记载:在此之前,为了了解基督教国家的局势,萨拉丁曾亲自游历欧洲。[204]

---

[203] 罗恩里希:《耶路撒冷王国史》,491。

[204] 见 F.J.达奎斯(F.J.da Aquis)《世界图像编年史》(*Chonaca dell'imagine mondo*),《国家历史文献手稿》(*Monumenta Historiae Patria Scriptorum*),III,1561。亦见 G.帕里斯(G.Paris)"萨拉丁传奇"("La Légende de Saladin"),《学者杂志》(*Journal des Savants*)(1893),7—34。A.托马斯:"普瓦提埃的萨拉丁传奇"("La Légende de Saladin en Poitou"),《学者报》(1908),467—471。

第七章 拜占庭与十字军

一位近代史学家记述道:"以前的十字军从未如此鲜明地体现两大宗教势力的对抗。"[205]

弗里德里希·巴巴罗萨安然无恙地穿过匈牙利和巴尔干半岛,与塞尔维亚和保加利亚人达成协议。将来的行军是否顺利,首先取决于他与伊萨克·安吉列建立什么样的关系。

由于1182年君士坦丁堡对拉丁人的屠杀,基督教东、西方的关系变得十分紧张。弗里德里希·巴巴罗萨与诺曼人的友好谅解,特别是他的儿子与西西里王国女继承人的联姻更引起伊萨克对他的猜忌。虽然弗里德里希出发前已经与拜占庭皇帝的使者签订了纽伦堡条约,伊萨克·安吉列仍然与十字军的进攻目标萨拉丁展开谈判。萨拉丁遣使拜占庭,签订了对付伊科尼姆苏丹的盟约,条件是:伊萨克全力阻击弗里德里希的东进;萨拉丁则答应将圣地耶路撒冷归还希腊人。伊萨克对弗里德里希的行为越来越感到不安。弗里德里希与塞尔维亚和保加利亚签订的协议显然是针对拜占庭的,这不能不引起伊萨克的警惕。

此时,弗里德里希的十字军占领了菲利浦城(Philippopolis)。在伊萨克致这位西方皇帝的信中,称他为"阿勒曼尼之王"[206],称自己为"罗马人的皇帝"。[207] 他指责弗里德里希企图征服东方帝国,但又答应帮助他渡过赫勒斯滂海,条件是,弗里德里希送一些德意

---

[205] 布莱耶尔:《十字军》,121;(1928年第5次修订版),121。
[206] 尼西塔斯·阿克米那图斯亦称腓特烈为"阿勒曼尼人君主弗里德里希"($\Phi \rho \varepsilon \delta \acute{\varepsilon}\rho\iota\kappa o\varsigma\ \acute{o}\ \tau\tilde{\omega}\nu\ \mathrm{'A}\lambda\alpha\mu\alpha\nu\tilde{\omega}\nu\ \rho\acute{\eta}\xi$)。
[207] 安斯伯特编:《弗里德里希大帝远征史》,《奥地利历史资料集,I,作品集》(*Fontes rerum austriacarum*, I, *Scriptores*), V, 37。

志贵族人质到拜占庭,并保证将德意志人占领的一半亚洲领土归属拜占庭。在君士坦丁堡的德意志使者则被囚禁。事已至此,弗里德里希决心征服君士坦丁堡。他写信给儿子亨利,让他集合意大利的舰队,向教宗请求许可,组织另一支进攻希腊人的十字军。与此同时,在弗里德里希的军队攻占了亚得里亚堡后,随即占领色雷斯,几乎抵近君士坦丁堡城下。史料记载:"君士坦丁堡全城一片惊慌,感到他们的末日就要来临。"[208]

生死攸关之时,伊萨克投降了。他在亚得里亚堡与弗里德里希讲和,主要条件是:伊萨克准备船只,运送弗里德里希的士兵渡过赫勒斯滂海,进入小亚细亚;向弗里德里希派遣人质;向十字军提供粮食。1190年春,德意志军队越过赫勒斯滂海。

众所周知,弗里德里希的远征彻底失败了。他的军队经历了穿越小亚细亚的长征,到达小亚美尼亚边境上的乞里奇亚境内时已是筋疲力尽。1190年,这位皇帝意外地在一条河上溺水而死;他的军队如鸟兽散。萨拉丁最危险的敌人消失了。

西欧其余两位君主菲利普二世奥古斯都和狮心王理查一世从西西里乘船到达巴勒斯坦。他们的远征几乎没有触犯拜占庭的利益。然而,理查的名字与拜占庭最终丢失其在地中海上的战略要地塞浦路斯有着直接关系。

在安德罗尼卡一世执政期间,伊萨克·科穆宁曾脱离帝国,自封为塞浦路斯的独立统治者,并且与西西里王国达成协议。伊萨

---

[208] 《外国史》(Historia peregrinorum),转引自 K.齐默尔特(K.Zimmert)"1189年7月—1190年2月德意志-拜占庭冲突"("Der deutsch-Byzantinische Konflikt vom Juli 1189 bis Februar 1190"),《拜占庭研究杂志》(德文),XII,(1903),63 页注 2。

克·安吉列试图收复塞浦路斯岛,但没有成功。在英王狮心理查东征期间,因他的新娘及其妹妹所乘坐的船只遇海难,在塞浦路斯岛的岸边搁浅,塞浦路斯岛君主没有给予应有的保护和尊重,引起理查王勃然大怒。于是,理查王在塞浦路斯登陆,打败了伊萨克·科穆宁,迫其退位。随后,理查王将塞浦路斯岛交给耶路撒冷流亡国王居伊德·吕济尼昂(Guy de Lusignan)。1192年,吕济尼昂在塞浦路斯建立吕济尼昂王朝,放弃了对耶路撒冷王国的有名无实的权利,因为当时的耶路撒冷已经不再由基督徒所控制。塞浦路斯的新拉丁王国似乎成为此后基督徒对东方行动的一个战略基地,充当了重要角色。

十字军一无所获。英法两个君主空手而归。耶路撒冷依然控制在穆斯林手中。基督徒只保留了从雅法到提尔间的狭长地带。萨拉丁主宰了局面。

亨利六世和他的东方计划

如果说弗里德里希·巴巴罗萨给拜占庭带来了危险,那么他的儿子和继承人亨利六世带来的危险更大。亨利继承了霍亨斯陶芬家族的信念,认为上帝赋予他无限的权力。仅仅出于这一理由,他也无法容忍另一位皇帝,即拜占庭皇帝拥有同样的绝对权力。除此之外,作为诺曼公主康斯坦丝的丈夫,他继承了两西西里王国;同时也继承了诺曼人对拜占庭的顽固敌视和对拜占庭的侵略计划。亨利六世似乎注定要完成其父的未竟事业,即,将拜占庭合并到西方帝国。他向君士坦丁堡发出最后通牒,要求伊萨克·安吉列割让都拉基乌姆和萨洛尼卡之间的巴尔干领土。这些领土曾经被诺曼人征服,又被拜占庭收复。在这份文件中,还提到了弗里德里希·巴巴罗萨在十字军期间遭受的损失赔偿问题和拜占庭派舰队支援亨利远征巴勒斯坦问题。[209] 1195年,伊萨克秘密地派出了使者之后,便被其弟阿列克修斯三世废黜,并被刺瞎双眼。

这次革命之后,亨利六世的威胁日甚一日。他安排他弟弟、士瓦本的腓力与被废黜的皇帝伊萨克的女儿伊琳娜结婚,从而使其弟弟获得对拜占庭的某些权利。在拜占庭新皇帝那里,他对亨利六世的"恐惧不仅由于他是西方皇帝,诺曼诸王的继承人和十字军战士,而且首先是被废黜的伊萨克及其家族的复仇者"[210]。亨利为十字军设计的夺权目标不仅仅是巴勒斯坦,还包括君士坦丁堡。他计划占有所有的基督教东方领土,也包括占有拜占庭。局势似乎对他实现这个目标十分有利:塞浦路斯统治者遣使德意志,乞求他赐予自己国王的称号,并表示愿意"成为罗马皇帝永远的附庸"(homo imperiiesse Romani)。[211] 小亚美尼亚的统治者也同样请求获得君主称号。如果亨利能成功地插足于叙利亚,他将完全能够形成对拜占庭的包围之势。

在此关键时刻,教宗站到了拜占庭一边。他十分清醒:如果霍亨斯陶芬家族建立一个包括拜占庭在内的大一统君主国的梦想得以实现,教廷将被打入永恒的冷宫。所以,教宗竭尽全力阻挠亨利

---

[209] 尼西塔斯·科尼阿特斯:《历史》,波恩版,627—628。
[210] W.诺登:《教宗统治和拜占庭》,128。
[211] 《马尔巴森斯年代纪》(Annales Marbacenses),佩尔茨编:《日耳曼历史文献》,XVII,167。

第七章　拜占庭与十字军

进攻东方帝国的计划；圣彼得座的继承人似乎忘了拜占庭皇帝的分裂主义。正如诺登（Norden）所指出的，对教廷来说，希腊问题几乎丧失了它的全部宗教意义，完全表现出它的政治色彩。"如果精神的胜利要以教廷的政治破产为代价，那它还有什么意义！"对教宗来说，拜占庭是抵抗西方帝国主义的屏障，至于她是一个天主教国家还是分裂主义国家，她的皇位上坐的是一个合法的皇帝还是一个篡权者，都无关紧要。对12世纪末的教宗来说，重要的是拜占庭国家保持完全的独立地位。㉑

这时，亨利给阿列克修斯三世送去了恫吓信，与此前送给伊萨克的最后通牒类似。阿列克修斯只能付给亨利六世巨款以购买和平。为此，阿列克修斯在全国开征一种特别税，称"阿勒曼尼税"（άλαμανικόν），并从皇陵中挖掘珍贵的随葬品。㉒ 为了从他的危险敌人那里换得一时安宁，他只能如此委曲求全。1197年夏末，亨利驾临墨西拿，亲自参加十字军的出发仪式。一支庞大的舰队整装待发，其目标可能不只是圣地，还有君士坦丁堡。正值此时，年轻而精力旺盛的亨利却因高烧而卧床不起，并于同年的秋天去世。亨利一死，其宏伟计划也宣告破产。在这一短短的时期，东方第二次逃脱了霍亨斯陶芬王朝的魔掌。拜占庭人得知亨利的死讯和取缔"阿勒曼尼税"的消息十分欢悦。教宗也如释重负。

亨利的活动表明了，在十字军事业中，政治上的考虑已经获得全面胜利。这对拜占庭的未来命运具有非常重要的意义。"亨利

㉑　诺登：《教宗统治和拜占庭》，130、132。
㉒　尼西塔斯·科尼阿特斯：《历史》，波恩版，631—632。

最终提出了拜占庭帝国问题,它的解决将很快成为十字军成功的必要条件。"[24]

有些史学家矢口否认亨利六世有建立世界性大一统帝国和征服君士坦丁堡的梦想。他们指出,这种说法只是基于那个时代拜占庭史学家尼西塔斯·科尼阿特斯的记载,而在西方史料中却没有相关的任何证据。这些作者认为,后来得到布莱耶尔赞同的诺尔顿的论断并不可信;他们相信,在1196年时,亨利并没有认真地考虑进攻拜占庭的问题;亨利的十字军与他的拜占庭政策也没有任何关系,认为亨利有着建立一个世界性帝国的梦想只是子虚乌有的神话。[25] 但是,人们无法否认当时的作者尼西塔斯·科尼阿特斯的记载,他清楚地评述了亨利对拜占庭的侵略计划。而且,这一计划是亨利之父弗里德里希·巴巴罗萨对拜占庭政策的直接延续和后果;在第三次十字军运动中,弗里德里希·巴巴罗萨曾经准备夺取君士坦丁堡。[26] 因此,亨利六世的政策不仅是一位十字军战士的政策,也是一位沉湎于建立一个包括拜占庭在内的世界君主国的幻想者的政策。

---

[24] 布莱耶尔:《十字军》,143。

[25] E.特劳布(E.Traub):《1195—1197年皇帝亨利六世的十字军计划及其政策》(*Der Kreuzzugsplan Kaiser Heinrichs VI im Zusammenhang mit der Politik der Jahre 1195—1197*),51—52、60。W.莱昂哈特:(W.Leonhardt):《皇帝亨利六世的十字军计划》(*Der Kreuzzugsplan Kaiser Heinrichs VI*),63、67、89。见多尔格《未公布的希腊文献汇编》,II,101(no.1619)。莱昂哈特的观点得到J.哈勒尔(J.Haller)的支持:"皇帝亨利六世"("Kaiser Heinrich VI"),《历史杂志》,CXIII(1914),488—489,并特别见503。

[26] 见弗里德里希·巴巴罗萨在他死前不久,即1189年于菲利浦城写给他的儿子和继承人亨利的信,见博赫默尔(Böhmer)《皇帝敕令选》(*Acta imperii selecta*),152。

第四次十字军和拜占庭

第四次十字军运动是一次极度复杂的历史事件,混杂着各种各样的利益和情绪;高尚的宗教情感,来世回报的希望,精神活动的渴望,对十字军事业的献身与冒险和攫取的欲望,对长途旅行的爱好和封建时期的尚武好战情绪交织在一起。前几次十字军运动表现出来的物质利益和世俗利益支配精神和宗教情绪的特点,在第四次十字军中表现得尤为明显;在1204年十字军占领君士坦丁堡和建立拉丁帝国的行为中,这一特征更是表现得淋漓尽致。

12世纪末,特别是在亨利六世时期,德意志控制着意大利,亨利的东方计划亦威胁着东方帝国。他的突然去世改变了整个形势。著名的英诺森三世于1198年当选教宗。他致力于恢复被德意志君主损害的教廷权威,并充当基督教反对伊斯兰教运动的领袖。在与德意志人斗争中,意大利站在了教宗一边。教宗知道霍亨斯陶芬家族是教廷和意大利的头号敌人,所以支持当选德意志国王的不伦瑞克的奥托,反对已经去世的亨利六世的弟弟、士瓦本的腓力·霍亨斯陶芬。这似乎为拜占庭帝国推行科穆宁王朝的计划,以一个拜占庭世界国家代替日耳曼世界国家提供了可乘之机。皇帝阿列克修斯三世可能带着这一想法,在英诺森三世当选教宗的那年,写信给教宗说:"我们是仅有的两个世界权力的掌握者——独一的罗马教会和独一的查士丁尼继承者的帝国;因此,我们必须团结起来,防止我们的对手——西方皇帝的东山再起。"[20]

---

[20] 诺登:《教宗统治和拜占庭》,134;诺登是从英诺森三世致阿列克修斯三世的信中得出这一结论的。英诺森三世:《书信集》,I,353;米涅编:《拉丁教父著作全集》,CCXIV,326—327。

实际上,拜占庭的内外形势不可能使这种宏伟计划变为现实。

然而,英诺森三世不愿意看到东方皇帝分离于基督教会之外,于是开始进行教会统一的谈判。谈判进程缓慢,因为在教宗致阿列克修斯的一封信中,恼怒的教宗竟威胁,如果这位皇帝不顺从,教廷将支持被废黜并被致残的伊萨克家族重登拜占庭皇位,[218]这位伊萨克的女儿在此前已同德王士瓦本的腓力结婚。当然,教宗可能并不想这么做。然而,阿列克修斯三世并不赞成教宗关于使教会合一的建议。在一封信中,他甚至声称君权高于教权。[219]所以,拜占庭与罗马的关系又趋于紧张。

教宗英诺森三世与君士坦丁堡继续谈判,并在德意志进行巧妙的外交宣传,同时也在积极地组织一次全面的十字军行动。他力图使东西方基督教世界的力量都集中起来,以达到一个共同的目标,即将圣地从异教徒的手中解放出来。所有的基督教君主都收到了教宗谕旨;教宗的使节们游说于整个欧洲,允诺将赦免十字军参加者的罪恶,保证他们得到许多世俗的好处;舌巧如簧的教士们则去煽动群众。英诺森在信中描述了圣地的悲惨情景,表达他对那些沉湎于享乐和无谓争斗中的君主和王公的愤怒;他描述了穆斯林(即他信中所称的异教徒)是怎样看待和谈论基督徒的。教宗写道:

> 我们的敌人侮辱我们说:"你们那位既不能自救也不能救

---

[218] 《书信集》,V,122;米涅编:《拉丁教父著作全集》,CCXIV,1123—1124。
[219] 米涅编:《拉丁教父著作全集》,CCXIV,1082—1183。

第七章 拜占庭与十字军

人的上帝在哪里？我们玷污了你们的圣殿，亵渎了你们所崇拜的圣物并踩躏了你们的圣地。我们无视你们的存在，控制了你们的父之信仰的摇篮。我们打败了法国人，折断了他们的长矛，我们粉碎了英国人的进攻，摧毁了德意志人的斗志，挫败了西班牙人的英雄主义。你们的勇武何用之有？你们的上帝在何方？让他出来帮助你们呀！让他来保护你们和他自己呀！……我们所要做的是，在消灭了那些留守圣地的残兵败将之后，我们必定要降临于你们的土地，将你们的名字抹去，将你们的记忆涂掉。"对这样的奇耻大辱，我们何以作答？我们如何回击这些侮辱？确实，他们的话并非捕风捉影……当异教徒肆无忌惮地耀武扬威的时候，基督徒们再也不敢迈出城门一步。他们惶恐不安地躲在城里。(异教徒的)剑在城外等待着他们；他们则躲在城内瑟瑟发抖。⑳

西欧的主要君主无人响应英诺森三世的号召。法国的腓力二世奥古斯都由于离婚案被开除教籍；英国无地王约翰登基伊始，首先要做的是巩固王权，正忙于解决与男爵们的争端；最后，在德意志，则爆发了不伦瑞克的奥托与士瓦本的腓力之间的皇位之争，双方都无法脱身。在所有的君主中，只有匈牙利国王参加了十字军。不过，西方骑士，特别是法国北部骑士中的一些杰出人物，参加了这次十字军战争。香槟伯爵蒂鲍尔特(Thibault)、佛兰德的鲍德温(Baldwin)、布卢瓦(Blois)的路易以及其他许多人都加入了圣

---

⑳ 《书信集》，I，336；米涅编：《拉丁教父著作全集》，CCXIV，309。

战行列。这次十字军由法国人、佛莱芒人、英国人、德意志人和西西里人组成。

但是,十字军的核心人物是威尼斯总督恩利克·丹多罗(Enrico Dandolo)。他从思想上和性格上都属于典型的威尼斯人。他上台时至少有80岁,但他却像青年人一样精力充沛。他忠诚爱国,十分清楚威尼斯的重要目标,特别是经济目标是什么。只要涉及圣马可共和国的尊严、社会安宁和实际利益,丹多罗就会毫不犹豫地采取任何手段。他善于交际,意志坚定,老成持重,是一位杰出的政治家、老练的外交家和经济专家。[22]

在第四次十字军开始的时候,拜占庭和威尼斯的关系不是特别友好。据传说,三十年前,丹多罗在君士坦丁堡作为人质时,希腊人用一面反射强烈阳光的凹镜弄瞎了他的眼睛。因此,他与拜占庭有不共戴天之仇。当然,拜占庭和威尼斯的互不信任和敌对有更深刻的原因。丹多罗十分清楚,整个东方,包括基督教国家和伊斯兰教国家,具有共和国经济发展所必需的取之不尽的资源;他的首选目标是离他最近的拜占庭。他要求全面恢复威尼斯在拜占庭已经获得、但后来被科穆宁朝的末代皇帝曼纽尔削弱了的所有商业特权。丹多罗目睹了威尼斯商人被逮捕,被抢走船只,被没收财产,也目睹了1182年拜占庭人对拉丁人的大屠杀。丹多罗绝对不能容忍威尼斯多年在东方帝国获得的贸易垄断权转到其他意大利城市,如比萨和热那亚,从而损害威尼斯的商业繁荣。精明强干的丹多罗酝酿成熟了一个征服拜占庭、确保东方市场的计划。他

---

[22] 见迪尔《一个贵族共和国:威尼斯史》,47—48。

的伎俩与英诺森三世如出一辙：他要挟阿列克修斯三世说，威尼斯打算支持被废黜和致残的伊萨克·安吉列家族复辟。

于是，在第四次十字军的准备过程中，主要有两个人在起作用：十字军中精神世界的代表、教宗英诺森三世希望从穆斯林手中夺回圣地并统一基督教世界；世俗代表恩利克·丹多罗总督则将商业物质目标放在首位。另外两个人物也对十字军事业有相当的影响：一个是从君士坦丁堡逃到西方的前任皇帝伊萨克·安吉列的儿子，即阿列克修斯王子，另一位是德意志士瓦本的腓力，他是伊萨克·安吉列的女婿、阿列克修斯王子的妹夫。

香槟伯爵蒂鲍尔特被选为这次十字军的指挥官。他德高望重，深受十字军爱戴，是这次东征的中坚力量。但不幸的是，蒂鲍尔特在十字军出发前突然死去。十字军群龙无首，又重新推举了蒙斐拉侯爵博尼法斯（Boniface）任指挥官。这样，十字军的领导权就从法国人之手转入意大利君主之手。

那时的巴勒斯坦属于埃及的阿尤布王朝管辖。著名的萨拉丁死后（1193年3月），埃及国内陷入一片混乱。这种形势似乎有利于十字军的远征。在第四次十字军东征前夕，基督徒在叙利亚和巴勒斯坦还保留有安条克和特里波利两个重要工业中心和一个海岸要塞阿克（Acra, Saint Jean-d'Acre）。

十字军在威尼斯集结，威尼斯将用它的舰队运载他们去东方，但收取一笔运输费用。当时的巴勒斯坦属于埃及，所以埃及是十字军的最近目标；十字军计划先征服埃及，然后再乘胜追击，一举从穆斯林手中夺回巴勒斯坦。然而，威尼斯要等到收齐全部运输费用之后才肯运载十字军。十字军没有凑足这笔款项,所以他们最终答应威尼斯总督的提议:帮助总督收复前不久脱离威尼斯人控制,投入匈牙利国王麾下,地处亚得里亚海岸的达尔马提亚海岸城市扎拉(扎德尔)。尽管匈牙利国王也发誓参加了十字军,是应该接受保护的成员,然而十字军还是同意了总督的提议,将军队开往这座即将投入十字军运动的城市。于是,原计划进攻异教徒穆斯林的十字军所进行的第一个战役就是进攻一座居住着十字军人的城市。尽管教宗对十字军的行为大发雷霆,并威胁要开除这支十字军的教籍,但它还是攻击了扎拉,为威尼斯人的利益而用武力占领了它,城中的居民将耶稣受难像立于城墙之上也未能阻挡住十字军的屠杀。一位史学家大声疾呼:这是"十字军的一个精彩的开端!"[22]扎拉战役使十字军的威信一落千丈,却给丹多罗带来了庆祝首战告捷的权利。

教宗闻报十字军攻下扎拉,也收到匈牙利国王对十字军和威尼斯人的控诉,决定开除十字军的教籍。英诺森致信十字军:"你们不去上帝特许的圣地,反而渴饮你们兄弟的鲜血。宇宙魔鬼撒旦欺骗了你们……扎拉人民已将耶稣受难像立于城墙之上,而你们竟然熟视无睹,攻击这个城市,逼其投降……我诅咒你们,你们应该停止破坏,将战利品归还匈牙利王的使者。否则,你们将被逐出教门,并被剥夺十字军战士享有的特权。"[23]

---

[22] 克雷施梅:《威尼斯史》,I,290。
[23] 这是英诺森三世所写之信的大致内容。《书信集》,V,161;米涅编:《拉丁教父著作全集》,CCXIV,1178—1179。见 A.吕谢尔(A.Luchaire)《英诺森三世:东方问题》(*Innocent III: la question d'Orient*),103—105。

教宗开除十字军人教籍的威胁并未对威尼斯人产生效果。但十字军人——所谓的"法兰克人"——却千方百计欲使教宗撤销逐教令。最后,承蒙教宗开恩,对法兰克人的逐教令被撤销,但威尼斯人依然遭到诅咒。然而,教宗最终没有禁止被宽恕的十字军同未被宽恕的威尼斯人的合作行动。

在进攻扎拉并使之沦陷期间,第四次十字军的历史上出现了一位新人物——拜占庭的阿列克修斯·安吉列王子,被废黜和致残的伊萨克之子。阿列克修斯从狱中逃往西方,请求获得西方的帮助,以恢复其父亲的皇位。他与教宗在罗马的会晤没有取得任何结果,又向北方跑到德意志,求助于他的妹夫、士瓦本的腓力。腓力的妻子是他的妹妹、伊萨克的女儿伊琳娜。于是,伊琳娜祈求丈夫帮助哥哥,这个"失去了庇护和自己的祖国,除了自己的躯体之外一无所有的、四处流浪的孤星"[24]。当时,腓力正忙于同不伦瑞克的奥托斗争,无暇顾及阿列克修斯。但他遣使扎拉,请求威尼斯和十字军帮助伊萨克父子复位。阿列克修斯答应使拜占庭教会皈依罗马,并且待其父复位以后,支付大笔酬金,他本人也将参加十字军。

这就出现一个问题:十字军的方向和性质可能会完全改变。总督丹多罗立即意识到腓力的建议可以为威尼斯带来好处。他在远征君士坦丁堡和支持伊萨克复位过程中担任的主要角色为他创造了一片广阔的天地。起初,十字军不同意改变原定计划,转变进

---

[24] 尼西塔斯·科尼阿特斯:《历史》,波恩版,712。

攻方向，但最后，双方达成了协议。

大多数十字军决定参加远征君士坦丁堡，但只同意在君士坦丁堡稍作停留便照原计划进攻埃及。于是，威尼斯和十字军在扎拉签订了征服君士坦丁堡的条约。阿列克修斯王子也亲自来到扎拉营地。1203年5月，丹多罗、蒙斐拉的博尼法斯和阿列克修斯王子率舰队从扎拉出发，一个月以后，十字军出现在君士坦丁堡城下。

诺夫哥罗德（Novgorod）的一部罗斯编年史详细记载了第四次十字军、十字军攻克君士坦丁堡和拉丁帝国的建立过程，但这部编年史却没有得到应有的研究。该编年史记载道："法兰克人及他们的首领们受到伊萨克之子向他们允诺的金银的诱惑，却将皇帝和教宗的规诫置于脑后。"[25] 由此可知，按照这部罗斯编年史家的观点，十字军人应该为其原定目标的偏离而受到指责。诺夫哥罗德编年史的研究者 P.比济里认为这很重要，因为它提出了西欧史料中从未提及的、解释十字军进攻拜占庭的特殊理论，即"那次十字军是由教宗和士瓦本的腓力共同决定的"[26]。

许多学者对第四次十字军问题进行了较深入的研究工作。他们的侧重点主要转向了十字军改变进攻方向的原因。有一派学者

---

[25] 《诺夫哥罗德编年史》(The Chronicle of Novgorod)，俄语版，181；拉丁文版见 C.霍普夫《未出版的希腊罗马编年史》(Chroniques grécoromanes inédites ou peu connues)，94。

[26] P.比济里（P. Bazilli）："诺夫哥罗德编年史对第四次十字军的记载"（"The Version of Novgorod of the Fourth Crusade"），《历史通报》(Istoricheskiya Izvestiya)，fasc., 3—4, 55。

强调这次十字军的不寻常过程纯系偶然条件所致,因而构成所谓"偶然事件论"派。持相反观点的一派则看到威尼斯和德意志的预谋是这次十字军改变方向的原因,因而构成所谓"预谋事件论"派。[227]

约1860年以前,所有的史学家大都依赖关于第四次十字军的主要西方史料、十字军参加者、法国史学家乔弗里·德维拉杜安(Geoffrey de Villehardouin)的记载,从来没有争论过上述问题。在乔弗里的著作中,这次十字军诸事件的发生非常偶然和简单:因为没船,十字军在威尼斯租船,自然要在那儿集结;他们租了船,又支付不起船费,只好支持圣马可共和国对扎拉的战争;然后,阿列克修斯王子到来,将十字军引向拜占庭。所以,既没有威尼斯的背信弃义,也没有复杂的政治阴谋。

1861年,著名的《塞浦路斯岛史》的作者、法国学者马斯-拉特里(Mas-Latrie)第一次指责了威尼斯:威尼斯在埃及有重要的商业利益,与埃及苏丹签订秘密条约,然后施诡计使十字军放弃远征埃及的原计划,转而进攻拜占庭。[228] 后来,德国史学家卡尔·霍普夫(Karl Hopf)似乎确定威尼斯背离了基督的使命,说威尼斯与埃及苏丹的那份条约签于1202年5月13日。[229] 虽然霍普夫不能

---

[227] 关于这个问题的历史,见P.米特洛法诺夫(P.Mitrofanov)"第四次十字军的改向"("The Change of the Direction of the Fourth Crusade"),《拜占庭年鉴》,IV(1897),461—523;E.格兰:"第四次十字军及其相关问题"("De vierte Kreuzzug und seine Probleme"),《新古典学年鉴》(*Neue Jahrbücher fur das Klassischen Altertum*),XIII(1904),505—514。克雷施梅尔:《威尼斯史》,I,480—489。

[228] 《塞浦路斯岛史》(*Histoire de l'île de Chrypre*),I,162—163。

[229] 《希腊史》(*Geschichte Griechenlands*),I,188。

提供条约的内容,甚至无法指出条约文件是从何处发现的,但这位德国学者的权威性使许多学者不假思索地接受了他的观点。然而不久就证实霍普夫手上根本没有新的资料,他所说的日期也很值得怀疑。法国史学家汉诺陶(Hanotaux)接着研究了这个问题,推翻了所谓"威尼斯背叛"的观点,自然,推翻了"预谋"论。不过,他认为,如果威尼斯人唆使第四次十字军改变方向,他们肯定具有明显的动机:试图威慑叛乱的扎拉;希望扶植亲信登上拜占庭皇位,以报复阿列克修斯给予比萨的支持;如果拜占庭瓦解,他们可以从中渔利。[29] 现在看来,霍普夫的理论站不住脚。假如非要指责威尼斯人,那么他们的背叛不是因为与穆斯林签订了条约,而完全是因为他们考虑到自己在拜占庭帝国的商业利益。

然而,"预谋论"的信奉者并不想去证明威尼斯的背叛。1875年,一位法国学者莱昂伯爵提出了一个新的想法。他试图证明唆使十字军改变方向的主谋者不是丹多罗,而是德王士瓦本的腓力,即被废黜的伊萨克·安吉列的女婿。将十字军引向君士坦丁堡的诡诈的政治阴谋是在德意志炮制的。蒙斐拉的博尼法斯实施了腓力的东方计划。莱昂认为,十字军改向是教廷与帝国长期斗争中的一部分。[30] 腓力利用他在十字军中的领导地位羞辱了教宗,篡

---

[29] G.汉诺陶:"威尼斯人在1202年背叛了基督教吗?"("Les Vénitiens ont-ils trahi la chrétienté en 1202?"),《历史杂志》,IV(1887),74—102。亦见 L.施特赖特(L. Streit)《威尼斯与第四次十字军向君士坦丁堡的进攻》(*Venedig und die Wendung des vierten Kreuzzugs gegen Konstantinopel*),33—34;丹多罗是威尼斯的"*Auctor rerum*"(缔造者),捍卫者和当时的复仇者。

[30] 众所周知,英诺森三世支持不伦瑞克的奥托反对士瓦本的腓力。

改了教宗的十字军思想；他希望利用拜占庭的复辟压倒教宗和德皇的竞争者不伦瑞克的奥托。[22]但瓦西列夫斯基的研究成果反驳了莱昂的理论。前者表明，阿列克修斯逃往西方的时间不是1201年，而是1202年——出乎所有史学家意料之外，所以"腓力无法、也无时间去炮制一场复杂的政治阴谋；因此，认为德意志人有阴谋、威尼斯背叛十字军都是站不住脚的"[23]。法国人泰西耶（Tessier）立足于对当时的史料考证，反驳了德国君主作用论，转而承认维拉杜安（Villehardouin）结论的重要意义，即1860年以前盛行的"偶然论"的重要意义。泰西耶说，第四次十字军东征是法国人的运动，占领君士坦丁堡既不是德意志人，也不是威尼斯人的成就，而是法国人的杰作。[24]莱昂的"预谋"论只保留了一个事实：士瓦本的腓力在十字军改向中起了作用，并且像亨利六世一样宣称拥有东方帝国的权力；但史料无法确证第四次十字军的最终命运竟

---

[22] P.E.莱昂："英诺森三世，士瓦本的腓力和蒙斐拉的博尼法斯"（"Innocent III, Philippe de Souabe et Boniface de Montferrat"），《历史问题杂志》（*Revue des questions historiques*），XVII(1875)，321—374；XVIII(1875)，5—75。莱昂："几部新作中的十字军改向问题"（"Le Changement de direction de la quatrième croisade d'après quelques travaux recents"），《历史问题杂志》，XVIII(1878)，71—114。

[23] 《公众教育部杂志》，CCIV(1879)，340。西欧学者接受了瓦西列夫斯基的观点。克雷施梅尔：《威尼斯史》，I，483。

[24] 《第四次十字军在扎拉的改向与君士坦丁堡》（*Quatrième croisade. La diversion sur Zara et Constantinople*），特别参见183—184。关于泰西耶的著作，请参看F.切罗内（Cerpme）的重要文章"第四次十字军中的教宗与威尼斯"（"IL Papa ed i Veneziani nella quarta crociata"），《威尼斯档案》（*Archivio Veneto*），XXXVI(1888)，57—70、287—297。

会取决于腓力的巧妙领导计划。

19世纪末,德国史学家W.诺尔顿最终否决了"预谋论",基本同意"偶然论"。他决定对"偶然论"做更进一步的研究。他将第四次十字军的问题置于东西方政治、经济和宗教关系中加以讨论,试图阐明第四次十字军与前一百五十年的历史之间的内在联系。㉘

总之,在第四次十字军复杂的历史中,掺杂有各种力量。既有西方教宗、威尼斯和德意志国王的动机,也有东方拜占庭的内在和外在条件。这些力量的相互作用构建了一种极其复杂的现象,这种现象的细节即使现在也模糊不清。法国史学家吕谢尔(Luchaire)说:"这永远是个谜。对这个悬而未决的问题进行科学的研究比争论不休要好一些。"㉙格雷古瓦最近宣称"第四次十字军根本不存在任何问题"㉚。

但是,在所有的计划、希望和纠葛中,起支配作用的是丹多罗的坚定意志和发展威尼斯贸易活动的不屈不挠的决心。拥有东方市场就拥有无尽的财富和无限的光辉前途。这一点十分明显。而且,那时的近东,特别是君士坦丁堡,热那亚的经济势力不断增长,已经站稳了脚跟。这尤其让丹多罗坐卧不宁。在我们讨论第四次

㉘ W.诺登:《第四次十字军在西方与拜占庭关系方面的影响》(*Der vierte Kreuzzug im Rahmen der Beziehungen des Abendlandes zu Byzanz*),105—108。诺登:《教宗统治和拜占庭》,152—155。

㉙ 《英诺森三世:东方问题》(*Innocent III : la question d'Orient*),97。亦见夏尔·迪尔"第四次十字军和拉丁帝国"("The Fourth Crusade and the Latin Empire"),《剑桥中世纪史》,IV,417。

㉚ "第四次十字军的改向问题"("The Question of the Diversion of the Fourth Crusade"),《拜占庭》(布鲁塞尔),XV(1947),166。

第七章　拜占庭与十字军

十字军的问题时,必须将威尼斯和热那亚之间的竞争考虑进去。[23] 最后,由于曼纽尔·科穆宁没收威尼斯人的财产而导致拜占庭欠下的债务尚未偿还。这一点可能对十字军的改向也有一些影响。[29]

1203年6月末,十字军舰队出现在君士坦丁堡城墙下。尼西塔斯·科尼阿特斯描述说,在这些西方人眼中,君士坦丁堡就"像锡巴里斯*一样气宇不凡"[24]。参加这次十字军的法国作家维拉杜安描写了十字军看到这座都城时的感受:

> 现在你可以想象那些从未见过君士坦丁堡的人是如何热切地瞻仰它。他们绝没有想到世界上竟有如此富庶的城市:高大的城墙,高耸入云的尖塔,豪华的宫殿和随处可见的庞大教堂——其高其大堪称城市之冠。告诉你,意志如铁的人也会在它面前战栗不已。这也难怪,自创世以来,从来没有人能

---

[23] J.K.福瑟林哈姆(J.K.Fotheringham):"热那亚和第四次十字军"("Genoa and the Fourth Crusade"),《英国历史评论》,XXV(1910),20—57。该作者在《爱琴海征服者马科·萨努多》(*Marco Sanudo Conqueror of the Archipelago*)第16—20页重复了上述观点。

[29] 布朗:"威尼斯人和威尼斯人居住区"("Venetians and the Venetian Quarter"),《希腊研究杂志》,XL(1920),86;作者提到了E.贝斯塔(E.Besta)所著《东方对威尼斯人的大搜捕》(*La cattura dei Veneziani in Oriente*),19。但笔者尚未读过这本书。

* 锡巴里斯(Sybaris)为南意大利古代希腊城市,建于公元前720年,因其奢侈繁华而驰名于古典世界。因此,人们以"锡巴里斯"为骄奢淫逸的代名词。——译者

[24] 尼西塔斯·科尼阿特斯:《历史》,波恩版,717。

创造出如此伟大的杰作。[20]

这座壁垒森严的首都抵抗为数不多的十字军似乎不在话下。但十字军已经在欧洲海岸登陆,并且占领了加拉泰市郊。接着,在金角湾左岸突破入口的铁索链,攻入金角湾,烧毁大批拜占庭船只。同时,骑士们猛攻首都。虽然遭到守军,特别是瓦兰几亚雇佣军的殊死抵抗,但十字军仍于7月初攻克了城墙。阿列克修斯三世见大势已去,携带大批国库金银珠宝仓皇而逃。伊萨克二世被释放出狱并复位;他的儿子,与十字军同行的阿列克修斯王子被宣布为共治帝(称阿列克修斯四世)。这是十字军第一次占领君士坦丁堡。其目的是帮助伊萨克复位。

伊萨克复位后,以丹多罗为首的十字军便要求阿列克修斯王子履行承诺:支付巨额酬金并与十字军一起远征,因为西方骑士们已经要求立即出发去埃及。阿列克修斯四世劝告十字军不要住在城内,而去城郊扎营;而且,因他无力支付巨额酬金,只好恳求十字军宽限一段时间。于是,拉丁人和希腊人的关系紧张起来。同时,首都人民也对两位皇帝的政策十分不满,指责他们卖国求荣。一场暴动爆发了。阿列克修斯三世皇帝的女婿、野心勃勃的阿列克修斯·杜卡斯·莫卓弗劳斯在1204年被宣布为皇帝;伊萨克二世

---

[20] 《君士坦丁堡的征服》(*La Conquête de Constantinople*),par.,128;N.德维利(N.de Wailly)编,72—73;E.法拉尔(E.Faral)编,I,130—131。参见法拉尔的全面研究,他是想证实维拉杜安的描述的可靠性和真实性;"杰弗里·德维拉杜安。真实性问题"("Geoffroy de Villehardouin.La Question de la sincérité"),《历史杂志》,CLXXVII(1936),530—582。格雷古瓦做过一些批评,见其"第四次十字军的改向问题",《拜占庭》(布鲁塞尔),XV(1941),159—165。

和阿列克修斯四世又遭废黜。不久,伊萨克死在狱中,阿列克修斯四世也被莫卓弗劳斯绞死。

莫卓弗劳斯即后来的阿列克修斯五世,他是由反十字军的民族派所拥立的皇帝。十字军与他没有任何关系。所以,伊萨克父子死后,十字军人认为不再对拜占庭负有任何义务。希腊人与十字军之间的冲突不可避免。十字军开始筹划将君士坦丁堡据为己有。同年(1204年)3月,威尼斯与十字军就占领君士坦丁堡后如何瓜分拜占庭帝国进行谋划,签订了条约。条约的头几句话非常明确:"我们必将凭借基督的名义征服这个城市!"[22]条约的主要条款如下:在这个被征服的城市建立拉丁政权;盟友们按照协议接受君士坦丁堡的战利品;成立一个由六个威尼斯人和六个法国人组成的委员会,选举一位他们认为能够最好地治理这个国家,"光大上帝的荣耀、光大神圣罗马教会和帝国荣耀"的人为皇帝;这位皇帝可得到首都内外被征服领土的四分之一,包括首都的两座皇宫,其余四分之三中的一半归威尼斯,一半归十字军人中的其他部分;圣索菲亚教堂的所有权和牧首的选举权由不提供皇帝的一方控制;所有得到封土的十字军人员,不论其封土大小都要宣誓效忠皇帝,只有总督丹多罗例外。[23]这就是未来拉丁帝国的统治基础。

十字军的分赃协议完成以后,就全力以赴,由海陆两路进攻君士坦丁堡。首都顽强抵抗,数日不下。最后的一天终于来到,1204年4月13日,十字军攻克君士坦丁堡。皇帝阿列克修斯五世害怕

---

[22] 塔菲尔和托马斯(Tafel and Thomas):《古代商业和国家历史条约集》(*Urkunden zur altern Handels-und Staatsgeschichte*),I,446,449。

[23] 塔菲尔和托马斯:《古代商业和国家历史条约集》,446—452。

被捉住,以后"变成十字军口中的美味佳肴"㉔,遂仓皇逃跑。君士坦丁堡落入十字军之手。拜占庭帝国的首都在"那次罪恶的背叛性远征,即第四次十字军的进攻之下,沦陷了"㉕。

在记述这段历史的时候,尼西塔斯·科尼阿特斯写道:"自然,当一个人要记载在世间天使(安吉列王朝)统治下的城市之女王(君士坦丁堡)之沦陷的这场社稷之难时,会是什么样的心情,是可想而知的。"㉖

攻下了这座城市后,整整三天,拉丁人惨无人道地开始了洗劫,君士坦丁堡几百年来的收藏品被劫掠一空。每一座教堂,每一件圣迹,每一种艺术珍品或任何一件私人财产,都难于幸免。西方骑士和他们的士兵、拉丁教士和修道院院长,都参加了这场劫掠。

尼西塔斯·科尼阿特斯目睹了君士坦丁堡的陷落,并生动地描写了十字军对它的洗劫、亵渎和破坏;甚至征服耶路撒冷的穆斯林在对待基督徒的态度上,也比这些自称基督的战士的人更为仁慈。㉗ 另一位目击者、以弗所城的尼古拉·梅萨利特(Nicholas Mesarites)在纪念他哥哥的悼词中,也激动地描写了十字军人攻陷君士坦丁堡的劫难。㉘

在十字军大肆劫掠的三天里,大批艺术珍品遭到破坏;许多图书馆被搜刮一空;许多文稿被焚毁。圣·索菲亚教堂也难逃厄运。

㉔ 尼西塔斯·科尼阿特斯:《历史》,波恩版,755。

㉕ N.H.贝恩斯:"拜占庭文明",《历史》,X(1926),289。

㉖ 尼西塔斯·科尼阿特斯:《历史》,波恩版,710。

㉗ 同上书,757—763。

㉘ A.海森柏格:《关于拉丁帝国和教会联合历史的新资料》(*Neue Quellen zur Geschichte des lateinischen Kaisertums und der Kirchenunion.*),I,41—48。

当时的维拉杜安说:"自创世以来,没有任何一个城市可以提供如此多的战利品!"[29]罗斯的诺夫哥《罗德编年史》特别详细地记载了教堂和寺院的劫掠。[30]《罗斯编年史》中也提到了1204年这场灾难。[31]

拉丁人将珍宝异玩集中起来,坐地分赃,平信徒和神职人员得到了公平的待遇。第四次十字军以后,整个西欧因君士坦丁堡大劫而富。大多数西欧教堂从君士坦丁堡的"圣物"中得到好处。[32]但大部分保存在法国修道院中的圣物,在法国大革命时被毁。君士坦丁堡竞技场上的装饰物,四匹精致的古典时期艺术品青铜马,也被丹多罗运到威尼斯。今天,它们仍屹立在圣马可大教堂的门楣上。

尼西塔斯·科尼阿特斯模仿《圣经》中希伯来预言家耶利米哀歌和《诗篇》的文学风格,写了一篇慷慨激昂的悼词,描述和哀悼这个城市的毁灭。悼词开篇是:"噢,城市,城市,天下城市的眼睛,全世界作家的主题,世界的奇观,信仰的领袖,教会的支持者,正教的航标,教育的保护神,万善的庇护所!你一滴不漏地饮下主的愤怒之酒,你所罹临的火焰比昔日五城(Pentapolis)的火焰猛烈百倍。"[33]然而,征服者必须承担重建城市的艰巨任务。他们决定恢复城市的旧貌。选举皇帝的问题也提上了日程。有一个人似乎注

---

[29] 《君士坦丁堡的征服》,德维利编,par。250,147。
[30] 《诺夫哥罗德编年史,1204年》,186—187;霍普夫编:《未出版的希腊罗马编年史》,97。
[31] 《罗斯编年史》(1512),391—392。
[32] C.莱昂:《君士坦丁堡的圣物战利品》,I,xl—xlviii。
[33] 尼西塔斯·科尼阿特斯:《历史》,波恩版,763。

定要当皇帝——此即十字军的领袖、蒙斐拉的博尼法斯。但丹多罗似乎反对这位候选人;他认为博尼法斯势力过于强大,而且其领地太靠近威尼斯。因此,博尼法斯被搁置一边。丹多罗作为威尼斯共和国的总督,不敢觊觎皇位。于是选举团召集会议,选举了新皇帝。在丹多罗的影响下,佛兰德伯爵鲍德温当选。这位伯爵远离威尼斯,又不如博尼法斯强大。鲍德温如期即位,在圣索菲亚教堂隆重加冕。

鲍德温即位时,仍有三位希腊统治者在世:两位前任皇帝阿列克修斯三世安吉列和阿列克修斯五世杜卡斯·莫卓弗劳斯,以及尼西亚君主狄奥多勒·拉斯卡利斯。鲍德温消灭了两位皇帝的党徒;至于拉丁帝国与建立尼西亚帝国的狄奥多勒·拉斯卡利斯之间的关系,则属后面一章的内容。

皇帝的人选确定了,下一个问题就是如何分配征服地。总的来说,"罗曼尼亚*——拉丁人和希腊人对东方帝国的称谓——的瓜分"(Partitio Romanie)基本上是按1203年3月的协议进行。[24] 君士坦丁堡在鲍德温和丹多罗之间分配,皇帝得了八分之五,总督得到其余的八分之三和圣索菲亚教堂。首都之外,皇帝得到色雷斯南部领土和小亚细亚西北连接博斯普鲁斯海峡、马尔马拉海和赫勒斯滂海的一小部分,爱琴海上的一些较大岛屿,如莱斯博斯岛、开俄斯岛、萨摩斯岛等也分配给他。就是说,博斯普鲁斯海峡

---

* 原文Romania,自罗马帝国以来,人们对首都罗马城周围的地区的称谓,不是现代国家罗马尼亚。——译者

[24] 关于1204年的条约见塔菲尔和托马斯《古代商业和国家历史条约集》,I,464—488。

第七章 拜占庭与十字军

和赫勒斯滂海的两岸都在鲍德温控制之下。

为了补偿蒙斐拉的博尼法斯没有得到皇位的损失,十字军答应将小亚细亚的一些领土分配给他。实际上,他得到了马其顿地区的萨洛尼卡(塞萨洛尼卡)及其周围领土和色萨利北部的领土,形成萨洛尼卡王国。臣属于皇帝鲍德温。

威尼斯在瓜分罗曼尼亚时获得了最大的一份。圣马可共和国得到亚得里亚海岸的一些据点,如都拉基乌姆、爱奥尼亚诸岛、大部分爱琴海岛屿、伯罗奔尼撒的一些地区、克里特岛、色雷斯的一些港口,包括赫勒斯滂海上的加利波里以及色雷斯的一些内陆领土。丹多罗为了避免向皇帝称臣,采用了拜占庭的"僭主"(despot)头衔。他还自封为"占有八分之三罗曼尼亚帝国领土的领主"*(quartae partis et dimide totius imperii Romanie dominator);这个头衔一直被总督们沿用至 14 世纪中期。根据条约,圣索菲亚教堂交给一个威尼斯教士;另一个威尼斯人托马斯·莫洛希尼(Thomas Morosini)被提升为总主教,成为新帝国天主教的首领。拜占庭史学家尼西塔斯·科尼阿特斯是希腊正教会的虔诚教徒,在他的史著中对托马斯·莫洛希尼极尽丑化之描述。㉟

很显然,由于威尼斯的巧取豪夺,新的拉丁帝国与圣马可共和国相比,显得势单力薄。威尼斯掌握了东方的控制权。圣马可占有拜占庭最好的领土、最好的港口、最重要的战略据点和大量肥沃

---

* 此处原文作:lord of the fourth and a half of all the Empire of Romania,即占有罗马帝国领土"四分之一又四分之一的一半",用数学符号表示即:$1/4 + 1/4 \times 1/2 = 3/8$,此处为了更符合中国文字的表达方式,只简略地表述为八分之三。——译者

㉟ 尼西塔斯·科尼阿特斯:《历史》,波恩版,824、854—855。

土地；从威尼斯到君士坦丁堡的整个海路控制在该共和国手中。第四次十字军创造了威尼斯在东方的"殖民帝国",给予威尼斯共和国以无限的商业优势,使她的政治和经济势力达到极限。这次东征使丹多罗总督精心策划的自私精明的爱国主义政策大获全胜。

拉丁帝国建立在西方的封建制基础之上。皇帝将征服的领土分割成许多大大小小的采邑,获得采邑的西方骑士有义务向君士坦丁皇帝宣誓效忠。

萨洛尼卡国王蒙斐拉的博尼法斯经色萨利南下进军希腊,占领了雅典。在中世纪,雅典是一个几乎被遗忘的行省城市。为了纪念圣母玛利亚,在雅典卫城的古代帕特农神庙的遗址上,建立了一座正教教堂。在13世纪初拉丁征服的时候,迈克尔·阿克米那图斯(科尼阿特斯)担任雅典城大主教已经达三十年之久。他留下了丰富的文字遗产,包括演说词、诗歌和信函等。这些资料有助于我们了解中世纪阿提卡半岛和雅典的情况以及科穆宁和安吉列王朝统治下的拜占庭帝国内部历史。在迈克尔笔下,这两个行省简直是暗无天日:雅典到处是蛮族人(可能一部分为斯拉夫人),到处讲着蛮族的语言;而阿提卡则与世隔绝,人民贫困不堪。"我在雅典待了很长时间,简直变成了一个野蛮人。"迈克尔写道,他还将雅典这座伯里克利之城比作暗无天日的地狱深渊(*tartarus*)。㊶ 作为中世纪雅典的捍卫者,迈克尔为祖国鞠躬尽瘁,死而后已。但他无力抵御博尼法斯的军队。于是放弃神职,到阿提卡海岸附近的

㊶ 迈克尔·阿科米那图斯著作,兰普罗斯编,II,44、127。

一座荒岛上聊度余生。征服雅典后,博尼法斯将雅典城与底比斯城一起赐给勃艮第骑士奥松·德拉洛奇(Othon de la Roche),并封他为雅典和底比斯公爵(dux Athenarumatque Thebarum)。雅典卫城的教堂也落入拉丁人之手。

在中部希腊建立雅典和底比斯公爵领地的同时,在南部希腊,即古代的伯罗奔尼撒半岛,当时经常被称为莫里亚(Morea,该词来源不祥*),法国人建立了阿凯亚公国。

著名史学家维拉杜安的侄子乔弗里·德维拉杜安在得悉十字军占领了君士坦丁堡时,正在叙利亚海岸附近;他闻讯直奔君士坦丁堡,但当时海上的恶劣气候条件使他漂流到伯罗奔尼撒南部海岸。于是,他索性在那儿登陆,征服了一部分领土。他自觉难以站稳脚跟,于是向当时在阿提卡的萨洛尼卡国王博尼法斯请求救援。博尼法斯遂将征服莫里亚的权利赐予他的法国骑士威廉·德香普利特(William de Champlite),此人属于香槟伯爵家族。维拉杜安与他一起用了两年时间征服了莫里亚。于是,在13世纪初,拜占庭的伯罗奔尼撒并入法国人的阿凯亚公国,由威廉公爵统治。它被分割为12个男爵领,并引进了西欧的封建制度。威廉以后,公国权力由维拉杜安家族继承。阿凯亚公爵的宫殿以富丽堂皇而著称,"看起来比任何一位国王的王宫都雄伟"㊿。"那儿的人也讲

---

* 这是原作者的看法,20世纪晚期以后,一些希腊学者认为该词源于希腊文的"桑树"(μορεα),因为伯罗奔尼撒半岛曾经是拜占庭时期的重要桑蚕养殖中心。——译者

㊿ 马里诺·萨努多(Marino Sanudo):《罗曼尼亚王国史》(Istoria del regno di Romania),载 C.霍普夫:《未出版的希腊罗马编年史》,102。

法语,跟巴黎一样。"㉘拉丁人建立的封建国家和领地在拜占庭领土上形成二十年之后,教宗霍诺留三世在致法国王后布朗什(Branche)的信中说,这个新建的东方国家"简直是一个新的法兰西"(ibique noviter quasi nova Francia est creata)。㉙

伯罗奔尼撒的采邑主按照西方模式,修筑了带有尖塔和城墙的城堡。其中最著名的是米斯特拉城堡。它坐落于古代拉克尼亚的塔夫盖突斯(Taygetus)山坡上,靠近古代斯巴达。巴列奥洛格(Palaeologi)王朝从法国人手中收复米斯特拉之后,这座宏伟的中世纪封建领主建筑在13世纪下半期成为伯罗奔尼撒半岛上的希腊-拜占庭君主的首府。甚至在今天,米斯特拉的残垣断壁仍是欧洲的奇观之一,吸引着大批学者和游客。它的教堂完好无损地保留着14世纪和15世纪珍贵的壁画,是了解后期拜占庭艺术史的极其重要的〔资料〕。在半岛的西部是坚固的克莱蒙城堡,它被完好地保存到19世纪30年代,后遭到土耳其人破坏。一位希腊编年史家写道:即使法兰克人丢掉了莫里亚,仍可利用克莱蒙城堡重新征服整个半岛。㉚法兰克人还在半岛上建立了其他一些堡垒。

㉘ 《拉蒙·蒙塔内尔编年史》(*Chronique de Ramon Muntaner*),chap.,261;J.A.布孔(J.A.Buchon):《外国编年史》(Chroniques étrangères),502;K.兰兹(K.Lanz)编,468—469;古迪纳夫夫人(Lady Goodenough)编,627。

㉙ "霍诺留三世书信(1224年5月20日)"("Epistolae Honorii III, May 20, 1224"),《高卢和法兰西历史汇编》(*Recueil des historiens des Gaules et de la France*),XIX,754。

㉚ 《莫里亚编年史》(*The Chronicle of Morea*),J.施密特(J.Schmitt)编,vss.,2712—2713,P.卡洛那尔斯(P.Kalonares)编,114。

伯罗奔尼撒半岛南部有三个半岛,法兰克人在其中的两个半岛上站稳了脚跟;而在中间那个半岛上,他们虽然修建了两座城堡,但无法真正征服栖居于山中的顽固的斯拉夫人(梅林吉[Mellingi]部落)。莫里亚的希腊人,至少其中的大多数,可能喜欢法兰克人的统治,他们可以借此而摆脱拜占庭政府的经济压迫。[51]

在伯罗奔尼撒南部,威尼斯人占领了两个重要的海港,莫登(Modon)和科朗(Coron)。它们是威尼斯人的船只到东方经商的优良中转站,同时又是利凡特海上贸易的极其优良的观察站,是人们"进行交流的"主要"眼睛"(oculi capitales communis)。[52]

关于拉丁人在伯罗奔尼撒的统治,可谓资料齐全,浩如烟海。特别是人们称之为《莫里亚编年史》(14世纪)的作品,有多种语言的版本存留至今,其中有希腊语(韵诗体)、法文、意大利文和西班牙文等。从准确地揭示历史真实方面来看,莫里亚编年史与其他资料相比,不能居于首位,但它提供的有关法兰克人在伯罗奔尼撒统治时期的内部生活条件,诸如行政制度、公众和私人生活以及当时莫里亚的地理状况方面的资料则甚为丰富、翔实和珍贵。特别值得注意的是,《莫里亚编年史》中,涉及希腊-拜占庭因素和西方封建因素相融合并形成极其有趣的生活条件那一时期的内部史和文化史的极其丰富多彩的资料。

有些学者猜测,[53]显然,法兰克人在莫里亚的统治,也许恰是

---

[51] W.米勒(W.Miller):《利凡特的拉丁人》(The Latins in the Levant),6。
[52] 见霍普夫《希腊国家历史》(Geschichte Griechenlands),II,10。
[53] 见《莫里亚编年史》,施密特编,lviii—lxvi。

《莫里亚编年史》本身,影响了歌德的创作,他的悲剧《浮士德》第二场第三幕,就是以希腊的斯巴达为背景。浮士德与海伦之间的爱情故事就发生在那里。浮士德的原型就是被封建采邑所环绕的被征服地伯罗奔尼撒的王公;他的统治特征不禁使我们联想起《莫里亚编年史》中所记载的维拉杜安家族的一位王公。J.施密特认为,在靡菲斯特(Mephistopheles)的化身福希斯(Phorcias)与海伦的一场对话中,确实提到过建于拉丁统治时代的米斯特拉城堡。福希斯说:

> 那隆起于斯巴达后方,蜿蜒北行,
> 横卧了多少个春秋的荒凉山脊
> 塔夫盖突斯山的背后,依然有一条欢快的小溪
> 由欧罗塔斯倾泻而下,沿着我们的峡谷
> 蜿蜒流入芦丛,养育着你们的天鹅。
> 在那山谷的背后,一支强悍的民族
> 从辛梅里安人的黑夜中冲出,建立了
> 且维护着一座坚不可摧的城堡,
> 从此他们蹂躏土地和人民,随心所欲。

以后又有一段对这座城堡的描述,它的立柱、壁柱、拱门和拱门饰物、阳台、长廊、锁孔铜盖等具有典型中世纪风格的设施。这出悲剧中所描述的这些段落似乎都受到了《莫里亚编年史》的影响。换言之,法兰克人征服莫里亚这段历史为诗剧《浮士德》提供

了一部分素材。[24]

十字军对君士坦丁堡的占领和拉丁帝国的建立使教宗的处境非常尴尬。英诺森三世反对十字军改变方向，并且在十字军夺取扎拉以后将十字军和威尼斯人开除教籍。但在拜占庭帝国首都陷落以后，他不得不面对既成事实。

皇帝鲍德温致函教宗，称自己是"由于上帝恩典成为君士坦丁堡皇帝和永远的奥古斯都"，同时又是"教宗的臣属"（*miles suus*）[25]。他向教宗通报了占领拜占庭首都和他当选皇帝之事。英诺森三世的回信一反常态。他"为上帝喜悦"，这个奇迹"颂扬了他的名字，是教宗领的荣耀和福祉，也是基督臣民的福祉和喜悦"[26]。教宗号召所有教士、所有君主和人民支持鲍德温的事业，并衷心希望君士坦丁堡的占领会对收复圣地更加有利。回信结尾时，教宗

---

[24] 这个观点有时受到反驳。比如 O.普尼奥渥（O.Pniower）:《德国文学报》（*Deutsch Literaturzeitung*），XXV(1904), 2739—2741。但多数学者，包括笔者，相信歌德创作时想到了米斯特拉。E.格兰（E.Gerland）:"歌德（浮士德）一剧中海伦那场戏的出处"("Die Quellen der Helenaepisode in Georthes Faust"),《新古典学年鉴》，XXV(1910), 735—739。A.施特鲁克（A.Struck）:《中世纪的遗迹米斯特拉》（*Mistra, eine mittelalterliche Ruinenstadt*), 17—18。H.格雷古瓦文章,《拜占庭》（布鲁塞尔）, V(1930), 781。最近又出现一种新观点：歌德剧本的史料来源不是《莫里亚编年史》，而是拜占庭晚期蒙内姆瓦西亚（Monembasia）的《多洛斯编年史》（*Chronicle of Dorotheus*）。J.莫拉夫奇克（Moravcsik）:"歌德《浮士德》一剧中的海伦那场戏的出处"("Zur Quellenfrage der Helenaepisode in Goethes Faust"),《拜占庭与当代希腊年鉴》，VIII(1931), 41—56。H.格雷古瓦:"第二个浮士德的拜占庭史料"("Une Source Byzantine du second Faust"),《布鲁塞尔大学学报》，XXXVI(1930—1931), 348—354。F.多尔格,"关于歌德的《浮士德》一剧中海伦那场戏的地点"("Die neuentdeckte Quelle zur Helenaszene in Goethes Faust.Die Prophyläen"),《慕尼黑时报副刊》（*Beilage zur Münchner Zeitung*), XXVIII(1931), 289—290。

[25] 塔菲尔和托马斯：《古代商业和国家历史条约集》，I, 502。

[26] 同上书，516—517。

劝告鲍德温做天主教会忠顺的儿子。㉖ 在另一封信中,教宗写道:"诚然,我们对君士坦丁堡回归母亲怀抱感到欣慰;而如果耶路撒冷回到基督臣民手中,我们将更欣慰。"㉗

但是,当教宗得悉君士坦丁堡遭到可怕的劫掠和十字军瓜分拜占庭帝国的条约内容时,心情急转直下。那份纯世俗的条约很明显是想将教会的干涉排除在外。鲍德温没有请求教宗确认他的皇位;而且,鲍德温和丹多罗擅自决定了关于圣索菲亚教堂归属、总主教的选举、教会财产和其他宗教事务问题。在君士坦丁堡大劫掠期间,许多教堂和修道院以及大批神圣场所被亵渎和玷污。这引起了教宗的高度警觉和对十字军的不满。他致函蒙弗里侯爵说:"你们无权支配希腊人。当你们将矛头从萨拉森人转向基督徒的时候,你们就不是以收复耶路撒冷为己任,而是攻击了君士坦丁堡;当你们不求天堂财富而追逐地上财富的时候,你们已经背弃了你们纯洁的誓言。而更严重的是,你们(十字军)中间有些人竟然不分信仰、性别和年龄而疯狂杀戮。"㉘

因此,以分封制为基础的拉丁人的东方帝国,并不拥有强大的政治权力;而且,在教会事务中,帝国在短期内也无法与恼羞成怒的罗马教廷重修旧好。

西方骑士和商人并未完全达到目的,新生的东方拉丁国家并未能占有全部的拜占庭领土。1204 年以后,建立了三个独立的希

㉖ 英诺森三世:《书信集》,VII,153;米涅编:《拉丁教父著作全集》,CCXV,455。
㉗ 英诺森三世:《书信集》,IX,139;米涅编:《拉丁教父著作全集》,CCXV,957—958。
㉘ 英诺森三世:《书信集》,VIII,133;米涅编:《拉丁教父著作全集》,CCXV,712。

腊国家。它们是拉斯卡利斯王朝统治下的尼西亚帝国,位于小亚细亚西部,居于拉丁帝国在小亚细亚的占领地与伊科尼姆(或罗姆)苏丹国的领土之间,拥有爱琴海岸的一部分。它是独立的希腊人中心当中势力最大的一个,也是拉丁帝国的最危险的对手。此外,在巴尔干半岛西部的伊庇鲁斯,建立了在科穆宁-安吉列家族统治下的伊庇鲁斯君主国。最后,在遥远的黑海东南部海岸,1204年建立了特拉布松(Trebizond)帝国,这里的统治家族是所谓"大科穆宁"家族。

如果说,东方拉丁人没有政治上的统一,那么它也没有宗教的统一。因为上述三个希腊国家依然遵循希腊正教会的教规教仪;在教宗看来,他们是分裂者。尼西亚帝国尤其让教宗不满,因为它的希腊主教无视君士坦丁堡拉丁大主教,依然自称君士坦丁堡大主教。此外,拉丁帝国中的希腊人虽然政治上屈服于拉丁人的统治,但却不接受天主教。军事征服并未带来教会的统一。

第四次十字军东征的结局决定了拜占庭和十字军的悲剧命运。拜占庭帝国从此再不能从第四次十字军的打击下恢复元气,永远失去了世界帝国在政治上的重要性。从政治上来说,东方帝国作为一个整体已不复存在,西欧的一些封建性的国家取代了它的地位,甚至在巴列奥洛格王朝复辟之后,它也无法重振国威,再现昔日的辉煌了。

至于第四次十字军对于整个十字军运动的影响,首先,它以最明显的形式表现出,十字军运动已经完全世俗化;其次,以往吸引西方人到东方的纯朴动机开始发生偏转。1204年以后,西方人不仅要对付巴勒斯坦或埃及的穆斯林,而且要分散很多精力巩固他们在东方的领土,以确保拉丁帝国的权力。当然,其结果是延误了对圣地上的穆斯林进行斗争的事业。

科穆宁和安吉列王朝的内部事务

教会关系

科穆宁和安吉列王朝统治下的拜占庭基督教会生活的重要性,表现在两个方面:首先,在内部教会关系上,集中于解决在当时至关重要的,能引起拜占庭社会动荡的某些宗教问题和疑问;第二,在东西方教会关系上,主要是君士坦丁堡牧首与教宗的关系。

在教会问题上,科穆宁和安吉列王朝的皇帝们笃信"皇帝教权主义"(caesaropapistic)理论,这是拜占庭的重要特征。尼西塔斯·科尼阿特斯的《历史》中曾引述了伊萨克·安吉列的话:"上帝与皇帝的权力在尘世间本无区别;国王们有无限的权力;他们可以在自己的国土上行使那些本属于上帝的权力,因为他们的王权来自于上帝,上帝与他们并无区别。"[26]在谈到曼纽尔·科穆宁的教会政策时,尼西塔斯提到了拜占庭皇帝们的普遍信念:皇帝们认为自己是"上帝与人类事务的一贯正确的审判者"[27]。这种观点在12世纪下半期得到神职人员的支持。安条克牧首狄奥多勒·巴尔萨蒙(Theodore Balsamon)是希腊著名的宗教法学者和所谓伪佛提

---

[26] 尼西塔斯·科尼阿特斯:《历史》,波恩版,583。
[27] 同上书,274。

乌法规(《十四条世俗-教会法规集》)的校注者。他曾经写道:"皇帝和牧首作为教会导师必须受尊重,因为他们由神选定。自然,正教宗帝拥有教导基督徒的权力,他们像牧师一样焚香供奉上帝。"他们的荣耀在于:他们凭着虔诚的正教信仰,像太阳一样照亮整个世界。"皇帝的权力和活动涉及(人的)身体和灵魂,而牧首的权力和活动只涉及灵魂。"⑫这位作家宣称:"世俗法律和宗教教规对皇帝没有约束力。"⑬

科穆宁和安吉列王朝统治下的教会生活使皇帝们能够广泛运用君权高于教权的思想:一方面,"异端思想"和"伪教条"泛滥搅乱了人们的心灵;另一方面,突厥人和帕齐纳克人的威胁以及由十字军运动导致的拜占庭与西方的新的关系,开始危及作为一个独立国家的拜占庭的生存,这迫使皇帝们严肃认真地考虑与天主教会合一的问题。因为天主教会的教宗可能会阻止西方对东方的政治威胁。

在宗教方面,最初两位科穆宁皇帝都是东正教信仰和教会的捍卫者;然而,由于政治上的压力,他们对天主教会做了一些让步。阿列克修斯·科穆宁的女儿安娜受其父亲影响,在她的《阿列克修斯》中不无夸张地称其父亲为"第十三使徒";或者,如果这种荣誉应归于伟大的君士坦丁的话,那么阿列克修斯·科穆宁必须"与君

---

⑫ *Ράλλη καὶ Πότλη, Σύνταγμα τῶν Θείων καὶ ἱερῶν κανόνων*,IV,544、545。

⑬ 狄奥多勒·巴尔萨蒙(Theotori Balsamonis):《迦太基大公会议决议(教规)第16条》(*In canonem XVI Concilii Carthaginiensis*),米涅编:《希腊教父著作全集》,CXXXVIII,93。见 G.维尔纳茨基(G.Vernadsky)"《法学导论》中对政教关系的论述及其在17世纪俄罗斯生活中的影响"("Die kirchlich-politische Lehre der Epanagoge und ihr Einfluss auf das russische Leben im XVII.Jahrhundert"),《拜占庭与当代希腊年鉴》,VI(1928),120。

士坦丁并列排名,或者,若有人反对的话,也需名列君士坦丁之下"[24]。科穆宁王朝第三代皇帝曼纽尔由于实行不切实际的对西方政策,大大损害了东方教会的利益。

在教会内部生活中,帝国皇帝致力于同那个时代的错误信条和异端运动作斗争。令皇帝们深感担忧的是教会生活的另一面,即教会和修道院的地产过度增长。为制止这种倾向,拜占庭统治当局已经不时地采取过相应的措施。

为了保证国防资金并补偿自己的支持者,阿列克修斯·科穆宁没收了一些寺院地产,将一些圣器化为货币。但是,为了平息此举引起的不满,皇帝后来按照教会所损失的圣器的价值,归还了与之相当数额的财产,而且特别颁布了一则《新律》来纠正自己的过失,《新律》中规定"禁止将圣器用于公共事务"[25]。曼纽尔恢复了被废除的尼斯福鲁斯·福卡斯时期的《新律》(该法于964年颁布),限制教堂和修道院财产的增长;但后来他又被迫颁布另外的《新律》,尽可能修正由此而引起的不良后果。

神职人员的混乱和道德堕落也令阿列克修斯·科穆宁极为不安。他在一则《新律》中宣称:"基督教信仰面临着危机,因为神职人员日益腐败"[26];他计划根据宗教教规修正教会生活,改善神职人员的教育,开展教牧活动,以达到提高神职人员道德水准的目

---

[24] 安娜·科穆宁娜:《阿列克修斯》,XIV,8;赖弗谢德编,II,259。
[25] 扎哈利亚·冯·林根塔尔:《希腊-罗马法制史》,III,355—358。见 V.格鲁梅尔(V.Grumel)"夏尔西杜瓦那的里昂事务。阿列克修斯一世关于圣物的黄金诏书"("L'affaire de Léon de Chalcédoine. Le chrysobulle d'Alexis Ier sur les objets sacrés"),《拜占庭研究》,II(1945),126—133。
[26] 扎哈利亚·冯·林根塔尔:《希腊-罗马法法制史》,III,414。

的。不幸的是,在那个时代的大环境之中,他无法圆满达到自己的最初设想。

虽然科穆宁王朝统治者常常宣称他们反对教会财产增长的立场,然而他们又常常是一些修道院的建立者和庇护者。在阿列克修斯统治期间,皇帝永久免去了阿索斯山修道院*的税赋和其他各项负担;"国家官员不能干涉圣山事务。"[27]像以前一样,阿索斯山不依附于任何主教;普洛多斯(Protos)**,即阿索斯修道院院长会议(protaton)主席直接由皇帝任命,所以阿索斯直属于皇帝。在曼纽尔统治时期,原居住于阿索斯山并拥有那儿的一所小修道院的罗斯人在院长会议的命令下,接管了圣潘特雷蒙(St.Panteleimon)女修道院,此事在今天甚至还有许多人知道。

阿列克修斯·科穆宁也支持圣·克里斯托丢勒斯(St.Chritodulus)在帕特莫斯岛建立了一所修道院,据传说,使徒约翰就是在帕特莫斯写下了他的《启示录》,于是,该修道院以使徒约翰的名字命名。该修道院保存至今。在皇帝对于这件事发布的《黄金诏书》中,将帕特莫斯岛赐予克里斯托丢勒斯,作为他永久的、不可转让的财产,并免除其一切赋税,禁止任何政府官员踏入该岛。[28]该

---

* 阿索斯山位于希腊北部的哈里基的半岛上,是著名的修道山,山上有自中世纪以来建立的二十几所修道院,至今仍然香火不断,但不似旧时兴旺。被世人称为"活的中世纪博物馆"。——译者

[27] P.乌斯宾斯基:《基督教东方,阿索斯山》,III(1),266—227。P.迈耶(P. Meyer):《阿索斯修道院的主要历史文献》(Die Haupturkunden für die Geschichte der Athosklöster),172。

** Protos 来自于希腊文 $πρ\bar{ω}τος$,意为"首席","第一个"。——译者

[28] 扎哈利亚·冯·林根塔尔:《希腊-罗马法制史》,III,370—371。F.米克洛西奇(F.Miklosich)和 J.米勒(J.Müller):《中世纪希腊法规和外交》(Acta et diplomata graeca medii aevi),VI,45。

修道院采用了最严格的管理制度。㉙

夏朗东说:"帕特莫斯岛变成了几乎独立的教会共和国,只有修士才可以居住。"㉚塞尔柱突厥人进攻爱琴海诸岛时,克里斯托丢勒斯和修士们被迫离开帕特莫斯,到埃维厄(Euboea)避难。克里斯托丢勒斯于11世纪死于埃维厄。他的改革也随之结束,他在帕特莫斯的努力完全失败了。㉛

约翰·科穆宁还在君士坦丁堡修建了潘托克雷塔(Pantokrator*)修道院,而且在那儿开设了一所有50个床位的功能齐全的医院,专门为穷人服务。在皇帝签署的法令(typicon)㉜中,对医院的内部管理细则有详细的描述。"它可能是历史遗留下来的有关

㉙ 见"帕特莫斯岛上的圣约翰·塞奥洛吉修道院法规"("Regula pro monasterio S.Ioannis Theologi in insula Patmo"),见米克洛西奇和米勒《中世纪希腊法规和外交》,VI,59—80;也见 K.博尼斯(K.Boïnes)《圣父克里斯托丢勒斯的圣处》(Ἀκολουθία ἱερὰ τοῦ ὁσίου καὶ θεοφόρου πατρὸς ἡμῶν Χριστοδούλου)。

㉚ 夏朗东:《科穆宁王朝阿列克修斯一世的统治》,289。亦见 P.雅克文科(P.Yakovenko)《拜占庭豁免权的历史》(On the History of the Immunity in Byzantium),10—11。

㉛ E.勒巴尔比耶(E.Lebarbier):《圣·克里斯托丢勒斯和11世纪希腊修道院改革》(Saint Christodule et la réforme des convents grecs au XIe siècle)(第2版,1863年),51—56;这部旧的传记有许多错误。R.P.多姆·P.勒诺丹(R.P.Dom P.Renaudin):"克里斯托丢勒斯,帕特莫斯岛上的圣约翰修道院院长"("Christodoule, higoumène de Saint-Jean,à Patmons,1020—1101"),《基督教东方杂志》,V(1900),215—246。厄科诺摩(Oeconomos):《科穆宁和安吉列时期拜占庭帝国的宗教生活》(La Vie religieuse dans l'Empire byzantin au temps des Comnènes),142—152。

* 希腊语原意,即"全能"之意。——译者

㉜ 这部法规的希腊文本由 A.德米特里耶夫斯基(A.Dmitrievsky)出版,保存于《东正教图书馆中的礼拜仪式手稿》(The Description of the Liturgical Manuscripts Preserved in the Libraries of the Orthodox East),I,682—687。

拜占庭社会人道主义思想的一个最动人的"典范。㉓

科穆宁王朝的知识生活相当活跃。有的学者甚至称之为希腊文艺复兴时代。这一复兴时代是由帝国的一批杰出人物如迈克尔·塞勒斯等人掀起。科穆宁时代的文艺复兴表现在许多不同方面,包括各种异端思想和教义上一些谬误的形成。皇帝们作为正教信仰的捍卫者,与这类异端和教义谬误发生了冲突。科穆宁时代的这种冲突也影响到所谓的"信众誓言"(synodicon)教仪,即直到现在,在每年一度的东正教大斋节的第一个星期,当人们诅咒一切异端分子和反教会信条时,都要诵读那些异端分子的姓名及反教会之教义的名称;"信众誓言"中提到的那些名称中,许多都源自于科穆宁时代的阿列克修斯和曼纽尔时期。㉔

阿列克修斯反对异端的主要活动是对付保罗派和鲍格米尔派,这些宗教派别已经在巴尔干半岛,特别是菲利浦城一带存在了很久。但无论是对异端迫害,还是由皇帝组织的公众批判,甚至以

㉓ Th.I.乌斯宾斯基:"保守的拜占庭接受西方影响的倾向"("The Tendency of Conservative Byzantium to Adopt Western Influences"),《拜占庭年鉴》,XXII(1916),26。亦见 L.厄科诺摩《拜占庭帝国的宗教生活》,193—210。E.让塞尔姆(E.Jeanselme)和 L.厄科诺摩(L.Oeconomos):《拜占庭科穆宁时代的慈善机构和医院》(Les Oeuvres d'assistance et les hopitaux byzantins au siècle des Comnènes),11—18。夏尔·迪尔:"科穆宁时代的拜占庭社会"("La Société byzantine à l'époque des Comnènes"),《东南欧历史杂志》,VI(1929),242—249;抽印本,52—57。潘·S.科代拉斯(Pan S. Codellas):"潘托克雷塔修道院,12世纪君士坦丁堡的帝国医疗中心"("The Pantocrator, the Imperial Byzantine Medical Cener of the Twelfth Century A.D.in Constantinople"),《医学史简报》(Bulletin of the History of Medicine),XII,2(1942),392—410。

㉔ 关于"信众誓言",见 Th.I.乌斯宾斯基《拜占庭文明史论集》(Essays on the History of Byzantine Civilization),89—145。

火刑焚烧鲍格米尔派首领修士瓦西里,都无法消灭他们的信条。这些信条虽然未能在全国蔓延,但却无法根除。于是,皇帝求助于修士优西米乌斯·兹加贝努斯(Euthymius Zigabenus)。此人精通语法,言辞犀利,是《新约全书》(New Testament)和《圣保罗书信》(Epistles of St.paul)的评注者。皇帝要求他揭露当时的一切异端教义,特别是鲍格米尔派教义;并且根据"教父"的理论基础驳斥它们。为了逢迎皇帝的思想,兹加贝努斯撰写了论文《正教信条大全》(The Dogmatic Panoply of the Orthodox Faith),文中旁征博引,口诛笔伐,成为批判异端教条的手册。[25] 虽然如此,在曼纽尔朝还是发生了著名的修士尼逢(Niphon)传布鲍格米尔教义的著名案件。[26]

在阿列克修斯·科穆宁统治时期,拜占庭文化生活中发生的另一件事,是迈克尔·塞勒斯(Michael Psellus)的学生、博学多才的哲学家约翰·伊达路斯(John Italus,来自于意大利)被控传播"违法的、有违正教教义的异端教条、反对圣著和圣父们的经典、对圣像不恭",等等。[27] 对异端约翰·伊达路斯的公诉报告,是由俄罗斯学者 Th.乌斯宾斯基整理出版并阐释的,它揭开了科穆宁朝第一代皇帝统治时期拜占庭知识生活的意义深远的一页。有关宗教会议对伊达路斯案件的审判,不仅对付的是一个危及教会的异

---

[25] 米涅:《希腊教父著作全集》,CXXX,9—1362。
[26] 厄科诺摩:《拜占庭帝国的宗教生活》,38—47。
[27] Th.I.乌斯宾斯基:"对异端分子约翰·伊达路斯的公诉状"("The Offcial Report on the Accusation of John Italus of Heresy"),《君士坦丁堡俄罗斯考古学院公报》,II(1897),3、10。

端信条的传播者,也是针对一位高等成人学校中任教的、深受亚里士多德、柏拉图和其他哲学家影响的教授。伊达路斯的一些门徒也被传至法庭。经过审议,会议宣布伊达路斯及其门徒是在传播异端教义和蛊惑人心。伊达路斯被移交给牧首接受真理的指导。但最后连牧首本人也成了伊达路斯的信徒,这在教会和人民中成了一个特大丑闻。在皇帝的指令下,伊达路斯的一系列罪状被开列出来。最后宣布诅咒伊达路斯的11条错误信条和作为异端的伊达路斯本人。[28]

由于伊达路斯的著作尚未全部出版,所以无法对他的信条和他本人盖棺定论。自然,学者们在这个问题上也是见仁见智。虽然,Th.乌斯宾斯基认为,"哲学的自由为教父们的著作和《圣经》权威思想所限制"[28],然而,正如贝佐布拉佐夫和布良泽夫(Bryanzev)等学者所说,伊达路斯却"认为在有些问题上,异端哲学可能优于教会教条"[29],他"将神学与哲学分离,并且承认在神学和哲学领域中都可能保持独立的见解"[29]。最后,针对伊达路斯案件,N.马尔提出了"最重要的问题,即伊达路斯审判的兴师问罪者是否具有与伊达路斯相应的知识水平来理解哲学与神学分离的原则?或者,在他们确定思想家伊达路斯是在擅闯神学领域之时,他

---

[28] 这11条信条见 Th.I.乌斯宾斯基《大斋节第一个礼拜日的信众誓言》(*Synodikon for the First Sunday of Lent*),14—18;法语文本见厄科诺摩《拜占庭帝国的宗教生活》,25—28。

[28] Th.乌斯宾斯基:《拜占庭文明史论集》,171。

[29] P.贝佐布拉佐夫:《拜占庭年鉴》,III(1896),128。

[29] D.布良泽夫(D.Bryanzev):"约翰·伊达路斯"("John Italus"),《信仰与理性》(*Vera I Razum*),II,1(1904),328。

们是否给予他独立哲学思考的自由?"㉒当然,回答是否定的:在那个时候,这种自由是不可能的。不过,不能认为伊达路斯仅仅是个神学家,"他还是一位哲学家。他被判罪是因为他的哲学体系不符合教会的信条"㉓。科穆宁时代宗教生活的研究者最近提出,所有资料清楚地显示,伊达路斯属于新柏拉图学派。㉔ 所有这些争端和分歧表明,从11世纪末和12世纪初拜占庭文化史的角度来看,约翰·伊达路斯问题的意义非同小可。

然而,这并非全部。学术界已经注意到,与伊达路斯同时代出现的西欧哲学思想与伊达路斯的哲学思想极为相似;比如,这种相似可以在12世纪上半叶的法国著名教授,至今仍广为流传的自传《灾难历史》(*Historia calamitatum*)的作者阿伯拉尔(Abelard)那里找到。鉴于当时东西方文化相互影响的问题比较复杂而且人们对此缺乏充分的研究,因此,不能贸然说西欧学术依赖于拜占庭学术;但是可以肯定,"11—13世纪间欧洲思想家所思考的问题,我们在拜占庭思想家那里也可以见到。"㉕

在外部教会事务方面,前三代科穆宁皇帝时期,帝国与教宗和

㉒ "约翰·彼得里茨:11—12世纪伊庇利亚(格鲁吉亚)的新柏拉图主义者"("John Petritzi, Iberian[Gruzinian]Neoplatonist of the Eleventh and Twelfth Centuries"),《俄罗斯考古学会东方分会通报》(*Zapiski Vostochnago otdeleniya russkago Archeologicheskago Obchestwa*),XIX(1909),107。

㉓ 夏朗东:《科穆宁王朝阿列克修斯一世》,316。厄科诺摩:《拜占庭帝国的宗教生活》,29。

㉔ 厄科诺摩:《拜占庭帝国的宗教生活》,29 这位法国学者同意乌斯宾斯基的意见。

㉕ Th.乌斯宾斯基:《拜占庭文明史论集》,178、181、183。

西方教会接触频繁。正如皇帝迈克尔七世帕拉皮纳克斯（Parapinakes）向教宗格列高利七世求援一事所显示出的那样，频繁接触的主要原因是突厥人和帕齐纳克人从外部威胁着拜占庭。这种威胁迫使皇帝们求助于西方，甚至不惜以教会合一为代价。所以科穆宁王朝与罗马教会的联合倾向纯属外部政治因素所致。

在那些最可怕的岁月里，即11世纪80年代末和90年代初，阿列克修斯·科穆宁向教宗乌尔班二世寻求和解，并允诺将在君士坦丁堡召集宗教会议，讨论有碍东西方教会复合的"除酵"*问题以及其他问题。1089年，希腊主教会议在君士坦丁堡召开，由阿列克修斯一世主持。在会上，乌尔班二世提议将他的名字刻入双联记事板上，并在圣事中提及他的名字。在皇帝的压力下，会议一致通过了这个敏感的提议。㉘ 保加利亚的塞奥菲拉克特（Theophylact）所写的《拉丁人的谬误》一文可能就是出于这个时期，V.瓦西列夫斯基从这篇文章中看到了时代的特征。㉙ 这篇论文的主题值得注意。作者不承认基督教会已经发生分裂这一普遍接受的观点，也不认为拉丁人的错误使分裂成为定局。他对当时学者们的

---

* 东西方基督教会之间在圣事上的主要分歧之一，是关于圣餐的"除酵"问题。在西方教会中，圣餐中必须使用未经发酵的面饼，而东方教会则用一般发过酵的面包。东方教会认为西方教会的这种习俗有异教犹太人传统的味道，故予以否定。——译者

㉘ 见 W.霍尔茨曼（W.Holtzmann）的特别有趣的文章："1089年阿列克修斯一世和教宗乌尔班二世之间的合一谈判"（"Die Unionsverhandlungen zwischen Alexios I und Papst Urben II im Jahre 1089"），《拜占庭研究杂志》（德文），XXVIII(1928)，40；作者列出三个未经公布的希腊文献，该文献涉及了1089年的主教会议，见上引杂志，60—62。

㉙ 瓦西列夫斯基："拜占庭和帕齐纳克人"，《著作集》，I，83—85。该条约见米涅《希腊教父著作全集》，CXXVI，226—250。

宗教偏执和傲慢的态度很反感。总之,塞奥菲拉克特在许多问题上愿意接受合理的让步。但信经的词句绝对不能模棱两可,也不得有所增添;换句话说,东正教绝对不能接受将"和子句"纳入信经*。

当拜占庭帝国正处于生死关头之际,乌尔班二世在罗马也遇到棘手的事情:那里出现了一个伪教宗,所以,也不可能召集宗教会议了。几年以后开始进行的第一次十字军东征和希腊人与十字军之间的敌对情绪及互不信任情况的出现,也不利于两个教会达成谅解。在约翰·科穆宁时期,皇帝与教宗卡利克斯图斯二世和霍诺留二世开展了教会合一的谈判;约翰致两位教宗的两封信至今仍在。教宗的代表到君士坦丁堡全权处理教会合一问题。㉘ 可惜会谈没有结果。另外,一些著名的西方拉丁学者也参加了君士坦丁堡的神学争论。德国学者哈维尔堡的安塞尔姆大约于1150年曾经记载了1136年在皇帝约翰·科穆宁面前的一场辩论。在这场辩论会上,"有许多拉丁人在场,其中有三位精通(拉丁和希腊)两种语言、知识渊博的人。他们是威尼斯人詹姆斯,比萨人勃艮蒂奥(Burgeundio)和来自贝加莫城的意大利人摩西(Moses)。摩西精通两种文学,在希腊人和拉丁人中间德高望重。他被双方

---

* 所谓"和子句"是东正教会与西方天主教会之间的重要教义分歧之一。东正教会强调《尼西亚信经》和《卡尔西顿信经》都强调圣灵来自圣父,但西方天主教会在中世纪时期将"和子"两个字纳入信经,即强调"圣灵来自圣父和子"。这引发了东正教与天主教僧侣间的激烈争论。见本书第6章有关部分。——译者

㉘ 卡普赫尔(Kap-Herr):《曼纽尔皇帝的西方政策》(*Die abendlandische Politik Kaiser Manuels*),9。诺登:《教宗统治和拜占庭》,91。夏朗东:《科穆宁王朝阿列克修斯一世》,II,x—xi,162—163。多尔格:《未公布的希腊文献汇编》,II,59(no.1302、1303)。

指定为忠实的翻译"㉙。

在约翰的继任者亲拉丁的曼纽尔一世时期,东西方教会联系更加活跃。曼纽尔一世希望恢复独一的罗马帝国,而且认为只能从罗马得到这个帝国的皇冠。这为教宗带来了合一的希望。因此,双方的合一谈判很明显是纯政治性的。德国史学家诺尔顿对此做了恰如其分的评论:"科穆宁王朝希望通过罗马教廷的帮助统治西方,从而统治教廷;教宗梦想在科穆宁王朝的支持下成为拜占庭教会的主人,从而成为拜占庭帝国的主人。"㉚

第二次十字军以后,曼纽尔与几位教宗都有信函联系。而教宗自己有时也愿意向这位皇帝伸出友谊之手,教宗哈德良四世更是如此。他与西西里王发生了争执,而且对最近登上皇位的弗里德里希·巴巴罗萨非常不满。在致萨洛尼卡大主教瓦西里的信中,哈德良四世表示了自己要"帮助所有信众皈依一个教会"的愿望,并且将东方教会比作丢失的银币(drachma)、迷途的羔羊和死去的拉撒路(Lazarus)。㉛

此后不久,曼纽尔通过使者正式答应教宗亚历山大三世合并教会,条件是教宗将被德意志国王弗里德里希非法占有的罗马帝国的皇冠归还给他;为了达到此目的,曼纽尔可以向教宗提供所需资金和足够的军队。但由于亚历山大三世在意大利的处境有所好

㉙ 安塞尔姆·哈维尔伯格(Anslmi Havelbergensis):《对话》(*Dialogi*),II,chap. I;米涅编:《拉丁教父著作大全》,CLXXXVIII,1163。见 C.H.哈斯金斯(C.H.Haskins)《中世纪科学史研究》(*Studies in the History of Mediaeval Science*),144、197。哈斯金斯:《12世纪的文艺复兴》(*The Renaissance of the Twelfth Century*),294。

㉚ 《教宗统治和拜占庭》,101。

㉛ 米涅编:《希腊教父著作全集》,CXIX,928—929。

转,拒绝了他的提议。

皇帝在首都召集会议,试图结束拉丁人与希腊人之间的争吵,寻求教会合一的途径。曼纽尔竭力规劝君士坦丁堡牧首让步。曼纽尔与牧首在会议上的"对话"是一份重要文件,表明了两个主要会议参与者的态度。在"对话"中,牧首称教宗"充满了邪恶",宁愿要"亚加伦人"(Agarens,即伊斯兰教徒)的枷锁,不愿受拉丁人的统治。这种论调明显地反映了那个时代教会和公众的感情,在15世纪,即拜占庭衰落时代,多次重复。曼纽尔只得让步。他宣布他将"像远离毒蛇"那样远离拉丁人。^⑫ 这样,会议的所有议题都未达成一致意见。会议甚至决定与教宗之流划清界限。

因此,曼纽尔的对外世俗政策和教会政策都彻底破产了。其原因可以归结为他的这两项政策都只是他一厢情愿的个人想法,缺乏真正坚实的公众舆论基础。此时,"恢复大一统帝国"的愿望早已是一种幻想,而且,曼纽尔的统一愿望不可能得到全国人民的同情和支持。

在科穆宁王朝的最后五年(1180—1185年)中,特别是在安德罗尼卡一世统治时期,教会因素与复杂的内外形势交织在一起。安德罗尼卡在其统治初期就坚决反对前任皇帝的亲拉丁政策,因此不可能同意与西方教会的合并。在教会内部事务中,他粗暴地对待君士坦丁堡牧首,不允许对信仰有任何争议。^⑬ 而人们

---

⑫ C.洛巴勒夫(C.Loparev):"关于曼纽尔·科穆宁的联合愿望"("Concerning the Unitarian Tendencies of Manuel Comnenus"),《拜占庭年鉴》,XIV(1907),339、341、342—343、353、355。

⑬ 关于安德罗尼卡与牧首和教会的关系,见厄科诺摩《拜占庭帝国的宗教生活》,113—118。

通常认为是他所讲的"一场反对犹太人的对话",则属于稍后的时期。

安吉列时代在政治生活和教会生活中都是危机四伏。这个王朝的皇帝们自以为能够控制局势。因此,第一任皇帝伊萨克竟然随心所欲地更换君士坦丁堡牧首。

在安吉列王朝时期,拜占庭教会就圣体血问题发生了激烈争论,皇帝本人也卷了进去。当时的史学家尼西塔斯·科尼阿特斯说,争论的问题是:"我们所分享的基督圣体是在他受难和复活之后变为不朽($ἄφθαρτον$)的,或,是在他受难之前可朽的($φθαρτόν$)。"换句话说,"我们所分享的圣体是像普通食物那样受自然生理过程的支配,还是不受这些过程的支配。"阿列克修斯·安吉列坚决捍卫"被傲慢地亵渎"的真理,支持"圣体不朽"的观点。12世纪末拜占庭的这一类争论在十字军时代的基督教东方特别激烈,可以说是受了西方的影响。众所周知,西方很久以前就开始了这些争论;甚至在9世纪,就有人提出圣体是和普通食物一样服从自然的生理法则的。

至于安吉列王朝与教宗的关系,也应该注意。出于政治上的考虑,教宗当然希望引诱东方教会接受教会的合一。但他的计划没有实现。复杂的国际形势,特别是在第四次十字军之前的国际形势将德意志国王推上了国际舞台。德意志国王在解决拜占庭问

㉞ 尼西塔斯·科尼阿特斯:《历史》,波恩版,682。
㉟ A.列别德夫:《11世纪末至15世纪中叶拜占庭东方教会的形势》(*The Situation of the Byzantine Eastern Church from the end of the Eleventh Century to the Middle of the Fifteenth Century*)(第2版,1902年),153。

题方面似乎起到了重要作用。德意志国王是教廷最危险的对手。为了阻止这位西方皇帝占有东方帝国,教宗采取一切手段支持"分裂的"东方皇帝,甚至支持篡夺其兄伊萨克皇位的阿列克修斯三世。在第四次十字军期间,罗马天主教会的首领英诺森三世处于十分尴尬的境地,他先是坚决反对十字军改变方向;后来他又被迫改变初衷,宣称对君士坦丁堡史无前例的暴行符合上帝旨意。

总的说来,在科穆宁王朝和安吉列王朝统治的一百二十三年(1084—1204年)间,宗教生活受到外部关系的剧烈影响,更受到内部的矛盾冲突的影响。毋庸置疑,从宗教问题上看,这个时代具有重要的意义,耐人寻味。[96]

内部行政

财政和社会形势。——一般地说,在 12 世纪,拜占庭帝国的内部局势和行政制度没有什么大的变化。科穆宁王朝和安吉列王朝时期的拜占庭教会历史或许已得到全面研究,而对拜占庭的内部社会经济生活的研究却很薄弱。如果说拜占庭的内部历史未受到足够重视,那么以科穆宁王朝为开端的那个时代的研究则尤其薄弱。即使在今天,对这方面问题的研究也是仅依据一些推测而写的简短的章节,时有偶然的评论或附录,最多就是一两篇简短的专题文章。因此,至少现在,对这个时代的内部历史还没有一个恰如其分的认识。近期的法国学者夏朗东对 12 世纪拜占庭的内部

---

[96] 厄科诺摩:《拜占庭帝国的宗教生活》,222。

作为小亚细亚大土地贵族的代表,阿列克修斯·科穆宁成为拜占庭帝国的皇帝之时,由于频繁的军事活动和前朝的内乱,国家财政体系已陷入全面瘫痪状态。虽然如此,登台伊始的阿列克修斯还要犒赏帮助他获得皇位的功臣和追随者,慰劳他的家族成员。与突厥人、帕齐纳克人和诺曼人的恶战和与第一次十字军的周旋都需要巨额开支。大土地所有者和修道院的地产于是被用于弥补国库的亏空。

从各种零星的史料中,人们可以判断,阿列克修斯曾经肆无忌惮地没收大土地所有者的财产;甚至在政治阴谋案件中,也常常以籍没地产的方式代替死刑判决。就连修道院可以终生享用的捐赠地(希腊语 *khariskia*,后称 *kharistikarioi*)也无可幸免。

赠地(*kharistikia*)制度并非始于科穆宁王朝。但由于财政困难,科穆宁皇帝们可能更经常地依赖于这种制度。这种制度与圣像破坏运动时期的修道院地产世俗化,或者与更早时期的社会生活现象相似。这种赏赐方式在 10—11 世纪已经非常普遍。寺院可以被赏赐给神职人员,也可以被赏赐给俗人,甚至女人。有时,男修道院被赐予女人,女修道院被赐予男人。受赐者(*kharis*-

---

⑳ 夏朗东:《科穆宁王朝阿列克修斯一世》,II,316。参见外交史料,特别是阿索斯山修道院资料中所记载的阿列克修斯的内政、财政和经济政策方面的数据,哲尔曼·茹亚尔(Germaine Rouillard):"关于拜占庭国家历史的最新著述"("A Propos d'un ouvrage récent sur l'histoire d'état byzantin"),《语言学杂志》(*Revue de philologie*),(1942 年 10 月),175—180。

tikarios)要捍卫寺院的利益,使其免于受到省督们或税务官们随心所欲的横征暴敛;受赐者还要妥善经营修道院经济,完成义务后的那部分收益归自己所有。当然,实际上他常常忽视自己的义务,而且,一般来说,修道院的贡献正是国家收入和利润的来源。结果是修道院经济的衰落。赏赐制度可以为受赠人带来丰厚利润,因此,拜占庭的达官贵人趋之若鹜。阿列克修斯制订的欲将一些教会圣器转化为货币的法令后来也废除了。

然而,没收土地并不足以改善财政。于是,阿列克修斯·科穆宁采用了可能是最恶劣的金融手段,发行劣质货币,使货币贬值。为此,阿列克修斯遭到后人的严厉指责。此前,市面上流通的是足量的金币,称作诺米斯玛(nomisma)、伊佩比路(hyperpyrus)或索里达。阿列克修斯发行了一种铜与金的合金币或银与金的合金币,称诺米斯玛,与足量金币同价。旧的诺米斯玛价值相当于12个银币(米里亚里斯[miliarisia]),新的诺米斯玛价值只相当于四个银币,相当于旧币价值的三分之一。㊿但阿列克修斯命令征税者只收足值的货币。这种措施使拜占庭财政更加紊乱,而且激起了民愤。

尽管政府采取了一定的补救措施,但困难重重的外部形势和国内濒于崩溃的财政迫使政府采用了极严厉的税收政策;而由于许多教俗大地产可以免税,税收的负担全部压到下层阶级的头上。在政府的苛捐杂税压榨下,下层人民不堪重负。税收官们在民间

㊿ 一个诺米斯玛约相当于2美元,一个米里亚里斯相当于15—18美分。(请注意,原注中所列是20世纪30—40年代的比值。——译者)

横行霸道,11世纪和12世纪初期的保加利亚大主教塞奥菲拉克特称他们"无视上帝的法律和帝国法令,形同强盗"。⑩

尽管约翰·科穆宁几乎连年征战,但经过他的苦心经营,国家财政有所改善。然而,他的继任者曼纽尔再一次将国家推上崩溃边缘。而且,在这一时期,帝国人口已经减少,人民的纳税能力也相应减小。小亚细亚的某些地区由于穆斯林入侵而被放弃;那里的人口一部分沦为俘虏,另一部分逃到沿海城市。被遗弃的土地自然不能纳税。而由于匈牙利人、塞尔维亚人和多瑙河以外民族的侵略,巴尔干半岛也发生了类似情况。

与此同时,开支还不断扩大。除了军费开支,曼纽尔还将大批金钱花在来到拜占庭的外国人身上,因为这位皇帝偏袒拉丁人。而且,他还耗费大笔金钱用于大兴土木和维系宫廷的奢侈生活,且用于封赏他的宠臣和宠妇们。

历史学家尼西塔斯·科尼阿特斯对曼纽尔的财政政策引起的广泛怨恨情绪做了生动的描述。⑩爱奥尼亚诸岛的希腊人由于不堪重负,投奔了意大利半岛上的诺曼人。曼纽尔还试图像阿列克修斯一样,通过没收教俗地产来改善财政。他恢复了964年尼斯福鲁斯·福卡斯的著名《新律》,对教会和修道院地产大开杀戒。

只是到了科穆宁王朝末代皇帝安德罗尼卡一世时期,下层人民的处境才得以改善。他的短暂统治与曼纽尔大相径庭。曼纽尔采取亲拉丁政策,支持大土地所有者;安德罗尼卡则以国家利益和

---

⑩ 《书信集》,24;米涅编:《希腊教父文献全集》,CXXVI,405。
⑩ 尼西塔斯·科尼阿特斯:《历史》,波恩版,265—268。

下层阶级的保护者而著名。大土地所有者和税务官受到严格究诘;各省督开始接受国库高薪;公职的出售被停止。与安德罗尼卡同时代的史学家尼西塔斯·科尼阿特斯描写了下面这个田园诗般的画面:

> 用一位先知的话说,每一个人都躺在自己的树下乘凉,津津有味地吃着刚摘下的葡萄和地产的粮食,然后闭目养神。不用害怕税务官的威胁,不用担心贪婪者的勒索,不用警惕地看着他葡萄园中拾穗的人,也不用怀疑捆扎玉米秆的人;是恺撒的就还给恺撒,人们便不会对他苛求;他再也不会像以前一样被别人剥掉最后一件衣服,再也不会像从前一样在死亡线上挣扎。⑪

拜占庭史料将曼纽尔时期的内部生活描写得十分悲惨,安德罗尼卡的短暂的暴力统治当然不会使其得到大幅度的改善。但是,在12世纪80年代,即曼纽尔时期访问过拜占庭的西班牙图得拉城的犹太旅行家本雅明,通过亲身的观察和与人们的交流,写出了自己的旅行见闻。其中对君士坦丁堡不乏赞谀之词。他写道:

> 每年,从希腊帝国各地送来贡品络绎不绝。城堡内的丝绸、紫衣和黄金琳琅满目。如此多的商铺,如此多的财富在世界上实属罕见。据说本市的贡金每年可达 20,000 金币。这

---

⑪ 尼西塔斯·科尼阿特斯:《历史》,波恩版,421—422。

第七章 拜占庭与十字军

些金币都是商铺和市场的租金,以及从海陆入境的商贾所纳的贡金。希腊居民拥有大批的黄金和钻石。他们骑着高头大马、穿金戴银,看起来简直是公侯。的确,这个国家盛产布匹、面包、小麦和葡萄酒。君士坦丁堡的财富无可匹敌。此地颇多知书达礼、博学多才之人。他们都坐在自己的葡萄树和无花果树下,吃着美食,品着佳酿,作诗弄赋。[312]

在另一处,这位旅行家写道:"各类商贾从巴比伦、什那尔(美索不达米亚)、波斯、米底、埃及各地,从迦南、罗斯帝国,从匈牙利、帕齐那克、卡扎尔人的土地上,从伦巴底和塞弗拉德(西班牙)云集于此。这是一个繁忙的城市,各国商人从海陆两路入境。世界上只有伊斯兰大都市巴格达能与之匹比。"[313]在曼纽尔时期,还有一位阿拉伯旅行家奥尔-哈拉威(al-Haraw)或称艾尔-哈勒威(el-Herewy)到过君士坦丁堡,受到盛情款待。他的游记描写了这个杰出的首都:"君士坦丁堡比人们传说的还要大。似乎慷慨慈祥的主已经认定使它成为伊斯兰人首都!"[314]也许人们会将图得拉的本

---

[312] 图得拉的本雅明(Benjamin of Tudela):《东方旅游》(*Oriental Travels*),M.N.阿德勒(M.N.Adler)译,13;L.格林胡特(L.Grünhut)和 M.N.阿德勒编,17—18;M.科姆罗夫(M.Komroff)编,《马可·波罗的同代人》(*In Cotemporaries of Marco Polo*),265—266。

[313] 同阿德勒译《东方旅游》,12;格林胡特和阿德勒编,16。关于巴格达,贝阿德勒译《东方旅游》,35—42;格林胡特和阿德勒编,48—57;科姆罗夫编,264。参见 G.勒·斯特兰奇:《阿巴斯哈里发时期的巴格达》(*Bagdad During the Abbasid Caliphate*),332。

[314] 《朝圣者的地区标志》(*Indications sur les lieux de pèlerinage*),C.舍费尔译,《拉丁东方档案》(*Archives de l'orient latin*),I,589。A.A.瓦西列夫:"中世纪君士坦丁堡旅行的几个问题"("Quelques Remarques sur les voyageurs du moyen âge à Constantinople"),《夏尔·迪尔研究文集》,I,294—296。

雅明对君士坦丁堡的描述与科穆宁时代的诗人约翰·柴柴斯（Tzetzes）描写君士坦丁堡的诗文相比较。柴柴斯模仿荷马《伊利亚特》(IV,437—438)中的两首史诗,辛辣而尖刻地写道:"他们（特洛伊人）没有共同语言,南腔北调,他们来自世界各方。""这些居住在君士坦丁堡中的人,个个獐头鼠目;城里人讲着不同的异邦语言;也有不少人一向鬼鬼祟祟,偷窃成性,克里特人、突厥人、阿兰人、罗得人和开俄斯人……所有这些苟且贪婪、腐败的人在君士坦丁堡内却被视为圣贤。"⑮曼纽尔时期君士坦丁堡的繁荣昌盛使A.安德烈亚兹联想到某些大都市,如帝国末期的巴黎在大灾难前夕的生活。⑯

当时首都君士坦丁堡的人口数量很难确定。不过,据估计,12世纪君士坦丁堡的人口可能在 800 000—1 000 000 之间。⑰

至于科穆宁和安吉列时代大地产的增长情况,则是,大土地所有者的势力逐渐膨胀,越来越独立于中央政府;封建过程在帝国发展迅速。科戈纳索提到科穆宁王朝最后两位皇帝和安吉列王朝伊萨克二世时,说:"封建主义在全国蔓延,皇帝必须与行省大地主斗争,因为他们不再像以前（比如在诺曼战争时期）那样慷慨,不愿为中央政府提供兵源……构成帝国社会与政治基础的各元素之间的均衡被打破,贵族占了上风,玩弄帝国于股掌之中。君主的权力和

---

⑮ 《"伊利亚特"的多样历史》(Historiarum variarum Chiliads),T.基斯林编《伊利亚特》(Chilias),VIII,par.,360—368,496。在以后的篇幅中再讨论柴柴斯其人。

⑯ A.安德烈亚兹:"拜占庭皇帝治下的君士坦丁堡人口",《统计》(Metron),I,2(1920),97。

⑰ A.安德烈亚兹:"拜占庭皇帝治下的君士坦丁堡人口",《统计》,I,2(1920),101。

第七章 拜占庭与十字军

财富被贵族剥夺。"帝国迅速走向毁灭。⑱

曼纽尔曾经颁发过一份重要的《黄金诏书》，规定由皇帝御赐的不动产只能转让给元老院或军事官员；如果不遵守这个规定，不动产则要上交国库。⑲ 曼纽尔的禁令剥夺了下层阶级获得帝国土地赏赐的机会，使贵族地产愈加膨胀。⑳ 这份《黄金诏书》于1182年12月被阿列克修斯二世科穆宁废除。废除令虽然由阿列克修斯二世签署，但无疑受到了独揽朝纲的摄政者安德罗尼卡的压力。自1182年开始，帝国不动产可以惠赐任何社会阶层。㉑

1182年的《黄金诏书》是安德罗尼卡针对拜占庭贵族和大土地所有者的新政策的开端。他必须同他们作顽强的斗争。文件的签署者科穆宁王朝的阿列克修斯二世只是安德罗尼卡意志的代言人。于是，即产生了对于某些学者之观点的疑问，因为他们认为曼纽尔的禁令是针对法兰克人的，而且很可能确实制止了那些外国商人购买土地，所以，禁令的废除有利于法兰克人；而且与科穆宁王朝阿列克修斯二世的政策是一致的。㉒ 确实，年幼的阿列克修斯二世和他母亲的政权曾试图请求可恶的拉丁人给予支持。然而，安德罗尼卡进入君士坦丁堡并做了摄政之后，形势就不同了。

---

⑱ "拜占庭的颓废皇帝安吉列王朝的伊萨克二世"，《贝萨里翁》（*Besarione*），XXI（1915），52—53、59—60、269—289；抽印本，26—27、33—34、56—76。

⑲ 扎哈利业·冯·林根塔尔：《希腊-罗马法制史》，III，457；几年以后，这份诏书又被重申（同上书，498）。诏书的颁布日期现在有争议，见上书，457、498。F.多尔格：《未公布的希腊文献汇编》，II，62—63（no.1333）；70（no.1398）。

⑳ 科戈纳索：《曼纽尔·科穆宁去世前的拜占庭党争和宫廷斗争》，284（72）。

㉑ 扎哈利业·冯·林根塔尔：《希腊-罗马法制史》，III。507。

㉒ 见多尔格《未公布的希腊文献汇编》，II，89（no.1553）。布莱耶尔："安德罗尼卡（科穆宁）"，《历史辞典》，II，1780。

摄政大权独揽,到1182年末,其政策已经公开地与拉丁人作对。

国防和商业。——科穆宁王朝时期,连年征战,耗资巨大。皇帝们梦想恢复大一统帝国,不断加强军队建设。除各军区提供的军队外,政府还从各民族中招募大批雇佣兵。在科穆宁时期,军队中开始出现一个新的民族成员,即盎格鲁-撒克逊人。

盎格鲁-撒克逊人之出现与拜占庭与诺曼人1066年在征服者威廉率领下征服英国事件有关,当时,在黑斯廷斯(Hastings)以北几英里的森拉克(Senlac)之战以后,灾难席卷了英国,从而把英国送入严厉的征服者之手。反抗换来的是血腥镇压,许多盎格鲁-撒克逊人绝望之中离开祖国。英国史学家弗里曼(Freeman)在他那部著名的描述诺曼征服英国史的书中强调:在11世纪80年代,即阿历克塞·科穆宁统治初期,一些足以令人信服的、有关盎格鲁-撒克逊人迁徙到拜占庭帝国的证据已经十分明显。[32] 一位12世纪上半期的西方编年史家写道:"失去自由以后,盎格鲁人万念俱灰……许多青壮年远走他乡,来到遥远的君士坦丁堡,为皇帝阿列克修斯卖命。"[33]这是"瓦兰几亚-英格兰近卫军"的开始。像10—11世纪的"瓦兰几亚—罗斯侍卫队"一样,他们在12世纪的拜占庭历史中同样起了重要作用。显然,在亲拉丁的曼纽尔时期,拜占庭的外国雇佣军的数量最多。

---

[32] 《诺曼人征服英国史》,VI,628。A.A.瓦西列夫:"11世纪向盎格鲁-撒克逊移民开放的拜占庭舞台"("The Opening Stages of the Anglo-Saxon Immigration to Byzantium in the Eleventh Century"),《康达可夫学院年鉴》,IX(1937),39—70。

[33] 奥德里克·维塔利斯(Orderici Vitalis):《教会史》;米涅编:《拉丁教父著作全集》,CLXXXVIII,309。

第七章 拜占庭与十字军

海军方面,阿列克修斯精心组织的海军似乎逐渐失去了战斗力,到曼纽尔时代衰落了。尼西塔斯·科尼阿特斯在他的著作中严厉谴责曼纽尔破坏了帝国的海上力量。[㉟] 在科穆宁王朝时期,与帝国联盟的威尼斯舰队发挥了巨大作用。当然,其代价是拜占庭经济独立地位的丧失。

曼纽尔修复和巩固了一些处于衰败中的据点。小亚细亚南岸的重要城市和军事要塞阿塔利亚(撒塔利亚)开始设防。[㊱] 他也在阿比都斯建立了防务设施并在赫勒斯滂海的入口处修建了一座桥,[㊲]这里是拜占庭最重要的海关。从科穆宁王朝开始,威尼斯人和他们的竞争者热那亚人和比萨人就在此地生活。

人们对于科穆宁时期地方行政的研究尚有欠缺。我们知道,11世纪的军区数目已达38个。[㊳] 随着11、12世纪帝国领土的缩小,各行省的领土和数目也不可能保持原样。这方面的资料可在1198年11月安吉列王朝阿列克修斯三世的《新律》中找到[㊴]。这部《新律》提到皇帝赐予威尼斯的贸易特权,并列出了"罗马尼亚治

㉟ 尼西塔斯·科尼阿特斯:《历史》,波恩版,75。

㊱ 贝内迪克蒂·阿巴蒂斯(Benedicti Abbatis):《亨利二世生平》(*Gesta Regis Henrici Secundi*),斯塔布斯(Stubbs)编,II,195。同样内容见罗杰里·德·韦登(Rogeri de Houedene)《地方行政年鉴》(*Chronica magistri*),斯塔布斯编,II,157。

㊲ 见狄奥多勒·普洛德罗姆斯的两首短诗,收于《十字军史料汇编》,II,54—542。

㊳ 斯卡巴拉诺维奇(Skabalanovich):《11世纪的拜占庭国家和教会》(*Byzantine State and Church in the Eleventh Century*),186,193—230。

㊴ 扎哈利亚·冯·林根塔尔:《希腊-罗马法制史》,III,560—561(1199年条)。塔菲尔和托马斯:《古代商业和国家历史条约集》,I,258—272(1199年条)。正确的日期是1198年;这一文件准确地加以认定,见林根塔尔《希腊-罗马法制史》,565;塔菲尔和托马斯《古代商业和国家历史条约集》,258。

下各行省的名称,同意(威尼斯人)在那些地方进行商业活动"㉚。此法的研究工作尚欠完备,但其中的名单却可以让我们对12世纪帝国各行省的变化有个大概了解。

以前的军区大都由军事总督或"大将军"(strategi)管理。后来,特别在1071年曼兹克特战役以后,由于12世纪突厥的威胁在小亚细亚的加剧以及1186年保加利亚的独立,帝国领土急剧缩小。由于领土的缩小,给予军区统领的重要头衔"大将军"(strategus)在11世纪末已经不再使用。在科穆宁王朝时,"大将军"一衔则彻底消失,因为它已不适用于相对规模较小的行省。渐渐地,"都督"(dux)一职代替了"大将军"这个名称。"都督"这一头衔产生于9世纪以前,由一些小省长官领有。㉛

由于十字军运动,科穆宁王朝和安吉列王朝统治时期的帝国商业形势发生了特别重要的变化:东西方世界发生了直接商业联系,拜占庭丧失了东西方贸易中介的地位。㉜这对东方帝国的国际商业势力是一个沉重的打击。在阿列克修斯·科穆宁统治初期,威尼斯人已经在首都的一些地方有了稳固的据点。同时,比萨

㉚ 林根塔尔:《希腊-罗马法制史》,III,560。塔菲尔和托马斯:《古代商业和国家历史条约集》,I,258。

㉛ E.施泰因:"晚期拜占庭法制和经济史研究"("Untersuchungen zur spatbyzantinischen Verfassungs-und Wirtschaftsgeschichte"),《奥斯曼历史通报》(*Mitteilungen zur Osmanischen Geschichte*),II(1924),21(重印页码);亦见施泰因对1198年11月所发的《黄金诏书》的注释(20页注2)。

㉜ 关于科穆宁和安吉列时代拜占庭与意大利各共和国的商业关系的最好资料,见W.海德(W.Heyd)《中世纪利凡特贸易史》,I,190—264。亦见夏朗东《科穆宁王朝阿历克修斯一世》,II,625—627。汤普逊:《中世纪经济社会史》,380—439。

第七章 拜占庭与十字军

人在君士坦丁堡也得到了很重要的商业特权;他们拥有一处登陆点(港口,意大利语作 scala),一个销售其商品的专门商业区和一些私人房产;在圣索菲亚教堂进行圣事时,有特赐予比萨人的座位,在赛马场有固定的观赏席。㉝ 约翰·科穆宁统治末期,热那亚第一次同拜占庭展开谈判,内容当然与商业活动有关。曼纽尔的政策总是与威尼斯、比萨和热那亚的商业利益密切相关。这当然有损于帝国的经济实力,与此同时,又使这三个城市处于永久的商业竞争中。1169 年,热那亚在帝国全境——黑海和亚速海北岸两地除外——获得了极其有利的贸易特权。㉞

1182 年骇人的拉丁大屠杀之后,在安吉列王朝时期,拉丁人取得了更为有利的地位。终于,在 1198 年 11 月,科穆宁王朝阿列克修斯三世极不情愿地对威尼斯特赐《黄金诏书》,重述和确认伊萨克·安吉列以前颁发的有关与威尼斯共同防御的诏书,重申威

㉝ 全文见米克洛西奇和米勒《中世纪希腊法规和外交》,III,9—13;亦见 J.米勒《关于托斯卡纳城市与东方基督教世界及土耳其关系的文件汇编》(*Documenti sulle relazioni della città Toscane coll' Oriente cristiano e coi Turchi*),43—45,52—54。见海德《中世纪利凡特贸易史》,I,193—194。多尔格:《未公布的希腊文献汇编》,II,53—54(no.1255)。亦见 A.绍布(A.Schaube)《至十字军时代末期的地中海罗马人贸易史》(*Handelsgeschichte der Romanischen Völker des Mittelmeergebiets bis zum Ende der Kreuzzüge*),247—274。

㉞ "关于热那亚与拜占庭帝国关系的最新文件"(Nuova serie di documenti sulle relazioni di Genova coll'Imperio Byzantino),A.圣圭内蒂(A.Sanguineti)和 G.贝尔托洛托(G.Bertolotto)编,《利古里亚国家历史学会文集》(*Atti della Società ligure di storia patria*),XXVIII(1896—1898),351,355,360。米克洛奇和米勒:《中世纪希腊法规和外交》,III,35。多尔格:《未公布的希腊文献汇编》,II,82(no.1482)。G.布拉蒂亚努(G.Bratianu):《关于 13 世纪热那亚在黑海的商业研究》(*Recherches sur le commerce génois dans la mer Noire au XIIIe siècle*),65—66。

尼斯的贸易特权,增补了一些新的条款。威尼斯居住区保持不变。㉝ 一位史学家认为,这个条约的某些条款对奥斯曼帝国的领事裁判权制度有着特别大的影响。㉞

除首都之外,威尼斯人、比萨人和热那亚人在帝国许多行省和岛屿都有居住区,享有充分的贸易特权。帖撒罗尼迦(萨洛尼卡)是帝国仅次于君士坦丁堡的重要经济中心。12世纪的史料证明,在每年的10月底,当举行纪念首都的保护者、使徒圣底米特里的纪念日活动之际,萨洛尼卡城都要举行遐迩闻名的商品交易会,希腊人和斯拉夫人、意大利人、西班牙人(伊比利亚人)和葡萄牙人(卢斯塔尼亚人),"阿尔卑斯山那边的凯尔特人"(法国人)及远方大西洋沿岸的人云集于此。㉟ 希腊的底比斯、科林斯和佩特雷制造的丝绸驰名天下。巴尔干半岛的亚得里亚堡和菲利浦城也是重要的商贸中心。那时的爱琴海诸岛也都有自己的工商业活动。

随着灾难性的1204年的临近,拜占庭的商业优势被威尼斯、热那亚和比萨等意大利各共和国高效极富进取性的商业彻底摧毁。其中,威尼斯起主要作用。正如意大利史学家科戈纳索所说,这个专制帝国失去了"有利于贵族阶级的权力和财富,正像它被迫

㉝ 关于这份《黄金诏书》,参见㉞注后引。亦见布朗"威尼斯人和威尼斯人居住区"("Venetians and the Venetian Quarter"),《希腊研究杂志》,XL(1920),88。

㉞ 穆斯塔法·哈米德(Mustafa Hamid):"土耳其国家的外国侨民法"("Das Fremdenrecht in der Türker"),《伊斯兰世界》,VII(1919),26—27。

㉟ 《蒂马利翁或关于他的苦行。〈讽刺对话集〉》(Timario sive De passionibus ejus.Dialogus Satyricus), M.哈泽(M. Hase)编《国家图书馆的手稿注释和摘抄》(Notices et extraits des manuscripts de la Bibliothèque Nationale),IX(1813),par.2,171—174;A.埃里森:《中世纪与当代希腊文献选编》(Analecten der mittel-und neugriechischen Literatur),IV(I),46—53,98及以下。

放弃了大量其他权利而使之有利于帝国各大城市的世界性商业阶级一样。"㊳

教育、学术、文学和艺术

马其顿王朝的学术、文学、教育和艺术等文化活动非常活跃。9世纪的佛提乌、10世纪的君士坦丁七世波菲罗杰尼图斯和11世纪的迈克尔·塞勒斯在各自文化领域的活动,以及君士坦丁堡高等学府的重建及该学府在11世纪的改革,为科穆宁和安吉列时代的文化复兴创造了有利条件。执迷于古代文学是这一时期的特点。12世纪和13世纪初的作家们竞相研究和模仿赫西俄德、荷马、柏拉图、史学家修昔底德和波利比阿、雄辩家伊索克拉底和德摩斯梯尼、希腊悲剧家和阿里斯托芬以及其他古代文学领域里杰出的大师们。这种模仿在语言学领域里尤其明显。由于过度追求古代阿提卡方言的纯正性,这种模仿变得矫揉造作,晦涩难懂,与现实口语格格不入。正如英国学者柏里所说,这种文学形式,是"传统的奴隶;是那些高贵大师的枷锁,但毕竟是枷锁。"㊴但也有些作家在欣赏古典语言之美的同时,并不忽视当代流行的语言,留下了12世纪流行语言的重要样本。科穆宁和安吉列朝代的作家知道拜占庭文化优于西方文化,在当时的一份资料中,称西方人为"愚昧的游牧部族,其中大部分,即使并不出生于君士坦丁堡,也至

㊳ "颓废的拜占庭皇帝安吉列王朝伊萨克二世"("Un imperator bizantino della decadenza Isacco II Angelo"),《贝萨里翁》,XXXI(1915),60;抽印本,34。

㊴ 柏里:《骑士传奇》,3。

少受过君士坦丁堡的哺育,而且,他们与典雅的风范与智慧无缘",对他们来说,美妙歌声就像"秃鹫和乌鸦的嚎叫"[50]。

在文学领域,这个时代出现了大批杰出的教、俗作家。这场文化运动也影响了科穆宁家族本身,该家族中许多成员由于环境的熏陶,致力于学术和文学活动。[51] 阿列克修斯一世的母亲安娜·达拉西娜(Anna Dalassena)天资聪颖,饱读诗书。她的博学多才的孙女安娜·科穆宁娜说她"不仅是女人的最大骄傲,也是男人的最大骄傲;她美化了人性"。她在出席宴会时,常常手不释卷,席间高谈阔论教父们以及哲学家和殉道者马克西姆(Maxim)的教理思想。[52] 皇帝阿列克修斯·科穆宁亲自写过批驳异端教条的神学论文;他临终前不久还写了《缪斯》,该书于1913年正式出版。《缪斯》采用抑扬格韵律,主要是对他的儿子、继承人约翰的"告诫"。[53]这些《缪斯》诗其实就是一种政治遗嘱。其中不仅涉及抽象的道德问题,还提到许多当时的历史事件,例如第一次十字军。

阿列克修斯的女儿安娜和女婿尼斯福鲁斯·布莱昂纽斯(Necephorus Bryennius)在拜占庭史学编纂方面占有值得尊敬的地位。后者在阿列克修斯和约翰统治期间的国家事务中起了重要作用。阿列克修斯死后,他计划写一部阿列克修斯·科穆宁的传记,可惜壮志未酬身先死。不过,他还是完成了一部家族编年史或

---

[50] 尼西塔斯:《历史》,波恩版,391、764、791。

[51] 关于这个主题,参见夏尔·迪尔的重要和全面的概述:"科穆宁时代的拜占庭社会"("La société"),《东南欧历史杂志》,VI(1929),198—280。

[52] 安娜·科穆宁娜:《阿列克修斯》,III,8;V,9;赖弗谢德编,I,113、181—182。

[53] 马斯:"皇帝阿列克修斯一世的诗",《拜占庭研究杂志》(德文),XXII(1913),348—367。

传记，叙述了讫阿列克修斯登基前夕科穆宁家族的兴起过程。他详细讨论了从1070年到1079年，即至尼斯福鲁斯三世波达尼亚特斯(Botaniates)统治早期的历史；由于他记述的是科穆宁家族成员的活动，他的作品难免显得片面。布莱昂纽斯的文风朴实无华，没有丝毫矫揉造作的痕迹，与他博学多才的妻子的文风正好相反。但其字里行间明显露出色诺芬风格的影响。布莱昂纽斯的著作对于研究拜占庭宫廷内部历史和外部政策，特别是研究突厥人对拜占庭不断加剧的威胁，有着重要意义。

布莱昂纽斯的妻子、阿列克修斯皇帝的长女安娜·科穆宁资质聪慧，受过良好教育，是一部散文体叙事诗《阿列克修斯》的作者。㉞ 这是科穆宁时代文学复兴运动的第一部力作，专门记述了安娜的父亲，"伟大的阿列克修斯，宇宙泰斗，安娜的太阳"的辉煌统治。㉟ 一位安娜传记的作者说："直到19世纪，世界历史上的女性史学家仍是凤毛麟角。因此，在人类历史上的一个最重要的文学运动中，出现了一位公主，显然她应该受到后世的尊敬。"㊱在安娜所著的这本15卷著作中，涵盖了1069—1118年的历史，她描述了科穆宁家族在阿列克修斯登上皇位之前的逐渐发迹过程，直写到阿列克修斯去世，弥补和完成了她的丈夫尼斯福鲁斯·布莱昂纽斯的意愿。安娜在《阿列克修斯》中，极力颂扬其父阿列克修斯的倾向明晰可见，她试图向读者表明，阿列克修斯，这位"第十三位

㉞ 赫瑟林：《拜占庭》，336；法语版，321；英语版全书由道斯译(1928)。
㉟ 安娜·科穆宁：《阿列克修斯》，XV，11；赖弗谢德编，II，315—316。
㊱ F.J.福克斯·杰克逊(F.J.Foakes-Jackson)："安娜·科穆宁"，《希伯特杂志》(*Hibbert Journal*)，XXXIII(1934—1935)，430。

使徒"㊼功盖科穆宁家族任何成员。安娜自幼饱读诗书,熟谙古代经典作家荷马,抒情诗作家,悲剧作家,阿里斯托芬,史学家修昔底德和波利比阿、雄辩家伊索克拉底和德摩斯梯尼、哲学家亚里士多德和柏拉图等。她的文风深受这些古代作家的影响,在她的《阿列克修斯》中,安娜在文字上采用了古典希腊语言。克伦巴赫认为她的文体矫揉造作,"充满了枯燥的书卷气,与当时文学作品中所使用的民间大众口语形式格格不入"㊽。在偶尔提到西方蛮族人或罗斯人(斯基泰人)的名字时,安娜甚至向读者道歉,因为这"有损历史的高尚和主题"㊾。虽然安娜对其父亲业绩的描写有失偏颇,但从历史的角度来看其著述极为重要,因为这部著作不仅基于她个人的观察和口头报告,而且使用了国家的档案文件、外交函件和帝国法令等。《阿列克修斯》是研究第一次十字军远征的最重要的史料之一。近代学者承认"尽管在这部女儿描写父亲的传记中确有诸多瑕疵,但它仍不失为中世纪希腊历史编纂学中的一部杰作"㊿,而且,它"将永远是了解阿列克修斯·科穆宁重建希腊国家这段历史的最珍贵的资料"。[51]

㊼ 安娜·科穆宁:《阿列克修斯》,XIV,8;赖弗谢德编,II,259。
㊽ 克伦巴赫:《拜占庭文献史》,277。
㊾ 安娜·科穆宁娜:《阿列克修斯》,X,8;VI,14;赖弗谢德编,I,122;II,81。
㊿ 克伦巴赫:《拜占庭文献史》,276。
[51] C.诺伊曼(C.Neumann):《12世纪史学家和史料史》(*Geschichte Geschichtschreiber und Geschichtsquellen im zwölften Jahrhundert*),28。长期以来,安娜·科穆宁娜只是由于沃尔特·司各特爵士的著作《巴黎的罗伯特伯爵》(*Count Robert of Paris*)中提到她而驰名。但她的形象由于这位"北方奇才"的描述而面目全非,这一事实却鲜为人知。在这部小说(第4章)中,她阅读了自己所写的历史中关于劳迪西亚人(Laodicea,叙利亚的一个地名。——译者)撤退的一段故事——这段故事并未记述在《阿列克修斯》中。福克斯·杰克逊:"安娜·科穆宁娜",《希伯特杂志》,XXXIII(1934—1935),441。

阿列克修斯的继承者,他的儿子约翰几乎终生在征战,对于他是否迎合文化的时尚,人们尚不得而知。不过,他的兄弟"至尊"(sebastokrator*)伊萨克不仅有良好的文化修养,热爱文学事业,而且还写了两部关于荷马史诗版本在中世纪之变化问题的小册子,同时,他也为据说是塞拉戈里奥(Seraglio)图书馆收藏的《圣经·旧约·首八卷》的君士坦丁堡抄本写了导论。经研究发现,伊萨克·科穆宁除了这两三部已出版的作品之外,还有许多著述。他的独特之处引起了多方面的注意。㉜

曼纽尔皇帝迷恋占星术。他写过一篇为"天文科学",即占星术辩护的文章,驳斥牧师们对占星学的攻击。此外,他还写了各种神学论文和公众演讲稿。㉝ 由于曼纽尔的神学研究,一位赞美他的作者、萨洛尼卡的尤斯塔修斯称他的统治为"皇帝-神父"的统治,他的帝国是"一个司祭的国家"(《旧约·出埃及记》19:6)㉞。曼纽尔不仅自己对文学神学有兴趣,而且还引导其他人。他将托勒密的著名作品《天文学大成》(*Almagest*)作为礼品赠予西西里国王,其他一些手稿也由曼纽尔在君士坦丁堡的图书馆运至西西里。《天文学大成》的第一个拉丁文版本就是根据上述手稿于

---

* Sebastocrator 是拜占庭中后期贵族品级中的重要级别,一般授予皇子或驸马。其地位低于奥古斯都,高于恺撒。以蓝色为尊,区别于皇帝的紫色,是在某一方面或几方面的执掌大权者。——译者

㉜ Th.I.乌斯宾斯基:"塞拉戈里奥的君士坦丁堡抄本"("The Constantinopolitan Code of Seraglio"),《君士坦丁堡俄罗斯考古研究院公报》,XII(1907),30—31。

㉝ 辛那姆斯:《历史》,波恩版,290。尼西塔斯·科尼阿特斯:《曼纽尔》,VII,S;波恩版,274—275。曼纽尔对占星术的辩护是以信函形式写给一位"贬低天文学并斥之为大不敬"的修士的。此信出版于《占星学法则表》,V(1),108—125。

㉞ 莱格尔:《拜占庭史料集》,I(1),6;亦见 vii。

1160年翻译出版的。⑱ 曼纽尔的弟媳伊琳娜也热爱学问,具有文学天赋。狄奥多勒·普洛德洛姆斯(Theodore Prodoromus)是她的偶像诗人,也可能是她的老师。他曾赠送给她许多诗文。君士坦丁·曼纳苏(Constantine Manasses)亦把自己的韵文体编年史赠予伊琳娜,在序言中称她为"文学的真正朋友"($\varphi\iota\lambda o\lambda o\gamma\omega\tau\acute{\alpha}\tau\eta$)⑲。通常人们认为的安德罗尼卡一世时期的作品《一个反对犹太人的对话》,则属于后一个时期。

上述简略的描述表明科穆宁皇族对文学活动有着浓厚的兴趣。但是,当然,这一现象反映了文化水平的普遍提高,特别反映了文学水平的提高,而且是科穆宁时代最为突出的特点。从科穆宁朝和安吉列朝统治时期开始,历史学家和诗人、神学作者及各个领域的古典文学作者,以及编年史家们留下了大量作品,成为这一时期人们对文学活动充满热情的标志。

历史学家约翰·辛那姆斯是科穆宁的同时代人。他写了一部约翰和曼纽尔统治时期的历史(1118—1176年),接续了安娜·科穆宁娜的历史著作。这部历史仿效希罗多德与色诺芬的风格,也有普洛柯比的影响。这部显然没有完成的历史著作之中心人物是曼纽尔;因此,这部作品一定程度上是一篇赞颂词。辛那姆斯是东方罗马帝国皇权的积极维护者,他坚决反对教宗和德意志君主觊

---

⑱ 见 C.H.哈斯金斯:"中世纪思想的传播"("The Spread of Ideas in the Middle Ages"),《史鉴》,I(1926),24。哈斯金斯:《中世纪科学史研究》(Studies in Medieval Science),《史鉴》,143、161。哈斯金斯:"12世纪文艺复兴"("The Renaissance of the Twelfth Century"),《史鉴》,292。

⑲ 《编年史摘要》(Compendium chronicum),波恩版,第3版,V,3。

觎东方帝国的权力。他视曼纽尔为自己心目中的英雄，曼纽尔对他也是恩宠有加；无论如何，他以来源可靠的史料为基础，使用优美的希腊文，写作了一部信史，“以一位忠诚的士兵的语调，表达了 492
对皇帝诚挚的热爱”。(357)

迈克尔·阿克米那图斯和尼西塔斯·阿克米那图斯兄弟也是12、13世纪初的文学大师，他们是弗里吉亚的科内城（在小亚细亚）人士。因此，有时人们根据他们的出生地而称他们为科尼阿特斯（Choniaeae）兄弟。长兄迈克尔曾经在君士坦丁堡师从萨洛尼卡主教尤斯塔修斯，受到良好的古典学教育，并选择了宗教事业，在雅典担任大主教三十余年。(358) 由于对希腊古典文化的热切仰慕，他将自己的主教府邸设于雅典卫城之上，在中世纪时期，圣母大教堂就建在雅典卫城古代帕特农神庙遗址之上。迈克尔十分庆幸自己能住在雅典卫城，因为他在那里似乎到了“天顶”。他的大教堂给他带来了永恒的喜悦和热情。他以柏拉图时代人的眼光俯视雅典城和她的居民，于是，他惊诧万分地看到当时的雅典人与古代希腊人之间的鸿沟。迈克尔是个理想主义者，他起初无法理解希腊人种变化的既成事实。他的理想主义与晦暗的现实发生了冲

(357) 诺伊曼：《12世纪史学家和史料史》，99；克伦巴赫尔：《拜占庭文献史》，280。

(358) 格奥尔格·斯塔德米勒(Georg Stadtmüller)所写的最重要的传记：“雅典大主教迈克尔·乔尼亚茨（约1138—1222年）”（“Michael Chroniates Metropolit von Athen, ca.1138—ca.1222”），《东方基督教杂志》，XXXIII，2(1934)，125—325。伊达·卡莱顿·塔隆(Ida Carleton Thallon)：《中世纪人文主义者迈克尔·阿克米那图斯》(*A Medieval Humanist Michael Akominatos*)，273—314，这是基于迈克尔之信件所做的非常精妙的研究。另一个十分有价值的研究是由肯尼斯 M.塞顿(Kenneth M.Setton)所写“12世纪晚期的雅典”（“Athens in the Later Twelfth Century”），《史鉴》，XIX(1944)，179—207。

突。他只能说:“我住在雅典,但我却看不到雅典。”

据他自己说,他在帕特农神庙里对雅典人发表的精妙绝伦的任职演说是纯朴文风的典范。在这篇演说中,他提醒他的听众切记雅典昔日的风采,切记雅典是雄辩术与智慧之母,他坚信当时的雅典人是古代雅典城邦居民的后代,他敦促雅典人保持其祖先们的高贵风范和传统。他还列出了阿里斯提德斯(Aristides)、埃阿斯(Ajax)、狄奥吉尼斯、伯里克利、地米斯托克利(Themistocles)等杰出人物。(359) 实际上,这个演说太过典雅,通篇都是古代和《圣经》引语以及华丽的辞藻。对于新一代的雅典居民发表这样的演说,简直就是对牛弹琴。迈克尔也感觉到,他的演说超出了12世纪雅典人能够理解的范围。在后来的一篇布道词中,他悲愤地呼唤道:“噢,雅典!智慧之母!你现在是多么无知!……当我对你
493 发表如此通俗易懂的演说时,却像在以外国人的语言,以波斯语或西徐亚语言谈论着不可思议的事情。”(360)满腹经纶的迈克尔·阿克米那图斯很快认识到,现实的雅典人并不是古代希腊人的直接后代。他写道:“盛产蜂蜜的海默特斯(Hymottos),安静的比雷埃夫斯(Peiraeus),奥秘无穷的埃琉西斯(Eleusis),马拉松的平原,雅典的卫城……这个城市风韵犹存,然而热爱科学的那一代已经逝去,代之而起的这一代是多么愚昧无知。”(361)生活在野蛮人中间的迈克尔感到自己也快要变成野蛮人了;他哀叹希腊语言的堕落,哀

(359) 迈克尔·阿克米那图斯(Michael Acominatus)文集,兰普罗斯(Lampros)编,I,93—106。

(360) 迈克尔·阿克米那图斯文集,兰普罗斯编,124。

(361) 迈克尔·阿克米那图斯文集,兰普罗斯编,II,12。

叹它变成了野蛮人的方言,他自己则在雅典生活了三年之后才能听懂它。㊌ 他的哀叹可能有些夸张,但他说昔日辉煌一时的雅典现在变得死气沉沉,倒也不算过分。如果没有过去的英雄业绩和著名的时代丰碑,如果没有雅典卫城,阿雷奥帕古斯山(Areopagus)、海默特斯和比雷埃夫斯这些没有被时间嫉恨和破坏的大自然的不朽之作,雅典这个名字也许早已从人们的记忆中消失。㊍ 迈克尔在雅典一直生活到13世纪初。当1204年法国人征服雅典之后,他被迫让位于一个拉丁主教,到远离阿提卡海岸的小岛切奥斯聊度残生,于1220年或1222年与世长辞,葬于该岛。

迈克尔·阿克米那图斯留下了丰富的文字资料,包括布道词和各种题材的演说词,以及大量信件和诗文。它们是研究当时政治、社会和文学概况的珍贵史料。他最珍贵的诗文是他为雅典城写的挽歌《为我们所继承的古典时期的光荣城市的毁灭所写的第一首、也是仅有的一首哀歌》。㊎ 格雷戈罗维乌斯称迈克尔·阿克米那图斯是照耀中世纪雅典黑夜的一束阳光,"是这座圣城的最后一位伟大公民和最后的荣耀"。㊏ 另一位作家写道:"尽管他是一个外邦人,但他对自己的客居地如此迷恋,所以我们可以称他是最后一个伟大的雅典人,他完全有资格与雅典的那些高尚的古人相提并论,他以这些古人为榜样,向他的教民们热情地推荐他们。"㊐

㊌ 迈克尔·阿克米那图斯文集,兰普罗斯编,44。
㊍ 迈克尔·阿克米那图斯文集,兰普罗斯编,I,316。见 M.塞顿"12世纪晚期雅典",《史鉴》,IX(1944),179—207。
㊎ 格雷戈罗维乌斯:《中世纪雅典城史》,I,243。
㊏ 格雷戈罗维乌斯:《中世纪雅典城史》,I,204。
㊐ 塔隆:《中世纪人文主义者迈克尔·阿克米那图斯》,314。

通过迈克尔所描述的雅典周围的蛮族化和希腊语言的堕落,可以使我们看到一些斯拉夫人影响的印记。因此,有的学者,例如Th.乌斯宾斯基依据迈克尔的著述判断:在12世纪重要的一个现象是雅典周围存在着斯拉夫公社和自由农所有制。[50] 对此观点,作者不敢苟同。

迈克尔的弟弟尼西塔斯·阿克米那图斯(或科尼阿特斯)是12世纪和13世纪初的史学泰斗。他于12世纪中期出生于弗里吉亚的科内城(Chonae)。像他的兄长一样,尼西塔斯自小被送到君士坦丁堡,在哥哥的指导下学习。哥哥献身于神学事业,尼西塔斯则选择了世俗事业。他显然在曼纽尔统治末期步入仕途,在安吉列王朝时期飞黄腾达,进入宫廷,获得了最高爵位。1204年十字军大肆洗劫首都,他被迫出走,投奔尼西亚帝国宫廷。尼西亚皇帝狄奥多勒·拉斯卡利斯对他恩宠有加,赐以高官厚禄。这使他能够在晚年潜心写作,完成史学巨著。1210年之后不久,他便死于尼西亚。迈克尔做悼词一篇,纪念亡弟。这篇催人泪下的悼词是研究尼西塔斯一生经历的重要作品。

尼西塔斯的主要著述就是那部20卷史学巨著。它涵盖了从约翰·科穆宁登基到拉丁帝国前期(1118—1206年)的历史。他的著作是后世了解曼纽尔时代、安德罗尼卡的重要统治、安吉列时代、第四次十字军以及1204年君士坦丁堡被占领这一时期的珍贵资料。此书开篇叙述约翰·科穆宁时期的部分十分简洁,结尾部

---

[50] "论拜占庭的农民所有制历史"("On the History of the Peasant Landownership in Byzantium"),《公众教育部杂志》,CCXXV(1883),85—86。

分是一个小事件,因之并不完整。也许,正如 Th.乌斯宾斯基所猜测,这部著作可能没有能够全部出版。⑱ 尼西塔斯的史著所采用的资料只有两部分,一是一些目击者的叙述,另一方面是他个人的观察。学者们对于他是否使用了约翰·辛那姆斯的作品作为自己的史料意见不一致⑲。尼西塔斯的作品语言夸张,文笔流畅,描述生动,显示了他深厚的古文学和神学功底。然而,著者本人却不这样认为,他在导言中写道:"虽然许多人对它评价甚高,但我不喜欢夸夸其谈,不喜欢卖弄文采和华而不实……我已经说过,晦涩难懂的文风有违史学原则。史学更需要简朴、自然和平铺直叙。"⑳

尽管尼西塔斯在描述各王朝的历史事件时略有偏颇,而且坚信"罗马文化"优越于西方的"野蛮文化"。不过,作为一个史学家,他的作品还是相当可信,值得深入研究的。在一部专论尼西塔斯·科尼阿特斯的专著中,Th.乌斯宾斯基写道:"他的著作述及中世纪最重要的时代:此间,东西方紧张局势达到极限,引发了十字军远征和拉丁帝国在帝都(Tsargrad,即君士坦丁堡)的建立。仅凭这个原因,尼西塔斯也是值得研究的。他对西方十字军和东西方关系的看法具有严肃的真实性和单纯的历史感——这在西方最好的中世纪作品中也甚为缺乏。"㉑

除了这部《历史》之外,尼西塔斯·科尼阿特斯可能还写过一

---

⑱ 《一位拜占庭作者,科内的尼西塔斯·阿克米那图斯》(*A Byzantine Writer Nicetas Acominatus of Chonae*),128。

⑲ 《一位拜占庭作者,科内的尼西塔斯·阿克米那图斯》,153—160。克伦巴赫尔:《拜占庭文献史》,283。

⑳ 尼西塔斯·科尼阿特斯:《历史》,波恩版,6。

㉑ 《一位拜占庭作家,科内的尼西塔斯·阿克米那图斯》,v。

篇关于1204年君士坦丁堡遭到拉丁人毁坏的专题论文；一些诗韵体的作品，在正式场合下赞颂几个皇帝的颂词和一部名为《正教的财富》(Θησαυρὸς ὀρθοδοξίας)的神学论著，但这部著作没有能完全出版，它是优希米乌斯·兹加贝努斯（Euthymius Zigabernus）*的《正教教义大全》(*Panoply*)的续篇，作者对大量作家的作品进行研究后成书，旨在驳斥形形色色的诸多异端谬误。

12世纪的文化领域里还有一位杰出人物。那就是迈克尔·阿克米那图斯的老师、朋友，天才的萨洛尼卡大主教尤斯塔修斯，他是"自迈克尔·塞勒斯以来拜占庭学术界的大师"。[⑫]尤斯塔修斯在君士坦丁堡接受过教育，曾任圣索菲亚教堂的辅祭和修辞学教师。他的大部分著述完成于君士坦丁堡，但他的史学著作和各种题材的论文则是后来在萨洛尼卡所写的。尤斯塔修斯在君士坦丁堡的寓所是青年学生们的学校；它后来成为首都思想界和渴求知识的年轻人的活动中心。[⑬]作为仅次于君士坦丁堡的拜占庭第二大城市萨洛尼卡的大主教，尤斯塔修斯为了提高当时教会的精神和道德水平付出了极大的努力，这使他在宗教界时常遇到敌对者的攻击。[⑭]出于对文化事业的关注，他不断呼吁修士们不要浪

---

* 优西米乌斯·兹加贝努斯是拜占庭东正教著名神学家，生年不详，约去世于1118年之后，在镇压鲍格米尔派异端的斗争中，是皇帝阿列克修斯的重要依赖对象。他写的《正教教义大全》亦名《正教教义武库》，是东正教反对各种异端的权威著作。——译者

⑫ 格雷戈罗维乌斯：《中世纪雅典城史》，I，205、207。

⑬ 一则最为优秀的对于尤斯塔修斯的评论，见科恩《古代文化实用百科全书》，A.F.保利和G.维索瓦等编，VI，1454。

⑭ 见厄科诺摩《拜占庭帝国的宗教生活》，153—165。（本书基于尤斯塔修斯的《修道院生活改革》一书，米涅编：《希腊教父著作全集》，CXXXV，729—910）。

费图书馆的财富,这些呼吁十分有意义。他说:"多么悲哀!你们这些笨蛋,你们怎么能够把寺院图书馆比作你们的灵魂?既然胸无点墨,你们却要使图书馆丧失其科学手段?手下留情吧!学问家和科学的崇拜者都要使用它。前者在图书馆潜心研究后变得更加聪明;后者耻于自己的无知,通过阅读亦可以达到真理。"㉟尤斯塔修斯卒于 1192—1194 年之间。雅典人迈克尔·阿克米那图斯曾写作悼文一篇,沉痛哀悼这位恩师和朋友。

作为他那个时代政治生活的敏锐的观察者、作为大胆直言修道院堕落生活的博学的神学家,作为一个不仅在拜占庭文明史上而且在古典哲学史上亦占有一席地位的博古通今、思想深邃的学者,尤斯塔修斯无疑是 12 世纪拜占庭文化生活中的杰出人物之一。他的遗著可以分为两类:一类是他对《伊利亚特》和《奥得赛》、对品达以及其他作家的评论;另一类是在萨洛尼卡完成的著述,包括一部关于 1185 年诺曼人征服萨洛尼卡的史著;他的一些特别重要的信件;涉及修道院生活改革的著名专题论文;一篇曼纽尔皇帝葬礼上的演说词,等等。在对拜占庭政治和文化生活史的研究中,尤斯塔修斯的著述并没有得到人们充分利用。㊱

保加利亚阿克利达(奥赫里德)大主教塞奥菲拉克特是 11 世纪末和 12 世纪初十分杰出的神学家。他出生于埃维厄岛,曾担任

㉟ 米涅:《希腊教父著作全集》,CXXXV,836。

㊱ 克伦巴赫:《拜占庭文献史》,536—541。莱格尔:《拜占庭史料集》,I(1),xi—xvii。关于尤斯塔修斯的创作活动,参见一篇现代希腊语佳作,P. 库库勒斯(P. Koukoules):"关于萨洛尼卡的尤斯塔修斯的世俗作品研究"(Λαογραφικαὶ εἰδήσεις παρὰ τῶ θεσσαλονίκης Εὐσταθίω),《拜占庭研究年鉴》,I(1924),5—40。

君士坦丁堡圣索菲亚教堂的辅祭。他在著名的迈克尔·塞勒斯名下受到了极好的教育。后来,可能在科穆宁王朝阿列克修斯一世时期,他被任命为隶属于拜占庭的保加利亚阿克利达大主教。但他无法忍受保加利亚艰苦和野蛮的居住条件,念念不忘自己在君士坦丁堡的生活,并挖空心思想回到君士坦丁堡。但最终未能如愿。12世纪初,他死于保加利亚(约1108年,但具体日期不详)。塞奥菲拉克特有一些神学著述,尤以对《新约全书》和《旧约全书》的评注最为出名。然而,以现代观点来看,他最重要的文学遗产当属他的信件和著作《论拉丁人的谬误》(*On the Errors of the latins*)。他的所有信件几乎都写于1091—1108年,[⑰]对拜占庭行省生活的描写极为生动,值得特别研究。然而,从帝国内部历史的角度来看,它们尚未被彻底研究。他的《论拉丁人的谬误》显然具有与天主教会和解的倾向。[⑱]

萨洛尼卡的迈克尔是在曼纽尔统治时期从事写作生涯的。他

[⑰] 见瓦西列夫斯基关于保加利亚的塞奥菲拉克特的讨论:《拜占庭和帕齐纳克人》,《著作集》,I,138。夏朗东:《科穆宁王朝阿列克修斯一世》,I,xxvii(以瓦西列夫斯基的著作为基础)。亦见莱布《11世纪末期的罗马、基辅和拜占庭》,42。

[⑱] 关于保加利亚或阿克利达的塞奥菲拉克特的最好的著述,见瓦西列夫斯基《著作集》,134—149。夏朗东《阿列克修斯一世·科穆宁》追随他的观点。见莱布:《11世纪末期的罗马、基辅和拜占庭》,41—50。克伦巴赫:《拜占庭文献史》,133—135、463—465(年代的推算有误)。A.勒鲁瓦-莫林尼昂(A.Leroy-Molinghen):"保加利亚的塞奥菲拉克特信件评论出版序言"("Prolégomènes à une édition critique des letters de Théophylacte de Bulgarie"),《拜占庭》(布鲁塞尔),XIII(1938),253—262。见S.G.梅尔卡蒂(S.G.Mercati)"保加利亚的塞奥菲拉克特的诗"("Poesie de Teofilatto de Bulgaria"),《拜占庭和当代希腊研究年鉴》I(1924),173—194。《阿克利达的塞奥菲拉克特书信》(*Letters of Theophylact of Ochrida*)于1931年由"都主教"西梅恩(瓦尔那和普雷斯拉的)译成保加利亚语,收于《保加利亚科学院文集》(*Sbornik of the Nulgarian Academy of Sciences*),XXVII(1931),vii—xxxii,为塞奥菲拉克特的个人传记。

先是担任君士坦丁堡圣索菲亚教堂的辅祭和福音诠释教授,后来获得了修辞大师的荣誉头衔,最后由于追随索特里库斯·潘特杰努斯(Soterichus Panteugenus)的异端教义而被判罪并被剥夺所有头衔。[?] 他写过一些纪念曼纽尔的演说词,其中五篇发表;最后一篇在皇帝死后几天的葬礼上被宣读。[?] 迈克尔的演说词记载了当时历史事件的重要细节。最后两篇演说词至今为止尚未被学者们采用过。

12世纪中期,拜占庭出现了一部模仿卢奇安的《冥间对话》(Dialogues among the Dead)的作品,名为《泰马利翁》(Timarion)。一般认为,这部作品的作者姓名不详。但是,泰马利翁有可能就是作者的真名。[?] 泰马利翁讲述了他旅行冥界(Hades)的故事,再现了他在地府与自己碰到的亡灵之间的对话。地府里,他看见了皇帝罗曼努斯·狄奥吉尼斯、约翰·伊达路斯、迈克尔·塞勒斯,反对圣像崇拜的皇帝塞奥菲卢斯,等等。《泰马利翁》语言活泼幽默,无疑是拜占庭文学领域里模仿卢奇安最成功的作品。除了其纯文学内容外,《泰马利翁》对现实生活,如萨洛尼卡交易会的描

[?] 克伦巴赫:《拜占庭文献史》,473。莱格尔:《拜占庭史料集》,I(1),xvii。夏朗东《科穆宁王朝阿列克修一世》,II,xlviii。V.劳伦特:"萨洛尼卡的迈克尔"("Michel de Thessalonica"),《大公会教神学和礼仪辞典》(Dictionnaire de théologie et liturgie Catholique),X(2),1719—1720。

[?] 莱格尔,《拜占庭史料集》,I(1),132—182(头三篇演说词);I(2),183—228(1917年被发表的第4、5篇演说词)。

[?] 见 J. 德莱塞克(Dräseke)"拜占庭的冥世游记"("Byzantinische Hadesfahrten"),《古典文化新年鉴》(Neus Jahrbücher für das klassische Altertum),XXIX(1912),353。

写也非常重要。因此,这部科穆宁时期的作品对研究拜占庭的内部历史具有重要的史料价值。㊲

科穆宁时期的另一位人物约翰·柴柴斯不仅在古典领域,而且在文学、历史和文化领域都具有相当的地位。柴柴斯死于12世纪末期。他在君士坦丁堡受过良好的语言学教育,做过语法教师。后来,他献身于文学活动并以此为生。在他的著作中,他不失时机地谈及自己的生活环境;他向人们展示了一个在12世纪以文为生的人如何经常抱怨自己的穷困潦倒、如何屈辱地服侍富人和贵族,为他们而写作,却常常得不到应有的赞赏。有一天,他竟然沦落到几乎卖掉所有的书,手边只剩一本普鲁塔克的作品。由于没有钱,有时他手中没有必要的书籍,只好凭记忆写作,因此他的著作中对史实的记载多有谬误。他在一本书中写道:"对我来说,我的脑袋就是一个图书馆;由于无钱买书,我常常记不清作者的姓名。"㊳他在另一本书中谈到他的记忆力:"无论从前还是现在,柴柴斯的记忆力都是一流的,这是上帝的恩赐。"㊴柴柴斯确实熟悉许多古代的和拜占庭的作家。他熟悉许多诗人、剧作家、史学家、演说家、哲学家、地理学家和文学家,特别是卢奇安。柴柴斯的著述都是以韵

㊲ 克伦巴赫:《拜占庭文献史》,467—468。蒙特拉蒂奇:《拜占庭文献史,354—1453年》,258—259。H.托泽:"拜占庭讽刺作品"("Byzantine Satire"),《希腊研究杂志》,II(1881),241—257。德莱赛克:"拜占庭的冥世游记",《古典文化新年鉴》,XXIX(1912),343—366。M.哈斯(M.Has)著《手稿注释和摘抄》(Notices et extraits des manuscripts)一书对这则游记做了极妙的介绍和诠释,IX(2),125—268。夏尔·迪尔:"皇帝塞奥菲卢斯传奇",《康达可夫学院年鉴》,IV(1931),33—37。

㊳ 《伊利亚特中的论据和寓言》(Argumentum et allegoriae in Iliadem),XV,87—89;曼特兰加(Mantranga)编:《希腊秘史》(Anecdota Graeca),I,120。

㊴ 《千行诗》(Chiliades),I,277—278;基斯林(Kiessling)编,12。

文写成，充斥着神话和历史典故，多博证旁引、好自我炫耀，读起来晦涩难懂、乏味至极。在他的众多作品中，有一部收集了107封信的书信集。此书虽然在文字上多有瑕疵，却有助于读者了解作者的生平和收信人的生平。还有一部《史集》(Βίβλος ιστοριῶν)，共12,000多行，以所谓的民俗的或流行的韵律[35]写成，是一部带有史学和文学性质的诗作。该作品的第一位编者为便于引用，将它划分为若干个千行，即第一千行、第二千行等。所以，该《史集》又被称为《千行诗》(Chiliads)*。克伦巴赫认为，约翰·柴柴斯的《历史》或《千行诗》"别无他物，只是对自己信件的巨篇评论，一封信接着一封信地进行解释。其信件与《千行诗》如此接近，所以看起来像是对其信件所做的详细索引"[36]。仅此可知，《千行诗》无甚文学价值。另一位学者V.瓦西列夫斯基严厉批评道："从文学的角度看，《千行诗》只是一派胡言乱语，但有时它们确实解释了其散文(即柴柴斯的信)中的晦暗难懂之处。"[37]约翰·柴柴斯的另一部著作是《诠释〈伊利亚特〉和〈奥德赛〉》，仍以世俗的韵律写成。作者将它献给皇帝曼纽尔之妻、德意志公主贝尔塔·伊琳娜。书中称她为"最具荷马精神('ομηρικωτάτη)的皇后"，[38]即"智慧超群

---

[35] 世俗韵文的主要特点是长短音节完全消失、每一句段的音节数量和韵脚完全相同、不断重复。

* Chiliades是希腊文的拉丁语拼法，是"千"的复数形式，"thousands"之意。——译者

[36] 克伦巴赫：《拜占庭文献史》，528。蒙特拉蒂奇：《拜占庭文献史，354—1453年》，261。

[37] "奥赫里德的瓦西里未发表的葬礼演说"，《拜占庭年鉴》，I(1894)，92。

[38] 一位3世纪的新柏拉图主义者，文献学家和修辞学家隆吉努斯(Longinus)曾称呼希罗多德是最具荷马精神的人(ὁμηρικώτατος)，见J.B.柏里《古希腊历史学家》(The Ancient Greek Historians)，42页注1。

的荷马,语言的大海"的最伟大的崇拜者,"明亮的满月,它的光源不会被大海的波涛所淹没,而其光源(太阳)本身的辉煌正来自于紫床"[28]。柴柴斯的目的是逐字逐句地阐释,特别是用诠释的手法解释荷马所展现的众神世界。在《诠释》一书的开篇,柴柴斯自负地说:"于是,我开始工作,用我的语言之杖敲击荷马,我将使他的作品通俗易懂,向每一个读者揭示其深邃的寓意。"[29]瓦西列夫斯基声称,这部作品不仅"淡而乏味,而且缺乏理性的意境"。[30] 柴柴斯还写过另外一些关于荷马、赫西俄德的作品,对这两位作者和阿里斯托芬的作品做了一些评注(在著作的页边加以评点),以及一些诗歌等。他的作品尚未完全出版,有些似乎早已遗失。

上述评论,使人们或许会问:柴柴斯在12世纪的文化活动中到底有没有什么意义。但是,考虑到他不管是怎样在满腔热忱地、勤奋地收集资料,他的作品还是为我们提供了丰富的古典文学注释的重要资料。而且,他的治学方法和对古典文学的精通有助于我们概括科穆宁时代的文化"复兴"的一些特点。

约翰·柴柴斯的兄长、致力于文学和韵律学活动的伊萨克·柴柴斯几乎不值一提,但是,在文学领域,兄弟两人常常被相提并论,被称为"柴柴斯兄弟",似乎两者同样重要。其实,伊萨克·柴柴斯并无任何建树。因此,最好放弃"柴柴斯兄弟"这样的提法。

在前三代科穆宁朝皇帝、特别是约翰和曼纽尔皇帝统治时期,

---

[28] 约翰·柴柴斯:《诠释》,引言,par.1—4,28;曼特兰加编:《希腊秘史》,I,1、2
[29] 约翰·柴柴斯:《诠释》,32—34;马特兰加编:《希腊秘史》,I,2。
[30] "奥赫里德的瓦西里未发表的葬礼演说"("An Unpublished Funeral Oration of Basil of Ochrida"),《拜占庭年鉴》,I,91。

有一位十分重要的文学人物的典型代表——博学多才的著名诗人狄奥多勒·普洛德罗姆斯。他经常自称"贫穷的普洛德罗姆斯"（Ptochoprodromus）*，以唤起人们的同情，掩盖自卑感。他的各类著述为我们研究拜占庭的语文学家和哲学家、神学家和史学家提供了许多资料。尽管普洛德罗姆斯的著述已出版了很多，但仍然有相当一些收藏于东、西方图书馆中的手稿尚未被发表。现在，普洛德罗姆斯其人引起了学者们的很大争议。因为世人尚未弄清楚那些被认为是他所写作的作品究竟是不是都出于他一人之手。一派学者认为有两个叫普洛德洛姆斯的作者，另一派认为有三个同名作者，第三派认为只有一个。[32] 这个问题有待于解决。也许只有与普洛德洛姆斯这一名字有关的所有文学遗产发表以后，此事才能真相大白。

12世纪上半期是普洛德罗姆姆斯文学创作的鼎盛期。他的叔叔是基辅罗斯国家的都主教（约翰二世），教名约翰。1089年的罗斯编年史说他"精通诗书，对穷人和寡妇宽厚仁慈"。[33] 普洛德罗姆斯极有可能死于1150年左右。

迪尔说，普洛德罗姆斯属于君士坦丁堡的颓废者阶层。这种"文人无产者往往智力超群，温文尔雅，有的甚至蜚声文坛。但严

---

* Ptochos是希腊文$\Pi\tau o\chi \acute o\varsigma$的拉丁文拼法，意即贫穷的。Protoromus，意为预言者、先知。因此，该作品亦可译为"贫穷的先知"。——译者

[32] S.帕帕迪米特留（S.Papadimitriu）：《狄奥多勒·普洛德罗姆斯》（*Theodore Prodromus*），xix—xxi,1以下。克伦巴赫：《拜占庭文献史》,760。蒙特拉蒂奇：《拜占庭文献史,354—1453年》,197。

[33] 《拉弗连季和伊帕季编年史》,（*Laurentian and Ipatian Chronicles*）。

酷的生活迫使他们卑躬屈膝,有时迫使他们走上歧途"。㉞ 这些潦倒的作家拼命巴结皇亲国戚和达官贵人,以求获得那些慷慨大方的主人的庇护,摆脱困境。普洛德罗姆斯的一生都在寻求庇护者,在无休止地抱怨着贫困、疾病或衰老,在祈求资助中度过。为此目的,他极尽阿谀奉承、卑躬屈膝之能事——而不问他所奉承和祈求的对象是谁。难能可贵的是,即使在最为贫困潦倒时,普洛德罗姆斯也几乎始终忠于一个人,即曼纽尔的弟媳伊琳娜。有时,普洛德罗姆斯之类的文人之处境确实很凄惨,例如,在一首据说是普洛德罗姆斯所作的诗中,作者后悔自己不是鞋匠或裁缝、抑或染匠或面包匠,因为他们至少能有碗饭吃。而他碰见的第一个人就挖苦讽刺他道:"吃你的文章,靠它们活下去吧,亲爱的!贪婪地咀嚼你的文章吧!脱下你的道袍,干活去吧!"㉟

收藏在普洛德罗姆斯名下的各类著述不计其数。他是一位小说家、圣徒传记作者和演说家,写过许多书信和一首占星术诗及一些宗教诗和哲学著作,也写过讽刺和幽默小品。其中许多作品都是在纪念胜利、为新生者或死者葬礼、为某些人的婚礼等写的即兴文章,这些作品对于我们了解当时的一些人物、事件以及首都下层人民的生活非常有价值。普洛德罗姆斯经常招致一些学者的严厉

㉞ 迪尔:《拜占庭人物传》,II,140。

㉟ E.米勒:《语文学和金石学文集》(*Mélanges de philologie et d'épigraphie*),I,142;法语版,143。勒格朗(Legrand):《希腊通俗文库》(*Bibliothèque grecque vulgaire*),I,106,vss.140—142。《普洛德罗姆斯的诗作和希腊通俗文学》(*Poèmes prodromiques en grec vulgaire*),D.赫瑟林和 H.佩尔诺主编,79,vss.137—179。

责备,人们说他"可怜巴巴地哭穷","其诗作令人一看即心生厌恶",[36]并且说,"那些以文为生的人不配作诗弄赋"[37]。这种敌对的评论可做如此解释:长期以来,人们往往依据普洛德罗姆斯的一部最无活力的——却不幸又是最为出名的作品,即夸夸其谈的长篇韵律小说《罗丹夫和多西克勒斯》(Rhodanphe and Dosicles),来评判这位学者。学者们认为这部小说枯燥乏味,不忍卒睹。[38] 这种观点当然不能作为定论。如果通盘阅读他的所有著作,包括那些散文、讽刺性对话、诽谤性文章和模仿古人如卢奇安之流的风格所写的讽刺性短诗,或许可以改变人们对他的文学活动的看法。这些作品表述了他对现实敏锐而且有趣的观察,显然对研究当时的社会历史、特别是文学历史有着重大意义。普洛德罗姆斯还有一个重要成就值得注意。在他的一些著述中,特别是幽默作品中,放弃了矫揉造作的古典语言形式,采用了 12 世纪通用的希腊口语形式,留下了一些重要的精品。这一点尤其值得赞赏。因此,今天的优秀拜占庭学者们都承认,虽然普洛德罗姆斯有诸多不足之处,但他无疑是拜占庭文学史上的一个杰出人物,而且是"为数不多的杰出的文学和史学奇才"[39]。

---

[36] 瓦西列夫斯基:"梅松恩主教尼古拉所描写的小梅勒修斯的生平和狄奥多勒·普洛德罗姆斯的生平"("Lives of Meletius the Younger by Nicolaus Bishop of Methone and of Theodore Prodromus"),《东正教巴勒斯坦文集》(Pravoslavny Palestinsky Sbornik),XXVII(1886),5。

[37] D.赫瑟林:《拜占庭》,344;法语版,328。

[38] 克伦巴赫:《拜占庭文献史》,751。

[39] 克伦巴赫:《拜占庭文献史》,750—751。亦见蒙特拉蒂奇《拜占庭文献史,354—1453 年》,199—200。必须记住:有几部以普洛德罗姆斯署名的作品并不是他个人的作品,而是他的文学同仁的作品。

在科穆宁和安吉列时代，还有一位鲜为人知的人文主义者，名叫康斯坦丁·斯提尔布斯(Constantine Stilbes)。他受过良好教育，在君士坦丁堡做过教师，后来荣获文学大师称号。至今我们所知的属于斯提尔布斯的著述计35篇，几乎全是诗作，但都未获发表。[440] 其中最著名的那首诗，描述了1197年7月25日君士坦丁堡的大火，人们首先是从他的这首诗中才知道这次大火。这首诗共938行，提供了大量关于东方帝国首都的地形、城市结构和民俗方面的资料。在另一首诗中，斯提尔布斯描写了第二年，即1198年发生的另一次君士坦丁堡大火。斯提尔布斯的作品被收藏在许多欧洲的图书馆里，而且他个人也的确值得进一步研究。[441]

在科穆宁时代，还有几位写作单调乏味的拜占庭编年史的代表人物，他们都从创世伊始开始记载人类历史。其中之一就是生活于阿列克修斯·科穆宁时期的乔治·塞德里努斯(George Cedrenus)，他将自己的历史之下限定在伊萨克·科穆宁统治的开端，即1057年；在他的历史中，对于811年以后的那个时期的历史的描述几乎与约翰·斯奇利查斯(John Scylitzes)所写的编年史中描述11世纪下半期历史的文字一模一样，而斯奇利查斯的希腊文原作至今尚未发表。约翰·佐纳拉斯在12世纪编写了一部并

---

[440] 见C.鲁帕勒夫(C.Loparev)"论(12世纪)拜占庭人文主义者康斯坦丁·斯提尔布斯及其著作"("On the Byzantine Humanist Constantine Stilbes〈of the Twelfth Century〉and On his Works")，《拜占庭评论》，III(1917)，62—64。

[441] 关于斯提尔布斯的最佳史料，见鲁帕勒夫的上引书，亦参照克伦巴赫《拜占庭文献史》，762。显然，鲁帕勒夫不知道S.兰普罗斯的文章，"马尔西安抄本"("Ο Μαρκιανὸς Κῶδιξ")，《当代希腊研究通报》(Νεός 'Ελληνομνήμων)，VIII(1911)，524，在此书中发表了文中所述那篇描述1197年7月25日君士坦丁堡大火的诗。

不乏味的"显然是高水平的世界历史"[402],其中资料来源翔实可靠,其下限至1118年约翰·科穆宁登基。康斯坦丁·曼纳苏(Constantine Manasses)在12世纪上半期,以世俗韵律形式编写的编年史,是献给曼纽尔皇帝的聪慧的弟媳伊琳娜的,其下限至1081年阿列克修斯·科穆宁登基。几年前,曼纳苏编年史的续作得以出版。它共有79节诗,简述了自约翰·科穆宁到君士坦丁堡第一位拉丁皇帝鲍德温时期的历史;它用几乎一半篇幅记载安德罗尼卡一世。[403] 曼纳苏还写过一首涉及当时事件的抑扬格诗,诗名可能是《旅行日记》(Οδοιπορικόν,拉丁文为 *Itinerarium*)。此诗于1904年出版[404]。最后一个编年史作者是迈克尔·格莱科斯(Michael Glycas),他在12世纪完成了一部世界编年史,下限至1118年阿列克修斯·科穆宁去世。

在艺术方面,科穆宁和安吉列时代是拜占庭"第二个黄金时代"的延续。许多学者认为第二个黄金时代开始于9世纪中期,即马其顿王朝建立之时。当然,11世纪科穆宁王朝建立之前的动乱曾一度中断了马其顿时期的艺术繁荣,但随着科穆宁新王朝的开

---

[402] 克伦巴赫:《拜占庭文献史》,371。

[403] H.格雷古瓦:"君士坦丁·曼纳苏的续作及其史料"("Un Continateur de Constantin Manassès et sa source"),《M.古斯塔夫·舒伦伯格著作集》(*Mélanges offerts à M.Gustave Schlumberger*),I,272—281。曼纳苏续作的史料来源于尼西塔斯·科尼阿特斯:《历史》,波恩版,280。

[404] K.霍尔纳(K. Horna):"君士坦丁·曼纳苏的《旅行日记》"("Das Hodoiporikon des Konstantin Manasses"),《拜占庭杂志》(德文),XIII(1904),313—355。见曼纳苏的作品目录,该目录未被收进克伦巴赫的《拜占庭文献史》,而被收进 P.马斯"君士坦丁·曼纳苏的艺术散文诗之韵律"("Rhytmisches zu der Kunsteprosa des Konstantinos Manasses")中,《拜占庭研究杂志》(德文),XI(1902),505页注2。

始,帝国当年的繁荣重现,拜占庭艺术似乎能够承继马其顿时期的光荣传统。但科穆宁时期流行墨守成规的形式主义。"在11世纪,我们对古典文化的感觉在衰退;天性自由让位于形式主义;文化活动趋向于神学化。这是个以精细工笔描绘肖像的时代。"[405]多尔顿在另一本书中说"进步的源泉枯竭了;机体成长的能力丧失了……在科穆宁时代的后期,神圣艺术本身成了一种仪式化的、单凭记忆的,而且几乎是创作者下意识的行为。艺术失去了火花和灵感,不知不觉地走向形式主义。"[406]

但这并不是说拜占庭艺术在科穆宁时期处于衰败状态。特别在建筑领域,这一时期出现了许多传世的杰作。在君士坦丁堡,建成了美丽的布莱舍奈(Blachernare)宫,科穆宁皇族成员从以前的"大皇宫"搬到金角湾尽头的新皇宫。新皇宫绝不次于"大皇宫"。当时的作家曾热情地描写过它。[407] 被遗弃的"大皇宫"衰败了。到15世纪,它只剩下一些断壁残垣,土耳其人将它彻底毁灭。

科穆宁王朝的名字同样与许多教堂的修建或重建联系在一起,例如,君士坦丁堡的潘托克拉特教堂即建于这一时期,科穆宁王朝的约翰二世和曼纽尔一世,以及后来15世纪巴列奥洛格王朝的曼纽尔二世和约翰八世就葬于此。著名的霍拉教堂(Chora,即后来的卡里耶清真寺[Qahrieh jami])重建于12世纪初。除首都

---

[405] O.M.多尔顿:《拜占庭艺术和考古学》,18。
[406] 多尔顿:《东方基督教艺术》,18—19。
[407] 迪尔:《拜占庭艺术手册》,I,416—418。J.埃伯索尔特(J.Ebersolt):《拜占庭的奢华艺术》(*Les Arts somptuairies de Byzance*),16。J.帕帕多布鲁斯曾用现代希腊语写过一部关于布莱舍奈宫的专著,该书有一部法译本。

第七章 拜占庭与十字军

之外，各行省也修建了一些教堂。⁴⁰⁸ 在威尼斯，圣马可教堂于1095年庄严地举行了落成典礼。该教堂的设计是依据君士坦丁堡的圣使徒教堂的模式，其镶嵌画也反映了拜占庭的影响。在西西里，切法卢、巴勒莫和蒙利尔的许多建筑和镶嵌画也都绘制于12世纪，是仿制拜占庭艺术的精品。在东方，伯利恒的圣诞教堂的镶嵌画就是东方基督教画家在1169年为皇帝曼纽尔·科穆宁制作的著名精品，是保留至今的重要艺术遗存。⁴⁰⁹ 因此，无论在东方还是在西方，"希腊艺术的影响在12世纪都是空前的。甚至在那些预想不到的地方，在西西里的诺曼人和叙利亚的拉丁人中间，拜占庭艺术风格也一直是原初的模式，是人们追求典雅的目标"⁴¹⁰。

11、12世纪的重要拜占庭壁画出现于卡帕多细亚和南意大利；同时，在罗斯、基辅、切尔尼戈夫、诺夫哥罗德及其邻近地区，也有拜占庭艺术家制作的精美壁画。那个时代的许多艺术珍品都可在象牙雕刻、陶器和玻璃、金属制品、印章和玉雕等艺术品中发现。⁴¹¹

虽然科穆宁和安吉列时代有诸多艺术成就，然而，第二个黄金时代的初期阶段，即马其顿时期的艺术成就更具独创性，更加光彩夺目。因此，人们无法同意一位法国作者的论调："12世纪的拜占庭虽然在政治和军事上一蹶不振。然而，帝国和基督教东方的创

---

⁴⁰⁸ 迪尔：《拜占庭艺术手册》，II, 563 以下。
⁴⁰⁹ 多尔顿：《东方基督教艺术》，292—292。迪尔：《拜占庭艺术手册》，II, 561—563。樊尚和阿贝尔：《伯利恒，圣诞教堂》，167。
⁴¹⁰ 迪尔：《拜占庭艺术手册》，II, 563 以下。
⁴¹¹ 多尔顿以上两部著作及迪尔的《拜占庭艺术手册》中都有详细的资料。

造力却在那时臻于顶峰。"㊷

12世纪的拜占庭文艺复兴不仅自身意义重大而且因它后导致的后果而意义重大,它是12世纪整个西欧文艺复兴的基本构成部分——这一点在C.H.哈斯金斯的《12世纪的文艺复兴》一书中得到明确的阐述。在序言中,哈斯金斯开头就写道:"对许多人来说,本书的书名似乎明显地自相矛盾。12世纪的文艺复兴!"但事实并非如此。12世纪的西欧目睹了拉丁古典文学、拉丁语言、拉丁散文和诗歌、法学和哲学、历史学的复兴;它是对希腊语和阿拉伯语文献进行翻译的时代,也是大学兴起的时代。哈斯金斯准确无误地说道:"意大利和东方与希腊文化有直接的、值得注意的联系;对希腊原著的直接翻译是古代文化传播的最重要的、同时也是更直接和更忠实的工具。这一点尚未引起足够的重视。"㊸13世纪,意大利与拜占庭,特别是君士坦丁堡的直接沟通出人意料地频繁和广泛。科穆宁王朝向罗马教宗示好的宗教计划在君士坦丁堡引起了许多争论——在皇帝面前,在那些来自西方天主教会的、欲在拜占庭首都寻求两个教会和解途径的有识之士面前。这种争论大大促进了希腊文化向西方的传播。再者,意大利商业共和国与拜占庭之间的贸易关系以及君士坦丁堡的威尼斯人和比萨人贸易特区,为一些意大利学者来君士坦丁堡居住,并学习希腊语、向西

㊷ G.迪蒂(G.Duthuit):《拜占庭和12世纪的艺术》(*Byzance et l' art du XIIe siècle*),96。此书徒有其名。其中关于12世纪的艺术的内容甚少。

㊸ 哈斯金斯:《中世纪科学史研究》,141。哈斯金斯:"12世纪文艺复兴中的希腊因素"("The Greek Element in the Renaissance of the Twelfth Century"),《美国历史评论》,XV(1920),603—605。哈斯金斯:《12世纪的文艺复兴》,278。

方传播希腊学术提供了有利条件。特别在曼纽尔·科穆宁时代,"经常有教廷使团、帝国使团、法国使团、比萨使团等来到君士坦丁堡;同时,希腊使者也不断出使西方。这使我们想起15世纪早期在意大利的希腊人"⑪。

所有这些活动的探讨说明,科穆宁和安吉列时代的文化运动在拜占庭历史中占有光辉的一页。在前几个时代,拜占庭没有这种复兴。与当时西方的文化复兴相比,12世纪拜占庭的那种复兴具有更深远的意义。在拜占庭历史上,12世纪可以当之无愧地被称为第一次希腊文化复兴时代。

---

⑪ 哈斯金斯:《中世纪科学史研究》,194—195。

第八章 尼西亚帝国
（1204—1261年）

拜占庭领土上形成的新国家

第四次十字军的目标是攻击和掠夺君士坦丁堡，这导致了拜占庭帝国的瓦解，在其原有领土上形成了许多国家，有法兰克人的，也有希腊人的。法兰克人的国家，保持了欧洲的封建制结构。法兰克人建立的国家有：拉丁帝国，或君士坦丁堡帝国，塞萨洛尼卡（萨洛尼卡）王国，伯罗奔尼撒（莫里亚）的阿凯亚公国，以及中希腊的雅典或底比斯公国。威尼斯人的势力伸展到拜占庭属爱琴海和爱奥尼亚海域的岛屿，克里特岛以及许多沿海及内陆地区。与这些在东方帝国支离破碎的土地上建立的拉丁人国家同时存在的，还有三个独立的希腊人中心：小亚细亚的尼西亚帝国和特拉布松帝国以及北希腊的伊庇鲁斯君主国。佛兰德伯爵鲍德温成为君士坦丁堡的皇帝和色雷斯大部分土地的主人；蒙斐拉侯爵博尼法斯成为萨洛尼卡的国王，该王国的势力延及马其顿和色萨利；香普利特的威廉，后来是维拉杜安的乔弗里成为伯罗奔尼撒（莫里亚）的君王，而奥松·德拉罗舍（Othon de la Roche）则采用了公爵

第八章 尼西亚帝国(1204—1261年)

(sire)的头衔,占据了雅典和底比斯;他的希腊臣民称他为 Megaskyr,即"伟大的领主"。在三个希腊人国家里,是以下几位君王在统治:在尼西亚(比提尼亚)是狄奥多勒·拉斯卡利斯;在特拉布松,是阿列克修斯一世科穆宁;在伊庇鲁斯君主国,是迈克尔一世安吉列·杜卡斯·科穆宁。此外,还有两个"异族的国度",在其精力充沛的国王卡洛扬和约翰·亚琛二世统治下的第二保加利亚帝国和小亚伊科尼姆的罗姆苏丹国,在1204年之后出现于拜占庭帝国废墟上的错综复杂的国际关系中表现得特别活跃,保加利亚国家尤其如此。

整个13世纪,在这些以各种形式结盟的国家之间不断地发生着斗争和分化,希腊人与新来者法兰克人、突厥人和保加利亚人相斗;希腊人与希腊人相斗,以民族内部分化的方式,将一些新的分离因素引进本来已经相当无组织无秩序的国家生活中;法兰克人与保加利亚人相斗,等等。所有这些军事冲突之后都出现了各种短暂的国际间的联盟和相互谅解,这种联盟和谅解很容易达成,也很容易破裂。

自1204年的灾难之后,在哪里形成政治的、经济的、宗教的和文化的中心,以及在哪里形成并加强统一秩序的思想就成为特别重要的问题。在复杂混乱的环境下,依照西方的模式在东方建立起来的封建国家及追逐私人利润的人们建立起来的商业据点,引起了更大的混乱和瓦解;它们既不能建立新的秩序,也无力控制它们在第四次十字军后继承的遗产。一位历史学家说,"所有这些建立在东方的西方人领地毫无创造力,而且是破坏性的","因此,它们自己在内耗;而东方因素仍然主导着东方的发展"①。

尼西亚帝国的开端与拉斯卡利斯家族

在尼西亚帝国,希腊民族统一的观念和拜占庭国家重建的观念得以形成和强化,正是从这个帝国内,出现了一位领袖迈克尔·巴列奥洛格(Michael Palaeologus),他于1261年夺回了君士坦丁堡,并恢复了拜占庭帝国——尽管它与原来的帝国相比,规模已经大大缩小了。人们曾一度以为,恢复希腊帝国的任务应该由另一个希腊人中心,伊庇鲁斯君主国承担;但是,由于种种原因,伊庇鲁斯的君主们被迫屈从于日益重要的尼西亚帝国,放弃了在基督教东方的领导地位。第三个希腊人中心特拉布松帝国位于太遥远的地方,以至于不可能承担领导希腊人统一的事业;因此,特拉布松的历史在政治、文化和经济方面有其自己的特殊意义,值得对它进行特别的研究。

尼西亚帝国("一个流亡帝国")的建立者是狄奥多勒·拉斯卡利斯,30岁左右,由于他的妻子安娜、前任皇帝阿列克修斯三世的女儿与安吉列家族建立了联系,经由阿列克修斯三世与科穆宁家族有了亲属关系。拉斯卡利斯家族的源起以及狄奥多勒家乡的名称无人知晓。在阿列克修斯三世时期,他曾经指挥过军队,与十字

---

① C.纽曼(C.Neumann):"拜占庭海军"("Die byzantinischer Marine"),《历史杂志》,LXXXI(1898),1—2。

军人进行了积极的斗争。② 从各方面迹象看,他被君士坦丁堡教会人士视为阿列克修斯·杜卡斯·摩尔祖弗鲁斯(Mourtzouphlos)逃跑后,直至十字军人占领首都君士坦丁堡期间可能继承皇统的人,但是他却逃到了小亚细亚。许多拜占庭的政务和军事贵族、一些著名的教会人士和不肯困于外国势力枷锁下的逃难者,为了逃脱十字军的入侵也在小亚细亚寻求庇护所。但是,君士坦丁堡的最后一任牧首约翰·卡玛特鲁斯(John Camaterus)却离开首都逃往保加利亚王国,拒绝接受狄奥多勒的邀请到尼西亚去。曾在拉丁人入侵之前被免职流放的雅典城大主教迈克尔·阿克米那图斯,曾为一个叫欧波恩(Euboean)的教士写了推荐信,请狄奥多勒关照此人。他写道,这位欧波恩曾经秘密地到过尼西亚,他更乐于在一个流亡的希腊人(罗马人)宫廷里生活,而不愿意留在自己的家乡受到外族人的压迫;在同一封信中,迈克尔强调了,如果这位欧波恩能够在尼西亚找到自己的庇护所,则会深刻地影响到全体希腊人,使他们"将狄奥多勒视为唯一的世界解放者",即整个罗曼尼亚的解放者。③

狄奥多勒·拉斯卡利斯于1204到1222年间在位,他死后,继位者是他的女婿,即其女儿伊琳娜的丈夫约翰三世杜卡斯·瓦塔

---

② 见 A.伽得内尔(A.Gardner)《尼西亚的拉斯卡利斯王朝:一个流亡帝国的历史》(*The Loscarids of Nicaea*:),53—54。A.梅里亚拉基斯(Meliarakes):《尼西亚帝国与伊庇鲁斯君主国历史》(Ιστορία τοῦ βασιλείου τῆς Νικαίας καὶ δεσποτ-άτου τῆς Ἠπείρου),8。M.A.安得列瓦(M.A.Andreeva):《13世纪拜占庭宫廷文化论文集》(*Essays on the Curture of the Byzantine Court on the Thirteenth Century*),82—85。

③ 迈克尔·阿科米那图斯著作,S.兰普罗斯编,II,276—277。

泽斯(John III Ducas Vatatzes,1222—1254 年)④,他是尼西亚帝国最天才且最有能力的皇帝。在他去世后,皇位先后由他的儿子狄奥多勒二世(1254—1258 年在位)和孙子约翰四世(1258—1261 年在位)占据,而后者继位时还仅是个孩子。后来,约翰四世被君士坦丁堡的光复者迈克尔·巴列奥洛格废黜。

比提尼亚的新国家处境非常危险:在东方,它受到强大的伊科尼姆苏丹国的威胁,后者占领了整个小亚细亚腹地,其南部占据着地中海的沿海部分地区,在北方则占据了黑海沿岸的部分地区;在西方它受到拉丁帝国的压力,后者的主要目标就是摧毁这个新兴的尼西亚帝国。如此复杂而艰巨的任务落在了狄奥多勒·拉斯卡利斯肩上,他在位的前四年并没有称帝,而是称王(despot)。他的国家里充斥着内乱的因素;在一些地区出现了一些割据的统治者;狄奥多勒甚至进不了尼西亚城。

与此同时,在君士坦丁堡定居的拉丁骑士于 1204 年就决定要征服小亚细亚,并获成功。希腊人几乎已经完全失去了对整个小亚细亚的控制。维拉杜安说道:"这个国家的人民投入了法兰克人的怀抱并开始向他们纳贡。"⑤在此危急时刻,传来了拉丁帝国的皇帝鲍德温被保加利亚人俘虏的消息。

自 1196 年以后,居于保加利亚王位的国王是卡洛扬,在安吉列朝统治时期他曾经是拜占庭的可怕敌人。拉丁国家在巴尔干半岛上的建立使复杂的局面更加复杂。很显然,十字军人必然向保

---

④ 历史上通常称其为约翰·瓦塔泽斯·约翰三世,是为了与前两个约翰(即约翰·齐米西斯、约翰·科穆宁)的称呼相一致。

⑤ 维拉杜安:《君士坦丁堡征服记》,323;N.维利编,193。

加利亚人提及巴尔干半岛的归属问题。他们之间的关系变得紧张起来,因为十字军人已经无礼地拒绝了卡洛扬提出的建立友好关系的主张,并让卡洛扬明白,他永远不可能与拉丁帝国的皇帝平起平坐,而是必须像奴隶仰视主人那样敬畏拉丁皇帝;拉丁人还警告卡洛扬,如果他胆敢不敬畏拉丁皇帝,十字军人将以武力征服保加利亚,并使它重新回到当年附庸国的地位。⑥

就在拉丁人如此激怒了保加利亚国王的同时,他们也因侮辱希腊人的宗教信仰和宗教仪式而刺激了色雷斯和马其顿的希腊人。希腊与卡洛扬国王秘商,企图在巴尔干半岛上发起一次有利于保加利亚人的起义。⑦众所周知,前君士坦丁堡牧首约翰·卡玛特鲁斯曾经居住在保加利亚,可以想象在1204—1205年的拜占庭-保加利亚联盟形成一事中他充当了重要角色。⑧据乌斯宾斯基,这个同盟"结束了卡洛扬的举棋不定,确定了他日后的行动目标。于是,以东方正教和希腊-保加利亚人民的保护者身份出现,抵制拉丁人大公教会的统治地位,同时恢复在拜占庭业已被削弱的皇权,就成了卡洛扬反对十字军人的主要动机"⑨。保加利亚王对拜占庭皇冠已经垂涎欲滴了。

---

⑥ 尼西塔斯·科尼阿特斯:《历史》,见波恩版《拜占庭历史资料文献大全》,808—809。

⑦ 见 V.N.兹拉塔尔斯基《1204—1205年的希腊-保加利亚人关系》(The Greek-Bulgarian Alliance in the Year 1204—1205),8—11。

⑧ 见 P.尼克夫"13世纪以来的保加利亚外交"("Bulgarian Diplomacy from the Beginning of the Thirteenth Century"),《保加利亚历史文库》(Bulgarian Historical Library),I(1928),103—104。

⑨ 《第二保加利亚王国的建立》(The Formation of the Second Bulgarian Kingdom),245—246。

希腊-保加利亚人起义在巴尔干半岛的爆发,迫使十字军从小亚细亚调回征伐狄奥多勒·拉斯卡利斯的军队。在1205年4月15日发生的亚得里亚堡战役中,卡洛扬在库曼人(即波洛伏齐人)骑兵的支持下,取得了对于十字军的决定性胜利。在这次战役中,西方"骑士之花"受到了沉重的打击。拉丁皇帝鲍德温本人则被保加利亚人俘虏,下落不明;很显然,在保加利亚王的命令之下,鲍德温以某种方式被杀害了。⑩ 鲍德温的下落不明,他的兄弟亨利在此期间被选为拉丁帝国的摄政。此前八百余年,即在378年,另一位罗马皇帝瓦伦斯在与哥特人的战争中死于亚得里亚堡。

威尼斯的老总督恩利克·丹多罗也参与了这次战斗,并在深夜成功地将残余部队撤离,此后不久,就去世了,后被葬于圣索菲亚大教堂。据流传下来的多数史料记载,他的尸体一直在这座教堂内,直到君士坦丁堡被土耳其人征服,其时,苏丹穆罕默德二世下令将这位威尼斯英雄的尸骨毁掉。⑪

亚得里亚堡的失败使十字军陷入危机。这场战役在拉丁帝国的政治生涯刚刚开始时就给了它以沉重打击,败坏了它的命运。

---

⑩ 伽得内尔:《尼西亚的拉斯卡利斯王朝:一个流亡帝国的历史》,66(据说,鲍德温被关在特尔诺沃。从此再没有人见过他)。E.格尔兰德:《君士坦丁堡的拉丁帝国》(*Geschischte des Lateinichen Kaiserreiches von Konstantinoppel*),I,92(卡洛扬在盛怒之下,下令杀死他的战俘)。尼克夫:"13世纪以来的保加利亚外交",《保加利亚历史文库》,I(1928),104(鲍德温被俘,被押送至特尔诺沃,在那里被监禁起来,并死在狱中);这一信息是以英诺森三世的书信集为根据的;米涅编:《拉丁教父文献全集》,CCXIV,148。

⑪ 见H.克雷施梅尔,《威尼斯》,I,321、472。

格尔泽断言,"法兰克人对罗曼尼亚的统治止于此日"[12],而且事实上,"在相当长的一段时间内,君士坦丁堡的拉丁帝国的命运完全掌握在保加利亚王的手中"[13]。

亚得里亚堡战役的胜利对于保加利亚王国和尼西亚帝国都有重要的意义,马其顿与色雷斯地区的希腊人并没有形成民族的中心,他们也未能预见到尼西亚帝国必将成为民族运动的中心,却认为他们有可能与保加利亚人达成谅解并以反抗拉丁人为其共同事业。对于卡洛扬来说,这一事件为实现他的野心,即在敌对的法兰克人王国的土地上,在巴尔干半岛上建立一个以君士坦丁堡为中心的希腊-斯拉夫人的国家提供了最好的机会。但是,如同 V.G. 瓦西列夫斯基所写:"斯拉夫统治者不可能在创造一个代表希腊-斯拉夫世界的事业中充当一个皇帝的世界性角色。卡洛扬在巴尔干半岛上建立一个以君士坦丁堡为都城的希腊-保加利亚王国的野心只是一个幻想。"[14]

与此同时,一旦巴尔干的希腊人爱国者认识到尼西亚的君主可能将他们从拉丁征服者的统治下解放出来,并成为他们民族的希望和未来的代言人时,在非常时期建立的、曾获得亚得里亚堡战役胜利的希腊-保加利亚友好联盟便迅速地瓦解了。在巴尔干半岛上明显出现了反保加利亚人的倾向,对此,保加利亚国王发动了

---

[12] H.格尔泽:《拜占庭帝国史概要》,1042。
[13] Th.I.乌斯宾斯基:《第二保加利亚王国的建立》,250。
[14] "约翰·亚琛二世统治时期保加利亚大主教区的重建"("The Regeneration of the Bulgarian Patrirachte Under the King John Asen II"),《公众教育部杂志》,CCXXXVIII(1885),I,9。

无情的破坏性战争。根据当时的史料记载，卡洛扬对于当年瓦西里二世对保加利亚人的冒犯进行了报复。当年瓦西里二世曾被称为"保加利亚人的屠杀者"，卡洛扬则自豪地称自己是"罗马人的屠杀者"(Romaioctonus，Romaioktonos)。希腊人给他取了一个绰号为"约翰狗"(希腊语发音为 Skyloioannes)⑮；在他的一封信中，拉丁皇帝称他为"希腊人的大克星"(magnus populator Graeciae)。⑯

一位保加利亚历史学家说："这里显然表现出了纯粹的保加利亚民族倾向，它决定了卡洛扬反对希腊人因素的帝国政策，而希腊人因素是保加利亚民族独立的死敌，即使在保加利亚人与色雷斯的希腊人城市结盟抵抗拉丁帝国时也是如此。"⑰

约翰在色雷斯和马其顿的流血征伐最后以失败告终。在他围攻萨洛尼卡时(1207年)突然暴亡。在殉道者圣底米特里的传说中插入了一个希腊故事，说约翰之死是由于他与希腊正教会为敌，因此被萨洛尼卡城的圣保护使徒击毙。这一传说可见于许多希腊文和斯拉夫文版本中，在罗斯的古代编年史中也有如此记载。于是，保加利亚王不可能利用亚得里亚堡战后对他十分有利的形势。尼克夫说，他自己则"作为保加利亚历史上仅有的一位最伟大的外交家而在历史舞台上消失了"⑱。

---

⑮ 乔治·阿克罗波利塔：《年代纪》，XIII；收于《名著集》(*Opera Omnia*)，A.海森柏格编，23—24。

⑯ 见 J.A.布孔《法兰克人占领地历史研究与资料》(*Recherches et matériaux pour servir á une histoire de la domination française*)，II，211。

⑰ P.尼克夫：《保加利亚史料集和保加利亚教会史研究》，8(重印本)。

⑱ 尼克夫："13世纪以来的保加利亚外交"，《保加利亚历史文库》，I(1928)，108。

第八章 尼西亚帝国(1204—1261年)

但是,另一方面,亚得里亚堡战役沉重打击了法兰克人在君士坦丁堡的统治,拯救了尼西亚帝国,使其免于灭亡的命运,有了新生的希望。狄奥多勒·拉斯卡利斯摆脱了西方邻居的威胁,开始积极地组建自己的国家。最为重要的是当狄奥多勒成功在尼西亚稳固落脚之时,就提出了称帝而不是称王的问题。由于法兰克入侵者退回保加利亚后,君士坦丁堡希腊教会的牧首拒绝去尼西亚赴任,一位新的牧首迈克尔·奥托雷阿努斯(Michael Autoreanus)于1208年在尼西亚当选;他以尼西亚为自己的驻节地,并于同年,即1208年,为狄奥多勒·拉斯卡利斯加冕。[19] 1208年的事件对于尼西亚国家日后的历史有着至关重要的影响:尼西亚从此成为帝国和教会的中心。就在拉丁帝国的阴影之下,出现了第二个帝国,这个帝国逐渐兼并了小亚细亚的相当数量的领地,吸引了欧洲希腊人的注意力,燃起了他们的希望。大约于1220年,在狄奥多勒·拉斯卡利斯和威尼斯驻君士坦丁堡的代表(podestá)之间达成的一则协议中,显然为威尼斯人所知晓的狄奥多勒·拉斯卡利斯的正式称呼是"狄奥多勒,基督神佑的虔诚皇帝和罗马人的至圣统治者,科穆宁·拉斯卡利斯"[20]。新的帝国的建立导致它与君士坦丁堡帝国关系的紧张化;两个同时建立于拜占庭帝国土地上的帝国不可能和睦友好地共处。

---

[19] 这一年代,即1208年,是在若干年前由A.海森伯格所确定的,见《关于拉丁帝国与教会联合的新问题》,II,5—12;更普遍的观点认为是1206年,参见安德烈:《拜占庭的宫廷文化》,85,180—188。

[20] "Theodorus, in Christo Deo fidelis Imperator et moderator Romeorum et semper augustus, Comnenus Lascarus". 见G.L.F.塔菲尔和G.M.托马斯《威尼斯共和国的古代贸易及国家历史文献》,II,205。

距离君士坦丁堡约 40 英里的尼西亚，成为这个新兴帝国的首都。它位于五六条道路的交汇处，这使它有着特别的政治重要性。在拜占庭的历史上，尼西亚因承办了两次普世基督教主教公会议而声名卓著。该城的居民以其坚固的城墙、塔楼和建于中世纪的城门而自豪。这些遗迹至今仍完好地保存着。在第一次十字军以前不久，尼西亚曾被塞尔柱突厥人占领，后来夺回此城的十字军又被迫、极不情愿地把它归还给阿列克修斯·科穆宁。至今已经踪迹全无的宏伟宫殿、无数教堂和修道院曾经装饰着中世纪的尼西亚。[21] 12 世纪的一位阿拉伯旅行家阿尔-哈拉维（al-Harawy，或 el-Herewy）在谈到尼西亚并回忆起第一次十字军时，这样写道："在这座城市的教堂内，人们可以看到弥赛亚的形象和坐在宝座上戴着宝冠的教父们。教堂特别庄严肃穆。"[22] 13 世纪的拜占庭与西方历史学家曾记载了尼西亚的地域广阔和财富充裕。[23] 13 世纪的一位作家尼斯福鲁斯·布莱米底斯在他的一首诗中谈到尼西亚，说："尼西亚，一座有着宽阔街道、熙熙攘攘的人群、墙防坚固的城

---

[21] 关于中世纪尼西亚的最好的资料及其完整的参考书目录，见 J.索尔赫（J. Sölch）"比提尼亚居民区历史地理研究，尼科米底、尼西亚、普鲁萨"（"Historisch-geographische Studien über bithynische Siedlungen. Nikomedia, Nikäa, Prusa"），《拜占庭和当代希腊研究 F 年鉴》，I(1920)，263—286。亦见 R.雅南"尼西亚. 历史和地志研究"（"Nicée. Étude historique et topographique"），《东方之声》，XXIV(1925)，482—490。安得列瓦：《13 世纪拜占庭宫廷文化论文集》，19—21。

[22] 《朝圣地之地理描述》(Indications sur les lieux de Pelerinage)，C.舍费尔译：《东方拉丁文献档案》，I，590。

[23] 尼西塔斯·科尼阿特斯：《历史》，波恩版，318。维拉杜安：《君士坦丁堡征服记》，304。

第八章 尼西亚帝国(1204—1261年)

市,以其城内的所有而自豪,是皇帝所关注的最突出的标志。"㉔在13、14世纪的文学作品中还保留下来了两篇关于尼西亚城的颂词。其中一篇的作者是皇帝狄奥多勒二世拉斯卡利斯致尼西亚的颂词:"你超越了所有那些自罗马国家多次被外族军队瓜分并毁灭以来所奠基、建设的城市……而且只有你最坚固。"㉕第二首颂词是14世纪一位著名的国务活动家、外交家和政治家、政府官员、神学家、占星学家、诗人及艺术家狄奥多勒·梅托希特斯(Theodore Metochites)所写的,㉖他的名字与著名的君士坦丁堡霍拉修道院(今日之卡利耶清真寺)内的镶嵌壁画有着密切关系,至今它们仍受到很好的保护。

在当今土耳其的不起眼的小城伊斯尼克(Isnik,尼西亚城的误称),第一次世界大战之前发现的中世纪历史遗迹中,除了城墙,人们还可以提到一个相当小的圣母升天教堂。这座教堂大约建于9世纪之前,有着十分精美的镶嵌画,对于研究拜占庭艺术史十分重要。㉗但是,在第一次世界大战期间尼西亚遭到轰炸,几乎无一

㉔ 尼斯福鲁斯·布莱米底斯(Nicephorus Blemydes):《传记与诗词》(*Curriculum vitae et carmina*),A.海森伯格编,113,vss.22—24。

㉕ Th.I.乌斯宾斯基:"关于巴黎国家图书馆珍藏尼西塔斯·科尼阿特斯历史著作的手稿"("On the Manuscripts of the History of Nicetas Acominatus in the National Library of Paris"),《公众教育部杂志》,CXCIV(1877),77。

㉖ 印于萨塔斯《中世纪希腊文献目录》,I,139以下。

㉗ 见H.格雷古瓦"尼西亚圣母升天教堂的真正名称及其建立年代。新的最后的定论"("Le véritable nom et la date de l'église de la Dormition à Nicée.Un texte nouveau et décisif",《纪念亨利·皮朗文集》,I,171—174。亦见夏尔·迪尔《拜占庭艺术手册》,II,520—521,908;格雷古瓦的文章出现得太晚了,乃至于迪尔无法引用。见O.M.多尔顿《东方基督教艺术》,285。

所建筑物能够幸免。圣母升天教堂受损害尤其严重,只有穹顶下的西拱和教堂前厅南部得以残留。尼西亚城的另一所著名教堂——圣索菲亚大教堂也都破败不堪了。㉘

有一部保留下来的重要文献在某种程度上表明了狄奥多勒·拉斯卡利斯的帝国观念。该文献被称为《训谕》(Silentium,Σελέντιον,σιλέντιον),专指拜占庭时期大斋期开始时,皇帝们在宫廷上对贵族众臣们的讲演。但是,此处所提到的这则训谕则被认为是狄奥多勒·拉斯卡利斯在1208年加冕称帝之后致群臣的讲演。㉙ 该演说词是由他的同时代人,特别著名的历史学家尼西塔斯·科尼阿特斯所写,当君士坦丁堡被拉丁人攻陷后,他在尼西亚找到了安全的避难处。这篇用韵律体文字写成的讲演稿表明,拉斯卡利斯与任何一位拜占庭皇帝一样,也认为他的权力来自上帝。"朕的地位是罗马世界帝国之父——天父所确立的;上帝的意志决定了我的权力……"上帝已经因狄奥多勒的热诚而允许其"涂圣油并拥有大卫的权力"。帝国的统一也意味着教会的统一,于是,狄奥多勒在其训谕结束时声明,"只能有一个牧人和一群羊"。㉚ 事实上,这篇讲演并非出于狄奥多勒本人的笔下,但它却反映了尼西亚帝国出身高贵、受过最好教育的人们中间占主导地位的观念,这种观念在结合了安吉列朝和科穆宁朝两家血统的狄奥多勒·拉斯

㉘ M.阿尔帕托夫和I.布鲁诺夫(M.Alpatov and I.Brunov):"东方旅行简报"("A Brief Report of a Journey to the East"),《拜占庭年鉴》,XXIV(1923—1926),61,迪尔:《拜占庭艺术手册》,II,11—12。

㉙ 海森伯格:《关于拉丁帝国历史的新问题》(Neue Quellen zur Geschichte des lateinischen Kaisertums),II,11—12。

㉚ 萨塔斯:《中世纪希腊文献目录》,I,99、105、107。

第八章 尼西亚帝国(1204—1261年)

卡利斯于尼西亚成为"罗马皇帝",并意识到他是在承继拜占庭皇帝的大统后,已经有了牢固的基础。

拉斯卡利斯朝的外交政策和拜占庭帝国的光复

自拉丁人在亚得里亚堡战败之后,狄奥多勒的处境暂时有所好转。但继鲍德温之后而坐上君士坦丁堡皇位的鲍德温的兄弟亨利,是个精力充沛才华横溢的领袖和统治者。在他于圣索菲亚教堂加冕后,多少改变了对保加利亚人的敌对态度,而且,他一直企图将尼西亚帝国并入拉丁帝国之内,因而重新视狄奥多勒为主要敌手。尼西亚皇帝不能以武力阻止拉丁人的进攻。但是,保加利亚人对于拉丁人的威胁和塞尔柱人对于狄奥多勒的威胁迫使拉丁人与狄奥多勒达成谅解,签订了和约,条件是狄奥多勒毁掉几座要塞。[31]

塞尔柱突厥人

狄奥多勒与占领了小亚细亚大部分地区的塞尔柱人苏丹的战争,对于新兴的尼西亚帝国意义重大。对于伊科尼姆或罗姆的塞

---

[31] E.格兰:《皇帝鲍德温一世与亨利统治下的历史》(*Geschichte der Kaiser Baldwin I.und Heinrich*),102—114。格尔兰德的著作问世后,L.纽豪斯(Neuhaus)的论著《拜占庭拉丁帝国的两位恺撒,安茹伯爵亨利的摄政统治政策》(*Die Reichsverwesenschaft und Politik des Grafen Heinrich von Anjou, des zweiten Kaisers im Lateinerreiche zu Byzanz*)就没有什么重要意义了。

尔柱人苏丹国家来说，一个新兴的尼西亚帝国的出现是特别令其担忧的，因为它阻止了突厥人进一步向西推进到爱琴海岸。除了这个原因导致两国关系紧张外，还有一个因素，即狄奥多勒·拉斯卡利斯的岳父阿列克修斯三世安吉列已经逃到了苏丹那里，哀求苏丹帮助他恢复自己失去的皇位。苏丹也趁机向狄奥多勒发出威胁，要他放弃皇位，苏丹的真实目的是自己想吞并整个小亚细亚。对抗开始了，尤其在安条克迈恩德河上的卡里亚地方冲突更为激烈。狄奥多勒的主力有800名勇敢的西方雇佣兵，在与突厥人的斗争中，异常勇猛，给敌人以重创，他们也几乎全部战死。由于狄奥多勒·拉斯卡利斯的勇敢和意志坚强，他重新控制了局面。在随后的战事中，苏丹被杀，很可能是狄奥多勒所为。一则当时的资料记载，苏丹"像一座高塔一样倒下了"，即从他骑着的那匹马上摔下去。[32] 在这场战斗中，投奔了突厥人的拜占庭前朝皇帝阿列克修斯三世被捕，后被软禁于尼西亚的一座修道院中，并逝于此。

这次战争似乎没有给狄奥多勒带来大的领土变化。[33] 但是，尼西亚的希腊基督教宗帝战胜穆斯林在道义上的胜利却是异常巨大的：它表明，新建的尼西亚帝国恢复了拜占庭原有的对伊斯兰教

---

[32] 乔治·阿克罗波利塔：《年代纪》，chap.,10；海森伯格编，17。
[33] 见 G.德热法尼翁："卡帕多细亚碑铭志和尼西亚的希腊帝国史"，《东方基督教杂志》，I(1935)，242—243。P.威特克(P.Wittek)：《门泰谢酋长国，13—15 世纪西部小亚细亚历史研究》(*Das Fürstentum Mentesche. Studie zur Geschichte Westkleinasiens im 13—15. Jahrhundert*)，1—23。M.F.科普鲁鲁(M.F.Koprülu)：《奥斯曼帝国的起源》(*Les Origines de l'Empire Ottoman*)，35—37。P.威特克：《奥斯曼帝国的兴起》(*The Rise of the Ottoman Empire*)，16—32。

进行斗争的传统,使小亚细亚及欧洲地区的希腊人都十分振奋、勇气倍增,他们第一次从尼西亚帝国身上看到了希腊民族未来实现统一的核心力量。尼西塔斯·科尼阿特斯写了一篇长长的、极其夸张的颂词歌颂狄奥多勒的胜利。㉞ 尼西塔斯的兄弟迈克尔·阿克米那图斯,即前任雅典城的大主教,从他后半生的居留地切奥斯(Ceos)岛寄给狄奥多勒一封贺信,他希望狄奥多勒承继君士坦丁大帝时期在上帝最初选定的地点,即君士坦丁堡,所建立的拜占庭帝国的皇位。㉟

拉丁帝国

除了希腊人欢呼狄奥多勒的胜利,惧怕狄奥多勒的西方雇佣军的拉丁皇帝亨利也对这一胜利感到满意,尽管初看起来有点奇怪;因为这些骑士雇佣军几乎都在对突厥人的战斗中牺牲了,在亨利看来,这一胜利实际上是削弱了尼西亚的皇帝。当时的一位历史学家记载道,亨利宣称:"拉斯卡利斯已经被击败了,但他还没有败亡。"㊱ 但是,亨利错了,此战之后不久,狄奥多勒就在自己麾下重新集合了相当数量的法兰克人和希腊人。㊲

狄奥多勒对于突厥人的胜利使他能够与亨利公开对抗。此时,狄奥多勒的直接目标是以他已经拥有的一支相当规模的舰队进攻君士坦丁堡。亨利于1212年在帕加马写了一封特别重要的

㉞ 萨塔斯:《中世纪希腊文献目录》,I,129—136。
㉟ 迈克尔·阿克米那图斯文集,兰普罗斯编,II,353及以下。
㊱ 乔治·阿克罗波利塔:《年代纪》,chap.15;海森伯格编,27。
㊲ 格兰:《皇帝鲍德温一世与亨利统治下的历史》,218。

信件(格兰认为它是一个特别重要的证据[38])致"所有那些能够看到这封信的朋友"(*universis amicis suis ad quos tenor persentium prevenerit*)。这封信表明,亨利认为狄奥多勒是一个十分危险的敌手。他写道:"拉斯卡利斯是首要的最大的敌人,他占据着圣乔治海峡(Brachium Sancti-Georgii)[39]对岸的土地,直到突厥人占领地。他自立为皇帝,时常在海峡对岸威胁着我们……拉斯卡利斯集合了相当大的一支舰队,欲占领君士坦丁堡;君士坦丁堡城在悲哀地发抖,许多人因我们(从小亚细亚)退回君士坦丁堡而绝望,于是,我的许多臣民在计划越过海峡;而且,有许多人倒向拉斯卡利斯,向他承诺将帮助他反抗我……所有的希腊人开始蠢蠢欲动,并向拉斯卡利斯允诺,如果他将来要攻击君士坦丁堡,他们将支持他的行动。"这封信在最后呼吁拉丁人支持亨利,"为取得完全的胜利并守住我们的帝国,我们需要大批拉丁人,我们将把已经占领的和即将获得的土地赐予这些拉丁人;因为,如我们所知,我们不仅要夺取土地,而且必须守护住这些土地"[40]。从这封信可明显看出,亨利已经对狄奥多勒·拉斯卡利斯的敌对行为十分警醒,而且,他的新臣民们的精神正在动摇。

然而,尼西亚企图收复拜占庭帝国原来的首都的早期尝试却是不成功的;尼西亚帝国还不够强大,而且也没有做好充分的准备。成功是在亨利一边,他深入了小亚细亚腹地很远的地方。在

---

[38] 格兰:《皇帝鲍德温一世与亨利统治下的历史》,216。
[39] Brachium Sancti-Georgii,即博斯普鲁斯海峡。
[40] 《高卢与法国历史文献汇编》(*Recueil des historiens des Gaules et de la France*)(第2版,1879年),XVIII,530—533。

第八章 尼西亚帝国(1204—1261年)

最近出版的,而且明显写于1213年的一封信中,亨利简明地叙述了他对于希腊人的胜利,"那些希腊人竟如此地侮辱和冒犯罗马的教会,他们认为所有罗马教会的子民,即忠实于拉丁人的人们都是走狗;由于他们侮辱了我们的信仰,我们一般地也称希腊人为狗。"㊶

两个皇帝之间达成的和平协议明确地划定了两个帝国在小亚细亚的边境:小亚细亚半岛北部保留在拉丁帝国手中。换一句话说,这一协议并没有考虑到拉丁帝国在小亚细亚的一些不十分重要的领土兼并,自从此协议签订以后,拉丁人在小亚细亚的占领地与这一帝国在1204年分割拜占庭领土时的占领地没有多大的不同。㊷

1216年,天才而精力充沛的亨利英年早逝。他甚至被希腊人羡慕和热爱着,一位14世纪的拜占庭编年史家说,亨利是一个真

㊶ 见 M.P.拉沃尔(M.P.Lauer)"最新发现的君士坦丁堡皇帝、安茹的亨利写给意大利使者的一封信(1213年?)"("Une letter inédite d'Henri Ier d'Angre,empereur de Constantinople,aux prélats italiens,1213?"),《纪念 M.古斯塔夫·施伦伯格文集》(*Mélanges offerts à M.Gustav Schlumberger*),I,201。我不知道拉沃尔为什么确定此信写于1213年(第194页),亨利自帕加马所发信件的签字日期是1212年1月13日。

㊷ 见伽得内尔《尼西亚的拉斯卡利斯王朝:一个流亡帝国的历史》,85—86。格兰德:《皇帝鲍德温一世与亨利统治下的历史》,218—219。有时,人们说,狄奥多勒一世的政治活动在小亚细亚南部也很成功,他在这里夺取了地中海岸边的阿塔利亚城。(见 N.约尔加《奥斯曼帝国史》[*Geschichte des Osmanischen Reiches*],I,120 和格兰:《皇帝鲍德温一世与亨利统治下的历史》,I,246。)但是,这是一个错误,因为人们错误地判断了在阿塔利亚发现的一个碑铭志(可能是在915—916年)出现的时间。见 H.格雷古瓦《小亚细亚的希腊基督教碑铭集》(*Recueil des inscriptions grecques chrétiennes d'Asie Mineure*),I,104。亦可见 A.A.瓦西列夫《拜占庭与阿拉伯人》,II,153。

正的"阿瑞斯"。㊸ 20世纪的历史学家也高度地评价了亨利个人的品行和活动。格兰宣称:"亨利成了拉丁帝国的真正奠基人。他的政府机构成为法兰克人在希腊领土上的占领地的基础。"㊹ A.伽得内尔说:"亨利的去世,显然是拉丁人的灾难,——对于希腊人可能也同样是灾难——因为他的恩威并用的政策,可能比任何其他政策更能修复东方与西方之间的鸿沟。"㊺亨利之死,使尼西亚帝国失去了最危险的敌人。亨利的继承者既没有天才也缺乏精力。

1222年,尼西亚帝国的奠基者狄奥多勒去世。狄奥多勒一世拉斯卡利斯在小亚细亚创建了一个希腊人中心,建立了国家,并引起了欧洲希腊人对它的注意。他已经为他的后继者奠定了一个基础,使他们能够建立一个幅员广阔的国家。迈克尔·阿克米那图斯在写给狄奥多勒·拉斯卡利斯的颂歌中写道:"被蛮族的入侵者掷出君士坦丁堡城墙,来到亚洲一岸的首都以其萎缩的阴影被您接受,从而得到了您的指引和保护。……您应该永远被称为君士坦丁堡城的新建城者和使其再次住满人群的人……在世界灾难中遇难的人们在您的国家里找到了安定的避风港,他们只向往着您并称您为救世主和世界解放者……我以为,除了不久前的瓦西里——保加利亚人的屠杀者和更早一些的希拉克略之外,没有一位曾经统治过君士坦丁堡的皇帝堪与您相比。"㊻

㊸ 埃弗莱米乌斯·莫那赫斯(Ephraemius Monachus):《皇帝和牧首本纪》(*Imperatorum et patriarcharum recensus*),Ⅴ,7735,波恩版,312。

㊹ 格兰:《皇帝鲍德温一世与亨利统治下的历史》,251。

㊺ 伽得内尔:《尼西亚的拉斯卡利斯王朝:一个流亡帝国的历史》,93。

㊻ 迈克尔·阿科尼米那图斯文集,兰普罗斯编,150、151、276、354。

第八章　尼西亚帝国(1204—1261年)

约翰三世杜卡斯·瓦塔泽斯(1222—1254年)

狄奥多勒一世拉斯卡利斯死后,约翰三世杜卡斯·瓦塔泽斯,即狄奥多勒一世的女儿伊琳娜的夫婿继承了尼西亚的王位,并在1222—1254年统治着尼西亚帝国。㊼尽管其先人为尼西亚帝国的发展奠定了一些基础,但其内部的情况却迫切要求有一位能够杀伐决断且精力充沛的人。这个人就是约翰·瓦塔泽斯。

当时,有四个国家企图控制东方地区:尼西亚帝国、拉丁帝国、伊庇鲁斯君主国和约翰·亚琛二世的保加利亚王国。因此,约翰·瓦塔泽斯的对外政策既要进行战争,同时又要与一个或另一个国家建立友好同盟关系。幸运的是,巴尔干半岛上的三个国家从来没有决定性的统一行动,相反,它们却在实行相互敌对、相互削弱的政策,或者只能有短暂的联合。因而,这种复杂的国际关系,并没有让约翰·瓦塔泽斯感到棘手。

伊庇鲁斯君主国及其与尼西亚帝国的关系

伊庇鲁斯君主国的历史对于尼西亚帝国的最终命运有着决定性的影响。伊庇鲁斯是第二个希腊人中心,在一定条件下,它应该能够团结希腊半岛西部的希腊爱国者,并由此可能产生恢复拜占庭帝国的思想。但两个希腊国家伊庇鲁斯和尼西亚却不可能在对

㊼ 大多数作者认为瓦塔泽斯逝于1254年。见梅里亚拉基斯《尼西亚帝国与伊庇鲁斯君主国历史》,412。亦见伽得内尔《尼西亚的拉斯卡利斯王朝:一个流亡帝国的历史》,192,作者提到他死于1255年10月13日。在《剑桥中世纪史》,IV,430,提到他的去世年代为1254年。

抗中达到令人满意的和解并实现希腊的统一,因此,不可避免地,双方要为恢复拜占庭而竞争。

1204年,伊庇鲁斯君主国的奠基者是迈克尔一世安吉列。伊庇鲁斯的安吉列家族与科穆宁和杜卡斯家族有亲属关系,因此,伊庇鲁斯统治者的称号有时伴有长长的王朝名称:"安吉列·科穆宁·杜卡斯"。起初,伊庇鲁斯君主国的边界由最北部的都拉索一直向南伸展到科林斯湾;换言之,它占据着古代伊庇鲁斯、阿卡纳尼亚和埃托利亚的领土。阿尔塔城是这个新国家的首都。

13世纪伊庇鲁斯君主国的历史并没有得到深入研究,其资料也不完全;因此,许多问题仍处于值得质疑或模糊不清的状态下。纳乌帕克特城(Naupactus,即Lepanto[勒颁多])的主教约翰·阿坡卡库斯(Apokaukos)的信函披露了当时的许多情况,这些信件于19世纪末由V.G.瓦西列夫斯基整理出版。[48]

在内部政策方面,伊庇鲁斯君主国与它在1204年之前,作为拜占庭的一个行省已经习惯了的制度没有什么不同。国家的名称改变了,但是,这里人民的生活仍未摆脱拜占庭制度的影响。伊庇鲁斯君主国处于拉丁人与斯拉夫人国家的包围之中,在东方是萨洛尼卡封建王国,其北方是保加利亚王国,西方是威胁着伊庇鲁斯海岸的威尼斯人占领地,由此,这个君主国必须发展一支强大的军队,以在必要时对付来自外部的敌人。周围的群山和该国偏僻的地理环境,也为它反抗外来之敌提供了有力的保障。国君迈克尔

---

[48] "13世纪伊庇鲁斯主教书信集"("Epirotica saeculi xiii"),见《拜占庭年鉴》,III(1896),239—299。

第八章　尼西亚帝国(1204—1261年)

认为自己是完全独立的君主,绝不承认任何像尼西亚的狄奥多勒·拉斯卡利斯之流的人会高于自己或者成为自己的领袖。国家教会也是完全独立的,迈克尔一世命令主教需由伊庇鲁斯都主教授予圣职。

伊庇鲁斯王国的基本目标是在希腊半岛的西部保持古希腊的传统,以避免被其邻国法兰克人和保加利亚人同化。其更广泛的目标,即远远超出其本身的利益的目标,则是在以后出现和发展起来的。

在狄奥多勒·拉斯卡利斯统治时期,尼西亚帝国似乎与伊庇鲁斯国家并没有什么冲突。而当约翰·瓦塔泽斯登上皇位以后,情况发生了变化。当时,被杀害的迈克尔的兄弟狄奥多勒占据着伊庇鲁斯国家的王位。他立志要战胜保加利亚人和拉丁人,以扩大自己的疆土。

在其兄弟在位期间,新君主狄奥多勒·安吉列曾经在尼西亚宫廷内作为人质。当时,尚在世的迈克尔一世曾请求狄奥多勒·拉斯卡利斯让他的兄弟回到伊庇鲁斯,帮助他治理伊庇鲁斯,尼西亚帝国的皇帝答应了迈克尔的要求,但在此前要求狄奥多勒·安吉列向他宣誓效忠,承认尼西亚皇帝及其继承者是伊庇鲁斯的君主。后来,当狄奥多勒·安吉列成为伊庇鲁斯君主之后,他并没有遵守承诺;而且,当他感觉到对抗尼西亚帝国将有利于自己时,就公开采取了敌对态度。

狄奥多勒所采取的第一个引人注目的行动,就是逮捕了君士坦丁堡的拉丁皇帝——法国奥塞尔(Auxerre)伯爵彼得·德库尔特奈(Peter de Courtenay)。当拉丁皇帝亨利去世后(1216年),

贵族们选举了亨利的妹夫、彼得·德库尔特奈为新的拉丁皇帝,他的妻子是鲍德温和亨利的妹妹约兰德(Yolande)。彼得与他的妻子是在法国时被当选的。接到了被选为拉丁皇帝的消息之后,彼得就与妻子一起取道罗马赴君士坦丁堡上任。罗马教宗霍诺留三世在罗马的圣罗伦佐·福瑞·勒穆拉教堂(San Lorenzo Fuori le Mura),而不是在圣彼得大教堂,给彼得加冕称帝,目的是强调东方的罗马(罗曼尼亚)皇帝与西方的皇帝是不同的,如果一位东方皇帝的加冕礼在圣彼得大教堂——查理大帝和奥托一世加冕的场所——举行,就会引起混乱。[49] 彼得在意大利派他的妻子约兰德先行由海路去君士坦丁堡,他自己则率军队沿亚德里亚海岸航行,在都拉基乌姆附近的岸边登陆,希望能从陆路到达君士坦丁堡。但是,狄奥多勒·安吉列却在伊庇鲁斯山区伏击了他,打败并俘获了彼得军队的大部。据一则史料记载,这位拉丁皇帝死于战场上;但另一则史料则说,彼得被狄奥多勒逮捕,死于希腊战俘营中。[50] V.G.瓦西列夫斯基说,"狄奥多勒的"这一"举动完全是希腊-拜占庭式的"[51]。此举在西方产生了深刻的影响,编年史家们以最黑暗的笔调记载狄奥多勒的野蛮残酷。[52] 彼得·德库尔特奈的命运,与第一位拉丁皇帝鲍德温一样,成为历史之谜;从各方面的可

---

[49] 伽得内尔:《尼西亚的拉斯卡利斯王朝:一个流亡帝国的历史》,93。

[50] 关于彼得·德库尔特奈之死的最新作品,见伽得尔内上引书,94;W.米勒(W. Miller):《利凡特的拉丁人》,82—83;《剑桥中世纪史》,IV,427;尼可夫(Nikov):《保加利亚史料集和保加利亚教会史研究》,40。

[51] "保加利亚大教区的重建"("The Regeneration of the Bulgarian Patriarchate"),《公共教育部杂志》,CCXXXVIII(1885),21。

[52] 见梅里亚拉基斯《尼西亚帝国与伊庇鲁斯君主国历史》,125页注2。

能性来判断,彼得是死在狱中。与此同时,已经到达君士坦丁堡的、彼得的寡妻约兰德则在君士坦丁堡坐了两年(1217—1219 年)宝座,直到她去世。彼得·德库尔特奈之死,无疑是伊庇鲁斯,即西部的希腊化中心对来到巴尔干半岛的拉丁征服者的第一次攻击。

但是,狄奥多勒·安吉列的反拉丁政策并没有从此停止。此后不久,又出现了萨洛尼卡王国的问题,该国国王蒙斐拉的博尼法斯在 1207 年与保加尔人的一次战斗中死去。随之,王国发生内乱。拉丁皇帝亨利在位期间,他还能够保护萨洛尼卡王国抵抗其极具威胁性的近邻保加利亚和伊庇鲁斯。而在亨利和拉丁帝国的新皇帝彼得·德库尔特奈死后,萨洛尼卡王国就无法抵抗伊庇鲁斯的狄奥多勒的侵略了。

狄奥多勒对其近邻萨洛尼卡的拉丁王国发动了战争,赢得了胜利,并于 1222 年毫不费力地占领了萨洛尼卡——前拜占庭帝国的第二大重要城市、君士坦丁堡的拉丁帝国的第一个采邑。"因此,这个伦巴德人建立的短命的拉丁王国——第四次十字军建立的第一个占领地,就这样可耻地覆灭了。"(53)狄奥多勒占领了萨洛
尼卡,并将他的领土疆域自亚得里亚海伸展到爱琴海之后,认为自 521
己有权取得罗马皇帝的称号。这就是说,他拒绝承认刚刚登上尼西亚帝国皇位(1222 年)的约翰·瓦塔泽斯。伊庇鲁斯的狄奥多勒认为,他自己是光荣的安吉列家族、科穆宁家族和杜卡斯家族的当然代表,比约翰·瓦塔泽斯更有资格继承帝位,而这位瓦塔泽斯

(53) 米勒:《利凡特的拉丁人》,83。

之所以能登上皇位,只因为他是狄奥多勒·拉斯卡利斯的女婿。

随后出现的问题是,应该由谁在萨洛尼卡为狄奥多勒加冕。萨洛尼卡的都主教拒绝接受这一荣耀,因为他不愿意侵犯当时住在尼西亚并为约翰·瓦塔泽斯加冕的希腊牧首的权力。因此,狄奥多勒转向另一位大主教,独立于尼西亚希腊正教牧首区之外、享有教区自治权(autocephalous*)的奥赫里德(Ochrida,或Achrida)及"全保加利亚"大主教底米特里·科玛特努斯。此人的作品,特别是他的信件,对于这一时期的历史有着特别重要的意义。底米特里·科玛特努斯给狄奥多勒举行了加冕涂油礼,于是,狄奥多勒"穿上了紫袍并开始穿红靴子"[54],这是希腊王室的特别标志。在底米特里·科玛特努斯的一封信中提到,伊庇鲁斯的狄奥多勒加冕和涂油仪式的举行,是"经过了西方(即指萨洛尼卡西方的伊庇鲁斯领土)全体元老院成员、修士和所有的大部队的赞许"的。[55]另一则史料证实,加冕和涂油仪式是在"居住于西方的"全体主教的赞许下进行的。[56] 最后,狄奥多勒自己以拜占庭皇帝的全称"奉天承运罗马皇帝及君主狄奥多勒,杜卡斯"签发了敕令(《金玺诏

---

* 此处是希腊语的拉丁化拼音,即"自治的"。——译者

[54] 乔治·阿克罗波利塔:《年代纪》,chap.21;海森伯格编辑,33。

[55] J.B.皮特拉(J.B.Pitra):《所罗门修士所编教会与古典著作文选》(*Analecta sacra et classica spicilegio Solesmensi parata*),VI,尤其114,488—490。见M.S.德里诺夫(M.S.Drinov)"关于底米特里·科玛特努斯一些作品的史料价值"("On Some Works of Demetrius Chomatianos as Historical Material"),《拜占庭年鉴》,II(1895),II页注1。

[56] 瓦西列夫斯基:"13世纪伊庇鲁斯主教书信集",《拜占庭年鉴》,III(1896),285。

书》[*chrysobulls*])。(57)

关于上述事件的另外一些最新的重要信息见于以上提到的纳乌帕克图斯大主教约翰·阿坡考库斯的信件。在这位大主教的信中,如V.G.瓦西列夫斯基所写:“我们第一次得知希腊修士们特别是希腊的主教们在伊庇鲁斯人的行动中起到了什么样的作用。狄奥多勒·安吉列被奉为罗马皇帝是经过慎重考虑的;萨洛尼卡被狄奥多勒夺取,是不利于尼西亚帝国的;这时,君士坦丁堡成为狄奥多勒实现其野心的最近的目标,而且势在必得;在当时的演说、人心所向及书信作品中,都有一个共同的看法,即狄奥多勒势必进入圣索菲亚教堂占据正教宗帝的位置,而这个位置恰被拉丁入侵 522
者非法地占据了。实现这一目标并不是可望不可即的梦想;显然,从萨洛尼卡进攻君士坦丁堡远比从尼西亚发动进攻要容易得多。”(58)

狄奥多勒之由大主教底米特里·科玛特奈斯行加冕和涂油礼成为萨洛尼卡帝国皇帝,一定引起了萨洛尼卡和尼西亚之间的政治分裂和西方的希腊主教们与尼西亚帝国的主教们之间的宗教分裂,因为尼西亚主教是以“君士坦丁堡大主教”自称的。

在萨洛尼卡的拉丁王国灭亡后的相当一个长时期内,一些西方君主在提到蒙斐拉的家族时,仍然使用萨洛尼卡国王的头衔。他们是萨洛尼卡王国的“名义上的君主”,而在1261年君士坦丁堡的拉丁帝国灭亡后,在西欧也同样出现了一些“名义上的”拉丁

---

(57) 瓦西列夫斯基:“13世纪伊庇鲁斯主教书信集”,《拜占庭年鉴》,III(1896),299。

(58) “保加利亚大教区的重建”,《公众教育部杂志》,CCXXXVIII(1885),18—19。

皇帝。

于是，自 1222 年[59]以后，即当萨洛尼卡帝国成立并拒绝承认尼西亚帝国之时，在基督教的东方出现了三个帝国：萨洛尼卡及尼西亚两个希腊帝国和君士坦丁堡的、一年年衰弱下去的拉丁帝国。[60] 13 世纪的历史就涉及这三个帝国之间的关系，而保加利亚王国的约翰·亚琛二世在这三方关系中起到了决定性的作用。

萨洛尼卡与尼西亚

两位希腊皇帝，即约翰·瓦塔泽斯与狄奥多勒·安吉列有着一个共同的敌人，就是君士坦丁堡的拉丁皇帝。但是，两位希腊君主对于拉丁皇帝的态度并不能达成共识，他们两人都想不惜一切代价用自己的力量占领君士坦丁堡。他们都以为，恢复拜占庭帝国的事业非自己莫属。因此，他们必须独自与拉丁帝国斗争。结果是两个希腊君主的分裂。

尼西亚与伊庇鲁斯两大帝国之崛起的消息传到西欧，引起人们对于拉丁帝国的关注。教宗霍诺留三世致法国太后路易九世之母布朗什（Blanche）的信中，提到了罗曼尼亚的强大帝国，以及"那里正在创立着一个新的法兰西"的事实，警告这位皇太后，"法国（在东方的）势力已经被削弱，而且因它的敌手正在变得越来越强大而继续衰弱下去，因此，除非给予拉丁皇帝以迅速的援助，否则，拉丁人恐怕会遭遇到不可挽救的人力及资源上的损失"。霍诺留

---

[59] 有时候，人们认为萨洛尼卡帝国建立于 1223 年。
[60] 此处我们不拟讨论特拉布松帝国的情形。

三世进而提出,应向法国国王求助,请他援助拉丁皇帝。(61)

约翰·瓦塔泽斯一登上王位,很快战胜了小亚细亚的拉丁人;然后,以尼西亚帝国已经掌握的一支舰队占领了爱琴海上的开俄斯、莱斯博斯、萨莫斯和其他一些岛屿,此后,他又接受了亚得里亚堡居民要求将他们从拉丁人枷锁下解放出来的吁请,对欧洲采取了敌对行动。他向亚得里亚堡派出了一支军队,似乎不费一枪一弹就占领了这个重要的战略据点。对于约翰·瓦塔泽斯来说,占领亚得里亚堡就是打开了通向君士坦丁堡的大门。作为两位竞争者之一的瓦塔泽斯似乎距离他所珍爱的目标已经不远了。

与此同时,狄奥多勒·安吉列从萨洛尼卡出发,占领了色雷斯的大部分;然后于1225年达到了亚得里亚堡城外,迫使瓦塔泽斯的军队撤离此城。失去亚得里亚堡,对于约翰·瓦塔泽斯的计划是一个致命的打击。同时,狄奥多勒夺取了另外一些据点,使他的军队抵达君士坦丁堡城下。拉丁人处境危险。萨洛尼卡的皇帝几乎已经成为拜占庭帝国的真正恢复者了。他的领土差不多已经从亚得里亚海岸伸展到了黑海。

但是,此时狄奥多勒不得不放弃他与拉丁人斗争中即将获胜的希望,因为他受到了来自北方的强敌保加利亚的约翰·亚琛二世的强大压力,后者同样意在夺取君士坦丁堡。

(61) 布凯(Bouquet):《高卢及法兰西历史学家文集》(*Recueil des historiens des Gaules et de La France*),XIX,754。

沙皇*约翰·亚琛二世统治下的保加利亚在基督教东方扮演的角色

约翰·亚琛二世(1218—1241年在位),亚琛家族的最伟大的人,是约翰·亚琛一世的儿子。著名历史学者吉来切克(Jireček)曾经说过:"虽然他自己不是征服者,但他把其王国的领土扩张到此前几世纪从没有人达到过,其后者也无法再度获得的区域;然而当他接手这个王国时,它却正处于混乱无序当中。"[62]由于亚琛对宗教事务的宽容态度,他本身的富有教养,以及他的仁慈宽厚,使他不仅在保加利亚人中间,甚至在希腊人中间也留下了极好的名声。一位13世纪的希腊历史学家乔治·阿克罗波利塔是这样写到亚琛的:"所有的人都认为他是一个非常好的快乐的人,因为他从来不用宝剑镇压他的臣民,也从来不像他以前的保加利亚诸王那样屠杀罗马人。因此,他不仅受到保加利亚人爱戴,也受到罗马人和其他民族民众的爱戴。"[63]

在拜占庭历史上,约翰·亚琛二世是大保加利亚王国思想的非常重要的代表人物,它认为该王国似乎能够把整个巴尔干半岛

---

* 中世纪保加利亚称王者(皇帝)为"沙皇",与后来俄罗斯对王者的称呼是一样的。——译者。

[62] 《保加利人史》(*A History of the Bulgars*),F.布鲁恩(F.Bruun)和 V.帕拉佐夫(V.Palauzov)译,333。V.兹拉塔尔斯基:"约翰·亚琛二世"("John Asen II"),《保加利亚历史文献》(*Bulgarian Historical Library*),III,1—55。

[63] 乔治·阿克罗波利塔:《年代纪》,chap.25;海森伯格编辑,43。

第八章 尼西亚帝国(1204—1261年)

的正教居民囊括在内,而且要将其首都建于帝都*(君士坦丁堡)。毫无疑问,这一计划是与两个希腊帝国的实际利益相抵触的,自然要引起各方势力之间的敌对。但是,事件的发展似乎有利于保加利亚沙皇实现他的计划。

在罗伯特·德库尔特奈死后(1228年),拉丁帝国的皇位原应传给他的兄弟鲍德温二世,一个11岁的男孩。这样,就产生了摄政的问题。有人建议由约翰·亚琛担任摄政,他是鲍德温的亲戚;而且,为了加强两个国家的友谊,人们建议鲍德温与亚琛的女儿联姻。亚琛十分清楚预想中的协议之有利可图,并企望无须流血即占领君士坦丁堡。于是,亚琛接受了这一建议并向鲍德温承诺,他将帮助鲍德温解放被他的敌人占领的土地,特别是被伊庇鲁斯的狄奥多勒所占领的土地。但是,拉丁骑士和教职人士顽固地抵制选择一位拉丁帝国的死敌来担任摄政者,他们坚持要选择一位法国人,即耶路撒冷的"名义上的国王"布里恩的约翰(John of Brienne),当时这位国王正在西欧,是一位80岁的老人。于是,亚琛夺取君士坦丁堡的第一次机会就以失败告终。

占领了亚得里亚堡之后,萨洛尼卡皇帝、伊庇鲁斯的狄奥多勒就成了巴尔干半岛上的主角,他与亚琛达成了一项协议。但是,他们的友好关系并没有维持很久。有关亚琛要成为君士坦丁堡摄政的计划引起了狄奥多勒的怀疑。他背叛了与亚琛的同盟,重新对保加尔人采取了敌对态度。1230年双方在亚得里亚堡和菲利波利斯城之间一个被称为克洛克提尼扎(Clocotinitza)的地方进行

---

* 此处用词是 Tsargrad(沙皇之都,帝都)。

了决战，此地即今日的塞米提耶(Semidje)。得到库曼人骑兵大力支持的约翰·亚琛获得全胜。(64) 狄奥多勒·安吉列被俘。最初他受到了善待，但后来他阴谋杀害亚琛，阴谋暴露后，眼睛被刺瞎。

1230年克洛克提尼扎战役是13世纪基督教东方历史的转折点。它毁灭了西方的希腊帝国和西方的希腊人中心，该中心似乎
525 已经准备光复拜占庭帝国。短命的西方帝国(1222—1230年)事实上已经不再存续，而曾沦为战俘的曼纽尔，即狄奥多勒·安吉列的兄弟，成为萨洛尼卡的统治者。一些历史学家认为，他不再称为皇帝，而是亲王(Despot)。但这一点值得怀疑：他仍然以适合于皇帝的高贵身份使用红墨水签署敕令，而且在文件上仍然自称为皇帝。(65) 在13世纪的后期历史中，国土互相分离的萨洛尼卡和伊庇鲁斯在巴尔干半岛不再有任何重要作用。此后，为夺取君士坦丁堡的斗争仍在继续，不是在三个竞争者之间，而是在两个竞争者，即瓦塔泽斯和约翰·亚琛之间进行。

战胜了伊庇鲁斯的狄奥多勒之后，保加利亚沙皇不费一兵一卒就占领了亚得里亚堡和整个马其顿以及阿尔巴尼亚，直到都拉基乌姆城(都拉索)。萨洛尼卡、色萨利和伊庇鲁斯仍然控制在希腊人手中。

保加利亚沙皇在保加利亚特尔诺沃的四十殉道者教堂里的一

(64) 乔治·阿克罗波利塔称这支骑兵为斯基泰人，见《年代纪》，chap.25；海森伯格编，42。另一些人认为他们是摩尔多—瓦拉几亚人(Moldo-Wallachs)。见O.塔弗拉里《14世纪萨洛尼卡的兴起》，217—218。

(65) 德里诺夫："底米特里·克马提亚诺斯的一些作品"("Some Works of Demetrius Chomatianos")，《拜占庭年鉴》，II(1895)，3页注1。塔弗拉里：《14世纪萨洛尼卡的兴起》，219。

个白色大理石柱子上的一段铭文中,以不容冒犯的口气写道:“我,约翰·亚琛,忠实于基督上帝的保加利亚沙皇和绝对君主,老沙皇亚琛之子……发动了一场进攻罗曼尼亚的战争,打败了希腊人军队,而且,我已经俘获了希腊皇帝狄奥多勒·科穆宁和他的所有波雅尔(即贵族)们,占领了自亚得里亚堡到都拉索的所有城市、希腊的领土及阿尔巴尼亚和塞尔维亚的领土。拉丁人(法兰克人)只保存了帝都周围的城市,但即使他们,也成了朕所掌握的臣民,因为他们没有国王,只有我是他们的国王,他们得感谢我使他们能继续生存。”(66)在亚琛授予拉古萨商人的一份关于在其领土上自由经商的特许状中表明,第一次世界大战之前的全部奥斯曼土耳其人欧洲属地,除了伊斯坦布尔之外,几乎包括全部塞尔维亚和保加利亚,都处于亚琛的势力控制之下。(67)

希腊-保加利亚人同盟。——随后,约翰·亚琛因得不到君士坦丁堡摄政的地位而恼怒,遂出面组织了东方的东正教同盟,包括亚琛本人、尼西亚帝国的约翰·瓦塔泽斯和萨洛尼卡的曼纽尔。这一新的同盟是直接对付拉丁人的。显然,这一同盟是不利于巴尔干半岛上保加利亚人的危险步骤。因此,如V.G.瓦西列夫斯基正确地指出的那样,这一联盟的灵魂亚琛“促成萨洛尼卡的曼纽尔和尼西亚皇帝之间、欧洲和亚洲的希腊人之间的友好谅解,为尼 526
西亚主人将其影响扩及原来属于拜占庭帝国的萨洛尼卡甚至是亚

(66) A.波戈丁(A.Pogodin):《保加利亚史》(*A History of the Bulgaria*),87。吉莱切克:《保加尔人史》,337。

(67) G.伊林斯基:“保加利亚沙皇约翰·亚琛二世的令状”,《君士坦丁堡俄罗斯考古研究所通报》,VII,2(1901)。见波戈丁《保加尔人史》,88。

琛的领土上开辟了道路。正教的东方帝国的复兴部分地也是由于这一亲善关系的建立。"[68]

被重重包围的拉丁帝国首都又一次处于危险地位,当时的人们对此是深有体会的。反拉丁帝国同盟的目标就是完全摧毁拉丁帝国的统治,将拉丁人从君士坦丁堡赶出去,然后在同盟者之间分配他们的领地。1235年,亚琛和瓦塔泽斯的军队从水陆两方面包围了君士坦丁堡,但后来被迫无果而撤。警觉的教宗格列高利九世在写给西方君主要求帮助君士坦丁堡皇帝的信中宣称:"瓦塔泽斯和亚琛,这伙分裂者,最近签署了一项忤逆的合约,以大批希腊军队侵犯了我们亲爱的基督的儿子、君士坦丁堡皇帝的土地。"[69] 末代拉丁皇帝鲍德温二世大失所望,离开了君士坦丁堡去欧洲施行,乞求欧洲各国君主以金钱和人力援助他的帝国。

君士坦丁堡暂时摆脱了危险。停止进攻的一个原因是东正教同盟中的一方约翰·亚琛逐渐撤离了战场,他意识到,尼西亚帝国远比垂死的衰弱的拉丁帝国更危险。因此,保加利亚国王改变了政策,开始保护拉丁帝国的皇帝。与这个政治联盟同步进行的是,亚琛采取了与教宗和解的步骤,他向教宗表示了他对罗马大公教会的忠诚,并请求教宗派一位使者来谈判。13世纪最后二十五年间形成的希腊-保加利亚的短期同盟就这样结束了。

---

[68] "保加利亚大主教区的重建",《公众教育部杂志》,CCXXXVII(1885),30。

[69] A.梯也尔(A.Theiner)(*Vetera monumenta historica Hungariam sacram illustrantia*),I,140(no.CCXLIX)。见 L.奥弗来(Auvray)《格列高利九世书信集》(*Les Registres de Gregoire IX*),II,217。

约翰·瓦塔泽斯与霍亨斯陶芬朝弗里德里希二世的同盟

约翰·瓦塔泽斯时代有一个重要问题,即两个相距甚远的统治者(即尼西亚皇帝和西方皇帝霍亨斯陶芬朝的弗里德里希二世)之间的友好关系。

弗里德里希二世是中世纪最著名的一位德意志国王,他统治时期曾把德意志与西西里王国联合到一起。西西里王国在皇帝亨利四世时期,即在12世纪末期曾经极大地威胁着拜占庭的安全。弗里德里希曾经在西西里的南部巴勒莫度过他的童年和青年时代,这里,曾经居住过希腊人,后来是阿拉伯人最后是诺曼人;他能讲一口漂亮的意大利语、希腊语和阿拉伯语,而且,很可能,至少在他年青时,他的德语讲得极差。他不像他的同代人那样重视宗教问题。在阿拉伯人和犹太人等东方学者(他们中间的大多数聚集在弗里德里希的西西里宫廷)的影响下,他变得专注于科学和哲学。他还在那不勒斯建立了大学,在萨莱诺赞助了一所医药学校,这所学校在中世纪非常著名。简言之,在思想和受教育程度方面,弗里德里希极大地超出了他的同时代人,他们并不总是能理解他。弗里德里希二世统治时期,可以被定位为"文艺复兴的序幕"。19世纪中叶,一位法国历史学者写道:弗里德里希"推动了文艺复兴运动,促成了中世纪的灭亡和近代历史的开始。"[70]他是"一个有创

---

[70] J.于拉尔德-布莱霍尔(J.Huillard-Bréholles):《皇帝弗里德里希外交史导论》(*Introduction à l'histoire diplomatique de l'empereur Frédéric II*),DLVII。

造力的杰出天才人物”(71)。若干年以前,一位德意志历史学家说道:“以其知识的广博性而言,他是一位居于皇位上的真正的文艺复兴运动的天才,同时他也是一位天才的皇帝。”(72)作为一位历史学者们长期热心研究的对象,弗里德里希皇帝在许多方面仍然是一个未解之谜。(73)

弗里德里希继承了皇权无限,皇帝蒙上帝许可获得统治世俗世界之最高权威的理念,他顽固地反对教宗权、反对教宗权高于国王权力的教义。教宗与弗里德里希二世的斗争是十分激烈的;皇帝曾经三次被开除教籍。长期斗争使他筋疲力尽。在这场斗争中,教宗无视任何精神上的目标,全力以赴地对付自己的私敌,他们决心消灭弗里德里希这个“霍亨斯陶芬家族的毒蛇”。

在弗里德里希身上,具有这样的性格特点:政治的计划和目标总是超出宗教的目标。弗里德里希对于教宗的敌意扩展到所有教宗所支持的事物。因此,在对待东方拉丁帝国的政策方面,弗里德里希与约翰·瓦塔泽斯是完全一致的,因教廷把拉丁帝国视为促使东西方教会合并的手段。弗里德里希对于拉丁帝国的敌意是因
528 为他从这个帝国的存在中,看到了教宗势力及其影响的因素;约翰·瓦塔泽斯则从另一个角度来考虑教宗的作用,他认为,教宗拒绝承认当时入驻尼西亚的君士坦丁堡正教牧首的地位,对于他本

(71) M.阿马利(M.Amari):《西西里穆斯林史》(*Storia dei Musulmani de Sicilia*),III(2),616;(第2版,1937年),628。

(72) E.坎塔洛维兹(E.Kantarowicz):《皇帝弗里德里希二世》(*Kaiser Friedrich der Zweite*),613。

(73) C.H.哈斯金斯:《中世纪科学史研究》,242。

人占领君士坦丁堡的目标制造了一个难以逾越的障碍。于是,在13世纪40年代,两个皇帝之间建立了密切的关系。弗里德里希毫不犹豫地与“希腊人,即教宗和拉丁帝国的死敌成为盟友”。(74)

早一些时候,伊庇鲁斯的狄奥多勒·安吉列也曾经与西方皇帝有过友好的通信交往,甚至接受过他的经济资助,对此,教宗格列高利九世曾同时诅咒弗里德里希和伊庇鲁斯的君主,将他们开除教籍。很明显,在弗里德里希的政治联盟中,宗教问题,不管它是正教还是公教*,都不具有重要性。

但是,在对于教宗的敌意对抗方面,弗里德里希和约翰·瓦塔泽斯所追求的目标是不一致的。前者希望教宗放弃他对世俗权力的要求;后者希望达成某种妥协,以使西方教会承认东方的教会组织,从而使君士坦丁堡的拉丁教会失去其存在的理由。于是,约翰·瓦塔泽斯希望拉丁帝国迅速消失。教宗对于他的这两个突然结成同盟的敌手也持不同态度。在弗里德里希身上,他看到的是一个不服从教会的孩子,侵犯了“基督的牧人”及圣彼得的继承人的特权,而这从教宗的立场来说是不可剥夺的特权。而在教宗眼里,约翰·瓦塔泽斯是一个分裂主义者,他阻止了教宗去实现他重新恢复教会联合的美梦。两个同盟者达成了妥协,弗里德里希答应瓦塔泽斯帮助他从拉丁人手中解放君士坦丁堡,将它归还给其

(74) W.诺登(W.Norden):《教宗统治与拜占庭》,322。

* 这里的“正教”就是在中国民间概念中的“东正教”,但由于国人通常容易将“东正教”与俄罗斯正教会相混淆,因此,这里只译为正教,以强调它的拜占庭性质。这里的“公教”亦指国人通常所谓“天主教”,但天主教是中国近代传教士的译法,并不是Catholic这个词的恰当翻译,因此,此处做“公教”。实则指罗马教廷和公教会。——译者

合法的皇帝；而在尼西亚皇帝瓦塔泽斯那里，则承诺承认这位西方皇帝的宗主权，并致力于恢复两个教会的联合。当然，这里很难看出双方的承诺究竟有多少诚意。

弗里德里希与约翰·瓦塔泽斯的关系是如此密切，以至于在13世纪40年代，希腊军队甚至在弗里德里希的意大利军队中作战。而且，在约翰·瓦塔泽斯的第一个妻子狄奥多勒一世拉斯卡利斯的女儿伊琳娜死后，两位反对教宗的皇帝之间的联系更加密切。失去妻子的皇帝瓦塔泽斯声称，他"不能忍受自己的孤独"[75]，遂娶了弗里德里希二世的女儿、霍亨斯陶芬朝的康斯坦丝，她在加入希腊正教会时只有十一二岁，在正教会取的教名是安娜。有一首由尼古拉斯·伊林尼科斯（Nicolaus Irenikos[Eirenikos]）所写的长诗提到在尼西亚举行的这场婚礼，头两行是这样写的：

> 常春藤轻柔地环绕着可爱的柏树；
> 皇后就是那柏树，我的皇帝就是那常春藤。[76]

康斯坦丝-安娜晚于她的丈夫许多年后去世，在她孀居的这些年间，经历了各种危难和变迁。她逝于西班牙的瓦伦西亚，在那里

---

[75] 尼斯福鲁斯·格雷戈拉斯：《拜占庭历史》，II,7,3,波恩版，I,45。

[76] 该诗的全文见 A.海森伯格所编《巴列奥洛格时期的历史和文献》（*Aus der Geschichte und Literatur der Palaiologenzeit*），100—105。其中头八行亦见于舒伦伯格的文章"葬于瓦伦西亚的一位拜占庭皇后之墓"（"Le Tombeau d'une impératrice Byzantine à Valence"），《两个世界杂志》，17(1902年3月)；该诗亦见于舒伦伯格的《拜占庭与十字军，中世纪论文》（*Byzance et Croisades, Pages médiévales*），64。亦见伽得内尔的英文版著作《尼西亚的拉斯卡利斯王朝：一个流亡帝国的历史》，308。

的一座圣约翰医院骑士团的小教堂里,仍然存放着这位前尼西亚的皇后的棺木。上面的铭文是:"这里长眠着康斯坦丝夫人,希腊的皇后。"⑦

弗里德里希的宗教思想也反映在他与约翰·瓦塔泽斯的通信中。一些学者曾根据他的宗教思想将其与发动英国宗教改革的国王亨利八世相比较。(78) 其中的一封信中表明,他不仅被瓦塔泽斯的个人魅力所折服,而且为他支持皇权统治之原则的热情所折服:"我们,生活在世俗世界的所有国王和君主们,特别狂热地追随正统的宗教和信仰,对大主教们怀有敌意,且特别反对教会的最高首领。"然后,这位皇帝痛斥了西方修士们的放肆和特权,呼吁道:"噢!幸福的亚洲!噢!快乐的东方国君!他们从来不必惧怕其臣民的武装,也不必惧怕教权的干预。"(79)尽管弗里德里希是正宗的公教会信徒,但他显然对东方的正教会更有好感;在他致瓦塔泽斯的一封信(该信现有希腊文和拉丁文两种文本)中,有这样的句子:"啊,这个所谓的最高使徒(此处指教宗,拉丁文 *sacerdotum princeps*,希腊文ἀρχιερεύς)天天在陛下的所有罗马臣民(拉丁语

---

(77) 舒伦伯格:《拜占庭与十字军》,57—58。夏尔·迪尔:"霍亨斯陶芬家族的康斯坦丝,尼西亚的皇后"("Constance de Hohenstaufen, Impératrice de Nicée"),《拜占庭人物传》,II,207—225。C.马林内斯库(C.Marinesco):"关于霍亨斯陶芬家族的康斯坦丝,尼西亚皇后的新资料"("Du Nouveau sur Constance de Hohenstaufen, Impératrice de Nicée"),《拜占庭》(布鲁塞尔),I,(1924),451—468(一些从巴塞罗那档案中发现的新文献)。

(78) 于拉尔德-布莱霍尔:《皇帝弗里德里希二世外交史导论》,dxvii—dxviii。于拉尔德-布莱霍尔:《皇帝弗里德里希二世的大臣彼得·德拉维涅的生活及其信件》(*Vie et correspondence de Pierre de la Vigne ministre de l'empereur Frédéric II*),241—242。伽得内尔:《尼西亚的拉斯卡利斯王朝:一个流亡帝国的历史》,172—173。

(79) 于拉尔德-布莱霍尔:《皇帝弗里德里希二世外交史导论》,VI,685、686。

此处为 *Graecos*）面前诅咒陛下的名字，无耻地称最正统的罗马人是异端，而恰是从这些罗马人那里，基督教的信仰发展到了世界的最边缘……”(80)在另一封致伊庇鲁斯君主的信中，弗里德里希写道：“我们只希望保护我们自己的权利，也保护我们友好亲近的邻
530 邦的权利，他们对基督的纯洁忠诚的爱，使我们联合起来，特别是希腊人，我们的好友……［教宗竟称］这些最虔诚最正统的希腊人是最不虔诚的异端。”(81)

弗里德里希与瓦塔泽斯的友好往来一直持续到弗里德里希去世，尽管在晚年，弗里德里希曾经对尼西亚与罗马教廷间的谈判和互换使者的行为感到担忧。由于这个原因，弗里德里希在致瓦塔泽斯的信中，“像一个居于父亲身份者指责儿子的行为”那样责备瓦塔泽斯，“居然不征求父辈的意见而向教宗派出了使者”。弗里德里希不无讽刺意味地进而写道：在涉及东方事务时，“朕若没有得到你的建议，情愿什么事情也不做，因为对于你的邻国，你了解得更多，远胜于朕。”(82)弗里德里希警告瓦塔泽斯，罗马大主教们“并不是基督的传教士的领袖，而是吞噬基督教民众的贪婪的狼和

(80) 该文的希腊文本见于 N.费斯塔（Festa）编“弗里德里希皇帝的希腊文信件”（“Le lettere greche di Federigo II”），《意大利国家历史档案》，XIII（1894），22。F.迈克洛希奇（F.Miklosich）和 J.米勒（J.Müller）：《希腊中世纪外交文献》（*Acta et diplomata graeca medii aevi*），II（1865），72。其拉丁文本见于拉尔德-布莱霍尔《皇帝弗里德里希二世外交史导论》，VI，772。

(81) 费斯塔：“弗里德里希皇帝的希腊文信件”，《意大利国家历史档案》，15—16；迈克洛希奇和米勒：《希腊中世纪外交文献》，II，68—69。

(82) 费斯塔：“弗里德里希皇帝的希腊文信件”，27；迈克洛希奇和米勒：《希腊中世纪外交文献》，II，74—75；于拉尔德—布莱霍尔：《皇帝弗里德里希二世外交史导论》，921—922。

野兽”。(83)

弗里德里希皇帝去世后,特别是他的私生子曼弗雷德(Manfred)成为西西里国王后,尼西亚帝国与神圣罗马帝国的关系发生了变化,曼弗雷德成为尼西亚帝国的敌人。简言之,在瓦塔泽斯死后,即 1254 年之后“弗里德里希曾经梦想过的联盟不复存在,只余下了它的记忆”(84)。

我们不能说,两个皇帝之间的联盟带来了什么重要的后果;但却可以认为,约翰·瓦塔泽斯依托于西方皇帝的友好支持,一定更有希望最后实现其光复君士坦丁堡的大业。

蒙古人的入侵和小亚细亚诸统治者反对蒙古人的联盟

13 世纪 40—50 年代,在东方出现了蒙古人,即鞑靼人(拜占庭资料中称之为 Tahars,Tatars,Atars)入侵的危险。著名的铁木真汗(他曾经号称成吉思汗,即大汗)的一支后裔族人巴图(Batu,Baty)部落冲进了今日俄罗斯的欧洲部分,以其不可抵抗的破坏性的屠杀,于 1240 年占领了基辅,随后越过喀尔巴阡山到达了波希米亚,后来被迫撤回俄罗斯草原。与此同时,另一支蒙古大军向俄罗斯草原的南方行进,征服了整个亚美尼亚及埃尔祖鲁姆*(Erzerum)并进入小亚细亚,威胁着罗姆苏丹国即伊科尼姆和软

(83) 费斯塔:“弗里德里希皇帝的希腊文信件”,《意大利国家历史档案》,25;迈克洛希奇和米勒:《希腊中世纪外交文献》,75。

(84) 迪尔:《拜占庭人物传》,II,220。

* 该城位于两河地区,古名狄奥多西。——译者

531 弱的特拉布松帝国。来自蒙古人威胁的共同压力使小亚细亚的几个国家，即罗姆苏丹国、尼西亚帝国和特拉布松帝国结成盟友。塞尔柱人和特拉布松帝国的军队被蒙古人打败了。此后，伊科尼姆苏丹被迫向蒙古人纳年贡，每年为蒙古人进贡马匹、猎狗等以求得安宁。特拉布松帝国的皇帝也明白自己无法对抗蒙古人，遂与蒙古人迅速达成和约，答应向蒙古人纳贡，成为蒙古人的附庸。对于塞尔柱人和尼西亚帝国来说，幸运的是蒙古人忙于从事其他军事活动，将他们大屠杀的注意力放在西方，使得尼西亚皇帝能对巴尔干半岛采取决定性措施。

从以上的联盟之形成可以明显看出，在13世纪，基督徒与异教徒之间并不因其信仰不同而妨碍他们之间的联合；信守正教信条的尼西亚皇帝和特拉布松的皇帝在共同的危险面前就与伊科尼姆的穆斯林苏丹建立了友好的合作关系。

一位13世纪的西方历史学家、巴黎的马休记载了与鞑靼人入侵有关的两个故事，表明当时在欧洲盛传着一些谣言。(85) 在两个故事中，马休都提到1248年有两个蒙古使者被派至教廷，受到了教宗英诺森四世的热烈欢迎，教宗同其他任何一位公教会的成员一样，希望蒙古人能够接受基督教。但是，在第一个版本中，马休也谈到了当时的人们怀疑蒙古王公致教宗的信中，有关于对约翰·瓦塔泽斯（文献中作 Battacium）“一个希腊人，弗里德里希的

(85) 巴黎的马休（Matthew of Paris）：《马略尔卡编年史》（*Chronica Majora*），H.R.卢瓦德（H.R.Luard）编，V，37—38；该文献也见于K.帕茨编《德意志历史遗产，书信集》（*Monumenta Germaniae Historica Scriptores*），XVIII，301—302。F.马登（F.Madden）编：《盎格鲁编年史》（*Historia Anglorum*），III，38—39。

女婿,教廷的制造分裂的、不驯服的儿子”发动战争的建议,“而且,教宗对于这一建议并非不感兴趣”。而马休在其《盎格鲁编年史》中提到,教宗指示蒙古使臣向其国王通报,如果他接受了基督教,他就应当带着他的全部军队去进攻约翰·瓦塔泽斯,“一个希腊人,弗里德里希的女婿,教会分裂主义者,他反对教宗和拉丁皇帝鲍德温,在那之后又支持曾经起而反对教廷的弗里德里希”。但是,鞑靼人使者不喜欢鼓励“基督徒内部的相互憎恨”,于是通过他们的译员回答教宗,他们无权将这样的条件强加于他们的君主,他们担心,其君主若听到这样的消息会非常愤怒。

当然,上述两种说法,特别是反映了 13 世纪欧洲流言的第二个说法,并没有任何历史价值,(86)人们也不应该如米勒那样将这一 532
记载视为历史事实。米勒在引用上述第二种说法时这样写道:“这些异教使者在给予圣父关于上述基督教的教训之后,回到了他们自己那未开化的蒙昧国家。”(87)但是,这里特别重要的是要强调这一事实,约翰·瓦塔泽斯的政治影响和他的重要性已经被广泛地承认和赞许,乃至于成为教宗与蒙古使者之间谈判的话题——至少在西方作者笔下是如此。使者们受到教宗英诺森四世的极大尊重和重视,他给蒙古人的“英明君主和贵族们以及鞑靼军队中的所

(86) 见 P.佩里奥特(P Pelliot)“蒙古人与教宗”(“Les Mongols et la Papauté”),《东方基督教杂志》,XXIV(1924),330—331;XXVII(1931—1932),3—84。B.阿尔塔内(B.Altaner):《13 世纪多明我会传教活动》(*Die Dominikanermissionen des 13 Jahrhunderts*),*128*。在《盎格鲁编年史》一书中涉及的关于教宗与蒙古人秘密谈判的整个段落都被以红色文字“dubium”标在原文手稿的页边空白处。见巴黎的马休《盎格鲁编年史》,马登编,III,39 页注 9。

(87) 《剑桥中世纪史》,IV,493。

有王公们及爵爷们"写了一封长信,信中督促他们皈依基督教。[88] 当然,在这封信中教宗并没有提到约翰·瓦塔泽斯的名字。与此同时,瓦塔泽斯摆脱了蒙古人自东方入侵的危险,集中自己的全部精力处理巴尔干半岛的问题并取得了辉煌的胜利。

约翰·瓦塔泽斯对外政策的重要意义

约翰·亚琛于1241年死后,第二保加利亚王国的辉煌时期就结束了,亚琛的软弱而没有经验的继承者们不可能维持他所征服的土地。随着他的去世,第二保加利亚王国在巴尔干半岛上建立一个以君士坦丁堡为核心的强大的希腊-斯拉夫帝国的企图也随之破灭。对于10世纪的西梅恩和13世纪的亚琛、卡洛扬及约翰二世来说,这一计划是不可能实现的太过庞大的目标。而这一目标的最后一次尝试,是斯拉夫人,即塞尔维亚人在14世纪以更大的规模所策划和组织的。

约翰·瓦塔泽斯利用保加利亚王国瓦解之机,率领军队穿过了欧洲海岸,几个月内就从保加利亚人手中夺取了马其顿和色雷斯等被亚琛所占领的所有领地。瓦塔泽斯还将他的军队推进到萨洛尼卡城,当时的萨洛尼卡正陷入内乱,瓦塔泽斯没有费更多的力气就占领了这个城市。萨洛尼卡城市国家从此不复存在。当年,瓦塔泽斯夺取了色雷斯地区数座当时仍被拉丁人所控制的城市。尼西亚皇帝向君士坦丁堡城靠近了。伊庇鲁斯的君主屈从了尼西

---

(88) E.贝尔格:《英诺森四世书信集》(*Les Registres d' Innocent IV*),II,113—114(no.4682);里昂,1248年11月22日。

第八章 尼西亚帝国(1204—1261年)

亚皇帝的宗主权。瓦塔泽斯渴望实现进逼博斯普鲁斯海峡一岸的目标,已经没有竞争者了。

在瓦塔泽斯统治时期结束时,他的领地,包括直接的领有和纳降的附属国在内,已经从黑海伸展到亚得里亚海岸。除了希腊腹地和伯罗奔尼撒半岛外,只有君士坦丁堡还没有被希腊人帝国光复。

1254年,约翰·瓦塔泽斯执政33年后去世,享年62岁。所有的资料几乎都赞扬他。他的儿子、继承人狄奥多勒二世拉斯卡利斯在一首颂歌中写道:"他统一了被那些外来的暴君、那些拉丁人、波斯人、保加尔人、斯基泰人和其他民族的暴君分割得七零八落的奥索尼亚(Ausonian)的土地,惩罚了强盗,保护了他的领土……他使得我们的国家能够抵制外来的敌人。"[89]拜占庭的历史学家们异口同声地赞扬约翰·瓦塔泽斯的功绩。[90] 即使在历史学家的记载中多少有些夸张之词,但约翰·瓦塔泽斯必须被认为是一位天才有为的政治家,是拜占庭帝国之复兴的主要奠基者。

有趣的是,约翰·瓦塔泽斯是如此被人们所爱戴和高度评价,他死之后不久,民间传说中将他誉为圣徒;在与他有关的回忆录中出现了神迹的显示,《仁慈者圣约翰之一生》(*The Life of St.John*

---

[89] Th.乌斯宾斯基:"关于巴黎国家图书馆珍藏尼西塔斯·科尼阿特斯历史著作的手稿",《公众教育部杂志》,XIX(1877),76。J.B.帕帕多布鲁斯:《狄奥多勒二世拉斯卡利斯,尼西亚皇帝》,43。

[90] 见尼斯福鲁斯·格雷戈拉斯《历史》,II,1,2;波恩版,I,24。乔治·阿克罗波利塔:《纪念约翰·瓦塔泽斯的诗文集》(*Epitaph in Memory of John Vatatzes*);见《作品集》,海森伯格编,II,12。亦见《匿名编年史》('Ανωνύμου Σύνοψις χρονική),载萨塔斯《中世纪希腊文献目录》,VII,509。

the Merciful)一书也问世了,这是民众中常见的一种封圣方式。那些纪念约翰·瓦塔泽斯的作品并没有得到希腊正教会的承认,供奉他的神龛只限于小亚细亚的吕底亚城境内的马格尼西亚这一有限区域内,因为他就被葬于此。我们不能将这本传记与 7 世纪的圣徒"仁慈者约翰"的传记相混淆。这种事情经常发生。而且,学者们对于这本书究竟于何时何地成书还没有统一意见。即使在今天,马格尼西亚及其周围的教职人士和民众仍然于每年的 11 月 4 日在本地教堂集会,纪念当年这位"仁慈者约翰皇帝"。[91] 正教会的教历在 11 月 4 日这天标着:"约翰·杜卡斯·瓦塔泽斯日"。[92]

瓦塔泽斯的外交活动特别重要,因为他逐渐消灭了那些妄图恢复帝国之伟业的人物,如萨洛尼卡、伊庇鲁斯和保加利亚的统治者,收复了大片土地,事实上已经意味着帝国的恢复。这一任务主要是约翰·瓦塔泽斯完成的,而在 1261 年,迈克尔·巴列奥洛格只是受益于这位最优秀的尼西亚皇帝的能力和顽强毅力所获得的成果。约翰·瓦塔泽斯的后人称他为"希腊人之父"。[93]

---

[91] 海森伯格:"仁慈的约翰·瓦塔泽斯皇帝"("Kaiser Johannes Batatzes der Barmherzige"),《拜占庭杂志》(德文),XIV(1905),160、162。N.费斯塔:"关于仁慈者圣约翰传记的一个设想"("A propos d'une biographie de St.Jean le Miséricordieux"),《拜占庭年鉴》,XIII(1906),5、9、18;伽得内尔:《尼西亚的拉斯卡利斯王朝:一个流亡帝国的历史》,195—196。安得列瓦:《13 世纪拜占庭宫廷文化论文集》,24。

[92] 大主教塞尔吉乌斯(Sergius):《东方教会完全礼仪日历》(*The Complete Liturgical Calendar [Menologion]*)(第 2 版,1901 年),II,344。

[93] W.米勒:"尼西亚皇帝及君士坦丁堡的征服者",《剑桥中世纪史》,IV,500。

狄奥多勒与约翰·拉斯卡利斯及拜占庭帝国的重生

尼西亚帝国的最后几位统治者是约翰·瓦塔泽斯的儿孙,狄奥多勒二世拉斯卡利斯(1254—1258年)和约翰四世拉斯卡利斯(1258—1261年)。狄奥多勒33岁那一年,"按照传统,坐在盾牌上",(94)在贵族和军队的拥戴下,被宣布为皇帝。

狄奥多勒尽管身体很虚弱,但在他称帝之前,却把全部精力都用在学习和文学活动中。他的聪明睿智的父亲为了培养教育他尽了自己最大的努力,狄奥多勒的学业是在当朝最伟大的学者尼斯福鲁斯·布莱米底斯(Nicephorus Blemmydes)和乔治·阿克罗波利塔(George Acropolita)的精心指导下完成的。

在狄奥多勒二世登上帝位之时,他像他的父亲一样表现出了过人的政治活动能力,这使得他有时候竟然忘却了自己的学业,特别是放松了对他最喜爱的哲学问题的探索。他十分清楚对外关系的重要性,因而,将他的主要精力用于建立一支强大的军队。狄奥多勒写道:"我有一个真理,一个目标,一个愿望,即集中主的羊群,保护他们免受虎视眈眈的狼群的侵害。"(95)狄奥多勒相信希腊人需要依赖于他们自己的力量,而不是依赖于外族同盟者或外族雇佣军,因此,他可能是唯一关注军队的"希腊化"问题的"拜占庭"皇帝,而不是像其他皇帝那样,循规蹈矩地使用外国雇佣军。(96)

(94) 尼斯福鲁斯·格雷戈拉斯:《历史》,III,1,2;波恩版,I,55。乔治·阿克罗波利塔:《年代纪》,chap.53;海森伯格编,I,105。

(95) 狄奥多勒·拉斯卡利斯:《信件集》(*Epistulae*),CCXVII;N.费斯塔编,59。

(96) 米勒:"尼西亚皇帝及君士坦丁堡的征服者",《剑桥中世纪史》,IV,505。

1258年，年轻的皇帝英年早逝(36岁)，在临死之前，将自己的皇袍换作了修士的道袍。他将瓦塔泽斯所征服的土地完全传给了自己的继承者。这一好学的、受过哲学化教育的皇帝一生都坚定地相信，历史将给予他客观的评价。他在自己的一封信中说道："历史的评判必将由我们的后人做出。"(97)专门记载狄奥多勒二世时期历史的历史学家，亦不无夸张地说："狄奥多勒过早地去世，否则的话，希腊主义可以期望在这位皇帝的统治下有更好的时光，他穷尽毕生精力，以期望将希腊帝国建立在更坚实的基础上。"(98)但是，狄奥多勒的野心只能是一种理论。事实上，代表着不同民族的
535 雇佣军已经在尼西亚帝国的日常生活中发挥了重要作用，在狄奥多勒时期尤其如此。(99)

在对外活动方面，狄奥多勒进行了两次对保加利亚的艰苦征伐。当保加利亚沙皇迈克尔·亚琛听到瓦塔泽斯去世的消息时，立即趁机恢复在瓦塔泽斯时期失去的领地，当时人们担心，瓦塔泽斯的所有欧洲征服地将会重归保加利亚所有。尽管经历了许多困难和自己手下将军们的背叛及胆怯，狄奥多勒的两次对保加利亚战争还是获得了胜利，而且，由于罗斯大公，即迈克尔·亚琛的岳父罗斯提斯拉夫的介入，双方签订了和议。保加利亚和希腊人维持了他们原来的边界，但保加利亚的一个防砦居然割让给了狄奥多勒。(100)

---

(97) 狄奥多勒·拉斯卡利斯(Theodore Lascaris)：《书信集》(*Epistulae*)；XLIV，费斯塔编，59、119—120。

(98) 帕帕多布鲁斯：《狄奥多勒二世拉斯卡利斯，尼西亚皇帝》，180。

(99) 安得列瓦：《13世纪拜占庭宫廷文化论文集》，50—54、105。

(100) 乔治·阿克罗波利塔：《年代纪》，62；海森伯格编，126—127。

第八章 尼西亚帝国(1204—1261年)

狄奥多勒与伊庇鲁斯王国的关系与伊庇鲁斯君主之子与狄奥多勒之女订婚之事有关,这导致狄奥多勒得到了都拉基乌姆这个位于亚得里亚海域的重要海港和位于保加利亚和伊庇鲁斯边界上的塞尔维亚防砦。都拉基乌姆"是尼西亚帝国的西出口,而对于伊庇鲁斯诸君主们来说,则更是一根骨刺"[10]。

在小亚细亚,塞尔柱突厥人受到了蒙古人的严重威胁,蒙古人成功地将塞尔柱苏丹变成自己的臣属。当时的局势比较微妙且复杂。由于狄奥多勒曾经在苏丹与蒙古人的斗争中支持了苏丹,尽管并非决定性的支持,使苏丹"变得像一头羞涩的鹿"[102]一样在狄奥多勒的宫廷中接受保护。但是,尼西亚帝国与蒙古帝国之间避免了斗争,一位蒙古使者被派到了尼西亚狄奥多勒的王宫。接待仪式可能是在马格尼西亚宫进行,场面十分壮观豪华;狄奥多勒的主要想法是想给鞑靼人一个下马威,其实,他还是惧怕这些鞑靼人的。皇帝坐在高高的王座上,手持宝剑,接见了使者。拜占庭历史学家详细地记录了这次接待仪式。[103]

一位近代历史学家这样评价狄奥多勒:"简言之,他极端神经质,是当代精神病学专家从事研究的一个很有趣的素材",他"不到四年的短期统治,并不能使他在自己的历史时代留下深刻的痕迹"[104]。后来有人说,"狄奥多勒时期,人们才特别感受到何为'开

---

[101] 伽得内尔:《尼西亚的拉斯卡利斯王朝:一个流亡帝国的历史》,226。

[102] 乔治·阿克罗波利塔:《年代纪》,chop.69;海森伯格编,143。

[103] 见 M.安得列瓦的十分准确的描述文章"尼西亚宫廷接待鞑靼人使节仪式"("The Reception of the Tartar Ambassadors at the Nicene Court"),《康达可夫纪念文集》,187—200;安得列瓦:《13世纪拜占庭宫廷文化论文集》,71—72。

[104] 米勒:"尼西亚皇帝及君士坦丁堡的征服者",《剑桥中世纪史》,501、506。

明的专制’”。(105) 当然,狄奥多勒的统治时期过于暂短,人们还很难
536 因此确定他的统治之重要意义。但在尼西亚的历史上,由于他成功地继承了他父亲的对外政策并且由于他本人渊博的学问,他一直受到后人的尊重。

狄奥多勒的独子和继承人,当时还不满八岁的约翰四世(1258—1261年在位),即使有其父王指定的摄政乔治·穆扎伦(George Muzalon)的协助,仍然难以处理好帝国的复杂事务。约翰·瓦塔泽斯的亲戚,一个野心勃勃而又精明狡猾的迈克尔·巴列奥洛格,“一个从不安分的阴谋家和一个声名狼藉的伪君子,但却是一个能干的官员”(106),此时就充当了重要角色。他虽然身居要职,官位显赫,却因经常被瓦塔泽斯和狄奥多勒二世怀疑施阴谋、搞政变而试图惩罚,他数次逃脱,甚至一度逃至伊科尼姆的苏丹宫中。“乱世出英雄”,巴列奥洛格精明地利用了“乱世”,于1259年被加冕为帝。

尼西亚帝国所属巴尔干半岛占领地上的外部威胁来自伊庇鲁斯君主国的国王,他成功地组成了包括他自己在内的反尼西亚同盟,其中有西西里王曼弗雷德(伊庇鲁斯君主的亲戚、德王弗里德里希二世的私生子)和阿凯亚公爵威廉·维拉杜安。迈克尔·巴列奥洛格取得了对这个同盟的几次军事胜利,决定性的战役是在1259年发生于西马其顿地区的佩拉戈尼亚(Pelagonia)平原上,此地距离卡斯托利亚(Castoria)城不远。在迈克尔的军队中参战的

(105) 安得列瓦:《13世纪拜占庭宫廷文化论文集》,107。

(106) G.芬利:《希腊史》,H.F.托泽(H.F.Tozer)编,III,328。

第八章 尼西亚帝国(1204—1261 年)

除了希腊人外,还有突厥人、库曼人、斯拉夫人等。佩拉戈尼亚战役,或者说是卡斯托利亚战役以伊庇鲁斯同盟军的彻底失败而告终。阿凯亚公爵在这次战役中被俘。装备精良的西方骑士在轻装的比提尼亚人、斯拉夫人和东方帝国军队的攻击下落荒而逃。"或许,这是突厥人第一次在希腊人军队中与希腊人在希腊的土地上作战。"[107]一位当时的历史学家乔治·阿克罗波利塔是如此评价这一事件的,他说:"在皇帝的指挥下,我们的军队取得了如此巨大的胜利,其声威远播地球的每一个角落;这样辉煌的胜利即使在人类历史上也是罕见的。"[108]在保留至今的一部迈克尔·巴列奥洛格的传记中,也提到这次战役,说:"随同他们(罗马国家的叛逆者,即伊庇鲁斯君主及其臣僚们)及以阿凯亚公爵为首的同盟者一起被我击溃的还有谁呢?有阿勒曼尼人、西西里人和意大利人,他们来自亚庇基亚人和布伦杜修的土地阿普利亚,来自比提尼亚、埃维厄和伯罗奔尼撒。"[109]

卡斯托利亚战役对于拜占庭帝国的重建是非常重要的。伊庇鲁斯君主的领地只剩下该君主本来占据的伊庇鲁斯世袭领地。拉丁皇帝无法依赖败北的阿凯亚公国,而且,拉丁帝国此时处于软弱

---

[107] 伽得内尔:《尼西亚的拉斯卡利斯王朝:一个流亡帝国的历史》,248。
[108] 乔治·阿克罗波利塔,《年代纪》,chap 81;海森伯格编,171。
[109] 《关于他的生平》(*De vita sua opusculum*), *par. VII*, 见《基督教学报》(*Christianskoe čtenie*), II(1885),534;上书的俄文版本,554—555;法文版本见 C.查普曼《迈克尔·巴列奥洛格,拜占庭帝国的光复者》(*Michel Paleologue, restaurateur de l'Empire Byzantin*),171。M.邓迪亚斯不同意曼弗雷德曾经在佩拉戈尼亚战场上与同盟军同遭惨败的说法,见"西西里的曼弗雷德国王及佩拉戈尼亚战役"("Le Roi Manfred de Sicile et la Bataille de Pelagonie"),《纪念夏尔·迪尔研究文集》,I,55—60。

无能的鲍德温二世的统治下。

与此同时,为了保证攻击君士坦丁堡的最后成功,迈克尔·巴列奥洛格与热那亚人签订了和约。热那亚人与威尼斯人在商业利益上的对抗遍及东地中海的每一处。自从第四次十字军及拉丁帝国建立之后,威尼斯人在东地中海的拉丁人占领地获得了相当可观的特殊商业利益,热那亚人却不想对这一既成事实让步。迈克尔非常清楚这一点,遂与热那亚人进行谈判;尽管热那亚人知道,与分裂者希腊人的谈判会引起教宗和整个西方世界的愤怒,但他们更迫切地想把他们的威尼斯对手从东方赶出去,遂与迈克尔签订了和约。

1261年3月,在水神殿(Nymphaeum),迈克尔与热那亚人签订了一个非常重要的条约,给予热那亚人在东地中海与威尼斯人一样的商业特权。这是一次真正的针对威尼斯人的攻守同盟。⑩ 热那亚人获得了在帝国所有行省(包括现有的和将来会占有的)进行自由贸易的永久性特权。特别重要的是关于君士坦丁堡和克里特岛及埃维厄岛上之特权的承诺,迈克尔同意,"如果由于上帝的

---

⑩ 关于这一协议的最好的一篇文章,见C.曼弗洛尼(Manfroni)《热那亚人与拜占庭帝国及突厥人的关系》(*Le relazioni fra Genova l'Impero Bizantino e i Turchi*),791—809。该文也见于《意大利国家历史档案》,VII,《热那亚法律文献集》(*Liber jurium reipublicae Genuensis*),I,cols.1350—1359。W.海德:《中世纪利凡特贸易史》(*Histoire du commerce du Levant au moyen âge*),I,427—430。G.卡洛(Caro):《中世纪的热那亚及其地中海贸易,1257—1311年》(*Genua und die Mächte am Mittelmeer, 1257—1311*)。米勒:"尼西亚皇帝及君士坦丁堡的征服者",《剑桥中世纪史》,IV,510—511。查普曼:《迈克尔·巴列奥洛格,拜占庭帝国的光复者》,42。G.布拉提亚努(G.Brătianu):《13世纪热那亚人在黑海的商业活动研究》(*Recherches sur le commerce génois dans la mer Noire au XIII siécle*),81—83。布拉提亚努:"黑海研究"("Etudes pontiques"),《东南欧历史杂志》,XXI(1944),39—52。

第八章 尼西亚帝国(1204—1261年)

恩赐",他夺回了上述领地,这则协议也将在上述地区有效;士麦拿——作为一个专门从事商业活动的、有着一个良好的港口并拥有所有物品的城市,则指派给热那亚人全权管理;协议允许热那亚人在开俄斯岛和莱斯博斯岛以及其他一些地方建立商站和教堂;黑海将对所有其他外国商人关闭,除非他是迈克尔的忠实臣民热那亚人和比萨人。在热那亚人方面,他们承诺,将保证给予拜占庭帝国的臣民以自由贸易的权利,用舰队支持迈克尔,但前提是,这支舰队不会用来对付教宗和热那亚人的朋友。热那亚人的舰队在迈克尔光复君士坦丁堡的计划中是至关重要的。在君士坦丁堡被迈克尔的军队攻克之前不久,热那亚批准了这项协议。这件事对于热那亚人是一次辉煌的胜利,自从萨拉丁在叙利亚获得了胜利之后,热那亚人曾经遭到惨重的损失。此时在热那亚的经济史上掀开新的一页。"13世纪殖民生活的繁荣与12世纪殖民生活的中断和试探性的举措形成了明显的对比。显然,这是广泛的实践和良好的组织形式,尤其是令人惊异的贸易活动发展所致。"⑪

1261年7月25日,迈克尔的军队不费吹灰之力就夺取了君士坦丁堡。此时,迈克尔在小亚细亚,获悉君士坦丁堡被攻克的消息,他立即出发,于8月初进入君士坦丁堡,受到市民的热烈欢迎;此后不久,他就在圣索菲亚大教堂进行了第二次加冕。鲍德温二世逃到了埃维厄(内格罗彭特)。拉丁教会的大主教和其主要的教职人士及时地在君士坦丁堡被攻克之前逃离了该城。在迈克尔的

---

⑪ E.H.伯恩(E.H.Byrne):"叙利亚的热那亚人殖民地"("The Genoese Colonies in Syria"),《致达那·C.蒙罗的十字军和其他方面的历史论文集》(*The Crusades and Other Historical Essays Presented to Dana C.Munro*),160。

命令下，不幸的约翰四世拉斯卡利斯被刺瞎了双眼。迈克尔·巴列奥洛格由于成功地利用了尼西亚诸帝所创造的有利局面，成为拜占庭帝国的恢复者、巴列奥洛格王朝的奠基人迈克尔八世。首都则由尼西亚迁回君士坦丁堡。

逃亡的拉丁皇帝鲍德温由埃维厄到达底比斯和雅典。在雅典城，"那不朽的岩石上，上演了君士坦丁堡的拉丁帝国之短剧中令人同情的最后一幕。当时，鲍德温由比雷埃夫斯港驶向蒙内姆巴西亚（Monemvasia）；他抛下了莫里亚半岛上的大批贵族，逃往欧洲，乞求欧洲人帮助他恢复失去的东西，开始扮演一个流亡皇帝的悲剧角色。"⑫

于是，用一个德国历史学家格莱雷戈维乌斯的评断来说，这个拉丁帝国，"一个西欧十字军骑士、威尼斯人的贸易政策和教宗至上思想的制造物，在经历了五十七年的卑微生存之后被彻底摧毁，除留下一片混乱外，没有留下任何痕迹。这一畸形的拉丁人骑士的封建国家是历史上最没有价值的现象。德国的诡辩主义哲学家称一切存在的都是合理的，而在这里，则只剩下了荒唐。"⑬另一位德国历史学家则说："拉丁人的耻辱属于历史的过去。"⑭

但在西方史料中，几乎没有例外地只述及了迈克尔攻克君士坦丁堡，赶走了法兰克人，不像在希腊史料中，表达出来极其欢欣鼓舞的情绪。如乔治·阿克罗波利塔写道："由于这一事实，所有的罗马人都因此欢乐，带着难以形容的喜悦和振奋之情，无人不是

---

⑫ 米勒：《利凡特的拉丁人》，115。
⑬ 格莱雷戈维乌斯：《中世纪雅典城史》，I，412。
⑭ 格尔泽：《拜占庭帝国史概要》，1049。

第八章 尼西亚帝国(1204—1261年)

如此。"⑮另一方面,在巴列奥洛格手下的一位高官、一个教师、荷马史诗的评注者瑟纳赫里姆(Senakherim)笔下,却出现了不和谐音,他在君士坦丁堡被希腊人攻克之后说:"我听到了什么啊!这件事竟然到了今天我们的时代才发生?我们做了些什么事?要活到今天来目睹这样的灾难?以后,无人可以期望能看到什么好事,因为罗马人又走进了这座城市!"⑯

简言之,多数学者以否定的态度看待拉丁人在占领君士坦丁堡期间的作为。的确,考虑到首都被十字军人所占领,无数的珍宝被散落到欧洲各处,以及拉丁人对正教会的压抑这些情况,当时的希腊作者及多数当代学者的敌对态度是可以理解的。然而,近来,出现了试图为拉丁人解脱罪责的声音。一个天才的亚美尼亚学者E. H. 斯威福特(Swift)就讲述了拉丁人对于著名的非凡建筑圣索菲亚"大教堂"的态度。

1907年,E. M. 安东尼亚德斯(E. M. Antoniades),一部详尽描述圣索菲亚大教堂专著的希腊作家写道:"拉丁人占领的五十七年是圣索菲亚大教堂有史以来境遇最差的而且是最危险的时期,只是在1261年希腊人收复了这个大教堂之后,它才得到保护。"⑰斯威福特教授则对此提出了质疑。他相信,从一些史料的记载和考古学发掘的印证中,以及从这一建筑目前的情况来看,上述指责

---

⑮ 乔治·阿克罗波利塔:《年代纪》,chap.88;海森伯格编,I,188。
⑯ 乔治·帕奇梅雷斯(George Pachymeres):《论迈克尔·帕列奥洛格》,I,149。见 P.雅克文克(P.Yakovenko)《拜占庭令状研究,关于开俄斯岛的新修道院令状》(Studies in the Domain of Byzantine Charters. The Charters of the New Monastery in the Island of Chios),133—135。
⑰ 《圣索菲亚教堂》(Hagia Sophia),I,25。

是不成立的。1204年曾经发生过多次地震,都曾经对这所建筑造成破坏,在十字军占领它之前,它已经十分脆弱。十字军发现这所教堂处于特别危险的状态,就立即采取措施来加固这座他们新征服的教堂,以多种方式来维修它,特别是在墙外建立了支柱。因此,斯威福特的结论是:"拉丁人并不像有些人所涂抹的那么黑,相反……事实上他们成为希腊著名建筑天才修筑的这一最伟大丰碑的拯救者。"[110]斯威福特的观察对于研究这座建筑的历史是一个十分重要的,十分可能的是,十字军的确为保护这座非凡的建筑做出了值得嘉许的贡献。但是,无情的事实是,他们又的确劫掠了圣索菲亚大教堂。

基督教会与尼西亚帝国和拉丁帝国的关系

1204年十字军占领君士坦丁堡是违背教宗英诺森三世的意愿的。但是,拉丁帝国建立之后,教宗清楚地看到,尽管东方发生的这一既成事实不那么令人愉快,但它毕竟首先承认教宗的权威,无论如何,它将为进一步加强罗马公教会和教宗的权力开辟了广阔的道路。这一时期教会的主要问题是适应基督教东方发生的政治变化而建立东方和西方教会的互动关系。在十字军于拜占庭领土上建立的拉丁统治区内,必须使罗马公教扎下根来。教宗的首

---

[110] "拉丁人和圣索菲亚大教堂",《美国考古学评论》,XXXIX(1935),458—459、473—474。斯威福特:《圣索菲亚教堂》,87—88、113—119,特别是118—119。

第八章 尼西亚帝国(1204—1261年)

要任务是在拉丁人占领地上组建罗马公教会,然后整顿罗马公教会与世俗势力和当地希腊教俗人士的关系。其第二项任务则是在宗教上使希腊人占领区成为罗马教廷的臣民,这些希腊人占领区自1204年以后一直保持着独立,其最高首领则是尼西亚帝国。一言以蔽之,与希腊人的联合问题成为13世纪一切教会关系的关键。

自拉丁帝国在政治上出现之后,教宗的地位十分复杂微妙。按照威尼斯人与十字军人达成的协议,如果拉丁帝国的皇帝是由法兰克人选举的话,那么,拉丁大主教则应从威尼斯的教职人士当中选出。当时,并没有考虑到罗马教廷的利益,在该协议中既没有提到教宗应该参与选举拉丁教会的主教,也没有提到任何一笔教会收入应该进入教宗财库。

在第一位拉丁皇帝鲍德温致教宗的信中,叙述了十字军的"奇迹般的胜利",君士坦丁堡的被占领,希腊人的"无法无天",他们"使上帝都感觉恶心",并提到了他希望在将来继续参与攻取圣地的十字军,[19]等等;但是,他并没有提到主教的选举问题。而且,当圣索菲亚教堂的一批新的由威尼斯人组成的教职人士团选举了一位威尼斯贵族托马斯·莫洛西尼为主教时,教宗尽管一开始宣布这一选举不合乎教会法规,但也被迫认可这一既成事实,"主动地"承认了这一选举有效。

教廷与仍然生活在拉丁占领区内的希腊教职人士的关系也很微妙。据说,许多主教和多数下层教职人士维持了原职。在这一

---

[19] 塔菲尔和托马斯:《威尼斯共和国的古代贸易及国家历史文献》,I,508—510。

问题上,教宗采纳了宽容政策,允许在希腊人占多数的教区给希腊主教们授圣职,给予他们特许权,维持希腊教会的礼仪,例如,允许他们在圣餐礼上使用有酵的面包。然而,教宗还是派出使节到巴尔干半岛和小亚细亚试图劝说希腊教职人士加入他们的教会。

1204年,一个教宗使节第一次企图说服希腊教职人士承认教宗作为基督教会的权威;谈判在君士坦丁堡的圣索菲亚大教堂进行,但是没有任何结果。[120] 谈判中的一个重要角色是尼古拉斯·梅萨利特(Nicholas Mesarites),即后来的以弗所主教,他的个人情况和生平活动,是由A.海森伯格首先加以评述说明的。1205—1206年,谈判继续进行。奥特朗托的尼古拉斯(Nicholas of Otranto)、南意大利卡索勒(Casole)修道院院长参与了这次谈判,并充当翻译。他与当时南意大利的整个教会一样,持有正教信仰,但承认教宗的权威,主张联合。尼古拉斯·奥特朗托留下了许多诗歌和散文作品,几乎都未曾公布过,如海森伯格所评述的,这些东西应该被看作是特殊的专著。[121] 1206年,在十字军到达之前逃往保加利亚的君士坦丁堡牧首约翰·卡玛特鲁斯去世之后,希腊教职人士的地位问题变得更加复杂。在拉丁皇帝亨利的特许下,拉丁帝国统治下的希腊教职人士向教宗英诺森三世请求准许他们选举新的主教,前提是他们必须承认教宗的最高统治地位。但是,希腊人既不屈服于教宗的权威,也不想对这种权力让步。因此,君士坦丁堡的争论没有任何结果,同年,即1206年,拉丁人服从于他

---

[120] 海森伯格:《关于拉丁帝国历史的新问题》,I,48—50,par.37—38(海森伯格的文件中误写为32—38)。亦见该书7—8。

[121] 同上书,8。

第八章 尼西亚帝国(1204—1261年)

们的牧首托马斯·莫洛西尼,而希腊人则服从于他们自己的牧首尼古拉斯·梅萨利特。拉丁帝国的希腊人开始转向狄奥多勒·拉斯卡利斯。[12] 1208年,一位新的正教牧首迈克尔·奥托雷阿努斯(Michael Autoreanus)在尼西亚当选,就是他主持了狄奥多勒·拉斯卡利斯的加冕礼。这不仅对于尼西亚国家是一个伟大的时刻,而且对于拉丁帝国的希腊人也是一个伟大的时刻。

1214年的谈判是在君士坦丁堡和小亚细亚举行的,红衣主教佩拉吉乌斯和他们的代理人,以及尼古拉斯·梅萨利特都参加了这次谈判,但谈判毫无结果地破裂了。当时,尼古拉斯·梅萨利特是以弗所大教区的主教,其头衔是全亚细亚总主教。他对于佩拉吉乌斯在君士坦丁与他会见时的傲慢态度表示了极大的不满。[13] 从拉丁教职人士在东方的影响来看,教宗英诺森三世在其任期的最后阶段,取得了辉煌的胜利:1215年召开的、被西方教职人士们认可为全基督教主教公会议的拉特兰会议上,宣布了教宗为所有东方拉丁教会,即君士坦丁堡、耶路撒冷、安条克等地的拉丁教会的主教们的最高首脑,即是说,从这一时期开始,这些主教得服从罗马教廷的权威。

但是,英诺森三世对于君士坦丁堡的拉丁皇帝将组织一次他已经承诺的十字军的问题完全失望了。世俗的、政治的和外交上的种种利害关系,迫使拉丁皇帝完全放弃了组织一次新的进军圣地的十字军的计划,因而,英诺森开始在西方组织一次新的十字

---

[12] 海森伯格:《关于拉丁帝国历史的新问题》,II,5—6,25—35。
[13] 海森伯格:《关于拉丁帝国历史的新问题》,III,21—23,par.16,P.56。亦见兰格(Gerland)《拉丁帝国史》(*Geschichte des Lateinischen Kaiserreiches*),233—243。

军,而不再依赖君士坦丁堡。

教宗对于东方教会对罗马教廷表现的离心离德的态度很失望;为了取得完全的胜利,教会的联合,即,使服从于希腊教会的人群在精神上服从于罗马,是十分必要的。

尼西亚帝国有着它自己的主教,他以尼西亚为其驻节地。但是,尼西亚人民认为君士坦丁堡主教座迁到尼西亚是"外来者及其附属物"[⑭],希望它终将迁回君士坦丁堡原来的故地。第一个尼西亚统治者狄奥多勒·拉斯卡利斯作为一个君主或皇帝的地位没有得到英诺森三世的认可,在他的信中,仅称呼"尊贵的狄奥多勒·拉斯卡利斯(nobili viro Theodoro Lascari)"。[⑮] 在这封致拉斯卡利斯的信中,教宗英诺森三世尽管不赞同十字军人攻取君士坦丁堡的暴行,但是,却仍然提到了这样一个事实,即拉丁人是作为上帝的一个工具来惩罚希腊人的,因为他们不肯接受罗马教廷的权威,因此,他会愿意地看到希腊人成为罗马圣教和拉丁皇帝的顺民。

尼西亚帝国教会关系的要点在于试图争取实现东西方教会谈判和谅解的方法及途径。在尼西亚帝国内,有如以弗所主教尼西拉斯·梅萨利特,他倾向与同罗马教会实现交流和谅解;但是,希腊人民却无论如何不肯接受这样的联合。约翰三世·瓦塔泽斯似乎特别热衷于促成这一联合,但他也只能接受当时的特定政治局势的影响。首先,原耶路撒冷国王"勇者"布里昂的约翰出山时感

---

⑭ 尼斯福鲁斯·布莱米底斯:《传记与诗词》,VII;海森伯格编,7。
⑮ 英诺森三世:《书信集》,XI,47;米涅编:《拉丁教父文献全集》,CCXV,1372。

第八章 尼西亚帝国(1204—1261年)

到了震惊,当时,他很年轻;这位约翰先是作为君士坦丁堡的鲍德温二世的摄政,后来则与鲍德温二世共同称帝。受到教宗支持的约翰有可能对尼西亚帝国采取侵略性措施。因此,瓦塔泽斯努力使教宗转移其对拉丁帝国利益的关注。

1232年,五位方济各会(小兄弟会)的修士从突厥人的战俘营中逃脱来到尼西亚,与牧首哲曼努斯谈判关于教会的联合问题。约翰·瓦塔泽斯善待了他们,并请他们带上希腊教会牧首写给教宗格列高利九世的一封信。信中,牧首向教宗表示要考虑教会的联合问题。⑬格列高利九世愉悦地接受了这一建议,并于1234年派了一些使者去尼西亚谈判。会议先是在尼西亚召开,后来转移到尼姆菲尔(Nymphaeum)。在这场争论中,尼斯福鲁斯·布莱米

---

⑬ 教宗与哲曼努斯二世之间的通信可见于巴黎的马休所著《马略尔卡编年史》中,罗阿尔德编,III,448—469,亦见 J.D.曼西《新编圣公会议文集》,XXIII,47—62。这两封信的希腊文原文收于萨塔斯《希腊中世纪文献目录》,II,39—49。巴黎的马休错误地将这两封信的写作时间定为1237年。见伽得内尔《尼西亚的拉斯卡利斯王朝:一个流亡帝国的历史》,165—166。G.戈鲁博维奇(G.Golubovich):《圣地与东方方济各会文献目录集》(*Bibliotheca biobibliographica della Terra Sante e dell'Oriente Francescano*),I,161—162;II,510—512。亦见戈鲁博维奇"对拉丁人和希腊人分析,即格列高利九世的使节对于在比西尼亚的尼西亚和吕底亚的尼姆菲所发生事件的报告"("Disputatio Latinorum et Graecorum seu relatio apocrisariorum Gregorii IX de gestis Nicaeae in Bithynia et Nymphaeae in Lydia"),《方济各会历史档案》,XII(1919),418—424。阿尔塔内:《多米尼克修士团》(*Die Dominikanermissionen*),16。我们显然占有一部涉及牧首哲曼努斯二世的极好专著,是用现代希腊文写的,即 S.N.罗格帕提斯(S.N.Logopatis)《哲曼努斯二世,尼西亚帝国的君士坦丁堡牧首(1224—1240年),他的生活及教谕》(Γερμανòς ὁ Β', πατριάρχης Κωνσταντινου πόλεως Νικαίας (1222—1240).Βίος, συγγράμματα καὶ διδασκαλία αὐτοῦ)(1919年,雅典)。亦见 H.斯托克的评论,《拜占庭与当代希腊年鉴》.I,(1920),186—189。但笔者从未曾见过这部书。

底斯起了主导作用。⑫ 人们对1234年会议的讨论过程十分清楚，因为关于这次会议有一份极详细的官方报告。⑱ 谈判最后失败了，教宗的使节迫于希腊人的咒骂，不得不撤离，希腊人喊道："你们是异端。我们发现了你们是异端，是被开除教籍者，所以我们像对待异端者和被除籍者一样远离你们！"罗马公教会的使者们也对希腊人喊道："你们才是异端！"⑫

在1245年的里昂会议上，格列高利的后继者教宗英诺森四世宣布，他深深为"罗曼尼亚教会，即希腊教会的分裂而苦恼，就在我们这个时代，仅仅是几年前的事情，希腊教会傲慢而愚蠢地离开了她的母亲的怀抱，似乎是在离开她的继母一样绝无留恋"。⑬ 鲁凯尔（Luchaire）因此写道："两个国家、两种宗教和两个民族，总是深深地互相分离，互相憎恨、互不信任。"⑬ 约翰·瓦塔泽斯与霍亨斯陶芬朝的弗里德里希二世的联盟，使得尼西亚帝国与教宗之间的关系更趋紧张，尽管弗里德里希统治后期，尼西亚帝国与罗马之间重新开始谈判，并且互派使节。

但是，弗里德里希死后，在约翰·瓦塔泽斯统治后期，似乎出现了有利于东西方教会联合的决定性的契机。尼西亚皇帝提出了

---

⑫ 尼斯福鲁斯·布莱米底斯：《传记与诗词》，海森伯格编：xl—xlii。
⑱ 曼西：《新编圣会议文集》，XXIII，279—319；戈鲁博维奇：《圣地与东方方济各会文献目录集》，I，163—169。关于"拉丁人与希腊人之争"文献的最完整版本，见戈鲁博维奇《圣地与东方方济各会文献目录集》，XII（1919），428—465。
⑫ 曼西：《新编圣公会议文集》，XXIII，306。戈鲁博维奇：《圣地与东方方济各会文献目录集》，XII，463—464。见诺登《教宗统治与拜占庭》，350—352。
⑬ 巴黎的马休：《马略尔卡编年史》，罗阿尔德编，IV，434。
⑬ 英诺森三世：《东方问题》，280。

第八章 尼西亚帝国(1204—1261年)

他的谈判条件——将君士坦丁堡还给他,恢复君士坦丁堡牧首的建制,拉丁皇帝和拉丁教职人士撤离——英诺森四世对这些条件表示认同。为了恢复基督教会的统一,教宗已经准备牺牲十字军创立的国家。为了收回帝国的首都君士坦丁堡,瓦塔泽斯也准备牺牲希腊教会的独立。双方都决定放弃各自传统的政策。但是,这一协议并未付诸实施。在1253年尼西亚牧首写给罗马教宗英诺森四世的一封极其重要的信件中,谈到了给予使节以全权与教宗谈判教会联合问题。⑫ 但是,1254年约翰·瓦塔泽斯与教宗英诺森四世的去世,使他们之间达成的关于东西方基督教会联合的最为重要的协议,从此成为一纸具文,再不可能实现。

瓦塔泽斯的儿子狄奥多勒二世拉斯卡利斯继承皇位后,表示他作为皇帝应该指导宗教政策,参与教会事务,主持宗教会议。因此,他并不希望有一个强有力的自主的牧首。布莱米底斯作为牧首候选人的地位因而被取缔了,阿瑟尼乌斯(Arsenius)在三天之内由一位俗人一下子提升为牧首。⑬ 在狄奥多勒二世统治时期,尼西亚帝国与教宗的关系是与皇帝的政治追求有着密切关系的;如同他的父亲一样,同罗马的联合对于狄奥多勒来说,只是收复君士坦丁堡的一个步骤。

---

⑫ 此信见诺登《教宗统治与拜占庭》,756—759(附录:no.XII)。
⑬ 这一记载见于乔治·阿克罗波利塔所著《年代纪》,chap.53;海森伯格编,106—107。在他的自传中,布莱米底斯说是他拒绝了皇帝的任命;见《传记与诗词》,海森伯格编,chap.XLIII—XLV,41—45。海森伯格遵循了阿克罗波利塔的意见(XX),我们也如此认为。巴尔维诺克(Barvinok)反对阿克罗波利塔的意见,同意布莱米底斯的说法,见《尼斯福鲁斯·布莱米底斯及其著作》(Nicephorus Blemmydes and His Works),49—54。

与此相关的是,1256 年,教宗亚历山大四世派出了一位意大利奥尔维耶托(Orvieto)地方的主教到尼西亚再次开始进行关于教会联合问题的谈判,这个谈判一度因瓦塔泽斯之死中断。[⑬] 教宗的这一突然决定似乎没有特别的原因。但是,通过对一些新的文献的研究,人们发现,重开谈判的建议是由尼西亚皇帝而不是由教宗最先提出的。[⑬] 1256 年,狄奥多勒向教宗派出两位贵族,请求亚历山大四世重新开始谈判,并派使节去尼西亚。亚历山大四世因皇帝的这一建议而兴奋异常。双方都希望尽可能快地促成此事。教宗的使节、奥尔维耶托的君士坦丁准备在 10 天内启程。有趣的是,已故皇帝约翰·瓦塔泽斯向教宗提出的谈判条件,也被奉为新一轮谈判的基础。[⑬] 使节们已经准备好了官方的和秘密的指令。使节们被赋予一些特别的权力,其中最重要的是有权召集一次宗教会议,作为教宗代表主持这个会议,并按照自己的愿望起草会议文件。

这一组织得如此周密和富有希望的教宗使团也完全失败了;奥尔维耶托主教甚至没有得到皇帝的接待,因为皇帝改变了主意。在教宗使节奔赴尼西亚的路上,在马其顿,使节接到命令,让他离

[⑬] 诺登:《教宗统治与拜占庭》,378—379;L.布莱耶尔:"希腊与拉丁教会联合的企图"("Attempts at Reunion of the Greek and Latin Churches"),《剑桥中世纪史》,IV,609。

[⑬] F.施里曼:"关于拜占庭对亚历山大四世的政策"("Zur byzantinischen Politik Alexanders IV"),《罗马研究季刊》,XXII(1908),108—131。作者从梵蒂冈的档案中找到公布了 12 卷有关尼西亚与罗马于 1256 年谈判的文献。

[⑬] 施里曼文章:《罗马研究季刊》,XXII(1908),14—15(no.II)。在这些文献中,多次提到皇帝 Caloihannes(即瓦塔泽斯)的名字。

开皇帝的领土,并禁止他再前进一步。⑬ 当时,狄奥多勒二世正在进行对保加利亚人的战争,而且在政治方面也十分成功,他认为,自己已经不需要教宗的支持。他的最后目标——攻取君士坦丁堡——似乎已经完全实现了,不需要再费力去恢复教会联合的谈判,也就是说,不需要再放弃希腊教会的独立。

1258年,狄奥多勒二世去世,迈克尔·巴列奥洛格于1259年僭取了尼西亚的皇位,他受到了来自西方的反尼西亚同盟的威胁。教宗的支持在这时又成为必要,迈克尔显然也向教宗亚历山大四世派出了使节。但是,教宗对此毫无热情,也不想乘人之危。⑬ 最终,迈克尔成功地夺取了君士坦丁堡,并没有依靠来自教宗领的任何支持。

尼西亚帝国保持了正教的教会和正教的牧首领,并使它在君士坦丁堡复位。在尼西亚帝国统治时期,教会联合的计划并没有取得成功。

尼西亚帝国的社会和经济状况

尼西亚帝国的皇帝们一直关注其国内的人民生活问题。经济与财富是他们十分重要的目标。在这方面,约翰·瓦塔泽斯特别

---

⑬ 乔治·阿克罗波利塔:《年代纪》,chap.67;海森伯格编,139—140。在《剑桥中世纪》(Ⅳ,505)中有一处错误的论述,说:"在接见教宗的全权大使毫无结果时,随后皇帝叫阿克罗波利塔摆脱他们。"

⑬ 诺登:《教宗统治与拜占庭》,382—383。亦见 R.雅南对于拉丁占领下的许多教堂和修道院的特别有趣的记载:"拉丁占领下的拜占庭诸圣所"("Les Sanctuaires de Byzance sous la domination latine"),《拜占庭研究杂志》,Ⅱ(1945),134—184。

值得注意;他的多方面的积极的外交活动并没有阻止他对于自己国家内部的经济财富问题给予足够的关注。他鼓励人们从事农业生产、经营葡萄园和从事畜牧业活动。据当时资料记载,"短期内,所有的仓库都堆满了各种水果;道路、街道、牲畜栏和围场挤满了牲畜和禽类"[139]。当时发生在尼西亚的邻国罗姆苏丹国的饥荒迫使当地的突厥人成群地涌进尼西亚帝国以高价购买生活必需品。突厥人的黄金、白银和东方产品、珠宝及其他奢侈品大量倾入尼西亚的希腊人手中,充实了皇帝的财库。瓦塔泽斯以减税的方式,成功地积累了帝国的经济实力。在饥荒的年代,国家从产粮区大批征调谷物分发给民众。由于掌握着巨量金钱,瓦塔泽斯在全国各地兴建了城堡及医院、救济院、济贫院等。[140] 约翰·瓦塔泽斯担心,"鉴于他的家中已经应有尽有,人们将不会再去伸手救济贫穷简朴的人,因此,罗马国家应该尽力避免发生这种不合理的现象。"[141]

瓦塔泽斯自己就是一个大地主,他的许多贵族也占有相当数量的土地,依靠其地产上的收入过着自给自足的生活。[142] 这些土地似乎是由皇帝赐予其臣僚贵族们的,其性质颇似西方的恩地制(*beneficium*)或拜占庭的普洛尼亚(*pronoia*)制,即是说,由皇帝或者由皇帝的大臣们以皇帝的名义赐给为国家服役的臣属,前提

---

[139] 尼斯福鲁斯·格雷戈拉斯:《历史》,II,6,2;波恩版,I,42。
[140] 狄奥多里·斯库塔里奥特(Theodori Scutariotae):《乔治·阿克罗波利塔之历史的增补篇》(*Addimenta ad Georgii Acropolitae Historiam*);A.海森伯格编,285—286。尼斯福鲁斯·格雷戈拉斯:《历史》,II,6,2;波恩版,I,42。
[141] 尼斯福鲁斯·格雷戈拉斯:《历史》,II,6,2;波恩版,I,42。
[142] 同上。

第八章 尼西亚帝国(1204—1261年)

是他们向国家提供军事义务。也许,大土地所有者有时候会对瓦塔泽斯的统治不满而不再对他尽忠。在瓦塔泽斯统治后期,发生了皇帝没收一些可动产和不动产的事件,这一重要现象反映出皇帝与大土地所有者之间的矛盾⑬,但没有什么史料可资证明。近期一些历史学家甚至因此判断,可能确实发生了贵族反对瓦塔泽斯的暴乱。⑭ 从社会观点看,瓦塔泽斯可以被认为是农民和城市阶层的保护者;他首先致力于提高他们的财力使其富裕;这种情形可能引起了土地贵族的不满,于是导致了皇帝对于他们实行报复性的严厉政策。

当狄奥多勒二世登上皇位之际,被其父杀害的官僚贵族们期望这位新皇帝能使他们恢复当年的财富和声望。⑮ 但是,他们的期望没有达到。狄奥多勒的政策是削弱贵族的影响,他显然采取了严厉的手段对付许多贵族成员;当时的一位作者列出了狄奥多勒二世统治时期受到迫害的高级官员的名单。⑯ 在狄奥多勒二世统治下,贵族们受到打击,一些出身低微的人围绕在皇帝身边;由于他们从狄奥多勒手中得到了现有的一切,因此而成为他手中的驯服工具。⑰ 狄奥多勒死后,在他的儿子(当时只是一个孩子)统

---

⑬ 乔治·阿克罗波利塔:《年代纪》,chap.52;海森伯格编,I,105,第3—5行。
⑭ 帕帕多布鲁斯:《狄奥多勒二世拉斯卡利斯,尼西亚皇帝》,70。安得列瓦:《13世纪拜占庭宫廷文化论文集》,102—103。
⑮ 乔治·阿克罗波利塔:《年代纪》,chap.52;海森伯格编,I,105,第1—3行。
⑯ 乔治·阿克罗波利塔:《年代纪》,chap.75,海森伯格编,I,154—155。亦见乔治·帕希梅利斯(George Pachymeres)《迈克尔·帕列奥洛格》(*De Michaele Palaeologo*),I,15;波恩版,I,40。
⑰ 帕帕多布鲁斯:《狄奥多勒二世拉斯卡利斯,尼西亚皇帝》,79—81。米勒,"尼西亚皇帝及君士坦丁堡的征服者",《剑桥中世纪史》,IV,504。安得列瓦:《13世纪拜占庭宫廷文化论文集》,102、108—110、116。

治时期,贵族们重新加强了他们的影响。

由于狄奥多勒的军事行动,帝国的税收增加了。在致尼斯福鲁斯·布莱米底斯的信中,狄奥多勒解释了他实行这一政策的原因是由于其军事行动的需要,尼斯福鲁斯曾经指责这位皇帝对百姓横征暴敛。⑭

尼西亚皇帝也特别重视与其他国家发展商业关系,特别是同威尼斯。1219年8月,狄奥多勒一世拉斯卡利斯与君士坦丁堡的威尼斯使团签订了商业同盟条约,确保威尼斯商人享有在"尼西亚帝国所属各处海陆口岸免于纳税的自由贸易权"(*per totum Imperium meum et sine aliqua inquisitione*)。⑮

按照这一条约,威尼斯人自西方舶来的商品在与通过整个伊科尼姆苏丹国土运抵尼西亚的东方商品的竞争中顺利胜出。东方商品和来自意大利的商品都是市场上的热卖品,花费了民众的大量金钱。鉴于此,约翰·瓦塔泽斯痛下决心,宁可使贵族们放弃其尊贵的社会地位,禁止他的臣民购买进口产品、穿进口布料,而要他们"满足于穿用那些在罗马的土地上生产,罗马人能够以他们的手工劳动制作的布料"⑯。但是,这种保护地方生产的法规执行了多长时间,却不为人知;可能它很快就被人淡忘了。

---

⑭ 《信件集》,XLIV,费斯塔编,57—58。

⑮ 塔菲尔和托马斯:《威尼斯共和国的古代贸易及国家历史文献》,II,205—207。海德(Heyd):《中世纪利凡特贸易史》,I,304—305。A.绍布:《至十字军时代末期的地中海罗马人贸易史》,262—263。伽得内尔:《尼西亚的拉斯卡利斯王朝:一个流亡帝国的历史》,95,该书错误地将这一协议签订的时间定为1220年8月。

⑯ 尼斯福鲁斯·格雷戈拉斯:《历史》,II,6,4;波恩版,I,43。转引自扎哈利亚·冯·林根塔尔:《希腊-罗马法法制史》,III,574。

第八章 尼西亚帝国(1204—1261年)

尼西亚帝国与威尼斯人的友好关系没有维持很长时间,在瓦塔泽斯统治时期,圣马可共和国是敌视尼西亚帝国的。当时,瓦塔泽斯与前属拜占庭帝国的罗得岛总督莱昂·伽巴拉斯(Leon Gabalas)之间有些矛盾,伽巴拉斯在1204年以后很快就自命为"基克拉蒂斯群岛之领主",甚至自称"恺撒"。当瓦塔泽斯向他发难时,莱昂不能以自己的军队保护罗得岛,遂与威尼斯人订立了攻守同盟,后者于是单方面破坏了与瓦塔泽斯订立的和约。在1234年由莱昂·伽巴拉斯与威尼斯人签订的重要的条约中,威尼斯人获得了大量的商业特权,莱昂·伽巴拉斯自称为"罗得与基克拉蒂斯群岛的领主——恺撒利奥·伽瓦拉"(*dominus Rhodes et Cicladum insularum Ksserus Leo Gavalla*)。[151] 瓦塔泽斯派军征服了罗得岛,于是该岛成为尼西亚皇帝的占领地。[152]

恰在尼西亚帝国夺取君士坦丁堡之前,热那亚人取得了优于其竞争对手威尼斯人的地位,1261年,迈克尔·巴列奥洛格签订了尼姆菲尔条约。按照这一条约,热那亚人取得了在利凡特地区经商的优势地位。在拜占庭帝国复国以后,迈克尔·巴列奥洛格与热那亚人继续保持着友好关系。

---

[151] 塔菲尔和托马斯:《威尼斯共和国的古代贸易及国家历史文献》,II,320;关于该协议的原文,亦见该书,320—322。

[152] 乔治·阿克罗波利塔:《年代纪》,chap.48,海森伯格编,I,86—88。海德:《中世纪利凡特贸易史》,I,307。绍布:《至十字军时代末期的地中海罗马人贸易史》,263。

教育、学术、文学和艺术

自 1204 年帝国沦陷,其领土被分割为数个拉丁和希腊人的领地之后,尼西亚帝国不仅成为希腊人未来的政治联合的中心,而且成为积极活跃的文化活动的温床。如塞浦路斯的乔治所指出的那样,在 13 世纪的后半期,尼西亚"因拥有众多学者"和"令人惊异的为学术界所珍爱的资料"而被称为"古典时期的雅典"⑬。也许,可以因此顺理成章地回想到,在中世纪西欧,巴黎也被称为"一个新雅典"和"科学之城"。但是,当塞浦路斯的乔治来到尼西亚之后,却对尼西亚城作为他所期望的学术之城应有的氛围而感到大失所望。在狄奥多勒·拉斯卡利斯的一部著作中,他说道:科林斯因音乐而闻名,色萨利以纺织业著称,菲拉得尔菲亚因制鞋业驰名,尼西亚则因哲学而誉满天下。⑭ 拉斯卡利斯家族的所有君主,除了最后一个幼童约翰四世之外,都是文学和教育事业的真正倾慕者,而且都十分清楚地认识到,精神文化是一个强大国家的基础之一。尽管尼西亚帝国在其早期面临着内忧外患,但首任皇帝狄奥多勒一世仍然十分关心学术的发展。他将许多学者,特别是来自那些被法兰克人占领或威胁着的地区的学者,请到他的宫廷。例如,收

---

⑬ "Λόγος τὰ καθ' ἑαυτὸν περιέχων",米涅:《希腊教父著作全集》,CXLII,21。I.E.特罗斯基(I.E.Troizky):"塞浦路斯的乔治之自传",《基督教学报》,II(1870),167,169—170。

⑭ 狄奥多勒·拉斯卡利斯:《论自然的联合》(De naturali communione),V,2。米涅编:《希腊教父著作全集》,CXL,1354。J.德莱赛克:"狄奥多勒·拉斯卡利斯",《拜占庭杂志》(德文),III(1894),500。

第八章 尼西亚帝国(1204—1261年)

到邀请的学者有:雅典大主教迈克尔·阿科米那图斯,他曾经在拉丁人入侵之前自雅典逃到切奥斯岛,但他没有接受皇帝的邀请,因为他年事已高,且身体状况较差。然而,迈克尔的兄弟,历史学家尼斯塔斯·阿科米那图斯在君士坦丁堡被法兰克人占领后退隐至尼西亚。他在拉斯卡利斯的宫中享受着悠闲安逸的生活,并在此最后完成了自己的历史著作,写了一篇宗教方面的论文"论正教的财富"。狄奥多勒的继承者,著名的约翰三世杜卡斯·瓦塔泽斯,尽管其军事征伐活动频繁,外交工作繁忙,还是用许多时间去满足帝国在文化上的需要。他在自己居住的城市里建立了许多图书馆,特别是艺术和科学技术类图书馆,有时,他派一些年轻人去学校帮助国家的教育事业。在他的时代,出现了13世纪最杰出的文化运动的代表人物,即著名学者、作家和教师尼斯福鲁斯·布莱米底斯。在他的学生中,有身居皇位的天才作家、瓦塔泽斯的继承者狄奥多勒·拉斯卡利斯,和著名的历史学家、政治家乔治·阿克罗波利塔。与他的父亲一样,狄奥多勒对图书馆也有浓厚的兴趣;他搜集了许多书籍,将其分发到不同的图书馆中,他甚至允许读者将图书带回家里阅读。[65]

如同在科穆宁时期一样,除了极少数的例外,13世纪的有教养的人群使用矫揉造作的希腊文言(school-Greek)写作。这种语言与那些在文学上得不到认可的口语大相径庭。古典作者和希腊教父们的写作模式,是中世纪有教养的希腊人,尤其是13世纪的

---

[65] 狄奥多里·斯库塔里奥特:《乔治·阿克罗波利塔之历史的增补篇》;海森伯格编,297。

希腊人生活和思维方式的主要禁锢。

在尼西亚帝国的文化生活中,最杰出的人物无疑是尼斯福鲁斯·布莱米底斯。除了那些各类文体的著作外,布莱米底斯还留下了两部特别重要的自传,于1896年由德国学者A.海森伯格分别整理出版。它们不仅描述了作者的生活,而且记录了作者所生活时代的人物和事件。

布莱米底斯于12世纪末期出生于君士坦丁堡。拉丁人占领首都君士坦丁堡之后,幼年的布莱米底斯与他的双亲迁移至小亚细亚,居住在狄奥多勒·拉斯卡利斯所统治的地区。布莱米底斯在小亚细亚时接受了初等教育。后来,布莱米底斯曾经在许多城市里生活,接触了许多教师,逐渐掌握了诗歌、修辞学、逻辑学、哲学、自然科学、药学、算术学、几何学、物理学和占星学等多方面知识。随后,他进入修道院,而且第一次全身心地学习和研究《圣经》与教父学著作。在瓦塔泽斯统治时期,尼西亚牧首哲曼努斯深爱布莱米底斯,将其留在宫廷内,使他熟悉并了解教会的广泛利益。但布莱米底斯更喜欢孤独的生活,他谢绝了牧首的劝说,放弃了宫廷生活,隐居在拉特罗斯(Latros)山修道院中,这所修道院位于米利都城附近的卡利亚,因其院规严格而著称。布莱米底斯在此醉心于精神生活。在瓦塔泽斯和牧首致力于同教宗使者谈判教会联合问题时,布莱米底斯离开了修道院,当时,他是正教传统的坚定维护者;最后,他出家修道,在一所修道院中安身,致力于科学著作的写作,并建立了一所学校,成为哲学教师。在皇帝委托布莱米底斯辅导的众多青年人中,有后来的历史学家、政治家乔治·阿克罗波利塔。极其重视帝国学术和艺术活动的瓦塔泽斯皇帝,曾派遣

第八章 尼西亚帝国(1204—1261年)

布莱米底斯进行一次学术旅行,在色雷斯、马其顿、色萨利、阿索斯山和其他地区游学,购买珍贵的《圣经》和其他著作的手稿,并且要求如果不能购买,就阅读它们,并做笔记和摘录。布莱米底斯顺利完成了使命,并以新的知识充实了自己的思想,这些新的知识曾使他的同时代人震惊不已。皇帝还把自己的儿子和继承人狄奥多勒·拉斯卡利斯托付于他,由他指导和教诲,这位皇子后来成为杰出的统治者和一代作家。后来,当布莱米底斯建立了自己的修道院后,就退隐于此。他参与了他那个时代的宗教争论,差一点被选为牧首,他将其大部分精力用于文学研究工作,一直活到迈克尔·巴列奥洛格重建拜占庭帝国之后,大约于1272年,他在自己的修道院中安详辞世。布莱米底斯受到了同时代人给予他的最高赞誉。[150]

布莱米底斯的许多著作都得以保存至今,他的两部自传记载了作者个人的生活及他那个时代的宗教、政治和社会史方面的大量资料;事实上,他的第二部自传是关于13世纪拜占庭历史的最重要的资料。布莱米底斯还创作了大量神学作品,涉及神学教义、论辩术、禁欲主义、注释、礼拜仪式、宗教诗歌、布道词和圣者生平等。他的"赞美诗选"是为教会仪式所做,后成为希腊教会晚祷仪

---

[150] 关于布莱米底斯的最好的传记作品,见海森伯格的"论尼斯福鲁斯·布莱米底斯的生活及其写作"("Dissertatio de vita et scriptis Nicephori Blemmydae"),收于海森伯格所编《传记与诗词》一书,ix—xxv;V.巴尔维诺克(V.Barvinok):《尼斯福鲁斯·布莱米底斯及其著作》(*Nicephorus Blemmydes and His Works*),1—84。L.布莱耶尔:"布莱米底斯"("Blemmydes"),《基督教历史和地理辞典》,IX,178—182。M.卡拉皮佩雷斯(M.Karapiperes):《尼斯福鲁斯·布莱米底斯,他的学习与教学生涯》(Νικηφόρος Βλεμμύδης ὡς παιδαγωγὸς καί διδάσκαλος),但我未曾读过此书。

式上的重要部分,又先后为南斯拉夫人的教会和俄罗斯教会所采用。布莱米底斯的世俗作品也相当重要。他的政治论文《论王道》(Βασιλικὸς ἀνδριάς)是写给他的学生、皇帝狄奥多勒·拉斯卡利斯的。文中描述了一个他理想中的统治者,他将成为各类高贵的智者所遵循的榜样;这位理想中的君主是一个完人,身上闪烁的光芒远超过著名的伯里克利;狄奥多勒皇帝必须一生仿效这个榜样。依布莱米底斯之见,统治者是"应上帝之命统治臣服于他的民众,并将他们带往极乐世界的最高长官"。皇帝作为其臣民的"支柱和靠山",必须关心其臣民的幸福,不应该(向其臣民)发怒,必须避开谄媚阿谀小人,必须关注军队和海军的建设。在和平期间,他必须做好应付战争的准备,因为强大的武器就是最好的防御力量;他还需要关注国家的内部结构、宗教问题,以及正义。在结尾处,布莱米底斯说:"愿皇帝陛下悦然接受我的谏言,愿他能够从更明智的人那里接受更好的忠告,并将其印在自己的灵魂深处。"[157]他描述这位理想统治者的全部出发点是基于这样的论断:"首先,皇帝必须控制自己,然后才能统治民众。"[158]但是,布莱米底斯使用了哪些资料却不是很清楚。

学者们对于布莱米底斯这篇论文的意义认识不一。一位专门记载布莱米底斯的生活及其著作的作者说:"布莱米底斯的这部著作有着特别重要的价值,主要是由于它完美地表达了当时希腊人民的诉求。"[159]他们失去了君士坦丁堡,逃到尼西亚避难,梦想着有

---

[157] 米涅编:《希腊教父著作全集》,CXLII,633、657、659、667。
[158] 同上书,613、659。
[159] 巴尔维诺克:《尼斯福鲁斯·布莱米底斯及其著作》,297。

一位经验丰富的、精明强干的、英明的君主,将外来侵略者赶出博斯普鲁斯海峡,让他们能够回到自己的故都。布莱米底斯心中的理想的君主形象即是这样。

与此相反,另一位学者 Th.乌斯宾斯基却这样评价布莱米底斯的著作:"布莱米底斯根本不了解当代人的需要;他生活在梦幻世界中,完全超出了现实世界。他并不理解当代的生活和时代的需要。布莱米底斯的抽象国王是英明的,但他缺乏人类的感情和血性。他生活在与现实生活和日常人际关系相隔离的环境中,因此他的建议和忠告并不能适应现实生活的需要。……中世纪的希腊人之悲剧在于他们(的激情)被一种怀古的情绪所削弱;他们没有创造力,他们的真正生活被书本掩盖了。通过布莱米底斯的政治论文,我们可以想象,他就是这类人。"⑮

显然,古典传统和宗教的感情对于布莱米底斯的影响很大。在他的生活中,布莱米底斯也曾多次与帝国和皇帝有过密切的联系,因此,也许他并非总是"生活在另一个世界里,完全不了解罪恶的世俗世界"。⑯ 在他的修辞考究的论文的字里行间,人们可以想象到与狄奥多勒二世的个性相似的历史真实的痕迹。极具可能性的是,在布莱米底斯写作他的《论王道》一文时,狄奥多勒二世的真实形象浮现在他的眼前,然而,他理想中的统治者的真实形象,被

---

⑮ "评 V.I.巴尔维诺克的著作",见《1912 年获金奖报告汇编》(*Sbornik otcětov o premiyach I nagradach za 1912 god*),(1916),108、111。

⑯ J.E.特罗斯基:"阿瑟尼乌斯,君士坦丁堡和尼西亚的牧首及阿瑟尼乌斯派"("Arsenius,Patriarch of Nicaea and of Constantinople"),《基督教学报》,II(1869),851。(此条注释所提 J.E.特罗斯基与前面[原书第 549 页注 4]提到的 I.E.特罗斯基疑是一人,或许原书有误。——译者)

他埋没在华丽的辞藻和博学的古典学识中。[162]

布莱米底斯的哲学著作主要以亚里士多德的哲学为基础,其中最为著名的当属《物理学摘要》和《逻辑学摘要》,《逻辑学摘要》尤为著名。在布莱米底斯去世后,他的《逻辑学摘要》在整个拜占庭帝国广为人知,并逐渐成为东西方教授哲学的基础著作和最受欢迎的哲学教科书。布莱米底斯之传记的编纂者 A.海森伯格认为,这两部书"确实让其作者的名字流芳百世"。[163]

此外,对于理解 13 世纪拜占庭哲学运动,阐明拜占庭对西欧思想发展的潜在影响,布莱米底斯的《逻辑学》和《物理学》也极其重要。另外,布莱米底斯与狄奥多勒二世拉斯卡利斯之间的一些信件同样提供了当时历史和文化状况的许多信息。布莱米底斯留给后人的丰富多彩的文学遗产,还有两部以教科书式的小型地理学著作:《地球史》和《地理概论》,以及一些世俗风格的诗歌等。[164]尽管我们不得不承认这样的事实,即布莱米底斯的著作中所表现出的思想并没有开辟新的道路,但是,他仍然是尼西亚帝国在其艰难时期的杰出人物,并且当仁不让地在拜占庭文学史上占据着重要地位。

在布莱米底斯的学生当中,有两位最为出名,即乔治·阿克罗

---

[162] 笔者原来是赞同乌斯宾斯基的观点的。见 A.A.瓦西列夫《拉丁人在利凡特的活动》,45;参见安得列瓦《13 世纪拜占庭宫廷文化论文集》,9—10。

[163] 海森伯格编:《传记与诗词》,lxviii。

[164] 其中一首六步韵体(20 行)的铭文,用于纪念约翰·瓦塔泽斯重修士麦拿城墙(1222 年)的功绩,被认为是 H.格雷古瓦赠给布莱米底斯的。见《希腊基督教会铭文集》,22—23,并见注释 81—82。格雷古瓦文章:《拜占庭》(布鲁塞尔),V(1930),783—784(784 页注 1,注释 81—82 应阅读注 84)

波利塔和皇帝狄奥多勒二世拉斯卡利斯。乔治·阿克罗波利塔出生于君士坦丁堡,在其青年时代,即约翰·瓦塔泽斯统治时期,就到了尼西亚。他与狄奥多勒·拉斯卡利斯一起在尼斯福鲁斯·布莱米底斯指导下接受了极好的教育。后来,他竟然成为狄奥多勒的老师。他曾经获得很高的官职,但是在军事生涯中失败了。他曾伴随迈克尔·巴列奥洛格到达君士坦丁堡,在皇帝的指令下专门从事外交活动,并在1274年的里昂宗教会议上达成了与西方教会合并的协议,尽管他曾经为反对这一合并而斗争。阿克罗波利塔死于13世纪90年代。

阿克罗波利塔的主要文学著作,叙述了自十字军夺取君士坦丁堡到拜占庭帝国光复(1203—1261年)时期的历史,是一部重要史料。这部著作可以被称为尼西亚帝国时期的专门史,可以作为尼西塔斯·科尼阿特斯著作的续集。阿克罗波利塔是他所描述的那些事件的同时代人,并以自己的官宦身份参与其中。阿克罗波利塔以清晰的语言准确地描述了他那个时代的历史。在阿克罗波利塔的其他短篇作品中,有一篇为约翰·瓦塔泽斯的葬礼所写的感情激昂、措辞华丽的演说词。

与布莱米底斯的名字有密切联系的人物还有尼西亚皇帝狄奥多勒二世拉斯卡利斯。乔治·阿克罗波利塔是狄奥多勒的正式老师,而布莱米底斯对于这位未来的皇帝却有着极深刻的影响,皇帝狄奥多勒在致布莱米底斯的信中称他为自己的先生,对他充满着敬意。[165] 布莱米底斯和阿克罗波利塔都成功地在这位年轻学生的

---

[165] 安得列瓦:《13世纪拜占庭宫廷文化论文集》,100。

父亲约翰·瓦塔泽斯在位时,使自己热爱文学事业的思想渗透于这个学生的灵魂中。19世纪末一位意大利学者费斯塔出版的狄奥多勒通信集,对于我们了解这个重要人物的情况提供了许多新鲜资料。狄奥多勒学习了教、俗希腊作者的许多作品,开始熟悉了解许多不同的学科,但他的注意力主要是在哲学,特别是亚里士多德哲学的研究上。他受到了希腊主义及古典文学的训练,在他的一封信中,他以优美的语句描述了他在参观古典时期帕加蒙城遗址及废墟时产生的深刻印象。⑯ 这封信从内容到形式都似乎是出自于一位意大利人文主义者之手。

狄奥多勒像他的父亲一样热衷于教育事业,对学术问题特别有兴趣。在他的一封信中提到了一些完成学业后受到皇帝考核的学生。狄奥多勒写道:"人生最大的欢乐莫过于园丁看到他的草坪中盛开着各色鲜花;或者,他可以鉴赏他的哪些花更美丽更茂盛,或者,他可以从同样的角度,想象他如何在某一时刻享受着令人陶醉的美丽果实……尽管我出于一个指挥官的职责,在我的头脑中充斥着暴乱、战争、压力、反抗、狡诈、变化和威胁等种种压力时,竭力压抑着自己想要放松一下的情绪,然而,我却从未使我的注意力离开精神生活的妩媚草坪。"⑰

狄奥多勒二世周围集中着一群受过教育的文人和学者,他自己也热衷于科学、艺术、音乐、诗歌和有关学科。他开办了许多学

---

⑯ 狄奥多勒·拉斯卡利斯:《书信集》,LXXX;费斯塔编,107。
⑰ 狄奥多勒·拉斯卡利斯:《书信集》,CCXVII;费斯塔编,271—272。

校,在他的一封信中,讨论到学校的组织、课程设置和教育目标。⑱

狄奥多勒·拉斯卡利斯写过一些关于哲学、宗教问题的论文,还有一些赞颂词和上文提到过的大量书信文件(不止200件),这些书信都是他致当时各界的著名人物,特别是致他的导师尼斯福鲁斯·布莱米底斯和乔治·阿克罗波利塔的。在狄奥多勒的作品中,还应该注意到他对于自然科学和数学方面的广泛知识。对于狄奥多勒的那些已经出版的或者尚未出版的⑲文学遗产进行更深入细致的研究,无疑将有助于评价这个"在东方堪与他的同时代人弗里德里希皇帝相提并论的"历史人物,也将有助于更深入地理解13世纪东方基督教社会对于文化的兴趣所在。⑳

12世纪后半期,即尼西亚帝国和君士坦丁堡的拉丁帝国的前期,是两位天才的兄弟学者梅萨利特家族(Mesaritai)的约翰和尼古拉斯文学活动的盛期,他们的活动直到20世纪初期由于A.海森伯格的工作才为世人所知晓。因此,在克伦巴赫的著名《拜占庭文献史》中没有提及此两人的名字。尼古拉斯·梅萨利特在他的兄长去世时所发表的葬礼演说表明,约翰·梅萨利特受到过很好的教育,在科穆宁朝最后两代君主统治期间担任官职,后来,在安吉列朝统治时期成为《圣经·诗篇》的注释教授。他还写了一部关于《诗篇》的评注本,该本的原件在1204年法兰克人攻克君士坦丁

---

⑱ 狄奥多勒·拉斯卡利斯:《书信集》,CCXVII;费斯塔编,271;亦见狄奥多里·斯库塔里奥特《乔治·阿克罗波利塔之历史的增补篇》,海森伯格编,291。

⑲ 亦见J.B.帕帕多布鲁斯"教师的劝谕,狄奥多勒二世·拉斯卡利斯未出版的作品"("La Satire du Précepteur,oeuvre inédite de Théodore II Lascaris"),《第二次国际拜占庭研究大会报告》(1929),27。

⑳ 克伦巴赫:《拜占庭文献史》,478。

堡时被毁。约翰在拉丁帝国早期积极参加了与教宗驻君士坦丁堡使节的争论,坚定地维护正教的立场。他死于1207年。⑰

约翰的兄弟尼古拉斯,也曾经在安吉列时期在宫廷任职,并且赞成其兄长对于教宗的态度。在兄长去世后,尼古拉斯来到尼西亚,受到尼西亚牧首的热情接待,后来出任了以弗所的大主教。晚些时候,他充当了尼西亚和教宗为寻求宗教上的和解而举行的谈判首席代表,并且留下了一部详细的记录。尼古拉斯的一些著作,尽管远远不是他的全部著作,已经获得出版。

特别有趣的是尼古拉斯·梅萨利特对于君士坦丁堡的圣使徒教堂及其美丽的镶嵌壁画的描述。⑰ 这座圣使徒教堂的内部装潢远不似圣索菲亚大教堂那么奢侈豪华,但它是拜占庭皇帝们的葬身之所,也是威尼斯的圣马可大教堂、以弗所的圣约翰大教堂和法国佩利格(Périgueux)的圣弗隆(st.Front)大教堂的原型。众所周知,圣使徒教堂在1453年被土耳其人毁灭了,在其原址建起了征服者穆罕默德二世清真寺。由于该重要古址被破坏,尼古拉斯根据他的亲身经历所做的描述于是就特别重要了。作为第一位研究了与尼古拉斯·梅萨利特有关的学术圈子的学者 A.海森伯格认为,尼古拉斯的作品,可以在某种程度上揭示尼西亚帝国起源的新线索,是记录那个时代信息的重要资料。"无论是谁,只要他有勇

---

⑰ A.海森伯格:《文选,关于意大利的拜占庭编年史手稿的报告》(Analecta, Mitteilungen aus italienischen Handschriften byzantinischer Chronographen),32—33。海森伯格:《关于拉丁帝国历史的新问题》,I,5—7;其中可见到关于约翰·梅萨利特的完整作品目录,3。

⑰ 海森伯格:《文选,关于意大利的拜占庭编年史手稿的报告》,24—25。海森伯格:《君士坦丁堡的圣使徒教堂》,10 及以下。

第八章　尼西亚帝国(1204—1261年)

气整理和编辑梅萨利特的著作,都将是极大的贡献;这一任务并不容易,但是特别有价值,而且值得受到人们的感谢。"⑬

我们不能说梅萨利特兄弟是杰出的天才,但是他们属于那些受过教育、热爱读书的人群,其中一些人生活在安静的修道院里,另一些人在尼西亚宫廷中,是他们推动着13世纪的文化事业,为拜占庭帝国国家精神和政治的新生铺平了道路,而正是这种新生导致了1261年拜占庭的复国。

这一时期的拜占庭编年史的作者只有一位代表人物乔尔(Joel),他可能在13世纪写了一部简短的世界编年史,但此书没有多大的历史价值或文学价值。该书涵盖了自亚当起至1204年拉丁人占领君士坦丁堡这一时期的历史。

上述所有著作都以因循守旧的古典式的、刻意描述的和矫揉造作的文字写成,这种文字已经远离了群众的口头语言。但13世纪也有一些典型的文学作品是用口语和民间韵律写成,这些作品代表了重要的文学新潮流。

尼古拉斯·伊林尼科斯⑭(Nicolas Eirenikos)在约翰·瓦塔泽斯与弗里德里希二世的女儿成亲的婚礼庆典上发表的结婚祝词(nuptial poem)是用民间(political)韵律格式写成的,它采用了宫廷庆典诗的风格,与狄奥多勒·普洛德罗姆斯所写的新婚祝词风格极其一致。尼古拉斯·伊林尼科斯的诗向我们介绍了拜占庭宫

---

⑬ 海森伯格:《文选,关于意大利的拜占庭编年史手稿的报告》,18,37。
⑭ 关于伊林尼科斯,见原书第529页。

廷盛大庆典的新的信息,因此有历史和文化方面的价值。⑮ 克伦巴赫认为,此诗与近代希腊的婚礼诗歌相似,因此,作者是直接从当时的民间诗歌中汲取了这类诗歌的精华。但我对这种看法是不能苟同的。⑯

在十字军时期,特别是在第四次十字军以后,在东罗马帝国的领地上建立了许多拉丁的封建领地,出现了一些以民间语言写的史诗作品,描述一些传奇故事,它们以神奇的笔调,主要描写了爱情和骑士冒险故事。在十字军以前的拜占庭史诗文学方面的一部著作,即狄吉尼斯·阿克里特斯的传奇故事特别著名。⑰

十字军时代在拜占庭创立了更复杂的文学形式。法兰克征服者将西方确定的封建主义模式带到了东方,自然也使他们的新臣民了解了西方的 12 世纪骑士文学作品普罗旺斯的冒险传奇(romans d'aventures)和其他作品,很快在希腊土地上的拉丁人宫廷广泛传播。中世纪的法国传奇故事在德国、意大利和英国已经证明了它的普世性,当然也一定能在希腊扎根,而且,13 世纪初希腊的社会条件似乎更适合于它。于是,就提出了一个问题,这一时期拜占庭的传奇叙事诗是否仅仅模仿西方的模式呢?或者说,它完全是拜占庭生活条件下的产物,只是这种条件与西方相似,因此,这类传奇故事只是部分地受到了西方的影响呢?柏里认为:

---

⑮ 海森伯格:《文选,关于意大利的拜占庭编年史手稿的报告》,III。安得列瓦:《13 世纪拜占庭宫廷文化论文集》,15。

⑯ 克伦巴赫:《拜占庭文献史》,768。海森伯格:《文选,关于意大利的拜占庭编年史手稿的报告》,III。

⑰ 关于这部史诗,见原书第 369—370 页。

第八章　尼西亚帝国(1204—1261年)

"可能希腊人熟悉了西方浪漫传奇,才促使他们写出吸纳西方思想的作品,这同《贺拉斯歌集》(Odes of Horace),或维吉尔的《田园》(*Eclogue*)及《埃涅阿斯》(*Aenieid*)被认为是受到了它们的希腊原型影响所发生的过程是一样的。"[18]学者们在这个问题上根据对文学资料的研究提出了各种不同的意见。但这些作品通常是匿名作者所写,有的写作年代难以准确判断,其风格、韵律及文学、历史内容也不同。

有一部匿名传奇诗《贝尔山德罗和赫利山查》(*Berthandros and Chrysantza*),其出现时间大约可定在13世纪,是拜占庭传奇文学的一个代表作品。其内容有一些被后人可能在15世纪修改过的痕迹。[19]

这部传奇史诗的大致情节如下:有一位皇帝罗德菲洛斯,他有两个儿子,菲拉尔莫斯(Philarmos)与贝尔山德罗。他的小儿子贝尔山德罗以英俊勇武著称,不堪忍受父亲的迫害,离开自己的祖国去异国他乡碰运气。他行陆路进入了土耳其,然后进入亚美尼亚(即小亚美尼亚,亦称乞里奇亚),到达了塔尔苏斯;在塔尔苏斯附近的一条小溪旁,他看到水里有一颗星星在闪亮。这颗星把贝尔山德罗带到了一个怪异事件百出的神奇城堡——"爱之堡"('Ερωτόκαστρον)。在这座城堡里,他从两个雕像上的铭文中,得知

---

[18] 柏里:《骑士传奇》,5。

[19] E.莱格兰德:《希腊民间文学目录》,I,125—168。海森伯格的文章是在一部G.梅利阿德斯所著的详细研究中世纪希腊传奇文学、并含注释和词汇解释等的著作中重印的,该书即《12世纪的传奇贝尔山德罗与赫利山查》(*Βέλθανδρος καὶ Χρυσάντζα, Μυθιστόρημα XII αἰῶνος*)。见《拜占庭与当代希腊研究杂志》,VI(1928),270。

自己命中注定要与"大安条克国伟大国王的美丽女儿"赫利山查发生一段爱情。⑩他于是决定要看一看"'爱之堡'中所有凄苦的及甜蜜的美人"⑪,贝尔山德罗在"爱之堡"的领主,"爱的国王——他戴着皇冠,手持一个巨大的权杖和一支金箭"⑫——邀请下,走近了他的御座。听完了贝尔山德罗对自己的生活的陈述之后,国王让他在40位姑娘中选出一个最美丽的,送给她一枚用"钢铁、黄金和黄水晶的丝绞制成的魔杖"。⑬然后,在故事中,对选美场面的描述恰像巴黎人的审美方式,且反映了为皇帝选择最美的新娘的著名拜占庭习俗。当贝尔山德罗将魔杖交给最美丽的姑娘时,他周围的一切,包括国王及40个姑娘就突然间"像梦幻"一样消失了。⑭贝尔山德罗离开了城堡,五天后,到达了安条克城外,他看到了安条克国王带着廷臣和猎鹰正在出猎。安条克的领主给了他一个臣属的位置。突然,贝尔山德罗认出了国王的女儿赫利山查正是"爱之堡"内接受他所赠魔杖的姑娘。这一对年轻人之间立即燃起了爱的火花,他们不顾东方习俗中对于闺房生活的严格限制,于夜间在皇室花园中幽会。但是,这次幽会的结局对于贝尔山德罗来说真是糟透了:黎明时分,皇宫卫队发现了这对年轻人,他们捉住了贝尔山德罗,将他投入监狱。赫利山查于是说服她的忠实女仆去说明,贝尔山德罗在花园中是为了会见这位女仆。赫利山

---

⑩ 莱格兰德:《希腊民间文学目录》,V.421,P.139。
⑪ 同上。
⑫ 莱格兰德:《希腊民间文学目录》,vss.492—494,P.141。
⑬ 同上书,vss.537—538,P.142。
⑭ 同上书,V.724,P.148。

第八章 尼西亚帝国(1204—1261年)

查的父亲闻此言,遂饶恕了贝尔山德罗,并且,在赫利山查的秘密许可下,贝尔山德罗与这位女仆举行了形式上的婚礼。贝尔山德罗与赫利山查的秘密关系于是维持下来。10个月以后,这对恋人、那位女仆和一些忠实的仆人逃离了安条克;在渡过一条湍急的河流时,这位女仆和那些仆人丧生。这对恋人绝处逢生,来到了海岸,遇见了贝尔山德罗的父亲罗德菲洛斯派出来寻找他的小儿子贝尔山德罗的希腊舰队;因为他所宠爱的长子已经死去。船员们认出了贝尔山德罗,遂立即将他和赫利山查迎接上船,回到了首都。对于重见自己的儿子已经感到绝望的皇帝罗德菲洛斯,兴高采烈地迎接了这对年轻人。该传奇故事的结尾描述了贝尔山德罗和赫利山查的庄严婚礼,主教主持了仪式,将皇冠戴在贝尔山德罗的头上。

学者们对于这个匿名作者写的传奇故事的评论,反映了他们对于十字军时期拜占庭传奇故事的一般看法。一些学者认为,是一部已经失传的或尚不为人知的法国骑士传奇构成了《贝尔山德罗和赫利山查》这部传奇故事的基础;在"爱之堡"(希腊语称之为 *Erotocastron*)中,他们看到了法国普罗旺斯史诗中的"爱之堡"(*Chateau d'amour*)的影子。在罗德菲洛斯和贝尔山德罗的名字中,他们看到了人们通常所见的西方名字鲁道尔夫(Rodolph)和贝特朗德(Bertrand)的希腊化的读音;[18]甚至有人认为,"贝尔山德罗和赫利山查"的故事,充其量不过是一部著名的14世纪生

---

[18] 克伦巴赫:《拜占庭文献史》,858—859。

活在百年战争期间的法国骑士贝特朗德·迪盖斯克兰(Bertrand du Guesclin)之传奇故事的希腊文翻版。[186] 克伦巴赫倾向于认为,在中世纪发现的希腊民间诗歌如"爱之堡""埃罗斯(Eros)"及其他作品中,其原型都可以归于西欧的资料。他写道,贝尔山德罗和赫利山查的故事无疑是希腊人写的,但却是在长期以来已经对法兰克文化十分熟悉的土地上写的。最主要的是,该故事情节是来自法兰克人的还是来自希腊-东方的资料,仍无法确定,只有待该传奇的真正原版发掘出来之后才会有定论。[187] 柏里认为,贝尔山德罗和赫利山查的传奇,从其结构、描述和思想来看,从头到尾都是希腊式的,没有任何理由可以将其归因于西方的影响。在法兰克人和希腊人的土地上,存在着文化的平行发展现象。正如12世纪法国的传奇故事皆以大量的史诗为前导一样,13、14世纪的希腊传奇故事也有其史诗的背景。在上述两个地域,传奇故事之主题的产生,都直接地或间接地受到了希腊化世界的影响:在法国,主要是受到拉丁文学,特别是奥维德诗歌的影响;在希腊,则受到了在那里从来没有泯灭的文学传统的影响……当西方的骑士在东方定居时,希腊人由于他们的体验,已经拥有了为骑士传奇所需要的所有思想、资料和形式。因此,12世纪的法国文学对于希腊,并没有如在德国那样,产生那样巨大的影响。西方的传奇文学在有着

---

[186] 见 T.瓦尔顿(T.Warton)《英国诗歌史》(*History of English Poetry*),W.C.哈茨利特(W.C.Hazlitt)编,II,302—303。

[187] M.吉得尔(Gidel):《当代希腊文学研究》(*Études sur la littérature grecque moderne*),123—150;关于这部传奇的整个故事的分析和研究,见105—150。克伦巴赫:《拜占庭文献史》,860。柏里:《骑士传奇》,5—10。

第八章 尼西亚帝国(1204—1261年)

与西方相似的原创性的主题、构思和奇妙素材的人民中间并不显得那么新鲜。当然,在十字军期间,来自法国文学的一些影响,通过两种文学在基督教西方的联系和融合,这一事实却不容否定。但是,总的说来,法国和拜占庭传奇文学有着一个共同的希腊化的基础,它们是沿着平行的道路、互相独立地同时发展的。[18] 如同迪尔所说,贝尔山德罗和赫利山查的传奇故事始终是纯粹的拜占庭的,而且,希腊文明给予征服者法兰克男爵们的东西似乎远比从他们手中接受的东西要多得多。[19] 另一则"爱情故事"《卡利马库斯(Callimachos)和赫利索罗叶(Chrysorroë)》是以民间韵律格式写成,也应是13世纪的作品。[20]

近年来,人们已经开始关注巴尔干半岛西部与伊庇鲁斯君主国,与这个在拜占庭帝国的废墟上建立起来的第二个希腊人中心的历史相关的13世纪著名人物。其中有纳乌帕克图斯(纳乌帕克图斯城,意大利语为勒颁多)大主教约翰·阿波考库斯(John Apocaucus);科西拉(Corcyra,科西拉岛,意大利语称之为科孚[Corfù])都主教乔治·巴尔达内斯(Bardanes);和奥赫利德城(位于马其顿西部,该城于13世纪前半期臣属于伊庇鲁斯君主国)都主教底米特里·科玛特努斯(Demetrius Chomatenos)等。

1897年,当克伦巴赫写作他的《拜占庭文献史》时,还仅仅能

---

[18] 柏里:《骑士传奇》,10、21—24。
[19] 迪尔:《拜占庭人物传》,II,337。
[20] 《用民间语和韵律诗写成的希腊传奇故事选》(Collection de romans grecs en langue vulgaire et en vers),S.兰普罗斯编,1—109。见克伦巴赫《拜占庭文献史》,855—857。蒙特拉蒂奇:《拜占庭文献史》,191。

提到纳乌帕克图斯参加了反对拉丁人的论争，也可能是一份当时保存在牛津大学尚未发表的信件的作者。[191] 但是，自从 V.G.瓦西列夫斯基以彼得堡的一份手稿为依据，出版了约翰的信件集，而且，法国学者佩特利底斯（Pétridès）以牛津手稿为基础出版了约翰的一部分作品之后，学者们于是能够了解这位作者的传奇人生。[192] 乔治·纳乌帕克图斯的手稿文献的全部出版，还远远没有完成。

约翰·阿波考库斯，纳乌帕克图斯的大主教，死于13世纪30年代，曾经接受过良好的教育。可能是在青年时代，他曾经在君士坦丁堡生活。后来，他成为纳乌帕克图斯都主教，积极参加了伊庇鲁斯的政治、公共的及宗教的生活。约翰似乎是生活在独立的伊庇鲁斯和该王国临时征服地区生活的希腊正教教职人士中的爱国者的领袖，而且，也许是一个政治领袖；他还在伊庇鲁斯君主们与正教的最高权威、希腊牧首进行的斗争中，支持了伊庇鲁斯的君主们，而伊庇鲁斯君主的竞争者尼西亚君主则支持牧首。[193] E.A.切

---

[191]　《拜占庭文献史》，93、476。

[192]　瓦西列夫斯基："13世纪伊庇鲁斯主教书信集"，《拜占庭年鉴》，III(1896)，233—299。S.佩特利底斯（S.Pétridès）："约翰·阿波考库斯，未出版过的书信和其他文献"（"Jean Apokaukos, letters et autres documents inedits"），《君士坦丁堡俄罗斯考古研究所学报》，XIV, 2—3(1909), 1—32。另外11份与约翰·纳乌帕克图斯的名字有关的文献是由A.帕帕多布鲁-克拉梅乌斯（Papadopoulo-Kerameus）编辑的"纳乌帕克图斯大主教约翰·阿波考库斯书信集"（"Συνοδικὰ γράμματα Ἰωάννου τοῦ Ἀποκαύκου μητροπλίτου Ναυπάκτου"），《拜占庭杂志》（希腊），I, (1909), 3—30（只有原文文献）。至于纳乌帕克图斯的约翰·阿波考库斯的全部著作目录，见M.韦尔恩霍弗尔（Wellnhofer）《约翰·阿波考库斯，纳乌帕克图斯大主教在埃托利亚》（*Johannes Apokaukos, Metropolit von Naupaktos in Aetolien*）(1155—1233), 1—5。

[193]　瓦西列夫斯基："13世纪伊庇鲁斯主教书信集"，《拜占庭年鉴》，III(1896)，234。

第八章 尼西亚帝国(1204—1261年)

尔努索夫(Chernousov)写道,约翰不是一个"远离尘世、禁闭在自己的密室中、仅仅关心宗教事务的忧郁修士。相反,从他的思想方法和性格,他对'自我'的揭示,以及从事文学活动的方式来看,可以看出,在某种程度上,他具有后来意大利人文主义者的特征"[⑬]。在阿波考库斯的作品中可以明显看出他对写作的兴趣和热情,这使他写出了大量的信件;可以看出他对大自然的热爱和对古典文学的态度,对于古典文学活动中的代表性人物,如荷马、阿里斯托芬、欧里庇得斯、修昔底德、亚里士多德和其他人物,他给予了极高的评价,这些古典作品,和《圣经》一道,是他进行分析和比较的丰富源泉。目前出版的他的作品有40多种,包括信件、各种教理方面的著作和警句寓言等。[⑭] 与他通信的人物有伊庇鲁斯君主狄奥多勒·科穆宁和著名的雅典城都主教迈克尔·阿克米纳图斯。由于约翰·阿波考库斯的信件没有能全部出版,因此,对于他作为一个作家和政治家身份的更全面确定的评价还有待于将来。[⑮]

对于伊庇鲁斯君主国统治时期第二个杰出人物、科西拉都主教乔治·巴尔达内斯,长期以来一直有误解。16世纪末,《基督教会年代纪》的作者巴罗尼乌斯红衣主教根据乔治致皇帝弗里德里希和曼纽尔·杜卡斯的信件,推断巴尔达内斯是12世纪的人。因

---

⑬ "13世纪拜占庭尚未被人们认识的人物"("From a Byzantine Backwoods of the Thirteenth Century"),《纪念V.P.布泽斯库尔论文集》(*Essays Presented to V.P. Buzeskul*),281。

⑭ 佩特利底斯:"约翰·阿波考库斯,未出版过的书信和其他文献",《君士坦丁堡俄罗斯考古研究所学报》,XIV,2—3(1919),1—3。

⑮ 韦尔恩威廉霍弗尔:《约翰·阿波考库斯,纳乌帕克图斯大主教在埃托利亚》,68—69。

为他们以为这些信件是乔治致弗里德里希一世和曼纽尔一世科穆宁的。⑱后来的学者们发现,乔治所写的一些著名信件中所论争的问题,与12世纪发生的事件并不一致,就得出了一个结论,认为有两个科西拉的乔治,一位生活在12世纪,另一位生活在13世纪。这一错误被克伦巴赫于1897年出版的《拜占庭文献史》所接受。⑲但是,在1885年,这一问题就被V.G.瓦西列夫斯基最后解决了,他无可辩驳地证实了历史上只有一个科西拉都主教乔治,他生活于13世纪;而且,他的信中所指的两位皇帝是弗里德里希二世和萨洛尼卡的君主曼纽尔,后者是萨洛尼卡皇帝狄奥多勒·杜卡斯·安吉列的兄弟,而安吉列曾经被保加利亚人逮捕。由此,乔治·巴尔达内斯应该生活于13世纪。⑳

乔治可能是出生在雅典,先是迈克尔·阿克罗波利塔的学生,后来成为他的朋友和与他通信的笔友,这些书信揭示了许多他本人生平的信息。乔治曾经在尼西亚的宫廷生活了一个时期,后来回到了西方,被约翰·纳乌帕克图斯任命为科西拉都主教。伊庇

---

⑱ 《基督教会年代纪》(*Annales ecclesiastici*),泰奈尔编,XIX,413—415。

⑲ 克伦巴赫:《拜占庭文献史》,91,770。

⑳ "保加利亚大教区的重建",《公众教育部杂志》,CCXXXVIII(1885),224—233。E.库尔茨:"乔治·巴尔达内斯,科西拉都主教"("Georgios Bardanes, Metropolit von Kerkyra"),《拜占庭杂志》(德文),XV(1906),603—613。在更多的近期著作中,乔治·巴尔达内斯曾经被诺登错误地认定是12世纪的人,《教宗统治与拜占庭》,112—113;米勒:《利凡特的拉丁人》,12页注2;哈斯金斯:《中世纪科学史》,212页注113。科戈纳索曾经在他的《曼纽尔·科穆宁死后拜占庭的政治分裂和王朝斗争》(*Partiti politici e lotte dinastiche in Bizanzio alla morte di Manuele Comneno*),293页及注1中正确地论述了这件事。戈鲁博维奇在既没有看到瓦西列夫斯基的论述,也没有看到过库尔茨的文章时,表达了他的愿望,希望这一复杂问题能在预期的时间内得到解决。《圣地与东方方济各会文献目录集》,170—175。

第八章 尼西亚帝国(1204—1261年)

鲁斯君主狄奥多勒·安吉列特别宠信乔治。乔治的那些重要信件保留了下来,迈克尔·阿克罗波利塔在读到这些信件时能够感觉到这些信件之文风的优雅和阐述问题的清楚明了;然而,这并不足以阻止迈克尔在他的信件中对乔治进行教诲并纠正其文中的一些败笔。[200] 除了这些信件外,乔治还写了一些反对拉丁人的辩论文章和一些长短句诗歌。

13世纪前半期著名的希腊教职人员和修道士、奥克利达的大主教底米特里·科玛特努斯,由纳乌帕克图斯的约翰加授圣职,后者还为萨洛尼卡的伊庇鲁斯皇帝狄奥多勒举行了加冕仪式。纳乌帕克图斯留下了150余篇作品、书信,其中讨论了许多立法和宗教问题,也有许多教规方面的训词、对来信的回复、司法判决、会议决议等。这些作品对于研究拜占庭法制史,特别是教会法的历史具有特别重要的意义;它们还提供了13世纪前半期伊庇鲁斯、阿尔巴尼亚、保加利亚及拉丁国家的教会历史、民风民俗和国际关系的重要信息和资料。

纳乌帕克图斯都主教约翰·阿波考库斯,科西拉大主教乔治·巴尔达内斯和奥克利达大主教底米特里·科玛特努斯是伊庇鲁斯帝国君主国和短命的萨洛尼卡帝国文化运动中的最著名的代表人物。[201]

在拜占庭艺术发展方面,在拜占庭领地上建立的数个法兰克人公国使得许多艺术家离开君士坦丁堡和萨洛尼卡,到当时强大

---

[200] 迈克尔·阿克罗波利塔文集,兰普罗斯编,II,282—289、289。
[201] 这三位作者在蒙特拉蒂奇的《拜占庭文献史》中并没有被提及。

的塞尔维亚王国去寻找新的发展阵地,或者与那些已经在威尼斯定居的艺术家合流;"当时出现了一次画匠的'大流散'(*diaspora* *)。这些拜占庭艺术的传播者给斯拉夫画派以方向,迟至今日,我们才开始理解它的全部成就的意义。"[202]但是,艺术的传统在拜占庭并没有泯灭,巴列奥洛格王朝时代的艺术复兴,在一定程度上归因于13世纪保留下来的早期传统和成就。

尼西亚帝国时期的文学运动在拜占庭文化史上有着伟大的意义。在尼西亚皇帝的宫廷内形成的中心成为文化活动的摇篮,它面对政治上的分裂、严酷的国际斗争和帝国内部的矛盾,保存、挽救,并继承发展了科穆宁王朝时期的第一次希腊文化复兴的成就,使得后来在巴列奥洛格王朝时期第二次希腊文化复兴的出现成为可能。尼西亚帝国成了联结两次希腊文化复兴的桥梁。

13世纪,在巴尔干半岛西部,即伊庇鲁斯领土上形成的文化中心是联系基督教东方世界与西欧,特别是意大利的文化运动之间的纽带。13世纪在霍亨斯陶芬朝弗里德里希二世统治下的意大利文化运动的兴起,即"文艺复兴运动的序幕",虽然至今还没有得到深入的研究,但已经受到了普遍的重视、讨论和传播。但是,同一世纪尼西亚帝国文化运动的兴起,特别是被忽视的伊庇鲁斯国家的文化运动,却还没有引起人们的重视。事实上,发生在意大利、尼西亚和伊庇鲁斯这三个地区的文化运动,是大体同步平行发展的,而且或许它们之间有过相互影响。甚至,只要看一看13世

---

* 此处所用的是犹太历史中的专有名词"大流散"。——译者
[202] 多尔顿:《东方基督教艺术》,19—20。迪尔:《拜占庭艺术手册》,II,735—736。

纪伊庇鲁斯文化的兴起,就不会认为它仅仅属于地方性的个别现象,它必定应被置于13世纪欧洲文化发展的整体历史之中。

拜占庭的封建制

在很长一段时间里,封建主义被认为是中世纪西欧的特有现象,因而,将这一地区的历史与其他地区的历史分别加以研究。[263] 人们甚至假定,封建制度的表现形式在所有的西方国家,本质上都是相似的。人们甚至忽视了这一事实,即,封建制度的建立,在西方的各个国家都有其个性的东西。然而,近来,封建主义这一名词被推而广之;学者们开始注意到,封建化的过程可以在世界的不同地区和历史的不同阶段看到。比较历史学的方法消灭了长期占统治地位的重要的历史偏见,即通常被称为封建主义的这一复杂的政治、社会和经济现象只属于中世纪的西欧。因此,目前,封建主义这一名词的使用有了两重含义,一是广义的,另一种是狭义的。中世纪西欧的封建主义只是封建主义的一种形式,而且是封建主义的狭义的使用方式;而在广义的范围内,封建主义是一个文化的发展阶段,而且,据许多历史学家和社会史学家的论断,这是所有民族在其历史发展中的必经阶段。毫无疑问,封建主义的过程并非在每一个地区都达到它完全的发展形态;例如,有时候,它的过程仅限于社会发展的范围内,而不具备政治上的意义。无论如何,

---

[263] 这一节的原文见于我的俄文著作《利凡特的拉丁倾向》,56—74,但在该书的英文版和法文版中被忽视了。本节经过修改后以英文发于《拜占庭》(布鲁塞尔),VIII(1933),583—604。在本节中,这一部分做了一些修改。

将这一问题的研究范围从西欧中世纪的局限性中推及世界,就使得学者们能够发现在古埃及、在阿拉伯哈里发国家、在日本、在太平洋诸岛,以及在古代俄罗斯存在的封建主义形式。在每一个国家,只要条件具备,处于不同发展阶段的封建制度就可能存在;然则,它却不是不可避免的必然现象。

俄罗斯学者 P.文诺格拉多夫(P. Vinogradov)给封建制度下的一个简洁而准确的定义是:"封建主义是以政治关系的领地方面和领地关系的政治方面为标志的。"[24] 显然,这一概念忽略了经济方面。后来,学者们提出并开始重视经济方面,现在,则成为必须考虑的因素。

关于西欧封建制度的起源问题,有过许多不同的意见,有些意见甚至是互相对立互相矛盾的。有些学者将它归因于古代和中世纪转型时期已经存在的日耳曼因素及罗马因素;一些人相信它是加洛林王朝立法的结果;还有一些试图将此复杂的结构归因于几乎无人知道的古代日耳曼生活的社会条件,特别是人们想象中的古日耳曼"马尔克"(March)的社会条件。所有这些理论目前还只有历史上的意义,它们只是深刻地描述了学者们要把对于诸如"封建主义"这样复杂的历史现象的理论解释建立在真正的学术基础上所付出的有时是超凡的劳动。

西欧封建制度的许多典型特征,可以通过罗马帝国在其前三个世纪中的社会条件来解释。那时出现的一些因素后来成为封建

---

[24] "伦巴德人治下意大利封建关系的起源"("The Origin of Feudal Relations in Lombard Italy"),《公众教育部杂志》,CCVII(1880),137。

第八章 尼西亚帝国(1204—1261年)

主义的组成部分。"赐地"(precarium)或"恩地制"(beneficium)、庇护制以及豁免权等,在罗马帝国时期是非常普遍的现象。"恩地制"原指一种暂时性的财产,有时是由占有者终生享有的。因此,在一定条件下、供一时(经常是终生)占有的授予地,也通常被称为"恩地"(beneficia);在上述条件中,居首位的通常是占有土地者提供军役服务,因此,恩地制通常意味着是以服军役为前提的临时性赐地。后来,当西欧封建制度基本形成以后,恩地演化为封地(feodum-fief),即在一定条件下被授予的有继承权的土地。封建主义(feudalism)一词就来源于封地(feodum)这个词,但该词的词源则还没有弄清楚。庇护制(patronage),即将自己置于一个更有力的人保护之下的习俗,从罗马时期一直传续到中世纪,而在封建时期开始有一拉丁化的名称,即侍从(commendatio),有时则用德语来表达,即 mundium。最后一项,即豁免权(immunitas),在罗马时期就普遍存在,在封建时期,特指给予一些个人以一定的国家权利;这些人经常可以免于为国家服役,政府官员也被禁止进入这类获得豁免权的领地。

在罗马帝国的西部,随着中央政权的衰落,上述三个在一个特定时期相互独立的因素逐渐集中到一个人身上;获得这些权利的人,即土地所有主,再向下分配恩地,获得侍从(附庸),并行使豁免权。换言之,土地所有主成了宗主。这一过程既发生在俗界,也发生在教会中;在各个不同的国家是以不同的方式进行的。

拜占庭的封建制问题还没有被人们很好地研究;深入进行研究仍然有必要,而且人们必须慎于下结论。但是,目前至少有可能谈到拜占庭的封建主义和封建化过程问题,而在不久之前,若谈及

"拜占庭封建主义"却显得立论不足了。

鉴于拜占庭帝国是罗马帝国的延续,因此,可以说,类似恩地制、庇护制和豁免权等现象当然可以在拜占庭的内部生活中看到。问题在于这些现象在帝国的东方各行省不同的条件下发展到什么程度,采取了什么形式。

在东方,希腊语词 *kharistikion* 与拉丁语 *beneficium*(恩地)是相对应的,希腊语词 *kharistikarios* 则与 *beneficiarius*(承恩者)相对应,后者是指获得了土地,而以服军役为交换条件的人。但是,在拜占庭,特别是在10世纪早期,将土地作为恩地分配的情况通常用于修道院,这类土地既分配给俗人,也分给修士。有可能的是,这种拜占庭的恩地与破坏圣像时期相联系,当时,帝国反对修士的斗争导致了修道院土地的还俗,使皇帝有了丰富的土地资源可用于恩赐。从各方面推测,可以认为,这种情况就是导致原义并不专指授予寺院土地的名词 *kharistikion* 失去了其本来意义而专门用来指授赐修道院土地。研究拜占庭内部生活的一个权威人士P.V.贝佐布拉佐夫写道:"*kharistikion* 制的特点是,一个修道院的所有者,不管他可能是什么人(皇帝、主教或个人),将该修道院授予某人终生管理,此人即获得 *kharistikarios*(承恩者)的头衔。该承恩者将收取修道院的全部岁入,并有责任维持修道士们的生活,维修修道院建筑,简言之,即管理修道院的全部经济活动。显然,其余的岁入收获当属于承恩者。"[26]另一位俄罗斯著名的拜占

---

[26] 《一位拜占庭时期的作者和政治家——迈克尔·塞勒斯》(*A Byzantine Writer and Statesman, Michael Psellus*),I,29。

庭学者Th.乌斯宾斯基坦率地指出,"kharistikion"制度,作为授赐修道院和教会土地的一种体制,是先在教会内部发展起来的,与那些在俗界存在的处理土地财产权力的习俗和法规完全一致。[206] 如果上述对教产恩地的定义,特别是乌斯宾斯基的定义,可以接受,那么一定能肯定,罗马过去的所有类似制度都已经消亡。但这一结论是错误的。所谓的 kharistikion 制度是古代罗马的赐地—恩地制的残存,它之所以具有了不同的意义只是由于帝国东半部的特殊情况所使然。

在异教罗马时期,军事地主就已经存在,它的特别表现是帝国边界附近的土地都被赐予军人作为世袭的财产。但是受赐的特别条件是,占有土地者必须保卫帝国的边疆,并将这项义务传给他们的后人。这一措施的开端通常认为是罗马帝国的皇帝塞维鲁·亚历山大统治时期,即3世纪前半期,当时他将从敌人手中夺回的边境上的土地都赐给了边境上的士兵(limitanei)和他们的首领,条件是,他们必须世代相袭为国家服军役,这与获得土地的公民的义务没有什么不同。尽管一些学者断言,这种边界领地(agri limitanei)与后来的恩地或采邑(feodum)[207]并没有什么联系,但还是有不少著名的历史学家不无理由地发现了中世纪恩地制的根源就

---

[206] "11—12世纪君士坦丁堡市地方议会关于分配教会地产(kharistikaria)问题的规定和敕令"("Opinions and Decrees of Constantinopolitan Local Councils of the Eleventh and Twelfth Centuries Concerning the Distribution of Church Possessions〈Kharistikaria〉"),《君士坦丁堡俄罗斯考古研究所学报》,V(1900),5。

[207] 亦见弗斯特尔·库朗热(Fustel de Coulanges):《封建制度的起源》(Les Origines du système féodal),I,11,特别是9。

在于前基督教时期罗马帝国的土地分配制度。[208] 被纳入6世纪《查士丁尼法典》中的一则于5世纪前半期狄奥多西二世皇帝颁发的《新律》声称,帝国的东西两部都实行这样的原则,即前线士兵,或称边防兵(*limitanei milites*)作为占有土地的前提,必须遵照古法(*sicut antiquitus statutum est*)为国家服兵役。[209]

7世纪初开始,在波斯人、阿拉伯人、阿瓦尔人、斯拉夫人和保加尔人入侵的威胁下——这些民族经常成功地占有帝国重要的和富饶的边境行省,政府在整个帝国范围内加强了军事组织;因此,可以说,它将边境的组织形式用到内陆的行省中。但是,从7世纪到9世纪拜占庭经常遭受到的严重军事失败,特别是破坏圣像时期的内部矛盾和为争夺皇位而进行的斗争,显然破坏了组织良好的军事土地所有制;大土地主,即所谓"权势者"或豪绅,趁机反对国家法令,购买军事地产。因此,当10世纪马其顿王朝的皇帝们颁布著名的《新律》保护农民利益,抵制"权势者阶级"的兼并倾向时,他们也同时在保护军事领地。罗曼努斯·雷卡平、君士坦丁·波菲罗杰尼图斯、罗曼努斯二世和尼斯福鲁斯·福卡斯的《新律》都是以恢复军事领地的稳固和不受侵犯为目的的,特别是要保证这样的军事领地不要落到那些不服军役的人手上;换言之,这些《新律》基本上是重申上述狄奥多西二世时期颁布的,而后为《查士

---

[208] 吉莱切克:《中世纪塞尔维亚国家和社会史》(*Staat und Gesellschaft im mittelalterlichen Serbien*),I,40—41。亦见 P.穆塔弗奇也夫(P.Mutafčiev),《13—14世纪拜占庭的边界领地和士兵》(*Vojniški zemi i vojnici v Vizantija prěz*),XIII—XIV,34。

[209] 狄奥多西:《新律》,XXIV;见《狄奥多西丛书》,XVI,T.蒙森和P.梅耶编,II,63。《查士丁尼法典》,XI,60,3。

第八章 尼西亚帝国(1204—1261年)

丁尼法典》所承续的那则法令。曾经认为斯拉夫对拜占庭的影响是拜占庭内部生活中最重要的因素的 Th.乌斯宾斯基,这样评述军事领地:"如果人们发现,在 10 世纪时一些农村公社的痕迹出现在军事领地的组织中,这显然表明,这种结构是斯拉夫因素的影响而非罗马的起源,但是,它的最初表现一定归于斯拉夫民族在小亚细亚定居时期。"[21]但是,这位著名俄罗斯史学家的假定并不能被证实。拜占庭的军事领地制在某种程度上说一直延续到拜占庭的末日;至少,从 11 世纪—14 世纪的立法文献中可见,10 世纪的皇帝们所确立的原则一直被认为有效,尽管在事实上并非如此。

在一个相当长的时期内,如一些零星资料和模糊不清的事实所能够说明的是,在拜占庭,显然人们没有接受任何一个专门的词汇来特指皇家的恩赐,可能只有 kharistikion 这个词是例外;但是,人们还没有从这个角度来研究这个词的用法,因此,人们使用这个词时可能只是一个假设,而且它是一个相当夸张的假设。在 11 世纪以后,开始有一个专门指代皇家恩赐的词汇出现在拜占庭的资料中;这个词汇原来只是与 kharistikion 交替使用,但后来开始特别用于皇家的恩赐,即 pronoia(普洛尼亚)。

一些学者曾经错误地将这一词汇的来源归于德语词 Frohne(意为农役,即强制性的劳役);因为他们先是在塞尔维亚文献中,而不是在拜占庭的文献中发现该词的,他们甚至认为,塞尔维亚人

---

[21] "关于拜占庭农民土地所有者的历史"("On the History of Peasant Landownership in Byzantium"),《公众教育部杂志》,CCXXV(1883),326。

在他们还是哥特人的邻居时就借用了这个词。[21] 自不待说,普洛尼亚一词是希腊词汇,意为"深思、照料",在基督教会中,意为神意(*providence*)。但是,当这个词被用来特指皇家恩赐地产时,并没有因此而失去它原来的含意,因此,在后来无法确定的历史时期内,拜占庭文献中出现的 *pronoia* 一词同时含有上述两种意义;同样,在西方,封建社会的词汇 *beneficium* 也没有失去它原来所具有的"恩赐、恩准"的含义。

那些请求获得或得到了一所修道院作为恩地(*kharistikion*)的人,就有义务照料这块地产,用希腊语讲,就是获得这块地的监护权(*take pronoia of it*)。因此,接受这样一片领地的人,有时不仅被称为承恩者(*kharistikarios*),而且是供养人(*pronoetes*)。在此人照料该领地期间,这块领地就被称为普洛尼亚。据 Th.乌斯宾斯基的论点,在拜占庭,普洛尼亚一词"意指将一块有居民的土地,或者是另一种吸纳年贡的产业赐予某位官员,作为(受地者)服役的报酬或者是由该产业提供一定的义务为条件"[22]。这里特别指的是军事义务。普洛尼亚并不是一块无条件继承的世袭产业;占有普洛尼亚者不得出售、转让或者放弃这块领地。换言之,普洛尼亚与前基督教时期罗马帝国皇帝们所赐予的军事领地是一个性质。"普洛尼亚"是由皇帝亲自赐予或者以他们的大臣们的名义赐

---

[21] 见 A.马伊可夫(A.Maïkov):"关于古代塞尔维亚的土地财产"("On Land Property in Old Serbia"),《俄罗斯历史与古迹研究学会通讯》(*Chteniya of the Society of Russian History and Antiquities*),I(1860),28—29,I(1902),注 1。

[22] "拜占庭和南斯拉夫地区普洛尼亚制的意义"("Significance of Byzantine and South-Slavonic Pronoia"),《纪念 V.J.拉曼斯基(V.J.Lamansky)从事学术研究和教授活动 25 周年关于斯拉夫研究的论文集》,I,22、29。

第八章 尼西亚帝国(1204—1261年)

予的产业。

早在10世纪,就出现了普洛尼亚这个名词,意指一块以军事服役为条件的领地。普洛尼亚一词的特殊用法完全确定只是在11世纪后半期的文献中才开始出现。这一现象并不能证明普洛尼亚的这一意义在早些时候不存在。早期文献的进一步出版和由这一特别角度对早期文献的研究可以确定,普洛尼亚一词的特殊意义的出现早于11世纪。在科穆宁时期,授予臣属以普洛尼亚的体制已经是一件普遍现象。伴随十字军和西欧对拜占庭的影响,特别是在偏爱拉丁人的皇帝曼纽尔一世(1143—1180年在位)统治时期,以希腊文形式出现的西欧封建社会的专有词汇在拜占庭逐渐出现,如 lizios 一词,就同中世纪拉丁词汇 ligius 相对应,指一位附庸,即一块采邑的持有者。值得关注的是,当第四次十字军,即西欧领主们开始在东方占领地定居时,他们发现当地的土地占有情况与西方十分相似,很容易采取他们自己的封建形式。在一份13世纪初的文献中,拜占庭皇帝的赐地被称为"采邑"(fiefs)(*de toto feudo*, *quod et Manuel quondam defunctus Imperator dedit patri meo*)[23]。同一时期的另一篇文献证实,西方征服者对于被征服者继续按照原来的方式管理,从他们那里的征伐的税役与他们在希腊皇帝统治下所承受的分量完全一样(*debemus in suo statu tenere*, *nihil ab aliquo amplius exigentes*, *quam quod facere consueverant temporibus graecorum imperatorum*)。[24] 关

---

[23] 塔菲尔和托马斯:《威尼斯共和国的古代贸易及国家历史文献》,I,513。(此处为拉丁文,意为:曼纽尔皇帝逝前将这片采邑授予吾父。——译者)

[24] 塔菲尔和托马斯:《威尼斯共和国的古代贸易及国家历史文献》,II,57。(此处为拉丁文,意为:我们将保持原臣属的税赋负担同以前一样,不超出他们在希腊皇帝治下的份额。——译者)

于拜占庭领土上封建关系研究方面的更多的资料见于《莫里亚编年史》中,此书包括了关于这一问题研究的丰富资料。普洛尼亚制度在整个中世纪的拜占庭都存在,一直到帝国的灭亡。

对于拜占庭帝国普洛尼亚制度的研究,以及有关恩地和军事服役份地的研究,值得我们特别关注,而且有可能获得最重要的成果,[25]它的意义不仅在于可以使人们更好地、更正确地全面了解拜占庭的土地经营情况和其内部生活,而且有助于将它同其他国家,包括西方国家、斯拉夫国家和伊斯兰国家,及后来的奥斯曼帝国进行生动而有益的比较。

Pronoia 一词在塞尔维亚文献中经常出现。在俄罗斯历史上,*pronoia* 有时可以与俄罗斯的 *kormlenie*(供养地)相比。这是古代罗斯的传统:古罗斯贵族被赐予城镇或行省作为 *kormlenie*,通常是一块土地,作为服军役的报酬;这些贵族于是有机会从地方居民那里获得食物(*korm*)、礼品和费税,并对当地进行司法及行政的管理,但是俄罗斯的 *kormlenie* 并不意味着占有这块土地,而仅在于使某一城镇或行省的管理者有权享受这一领地上的岁贡。因此,拜占庭的 *pronoia* 与莫斯科公国的 *pomestye* 更为相似,这种 *pomestye* 是一临时占有的领地,条件是占有者提供军役义务,后来,这种制度就迅速有了等级制的特点。

罗马的庇护制(*patrocinium*)或者是西欧类型的侍从-附庸(*commendatio-mundium*)模式在拜占庭也很普遍。狄奥多西和

---

[25] 关于普洛尼亚制的研究,见穆塔弗奇也夫《13—14 世纪拜占庭的边界领地和士兵》,37—61。奥斯特洛戈尔斯基:《普洛尼亚制》(1951),以塞尔维亚文撰写。

查士丁尼的法典中都有相当一些敕令涉及这类问题,自4世纪以后,接受庇护者(在法典中称之为 *patrocinium*)受到了严重的惩罚,因为穷人将他们自己置于其富裕而有势力的邻居们的庇护之下,希望以此方式逃避国家的各种义务,特别是沉重的税收,对此,国家是不能认可的。在查士丁尼的法典和后来皇帝们的立法中,有一个希腊语词能够与拉丁语词 *patrocinium* 相对应,此即 *prostasia*,意为"代表某人利益,庇护者,保护者",而不论它以什么形式出现,都是国家所禁止的。尽管中央政府采取了禁止性的措施,大土地所有主(权势者)仍然继续着他们获利甚好的庇护制或是 *prostasia*,在国家的纳税人群之间设立了一派中间势力,皇帝的权威不能控制这种罪恶。罗曼努斯·雷卡平于922年签发的《新律》禁止"权势者"从穷人手中接受任何财产,提到了富裕者压迫穷人的各种方式,其中就有 *prostasia*,即庇护制。

　　拜占庭也有过豁免制度,被称为 *exkuseia* 或 *exkusseia*(ἐξκουσσεία),这仅仅是拉丁语词 *excusatio*(动词为 *excusare*)的希腊语动词ἐξκουσεύειν,或ἐξκουσσεσθαι的简化形式,其意义是相同的。对这种豁免制度特别重视的学者们发现,最早出现的颁赐豁免权的帝国文献(即黄金诏书)是在11世纪中期(1045年),因此人们不能从这一制度中看到距此太久远的罗马时期豁免制度的残余因素,于是试图从其他方面解释它的起源。有一个学者,即 N. 苏沃洛夫把拜占庭豁免制度,即 *exkuseia* 的起源推至西方的传统习俗,它以日耳曼形式传入拜占庭。按照他的意见,"在晚期拜占庭的豁免制与罗马法中的豁免制度中找不到任何历史的联系。即使我们假设日耳曼人的豁免权有着罗马的根源,但它进入拜占庭帝国时,已经带有了法兰克的形式"。㉑ 另一位专门研究 exkuseia（豁免）问题的学者 P.雅科文科（P.Yakovenko）不同意上述意见；他认为,这种豁免制度独立地产生并发展于拜占庭,他还拒绝承认拜占庭的豁免权与罗马时期的豁免权有任何联系,因为在此两种体系中存在着明显的差别。"exkuseia 体制的起源是由于罗马国家体制的退化引起的拜占庭内部政治的无序。与此同时,公法与私法原则的混淆也有一定的影响。由于这些原因,exkuseia 制的核心产生了；国家官员被禁止进入得到特许权的领地,接受豁免权的人也获得了在此领地上征收国家岁入的权力。"㉑

在罗马的立法文献中,拉丁语 immunitas 和 exkuseia 在意义上是一致的,一些著名的法学家试图在此二者之间找到一些确定的区别,却没有最后的结果。㉘

在狄奥多西和查士丁尼的法典中,有一些严厉的条款禁止税收方面的豁免权,其中谈及豁免权时用的是 immunitates 或动词形式 excusare。

拜占庭时期的文献在涉及赐予豁免权（exkuseias）问题时,认为多数受益者是修道院。据这些条例,拜占庭皇帝以豁免证书形式赐予受益人的特权,主要涉及禁止皇帝的官员进入有特权的领地,这些地区享有免税权和司法权等；换言之,在这里,是以西方封

㉑ N.苏沃洛夫：《拜占庭年鉴》,XII(1906),227—228。

㉑ 见《论拜占庭豁免权的历史》(On the History of Immunity in Byzantium),38、46、63。

㉘ 见《论拜占庭豁免权的历史》,6。亦见 C.乌斯宾斯基"拜占庭帝国的豁免权"("Exkuseia-Immunity in the Byzantine Empire"),《拜占庭年鉴》,XXIII(1923),76。

第八章 尼西亚帝国(1204—1261年)

建模式出现的真正的中世纪豁免权。

人们通常认为,最早赐予上述豁免权的皇帝诏书出现于11世纪中期。但这并不足以证明,在此以前没有颁赐过豁免权,尤其是传至今日的11—12世纪这类文献的表达方式和风格表明,豁免权的概念在当时已经相当普遍,而且确定无疑、众所周知,不需要任何解释。但这还不是全部理由。9世纪晚期到10世纪的马其顿王朝的皇帝们赐予阿索斯山修士们的特许状中,已经包含了豁免权的所有相关因素。瓦西里皇帝(867—886年在位)颁布的一则特许状,保护所有那些"选择了在阿索斯山的修道生活"的修士们免于受到军事指挥官、帝国官员、市民个人和农民的干扰,以"使任何人不得进入阿索斯山的圣处,打扰这些修士们"[19]。这一特许状在瓦西里的儿子智者利奥六世时期(886—912年在位)得到了重申。另一则重申这则"早期统治者"批准的特许状的文件是10世纪前半期由罗曼努斯一世雷卡平(919—944年在位)签署的。[20] 在划分阿索斯山地界的其他现存的10世纪文献中,也都提到此前历代皇帝们的特许状;这些特许状是在7世纪和8世纪早期由君士坦丁四世(668—685年在位)、受劓刑者查士丁尼二世(685—695年、705—711年在位)和第一位恢复圣像崇拜的女皇伊琳娜(797—802年在位)以及她的儿子君士坦丁六世(780—797年在

---

[19] P.乌斯宾斯基:《基督教的东方,阿索斯山》(*The Christian Orient Athos*),III(1),37,295。

[20] 同上书,45、49、298、299。

位)颁布的。㉑ 当然,人们不可能确切说明这些文献包含哪些内容,但是根据阿索斯修士们对于土地划分问题的争议来看,可以假定,这些文件也提到了豁免权。㉒

刻在一则铭文中的、皇帝查士丁尼二世于688年9月颁布的敕令,可以视为早期"豁免权"的实例。在这则敕令中,查士丁尼二世将萨洛尼卡的一块盐田赐予圣德米特里教堂,使它"从此以后直到永远"成为教堂的财产,它将被免除以前的任何义务。在他的敕令中,查士丁尼二世坦率地说明了他赐予这块盐田的目的,是要使这块盐田上的全部收益用于教堂照明、僧侣的日用支出、维护教堂建筑的必要花费和僧侣们的所有其他需要。㉓

享有特权的修道院往往被称为修道院公爵领(monastery-princedoms)㉔,它们是在查士丁尼大帝(527—565年在位)时期发展起来的,这些修道院的豁免权可能与4世纪时君士坦丁皇帝和他的继承者赐予基督教僧侣的特权有关。㉕ 事实上,所有这些零星文献中所涉及的豁免权问题,都完全是涉及修道院生活的。但是,许多早期的特许文献业已丢失,而且,关于拜占庭豁免权的问题所做的相关研究,尤其是它在11世纪以前的历史情况,非常之

㉑ P.乌斯宾斯基:《基督教的东方,阿索斯山》,51。
㉒ C.乌斯宾斯基:"拜占庭帝国的豁免权",《拜占庭年鉴》,XXIII(1923),99。
㉓ A.A.瓦西列夫:"查士丁尼二世688年9月颁布的一则敕令"("An Edict of the Emperor Justinian II,September,688"),《史鉴》,XVIII(1943),9。
㉔ C.乌斯宾斯基:《拜占庭史纲要》,187,190—191,195。
㉕ 关于修道院豁免权的详细情况,见 C.乌斯宾斯基"拜占庭帝国的豁免权",《拜占庭年鉴》,XXIII,99—117。

少。许多拜占庭资料,包括历史、年代纪、圣徒生活等,都已经出版,却很少有人从豁免权的角度对之进行研究。如果这些现成的文献得到了充分研究,那么,也会出现一些新的、更重要的、涉及拜占庭世俗人士的豁免权方面的资料。也许可以因此确定,拜占庭豁免权的起源可上溯至罗马的豁免权制度,并且是基督教帝国从异教罗马帝国那些承接下来的复杂的社会遗产的一部分。㉓

关于拜占庭帝国的庇护制(prostasia)和豁免权(exkuseia)问题的进一步研究,对于更好地理解拜占庭的内部生活和其邻国阿拉伯帝国和斯拉夫国家的内部历史,特别是古代罗斯国家的内部历史也是特别重要的。N.帕弗洛夫—西尔万斯基(Pavlov-Silvansky)对于古罗斯国家的封建制进行了重要研究,将西方的庇护制与俄罗斯的 zakladnichestvo(抵押)相比较,并将西方的豁免权与俄罗斯的 bayar samosud(俄罗斯贵族享有的司法权)进行对比,然而,如果该作者能够使用拜占庭的资料而不是只把自己局限于对西方资料的分析,这一成果会有更大的价值。

大土地所有主(他们在罗马帝国时期被称为 latifundia)的存在也是拜占庭帝国社会结构中的一个特点。有势力的行省中的巨富们有时对于中央政权极具威胁性,乃至于帝国中央政府不得不采取严厉的措施对付他们,但时常是不成功的。

在这方面,积极地反对大土地所有主的查士丁尼大帝统治时期,有着特别重要的意义。普罗柯比的《秘史》和查士丁尼的《新

㉓ 乌斯宾斯基否定这一点;他写道:"拜占庭的豁免权并不是从罗马的豁免制度中继承下来的。"见 C.乌斯宾斯基"拜占庭帝国的豁免权",《拜占庭年鉴》,XXIII,115。

律》披露了关于此问题的重要资料;带有偏见地、片面地编撰的6世纪作品《秘史》显然反映了大地主的思想和他们的利益,但只要使用得当,它仍然是反映当时拜占庭内部生活的一部最有价值的资料。《秘史》和查士丁尼的《新律》揭示了拜占庭皇帝反对以大地主为基础的贵族阶层的斗争,这场斗争不仅反映了6世纪的情况,而且持续到此后很久。查士丁尼的一则针对卡帕多细亚省督的《新律》,谴责了这一地区各行省的国有和私有地产主们在地方富豪的肆意盘剥下所遭遇的无助状态,其中有如下的重要内容:"朕闻得各行省中官员的滥用职权达到如此登峰造极的程度,乃至于其上层机关的任何人亦无法纠正之。朕甚至羞于提及那些被保镖所簇拥着到处招摇过市的大地产的庄头们是多么无耻至极,他们正在如何被大批下等人所追随,在无耻地掠夺一切。"接着,在列举了一些私人地产后,《新律》继续阐述:"国家财产已经尽入私囊,因为它们被掠夺、被侵吞,甚至包括所有那些马匹,而且,竟然没有一个人会站出来讲公道话,因为所有的人被他们用黄金堵住了嘴。"[27]从这些论述来看,卡帕多细亚的大地主们对于所在行省有着完全的支配权,而且他们拥兵自重,或者其他武装人员或保镖等,控制着私人和国家的土地。关于查士丁尼时代埃及的相似情况,也可以在草纸文献中发现。一个著名的大土地贵族阿比安家族在6世纪埃及的许多地方占有巨量的地产。整片的村庄都是他的私产。他的住宅几乎就是皇宫。他有自己的秘书、看门人、成群的奴仆、自己的估税员和征税人、自己的司库、自己的

---

[27] 《新律》,30,5;舍埃尔-克罗尔编,228;扎哈利亚·冯·林根塔尔编,I,268。

保安，甚至自己的邮政。许多这样的大地主私设监狱并养着自己的军队。[28]

为了对付大地主，查士丁尼进行了无情的斗争。他以多种方式有意识地、持续不断地摧毁大地产。但是他没有完全成功，大地产直到帝国后期仍然保持着它的活力。

一方面，查士丁尼是世俗大地产的确切无疑的敌人，另一方面，他却致力于保护和增加教会和修道院的财产。在拜占庭帝国，查士丁尼时代是教会和修道院大地产形成的最重要时期，这些享有豁免权的大地产形成了诸如修道院公爵领或修道院采邑等封建的中心。根据一位历史学家的意见，它们在拜占庭的地位，相当于西欧的公爵领和伯爵领。[29]但是，西欧封建领地的特点首先是，它们是不稳定的、软弱的且有时是与中央集权相分离的。从封建的角度看，拜占庭修道院的大领地，是由反封建的因素创立和管理的，管理修道院的住持(igumens)拥有全部的权力，实际上是他们自己领地上的君主或独裁者。也许这就是拜占庭封建制的一个最典型的特点。

在拜占庭教会和修道院的大地产形成过程中，7世纪是最为重要的时期。自从阿拉伯人占领了修道主义特别繁荣的巴勒斯坦和埃及之后，相当一部分修道士逃到了帝国的内地；旧的修道院挤

---

[28] H.I.贝尔："拜占庭属埃及的奴隶制"("The Byzantine Servile State in Egypt")，《埃及考古杂志》，IV(1917)，101—102。A.A.瓦西列夫：《拜占庭帝国史》(法文版)，I，208。关于阿庇安家族的情况和它的财产，见 E.R.哈尔迪(E.R.Hardy)《拜占庭埃及的大地产》(The Large Estates of Byzantine Egypt)。

[29] C.乌斯宾斯基：《拜占庭史纲要》，198。

满了避难者,新的修道院也建立起来。因此,7世纪后半期和8世纪早期可以认为是修道院大地产发展的鼎盛时期。修道院享有种种特权,削弱了国家财政;随着大批强壮男丁进入修道院从而免于服军役,又削弱了帝国的军事力量。国家对此是不能容忍的。瓦西列夫斯基说:"没有任何疑义,我们可以推断,早在破坏圣像运动之前,东方教会在占有土地的规模上与西方教会相比已经毫不逊色。法兰克国王们早就开始抱怨说,他们的国库已经衰竭,他们的财富都转移到了主教们和修士们手中;到7世纪末,法兰克国家有三分之一的土地已经属于教会。我们相信,在同一时期的拜占庭帝国,许多情况与在法兰克国家是一样的。"[20]

可以设想,以破坏圣像政策著称的伊苏里亚诸帝所进行的斗争不仅仅是针对圣像本身,也是针对修道院的地产或修道院的封建制的斗争。[21] 在破坏圣像时期,拜占庭修道院的土地被无情地没收,那些并非是由于宗教的动机,而是为了免于担负各类国家规定义务而进入修道院的僧侣们以及那些附属于修道院地产的人,因此而被迫承担他们对国家的责任。

---

[20] "拜占庭国家内政史料"("Materials for the Internal History of the Byzantine State"),《公众教育部杂志》,CII(1879),222。另见瓦西列夫斯基《著作集》,IV,319—320。

[21] C.乌斯宾斯基特别强调这一点,见他的《拜占庭史纲要》,213;亦见 N.约尔加"破坏圣像运动的起源"《罗马科学院历史部通报》,XI,(1924),147—148;约尔加:《拜占庭生活史》,II,32—43。夏尔·迪尔和 G.马尔赛:《东方世界,395—1081》,263,特别是注 46。这一观点受到 G.奥斯特洛戈尔斯基的强烈反对,见他的"论伊苏里亚时期的所谓的改革活动"("Ueber die vermeintliche Reformtatigkeit der Isaurier"),《拜占庭杂志》(德文),XXIX(1929—1930),399 页注 2。亦见奥斯特洛戈尔斯基"中世纪拜占庭的农业状况"("Agrarian Conditions in the Byzantine Empire in the Middle Ages"),《剑桥欧洲经济史》,I,208—209。

但是，随着破坏圣像运动的结束，以及马其顿王朝的皇帝登上皇位，情况发生了变化。修道院的数量再次迅速增长，所掌握的土地数量也迅速地增长。破坏圣像的皇帝们暂时中断的，在教会和修道院中发生的封建化的过程又开始以一种无法估量的方向发展，甚至有时危及了中央政府的权力。法国学者查尔斯·迪尔在写到这一时期时说："（对小地产的）掠夺在继续；大土地贵族的势力一直在增长；封建主义一直在发展。在9世纪，这种危机已经特别严重。"㉒

在帝国的政治生活中，6世纪末的总督与西欧的封建领主、公爵、伯爵等有极其相似之处。这些总督在皇帝莫里斯统治时期（582—602年）是两片大领地，即北非的迦太基总督区和拉文纳总督区的统治者。总督们（*exarchs*）首先是军事指挥官，后来逐渐地在他们手上集中了行政和司法权，并对总督区里的教会事务有了最终决定权。无论何时，只要总督进入罗马城，人们总是像迎接帝王一样地迎接他们。总督们进入罗马城的典礼后来成为迎接法兰克国王和德意志皇帝所参照的模式。例如，774年查理大帝进入罗马城时，就是按照当年迎接总督的仪规进行的。在整个中世纪，罗马城都按照这一模式迎接帝王们。㉓ 因而，毫不奇怪，迦太基和

㉒ 夏尔·迪尔《拜占庭兴衰史》，167。

㉓ L.杜切斯内：《大主教手册》，I，497：cum adclamationum earundemque laudium vocibus ipsum Francorum susceperunt regem, obviam illi eius sanctitas dirigens venerandas cruces id est signa, sicut nos est exarchum aut patritium suscipiendum, eum cum ingenti honore suscipi fecit（在教宗哈德良时期，772—795年，对查理大帝的入城式的描述）。E.埃赫曼（E.Eichmann）："西方皇帝加冕仪式研究，II，关于皇帝加冕礼的地点"（"Studien zur Geschichte der abendländischen Kaiserkrönung, II, Zur Topographie der Kaiserkrönung"），《历史学年鉴》，XLV(1925)。E.坎塔罗维茨（E.Kantarowicz）："'国王驾临式'和圣萨拜那门上神秘的镶嵌板"（"The 'King's Advent' and the Enigmatic Panels in the Doors of Santa Sabina"），《艺术通讯》（*The Art Bulletin*），XXVI(1944)，211页注23。

拉文纳的总督们一次又一次揭竿而起,向皇帝的宝座挑战。7世纪初非洲总督希拉克略的起义,导致了拜占庭帝国以这位总督的儿子(也叫希拉克略)为帝的新王朝的建立。

与此相关的是莫里斯皇帝统治时期,这两位几乎是完全独立的总督受命在莫里斯死前数年病重期间为他草拟遗嘱。这一遗嘱显然在莫里斯生前无人知晓,是在希拉克略时期被发现和披露出来的。遗嘱中,莫里斯将帝国分给自己的儿子们:他指定将君士坦丁堡和东方各行省分给他的长子;罗马、意大利和地中海上诸岛给他的幼子们。㉔ 这一遗嘱没有得到实行,因为602年发生了革命,莫里斯皇帝被推翻;但这一遗嘱显然是一次典型的封邦建国的企图,这种分封行为在西方所谓"封建时期"(appanage)的墨洛温王朝和加洛林王朝以及古罗斯都是经常发生的。

新的行省制度,用拜占庭的词汇说,即"军区"(theme)制的形成过程,它的组织结构也可以用作从事封建比较的资料。在7世纪,由于波斯人、阿拉伯人和保加利亚人、斯拉夫人的威胁,拜占庭实行了一种新的行省组织,在一些大的区域内指定一位军事首领,使他逐渐取得对于行政事务的最高控制权。后来,这些行省总督在9—10世纪时就逐渐将他们的权力和职衔在家族内一代一代传续;他们于是成为自己管理的行省中世袭的统治者,摆脱了皇权的控制。㉕ 他们的地位相当于西方同时代的世袭公爵和伯爵们。

在小亚细亚的东方前线上与阿拉伯人几乎不间断的战争导致

㉔ 塞奥菲拉克特·西莫加特:《历史》,VIII,2,7;德博尔编,305—306。

㉕ 从圣徒的传记中可以发现一些这样的实例,见 A.鲁达科夫(A.Rudakov)《以希腊圣徒传记资料为依据的拜占庭文化简史》(*Outlines in Byzantine Culture Based on Data from Greek Hagiography*),201—202。

了所谓"边境武士"(akritai)的出现。Akrites(复数形式为akritai)在拜占庭时期用于指代帝国边防线上的保护者,它来自希腊语词汇 akra,即"边境"。这些边境武士有时相对于中央政府保持一定的独立性,因此有理由将他们与西欧封建时期的边地侯(margraves)们(意为边境上*的统治者)相比,也有理由将他们与俄罗斯历史上乌克兰(ukraina,意即边境)的哥萨克相比。在这些边境地区,战事连绵不断,毫无"安定"可言,用一位法国历史学家 A.兰姆鲍德(Rambaud)的话来说:"人们感觉到远离拜占庭帝国,而且人们甚至不是生活在一位英明的君主管理下的行省,而是在西方那样混乱无序的封建状态下。"㉓英国历史学家 J.B.柏里说,在东方与萨拉森人(阿拉伯人)进行的不间断的斗争,促进了一类新的战士(kavallarios,即骑士,德语称 Ritter)的出现,"他们心中充满了冒险精神,习惯于不受皇帝和军事领袖之权威的束缚……在10世纪,他们中间的许多人占有着大片的领地,更像是西欧那样的封建男爵,而不像罗马的军官"㉔。小亚细亚著名的福卡斯家族、斯克莱鲁斯家族、马雷努斯家族、菲罗卡尔家族都是小亚细亚大地主的典型代表,他们占有大片的地产,不仅是帝国社会中的特殊阶层,而且由于他们能够在自己的周围集结自己的军队,成为统治者家族的严重政治威胁,马其顿时期的瓦西里二世(976—1025年在位),与他们进行了不妥协的、坚持不懈的斗争。马其顿朝诸帝颁布的保护小土地所有主的诸多《新律》再一次表

---

* 此处用的是日耳曼传统词汇 march,即"马尔克"。——译者
㉓ 《拜占庭历史研究》,73。
㉔ 《骑士传奇》,17—18。

明，从国家的角度看，大地产的发展对国家有何等严重的威胁。

11世纪的艰难时期的特征是小亚细亚那些依仗军事力量的大土地所有主与中央政府的斗争。斗争的结局是1081年，大土地所有主的代表人物阿列克修斯·科穆宁夺取了皇位，建立了一个持续时间较长（1081—1185年）的王朝。但是，阿列克修斯被迫承认特拉布松是一个几乎完全独立的国家。并且在他统治时期，他采取了严厉的措施反对教俗界的大土地所有主。反对大土地占有者的尖锐斗争发生在科穆宁朝的最后一代皇帝安德罗尼卡一世（1182—1185年在位）时期。但是，在安吉列王朝时期，大地产的势力又取得了优势。

随着十字军时期的到来，西方十字军人和其他西方人士出现了。开始，他们只是路过拜占庭的领地；后来，特别由于曼纽尔皇帝的亲拉丁政策，他们大批定居，深入到拜占庭社会和经济生活的所有领域。最后，在第四次十字军之后，他们占领了拜占庭的大部分领土。到这一时期，拜占庭的封建化过程已经取得了确定的形式。西方人发现，在帝国的所有方面，没有任何东西会令他们感到新奇。

大批重要的、可用来研究十字军时期拉丁人占领地的封建制情况的资料，可见于这些国家编纂的法典中。其中，占首要地位的是所谓《耶路撒冷法典》（*Assises of Jerusalem*）或曰《圣墓文献》（*Letters of the Holy Sepulchre*）。这一文献，据后来的耶路撒冷文献确认，出现于耶路撒冷王国的第一位统治者戈弗雷时期。当然，这里并不涉及关于该法典的诸多不同版本的复杂的争议性问

第八章 尼西亚帝国(1204—1261年)

题,以及所有涉及原法典和后来的《耶路撒冷法典》之间关系问题的讨论。该法典,无论起源如何,都是纯粹的13世纪的法典,而且,"《耶路撒冷法典》是以第一次十字军人带到东方的11世纪的封建法典为基础的"[28]。该法典不仅有助于更好地理解与地方条件有关的基督教东方的封建关系,而且有助于全面理解封建制度问题。一位专门研究耶路撒冷王国制度的法国历史学家迦斯东·多迪写道:"《最高法庭法》(Assises de la Haute Cour,该法规是《法典》中涉及拉丁王公与他们的附庸之间关系的那部分)代表了最古老、最纯粹的法国封建制的表述方式";现存文献的编辑者们"为我们留下了完整的关于封建领地制的记载,它远胜于中世纪留给我们的任何东西"。人们必须到《耶路撒冷法典》中来"研究封建制度的真正特点"。[29] 最近,一位美国历史学者约翰·L.拉蒙特写了一部关于晚期拉丁帝国封建王权的著作,其中他强调了同样的思想,他写道:"《最高法庭法》基本上是法国的封建法律,而且,如果封建制度仅仅意味着土地贵族之间的关系的话,那么,耶路撒冷的封建制度就是西方十字军人自他们的家乡带来的纯粹的西方封建制度。它一旦建立,就一直保持下来。在西方影响封建主义的因素在缓慢发展的东方影响很有限。因此,前人所强调的是正确的,即,在耶路撒冷的封建制度中,我们能够找到几乎是典型的封

---

[28] J.L.拉蒙特(J.L.La Monte):《1000—1291年耶路撒冷的拉丁王国中的封建王权》(*Feudal Monarchy in the Latin Kingdom of Jerusalem 1000 to 1291*),97。

[29] 多迪(Goston Dodu):《1099—1291年的封建王权史》(*Histoire des institutions monarchques… 1099—1291*),36、59。

建主义形式。11—12世纪的西方制度被移植到半开化的土地上,并且保持到此后的历史时期,而在这个时期,西方已经大部分放弃了这种制度。"[20]因而,基督教东方出人意外地为学者们留下一部封建时期的法典,它确立了一种制度,西欧在这个制度下曾经度过了一个很长的时段。

第四次十字军之后,《耶路撒冷法典》被十字军人所征服的莫里亚公国所接受,也被其他建立在拜占庭领土上的拉丁占领区,包括塞浦路斯所接受;在塞浦路斯,这部法典被译成希腊文。安条克的法典可以被认为是上述《耶路撒冷法典》的一个精妙的补充,它曾经给予安条克拉丁公国以正确的立法思想。安条克法典的原件已经遗失,现存着一部亚美尼亚的翻译本,19世纪时这部亚美尼亚文的法典被译成现代法语。因而,这些法国-东方版的法典对于研究西欧的封建历史,对于研究拉丁和希腊-拜占庭东方的历史,甚至对于研究奥斯曼法典的历史有着极其重大的意义。

对于拜占庭封建制的研究刚刚开始。1879年,一位俄罗斯历史学者V.瓦西列夫斯基在讨论到"普洛尼亚"制度时,下了这样的结论,即,只是在科穆宁和安吉列时代,人们才可能注意到,在拜占庭有一种"真正的封建秩序的胚胎,但还不是发达的制度"[21]。事实上,瓦西列夫斯基从来没有对拜占庭的封建制度进行专门的研究。他甚至不能想象在11世纪末以前,科穆宁登基的时候,拜占

---

[20] 见《1000—1291年耶路撒冷的拉丁王国中的封建王权》,xx。《罗曼尼亚法典中所披露的封建制度》(*Materials for the Internal History of the Byzantine State*),P.W.托平译。(此处的罗曼尼亚,专指君士坦丁堡周围自称为罗马国土的地区。——译者)

[21] "拜占庭国家内政史料",《公众教育部杂志》,CCII(1879),415。

第八章 尼西亚帝国(1204—1261年)

庭会存在任何封建化的过程。当然,西欧社会出现的组织严密的封建等级制度制造出了一系列封建领主、陪臣和附庸,这种制度在拜占庭从来没有出现过。"但是,"如夏尔·迪尔所正确评价的那样,"在拜占庭帝国,这种强大的行省贵族已经产生了同西方中世纪国家一样的结果;特别是在国家的中央政权被削弱之后,它们成为最危险的混乱及无序的根源。"[20]

所谓的社会、政治和经济封建化的过程,在拜占庭的整个历史上都可以观察到。

---

[20] 迪尔:《拜占庭兴衰史》,178。

第九章　拜占庭的灭亡

巴列奥洛格王朝的对外政策

"君士坦丁堡,宇宙的卫城,罗马帝国的首都,曾经沦于拉丁人的手中,现在,遂上帝所愿,又重新归于罗马人的统治之下——该城蒙上帝通过朕而赐予他们。"这些话出自迈克尔·巴列奥洛格(Michael Palaeologus)的自传,他是重建的拜占庭帝国的第一位皇帝。①

帝国的总体形势

迈克尔帝国的疆域,比起科穆宁和安吉列王朝时期的拜占庭帝国的领土,特别比起第一次十字军东征之后的领土范围来说,已经大大减小了。1261年,帝国包括小亚的西北角、色雷斯和马其顿的大部分、萨洛尼卡,以及爱琴海北部的一些岛屿。因此,博斯普鲁斯海峡和赫勒斯滂海,这些非常重要的战略和贸易水路,都属

---

① 《关于他的生平》,Par.viii,收于《基督教学报》,II,535;俄文版,556;法文版见C.查普曼《迈克尔·巴列奥洛格(1261—1282年),拜占庭帝国的光复者》,172。

于重建后的帝国。伊庇鲁斯王国又回到了帝国的宗主权之下。在迈克尔统治初期,在卡斯托利亚战役中俘获了亚该亚公爵威廉·维拉杜安(William Villehardouin),作为这位公爵的赎金,迈克尔得到了伯罗奔尼撒半岛上三个坚固的法兰克人要塞:一是蒙内姆巴西亚,坐落在希腊东海岸,巨大的岩石高耸于埃皮达弗鲁斯古剧场附近的海面上。这"不仅是伯罗奔尼撒半岛最独特的地方之一,而且还有着英勇的保持独立的辉煌纪录,仅凭这一点,它就有资格在世界的堡垒要塞名单中占据一个重要的位置";②其二是出了名的坚固城堡米斯特拉;第三个城堡是马伊那,是法兰克人在塔夫盖突斯山上建立的,目的是为了监视居住在那里的斯拉夫人。这三个据点成为拜占庭皇帝的军队成功地同法兰克的公爵威廉作战的战略基地。

但是这个以前伟大帝国的残余在所有方面都受到政治和经济上强大民族的威胁:土耳其人从小亚细亚,塞尔维亚人和保加利亚人从北方威胁着他们;威尼斯人占据了爱琴海中的一些岛屿;热那亚人当然指向黑海;还有拉丁骑士占据着伯罗奔尼撒半岛和中希腊的一部分。迈克尔·巴列奥洛格甚至不能使整个希腊的中心部分联合在一起。特拉布松帝国继续保持独立和分离的状态,拜占庭在克里米亚的领地——克尔松军区及附属于它的那片被称为"哥特高地"的领土——在特拉布松的皇帝们统治之下,并向他们缴纳贡赋。伊庇鲁斯的君主国是仅有的在一定程度上依赖于重建的迈克尔帝国的地区。在迈克尔·巴列奥洛格统治下,帝国的边

---

② W.米勒:《关于拉丁东方的论文》,231。

界达到了它后期的最大范围,但这些边界仅存于他的统治时期。因此,"在这方面,迈克尔·巴列奥洛格是第一个也是最后一个光复了的拜占庭的伟大皇帝"。③ 按照法国学者迪尔所说,巴列奥洛格一世的帝国就像"一个虚弱的、残疾的躯体被安置着一个巨大的头颅——君士坦丁堡"④。

帝国的首都,在1204年的洗劫后再没有恢复元气,至迈克尔时已是虚弱不堪;最好的和最富丽的建筑物矗立在那里,好像刚刚被洗劫过;教堂珍贵的陈设品已经被抢走了;布莱舍奈宫,从科穆宁时代起就是皇家的住地,一直用它丰富的装饰和镶嵌品向陌生人炫耀,如今已经完全被毁。据一名当时的希腊人所说,在它里面,充斥着从拉丁皇帝的喧闹的酒宴中散发出的"意大利人的烟尘和气味"⑤,已经不适合居住了。

尽管从文化发展的角度看,巴列奥洛格时期的拜占庭帝国仍然具有极大的重要性,但君士坦丁堡作为欧洲政策中心的地位消失了。"巴列奥洛格重建后的帝国,几乎仅具有中世纪希腊民族王国的地域性意义。在实质上,它只是尼西亚帝国的延续,尽管它建立在布莱舍奈宫内,并以过去拜占庭帝国的古代模式为自己定位。"⑥

---

③ T.弗洛林斯基(T.Florinsky):《14世纪第二季的拜占庭和南斯拉夫人》(*The Southern Slavs and Byzantium in the Second Quarter of the Fourteenth Century*),I,23。

④ 《巴列奥洛格时期的拜占庭帝国,拜占庭研究》(*L' Empire byzantin sous les Paleologues*,*Etudes Byzantines*),220。

⑤ 乔治·帕希梅利斯:《迈克尔·巴列奥洛格》,II,31;收于《拜占庭历史文献大全》,I,161。

⑥ B.A.潘臣克(B.A.Pančenko):"拉丁人占据的君士坦丁堡和教宗英诺森三世"("The Latin Constantinople and Pope Innocent III"),《诺沃罗西亚大学历史-哲学协会年鉴》(*The Annals of the Historical-Philological Society at the University of Novorossiya*),XXI(1914),1。

第九章 拜占庭的灭亡

围绕着这个正在衰老的机体，新来者正在成长和聚集力量，尤其是14世纪在斯蒂芬·杜尚（Stephen Dušan）统治之下的塞尔维亚人和奥斯曼土耳其人。有进取心的意大利商业共和国热那亚和威尼斯，特别是前者，控制着帝国的全部贸易，帝国在财政上和经济上越来越依赖于它们。唯一的问题是，上述哪一支民族能够结束东方基督教的帝国，占有君士坦丁堡，成为巴尔干半岛的主人。14世纪的历史将使这个问题向着有利于土耳其人的方向发展。

虽然巴列奥洛格时期的拜占庭在国际政治生活领域占据次要的地位，但它的国内生活仍值得关注。在巴列奥洛格时期在希腊人中间出现了爱国主义情绪，随之有了重返古希腊的辉煌的倾向。例如，在形式上，皇帝们继续持有"罗马人的皇帝（*basileus*）*和独裁统治者"这一通常的称号，但是这个时代的一些著名人物努力劝说皇帝接受"希腊人的皇帝"这一新的称呼。这个由不同民族组成的曾经十分庞大的帝国，已经蜕变成一个领土十分有限的仅由希腊人构成的小国。在14、15世纪希腊人表现出来的爱国主义情绪和他们对光辉的希腊古代表现出的热情中，人们可以不无理由地看到促进19世纪当代希腊再生的要素。而且，巴列奥洛格时期，当东方和西方的因素都在帝国内部奇迹般地交错混杂在一起，产生了一种强有力的精神和艺术文化；考虑到当时帝国的内忧外患，这些在最初是很难预料的。在那个时代，在知识的各种领域，拜占庭不仅培养出相当多的学者和有教养的人、作家等，有时甚至

---

* *Basileus* 是希腊语对君主的称呼，在中世纪拜占庭，它成为希腊语中与拉丁词"皇帝"（*Imperator*）的对应词，取代了 *Imperator* 的地位。——译者

是很有创造力的天才。诸如卡里耶清真寺（Qahriye—jami,原拜占庭霍拉修道院的教堂）、伯罗奔尼撒半岛上的米斯特拉堡、圣山阿索斯的教堂内镶嵌艺术的丰碑都可以作为评价巴列奥洛格时期艺术创造力的重要依据。人们经常将这一艺术的繁荣与西欧原初的文艺复兴艺术，即意大利人文主义的早期艺术相比较。文学和艺术领域的这些现象，以及与19世纪和20世纪的许多学者的作品相关联的最重要的问题，都属于巴列奥洛格时期的拜占庭后期文化。

巴列奥洛格时代是拜占庭历史研究领域最少被重视的时代，其原因一方面是由于这一时期的内外历史，特别是内部历史非常复杂，另一方面是由于资料来源的丰富和多样化，许多资料还没有被出版，以手稿的形式保存在西方和东方的图书馆里。迄今为止*，还没有一部涵盖巴列奥洛格王朝所有统治者之活动的专著，现存的一些论文也只涉及这些皇帝活动的某一方面或另一方面。但有一个例外，即在1926年出现了C.查普曼（C.Chapman）的关于迈克尔·巴列奥洛格的专著，它简短、浅显，但具有通论的特点。⑦

巴列奥洛格王朝属于名门望族，从第一代科穆宁家族的皇帝开始，巴列奥洛格家族给拜占庭贡献了许多精力充沛和有天分的人，尤其是在军事领域。随着时间的推移，他们逐渐与科穆宁、杜

---

* 此处指本书英文版出版的时代。近几十年来，西方出版了许多研究巴列奥洛格王朝时期的专著，许多资料也得到整理出版。——译者

⑦ 《迈克尔·巴列奥洛格》，亦见Th.乌斯宾斯基《拜占庭帝国史》，III,607—656。

第九章 拜占庭的灭亡

卡斯和安吉列的皇家有了亲缘关系。借助于这种亲属关系的力量,第一代巴列奥洛格家族的皇帝迈克尔八世经常在帝号后签署四个家族的姓氏,例如迈克尔·杜卡斯·安吉列·科穆宁·巴列奥洛格,而安德罗尼卡二世及其共治者——他的儿子迈克尔九世在多数情况下这样做,而安德罗尼卡三世则时而这样做。后来,皇帝签名时就只签"巴列奥洛格"[⑧]了。

巴列奥洛格王朝占据拜占庭王位一百九十二年(1261—1453年),是整个拜占庭历史进程中延续时间最长的一个王朝。[⑨] 第一个登上这个动荡的、大大缩小了的东部帝国王位的巴列奥洛格皇帝迈克尔八世(1261—1282年在位),生性狡猾、残酷,但却是位天才的外交家,成功地摆脱了来自西方,即两西西里王国的威胁,挽救了帝国,并把皇位传给了他的长子安德罗尼卡二世(1282—1328年),这位安德罗尼卡"本来应成为一名神学教授,但却碰巧成了拜占庭皇帝"[⑩]。安德罗尼卡有两段婚姻,他的第一个妻子安妮是匈牙利国王斯蒂芬·杜尚五世的女儿;他的第二个妻子维尔兰塔-伊

[⑧] P.雅科文科:《拜占庭文献研究领域文集,开俄斯岛上的新修道院研究》(Studies in the Domain of Byzantine Charters, The Charters of the New Monastery in the Island of Chios),79—80。亦见海森伯格《巴列奥洛格时期的历史和文献》,26(安德罗尼卡二世和他的两个家族姓氏)和图表 III(安德罗尼卡二世巴列奥洛格。V.劳伦特:"巴列奥洛格早期皇帝的谱系"("La Généalogie des premiers Paléologues"),《拜占庭研究》(布鲁塞尔),VIII(1933),125—149。早期巴列奥洛格家族的谱系(11、12世纪),至迈克尔八世和他的兄弟们时期终止,146;比较简明的谱系表,见148—149。另见狄奥多勒·斯潘都吉诺(Theodore Spandugino,1538年以后去世)所记载的不大可靠的巴列奥洛格家族的谱系表,收于 C.萨塔斯《中世纪希腊文献目录》,IX,175。

[⑨] 马其顿王朝统治的时间仅次于巴列奥洛格王朝,延续了189年。

[⑩] W.米勒:《雅典的加泰罗尼人》(The Catalans at Athens),4。亦见《利凡特的拉丁人》,176。

琳娜是北意大利的蒙斐拉侯爵的妹妹。维尔兰塔在她哥哥死后，成为侯爵领地的女继承人；作为拜占庭皇后，她不能继承领地，就把她的一个儿子送到那儿，在蒙斐拉建立了巴列奥洛格王朝的统治。该家族在那里的统治一直传续到16世纪前半期。⑪

安德罗尼卡在1295年给他前妻所生的长子迈克尔戴上帝国皇冠。迈克尔于1320年，先于其父去世，在历史著作中经常称他为他父亲共治皇帝的迈克尔九世。迈克尔曾计划迎娶库尔特奈家族的卡特琳娜，她是有名无实的罗马帝国（前拉丁帝国）皇帝的女儿，教宗对此计划很感兴趣；⑫但是最后，迈克尔娶了一位亚美尼亚公主克塞尼亚-玛丽亚。

迈克尔九世之子，即安德罗尼卡二世的孙子小安德罗尼卡，是父亲有生之年和他祖父在世时期的最爱。但是小安德罗尼卡轻率浮华，风流韵事不断，由于他的一次莽撞行为，其兄长被意外谋杀，其父亲迈克尔九世随之英年早逝。这完全改变了祖父对他的态度。不久祖孙两人之间爆发内战。反对老安德罗尼卡的一方形成了一个强大派别，其精神领袖是后来著名的坎塔库津（Can-

---

⑪ 维尔兰塔-伊琳娜死于1317年。见 F.科戈纳索："迈克尔九世巴列奥洛格为蒙斐拉的狄奥多勒一世颁布的金玺诏书"（"Una crisobolla di Michele IX Paleologo per Teodoro I di Monferrato"），《拜占庭研究杂志》（意大利），II(1927)，43。

⑫ 关于这一主题，见 G.I.布拉提亚努（G.I.Brătianu）"关于皇帝迈克尔九世巴列奥洛格与库尔特奈的卡特琳娜的婚姻安排（1288—1295年）"（"Notes sur le projet de mariage entre l'empereur Michel IX Paleologue et Catherine de Courtenay, 1288—1295"），《东南欧历史杂志》，I(1924)，59—63。C.马林内斯库："关于皇帝安德罗尼卡二世的两个儿子与拉丁人公主的婚姻安排的尝试"（"Tentatives de mariage de deux fils d'Andronic II Paléologue avec des princesses latines"），《东南欧历史杂志》，I，139—140。

tacuzene)。内战以小安德罗尼卡的胜利而告终,1328年,小安德罗尼卡突然占领了君士坦丁堡并迫使老安德罗尼卡退位。被他废黜的老皇帝以修道士的身份结束了余生,死于1332年,他的长期统治对拜占庭帝国来说是衰败的新时期。

在小安德罗尼卡(1328—1341年在位)的政权中,居于首位的是参与叛乱的主要头目约翰·坎塔库津,帝国的内部行政管理和外交事务都落入他的手中。新皇帝像以前一样放纵于娱乐活动和狩猎聚会,他感到自己没有兴趣忙于处理政府事务,但他参与了其统治时期的多次战争。坎塔库津并不满足于他获得的巨大影响力,因为他的目标在于帝国的皇位,或至少是全权的摄政者。在安德罗尼卡政府统治的十三年间,这一想法一直主宰着坎塔库津,并且是激发他所有行为的动力。安德罗尼卡的母亲、寡妇克塞尼亚·玛丽亚和他的第二位妻子,西方的公主萨瓦的安妮⑬,都敌视坎塔库津。但是他以各种阴谋手段成功地保持了自己的权位,直到安德罗尼卡死去。

1341年安德罗尼卡三世死时,他的长子、新皇帝约翰五世(1341—1391年在位)只有差不多11岁。在围绕少年皇帝王位的长期内战中,约翰·坎塔库津扮演了主要角色。为了对付约翰·坎塔库津,帝国内形成了一个强大的集团,其中包括萨瓦的安妮,她已经被宣布为摄政;还有她的同党、坎塔库津从前的亲信,野心勃勃、精力充沛的君士坦丁堡牧首阿列克修斯·阿波考库斯;以及其他人等。这场14世纪的内部冲突的典型特征是外族人的参与,

---

⑬ 安德罗尼卡与德意志公主伊琳娜的第一次婚姻没有留下子嗣。

塞尔维亚人、保加利亚人,特别是塞尔柱突厥人和奥斯曼土耳其人时而支持这一党,时而支持另一党,追逐着各自的政治目标。安德罗尼卡三世去世几个月后,坎塔库津在色雷斯的一个城市中宣布自己为皇帝(称约翰六世)。不久,在君士坦丁堡隆重举行了约翰五世巴列奥洛格的加冕礼。这样,在帝国境内出现了两个皇帝。坎塔库津获得了土耳其人的强有力支持(他甚至把他的女儿嫁给了一个奥斯曼苏丹),因此他占了上风。他的主要对手阿波考库斯在君士坦丁堡被杀。坎塔库津在亚得里亚堡接受了耶路撒冷牧首的加冕,这位牧首把一顶金冠戴在新皇帝的头上。然后首都向他敞开了大门。摄政太后萨瓦的安妮被迫屈服,坎塔库津被承认为是同约翰·巴列奥洛格享有同样地位的皇帝。1347年,坎塔库津第二次加冕,他的女儿嫁给了年轻的巴列奥洛格皇帝约翰五世。坎塔库津的雄心勃勃的计划实现了。

这一年,罗马市府被一个著名的、满怀罗马共和国过去辉煌回忆的梦想家,即保民官科拉·迪里恩佐(Cola di Rienzo)控制了一个时期。坎塔库津向他派了一个大使,带着一封贺信,祝贺他取得了对罗马的权力。⑭

在约翰五世巴列奥洛格被推到后台期间,坎塔库津的残暴统治对这一时期的国际关系产生了重要影响。对坎塔库津来说,他须全力去取代巴列奥洛格家族;他宣布其子为共治皇帝和继承者,并禁止人们在教堂和公共节日中提到约翰·巴列奥洛格的名字。

---

⑭ 科拉·迪里恩佐:《书信集》,A.加布列利(A.Gabrielli)编,收于《意大利历史文集·书信集》中,XIV 页注 6。

第九章 拜占庭的灭亡

但坎塔库津在民众中的影响正在逐渐减弱，土耳其人在欧洲的立足给他的声望以致命一击。在热那亚人的帮助下，约翰·巴列奥洛格于1354年底进入了君士坦丁堡。坎塔库津被迫退位后，取了约萨法（Ioasaph）的教名退隐修道院，在撰写他的重要回忆录中度过了余生。⑮ 巴黎国家图书馆保存的一份希腊文手稿中保存了两幅重要的坎塔库津的微型画像，其中一幅中有两个坎塔库津，一个穿着皇袍，另一个穿着修道士的道袍。他的儿子也随之退位。

约翰五世巴列奥洛格最终成为了唯一的皇帝，但在毁灭性的内战和对外战争失败后，他接受的是一份可怜的遗产。T.弗洛林斯基（T.Florinsky）说道："一些岛屿和一个行省（色雷斯）完全毁灭了，人口大为减少，贪婪的热那亚人在靠近首都的海峡岸边得到了一个立足点，在海峡的另一边则出现了强大的土耳其人国家。这就是他必须统治的帝国。"⑯

约翰家族的麻烦并没有就此结束。约翰五世素来与自己的长子安德罗尼卡不睦，后者于1376年在热那亚人的帮助下废黜了老约翰，并加冕称安德罗尼卡四世（1376—1379年在位），他的儿子约翰同时成为共治皇帝。老约翰五世和他最喜爱的儿子和继承者曼纽尔却被送入监狱。1379年，约翰五世成功逃出，在土耳其人的帮助下恢复了皇位。约翰五世和安德罗尼卡达成了一项协议，该协议一直持续到1385年后者去世。此后，约翰五世无视他孙子的权利，而为其子曼纽尔加冕，使之成为自己的共治皇帝。终于，

---

⑮ 坎塔库津死于1383年。
⑯ 弗洛林斯基：《14世纪第二季的拜占庭和南斯拉夫人》，I，135。

就在约翰五世统治末期,他的孙子发动了反对他的叛乱。1390年,小约翰控制了君士坦丁堡,并作为皇帝约翰七世统治了几个月。来自威尼斯档案馆的新文献表明,1390年约翰的叛乱是由苏丹巴耶齐德组织的。同往常一样,威尼斯元老院经由她的商人而对君士坦丁堡的局势了然于胸,显然可以断定,当时巴耶齐德很可能控制着拜占庭的皇位。无论如何,1390年在威尼斯给那些将要去君士坦丁堡的特使的指示中,告诫他们:"如果在君士坦丁堡发现穆拉德的儿子[巴耶齐德],你必须设法从他那儿获得对威尼斯船只实行扣押的解除令。"⑰由于曼纽尔的积极努力,约翰五世得以复位。1391年初,经过长期的、飘摇不定统治的约翰五世死去,他的儿子曼纽尔成为皇帝(1391—1425年在位)。

这位新皇帝登上王位之前不久,娶了北马其顿统治者君士坦丁·德拉戈什(Constantine Dragosh)的女儿海伦,她是斯拉夫人,或者如C.吉莱切克(C.Jireček)所说,是"唯一成为拜占庭皇后的塞尔维亚人"⑱。她生了六个儿子,其中两个是拜占庭最后的皇帝约翰八世和君士坦丁十一世;人们经常用他的外祖父的斯拉夫名字称君士坦丁十一世为德拉戈什(Dragases)。因此,帝国皇位上这两个最后的巴列奥洛格家族成员,都有一半斯拉夫人血统。海伦的一幅标以巴列奥洛格姓氏的画像,可见于巴黎卢浮宫博物

---

⑰ M.西尔伯施密特(M.Silberschmidt):《土耳其帝国入侵时期的东方问题》,66—68。

⑱ "伊庇鲁斯国君的寡妻与她的儿子"("Die Wittwe und die Söhne des Despoten Esau von Epirus"),《拜占庭与当代希腊年鉴》,I(1920),4;年谱表,6。在她去世之前,海伦隐居于一个叫作伊波梅尼的女修道院中。一些历史学家称君士坦丁十一世的母亲为伊琳娜,而不是海伦。

馆内一珍贵的希腊手抄本上一幅美丽的微型画中,画上描绘了曼纽尔皇帝和他的妻子海伦以及他们的三个儿子被圣母玛利亚加冕的场景。卢浮宫的珍藏品中,还有伪丢尼修(St.Dionysius)的作品,这一手抄本是在曼纽尔从巴黎返回到君士坦丁堡之后几年作为礼物送给巴黎的。⑲ 海伦的另一幅肖像画被保存在一个铅制印章(molybdobullon)上。⑳

曼纽尔其人,潇洒,高贵,受过良好教育,富于文学天才,甚至年轻时在其父亲生前就明确地感到他所继承的帝国面临的所有恐怖形势和耻辱。当他父亲将萨洛尼卡统治权托付给他时,他开始同这座被苏丹穆拉德的军队所占领的马其顿城市的全体居民谈判,希望打败土耳其守备军,把该城从土耳其人束缚下解放出来。苏丹得知此计划便决定严厉惩罚萨洛尼卡的统治者。由于不能进行充分抵抗,曼纽尔企图寻求他那受惊吓的父亲对自己进行庇护,但没有成功,于是不得不直接动身到穆拉德的驻地,向他表达了对自己行为的忏悔之意。于是"并不虔诚但富有理性的苏丹",如15世纪一位历史学家所说,"十分好意地视他如座上宾招待好几天,并在他离开时给他带上旅行所需的食物和丰厚的礼品,并带一封信回到他父亲那儿,信上,苏丹请求约翰五世原谅他儿子的愚蠢行

---

⑲ 这幅微型画被经常地再版重印。见S.兰普罗斯"巴列奥洛格家族的约翰八世的画像"(Ἑικόνες Ἰωάννου Η' τοῦ Παλαιολόγου),《当代希腊的珍藏品》(Νέος Ἑλληνομνήμων),IV(1907),386—387。兰普罗斯:《拜占庭皇帝,拜占庭皇帝画像辑录》(*Empereurs byzantins.Catalogue illustre de la collection de portraits des empereurs de Byzance*),53。G.施伦伯格:《拜占庭和十字军》,145,和插图4。

⑳ B.A.潘臣克:《君士坦丁堡的俄罗斯考古研究所收藏铅印目录》(*A Catalogue of the Molybdobulla of the Collection of the Russian Archeological Institute in Constantinople*),I,133(no.380)。

为。"穆拉德在与曼纽尔告别时说:"要和平地统治属于你的国土而不要去追求别国的领土。但是,如果你需要钱或其他任何帮助,我将总是会很高兴地满足你。"㉑

后来,穆拉德的后继者巴耶齐德要求约翰五世送给他指定的贡品——他儿子曼纽尔和一些希腊人辅助军队。曼纽尔被迫屈服,加入掠夺成性的土耳其人远征军,直抵小亚细亚各地。在曼纽尔的信中很明显感到他的屈辱、无助和旅行的困苦。在描述了自己所忍受的饥饿、寒冷、疲劳和越过"甚至连野兽都吃不饱"的荒山野岭后,曼纽尔凄凉地评论道:"整个军队都处于这样的境况中;但对我们来说有一件事不能忍受:我们在和他们[土耳其人]共同作战,而且是为他们而战,这意味着我们在增强他们的势力而减弱我们自己的力量。"㉒在另一封信中,曼纽尔描述了他在远征期间看到的被毁城市:"当我问到那些城市叫什么名字时,他们回答,'由于我们已经毁了它们,因此时间已经毁了它们的名字';悲凉即刻涌上心头;但我只是在心里默默地难过,仍然能隐藏我的感情。"㉓因此,在曼纽尔登上王位之前就蒙受着被土耳其人役使的耻辱,但从中也得到一些好处。

曼纽尔的可贵之处表现在他对自己的父亲约翰五世的态度。当约翰五世由意大利回国途中因不能归还所欠债款而被威尼斯人扣押之时,曼纽尔赎回了他。当时,曾在父亲外出时在帝国监政的

㉑ 乔治·弗兰策:《年代纪》,I,2;波恩版,48—49。

㉒ 《皇帝曼纽尔·巴列奥洛格书信集》(*Lsttres de l'empereur Manuel Paleologue*),E.勒格兰德编,28—29(书信,no.19)

㉓ 《皇帝曼纽尔·巴列奥洛格书信集》,E.勒格兰德编,28—29(书信,no.16)。

约翰的长子安德罗尼卡却对其父要他征收这笔到期债款的请求充耳不闻,而曼纽尔立即筹集到这笔钱并亲自送到威尼斯,赎回了他那屈辱地被囚禁的父亲。

在经历了长期而痛苦的统治之后,曼纽尔在自己生命的最后几年,逐渐淡出,把国事委托给自己的儿子约翰,全身心研究神学著作。不久,曼纽尔突患中风;在他去世的前两天,他以马休的教名获得神职。

曼纽尔的儿子即后继者约翰八世的统治从 1425 年一直持续至 1448 年。这位新皇帝有过三次婚姻,三个妻子各属于不同的民族。他的第一位妻子是年轻的罗斯公主安娜,莫斯科大公瓦西里一世的女儿;她在君士坦丁堡仅仅住了短暂的三年,但在首都广受欢迎。后来她死于瘟疫。约翰的第二个妻子是意大利人,蒙斐拉的索菲亚,她是个品德极为高尚但外表却毫无吸引力的女人,以至于约翰对她极为反感;拜占庭历史学家杜卡斯曾以他那个时代流行的谚语来描述她的外貌:"Lent in front and Easter behind."[24] 她在宫廷里不能忍受这种受屈辱的地位,于是在加拉塔的热那亚人帮助下逃往意大利,在修道院中结束了她的余生。这让她的丈夫很满意。他的第三位妻子是约翰在科穆宁家族里发现的一位叫玛利亚的特拉布松公主,"由于她的美貌和举止端庄而出名"。[25] 一位拜占庭历史学家和去往圣地的法国朝圣者都曾评论过这位绝

---

[24] 迈克尔·杜卡斯:《拜占庭历史》,chap.20;波恩版,100。(这句打油诗的意思似强调面貌之丑陋,"前看是大斋期,后看是复活节",用现代社会上常用的讽刺语即"背多分"。——译者)

[25] 同上书;波恩版,102。

色佳人的迷人之处。当看到她离开圣索菲亚大教堂时,他被皇后的美貌迷住了。㉖ 她对这位死于她之后的皇帝产生了极大的影响。今天在普林斯群岛的一个小岛上(接近君士坦丁堡)还矗立着由这位美丽的特拉布松皇后建立的圣母玛利亚小礼拜堂。

约翰三世的三个妻子没有给他留下子嗣。当他于1448年秋去世时,继承人的问题被提了出来。拜占庭太后,即约翰的母亲、曼纽尔二世的妻子还健在,她和已故皇帝的兄弟们、君士坦丁堡的高级官员们选定了约翰八世的一个兄弟、当时是莫里亚的邦君君士坦丁。奥斯曼人的苏丹知道了选择新皇帝的事并认可了这位候选人。代表团被派往莫里亚,告知君士坦丁他被选为曾经伟大的拜占庭帝国的皇帝。1449年年初,君士坦丁从中世纪的斯巴达,即从米斯特拉的邦君驻地出发,乘坐一艘加泰罗尼亚船只立即航行到君士坦丁堡,受到人民的隆重欢迎。长期以来,人们一直认为君士坦丁十一世是由俗人加冕称帝的。但是,由于Sp.兰普罗斯编辑的约翰·尤金尼科斯(John Eugenicus)作品的出版,人们得知,君士坦丁十一世根本就没有被正式举行过加冕礼。按照教会的规则,这应该由牧首执行,但很可能因为教会党和他们的对手之间的紧张对抗关系而被延误了。㉗ 君士坦丁有两次婚姻,他的两

㉖ 贝特朗东·德拉布罗吉耶(Bertrandon de la Broquiere):《海外之旅》(Le Voyoge d'outremer),C.舍费尔编,155。

㉗ P.查拉尼斯:"再论莫迪奥鲁斯加冕问题"("The Crown Modiolus Once More"),《拜占庭》(布鲁塞尔),XIII(1938),379、381—382。其中列出的有关资料和论述。1938年,F.多尔格写道,君士坦丁十一世是由一位俗人加冕登位的;《拜占庭史》,XXXVIII(1938),240。在1940年,G.奥斯特洛戈尔斯基说,君士坦丁是在莫里亚被加冕为帝的;《拜占庭国家史》(德文版),408。

个妻子都属于在东方基督教国家定居的拉丁家族——一个是托克家族的成员,另一个是位于莱斯博斯岛屿的热那亚人加提鲁西奥家族——但在君士坦丁登上拜占庭皇位之前,两个妻子都先后辞世。关于为新皇帝选择第三位妻子的谈判,在西方和东方,在威尼斯、葡萄牙、特拉布松和伊庇利亚(今格鲁吉亚),都毫无结果。君士坦丁堡的陷落和君士坦丁的去世使这些计划未能履行。君士坦丁十一世的亲密朋友、巴列奥洛格时代的外交家和历史学家乔治·弗兰策在他的《年代纪》一书中保存了他为皇帝在特拉布松和伊庇利亚寻找新娘的有趣描述。[28] 法国历史学家迪尔评论道,尽管在拜占庭皇帝和西方公主之间存在着持续的婚姻往来,在危急时刻的最后一位皇帝还是把寻觅新娘的眼光转向了与其同类和同宗的东方。[29]

君士坦丁十一世于 1453 年 5 月,在土耳其人攻陷君士坦丁堡之际被杀。于是,在基督教的东方君主国的原地,建立了奥斯曼土耳其人的强大军事帝国。

在君士坦丁十一世的幸免于难的兄弟中,底米特里·巴列奥洛格被穆罕默德二世俘获,他的女儿被迫嫁给穆罕默德二世,而他则成为修道士,以大卫的教名死于亚得里亚堡。另一个兄弟托马斯则靠教宗维持生计,梦想着组织一场反对土耳其人的十字军圣战,但最后死于意大利。他那已成为天主教徒的儿子安德列阿斯(Andreas,或 Andrew),是巴列奥洛格家族中唯一有权继承已经

---

[28] 乔治·弗兰策:(George Phrantzes)《年代纪》(Annales),III,1;波恩版,206 及其后。

[29] 夏尔·迪尔:《拜占庭人物传》,II,289—290。

丧失的拜占庭皇位的合法继承人。现存的一份重要文献证明,安德列阿斯·巴列奥洛格将他对君士坦丁堡和特拉布松帝国原有的权力同时授予了塞尔维亚的专制君主和法兰克国王查理八世。当后者在15世纪末开始对那不勒斯进行远征时,他以为这就是他最终征服君士坦丁堡和耶路撒冷的进身阶梯,换句话说,15世纪末,圣战的梦想仍然存在。安德列阿斯把他的权力传给查理八世的承诺,好像从来没有完全兑现,因为后来安德列阿斯又把他的拜占庭君权的权力传给了西班牙(卡斯蒂利亚)的斐迪南和伊莎贝拉。㉚当然,此一行动也无疾而终。

佐伊是托马斯·巴列奥洛格的女儿、安德列阿斯的妹妹,她嫁给了遥远的莫斯科大公,即伊凡(约翰)三世,她在俄国皇室里被称为索菲亚·巴列奥洛格娜。一位罗斯历史学家克鲁切夫斯基(Kluchevsky)曾说过:"作为衰落的拜占庭皇室的女继承人,这位罗斯的新王后,已经把拜占庭皇室统治权转到了莫斯科,即新的帝都(Tsargrad),她将同他的丈夫分享这些权利。"㉛

莫斯科开始被同"七丘罗马"相比较,被称作"第三罗马"。莫斯科大公变成了"正教的皇帝",莫斯科作为俄罗斯的首都也变成

㉚ 见 A.A.瓦西列夫:"论安德列阿斯·巴列奥洛格将拜占庭的权利转移给法国国王查理八世"("The Transmission by Andreas Palaeologus of the Rights to Byzantium to the King of France, Charles VIII"),《纪念 N.I.卡里夫论文集》(*Papers Presented to N.I.Kareev*),273—274。关于其文献原文,见方谢曼涅(Foncemagne)《皇家铭文和书法学院纪念文集》(*Mémoires de l'Academie royale des inscriptions et belles-lettres*),XVII(1751),572—577;瓦西列夫俄文译文,见《纪念 N.I.卡里夫论文集》,275—278。

㉛ 《俄罗斯历史》(*A History of Russia*),II,150;英译本由 C.J.赫加斯(C.J.Hogarth)翻译。

了"新的君士坦丁城"(即一个新的帝都)。㉜16世纪初一位罗斯学者、修士菲罗戴乌斯(Philotheus)写道:"两个罗马都衰亡了,第三个罗马屹立着,第四个罗马将不会再出现。"㉝教宗曾经提醒伊凡三世的后继者,要注意维护他的"君士坦丁堡的遗产"㉞。这样,君士坦丁堡的衰落和伊凡三世与索菲亚·巴列奥洛格娜的婚姻,便提出了莫斯科的统治者作为东方正教会的代表和保护者,对拜占庭帝国王位的权利要求问题,而拜占庭已于1453年被奥斯曼土耳其人占领。

迈克尔八世的对外政策

拜占庭和两西西里王国,安茹家族的查理及西西里晚祷事件(*Sicilian Vespers*)。——迈克尔八世对两西西里王国的态度是他对外政策的基石。由此,便形成和发展了他与意大利共和国热那亚及威尼斯,还有罗马教宗领的关系。他与东方土耳其人的关系也取决于他的西方政策。

12世纪末,德意志国王霍亨斯陶芬朝的皇帝亨利六世、弗里德里希·巴巴罗萨的儿子,由于与诺曼公主——南意大利和西西

㉜ H.沙德尔(H.Shaeder):《作为第三罗马的莫斯科;斯拉夫世界政治思想史研究》(*Moskau das Dritte Rom .Studien zur Geschichte der politischen Theorien in der slavischen Welt*),36—37。作者对罗斯史料十分熟悉。

㉝ V.马里宁(V.Malinin):《埃利亚沙尔修道院的老修士菲罗戴乌斯和他的著作》(*The Old Monk of the Monastery of Eleazar , Philotheus , and His Works*),见附录部分。

㉞ 见 L.P.皮埃灵(L.P.Pierling):《俄罗斯和圣城之围》(*La Russie et le Saint-Siége*),I,221—239。亦见 N.约尔加的重要著作《拜占庭帝国之后的拜占庭》(*Byzance après Byzance*),26页注5。

里的诺曼国家的女继承人康斯坦丝的婚姻而获得了控制两西西里国王的权力，并继承了诺曼人对拜占庭的顽固敌意和侵略计划。两西西里王国和德意志的联盟一直持续到1250年。当弗里德里希二世霍亨斯陶芬去世时，他的亲生儿子曼弗雷德成了西西里的国王，而私生子康拉德则在德意志开始了其统治，但只维持了很短一段时期。曼弗雷德不仅关心其王国的物质利益而且关心其精神利益，在他统治两西西里王国时期，西西里享受到了一段时间的和平。他的宫廷在那个时代是最辉煌的，外国的统治者非常尊重他；最后一个拉丁皇帝鲍德温二世从君士坦丁堡逃出后，曾向他呼吁，请求他帮助重新夺回失去的王位。关于拜占庭帝国，曼弗雷德采纳了其祖先的政策，这一政策曾使迈克尔八世十分恐慌，尤其考虑到君士坦丁堡有可能重建拉丁帝国。被剥夺了王位的鲍德温二世出现在曼弗雷德的宫廷，带着确定的计划来寻求帮助。而且，在当时的拜占庭占据非常有利贸易条件的热那亚驻君士坦丁堡的最高商务代表（podestá）也同曼弗雷德进行了谈判。他提出了一个用突袭方式攻取君士坦丁堡并在那里恢复拉丁人统治的计划。得知这一消息后，愤怒的迈克尔八世把热那亚人驱逐出首都，并开始与威尼斯人进行谈判。结果，和圣马可共和国签订的新条约恢复并重申了威尼斯人以前曾经享有的特权；条约还规定，如果热那亚人公开反对帝国，威尼斯人应当和希腊人一同作战。

但是，曼弗雷德没有足够的时间对拜占庭采取实际行动；他成了罗马天主教会阴谋的牺牲品。在教宗不可调和的敌人弗里德里希二世死后，霍亨斯陶芬朝的力量削弱了，教宗遂决定消灭曼弗雷德，对可憎的霍亨斯陶芬王朝施以致命的打击。法兰克国王路易

第九章 拜占庭的灭亡

九世(圣路易)的兄弟、安茹的查理于是成了罗马天主教会计划的执行者。在邀请查理去接管西西里王国时,教宗不仅考虑到要摧毁霍亨斯陶芬王朝,而且希望查理将致力于协助在东方重建拉丁帝国的事业。至少在1265年,教宗克莱蒙四世希望在查理的援助下,"恢复罗马帝国的地位"(imperii Romani status reformabitur)。㉟ 安茹的查理接受了教宗对南意大利事务进行干涉的提议后,开始远征意大利——这是一个对法兰西根本利益和需要最具破坏性的时期,此后持续几个世纪;法国一直在意大利耗费她的精力和财富,而没有把其军力和关注转向她最近的邻居,例如荷兰和莱茵兰。

安茹家族的查理是在历史学家笔下描写得最为灰暗的少数杰出历史人物之一,也许他们不太公正。近期的著作已经不再视他为一位真正的暴君、"贪婪,狡猾和邪恶,即使遇到最小的反抗也热衷于施以血腥镇压"㊱。在罗马教宗们请求查理进军意大利时,他们似乎没有考虑到查理性格中的与众不同之处,而这一性格使得查理完全不可能成为另一个人手中的工具。他受过很好的训练,精力充沛,有时很严厉,甚至是个残酷的统治者,但他并不是没有爱好,他热爱竞技比赛,对诗歌、艺术和科学感兴趣,最重要的是他不愿意成为邀请他去意大利的教宗手中的傀儡。

㉟ 见 E.马特内(E.Martene)和 U.杜朗(U.Durand):《新史料集成》(*The saurus novus anecdotorum*),II,197。见 E.若尔丹(E.Jordan)《克莱蒙四世信件集(1265—1268年)》(*Les Registres de Clement IV,1265—1268*),61—62(no.224)。W.诺登:《教宗统治与拜占庭》,444页注1。

㊱ E.若尔丹:《安茹家族占领意大利的起因》(*Les Origines de la domination angevine en Italie*),410、414—415。

当1266年,查理带军来到意大利时,他在贝内文托击溃了曼弗雷德。随后曼弗雷德去世,西西里和那不勒斯又处在法兰克的摇摆不定的统治之下。安茹的查理成了两西西里的新国王。法兰克人开始大批离开他们的国家,移民到查理统治的这片条件极好的新领土上。㊲

不久之后,查理对拜占庭的态度也逐渐明朗。在教宗赞同并出席的情况下,查理和被驱逐的拉丁皇帝鲍德温二世在罗马北部的一个意大利小城维特波,签订了一个条约,规定后者把他在拉丁帝国统治区域内所有的法兰克人占领地的统治权转让给查理,他自己只保留了对君士坦丁堡和爱琴海的几个小岛屿的统治权,而它们将在查理帮助下从希腊人手里夺取。在法国人对两西西里的压力下,诺曼人觊觎拜占庭领土的野心再次得到了完全的满足。

意识到日益迫近的危险,迈克尔八世又熟练地求助于外交。一方面,通过同教宗协商东西方教会的合并,迈克尔使教宗摆脱了与查理的密切合作,并使得他寄希望于一种关于拜占庭的调和政策。另一方面,迈克尔决定同热那亚人缔结和约。如上所述,热那亚人已经同西西里的曼弗雷德建立了联系,计划把君士坦丁堡转交给拉丁人,因此他们已经被驱逐出了首都。现在热那亚人被准许回到君士坦丁堡,分配给他们一些街区,但不是在城里,而是在金角湾对岸的郊区加拉泰。这个距离没有阻止热那亚人重新获得他们以前的贸易特权,且他们还扩展了金融活动,强迫他们的竞争

㊲ 见F.卡拉贝雷丝(F.Carabellese)对于查理在意大利占领地的热情描述,《安茹的查理关于威尼斯与东方的政治和贸易关系的报告》(Carlo d'Angio ner rapporti politici e commerciali con Venezia e l'Oriente),xviii—xxx,该作品是作者的遗作。

第九章 拜占庭的灭亡

对手威尼斯人退到后台。例如,扎卡利亚家族的一个热那亚人从皇帝手中得到了开采小亚山区的明矾矿的权利,该矿靠近弗凯亚(Phocaea)城(意大利语为弗吉亚[Fogia],弗格利亚[Foglia]),在士麦拿海湾的入口处。他发了大财。㊳ 最后,整个拜占庭东部,在巴列奥洛格统治下,热那亚人取代了威尼斯人。

与此同时,安茹的查理占领了科孚岛,这是他实现入侵拜占庭计划的第一步。迈克尔八世,希望对教宗更加成功地实行和解政策并效仿安茹的查理的侵略性政策,他请求后者的兄长法国国王路易九世帮助他,路易是当时最虔诚和最公正的,并且是当时最受尊敬的统治者。在此前不久,英格兰已乞求他作为仲裁人来处理一些复杂的国内事务。形势将路易卷进拜占庭历史。迈克尔送给路易九世一幅附有微型画的《新旧约全书》的手抄本。在接近该世纪第70个年头的时候,拜占庭使节到达法兰西,"关注希腊和罗马教会的重新统一",迈克尔建议法国国王应该"作为仲裁人解决两教会联盟问题,并向他保证一定提前得到他的完全同意"㊴。

起初,路易九世反对他的兄弟查理征服南意大利,后来他好像才对此"既成事实"(*fait accompli*)妥协,或许是他感觉到这会有利于以后的圣战活动。而且,查理征服拜占庭的计划也遭到路易的强烈反对,因为如果查理的主力军转向君士坦丁堡,他们就不能

㊳ S.W.海德:《中世纪利凡特贸易史》,I,438。W.米勒:"弗凯亚和开俄斯的扎卡利亚家族(1275—1329年)"("The Zaccaria of Phocaea and Chios",1275—1329),《关于拉丁东方的论文》(*Essays on the Latin Orient*),284—285。亦见 R.洛佩兹的著作《12世纪的航海国家热那亚。航海者和商人贝内文托·扎卡利亚》(*Genova marinara nel deucento. Benedetto Zaccaria ammiraglio e mercante*),II,23—61。

㊴ J.埃伯索尔特:《东方与西方》,34。

投入足够的力量组织解放圣地的十字军。这一想法强烈影响着路易。而且,路易已经通过使者得知,迈克尔决定请求他成为教会联合问题的仲裁人,而且这位皇帝还承诺将完全服从于他的决定,于是,法国国王、这位热心的天主教徒完全站到了拜占庭皇帝这边。

很难期待来自路易的压力会真的说服他好战的兄弟放弃他的针对帝国的侵略计划。但在某种程度上,查理对拜占庭的敌意被路易向突尼斯发动第二次十字军的行动推迟了*,它影响了查理在西方的政策。关于查理对这次十字军东征的态度问题,学者们的观点各不相同。[40] 1270年,路易在突尼斯的突然死亡破坏了迈克尔与路易合作的希望。如一份希腊手稿所述,在路易死前不久抵达突尼斯准备谈判的拜占庭使者,"两手空空,一无所有地"[41]回国了。查理出现在突尼斯,并在两场辉煌的胜利后强迫突尼斯的酋长按照他的条件缔结了和约。酋长应当补偿查理的军事费用,并且每年上交贡赋。然后查理决定实施入侵拜占庭的计划。但在他从突尼斯返回的途中,遭受到了一场可怕的风暴,他的舰队大部被毁。所以,至少在一个时期内,他不可能按照他原先的计划大范围实施对拜占庭的攻击了。

然而,在70年代初,查理可以派送大量的辅助部队到伯罗奔尼撒半岛,进入阿凯亚。在那里他们成功地击败了帝国的军队。

---

* 此处所谓"第二次十字军"是指法国国王路易九世对埃及发动的第二次进攻,而不是真正意义上的"第二次十字军"。——译者

[40] E.拉维斯(E.Lavisse):《法国史》(Histoire de France),III(2),101—102。诺登:《教宗统治与拜占庭》,468。

[41] 乔治·帕希梅利斯:《迈克尔·巴列奥洛格》,V,9;波恩版,I,364。

第九章 拜占庭的灭亡

同时查理在巴尔干半岛确立了他的地位。他夺取了几处设防坚固的地方,其中最重要的是都拉基乌姆(都拉索),位于爱奥尼亚海东海岸。阿尔巴尼亚山区的土著居民成为查理附庸,伊庇鲁斯的君主向他宣誓效忠。所以,两西西里国王开始称呼他自己为阿尔巴尼亚之王(regnum Albaniae)。㊷

在一份文献中,查理称自己为"上帝恩宠下的西西里和阿尔巴尼亚之王"(Dei gratia rex Sicilie et Albanie)㊸。在一封信中,查理写道,阿尔巴尼亚人"选举朕和朕的继承人作为国王和上述王国的永久主人"(nos et heredes nostros elegerunt in reges et dominos perpetuos dicti Regni)。㊹ 一位 20 世纪的意大利历史学家评论道:"当查理的手稿广为人知并受到很好的研究之后,世人将知道他作为一个欲实现阿尔巴尼亚民族内政自治的不那么光艳夺目的先驱的真实面目,而这种自治愿望,即使是在 20 世纪初,也似乎是一个梦想和模糊的概念,是不可预测的渴望。"㊺但是查理并不满足。他联络了塞尔维亚人和保加利亚人,在他们中间发现了热心

㊷ C.吉莱切克:"德拉斯城市的过去和它的地位"("The Situation and Past of the City of Drač"),《塞尔维亚地理学会杂志》(Transactions of the Geographical Society of Serbia),I,2(1912),6(塞尔维亚语);德语文献见 L.冯·塔洛奇(L.von Thalloczy)编《伊利里亚-阿尔巴尼亚研究》(Illyrisch-albanische Forschungen),161。

㊸ P.都里耶(P.Durrieu):《那不勒斯的安茹家族的档案,国王查理一世的法令研究》,I,191 页注 5 。《中世纪阿尔巴尼亚外交文献中的趣事》(Acta diplomata res Albaniae mediae actatis illustrantia),L.冯·塔洛奇,C.吉莱切克和 E.德苏弗来(E.de Sufllay)编,I,77(no.270)。

㊹ J.A.布孔(J.A.Buchon):《对莫里亚法兰克人公爵领的最新研究》(Nouvelles recherches historiques sur la Principauté Français de Morée),II,317。

㊺ 卡拉贝雷丝:《安茹的查理关于威尼斯人与东方的政治和贸易关系的报告》,XL。这几句话写于 1911 年。

的盟友。保加利亚沙皇和塞尔维亚王("imperatoris Vulgarorum et regis Servie")的使者出现在他的宫廷里。㊻ 南方的斯拉夫人开始投奔他,向他的意大利统治区域移民。俄国学者 V.马库谢夫(Makushev),从意大利的公文档案中得到了大量的有关斯拉夫人的资料,他写道,尽管材料不完整且过于简单,但"人们可以看到斯拉夫人在南意大利定居的过程,从斯拉夫人世界的所有角落涌入此地,大批斯拉夫人为安茹家族服役……从13世纪到15世纪,南部意大利的斯拉夫定居点是不断增长的:新的居民点正在建立,旧有的正在扩充"㊼。1323年的一份那不勒斯文献,提到"一个称作保加利亚的地区"(vicus qui vocatur Bulgarus)。㊽ 塞尔维亚和保加利亚使者抵达那不勒斯进行谈判。很明显,斯拉夫-法兰克的结盟使拜占庭感受到严重的威胁。在查理王国的政治、经济、金融生活中占据重要地位的威尼斯,也与他关系友善,查理对于东方帝国的政策也支持了威尼斯人。㊾ 而且,尼西亚的最后一个皇帝约翰四世拉斯卡利斯被迈克尔八世废黜和弄瞎了眼睛,从拜占庭的监狱逃走,在查理的邀请下,来到了他的宫廷。

这样,安茹的查理的周围聚集了所有对拜占庭皇帝不满和被他冒犯的人;塞尔维亚人和保加利亚人,鲍德温二世和约翰四世拉斯卡利斯,甚至谨慎的威尼斯都变成了雄心勃勃、手腕高明的国王

㊻ C.吉莱切克:《塞尔维亚史》,I,323。

㊼ 《意大利档案资料中保留的关于斯拉夫人的历史》(*The Italian Archives and Material on the History of the Slavs Preserved in Them*)II,67—68。

㊽ 同上书,69;并见吉莱切克《保加尔人史》,363。

㊾ 关于威尼斯,见卡拉贝雷丝《安茹的查理关于威尼斯人与东方的政治和贸易关系的报告》,xxxiv—xxxviii,106—142。

第九章 拜占庭的灭亡

手中的工具。鲍德温的儿子和查理的女儿之间的婚姻使鲍德温希望在他的新亲家的帮助下重建拉丁帝国。当时意大利和巴尔干半岛的国际局势即是这样，这必然使迈克尔八世感觉到这是对君士坦丁堡和他的王位的巨大威胁。[50]

但是狡猾的政治家查理面对的是迈克尔八世，一个毫不逊色的、同样优秀的政治家。迈克尔八世把注意力集中在教廷，信誓旦旦地向教廷表示要接受教会的合并。教宗格列高利十世欣然倾向于这位皇帝的愿望，不仅是因为对查理日益增长的权势的恐惧，这一点只能使他感到惊惶；而且因为，教宗十分希望建立教会的和平、统一，并进一步解放耶路撒冷。在他对于东方教会采取的致力于和解的和平政策中，格列高利十世必然会遇到来自查理的许多障碍，而查理正准备用武力征服这位皇帝。但是教宗成功地说服了查理对拜占庭的征服计划推迟了一年，而在此期间，他完成了东西方教会的联合。

迈克尔·巴列奥洛格向法国派出的参加里昂宗教会议的使者安全地通过了查理的统治区。查理提供给他们特殊的安全保护和必要的供给。[51] 1274年，教宗和迈克尔八世的代表在里昂达成了联合。根据最近对于梵蒂冈文献的研究，这次联合使得教宗和迈

---

[50] 遗憾的是，卡拉贝雷丝的作品中并没有系统地提到查理与迈克尔·巴列奥洛格的关系，见《安茹的查理关于威尼斯人与东方的政治和贸易关系的报告》，xxix。作者说："但是，关于涉及巴列奥洛格的大批文献，无论是出版过的还是未出版的，我们将随后谈到。"我想作者是没有足够的时间完成他的想法。

[51] 见卡拉贝雷丝《安茹的查理关于威尼斯人与东方的政治和贸易关系的报告》，23—24。

克尔八世立即举行了一次关于建立反土耳其人同盟的协议。在隆冬时节,一位高级红衣主教前往君士坦丁堡。教宗和皇帝之间举行一次私人会晤的时间和地点立刻被确定了下来:这两位大人物将于1276年复活节的星期一在布林迪西或者瓦罗纳见面。但是就在这一年初,1月6号,教宗突然去世,这个计划不了了之。(52) 然而,迈克尔感到这个联合给了他可以在教宗的支持下重新征服巴尔干半岛的机会,而巴尔干半岛曾经处于帝国统治之下。因此他公开与查理的军队和他的盟友为敌,并取得了巨大的成功,而此时的查理正被热那亚带来的麻烦所困扰。

由于里昂的联合,查理同教宗之间产生了一些矛盾,随后,查理成功地使他的一个好朋友、法国人马丁四世,登上了教宗的宝座。这位教宗完全支持西西里国王的政策,并毁弃了同迈克尔的联盟。于是在1281年,名义上的拉丁皇帝查理和威尼斯人,“为了恢复在巴列奥洛格统治下动摇的罗马人的帝国”(*ad recuperatio-*
597 *nem ejusdem Imperii Romaniae, quod detinetur per Paleologum*)而达成了一项协议。(53) 一个庞大的针对拜占庭的联盟形成了:拉丁人拥有的在前拜占庭帝国领土上的军队、意大利的和查理

(52) V.劳伦特:“格列高利十世(1271—1276年)及其建立一个反土耳其人同盟的计划”(“Gregoire X〈1271—1276〉et le projet d'une ligue anti-turque”),《东方之声》杂志,XXXVII(1938),257—273,特别是269。这篇文章取自劳伦特计划中的著作,《第二次里昂会议和迈克尔八世巴列奥洛格的宗教政策》(*The Second Council of Lyons and the Religious Policy of Michael VIII Palaeologus*)。

(53) G.L.F.塔菲尔和G.M.托马斯:《威尼斯共和国的古代贸易及国家历史文献》,III,289。(此处)“罗马人的帝国”用的是“Romaniae”,因传统上,罗马人经常将其周围地区称为Romania。——译者

第九章 拜占庭的灭亡

自己的法国军队、威尼斯舰队、教宗的武装力量,还有塞尔维亚人和保加利亚人的军队。拜占庭帝国似乎已经处于崩溃的边缘,而安茹的查理,这位"13世纪的拿破仑的先驱"[54]则把世界权力握于手中。一位14世纪的希腊作家格雷戈拉斯(Gregoras)这样描述查理:"如果他拥有了君士坦丁堡,他就会梦想实现恺撒和奥古斯都的绝对君主制。"[55]一位同时代的西方编年史家萨努多(Sanudo)说,查理"正在渴望成为世界的君主"(asperava alla monarchia del mondo)[56]。这一时期,是迈克尔的对外政策中最值得批评的时段。1281年,迈克尔八世同埃及苏丹卡拉万公开谈判,商讨结成军事联盟对付"共同的敌人",用智慧来对付安茹的查理。[56]

对拜占庭命运的最后裁决突然来自西方,来自西西里。1282年3月31日,在西西里发生了一场针对法国人统治的叛乱,迅速扩展到了整个岛屿,在历史记载中,被称为"西西里晚祷事件"。[57]迈克尔八世也插手了这场叛乱。

西西里晚祷事件,是意大利政治统一的早期历史中著名的事件之一。它总是会使人想起著名的意大利历史学家和爱国者米凯勒·阿玛利(Michele Amari)的著作《西西里晚祷战争》(*The Wars of the Sicilian Vespers*)。该书写成于19世纪50年代初,已

---

[54] 诺登,《教宗统治与拜占庭》,604。
[55] 尼斯福鲁斯·格雷戈拉斯:《历史》(*Historia*),V.I,B;波恩版,I,123。
[56] 载于《罗曼尼亚统治史》(*Historia del regno di Romania*),见霍普夫《未发表过的著名希腊—罗马编年史》,138。
[56] 见以下注73提及的专著。
[57] 这一事件的名称"西西里晚祷事件",约在15世纪末以后,即第一次法国人远征意大利之后,即出现在文献中。

经被修订了许多次,成为对这一问题的科学研究的基础。当然,在阿玛利生活的年代,许多资料是无法接触到的,而且阿玛利本人也是逐渐开始熟悉这一领域的新发现,并在后来的版本中更改和修订他的著作。1882年,在西西里举行的庆祝西西里晚祷600周年的纪念活动,激发了人们对这一问题进行研究的新的兴趣,当时出现了许多新的出版物。大量的新的重要文献已经出版,更多的、收藏于西班牙语档案中、收藏于那不勒斯的安茹家族的档案和罗马梵蒂冈的档案中的资料陆续面世。西西里晚祷,看起来似乎是属于西欧历史中发生的事件,但在拜占庭的历史中也占有一席之地。

在阿玛利的作品出现之前,一般认为1282年西西里起义的发起者和领导人是一个西西里流放者乔瓦尼·普罗希达(Giovanni Procida,或 Prochida,Prochyta),他为了个人的复仇,同阿拉贡的彼得、拜占庭皇帝迈克尔八世、西西里贵族的代表,还有其他人进行了协商,并赢得了他们的支持,发动了这场起义。14世纪伟大的人文学者佩特拉克认为普罗希达是这场起义的主要发动者。[58] 但经过阿玛利的考察,这种说法是将历史事实传奇化的结果。在西西里起义的原因中,这只是一个间接因素。[59]

西西里人对于法国人的严酷统治十分痛恨。法国人对待附属民族的傲慢态度和他们征收的高额赋税,特别是查理对拜占庭的耗资巨大的困难远征,是3月31日起义的主要原因。除了查理,

---

[58] F.佩特拉克:《歌集·叙利亚巡游诗人》(*Itinerarium Syriacum*, in *Opera Omnia*),559。G.伦布罗索(G.Lumbroso):《意大利辉煌之古典时代的记载》(*Memorie italiane del buon tempo antico*)。

[59] 洛佩兹:《12世纪的航海国家热那亚。航海者和商人贝内文托·扎卡利亚》,69—71、88页及注28。

那个时代的两位最优秀的政治家,迈克尔八世和阿拉贡的彼得,成功地利用了西西里人中的不满分子。彼得和霍亨斯陶芬朝的弗里德里希二世的私生子西西里前国王曼弗雷德有亲属关系,他不可能对查理的过分强大的权力做出妥协,他感到占领西西里是他权力之内的事。迈克尔八世利用了彼得的野心,向他许诺说,如果彼得与查理公开为敌,他将提供资金。在意大利,保皇派吉伯林派(Ghibellines)和一部分西西里贵族同彼得站在一个立场上。乔瓦尼·普罗希达在所有的谈判中都是中介者,仅此而已。

起义成功了。同年8月,一接到西西里人的邀请,阿拉贡的彼得就登上了西西里岛,并在帕勒莫戴上曼弗雷德的王冠,登基为王。这时,查理已经从东方与拜占庭进行战争的战场上归来,他试图重新征服西西里并驱逐阿拉贡的彼得,但没有成功。查理被迫放弃了占领迈克尔八世的帝国的计划。此后,查理仅是南部意大利的国王。西西里晚祷事件使得查理丧失了西西里,从致命的危险中拯救了东部帝国,这一事件对于拜占庭的重要性是显而易见的。而且,同1282年起义有关的事件奠定了拜占庭皇帝和阿拉贡国王之间友好关系的基础。迈克尔用资金支持了阿拉贡的彼得,因此他参与了西西里问题的解决。在迈克尔八世的自传中,谈到查理对他的帝国的远征,他评论道:"西西里人蔑视查理控制着的残余武装力量,勇敢地拿起武器从奴役制下解放了他们自己;因此 599
如果我曾说过上帝通过我们给予他们自由,那我应当说实话。"(60)

---

(60) 迈克尔·巴列奥洛格:《关于他的生平》(*De vita sua opusculum*),par.ix;收于《基督教学报》,II(1885),537—538;俄文版,558;法文版,查普曼编,145、174。

西西里晚祷事件严重影响了教宗马丁四世的地位。如历史学家兰克写道，"人民，无视罗马教宗的命令，而敢于自己树立国王"，这不仅是史无前例的革新。[61] 而且，1282年的一系列事件削弱了教宗对拜占庭政策的基础。教宗曾经破坏了里昂协议，完全支持了安茹家族的查理的对东方征服计划，并且期待君士坦丁堡被拉丁人占有。西西里晚祷事件使得这一切都成为不可能，因为它肢解和削弱了查理统治下的南意大利王国，这个王国此前一直是西方人反拜占庭的侵略政策的基地。

1282年的革命对威尼斯的政策产生了反响，就在一年之前，威尼斯人还与查理结盟反对拜占庭。得知西西里起义的消息之后，预见到查理国力的衰落，以及查理的对东方政策的失败，圣马可共和国迅速改变了政策；她意识到查理不再对其有用，就与他绝交了，而与拜占庭结成亲密关系。三年之后，威尼斯人与迈克尔的后继人老安德罗尼卡缔结了友好条约，并且与阿拉贡的彼得建立了友好关系。

因此，由于这一时代的国际关系和西西里人对法国统治的不满，使得迈克尔八世有机可乘，从而使拜占庭摆脱了来自强大的安茹家族查理的致命威胁。

迈克尔八世的东方政策。——君士坦丁堡收复之后，尼西亚的皇帝迈克尔八世为了收复巴尔干半岛而把他的主要精力转向了西方，并和安茹的查理进行了精疲力竭的斗争，这实际上决定了光复后的拜占庭帝国的命运。东方的边界有点被忽视了，拜占庭政

---

[61] 《世界历史》(*Weltgeschichte*)，VIII，538。

第九章 拜占庭的灭亡

府有时似乎忘记了那里的致命危险。15世纪的拜占庭历史学家乔治·弗兰策写道:"在迈克尔·巴列奥洛格统治时期,由于在欧洲进行的反对意大利人的战争,罗马帝国已经将自己的亚洲部分暴露于土耳其人的威胁之下。"[52]当然,土耳其人对拜占庭的威胁更早就已开始了;但是历史学家的这一观察更强调了迈克尔八世统治时期对东方政策的特点。对于帝国来说,幸运的是,13世纪的土耳其人正由于蒙古人的军事胜利而处于混乱时期。

13世纪30—40年代,蒙古入侵的危险出现在东方。与尼西亚帝国东部接壤的塞尔柱人的罗姆苏丹国或称伊科尼姆苏丹国,已经被蒙古人击败。在13世纪的下半个世纪,即在迈克尔八世时代,最后的塞尔柱人诸王国只是占据着波斯的蒙古人的傀儡,这个波斯的蒙古人王国的领土从印度一直延伸到地中海,其首领是旭烈兀,他奉东方的蒙古大汗为他的领主。1258年,旭烈兀占领巴格达,并在那里残酷处死了最后一个阿拔斯朝的哈里发。后来,旭烈兀入侵和洗劫了叙利亚、美索不达米亚及其周边地区。他还计划发动对耶路撒冷的远征,并很可能攻入埃及。但蒙古大可汗蒙哥死去的消息传来,他被迫停止了对南方的侵略计划。在13世纪的最后十年,建于波斯的蒙古王朝是基督徒对抗伊斯兰的一个盟友。就像一位近期的历史学家所说的:"旭烈兀率领中亚的聂斯脱利突厥人(即信奉基督教的突厥人)进行了一次真正的反对伊斯兰教的'黄色十字军'(Croisade Jaune)运动。"[53]1260年,蒙古军队在

---

[52] 乔治·弗兰策:《年代纪》,I,3;波恩版,23。
[53] R.格鲁塞:《亚细亚史》(Histoire d'Asie),III,100。

阿因扎鲁特被埃及的马木路克人击败。此时，另一个非常强大的蒙古国家在北方的俄罗斯建立。它就是金帐汗国或称钦察汗国，它的首都在萨莱，位于伏尔加河下游。迈克尔·巴列奥洛格认识到了在他那个时代的国际生活中新的蒙古人因素的极端重要性，他曾数次试图利用这个新因素来为他的对外政策服务。[64]

在此，很重要的是要记住 1250 年在埃及建立的马木路克王朝，在人种学上它是与南部罗斯人有联系的。"马木路克"（Mamluk）这个词意味着"拥有""属于"或"奴隶"，而且埃及的马木路克原来是土耳其人奴隶组成的贴身侍卫，最早出现于萨拉丁的继承人统治时期。1260 年，这些"奴隶"夺取了王位，并且在 1260 年到 1517 年统治着埃及，直到奥斯曼土耳其人征服埃及之时止。从 13 世纪 30 年代起，马木路克侍卫们的主要支系在俄罗斯南部形成了突厥人的库曼人即波洛伏齐人部落。在蒙古人入侵之前，其中一些人逃离了此地，另一些人被俘虏而被卖为奴隶。[65] 一位拜占庭历史学家说过，马木路克人起源于"居住在亚速海和顿河一带的欧洲的斯基泰人部族"[66]。

因此，由于许多马木路克人与库曼人的亲缘关系，他们对于保

---

[64] 关于这一问题，有两篇俄文论文甚为重要，一是 Th.I.乌斯宾斯基的"拜占庭历史学家论蒙古人和埃及的马木路克人"（"Byzantine Historians on the Mongols and Egyptian Mamluks"），《拜占庭年鉴》，XXIV（1923—1926），1—6；G.维尔纳茨基："在迈克尔·巴列奥洛格统治时期的金帐汗国、埃及和拜占庭之间的关系"（"The Golden Horde, Egypt, and Byzantium in Their Mutual Relations in the Reign of Michael Palaeologus"），《康达可夫学院年鉴》，I(1927)，73—84。

[65] 维尔纳茨基上引文章，见《康达可夫学院年鉴》，2(1927)，76。

[66] 尼斯福鲁斯·格雷戈拉斯：《历史》，IV, 7, 1；波恩版《拜占庭历史资料大全》，I, 102。

第九章 拜占庭的灭亡

持和发展同他们的俄罗斯南部同胞的关系十分感兴趣。在那里，甚至是蒙古征服之后，还有许多库曼人幸存了下来。而且金帐汗国的可汗已经信奉了伊斯兰教，埃及苏丹马木路克·拜巴尔斯也是一个穆斯林。然而旭烈兀却是一个萨满教的信奉者，即异教徒，⑥是伊斯兰教的敌人。因此旭烈兀和金帐汗国的可汗贝雷克之间激烈的对抗不仅有政治方面的因素，还有宗教因素。

马木路克国家和金帐汗国之间的陆地道路被旭烈兀阻住了。埃及和俄罗斯南部的海上交通必须通过赫勒斯滂海、博斯普鲁斯海峡和黑海，但这两个海峡都在拜占庭皇帝的控制之下。马木路克人需要得到迈克尔·巴列奥洛格的准许才能使用它们。⑧ 因此埃及苏丹派使者去觐见迈克尔·巴列奥洛格，表示，"愿意成为罗马人的朋友，并希望准许埃及商人一年一度通过我们的海峡（赫勒斯湾和博斯普鲁斯）"。⑨ 但是，困难在于此时的迈克尔同波斯的蒙古首领旭烈兀保持着较好的关系；所以埃及使者经常被扣留在君士坦丁堡。1265 年金帐汗国可汗贝雷克宣布对迈克尔开战，在这场战争中，保加利亚沙皇君士坦丁·提克站到了贝雷克的将军诺盖指挥的蒙古人一边。蒙古人（鞑靼人）和保加利亚人战胜了拜占庭军队。此次失败后，迈克尔被迫抛弃旭烈兀，加入了金帐汗国-埃及联盟。⑦ 为了笼络大权在握的诺盖，迈克尔把自己的私生女

---

⑥ 萨满教是乌拉尔—阿尔泰语族人民信奉的一种原始宗教。
⑧ 乔治·帕希梅利斯：《迈克尔·巴列奥洛格》，III，3；波恩版，I，176—177。
⑨ 尼斯福鲁斯·格雷戈拉斯：《历史》，IV，7，1；波恩版，I，101。
⑦ 维尔纳茨基："在迈克尔·巴列奥洛格统治时期的金帐汗国、埃及和拜占庭之间的关系"，《康达可夫学院年鉴》，I(1927)，79。P.尼克夫《中世纪鞑靼人-保加利亚人之关系》(*Tartaro-Bulgarian Relations in the Middle Ages*)，6—11。见查普曼《迈克尔·巴列奥洛格(1261—1282 年)，拜占庭帝国的光复者》，74—75。G.I.布拉提亚努：《13 世纪热那亚人在黑海的商业活动研究》，207—208。

嫁了给他。在随后同保加利亚沙皇君士坦丁·提克的战争中,迈克尔得到了女婿的大力支持,迫使保加利亚国王停战。⑦ 金帐汗国、埃及和拜占庭之间的外交关系在迈克尔统治期间一直维持得很好。⑫ 迈克尔·巴列奥洛格和埃及苏丹马木路克·卡拉万(1279—1290年)之间的友善关系一直维持到他统治结束,这是非常重要的。共同的危险促使两位君主达成了一致,因为安茹的查理的雄心勃勃的计划威胁着两个帝国。很明显,这些关系导致了一份正式的友好贸易条约的签订。根据法国学者 M.卡纳尔推断,这一友好条约实际上缔结于1281年,但是德国学者 F.多尔格推测,它并没有超出外交谈判这一阶段。安茹的查理之衰落和"西西里晚祷事件"完全改变了东西方的形势。⑬

---

⑦ 尼克夫:《中世纪鞑靼人-保加利亚人之关系》,11—12。

⑫ 亦见 S.兰内-波尔(S.Lane-Poole)《中世纪埃及史》(*A History of Egypt in the Middle Ages*),266。

⑬ M.卡纳尔:"1281年迈克尔·巴列奥洛格与苏丹卡拉万的贸易协定"("Le Traité de 1281 entre Michel Paléologue et le sultan Qalâ'un"),《拜占庭》(布鲁塞尔),X(1935),669—680。卡纳尔:"13世纪拜占庭与埃及之间的一份和约及迈克尔八世巴列奥洛格与马木路克苏丹拜巴尔斯和卡拉万之间的外交关系"("Un Traité entre Byzance et l'Egypt au XIIIe siècle et les relations diplomatiques de Michel VIII Paleologue avec les sultans Mamlukes Baibars et Qalâ'un"),《迦得弗洛瓦-德蒙尼内文集》(*Mélanges Guadfroy-Demombynes*),197—224。F.多尔格对此问题的疑问和评价,见《拜占庭杂志》(德文),XXXVI(1936),467;XXXXVII(1937),537—538。多尔格:《未发表的希腊文献大全》,III,74(no.2052),提及上述协议签订的时间为1281年;III,75(no.2062),此处提及上述协议签订的时间为1282年。在此,多尔格并没有使用卡纳尔使用的阿拉伯资料,即卡尔卡山迪(Qalqashandi)的记载,该作者死于1418年。但是,现在可以看多尔格的研究作品:《关于埃及的苏丹卡拉万与巴列奥洛格皇帝迈克尔八世的关系》(*Der Vertrag des Sultans Qala'un von Aegypten mit dem Kaiser Michael VIII Palaiologus.*),载《索纳森西亚文集》(*Serta Monacensia*)(雷登,1952年),68、78—79。

第九章 拜占庭的灭亡

在小亚细亚，迈克尔·巴列奥洛格并没有受到明显的威胁。虽然他已经同旭烈兀决裂了，但波斯的蒙古人忙于处理国内动乱而没有采取决定性的措施反对拜占庭。至于罗姆苏丹国，它只是蒙古帝国的一个小小的附属国。尽管如此，个别的土耳其军团有时就是真正的强盗，他们完全不顾皇帝和苏丹们正式缔结的条约，不断骚扰拜占庭的领土，侵入国家的内部，洗劫城市、小村庄和修道院，屠杀并俘获当地居民。

从阿拉伯强盛时代开始，拜占庭帝国就在小亚细亚的东部边境建立了一系列防御地点，特别是在各主要山口要塞（clisurae），而且除了常规军，还组织了特殊的边界防卫者，专门负责保卫帝国外围边界，称为 akritai 边地领主。逐渐地，随着土耳其人向西方的前进，拜占庭的边境线连同边地领主们（akritai）也被推至西方。因此，在13世纪时，这些边地领主主要集中在比提尼亚的奥林匹斯山脉，也就是在小亚细亚的西北角。在尼西亚帝国时期，要给这些边地领主提供土地，免除税收和贡赋，因此他们十分富有，但他们仅仅提供军事服务，保卫帝国边境免受敌人侵犯，从有关资料中看，可以断定他们勇敢全身心地保卫了边境。但是当首都从尼西亚迁至君士坦丁堡之后，这些边地领主失去了原来由政府提供的支持，拜占庭政府位居新的行政中心，感到它对东方的边境线不那么依赖了。而且，迈克尔·巴列奥洛格在试图进行财政改革时，对边地领主们的财富进行了正式的调查，并将他们所赖以生存的大部分土地收归国库。这种措施逐渐削弱了比提尼亚的边防驻军的经济实力，而这些驻军恰恰依赖这样的经济实力来进行备战，这正是"战争的精神内核"[74]。于是,帝国的东部边境被置于毫无防备的状况下。政府还镇压了由边地领主们发动的叛乱,并仅仅因为害怕他们为土耳其人打开通路而完全解散了他们。由于受俄罗斯学者 V.I.拉曼斯基的影响,一些学者认为比提尼亚的边地领主都是斯拉夫人。[75] 但是更可能的是他们出身于许多不同的民族,其中可能有很久以前就定居在比提尼亚的斯拉夫人的后代。迈克尔八世的对外政策受安茹的查理的帝国主义政策的强烈影响,对东部边境产生了极坏的作用。

当突厥人在经过一段动乱和衰变期之后,又在奥斯曼土耳其人的领导下重新统一和强大起来时,迈克尔所实行的强制性的东方政策的恶果就显露出来了;这支土耳其人将对拜占庭帝国施以最后的打击并摧毁这个东方基督教帝国。

两位安德罗尼卡统治期间拜占庭的外部政策

安德罗尼卡二世和安德罗尼卡三世祖孙俩的对外政策不同于他们的先祖迈克尔八世的政策。来自西方安茹家族的查理对迈克尔的巨大威胁已经在迈克尔去世那一年,随着"西西里晚祷事件"的发生已经永远被排除了。土耳其人因其内部的纠纷,而不能顺

---

[74] 乔治·帕希梅利斯:《迈克尔·巴列奥洛格》,I,5;波恩版,I,18。

[75] V.I.拉曼斯基:《小亚细亚、非洲和西班牙的斯拉夫人》(*The Slavs in Asia Minor, Africa, and Spain*),11—14。Th.I.乌斯宾斯基:"关于拜占庭农民土地所有者的历史",《公众教育部杂志》,CCXV(1883),342—345。P.穆塔弗奇也夫:《13 世纪和 14 世纪拜占庭的军事领地和士兵》,67。

第九章 拜占庭的灭亡

利地在帝国的东部边境充分利用他们的有利地位。

安德罗尼卡二世和安德罗尼卡三世必须面对两个新的强大的仇敌:巴尔干半岛的塞尔维亚人和小亚细亚的奥斯曼土耳其人。像安茹的查理一样,这两个民族的统治者的明确目标都是与拜占庭帝国作战,完全摧毁这个帝国及其组织,在它的废墟上建立一个希腊-斯拉夫人的帝国或者希腊-土耳其人的帝国。查理建立希腊化拉丁帝国的计划失败了。14世纪塞尔维亚伟大的君主斯蒂芬·杜尚似乎正要建立一个大斯拉夫帝国。但是由于多种原因,只有奥斯曼土耳其人成功地执行了这一计划:在15世纪中期,他们将建立一个庞大的帝国,不仅仅是希腊-土耳其式的,而且是完全控制了塞尔维亚人和保加利亚人的希腊-斯拉夫-土耳其式的大帝国。

奥斯曼土耳其人。——奥斯曼土耳其人的兴起是两安德罗尼卡统治时期近东出现的重要事件。由于向小亚细亚的推进,蒙古人已经将古兹(Ghuzz)部族的一支土耳其游牧部落,从波斯行省霍拉桑推向西方,进入到伊科尼姆苏丹的领土上,苏丹允许他们在自己的领土上从事游牧生活。与蒙古人作战失败之后,塞尔柱王国分裂成几个由不同家族统治的相互独立的埃米尔(酋长)国家,这使拜占庭帝国受到严重的干扰。随着塞尔柱帝国的衰落,古兹的土耳其游牧部落也独立了。13世纪末,这支土耳其人的首领奥斯曼(Othman),创建了奥斯曼王朝并以他的名字称呼他统治下的土耳其部族。从那时起,他们就被称为奥斯曼土耳其人。奥斯

曼家族建立的王朝在土耳其的统治一直持续到1923年。(76)

从13世纪末期起，奥斯曼土耳其人开始严重骚扰仍然在拜占庭权力笼罩之下的小亚细亚的小部分领土。帝国军队很难保住小亚细亚的三个最重要的军事据点：布鲁萨、尼西亚和尼科米底。共治皇帝迈克尔九世被派去同土耳其人作战但失败了。君士坦丁堡看来处于危险中，皇帝“似乎睡着了或死去了”(77)。

东方的西班牙（或加泰罗尼亚）团队。——没有外国的援助，安德罗尼卡不可能掌控形势，他从西班牙雇佣兵，所谓的“加泰罗尼亚兵团”或“阿尔穆格哈瓦人”（Almughavars），(78)那里得到了援助。各种国籍的雇佣兵，在“兵团”的名称下，以战争为生，他们愿意为了金钱而替任何人打仗，在中世纪的后半期，他们是非常出名的。“加泰罗尼亚兵团”不仅由加泰罗尼亚人组成，而且还有阿拉贡人、纳瓦拉人、马略尔卡岛和其他地方的居民参与其中。西西里晚祷起义后爆发的战争中，他们曾作为雇佣兵为阿拉贡的彼得而

(76) H.A.吉本：《奥斯曼帝国的建立》。F.吉斯（F.Giese）：“关于奥斯曼帝国兴起的问题”（“Das Problem der Entstehung des osmanischen Reiches”，《闪米特人研究杂志》（*Zeitschrift für Semitistik*），II（1923），246—271。关于奥斯曼兴起问题，带有评价和资料介绍性质的较有价值的作品，可见E.L.朗格（E.L.Langer）和R.P.布莱克所写“奥斯曼土耳其人的兴起及其历史背景”（“The Rise of the Ottoman Turks and Its Historical Background”），《美国历史评论》，XXXVII（1932），468—505。M. F. 科普鲁鲁（M. F. Köprürü）：《奥斯曼帝国的起源》（*Les Origines de l'Empire Ottoman*），5—32。P.威特克（P.Wittek）：《奥斯曼帝国的兴起》（*The Rise of the Ottoman Empire*），33—51。

(77) 乔治·帕希梅利斯：《安德罗尼卡·巴列奥洛格》，V，21；波恩版，II，412。

(78) “almughavars”（阿尔穆格哈瓦人），是从西班牙阿拉伯人那里借用的阿拉伯语词，字面上的意义是“发动一次远征”，因此，这里是“轻装骑兵”之意。

第九章 拜占庭的灭亡

战。在14世纪初期,西西里和那不勒斯之间缔结了和平,他们不再需要加泰罗尼亚人为之作战。这些习惯于战争、掠夺和暴力的盟友在和平时期成为当初邀请他们加盟的人们的巨大威胁,因此这些当年的雇主打算摆脱掉这些不安定分子。而且,兵团战士并不喜欢和平的生活,不断寻找新的机会。于是,加泰罗尼亚人选择了罗哲尔·德弗洛尔,一个具有德意志血统的人作为领袖,他的父姓Blum(即一种花),翻译成西班牙语就是"Flor"。

在征得同伙同意后,能够讲一口流利希腊语的罗哲尔,向安德罗尼卡二世提供了服务,帮助他同塞尔柱人和奥斯曼土耳其人作战,并向这位处境窘迫的皇帝勒索了前所未闻的代价:这个傲慢无礼的冒险家要求安德罗尼卡同意把侄女嫁给他,并授予他megadukas(大都督)的头衔,还要求付给他的兵团一大笔雇佣金。安德罗尼卡被迫屈服了,随之这些西班牙兵团成员上船向君士坦丁堡进发。

西班牙语和希腊语文献详细记载了西班牙人的参与在拜占庭末期历史上所起的作用。一方面,这次兵团远征的参与者,加泰罗尼亚的编年史家蒙塔内尔(Muntaner)[79]把罗哲尔和他的同伙描写成为了正义、为了国家的荣誉而战的勇敢、高尚的战士;另一方面,希腊历史学家则认为加泰罗尼亚人是掠夺者,是傲慢的暴徒,其中一个历史学家说道:"但愿君士坦丁堡从来没有看到过拉

---

[79] *Chronica o descripcio fets e hazanyes del inclyt rey Don Jaume*;载于布孔《外国编年史》(*Chroniques étrangères*),K.兰兹(K.Lanz)编。关于蒙塔内尔,可见 I.约尔加:"拉蒙·蒙塔内尔及拜占庭帝国"("Ramön Muntaner et l'empire byzantin"),《东南欧历史评论》,IV(1927),325—355。

丁人罗哲尔！"㉚ 19世纪的历史学家十分注意加泰罗尼亚人的远征。研究这一问题的一个西班牙学者将加泰罗尼亚兵团将士的行为同16世纪那些征服墨西哥和秘鲁的著名将领科泰斯和皮扎罗做了比较,他不知道"其他人是否可能把这一历史事件看作我们对东方的辉煌远征而感到自豪",他认为这一远征是西班牙民族荣誉的永恒证明。㉛德国历史学家霍普夫声称"加泰罗尼亚人的远征是巴列奥洛格帝国历史中最引人注目的事件",如果考虑到它戏剧性的结果则尤其如此。㉜芬利曾写到,如果加泰罗尼亚人"由一个如利奥三世或瓦西里二世这样的君主来领导,本可能征服塞尔柱突厥人,把奥斯曼人的势力扼杀在摇篮中,并带着拜占庭胜利的双头鹰回到陶鲁斯山脚下,回到多瑙河河畔"㉝。芬利还评论道:"加泰罗尼亚兵团在东方的远征是一次成功的典型,但其中有时杂有掠夺和犯罪的行为,是有违于通常人们所主张的中庸的理念的。"㉞关于这次远征,西班牙档案馆关于这场远征依旧提供了许多新信息。

㉚ 乔治·帕希梅利斯:《安德罗尼卡·巴列奥洛格》,V,12;波恩版,II,393。
㉛ A.鲁比奥·伊·鲁齐(A.Rubió y Lluch):《加泰罗尼亚人对东方的征服和占领》(*La expedición y dominación de los Catalanes en Oriente*),6、7、10。鲁比奥·伊·鲁齐:《加泰罗尼亚人在希腊。其统治的最后年代。历史年表》(*Los Catalanes en Grecia.últimos años de su dominación.Caudros históricos*),6。C.巴努斯·伊·科玛斯(C.Banús y Comas):《14世纪早期加泰罗尼亚人与阿拉贡人对东方的远征》(*Expedicion de Catalanes y Aragoneses en Oriente en principio del siglo XIV*),43、46,其中提到,罗哲尔·德弗洛尔参加对东方的远征是为了寻求光荣与获得战利品。
㉜ 霍普夫:《从中世纪早期到当代的希腊史》,I,380。
㉝ H.F.托泽编:《希腊史》,III,388。
㉞ 托泽编:《希腊史》,IV,147。鲁比奥·伊·鲁齐对于加泰罗尼亚人在希腊的情况做的概括性研究,可见《加泰罗尼亚人在希腊》,19—50。

第九章 拜占庭的灭亡

14世纪伊始,罗哲尔·德弗洛尔连同他的兵团抵达了君士坦丁堡。⑤ 这支远征军差不多有10,000人,但这个数字包括他们的妻子、情妇和孩子。罗哲尔同拜占庭皇帝的侄女在君士坦丁堡隆重地举行了婚礼。首都的热那亚人忌妒加泰罗尼亚人在帝国的特权,感到这些新来者是他们的对手,与之发生了一些严重冲突。之后,这些加泰罗尼亚人终于渡海到达了小亚细亚。那里,土耳其人正在围困土麦拿东部的大城市菲拉德尔菲亚。在一支帝国军队支持下,这支由西班牙人和拜占庭人组成的小股军队在罗哲尔·德弗洛尔指挥下,从土耳其人的围攻中解放了菲拉德尔菲亚。这些西方雇佣兵取得胜利的消息在首都受到热烈的欢迎,一些人认为土耳其人对帝国的危险永远消除了。继第一次的胜利之后,对小亚细亚的土耳其人所进行的斗争相继取得了胜利。但一方面,由于加泰罗尼亚人对当地居民实行了令人难以忍受的勒索和残酷的专制;另一方面,罗哲尔欲在小亚细亚建立一个他自己的、但是在皇帝的宗主权之下的公国的明显意图亦暴露出来,于是,雇佣兵和小亚居民之间、和君士坦丁堡政府之间的关系趋于紧张化。皇帝于是把罗哲尔召回欧洲,而后者带着他的兵团在通过了赫勒斯滂海峡之后首先在加利波利海峡占领了一个重要据点,然后占领了整个加利波利半岛。在罗哲尔和拜占庭皇帝之间新的一轮协商结束时,罗哲尔得到了恺撒的封号,这是仅次于皇帝的头衔,在拜占

---

⑤ 在马德里的元老院宫中,有一幅19世纪的西班牙画家约瑟·莫莱诺·卡博内罗(1888—?)的作品,画上描绘了罗哲尔·德弗洛尔进入君士坦丁堡时的场景。在巴努斯·伊·科玛斯的著作《14世纪早期加泰罗尼亚人和阿拉贡人对东方的远征》(第48页)中描述了这幅画;书中附有该画的复制品。

庭历史上，这一头衔从没有授予过任何一个外邦人。在重回小亚细亚之前，新的恺撒与他的帮伙先到了亚得里亚堡，当时安德罗尼卡的长子、共治皇帝迈克尔九世就驻节在此。在迈克尔煽动下，罗哲尔和他的同伙在一个节日庆典上被杀死。屠杀西班牙人的狂潮波及帝国其他地区，首都和其他城市中的西班牙人也都被杀害了。

集中在加利波利半岛上的加泰罗尼亚人怒气冲天，渴望复仇，他们撕毁了其作为皇帝盟友的条约，向西方进军。所经之处，用火和剑毁灭了一切。色雷斯和马其顿受到了严重的破坏，甚至连阿索斯山上的修道院也不能幸免。一个目击者、丹尼尔的一个学生、阿索斯山上一所塞尔维亚修道院奇兰达里翁的住持（igumen），这样写道："眼见圣山在敌人手下被毁灭的情景真是太可怕了。"⑧加泰罗尼亚人还点燃了阿索斯山上的俄罗斯人建立的圣潘特利蒙修道院，但他们对萨洛尼卡的攻击失败了。为了报复加泰罗尼亚人的蹂躏，安德罗尼卡下令没收进入拜占庭水域的所有加泰罗尼亚人船队的商品，并逮捕加泰罗尼亚商人。⑧

加泰罗尼亚人在色萨利停留了一段时间后，就向南方开拔。越过了著名的温泉关，进入中希腊的雅典和底比斯公爵领，这是在

---

⑧ P.乌斯宾斯基：《基督教的东方，阿索斯山》，III(2)，118。
⑧ 见《阿拉贡文献。詹姆斯二世的外交通信中所见德意志、意大利、法兰克、西班牙等国的教会史与文化史资料（1291—1327年）》(Acta Aragonensia. Quellen zur deutschen, italienischen, französischen, spanischen, zur Kirchen-und Kulturgeschichte aus der diplomatischen Korrespondenz James II)，芬克（H.Finke）编，II，741（no.458）。在这一版中，提到这一事件发生的时间是1293年5月2日。但是，该文献中涉及这一年代处佚失了。笔者以为这一事件发生的时间还应该是14世纪初，因为，在1293年，加泰罗尼亚兵团还没有进入拜占庭的历史。

第四次十字军东征后建起来的,处于法国人的控制之下。1311年春,在靠近科拜湖(位于现在的斯克里普村)的塞菲苏斯河附近的维奥蒂亚爆发了一场战斗。加泰罗尼亚人取得了对于法国人的决定性胜利。结束了法国领地雅典和底比斯的繁荣,在此地建立了持续八十年的西班牙人的统治。雅典卫城上的古帕特农神庙,即圣母教堂均转归于加泰罗尼亚的神职人员之手,这所教堂的庄严和富丽堂皇给他们留下了深刻的印象。14世纪下半叶,雅典的一个西班牙公爵称雅典卫城为"世界上最贵重的珍宝,基督教世界的所有国王也只能徒然地模仿之"[⑧]。

加泰罗尼亚的雅典公国只是14世纪偶然建立的,其社会组织是按照西班牙的或西西里的模式,通常被认为是一个严酷的、压迫性的、破坏性的政权,它曾经统治过的痕迹在雅典和希腊所留甚少。加泰罗尼亚人曾重修雅典卫城,特别是在防御工事的部署上,但是却没有留下来任何痕迹。而在希腊民间传统和希腊语中,却残留了一些有关西班牙入侵者残酷和不公的回忆。例如,甚至今天,在希腊的一些地区,在埃维厄岛,人们在指责违法和不公正行为时仍然这样说:"甚至加泰罗尼亚人也不这样做。"在阿卡纳尼亚,直到今天,"加泰罗尼亚人"这个词还是"野蛮人、强盗、罪犯"的同义语。在雅典,使用"加泰罗尼亚人"这个词,被认为是一种冒犯。在伯罗奔尼撒半岛的一些城市,当一个人想要说一个女人道

[⑧] 米勒:《雅典的加泰罗尼亚人》(*The Catalans at Athens*),14。米勒:《关于拉丁东方的论文集》,129。塞顿:《加泰罗尼亚人对雅典的占领(1311—1388年)》(*Catalan Domination of Athens*, 1311—1388),17、187、257。

德败坏时,他可以说:"她肯定是一个加泰罗尼亚娘们儿。"(89)

但最近以来,许多新资料的发现,特别是在巴塞罗那档案馆中的材料表明,过去的历史学家对于这个问题的认识是有偏见的。14 世纪加泰罗尼亚人在中希腊统治的这些年,不仅仅是麻烦和破坏,他们还是很有创造力的。被加泰罗尼亚人称作塞提纳城堡的卫城加强了防守;自从查士丁尼大帝关闭了雅典学园之后,加泰罗尼亚人在此地第一次建立了一所大学。(90) 在希腊中部和北部,加泰罗尼亚人也建立了防御工事。(91) 一位现代的历史学家,研究中希腊加泰罗尼亚人问题的权威 A.鲁比奥·伊·鲁齐宣称:"在我们看来,现代研究者在中世纪的政治生活中发现了一个加泰罗尼亚人统治的希腊是意外的惊讶。"(92)当然,加泰罗尼亚人在希腊统治的最充分的细节仍然在研究中;但我们必须认识到,过去关于这个问题的作品和许多著名学者对这个问题的看法必须被修正。

(89) 鲁比奥·伊·鲁齐:《加泰罗尼亚人对东方的远征和占领》,14—15。G.施伦伯格:《"阿尔穆格哈瓦人"即加泰罗尼亚兵团对东方的远征》(*Expédition des "Almugavares" ou routiers catalans en Orient*),391—392。

(90) A.鲁比奥·伊·鲁齐:"加泰罗尼亚人占领下的雅典"("*Atenes en temps dels Catalans*"),《加泰罗尼亚研究所年鉴》(*Anuari de l' Institut d' Estudis Catalans*),II,(1907),245—246。

(91) 鲁比奥·伊·鲁齐:"希腊半岛上的加泰罗尼亚人城堡"("Els Castells Catalans de la Grecia continental"),《加泰罗尼亚研究所年鉴》,III(1908),362—425。

(92) 鲁比奥·伊·鲁齐:"自鲁利亚的罗哲尔之死到西西里的弗里德里希三世统治时期加泰罗尼亚人统治的希腊(1370—1377 年)"("La Grecia Catalana des de la mort de Roger de Lluria fins a la de Frederic III de Sicilia,1370—1377"),《加泰罗尼亚研究所年鉴》,V(1913—1914),393。亦见鲁比奥·伊·鲁奇"加泰罗尼亚人占领期间的一个雅典人,底米特里·任迪"("Une Figure Athéninenne de l'époque de la domination catalane.Dimitri Rendi"),《拜占庭》(布鲁塞尔),II(1925),194。

重新研究加泰罗尼亚人在希腊统治的历史必须依据新材料。㉝1379年纳瓦拉人的入侵给予加泰罗尼亚人在希腊的统治以致命一击。

土耳其在小亚细亚的进展。——14世纪初,加泰罗尼亚兵团成功地战胜了奥斯曼土耳其人。但是这种军事胜利没有持续很长时间。在罗哲尔·德弗洛尔被谋杀之后,加泰罗尼亚兵团穿越巴尔干半岛的血腥进军,以及安德罗尼卡祖孙俩之间的内部斗争,把帝国的武装力量和注意力从东部边境转移到内地。土耳其帝国抓住这一有利时机,在老安德罗尼卡统治的最后几年和小安德罗尼卡统治期间,在小亚细亚取得了一些重要的进展。奥斯曼苏丹和继他之后,他的儿子奥尔汗征服了拜占庭的主要城市布鲁萨、尼西亚和尼科米底,然后扩展到了马尔马拉海岸。小亚细亚西海岸的几个城市开始向土耳其纳贡。1341年,当安德罗尼卡三世去世时,奥斯曼土耳其已经成为小亚细亚的真正主人,并且有了入侵帝国欧洲领土甚至威胁君士坦丁堡的明显企图;色雷斯面临着来自他们的不断侵犯。同时,由于害怕来自土耳其帝国的危险,一些塞尔柱人埃米尔国家为了对抗拉丁人和土耳其帝国,和帝国建立了友好关系。

拜占庭帝国和塞尔维亚的兴起;斯蒂芬·杜尚。——13世纪

㉝ 鲁比奥·伊·鲁齐:"加泰罗尼亚人占领下的希腊,自弗里德里希三世之死到纳瓦拉人的入侵(1377—1379年)"("La Grecia Catalana de la mort de Frederic III fins a la invasió navarresa, 1377—1379"),《拜占庭》(布鲁塞尔),VI(1915—1920),199. 亦见他的《东方加泰罗尼亚人的外交》(*Diplomatari de l'Orient català*),巴塞罗那,1948年,此书是在他去世后出版的。亦见他的《加泰罗尼亚人在希腊》,13. 关于鲁比奥·伊·鲁齐诸多著作的目录,见《剑桥中世纪史》,IV,862和相关部分,286—291.

末，拜占庭在巴尔干半岛的领地包括整个色雷斯和南马其顿及萨洛尼卡；但那些进一步延伸到西方和南方的土地，如色萨利、伊庇鲁斯和阿尔巴尼亚，却只有部分地方不同程度地承认帝国的权力。在伯罗奔尼撒半岛，迈克尔·巴列奥洛格的帝国从法兰克人手中又重新夺回了半岛东南部的拉克尼亚，然后是中部行省阿卡迪亚。在伯罗奔尼撒半岛和中希腊的其他地方，拉丁人继续着他们的统治。而在爱琴海上，拜占庭只是在海的北部和东北部占有一些岛屿。

与奥斯曼人在东方的威胁相似的是，另一种对拜占庭的巨大威胁正在巴尔干半岛生长。在 14 世纪上半期，这一威胁来自塞尔维亚人。

塞尔维亚人和与其血缘极近的、也许是完全同族的克罗地亚人，在 7 世纪希拉克略皇帝时期已经出现在巴尔干半岛，并占领了半岛的西部。居住在达尔马提亚和萨瓦河及德拉瓦河之间的克罗地亚人开始同西方有了密切的接触，并皈依了罗马大公教。11 世纪，他们丧失了独立，处于匈牙利（马扎尔人）王国的统治之下。塞尔维亚人则保持着对拜占庭和东部教会的忠诚。很长时期以来，直到 12 世纪的下半期，与保加利亚人不同，塞尔维亚人一直没有形成统一的国家。他们居住在独立的区域，称为"祖比"(župy)，其首领则被称为"祖潘"(župans)。直到 12 世纪，塞尔维亚人才出现统一的倾向，而与此同时保加利亚正朝着建立第二个保加利亚王国的方向发展。就像亚琛家族在保加利亚领导着独立运动一样，尼曼加家族在塞尔维亚充当了与其相似的角色。

第九章 拜占庭的灭亡

12世纪下半期,塞尔维亚君主国的建立者是斯蒂芬·尼曼加(Stephen Nemanja),他称自己为"大祖潘"(Great Župan),他是依靠家族的力量统一塞尔维亚的第一人。由于拜占庭对保加利亚进行了成功的战争,斯蒂芬大大扩展了塞尔维亚的领土。完成了政治任务后,斯蒂芬立即辞职,以修士身份在阿索斯山上的一个修道院内度过了余生。在第三次十字军东征期间,斯蒂芬·尼曼加同当时正经过巴尔干半岛的德意志国王弗里德里希·巴巴罗萨进行了协商,欲同弗里德里希结成反对拜占庭皇帝的同盟,但是,弗里德里希不同意塞尔维亚人将达尔马提亚海岸剥离拜占庭的控制,并将它纳入塞尔维亚人的版图。这次协商毫无结果。

[斯蒂芬·尼曼加退隐后,]他的儿子们之间发生了内战,最后,他的儿子斯蒂芬于1217年登基并由教宗使者加冕,成为塞尔维亚的国王,并自称"第一个被加冕的""所有塞尔维亚人的"国王(Kral)。在他统治期间,塞尔维亚教会接受了由教宗代表任命的一个塞尔维亚大主教充当教会的首领。但是塞尔维亚对罗马教会的依附是短暂的,新王国保持着对东正教会的忠诚。

拉丁帝国企图扩大它在巴尔干半岛的影响,却遇到了来自两个斯拉夫国家保加利亚和塞尔维亚的极大阻力。1261年拉丁帝国衰落之后情况发生了变化:拉丁帝国由被恢复的虚弱的拜占庭帝国所取代;大约在同时,保加利亚也由于内部动乱而被削弱,领土大大缩减,力量也大不如前。1261年之后,塞尔维亚成为巴尔干半岛最重要的国家。但塞尔维亚国王犯了一个策略性的错误而没能吞并西部塞尔维亚(克罗地亚)的土地;在没有取得民族统一的前提下,他们就把注意力转向了君士坦丁堡。

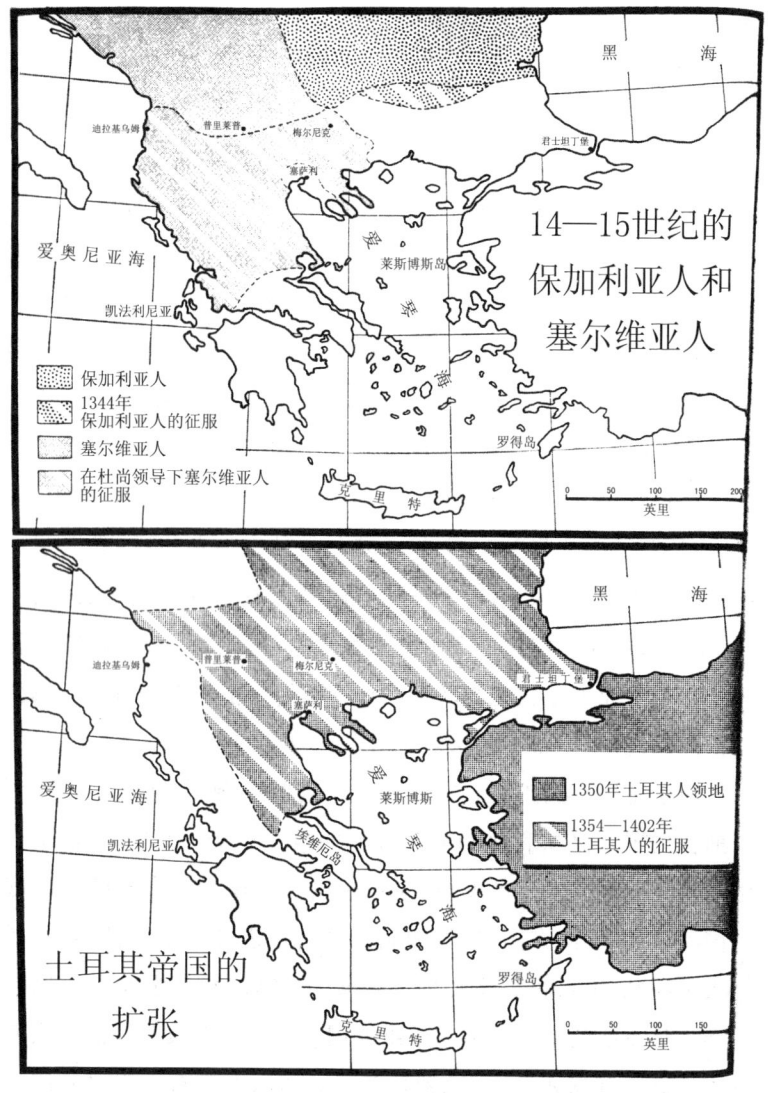

14—15世纪拜占庭帝国的灭亡

左上角的地图展示了14世纪塞尔维亚人和保加利亚人占领的领土和他们于这一世纪内对拜占庭的入侵。左下图揭示了1354—1402年土耳其人的向西扩张。上图则表现了15世纪时威尼斯人、热那亚人、法兰克人和加泰罗尼亚人控制的区域,以及纳克索斯公爵领的疆域。如果将这些图与拜占庭于1340、1350和1402年的疆域图(见本书末页)相比较,这些地图则展示了拜占庭帝国在1453年最后灭亡前领土的逐步减少。图上标志的主要区域是根据奥斯特洛戈尔斯基的著作《拜占庭国家史》中的地图绘制的。

在两安德罗尼卡进行内战期间,塞尔维亚国王支持祖父安德罗尼卡三世。其同盟者塞尔维亚人1330年对保加利亚人的胜利对塞尔维亚的未来有重要意义,这场战役发生于上马其顿的维尔布什德(Velbužd,即现在的克斯坦迪尔[Köstendil])。年轻的王公斯蒂芬·杜尚注定要成为塞尔维亚的著名国王。尽管资料中有一些矛盾之处,[34]但都认为杜尚对这次胜利有决定性的贡献。在上述战役中,保加利亚国王被打败并被杀死。维尔布什德战役的结果对于年轻的塞尔维亚王国有重要意义。希腊-保加利亚的联盟瓦解,保加利亚抑制塞尔维亚进一步发展的可能性也永远被破坏。此后,塞尔维亚王国在巴尔干半岛扮演了领导角色。

塞尔维亚在斯蒂芬·杜尚统治期间(1331—1355年),达到其国力的最高峰。在他登上王位之前十年,斯蒂芬和他的父亲在大主教祝福下一起被加冕。因此资料中称他"斯蒂芬,年轻的国王"(rex juvenis),以区别于"老国王"(rex veteranus)。T.弗洛林斯基(T.Florinsky)评论说:"父子同时加冕在塞尔维亚历史上是一个值得注意的新现象。它清楚地表明了拜占庭帝国的影响,在拜占庭,皇帝任命他们的共治者并为他们加冕使之取得皇帝头衔是一个古老的传统。"[35]

在斯蒂芬·杜尚统治的第一个十年期间,拜占庭的统治者是安德罗尼卡三世。杜尚利用了皇帝和约翰·坎塔库津忙于应付奥

---

[34] 弗洛林斯基:《14世纪第二季的拜占庭和南斯拉夫人》II,55。吉莱切克:《塞尔维亚史》,I,362。

[35] 见《14世纪第二季南斯拉夫和拜占庭》,II,45—46。亦见吉莱切克《塞尔维亚史》,I,355—356。

斯曼人来自东方威胁的有利形势，实施了他的侵略计划。一方面兼并了北马其顿，另一方面，则占领了阿尔巴尼亚的大部分地区，此前，安德罗尼卡的军队刚刚在阿尔巴尼亚取得胜利。1341 年，当皇帝安德罗尼卡去世前，斯蒂芬·杜尚尽管还没有充分实施他对拜占庭的计划，但已经证明了他对于帝国来说是一个多么强大的敌人。

阿尔巴尼亚人向南方的发展。——14 世纪上半期，阿尔巴尼亚人在巴尔干半岛的历史中第一次扮演了相当重要的角色。安德罗尼卡三世和斯蒂芬·杜尚都曾经同他们作战。

自古典时代以来，阿尔巴尼亚从来未能形成一个单独的统一实体，阿尔巴尼亚人的历史总是一些外族人历史的一部分。在内部，他们分成几个小公国和自治的山区部落，他们的兴趣只在于本地。“阿尔巴尼亚有许多还没有勘查过的古代遗迹。因此，在没有考察那些被小心地保护了几个世纪之久的阿尔巴尼亚土地上的珍贵遗迹的前提下，人们不可能写出准确的、完整的阿尔巴尼亚历史。只有当这些考古的珍宝能够昭然于世的时候，才可能写出一部科学和真实的阿尔巴尼亚历史。”(96)

阿尔巴尼亚人的祖先是古代的伊利里亚人，他们沿着从伊庇鲁斯伸展到潘诺尼亚平原的北方亚得里亚海东岸而居。2 世纪的希腊地理学家托勒密，曾提到一个阿尔巴尼亚人的部落和一个阿尔巴诺堡的城市。11 世纪时，阿尔巴尼亚人这一称呼被广义地用

(96) C.A.切克莱奇(C.F.Chekrezi)：《阿尔巴尼亚——过去与现在》(*Albania - Past and Present*)，8。

于所有其他的古伊利里亚民族。这个民族在希腊语中被称作 Albanoi、Arbanoi 或者是 Albanitai；在拉丁语中是 Arbanenses 或 Albanenses；从拉丁语或罗马的形式演化为斯拉夫语的 Arbanasi，在现代希腊语中是 Arvanitis，在土耳其语中是 Arnaut。阿尔巴尼亚人也称他们自己为 Arber 或者 Arben。后来又出现了一个称呼阿尔巴尼亚人的新名词，此即 Shkipetars，它的词源来历还不能确定。[57] 今天的阿尔巴尼亚语充斥着罗曼语成分，它源于古拉丁语，终于威尼斯人的方言。所以一些专家称阿尔巴尼亚语为"一种半罗曼斯语的混合语言"（halbromanishe Mischsprache）。[58] 过去的阿尔巴尼亚民族是信仰基督教的民族。在早期拜占庭时代，阿那斯塔修斯一世皇帝即来自伊利里亚的主要海岸城市都拉基乌姆，他很可能就是阿尔巴尼亚人。查士丁尼大帝家族也可能源于阿尔巴尼亚血统。

阿尔巴尼亚民族人种的巨大变化发生在4、5世纪所谓的蛮族入侵和巴尔干半岛被斯拉夫人逐渐占领时期。后来阿尔巴尼亚（此时史料上还没有这样称呼）先后归属于拜占庭和大保加利亚王

---

[57] C.吉莱切克："历史上的阿尔巴尼亚"（"Albanen in der Vergangenheit"），《东方的奥地利王权》（Oesterreichische Monastschrift für den Orient），1—2(1914)，2；重版于塔洛齐（Thallóczy）《伊利里亚—阿尔巴尼亚研究》（Illyrisch-albanische Forschungen），I，66。关于 Shkipetars 一词的来源，见 A.C.查特济斯（Chatziz）"何为 Shkipetar 民族？"（Πόθεν τὸ ἐθνικὸν Σκιπετάρ），《雅典科学院报告》（Πρακτικά of the Academy of Athens），IV(1929)，102—104。亦见 H.格列古瓦著《拜占庭》，IV(1929)，746—748；按照当代希腊语的发音σκιππέττο相当于意大利语的 shiopetto，或法语的 escopette，意为"枪"、"炮"、"装备了武器的人"。这个问题至今还没有完全解决。

[58] 吉莱切克："历史上的阿尔巴尼亚"，《东方的奥地利王权》，1—2(1914)，2；塔洛齐：上引书，I，67。G.格鲁伯（G.Gröber）：《罗曼语系的形成》（Grundriss der romanischen Philologie）（第2版，1904—1906年），1039。

国的西梅恩。诺曼人与拜占庭人在巴尔干半岛的冲突之后,阿尔巴尼亚第一次作为一个族群的名称,出现在11世纪拜占庭的资料里。㊉ 在拉丁帝国和巴列奥洛格一世时期,阿尔巴尼亚相继被伊庇鲁斯王国、第二保加利亚王国和尼西亚皇帝约翰·杜卡斯·瓦塔泽斯所控制,最后被安茹的查理所制伏,查理称呼他自己为"奉天承运的西西里和阿尔巴尼亚国王"。在14世纪40年代,安德罗尼卡去世之前不久,塞尔维亚国王斯蒂芬·杜尚征服了阿尔巴尼亚的大部分地区。

在这一时期,阿尔巴尼亚人开始大规模地向巴尔干半岛南部推进,他们首先进入色萨利,后在14世纪的下半叶和15世纪,又扩伸到整个中希腊、伯罗奔尼撒半岛和爱琴海的许多岛屿。阿尔巴尼亚殖民运动的强大潮流甚至在今天还能感觉到。19世纪上半叶德国学者法尔梅赖耶提出了一个令人震惊的理论,希腊人已经完全被斯拉夫人和阿尔巴尼亚人灭绝;"流淌在当代希腊基督教民族静脉里的血液没有一滴来自古代的希腊人。"他在其《中世纪莫里亚半岛史》的第二卷中写道,自14世纪的第二季起,居住在希腊的希腊-斯拉夫人被阿尔巴尼亚定居者所取代和排挤,从土耳其束缚下把希腊解放出来的19世纪希腊革命,实际上是阿尔巴尼亚军队的杰作。法尔梅赖耶通过在希腊的旅行,发现在阿提卡、维奥蒂亚和伯罗奔尼撒半岛的大部分地区都有相当数量的阿尔巴尼亚定居者,他们有的甚至不懂希腊语。法尔梅赖耶还写道,如果称这个国家是新阿尔巴尼亚,那也是恰如其分的。希腊王国的那些行

㊉ 迈克尔·阿塔利特斯:《历史》,9、18。

省与希腊文明的关系并不比苏格兰高地与阿富汗的坎大哈及喀布尔地区的关系更紧密。⁽¹⁰⁰⁾

尽管法尔梅赖耶的理论基本上已经被摒弃,但事实上,直到今天,爱琴海上的许多岛屿和几乎整个阿提卡和远至雅典的地区都是阿尔巴尼亚人的领地。根据学者的大概统计,现在伯罗奔尼撒半岛的阿尔巴尼亚族人数量超过全部人口的12%(大约有92,500人)。⁽¹⁰¹⁾ 1854年德文著作《阿尔巴尼亚研究》的作者 J.G.哈恩(Hahn)评估"在100万希腊居民中大约有173,000人是阿尔巴尼亚人",一位当代作家评论道:"在这期间没有发生实质性的变化。"⁽¹⁰²⁾

于是,安德罗尼卡三世时代的一个显著特征就是阿尔巴尼亚人向希腊南部直到伯罗奔尼撒半岛的殖民运动,以及因此带来的希腊半岛人口中重要的人种改变。

威尼斯和热那亚。——迈克尔八世的政权在两个西方商业共和国威尼斯和热那亚之间的竞争中,给了热那亚明确的优先权。考虑到当时的政治环境,他与威尼斯又恢复了友好关系,灵活地运

⁽¹⁰⁰⁾ J.P.法尔梅赖耶:《中世纪莫里亚半岛历史》,II,xxiv—xxvii。

⁽¹⁰¹⁾ 菲利普森(Philipson):"关于伯罗奔尼撒的种族问题"("Zur Ethnographie des Peloponnes"),《彼特曼通报》(*Petermann's Mitteilungen*),XXXVI(1890),35。菲利普森:《关于拜占庭帝国的地理状况》(*Das Byzantinische Reich als Geigraphische Ercheinung*),131。D.A.扎基希诺斯(Zakythinos):《莫里亚的希腊王国》(*Le Despotat Grec de Morée*),102—105。

⁽¹⁰²⁾ J.哈恩:《阿尔巴尼亚研究》(*Albaniesische Studien*),I,32(这一数字是估计的数字);亦见 II,1(几乎相当于希腊人口的半数);亦见前言,vi。见柴克莱斯(Chenkrezi)《阿尔巴尼亚——过去与现在》,25页注1、205。芬利(《希腊史》,IV,32)统计在希腊境内有约20万阿尔巴尼亚族人。

第九章 拜占庭的灭亡

用两共和国之间的对抗。安德罗尼卡二世延续了他父亲对热那亚实行特权的政策,因此导致热那亚和威尼斯之间的持续对抗。

13世纪末,基督教徒在叙利亚占领的属地全部丢失。1291年,穆斯林从基督徒手中夺走了他们最后一个重要的沿海城市阿克(Acra,古代的托勒密城);剩下的所有沿海城市几乎毫无抵抗地向穆斯林投降了。整个叙利亚和巴勒斯坦落入穆斯林的控制之下。

这一事件对威尼斯来说是可怕的打击,因为这使她丧失了整个地中海东南部,在这一地区,有很长一段时间她都占有贸易上的优势。另一方面,在博斯普鲁斯海峡有着坚实立足点的热那亚人,把他们的影响延伸到黑海,很明显他们希望在那儿实现贸易的垄断权。这在克里米亚是相当重要的,因为,威尼斯人和热那亚人都在那儿建立了殖民地。威尼斯人意识到热那亚人对她的商业霸权的威胁,于是对热那亚宣战。他们之间的许多战斗都发生在拜占庭帝国的领土和水域上。威尼斯舰队突破了赫勒斯滂海和马尔马拉海,掠夺和焚烧了博斯普鲁斯的土地和热那亚人居住的地方加拉泰郊区。热那亚人在君士坦丁堡防御性城墙的后面建立了安全的侨居地,君士坦丁堡皇帝也积极支持热那亚人,居住在首都的威尼斯人受到了残杀。热那亚人从安德罗尼卡二世手中获得了建立围墙和护城河保护加拉泰的授权。不久之后,他们的侨居地建起了许多公共的和私人的建筑。侨居地政府的长官(podestá)是由热那亚委派的,他代表着所有居住在帝国领土上的热那亚人的利益,依法管理这块侨居地。T.弗洛林斯基说:"在东正教的皇城旁边,出现了一个小的,但是设防良好的拉丁人城市,那里有着热那亚人的城市长官、共和组织以及拉丁教会和修道院。除了在商业上的重要地位之外,热那亚人也在拜占庭帝国获得了重要的政治意义。"[18]至安德罗尼卡三世登基,加拉泰已经成为一个国中之国,而到他统治末期,人们已经可以很强烈地感受到这种局面。在热那亚和威尼斯之间已经不可能出现真正的和平。

除了这两个最强盛的商业共和国外,另一些在13世纪末和14世纪的君士坦丁堡建立了侨居地的西方城市——例如意大利、比萨、佛罗伦萨和安科纳,亚得里亚海上的斯洛文尼亚城市拉古萨(杜布罗夫尼克)[19],以及若干个法国南部城市,如马赛——也有着相当引人注目的贸易活动。

安德罗尼卡祖孙俩的统治结局都是可悲的。在东部,奥斯曼土耳其帝国已经成为掌控小亚细亚形势的主人;在巴尔干半岛,斯蒂芬·杜尚已经获得一些真正的成功,预示了他将来继续扩展的计划。加泰罗尼亚兵团在他们向西方进军的过程中已经严重破坏了帝国的许多地区。最后,热那亚人的加拉泰区在经济上十分强大,在政治上亦几乎完全独立,已经巩固了自身地位,并和君士坦丁堡平起平坐。

约翰五世(1341—1391年在位)、约翰六世坎塔库津(1341—

---

[18] 《14世纪第二季的拜占庭和南斯拉夫人》,I,32—33。

[19] N.约尔加:"一个变成了斯拉夫人城市的罗马城市:拉古萨"("Une ville 'romane' devenue slave: Raguse"),《罗马研究院历史研究所通讯》,XVIII(1931),32—100。P.斯科克(P.Skok):"拉古萨的起源"("Les Origines de Raguse"),《斯拉维亚》(*Slavia*),X(1931),499—500。M.安得列瓦的通俗性简介:"多布罗夫宁克"("Dubrovnik"),《国际巴尔干研究杂志》(*Revue internationale des études balkaniques*),II(1935)125—128。

第九章 拜占庭的灭亡

1354年在位)和在斯蒂芬·杜尚统治下的塞尔维亚巅峰时代。——在约翰五世的前任安德罗尼卡三世统治时期,斯蒂芬·杜尚已经占有了北马其顿和阿尔巴尼亚的大部分。随着约翰五世登上王位,激烈的国内战争开始分裂帝国,杜尚的侵略计划拓展了,并明确制定了对付君士坦丁堡的方针。14世纪的拜占庭历史学家尼斯福鲁斯·格雷戈拉斯借用约翰·坎塔库津的口气,强调道:"伟大的塞尔维亚人(指斯蒂芬·杜尚)⑮像决堤的河水一样,已经远远漫过它的堤岸,其浪涛淹没了罗曼尼亚(Romania)*帝国的一部分,正威胁着另一部分。"⑯斯蒂芬·杜尚时而与坎塔库津言和,时而向约翰五世示好,左右逢源,从中取利。他利用拜占庭帝国军队自相残杀的危急形势,毫无困难地征服了除萨洛尼卡之外的几乎整个马其顿地区,并且包围和占领了塞雷(Seres,横亘于萨洛尼卡和君士坦丁堡之间的东马其顿地区的重要防砦)。塞雷的沦陷具有极大的重要性:杜尚获得了一处仅次于萨洛尼卡的防砦和纯粹的希腊城市,它可以成为通往君士坦丁堡的重要门户。从这时起,针对帝国的扩张计划在这位塞尔维亚领袖人物的心目中形成。

现代拜占庭资料把塞雷的陷落同杜尚采用沙皇头衔并公开宣称他对东方帝国的主权要求等联系起来。例如,约翰·坎塔库津写道:"国王(The Kral)接近了塞雷并占领它……此后,他变得过

---

⑮ 尼斯福鲁斯·格雷戈拉斯在文中称杜尚为"伟大的垂宝(Triball)",这是古代色雷斯的一个部族的名称,格雷戈拉斯以此名称代称塞尔维亚人。

* 指罗马帝国,即拜占庭,下同。——译者

⑯ 《历史》,XIV,4;波恩版,II,817。

度自负,视他自己为帝国大部分领地的主人,自称是罗马和塞尔维亚人的沙皇,[107]并授予他的儿子以王(Kral)的头衔。"[108]在杜尚由塞雷写给威尼斯总督的一封信中,列举了自己的一系列头衔,其中誉美自己为"罗曼尼亚多数领地的主人"(*et fere totius imperii Romaniae dominus*)。[109] 在杜尚以珠笔签署的希腊文法令中,声称自己为"奉基督上帝名义,忠诚的国王,塞尔维亚和罗曼尼亚的统治者斯蒂芬。"[110]

杜尚所设计的攻克君士坦丁堡的宏大计划不同于9世纪和13世纪保加利亚国王西梅恩和亚琛的计划。西梅恩的主要目标是把斯拉夫人的土地从拜占庭帝国的权力之下解放出来,建立一个大斯拉夫帝国;"他占领君士坦丁堡的真正企图,"T.弗洛林斯基写道,"同样是出于摧毁希腊人权力并由斯拉夫人取而代之的目标……"[111]"他希望占有帝都(Tsargrad),并以保加利亚沙皇、而不是罗马人皇帝的身份去统治希腊人"[112];亚琛所追求的也是同样的目标,他所渴望的是保加利亚人民的解放和完全独立,并希望建立一个应当包括君士坦丁堡在内的保加利亚帝国。

---

[107] 与尼斯福鲁斯·格雷戈拉斯一样,坎塔库津在自己的回忆录中也用古代色雷斯地区部族的名称"垂宝"(Triballs)称呼塞尔维亚人。

[108] 《历史》,III,89;波恩版,II,551—552。

[109] 弗洛林斯基:《14世纪第二季的拜占庭和南斯拉夫人》,II,108、111;吉莱切克:《塞尔维亚史》,I,36。

[110] 萨塔斯:《中世纪希腊文书籍目录》,I,239;弗洛林斯基:《阿索斯山法令集和收于圣著集中的照片》(*The Athonian Acts and Photographs of Them in the Collections of Sevastyanov*),96。

[111] 《14世纪第二季的拜占庭和南斯拉夫人》,II,109。

[112] 同上书,110。

第九章 拜占庭的灭亡

但是，以皇帝（basileus）和专权者（autocrat）自称的斯蒂芬·杜尚却在追求着不同的目标。他所要求的，不再仅仅是从东部皇帝的影响下解放塞尔维亚人民。毫无疑问，杜尚给他自己树立的目标是建立一个新的帝国来代替拜占庭帝国，这个新帝国不再仅仅是塞尔维亚的，而是塞尔维亚-希腊的，并且"塞尔维亚人民，塞尔维亚王国，和所有依附于它的斯拉夫的土地将仅仅是罗马帝国的一部分，他称自己是他们的领袖"[⑬]。他企图使自己成为君士坦丁大帝、查士丁尼和其他拜占庭皇帝之尊位的继承者，因此，杜尚首先希望自己成为罗马人的皇帝，然后才是塞尔维亚人的皇帝，简言之，他要在拜占庭的御座之上建立他个人的塞尔维亚王朝。

对杜尚来说，重要的是把被征服地区的希腊神职人员吸引到他这一边来。他意识到，在人民的眼中，自己要宣称自己是塞尔维亚和希腊人的沙皇的举动，只有被教会的高级权力机构批准才是合法的。附属于君士坦丁堡牧首的塞尔维亚大主教是难能担当此任的；即使宣布塞尔维亚教会完全独立，塞尔维亚的大主教或教宗也只能为国王加冕为塞尔维亚的沙皇。要想得到"塞尔维亚人和罗马人的沙皇"，这一或许能帮助他登上拜占庭皇位的尊号，需要做更多的事情。很自然，君士坦丁堡的牧首不会同意给他加冕。于是，杜尚开始计划通过著名的阿索斯圣山上希腊修道院的修道士以及被征服地区的希腊最高神职人员的认可来神化他的新头衔。

[⑬]《14世纪第二季的拜占庭和南斯拉夫人》，II，110。

出于这个意图,他在被征服的马其顿地区巩固并扩展了希腊修道院的特权并增加了对该修道院的捐赠,许多属于阿索斯山的大地产($\mu\varepsilon\tau\delta\chi\iota\alpha$)也归于他的权力之下。哈尔基季基(Chalcidice)半岛连同阿索斯山上的修道院也尽落入杜尚的掌握之中,修士们不可能不明白修道院的保护已经从拜占庭皇帝转到新主人手中,他们的进一步繁荣将依赖于新主人。用希腊语拟就的、并被杜尚授予阿索斯山的希腊修道院的宪章("黄金诏书"[chrysobulls])证明了杜尚不仅仅对他们以前的特权、免税权和财产权给予重新确认,而且还追加了一些新的特权。除了分别为一些修道院制定宪章之外,还有一个通用性的宪章授予所有阿索斯山修道院;在这个宪章中,他说:"朕(Our Majesty),已经收服了(处于朕的控制之下)位于圣山阿索斯上的所有修道院,他们已经心悦诚服地依靠于朕并成为朕的臣民。为了使居住在那儿的修士们能够和平和不受干扰地进行他们虔诚的工作,朕以本法令(chrysobull)授予他们以大量恩惠。"⑭

1346年的复活节是塞尔维亚历史上有重大意义的一天。在杜尚的首都斯科普里(Skoplje,Uskub,位于马其顿北部),聚拢了整个塞尔维亚王国的贵族王公,以塞尔维亚大主教为首的所有高级神职人员,被征服地区的保加利亚的和希腊的神职人员,最后,还有圣山修道士公会的首席代表(protos*,他掌管着圣山阿索斯

---

⑭ 弗洛林斯基:《阿索斯山法令集和收于圣著集中的图像》,95;乌斯宾斯基:《基督教的东方》,III(2),156。

* protos 在希腊语中是第一的意思,此处是对阿索斯山修道院议会首领的称呼。——译者

第九章 拜占庭的灭亡

和山上的修士们及隐士们)*。这个巨大而神圣的会议将"正式批准并认可由杜尚实现的政治革命:建立一个新的帝国"⑮。

首先,这次会议建立了一个完全独立于君士坦丁堡教区的牧首之外的塞尔维亚大教长辖区。杜尚需要一个独立的塞尔维亚主教为他加冕,使他成为皇帝。由于主教的选举没有全体东部基督教主教的参与,希腊人主教和阿索斯山的隐士们不得不代替君士坦丁堡主教。塞尔维亚主教被推选出来了,但君士坦丁堡牧首拒绝承认这个委员会的决议,反而把塞尔维亚教会开除教籍。

主教选举之后,庄严地举行了杜尚加冕为拜占庭皇帝的仪式。这一事件很可能发生在杜尚占领塞雷之后不久,正式宣布自己为沙皇的典礼之前。与这些事件相关,杜尚在他的宫廷中引入了虚浮的宫廷礼仪,并采纳了拜占庭的习俗和惯例。新皇帝(basile-us**)变为希腊贵族的代表;希腊语似乎正式取得了与塞尔维亚语的同等地位,因为杜尚的许多宪章是用希腊语颁布的。"塞尔维亚的特权阶级,那些大地主和拥有巨大的影响力和权力、并限制塞尔维亚国王行动自由的神职人员,现在被迫屈服于沙皇这个绝对的最高权威。"⑯比照拜占庭的传统风俗,杜尚的妻子也接受了加冕,他们的10岁儿子被宣布为"所有塞尔维亚土地的王"。加冕后,杜

---

* 修士,此处用的是希腊语词 Iguman,这是在阿索斯圣山上过集体修道生活的修士;隐士,即 hermit,是在山上过离群索居生活的独立修士。——译者

⑮ 弗洛林斯基:《14 世纪第二季的拜占庭和南斯拉夫人》,II,126。

** "basileus"是希腊语中对皇帝的称呼。这里指塞尔维亚王僭领了拜占庭皇帝的头衔,因此成为希腊民族的代表。——译者

⑯ 弗洛林斯基:《杜尚之立法活动的丰碑》(The Monuments of Dushan's Legis-lative Activity),13。

尚颁布了许多宪章法令表达他对希腊教士和教会的感激和支持。他还同他的妻子赴阿索斯山访问，在那里停留了大约四个月，在所有的修道院中祈祷，并赠给教士们许多礼物。在各处他都受到"那些过着圣洁生活的圣徒和圣父的祝福"[17]。

斯蒂芬的唯一梦想就是抵达君士坦丁堡；在他的胜利和加冕礼后，他可以毫无阻碍地达到这一目的了。尽管在他统治的最后时期，塞尔维亚对拜占庭的战争不像以前那样频繁，而且他的注意力时而转向西方或北方的战事，时而转向国内事务，但正如弗洛林斯基所说："对所有那些事件，杜尚只是暂时转移了自己的注意力，并没有更多的投入，他的目光和头脑深处仍然一如既往地专注于巴尔干半岛东南部那最具诱惑力的角落。控制这个东南角的欲望，或者更确切地说，控制位于那个角落的那个世界城市的欲望，现在仍然完全地占据着这位沙皇的头脑，成为他行动的主要动机。这决定了他的统治时代的所有特征。"[18]

杜尚梦想着自己将轻易征服君士坦丁堡，在这一狂热情绪驱动下，他没有立刻处理已经存在着的妨碍他实现自己计划的几个严重障碍。首先，土耳其人的势力正在增长，他们也一直觊觎拜占庭的首都，而组织涣散的塞尔维亚军队不可能战胜土耳其人；另外，要想夺取君士坦丁堡，必须有一支海军，而杜尚还没有。为了增强自己的海上力量，杜尚打算同威尼斯人结成同盟。但这一计划从一开始就注定要失败。圣马可的共和国，对于君士坦丁堡归

---

[17] 弗洛林斯基：《14世纪第二季的拜占庭和南斯拉夫人》，II，134。
[18] 同上书，141。

于巴列奥洛格之手一直耿耿于怀,因此绝不会同意杜尚征服并入主君士坦丁堡;如果威尼斯人征服了君士坦丁堡,将会符合这座意大利城市的利益。杜尚同土耳其人联盟的企图因为约翰·坎塔库津的政策也失败了;无论如何,杜尚的利益和土耳其人的利益肯定相互抵触。实际上拜占庭内部的斗争对杜尚的计划也无所助益。在杜尚统治的最后几年,一支帮助约翰五世巴列奥洛格皇帝与土耳其人作战的塞尔维亚军队遭到了土耳其人的屠杀。杜尚命中注定是要失望了,很明显,通往君士坦丁堡的道路正在向他关闭。

据后来的拉古萨的编年史记载,杜尚在他去世那年曾对君士坦丁堡发动了一场规模巨大的远征,但他的去世阻止了这一行动的彻底完成。上述史实没有能被当时的任何材料所证实,很多最优秀的学者都认为这不是事实。[119] 1355年,这位塞尔维亚的伟大领袖没有实现他的雄心就去世了。因此杜尚没能创建一个希腊-塞尔维亚帝国来取代拜占庭帝国。他只是成功地组建了一个囊括了许多希腊土地的塞尔维亚帝国。[120] 他死后,帝国就崩溃了,就像约翰·坎塔库津所说的:"分成了上千块。"[121]

杜尚的君主专制只持续了很短的一段时间,对此,弗洛林斯基评论道:"关于这段时期,只有两个时刻值得注意:首先是杜尚的整个统治的形成时期,随之是它的瓦解时期,这个瓦解时期于它的建

---

[119] 弗洛林斯基:《14世纪第二季的拜占庭和南斯拉夫人》,II,200—201、206—207。
[120] 同上书,208。
[121] 约翰·坎塔库津:《历史》,IV,43;波恩版,III,315。

立者去世之后立即开始了。"⑫另一位俄国学者说:"十年后,塞尔维亚帝国的强大似乎已经属于遥远的过去。"⑬因此,斯拉夫人的最宏伟的尝试,即他们的第三个也是最后一个,要在巴尔干半岛建立一个以君士坦丁堡为首都的伟大帝国的尝试,最后以失败告终。巴尔干半岛对于好战的奥斯曼土耳其人的侵略计划来说,几乎是不加防御的,完全开放的。

14世纪下半叶拜占庭的政策

土耳其人。——在小安德罗尼卡统治末期,土耳其人几乎完全控制了小亚细亚。地中海东部地区和爱琴海受到土耳其人,包括奥斯曼人和塞尔柱人海盗船的持续不断的威胁。半岛、沿海地区和岛屿上的基督教人民越来越陷入水深火热之中,贸易也停止了。土耳其人攻击阿索斯山的修道院,迫使一个隐士阿塔那修斯离开阿索斯山迁往希腊的色萨利,在那里,在"空中",建立了"奇妙怪异的米蒂奥拉修道院,像王冠一样矗立在荒凉的卡拉巴卡峡谷一侧高耸突兀的岩石上"⑭。塞浦路斯国王和自14世纪以来即占有着罗得岛的圣殿骑士团(或称圣约翰骑士团)的首领恳请教宗号

---

⑫ 《14世纪第二季的拜占庭和南斯拉夫人》,II,1。
⑬ A.波戈丁:《塞尔维亚史》,79。
⑭ N.A.比斯:"关于米蒂奥拉修道院创建者的历史研究和民间传说"("Geschichtliche Forschungsresultate und Mönchs-und Volkssagen über die Gründer der Meteorenklöster"),《拜占庭与当代希腊年鉴》,III(1922),364—369。米勒:《利凡特的拉丁人》,294—295。I.波吉阿齐德(I.Boghiatzides):"米蒂奥拉修道院编年史"(Τὸ χρονικὸν τῶν Μετεώρων),《拜占庭研究学刊》('Επετηρὶς Εταιρείας Βυζαντινῶν Σπουδῶν),II(1925),149—182。

召西欧国家采取武力反对土耳其人。虽然不是完全不成功,但只有很少的救援性质的远征者响应罗马教宗的呼吁,对此严重局面不能有多少改善。土耳其人已经注定要在欧洲海岸牢固建立他们自己的地盘;而正是由于约翰·坎塔库津在拜占庭帝国内战期间将土耳其人引进帝国领土的行为,便利了土耳其人建立其基地的活动。

奥斯曼土耳其人在欧洲的第一次立足通常是与约翰·坎塔库津的名字联系在一起的,他在与约翰·巴列奥洛格的斗争中,常常寻求他们的支持。坎塔库津甚至把他的女儿嫁给了苏丹奥尔汗。在坎塔库津的邀请下,土耳其人以同盟者的身份几次蹂躏了色雷斯。尼斯福鲁斯·格雷戈拉斯评价道,坎塔库津憎恨罗马人,但他却喜爱野蛮民族。[15] 土耳其人第一次定居于加利波利半岛非常可能是得到坎塔库津的承认和同意的。这位拜占庭历史学家写道,当宫廷教堂内正在进行基督教的礼拜仪式时,获准进入帝国首都的奥斯曼人在这座宫殿附近载歌载舞,"用不可思议的声音高唱赞颂穆罕默德的颂歌和赞美诗,于是吸引群众去倾听他们的声音而不是聆听上帝的福音"。[16] 为了满足土耳其人在财政上的要求,在帝国经济不景气的时期,坎塔库津甚至将莫斯科大公傲慢者西蒙为重修圣索菲亚教堂而从俄罗斯运来的金钱送给他们。

尽管在欧洲,即在色雷斯和加利波利半岛曾存在一些土耳其人的私人定居地,但是,从一切迹象来看,在坎塔库津统治的最初

---

[15] 尼斯福鲁斯·格雷戈拉斯:《历史》,XXVIII,2;波恩版,III,177。
[16] 尼斯福鲁斯·格雷戈拉斯:《历史》,XXVIII,40;波恩版,III,202—203。

若干年内,这些私人性质的定居地并没有什么危险性,因为它们是处于拜占庭的权力之下。但在14世纪50年代初,一个靠近加利波利的小据点吉姆帕落入土耳其人之手。坎塔库津企图以贿赂方式劝土耳其人撤出吉姆帕的做法也未能成功。

1354年,几乎整个色雷斯的南部海岸都遭遇到可怕的地震。许多城市和堡寨被毁坏。土耳其人巩固了吉姆帕并夺取了半岛上的几个地震后被人们遗弃的城市,其中就包括加利波利。然后,他们开始修建城墙,建造坚固的堡垒并建立了一处军械厂,在此地安置了一处颇具规模的营房,于是,加利波利城便成为他们在巴尔干半岛进一步发展的极其重要的战略中心和支援基地。君士坦丁堡的人民立刻意识到他们处于危险之中,加利波利半岛被土耳其人占领的消息使他们感到绝望。当时的一位杰出作家底米特里·辛多内斯记载,整个城市上空回响着人们的痛哭悲号声。

他写道:"那么,在这座城市我们更多地听到怎样的议论呢?我们不是要遭殃了吗?难道被困在[首都]城墙内的我们不会像网中之鱼一样被野蛮人活活抓住?那些在这些危险来临之前离开这座城市的人难道不会感到欣慰吗?""为了逃避被奴役的命运",所有的人匆忙逃往意大利、西班牙,甚至逃往更远的海勒立斯石柱(今天的直布罗陀海峡)之外,[⑫]或许跑到了英格兰。一位俄国编年史家这样评论上述事件:"在6854年(公元1346年),穆斯林(即土耳其人)通过这个据点进入了希腊土地。在6865年(公元1357

---

⑫ 底米特里·辛多尼斯:《建言》($Συμβουλευτικὸς\ ἕτερος$),见米涅编《希腊教父著作全集》,CLIV,1013。

年),他从希腊人那里夺取了加利波利。"⑱

在那个时代,威尼斯驻君士坦丁堡代表注意到君士坦丁堡的政府已经受到来自土耳其人的威胁,他也关注到土耳其人有可能夺取帝国的剩余部分,拜占庭帝国内的民众对其皇帝和政府的普遍不满,最重要的是,城中的大多数百姓宁愿处于拉丁人尤其是在威尼斯的权力统治之下。在这位官员的另一份报告中写道,君士坦丁堡的希腊人希望受到保护并抵制土耳其人,首要的愿望是希望被置于威尼斯人的控制之下,或者,如果有可能,他们也愿意接受"匈牙利国王或塞尔维亚国王"⑲的保护。但我们很难断定,威尼斯代表的观点在多大程度上反映了君士坦丁堡内的真实情况。

历史学家通常称约翰·坎塔库津是导致土耳其人在巴尔干半岛第一次立足的唯一原因;他在与约翰·巴列奥洛格争夺权力期间,为得到土耳其人的援助而吁请了他们。于是给人们留下这样的印象,即随后土耳其人在欧洲的野蛮行径都应该由坎塔库津负全部责任。但显然,这个对于拜占庭和欧洲都是致命性事件的发生,并不能由坎塔库津一个人负责。主要原因在于拜占庭和巴尔干半岛当时所处的外部环境,在那里没有任何重要的阻碍可以抵挡不可一世的土耳其人对西方的猛烈进攻。如果坎塔库津不曾将他们召进欧洲,他们仍可以在任何时间到来。如同 T.弗洛林斯基

---

⑱ 《沃斯克莱森斯克编年史》(*Voskresenskaya lietopis*),收入《俄罗斯编年史全集》,VII,251。

⑲ N.约尔加:"东方的拉丁和希腊人,以及土耳其人在欧洲的立足(1242—1362年)"("Latins et Grecs d' Orient et l' etablissement des Turcs en Europe, 1242—1362"),《拜占庭杂志》(布鲁塞尔),XV(1906),217。霍普夫:《希腊史》,I,448。

所说:"土耳其人不间断地侵扰,为他们征服色雷斯铺平了道路;希腊-斯拉夫世界的自相残杀的内部环境,大大有利于土耳其人毫无阻碍地成功入侵;最后,各巴尔干国家和民族的政治领袖……几乎没有意识到来自强大的穆斯林势力的威胁;相反,所有这些政治领袖为了一己狭隘的私利,却在寻求与土耳其人妥协;坎塔库津也不例外。"像坎塔库津一样,威尼斯人和热那亚人,"这些享有特权的基督教保卫者和伊斯兰教反对者",在那个时期也在积极与土耳其人结盟。伟大的"塞尔维亚和希腊的独裁君主"杜尚也在寻求同样的联盟。"当然,没有一个人会认为坎塔库津是绝对没有责任;在导致土耳其人在欧洲立足这一不幸事件中,他不可能完全摆脱责任;但我们不应忘记他不是唯一应该负此责任的人。而且,如果不是坎塔库津先发制人,阻止了杜尚与奥尔汗达成同盟的协议的话,斯蒂芬·杜尚也会像坎塔库津那样将土耳其人引进半岛。"⑬

土耳其人在加利波利立足后,充分利用拜占庭及各斯拉夫(即保加利亚和塞尔维亚)国家内部从未止息的矛盾冲突,开始在巴尔干半岛扩大自己的征服地。奥尔汗的继承人苏丹穆拉德一世占领了许多非常靠近君士坦丁堡的要塞,夺取了对诸如亚得里亚堡、菲利普波利斯等重要的战略要地的所有权,并向西进发,开始威胁萨洛尼卡城。土耳其人国家的首都也迁往亚得里亚堡。君士坦丁堡逐渐被土耳其的领土包围。皇帝继续向苏丹纳贡。

这些征服地使穆拉德直接面对塞尔维亚和保加利亚,而这两个国家却因为其内部的问题已经失去了他们从前的实力。穆拉德

---

⑬ 弗洛林斯基:《14世纪第二季的拜占庭和南斯拉夫人》,II,192—193。

第九章 拜占庭的灭亡

开始进军塞尔维亚。塞尔维亚君主拉扎尔出兵迎战。1389年夏，双方在塞尔维亚中部的科索沃平原上进行了决战。最初的胜利似乎是在塞尔维亚一方。先是一名塞尔维亚贵族米洛什·奥布里克，强行冲进土耳其的营地，对土耳其人谎称自己是一个逃兵，并进入穆拉德的帐篷用喂了毒的匕首刺死了他。土耳其人营中的混乱很快被巴耶齐德平息。他包围了塞尔维亚军队并给予它摧毁性打击。拉扎尔在战斗中被俘并被杀害。科索沃战争发生的这一年也许可被视为塞尔维亚崩溃之年。塞尔维亚帝国的残余部分可能继续存在了七十多年，但却称不上是一个国家了。1389年，塞尔维亚成为土耳其的附属国。⑬ 四年后，在1393年（即约翰五世死后），保加利亚的首都特尔诺沃也被土耳其人占领，不久以后，保加利亚的全部领土都被土耳其帝国控制。

年迈多病的约翰五世不得不承受新的屈辱，这加速了他的死亡。为保卫首都，抵抗来自土耳其人的危险，约翰着手重建城墙并建造堡垒。得知这一情况后，苏丹立即命令他拆毁他所建造的一切，并威胁道，若约翰不服从此令，苏丹将把当时在巴耶齐德的宫中被扣作人质的约翰皇帝之子、他的继承人曼纽尔的眼睛刺瞎。约翰被迫屈服并执行了苏丹的命令。君士坦丁堡进入了它建城以来的最危险时期。

---

⑬ 关于这一战役的希腊史料，见N.拉多伊契奇(N.Radojčić)"关于科索沃战争的希腊史料"("Die griechischen Quellen zur Schlacht am Kossovo Polje")，《拜占庭》（布鲁塞尔），VI(1931)，241—246。H.格雷古瓦："拜占庭人对科索沃战争的评述"("L'Opinion byzantine et la bataille de Kossovo")，《拜占庭》（布鲁塞尔），VI(1931)，247—251。

热那亚,1348年的黑死病和威尼斯-热那亚战争。——在拜占庭皇帝安德罗尼卡三世统治末期,热那亚人的殖民地加拉泰获得了强大的经济和政治地位并成为国中之国。热那亚人充分利用拜占庭缺乏水师的弱点,派遣它的船只到爱琴海的所有港口,并夺取黑海和海峡的全部进口贸易。据同时代的资料,即尼斯福鲁斯·格雷戈拉斯的记载,来自加拉泰的海关关税收入每年总计达200,000金币,而拜占庭仅得到30,000金币。[13] 坎塔库津意识到加拉泰对于拜占庭的危险,尽管当时帝国的内乱正在耗尽自己的力量,他仍然在失衡的帝国经济允许的范围内,开始为军事和商业目的而修造船只。加拉泰警觉的热那亚人决定武力反抗坎塔库津的计划;他们占据了加拉泰的制高点,且在那里建造了城墙、一座塔楼和各种地堡,并开始向坎塔库津发难。热那亚人对君士坦丁堡的第一次进攻失败了。坎塔库津建造的船只进入金角湾与热那亚人交战,而热那亚人一看到拜占庭强大的新水师就开始寻求和平。但希腊指挥官缺乏经验,加之又突发了风暴,致使希腊舰队覆灭。加拉泰的热那亚人遂夺取了被摧毁的希腊水军中的帝国旗帜,将他们的船只伪装起来,胜利地在帝国宫殿旁边驶过。依据和平条件,本来有争议的加拉泰高地仍被控制在热那亚人手中,加拉泰对君士坦丁堡的威胁越来越大了。

已经有着巨大影响的热那亚人之势力的持续发展,不能不影响到热那亚在东方的主要商业敌人威尼斯的地位。两个共和国在黑海和亚速海海域发生了激烈的利益冲突,在那里,热那亚人已经

---

[13] 尼斯福鲁斯·格雷戈拉斯:《历史》,XVII,1,2;波恩版,II,842。

第九章　拜占庭的灭亡

在克法(今天克里米尔半岛上的狄奥多西城)和顿河(靠近今天的亚速海)河口附近的塔那建立了领地。进入黑海的通道博斯普鲁斯海峡也被热那亚人所控制,同时,热那亚人还占据着加拉泰,在海峡两端的岸边建立了关税机构,对来自非热那亚人的所有船只,尤其是对威尼斯和拜占庭航行进入黑海的船只征收商业税。热那亚人的目的是在博斯普鲁斯建立贸易垄断。在爱琴海的岛屿上和拜占庭的海岸线上,威尼斯和热那亚的利益也发生了冲突。

两个共和国之间的直接冲突由于1348年和随后年代里的瘟疫而暂时避免,瘟疫使其军队的战斗力锐减。这场被称为黑死病的可怕瘟疫是从亚洲内陆被带到亚速海海岸和克里米尔半岛的,感染了此种瘟疫的热那亚商船自塔那和克法驶出,将此瘟疫传到整个君士坦丁堡。根据西方史籍中可能夸张了的描述,有2/3或8/9的人口被夺去生命。⑬从君士坦丁堡开始,瘟疫传到爱琴海诸岛和地中海沿岸。拜占庭的历史学家曾留下了对这场瘟疫的详细描述,表明在对抗这场瘟疫中医生们的无能为力。⑭约翰·坎塔库津描述这场瘟疫时,则模仿了修昔底德在其著作的第二卷中对雅典瘟疫的描述。如西方史学家所记,热那亚的商船将此疾病从拜占庭传播到了意大利、法国和西班牙的沿海城市。M.科瓦略夫斯基(M.Kovalevsky)评论道:"令人感到有些不可思议的是,这些

---

⑬ 《东方编年史》(*Chronicon Estense*),见 L.A.穆拉多里《意大利历史资料手稿》,XV,448。巴托罗梅乌斯·德拉·普格里奥拉:《波洛尼亚综合史》(*Historia miscella Bononiensis*),《意大利历史资料手稿》,XVIII,409。

⑭ 尼斯福鲁斯·格雷戈拉斯:《历史》,XV,1,5;波恩版,II,797—798。约翰·坎塔库津:《历史》,IV,8;波恩版,III,49—53。

被感染的船只竟然能不受阻挠地在地中海的诸多港口间徘徊。"⑬通过这些港口,瘟疫传到了欧洲北方和西方,感染了意大利、西班牙、法国、英格兰、德意志和挪威等[各国居民]。⑯ 在这一时期,意大利的薄伽丘写了他的名著《十日谈》,该书的开端"对黑死病进行了经典性的生动描述,并以审慎的态度评价之⑰",那时很多"身体非常健康"的勇士、美女和仪表堂堂的青年"早晨还在与他们的亲属、同伴、朋友共进早餐,而当夜晚来临时,则在另一个世界与他们的祖先共进晚餐了"⑱。学者们将薄伽丘和修昔底德对瘟疫的描述做了比较,其中一些人给予人文主义者的评价甚至超过古典作家。⑲

大瘟疫通过德国和波罗的海及波兰侵入俄国的普斯科夫、诺夫哥罗德和莫斯科,莫斯科大公傲慢者西蒙于1353年死于瘟疫,而后它传遍整个俄国。在俄国的一部编年史中记载,有些城市竟至无一人幸存。⑳

---

⑬ 《欧洲的经济增长》(*Economic Growth of Europe*),III,191;M.库波尔伯格(M.Kupperberg)译,V,236;A.A.瓦西列夫:《克里米亚的哥特人》(*The Goths in the Crimea*),175—177。见本书参考文献。

⑯ 关于挪威的情况,见 K.杰尔斯特(K.Gjerset)《挪威人民史》(*History of the Norwegian People*),I,202。

⑰ A.N.维切洛夫斯基(A.N.Veselovsky):"蒲伽丘,他生活的环境和他的同时代人"("Boccaccio, his Environment and Contemporaries"),《A.N.维切洛夫斯基著作集》(*Works of A.N.Veselovsky*),V,448、451。亦见《俄罗斯语言和文学学部文集》一书中的词条,LII,444、447。

⑱ 《十日谈》,第一天,前言。

⑲ M.科勒林(M.Korelin):《早期意大利人文主义及其史学》(*The Earlier Italian Humanism and Its Historiography*),495。

⑳ 《尼康编年史》,见《俄罗斯年代纪全集》,X,224。

第九章 拜占庭的灭亡

威尼斯在积极备战。当人们对恐怖的大瘟疫多少遗忘了之后,圣马可共和国和阿拉贡的国王缔结了同盟。后者对热那亚不满,同意攻击意大利海岸和海上诸岛以转移热那亚人的注意力,并以此保证威尼斯在东方作战的优势。约翰·坎塔库津经过一番左右为难的考虑,加入了阿拉贡-威尼斯的反热那亚同盟;他指责"热那亚人是忘恩负义的民族",忘记了"上帝的恐惧","带着掠夺的冲动"毁坏了海洋,并且总是"以其海盗式的攻击骚扰平静的海洋和航海者"⑭。

主要的一场战役于 14 世纪 60 年代在博斯普鲁斯海峡打响,约有 150 艘希腊人、威尼斯人、阿拉贡人和热那亚人的船只参战。但这场战役没有决定性的结果,交战各方都宣称自己获得了胜利。热那亚人和奥斯曼土耳其人之间的友好关系迫使约翰·坎塔库津放弃了与威尼斯的结盟而与热那亚人和解,并向热那亚人承诺他从此不会再支持威尼斯人。他甚至还同意给予加拉泰热那亚人殖民区更多的土地。经过诸多冲突后,精疲力竭的威尼斯和热那亚开始寻求和解。但由于未能解决双方冲突中的主要问题,这次和平仅持续了很短的时间;战争再次于特内多斯爆发了。特内多斯是仍在拜占庭皇帝掌握之中的少数爱琴海岛屿之一,由于它占据着自爱琴海进入达达尼尔海峡的重要枢纽位置,成为那些与君士坦丁堡和黑海沿岸国家有商业联系的国家必争之地。由于海峡两岸都已经处于奥斯曼土耳其人手中,特内多斯于是成为监督土耳

---

⑭ 约尔加:"东方的拉丁和希腊人,以及土耳其人在欧洲的立足(1242—1362年)",《拜占庭杂志》(德文),XV(1906),208。

其人行为的最好地点。威尼斯对这个岛屿觊觎已久,通过与皇帝的长期协商,最终得到了他的许可。但热那亚人不能容忍将特内多斯让与威尼斯;为了阻止威尼斯人占领此岛,他们成功地在君士坦丁堡策划了一场骚乱,废黜了皇帝约翰五世,将其长子安德罗尼卡推上王位达三年之久。两个共和国之间爆发的战争使它们两败俱伤,并伤害了所有那些在东方有商业关系的国家。最后,在1381年,双方在萨伏伊公国的首都都灵签署了和约,宣告战争结束。

关于都灵会议的大批详细资料至今犹存。⑩ 由于萨伏伊伯爵的个人参与,会谈中还讨论了那个时代已经很复杂的国际生活中的各种一般性问题并签订了和约;在此和约中,只有那些结束了威尼斯和热那亚之间的争吵,并涉及拜占庭问题的条款是重要的。威尼斯撤出特内多斯岛,岛上的城堡被夷为平地;岛屿将在指定的日期内"移交到萨伏伊伯爵手中"(*in manibus prefati domini Sabauic comitis*),因为他与巴列奥洛格(由安德罗尼卡三世的妻子,萨伏伊的安娜而论)有亲属关系。因此,威尼斯和热那亚都没有能得到这个重要的战略要地,尽管他们对此都曾有过强烈的渴望。

一位曾在1437年参观过君士坦丁堡的西班牙旅行家佩罗·塔夫尔(Pero Tafur),留下了关于特内多斯的一段十分精彩的

---

⑩ 《热那亚共和国法律文献集》(*Liber jurium reipublicae Genuensis*),II,858—906;收于《意大利国家历史档案》,IX。《关于斯拉夫人历史记载》(*Monumenta spectantia historiam slavorum meridionlium*),IV,199—263。

第九章 拜占庭的灭亡

描述：

> 我们来到特内多斯岛，抛锚靠岸。在船只维修期间，我们前去游览这个方圆 8 或 10 英里的岛屿。岛上覆盖着葡萄园，兔子很多，但葡萄园全都遭到了践踏。特内多斯港口看起来相当新，乃至于人们会认为它是由一位大师级的专家在今日建造的。港口的防波堤由巨大的石块和柱子组成，是船只系泊的优良抛锚地。当时还有其他的一些地方可供船只系泊，但这一段的港口是最好的，因为它位于罗曼尼亚［达达尼尔］海峡入口的对面。由港口向上是环绕着坚固城堡的巨大山丘。这一城堡是导致威尼斯人和热那亚人多次战争的原因，直到教宗下令将它摧毁，致使它不属于任何一方。但，毫无疑问，这是非常糟糕的建议，因为它是世界上最好的港口之一。任何船只在进入海峡之前必然要在这里停泊以找到进入海峡的狭窄入口，并且土耳其人知道有多少船只到达那里，遂武装起来隐蔽在那里，寻找机会杀戮基督教徒。[14]

至于热那亚人在黑海和亚速海，尤其在热那亚的殖民地塔那的贸易垄断问题，根据都灵和约的条款，热那亚必须放弃她向威尼斯人

---

[14] 《佩罗·塔夫尔在世界各地的旅行游记》(*Andanças é viajes de Pero Tafur por diversas partes del mundo avidos*, 1435—1439), 135—136；马尔科姆·莱兹著作，113—114；见 A.A. 瓦西列夫 "佩罗·塔夫尔，一位 15 世纪的西班牙旅行家和他在君士坦丁堡、特拉布松和意大利的旅行"，《拜占庭》(布鲁塞尔)，VII(1932)，75—122。夏尔·迪尔："一位西班牙旅行者在君士坦丁堡"，见《格罗茨文集》(*Mélanges Glotz*), I, (1932), 319—327。

关闭黑海市场并阻断其接近塔那的企图。意大利各商业国家恢复了同位于顿河河口的塔那城所进行的商业往来，而这里恰是与东方民族进行贸易的最重要中心之一。热那亚和重新获得王位的年老的约翰五世之间恢复了和平关系。拜占庭再次在威尼斯和热那亚两个商业共和国之间摇摆，而这两个共和国之间的商业利益冲突仍然在持续，即使他们已经签订了相应的和约条款。然而，都灵和约毕竟结束了由于威尼斯和热那亚的经济竞争而引发的大战，这仍然是十分重要的，因为它使得那些一直与罗曼尼亚交往的国家恢复了其被迫中断多年的贸易。但他们下一步的命运取决于奥斯曼土耳其人，在14世纪结束时，土耳其人将拥有基督教东方领地的趋势已经很明显了。

曼纽尔二世（1391—1425年）和土耳其人

曼纽尔二世曾在他的一篇文章中写道："当我度过了我的童年却还未成年时，我的生活中就充满了苦难和烦恼；但种种迹象告诉我们，它可能预示着，我们的未来将使得我们乐于回顾这些过去的不受限制的平静的时光。"[14]曼纽尔的预感并没有欺骗他。

拜占庭，或者更确切地说是君士坦丁堡，在约翰五世统治的最后年代中处于极其危险和屈辱的地位。约翰死时，曼纽尔正在苏丹巴耶齐德的宫廷里。当他得到其父的死讯后，成功地逃离了苏

---

[14] 贝格尔·希弗里（Berger de Xivrey）："皇帝曼纽尔·巴列奥洛格对自己生活与事业之回忆"（"Mémoire sur le vie et les ouvrages de l'empereur Manuel Paléologue"），《法兰西学院回忆录》（*Mémoires de l'Institut de France*），XIX（2），25—26。

丹，回到君士坦丁堡，加冕为帝。根据杜卡斯的记载，巴耶齐德害怕曼纽尔受到民众的拥护，因而后悔未能在曼纽尔在自己宫中为人质时杀掉他。于是，如杜卡斯所记载，巴耶齐德派出使者往君士坦丁堡觐见曼纽尔，将苏丹的话转告新皇帝："如果你愿意执行我的命令，就把城门关上，在城内进行统治；但城外的一切均属于我。"⑮此后，君士坦丁堡事实上已经处于包围中。首都能够幸免于难的唯一原因在于土耳其舰队还不那么遂人心意；因此，即使这一时期土耳其人已经占有了达达尼尔海峡两岸，却还不能切断拜占庭通过海峡与外界的联系。尤其令东方基督教世界恐惧的时刻是，巴耶齐德竟然施展诡计，将以曼纽尔为首的巴列奥洛格家族的代表和斯拉夫人的王公们集合在一处，似乎要立即除掉他们，"从而"，用曼纽尔在一部作品中所引用的苏丹的话说，"在这块土地上清除各邦君主后，通过这种手段，他向我们（即向基督教徒）表示，他的儿子们将可能在基督教的土地上跳舞，而不担心划破他们的脚。"⑯后来，巴列奥洛格家族的代表被赦免了，但苏丹冷峻的愤怒震撼了许多随行的贵族。

1392年，巴耶齐德在黑海组织了一次由海上公开讨伐锡诺坡的远征。但苏丹让皇帝曼纽尔担任土耳其舰队的指挥。因此，威尼斯人认为这次远征并不是针对锡诺坡，而是爱琴海上达达尼

---

⑮ 迈克尔·杜卡斯（Michael Ducas）：《拜占庭史》（*Historia byzantina*），XIII；波恩版，49。

⑯ 曼纽尔·巴列奥洛格：《在其兄弟狄奥多勒·巴列奥洛格亲王葬礼上的讲演》（*Oratio funebris in proprium ejus fratrem despotm Theodorum Palaeologum*）；米涅编《希腊教父文献全集》，CLVI，225。

海峡南部的威尼斯殖民地——它不是一次土耳其人的远征,而是由土耳其军队支持的,伪装成土耳其人的希腊远征军。如最近的一位历史学家所说,14世纪末的东方问题可能因土耳其-希腊帝国的形成而得到解决。⑩关于这个引人注目的事件的资料,主要存于威尼斯的档案馆中,但它没有什么重要的结果。不久以后,拜占庭和巴耶齐德之间的友好关系开始破裂,曼纽尔于是再度转向一段时间以来曾被他所忽略的西方。

在强大的压力下,曼纽尔开始与威尼斯进行友好会谈。巴耶齐德企图切断君士坦丁堡的食品供应。首都感受到了问题的迫切性,如一位拜占庭编年史家所说,人们为了有木柴烘烤面包而推倒他们的房屋。⑱在拜占庭特使的请求下,威尼斯向君士坦丁堡运去了一些谷物。⑲

匈牙利国王西吉斯蒙德的十字军和尼科波利斯战役。——与此同时,土耳其人在巴尔干半岛的成功再次使西欧感到了现时的危险。保加利亚和几乎整个塞尔维亚之被征服,使得土耳其人抵达了匈牙利边界。匈牙利国王西吉斯蒙德感到只依靠自己的军力无法对抗土耳其人的威胁,于是他呼吁欧洲各国的统治者给予帮

---

⑩ 西尔伯施密特:《东方问题》,78—79。该书作者使用了错误的词汇,"希腊-土耳其帝国"("Griechisches Reich türkischer Nation")(79)。见萨罗蒙在《拜占庭杂志》(德文)中的评论,XXVIII(1928),144。亦见彼得·哈拉尼斯"巴列奥洛格家族与土耳其人之间的斗争(1370—1402年)"("The Strife Among the Palaeologi and the Ottoman Turks, 1370—1402"),《拜占庭》(布鲁塞尔),XIV,1(1944),286—314。作者除使用了其他资料外,还大量使用了来自底米特里·辛多尼斯的记载。

⑱ 迈克尔·杜卡斯:《拜占庭史》,XII;波恩版,50。

⑲ 西伯尔施密特:《东方问题》,87。

第九章 拜占庭的灭亡

助。法国以最大的热情回应了这次呼吁。但依照法国民众的愿望,法王派出了一支由勃艮第公爵统率的小规模军队。波兰、英格兰、德意志和一些小国也派出了军队。威尼斯人参加了这场战争。就在西吉斯蒙德的十字军出征之前,曼纽尔似乎与爱琴群岛(即莱斯博斯岛和开俄斯岛)的热那亚人,以及罗得岛上的骑士团,即爱琴海上的诸基督教前哨基地组成了联盟。[149] 至于曼纽尔与西吉斯蒙德的十字军的关系,他可能承诺了要分担部分战争费用。

这次十字军以彻底的失败告终。1396年,十字军在尼科波利斯(在下多瑙河右岸)战役中被土耳其人打败,不得不返回故乡。勉强逃脱了被俘命运的西吉斯蒙德,乘着一只小船通过多瑙河河口和黑海到达君士坦丁堡,又在爱琴海诸岛和亚得里亚海域经过辗转迂回的航行返回匈牙利。[150] 尼科波利斯战役的参与者,曾被土耳其人俘虏并在加利波利居住过的巴伐利亚士兵希尔特伯格,亲眼看见了土耳其人未能阻止西吉斯蒙德通过达达尼尔海峡。据他讲,土耳其人让所有的基督徒战俘沿海峡岸边排成一行,并轻蔑地向西吉斯蒙德喊号,让西吉斯蒙德下船就范,以使土耳其人能释放他的人民。[151]

西方十字军人在尼科波利斯失败之后,胜利的巴耶齐德计划

---

[149] 西伯尔施密特:《东方问题》,119。

[150] 阿齐兹·苏尔雅·阿提亚(Aziz Suryal Atiya):《尼科波利斯的十字军》(*The Crusade of Nicopolis*)。H.L.萨瓦热(H.L.Savage):"库西七世的战争与尼科波利斯之战"("Enguerrand de Coucy VII and the Campaign of Nicopolis"),《史鉴》,XIV (1939),423—442。

[151] H.希尔特伯格(H.Schiltberger):《旅行手册》(*Reisebuch*),V.朗曼特尔(V. Langmantel)编,7。

向君士坦丁堡发动最后的一击,摧毁一些尽管只在名义上从属于拜占庭皇帝、但却可能使被包围的首都获得一些帮助的地区。他摧毁了向他臣服的色萨利,并且,据土耳其人的资料,他甚至一度占领了雅典;⑬他的一个最好的将军蹂躏了伯罗奔尼撒半岛,当时此岛是由曼纽尔的兄弟僭领管理的。

与此同时,首都民众的普遍不满在日益增长;对曼纽尔厌倦不已的民众牢骚满腹,指责曼纽尔给他们带来了不幸,并开始将其目光转向曼纽尔的外甥约翰,他曾在1390年废黜了曼纽尔的老父亲约翰五世,并登位掌权几个月。

马歇尔·布奇科(Marshal Boucicaut)的远征。——曼纽尔意识到,他不可能用自己的力量战胜土耳其人,遂决定向西欧最有权势的统治者和俄罗斯大公底米特里耶维奇·瓦西里一世寻求帮助。教宗、威尼斯、法国、英格兰,可能还有阿拉贡,皆友好地复信,表示将支持曼纽尔的请求。他的请求似乎尤其满足了法王的虚荣心,如一位同时代的编年史家所称:"这是整个古代世界的皇帝第一次向这样一个遥远的国家求助。"⑭曼纽尔向西方的恳请,得到了一定的、但并不充足的金钱和法国有可能提供人员帮助的希望。

曼纽尔向莫斯科大公的援助请求,得到了君士坦丁堡牧首的

---

⑬ J.H.莫德特曼(J.H.Modtmann):"14世纪末期土耳其人对雅典的一次征服"("Die erste Eroberung von Athen durch die Türken zu Ende des 14 Jahrhunderts"),《拜占庭与当代希腊年鉴》,IV(1923),346—350。R.洛埃纳兹(R.Loenertz):"14世纪的伯罗奔尼撒(1382—1404年)"("Pour l'histoire du Péloponèse au XIVe siècle, 1382—1404"),《拜占庭研究》,I(1944),185—186。

⑭ 《圣德尼的教会编年史》(*Chronique du Religieux de Saint-Denys*),贝拉盖特(Bellaguet)主编,II,562。

第九章 拜占庭的灭亡

支持,他向俄罗斯提出了同样的请求,莫斯科愉快地接受了请求。似乎是,由莫斯科宫廷向君士坦丁堡派遣军队是没有问题的;问题的关键在于,它是在"向那些处于被土耳其人包围之中,处于如此不幸的境遇中且迫切需要援助的那些人提供援助"⑮。金钱被送往君士坦丁堡,人们怀着极大的感激之情接受了它。但是金钱的捐助不能在实质上帮助曼纽尔。

法王查理六世履行了他的承诺,向君士坦丁堡派出了1200名武装士兵,这支武装部队的首领是马歇尔·布奇科。布奇科是14世纪末15世纪初最引人注目的角色之一。他英勇而坚定,一生致力于长期旅行和冒险事业。在他年轻时,他去过东方、君士坦丁堡,游遍了整个巴勒斯坦;他曾经到过西奈山并在埃及做过几个月俘虏。在返回法国途中,他听到了匈牙利国王西吉斯蒙德的呼吁,遂急忙前往,在尼科波利斯战役中英勇作战但最后成为巴耶齐德的俘虏。他近乎奇迹般地逃脱了死亡,并被赎回,顺利地回到了法国,随后,即意气风发地担任了查理六世派遣的军队指挥前往东方。

在布奇科的武装分队中囊括了法国最杰出的骑士家族的成员。他从海路出发。巴耶齐德注意到他的船只正在接近达达尼尔海峡,遂企图阻止他在此通过。但布奇科经历了许多危险,付出了大量努力,成功地闯过达达尼尔海峡,到达了君士坦丁堡,在那里,民众们最热烈地欢迎了他的舰队。布奇科和曼纽尔沿着马尔马拉海和博斯普鲁斯海峡的亚洲海岸对土耳其人进行了多次毁灭性的

---

⑮ 尼科诺夫斯卡娅:《尼康编年史》,《俄罗斯年代纪全集》,IV(1897),168。

攻击,甚至进入黑海地区。但这些成功并未能改变局面;他不能力挽狂澜,使君士坦丁堡摆脱面临的覆灭。看到曼纽尔和他的首都的严峻形势,出于对财政和给养情况的双重考虑,布奇科决定返回法国,而且他说服了拜占庭皇帝和他一起去西方,以期引起西方各国的更大重视,并劝说西欧统治者采取更有决定性的步骤。像布奇科这样的小规模征伐活动,显然对拜占庭所面临的极其危险的形势无所助益。

曼纽尔二世的西欧之行。——当曼纽尔决定前往西方后,他的外甥约翰同意在皇帝外出期间监政。在1399年后期,曼纽尔和布奇科在一位神职人员扈从和世俗代表们的陪同下,离开首都前往威尼斯。⑩

当拜占庭向圣马可共和国请求援助时,圣马可共和国颇感为难。威尼斯人在东方的重要商业利益,使他不能仅从基督教国家的立场出发,而是要从贸易国家的立场出发来考虑土耳其人的问题,尤其在土耳其人于尼科波利斯战役取得胜利之后。威尼斯甚至同巴耶齐德签订了一些条约。当时,威尼斯人在东方与热那亚的商业竞争,以及威尼斯对其他意大利国家的态度,也使得她的军队不能帮助曼纽尔。威尼斯国家需要这些军队。但是威尼斯和曼纽尔访问的其他意大利国家都给了他崇高的敬意并向他表示了巨

---

⑩ 关于曼纽尔这次旅行的详细情况,可见 A.A.瓦西列夫"拜占庭皇帝曼纽尔二世巴列奥洛格在西欧的旅行(1399—1403年)"("The Journey of the Byzantine Emperor Manuel II Palaeologus in Western Europe,1399—1403"),《公众教育部杂志》,N.S. XXXIX(1912),41—78、320—304。亦见 G.施伦伯格"一位拜占庭皇帝在巴黎和伦敦"("Un Empereur de Byzance à Paris et à Londres"),《两个世界杂志》,XXX(1915年12月15日);并在他的《拜占庭与十字军》(*Byzance et croisades*)一书中重印,(接下页)

大的同情。关于这位皇帝是否见过教宗,是存在争议的。当曼纽尔离开意大利时,被威尼斯、米兰公爵的承诺和教宗的训令所鼓舞,并计划对西欧最大的中心巴黎和伦敦进行访问,他仍相信他的这次长途旅行是重要而有效的。

皇帝在一个形势复杂而微妙的时期,即法国和英格兰进行百年战争时期,到达了法国。他到达时的休战状态可能会被随时破坏。在法国,阿维农的教宗和巴黎大学之间正在进行一场具有实际意义的积极论战,它削弱了罗马教宗在法国的权威并导致法国国王在教会事务中的决定性权威的确立。而国王查理六世也得了阵发性精神失常病。

法国为曼纽尔举行了一个隆重的欢迎仪式并在巴黎的卢浮宫内为他准备了一处装饰华丽的寝宫。一位曾目睹皇帝进入巴黎的法国人这样描写皇帝的出现:他中等身材,体格强壮,留着长长的已经很白的胡须,拥有令人尊敬的外表,在法国人心目中,确实堪称一位皇帝。[150]

曼纽尔在巴黎居住了四个多月,得到了满意的结果:法王和御前会议决定支持他,向他提供一些武装军人,仍然由马歇尔·布奇科担任首领。带着对这种承诺的满意,皇帝前往伦敦。在那里,他

(续上页)87—147。M.朱吉(M.Jugie):"皇帝曼纽尔·巴列奥洛格在西方的旅行"("Le Voyage de l'Empereur Manuel Paléoloque en Occident"),《东方之声》,XV,(1912),322—332。H.C.卢克:"金雀花王朝和兰卡斯特王朝期间来自东方的访问者"("Visitors from the East to the Plantagenet and Lancastrian Kings"),《19世纪》(Nineteenth Century),CVIII(1930),760—769,对于曼纽尔文章的简明注释。

[150] 《圣德尼教会编年史》,XXI,1;贝拉盖特主编,756。

同样获得了崇高的敬意和许多承诺,但他很快就失望了。在他自伦敦发出的一封信中,曼纽尔写道:"国王援助我们以战士、神枪手、金钱和运送所需军队的船只。"⑱但这些承诺并没有兑现。在伦敦停留了两个月后,曼纽尔满载着礼物和至高无上的尊荣,但却没有得到任何有关军事支援的承诺,返回了巴黎。15世纪英国的一位历史学家亚当·乌斯克(Adam Usk)写道:"我以为,这位来自遥远东方的伟大基督教君主,受到那些异教徒的压力,被迫访问遥远的西方岛屿,乞求帮助以反对土耳其人,这是多么令人悲哀的事。上帝啊!你对罗马的古代荣耀做了些什么?今天,这个帝国的辉煌竟然泯灭了吗?也许在这里可用耶利米的这句话:'先前在诸省中为后的,现在成为进贡的'(《耶利米哀歌》I:1).'谁会相信,你竟然陷入如此痛苦的深渊,尽管你曾高踞在帝王的宝座上统辖着世界万物,可现在你难道竟至无力维护基督教的信仰么?"⑲

曼纽尔第二次在巴黎停留了大约两年。关于这次访问的信息是贫乏的,对法国人而言,他的这次停留,显然不那么新鲜了。同时代的编年史家记载了许多涉及曼纽尔第一次停留在巴黎的细节,但很少有关于他第二次访问的细节。仅有的关于这个主题的信息来自他的信件。在这些涉及第二次访问情况的信件中,开始时,皇帝还带着很高的热情,但当他意识到,他不能够指望来自法国或英格兰的任何重要的支持时,其热情逐渐减少。在法国停留的最后一段时间里,没有任何信件出现。

---

⑱ 《曼纽尔·巴列奥洛格书信集》,莱格兰德编,I,52。
⑲ 《亚当·德乌斯克编年史》(*Chronicon Adae de Usk*),E.M.汤普逊编(第2版,1904年),57;英文版,220。

但是，有一些现存的有趣记录，描写了皇帝在巴黎打发空闲时间的方式。例如，在卢浮宫装潢华丽的城堡中，即曼纽尔下榻的宫室，皇帝在众多装饰物中，特别注意一幅华美的挂毯，这是一幅哥白林装饰挂毯，上面织着春天的景象。皇帝曼纽尔用一种相当诙谐的文体写了一篇文章，描绘了在"一幅御用的编织幕帘"上织出的春天。这篇文章保存到了今天。⑩

安卡拉战役*及其对拜占庭的意义。——曼纽尔劳而无功地停留在巴黎的时间似乎太长了。期间发生在小亚细亚的一件事促使皇帝立即离开法国返回君士坦丁堡。1402年7月，爆发了著名的安卡拉战争，由于帖木儿击败了巴耶齐德，由此减轻了君士坦丁堡迫在眉睫的危险。这个极重要事件的讯息在战后传到巴黎只用了两个半月。皇帝快速准备他的返程并经热那亚和威尼斯，在离开三年半后回到了首都。亚得里亚海上的斯洛文尼亚城市拉古萨（杜布罗夫尼克）希望皇帝在返乡途中可以在此地下榻暂住，并做了欢迎他的各方面准备，但他经过那里时没有停留。⑩ 为了纪念自己在巴黎的生活，曼纽尔赠送给巴黎附近的圣德尼修道院一部精美的伪丢尼修著作的手抄本，它收藏在今天的卢浮宫。这个手

---

⑩ 米涅：《希腊教父文献全集》，CLVI，577—580。A.A.瓦西列夫在其"拜占庭皇帝曼纽尔二世巴列奥洛格在西欧的旅行(1399—1403年)"一文中用俄文引用了这篇文章。见《公众教育部杂志》，XXXIX(1912)，58—60。

* 安戈拉(Angora)战役，指在土耳其今日首都安卡拉或其周围地区发生的一次战役，此处译为安卡拉，用的是现名，以免读者发生不必要的误会。——译者

⑩ M.安得列瓦："关于皇帝曼纽尔二世巴列奥洛格对西欧的访问"("Zur Reise Manuels II Palaiologos nach West-Europa")，《拜占庭杂志》(德文)，XXXIX(1934)，37—47。

抄本中有曼纽尔皇帝、皇后和他们的三个儿子的微型画。曼纽尔的画像十分引人注目。土耳其人发现他一些相貌特征与伊斯兰教的创立者穆罕默德特别相像,因而非常崇拜他。拜占庭的历史学家弗兰策记载,巴耶齐德评价曼纽尔时说道:"一个不知道其皇帝身份的人可能从其面相上一眼就看出他是皇帝。"⑱如果考虑到帝国实质上的需要,曼纽尔的西欧之行,显然是徒劳无功的;同时代的历史学家和编年史家都认识到这一访问成效甚微,并在他们的编年记载中表明了这一态度。⑲但若从另一角度看,即西方因此而知道了拜占庭帝国已经处于日薄西山的状况,这次访问却是引人注目的。这次旅程是14世纪末15世纪初,在意大利文艺复兴时期,东欧与西欧之间文化交流的一个插曲。

安卡拉战役对于拜占庭帝国的最后岁月具有重要意义。14世纪末,分崩离析的蒙古帝国在帖木儿或跛子帖木儿(Tamerlane,即Timur-Lenk,意为铁一般坚强的跛足人*[iron-lame],Timur the Lame)的权势下被再次统一起来。帖木儿对南俄罗斯、北印度、美索不达米亚、波斯和叙利亚发动了许多大规模的毁灭性的征伐。他的进军伴随着骇人听闻的残酷行为。成千上万的男子被屠杀,城市被摧毁,田地被破坏。一位拜占庭历史学家写道:"当帖木儿的蒙古人离开一座城市向另一座城市进发时,这座城市已完全被毁灭,荒凉至极,以至于在城市里听不到一声犬吠、

---

⑱ 乔治·弗兰策:《年代纪》,I,39;波恩版,117。

⑲ 乔治·弗兰策:《年代纪》,I,15;波恩版,62。亦见《特莱维编年史》(*Chronicon Tarvisinum*),收于穆拉多里《意大利历史资料手稿》,XIX,794。

* 中国史籍上因而称之为铁木儿。——译者

第九章 拜占庭的灭亡

鸡鸣或者婴儿的啼哭。"⑭

帖木儿征伐了叙利亚后进入小亚细亚,与奥斯曼土耳其人发生了冲突。1402年,苏丹巴耶齐德迅速从欧洲赶回小亚细亚迎战帖木儿,并在那里的安卡拉城与帖木儿展开了血战,战斗以土耳其人的彻底失败而告终。巴耶齐德成为帖木儿的俘虏;不久,他死于监禁中。帖木儿并没有在小亚细亚止步。他发动了对中国的远征但在途中死去。他死后,庞大的蒙古帝国再次分裂,不再具有重要地位。土耳其人在安卡拉被打败后,也已经相当虚弱,乃至于在很长时间内没有能力对君士坦丁堡采取决定性步骤;因而,这个濒死的帝国又苟延残喘地维持了五十年。

尽管曼纽尔对欧洲的出访毫无成就可言,但他从西欧返回后并未放弃他的计划,仍然在寻求西方的援助以对付土耳其人。这里有两封值得重视的信件,是曼纽尔写给阿拉贡国王马丁五世(1395—1410年在位)和斐迪南一世(1412—1416年在位)的。其中第一封信,是曼纽尔通过当时住在意大利的著名拜占庭人文学者曼纽尔·赫里索罗拉斯(Mannuel Chrysoloras)代表自己转交给马丁的;信中,曼纽尔告诉马丁,应他的请求,送给他一些珍贵的圣迹,并恳请他将在西班牙收集到的、用来支持拜占庭帝国的金钱运到君士坦丁堡。⑮ 然而,赫里索罗拉斯的出使并未得到预期的

---

⑭ 迈克尔·杜卡斯:《拜占庭史》,XVII;波恩版,76—77。

⑮ C.马林内斯库(C.Marinescu):"曼纽尔二世巴列奥洛格及阿拉贡的国王们。对拜占庭使节所递交的四封拉丁文信件的评注"("Manuel II Paléologue et les rois d'Aragon.Commentaire sur quatre letters inedites en latin,expediées par la chancellerie byzantine"),《罗马学术院历史部通报》,XI(1924),194—195、198—199。

效果。后来,在曼纽尔出巡莫里亚公国期间,在萨洛尼卡写了另一封信,这次是写给斐迪南一世的。信中表明,斐迪南曾向曼纽尔的儿子、莫里亚的君主狄奥多勒承诺,他将派遣一支可观的军队前往那里帮助基督教徒,特别是帮助曼纽尔。曼纽尔在他的信中表示了自己希望在伯罗奔尼撒半岛见到斐迪南,但斐迪南并没有来。⑯

伯罗奔尼撒半岛的处境。——在拜占庭帝国苟延残喘的最后五十年里,伯罗奔尼撒半岛出乎意料地引起了中央政权的关注。当帝国的版图被缩小到了君士坦丁堡、色雷斯附近地区、爱琴海上一两个岛屿以及萨洛尼卡和伯罗奔尼撒半岛时,伯罗奔尼撒半岛明显地成为仅次于君士坦丁堡的、希腊人占领地的最重要部分。当代人发现它是古典的、纯粹的希腊人国家,它的居民是真正的希腊人而非罗马人,而且,只有在这里,而不是在任何别的地方,有可能创立一个与奥斯曼人坚持斗争的基地。当时的北希腊已经沦为土耳其人的战利品,而且古代希腊的其他地区也已经屈服于土耳其的奴役,于是,在伯罗奔尼撒半岛兴起了一个希腊民族精神和希腊人爱国主义的中心,这个中心受到一个从历史观点来看是虚妄的梦想的强烈影响,这个梦想就是使帝国再生,以抵抗奥斯曼国家的权势。

---

⑯ C.马林内斯库:"曼纽尔二世巴列奥洛格及阿拉贡的国王们。对拜占庭使节所递交的四封拉丁文信件的评注",《罗马学术院历史部通报》,XI(1924)195—196、200—201;"Vestra Excellentia illustri filio nostro, despoti Moree Porfirogenito, notificaverat qualiter accedere intendebat pro communi utilitate christianorum et specialiter nostra ad dictas partes Moree cum potencia maxima."亦见 D.A.扎基希诺斯(Zakythinos)《莫里亚的希腊君主》(Le Despotat Grec de Morée),168。

第九章　拜占庭的灭亡

第四次十字军后,伯罗奔尼撒半岛(或莫里亚)被纳入拉丁人的势力范围。在拜占庭帝国光复者迈克尔八世巴列奥洛格统治之初,阿凯亚拉丁人君主威廉·维拉杜安被希腊人俘虏,遂割让给希腊人三个要塞用以赎身,这三个要塞是:蒙内姆巴西亚、马伊纳和新修建的米斯特拉。由于希腊人的权势在伯罗奔尼撒半岛缓慢地,但却在不断地削弱拉丁人占领地的形势下持续地增长,于是,作为往日拜占庭的一个行省,伯罗奔尼撒半岛在14世纪中期变得如此重要,它被重新组织为一个独立的藩国*,成为君士坦丁堡皇帝之次子的封地,这位皇子相当于皇帝派驻伯罗奔尼撒半岛的一位总督。14世纪末,伯罗奔尼撒半岛被土耳其人无情蹂躏。莫里亚君主对于完全依靠自己的力量抵御土耳其人失去了希望,遂计划将他的领地转让给当时控制着罗得岛的圣约翰医院骑士团的骑士们,但是,由于该藩国的首府米斯特拉的民众在听闻这个动议后立即发动了起义,才阻止了他。安卡拉战败后奥斯曼土耳其人的虚弱,使得伯罗奔尼撒半岛有可能恢复了一些元气,并有望希求较好的处境。⑯

莫里亚国家的主要城市米斯特拉,即中世纪的斯巴达,是莫里亚藩王的驻跸地,是14世纪和15世纪初复兴希腊文化的政治和文化中心。这里有莫里亚皇帝的陵墓。约翰·坎塔库津即在此处高龄去世,并埋葬于此。农村居民的状况使一位当代人马扎里斯

---

* 此处借用中国古代的封国概念,即由君主封给自己的亲人和皇子的封地。英文原文为despot,过去译为僭主,不足以表明此处的意义。——译者

⑯ 扎基希诺斯:《莫里亚的希腊君主》,该书是一部相当精辟的著作。

担心他会变成一个野蛮人，⁰⁸而在藩王宫廷，即米斯特拉城堡内，却成为吸引众多有教养的希腊人、学者、硕学之材和朝臣的文化中心。据记载，14世纪的斯巴达有一所培养专门抄写古代手稿的抄胥的学校。格雷戈罗维乌斯恰当地将米斯特拉的宫廷和文艺复兴时期意大利王公的一些宫廷相比较。⁰⁹ 在曼纽尔二世统治时期，著名的拜占庭学者、人文学者和哲学家杰米斯图斯·普勒桑（Gemistus Plethon）就生活在莫里亚藩王的宫廷中。

1415年，曼纽尔亲自巡视了伯罗奔尼撒半岛，那时，他的次子狄奥多勒是该藩国的藩王。皇帝用来保护半岛抵御未来入侵的第一步，是在科林斯地峡修建了布有众多塔楼的城墙。城墙建造于公元前5世纪的防御土墙的遗址之上，当时该半岛的民众曾修建这堵土墙用于阻止薛西斯的进军；3世纪，皇帝瓦勒良在希腊修筑抵抗哥特人的防砦时将其修复；当希腊受到匈奴人和斯拉夫人威胁时，查士丁尼大帝再次修复了它。⁰⁷ 15世纪时，同样为了应对土耳其人的危险，狄奥多勒的继承人曾在伯罗奔尼撒半岛上的许多荒凉地区建立了阿尔巴尼亚人移居地；当曼纽尔二世在狄奥多勒的葬礼上发表演说时，⁰¹¹赞扬了他的这些防范措施。

吉米斯图斯·普勒桑所策划的改革。——在那个时期，记载

⁰⁸ 马扎里斯：《马扎里斯逗留哈得斯记》(Επιδημία Μάζαρι ἐν Ἅιδου)；A. 埃里森（A. Ellissen）：《中世纪与当代希腊文献选编》(Analekten der mittel-und neu griechischen Litteratur)，IV，230。

⁰⁹ 《中世纪雅典城史》，II，240—283。

⁰⁷ 见米勒《利凡特的拉丁人》，377。

⁰¹¹ 曼纽尔·巴列奥洛格："葬礼演说词"；米涅：《希腊教父著作全集》，CLVI，212—213。

了伯罗奔尼撒半岛历史的有两个具有完全不同特点的同时代的重要作家。一个是拜占庭的学者和人文学者吉米斯图斯·普勒桑，他是一个希腊民族主义者，出身于伯罗奔尼撒半岛最尊贵和最著名的，曾获得"最伟大的和最值得庆祝的功绩的'希腊人'家庭"。他固执地认为，伯罗奔尼撒半岛人才是最纯正和最古老的希腊人的血统后代。⑫ 另一位是马扎里斯，即《马扎里斯逗留哈得斯记》的作者，"毫无疑问"，K.克伦巴赫如此评价这部作品(但不排斥其中的夸张成分)，是"迄今为止人们所知道的对卢西安著作的最糟糕的模仿"。⑬ 此书作者带着一种轻蔑的语气，以讽刺手法描绘了伯罗奔尼撒-莫里亚的风俗习惯，它将希腊语词汇 Moria（μωρία）简写为 Mora（μώρα，意指呆、傻、愚笨）⑭。与吉米斯图斯·普勒桑相比，马扎里斯将伯罗奔尼撒半岛的人口划分为七个部族：希腊人（按马扎里斯的说法，即斯巴达人和伯罗奔尼撒人），意大利人（即拉丁征服者的残余），斯拉夫人（Sthlavinians），伊比利亚人（即阿尔巴尼亚人），埃及人（吉普赛人）和犹太人。⑮ 马扎里斯的这些断语是符合历史真实的。尽管在引用这两个作家——博学的乌托邦主义者普勒桑和讽刺作家马扎里斯所留下的记载时都应该谨慎处之，但二者留下的都是关于15世纪上半叶伯罗奔尼撒半岛的丰

---

⑫ 吉米斯图斯·普勒桑(Gemistus Plephon)：《演说词一》(Oratio prima)，2 3；埃里森编：《中世纪与当代希腊文献选编》，494。

⑬ 《拜占庭文献史》，494。

⑭ 马扎里斯：《马扎里斯逗留哈得斯记》，2，埃里森，《中世纪与当代希腊文献选编》，IV(7)，192。

⑮ 马扎里斯：《马扎里斯逗留哈得斯记》，22；埃里森：《中世纪与当代希腊文献选编》，239。

富而重要的文化资料。

涉及曼纽尔二世时代时,应该提及由吉米斯图斯·普勒桑所写的论及伯罗奔尼撒半岛迫切需要进行政治和社会改革的两个重要的"进言"或"演说"。其中一篇是写给皇帝的,另一篇则是写给莫里亚藩王狄奥多勒的。德国历史学家法尔梅赖耶在他的《莫里亚半岛史》中,最先引起了学者们对这位希腊民族主义梦想者所构想之计划的关注。⑯

普勒桑试图复兴伯罗奔尼撒半岛,为此目的,他草拟了一个计划,拟进行社会制度的彻底变革和处理土地问题。⑰ 根据普勒桑的计划,社会应分为三个等级:(1)土地耕种者(耕地者、掘地者,例如,葡萄园的掘地者和牧羊人);(2)提供劳动工具的人(即那些照料公牛、犍牛等的人);⑱和(3)管理社会安全和秩序的人,即军队、政府和国家官员;在他们之上是一个皇帝——basileus。普勒桑倡导建立一支希腊人的本土军队,而不是雇佣军队;而且这支军队可以奉献他们全部的时间和注意力去履行其恰当的职责。普勒桑

---

⑯ 《莫里亚半岛史》,II,300—366。见 H.F.托泽"一位拜占庭改革者(吉米斯图斯·普勒桑)",("A Byzantine Reformer〈Gemistus Plethon〉"),《希腊研究杂志》,VII(1886),353—380。J.德莱赛克:"普勒桑和贝萨里翁关于伯罗奔尼撒事务的回忆录"("Plethons und Bessarions Denkschriften über die Anglegenheiten im Peloponnes"),《新古典学年鉴》,XXVII(1911),102—119。

⑰ 吉米斯图斯·普勒桑:《论伯罗奔尼撒半岛的再生·演说词二》(De Rebus Peloponnesiacis Orationes duae),埃里森编:《中世纪与当代希腊文献选编》,IV(2);亦见米涅编《希腊教父著作全集》,CLX,821—866。

⑱ 吉米斯图斯·普勒桑:《演说词一》,par.12;《演说词二》,par.13。米涅编:《希腊教父著作全集》,CLX,829—853。见托泽"一位拜占庭改革者(吉米斯图斯·普勒桑)",《希腊研究杂志》,VII(1886),370。他称第二等级为"那些在工商业中受雇者",或"工商业者阶级"(372)。

将人口分为两大类:纳税人和那些提供军事服务的人;军人不应该被征税。而那些不参加管理和防御的纳税者,被普勒桑称为希洛(Helots)*。私人土地所有权将被废除;"全部的土地,因为它似乎是大自然的恩赐,就应该是人民的共有财产;每一个人都可以在他喜欢的地方耕种并安家,而且尽其所能,耕种他所愿意耕种的任何大小的土地。"⑩这是普勒桑计划的主要观点。他的方案显然受到柏拉图的影响,而柏拉图是拜占庭人文学者极其敬慕的人。该计划应该是巴列奥洛格时期拜占庭文艺复兴的一个值得注意的文献。一些学者指出,在普勒桑的方案中可以找到与让·雅克·卢梭的《社会契约论》和圣西门思想的相似之处。⑱

如是,在拜占庭最后覆灭的前夜,普勒桑向曼纽尔二世提出了一项使希腊重生的改革方案。法国拜占庭历史学家 Ch. 迪尔写道:"当君士坦丁堡被削弱和衰落时,一个希腊国家企图在莫里亚诞生。即使这些抱负和愿望看起来可能是如此徒劳无益,然而这种希腊化意识的再生和这种模糊的、为希腊更美好的未来做准备的意识是拜占庭历史上最值得关注的重要现象之一。"⑲

1422 年对君士坦丁堡的围困。——直到 15 世纪 30 年代,在史料记载中,关于曼纽尔和奥斯曼国家的一位贵族代表、巴耶齐德

---

* 希洛,此处普勒桑借用了古典时期斯巴达人对奴隶的称呼来指代劳动者,表明他固守伯罗奔尼撒古典希腊传统的立场。——译者

⑰ 吉米斯图斯·普勒桑:《演说词一》,par.18;埃里森编:《中世纪与当代希腊文献选编》,IV(2),53;米涅编:《希腊教父著作全集》,CLX,833。

⑱ 埃里森:《中世纪与当代希腊文献选编》,IV(2),143 页注 3;托泽:"一位拜占庭改革者(吉米斯图斯·普勒桑)",《希腊研究杂志》,VII(1886),379。

⑲ 迪尔:《拜占庭研究》(*Études byzantines*),323。

的继承人穆罕默德一世之间的关系基本上是和平并相互信任的，即使在皇帝曼纽尔方面有过一些过错。苏丹穆罕默德一世曾经应皇帝的邀请，途经君士坦丁堡市郊会见了曼纽尔。但两位君主都没有离开自己的船舰，而是在各自的船上进行了友好的交谈，两支舰队同时穿越海峡，到达了苏丹搭建帐篷的亚洲一岸；但皇帝并未下船登岸。在晚餐时间，两位君主各自从自己的餐桌上选最美味的食物送给对方品尝。[12] 但在穆罕默德的继承人穆拉德二世时，情况发生了变化。

在曼纽尔的晚年，他不再亲理国政，而把国事交付儿子约翰，约翰没有治国经验，也没有他父亲那种贵族气质和处事的中庸态度。他执政时，坚定地支持了一位觊觎苏丹王位的土耳其谋反者；但这一谋反的企图失败了，愤怒的穆拉德二世决定包围君士坦丁堡，立刻摧毁这个觊觎已久的城市。

但是，尚未来得及从安卡拉战败后恢复过来、并被内乱削弱了的奥斯曼军队，对于进行这样一次攻击还准备不足。1422年，土耳其人包围了君士坦丁堡。有一部拜占庭的文献著作专门记载了这次围攻，该书由当代人约翰·卡纳苏斯（John Canasua）所写，标题是《6930（公元1422）年君士坦丁堡战争的故事，当阿穆拉德-贝伊率大军进攻这座城市并将占领它时，遭遇了圣母的阻止》。[13] 一个强大的、各种战斗器械齐备的穆罕默德军队企图强行攻占这座城市，但被首都人民的英勇战斗所挫败。奥斯曼帝国内部的争斗

---

[12] 乔治·普兰策：《年代纪》，I, 37；波恩版，111—112。
[13] 约翰·卡纳苏斯：《1422年对君士坦丁堡的征服》，波恩版，457。

第九章 拜占庭的灭亡

迫使土耳其人放弃了这次围攻。像一直以来那样,首都这次脱险的故事,在大众的传说中是与君士坦丁堡的永久保护女神——圣母的干预相联系的。土耳其军队不满足于仅仅攻击首都;在试图夺取萨洛尼卡失败后,他们南下进入希腊,摧毁了曼纽尔时期在科林斯地峡上修建的城墙,并蹂躏了莫里亚。⑭ 曼纽尔的共治皇帝约翰八世曾花费了约一年时间在威尼斯、米兰和匈牙利寻求援助。根据与土耳其人签订的和平条约,皇帝保证向苏丹支付一定数量的贡品,并将几座色雷斯城市割让给苏丹。君士坦丁堡的领土越来越少了。这次围攻后,首都又苟延残喘地存活了约三十年,焦虑地期待着它的不可避免的毁灭。

1425年,瘫痪的曼纽尔去世了。送葬的首都大批民众怀着深深的哀悼之情伴随着灵车。此前,在任何一位皇帝的葬礼上也未曾见过如此拥挤的致哀人群。⑮ 一位专门研究曼纽尔生平活动的学者贝格尔·德西弗里(Berger de Xivery)写道:"对任何一位记得这位君主如何与其臣民共赴国难,如何尽力帮助他们,总是对他们怀有深深的同情并与他们有着共同感受的人而言,这种感情似乎都是真挚的。"⑯

曼纽尔时代最重要的事件是安卡拉战役,它使得君士坦丁堡

---

⑭ 作为目击者,吉米斯图斯描写了土耳其人在希腊的暴行。他的长诗"安科纳书记官希腊人约翰·古米斯图斯为教宗利奥十世所写"("Ad S.D.N.Leonem X Pont Maximi Ioannis Gemisti Graeci a secretis Anconae Protreptico et Promosticon")被C.萨塔斯收入他的《中世纪希腊文献目录》一书中,VIII,546—591,特别是543—550;亦见上引书,IX,vii。

⑮ 乔治·普勒桑:《年代纪》,I,40;波恩版,121。

⑯ "皇帝曼纽尔·巴列奥洛格对自己生活与事业之回忆",《法兰西学院回忆录》,XIX(2),180。

的陷落延迟了五十年。但即使拜占庭能短期摆脱奥斯曼人的危险,也不是依靠拜占庭皇帝的军力,而是借助在东方偶然出现的蒙古人的力量。曼纽尔曾寄予希望的重要事件,即在西欧发动一次新的十字军,并未发生。土耳其人在1422年发动的对君士坦丁堡的围攻,仅仅是1453年之战的序幕。在评价曼纽尔时代与土耳其人的关系时,人们不应忽略曼纽尔皇帝对土耳其苏丹的个人影响,这种影响曾几次延迟了帝国的最后灭亡。

约翰八世(1425—1448年在位)和土耳其人的威胁。——约翰八世统治时期,帝国领土缩小到了最低程度。在其父亲生前不久,约翰就已经将色雷斯的几座城市割让给苏丹。当约翰成为帝国的唯一统治者后,准确地说,他的权力之延伸范围只扩展到君士坦丁堡及最接近首都的农村地区。在帝国的其他地方,如伯罗奔尼撒半岛、萨洛尼卡和分散在色雷斯各处的一些城市,虽处于约翰的兄弟们控制之下,但几乎是完全独立于中央政权之外的。

1430年,萨洛尼卡被土耳其人征服。以藩主身份统治着萨洛尼卡的约翰八世的一个兄弟意识到只依靠自己的力量不能对付土耳其人的进攻,因而将城市卖给威尼斯,获得了一大笔金钱。据杜卡斯记载,威尼斯在获得这个垂涎已久的重要商业据点时,曾发誓"要保护和支持它,使它更加繁荣,并成为第二个威尼斯"[⑩]。但已经占领了萨洛尼卡周围地区的土耳其人,不能容忍威尼斯在萨洛尼卡立足。在苏丹的亲自指挥下,土耳其人包围了萨洛尼卡;这次行动的过程和最后结局被一位当代人约翰·阿纳格诺斯特斯

[⑩] 迈克尔·杜卡斯:《拜占庭史》,XXIX;波恩版,197。

第九章 拜占庭的灭亡

(Anagnostes,即 Reader)详细记载于他的专著《论萨洛尼卡的最后陷落》中。⑱ 萨洛尼卡的拉丁人驻军很少,而且城市的民众视他们的新主人威尼斯人为异类。城市的民众无力抵御土耳其人,经过短期的围攻后,土耳其人猛烈攻占了这座城市,并使它遭到了可怕的破坏和暴行蹂躏。城市老幼妇孺皆遭到屠杀。城中的基督教堂被改为清真寺,但萨洛尼卡城的主要圣保护使徒、圣底米特里的教堂被暂时留给基督教徒,但已经是破败不堪了。

也有一首韵体诗描述了萨洛尼卡被土耳其人占领的事件,这首诗是由君士坦丁堡的一位高级教会官员记载在其《土耳其帝国编年史》中的。⑲ 同时,亦有一些描述这次灾难事件的希腊民族歌曲。⑳ 萨洛尼卡的失陷强烈震撼了威尼斯和西欧。君士坦丁堡也显然感受到了最后时刻的即将来临。

关于当时的君士坦丁堡,有一份重要记载,这是从耶路撒冷返回西欧的朝圣者、勃艮第骑士贝特朗东·德拉布罗吉耶(Bertran-

---

⑱ 《论萨洛尼卡的最后陷落》(*De extremo Thessalonicensi excidio*),波恩版,481—528。

⑲ 《土耳其帝国编年史》('Ιέρακος χρονικὸν περὶ τῆς τῶν Τούρκων βασιλείας)。萨塔斯:《中世纪希腊百科全书》(*Bibliotheca graeca medii aevi*),I,256—257、360—388;同一片断出现在"萨洛尼卡的普拉塔修道院及其遗产"("Η ἐν Θεσσαλονίκη μονὴ τῶν Βλαταίων καὶ τὰ μετόχια αὐτῆς")一文中,《拜占庭杂志》(德文),VIII (1899),421。其中有一段简要的关于萨洛尼卡失陷的希腊文记载,见 403—404。亦见,S.兰普罗斯"关于土耳其人占领萨洛尼卡的三首未发表的悼词"("Τρεῖς ἀνέκδοτοι μονῳδίαι εἰς τὴν ὑπὸ τῶν Τούρκων ἅλωσιν τῆς Θεσσαλονίκης"),《当代希腊研究》,V(1908),369—391(含两段韵诗,一段散文)。

⑳ 见弗罗伦斯·麦克弗森(Florence McPherson)所写"一些现代希腊歌曲中的历史痕迹"("Historical Notes on Certain Modern Greek Folk-songs"),《希腊研究杂志》,X(1889),86—87。

don de la Broquière)所写的,他在萨洛尼卡沦陷后不久的30年代初游览了巴列奥洛格的首都。他赞扬了君士坦丁堡城墙,尤其是陆地一侧城墙的良好状况,但也注意到城市里的一些荒凉之处;他提到了两处美丽宫殿的废墟,据说,这两处宫殿是一位皇帝按照土耳其苏丹的命令予以摧毁的。这位勃艮第朝圣者参观了首都的教堂和其他遗址,参加了神圣的教堂仪式。在圣索菲亚教堂,他参观了一个神秘宗教仪式的表演,这是以三个年轻人被尼布甲尼撒扔进燃烧的火炉为主题的,他对于来自特拉布松的拜占庭皇后的美丽十分着迷,并对关心贞德(她刚刚在鲁昂被烧死)之命运的皇帝讲了著名的"奥尔良姑娘"的"整个故事"。[139] 这位朝圣者还通过自己对土耳其人的观察,相信欧洲人有可能把他们驱逐出欧洲,甚至夺回耶路撒冷。他写道:"在我看来,我所注意到的三个国家的贵族和良好的政府,即法兰西、英格兰和德意志是非常使人敬畏的,而且,如果他们能组织起足够数量的军队,将有能力经由陆路到达耶路撒冷。"[140]

约翰八世已经意识到首都即将到来的危险,遂大兴土木修复君士坦丁堡城墙。如今可在城墙上所见的多处题为"奉天承运约翰·

---

[139] 拉布罗吉耶(La Brouquière):《海外之旅》,舍费尔编,150—165;A.A.瓦西列夫:"拜占庭文献中的百年战争和贞德"("La Guerre de Cent Ans et Jeanne d'Arc dans la tradition byzantine"),《拜占庭》(布鲁塞尔),III(1926),249。当时,关于贞德的故事已经传到拉古萨,见 N.约尔加《关于十字军历史的注释和摘要》(*Notes et extraits pour servir à l'histoire des Croisades*),II,272:"On parle 'd'una mamoleta virgine, la qual gli è (al rè Carlo) apparuta maravigliosamente, la qual rege et guida lo suo exercito"(见《拉古萨档案》[*Archives of Ragusa*],1430年4月30日至11月28日,法国的消息)。

[140] 拉布罗吉耶:《海外之旅》,舍费尔编,230。

巴列奥洛格"的铭文,说明了基督教皇帝最后一次企图修复当年狄奥多西二世的防砦之艰难,而当年这座城墙几乎是不可攻破的。

但这并不能满足对奥斯曼人斗争的需要。如同他的前任一样,约翰八世希望通过与教宗合作而从西方得到对抗土耳其人的真正帮助。为此目的,皇帝与希腊牧首、他的一位杰出的臣僚乘船前往意大利。这次出行的结果就是著名的佛罗伦萨联合条约的缔结。然而,如果考虑到拜占庭所需要的真正帮助,这位皇帝的意大利之行是徒劳的。

罗马教宗尤金四世倡导了一次十字军,并成功发动了匈牙利人、波兰人和罗马尼亚人投入对抗土耳其的斗争。在波兰和匈牙利国王弗拉迪斯拉夫及著名的匈牙利民族英雄、军队领袖约翰·匈亚迪(John Hunyadi)统率之下,一支十字军组建起来。1444年,在瓦尔纳战役中,十字军被土耳其人击溃。弗拉迪斯拉夫在战斗中阵亡。约翰·匈亚迪带着残兵败将退回匈牙利。瓦尔纳战役是西欧最后一次试图帮助衰亡中的拜占庭。此后,君士坦丁堡只能独自面对它的最后命运。⑬

一些近期出现的、来自巴塞罗那档案馆的文献,揭示了文艺复兴时期著名的梅塞纳斯*,即死于1458年的阿拉贡国王"慷慨者"

---

⑬ 阿齐兹·苏尔亚·阿提亚:《晚期中世纪的十字军》(Crusade in the Later Middle Ages);见O.哈勒基的书评,载《拜占庭》(布鲁塞尔),XV(1940—1941),473—483。哈勒基:《瓦尔纳战役中的十字军。对一些有争议问题的讨论》(The Crusade of Varna .A Discussion of Controversial Problems),96。这是一部相当好的专著。

* 梅塞纳斯(Maecenas)是古罗马时代奥古斯都皇帝的杰出外交官和国务顾问,著名的文学活动的赞助者。由于阿方索在欧洲文艺复兴时期积极赞助文学艺术活动,故有"梅塞纳斯"的绰号。——译者阿方索五世（Alfonso Ⅴ the Magnanimous）的进军计划。他于15世纪中期一度将西西里和那不勒斯重新统一在自己的权力之下后，遂计划像安茹的查理那样，在东方进行一场规模宏大的进攻性战争。君士坦丁堡是阿方索的目标之一，而且他一直没有放弃建立一支抵抗土耳其人的十字军的理想。很长时间以来，他认识到，如果奥斯曼人日益增长的权势和"鲁莽的成功"不被击溃的话，他的王国的海上边界将没有安全感。但阿方索的雄心勃勃的计划没有实现，并且，土耳其人从未感到这个天才的和杰出人文学者及政治家对自己有任何严重威胁。⑱

土耳其人在瓦尔纳胜利后，并未参加这次十字军战斗的约翰八世立即与苏丹开始谈判，他试图用贡礼软化苏丹。他成功了，直到他的统治结束，他一直保持着与苏丹的和平关系。

尽管如此，约翰八世统治下的拜占庭还是遭受了不断的、痛苦的失败。然而，在伯罗奔尼撒半岛（莫里亚），一个近乎独立于中央政权的封地上，希腊军队获得了一次重大的、但短暂的胜利。除了拜占庭的领土外，在伯罗奔尼撒半岛还有阿凯亚公国的残存部分，尤其在半岛南端的一些地区，是属于威尼斯的。15世纪初，威尼斯确立了自己的目标，欲夺取伯罗奔尼撒半岛仍被拉丁人掌控的

---

⑱ F.切罗内（F.Cerone）："阿拉贡的阿方索的东方政策"（"La politica orientale di Alfonso d'Aragona"），《那不勒斯省历史档案》（Archivio storio per le provincie Napolitane），XXVII（1902），425—456、555—634；XXVIII（1903），167。诺登：《教宗统治与拜占庭》，731—733。C.马林内斯库正在计划根据巴塞罗那的一部丰富的未公布档案集《阿拉贡科罗纳的档案》（Archivios de la Corona de Aragon）写一部专门研究阿方索与东方关系的著作。见"曼纽尔二世巴列奥洛格及阿拉贡的国王们。对拜占庭使节所递交的四封拉丁文信件的评注"，《罗马学术院历史部通报》，XI（1924），197。亦见《第二届国际拜占庭研究会论文集》（1929年），162。

部分；为此目的，威尼斯开始和半岛上各族统治者进行谈判。一方面，圣马可共和国为了有效抵抗土耳其入侵者，希望拥有在穆拉德二世统治时修建的科林斯地峡上的城墙；另一方面，威尼斯被她的商业利益吸引，因为共和国代表收集到的信息表明，这个国家在金、银、丝、蜂蜜、谷物、葡萄干和其他物品方面的资源具有极大的优势。然而，在约翰八世统治期间，莫里亚希腊藩国的军队开始公开反抗拉丁人，迅速获得了伯罗奔尼撒半岛的拉丁内部分并因而终结了法兰克人在莫里亚的权势。从那时起到土耳其人征服时期，整个半岛属于巴列奥洛格家族，威尼斯只维持了她以前拥有的南部据点。

注定要成为拜占庭最后一位皇帝的莫里亚藩主君士坦丁，是拜占庭皇帝约翰八世的兄弟，他充分利用了土耳其人在巴尔干半岛的一些困难向北方进军，通过了科林斯地峡进入希腊的中部和北部；而在这时，土耳其人已经开始征服希腊腹地。土耳其苏丹穆拉德二世在瓦尔纳战役取得了对基督教徒的胜利后，认为君士坦丁对希腊北部的入侵是对他的冒犯；于是，他率军向南挺进，突破了科林斯地峡上的防御城墙，疯狂地劫掠了伯罗奔尼撒半岛，并掳走大批希腊人俘虏。恐惧的莫里亚藩主君士坦丁乐意按照苏丹的条件缔结和平条约；他保持了作为莫里亚藩主的地位，并承诺向苏丹纳贡。

在君士坦丁·巴列奥洛格统治时期，一位当代的著名旅行家、考古学家和商人安科纳的希里亚库斯（Cyriacus）造访了米斯特拉，在那里，他受到莫里亚藩主君士坦丁和他的达官显贵们的亲切接待。在宫廷中，希里亚库斯遇到了"他那个时代最博学的人"吉米斯图斯·普勒桑和他在雅典的一个朋友乔治的儿子,对拉丁文和希腊文都非常精通的年轻人尼古拉斯·卡尔克康迪勒斯(Nicholas Chalcocondyles)。⑱尼古拉斯·卡尔克康迪勒斯可能正是后来的历史学家劳尼科斯(Laonikos)·卡尔克康迪勒斯,因为 Laonikos 一名,就是尼古拉斯(Nicolaos、Nicholas)的细微变体。在希里亚库斯于藩主狄奥多勒·巴列奥洛格统治时期第一次驻留米斯特拉期间,即在 1437 年,他曾参观了斯巴达的古代遗址并拓写了希腊碑文。⑲

君士坦丁十一世(1449—1453 年在位)和土耳其人对君士坦丁堡的占领。——拜占庭最后一位皇帝所统辖的领土仅限于君士坦丁堡和色雷斯靠近城墙的近邻地区,以及距离首都有些距离的、由皇帝的兄弟们统治着的伯罗奔尼撒半岛,即莫里亚的主要部分。

---

⑱ 见希里亚库斯对伯罗奔尼撒的描述,先是出于 R.萨巴迪尼(Sabbadini)"列奥纳多·波塔所译安科纳的希里亚库斯及其描述伯罗奔尼撒的手稿"("Ciriaco d'Ancona e la sua descrizione autografa del Peloponneso trasmessa da Leonardo Botta"),《塞利阿尼札记》(*Miscellanea Ceriani*),203—204。关于安科纳的希里亚库斯,见 G.卡斯特拉尼(Castllani)"关于安科纳的希里亚库斯的一段未公之于世的希腊文片断"("Un Traité inédit en Grec de Cyriaque d'Ancône"),《希腊研究杂志》,IX (1896),225—228。E.齐巴斯(E.Ziebarth):"安科纳的希里亚库斯在伊庇鲁斯"("Κυριακὸς ὁ ἐξ Ἀγκῶνος ἐν Ἠπείρω"),见《伊庇鲁斯编年史》(*Ηπειρωτικά Χρονικά*),II(1926),110—119;另外一些补充和修正的资料,可见 D.卡布鲁鲁(Δ.Καμπουρογλοῦ)所写文章,同样见于《伊庇鲁斯编年史》,III(1928),223—224;他准确地推算了希里亚库斯去世的年代为 1452 年(第 224 页)。F.帕尔(F.Pall):"安科纳的希里亚库斯和针对土耳其人的十字军"("Ciriaco d'Acona e la crociatta contro i Turchi"),《罗马学术院历史部通报》,XX(1937),9—60。亦见扎基希诺斯《莫里亚的希腊君主》,231—235。

⑲ 见《安科纳的希里亚库斯在伊利里亚周边发现的铭文》(*Epigrammata reperta per Illyricum a Cyriaco Anconitano apud Liburniam*),XXXVII。扎基希诺斯:《莫里亚的希腊君主》,236。

第九章 拜占庭的灭亡

正直、仁慈、有活力、勇敢,且热爱祖国,是君士坦丁十一世的性格,同时代的许多希腊资料和他在君士坦丁堡被困期间的行为,证明了这些。一位意大利人文学者弗朗切斯科·菲勒尔弗(Francesco Filelfo)在驻留君士坦丁堡期间结识了登上皇位之前的君士坦丁。在一封信中,他称呼这位皇帝是一个"虔诚和具有高尚情操"(*pio et excelso animo*)[18]的男子。

君士坦丁的强大和可惧的敌人是21岁的穆罕默德二世,他暴烈残酷,嗜杀成性等许多卑劣的恶习,但同时对科学、艺术、教育有浓厚的兴趣,集将军、政治家和组织者的活力和天赋于一身。一位拜占庭历史学家谈到,他乐于阅读科学著作,尤其是占星学著作,还阅读马其顿的亚历山大、朱利安·恺撒及君士坦丁堡各代皇帝们的英雄事迹;他除了讲母语土耳其语外,还会讲其他五种语言。[18] 东方国家的资料赞扬他的虔诚、正义、仁慈,是学者与诗人的保护者。19世纪和20世纪的历史学家对穆罕默德二世却有不同的评价;有些人否认他所有的积极品质,[19]另一些人则承认他是一个天才。[20] 征服君士坦丁堡是这位年轻苏丹魂系梦牵的渴望,正如历史学家杜卡斯所说:"无论在宫里还是在宫外,在起床时还是在睡梦中,他朝朝暮暮反复思考着可能采用的占领君士坦丁堡的军事策略和手段。"他度过了无数不眠之夜,在地图上画出君士

---

[17] 约尔加:《关于十字军历史的注释和摘要》,IV,83。

[18] 乔治·弗兰策:《年代纪》,I,32;波恩版,93、95。

[19] 例如,埃里森在其《秘史》(III,87—89)中就提到穆罕默德热心于科学、诗歌和艺术等,见J.卡拉巴切克(Karabaček)《西方艺术家对15—16世纪的君士坦丁堡的描述》(*Abendländische Künstler zu Konstantinopel im XV, und XVI. Jahrhundert*),2。

[20] N.约尔加:《奥斯曼帝国史》,II,3。

坦丁堡的城区以及它的防御工事，找出它最易被攻击的地方。[201]

战争中的这两个对手的画像，都有现存资料，君士坦丁·巴列奥洛格的画像可以见于印章和后期的手稿中[202]，而穆罕默德二世的画像则见于15世纪的意大利艺术家为了纪念苏丹而打制的金属像章和一些肖像中，尤其是一幅由著名的威尼斯艺术家詹蒂耶·贝利尼（Gentile Bellini）绘制的肖像，他在穆罕默德统治末期曾经短期（1479—1480年）居住于君士坦丁堡城内。[203]

既然决定给予君士坦丁堡以最后攻击，穆罕默德就开始进行极其周密的准备。首先，穆罕默德在君士坦丁堡的北方，在博斯普鲁斯海峡的欧洲一岸最狭窄的地方，建筑了一处坚固的设有塔楼的要塞，它的宏伟的残迹（鲁梅利要塞）至今犹存；要塞内可见被大炮射进去的巨型石弹，这种石弹在当时非常普遍。

当土耳其人在博斯普鲁斯海峡上建造要塞的消息四处传开之

---

[201] 迈克尔·杜卡斯：《拜占庭史》，XXXV；波恩版，249、252。

[202] 见兰普罗斯"君士坦丁·巴列奥洛格的画像"(Aἱ εἰκόνες Κωσταντίνου τοῦ Παλαιολόγου)，《当代希腊研究》，III、(1906)，229—242；兰普罗斯：新发现的"君士坦丁·巴列奥洛格的画像"("Νέαι εἰκόνες Κωσταντίνου τοῦ Παλαιολόγου")，《当代希腊研究》，IV(1907)，238—240；VI(1909)，399—408。S.兰普罗斯：《拜占庭皇帝。拜占庭皇帝画像集目录》(Empereurs byzantins.Catalogue illustré de la collection de portraits des empereurs de Byzance)，57—58。

[203] L.特瓦斯内(L.Thuasne)：《詹蒂尼·贝利尼和苏丹穆罕默德。关于这位威尼斯画家在君士坦丁堡的记载（1479—1480年）》(Gentile Bellini et Sultan Mohammed II.Notes sur le séjour du peintre vénitien à Constantinople，1479—1480)，50—51。在这本书中，印出了穆罕默德的画像和像章。亦见卡拉巴切克《西方艺术家对15—16世纪的君士坦丁堡的描述》，I，24—29；此书收集了许多图片。在第一次世界大战之前，贝利尼的这幅著名画像是由威尼斯的埃德·拉雅德女士私人收藏；战争期间，此画转移到伦敦。见卡拉巴切克上引书，44。

第九章 拜占庭的灭亡

时,首都君士坦丁堡、亚洲、色雷斯和爱琴海上岛屿各处的基督教人群,如杜卡斯所说,发出了绝望的惊叫。"君士坦丁堡城的末日到来了;现在,我们要看见我们种族的毁灭了;反基督的时代即将到来了;我们的身份将发生什么样的变化?我们该做什么?……保护这座城市的圣徒在哪里?"[204]另一位经历了君士坦丁堡被围困期间的所有恐怖生活的同时代人和目击者,珍贵的《君士坦丁堡围攻记》一书的作者、威尼斯人尼科罗·巴尔巴罗(Nicolo Barbaro)写道:"从海上来看,这个要塞极其坚固,绝对不可能被攻占,因为在岸上和城墙上配置了大量的射石炮;要塞的陆地一面也是非常坚固的,尽管与海上防务设施相比,略为逊色。"[205]这个要塞切断了君士坦丁堡城与北方和黑海港口的联系,因为所有的进出博斯普鲁斯海峡的外国船只,都被土耳其人封锁;当君士坦丁堡被围期间,它将得不到来自黑海港口的谷物供应。土耳其人很容易实行这些措施,因为与土耳其人建在欧洲的要塞相对,在博斯普鲁斯海峡的亚洲一岸,有苏丹巴耶齐德在14世纪末期修建的配有塔楼的要塞(阿纳托利要塞)。接下来,为了阻止莫里亚的藩主在万一情况紧急时前来援助君士坦丁堡,穆罕默德占领了莫里亚的希腊领土。经过这些最初的步骤后,穆罕默德,即巴尔巴罗笔下的,这个"基督教人民的异教敌人",[206]开始围攻这座伟大的城市。

君士坦丁尽其最大的努力,在势力对比极其不均衡的条件下,

---

[204] 《拜占庭史》,XXXIV;波恩版,238。

[205] 《君士坦丁堡围攻记》(*Giornale dell'assedio di Constantinopoli*),E.克奈特(E.Cornet)编,2。

[206] 同上书,18。

应付这个强大的敌人，其结果显然是可以预料的。皇帝将首都四周所有可能供应的谷物都运进城中，并对城墙进行了修补。城内的希腊驻军只有数千人。君士坦丁看到了即将来临的致命危险，遂向西方求助；但是，西方并没有派出最必要的军事支援，而是派来了一个希腊出身的罗马枢机主教、前任莫斯科大主教区主教、佛罗伦萨会议的参与者伊西多尔。为纪念东西方教会之间和平的恢复，他抵达君士坦丁堡后在圣索菲亚教堂举行了联合的宗教仪式，这引起了城里居民的最强烈的震动。拜占庭的一位最著名的显贵卢卡斯·诺塔拉斯发表了著名的断言："我们宁愿在首都看到土耳其穆斯林头巾的权力，而不是教宗之法冠的权力。"[207]

威尼斯人和热那亚人参加了首都的防御战。君士坦丁和城中民众尤为倚赖拥有巨大军事声望的热那亚贵族约翰（乔瓦尼·基斯蒂亚尼），他率领两艘载着700名士兵的巨舰到达了君士坦丁堡。如在过去的危险时刻曾多次发生的那样，金角湾海湾被一条巨大的铁索封锁。据说，直到近代仍可以在拜占庭的圣伊琳娜教堂内见到这条铁索的残存部分，现在，在那里修建了奥斯曼军事历史博物馆。[208]

穆罕默德在海上和陆上的军队中除了土耳其人外，还包括他所征服的不同民族的人民，其数量大大超过了君士坦丁堡的少数防御者，包括希腊人和一些拉丁人，尤其是意大利人。

世界历史上最重要的一个历史时刻即将来临。

---

[207] 迈克尔·杜卡斯：《拜占庭史》，XXXVII；波恩版，264。
[208] 现在，人们相信这条铁链是罗得岛港口上的铁链之残余部分，它在土耳其人征服罗得岛后被带到君士坦丁堡。

第九章 拜占庭的灭亡

土耳其人包围和占领"神佑城市"——君士坦丁堡的真实情况,在许多资料中留下了深刻的痕迹,这些资料使用不同的语言——希腊文、拉丁文、意大利文、斯拉夫文和土耳其文,从不同的角度,叙述了拜占庭帝国的最后时刻,在某些逐日逐时的记载中,使人感受到这场惊心动魄的历史剧之进程的最后一幕。

主要的希腊资料对这一事件的评价是不同的。经历了这场围攻战的乔治·弗兰策,是末代皇帝君士坦丁的亲密朋友、极为著名的外交官,他在帝国内享有高职,满怀对他的英雄帝王和巴列奥洛格王室的无限眷恋,反对教会联合;他描述拜占庭的末日,是想恢复失败的君士坦丁、他的被凌辱的国家和被侮辱的希腊正统信仰的荣誉。另一位同时代的作者,投靠了土耳其人的希腊人克里斯托布鲁斯(Critobulus),想表示他对穆罕默德二世的忠诚,将他那本明显受到修昔底德写作风格深刻影响的历史著作,献给"最伟大的皇帝,王中之王穆罕默德";[29]尽管他并未攻击他的希腊同胞,但他却从奥斯曼帝国的新的臣民的立场出发来评述拜占庭的末日。还有一位小亚细亚的希腊人杜卡斯、教会联合的倡导者,他认为,帝国安全的唯一途径就是实现教会的联合。他从支持西方的立场写起,尤其强调热那亚指挥官基斯蒂亚尼的贡献和功绩,贬低君士坦丁的作用,但同时对希腊人也不乏关爱和同情。拜占庭最后时期的第四位希腊历史学家,拜占庭文献史上唯一的雅典人,是劳尼科斯·卡尔康迪勒斯(Chalcocondyles 或 Chalcondyles),他所选择的历史著作的主题不是拜占庭,而是土耳其帝国。他采取了一

---

[29] C.米勒:《希腊文献作品片断》(*Fragmenta historicorum graecorum*),V,52。

种新的、庞大的主题去描述——"年轻的、崛起于希腊,法兰克和斯拉夫国家废墟上的奥斯曼帝国势力的非凡发展"。[21] 他的作品写得很一般。此外,劳尼科斯并不是君士坦丁堡最后时期发生事件的目击者,因此,他的这部著作只具有次要的参考价值。

在以拉丁语写就的最有价值的资料中,有一些是由那些经历了君士坦丁堡被围时期生活的数位作家写的。其中一篇是勉强逃脱了被土耳其人俘获之命运的枢机主教伊西多尔所写的《致君士坦丁堡所有虔诚的基督徒》(*Ad universos Christifideles de expugnatione Constantinopolis*)的呼吁。他恳请所有的基督教徒武装起来抵御正在消亡的基督教信仰。另一位逃脱了土耳其人俘获的开俄斯主教列奥纳多(Leonard),给教宗的报告中说明了曾降临在拜占庭身上的巨大灾难是对希腊人脱离天主教信仰的惩罚。还有一位曾在土耳其俘房营中度过了一段时间的意大利人普斯库鲁斯(Pusculus)写作的一首四节韵文诗"君士坦丁堡"。他仿效维吉尔的写作风格,在一定程度上也仿效了荷马。他是一位热诚的天主教徒,将自己的诗献给了教宗;而且他像列奥纳多一样,深信拜占庭是由于分裂教会的罪行而受到了上帝的惩罚。

威尼斯贵族尼科罗·巴尔巴罗用古威尼斯方言和一种枯燥乏味的商业风格写成的极其珍贵的《君士坦丁堡围攻记》留给了我们一份意大利文的资料。他逐日列举了围攻期间希腊人和土耳其人之间的战斗,因而他的作品对于重修君士坦丁堡被围时期的编年

---

[21] 克伦巴赫:《拜占庭文献史》,302。亦见 W.米勒"雅典的最后一位历史学家:劳尼科斯·卡尔康迪勒斯"("The Last Athenian Historian: Laonikos Chalkokondyles"),《拜占廷与当代希腊研究杂志》,XLII(1922),38。

史最重要。

在俄罗斯古文献中,亦有一部关于占领帝都(Tsargrad)之"伟大和可怕的功绩"的重要历史著作,由"无名和卑微的聂斯托尔·伊斯金德尔(Nestor Iskinder,或 Iskander)"所著。[21] 此人可能是俄罗斯人,曾在土耳其苏丹的军队中战斗,真实地、尽可能地逐日描述了土耳其人在围城期间和城市陷落后的行为。在各种俄罗斯编年史中也经常谈到君士坦丁堡的陷落。

还有一些土耳其文的资料,这些资料是从成功的、无往不胜的伊斯兰教和它的杰出代表征服者穆罕默德二世的角度来评价这一历史事件的。有些土耳其的资料还搜集了关于君士坦丁堡和博斯普鲁斯海峡的土耳其民间传说。[22]

以上列举的重要资料说明,在研究土耳其人围攻和占领君士坦丁堡问题上,的确存在着相当丰富多样的信息。

1453 年 4 月初,对这座伟大城市的围攻战开始了。这场围攻

---

[21] 聂斯托尔—伊斯坎德尔(Nestor-Iskander)所记《帝都的故事》(*The Tale of Tsargrad*),雷奥尼德斯(Leonides)住持所编:《古代作品精华》(*Pamystniki drevney pismennosti*),LXII(1886),43。至于其他相关的斯拉夫文字记载,见《剑桥中世纪史》,IV,888。有一个俄罗斯传说,是 1853 年的版本,由约尔加出版,见"君士坦丁堡的起源及其被占领的记载",《罗马科学院历史部通报》,XIII(1927),89—105。目前的问题是,这一传说的原始文本或许并不是希腊文,或者斯拉夫文的记载可能不是俄罗斯人所写而是塞尔维亚人所写。见 N.约尔加"一则被忽视的关于君士坦丁堡之陷落的文献"("Une Source négligée de la prise de Constantinople"),《罗马科学院历史部通报》,XIII(1927),65。B.安伯高(B.Unbegaun):"古代罗斯关于君士坦丁堡之陷落的记载"("Les Relations vieux-russes de la prise de Constantinople"),《斯拉夫研究杂志》,IX(1929),13—38;该文论述了关于君士坦丁堡被土耳其人占领之过程记载的伊斯金德尔的俄罗斯文版本和埃涅阿斯·西尔维乌斯记载文本的古俄语翻译本。

[22] F.巴宾格尔(F.Babinger):《奥斯曼人及其战争史》(*Geschichtsschreiber der Osmanen und ihre Werke*),23—45 及其他各处。

战争的胜利绝不仅仅是土耳其人无敌的庞大军队的成就。巴尔巴罗称之为"这个背信弃义的土耳其人"[213]的穆罕默德二世是历史上第一个掌握了真正的火炮基地的君主。土耳其人的青铜大炮是那个时代规格最为巨大、能够远距离抛掷大量石弹的优势武器,它的破坏力是君士坦丁堡的古老城墙不能抵御的。古罗斯文的《帝都的故事》说,"破坏者穆罕默德"将"大炮、火绳枪、塔楼、攻城器械和其他的攻城设备"[214]向城墙附近集中。同时代的希腊历史学家克利托布鲁斯(Critobulus),给予大炮的决定性作用很好的解释,他写道,土耳其人在城墙下及其周围挖掘的掩体和地下通道"被证明是不必要的、仅仅是浪费,因为火炮决定了一切"。[215]

19世纪下半叶,在斯坦姆堡*(Stamboul)的一些地方,人们仍然可以看到地面上的巨大石弹,它们是在战斗中被抛过君士坦丁堡城墙的,现在,则躺卧在几乎是1453年被抛落地时的原位。4月20日,在围攻期间基督教徒唯一的幸事发生了:四艘前来援助君士坦丁堡的热那亚船只,打败了数量远远超过它的土耳其舰队。"你很容易想象,"近代一位描写拜占庭首都被包围和攻克过程的历史学家舒伦伯格(Schlumberger)写道,"希腊人和意大利人难以形容的快乐。君士坦丁堡竟然一度以为自己得救了。"[216]但是,这

---

[213] 《君士坦丁堡围攻记》,克奈特编:20、21。

[214] 《帝都的故事》,雷奥尼德斯(Leonides)编,27。亦见《帝都的故事》,V.雅可夫列夫(V.Yakovlev)编,92、93。约尔加:"君士坦丁堡之起源和陷落",《罗马科学院历史部通报》,XIII(1927),99。

[215] 克利托布鲁斯著作,I,31、33;米勒编,80。

* 即君士坦丁堡,土耳其人称之为伊斯坦布尔,或斯坦姆堡。——译者

[216] 《1453年君士坦丁堡被土耳其人围困和陷落的历史》(*Le Siège*, *la prise*, *et le sac de Constantinople par les Turcs en* 1453),140。

第九章 拜占庭的灭亡

次成功当然对这次围攻战的结果没有真正的意义。

4月22日,这座在皇帝指挥下的城市突然因一个极其恐怖的现象而震惊:土耳其船只出现在金角湾的上游。在前一天夜里,苏丹成功从博斯普鲁斯海峡通过陆路将船只运进金角湾;为此目的,土耳其人在两山谷之间的上方特地搭建了一个木制平台,将船只放在滚木上,让大量"贱民"(canaille)将船只拉过这些平台,据巴尔巴罗记载,这些贱民是由苏丹役使的。[217] 于是,驻扎在金角湾上封锁铁链内的希腊-意大利舰队,两面受敌,首都岌岌可危。被围驻军在夜里试图用火攻毁灭进入金角湾土耳其船只的计划由于叛徒向苏丹泄露而中止。

与此同时,几个星期以来使城内居民疲惫不堪的重炮轰击仍在持续;男女老少、教职人士和男女修士们被迫夜以继日地顶着炮火修补城墙上数不胜数的缺口。围攻已经持续了50天。当苏丹得知一支援这座城市的基督教舰队可能很快到达的消息(此消息可能是编造的)时,遂加快了对君士坦丁堡的决定性攻击。克利托布鲁斯甚至模仿修昔底德历史著作中著名演说的风格,描写了穆罕默德向他的军队鼓舞士气时发表的演说;苏丹宣称:"要打胜这场战争,必须具备三个条件:必胜的信心,耻于失败的精神,和对指挥官的服从。"[218]最后总攻时间被定在5月29日夜晚。

东方基督教的古老首都,预见到自己将面临不可避免的毁灭。最后的攻击来临的前夜,陷于一片祈祷和悲哀哭泣。在皇帝的命

---

[217] 巴尔巴罗:《拜占庭与当代君士坦丁堡围攻记》,克奈特编,28。
[218] 克利托布鲁斯著作,I,50,2;米勒编,91。

令下,在"哦,主啊,怜悯我们吧!"的合唱声中,教职人员沿着城墙开始游行。人们互相鼓励要在战斗的最后一刻顽强地抵抗土耳其人。希腊历史学家普兰策[219]在其著作中引用了君士坦丁皇帝的长篇演说,在此演说中,君士坦丁激励人民勇敢抵抗,但他已经清楚地意识到他们的命运。他说道,土耳其人"依仗枪炮、骑兵、步兵和其数量上的优势,而我们,依仗的是上帝,我们的主和救世主的名,而且,还要靠我们的双手和借上帝之权威赐予我们的力量。"[220]君士坦丁如此结束他的演说:"我恳请并祈求你们的爱,并给予你们的指挥官以足够的尊重和服从;每一个人都要对得起他的军衔、他的军阶和他的军人身份。须知,如果你们真诚地履行我对你们的所有命令,我希望,借助上帝的帮助,我们将免于受到上帝正义的惩罚。"[221]在这一天夜里,人们在著名的圣索菲亚教堂举行了最后的祈祷仪式。英国历史学家 E.皮尔斯(E.Pears)基于拜占庭的资料,描绘了这次震撼人心的场面:

> 这天夜里,在圣智*教堂举行的最后的基督教圣礼是最伟大的且一定会在世界的历史场景中成为最不寻常的典礼……皇帝和那些能够暂离战场的指挥者出席了这一仪式,教堂再一次而且是最后一次挤满了基督徒。不需要用巨大的想象力去描述这个景象。教堂的内部极其美丽,这里曾是基

---

[219] 乔治·普兰策:《年代纪》,III,6;波恩版,271—279。
[220] 乔治·普兰策:《年代纪》,III,6;波恩版,273。
[221] 乔治·普兰策:《年代纪》,III,6;波恩版,278。
* 即圣索菲亚教堂。——译者

督教艺术诞生地,而且,仍然华美的陈列品更为它的美丽增添了色彩。牧首和红衣主教的神职人员队伍代表着东方和西方的教会;皇帝和贵族,曾经辉煌和勇敢的拜占庭特权阶层的最后的残余;教士和士兵混杂着在一起;君士坦丁堡市民,威尼斯人和热那亚人,所有出席者全都意识到了他们面临的危险,而且感觉到,与即将来临的危险相比,很多年来他们所致力于斗争的敌人是如此渺小而不值得他们去考虑。皇帝和他的追随者一起分享了"纯洁和神圣的祭礼",并向牧首告别。这次典礼实际是一次葬礼。帝国已经进入了它的弥留之际,而且,为它的灵魂之离去而举行的宗教仪式,在这所最美丽的教堂内并在它的最勇敢的皇帝面前完成是适当的。如果说布赖斯先生所描述的查理大帝的加冕典礼和一个帝国之诞生的典礼是历史上最生动最有活力的,那么在圣索菲亚教堂举行的最后一次基督教仪式则是最为悲壮的。[22]

弗兰策写道:"谁愿意描述在这所圣殿中所涌出的泪水和呻吟!即使是铁石心肠的人也忍不住会哭泣。"[23]

对君士坦丁堡的总攻开始于星期二的夜间,即5月28—29日的凌晨一、二点之间。发出进攻信号后,君士坦丁堡城同时受到三

---

[22] 《希腊帝国的瓦解和土耳其人占领君士坦丁堡的历史》(*The Destruction of the Greek Empire and the Story of the Capture of Constantinople by the Turks*,330—331)。一位研究皮尔斯上述著作的法国学者舒伦伯格在其《1453年君士坦丁堡被土耳其人围困和攻陷的历史》中的记载,见该书269—270。R.拜伦:《拜占庭的成就。历史的回顾,330—1453年》,295—298。

[23] 乔治·弗兰策:《年代纪》:波恩版,279。

个方面的进攻。前两次进攻被挫败。最后,穆罕默德组织了非常周密的第三次,也是最后一次进攻。土耳其人异常猛烈地攻击圣罗曼努斯门(St.Romanus,或 Pempton)的城墙,拜占庭皇帝即在此处迎敌。城市的主要防御者之一,热那亚人基斯蒂亚尼受了重伤,被迫放弃战斗;人们克服重重困难将他抬到船上并使之成功地离开了君士坦丁堡港口前往开俄斯岛。基斯蒂亚尼在该岛上或者就在途中死去。他的坟墓仍留在开俄斯岛上,但以前保存在这个要塞的圣多米尼克教堂内的拉丁文墓志铭显然佚失了。[24]

基斯蒂亚尼的撤离和去世对于被围困的人民来说是无法弥补的损失。城墙上越来越多的新缺口出现了。皇帝身先士卒地英勇战斗并在战斗中阵亡。但人们没有找到关于最后的拜占庭皇帝死亡时的准确记载;他的死因于是很快成为一个传说故事的主题,使历史真实无从考证。

君士坦丁皇帝死后,土耳其人冲进城市,进行了可怕的破坏。大量的希腊人跑到圣索菲亚教堂寻求庇护,希望在那里求得平安。但土耳其人破门而入,冲进教堂;他们不分性别和年龄,对藏在这里的希腊人进行屠杀和凌辱。首都被攻占的当天或次日,苏丹隆重地进入了被征服的君士坦丁堡并进入圣索菲亚大教堂,举行了一次穆斯林的宗教仪式。然后,穆罕默德在布莱舍奈皇宫内安置了他的住处。

---

[24] F.W.哈斯鲁克:"开俄斯岛的拉丁文遗址"("The Latin Monuments of Chios"),《雅典不列颠学院年报》,XVI(1909—1910),155 和图 18。该碑铭的文字在此期刊上可见。作者强调:"这是著名的乔瓦尼·基斯蒂亚尼的墓,他的受伤是君士坦丁堡灭亡的直接原因。"(155)。

第九章 拜占庭的灭亡

所有的资料都向人们揭示，土耳其人对君士坦丁堡城市的劫掠持续了三天，正如穆罕默德曾向他的士兵们所承诺的那样。城内的居民遭到无情屠杀。以圣索菲亚为首的所有教堂和修道院以及它们的全部财富被抢劫和玷辱；私人财产被劫掠。在这些灾难的日子里，数不胜数的文化资料遭到毁灭。许多书籍被焚烧或被撕成碎片，被践踏或出卖，以换取一些毫无用处的东西。据杜卡斯描述，大量书籍被装上马车并分散到各个不同的国家；大量的书本，如亚里士多德和柏拉图的作品，神学书籍和许多其他书籍只为了一个金币就被出卖；《福音书》封面上的精美金银装饰被扯下来，《福音书》则被卖掉或被抛弃；所有的圣像都被烧毁，土耳其人在火上烤肉吃。[25] 然而，一些学者，如 Th. 乌斯宾斯基认为："土耳其人在 1453 年的表现，比 1204 年夺取了君士坦丁堡的十字军更温和而人道。"[26]

一个颇为流行的基督教传说提到了土耳其人出现在圣索菲亚教堂的那一刻：一个圣餐仪式正在举行；当主持这个庄严圣餐仪式的教士看到穆斯林冲入教堂时，圣坛墙奇迹般地在他面前打开，他进入墙中消失了；故事还说，当君士坦丁堡再次交回到基督教徒手上时，这位教士会从墙中走出来并继续这个圣餐仪式。

大约在六十年前，当地的向导常向游客展示，在斯坦姆堡的一处偏僻地方，有一座据称是最后一位拜占庭皇帝的墓，在墓上面有

---

[25] 迈克尔·杜卡斯：《拜占庭史》，XLII；波恩版，312。

[26] "东方问题的起源和发展"（"The Start and Development of the Eastern Problem"），《斯拉夫慈善事业协会报》（*Transaction of the Slavonic Charitable Society*），III (1886)，251。

一个长燃的普通油灯。当然,这个无名的坟墓不是真正的君士坦丁皇帝之墓;他的埋葬地点是无人知道的。1895年,E.A.格罗斯沃诺(E.A.Grosvenor)写道:"今天,在斯坦姆堡的阿布·维发(Abou Vefa)区,可以看到一个低矮的无名墓冢,它被卑微的希腊人尊为君士坦丁的墓。胆小的祭祀者们将一些粗陋的祭品撒布在它的周围。在墓的周围,不分日夜都有燃烧着的蜡烛。直到八年以前,它还(尽管是秘密的)是一处经常的祈祷地。接着奥斯曼政府用严厉的惩罚进行干涉,于是,它自此几乎被荒废了。所有这些,只是会使那些笃信此事的人高兴的传说。"[27]

通常有个说法,在君士坦丁堡陷落后两天,一支西方的救援舰队抵达爱琴海,当他们了解到城市陷落的消息后立即返航了。根据一些新的证据,到目前为止,这个说法被否定了:根本就没有教宗,或者热那亚,或者阿拉贡的舰队去东方支援君士坦丁堡。[28]

1456年,穆罕默德从法兰克人手中夺取了雅典;[29]不久,整个希腊和伯罗奔尼撒半岛也归属于他。古代的巴特农神庙,即中世纪的圣母教堂在苏丹的命令下改为清真寺。1461年,遥远的特拉布松被移交给土耳其人,它曾经是一个独立帝国的首都。与此同时,他们占领了伊庇鲁斯王国的残余部分。正教的拜占庭帝国灭亡了,在它的遗址上,穆罕默德的奥斯曼帝国建立并发展起来。它

---

[27] 《君士坦丁堡》,I,47。

[28] G.B.皮科蒂(G.B.Picotti):"关于君士坦丁堡陷落之时教宗舰队东航问题"("Sulle navi papli in Oriente al tempo della caduta di Costantinopoli"),《威尼斯新档案》(*Nuovo Archivio Veneto*),N.S.XXII(1911),416、436。

[29] 这一时间是正确的。有时候,人们认为此事是在1458年发生的。亦见格雷戈罗维乌斯《中世纪雅典城史》,II,381。

的首都从亚得里亚堡迁到了君士坦丁堡,土耳其人称之为伊斯坦布尔(斯坦姆堡)。㉚

杜卡斯模仿尼西塔斯·阿科米那图斯在1204年君士坦丁堡被拉丁人洗劫后写作的《耶利米哀歌》的风格哀悼1453年的事件:

> 哦,都城,都城,众城之首!哦,都城,都城,世界四方的中心!哦,都城,都城,基督教徒的骄傲和野蛮人的毁灭!哦,都城,都城,西方的第二个伊甸园,各种植物都结满了累累的精神之果!去哪里会找到你的美丽,哦,伊甸园?去哪里会找到你神佑的精神力量和希腊的精神之体?去哪里会找到我主的使徒们的圣体?……去哪里会找到圣者的遗骨,还有殉教者?去哪里会找到君士坦丁大帝和其他帝王的遗体?……㉛

另一位同时代人波兰历史学家扬·德鲁戈兹(Jan Dlugosz)在他的《波兰史》中写道:

㉚ 阿拉伯地理学家、10世纪的阿尔-马苏第记载,在他的时代,希腊人称他们的首都为布林(Bulin,即希腊文 Polin),也称为 Istan-bulin(希腊文στὴν πόλιν,stinpolin,即进入城市),并不使用"君士坦丁堡"这一名称。见 G.勒斯特朗吉(G.LeStrange),《东方哈里发的土地》(*The Lands of the Eastern Caliphate*),138页注 A。安得烈德斯(Andreadès):"拜占庭皇帝统治时期君士坦丁堡的人口"("De la population de Constantinople sous les empereurs byzantins"),《统计》,I(1920),69页注2。因此,伊斯坦布尔(斯坦姆堡)其名的希腊文原意是"进入城市"(to the city)之意。

㉛ 《拜占庭史》,XLI;波恩版,306。见圣兰普罗斯在其关于君士坦丁堡之陷落的记载中收集的九篇不同形式的哀歌和悼文,其中六篇是以散文形式写的,三篇是以韵文形式写的,"关于君士坦丁堡陷落的哀歌和悼文"("*Μονῳδίαί καὶ θρῆνοι ἐπί τῆ ἀλώσει τῆς Κωνσταντινουπόλεως*"),《当代希腊研究杂志》,V(1908),190—269。

> 君士坦丁堡这一不幸又令人惋惜的失败是土耳其人的巨大胜利,希腊人的最大毁灭,拉丁人的耻辱;由于这一失败,罗马公教的信仰被损害,宗教思想混乱了,基督之名受到了辱骂和践踏。基督教的两只眼睛被挖出了一只,两只手臂被砍掉了一只。由于图书馆被焚毁,希腊文献的典籍遭到了破坏,而读不到希腊的典籍,任何人也不会成为博学的人。㉒

一位更遥远的格鲁吉亚编年史家虔诚地评述道:"那一天,当土耳其人占领君士坦丁堡时,太阳也失去了光辉。"㉓

君士坦丁堡的崩溃给西欧人留下了可怕的印象,他们最先想到的是土耳其人的继续进攻,都充满了沮丧之情。更重要的是,基督教的一个重要中心的毁灭,即使从大公教会的角度来看,认为希腊教会是宗教分裂者,也不能不引起西方虔诚的基督徒们的恐惧心理和试图补救这种状况的热情。当时教宗、各国君主、主教、诸侯和骑士们留下的许多书信和文献资料生动描绘了人们对这一事件的恐惧,他们还呼吁发动一次十字军去对付胜利的伊斯兰国家和它的代表者穆罕默德二世,这个"反基督教的先锋和第二个森那克里布(Sennacherib)"㉔。在许多信件中,人们把君士坦丁堡的毁灭视为一个文化中心的毁灭而悼念。在西方皇帝弗里德里希三世

㉒ 德鲁戈兹(Dlugosz)作品的拉丁文原文由 O.哈勒基(O.Halecki)发表于"波兰与拜占庭帝国"("La Pologne et l'Empire Byzantin")一文中,《拜占庭》(布鲁塞尔),VII(1932),65

㉓ M.布罗塞特(M.Brosset):《格鲁吉亚史》(Histoire de la Georgie),I,683。

㉔ G.沃格特:《埃尼亚·西尔维奥·皮科罗米尼》(Enea Silvio Piecolomini),II,95。

向教宗尼古拉五世的呼吁中,称君士坦丁堡的崩溃"是基督教信仰的全面灾难",并写道,君士坦丁堡是"文学和所有人文研究的真正殿堂[*velut domicilium proprium*]。"㉕红衣主教贝萨里翁悼念这座城市的崩溃时,称它是"最好的艺术殿堂"(*gymnasium optimarum artium*)。㉖ 著名的埃尼亚·西尔维奥·皮科罗米尼(Enea Silvio Piccolomini),即后来的教宗庇护二世,号召人们关注对拉丁人而言仍是一无所知的无数拜占庭书籍,他称土耳其人对这座城市的征服是荷马和柏拉图的第二次死亡。㉗ 一些作家称土耳其人为特洛伊人(Teucrians 或 Teucri),认为他们是古代特洛伊人的后裔,并警告欧洲,苏丹已经制订了进攻意大利的计划,意大利的"财富及其特洛伊祖先的坟墓"吸引着他。㉘ 一方面,15世纪50年代的各种书信都提到"苏丹,像背教者朱利安一样,最后将被迫承认基督的胜利";无疑地,基督教徒的强大足以对付土耳其人而不必有丝毫担忧;"基督徒将准备一次强大的远征"(*valida expeditio*)并且,他们将能够击败土耳其人并"将他们驱逐出欧洲"(*fugare extra Europam*)。但是,另一方面,一些书信中预感到即将到来的与土耳其人的斗争将会遇到的巨大困难和遇到这些困难的主要原因,将是基督徒内部的相互不合作,"这种现象将助长苏丹的气焰"。㉙埃尼亚·西尔维奥·皮科罗米尼在他的一封信中描述

㉕ 巴罗尼(Baronii):《基督教会年鉴》(*Annales ecclesiastici*),泰奈尔编,XXVIII,598。

㉖ 约尔加:《奥斯曼帝国史》,II,41。

㉗ 沃格特:《埃尼亚·西尔维奥·皮科罗米尼》,II,94。

㉘ 约尔加:《关于十字军历史的注释和摘要》,IV,74。

㉙ 约尔加:《关于十字军历史的注释和摘要》,IV,64、76、82、84、90。

了当时基督徒之间相互关系的非常真实生动的画像。他写道：

> 我并不指望事情发展会如我所愿。基督徒已经不再有领袖：无论是教宗还是皇帝都不能受到充分尊重和服从；他们被视为徒有虚名的偶像。每个城市都有自己的王；王公的数目如房屋一样多。一个人怎样才能说服众多的基督徒统治者拿起武器呢？看看基督教吧！你说意大利已被平定。我不知道达到什么程度。阿拉贡国王和热那亚人之间的战争仍然在继续。热那亚人将不会同土耳其人作战：据说他们还要向后者纳贡！威尼斯人已经和土耳其人缔结了和约。如果意大利人不参加，我们根本不能指望海战。在西班牙，正如你所知，有许多把握着不同权力、不同政策、不同意愿、不同思想的国王；但是这些居住在遥远西方的统治者不可能被吸引到东方，特别是他们正忙于对付格兰纳达的摩尔人之时。法国国王已经把他的敌人从其王国中驱逐出去；但他仍处于困难之中，因为害怕英格兰人会突然在法国登陆，他不敢派他的骑士走出王国的边界。而对于英格兰人而言，他们关注的仅仅是为自己被逐出法国而复仇。至于生活在世界尽头的苏格兰人，丹麦人，瑞典人和挪威人，除了他们的国家就无别的追求。德意志人更是分裂成数十处，根本无法使他们统一。[24]

不管是教宗和君主的呼吁，还是个人及团体的宗教冲动，或是在奥斯曼土耳其人的威胁面前而感受到的共同的危险，都不能使

---

[24] 沃格特：《埃尼亚·西尔维奥·皮科罗米尼》，II，118—119。

分裂的西欧为了同伊斯兰教作战而结合成一个整体。土耳其人继续向前推进,在17世纪末,他们甚至威胁到了维也纳。这是奥斯曼土耳其帝国力量的最高峰。后来他们被驱逐出了欧洲,但是君士坦丁堡,众所周知,甚至今天仍在土耳其人手中。

巴列奥洛格王朝统治下的教会问题

不管是从希腊东正教会和教宗权力之间的关系这一角度看,还是从帝国内部生活的宗教运动的方面来看,巴列奥洛格王朝时代的教会史都是很有趣的。与罗马教廷的关系是采取了争取与天主教会实现联合的形式,这种关系,除与里昂的联合有些特别外,是与不断增长的土耳其的危险紧密相关的。因为在拜占庭皇帝看来,土耳其人的危险只有在教宗和西欧君主们干涉的情况下才能被阻止。教宗对东部君主的提议十分赞同,但他的想法常常取决于西方的国际形势。

里昂联合。——13世纪下半叶的教宗们,在他们的东方政策中,不希望重复第四次十字军东征的历史,它没有解决希腊教派分裂这个非常重要的问题,而只是推迟了十字军去收复圣地的另一个重要问题。现在看来,教宗希望实现与希腊人的和平联盟,它将结束往日的分裂并为解放耶路撒冷打下基础。1261年,希腊人重新夺回君士坦丁堡对教宗来说是一个沉重的打击。教宗呼吁各个君主国,挽救拉丁人在东方所取得的成果。但是教宗的态度取决于意大利的事务:例如,教宗们不希望与他们憎恨的霍亨斯陶芬家族的曼弗雷德采取一致行动。然而,当曼弗雷德在南意大利的势力被安茹的查理(他受教宗邀请而来)所摧毁时,查理对拜占庭的侵略政策却对教宗十分不利。教宗们意识到,查理将会由于征服拜占庭而权力大增,这对于教宗世界地位的影响,不亚于霍亨斯陶芬家族对于拜占庭的政策的左右摇摆而带来的危险。因此,有意思的是,在迈克尔·巴列奥洛格统治时期,拜占庭与教宗在里昂达成的首次联合协议并非迫于东方土耳其人的压力,而是在安茹的查理之侵略政策的威胁下实现的。

自从科穆宁王朝掌权以来,东方帝国皇帝对教会联合的态度已经大大改变了。在科穆宁王朝统治时期,尤其是在曼纽尔时代,皇帝寻求联合不仅仅是出于外部土耳其威胁的压力,而且也希望(这仅仅是一种错觉),能够在教宗的帮助下获得影响西方世界的至高无上的权力,也就是说,恢复以前的罗马帝国。这种渴望与教宗们在西方世界获得最高世俗权力的相似欲望相抵触,因此没有形成联合。但是,当巴列奥洛格王朝的第一位君主进行联合谈判时,就有了更合时宜的理由。他并不是想在西方扩张拜占庭帝国,而是想在教宗的帮助下,对付西方的一位强有力且颇具威胁力的安茹家族的人物查理。罗马教廷赞同他的提议,因为他们意识到拜占庭教会对罗马的屈从也将带来政治上的屈服,甚至可能防止西西里的危险。但这样一来,就可能加强教宗的世俗权力,因而遭到了西欧统治者的明确反对。而当东方帝国的皇帝赴罗马教会与之谈判后回国之时,也遭到了希腊教职人员的坚决抵制,这些僧侣中的绝大多数,一直保持着对希腊正教的忠诚。历史学家诺尔顿说,教宗格列高利十世"用神圣的原则影响了西西里国王;巴列奥洛格皇帝则用政治原则影响了高级教士"[21]。

---

[21] 诺登:《教宗统治与拜占庭》,595。

第九章 拜占庭的灭亡

希腊教会的著名代表之一，即后来担任了牧首的约翰·贝库斯（Beccus 或作 Veccus），曾被格雷戈拉斯称为"一个聪明的人，雄辩和理性的主人"[22]，却因反对联合而被囚禁。在被拘禁期间，他又成了一名东西方教会合并的拥护者和皇帝同罗马教廷和解计划的积极支持者，这对于迈克尔的目标来说是很重要的事件。

1274 年在法国城市里昂召开了关于教会联合的宗教会议。迈克尔派去了由前任牧首哲尔曼努斯和历史学家、高级行政官员、皇帝的朋友乔治·阿克罗波利塔率领的正式使团。托马斯·阿奎那中世纪天主教学术的最著名人物，本应当代表罗马在大会中起领导作用，但他却死于前往里昂的途中。他的位置由同样出名的红衣主教波纳文图拉所代替。一位蒙古主教也参加了此次会议。[23] 16 世纪《圣者波纳文图拉之生活》一书的作者彼得鲁斯·迦勒西尼乌斯（Petrus Galesinius 或 Pietro Galesino），还有 15 世纪和 16 世纪的其他一些作者都断言，在教宗邀请下，拜占庭皇帝迈克尔·巴列奥洛格亲自前往里昂出席了会议。但 17 世纪利奥·阿拉提乌斯（Leo Allatius）发现并驳斥了这种错误。[24]

---

[22] 《历史》，V，2、5；波恩版，I，128。

[23] L. 布瓦（L. Bouvat）：《蒙古帝国》（*L'Empire Mongol*），I。

[24] 关于迈克尔西行里昂的情况，见君士坦丁堡教父狄奥多勒·斯潘都吉诺（Theodore Spandugino，1538 年后去世）所著《奥斯曼帝国的起源》（*De la origine deli imperatori Ottomani*），收于萨塔斯《中世纪希腊文献目录》，IX，143。亦见《卡斯帕罗·颇赛罗出版和传播的嘉里永编年史》（*Chronicon Carionis a Casparo Peucero expositi et aucti*），V，part 3，874—875。还有这部编年史的其他一些古本。如弗拉维乌斯·布隆都斯（比昂多）的抄本，他死于 1463 年。关于人们对这一记叙的反驳，见利奥·阿拉提乌斯《关于东西方教会的永久和解》（"De ecclesiae occidentalis atque orientalis perpetua consensione"），II，chap.15，753。阿拉提乌斯在此提到了其他一些名字。

里昂联合谈判的前提是,皇帝需承认 filioque(和子句)、azyme*(无酵面包)和罗马教宗至高无上的权威。乔治·阿克罗波利塔以迈克尔的名义宣誓遵守这些条款。㉕迈克尔也向教宗表示他愿意为了圣地的解放以军队、金钱和补给来支持拟议中的联合十字军,但他要求必须同安茹的查理缔结和平,因为只有这样,皇帝才可能倾其军力去东方战场,而不必担心来自西方的攻击。㉖缔约的任何一方都对联合的结果不满意。正如人们所预料到的,迈克尔在大多数希腊教士当中遇到了顽强的对抗,且在色萨利举行了针对迈克尔·巴列奥洛格和约翰·贝库

---

* 这是东西方教会在教义上分歧的敏感之处。flioque 是拉丁文"和子"之意,即在阐述圣三位一体关系时,强调圣灵(圣言)来自于"父与子",而在东派教会中,只强调圣灵来自于"父";另一个词 azyme,是西方基督教会圣餐礼上使用的圣体饼,无醇,而东派教会中直到当代仍在圣餐仪式上使用发过酵的面包。——译者

㉕ 见 F.沃内特(F.Vernet)写的一篇很有意思的文章中引用的关于乔治代表皇帝迈克尔·巴列奥洛格表达信仰过程的描写,"第二次里昂全基督教主教公会议,1274 年 5 月 7 日—6 月 17 日"("Le IIe concile de Lyon et la réunion de l'église grecque"),《天主教神学辞典》,IX,1384—1386;亦见 V.格鲁梅尔"第二次里昂全基督教主教公会议,与希腊教会的联合",上引辞典,1391—1410。两篇文章都提供了关于里昂联合会议的资料。亦见诺登《教宗统治与拜占庭》,520—615。

㉖ 关于里昂的联合,有一部古老的俄罗斯作品,记载准确,但却完全站在希腊正教的立场上。此即弗拉基米尔·尼科尔斯基(Vladimir Nikolsky):"里昂联合。中世纪基督教会史上的一个片断(1261—1293 年)"("The Union of Lyons .An Episode from Medieval Church History"),《东正教评注》(*Pravoslavonoe Obozrenie*),XXIII(1867),5—23,116—144、352—378;XXIV(1867),11—33。根据尼科尔斯基的判断,"这次联合是一副沉重的担子,是迈克尔心中的耻辱。自然,这次联合失败了,给它的构建者带来了羞辱,留给后人一堆破烂垃圾——这是迈克尔的继承者们必须承受和解决的"(XXIII,377—378)。

斯的反联合会议。[20] 十字军远征的设想也使皇帝心焦,第四次十字军的教训还历历在目。还有另外一个困难,就是迈克尔·巴列奥洛格与叙利亚的拉丁人所公开宣称的敌人——埃及的苏丹关系很好。

为了加强联合,从1274年到1280年,有五位教宗的大使到过君士坦丁堡。[24] 但在1281年,安茹的查理安置在宝座上的新教宗、法国人马丁四世破坏了联盟,并完全支持查理对拜占庭的侵略计划。然而,迈克尔直到其去世的那一天都束缚于里昂联盟。

阿瑟尼乌斯派(Arsenites)。——除了联盟问题之外,迈克尔统治时期的拜占庭还困扰于宗教-政治党派的斗争,其中最重要的派别即所谓的阿瑟尼乌斯派。

从12世纪初,在拜占庭教会里出现了两个互不妥协的派别,他们为了争夺教会的管理权及其影响而争斗不休。这两个派别,一方在拜占庭的文献里被称为"狂热派"(ζηλωται);另一方被称为"政治派"(πολιτικοί)或"稳健派",[249] 教会史家A.列别德夫以

---

[20] V.格鲁美尔(V.Grumel):"第二次里昂会议之后的东方"("En Orient après le IIe concile de Lyon"),《东方之声》,XXIV(1925),321—322。见G.茹亚尔"迈克尔八世巴列奥洛格对修道士的政策"("La Politique de Michael VIII Paleologue a l'égard des monastères"),《拜占庭研究》,I(1944),73—84。迈克尔八世和阿索斯山的僧侣们。

[24] V.格鲁美尔:"第二次里昂联合后来到拜占庭的教宗使节(1274—1280年)"("Les Ambassades pontificales à Byzance après le IIe concile de Lyon"),《东方之声》,XXIII(1924),446—447。在这篇文章中,纠正了W.诺登的编年史的一些错误。见M.维勒(M.Viller)"从里昂会议到佛罗伦萨会议期间(1274—1438年)希腊与拉丁教会联合的若干问题"("La Question de l'union des eglises entres Grecs et Latins depuis le concile de Lyon jusqu'a celui de Florence"),《基督教会史杂志》,XVI(1921),261。

[249] 尼斯福鲁斯·格雷戈拉斯:《历史》,VI,1,7;波恩版,I,165。乔治·帕希梅利斯:《安德罗尼卡·巴列奥洛格》,IV,12;波恩版,I,280。

"'机会主义者'(opportunists)这一当代法国议会术语"[24]来称呼这个派别。

所谓的"狂热派",是教会自由和独立的支持者,反对国家干涉教会事务,因而不断与皇帝发生冲突。在这方面,"狂热派"的思想与著名的狄奥多勒·斯图迪昂(Theodore of Studion)的思想颇为相似,后者在9世纪曾经公开演讲和著述,反对国家干涉教会事务。狂热派不愿意向皇权让步;他们希望皇帝服从严格的教规,并不惧怕他们的思想会导致与国家和社会的任何冲突。他们在不同时期都卷入了政治纠纷和动乱,所以他们被认为既是教会派别也是政治派别。他们受教育程度很差,知识贫乏,也不重视受过教育的修士们,但他们忠诚地遵守严格的道德规范和苦行主义的规则。在他们与其对手的斗争中,经常得到修士的支持;在他们成功的时刻,则为修士们打开了通向权力和社会活动的道路。当时的一位历史学家格雷戈拉斯注意到一个主教"甚至不能正确地阅读"[25]。当这位历史学家谈到一个狂热派成员成为主教时多数修道士的反应时,他写道:"看来,对那些恶毒的修士来说,这是在暴风雨之后的平静,严冬过后的春天。"[26]狂热派是东方正教原则的狂热支持者,顽固地反对迈克尔联合的倾向,他们在大多数民众中产生了很大影响。

"政治派"或称"稳健派"是直接反对狂热派的。他们坚持由国家支持教会,主张国家和教会协调合作,因此他们不反对国家对教

---

[24] 《拜占庭东方教会历史论文集》(第2版,1902年),266—297。
[25] 《历史》,VIII,12,1;波恩版,I,360。
[26] 《历史》,VI,7,4;波恩版,I,193。

第九章 拜占庭的灭亡

会施加影响。他们相信,一个有无限权力的强大的世俗政权对于一个国家的强盛是必须的,因此他们愿意对皇权做出重大让步。他们实行所谓的"系统"理论,强调教会在与国家的关系中应当调整自身以适应环境;政治派成员通常参照使徒和圣父的生活来证明这一理论。由于意识到了教育的重要性,他们努力派遣有识之士担当教会职务。他们给予严格的道德教条以十分自由的解释,且对于严酷的苦修缺乏热情。政治派不仅在修士当中,而且也在世俗教士和知识分子阶层中寻求支持。

本质上,两派的活动极为不同。俄国教会史家 A.列别德夫说:"当政治派在教会这个舞台上表演时,他们稳健地实施他们的理论,带来暂时的平静;相反,当狂热派统治国家时,他们依赖的是修道士,甚至在某种程度上是没有文化的群氓,这类在拜占庭社会中极其多变的因素,总是吵吵闹闹,通常特别激烈,有时甚至带有煽动性。"㉓大多数政治派赞成里昂联盟,支持迈克尔·巴列奥洛格的宗教政策。

一些学者把狂热派和政治派之间斗争的起源追溯到破坏圣像运动时期和 9 世纪伊格那修斯和佛提乌之间的争论,当然,这种斗争深入到了民众之中,并因此而激起极大的不安。有时,它甚至导致家庭的分裂。当时一位历史学家说:"教会分裂已经达到这样一种状态,即居住在同一屋檐下的家庭成员间也发生了分裂:父亲和儿子对立,母亲和女儿对立,儿媳和婆母对立。"㉔

㉓ 《拜占庭东方教会历史论文集》,298。
㉔ 乔治·帕希梅利斯:《迈克尔·巴列奥洛格》,IV,28;波恩版,I,314。

在迈克尔·巴列奥洛格统治下,狂热派(或者,像在13世纪末和14世纪初,他们有时被称为阿瑟尼乌斯派)的行动极为激烈。阿瑟尼乌斯派这一名词来自于君士坦丁堡牧首阿瑟尼乌斯(Arsenius)的名字,他两次登上牧首的宝座,第一次在尼西亚,第二次在帝国重建后的君士坦丁堡。作为一个几乎没有什么学识的人,阿瑟尼乌斯竟然被尼西亚皇帝狄奥多勒二世拉斯卡利斯选为牧首,这位皇帝希望,通过提升这个没有什么实际能力的阿瑟尼乌斯,会使之仅仅成为自己手中的一个工具。但是,狄奥多勒的愿望没有实现。在阿瑟尼乌斯任期,他同皇帝发生了激烈的冲突,由此导致了阿瑟尼乌斯派的形成,并从此扰乱了希腊教会几十年。阿瑟尼乌斯毫不犹豫地革除了迈克尔·巴列奥洛格的教籍,因后者违背了自己的誓言,废黜了尼西亚帝国的最后一个皇帝即不幸的约翰·拉斯卡利斯,并弄瞎了他的眼睛。被激怒的皇帝废黜了阿瑟尼乌斯并将其流放,最后他死在流放地。阿瑟尼乌斯认为,他的被革职和君士坦丁堡新主教的任命是非法的,这将导致教会的毁灭。阿瑟尼乌斯的理念唤醒了人民,神职人员和群众中形成了许多派别集团。最终形成了"阿瑟尼乌斯"教派。他们选用了使徒保罗说过的一句话作为格言:"不可拿……不可摸"(《歌罗西书》2:21),也就是不要接触那些阿瑟尼乌斯曾谴责的东西。正教的热切的监护人阿瑟尼乌斯派与狂热派的区别仅仅在于他们对于阿瑟尼乌斯牧首的态度。

阿瑟尼乌斯派赢得了人民强有力的支持。他们向各地民众派出了秘密使者、朝圣者和云游者,深入许多家庭,播下教派分裂的种子。他们被人民称为"虔诚者",而历史学家帕希梅利斯

(Pachymeres)则称他们为"穿粗麻布衣者"(σακκοφόροι)。㉕ 俄罗斯教会史家J.E.特罗斯基(J.E.Troizky)是这样描述的：

在拜占庭帝国，存在这样一种秘密的、不被承认的势力。这是一股奇怪的势力。它没有名称，只有在紧急情况下才显现出来。它是错综复杂，令人难解的，它的起源和特点亦不清楚。它的组织成分异常繁杂。其成员中有乞丐、"穿粗布麻衣者、朝圣者、呆子、身份低贱的流浪汉、疯子和其他邋里邋遢的人"——他们不知道自己来自何处，且居无定所。由于多种原因，许多失宠的贵族、被免职的主教、被革除教权的神父、被修道院驱逐的修士，有时，甚至还有那些不被人们尊敬的皇家成员也加入他们的群体。这个派别的起源和结构决定了它的精神。因为他们的特殊社会地位，它只能秘密地，通常是消极地、但却是有效地反抗他们所生存的环境和造成这种环境的权力，即皇帝的权力。这种反抗通常是通过统治机构中那些或多或少对他们抱有同情心的人传播流言的方式表达出来。这派政治势力很少公开冒险以激起政治惩罚，但它对统治机构的影响通常都很大，对于它，统治机构有着多方面的担心，一方面，这种秘密的行动很难追查，另一方面，它对社会组织产生了重大的影响。因为痛苦、沮丧、愚昧的人民很容易受骗和迷信，在外部敌人和国家官员的压力下，他们担负着过高的赋税，受着特权阶级和外国商业垄断者的压榨——人民很容

㉕ 乔治·帕希梅利斯：《迈克尔·巴列奥洛格》，IV，2；波恩版，I，277。

易受一些来自社会偏僻角落中那些秘密势力的代表的暗示。更重要的是,这种在人民中间形成并一同遭受了人民生活苦难的势力,保留着在决定性的时刻发泄他们之怨愤的秘密。首都的人民特别受到这些暗示的影响。……这种力量在反对国家政权的行动中,往往使用不同的口号;但是一旦它的旗帜上附有这个有魔力的单词"Orthodoxy"(正教派)时,它的反对行动对国家首脑就具有特别的危险性。[29]

在迈克尔·巴列奥洛格统治时期,被刺瞎双目并遭到废黜的前皇帝约翰·拉斯卡利斯的一派人加入了阿瑟尼乌斯派。

迈克尔·巴列奥洛格政权采取了严厉的镇压措施,阿瑟尼乌斯派被迫逃离了其活动的中心、首都君士坦丁堡。于是,帝国各行省成为他们公开宣传的场所,成帮结伙的行省人民聚集起来倾听这伙人的煽动性演讲,谴责皇帝和赞扬被废牧首。阿瑟尼乌斯的死并没有结束这个分裂的教派,斗争仍在继续。正如J.特罗斯基所说,在迈克尔统治下的教派斗争,"以其斗争的狂热活力和无所顾忌,使我们回忆起在4、5、6世纪中与异端斗争的最激烈时代"[30]。

里昂的教会联合在许多方面改变了阿瑟尼乌斯派的地位。联

---

[29] 《阿瑟尼乌斯与阿瑟尼乌斯派》(*Arsenius and the Arsenites*),99—101。亦见I.西库特赖斯(I.Sykutres)"论阿瑟尼乌斯派分裂运动"("Περὶ τὸ σχίσμα τῶν Ἀρσενιτῶν"),《希腊人》(*Ελληνικά*),II(1929),267—332;III(1930),15—44。作者说,俄罗斯神学家伊凡·特罗斯基的理论是他最难以接受的(II,269)。

[30] 特罗斯基:《阿瑟尼乌斯与阿瑟尼乌斯派》,178。

第九章 拜占庭的灭亡

合的问题引起了更广泛的关注,因为它涉及了希腊教会的基础——正统教会。于是,带有狭隘利益和偏激思想的阿瑟尼乌斯派问题暂时被推至幕后。国家和人民的注意力几乎完全转向了东西方教会联合的问题。这一事实解释了为什么从里昂联合到迈克尔八世之死这段时间内,有关阿瑟尼乌斯派活动资料几乎阙如。但在1278年却有一个相当模糊的暗示,此即,这一年在色萨利或伊庇鲁斯举行了阿瑟尼乌斯派的宗教会议;它的主要目标是争取阿瑟尼乌斯事业的成功并弘扬阿瑟尼乌斯的名誉。㉘

迈克尔感觉到阿瑟尼乌斯派这个顽固的对手在公开或秘密地反对他的联合计划,因此在他统治的最后几年行事十分残忍。

迈克尔皇帝面对的有关帝国教会生活的两个困难的问题:联合问题和阿瑟尼乌斯派与官方教会之间的斗争问题,同样留给了其继承者即他的儿子安德罗尼卡二世。首先,新皇帝庄严地否认了联合,并恢复了正教。当时的一位历史学家写道:"公使们带着皇帝的诏令被派往各处,诏令中宣布教会的动乱已经结束,那些因对宗教事务的热情而被流放的人都可以自由返回。那些受到其他方式惩罚的人得到了赦免。"㉙这一措施的推行并没有太多的困难,因为大多数东派教会修士和民众都反对与罗马教会的联合。里昂联盟在形式上只持续了八年(1274—1282年)。

放弃联合意味着狂热派和阿瑟尼乌斯派的理念的胜利。他们是教会联合确定无疑的敌人,坚定的"正教徒"和一切"拉丁"事物

㉘ 格鲁美尔:"第二次里昂会议之后的东方",《东方之声》,XXIV(1923),234—235。

㉙ 尼斯福鲁斯·格雷戈拉斯:《历史》,VI,1,2;波恩版,I,160。

的顽固对手。但是阿瑟尼乌斯派并没有满足于此,而是同拉斯卡利斯一起策划了一起针对皇帝的政治阴谋。他们希望,万一成功的话,他们可以取得在国家中的绝对影响力。但是阴谋被及时揭露而失败。此后,阿瑟尼乌斯教派活动渐止,一直到长者安德罗尼卡统治结束。虽然阿瑟尼乌斯派给这位皇帝带来了许多麻烦,但皇帝还是同意了阿瑟尼乌斯派与教会正式和解。达成和解后,一些分裂的阿瑟尼乌斯派"从联盟中退出,又开始恢复到了分离状态";[59]但J.特罗斯基说,这是"这个过时的运动灭亡之前的回光返照,在当时处处得不到支持,不久就连同它的最后一批追随者一起消失了,一丝痕迹都没有留下,内政和教会中开始出现一些新问题"[60]。

到13世纪末,由于放弃了联合和国家恢复正教政策的胜利,以修道士和修道思想为基础的狂热派的势力大大增强。他们在14世纪特别活跃,不再局限于教会内部的问题,而且扩展到了政治和社会运动中。例如,狂热派积极参与了14世纪萨洛尼卡市民争取实现一些还没有明确政治目标的内乱;他们还支持皇帝约翰五世巴列奥洛格反对坎塔库津,约尔加因而称狂热派为"正统主义者"[61]。最近,罗马尼亚学者塔弗拉里(Tafrali)依据著名的拜占庭神秘主义者尼古拉·卡巴西拉斯(Nicholas Cabasilas)的一份没

---

[59] 尼斯福鲁斯·格雷戈拉斯:《历史》,VII,9,4;波恩版,I,262。
[60] 《阿瑟尼乌斯和阿瑟尼乌斯派》,445。
[61] "东方的拉丁人与希腊人",《拜占庭杂志》,XV(1906),185。本章随后将讨论萨洛尼卡的骚乱。

有公之于众的演说词,对狂热派的政治观点进行了初步分析。㉓

14世纪前半期,狂热派和修士们逐渐取得了对于世俗教士们的优势。在所谓的"静修派"(Hesychast)论战时期,因阿索斯山的修道士担任了君士坦丁堡牧首而使这一狂热派运动达到了完全的胜利。这一时期结束了从政府官员和世俗神职人员中选举主教的历史。"此后,教会的最高职位完全由修道士所占据,君士坦丁堡的牧首位由阿索斯山的修士代表担任。"㉔

在长者安德罗尼卡二世统治时期,阿索斯山的管理发生了重要变化。早在11世纪末期,阿列克修斯·科穆宁曾经试图使阿索斯山独立于一切教俗权力之外,只服从于皇帝的控制。由他指定阿索斯山修道院院长(Igumens)联合管委会的长老(*protos*),委任他管理所有的修道院。但长者安德罗尼卡时期放弃了对阿索斯山的直接权力,将这些修道院交由君士坦丁堡牧首管理,由牧首授予联合管委会长老的头衔。在皇帝的《黄金诏书》中,阿索斯山,"第二个伊甸园,星光照耀的天堂,所有美德的集中地"的管委会长老将处于"牧首的伟大精神力量的控制之下"㉕。

长者安德罗尼卡时期,拜占庭发生了其历史上最后一次重要的宗教改革。由于帝国领土范围的萎缩,皇帝对主教辖区进行了重新分配。13世纪末,拜占庭的教区保持着与据称是智者利奥在

㉓ 《14世纪萨洛尼卡的兴起》,225—272。
㉔ 特罗斯基:《阿瑟尼乌斯和阿瑟尼乌斯派》,522。
㉕ P.乌斯宾斯基:《基督教的东方》,III(2),140、141、144、633、651。P.梅耶:《关于阿索斯山历史上首领的任命》(*Die Haupturkunden für die Geschichte der Athosklöster*),191、193。

公元900年前后所做的划分大体一致的格局,尽管在科穆宁和安吉列统治时期有一些变化。但是13世纪时,情况已经完全改变了。帝国的领土大大减少:小亚几乎完全失去了;在欧洲,斯拉夫和拉丁国家占据了以前属于帝国的大部分领土。然而长者安德罗尼卡所圈定的,"由神佑城市君士坦丁堡的使徒及牧首统辖的都主教区的名单"[58],完全无视帝国领土的现状:列出了处于外国人统治下的城市和地区,但它们在宗教方面仍从属于君士坦丁堡牧首。人们可能会注意到在这一名单上所标明的几个最远点,即设在高加索地区、克里米亚、俄国、加利西亚和立陶宛等地的都主教区。在长者安德罗尼卡时期,主教教区的划分也是很重要的,因为后来虽然发生了一些变化,但它在君士坦丁堡仍然是有效的。一位研究东正教的俄国专家J.索克洛夫(Sokolov)写道:"目前实施的这份全基督教主教区的列表,可以上溯到古代,其中一部分毫无疑问是从拜占庭时期直接传续下来的。"[59]

静修派运动。——14世纪前半期,拜占庭出现了神秘主义的宗教派别静修派(Hesychast),引起激烈的辩论。静修派(希腊语 $\acute{\eta}\sigma\upsilon\chi\alpha\sigma\tau\alpha\acute{\iota}$),即"那些过着平静生活的人",或称隐士,用于称呼那些全身心地实现与上帝"融为一体"为目标的人。他们选择与世界完全隔离作为唯一的生活方式。hesychia($\acute{\eta}\sigma\upsilon\chi\acute{\iota}\alpha$)意为"缄默

---

[58] 格尔泽:《未经印刷出版的都主教名册文献。拜占庭教会及其管理问题研究》(*Ungedruckte und ungenügend veröffentlichte Texte der Notitae Episcopatuum.Ein Beitrag zur byzantinischen Kirchen-und Verwaltungsgeschichte*),595、597、599—600、605。

[59] 《当代君士坦丁堡教会的教区》(*The Eparchies of the Constantinopolitan Church of the Present Time*),66。

的,无语的。"

关于静修派的争论严重搅乱了帝国的内部生活,它出现在帝国正在为生存而斗争这一动乱和复杂的时期。首先是反对土耳其人与塞尔维亚人的入侵,随后是两安德罗尼卡祖孙之间,以及约翰·巴列奥洛格和约翰·坎塔库津之间尖锐对立和冲突而导致的严重内乱。而这时,曾严重影响了教会和国家事务的阿瑟尼乌斯教派才刚刚消失了很短一段时间。

关于静修派的争论起因于南意大利(卡拉布里亚)的希腊修士巴尔拉姆。他歪曲和嘲笑了主要流行于阿索斯山修道院的静修派教义,一位没有受过教育的拜占庭修士与他进行的交流使他错误地理解了它的教义。在一份呈送给牧首的报告中,有这样的几行:"直到最近一段时间以前,我们还生活在和平与寂静中,以朴实的信赖和诚恳态度接受了信仰和虔诚这两个单词,这时,因为魔鬼的忌妒和他自己的傲慢,这个巴尔拉姆跳出来反对静修派,而静修派成员却以以其返璞归真之心,过着纯洁的、接近上帝的生活。"⑱这样,一向以正教意识形态和修道主义卫士著称的阿索斯山卷入了这一争论。当然,阿索斯山在这一争论的发展和最后结局方面起到了领导作用。

学者们认为这次争论是14世纪非常重要的事件。德国的拜

---

⑱ Th.乌斯宾斯基:《拜占庭文明史论集》,327。关于静修派最好的文献记载,见修士瓦西里耶(Vasiliy,即 Krivoshein)"阿瑟尼乌斯派和圣格雷格利乌斯·帕拉玛斯的神学教义"("The Ascetic and Theological Doctrine of St.Gregorius Patamas"),《康达可夫学术讲座》,VIII(1936),99—151。以及阿齐曼德立特·塞浦利亚(Archimandrite Cyprian):"圣格雷格利乌斯·帕拉玛斯的人学"("The Anthropology of Saint Gregory Palamas")(巴黎,第2版,1951年)。

占庭学者格尔泽相当夸张地说,这一宗教斗争"从历史文化角度看,属于所有时代最著名和最主要的事件"[269]。另一个学者,对于这个问题的最新研究者,曾在俄国接受教育的希腊人帕帕米凯尔(Papamichael)认为,静修派运动是当代最重要的文化现象,值得专门研究。[270] 学者们对于静修派运动的内涵意见不一。特罗斯基认为这是狂热派与政治派之间斗争的继续,[271]或者换句话说,是隐修士和世俗教士之间斗争的继续,在此期间,这场斗争是以修道士的完全胜利而告终的。Th.乌斯宾斯基的结论则是,静修派争论是两个哲学流派之间的斗争,此即,是已经被东部正教会所接受的亚里士多德派哲学理论与受到教会强烈谴责的另一个哲学派别柏拉图学派的斗争。后来,这场争论便转入神学领域。在这场同西方的冲突中,静修派理论的代言人所代表的不仅仅是希腊的民族思想,而且,更重要的是他们代表了以阿索斯为中心的修道士运动,并得到了阿索斯和依附于圣山的巴尔干半岛上的修道院的支持。[272] 近期对这一问题进行了研究的帕帕米凯尔(他的著作于1911年出版)并没有否认修道士(狂热派)同政治派之间的斗争,同时,在这场运动中,一些哲学派别的斗争也是次要的因素。但是他认为对静修派争论的最好的解释主要仍然是纯宗教性质的。一

---

[269] 格尔泽:《拜占庭帝国史概要》,1058。

[270] G.帕帕米凯尔(G.Papamichael):《萨洛尼卡大主教圣者格雷格利乌斯·帕拉玛斯》(Ο ἅγιος Γρηγόριος Παλαμᾶς ἀρχιεπίσκοπος Θεσσαλονίκης),14—15。见 J.索克洛夫在《公众教育部杂志》,N.S.XLIV(1913),381 中对此书的详细分析。对于格雷格利乌斯·帕拉玛斯和"帕拉玛斯争端"的十分细致的研究,见 M.朱吉(M.Jugie)的文章"帕拉玛斯与帕拉玛斯争端",《天主教神学辞典》,XI(2),1755—1818。

[271] 特罗斯基:《阿瑟尼乌斯与阿瑟尼乌斯派》,521。

[272] Th.乌斯宾斯基:《拜占庭文明史论集》,273、364、366。

第九章 拜占庭的灭亡

方面,由于当时不仅在西方而且在东方,尤其是在阿索斯山盛行强烈的神秘主义;另一方面,由于西方的希腊修道士巴尔拉姆企图通过合乎理性的讽刺性的打击,使东正教的拜占庭教会拉丁化,从而动摇了拜占庭修道主义的权威。㉓

巴尔拉姆是否改宗拉丁派信仰,目前还没有被充分证明。撇开这个不谈,虽然静修派运动最初是宗教性的,但是在与西欧和东欧流行的神秘主义以及意大利文艺复兴时期的一些文化现象联系起来后,就变得十分有趣了。对于静修派运动的研究有待于未来。

14世纪静修派最重要代表人物、把静修派教义最完美地简化为一个理论体系的人,是萨洛尼卡主教格雷格利乌斯·帕拉玛斯。他受过良好教育,是一个很有能力的作者,是巴尔拉姆的死敌和以他的名字命名的帕拉玛斯派的首领。同时,也有其他一些静修士在解释和说明静修派的教义,特别是一个拜占庭神秘主义者尼古拉斯·卡巴西拉斯(Nicholas Cabasilas),不幸的是他不太为人所知,但他的思想和著作都值得仔细研究。

依据上述帕帕米凯尔的著作和由J.索克洛夫评论的说法,静修士们全身心地投入了对神学的理解和研究,并千方百计、不遗余力地试图达到同上帝结为一体的目标。他们远离"整个世界和所有能使他们记起这个世界的东西","通过专心致志和集中思想的方式"自我隔离。为此,静修士们必须排除他们自己所有的想象、概念、思想和一切知识,以保证自己能够完全独立地飞升,自由地

㉓ 帕帕米凯尔:《萨洛尼卡主教圣格雷格利乌斯·帕拉玛斯》,18。见J.索克洛夫发于《公众教育部杂志》上的文章,N.S.XLIV(1913),382。

和更加容易地融进真正无知的神秘主义黑暗中。一个最理想的静修士所做的最崇高、最真诚、最完美的祈祷是与上帝最直接的交流，在这种交流中，不存在观念、思想，没有现在，亦没有过去的记忆。这是最崇高的祈祷——祈祷上帝本体，这是一种完美的灵魂超脱肉体、摆脱一切俗务的状态。再没有比这样的祷告更完美更崇高的思想境界了。它是一种"入静"的状态，是同上帝的一种神秘结合，使自己神化（apotheosis；ή θέωσις）。在这种状态下，精神完全超越物质的界限，摆脱了一切意念，完全漠视外界的感觉，乃至于视而不见，听而不闻。静修士不仅与外界感观刺激完全隔绝，而且超越了自我，失去自我意识，完全沉浸在对上帝的默祷中。达到这种出神入化境界的人就不再作为个人而存在；他的精神和肉体的生活停止了，他的思想静止了，只依附于默祷。静修派的基础和核心就是对上帝的出自灵魂、心智和意念深处的热爱，通过对万物，尽管是渺小和遥远的，但仍可能使他们回忆起世界和世界的含义的一切东西的自我克制，渴望达到对神圣的体验。静修士通过绝对的独处和沉默，通过"内心的思考"和思想的禁锢、持续的忏悔、无数的眼泪、对上帝和死亡的回忆以及不断在内心重复默祷"上帝耶稣基督，请对我施以仁慈，噢，上帝之子，帮助我"来达到他们的目标。这种祈祷精神的结果是达到有福祉的谦卑。后来，这一神秘的静修派的教义更加系统化，尤其是在阿索斯山的修士当中，在那里，人们通向达到更加完美的"静修"状态有好几个阶段，由明确的"计划"和"阶梯"组成，例如其中之一就是"无言的四个层次"：初始、进阶、成功和完美。很少有人成为完美者，即达到静修

第九章 拜占庭的灭亡

者的最高阶段:"入静"。苦行主义者的绝大多数仅仅达到第一阶段。[24]

静修派运动的领导者是萨洛尼卡的主教格雷格利乌斯·帕拉玛斯。在安德罗尼卡二世的保护下,他曾在君士坦丁堡接受了全面的教育;从年轻时起,他就致力于研究修道士的生活问题。20岁时,他成为阿索斯山一名修道士。后来分别在阿索斯山、萨洛尼卡和马其顿的一些偏僻的地方隐修。在圣山上,他在实行禁欲和全身心达到"入静"的状态方面胜过所有的同伴。他拟定了一个他自己所谓的"入静"($\theta\epsilon\omega\rho\acute{\iota}\alpha$)的概念,而且利用自己的文学才能来阐述他的禁欲主义思想。为了使自己完全沉浸于"内心"祈祷,他想完全脱离世俗而隐居,但他的这一意图因为巴尔拉姆在阿索斯山上引起的纠纷而失败了。

巴尔拉姆出于什么目的来到拜占庭,尚未得到满意的解释。但巴尔拉姆在君士坦丁堡获得了极大的信任,以至于他被任命为君士坦丁堡修道院的院长。在与著名的拜占庭学者尼斯福鲁斯·格雷戈拉斯的辩论失败后,巴尔拉姆先逃到萨洛尼卡然后逃到了阿索斯山。在那儿,通过一个"无知"的修士,他开始接触静修派的教义。他谴责那些达到完美的最高程度的静修士"能够用肉眼看到在他们周围闪烁着的、无法创造的神圣之光";于是,如果修士们断言他们能用肉眼看到圣光,他们就破坏了教会的教义,因为由此他们可以声明神的护佑是能够被创造的,而神圣是可以理解的。

---

[24] 索克洛夫文章,见《公众教育部杂志》,N.S.(1913),384—386;《公众教育部杂志》,N.S.XXIV(1913),171—172、181—182。

669　帕拉玛斯和巴尔拉姆之间由于这一问题引起教义上的争论，并由此形成了帕拉玛斯派和巴尔拉姆派，但争论没有达到明确的结果。这一事件被报呈君士坦丁堡，在那里，决定召集一个会议，讨论关于他泊山(Thabor)上之圣光的本质问题。也就是说，照耀在耶稣基督身上的闪耀的光，即基督显圣身之时其使徒曾在他泊山上看到过的光。这种光是被造的还是非被造的？按照帕拉玛斯的教义，道行高深的静修士可以看到的这种光或者说是闪光，事实上和耶稣的门徒们在他泊山上看到的光是相同的。圣光是非造物，他泊山上的光也是非被造的。

在圣索菲亚教堂召集的这个会议上，帕拉玛斯在同巴尔拉姆的争论中占了上风。巴尔拉姆被迫为他的错误公开忏悔。然而，关于这个会议的资料却是相当矛盾的，例如，Th.乌斯宾斯基就怀疑这次会议的结果，即巴尔拉姆是否的确受到了谴责并被宽恕。不管怎样，帕拉玛斯对于这次会议的决议也是不满的。[25]

教会的斗争还在继续，有争论的问题又在其他宗教会议上提出讨论，教会的代表们同约翰·巴列奥洛格和约翰·坎塔库津两派的政治斗争搅在一起。帕拉玛斯过着动荡不定的生活。有一段时间，他甚至因为他的宗教观念被君士坦丁堡牧首关进了监狱。这段时间，他遇到了一位强大的对手尼斯福鲁斯·格雷戈拉斯。此人以前曾积极反对巴尔拉姆，后来同罗马达成和解，站到了教宗一边。最终，帕拉玛斯的理念胜利了，他的教义被宗教会议认定为整个东派教会的真正教义。会议的宣言列举了"巴尔拉姆的亵

---

[25]　Th.乌斯宾斯基：《拜占庭文明史论集》，336。

渎",宣布"由于他的诸多错误,他已经被基督教徒们所弃绝。他宣称上帝显圣的光,即在耶稣的圣使徒们陪同基督登上山峰时所见的圣光,是被造的,是可以被描述的,和身体感觉到的光没有什么不同"。但是,帕拉玛斯的艰苦斗争和他所遇到的许多不幸已经侵蚀他的健康,在一场严重的疾病过后,他于1360年去世。在巴黎国家图书馆中收藏的约翰·坎塔库津作品手抄本中的一个漂亮的微型插图中,绘着在这次涉及他泊山上的圣光之本质问题的宗教会议上,坐在皇位上的约翰·坎塔库津画像。

14世纪中期的静修派争论以严格的东正教教义的决定性的全面胜利,特别是阿索斯山修道院理念的胜利而告终。修道士们开始支配教会和国家。根据当时的另一个反对派代表,绰号为"智者"的塞浦路斯的约翰(John Cyparrisioted)的记载,帕拉玛斯的死敌尼斯福鲁斯·格雷戈拉斯的尸体,在君士坦丁堡被拖拽着经过大街小巷,遭到弃市示众的侮辱。在这一时刻,根据 L.布莱耶尔的描述,对帝国而言,一个黑暗的时代开始了。但是研究拜占庭文化的德国学者格尔泽对那个时期阿索斯山修道士的生活却进行了田园诗般的描绘。他写道:

㉖ 米涅:《希腊教父著作文献大全》,CLI,718—719。

㉗ 塞浦路斯的约翰:《帕拉玛斯争端文献》(*Palamiticarum Transgressionum Liber*),chap.10;米涅编:《希腊教父著作文献大全》,CLII,733—736。见 R.居兰德(R. Guilland):《论尼斯福鲁斯·格雷戈拉斯》(*Essai sur Nicéphore Grégoras*),54。L.布莱耶尔:"巴列奥洛格时期的文艺复兴与思想运动"("La Renovation artistique sous les Paléologues et le mouvement des idées"),《迪尔研究》,I,9。

㉘ 布莱耶尔:"巴列奥洛格时期的文艺复兴与思想运动",《迪尔研究》,I,9。

圣山被证明为真正信仰的锡安山(Zion)*。在整个民族面临灭亡的严重危急中,当土耳其人正残忍地征服罗马人民时,阿索斯山成了一个庇护所,它的寂静吸引着诸多破碎的灵魂和许多坚强的人,他们在世俗生活中已走进了歧途,宁愿在远离尘世的地方,以与上帝结合的方式来经历精神上的斗争。在那个艰难的时代,修道士的生活对不幸的民族提供了最合适的、持久的和真正的慰藉。㉙

对于静修派在他们所处的那个历史时期中的政治斗争中起到什么作用,目前还没有明确的结论。但是政治派别的首领们,例如巴列奥洛格和坎塔库津,都清楚地意识到了静修派的重要性和力量,并在纯世俗问题上多次地向他们请求帮助。但是,迫于日趋危机的政治形势,诸如不断凸显的土耳其人的危险,却迫使皇帝们——甚至那些曾寻求静修派帮助的人——背离胜利的帕拉玛斯的严格正统教义和他的教派,去寻求同罗马教宗的和解。在东部皇帝看来,只有这样做,才能够刺激西欧起来保卫基督教。坎塔库津皇帝被废黜之后,这种倾向于西方的趋势变得越来越强烈,因其母亲而有一半拉丁血统的约翰五世巴列奥洛格登上皇帝宝座后,甚至皈依了天主教。

皇帝约翰五世对天主教信条的皈依。——到了14世纪70年

---

* 锡安山位于耶路撒冷,被犹太教徒视为其民族重生的希望,基督徒也同样视耶路撒冷为圣地,称锡安山为圣山。——译者

㉙ 格尔泽:《拜占庭帝国史概要》,1059—1060。

代,土耳其人成了小亚细亚和欧洲一岸加利波利半岛的主人,而且正开始向巴尔干半岛深处前进,威胁着君士坦丁堡周边。约翰五世巴列奥洛格遂把他所有的希望都寄托于教宗。

14世纪是所谓的"巴比伦之囚"时期;从1305年到1378年,先后占据圣彼得御座的七位教宗,都在阿维尼翁的罗纳河岸有几近长期永久的住所,而且事实上依赖于法国国王。教宗向西方统治者发出的提供反土耳其人援助的呼吁几乎毫无结果,或者只能带来规模很小的远征,虽有时能取得短暂的成功,但是对东方的形势没有长远的帮助。西方社会不再有任何参与十字军的热情。而且,在当时的西欧人眼里,分裂的希腊教派比穆斯林土耳其人更加可憎。佩特拉克曾经写道:"土耳其人是敌人,但是希腊人是分裂者,比敌人更坏。"[20]

1367年,教宗乌尔班五世决定从阿维尼翁迁回罗马。在他赴不朽之城途中,遇到了拜占庭使者向他通报,说皇帝急切希望皈依天主教,为此目的,他很愿意来到罗马。约翰五世经由那不勒斯从海上来到罗马。[21] 约翰决定皈依天主教的举动没有得到拜占庭教会的支持,显然陪伴他到罗马的高级官员中,没有一个拜占庭教士的代表。1369年10月在罗马,约翰庄严地朗读了与罗马公教会的教义完全一致的信仰告白。教宗在圣彼得大教堂举行了庄严的仪式,在仪式上,约翰五世再次宣读了信仰告白,又一次确认了圣

---

[20] F.佩特拉克:《古代资料》(Rerum senilium),liber VII,收于《作品集》,912。巴罗尼:《基督教会编年史》,泰奈尔编,XXVI,135。

[21] H.格尔泽曾错误地认为1369年时约翰还是得去阿维尼翁朝见教宗(见他的《拜占庭帝国史概要》,1060年)。

灵来自于圣父和圣子的教义以及教宗是所有基督徒之首领。同一天,皇帝和教宗共餐;所有的红衣主教都被邀出席宴会。皇帝取道那不勒斯和威尼斯返回君士坦丁堡。他在威尼斯的逗留以被羞辱而结束。他被威尼斯人作为破产的债务人逮捕。只有当他高贵而精力充沛的儿子——未来的皇帝曼纽尔亲自来到威尼斯才赎回了他。皇帝离开不久,教宗乌尔班五世返回了阿维尼翁。

在他的通谕中,教宗表现出自己对于约翰回归天主教信仰并与希腊教派断绝关系的举动十分愉悦,并宣布,他希望这一举动将被"无数追随希腊教派和希腊人错误的人"所仿效。然而同时,君士坦丁堡牧首菲罗塞尔斯给帝国教众,甚至超越了他的职权范围给叙利亚、埃及、南斯拉夫国家和遥远的俄罗斯的正教徒们发布了消息,要求他们坚持正教的信仰。这对于约翰的宗教政策是一个坚决的抵制。约翰之皈依罗马的举动对于拜占庭的命运并没有真正帮助,他从教宗那里得到的仅仅是关切、礼品和允诺。尽管罗马教宗一再呼吁,但西欧各国却没有给他任何援助以反抗土耳其人。约翰的皈依,尽管被如此庄重地通告世人,却只是个人行为。帝国的绝大多数人继续保持对正教的忠诚。^⑳ 无论如何,皇帝的这次西行在文艺复兴时期被认为是拜占庭和西欧的文化交流史上一件

---

⑳ 在笔者对于约翰赴罗马和接受天主教信条的研究中,曾错误地将约翰五世的皈依天主教描述为"1369 年与罗马的联合"。见"拜占庭皇帝约翰五世巴列奥洛格的意大利之行(1369—1371 年)和 1369 年与罗马的联合"("Il viaggio dell'Imperatore Bizantino Giovanni V Paleologo in Italia〔1369—1371〕, e l'Union e di Roma del 1369"),《拜占庭与当代希腊研究杂志》,III(1931),151—193。约翰的皈依是个人行为,而且无论如何没有得到来自拜占庭教职人士的任何支持。请参照 O.哈勒基所做的细致而充分的研究:《一位拜占庭皇帝在罗马》(Un Empereur de Byzance à Rome),尤其是该书的 188—234。亦见奥斯特洛戈尔斯基《拜占庭国家史》,388—389。

颇有意义的事件。

佛罗伦萨联合会议。——最值得庆祝的教会联盟是1439年的佛罗伦萨联合协议。此时的正教所面临的政治气氛比起约翰皈依时期更加危急。土耳其人对塞尔维亚和保加利亚的袭击,十字军在尼科波利斯的失败,皇帝曼纽尔二世西欧之行的徒劳和土耳其人于1430年夺取萨洛尼卡,这一切都使得东部帝国陷入了十分危急的地步,只是在安戈拉(安卡拉),由于土耳其人被蒙古人击败才暂时挽救了它。土耳其人的胜利对欧洲也是一个巨大的威胁;佛罗伦萨宗教会议强烈感到有必要成立一个广泛的拉丁-希腊联盟以反对土耳其人。尽管局势让人绝望,拜占庭正教的民族主义派别仍然反对联合的主张,他们不仅害怕失去希腊正教的纯洁性,而且害怕联合带来的西部援助将使东部在政治上不得不听命于西方。换句话说,也就是害怕日益迫近的土耳其人的统治将被拉丁人的统治所取代。在15世纪初期,拜占庭辩论家约瑟夫·布莱昂纽斯(Joseph Bryennius)写道:"不要让任何人被意大利盟军迟早将赶来帮助我们这一虚假的愿望所误导。如果他们确实假装起兵来保护我们,他们会用武装来破坏我们的城市、民族和我们的名誉。"[23]15世纪初,高贵者阿方索(Alfonso)对东部的政治计划证实这种推测是正确的。

大约与此同时,继比萨和康斯坦兹会议之后,在西方举行了15世纪的第三次大型宗教会议,即巴塞尔会议。这次会议宣布,

---

[23] 卡洛格拉斯(Kalogeras):《温和者马克和红衣主教贝萨里翁》(*Μάρκος ὁ Εὐγενικὸς καὶ Βησσαρίων ὁ Καρδινάλις*),70(根据1768年出版于莱比锡的极少见的约瑟夫·布莱昂纽斯作品所写)。亦见诺登《教宗统治与拜占庭》,731。

主要议程是讨论教会首领和成员的改革,以及如何处理胡司(Hussite)运动问题。在约翰·胡司死后,这场运动已经广泛扩展。教宗尤金四世同会议的意见并不一致。巴塞尔会议和教宗,分别代表各自的立场与皇帝约翰八世谈判。巴塞尔会议与君士坦丁堡互换了使者。希腊使节君士坦丁堡修道院院长,后来的莫斯科都主教伊西多尔发表了一篇赞同教会联合的演说,说道:"这将创造一个足以同罗得岛的巨像相媲美的伟大丰碑,它的顶部将直达天穹,东方和西方都能看到它的光辉。"[24]经过了一场毫无结果的对下一阶段会议举行地点的争论后,巴塞尔会议的大主教们决定先平定胡司派的骚乱,然后再考虑希腊问题。拜占庭希腊人,正教的真正代表,被置于同"异端"胡司学说同样的位置,他们感到被深深冒犯了。于是,在君士坦丁堡"发生了一场真正的风暴"[25]。其时,皇帝几乎已经同主持着教会复合谈判的教宗达成了协议。由于担心巴塞尔会议的宗教改革倾向,尤金四世将会议转移到了北意大利城市弗拉拉继续举行;后来,当地发生了瘟疫,又将会址转到佛罗伦萨。然而,出席会议的一些成员违抗罗马教宗的命令,继续留在巴塞尔开会,甚至又选出了另一位教宗。

弗拉拉-佛罗伦萨会议在不同寻常的严肃气氛中召开。皇帝约翰八世和他的兄弟、君士坦丁堡牧首约瑟夫;以弗所大主教马克代表,一个坚定的反联合派;贝萨里翁,天才的、受过良好教育的教会复合的支持者;还有许多修士和俗人代表经由威尼斯来到弗拉

---

[24] 见皮埃灵《俄罗斯与圣城之围》(第2版,1906年),I,11。
[25] 同上书,12、15。

拉。莫斯科大公黑暗者(盲人)瓦西里二世派来了莫斯科都主教伊西多尔,此人是赞成联合的。许多俄国修士随员陪伴着他。这是意大利文艺复兴的兴盛时期,弗拉拉处于埃斯特家族统治下,而佛罗伦萨在美第奇家族统治下,两地都是艺术和文化活动繁盛的中心。

会议的争吵和辩论,最后简化为两个主要问题——和子句的问题和教宗的地位问题,对于此两问题的讨论持续了很长一段时间。希腊人并不愿意承认这些条件,心力交瘁的皇帝已经准备就这样离开佛罗伦萨。反对教会联合的牧首约瑟夫在联合协议正式公布之前于佛罗伦萨病逝。但是,莫斯科都主教伊西多尔非常积极地支持联盟。最后,1439年7月6日,在拜占庭皇帝面前,在佛罗伦萨的圣玛利亚·德菲奥勒教堂庄严地颁布了以两种语言起草的联合声明。然而,以以弗所的马克为首的一些希腊修士拒绝在这则声明上签字。

在今天的意大利,还有许多涉及佛罗伦萨教会联合会议的遗址。佛罗伦萨的一家图书馆,即罗伦佐图书馆收藏了用三种语言——拉丁语、希腊语和斯拉夫语写就的一份非常重要的该联合声明的现代复制品;这份文献上除了有拉丁语和希腊语的签名外,还有当时出席会议的"谦卑的主教苏兹达尔的阿布拉米乌斯(Abramius of Suzdal)"的俄语签名。当年在此颁布联合声明的佛罗伦萨大教堂圣玛利亚·德菲奥勒现在仍然存在。今天,在佛罗伦萨的另一个教堂圣玛利亚新教堂内,你还能看到逝于会议期间的君士坦丁牧首约瑟夫的墓碑和与其真身同比例的壁画肖像。位于佛罗伦萨的里卡尔第宫内,还保存有15世纪的意大利画家贝诺佐·戈佐里(Benozo Gozzoli)所作的壁画,它描绘了东方三博士(Magi)到伯利恒去朝拜新生的耶稣基督的队列;画家依照约翰·巴列奥洛格和牧首约瑟夫的样子塑造了博士们的形象,虽然相貌多少是凭着画家的想象,但他一定出席了约翰和约瑟夫进入佛罗伦萨的仪式。罗马也有一些佛罗伦萨联合时期的遗物。在著名的圣彼得教堂入口处,在15世纪制作的救主基督、圣母玛利亚和圣使徒彼得和保罗的大型浅浮雕之间,有一些关于佛罗伦萨会议的小型浅浮雕;皇帝从君士坦丁堡起航;他抵达弗拉拉;佛罗伦萨会议召开的情形;皇帝及其随员从威尼斯出发等。在罗马的一个博物馆中还保存有一座漂亮的等同于约翰·巴列奥洛格真身比例的青铜半身像,雕像上的约翰戴着一顶尖帽子。这个经常被复制的半身像也许是皇帝在佛罗伦萨期间,艺人临摹的仿真作品。㉘

像里昂联合一样,佛罗伦萨的联合在东方帝国没有被人民所接受。在约翰返回到君士坦丁堡途中,他很快意识到他所从事的努力是错误的。以以弗所的马克为首的许多正教徒拒绝签署联合声明;许多已经签署该协议的人也反悔了。在莫斯科,伊西多尔命令在圣母升天大教堂庄严宣读联合声明,但是他发现得不到人们的支持。大公称伊西多尔不再是自己臣民们的牧羊人和教师,而是一只贪婪地捕杀羊群的狼。伊西多尔被囚禁在一所修道院里,从那儿他逃到了罗马。东方地区的亚历山大里亚、安条克和耶路撒冷牧首也都宣布反对联合,在1443年的耶路撒冷,佛罗伦萨宗

㉘ 这具雕像的作者现在还时常有人讨论。见拜伦《拜占庭的成就。历史的回顾》,318:"现存于天主教传道总会博物馆内的皇帝半身像可以被认为是19世纪的赝品。"

教会议甚至被宣称为"非正统的"。[27]

然而,罗马公教会仍然承认佛罗伦萨会议联合声明的合法有效性,直到19世纪,教宗利奥十三世在他关于教会联合的教谕中仍旧呼吁正教回归到联合声明中来。

拜占庭最后一个皇帝君士坦丁十一世,像他的兄弟约翰八世一样,也认为挽救帝国灭亡的唯一途径就是同西部教会的联合。

关于圣索菲亚宗教会议。——一些学者认为,1450年在圣索菲亚教堂曾经召集了一次宗教会议。出席者有来自君士坦丁堡的许多正教教职人士的代表,包括安条克、亚历山大里亚和耶路撒冷的牧首;会议谴责了佛罗伦萨教会联合和它的教派偏见,并宣告恢复正教。17世纪意大利一位非常著名的学者利奥·阿拉提乌斯首先披露了这次会议文件的一些残片,但是他认为它们是伪造的。从那时起,学者们的观点就分为两派:一派遵循阿拉提乌斯的观点,认为所谓圣索菲亚会议的决议是伪造的,并且认定这个会议从来没有召开过;另一派,尤其是希腊神学家和希腊学者,对这样一次会议十分感兴趣,认为所传布的会议决议是真实的,而且圣索菲亚宗教会议也是历史事实。最近以来,学界大都认为圣索菲亚会议的决议是伪造的,而且倾向于否认这次宗教会议召开的事实,[28]

---

[27] 利奥·阿拉提乌斯(Leo Allatius):《关于东西方教会的永久和解》(*De ecclesiae occidentalis atque orientalis perpetua consensione*),III(4),939。

[28] 关于这一问题,见K.帕佩奥努(K.Papaioannu)"所谓的1450年圣索菲亚宗教会议决议及其历史意义"("The Acts of the So-called Council of Sophia(1450)and their Historical Significance"),《拜占庭年鉴》,II(1895),394、413。列别德夫:《拜占庭东方教会论文集》(*Essays on the Byzantine-Eastern Church*)(第2版,1902年),294。上述两部著作都认为这次会议的决议是伪造的。

但仍有一些学者认为会议确实召开过。㉘ 历史上并没有足够的证据表明,在君士坦丁皇帝统治时期曾经举行过公开否定教会联合的会议。相反,当他看到自己的城市正在接近其最后危险的时候,君士坦丁曾再次呼吁西方给予援助。希望中的军事援助没有到来,只有莫斯科的前任主教、当时罗马公教会的红衣主教、参加了佛罗伦萨联合会议的伊西多尔,在城市陷落之前五个月,即1452年12月,来到了君士坦丁堡。他在圣索菲亚大教堂宣读了庄严的联合声明,并举行了庆祝教会联合的仪式,包括在仪式上称颂教宗的名字。这一举动在这样的一个危急时刻,激起了前所未有的最大规模的城市平民骚乱。

君士坦丁堡陷落之后,希腊人的宗教信仰和宗教组织结构都在土耳其人统治下保存了下来。尽管偶尔有土耳其统治当局及穆斯林民众反对希腊教会和信仰正教代表的一些暴行,但在穆罕默德二世和他的继任者统治下,授予基督教徒的宗教权力受到了严格保护。牧首、主教和教士们被宣布为不可侵犯。教士们得到了免税权,然而其他希腊人每年必须交纳贡赋(*charadj*)。首都教堂的半数被改为清真寺,另一半继续留给基督教徒使用。在有关教会内部管理的所有事务上,教会法规继续有效,权力掌握在牧首和主教手里。神圣的牧首会议继续存在,牧首和主教会议继续负责处理教会管理的各种内部事务。所有的宗教活动都可以自由举

㉘ 见 J.德拉赛克(J.Dräseke)"关于1439年的宗教会议"("Zum Kircheneinigungsversuch des Jahres 1439"),《拜占庭杂志》(德文),V(1896),580。L.布莱耶尔:"关于促使希腊与拉丁教会重新联合的努力"("Attempts at Reunion of the Greek and Latin Churches"),《剑桥中世纪史》,IV,624—625。

行；例如，在所有城市和村庄，人们可以隆重地庆祝复活节。在土耳其帝国内，这种宗教宽容一直持续到今天。㉙ 但是随着时间推移，土耳其人冒犯基督徒宗教权力的事例越来越多，基督教人民的处境越来越艰难。

土耳其人攻下城市不久，君士坦丁堡就由神职人员选出了新统治者治下的首任牧首吉那第乌斯·斯科拉利乌斯。苏丹承认了他的地位。此人曾随同约翰八世参加过弗拉拉和佛罗伦萨宗教会议，并且赞成教会联合。但后来他改变了自己的观点，变成了一个狂热的东正教的维护者。随着他的就职，希腊-罗马教会的联合彻底地终止了。

帝国的政治和社会状况

巴列奥洛格王朝统治时期的帝国内部情形是在拜占庭历史研究方面最少涉及和问题最复杂的时期。关于这方面的浩如烟海、形式多样的资料，还没有得到令人满意的研究和充分评价。许多珍贵的资料，特别是有关帝国的《黄金诏书》和修道院及私人档案，还没有被编辑出版，仍然散落在东西方许多图书馆中的手抄本库藏中。在这方面，阿索斯山修道院的手抄本是最重要的。但是阿索斯山上的正教修士十分警惕地保护着他们的图书馆，在18世纪和19世纪前半期，非基督教东方正教徒的学者，根本无法看到阿索斯山的手抄本。因此，在阿索斯山手抄本的早期研究中，俄国正教学者捷足先登。

㉙ 1923年，土耳其帝国改制为共和国。

18世纪,俄国旅行家 V.G.巴尔斯基(V.G.Barsky)曾两次访问了阿索斯山的修道院(分别是在 1725—1726 年和 1744 年)。他是第一个了解这些隐秘档案的人,通过他的详细叙述,人们发现了一个保存在阿索斯山图书馆中的历史资料宝藏。[30] 在 19 世纪,俄国学者,主教波菲利乌斯(乌斯宾斯基)、P.塞瓦斯提亚诺夫(P.Sevastyanov)、T.弗洛林斯基和 V.莱格尔在圣山的修道院勤奋钻研,出版了一系列关于拜占庭帝国内部情况的非常重要的文献资料。特别重要的是附于数期俄国《拜占庭年鉴》增刊中的文献,但这些文献还没有得到充分研究。19 世纪初,希腊学者 Sp.兰普罗斯出版了一份阿索斯山上的希腊文手抄本的书目。但是由于环境所限,他没能把保存在拉弗拉和瓦托佩第修道院的两份最重要的手抄本收藏品收进他的书目。瓦托佩第修道院图书馆的希腊手抄本目录于 1924 年才公之于众。[32] 1915 年,法国学者 G.米勒(G.Millet)受命前往阿索斯山,在那里,他从拉弗拉修道院的档案馆中收集了一系列文献资料,其中的一则皇帝敕令规定,拉弗拉修道院是"整个修道院共同体的首脑和卫城"。[33]

在瓦托佩第目录的绪言中,作者宣布:"圣山挽救和保存了完

---

[30] 见《1723—1747 年 V.G.巴尔斯基在东方圣地的旅行》(*Travels of V.G.Barsky in the Holy Places of the East from 1723 to 1747*),N.巴尔苏可夫(N.Barsukov)编,I,xxxiii.

[32] 见 S.尤斯特拉提亚德斯(S.Eustratiades)和瓦托佩第的阿卡第奥斯(Arcadios of Vatopedi):《圣山阿索斯瓦托佩第修道院图书馆的希腊文献手稿目录》(*Catalogue of the Greek Manuscripts in the Library of the Monastery of Vatopedi on Mt.Athos*)。

[33] G.茹亚尔:"拉弗拉的档案(米勒的使命)"("Les Archives de Lavra〈Mission Miller〉"),《拜占庭》(布鲁塞尔),III(1926),253。G.茹亚尔和 P.科罗姆普(P.Collomp):《拉弗拉文献集》(*Actes de Lavra*)(1937),I。

第九章 拜占庭的灭亡

整无缺的拜占庭文明和古希腊人民的精神力量。"[28]

在其他的图书馆也发现了许多巴列奥洛格时期的资料。其中较为重要的除了由希腊学者 C.萨塔斯（C. Sathas）编纂的为数众多的希腊文版本外，还有米克罗西奇（Miklosich）和米勒出版的手抄本《中世纪希腊文献》。特拉布松附近的瓦扎龙修道院的律令集也于最近出版，提供了许多农民和修道院地产的历史资料，不仅包括13—15世纪特拉布松帝国的情况，而且涉及整个拜占庭的历史。[29]

因为重建的巴列奥洛格帝国的领域十分狭小，而且还不断地受到诺曼人、土耳其人、塞尔维亚人、威尼斯和热那亚人的威胁和侵占，巴列奥洛格时期的帝国只是一个二流国家，不再是一个正规的、组织良好的国家。帝国各个机构的混乱无序和中央政权的软弱无力是这一时期的典型特征。帝国内部陷于长期的王朝斗争，先是在两个安德罗尼卡皇帝（即祖父和孙子）之间，后是在约翰五世巴列奥洛格和约翰·坎塔库津之间；为了实现教会的联合而屈服于教宗，以及与此相关的，皇帝几次屈辱的西欧之行（约翰五世在威尼斯因为欠债而被逮捕，曼纽尔二世和约翰八世，同样在土耳其苏丹面前以各种方式低声下气，忍受屈辱）；他们向土耳其人纳贡，被迫在土耳其宫廷当人质，帝国公主出嫁所奉献的嫁妆——这

---

[28] 尤斯特拉提亚德斯和瓦托佩第的阿卡第奥斯：《圣山阿索斯瓦托佩第修道院图书馆的希腊文献手稿目录》，i.

[29] Th.I 乌斯宾斯基和 V.贝内赛维奇：《瓦扎龙律令集，关于13—15世纪拜占庭农民和修道院土地占有的资料》（*The Acts of Vazelon. Materials for the History of Peasant and Monastery Landownership in Byzantium from the Thirteenth to the Fifteenth Century*）。

些都削弱和降低了拜占庭皇帝在人民心目中的形象。

在拉丁人掠夺和洗劫之后落入巴列奥洛格王朝之手的君士坦丁堡，仍然只是一片废墟。当时到过君士坦丁堡的许多希腊作家、外国旅游者和朝圣者都看到了首都的衰落。

14世纪初，阿拉伯地理学者阿布尔非达（Abulfeda），在简单描述了君士坦丁堡最重要的古迹之后，讲道："在城内有播种着的耕地和菜园，还有许多被破坏的房屋。"[288]15世纪初，西班牙旅行者罗伊·贡扎勒·德克拉维约（Ruy Gonzales de Clavijo）写道："城内到处都有许多宏伟的宫殿、教堂和修道院，只是大部分现在都荒芜了。然而，很显然，原未受到破坏的君士坦丁堡是当时世界上最著名的首都之一。"而当克拉维约渡过金角湾到对岸参观热那亚人居住区佩拉时，他将此地与君士坦丁堡做了比较，他注意到："佩拉城只是一个小镇，但是人口众多。它由一条坚实的城墙围绕，有十分漂亮的房屋，所有的建筑都很精美。"[289]与此同时，一个意大利人，佛罗伦萨的波昂德尔蒙蒂（Buondelmonti）也写到君士坦丁堡最著名的一个大教堂——圣使徒教堂处于衰落不堪的状态（ecclesia jam derupta）。[290]纵使这样，14世纪和15世纪，虔诚的朝圣者依然从各个国家来到君士坦丁堡，包括七名俄国朝圣者，他们因

---

[288] 《阿布尔非达地理学》(Géographie d'Aboulféda)，J.T.雷纳德译，II(I)，315—316。

[289] 《1403—1406年赴撒马尔罕帖木儿宫廷的旅行日记》(A Diary of the Journey to the Court of Timur〈Tamerlane〉, to Samarqand in 1403—1406)，J.斯来茨涅夫斯基(J.Sreznevsky)编，87—88；G.勒斯特朗吉编，88—89。

[290] 《对阿奇佩尔岛的描述》(Description des îles de l'Archipel)，E.莱格兰德编，88；波恩版（与辛那姆斯的作品在一处），181。

第九章 拜占庭的灭亡

君士坦丁堡教堂的装潢和圣迹而感到震撼,甚至迷恋于其中不能自拔。㉙ 1287年,蒙古王公的使者、修士拉班·索玛(Rabban Sauma)在会见了皇帝安德罗尼卡二世之后,由于皇帝的特殊恩准,他虔诚地参观了这一城市的教堂和圣迹。㉚ 1422年,在曼纽尔二世统治时期,一名勃艮第旅行者,外交官和道学家吉尔伯特·德拉诺瓦,受到皇帝和他的小儿子即继承人的友好接待,他们允许他参观"城市和教堂的奇迹和古迹"。㉛

1437年,一名西班牙旅行者佩罗·塔夫尔(Pero Tafur)在君士坦丁堡受到皇帝约翰八世的厚待。当他从克里米亚和特拉布松返回途中,又一次访问了君士坦丁堡,此时皇帝约翰还在意大利,约翰的兄弟"亲王德拉格斯(Dragas)"正摄政。塔夫尔评论说,"他们称之为瓦拉耶尔纳(Valayerna,即Blachernae)的教堂在今天已被烧成一片灰烬而无法修复";他还说,"造船厂原来肯定十分宏伟,即使现在它还足以容纳许多船只","皇帝的宫殿也曾是十分

㉙ J.埃伯索尔特:《拜占庭的君士坦丁堡和向利凡特地区的旅行》(*Constantinople byzantine et les voyageurs du Levant*),41—43;J.埃伯索尔特:《拜占庭的奢华艺术》(*Les Arts somptuaires de Byzance*),118—119。

㉚ J.B.夏博:"关于聂斯脱利派大主教马尔·亚巴拉哈三世(1281—1317年)以及阿尔贡国王派往西方的使节(1287年)、修士拉班·索尔的历史"("Histoire de Marjabalaha III, patriarche des Nestoriens[1281—1317], et du moine Rabban Cauma, ambassadeur du roi Argoun en Occident[1287]"),《东方拉丁杂志》(*Revue de l'Orient Latin*),II(1894),82—87;抽印本,54—59。亦见《聂斯脱利派大教长亚巴拉哈三世及其助手巴尔·索玛的历史》(*The History of Yabellaha III Nestorian Patriarch and of his Vicar Bar Saume*),J.A.蒙格麦里(J.A.Montgomery)编,52—54。

㉛ 《旅行家、外交家及道学家吉尔伯特·德拉诺瓦的作品集》(*Oeuvres de Ghillebert de Lannoy, voyageur, diplomate, et moraliste*),C.波特文(Potvin)编,65;见佩特拉斯·克利玛斯(Petras Klimas)《吉尔伯特·德拉诺瓦在中世纪立陶宛》(*Ghillebert de Lannoy in Medieval Lithuania*),80。

宏伟的,只是现在已经如此衰朽不堪,宫殿与首都的衰败现状表明,这里的人们遭受到邪恶的统治,而且还得继续忍受它……城市里人口稀少……居民衣衫褴褛,凄惨贫穷,表明他们遭受了极大的苦难,只是这种苦难与他们应该遭受的苦难相比还不是太坏,因为他们是一个邪恶的民族,浸透在罪恶之中"。也许在此追忆塔夫尔的这一陈述也不算错误,"皇帝的身份依旧高贵威严,因为古代的种种仪式丝毫也没有减免,但是,正确地说,他就像一个没有教区的主教"[302]。

14世纪后半期,土耳其人和塞尔维亚人征服巴尔干半岛后,君士坦丁堡及其最近的色雷斯领地被土耳其人的领地所包围,几乎不能从海上保持与帝国其他统辖地区,如萨洛尼卡、色萨利和莫里亚君主的联系,这些领地于是几乎完全独立于中央政府之外。在此情况下,作为首都重要谷物供应线的黑海北岸航路被土耳其人切断后,位于爱琴海北部的利姆诺斯岛就成为君士坦丁堡的临时粮仓。[303]

因为帝国内部封建化的过程早于巴列奥洛格王朝之前已经开始,组织严密的中央政府机构被逐渐削弱了;有时,由于帝国已经分裂,组织混乱到了顶点,中央行政部门几乎无事可做。在

---

[302] 《佩罗·塔夫尔游记》(Andanças é viajes de Pero Tafur),176、181、184。英译本《佩罗·塔夫尔游记》,142、145、146。A.A.瓦西列夫:"佩罗·塔夫尔,一位15世纪的西班牙旅行家和他在君士坦丁堡、特拉布松和意大利的旅行"("Pero Tafur, A Spanish Traveler of the Fifteenth Century and his Visit to Constantinople, Trebizond and Italy"),《拜占庭》(布鲁塞尔)(1932),111—113。

[303] 茹亚尔:"拉弗拉修道院档案",《拜占庭》(布鲁塞尔),III(1926),255—256、257。

第九章 拜占庭的灭亡

巴列奥洛格王朝统治下,帝国财政由于拉丁帝国的统治而造成的严重破坏,已经完全枯竭了。皇帝仍旧控制着的几个饱受蹂躏的省份几乎无法纳税,国库所有的资金都被花光,帝国的珍宝也被售卖一空,士兵们没有军饷。全国到处是一片凄凉。㉞ 14世纪的历史学家尼斯福鲁斯·格雷戈拉斯如此描述约翰五世的婚礼庆典:

> 当时,由于皇室如此贫穷,以至于没有金银制作的酒器或高脚杯;有一些是用锡做的,其余的都是黏土烧制的酒杯……在庆典上,皇帝的王冠和服饰上装饰的大多只有假的金银珠宝首饰;(实际上)他们大多是皮革鎏金的,像制革工时常所做的那样,或者是由反射着各种色彩的玻璃制成;人们时而会在这里或那里发现少量闪光的宝石或光艳的珍珠,这是不可能被人们的眼光错过的。罗马帝国古代的繁荣和辉煌竟然衰落到了如此地步,已是完全湮灭和消亡了。我在向你们谈及此事时,不能不感到羞耻。㉟

那些特别受到土耳其人威胁的城市,其市民几乎跑光。加利波利被土耳其人占领后,君士坦丁堡的许多居民动身逃到西方。㊱ 1425年,许多居民迁离了萨洛尼卡,其中部分人来到君士坦丁堡,

---

㉞ 见约翰·坎塔库津《历史》,IV,5;波恩版,III,33。
㉟ 尼斯福鲁斯·格雷戈拉斯:《历史》,XV,2,4;波恩版,II,788—789。
㊱ 尼斯福鲁斯·格雷戈拉斯:《历史》,XV,2,4;波恩版,622—623。

希望首都会比萨洛尼卡更安全些。㊇ 这是最紧张的时刻,当时萨洛尼卡被威尼斯人占领,而土耳其人正打算夺取它,1430年他们达到了目的。

帝国日益缩减的领土和稀少的人口使得巴列奥洛格政府无法维持一支庞大的本族军队,军队主要是由各种国籍的雇佣兵组成。在巴列奥洛格王朝时期,曾出现过西班牙(加泰罗尼亚)兵团、土耳其人、热那亚人、威尼斯人、塞尔维亚人和保加利亚人。像以前一样,还有盎格鲁-撒克逊雇佣兵,所谓的瓦兰几亚人或盎格鲁-瓦兰几亚人,以及属于突厥人血统的瓦尔达尔人(Vardariots)。㊈ 由于不能及时发饷,政府有时不得不忍受他们傲慢的躁动和对所有行省及大城镇的骚扰,例如,加泰罗尼亚人穿越巴尔干半岛的血腥之路。巴列奥洛格拥有了一支虚弱无序的陆军后,试图恢复已处于完全衰退境地的海军,但他没有成功。迈克尔·巴列奥洛格的确在这方面做了一些事情,但他的继任者安德罗尼卡二世又忽视了舰队建设,于是,帝国控制下的爱琴海诸岛不再能够防御来自海盗

㊇ S.库热阿斯(S.Kugéas):"萨洛尼卡大主教区书记员关于15世纪初年的笔记"("Notizbuch eines Beamten der Metropolis in Thessalonike aus dem Anfang des XV"),《拜占庭杂志》(德文),XXIII(1914—1919),152(par.82),158。塔弗拉里:《14世纪的萨洛尼卡》,16。

㊈ 见迈克尔·巴列奥洛格的敕令,1272年,见海森伯格《论巴列奥洛格时期的历史和文献》,39,49—50。E.施泰因:"晚期拜占庭立法和经济史研究"("Untersuchungen zur spätbyzantinischen Verfassungs-und Wirtschaftsgeschichte"),《奥斯曼历史通报》(Mitteilungen zur Osmanischen Geschichte),II(1924),47—49。在科迪努斯(Kodinus)的作品中,也多次提到瓦兰几亚人和汪达尔人;海森伯格的作品中多次提及。

第九章 拜占庭的灭亡

的侵袭。[309] 拜占庭海军根本无法对抗装备精良的热那亚和威尼斯的强大舰队,甚至不能对付土耳其人刚刚建立的海军。黑海和爱琴海已经完全脱离了拜占庭的控制,在 14 世纪和 15 世纪前半期,意大利商业共和国的舰队成了这里的主人。

行省的(或军区的)组织已经由于拉丁帝国的统治而被破坏,而且在巴列奥洛格时期亦不能正常发挥作用。而帝国领土之小,也不能像早期那样实施行省统治。原作为军区之"将军"(*strategus*)的头衔,在科穆宁统治时期就完全消失了,被一个更名副其实的头衔"都督"(*dux*)所取代。[310] 现代学者有时使用军区(*theme*)这个术语指代 14 世纪的马其顿和色萨利省。[311] 但是,当某一省被土耳其和塞尔维亚的领土割断了与帝国的联系时,它就成为独立的专制领地。它的统治者几乎完全独立于中央政权之外。通常,许多皇室成员就成为这样的新领地的首领。14 世纪末,萨洛尼卡的王公就是皇帝约翰五世的一个儿子。莫里亚的王公也是皇帝的儿子或者兄弟。

在巴列奥洛格王朝时期,上等阶级与下层阶级之间的社会关系是非常紧张的。农业作为帝国经济繁荣的真正基础也陷于衰退。许多富饶的省份失去了,其余的领地也由于持续不断的内战和加泰罗尼亚兵团的血腥骚扰而变得荒芜不堪。以农业经济为基

---

[309] 关于安德罗尼卡二世时期的海军,可见乔治·帕希梅利斯所著《安德罗尼卡·巴列奥洛格》一书(Ⅰ,26)中特别有意思的一些段落。波恩版,Ⅱ,69—71;亦见尼基福鲁斯·格雷戈拉《历史》,Ⅵ,3;波恩版,Ⅰ,174—175。见雅克文科《拜占庭文献研究》(*Studies in Byzantine Charters*),180—181。

[310] 见施泰因"晚期拜占庭立法和经济史研究",《奥斯曼历史通报》,Ⅱ(1924),21。

[311] 见塔弗拉里《14 世纪萨洛尼卡的兴起》,44—50。

础的小亚边境领主(akritai)*,由于迈克尔八世的镇压政策和土耳其人的胜利进军而被彻底削弱了。

大土地所有者的存在是巴列奥洛格时期的典型特征。破产的农民处于他们的领主势力之下。1261年之后,色萨利的不少希腊人成为有势力的大地主。在伊庇鲁斯君主控制的色萨利西部,以及属于拜占庭皇帝所有的色萨利东北部,富裕的领主充当着非常重要的角色,他们并同小领主建立了封建关系。但是由于14世纪初加泰罗尼亚军团的蹂躏和阿尔巴尼亚人的入侵,色萨利的土地制度陷入了混乱状态。许多阿尔巴尼亚人成为大土地所有主。当1348年塞尔维亚王斯蒂芬·杜尚占领色萨利之后,曾对土地经营方式做了一些改善。⑫在色萨利山区,还有一些个人的小土地所有主和自由农民村社存在。⑬

马扎里斯描述了伯罗奔尼撒半岛那些有权有势的大地主(ar-

---

* 这种边境领主是亦军亦农的边界中小领主,在拜占庭与突厥人长期冲突的时期曾经起到保卫边疆的作用。但附着小亚细亚领土越来越多地沦入突厥人之手,他们往昔的生活方式已经不能维持,帝国政府尤其不能保证他们的基本生存条件——土地产业。——译者

⑫ J.索克洛夫,"巴列奥洛格时期色萨利的大小土地所有者",《拜占庭年鉴》,XXIV(1923—1926),35—42。I.波吉阿齐德(I.Boghiatzides):"米特拉编年史"("Τὸ χρονικὸν τῶν Μετεώρων"),《拜占庭研究学会年刊》(Επετηρὶς Ἑταιρείας Βυζαντινῶν Σπουδῶν),I(1924),146—156。乌斯宾斯基和贝内塞维奇《瓦扎龙律令集》,92—93。A.V.索洛维夫:"14世纪色萨利的大地主们。拜占庭—塞尔维亚模式下的封建制"("The Thessalian Archonts in the Fourteenth Century. Trace of Feudalism in the Byzantino-Serbian Order"),《拜占庭-斯拉夫研究》,IV,1(1932),159—174。

⑬ 索克洛夫:"巴列奥洛格时期色萨利的大小土地所有者",《拜占庭年鉴》,XXIV(1923—1926),42。

第九章 拜占庭的灭亡

chonts)的重要情况。⑭ 在14世纪早期,约翰·坎塔库津曾写到,伯罗奔尼撒半岛内部的衰败不是由于土耳其和拉丁人的入侵,而是内部斗争的恶果,这使得"伯罗奔尼撒半岛比斯基泰更荒凉"。当约翰五世之子曼纽尔被任命为莫里亚的王公时,他多少恢复了当地的农业,所以"伯罗奔尼撒半岛呈现了短时间的农业繁荣",人们又开始回到他们的家园。⑮ 但是土耳其人的征服结束了拜占庭在莫里亚的努力。

在享有绝对权力的大土地主的压榨下,村民和农民阶级忍受了极大的苦难。小农阶级破产了。有人时而强调,当时农民的状况不是非常坏,例如在14世纪的萨洛尼卡地区,至少是在大土地所有者的领地上,情况是这样的。⑯ 但即使这是真实的,从总体上看,农民命运之悲惨也是毫无疑义的。阶级斗争及下层群众对有权者阶级的憎恶,不仅在行省,而且在帝国的一些主要城市内都可以被感受到。在1328年革命期间,君士坦丁堡的人民就抢劫了狄奥多勒·梅托希特斯的宏伟宫殿。⑰

从贵族和民主势力之间的社会矛盾这一角度看,14世纪中期萨洛尼卡爆发的革命是非常有趣而重要的。1341年在亚得里亚堡爆发的、与坎塔库津要求即皇帝位有关的革命运动,显示出了群

---

⑭ J.德塞赛克:"拜占庭的艰难航程"("Byzantınische Hadesfahrten"),《新古典学年鉴》,XXIV(1912),364—365。
⑮ 约翰·坎塔库津:《历史》,IV,13;波恩版,III,85—86。
⑯ 见雅科文科刊于《拜占庭年鉴》,XXI(1914)上的文章(183)。
⑰ 见R.茹亚尔"狄奥多勒·梅托希特斯宫殿"("Le Palais de Théodore Métochite"),《希腊研究杂志》,XXXV(1922),82、92—93。埃伯索尔特:《拜占庭的奢华艺术》,109。

众反对富有阶级（δνυατοί）的实力。而且起初是成功的，然后革命扩展到帝国的其他城市。⑲ 其中，14世纪50年代在萨洛尼卡发生的狂热派革命特别重要。⑲

相关资料将萨洛尼卡的居民划分为三个阶级：（1）富人和贵族；（2）中产阶级或称市民（bourgeoisie），或称之为"中间的"（οἱμέσοι）阶级，其中有零售商贩、制造商、富有的手工业者、小土地所有者和职员等；（3）贫困民众——小户农民、小手工业者、海员和工人。随着富有阶级财富和势力的增长，下层阶级，特别是那些靠近萨洛尼卡城的农民，其土地屡遭入侵敌人破坏，地位亦每况愈下。这一重要经济中心的所有商业活动和与此相关的特权都掌握在上层阶级手中。民间的愤怒不断增长，任何偶然的事件都可能导致激烈的斗争。于是约翰·坎塔库津在贵族的支持下宣布为皇帝，民主势力马上开始维护巴列奥洛格家族。塔弗拉里写道："这不再是两个人之间争夺最高统治权的斗争，而是两个阶级之间的斗争，其中一个阶级要保持自己的特权，而另一个则试图挣脱枷锁。"⑳一份当时的资料这样写："萨洛尼卡被认为是其他城市人民反对贵族的起义的榜样。"㉑

萨洛尼卡民主运动的首领是狂热分子。他们在1342年驱逐

---

⑲ 约翰·坎塔库津：《历史》，III, 28；波恩版，II, 175—179。

⑲ 我们现在已经拥有了P.查拉尼斯关于萨洛尼卡历史上这一动荡岁月的资料丰富的研究成果："14世纪拜占庭的内部斗争"（"Internal Strife in Byzantium in the Fourteenth Century"），《拜占庭》（布鲁塞尔），XV（1940—1941），208—230。

⑳ 《14世纪萨洛尼卡的兴起》，224。

㉑ 底米特里·辛多尼斯，引自查拉尼斯"14世纪拜占庭的内部斗争"，《拜占庭》（布鲁塞尔），XV（1940—1941），217。

了城市中的贵族,掠夺了他们的豪宅,建立了由狂热派成员组成的共和政府。1346年,城市中的混乱导致一场对贵族的血腥大屠杀。尼古拉斯·卡巴西拉斯是为数甚少的一个幸免于难者。甚至当坎塔库津同约翰五世巴列奥洛格达成协议之后,狂热党的政府仍在萨洛尼卡延续着,并"在某种程度上很像一个真正的共和国"[22]。狂热者们不接受君士坦丁堡的命令,萨洛尼卡作为一个独立的共和国,一直持续到1349年,这一年,约翰五世和坎塔库津依靠他们的联合军队终于成功结束了这个激进派的民主政体。

萨洛尼卡革命的真正原因还不是十分清楚。罗马尼亚历史学家塔弗拉里认为主要是城里人民经济上的窘境所致,他在狂热派中看到了为自由和未来更好的社会而斗争的勇士。[23]迪尔写道,"14世纪萨洛尼卡公社悲惨而又血腥的历史揭示了阶级间的斗争,富人同穷人的斗争,贵族和平民的斗争及其残暴性";这次斗争"把模糊的共产主义运动倾向引入歧途"[24]。另一方面,另一位历史学家仍然认为,在萨洛尼卡起义中,政治要素,即反抗约翰·坎塔库津党徒的斗争要超过社会要素。[25]这个问题值得进一步研究,但是表面上,似乎在萨洛尼卡革命中社会背景的因素占据了首要位置;然而,在那个时代,由于约翰五世和约翰·坎塔库津之间爆发的内战,社会问题往往与政治利益掺杂在一起。作为阶级斗争

---

[22] 塔弗拉里:《14世纪萨洛尼卡的兴起》,249。

[23] 塔弗拉里:《14世纪萨洛尼卡的兴起》,255、259—272;见查拉尼斯"拜占庭的内部斗争",《拜占庭》(布鲁塞尔),XV(1940—1941),221。

[24] 《拜占庭兴衰史》,20。夏尔·迪尔:"拜占庭文明"("Byzantine Civilization"),《剑桥中世纪史》,IV,760。

[25] 雅克文科文章,见《拜占庭年鉴》,XXI,3—4(1914),184。

的一个代表,在萨洛尼卡爆发的革命是中世纪社会问题的总体历史中最重要的现象之一。

由于帝国的内忧外患,拜占庭失去了贸易控制权。然而在土耳其人明确切断所有联系之前,君士坦丁堡像以前一样,仍是一个集中着来自各地区的货物,并有可能遇见各民族国家商人的中心。

14世纪上半叶一位服务于巴尔迪贸易商号的佛罗伦萨代理商、同时也是一名作家的弗朗切斯科·巴尔都齐·佩戈洛蒂(Francesco Balducci Pegolotti)留下了关于在君士坦丁堡本地以及加拉泰和佩拉地区的商品和西方商人情况的珍贵资料。㊶ 佩戈洛蒂提到了热那亚人、威尼斯人、波斯人、佛罗伦萨人、普罗旺斯人、加泰罗尼亚人、安科纳人、西西里人以及"所有其他外乡人"(*e tutti altri strani*)。㊷ 14世纪上半叶的一名勃艮第旅行者贝特朗东·德拉布罗基耶也写道,他在君士坦丁堡看到了各国商人,但是威尼斯人"更具优势";而在另一处记载中他也提到了威尼斯人,热

㊶ 关于佩戈洛蒂,见W.海德《中世纪利凡特贸易史》,I, xvii—xviii。C.R.比兹雷:《近代地理的曙光》,III, 324—332。《不列颠百科全书》中有一篇文章是根据比兹雷的作品所写。H.J.于勒(云南人民出版社中译本中,张绪山译作"裕尔"。——译者):《东域纪程录丛》(*Cathay and the Ways Thither*), II, 278—308;H.科迪耶主编,III, 137—142。E.弗里德曼(E.Friedmann):《佛罗伦萨中世纪商业活动的地理范围(据巴尔都齐·佩戈洛蒂的贸易活动所见)》(*Der mittelalterliche Welthandel von Florenz in seiner geographischen Ausdehnung〈nach der Pratica della mercatura des Balducci Pegolotti〉*), 3—5。

㊷ 弗朗切斯科·巴尔都奇·佩戈洛蒂:《贸易活动中的什一税和其他税收》(*La pratica della mercature della decima e delle alter gravezze*), III, 24;阿兰·埃文斯编, xv—xxvi,并见佩戈洛蒂的资料, xxvi—l。当然,对于巴列奥洛格时期拜占庭贸易活动进行研究的最好的综合性资料是海德的《中世纪利凡特贸易史》,I, 427—527,及II。

第九章 拜占庭的灭亡

那亚人和加泰罗尼亚人。㉘在君士坦丁堡当然也有来自西方的(如亚得里亚海上的拉古萨)和来自东方的商人。君士坦丁堡的商业交往是真正国际性的。

但是贸易本身已不再为拜占庭人所操纵,而是完全转入了西方商人手里,主要是威尼斯和热那亚商人,在某种程度上也包括波斯人、佛罗伦萨商人和其他一些商人。从迈克尔八世统治时期开始,热那亚在拜占庭经济生活中占据了首要位置。热那亚人拥有免税权,被允许在加拉泰进行城市建设及设防,而且在爱琴海群岛、小亚细亚、黑海海岸、特拉布松,以及在克里米亚上的卡法(Caffa,即狄奥多西城[Theodosia])及顿河河口的塔纳地区都可以组建他们的商站和侨居地。㉙卡法尤其是拥有坚固的防御工事和详尽的行政管理条例(1449年)的繁荣而组织良好的城市。㉚拜占庭历史学家帕希梅利斯非常崇拜热那亚人,因为即使是冬天的

㉘ 《在另一个海上的航行》(*Voyage d'autremer*),舍费尔编,150、164。

㉙ 见布拉提亚努所著《13世纪热那亚人在黑海的商业活动研究》,关于13世纪热那亚在拜占庭帝国的商业活动一章中特别重要的记载,108—154。关于14世纪威尼斯人与特拉布松人之间的贸易契约,见 D.A.扎基希诺斯《特拉布松的阿列克修斯三世科穆宁皇帝赐予威尼斯人以特权的金玺诏书》(*Le Chrysobulle d'Alexis III Comnène empereur de Trébizonde en faveur des Vénetiens*),4—12。

㉚ 关于1449年这一特别有趣现象的记载出于 V.于尔格维奇(V.Yurguevich)发于《奥德萨历史和考古学会通报》(*Transactions of the Historical and Archeological Society of Odessa*)上的文章,V[1865],631—837;以及 P.维格纳(P.Vigna)发于《利古里亚国家历史学会会刊》(*Atti della Società Ligure di Storia Patria*)中的文章,VII[2],567—680。关于热那亚人在卡法的碑铭文献,见埃林娜·斯克尔金斯卡(Elena Skerzinska)"克里米亚的热那亚人侨居地的拉丁文碑铭"("Inscriptions latines des colonies genoises en Crimée"),《利古里亚国家历史学会会刊》,LVI(1928),1—180。关于1449年的行政法令,见 A.A.瓦西列夫《克里米亚的哥特人》,226—227。

风暴也不能阻止他们的船只在黑海上航行。㉛威尼斯也拥有免税权,在两个强大的政权热那亚和威尼斯之间一直存在着政治和经济上的敌对状态,有时还会导致暴力战争。拜占庭在这些战争中的位置是极为微妙的。13世纪末,当1291年十字军在叙利亚的最后一个堡垒圣让达克落入了埃及苏丹手中时,威尼斯也就丧失了其在地中海东南部的贸易权;此后,威尼斯为夺回它在拜占庭、爱琴海和黑海的经济优势而集中全力在北方同热那亚进行残酷的斗争。关于佛罗伦萨和君士坦丁堡之间经济联系的新证据表明,这种商业活动是非常活跃的且主要是谷物方面的贸易。㉜

所有这些西方商人在拜占庭人进行的商业活动,其利润已经不再由拜占庭控制,而是掌握在西方商人自己手中;巴列奥洛格王朝在经济上完全依赖富裕的,进取性极强的那些西方的商业共和国和城市。在经济上,巴列奥洛格并没有控制帝国。

在拜占庭货币上也可看到意大利人的影响。14世纪在安德罗尼卡二世、安德罗尼卡三世和约翰五世时期,出现了一次以佛罗伦萨的货币为模式的币制改革的尝试。威尼斯的形式也可能被考虑过。拜占庭帝国最后的金币是在曼纽尔二世时期铸造的,也许是为了庆祝他的加冕,在金币图案上是复国后的君士坦丁堡城墙

㉛ 乔治·帕希梅利斯:《安德罗尼卡·巴列奥洛格》,波恩版,I,419—420。

㉜ W.海德所不可能得到的13—14世纪的一些文献在R.戴维森的《佛罗伦萨历史研究》(*Forschungen zur Geschichte von Florenz*)中可以看到,见该书III,69—70(no.315)、135(no.686)、193(no.974)。亦见弗里德曼《佛罗伦萨中世纪商业活动的地理范围》,26。当然,一些15世纪的文献亦可见于J.米勒的著作《关于托斯卡纳地区城市与东方基督教世界和土耳其世界联系的文献》(*Documenti sulle relazioni delle città toscane coll' Oriente Cristiano e coi Turchi*),149—150、162—163、169—177、283—284。

第九章 拜占庭的灭亡

围绕着的圣母教堂。人们没有看到过拜占庭最后一个皇帝君士坦丁十一世时发行的货币。㊳有一种理论认为在曼纽尔二世和约翰八世期间，拜占庭实行了一次银本位制的改革。㊴但这种观点没有被证实。

西方在拜占庭的经济势力由于奥斯曼土耳其的胜利进军而结束了；土耳其人逐渐控制了君士坦丁堡和帝国的其他地方，特拉布松和黑海北岸地区。

拜占庭帝国的内政外交虽然江河日下，但人们诧异地读到了一位匿名作者（有人认为此人是科迪努斯，但显然是错误的）对于14世纪的拜占庭宫廷官员情况的一些描述文章。这部论述描述了拜占庭宫廷高官显贵们绚丽多彩的服饰、风格迥异的头饰、他们的鞋子和所佩装饰物；还有对于宫廷礼节、加冕仪式和官员晋升到不同级别的仪式细节。该作品是对10世纪那部著名的关于拜占庭宫廷礼仪一书内容的补充。10世纪，是帝国权力最辉煌的时期，这一著作的出现是可以理解的和必不可少的。但是在14世纪帝国最后崩溃的前夕，出现这么一部类似的著作，实在是让人费解，该作品也揭露了拜占庭末代王朝皇帝们的宫廷中显然被一种短视无知的风气所主宰。克伦巴赫也对14世纪出现这么一份著

㊳ W.若斯：《大不列颠博物馆藏拜占庭货币目录》，I，lxviii—lxxv；II，635—643。A.布兰切特："拜占庭皇帝所发行的最后的货币"（"Les dernières monnaies d'or des empereurs de Byzance"），《钱币学评论》（*Revue Numismatique*），IV，4（1910），89—91。亦见 E.施泰因在"晚期拜占庭立法与经济研究"（"Untersuchungen zur spatbyzantinischen Verfassungs-und Wirtschaftsgeschichte"）中所提到的关于巴列奥洛格时期拜占庭钱币的一些有趣的片断，《奥斯曼历史通报》，II（1924），11—14。

㊴ 布兰切特，"拜占庭皇帝所发行的最后的货币"，《钱币学评论》，IV，4（1910），14—15。

作感到困惑,他讽刺道:"也许,这大概可用一句中世纪希腊谚语加以概括,'世界末日即到,吾妻犹在购置新装'。"㉝

学术、文献、科学和艺术

从政治和经济方面看,巴列奥洛格统治时期的帝国的确处于一片危机之中。在奥斯曼土耳其人进逼下,帝国节节败退,领土越来越少,最后只余君士坦丁堡及其周围地区,还有莫里亚。很明显,帝国既没有合适的时间和空间,也没有合适的条件来推动文化的发展。然而,事实上,14、15世纪处于衰败中的帝国,特别是君士坦丁堡,却是一个充满活跃气息的学术和艺术活动的中心。君士坦丁堡的学校仍然像这个城市最辉煌的时代那样繁荣,这里的学生不仅来自遥远的希腊地区,如斯巴达和特拉布松,甚至还来自正处于文艺复兴高潮时期的意大利。以杰米斯图斯·普勒桑为首的哲学家,解释了亚里士多德和柏拉图的思想。那些研究着最好的古典著作的样本,并努力使自己同古典风格相匹配的修辞学家和文献学者们,吸引了成群结队的热情听众和追随者,在他们的活动和兴趣中,出现了一些堪与意大利人文主义相媲美的学者。许多历史学家描绘了帝国的末日。以静修派运动为标志的活跃的宗教生活以及同罗马教会联合的问题都在文学、教会教义、神秘主义和修辞学作品中留下了痕迹。在诗歌创作中也表现出了一种复苏。文学复兴紧跟着是艺术的复兴,留下了极富价值的丰碑。除

㉝ 克伦巴赫:《拜占庭文献史》,425。

了君士坦丁堡外,米斯特拉-斯巴达也因活跃的学术活动而闻名。14世纪是萨洛尼卡城在文学和艺术上的黄金时代。㊳

总之,在帝国的政治和经济衰退时期,希腊文明看起来似乎在聚集着它所有的力量展现古典文化的勃勃生机,并为将来19世纪希腊的复兴奠定了基础。一名历史学家这样说过:"在它就要灭亡的前夕,所有的希腊人似乎在重新积聚了她的聪明才智和力量,焕发着最后一道璀璨的光芒。"㊴

帝国家族的许多成员都以其学识而著称于世,巴列奥洛格和坎塔库津就是这样的人。迈克尔八世写了一些有利于教会联合的论文和涉及一些重要殉道者的教规,还留下了一部非常有趣的自传㊵,该自传的手稿现藏于莫斯科的教会图书馆;他还曾在君士坦丁堡创建了一座语法学校。长者安德罗尼卡热爱文学和艺术,是学者和艺术家们的恩主。一些学者肯定,他对学者和艺术家们的保护优化了当时的艺术氛围,从而出现了如君士坦丁堡霍拉*修

㊳ 米勒:《关于拉丁东方的论文》,278—279。塔弗拉里:《14世纪的萨洛尼卡》,149—169。

㊴ E.拉维斯(E.Lavisse)和A.兰姆鲍德(A.Rambaud):《自4世纪起至当代通史》(*Histoire générale du IVe siècle à nos jours*),III,819。夏尔·迪尔:《拜占庭艺术手册》,II,750。譬如,仅以15世纪初拜占庭的辩论家约瑟夫·布莱昂纽斯的作品为基础而写,对于巴列奥洛格时代之文化的模糊而带有偏见的描述,见于L.厄科诺摩"据约瑟夫·布莱昂纽斯所记载所见14世纪中期拜占庭的文化和精神",《迪尔研究文集》,I,225—233;特别是226:文化和精神生活的日趋衰落。亦见N.H.贝恩斯在《希腊研究杂志》,LII(1932)上发表的一篇相当不错的评论。

㊵ 该自传的一些部分被查普曼译成了法文,见《迈克尔·巴列奥洛格(1261—1282年),拜占庭帝国的光复者》,167—177。

* 对霍拉修道院内壁画和镶嵌画的研究(附有精美图版)已经于2001年由英国牛津大学著名拜占庭艺术和考古史学家西里尔·芒戈出版。——译者

道院(今卡里耶清真寺)那样的优秀艺术和镶嵌画作品。㊴ 曼纽尔二世还特别因其所受的教育和文学天才而著称。作为一位优秀的神学家、研究古典学的权威、机敏的演说家、杰出的修辞学家,曼纽尔留下了许多作品:一篇描述圣灵之产生的论文,一篇攻击伊斯兰教的文章,一些就不同主题发表的演说,以一种相当诙谐的风格所写的对于"一幅皇家壁毯上所织造的春天的描述",以及写给他那个时代许多著名人士的重要信件,这些信件有的写于他被迫滞留于土耳其宫中时,也有的写于他在欧洲旅行时期。所有这些出于曼纽尔笔下的现存手迹共有109篇论文和书信。㊵

但是,就文学活动来看,在皇帝中居于首位的当属约翰六世坎塔库津,他在被迫逊位后即以约瑟夫的教名退隐于一座修道院,从事科学和文学的写作,以排遣自己的孤独。他的主要文学著作是四卷本的《历史》,或者可以说是"回忆录",它囊括了自1320—1356年的历史,为其以后的历史著述提供了重要的史料。作者在前言中说,他所要写的,都是历史的真实㊶,但是,他在记载自己参与的事件时背离了自己的宗旨,也许是无意识的。他极力为自己受的责难开脱,并极力褒扬自己和他的朋友及同伙;与此同时,他试图贬低、嘲笑和污蔑他的政敌。坎塔库津是唯一撰写详细回忆

㊴ D.阿伊那洛夫(D.Aïnalov):《14世纪的拜占庭绘画》(*The Byzantine Painting of the Fourteenth Century*),132—133。

㊵ 贝格尔·德希弗里(Berger de Xivrey):"皇帝曼纽尔·巴列奥洛格对自己生活与事业之回忆"("Mémoire sur Manuel Paléologue"),《法兰西学院回忆录》,XIX(2),1。L.佩迪(L.Petit):"曼纽尔二世巴列奥洛格",《天主教神学辞典》,IX(2),1925—1932。曼纽尔的作品没有能全部出版。一些零星信件和论文上面已经引用。

㊶ 《历史》,前言;波恩版,I,10。

录的拜占庭皇帝,而且,尽管他对历史事件的评论带有偏见,它们却成为了对于14世纪巴尔干半岛复杂的历史及斯拉夫人,特别是巴尔干地区的地理状况进行研究的十分重要的资料来源。坎塔库津也写了一些神学著作,其中,大部分还没有出版。例如,其中与巴尔拉姆、犹太人和穆斯林争论方面的论文。约翰·坎塔库津将他对文学的兴趣传给了他的儿子马休,后者在父亲下台后,也被迫穿上了修士的黑袍,他亦写了一些神学和修辞学方面的文章。

巴列奥洛格时代产生了一群重要和天才的历史学家,他们专门记载和解释了当时的悲剧性事件。历史学家帕希梅利斯(1242—1310年)学识渊博,在希腊人驱逐了拉丁人后,才由尼西亚来到君士坦丁堡。由于所占据的高官位置,帕希梅利斯可以根据可信的官方文献补充他自己的观察。他是一个热情的希腊民族精神的代言人,因此,他反对与西方教会联合的主张。除了他的一些修辞学和哲学方面的论著、以六韵节文字写的自传及一些书信外,他还是一部非常重要的历史著作的作者,该著作记载了自1261年至14世纪初年(1307—1308年)的历史。这是研究迈克尔八世时期及长者安德罗尼卡统治时期所需要的主要资料。在拜占庭历史学家中,帕希梅利斯是第一位主要关注他那个时代细微复杂的宗教教义争论的人。克伦巴赫写道:"这些人,似乎害怕谈及帝国政治生活中引人烦恼的事件,企图在抽象的对宗教问题的研究中获得安慰和放松,而这类宗教问题当时扰乱了所有人的思想。"[94]帕希梅利斯所写的历史中一个最有趣的部分是对罗杰·德

---

[94] 克伦巴赫:《拜占庭文献史》,288。

弗洛尔之加泰罗尼亚兵团的描述,它与加泰罗尼亚编年史家蒙塔内尔的描述恰形成重要的对比。㉝ 帕希梅利斯的作品中,荷马时期的语言与神学概念及各种外来的或民间使用的语言相混杂,充满了对于古典写作风格的八股式的模仿;帕希梅利斯甚至模仿人们很少能知道的阿提卡语称呼各个月份,而不使用通行的基督教历中的月份名称,显然使其作品失之清晰。帕希梅利斯的一些作品至今仍然没有出版,甚至他的主要历史著作也仍然需要有一部批判性的版本。㉞

14世纪早期,尼斯福鲁斯·卡利斯图斯·克山索普罗斯撰写了他的《基督教会史》,他的原初计划可能是要将这部历史写到他所生活的时代,但是,在记载了911年的事件后,他的记载中止了。他的著作只有涉及基督之诞生到7世纪初期之事件的部分目前保

㉝ 见 A.鲁比奥·伊·卢克(A.Rubió i Lluch)写的一篇极好的文章"帕希梅利斯与蒙塔内尔",《加泰罗尼亚研究所历史考古分部,回忆录》(*Secció historico arqueologica del Institut d'Estudis Catalans*, *Memories*),I(1927),33—60。

㉞ 见 A.海森伯格"乔治·帕希梅利斯的一份手稿"("Eine Handschrift des Georgios Pachymeres"),收于他的作品《巴列奥洛格时期的文学》(*Aus der Gcschichte und Literatur der Palaiologenzeit*),3—13。关于帕希梅利斯的手稿可见于耶路撒冷图书馆。见《拜占庭与当代希腊年鉴》,II(1921)227。亦见克伦巴赫《拜占庭文献史》,288—291;以及蒙特拉蒂奇(Montelatici)《拜占庭文献史》224—225。更近期的作品,见 V.劳伦特(V.Laurent)"乔治·帕希梅利斯的拜占庭历史手稿"("Les Manuscrits de l' Histoire Byzantine de Georges Pachymère,"),《拜占庭》(布鲁塞尔),V(1929—1930),129—205;"十篇历史手稿的编辑、描述和引用的历史。"劳伦特:"乔治·帕希梅利斯关于拜占庭历史的两篇新发现的手稿",《拜占庭》(布鲁塞尔),XI(1936),43—57;有两篇新增加的手稿。

第九章　拜占庭的灭亡

存得比较完整。他也写了教会的诗歌、赞美诗和其他一些作品。[34]

14世纪也有一位描写拜占庭之最后两个世纪历史的最伟大的学者和作者尼斯福鲁斯·格雷戈拉斯，他参与了静修派的争论活动。他拥有广博的知识、能言善辩，而且有着坚强的性格，他几乎比拜占庭巴列奥洛格时期所有的精英都更优秀，甚至可以将他随意与西方文艺复兴时期最优秀的代表相比。他接受过绝好的教育，十分熟悉古典学术传统，而且热衷于研究天文，他甚至向皇帝提交了一份进行历法改革的建议。在从事了多年成功的教学活动之后，格雷戈拉斯积极地投入了他那个时代的激烈神学争论之中，并写了许多著作，其中相当一部分还没有出版。[35] 他起初是卡拉布里亚的修士巴尔拉姆的强大对手，但渐渐地转变立场，站到了联合派一方；为此，他多次受到当权者的严酷迫害甚至被打入囚牢。格雷戈拉斯很可能是在1360年前后结束了他轰轰烈烈的生涯。他的作品几乎涉及拜占庭学术的所有领域——神学、哲学、天文、历史、修辞学和语法等。其中最为重要的作品是他的庞大的37卷本的罗马史，覆盖了自1204年到1359年，即尼西亚时期和拉丁帝国时期以及前四任巴列奥洛格皇帝及约翰·坎塔库津时期的历史。他对于1204年以前的历史做了简要的概括，而详细的历史记载，包括对于他那个时代之教义争论的记载，则由这一年开始。格

---

[34]　克伦巴赫：《拜占庭文献史》，291—293。亦见蒙特拉蒂奇《拜占庭文献史》，226。亦见M.朱吉"尼斯福鲁斯·卡利斯图斯·克山索普罗斯"，《拜占庭》（布鲁塞尔），V(1929—1930)。朱吉在这里发表了尼斯福鲁斯的十首教会诗篇。

[35]　R.居兰德：《论尼斯福鲁斯·格雷戈拉斯》，xxxii—xxxiii。居兰德：《尼斯福鲁斯·格雷戈拉斯的书信集》，xii—xviii。

雷戈拉斯情不自禁地详细描述了宗教争论的细节,在这一宗教争论中,他是主要参与者之一;因此,他所写的历史明显地反映了他自己的情绪,难免带有一些偏见。也许,他的历史更应该属于一部回忆录,而不是一部历史。人们可以认为,它是"一部对于波澜壮阔的宗教斗争进行了主观描绘的画卷"[57]。学者们在谈到格雷戈拉斯的重要性时,意见颇不一致。克伦巴赫称他是"拜占庭最后两个世纪中最伟大的博学者"[58];蒙特拉蒂奇将他描写为"他那个时代最伟大的学者"[59]。最近研究格雷戈拉斯之生平的一位学者居兰德,不同意克伦巴赫的意见。他写道:"格雷戈拉斯确是如克伦巴赫所喜欢称呼的那样,是巴列奥洛格时代最伟大的博学者吗?不,他是 14 世纪拜占庭的一位最杰出的作者,但不是最伟大的……格雷戈拉斯不是最伟大的,但却是这个世纪最伟大的作者,而这个世纪尽管在拜占庭文明史上乃至于欧洲文明史上都十分重要,却仍然寡为人知。"[60]无论如何,格雷戈拉斯之学识的广博是令人惊讶的,而且,在拜占庭历史上很难找到与这位拜占庭文艺复兴时期的天才代表相媲美的人物。

15 世纪重要的政治事件在当时的历史文献中留下了相当多的痕迹。约翰·卡纳努斯(John Canacns)写了一篇文章记载了 1422 年土耳其人对于君士坦丁堡的不成功的围攻。卡纳努斯使

---

[57] 克伦巴赫:《拜占庭文献史》,293—296。居兰德:《论尼斯福鲁斯·格雷戈拉斯》,236—238。

[58] 《拜占庭文献史》,288。将熟悉许多领域之知识的学者被称为"博学者"。

[59] 《拜占庭文献史》,225;"il più grande erudito del suo tempo"。

[60] 居兰德:《论尼斯福鲁斯·格雷戈拉斯》(*Essai sur Nicéphorus Grégoras*),296。

用了几乎接近于民族口语的文字,将首都君士坦丁堡之摆脱围困的事件归因于圣母显灵的神迹。也许,约翰·卡纳努斯也是一篇极其简明的旅行记的作者,他记载了自己在德意志、瑞典、挪威、利沃尼亚甚至远到冰岛的旅行历程,而这部游记曾经被认为是卡纳努斯·拉斯卡利斯的作品。㊿

作家约翰·阿纳格诺斯特斯(John Anagnostes)留下了对于1430年土耳其人攻击萨洛尼卡事件的真实记载。与卡纳努斯不同的是,阿纳格诺斯特斯严格地对于文学写作的手法循规蹈矩,十分小心地保持其使用之希腊语的纯正。

对于1453年君士坦丁堡之陷落这一深刻震撼了其当代人的最后事件进行了记载的有四位作者,他们的作品各有其不同的立场和价值。这些,我们已经讨论过了。但是,这四位作者——乔治·弗兰策、杜卡斯、劳尼科斯·卡尔科康迪勒斯,以及克利托布鲁斯——所留下的资料,不仅可以用来研究君士坦丁堡之陷落,而且可以用于巴列奥洛格王朝的整个时期。

弗兰策的编年史现存两种版本,一个是简本,另一个相当详细。那部简本,通常被称为"迷你"(*minus*)本,仅记载了1413—1478年的事件,而那部详本(*maius*)即弗兰策所著《历史》包括了自1258—1478年间的重要事件;它之开端是尼西亚帝国的末期,

---

㊿ 卡纳努斯·拉斯卡利斯:《北欧诸国游》(*Reseanteckningar fran nordiska länderna .Smärre Byzantinska skrifter*),V.伦茨特罗姆(V.Lundstrom)编,14—17;A.A.瓦西列夫编:"拉斯卡利斯·卡纳诺斯,15世纪游历北欧和冰岛的拜占庭旅行家"("Laskaris Kananos,Byzantine Traveler of the Fifteenth Century Through Northern Europe and to Iceland"),《纪念V.P.布泽斯库尔文集》(*Essays Presented to V.P.Buzeskul*),397—402。克伦巴赫:《拜占庭文献史》,422。

其结束则于土耳其人攻击君士坦丁堡之时;在围城期间,他本人就在城内,因此,作为一位目击者,他做了很详尽的记载。君士坦丁堡陷落后,他被土耳其人搜捕。后来,他被赎出,一度逃至当时还没有被土耳其人攻占的米斯特拉。在土耳其人征服伯罗奔尼撒半岛之前,弗兰策逃到了当时仍然属于威尼斯人的科孚岛上。他在
692 一所修道院中皈服了圣道,取名格雷戈利乌斯(Gregorius),在一些科孚名流人士的要求下,写下了自己的这部历史。(352) 由于弗兰策作为巴列奥洛格王朝之廷臣的经历,并且与该王朝有着密切的关系,这就决定了弗兰策成为巴列奥洛格家族的御用历史家,他经常夸耀他们的才能而掩盖他们的过失。弗兰策之作品的显著特点是他对土耳其人的恨、对于正教会的虔诚与崇敬以及对巴列奥洛格王朝的忠心不二。尽管他有着一些偏见,但这部著作,作为一部由接近其所记载事件的目击者的作品,是非常重要的,特别是关于约翰八世统治时期以后的记载尤其重要。弗兰策的写作风格简朴无华,其中有一些土耳其和意大利用语。一位研究弗兰策的传记作家评价道:“尽管他基本上是一位国务官员——这本身就构成了他所写的历史之价值——但他像多数拜占庭历史学家一样,拥有丰富的文学知识。”(353)“国务官员”(A Man of Affairs)一词意指弗兰策与君士坦丁十一世的个人和国家事务,以及帝国面临的实际

(352) W.米勒:“历史学家杜卡斯和弗兰策”(“The Historians Doukas and Phrantzes”),《希腊研究杂志》,XLVI(1926),70。

(353) 米勒,“历史学家杜卡斯和弗兰策”,《希腊研究杂志》,XLVI(1926),71。学者们对于他的两部著作进行研究后,在此基础上提出了问题,即弗兰策是否的确是那部详细编年史的作者。J.B.法勒尔·帕帕多布鲁斯(Faller-Papadopoulos):“弗兰策是另一部长编年史的作者吗?”《保加利亚考古学研究所通报》,IX(1935),177—189。

第九章　拜占庭的灭亡

状况等有着密切的关系。

杜卡斯是小亚细亚的希腊人,他"以一种略作修饰的希腊口语"[58]记载了1341—1462年的历史事件,即由约翰五世即位到土耳其人征服莱斯博斯岛之时。在其著作的开卷几页,他简略地记载了自亚当开始的编年史;最后三位巴列奥洛格统治时期的历史在书中记载得尤为详尽。尽管他是地地道道的希腊正教徒,但还是接受了与罗马的和解,认为这是拯救帝国于危难之中的唯一途径。杜卡斯几乎一生都在为一位统治莱斯博斯的热那亚人做事,但他却从来没有与希腊人民中断联系。他以深切的悲哀注视着他们的末日,而且,他对君士坦丁堡之陷落的描写是以一首哀歌结尾的,其中的一个片断我们在前面已经引用了。杜卡斯的著作并不仅仅以希腊文本保存下来,还有一部意大利文的版本,在这一版本中,有数处补充的部分是希腊原文版中不曾有的。[59] 一位研究杜卡斯的传记作者说道:"公平地说,尽管杜卡斯表现出了他的爱国主义思想,但他的作品的沉稳、平实、凝练,却使他成为人们真实无误地理解历史人物和事件的优秀向导。"[60]杜卡斯的最近一位传记作者评论道:"杜卡斯是一位值得研究的作者;因为他忠于史实,而且,有时候——在多数情况下——他是目击者,按照历史学家的眼光看,这就远远超过了他的文字风格上的缺陷,而他的文风的粗

---

[58] 克伦巴赫:《拜占庭文献史》,306;蒙特拉蒂尼:《拜占庭文献史》,231。

[59] 迈克尔·杜卡斯著作的意大利文版本,而不是希腊文版本,可见于波恩版《拜占庭文献大全》。

[60] E.切尔努索夫(E.Chernousov):"杜卡斯,一位拜占庭衰落之际的历史学者"("Ducas, One of the Historians of the Fall of the Byzantium"),《拜占庭年鉴》,XI(1914),221。

糙,曾经激起了不够完善的波恩大全的编者的勃然大怒。"⑤

劳尼科斯·卡尔科康迪勒斯(或卡尔科坎迪勒斯),或者是以它的简写形式:卡尔康迪勒斯(Chalcodyles)⑧。他是雅典人,他的作品之核心内容不是关于巴列奥洛格宫廷,也不是君士坦丁堡,而是关注新兴的、朝气蓬勃的奥斯曼土耳其帝国。他写了一部10卷本的《历史》,记载了自 1298—1463 年,或者更确切地说,至 1464 年年初的事件;⑨他不仅记载了巴列奥洛格王朝的历史,也记载了奥斯曼人和他们的统治者们的历史。劳尼科斯曾经被迫逃出雅典,在伯罗奔尼撒半岛居住到土耳其人征服时期,然后到了意大利,或者更可能是到了克里特,在克里特完成了他的著作。劳尼科斯仿效修昔底德和希罗多德的文风,是一个典型的,只能从文字上模仿古典语言,却难以理解其精义的希腊人。他像修昔底德那样,纯属想当然地让他笔下的人物发表演说。他所记载的欧洲一些民族和国家的资料,通常是相当不准确的。⑥ 最近一位研究劳尼科斯的学者认为:"在民族仇恨怒火熊熊燃烧的这片世界土地上,他

---

⑤ 米勒:"历史学家杜卡斯和弗兰策",《希腊研究杂志》,XLVI(1926),63。

⑧ Chalcocondyles 意即"笔锋锐利者"(有着黄铜笔尖的人,转意为"厚颜无耻"。——译者),而 Chalcondyles 意为"拥有黄铜烛台的人"。他的首名 Launikos 与 Nikolaos,Nicholas 是一致的。

⑨ 米勒:"雅典的最后一位历史学家:劳尼科斯·卡尔康迪勒斯",《希腊研究杂志》,XLII(1922),37。亦见 L.坎普罗戈鲁斯(L.Kampourroglou)《卡尔科康迪勒斯专论》(Οἱ χαλκοκονδύλαι.Μονογραφία),104—171。

⑥ E.达科(E.Darkó):"劳尼科斯·卡尔科康迪勒斯生平新探"("Neuere Beiträge zur Biographie des Laonikos Chalkokondyles,1927"),《1927 年第二届国际拜占庭研究大会文集》,25—26。亦见 K.迪特里奇《对于地球与文化认知的起源和研究》(Quellen und Forschungen zur Erd-und Kulturkunde),II,124—125。瓦西列夫:"拜占庭文献中的百年战争和贞德",《拜占庭》(布鲁塞尔),III(1926),242—248。

以少有的公允态度描述了他的祖国之大敌的起源、组织和成功,他还将他的笔触伸展到希腊帝国疆域以外的世界,以一种节外生枝的好奇心,仿效希罗多德的文风,深入到塞尔维亚人、波斯尼亚人、保加利亚人和罗马尼亚人中间;他还写了东南欧以远的国家——包括匈牙利、德意志、意大利、西班牙、法兰西和英格兰等地的风土人情。这种广博性证实了一种批评意见,即'他具有刺激人们的好奇心从而引起众人注意力的天才,使得我们在读他写的书时不至于感到困倦。'"㊿

最后一位是克利托布鲁斯,他不成功地模仿了修昔底德的文风,于 1451—1467 年为穆罕默德二世写了一部曲意奉迎的历史作品。

巴列奥洛格王朝的时代,虽然产生了几位历史学家,但几乎没有多少编年史家。在 14 世纪,只有一位编年史家,即伊弗雷姆(Ephraim),他以韵文体写了一部编年史(大约有 100 000 行),包括了自朱利乌斯·恺撒时期至迈克尔·巴列奥洛格于 1261 年复国期间的历史。但从历史的角度看,这部编年史毫无用处。

教会联合在巴列奥洛格王朝时期成为特别紧迫的问题,达成了两次正式的联合,导致了长期而激烈的"静修派"争论,刺激了神学和辩论文学的蓬勃发展。辩论文学的发展产生了数个对于联合和静修派运动取赞成态度或反对态度的一批作者;其中一些人前面已经有所交代。

㊿ 米勒:"雅典的最后一位历史学家:劳尼科斯·卡尔康迪勒斯",《希腊研究杂志》,XLII(1922),38。

在赞成联合一派中,应该提到三位作者兼活动家,他们是:死于13世纪末期的约翰·贝库斯,生活于14世纪的底米特里·辛多尼斯和15世纪著名的、知识广博的神学家,尼西亚的贝萨里翁。

约翰·贝库斯与迈克尔·巴列奥洛格是同时代人,他起初反对与罗马和解,并抵制迈克尔的教会策略。因此,他激怒了皇帝,皇帝无视他居有很高的教职,将他投入监狱。据资料披露,贝库斯是一个受过良好教育、有杰出才智的学者。一位希腊历史学家讲:他"学识渊博、经验丰富,具有杰出的辩才,足以使(这场)宗教分裂活动停止。"㊳另一位14世纪的历史学家称他是一个"聪明绝顶的人、雄辩术和智慧的大师,他具有同时代任何人所不具备的天才……他思维敏捷、出口成章,熟悉教会规章律法,其他那些人在他面前只不过是乳臭未干的幼童。"㊴尼西亚时期的尼斯福鲁斯·布莱米底斯的著作,使他改变了自己的宗教思想倾向。他开始成为赞同联合的人。迈克尔八世将他扶上了君士坦丁堡牧首的宝座,一直到安德罗尼卡二世破坏了教会联合,罢免了他,并将他投入监牢死去。贝库斯的最长的一部专著是:《论古罗马和新罗马教会之联合与和平》,文中,作者企图证明,希腊教父们已经承认了拉丁教会的教义,但是,后来以佛提乌为首的希腊神学家们亵渎了它们。贝库斯也论证了所谓圣灵的发展过程。他还以上述风格写了其他的神学论文。对于后来追随其联合立场的人们来说,贝库斯

㊳ 乔治·帕希梅利斯:《迈克尔·巴列奥洛格》,V,24;波恩版,I,403。
㊴ 尼斯福鲁斯·格雷戈拉斯:《历史》,V,2,5;波恩版《拜占庭文献大全》,I,128—129。

第九章　拜占庭的灭亡

的著作是他们能够从中汲取所需资料的丰富源泉。[84]

底米特里·辛多尼斯是巴列奥洛格王朝统治时期的一位天才的神学和修辞学作者。他于14世纪初出生于萨洛尼卡，死于15世纪初，因此他几乎活了整整一个世纪。[85] 在米兰时，他逐渐地全面掌握了拉丁语言和文学。他相继在萨洛尼卡、君士坦丁堡和克里特生活，并获得威尼斯市民资格[86]，最后他死于一座修道院。辛多尼斯积极参与了他那个时代的宗教争论问题，热衷于同罗马实现和解。在他的作品中，表现出他比许多同时代人更精通拉丁语，并且能够使用最著名的西方著作家和学者们的著作。他写了许多论述不同问题的神学、修辞学以及哲学方面的文章。[87] 在辛多尼斯的著作中有一篇文章论及"圣灵的发展进程"，显然不是他的作

---

[84] A.D.佐托斯（A.D.Zotos）："新罗马——君士坦丁堡牧首约翰·贝库斯"（Ιωάννης ὁ Βέκκος πατριάρχης Κωνσταντινουπόλεως Νέας 'Ρώμης）。

[85] 见G.卡梅利（G.Cammelli）："底米特里·辛多尼斯：生活和作品概要"（"Demetrio Cidonio：Brevi Notizie della vita e delle opere"），《意大利古典文献研究》（*Studi Italiani di filologia classica*），N.S.I(1920)，144—145；辛多尼斯出生于1300—1310年，一直活到大约1403—1413年。居兰德：《尼斯福鲁斯·格雷戈拉斯书信集》（*Correspodance de Nicéphore Grégoras*），325—327，认定辛多尼斯死于1400年。M.贾吉："底米特里·辛多尼斯与14—15世纪的拉丁神学"（"Démétrius Cydonès et la theologie latine à Byzance aux XIVe et XVe siècles"），《东方之声》，XXXI(1928)，386—387，指出辛多尼斯出生于1310—1320年间，死于1399—1400年。最新、最详细的一部传记是由G.卡梅利所写《底米特里·辛多尼斯，通信集》（*Démétrius Cydonès, Correspodance*），v—xxiv。

[86] 关于辛多尼斯的威尼斯市民权问题，见R.洛恩内兹（Loenertz）"底米特里·辛多尼斯，威尼斯市民"（"Démétrius Cydonès, citoyen de Venise "），《东方之声》，XXXVII(1938)，125—126。

[87] 居兰德：《论尼斯福鲁斯·格雷戈拉斯》，327—331。

品,而是他的一个学生曼纽尔·卡勒卡斯(Manuel Calecas)的作品。⑱ 除了其他一些作品外,辛多尼斯还将托马斯·阿奎那的著名神学著作《神学大全》由拉丁语译成了希腊语。这一翻译作品至今还没有出版。一位大公教会的信徒如此评价:"这一部使得圣托马斯以大马士革的圣约翰之口气说话的力作曾经在图书馆的尘埃中埋没了四个世纪之久。这难道也是它未来的命运吗?难道我们就找不到一个既是托马斯主义者又是希腊主义者的一个神学家或者一个使徒去向希腊教会传播辛多尼斯为未来社会准备的遗产吗?"⑲难道这一译著不是"引导东西方教会联合的向导吗?"

在辛多尼斯的讲演中,似乎应该注意两篇"商讨式的"演说词,其中描述了面对土耳其人的危险时,君士坦丁堡城内的居民之忧患情绪,讨论了迁徙至西欧的可行性,督促希腊人和拉丁人联合其全部力量抵抗共同的敌人。⑳

但是,14世纪文化史上的最重要问题,是辛多尼斯的大量通信。其中多数还没有得到出版;在447封信中,只有51封得以印

---

⑱ 这是近期一位意大利学者 G.梅尔卡第发现的。见 M.朱吉"底米特里·辛多尼斯",《东方之声》,XXXI,(1928),385。

⑲ E.布维(Bouvy):"圣托马斯,其著作的拜占庭翻译者"("Saint Thomas. Ses traducteurs, byzantins"),《奥古斯丁杂志》(*Revue augustinienne*), XVI(1910)。407—408。亦见 M.拉克尔(Rackl)"底米特里·辛多尼斯,圣托马斯·阿奎那的辩护者和翻译者"("Demetrios Kydones als Verteidiger und Uebersetzer des hl. Thomas von Aquin"),《天主教会。天主教神学与教会生活》(*Der Katholik. Zeitschrift für Katholische Wissenschaft und Kirchliches Leben*);XV(1915),30—36。朱吉:"底米特里·辛多尼斯",《东方之声》,XXXI(1928),148。

⑳ G.卡梅利:"最新底米特里·辛多尼斯演说精选"("Demetrii Cydonii orationes tres adhuc ineditae"),《拜占庭与当代希腊年鉴》,III(1922),67—76;IV(1923),77—83、282—295。

第九章 拜占庭的灭亡

刷出版。在他的通信集中,可以提到的有曼纽尔二世(32 封信),约翰·坎塔库津(11 封信),对于这位约翰,他在信中满是友好的语汇,此外,还有与他那个时代另外一些名人的通信。⑰

只有辛多尼斯的所有信件得以出版,学者们才可能期望对于他的生平和全部著作进行研究。此外,如果不能对这一新的资料进行细致深入的研究,拜占庭最后几个世纪的希腊文明史也很难得到完全的了解和足够的评价。这一研究不仅涉及希腊文明,而且将揭示拜占庭和意大利文艺复兴之间的文化联系,而辛多尼斯恰巧密切地与此一问题有关。14 世纪末期一位意大利文艺时期的最著名代表人物克鲁乔·萨卢塔蒂*(Coluccio Sautati)曾经给

---

⑰ G.卡梅利:"14—15 世纪的拜占庭人,底米特里·辛多尼斯书信研究"("Personaggi bizantini dei secoli XIV—XV attraverso le epistole di Demetrio Cidonio"),《贝萨里翁》,XXIV,151—154(1920),77—108。至于一份有关辛多尼斯之已经出版和尚未出版的著作之初步的目录,见卡梅利"底米特里·辛多尼斯"("Demetrio Cidonio",《意大利古典文献研究》,N.S.I(1920),157—159。1930 年卡梅利出版了辛多尼斯的 50 封书信,附以法文翻译和 447 封注有日期或没有日期的书信的总目;见《底米特里·辛多尼斯。通信集》。亦见 V.劳伦特对于此书信集的详细评论:"关于底米特里·辛多尼斯的通信集"("La Correspondance Démétrius Cydonès"),《东方之声》,XXX(1931),339—354。劳伦特:"曼纽尔·巴列奥洛格和底米特里·辛多尼斯,评两者之通信"("Manuel Paléologue et Démétrius Cydonès.Remarques sur leur correspondance"),《东方之声》,XXXVI(1937),271—287、474—487;XXXVII(1938),107—124。G.梅尔卡第:"关于底米特里·辛多尼斯的书信"("Per L'Epistolario di Demetrio Cindone"),《拜占庭与当代希腊研究杂志》,III(1931),210—230。P.查拉尼斯:"14 世纪下半期的希腊历史资料"("The Greek Historical Sources of the Second Half of the Fourteenth Century"),《美国波兰研究院季刊》(The Quarterly Bulletin of the Polish Institute in America)(1944 年 1 月),2—5。

* 克鲁乔·萨卢塔蒂(1331—1406 年),意大利人文主义者,佛罗伦萨首相(1375—1406 年)。——译者

辛多尼斯写过一封相当长而且对其大加颂扬的信。㊗

在安德罗尼卡二世巴列奥洛格统治时期两次荣登牧首位置（1289—1293年；1304—1310年）的君士坦丁堡牧首阿塔那修斯一世显然能够为他那个时期的帝国之政治、宗教和社会状况提供最为重要的资料。他的一些已经得到出版的作品使我们可以得出这样的断言。㊗

著名的尼西亚的贝萨里翁（Bessarion of Nicea）也属于联合派的成员，他是佛罗伦萨会议的参与者、后任罗马教会的红衣主教。但是，他个人和他的活动之重要意义远远超出了他的神学作品；他有一些教义方面的论文表明他是从拉丁教会的观点考虑问题的，因此，在讨论拜占庭和文艺复兴的关系时将对于这些论文进行讨论和评价。

教会联合派的对立方也有他们的作者群，但是，他们难以与诸如辛多尼斯和贝萨里翁这样知名的联合派代表相匹敌。塞浦路斯的格列高利（他的俗名叫作乔治），是安德罗尼卡二世时期的牧首，是约翰·贝库斯的主要的、但却是不十分成功的对手，他同时代的资料中称他是"以其学识而著称的人"㊗，他留下了一些讨论教义

㊗ 见《克鲁乔·萨卢塔蒂书信集》（*Epistolario di coluccio Salutati*），F.诺瓦蒂（F. Novati）编，III，105—119；该书信写于1396年。

㊗ R.居兰德："君士坦丁堡牧首（1289—1293年；1304—1310年）阿塔纳修斯书信集"（"La Correspondance inédite d'Athanase, patriarche de Constantinople, 1289—1293；1304—1310"），迪》：《研究文集》，I，121—140。N.班内斯库："牧首阿塔纳修斯与安德罗尼卡二世巴列奥洛格时期帝国的社会、政治和宗教"（"Le Patriarche Athanase Ier et Andronic II Paleologue. Etat religieux, politique et social de l'Empire"），《罗马科学院历史部通报》，XXIII，1(1942)，1—29。

㊗ 尼斯福鲁斯·格雷戈拉斯：《历史》，VI，1，5；波恩版，I，163。

第九章 拜占庭的灭亡

的作品,试图以希腊人的观点来解释"圣灵的发展进程"。格列高利的修辞学作品特别重要。例如,在费拉拉-佛罗伦萨会议上拒绝签署联合协议的以弗所都主教马尔库斯(马克)·尤金尼科斯曾经写过几篇辩论性的短文,其中一篇针对贝萨里翁的文章中,恰当地将贝萨里翁归于为了希腊民族的立场而赞成联合的代表之列。[35]

拜占庭教会中最伟大的辩才,土耳其占领下的第一位君士坦丁堡牧首吉那第乌斯·斯科拉利乌斯(俗名为乔治)是神学和哲学方面的优秀学者。他也参加了费拉拉-佛罗伦萨会议。他本来是赞成联合的,但是事实上,特别是在以弗所的马尔库斯影响下,转向了反对联合者一边。他是一位非常多产的作家、一个多才多艺的神学家和学者,他的作品几乎涉及文学的所有领域。他写了数篇辩论文章。基于他同杰米斯图斯·普勒桑关于亚里士多德和柏拉图主义的辩论而写的哲学著作,使得他与人文主义结下了不解之缘,乃至希腊学者萨塔斯称他为"最后一位拜占庭人和第一位希腊人"。[36]他写的《我生活中的不幸》(Lament on the Misfortunes of My Life)详细地叙述了在穆斯林占领君士坦丁堡的早期,作者的生活、工作及希腊教会的情况。他也写过一篇简要的历史作品,即一部《编年史》,根据其亲笔手稿整理的作品已经于1935年首次出版。尽管这部《编年史》只有九页,它却包含了白亚当时期到

---

[35] 关于以弗所的马尔库斯,见 L.佩迪在《天主教神学辞典》中所写的一篇极妙的文章。见该书 XI,2(1927),1968—1986。

[36] 萨塔斯:《希腊文献目录》,IV,vii 页及注 7。

1472年的全部年代。⑰

参与静修派运动争论的双方都涌现出一些作家,其中包括该运动的创立者西奈山的格雷戈利乌斯·帕拉马斯,他是静修派的精神领袖,写作了许多教义论文和演说词,其中有66篇在色萨利梅泰奥拉的一所修道院中被发现。⑱强烈反对静修派运动的尼斯福鲁斯·格雷戈拉斯的文学活动,前面已经讨论过了。另一位帕拉马斯的对手,塞浦路斯人约翰生活于14世纪后半期,他可能是"揭示圣灵的自然因子"("Ἔκθεσις στοιχειώδης ῥήσεων θεολογικῶν 或 Exposition materiaria eorum quae de Deo a theologies dicuntur)一文的作者,而这篇文章恰是试图按照西方经院哲学的模式研究教义问题的初步尝试。⑲

最伟大的神学家,当代最优秀的拜占庭作者、东派教会最天才的神秘主义者尼古拉斯·卡巴西拉斯也属于14世纪。卡巴西拉斯与西欧神秘主义者相同,其思想的基础都是一位被称为丢尼修·伪阿莱奥帕吉特者(Dionysius Pseudo-Areopagite)的著作,

---

⑰ 吉那第乌斯(Gennadius)的著作最近有八卷问世,《吉那第乌斯·斯科拉利乌斯全集》(Oeuvres complètes de Gennad Scholarios),L.佩迪、X.A.西德里台、M.朱吉编。近期关于吉那第乌斯的论文,见M.朱吉"乔治·斯科拉利乌斯,哲学大师"("Georges Scholarios, professeur de Philosophie"),《拜占庭与当代希腊研究杂志》(意大利),V(1939),482—494。对于吉那第乌斯的个人传记,其活动和文学成就进行详细研究还是十分必要的。

⑱ 由于N.A.比斯的不懈努力,梅泰奥拉修道院中的手稿已经为人们所知晓和描述。见J.德莱赛克"梅泰奥拉新发现的手稿资料"("Die nëuen Handschriftenfunde in den Meteoraklöstern"),《新古典文献研究年鉴》(Neue Jahrbücher fur das klassische Altertum),XXIX(1912),552。

⑲ 克伦巴赫:《拜占庭文献史》,106—107(埃尔哈得)。该文收于米涅《希腊教父学著作全集》,CLII,741—992。

第九章 拜占庭的灭亡

此人的写作年代似乎应该是在 5—6 世纪之交。拜占庭神秘主义在 7 世纪经历了一场重要演变,要归功于忏悔者马克西姆斯,他将伪阿莱奥帕吉特著作中的神秘主义思想与他的新柏拉图主义思想因素分离开来,并将它与东派正教会的教义相结合。马克西姆斯的影响在 14 世纪的神秘主义者的著作中仍然可以感觉到,而尼古拉斯·卡巴西拉斯则是他们的主要代表。

尼古拉斯·卡巴西拉斯是知名度较小、而其著作也很少有人研究的作者。因为,他的许多作品都没有出版。其中相当一部分,特别是他的演说稿和信件,现保存在巴黎国家图书馆内的一些手稿中,其中一种曾经被罗马尼亚历史学家塔弗拉里用于他所写的关于萨洛尼卡的专著中。⑩ 研究卡巴西拉斯的神学作品,有两篇文章是很重要的,即"活在基督里面的七句话"(*De vita in Christo*)和"圣礼的阐释"(*Sacrae liturgiae interpretatio*)。⑪ 如果我们在这里讨论卡巴西拉斯"活在基督里面就是与基督教结合"的论点,显然与本书此处的宗旨相距太远;但是,人们显然可以说,卡巴西拉斯在拜占庭神秘主义方面的论述不仅有其本身的意义,而且,联系到静修派运动和西方欧洲神秘主义运动,应该在 14 世纪的拜占庭文献史上占有相应的位置,亦应该能引起学者们的关注,而此

---

⑩ 塔弗拉里:《14 世纪的萨洛尼卡》,iv 和书中其他各处。在我曾出版的《拜占庭帝国史》英文版和法文版中,曾经随着他人的说法,错误地称卡巴西拉斯是"萨洛尼卡都主教"。但他从来没有做过任何城市的都主教。

⑪ 米涅:《希腊教父著作大全》,CL,367—492、493—726。见 S.萨拉维尔"尼古拉斯·卡巴西拉斯'在基督里面'一文的两部手稿"("Deux manuscrits du 'De vita in Christo' de Nicholas Cabasilas"),《罗马科学院历史部通报》,XIV(1928);《1927 年第二届国际拜占庭研究大会会议文集》(*Compte-rendu du deuxième Congrès international des études byzantines*,1927),79。

前，学者们相当错误地忽视了这位重要的作者。学者们在评价卡巴西拉斯的神秘主义思想时意见不一，其中一些人甚至宣称，卡巴西拉斯的思想，根本称不上是神秘主义的东西。㉜卡巴西拉斯的书信也值得出版。按照法国学者居兰德的说法，卡巴西拉斯的写作风格简朴而优雅（尽管有时太过细腻），而且，收集了许多新的重要的数据。㉝

巴列奥洛格时期哲学领域的代表人物是著名的乔治·普勒桑。㉞他对古典时期的希腊文化怀着满腔热情，是柏拉图的一个崇拜者，他通过对于新柏拉图主义的研究而完全了解了柏拉图，他也梦想着用古代神话中的众神来创建一种新的宗教。他是一个真正的人文主义者，并与意大利有着密切联系。在拜占庭，对于古典哲学，特别是对亚里士多德，以及11世纪以来对柏拉图的兴趣，从来没有停顿过。11世纪的迈克尔·塞勒斯、12世纪的约翰·伊达

㉜ P.阿尼基也夫（Anikiev）:"论东派基督教的神秘主义"（"On the Problem of Orthodox-Christian Mysticism"），《俄罗斯正教论集》（*Pravoslavnorusskoys Slovo*），XIII(1913)，200—217。蒙特拉蒂奇《拜占庭文献史》，251—252。F.沃内特："尼古拉斯·卡巴西拉斯"，《天主教神学辞典》，II(2)，209—1295。

㉝ "尼古拉斯·卡巴西拉斯未出版过的书信"（"La Correspondance inédited de Nicolas Cabasilas"），《拜占庭杂志》，XXX(1929—1930)，98。见 S.萨拉维尔《尼古拉斯·卡巴西拉斯：圣礼的阐释》（*Nicolas Cabasilas：Explication de la devine liturgie*）（巴黎，1943年）。这篇论文的法文译文及附加的一篇长长的导言中有卡巴西拉斯的生平介绍。见 V.格鲁梅尔写的一篇对此论文极其褒扬的书评，《拜占庭研究》，XII(1945)，265—267。

㉞ 他的真名是乔治·杰米斯图斯（George Gemistus）；Pleson（普勒桑）与 Gemistus（杰米斯图斯）是同义词，意为"满的"。杰米斯图斯开始自称为普勒桑，是希望用这个更有"希腊"风格的名词取代一般的希腊语名字。这里可比较 Desiderius 与 Erasmus 两个词的区别。见 H.托泽"一位拜占庭改革家：杰米斯图斯·普勒桑"（A Byzantine Reformer：Gemistus Plethon），《希腊研究杂志》，VII(1886)，354。

路斯、13世纪的尼斯福鲁斯·布莱米底斯,都曾经在哲学研究方面投入甚多,其中,塞勒斯主要研究柏拉图,而其他几位主要研究亚里士多德。柏拉图与亚里士多德两派哲学思想的斗争,是中世纪哲学的标志性特征,在拜占庭"静修派"运动争论中表现得十分突出。因此,就为杰米斯图斯·普勒桑这个特别重要的人物铺平了道路。

普勒桑在君士坦丁堡接受了基础教育,在莫里亚王国的文化中心米斯特拉度过了他大半生的岁月,几乎长达一个世纪之久。他曾陪同皇帝约翰八世参加了弗拉拉-佛罗伦萨宗教会议。普勒桑逝于米斯特拉,大约是在1450年。1465年,一位意大利籍的将军、文学活动的赞助者,出身名门望族的马拉泰斯塔从土耳其人手中攻取了斯巴达,遂将普勒桑的骨灰转移到意大利小城里米尼,至今,他的骨灰仍安置于圣弗朗西斯科教堂。[38]

普勒桑的哲学著作之目标是通过对柏拉图与亚里士多德哲学的比较,解释柏拉图哲学的重要性。普勒桑在亚里士多德主义与柏拉图主义的斗争中开辟了一片新的天地。他将他对柏拉图的了解和他的热情带到意大利,在科西莫·美第奇和意大利其他人文主义者中间产生了深刻的影响。事实上,是他提出了在佛罗伦萨建立柏拉图学院的思想。

在佛罗伦萨城,普勒桑写了"论亚里士多德和柏拉图的区别"

---

[38] F.舒尔泽(F.Schultze):《文艺复兴时期哲学史》(*Geschichte der Philosophie der Renaissance*),I,23—109。J.W.泰勒:《乔治·吉米斯图斯·普勒桑对柏拉图和亚里士多德的批判》(*Georgius Gemistus Pletho's Criticism of Plato and Aristotle*),1—2。

的文章,他努力证明他所钟爱的哲学家柏拉图比亚里士多德高明。这位拜占庭学者在佛罗伦萨的侨居,是希腊古典学术向意大利传播、柏拉图哲学在西方复兴的历史过程的重要一幕。[38] 普勒桑的主要作品是一篇类似"乌托邦"的文章"论法律"(Νόμων συγγραφή),很遗憾,这篇文章没有能全部保存下来。一方面,这反映了在当时颇带倾向性,却势必失败的企图,即通过建立新柏拉图的哲学而在基督教的废墟上恢复传统古代宗教;与此同时,它也试图为人类设计出理想的生活条件。为了说明人类的幸福包括哪些因素,普勒桑认为,有必要彻底理解人的自然性和包括人类在内的宇宙体系。普勒桑也为伯罗奔尼撒的复兴向曼纽尔提出了他的计划。

普勒桑的重要性和他的影响,已经远远超出了拜占庭文化史的研究范围,仅仅因为如此,他的思想也需要得到深刻的关注。他的活动和重要性还没有得到充分的估价,因此,对于杰米斯图斯·普勒桑之重要性的研究,是研究拜占庭帝国晚期文化史的历史学者所面临的一个最有魅力的课题。[39]

在与哲学通常有关的修辞学方面,人们大概能够记得一些作者。塞浦路斯的格雷格利乌斯(乔治),是长者安德罗尼卡在位时

---

[38] 埃里森:《秘史》,IV(2),11。

[39] E.斯台法努:"近期对普勒桑的研究"("Études récentes sur Pléthon"),《东方之声》,XXXI(1932),207—217。其中有一个非常好的参考书目,特别是第217页。这里没有足够的空间讨论关于杰米斯图斯·普勒桑的大量作品。最近分量最重的一篇文章是米尔顿·V.阿纳斯托斯所写"普勒桑的历法和仪式记载"("Pletho's Calender and Liturgy"),《顿巴登橡树园研究文集》,IV(1948),183—305。其中有极好的参考书目。

的一位君士坦丁堡牧首，曾经写过一部文字优雅且颇为重要的自传。[388] 与塞浦路斯的格雷格利乌斯生活在同一时代的尼斯福鲁斯·查姆诺斯（Nicephorus Chumnos），也是他的学生，写了一系列关于神学、哲学和修辞学方面的论文，并留下了 172 封书信。从他的哲学论文中可知，他是亚里士多德最热情、最灵活的辩护者。查姆诺斯与他那个时代许多在政治、宗教或文学领域声名卓著的人物保持着通信联系。尽管与他的老师相比，查姆诺斯在其风度、创造性和学识方面略为逊色，但仍然是研究他那个时代拜占庭和意大利文艺复兴关系时值得特别关注的重要人物。“尽管查姆诺斯有些奴性，但却以他对古典学术的热爱、以他的热情以及他广博的知识，成为意大利和西方文艺复兴的先驱人物。”[389] 701

马扎里斯的作品——对卢西安作品的模仿，《马扎里斯在冥府的逗留》*The Sojourn of Mazaris in Hades* 和《回到人世之后》*A Dream After the Return to life*，还有他在 15 世纪早期关于伯罗奔尼撒事务的信件——提供了卢西安在拜占庭文学作品中被人们模仿的重要实例，并给了我们关于当时拜占庭文化生活的重要细节，尽管这位模仿者的文学才能很差。

---

[388] G.米施克（G.Misch）：“13 世纪的一位君士坦丁堡牧首的自传和历史著作。关于一位拜占庭人文主义者的研究”（“Die Schriftsteller-Autobiographie und Bildungsgeschichte eines Patriarchen von Konstantinopel aus dem XIII, Jahrhundert Eine ‘Studie zum byzantinischen Humanismus’”），《教育及教学历史杂志》（*Zeitschrift fur Geschichte der Erazichung und der Unterrichts*），XXI（1931），1—16。

[389] 居兰德：《尼斯福鲁斯·格雷戈拉斯书信集》（*Correspondance de Nicephore Grégoras*），324，其中有一章谈及查姆诺斯（Geogios Chumnos），317—324。乔治·查姆诺斯：“选自一首希腊诗歌中的《创世记》和《出埃及记》的旧约故事”（“Old Testament Legends from a Greek Poem on Genisis and Exodus”），F.H.马夏尔（F.H.Marchall）编。

在文学方面,巴列奥洛格时期亦产生了为数不少的重要作家。就思想倾向而言,他们是一个新的文化时代的先驱,如克伦巴赫所说,他们与自己的拜占庭前辈,如佛提乌或萨洛尼卡的尤斯塔修斯等人的联系,远逊于他们与西方古典学复兴时期的第一批代表人物的联系。㊴ 但是,巴列奥洛格时期的语言学家的工作中有一个方面却不无理由地要受到研究古典学的学者们的责备。这就是他们对于古典文献的态度。虽然11世纪和12世纪的注释家和抄胥们几乎完整地保留下来了亚历山大和罗马时代的手稿遗产,但巴列奥洛格时期的语言学家们却从他们"净化"希腊语的偏见出发去改写古代作家的文章,有时甚至使用了新的韵体形式。这种倾向导致了研究古典时期学术的学者们尽可能地去参照巴列奥洛格之前的手稿。无论这种行为曾经多么令人恼火,但也必须从当时的客观条件出发来评价它。这一时期的文学家们已经不再满足于纯粹地模仿其前辈的技术手段,开始试着表现他们自己的创造性倾向,尽管他们使用的方法是如此鲁莽笨拙。

在这一批文学家中,有修士马克西姆斯·普拉努底斯(Maximus Planudes,俗名曼纽尔),他是巴列奥洛格王朝前两代皇帝时期的人,一直在闲暇时从事科学和教学事业。他曾经作为拜占庭的使节访问过威尼斯。由于他在拉丁语言和文学方面的知识才能,使之与当时西方兴起的文化运动保持了密切联系。普拉努底斯是一个勤勉不倦的教师,他写过一些语法方面的论文,且有100多封书信表现出他个人的知识水平和学术兴趣及他所致力于从事

㊴ 克伦巴赫:《拜占庭文献史》,541。

的事业。普拉努底斯还留下了一部根据古典作家著作编写的历史和地理文献摘录,以及对于一些如老加图(Cato de Elder)、奥维德、西塞罗和恺撒等拉丁作家作品的译文。他在西方最为声名卓著的作品可能是他的希腊作者作品选。现存的大量普拉努底斯的手稿表明,在人文主义时代的早期,他的这些手稿经常在西方教授希腊文的教材中选用。同时,从拉丁文翻译为希腊语的大量手稿,也为文艺复兴时代东西方文化上的新联系做出了巨大贡献。㊵

生活于安德罗尼卡二世时期的普拉努底斯的学生、也是他的朋友曼纽尔·莫斯霍布鲁斯(Moschopulus),与其老师一样,对于我们认识13世纪末和14世纪初拜占庭学术的特点,以及古典学术在西方的传播有着重要意义。他的《语法问答》和《希腊语词典》与普拉努底斯的翻译著作一样,都是西方人学习希腊语的热门教材。而且,他对于一些古典作家的评述和他的书信集也提供了重要的史料,而这些都还没有受到足够的研究或评估。

与安德罗尼卡二时同时代的狄奥多勒·梅托希特斯在拜占庭历史上通常被认为是一位语言文学家。㊶但是,他广泛而多方面的活动却远远超出了单纯语言文学的范围。在本书中谈到尼西亚帝国时,曾经提到他是尼西亚的一篇赞颂词的作者。他受到过很好的教育,是古典学术领域的一位权威人士,是普鲁塔克和亚里士多

㊵ 对于普勒努底斯所进行的最近的、也是最深入的研究作品是 C.文德尔(C. Wendel)为《保利斯真实百科全书(修订版)》(*Paulys Real-Encyclopädie. Neue Bearbeitung*)所写的条目,XX(1950),2202—2253。

㊶ 克伦巴赫:《拜占庭文献史》,350—353;克伦巴赫称狄奥多勒·梅托希特斯是拜占庭文艺复兴时期最著名的博学者之一。

德的仰慕者,但他尤其仰慕柏拉图,称柏拉图是"智慧的奥林匹斯山"、"活的图书馆"和"缪斯女神的赫里孔山"[㉜]。作为一个精明的政治家,安德罗尼卡二世时期的第一位总理大臣,狄奥多勒·梅托希特斯是14世纪前半期拜占庭人文主义者中杰出的典型代表。这位博学者和杰出的政治家曾经对国家事务发生过特别的影响,受到过皇帝的特别信任。与他同时代的尼斯福鲁斯·格雷戈拉斯曾经写道:"从早到晚,他以饱满的热情完全从事公务,似乎根本不像一位学者;而一到深夜,当他离开了宫廷之后,就完全被科学研究所吸引,似乎他完全是一位学者,从来与任何其他事务没有关系。"[㉝]萨塔斯曾经以梅托希特斯在其著作中时不时表现出来的政治观点为根据,得出了一个有趣的结论,认为,梅托希特斯既不倾向于民主制,也不倾向于贵族制,他有自己的政治观点,即主张一种立宪君主制。迪尔评价道:"这位14世纪的拜占庭人在如此绝对主义的、决心行使神圣权利的'皇帝'(basileus)的国度内怀抱着这样的梦想,其思想的开创性并不是无关紧要的标志。"[㉞]当然,拜占庭的政治理论发展史还没有得到阐述。但是,这一例证却显然揭示了"拜占庭政治理论的历史并不是同类事物的令人生厌的重复。它是有生命力的,而且在发展"[㉟]。最近的研究成果使得人们认识到,梅托希特斯的论述,可能并不是一种用于实践的政治理

[㉜] 尼斯福鲁斯·格雷戈拉斯:《历史》,VII,2,2;波恩版,I,272。萨塔斯:《中世纪希腊文献目录》,I,前言,60—61。

[㉝] 尼斯福鲁斯·格雷戈拉斯:《历史》,VII,2,3;波恩版,I,272—273。

[㉞]《拜占庭研究》,401。亦见居兰德《尼斯福鲁斯·格雷戈拉斯书信集》,361。

[㉟] V.瓦尔登伯格:"查士丁二世致提庇留的演说词"("An Oration of Justin II to Tiberius"),《苏联科学院通报》,II,(1928),140。

论,而是柏拉图思想在新柏拉图主义精神中的演绎。⑤⑧

在安德罗尼卡被废黜的动乱中,狄奥多勒失去了他的地位、金钱和家庭,被打入因牢。由于身患恶疾,他被允许终老于君士坦丁堡的霍拉修道院(今天的卡里耶清真寺)。在他拥有权力时,他曾经使这座衰败不堪的古老修道院得到恢复,并配置了图书馆,用镶嵌画装饰它。今天,在这座清真寺中所保留的众多镶嵌画中,人们还可以看到在通向教堂主要入口的门楣内部上方,有一坐在宝座上的基督形象,在他脚下是身穿拜占庭最高等显贵之华丽宫服的狄奥多勒跪像,手中捧着一座教堂模型;他的名字嵌在画上。他于1332年逝于此地。

著名的尼斯福鲁斯·格雷戈拉斯是狄奥多勒的众弟子之一,在尼斯福鲁斯的著作中,以热情洋溢的语言详尽描述了他的老师。⑤⑨ 他的多学科的大量作品——哲学和历史论文,修辞学和星象学的作品、肖像和大量写给当时名流人士的书信等——都还没有出版,而且只有极少数被研究过。这些作品使得尼斯福鲁斯·格雷戈拉斯与底米特里·辛多尼斯与狄奥多勒·梅托希特斯一样,被列为14世纪拜占庭最杰出的人文主义者。最近研究梅托希特斯作品的一位学者声称:梅托希特斯"可能是14世纪最伟大的

---

⑤⑧　D.C.赫瑟林:("制度下的皇权")("*Een Konstitutioneel Keizershap*"),《赫尔墨斯杂志》,XI(1938—1939年),89—93。《拜占庭杂志》(德文),XXXIX(1939),263。

⑤⑨　见圣·贝兹德基(St.Bezdeki):《尼斯福鲁斯·格雷戈拉斯所绘制的狄奥多勒·梅托希特斯的肖像》(*Le Portrait de Théodore Métochite par Nicéphore Grégoras*)。《历史研究文集》(*Mélanges d'histoire générale*),57—76。

作者和拜占庭文学史上最伟大的作家之一"[398]。他的哲学研究使得一些学者(如萨塔斯和 Th.乌斯宾斯基)认为,梅托希特斯是15世纪拜占庭柏拉图主义者,特别是杰米斯图斯·普勒桑的先行者。[399]

在他的所有著作中,最著名的是《道德的评价与注释》(Commentaries and Moral Judgments),通常亦被称为《杂记》(Miscellanies)(或《哲学与历史札记》,[Miscellanea philosophica et historica]),它是百科全书式的作品,"是研究梅托希特斯之思想的无可估价的宝库",使得它的读者有理由羡慕梅托希特斯的博学多才。梅托希特斯引用了,而且很可能通读了70位希腊作家的著作。希奈修斯似乎是他最重要的资料来源和他最喜欢的作者。[400]在他的著作中,处处有重要的历史记录,其中不仅涉及拜占庭,也涉及其邻国的人民;一个典型事例是他对自己于1298年出使塞尔维亚沙皇宫廷,安排安德罗尼卡二世一个女儿的婚事之使命的详细记载。[401]

梅托希特斯写过20余首诗歌,只有两首得到出版。第一首有1355行,是一篇描写他自己生活和霍拉修道院的长诗;第二首也

---

　　[398] R.居兰德:"狄奥多勒·梅托希特斯未编辑出版的诗歌"("Les Poésies inédites de Théodore Métochite"),《拜占庭》(布鲁塞尔),III(1927),265。居兰德:《尼斯福鲁斯·格雷戈拉斯书信集》,358。

　　[399] 萨塔斯:《中世纪希腊文献目录》,I,前言,64。Th.乌斯宾斯基:《拜占庭文明史论集》,263—264。

　　[400] 居兰德:《尼斯福鲁斯·格雷戈拉斯书信集》,360—362。克伦巴赫:《拜占庭文献史》。551—552。

　　[401] 萨塔斯:《中世纪希腊文献目录》,I,22;涉及"外交使节"的文字见 154—193。居兰德:《尼斯福鲁斯·格雷戈拉斯书信集》,364。该文献被尼克夫(Nikov)在其《塔塔尔人和保加利亚关系》(Tartaro-Bulgarian Relations)一书中予以重印和评价,54—95。

是描述该修道院的[402]；其他18首尚未得到出版的诗在前面曾经加以评价，涉及了作者生活和他所生活的时代之历史事件的大量信息。[403]在第19首诗中，梅托希特斯详尽地描述了他所居住的宫殿之富有、舒适和漂亮，[404]但在1328年的动乱中，他失去了这一切。他的诗歌是以一种刻意修饰的风格写成，有时很难理解。但是，这并不是他个人的问题；许多拜占庭作家，无论是写作散文抑或诗歌，都使用这种寓意模糊的风格，都需要加以注释。在他们看来，越难理解的风格越有价值。

梅托希特斯也留下了一些信件，其中只有四封没有什么重要价值的信件保留了下来。从各方面的可能性看，其他信件是被他的敌人毁掉的。[405]梅托希特斯在艺术史上也有其重要地位，这主要归因于霍拉修道院的镶嵌画。他曾经希望，自己在艺术领域中的工作"将使他给子孙后代留下辉煌的记忆，直到世界末日"，[406]这一想法是正确的。

毫无疑问，在研究巴列奥洛格的文艺复兴时，最重要的问题是

---

[402] M.特鲁(M.Treu)：《大行政官狄奥多勒·梅托希特斯的作品》(*Dictungen des Gross-Logotheten Theodoros Metochites*)，1—54。

[403] 居兰德："狄奥多勒·梅托希特斯未编辑出版的诗歌"("Les Poésies inédites de Théodore Métochites")，《拜占庭》(布鲁塞尔)，III(1927)，265—302。克伦巴赫：《拜占庭文献史》，552—553。近来，关于这些诗歌的手稿鉴定问题，见I.切维恩科(I. Ševčenko)的文章："对Th.梅托希特斯之演说及诗歌集的考察"("Observations sur les recueils des discourse et des poèmes")，《著作》(*Scriptorium*)，II(1951)，279—288。

[404] 居兰德："狄奥多勒·梅托希特斯的宫殿"("Le Palais de Théodore Métochites")，《希腊研究杂志》，XXXV(1922)，82—95；在86—93，他引用了该诗希腊文稿的一部分，附以法文译文。亦见埃伯索尔特《拜占庭浮华的艺术》，109。

[405] 居兰德：《尼斯福鲁斯·格雷戈拉斯书信集》，368。

[406] 见迪尔：《拜占庭研究》，401。

研究狄奥多勒·梅托希特斯的全部著作。还有许多工作有待于我们去做。作为一个伟人,梅托希特斯在14世纪文化运动中的地位刚刚开始被人们所认识。只有完全出版和研究他的作品,才有可能恰当地评价这一伟大文化时代的伟大人物。

在安德罗尼卡二世统治时期的文献学家中,还应该提到托马斯·马吉斯特(Thomas Magister),他属于莫斯霍布鲁斯(Moschopulus)、狄奥多勒·梅托希特斯和格雷戈拉斯的文学活动圈子,而且为古代作家的作品、演说稿和书信等写了许多评注,而他的文学作品更应该比目前受到更多的关注。[407] 同一时期的另一位文献学家是底米特里·特里克利尼乌斯(Demetrius Triklinius),一个出色的文学批评家。如克伦巴赫所说,他可以与一些现代的作家相提并论[408];同时,他也是研究古典作家,如品达、埃斯库罗斯、索福克勒斯、欧里庇得斯和阿里斯托芬、忒奥克里托斯等人物的权威人士。

在法学方面,巴列奥洛格时期产生了最后一部重要的法学著作,至今仍保有生命力。这是由14世纪的一位法官及法学家、萨洛尼卡的君士坦丁·哈尔梅诺布鲁(Constantine Harmenopulos)所编辑的大型著作,人们通常称其为《法学六卷》(Hexabiblos,εξάβιβλος),因为它被分成六部分;或者称它为《法学手册》(Promptuarium,或 Πρόχειρον νόμων)。这一法律汇编含有民法和刑法的内容,并收进了一些增补的法条,如人们广为知晓的

---

[407] 居兰德:《尼斯福鲁斯·格雷戈拉斯书信集》,348—353。
[408] 克伦巴赫:《拜占庭文献史》,554。

第九章 拜占庭的灭亡

《农业法》。作者使用了早期的一些立法著作,包括《法学手册》、《帝国法典》、《新律》、《法律选编》、《法学导论》*,及其他法学著作的资料。⑩ 在谈及《法学六卷》所使用的资料时,人们已经提出了一个非常重要的问题,但却没有得到令人满意的阐述。事实表明,哈尔梅诺布鲁使用了许多非常古老、未经查士丁尼大帝的立法委员会改动和增删过的法律文献中的资料;⑩换一句话说,《法学六卷》对于批判性地研究查士丁尼《民法大全》所使用的资料、其原始的形式及改动过的部分,以及在拜占庭立法著作中的所谓的"罗马法"的痕迹,提供了极有价值的资料。1453 年之后,哈尔梅诺布鲁的《法学六卷》在西方得到了广泛传播,人文主义者认真仔细地研究了这一"衰亡的拜占庭"的法学著作。哈尔梅诺布鲁的法学汇编至今仍应用于希腊和比萨拉比亚**的法学实践中。⑪

在巴列奥洛格时期,一些医药学方面的论著反映了阿拉伯人的影响。13 世纪末期的一部医学手册甚至对西方医药学有过相

---

* 以上法典除《新律》、《法律选编》外,皆出自马其顿时期(见本书马其顿王朝一章)。《新律》是各个时期都有的法典,而《法律选编》(Ecloga)则产生于伊苏里亚王朝,即破坏圣像时期,见本书相应部分。——译者

⑩ P.科林内:"拜占庭立法",《剑桥中世纪史》,IV,722—723。

⑩ L.西西里亚诺(L.Siciliano):"拜占庭立法",《意大利法律百科全书》(*Enciclopedia Giuridica Italiana*),IV(5),72。科林内:"拜占庭立法",《剑桥中世纪史》,IV,723。

** 位于黑海西北岸和德涅斯特河流域,公元前 7 世纪的希腊移民区;15—20 世纪先后归属摩尔多瓦、奥斯曼帝国、俄罗斯、罗马尼亚和苏联。——译者

⑪ L.卡索(L.Kasso):《比萨拉比亚的拜占庭法》(*Byzantine Law in Bessarabia*),42—49。

当重要的影响,直至17世纪以前,它一直是巴黎医学专业所使用的基本教材。然而,我们先前已经多次强调,拜占庭在医学方面完全没有原创性成果。一位曾经特别关注拜占庭时期的法国医学教授曾经评价道:"如果有谁想[在医学方面]记载什么原创性的东西,他将一无所获,在这一千多年的史页上,将只能留下空白。"[41] 在巴列奥洛格时期,数学和天文学也很繁荣,而且,前面提到过的那些多才多艺的百科全书式人物也都从欧几里德、托勒密等古典作家的作品及波斯、阿拉伯作品中汲取资料,而且,波斯和阿拉伯人作品的大部分,也是以希腊的资料为依据的。

巴列奥洛格时期诗歌作品的主要代表是曼纽尔·霍罗波鲁斯(Holobolus)和曼纽尔·菲勒斯(Philes)。霍罗波鲁斯的诗歌经常被评价为非原创性的和矫揉造作的,他总是尽力使自己的作品投合宫廷人士的兴趣,因而经常是因循守旧的,有时出现不可宽恕的虚伪和奴性。[43] 但是,更近的研究表明,上述评价是错误的;的确,这些诗是在描写宫廷仪式的辉煌壮观,但却没有表现出作者对皇帝个人的吹捧和谄媚。[44] 霍罗波鲁斯还为皇帝曼纽尔八世写过一

---

[41] E.让塞尔姆(E.Jeanselme):"论巴黎国家图书馆一手稿中所见拜占庭的医疗手册(希腊文增补卷764):翻译、注解及评注[Sur un aide-mémoire de thérapeutique byzantine contenu dans un manuscript de la Bibliotheque Nationale de Paris(Supplement grec,764):traduction,notes et commentaire]",《迪尔研究文集》,I,170。

[43] 见M.特鲁,"曼纽尔·霍罗波鲁斯",《拜占庭杂志》(德文),V(1896),538—559。克伦巴赫:《拜占庭文献史》,770—772;克伦巴赫论曼纽尔·霍罗波鲁斯的论文是以特鲁的论文为依据的。

[44] 海森伯格:《论巴列奥洛格时期的历史和文献》,112—132。

篇颂辞。⑮曼纽尔·菲勒斯一生穷困潦倒,不得不借用自己的文学天才赚钱糊口,因此,他忍辱乞怜,极尽奉承和谄媚之事。从这方面看,他似乎可与12世纪的狄奥多勒·普洛德罗姆斯相比。

14世纪最后一位伟大的文学天才是狄奥多勒·梅利特尼奥特斯(Meliteniotes)。有数个与此同名的人物生活于13世纪末和14世纪初,因此,要确认其中哪一个写了署名为梅利特尼奥特斯的著作,是一件非常困难的事。⑯然而,很显然,生活于14世纪的狄奥多勒·梅利特尼奥特斯写出了拜占庭整个历史时期最具科学性的天文学巨著,同时也写了一部长篇寓言诗,含3062句的"民间语"韵体诗《论审慎》(Concerning Prudence)中。⑰有人提出了一个有趣的问题,即梅利特尼奥特斯所写的诗是否在薄伽丘的《爱情

---

⑮ 见 X.西德里德斯(X.Siderides):"曼纽尔·霍罗波鲁斯为皇帝曼纽尔八世巴列奥洛格写的颂辞"("Μανονήλ ολοβώλομ Εγκώμιον εἰς Μιαήλ Η΄ΙΙ αλαιολόγον"),《拜占庭研究》(希腊),III(1926),168—191。

⑯ 克伦巴赫:《拜占庭文献史》,782。F.多尔格:"关于阿列克修斯·梅托希特斯和狄奥多勒·梅利特尼奥特斯的最新研究"("Neues zu Alexios Metochites und zu Theodorus Meliteniotes"),《文献与研究》(Studi et testi),CXXIII(1946),238—251。参见 M.米勒"梅利特尼奥特的讽喻诗,据皇家图书馆手稿公布"("Poème allégorique de Méliténiote,publié d'après un manuscrit de la Bibliothèque Impériale"),《国家图书馆手稿之注释和摘编》(Notices et extraits des manuscrits de la Bibliothèque Nationale),XIX,2(1858),2—11。

⑰ 参见米勒上引文,《国家图书馆手稿之注释和摘编》,11—138。蒙特拉蒂奇的《拜占庭文献史》没有提到这首诗。关于梅利特尼奥特的天文学作品之片断,可见米涅编《希腊教父文献大全》,CXLIX,988—1001。另一篇较好的文章和更多的片断可见《希腊天文学书卷目录》(Catalogus codicum astrologicorum graecorum),V,3(1910),133—147(书卷摘要[Excerpta ex codice],21,梵蒂冈,1059);XI,1(1932),54(埃斯克里亚尔抄本[codices escorialenses])。

的幻影》*（*L'Amorosa Visione*）⑲直接影响下所为。这一事件可以再一次揭示在巴列奥洛格时期，拜占庭与意大利文化交流的重要意义。近期一些学者已经指出了《论审慎》与《查理大帝的朝圣》（*Pélerinage de Charlemagn*）两篇文章的相似之处。⑲

巴列奥洛格时期以民间口语形式写成的一些重要的文学作品也得到了保留。长达9000句之多的以韵文写成的《莫里亚编年史》的希腊文版，在谈及拉丁人征服伯罗奔尼撒半岛的历史事件时，已经从历史的角度对此做了相应的评述。这部著作提供了当时希腊民间口语的一个有趣的范例，这时的口语已经从当时征服并统治这一地区的罗马人那里汲取了许多词汇和习惯用法。该编年史的原始版本究竟是以哪种语言写成，目前还有一些疑问：一些学者认为原文是法文，也有一些学者认为其原文是意大利文，而且很可能使用了威尼斯方言。⑳ 但依笔者之见，其原文是希腊语。

---

* 薄伽丘的著名寓言诗集。——译者

⑲ F.多尔格："拜占庭文学与但丁"（"Die Byzantinische Literatur und Dante"），《第二届世界拜占庭大会论文集》，(1927)，47—48。在这次大会上，多尔格提交了这篇论文，认为狄奥多勒的诗是在但丁《神曲》的影响下完成的。但后来，根据S.G.梅尔卡第的建议，他改变了自己的观点，认为这首诗与薄伽丘有关。在文艺复兴时期，薄伽丘的一些著作译成了希腊语。薄伽丘的《苔塞伊达》（Theseis）译成希腊语后，"开始出现了曾经在意大利一度繁荣的爱情诗歌系列作品。" J.施密特："薄伽丘的《苔塞伊达》（Théséide，薄伽丘早年写的爱情史诗。——译者）和希腊的《苔塞伊达》"（"La 'Théséide' de Boccace et la 'Théséide' grecque"），《当代希腊文学研究》（*Études de philologie néogrecque*），J.普希沙瑞（J.Psichari）编，280。亦见克伦巴赫《拜占庭文献史》，870。

⑲ M.施劳赫（M.Schlauch）："君士坦丁堡的瑚恭宫"（"The Palace of Hugon de Constantinople"），《史鉴》，VII(1932)，505，507—508。

⑳ J.隆尼翁（J.Longnon）：《关于阿莫利公爵领之征服》（*Livre de la Conquête de la Princée de L'Amorée*），lxxxiii—lxxxiv。

第九章 拜占庭的灭亡

该书之希腊文版的作者通常被认为是一个希腊化的法兰克人,他恰好生活于书上所描述之相应事件发生的时期,而且,作者对于伯罗奔尼撒事务十分熟悉。

在上述同一历史时期,有一部诗体传奇(大约含有 4000 行)"利比斯托罗斯和罗达姆内"(Lybistros and Rhodamne),它的故事情节和思想内容与浪漫传奇诗"贝尔山德罗和赫利山查"(Belthandros and Chrysantza)极其相似。其故事情节比较简单:利比斯托罗斯在梦里得知,罗达姆内是他未来的妻子;他发现,她原来是一位印度公主,遂向她求爱,最后,他与自己的情敌决斗取胜,赢得了罗达姆内作为自己的妻子。但他的情敌使用巫术拐走了罗达姆内,最后,罗达姆内经历了重重磨难,平安地与利比斯托罗斯团圆。㊶ 对这一传奇诗,人们必须注意到法兰克文化与东方生活条件的交融。在"贝尔山德罗与赫利山查"这首诗中,法兰西文化与希腊文化还有明显区别,而在"利比斯托罗斯"一诗中,法兰克文化已经深深地植根于希腊的土壤之上;但与此同时,它也屈服于希腊传统的影响。无论如何,尽管此诗歌受到拉丁文化的影响,但却不是对西方文化模式的简单模仿。迪尔说:"如果说,诗中所描述的社会已经渗透了相当一些拉丁文化的成分,但它总的来讲还是保持了明晰的拜占庭色彩。"㊷该诗作的原文产生于 14 世纪。

㊶ 其希腊文版本可见 W.瓦涅(W.Wagner)主编的《中世纪的三部叙事诗》(Trois Poèmes du moyen âge),242—349;对于该诗进行的详细分析,见 M.吉得尔《当代希腊文学研究》(Études sur la littérature grecque moderne)151—196。新版见 J.A.兰姆伯特(J.A.Lambert)所编,545。J.B.柏里:《希腊土地上的骑士传奇》(Romance of Chivary on Greek Soil)11—12。

㊷ 迪尔:《拜占庭人物传》,II,348。

现存的传奇诗"利比斯特罗斯和罗达姆内"版本,经过了后人的修订。

也许,一部希腊文版的托斯坎尼诗歌《菲奥里欧和比安西菲欧勒的传奇》(*Il cantare de Fiorio e Biancifiore*,14世纪的作品)也是15世纪翻译引进的。该叙事诗的希腊文版本含有2000行,是用民间通俗希腊语或者说是以"民间韵律"写成。希腊文献中没有一处提到这首诗是希腊的诗歌。克伦巴赫认为,该韵体诗的作者是一个"希腊化的法兰克人"[43],即,是一个信奉罗马公教派基督教的信徒。但是,这一评断现在看来是错误的。很有可能,这部希腊版作品的匿名作者是一位希腊正教徒。[44] 史诗《菲奥里欧和比安西菲欧勒的传奇》的希腊文版本(Φλωρίον καὶ ΙΙ λάτδια Φλώρης)对于了解巴列奥洛格时期的民间通俗希腊语有特别重要的意义。

可能是在15世纪初,产生了题为"拜占庭的阿基里斯"(The Byzantine Achilleid)的诗篇,它也是用民间韵律写成。尽管这篇诗作的标题使人们想起特洛伊战争和荷马史诗,但这首叙事诗却与荷马史诗毫无关联。这首诗的背景是法兰克移民的封建领地。而该诗的主角阿基里斯则受到另一位拜占庭英雄传奇诗中之角色狄吉尼斯·阿克里特斯的影响。"阿基里斯事实上是一位受洗时取了古人名字的狄吉尼斯"[45]。对于《阿基里斯》一书的作者是否了解上述拜占庭传奇叙事诗(即关于阿克里特的叙事诗)的某一个

---

[43] 克伦巴赫:《拜占庭文献史》,868。

[44] 《菲奥里欧和比安西菲欧勒的传奇》(*Le roman de Phlorios et Platzia Phlore*),D.C.赫瑟林主编,9、13—14;亦见104,1794。

[45] 《拜占庭的阿基里斯》(*L'Achilléide Byzantine*),D.C.赫瑟林主编,9。

版本,或者,他是否从两首诗的共同资料来源,即民众的传奇诗歌中采纳了相似的情节,我们并不清楚。这一问题目前还不能完全得出结论,但是,两首传奇诗中的一些相似情节,使得第一种假设更可能成立。⑫ 这首传奇诗以阿基里斯在特洛伊死于帕里斯和迪丰博斯手中,希腊人为了给他报仇攻克了这座城市而结束。

巴列奥洛格时期拜占庭艺术的惊人成就是不能一眼掠过的,而应该给予强调说明。巴列奥洛格王朝时期拜占庭艺术的复兴,产生了诸如卡里耶清真寺、米斯特拉、阿索斯和塞尔维亚等地的镶嵌画作品。它的发生是如此突然和令人费解,以至于学者们提出了形形色色的假说,解释这些新的艺术风格的源泉。所谓"西方来源说"的追随者,认为自第四次十字军以后,拜占庭生活中的各个方面都受到西方的影响。他们把拜占庭出现的艺术作品与意大利"14世纪"壁画和乔托,特别是其他一些在巴列奥洛格时期第一批"东方文艺复兴"的作品问世之时住在意大利的艺术家们的作品相比较。从而得出结论说,14世纪意大利的"大师"们一定影响到了拜占庭的艺术家,这就是东方出现新的艺术模式的源泉。但是,"西方派"的假说是不能接受的,确切地说,与之相反,人们现在已经证明,拜占庭对意大利艺术的影响而不是意大利对拜占庭艺术的影响是存在的。

第二种假说,即所谓"叙利亚源"假说,是20世纪初由斯特拉齐格夫斯基和Th.施密特提出来的。他们认为巴列奥洛格时期拜

---

⑫ 《拜占庭的阿斯里斯》,3—15;亦见克伦巴赫《拜占庭文献史》,848—849。蒙特拉蒂奇:《拜占庭文献史》,192—193。

占庭的最好的艺术成果仅仅是古老的叙利亚原版的复制品,即事实上,4—7世纪的原版艺术,被拜占庭艺术采用了不止一种新的形式。倘若人们接受了这一假说,就没有了14世纪拜占庭的艺术复兴,或者说,没有原创性的成果,拜占庭的大师们就没有任何创造性力量;因而,所有已经出现的佳作是对那些人们还不甚了解的优秀古代模式的逼真模仿。这一被 N.K.康达可夫称为"回归古代运动"㊼的理论,已经有了些许追随者。㊽

查尔斯·迪尔在1910年出版的《拜占庭艺术手册》第一版中,反对上述两种理论。他看到,巴列奥洛格时期的艺术复兴植根于那个时代极为典型的文化复兴的总体环境中,植根于极有生命力的希腊爱国主义感情之中,也植根于早在11世纪,即科穆宁时期就已经出现的拜占庭艺术新潮的逐渐兴起的过程中。因此,"对于那些仔细考察了这一事件的人来说,14世纪的艺术运动并不是突然出现的意外现象。它的出现归因于特别有利于艺术自然发展的生气勃勃的条件;至于外部的影响,则只是在某种程度上促进了它的繁荣。它还是从它自己身上,从它植根于历史温床上的根源中,汲取了强有力的创造性特质。"㊾

1917年,D.阿伊那洛夫批评了迪尔的结论在方法论上的错误。迪尔并非以分析艺术作品本身为依据,而是从文献学、科学及其他方面的数据中间接得出结论。阿伊那洛夫认为,研究13世纪和14世纪拜占庭绘画新模式的出现,只能用比较的方法来解决。

㊼ 《马其顿,一次考古旅行》(Macedonia .An Archaeological Journey),280。
㊽ 迪尔:《拜占庭艺术手册》(第2版,1926年),II,744—745。
㊾ 迪尔:《拜占庭艺术手册》;上引文是对第1版(1910)中之文字的重复,702。

第九章 拜占庭的灭亡

通过对于君士坦丁堡的卡里耶清真寺及威尼斯圣马可大教堂的镶嵌画的地理和建筑上的特点之个案的考察,阿伊那洛夫强调了这些艺术形式与意大利早期文艺复兴时期风景画之间的明显关系。他得出结论说,14 世纪的拜占庭绘画不能认为是拜占庭艺术的本来形式,它只是意大利绘画发展新模式的反映,而这种新发展是以早期拜占庭艺术为基础的。"威尼斯是这种早期文艺复兴对后期拜占庭艺术'反作用'的中介地之一。"⑩

Th.施密特认为,面对巴列奥洛格时期帝国的经济和政治总崩溃的局面,14 世纪真正的艺术复兴是不可能的。⑪ 对于这一联系,迪尔正确地评价道:"这一假设看来可能有些天真,但它却是一种断语,而不是证据。"⑫ 1925 年,多尔顿不拘泥于阿伊那洛夫的结论,写到 14 世纪时说:"在塞尔维亚、米斯特拉或君士坦丁堡出现的来自意大利的新事物,是相当大量的希腊事物回到自己的家,但其表层却染上了锡耶纳的魅力。因此,我们不能完全把 14 世纪的斯拉夫人绘画或拜占庭希腊人的绘画看成是西方影响的产物。意大利赋予一种并没有改变的艺术以优雅和活力。"⑬ 考察了 G.米勒、布莱耶尔和阿伊那洛夫的近期著作后,迪尔在他的《拜占庭艺术手册》第二版中,称 14 世纪是真正的艺术复兴,从而对这一问题的讨论做了总结。这次复兴完全继承并发展了 11 世纪和 12 世纪

---

⑩ 阿伊那洛夫(Aïnalov):《拜占庭绘画》(*Byzantine Painting*),86、89、96。

⑪ "14 世纪拜占庭绘画的'复兴'"("La 'Renaissance' de la peintur Byzantine au XIVe Siècle"),《考古学杂志》,II(1912),127—128。

⑫ 迪尔:《拜占庭艺术手册》,II,748。

⑬ 多尔顿:《东方基督教艺术》,240。

艺术演进的趋势,因此,在历史的过去与14世纪之间并没有艺术风格发展的间断。在这一问题上,迪尔重复了上面引述的,他在第一版中所写的那段话。⑭

1930年,L.布莱耶尔写道:"巴列奥洛格时期的拜占庭艺术是支配着拜占庭历史的两股精神力量,古典的和神秘主义的精神力量的综合。"⑮1938年,A.戈拉巴尔(A.Grabar)指出,巴列奥洛格时期拜占庭艺术的"突飞猛进"(l'essor)特别明显;在这一过程中,艺术的最后复兴,特别是绘画的复兴,不仅表现在其领土已经最后大大缩小到君士坦丁堡及其近郊的帝国内部,而且表现在各个独立自治的希腊公国(如斯巴达、特拉布松等)和那些追随着拜占庭道路的斯拉夫各王国内。⑯ 鉴于以上观点,以下的结论却似乎有些费解:"拜占庭艺术的历史随着法兰克人于1204年攻克君士坦丁堡就已经结束了。"⑰相反,拜占庭艺术复兴是一个内容丰富成果斐然的领域,值得进行更多的研究。⑱

---

⑭ 《拜占庭艺术手册》,II,751。关于14世纪拜占庭文艺复兴艺术的整章(735—751)在《拜占庭》杂志(布鲁塞尔)得以重印(II,[1926],299—316)。在他的著作之第二版中,迪尔还无法使用多尔顿的著作之结论,但是一段时期以后,他在《拜占庭杂志》(德文)发表了对多尔顿著作的详细评论,XXVI(1926),127—133。

⑮ "艺术的复兴"(La Rénovation artistique),《迪尔研究文集》,II,10。

⑯ 《拜占庭艺术》,7、10。

⑰ H.皮尔斯(H.Pierce)和R.泰勒:《拜占庭艺术》,15。

⑱ 见夏尔·迪尔为G.米莱之著作《对于福音书中之圣像的研究》(*Recherches sur l'iconographie de l'Evangile*)写的书评,发于《学术杂志》,N.S.XV(1917),376。亦见G.索特利乌(G.Soteriou)"14世纪希腊本土的拜占庭绘画。14世纪大型绘画之风格问题之讨论"("Die Byzantinische Malerei des XIV.Jahrhundert in Griechenland.Bemerkungen zum Stilproblem der Monumentalmalerei des XIV.Jahrhundert"),《希腊研究》('Ελληνικά),I(1928),95—117。

第九章 拜占庭的灭亡

巴列奥洛格时期拜占庭艺术复兴的许多作品保存了下来。在建筑艺术中,教堂建筑艺术是最为突出的,特别在伯罗奔尼撒半岛米斯特拉城堡的七座教堂、阿索斯山上的一些教堂,以及分布在塞尔维亚及其统治下的马其顿的许多教堂。巴列奥洛格时期的镶嵌画和壁画艺术的繁荣留下了丰富的遗产,君士坦丁堡卡里耶清真寺的壁画前面已经提到过了,还有许多壁画保留在米斯特拉、马其顿和塞尔维亚。在阿索斯山上,保留着13世纪、14世纪和15世纪的绘画,但是,阿索斯山的特别繁荣时期是在16世纪。著名的拜占庭画家、萨洛尼卡的曼纽尔·潘瑟里诺斯(Penselinos),即拜占庭画家中的"拉斐尔"和"乔托"可能就生活于16世纪的前半期;他的一些作品也许仍然能在阿索斯山见到,但是,关于这一点还是不能十分确定。[39]

许多巴列奥洛格时期的圣像画和微型画也保留了下来,特别著名的当属14世纪西班牙马德里的一本含有约翰·斯蒂利特编年史的手稿,其中有600幅有趣的袖珍画,反映了自811年到11世纪中期的拜占庭历史,这一时期,恰是斯蒂利特编年史所囊括的年代。[40]另外两幅巴黎的手稿前面已经提到[41],一是14世纪的绘有约翰·坎塔库津主持关于静修派运动的宗教会议的情景,另一幅是15世纪的附有曼纽尔二世的肖像微型画。

---

[39] 迪尔:《拜占庭艺术手册》,II,840—844;关于潘瑟里诺斯的生卒年代,见该书第842页和多尔顿《东方基督教艺术》,238注1。

[40] 这批绘画的全部照片收于巴黎高级研究院的照片集中;也见于 J.埃伯索尔特所著《拜占庭微型画》(La Miniature byzantine),59。

[41] 关于巴列奥洛格时期的微型画,见迪尔《拜占庭艺术手册》,II,872—874。

巴列奥洛格时期的艺术及其对于斯拉夫各国，特别是对于俄罗斯的影响，尚没有得到深入的研究；这一时期的典型代表作品还没有被全面搜集并进行研究，甚至有些东西人们还没有发现。N.P.康达可夫在1909年，讨论到13世纪和14世纪对于圣像画的研究时曾经说过："总体看来，我们进入了一座黑森林，还没有人踏出一条小径。"㊷另一位近期研究拜占庭14世纪绘画的学者阿伊那洛夫补充道："但是，在这座森林中，一些先驱已经向各个方面开辟了道路，并做了一些重要的积极的探察。"㊸1919年，G.米勒在他论及塞尔维亚教堂的著作中，试图否认塞尔维亚艺术只不过是拜占庭艺术的一个分枝的说法，并证明了塞尔维亚艺术有它自己本身的特点。㊹

总括巴列奥洛格时期的文化运动，人们首先必须肯定，它的伟大力量、生命力及多样化的特点并不见于更早的时期，即帝国的总体形势似乎更有利于文化成就的时期。自然，这一兴起，不能认为是突然的，是没有什么历史基础的。这些因素的根源可以在科穆宁时期的文化复兴中看到；而且，由于拉丁十字军的统治而被截然分开的这两个时期之间的联系纽带，是以尼西亚帝国的尼斯福鲁斯·布莱米底斯及开明的拉斯卡利斯王朝的皇帝为代表的文化生活。尽管当时的政治形势危机重重，尼西亚的皇帝们还是保存和

㊷ 见康达可夫《马其顿，一次考古旅行》，圣彼得堡，285。
㊸ 《14世纪的拜占庭绘画》，68。
㊹ 《古代塞尔维亚艺术。宗教画》（*L'Ancient art serbe. Les églises*），9。米勒："拜占庭文化复兴"（"La Renaissance byzantine"），《第二届国际拜占庭研究会文集》，19—21。

第九章 拜占庭的灭亡

发展了当时最优秀的精神财富,把它留传给巴列奥洛格家族复生的帝国。在巴列奥洛格王朝时期,特别是13世纪末和14世纪初,帝国的文化生活极其繁荣。此后,在土耳其威胁的压力下,文化运动在君士坦丁堡开始衰落,而15世纪最早的思想家如尼西亚的贝萨里翁及杰米斯图斯·普勒桑则把他们的活动范围转移到伯罗奔尼撒半岛,即米斯特拉,这是与一些较小的意大利文艺复兴中心相似的文化中心,且不像萨洛尼卡或君士坦丁堡那样明显地处于土耳其人征服的威胁下。

关于拜占庭文化的重要性及其问题曾经多次被人们与意大利文艺复兴时期的重要性及其问题相比,认为它们之间有共性。意大利和拜占庭都经历了一个有着许多共同特点及共同起源的深刻的文化运动时期,这一起源即十字军带来的经济和文化革命。这一时期并不是拜占庭的或者意大利的文艺复兴时代,而是一个广泛的、不局限于一国范围内的、希腊—意大利文艺复兴时代,或者,总的来说,是南欧文艺复兴时代。后来,即在15世纪,东南欧的这一文化复兴被土耳其的征服所终止;在西方,即意大利,总体形势发生了变化,文化生活得以深入发展,并传播到其他国家。

当然,拜占庭没有产生但丁。拜占庭的文艺复兴还受到它过去传统的束缚,在这种束缚下,艺术的创造性精神和发展的独立性受到了教会和国家权威的严格支配。拜占庭占代传统的主要内容是它的形式主义和保守性。考虑到拜占庭社会生活的这些特点,人们不能不因巴列奥洛格时代出现的积极活跃的学术活动及最优秀的思想家们在文学和艺术领域开辟自由、独立的新道路时的热情工作而感到惊诧。但是,东罗马帝国最后灭亡的命运过早地摧毁了这一文学、科学和艺术的胚胎。⑭

拜占庭和意大利文艺复兴

考虑中世纪希腊传统,尤其是拜占庭希腊人对意大利文艺复兴产生了什么样的影响时,首先要记住的是,并非是人们对古典文献的兴趣和了解导致意大利文艺复兴的发生,引发了文艺复兴的意大利的生活背景才是人们对古希腊文化的热情高涨的真正原因。

在19世纪中叶,一些历史学家认为,在土耳其危机之前,尤其是1453年君士坦丁堡陷落之前逃往意大利的部分拜占庭希腊人,促进了意大利文艺复兴的产生。例如,19世纪上半叶的一位俄国斯拉夫文化优越论者J.V.吉列也夫斯基(Kireyevsky)就曾写道:"君士坦丁堡陷落之后,从东向西吹来了一阵清风,使西方思想家

---

⑭ A.海森伯格在他的"拜占庭文艺复兴问题"("Das Problem der Renaissance in Byzanz")(《历史杂志》,CXXIII[1926],393—412)一文中基本上否定了"拜占庭文艺复兴"的存在,但他是这样结束他的文章的:"只是在若干世纪之后,(拜占庭的)统治阶层才感觉到,在国家和教会所顽固推行的古典传统的覆盖下,新的、更丰富和深刻的生活处于深深的底层。但是,在这一时刻,由于西欧的贪婪,拜占庭世界永远衰落了;真正的文艺复兴既不属于拜占庭也不属于东欧其他的东正教国家。"(第412页),亦见F.多尔格在《德意志文学报》(Deutsche Literaturzeitung)的论述,XLVII(1926),1142—1143、1445。R.居兰德在他的《论尼斯福鲁斯·格雷戈拉斯》中(第294—295页以及其他部分),强调了14世纪拜占庭的"真正文艺复兴"。参见由C.纽曼写的绝妙的但多少有些片面的文章"拜占庭文化和文艺复兴文化"(Byzantinische Kultur und Renaissancekultur),《历史杂志》,XCI(1903),215—232。

第九章 拜占庭的灭亡

能更自由自在地呼吸,整个经院哲学结构立刻崩溃。"[46]众所周知,15世纪上半叶,文艺复兴确实已经遍及意大利,但所谓的意大利人文主义的主要领袖佩特拉克、薄伽丘却生活在14世纪。很明显,除非在基本年代学上的证据以外还存在其他原因,这种观点是十分站不住脚的。

有两个问题需要解决,即中世纪的希腊传统对文艺复兴的影响,以及拜占庭希腊人对文艺复兴的影响。首先考虑第二个问题,究竟有哪些希腊人的名字与文艺复兴早期,即14世纪到15世纪初这一时期,相联系呢?

按年代顺序来看,第一个人物是巴尔拉姆,南意大利卡拉布里亚的希腊人,约死于14世纪中叶,曾参加过静修派的斗争。他在成为卡拉布里亚修道院的修士之后,将其名字贝尔纳多(Bernardo)改为巴尔拉姆(Barlaam),并在萨洛尼卡、阿索斯山和君士坦丁堡驻留了一段时间。幼者安德罗尼卡皇帝命其担负重要使命,就组织讨伐土耳其人的十字军和恢复教会联合问题赴西方谈判。在一趟毫无成果的旅程之后他返回拜占庭,参加了静修派宗教运动,接着又前往西方,最后终了于此。巴尔拉姆是早期人文主义者经常谈及的人物,而且,19世纪的学者们在对他的评价上也颇有争议。佩特拉克曾在阿维尼翁遇到过巴尔拉姆,并为了能读懂希腊作家的原著而随他研习希腊语。在一封信中,佩特拉克谈到巴尔拉姆说:"另一个唤起我最大热情的老师,在我刚开始学习(*in*

---

[46] 《著作集》,II,252。这一意见甚至见于 J.库拉科夫斯基的《拜占庭历史》(第1版),I,12;在其第2版(1913年)中,这一论断又不见了。

ipso studiorum lacte)时,就离开了人世。"在另一封信中,他又写道:"他(即巴尔拉姆)的希腊语口才是最好的,可拉丁语却很差;他富有思想且思维敏捷,但要让他用语言表达自己的情感却很为难。"[47]在第三封信中他还说:"我一直渴望研究所有的希腊文学,要不是命运嫉妒我的起步而夺走我的老师,现在的我可能就不只是一名初级的希腊文化研究者了。"[48]在阅读希腊文学原著方面,佩特拉克一直未能成功。另外,巴尔拉姆对薄伽丘也产生了一些影响。薄伽丘在他的著作《神谱》(Genealogia deorum)中称巴尔拉姆为一个"虽然身体瘦小却拥有渊博知识"的人,而且只要是涉及希腊学者方面的问题,薄伽丘都完全信任他。[49]

巴尔拉姆在神学和数学方面的文章、笔记和演说词并不能提供足够的理由称巴尔拉姆为人文主义者。我们只能猜测,也许佩特拉克对其著作一无所知;薄伽丘曾清楚地说过他"从未看过任何一本他的著作"[50]。也没有足够的资料证明他曾广泛培养学生或在文学方面有特殊的才智,换句话说,没有理由相信巴尔拉姆拥有足够的天赋或知识力量能极大地影响其才华横溢且受过良好教育的意大利同代人、那些时代精神的前导,即像佩特拉克和薄伽丘这

---

[47] F.佩特拉克:《家事和各类书信集》(Epistolae de rebus familiaribus et Variae),XVIII,2;XXIV,12;G.弗拉卡赛蒂(Fracassetti)主编,II,474;III,302。见Th.乌斯宾斯基《拜占庭文明史论集》,301—302。A.维切洛夫斯基(A.Veselovsky):"薄伽丘,他身边的人和同时代人",《著作集》,V,86。

[48] F.佩特拉克:《家事和各类书信集》,XXV,G.弗拉卡赛蒂主编,II,369。Th.乌斯宾斯基《拜占庭文明史论集》,303。

[49] 《神谱》,XV,6;1532年,389。M.科勒林(Korelin):《早期意大利人文主义及其史学》(The Early Italian Humanism and Its Historiography),993。

[50] 《神谱》,XV,6;1532年版,390:hujus ego mullum vidi opus。

样的人。因此,我们不能赞同把巴尔拉姆对于文艺复兴的影响估计过高,这种估计有时会出现在一些优秀著作中。例如,德国学者G.科尔廷(Körting)曾评论说:"由于巴尔拉姆在阿维尼翁过早离世,使得佩特拉克不可能更深入地学习希腊语言和文明知识,从而破坏了能引人自豪的前景的构想,并决定了此后几个世纪欧洲人民的命运。可谓小因而大果!"⑥俄国学者Th.乌斯宾斯基就同一个问题写道:"文艺复兴时期意大利人所具有的丰富活跃的思想观念和对希腊研究的重视完全应归功于巴尔拉姆直接或间接的影响。因此中世纪文学历史的最伟大成就归功于他……我们还可以根据事实断言他兼具当时存在的学术上最优秀的品质并使之延续下来。"⑥

巴尔拉姆在文艺复兴历史中的作用事实上远没有那么复杂。他只是一名不太成功的希腊语教师,能传授语法基础知识并起到活字典的作用,科勒林认为,"其中还有一些非常不精确的资料"⑥。对于巴尔拉姆在文艺复兴中的作用,A.维切洛夫斯基给予了更为正确的评价:"在意大利人文主义早期历史中,巴尔拉姆的作用是表面性的,偶然的……作为一名中世纪的经院哲学家和唯心主义哲学的敌人,他仅能给予他的西方朋友以希腊语言方面的知识及一些学问的断片;但他的德行却因人文主义用以表现自己的理想和期待而被夸大了,而他是无法对这种期望做出回

---

⑥ G.科尔廷:《佩特拉克的生活和工作》(*Petrarca's Leben und Werke*)(莱比锡,1878年版),154。
⑥ Th.乌斯宾斯基:《论拜占庭文明史论集》,308。
⑥ 《早期意大利人文主义及其史学》,998。

应的。"⑭

716　第二个在文艺复兴早期发挥了重要作用的希腊人是巴尔拉姆的学生莱昂提乌斯·皮拉图斯（Leontius Pilatus），他和他的老师都是卡拉布里亚人，也死于 14 世纪 70 年代。他从意大利移居到希腊，后来又返回意大利。在意大利他被看作是萨洛尼卡的希腊人，而在希腊又被看作是意大利人，不论在哪儿生活他都会与人发生争论。他曾在佛罗伦萨与薄伽丘一起生活三年，给薄伽丘讲授希腊语并对《神谱》给予一些建议。佩特拉克和薄伽丘都在他们的著作中提及了莱昂提乌斯，并以相似的方式描绘了这个"有着禽兽般举止、行为怪僻的人"⑮之倔强、严厉、急躁的性格和难以接近的外表。在写给薄伽丘的一封信中，佩特拉克写道，莱昂拉乌斯在对意大利和意大利人进行了傲慢无理的抨击之后离开了他，而在旅程中又写给他一封"比其胡子和头发更长更令人作呕的信，信中，他向上天赞美可恨的意大利，贬低和谴责他以前极为赞颂的希腊和拜占庭，并以此为乐；接着他恳求我让他回去，比使徒彼得向基督祈求掌控水性还要诚挚"。在同一封信中还有如下有趣的内容："现在听吧、笑吧，还有其他更有趣的事情，他请求我给君士坦丁堡皇帝写信推荐他，可我既不认识这位皇帝也不知道他的名字；但他

---

⑭　《著作集》，V，100—101。

⑮　佩特拉克：《佩特拉克个人书信集》（*Lettere sinili di Petrarca*），V，3；弗拉卡赛蒂编，I，299；亦见 III，6，弗拉卡赛蒂编，I.73："è certamente una gran bestia."见《佩特拉克个人书信集》，弗拉卡赛蒂编，IV，98。薄伽丘：《神谱》，XV，6，1532 年，389。见维切洛夫斯基"薄伽丘"，《著作集》，VI，364。

想要如此,并想当然地以为(那位皇帝)会像罗马皇帝*对我那样仁慈、宽厚;似乎他们的头衔相同,就表示他们完全相同,或者由于希腊人称君士坦丁堡为第二罗马就敢于认为它不仅与古代的罗马一样,甚至还在人口和财富上超过了前者。"⑭在《神谱》中,尽管薄伽丘将莱昂提乌斯描绘得极其丑陋,总是全神贯注地陷于沉思,态度粗鲁、不友善,但他却是活生生的希腊文学的泰斗和希腊神话、寓言的取之不尽用之不竭的活档案。⑮当然,当莱昂提乌斯与薄伽丘在一起时,曾完成了第一部文学上的《荷马史诗》的拉丁语译本。然而,这个译本很不完善,以至于后来的人文主义者认为有必要以一部新的译本取而代之。正像薄伽丘所表明,我们必须考虑到一个事实,即莱昂提乌斯的许多知识都是受惠于他的老师巴尔拉姆,而 Th.乌斯宾斯基说"后者的价值必须在我们的眼中居于更高的地位"⑯。

我们完全承认在希腊语研究方面莱昂提乌斯·皮拉图斯对薄伽丘的重要影响,但在文艺复兴的全部历史过程中,皮拉图斯的作用却只限于通过授课和翻译手段在意大利传播希腊语言和文学知识。此外,薄伽丘之所以能名垂后世,也并非依赖着希腊文学提供

---

* 此处的罗马皇帝,应是德意志神圣罗马帝国的皇帝,而与古代罗马皇帝没有任何关系。——译者

⑭ 佩特拉克:《佩特拉克个人书信集》,III,6。弗拉卡赛蒂编,I,174—175。弗拉卡赛蒂编《书信集》,IV,98。见维切洛夫斯基"薄伽丘",《著作集》,VI,362—363。

⑮ 《神谱》,XV,6;1532 年,390。见维切洛夫斯基"薄伽丘",《著作集》,VI,351—352。

⑯ 《拜占庭文明史论集》,308。见薄伽丘《神谱》,XV,6;1532 年,390:"Leotium…ut ipse asserit,praedicti Barlaae auditorem。"

的养料,而是完全不同的基础。

因而,这些出身于南意大利(卡拉布里亚)而非拜占庭的希腊人在早期人文主义运动历史中所起的作用,仅仅在于他们传播了语言和文学方面的专门知识。

我们经常强调的是巴尔拉姆和莱昂提乌斯·皮拉图斯都是南意大利卡拉布里亚人这一事实,在整个中世纪时期,那里的希腊语言和民间传统都很活跃。尽管南意大利古老的"大希腊"(Magna Graccia)因素还没有完全被罗马吸收,但一般来说,6世纪的征服者查士丁尼一世也向意大利尤其是南意大利引入了许多希腊因素。查士丁尼一世之后不久,征服了意大利大部分地区的伦巴德人自己也受到希腊潮流的影响,从而在某种程度上成为希腊文明的提倡者。考察希腊人口逐渐增加的南意大利和西西里的希腊化是很必要的。6、7世纪,许多希腊人在入侵希腊的斯拉夫人压力下被迫离开他们的祖国前往南意大利和西西里。⁶⁹ 7世纪,由于拜占庭大部分领土被波斯人和阿拉伯人征服、劫掠,导致大批希腊人向西西里和南意大利的移民浪潮。8世纪,大批希腊修士为逃避破坏圣像派的皇帝们之迫害而来到意大利。9、10世纪,西西里被阿拉伯人征服时,来自西西里希腊难民的足迹踏遍了南意大利。这可能是拜占庭南意大利希腊化的主要根源,因为拜占庭文化仅在10世纪才开始在那里繁荣,"好像仅仅是西西里文化的继续和

---

⑥⑨ P.查拉尼斯(P.Charanis):"论西西里和南意大利的希腊化问题"("On the Question of the Hellenization of Sicily and Southern Italy"),《美国历史评论》,LII (1946—1947),74—86。

继承"。⑩ A.维切洛夫斯基写道:"这样,在南意大利形成了希腊人口密集的群岛和靠单一语言、宗教以及修道院为代表的文化传统团结起来的人民及其社会。这种文化的繁盛期自9世纪下半叶一直延续到10世纪下半叶,甚至持续到更晚的诺曼人时代……南意大利许多最重要的希腊修道院都是12世纪建立的。这些修道院的历史也就是南意大利希腊化的历史。它们各有自己的初始时期、在洞穴里沉溺于读写经文的隐修士时期,也有组织良好的集体结构的修道时期,其中有其抄胥的学校、图书馆和文化活动。"⑪中世纪希腊人的南意大利出现了许多作者,他们不仅描写了圣徒生活,也创作了宗教诗歌;他们"还保存了学术传统"⑫。13世纪下半叶,罗杰·培根(Roger Bacon)提及了教宗们已经注意到,"在意大利许多地方,神职人员和居民都是纯粹的希腊人"⑬。同一时期的一位法国编年史家指出,"卡拉布里亚的农民只说希腊语"⑭。14世纪,在佩特拉克的一封信中谈及了一名听从其建议而前往卡拉布里亚的青年:他本来希望直接去君士坦丁堡,"但了解到曾经是人才济济的希腊现在已大不如前,因此相信了我的话……;他从我这里知道,卡拉布里亚有许多人相当熟悉希腊文学知识……他

---

⑩ P.巴蒂福尔(P.Batiffol):《罗萨诺修道院》(*L'Abbaye de Rossano*),ix。

⑪ "薄伽丘",《著作集》,V,22。

⑫ 同上书,23。

⑬ "Nec multum esset pro tanta utilitate ire in Italiam, in qua clerus et populus sunt pure Graeci in multis locis."见罗杰·培根《哲学纲要》(*Compendium studii philosophiae*),chap.6;培根:《未出版作品集》(*Opera quaedum hactenus inedita*),434。

⑭ "Et par toute Calabre li Païsant ne parlent se grizois non"。P.梅耶:"古代法国历史编纂的先驱"("Les Premières compilations françaises d'histoire ancienne"),《罗曼尼亚》,XIV(1885),70页注5。

就决定到那里去了。"⑥这样,14世纪的意大利人不需要为了掌握希腊语言的初级知识和希腊文学的入门知识而去求助于拜占庭;他们有一个更近的知识来源,即南意大利,正是在这里,产生了巴尔拉姆和莱昂提乌斯·皮拉图斯。

拜占庭对意大利的真正影响开始于14世纪末并在整个15世纪延续下来,即曼纽尔·赫里索罗拉斯,杰米斯图斯·普勒桑和尼西亚的贝萨里翁等真正的拜占庭人文主义者的时代。

曼纽尔·赫里索罗拉斯大约在14世纪中叶出生于君士坦丁堡,并在其家乡以杰出的教师、雄辩家和思想家而闻名。一位年轻的意大利人文主义者瓜利诺(Guarino)为了能拜曼纽尔·赫里索罗拉斯为师而前往君士坦丁堡;赫里索罗拉斯教授了他希腊语,由此瓜利诺开始研究希腊诸作家。由于皇帝的命令,赫里索罗拉斯赴意大利执行一次特殊的政治使命,他的名声传到哪里,就在哪里受到热情的接待。意大利各地人文主义中心竞相热切地向这位外国学者发出邀请。他用了几年时间在佛罗伦萨大学教书,有许多人文主义者去听他的课。那时,皇帝曼纽尔二世恰好在意大利,赫里索罗拉斯应召前往米兰,一段时间后又在帕维亚成为教授。赫里索罗拉斯回拜占庭稍作停留后又返回意大利,作为皇帝的使节进行一次长途旅行,到达了英国、法国,可能还有西班牙,最后与罗马教宗和教廷进行了密切接触。他受罗马教宗的派遣前去德国筹划即将召开的宗教会议,到达了会议举办地康斯坦兹,1415年死于此地。赫里索罗拉斯能受到如此重视很明显是由于他的教学和

---

⑥ 《佩特拉克个人书信集》,XI,9;弗拉卡斯蒂编,II,164.

第九章 拜占庭的灭亡

向其听众传授大量希腊文学知识的能力。他的神学论文、希腊语法、翻译作品(例如,对柏拉图著作的翻译)和信件等多种形式的著作并没有表明这种重视是归因于他杰出的文学天赋。但他对人文主义学者的影响是巨大的,他们倾其所能给予这位拜占庭学者最高赞誉和最真挚的热情。瓜利诺把他比作照耀了陷于黑暗蒙昧之中的意大利的太阳,并希望心怀敬意的意大利人应在他经过的地方竖立一座凯旋门。⑯ 他有时也被誉为"希腊雄辩术和哲学之王"。⑰ 在文艺复兴这一新的运动中,许多杰出人物是他的学生。一位文艺复兴时期的法国历史学家莫尼耶在回忆人文主义者对巴尔拉姆和皮科图斯的评价时写道:"这里没有迟钝的智者,令人厌烦的胡须,也没有随时想嘲笑泰伦斯(Terecnce)*那令人钦佩的智慧之光的粗鲁的卡拉布里亚人。曼纽尔·赫里索罗拉斯是一名真正的希腊人;他来自拜占庭;他是高尚的;他是博学的;他不仅懂希腊语,还懂拉丁语;他是庄重而温和的,虔诚而节俭的;他似乎是为美德和荣耀而生的;他熟悉最先进的科学和哲学成就;他是一位大师。他是第一位因在意大利占据一个教席而使古典传统重拾声望的希腊教授。"⑱

但对15世纪意大利影响更深更广的却是拜占庭文艺复兴的

---

⑯ 见莫尼耶《15世纪。15世纪意大利文学史论》(*Le Quattrocento. Essai sur l'histore littéraire du XVe siècle italien*),II,6。

⑰ 科勒林:《早期意大利人文主义及其史学》,1002。

* 古罗马著名希腊籍剧作家。——译者

⑱ 莫尼耶:《15世纪》(*Le quattrocento*),II,4:"Quis enim praestantiorem Manuele virum, aut vidisse aut legisse meminit, qui ad virtutem ad gloriam sine ulla dubitatione natus erat?…"德森布里奥(Decembrio)认为,"谈到他的文学知识,他似乎不是凡人,而是天使"。

著名先驱,杰米斯图斯·普勒桑和尼西亚的贝萨里翁。前者是佛罗伦萨柏拉图学院的发起人,使西欧柏拉图哲学再生的人物;而后者则是这一时期文化运动的首要人物。

贝萨里翁于15世纪初生于特拉布松,在那里受到基础教育,后来被送往君士坦丁堡深造,接着又开始彻底研究希腊诗人、雄辩家和哲学家。与意大利人文主义者,即当时参加了君士坦丁堡课程学习的菲勒尔弗(Filelfo)的会面,使贝萨里翁了解了意大利人文主义运动,并对后来出现于意大利的古代文学艺术深感兴趣。隐修之后,在伯罗奔尼撒半岛即米斯特拉,贝萨里翁受教于著名的普勒桑,继续学习。他后来作为尼西亚的大主教,伴随皇帝参加了弗拉拉-佛罗伦萨宗教会议,极大地影响了趋向教会联合的谈判进程。贝萨里翁在这次宗教会议期间写道:"不论有多少看似合情合理的原因,我都不认为与拉丁人的分离是正确的。"⑩

在意大利驻留期间,贝萨里翁热切地投身于文艺复兴的紧张生活中。就其才能和所受的教育,他绝不逊于意大利人文主义者。他与这些人文主义者过从甚密,而且由于他在联合问题上的立场,也与教廷有了密切接触。在返回君士坦丁堡时,贝萨里翁很快地意识到,由于大多数希腊人的敌对情绪,教会的联合不可能在东方实现。恰在此时,他接到了来自意大利的消息,得知自己已经被任命为罗马教会的红衣主教。考虑到在国内的尴尬地位,他产生了返回人文主义中心意大利的愿望,随后离开拜占庭前往意大利。

---

⑩ 《关于促成教会联合的宣教词》(*Oratio dogmatica pro unione*);米涅编:《希腊教父文献全集》,CLXI,612。

在罗马，贝萨里翁的居所成为人文主义思想交流的中心。人文主义的杰出代表波焦（Poggio）和瓦拉（Valla）等都是他的朋友。由于贝萨里翁在两种古典语言方面都极为出色的学识，瓦拉称他为"拉丁人中最好的希腊人和希腊人中最好的拉丁人"（latinorum graecissimus, graecorum latinissimus）⑩。通过购买书籍或订购手抄副本，贝萨里翁收集了丰富的藏书，包括东西方教父的著作和一般的神学著作以及人文主义文学作品。在其生命的最后阶段，他将其丰富的藏书送给了威尼斯，这些藏书成为现代著名的圣马可图书馆的主要基础之一；在其入口处，我们仍能看见贝萨里翁的肖像。

贝萨里翁最为感兴趣的一个想法是组织一支对付土耳其人的十字军。在听到君士坦丁堡陷落的消息之后，贝萨里翁立即给威尼斯总督写信，要他注意土耳其人对欧洲威胁的危险性，并要求他因此而采取军事行动反抗土耳其人。⑪当时，欧洲人还不可能理解任何其他的理由。1472年，贝萨里翁死于拉文纳，他的遗体运往罗马，并举行了神圣的葬礼。

贝萨里翁的文学活动是在意大利开展起来的。除了大量关于联合问题的带有神学性质的书籍、一部《教义演说》（Dogmatic

---

⑩ H.瓦斯特（H. Vast）:《红衣主教贝萨里翁（1403—1472年）》（Le Cardinal Bessarion, 1403—1472），扉页。R.罗硕尔（R. Rocholl）:《贝萨里翁，文艺复兴史研究》（Bessarion. Studie zur Geschichte der Renaissance），105。L.莫勒尔（L. Mohler）:《神学家、人文主义者和政治家，红衣主教贝萨里翁》（Kardinal Bessarion als Theologe, Humanist und Staatesmann），406。

⑪ 见A.萨多夫（A. Sadov）《尼西亚的贝萨里翁》（Bessarion of Nicaea），276。莫勒尔:《红衣主教贝萨里翁》，275—276；关于贝萨里翁的图书馆，见408—415。

Oration），对以弗所马可（Marcus Eugenicus）的批驳等，以及一些辩论和《圣经》评注方面的著作，贝萨里翁还留下了一些包括德莫斯提尼和色诺芬在内的古典作家作品的译本、亚里士多德形而上学思想的著作，表明他是一名人文主义者。作为柏拉图的崇拜者，贝萨里翁在他的著作《反对柏拉图的诽谤者》（*In Calumniatorem Platonis*）中，成功地保留了或多或少的客观性，这一特点在其他论述亚里士多德主义和柏拉图主义的著作中无以匹敌者。不久以前，贝萨里翁歌颂其出生城市特拉布松的长篇《颂歌》（*Eulogy*）问世。从历史角度来看，这一颂词具有极为重要的意义。⑫

正像贝萨里翁的一位法国传记作者所说，在贝萨里翁时代的所有杰出人物中，他比任何其他人都更好地显示出了希腊语和拉丁语的双重才华，正是从这两种才华的融合中促发了文艺复兴的产生。"贝萨里翁生存于两个时代的交替处。他是一个拉丁化的希腊人……一名保护学者的红衣主教，一名为柏拉图主义而斗争的经院神学家，一名对现代文化的开端做出最大贡献的古典作品的热烈倾慕者。他极力主张实现基督教联合，动员一支反土耳其十字军，因此他属于中世纪；他又在自己的生活年代中居于领导地位，并以热情驱策着这个时代进入新的进步的轨道和文艺复兴运动中。"⑬一个与贝萨里翁同时代的人，迈克尔·阿颇斯托利乌斯（Apostolios）怀着满腔热情崇拜贝萨里翁的人格和他的天赋，乃至于将他比作一个半人半神的英雄。在为贝萨里翁做的葬礼演说

---

⑫ 兰普罗斯：《当代希腊回忆录》（Νέος Ἑλληνομνήμων），XIII（1916），146—194；也有抽印本出版。

⑬ 瓦斯特：《红衣主教贝萨里翁》，ix、xi。

中,他写道:"〔贝萨里翁〕是神圣和真正智慧的结晶。"㊸许多关于贝萨里翁的著作仍未被出版。还有一个有趣的现代版的赞颂词,即 19 世纪末意大利出版了一种以实现东西方基督教会为宗旨的天主教杂志,这份杂志就以"贝萨里翁"命名。

但是,拜占庭对于文艺复兴历史的伟大贡献不仅在于它通过授课或演讲的方式,灌输了希腊语言和文学知识,并通过普勒桑或贝萨里翁等天才人士的活动,向意大利展现了的新视野;另一方面,除了拜占庭的希腊教父著作及文献资料外,拜占庭也给予了西方大量最优秀的古典作家著作的早期希腊原稿。

大约于 15 世纪 40 年代,即佛罗伦萨会议时期,意大利人文主义者在著名藏书家波焦的指引下曾游历意大利和西欧,并搜集了几乎所有那些我们现在所知道的拉丁语文献。曼纽尔·赫里索罗拉斯在意大利唤起了人们对古代希腊的热情崇敬,这里明显出现了积极搜索希腊书籍的运动。为了这个目的,意大利人希望能够使用拜占庭图书馆。已经前往拜占庭学习希腊学术的意大利人带着希腊书籍返回意大利。其中第一人是赫里索罗拉斯在君士坦丁堡的学生瓜利诺。波焦为收集罗马文学著作做了什么,乔瓦尼·奥里斯帕(Giovanni Aurispa)在收集希腊文学著作时就做了什么:他前往拜占庭,从君士坦丁堡、伯罗奔尼撒半岛和各岛屿带回了全少 238 卷书,换言之,即带回了包括最优秀的古典作家作品的一整座图书馆。

㊸ "贝萨里翁的葬礼词"("Laudatio funebris Bessarionis");米涅编:《希腊教父文献全集》,CLXI,140。

由于土耳其的征服，拜占庭的生活条件变得越来越糟糕，也越来越危险，大批希腊人迁居西方，同时带来了他们的文学作品和文献。拜占庭之客观情况所引起的古典世界的珍宝在意大利的集中，为西方世界了解希腊遥远的过去以及她永恒的文化创造了特别有利的条件。通过向西方传播古典著作并因此保护它们免于落入土耳其人手中而惨遭毁弃，拜占庭为人类未来命运完成了伟大的业绩。

附 录

拜占庭帝国皇帝年表
(324—1453年)

君士坦丁大帝(Constantine the Great,帝国唯一皇帝) 324—337(在位,下同)
君士坦丁(Constantine) 337—340
康斯坦斯(Constans) 337—350
康斯坦提乌斯(Constantitus) 337—361
背教者朱利安(Julian the Apostate) 361—363
乔维安(Jovian) 363—364
瓦伦斯(Valens) 364—378
狄奥多西大帝(Theodosius the Great) 379—395
阿卡第(Arcadius) 395—408
幼者狄奥多西二世(Theodosius II The Younger) 408—450
马西安(Marcian) 450—457
利奥一世大帝(Leo Ⅰ the Great) 457—474
利奥二世(Leo Ⅱ) 474
芝诺(Zeno) 474—491
阿那斯塔修斯一世(Anastasius Ⅰ) 491—518
查士丁一世(Justin Ⅰ) 518—527
查士丁尼大帝(Justinian the Great) 527—565
查士丁二世(Justin Ⅱ) 565—578
提庇留二世(Tiberius Ⅱ) 578—582
莫里斯(Maurice) 582—602
福卡斯(Phocas) 602—610

希拉克略(Heraclius) 610—641
君士坦丁二世(Constantine Ⅱ) 641
希拉克罗那斯(Heraclonas,Heracleon) 641
君士坦丁三世(康斯坦斯二世)(Constantine Ⅲ,
 Constans Ⅱ) 641—668
君士坦丁四世(Constantine Ⅳ) 668—685
劓鼻者查士丁尼二世(Justinian Ⅱ Rhinotmetus) 685—695
莱昂提乌斯(Leontius) 695—698
提庇留三世阿斯帕尔(Tiberius Ⅲ Apsimar) 698—705
查士丁尼二世(第二次登基)(Justinian Ⅱ) 705—711
菲利彼库斯·巴尔达内斯(Philippicus Bardanes) 711—713
阿那斯塔修斯二世阿特米乌斯(Anastasius Ⅱ
 Artemius) 713—715
狄奥多西三世(Theodosius Ⅲ) 715—717
利奥三世(Leo Ⅲ) 717—741
君士坦丁五世科普洛尼姆斯(Constantine Ⅱ
 Copronymus) 741—775
卡扎尔人利奥四世(Leo Ⅳ the Khazar) 775—780
君士坦丁六世(Constantine Ⅵ) 780—797
伊琳娜(Irene) 797—802
尼斯福鲁斯(Nicephorus I) 802—811
斯陶拉希乌斯(Stauracius) 811
迈克尔一世朗伽巴(Michael Ⅰ Rangabé) 811—813
亚美尼亚人利奥五世(Leo Ⅴ the Armenian) 813—820
口吃者迈克尔二世(Michael Ⅱ the Stammerer) 820—829
塞奥菲卢斯(Theophilus) 829—842
迈克尔三世(Michael Ⅲ) 842—867
瓦西里一世(Basil Ⅰ) 867—886
哲人(智者)利奥六世(Leo Ⅵ the Philosopher,
 the Wise) 886—912

亚历山大(Alexander)	912—913
(紫衣家族的)君士坦丁七世波菲罗杰尼图斯(Constantine Ⅶ Porphyrogenitus)	913—959
罗曼努斯一世雷卡平(Romanus Ⅰ Lecapenus)(共治皇帝)	919—944
斯蒂芬和君士坦丁(Stephen and Constantine)(罗曼努斯之子)	944年12月—945年1月
罗曼努斯二世(Romanus Ⅱ)	959—963
尼斯福鲁斯二世福卡斯(Nicephorus Ⅱ Phocas)	963—969
约翰一世齐米西斯(John Ⅰ Tzimisces)	969—976
瓦西里二世(保加利亚人的屠夫)(Basil Ⅱ Bulgaroctonus)	976—1025
君士坦丁八世(Constantine Ⅷ)	1025—1028
罗曼努斯三世阿吉鲁斯(Romanus Ⅲ Argyrus)	1028—1034
迈克尔四世帕夫拉戈尼亚人(Michael Ⅳ Paphlagonia)	1034—1041
迈克尔五世卡拉法特斯(Michael Ⅴ Calaphates)	1041—1042
狄奥多拉和佐伊(Theodora and Zoë)	1042
君士坦丁九世摩诺马赫(Constantine Ⅸ Monomachus)	1042—1055
狄奥多拉(Theodora)	1055—1056
迈克尔六世斯特拉提奥提库斯(Michael Ⅵ Stratioticus)	1056—1057
伊萨克一世科穆宁(Isaac Ⅰ Comnenus)	1057—1059
君士坦丁十世杜卡斯(Constantine Ⅹ Ducas)	1059—1067
罗曼努斯四世狄奥吉尼斯(Romanus Ⅳ Diogenes)	1067—1071
迈克尔七世杜卡斯·帕拉皮纳克斯(Michael Ⅶ Ducas Parapinakes)	1071—1078
尼斯福鲁斯三世波塔尼亚特斯(Nicephorus Ⅲ	

Botaniates)	1078—1081
阿列克修斯一世科穆宁(Alexius Ⅰ Comnenus)	1081—1118
约翰二世(John Ⅱ)	1118—1143
曼纽尔一世(Manuel Ⅰ)	1143—1180
阿列克修斯二世(Alexius Ⅱ)	1180—1183
安德罗尼卡一世(Andronicus Ⅰ)	1182—1185
伊萨克二世安吉列(Isaac Ⅱ Angelus)	1185—1195
阿列克修斯三世(Alexius Ⅲ)	1195—1203
伊萨克二世(第二次即位)和阿列克修斯四世(Alexius Ⅳ)	1203—1204
阿列克修斯五世杜卡斯·莫卓弗劳斯(Alexius Ⅴ Ducas Mourtzouphlos)	1204
狄奥多勒一世拉斯卡利斯(Theodore Ⅰ Lascaris)	1204—1222
约翰三世杜卡斯·瓦塔泽斯(John Ⅲ Ducas Vatatzes)	1222—1254
狄奥多勒二世拉斯卡利斯(Theodore Ⅱ Lascaris)	1254—1258
约翰四世(John Ⅳ)	1258—1261
迈克尔八世巴列奥洛格(Michael Ⅷ Palaeologus)	1261—1282
安德罗尼卡二世(Andronicus Ⅱ)	1282—1328
迈克尔九世(Michael Ⅸ)	1295—1320
安德罗尼卡三世(Andronicus Ⅲ)	1328—1341
约翰五世(John Ⅴ)	1341—1391
约翰六世坎塔库津(John Ⅵ Cantacuzene)	1341—1354
安德罗尼卡四世(Andronicus Ⅳ)	1376—1379
约翰七世(John Ⅶ)	1390
曼纽尔二世(Manuel Ⅱ)	1391—1425
约翰八世(John Ⅷ)	1425—1448
君士坦丁十一世(Constantine Ⅺ)	1449—1453

拜占庭王朝世系表

1.君士坦丁王朝,324—363

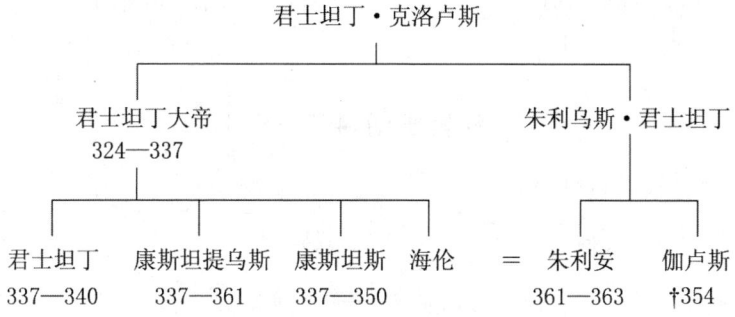

中间王朝

乔维安,363—364
瓦伦斯,364—378

2.狄奥多西王朝,379—457

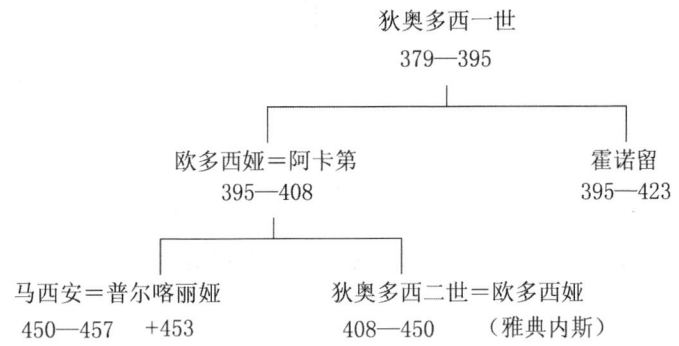

3.利奥王朝,457—518

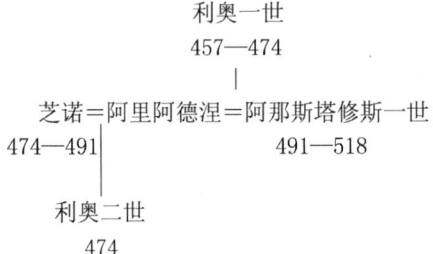

4.查士丁尼王朝,518—602

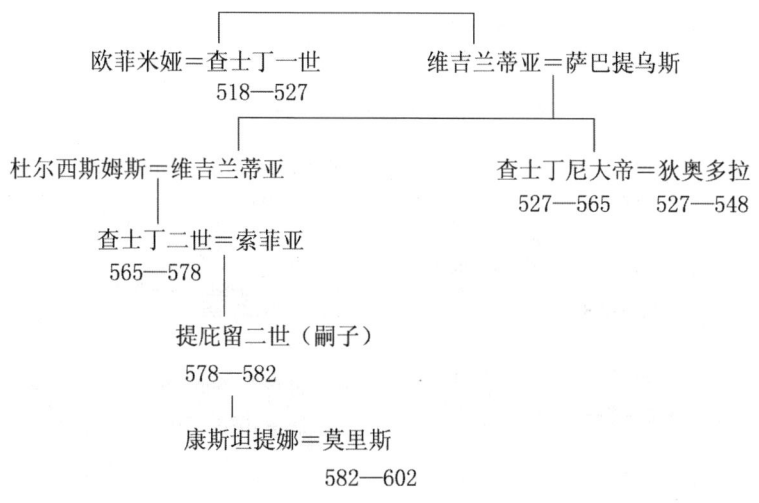

无王朝

福卡斯,602—610

5. 希拉克略王朝,610—711

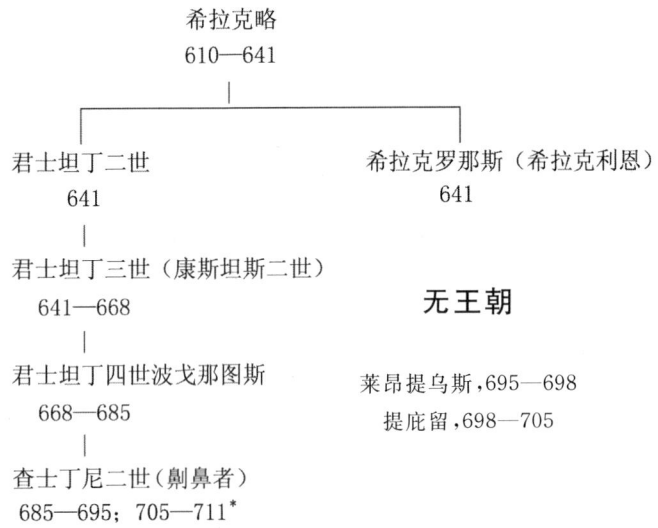

无王朝

菲利彼库斯·巴尔达内斯,711—713
阿那斯塔修斯二世,713—716
狄奥多西三世,716—717

---

* 查士丁尼二世两次登位做皇帝,两次被废。——译者

6. 伊苏里亚王朝,717—802

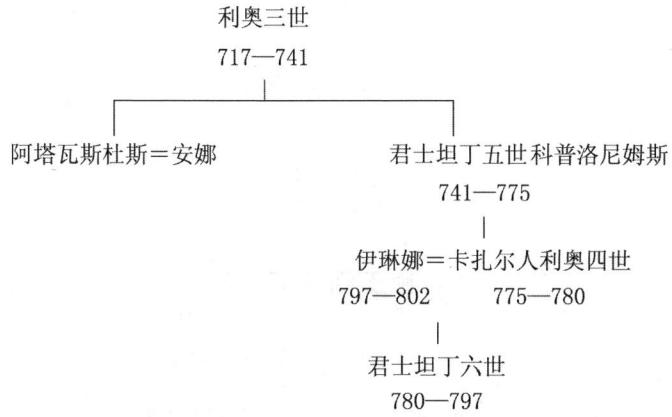

无王朝

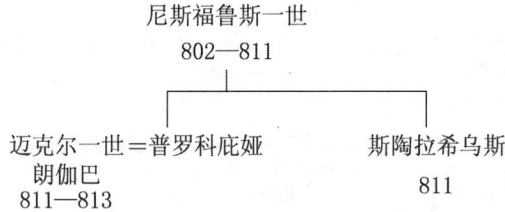

8.[①]阿莫里亚或弗里吉亚王朝,820—867

口吃者迈克尔二世
820—829
|
塞奥菲卢斯＝狄奥多拉
829—842
|
迈克尔三世（醉鬼）
842—867

9.马其顿王朝,867—1056

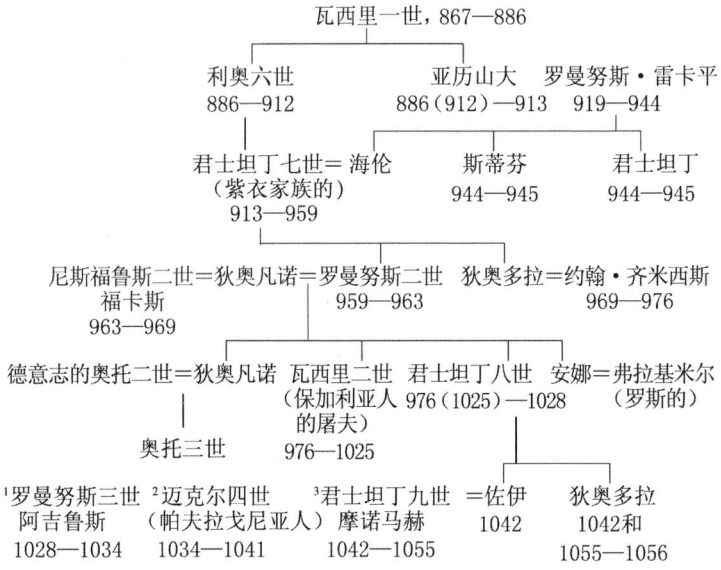

---

① 原文如此,"8"应为"7",后依次。——译者

10.杜卡斯王朝,1059—1081

君士坦丁十世＝欧多西娅·玛克列姆博莉莎 ＝ 罗曼努斯四世狄奥吉尼斯
　1059—1067　　　　　　　　　　　　　　　　1067—1071
　　│
迈克尔七世帕拉皮纳克斯＝玛丽亚＝尼斯福鲁斯三世波塔尼亚特斯
　1071—1078　　　　　　　　　　1078—1081

11.科穆宁王朝,1081—1185

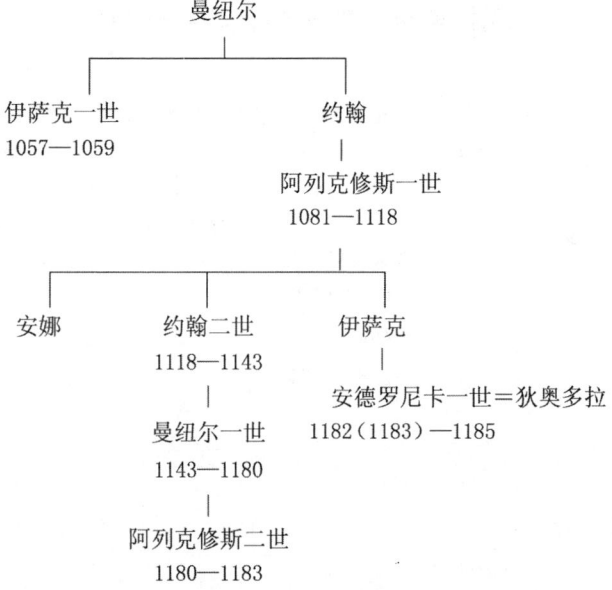

12.安吉列王朝,1185—1204

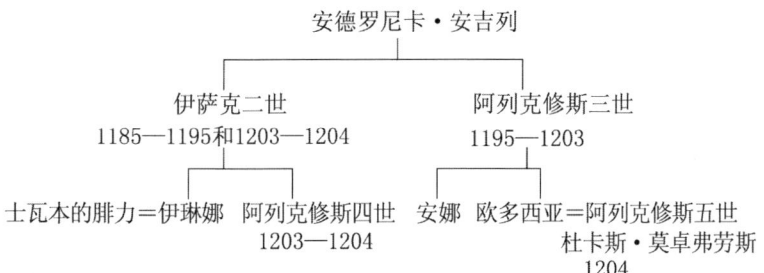

```
                    安德罗尼卡·安吉列
          ┌─────────────────┴─────────────────┐
      伊萨克二世                         阿列克修斯三世
  1185—1195和1203—1204                    1195—1203
          │                                  │
   ┌──────┴──────┐              ┌────────────┴────────────┐
士瓦本的腓力=伊琳娜 阿列克修斯四世   安娜  欧多西亚=阿列克修斯五世
                  1203—1204                  杜卡斯·莫卓弗劳斯
                                                  1204
```

13.拉斯卡利斯王朝,1204—1261

```
      狄奥多勒一世=安娜(阿列克修斯三世之女)
       1204—1222 │
               伊琳娜=约翰三世杜卡斯·瓦塔泽斯
                   │        1222—1254
               狄奥多勒二世
                1254—1258
                   │
                约翰四世
                1258—1261
```

14.巴列奥洛格王朝,1261—1453

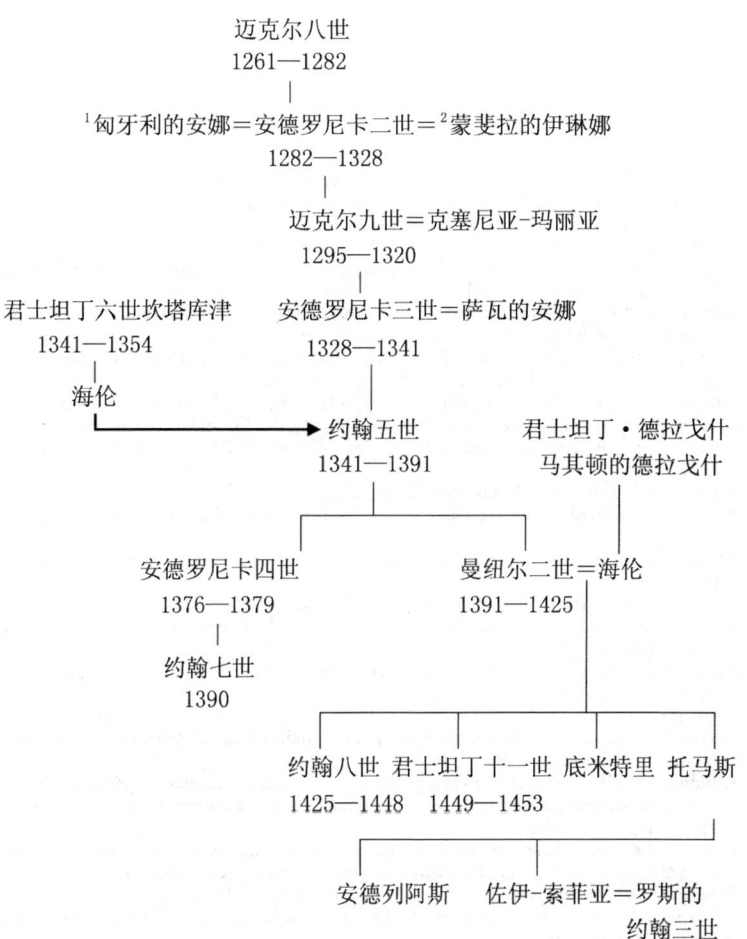

参考文献

Abel, R. P. F. M. "L'île de Jotabe," *Revue biblique*, XLVII (1938), 520–24.
Aboulféda. *Géographie d'Aboulféda*. Trans. from Arabic by Reinaud, J. T. Vol. II. Paris, 1848.
L'Achilléide Byzantine. Ed. Hesseling, D. C. Amsterdam, 1919.
Acquis, Fr. J. da. *Della Chonaca Dell' Imagine del Mondo*. (*Monumenta Historiae Patriae*. *Scriptorum*, Vol. III, intro. and cols. 1457–1626.) Turin, 1848.
Acropolita, George. *Opera*. Ed. Heisenberg, August. (*Bibliotheca Scriptorum Graecorum et Romanorum Teubneriana*.) Leipzig, 1903.
Acta Aragonensia. *Quellen zur deutschen, italienischen, französischen, spanischen, zur Kirchen- und Kulturgeschichte aus der diplomatischen Korrespondenz Jaymes II*. (*1291–1327*). Ed. Finke, H. 2 vols. Berlin and Leipzig, 1908–22.
Acta 42 martyrum Amoriensium. Ed. Vasilievsky, V. G. and Nikitin, P. *Transactions of the Imperial Academy of Sciences*, VIII ser. VII, 2 (1905). In Greek and Russian.
Adam, Paul. *Princesses byzantines*. Paris, 1893.
Adamek, O. *Beiträge zur Geschichte des byzantinischen Kaisers Maurikios*. Graz, 1890–91.
Adonz, N. "L'âge et l'origine de l'empereur Basile I (867–86)," *Byzantion*, IX (1934), 223–60.
———. *Armenia in the Epoch of Justinian*. St. Petersburg, 1908. In Russian.
———. "Samuel l'Armenien, Roi des Bulgares," *Memoires de l'Académie royale de Belgique*, XXXIX (1938).
Agapius (Mahboub) de Menbidg. *Histoire Universelle*. Ed. Vasiliev, A. A. in *Patrologia Orientalis*, VIII (1912), 399–550.
Agathias Scholasticus. *Historiarum*. Ed. Dindorf, L. A. (*Historici Graeci Minores*, Vol. II. Pp. 132–432.) Leipzig, 1870–71. Ed. Niebuhr, B. G. (*Corpus Scriptorum Historiae Byzantinae*.) Bonn, 1828.
Aïnalov, D. *The Byzantine Painting of the Fourteenth Century*. (*Zapiski klassicheskago otdeleniya Russkago Archeologicheskago Obschestwa*. Vol. IX.) Petrograd, 1917. In Russian.
———. "La Chronique de George Hamartolus," *Compte-rendu du deuxième congrés international des études byzantines, Belgrade, 1927*. Belgrade, 1929.
Albertoni, A. *Per una esposizione del diritto bizantino*. Imola, 1927.
Albornez, A. Crillo de. *Juan Chrisostomo y su influencia social en el imperío bizantino*. Madrid, 1934.
Alexandre, C. Pléthon. *Traité de lois*. Paris, 1858.
Alföldi, A. *The Conversion of Constantine and Pagan Rome*. Oxford, 1948.
———. "Hoc signo victor eris. Beiträge zur Bekehrung Konstantins des Grossen,"

Pisciculi. Studien zur Religion und Kultur des Altertums. Munich, 1939.
Allard, P. *Julien l'Apostat.* 3 vols. 3rd. ed., Paris, 1906-10.
Allatius, Leo. *De ecclesiae occidentalis atque orientalis perpetua consensione.* Cologne, 1648.
Allen, W. E. D. *A History of the Georgian People.* London, 1932.
Alpatov, M. and Brunov, I. "A Brief Report of a Journey to the East," *Vizantiysky Vremennik,* XXIV (1923-26).
Altaner, B. *Die Dominikanermissionen des 13. Jahrhunderts.* Habelschwerdt, 1924.
Alvari Cordubensis. *Opera. Indiculus luminosus.* Ed. Florenz, F. H. *España Sagrada,* XI (Madrid, 1753), 219-75.
Amantos, K. Ἱστορία τοῦ Βυζαντινοῦ Κράτους. 2 vols. Athens, 1939-47.
Amari, M. *Storia dei musulmani di Sicilia.* Vols. I–III. Florence, 1854-72. Ed. Nallino, C. A. Vols. I–III. Catania, 1933-37.
Amélineau, E. "La Conquête de l'Égypte par les Arabes," *Revue historique,* CXIX (1915), 273-310.
Anastasijević, D. "A Hypothesis of Western Bulgaria," *Bulletin de la Société Scientifique de Skoplje,* III (1927), 1-12. In Serbian.
Anastasius. *Chronographia tripertita.* Ed. de Boor, C. Leipzig, 1885. (Volume two of *Theophanis Chronographia,* ed. de Boor, C.).
Anastos, M. "Plethos' Calendar and Liturgy," *Dumbarton Oaks Papers,* IV (1948), 183-305.
Andreadès, A. "De la population de Constantinople sous les empereurs byzantins," *Metron,* I (1920).
Andreev, I. *Germanus and Tarasius, the Patriarchs of Constantinople: Their Life and Activity in Connection with the History of Iconoclastic Troubles.* Sergiev Posad, 1907. In Russian.
Andreeva, M. A. "Dubrovnik," *Revue internationale des études balkaniques,* II (1935), 125-28.
―――. *Essays on the Culture of the Byzantine Court in the Thirteenth Century.* Prague, 1927. In Russian. Good piece of work.
―――. "The Reception of the Tartar Ambassadors at the Nicene Court," *Recueil d'études dédiées à mémoire de N. P. Kondakov.* Prague, 1926. In Russian.
―――. "Zur Reise Manuels II. Palaiologos nach Westeuropa," *Byzantinische Zeitschrift,* XXXIV (1934), 37-47.
Andriotes, N. "Κριτόβουλος ὁ Ἴμβριος καὶ τὸ Ἱστορικό του ἔργο," Ἑλληνικά, II (1929), 167-200.
Anecdota Bruxellensia. I. *Chroniques byzantines du Manuscrit 11.376.* Ed. Cumont, Franz. Gand., 1894.
Anikiev, P. "On the Problem of Orthodox-Christian Mysticism," *Pravoslavnoye-Russkoye Slovo,* No. 13 (August, 1903), 200-17. In Russian.
Annales Colonienses Maximi, s. a. 1185. Ed. Pertz, K. (*Monumenta Germaniae Historica. Scriptores,* XVII, 723-847.) Hanover, 1861.
Annales Marbacenses. Ed. Pertz, K. (*Monumenta Germaniae Historica. Scriptores,* XVII, 142-80.) Hanover, 1861.
Annales Stadenses. Ed. Pertz, K. (*Monumenta Germaniae Historica. Scriptores,* XVI, 349 ff.) Hanover, 1861.
Anonymous Valesianus. Ed. Gardhausen, V. (Vol. II of his edition of Ammianus Marcellinus.) Leipzig, 1875. Ed. Mommsen, T. (*Monumenta Germaniae Historica. Auctorum Antiquissimorum,* IX. *Chronica Minora,* I.) Berlin, 1892. Ed. Cessi (*Rerum Italicarum Scriptores.*) Bologna, 1913.

Ansbertus. *Historia de expeditione Frederici Imperatoris.* (*Fontes rerum Austriacarum. Scriptores,* V, 1–90.) Vienna, 1863.
Antiochus Strategus. *The Capture of Jerusalem by the Persians in the Year 614.* Trans. from the Georgian by Marr, N. St. Petersburg, 1909. Trans. into English by Conybeare, F. C. *The English Historical Review,* XXV (1910), 502–17.
Antoniades, E. M. *Hagia Sophia.* Athens, 1907. In Greek.
Apostoli, M. *Laudatio funebris Bessarionis.* Ed. Migne, J. P. (*Patrologia Graeca,* CLXI, cols. 140 ff.) Paris, 1866.
Arnakes, G. Georgiades. "Captivity of Gregory Palamas by the Turks and Related Documents as Historical Sources," *Speculum* (January, 1951), 104–18.
———. Οἱ πρῶτοι 'Οθωμάνοι. Συμβολὴ εἰς τὸ πρόβλημα τῆς πτώσεως τοῦ 'Ελληνισμοῦ τῆς Μικρᾶς 'Ασίας (1282–1337). (*Texte und Forschungen zur byz. neugr. Philologie.* No. 41) Athens, 1947.
Ashburner, W. "The Farmer's Law," *Journal of Hellenic Studies,* XXX (1910), 85–108; XXXII (1912), 68–83.
———. *The Rhodian Sea Law.* Oxford, 1909.
Assemani, Joseph Simeon. *Kalendaria Ecclesiae Universae.* 4 vols. Rome, 1755.
Atiya, Aziz Suryal. *The Crusade in the Later Middle Ages.* London, 1938.
———. *The Crusade of Nicopolis.* London, 1934.
Attwater, S. *St. John Chrysostom.* Milwaukee, 1939.
Auvray, L. *Les Registres de Gregoire IX.* Paris, 1907.
Babinger, F. *Geschichtsschreiber der Osmanen und ihre Werke.* Leipzig, 1927.
Bach, E. "Les Lois agraires byzantines du Xe siècle," *Classica et Mediaevalia,* V (1942), 70–91.
Bacon, R. "Compendium studii philosophiae," *Opera quaedum hactenus inedita.* London, 1859.
Baker, G. P. *Justinian.* New York, 1931. Illustrated military narrative. Unimportant and superficial.
Balsamonis, Theodori. *In canonem XVI concilii Carthaginiensis.* Ed. Migne, J. P. (*Patrologia Graeca,* CXXXVIII, cols. 83–95.) Paris, 1865.
Bǎnescu, N. *Un Problème d'histoire médiévale: Création et caractère du Second Empire Bulgare.* Bucharest, 1943. Important.
Banús y Comas, C. *Expedicion de Catalanes y Aragoneses en Oriente en principio del siglo XIV.* Madrid, 1929.
Barbaro, Nicolò. *Giornale dell' assedio di Constantinopoli.* Ed. Cornet, E. Vienna, 1856.
Bardenhewer, O. *Geschichte der altkirchlichen Literatur.* 5 vols. Freiburg, 1912–32. Fine bibliography.
———. *Patrologie.* 3rd ed., Freiburg, 1910. English trans. Shahan, T. J. Freiburg and St. Louis, 1908.
Barlone, Daniel. *Une Financée de Charlemagne Irène imperatrice de Byzance.* Algiers and Paris, 1945. Historical fiction; no historical value.
Baronii, Caesare. *Annales ecclesiastici.* Ed. Theiner, A. 37 vols. Paris and Brussels, 1864–83.
Barsky, V. G. *Travels of V. G. Barsky in the Holy Places of the East from 1723 to 1747.* Ed. Barsukov, N. St. Petersburg, 1885. In Russian.
Barth, W. *Kaiser Zeno.* Basil, 1894.
Barthold, V. "Charlemagne and Harun al-Rashid," *Christiansky Vostok,* I (1912), 69–94. In Russian.
———. "The Orientation of the First Muslim Mosques," *Annual Publications of the*

Russian Institute of Art History, I (1922). In Russian.
———. Review, Transactions of the Oriental College, I (1925). In Russian.
Barvinok, V. Nicephorus Blemmydes and His Works. Kiev, 1911. In Russian.
Basset, René. "Berbères: Religion, langue et litterature," Encyclopédie de l'Islam, I (1913), 721-23.
Batiffol, P. L'Abbaye de Rossano. Paris, 1891.
———. La Paix constantinienne et le catholicisme, 3rd ed., Paris, 1914.
Baur, P. C. Der heilige Johannes Chrysostomus und seine Zeit. Munich, 1929-30.
Baynes, N. H. "Alexandria and Constantinople: A Study in Ecclesiastical Diplomacy," Journal of Egyptian Archaeology, XII (1926), 145-56.
———. "Athanasiana," Journal of Egyptian Archaeology, XI (1925), 58-69.
———. A Bibliography of the Works of J. B. Bury. Cambridge, 1929.
———. "Bibliography: Papyri on Social Life in Graeco-Roman Egypt," Journal of Egyptian Archaeology, XVIII (1932), 90-91.
———. "Byzantine Civilization," History, X (1926), 289-99.
———. The Byzantine Empire. New York and London, 1926.
———. and Moss, H. St. L. B. (Eds.) Byzantium. An Introduction to East Roman Civilization. Oxford, 1948.
———. Constantine the Great and the Christian Church. (Proceedings of the British Academy, XV.) London, 1929.
———. "The Date of the Avar Surprise, a Chronological Study," Byzantinische Zeitschrift, XXI (1912), 110-28.
———. "The Death of Julian the Apostate in a Christian Legend," Journal of Roman Studies, XXVII (1937), 22-29.
———. "The Early Life of Julian the Apostate," Journal of Hellenic Studies, XLV (1925), 251-54.
———. The Historia Augusta: Its Date and Purpose. Oxford, 1926.
———. "The Historia Augusta: Its Date and Purpose. A Reply to Criticism," The Classical Quarterly, XXII (1928), 166-71.
———. "Review: Melanges Charles Diehl," Journal of Hellenic Studies, LII (1932), 157-61.
———. "Review: Stein, Geschichte des spätrömischen Reiches, vol. I," Journal of Roman Studies, XVIII (1928), 217-25.
———. "The Vita S. Danielis Stylitae," The English Historical Review, XL (1925), 397-402.
Beazley, C. The Dawn of Modern Geography. 4 vols. London, 1897-1906.
Becker, C. "The Expansion of the Saracens—the East," The Cambridge Medieval History, II (1913), 329-64.
———. Vom Werden und Wesen der Islamischen Welt: Islamstudien. Vol. I. Leipzig, 1924.
Bees, A. "Bambacoratius, ein Beiname des Kaisers Alexios III. Angelos (1195-1203)," Byzantinisch-neugriechische Jahrbücher, III (1922), 285-86.
———. "Eine unbeachtete Quelle über die Abstammung des Kaisers Basileios I., des Mazedoniers," Byzantinisch-neugriechische Jahrbücher, IV (1923), 76.
———. "Geschichtliche Forschungsresultate und Mönchs- und Volkssagen über die Gründer der Meteorenklöster," Byzantinisch-neugriechische Jahrbücher, III (1922), 364-403.
Beladsori (Baladhuri). Liber expugnationum regionum. Ed. de Goeje, M. J. Leyden, 1866.
———. The Origins of the Islamic State. Trans. Hitti, P. (Columbia University Studies in History, Economics and Public Law, LXVIII, part I.) New York,

1916.
Belin, M. A. *Histoire de la Latinité de Constantinople.* 2nd ed., Paris, 1894. Brief and very superficial sketch of the history of the Catholic Church in Byzantium in the thirteenth century.
Bell, H. I. "The Decay of a Civilization," *Journal of Egyptian Archaeology,* X (1924), 201-16.
———. *Egypt from Alexander the Great to the Arab Conquest. A Study in the Diffusion and Decay of Hellenism.* Oxford, 1948.
———. "An Epoch in the Agrarian History of Egypt," *Recueil d'études égyptologiques dédiées à la mémoire de Jean-François Champollion.* Paris, 1922.
———. "The Byzantine Servile State in Egypt," *Journal of Egyptian Archaeology,* IV (1917), 86-106.
Beneševič, V. and Uspensky, Th. I. *The Acts of Vazelon.* Leningrad, 1927. In Russian and in Greek.
———. "Die byzantinischen Ranglisten nach dem Kletorologion Philothei (De Cer. I, II c. 52) und nach den Jerusalemer Handschriften zusammengestellt und revidiert," *Byzantinisch-neugriechische Jahrbücher,* V (1926), 97-167.
———. "Sur la date de la mosaïque de la Transfiguration au Mont Sinaï," *Byzantion,* I (1924), 145-72.
Benjamin, Rabbi, of Tudela. *Oriental Travels.* Trans. Grunhüt, L. and Adler, M. N. Jerusalem, 1903. In German. Ed. Komroff, Manuel. New York, 1928. Trans. Adler, M. N. London, 1907.
Berger, A. and Schiller, A. A. *Bibliography of Anglo-American Studies in Roman, Greek, and Greco-Egyptian Law and Related Sciences.* (An annual extraordinary number of *The Jurist.*) Washington, D.C., 1945.
Berger, A. "Tipoukeitos: The Origin of a Name," *Traditio,* III (1945), 394-402.
Berger, E. *Les Registres d'Innocent IV.* Paris, 1887.
Bergkamp, J. U. *Dom Jean Mabillon and the Benedictine Historical School of Saint-Maur.* Washington, D.C., 1928.
Berthelot, M. *La Chimie au moyen âge.* Vol. I. Paris, 1893.
Besta, E. *La cattura dei Veneziani in Oriente.* Feltre, 1920.
Bezdeki, St. *Le Portrait de Théodore Métochite par Nicéphore Grégoras. Mélanges d'histoire générale.* Cluj, 1927.
Bezobrazov, P. V. *A Byzantine Writer and Statesman, Michael Psellus.* I. *The Biography of Michael Psellus.* Moscow, 1890. In Russian.
———. "Comptes rendus," *Vizantiysky Vremennik,* XVIII (1911), 33-36; III (1896). In Russian.
———. "Craft and Trade Corporations," in Hertzberg, G. *History of Byzantium.* Ed. Bezobrazov, P. V. Moscow, 1896. In Russian.
———. "The Empress Zoë," *Historical Articles.* Vol. I, 225-51. Moscow, 1893. Popular article. In Russian.
Bikélas, D. *La Grèce byzantine et moderne.* Paris, 1893.
———. *Seven Essays on Christian Greece.* Trans. John, Marquess of Bute. London, 1890.
Biondi, B. *Guistiniano Primo Principe e Legislatore Cattolico.* Milan, 1936. Justinian's religious policy and his relations with the Papacy.
Bizilli, P. "The Version of Novgorod of the Fourth Crusade," *Istoricheskiya Izvestiya,* 3, 4 (1916). In Russian.
Blake, R. P. "The Monetary Reforms of Anastasius I and its Economic Implications," *Studies in the History of Culture, the Disciplines of the Humanities.* Menasha, Wisconsin, 1942.

———. "Note sur l'activité littéraire de Nicéphore, Ier patriarche de Constantinople," *Byzantion*, XIV (1939), 1-15.
Blanchet, A. "Les dernières monnaies d'or des empereurs de Byzance," *Revue numismatique*, IV, 4 (1910), 78-90.
Blemmydes, Nicephorus. *Curriculum vitae et carmina*. Ed. Heisenberg, A. Leipzig, 1896.
Boak, A. E. R. "Byzantine Imperialism in Egypt," *The American Historical Review*, XXXIV (1928), 1-8.
Bobtchev, S. *History of the Ancient Bulgarian Law*. Sofia, 1910. In Bulgarian.
Boccaccio, G. *De genealogia deorum*. Basil, 1532.
Boghiatzides, I. "Τὸ χρονικὸν τῶν Μετεώρων," 'Επετηρὶς 'Εταιρείας Βυζαντινῶν Σπουδῶν, I (1924), 146-56.
Bogišič, V. *Pisani zakoni na slovenskom jugu*. Zagreb, 1872.
Böhmer, J. F. *Acta imperii selecta. Innsbruck*, 1870.
Bois, J. "Gregoire le Sinaite et l'Hésychasme à l'Athos au XIVe siècle," *Échos d'Orient*, V (1901).
Boissier, G. *La Fin du paganisme; étude sur les dernières luttes religieuses en Occident au quatrième siècle*. Paris, 1891.
Boïves, K. 'Ακολουθία ἱερὰ τοῦ ὁσίου καὶ θεοφόρου πατρὸς ἡμῶν Χριστοδούλου. 3rd. ed. Athens, 1884.
Bolotov, V. *Lectures on the History of the Ancient Church*. III. *A History of the Church in the Period of the Ecumenical Councils*. St. Petersburg, 1913. Very important. In Russian.
Bon, A. *Le Péloponnèse byzantin jusqu'en 1204*. Paris, 1951.
de Boor, C. "Der Angriff der Rhos auf Byzanz," *Byzantinische Zeitschrift*, IV (1895), 449-53.
Bouchier, E. *Spain Under the Roman Empire*. Oxford, 1914.
Bouvat, L. *L'Empire Mongol*. Paris, 1927.
Bouvy, E. "Saint Thomas. Ses traducteurs byzantins," *Revue augustinienne*, XVI (1910), 407 ff.
Brătianu, G. I. *Actes des notaires génois de Péra et de Caffa de la fin du XIIIe siècle*. Bucharest, 1927.
———. "Charles Diehl et la Roumanie," *Revue historique du sud-est européen*, XXII (1945), 5-36.
———. *Études byzantines d'histoire économiques et sociale*. Paris, 1938.
———. "Études pontiques," *Revue historique du sud-est européen*, XXI (1944), 39-52.
———. "La Fin du regimes des partis à Byzance et la crise antisemite du VIIe siècle," *Revue historique du sud-est européen*, XVIII (1941), 49-57.
———. "Notes sur le projet de mariage entre l'empereur Michel IX Paléologue et Catherine de Courtnay (1288-95)," *Revue historique du sud-est européen*, I (1924), 59-63.
———. "La Politique fiscale de Nicéphore Ier ou Ubu Roi à Byzance," *Études byzantines d'histoire économique et sociale*. Paris, 1938. Interesting.
———. *Recherches sur le commerce génois dans la mer Noire au XIIIe siècle*. Paris, 1929.
———. *Recherches sur Vicina et Cetatea Alba*. Bucharest, 1943.
———. "Vicina. I. Contribution à l'histoire de la domination byzantine et du commerce génois en Dobrogea," *Bulletin de la section historique de l'Académie roumaine*, X (1923).

Bréhier, L. "Andronic I (Comnène)," *Dictionnaire d'histoire et de géographie ecclésiastiques*. Ed. Baudrillart, A. II (1914-20), cols. 1776-82.
———. "Attempts at Reunion of the Greek and Latin Churches," *The Cambridge Medieval History*, IV (1923), 594-626.
———. "Constantin et la fondation de Constantinople," *Revue historique*, CXIX (1915), 241-72.
———. *L'Église et l'orient au moyen âge; les croisades*. Paris, 1907. 5th ed., Paris, 1928.
———. "Les Empereurs byzantins dans leur vie privée," *Revue historique*, CLXXXVIII-IX (1949), 193-217.
———. "The Greek Church: Its Relations with the West up to 1054," *The Cambridge Medieval History*, IV (1923), 246-73.
———. *Un héros de roman dans la littérature byzantine*. Clermont-Ferrand, 1904.
———. "Iconoclasme," *Histoire de l'Église*. Ed. Fliche, A. and Martin, V. Vol. V (1938), 431-70. Very important; has an excellent bibliography.
———. *Le Monde byzantine*. 3 vols. Paris, 1947-50.
———. "Notes sur l'histoire de l'enseignment supérieur à Constantinople," *Byzantion*, III (1927), 72-94; IV (1929), 13-28.
———. *La Querelle des images, VIIIe-IXe siècles*. Paris, 1904. Important.
———. "La Rénovation artistique sous les Paléologues et le mouvement des idées," *Mélanges Diehl: Études sur l'histoire et sur l'art de Byzance*. Paris, 1930.
———. *La Schisme oriental du XIe siècle*. Paris, 1899. Important.
———. "La Transformation de l'empire byzantine sous les Héraclides," *Journal des Savants*, N.S. XV (1917), 401-15.
Brilliantov, A. *The Emperor Constantine the Great and the Edict of Milan, 313 A.D.* Petrograd, 1916. An excellent work, analyzing the period on the basis of original sources and later literature, including the extensive literature of 1913. In Russian.
———. *The Influence of Eastern Theology upon Western as Evidenced by the Works of John the Scot Eriugena*. St. Petersburg, 1898. In Russian.
Brion, M. *Crowned Courtesan. The Tale of Theodora, Empress of Byzantium*. Trans. from French by Wells, W. B. London, 1936.
Brooks, E. W. "The Arab Occupation of Crete," *The English Historical Review*, XXVIII (1913), 431-43.
———. "Arabic Lists of the Byzantine Themes," *Journal of Hellenic Studies*, XXI (1901), 67-77.
———. "Byzantines and Arabs in the Time of the Early Abbasids," *English Historical Review*, XV (1900), 728-47.
———. "The Campaign of 716-18, from Arabic Sources," *Journal of Hellenic Studies*, XIX (1899), 19-31.
———. "The Eastern Provinces from Arcadius to Anastasius," *The Cambridge Medieval History*, I (1911), 456-86.
———. Ed. and trans. John of Ephesus. *Lives of the Eastern Saints*. Syriac text and trans. *Patrologia Orientalis*, XVII (1923), 1-307.
———. "Review: Vasiliev, *Lektsii po Istorii Vizantii*," *The English Historical Review*, XXXIV (1919), 117.
———. "Who was Constantine Pogonatus?" *Byzantinische Zeitschrift*, XVII (1908), 460-62.
Brosset, M. *Histoire de la Géorgie*. Vol. I. St. Petersburg, 1849.

Brown, H. F. "The Venetians and the Venetian Quarter in Constantinople to the Close of the Twelfth Century," *Journal of Hellenic Studies*, XL (1920), 68–88.
Bruns, K. G. and Sachau, E. (Eds.) *Syrisch-Römisches Rechtsbuch aus dem fünften Jahrhundert*. Leipzig, 1880.
Bryanzev, D. "John Italus," *Vera i Razum*. Vol. II, part 1. St. Petersburg, 1904. In Russian.
Bryce, James. *The Holy Roman Empire*. New York, 1919.
———. "Life of Justinian by Theophilus," *Archivio della Reale Società Romana di Storia Patria*, X (1887), 137–71; also in *The English Historical Review*, II (1887), 657–84.
Bubnov, N. *The Collection of Gerbert's Letters as a Historical Source*. St. Petersburg, 1890. In Russian.
Buchon, J. A. *Chroniques étrangères relatives aux expéditions françaises pendant le XIIIe siècle*. Ed. Lanz, K. (*Bibliothek des literarischen Vereins in Stuttgart*, VIII, 1844.) Stuttgart, 1844.
———. *Nouvelles recherches historiques sur la principauté française de Morée et ses hautes baronnies fondées à la suite de la quatrième croisade, pour servir de complément aux éclaircissements historiques, généalogiques et numismatiques sur la principauté française de Morée*. Paris, 1843–45.
———. *Recherches et matériaux pour servir à une histoire de la domination française*. Paris, 1840.
Buckler, Georgiana. *Anna Comnena: A Study*. Oxford, 1929. The best detailed monograph, abundantly documented.
Buondelmonti, Chr. *Description des îles de l'Archipel*. Ed. Legrand, E. Paris, 1897. Ed. Meineke, A. (*Corpus Scriptorum Historiae Byzantinae*.) Bonn, 1836.
Burckhardt, J. *Die Zeit Constantins des Grossen*. 1st ed., Leipzig, 1853. 3rd ed., Leipzig, 1898. Trans. into English by Moffat, J. London, 1904. 4th ed., enlarged and revised, in the original German. Leipzig, 1925.
Bury, J. B. *The Ancient Greek Historians*. New York, 1909.
———. "The Bulgarian Treaty of A.D. 814 and the Great Fence of Thrace," *The English Historical Review*, XXV (1910), 276–87.
———. "The Ceremonial Book of Constantine Porphyrogennetos," *The English Historical Review*, XXII (1907), 209–27; 417–39.
———. "Charles the Great and Irene," *Hermathena*, VIII (1893), 17–37.
———. *The Constitution of the Later Roman Empire*. Cambridge, 1910.
———. *A History of the Eastern Roman Empire from the Fall of Irene to the Accession of Basil I* (802–67). London, 1912. The best work on this epoch.
———. *A History of the Later Roman Empire from Arcadius to Irene* (395–800). 2 vols. London, 1889. New ed. covering period A.D. 395–565. 2 vols. London, 1923.
———. *The Imperial Administrative System in the Ninth Century, with a revised text of the Kletorologion of Philotheus*. (*British Academy Supplemental Papers*, I.) London, 1911.
———. "The Notitia Dignitatum," *Journal of Roman Studies*, X (1920), 131–54.
———. "The Provincial Lists of Verona," *Journal of Roman Studies*, XIII (1923), 127–51.
———. "Roman Emperors from Basil II to Isaac Komnênos," *The English Historical Review*, IV (1889), 41–64; 251–85. A fine study of Psellus' work.
———. *Romances of Chivalry on Greek Soil*. Oxford, 1911.
———. *Selected Essays*. Ed. Temperley, H. Cambridge, 1930.

———. "The Struggle with the Saracens; summary," *The Cambridge Medieval History,* IV (1923), 151-52.

———. "The Treatise De Administrando Imperio," *Byzantinische Zeitschrift,* XV (1906), 517-77.

Byrne, E. H. "The Genoese Colonies in Syria," *Crusades and Other Historical Essays Presented to Dana C. Munro by his Former Students.* New York, 1928.

Byron, R. *The Byzantine Achievement: An Historical Perspective A.D. 330-1453.* London, 1929.

Butler, M. *The Arab Conquest of Egypt.* Oxford, 1902.

Caetani, L. *Annali dell' Islam.* Vols. I-X. Milan, 1905-26. A very important work for the relations between Byzantium and the Arabs in the time of the first califs.

———. *Studi di storia orientale.* Vols. I and III. Milan, 1911-14. Important for the primitive history of Islam.

Cahen, C. "La Campagne de Mantzikert d'après les sources musulmanes," *Byzantion,* IX (1934), 613-42.

———. "La première pénétration turque en Asie Mineure (seconde moitré du XIe siècle)," *Byzantion,* XVIII (1948), 5-67.

———. *La Syrie du Nord à l'époque des croisades.* Paris, 1940.

Callistus, Nicephorus. *Historia ecclesiastica.* Ed. Migne, J. P. (*Patrologia Graeca,* CXLV, CXLVI.) Paris, 1865.

The Cambridge Medieval History. XII. *The Imperial Crisis and Recovery A.D. 193-324.* Cambridge, 1929. Important; copious bibliography.

Cammelli, G. "Demetrii Cydonii orationes tres, adhuc ineditae," *Byzantinischneugriechische Jahrbücher,* III (1922), 67-76; IV (1923), 77-83, 282-95.

———. "Demetrio Cidonio: Brevi notizie della vita e delle opere," *Studi Italiani di filologia classica,* N.S. I (1920), 140-61.

———. *Démétrius Cydonès Correspondance.* Paris, 1930.

———. "L'inno per la nativita de Romano il Melode," *Studi Bizantini.* Rome, 1925.

———. "Personaggi bizantini dei secoli XIV-XV attraverso le epistole di Demetrio Cidonio," *Bessarione,* XXXVI (1920), 77-108.

———. *Romano il Melode.* Florence, 1930.

Cananus, John. *De Constantinopoli anno 1422 oppugnata narratio.* Ed. Bekker, I. (*Corpus Scriptorum Historiae Byzantinae.*) Bonn, 1838.

Canard, M. "Les Expéditions des arabes contre Constantinople dans l'histoire et dans la légende," *Journal asiatique,* CCVIII (1926), 61-121.

———. "La Guerre sainte dans le monde islamique et dans le mond chrétien," *Revue africaine,* LXXIX (1936), 605-23.

———. *Sayf al Daula.* (*Bibliotheca Arabica,* publiée par La Faculté des Lettres d'Alger, VIII.) Algiers, 1934. Arab text only; no translation.

———. "Le Traité de 1281 entre Michel Paléologue et le sultan Qalâ'ûn," *Byzantion,* X (1935), 669-80.

———. "Un Traité entre Byzance et l'Egypt au XIIIe siècle et les relations diplomatiques de Michel VIII Paleologue avec les sultans Mamlûks Baibars et Qalâ'ûn," *Mélanges Guadefroy-Demombynes.* Cairo, 1937.

Carabellese, F. *Carlo d'Angiò nei rapporti politici e commerciali con Venezia e l'Oriente.* Bari, 1911. Not much material on Byzantium.

Caro, G. "Die Berichterstattung auf dem ersten Kreuzzuge," *Neue Jahrbücher für das klassische Alterum,* XXIX (1912), 50-62.

———. *Genua und die Mächte am Mittelmeer,* 1257-1311. Halle, 1895.

Carpenter, M. "The Paper that Romanos Swallowed," *Speculum,* VII (1932), 3-22.

——. *Romanos and the Mystery Play of the East.* (*The University of Missouri Studies*, XI, 3.) Columbia, Mo., 1936.
Caspar, E. *Geschichte des Papsttum.* Vols. I–II. Tübingen, 1930–33.
——. "Letters of Gregory II," *Zeitschrift für Kirchengeschichte*, LII (1933), 29–89.
——. *Roger II. (1101–1154) und die Gründung der normannish-sicilischen Monarchie.* Innsbruck, 1904.
Castellani, G. "Un Traité inédit en Grec de Cyriaque d'Ancône," *Revue des études grecques*, IX (1896), 225–28.
Cedrenus, George. *Historiarum compendium.* Ed. Bekker, I. (*Corpus Scriptorum Historiae Byzantinae.*) Bonn, 1838.
Cerone, F. "Il Papa ed i Veneziani nella quarta crociata," *Archivio Veneto*, XXXVI (1888), 57–70; 287–97.
——. "La Politica orientale di Alfonso d'Aragona," *Archivio storico per le provincie Napolitane*, XVII (1902), 425–56, 555–634; XVIII (1903), 167 ff.
Chabot, J. "Un Épisode de l'histoire des croisades," *Mélanges offerts à M. Gustave Schlumberger.* Vol. I. Paris, 1924.
Chalandon, F. *Les Comnène: Études sur l'empire byzantin au XIe et au XIIe siècles.* 2 vols. Paris, 1900–12.
——. "The Earlier Comneni," *The Cambridge Medieval History*, IV (1923), 318–50.
——. *Histoire de la domination normande en Italie et en Sicile.* Paris, 1907.
——. *Histoire de la première croisade jusqu'à l'election de Godefroi de Bouillon.* Paris, 1925.
Chamberlin, William. "On Rereading Gibbon," *The Atlantic Monthly*, CLXXIV (1944), 65–70.
Chapman, C. *Michael Paléologue restaurateur de l'empire byzantin (1261–82).* Paris, 1926. Useful; too brief.
Charanis, P. "Byzantium, the West and the Origin of the First Crusade," *Byzantion*, XIX (1949), 17–37.
——. "The Chronicle of Monemvasia and the Question of the Slavonic Settlements in Greece," *Dumbarton Oaks Papers*, V (1950), 139–67.
——. *Church and State in the Later Roman Empire. The Religious Policy of Anastasius the First, 491–518.* Madison, Wisconsin, 1939. Very accurate study.
——. "The Crown Modiolus Once More," *Byzantion*, XIII (1938), 337–81.
——. "Internal Strife in Byzantium in the Fourteenth Century," *Byzantion*, XV (1940–41), 208–30.
——. "The Monastic Properties and the State in the Byzantine Empire," *Dumbarton Oaks Papers*, IV (1948), 51–119.
——. "On the Question of the Hellenization of Sicily and Southern Italy during the Middle Ages," *The American Historical Review*, LII (1946–47), 74–86.
——. "The Strife among the Palaeologi and the Ottoman Turks, 1370–1402," *Byzantion*, XVI (1942–43), 286–314.
Chatzes, A. C. "Ἱστορία τοῦ Βυζαντινοῦ Κράτους," Πρακτικά *of the Academy of Athens*, IV (1929), 746–48.
Chekrezi, C. *Albania: Past and Present.* New York, 1919.
Chernousov, E. "Ducas, One of the Historians of the Fall of Byzantium," *Vizantiysky Vremennik*, XXI (1914), 171–221. In Russian.
——. "From a Byzantine Backwoods of the Thirteenth Century," *Essays Presented to V. P. Buzeskul.* Kharkov, 1913–14. In Russian.

―――. "The Roman and Byzantine Guilds," *Journal of the Ministry of Public Instruction*. 1914. A Russian article on Stöckle's book.
Cheronis, N. D. "Chemical Warfare in the Middle Ages. Kallinikos Prepared Fire," *Journal of Chemical Education*, XIV, 8 (1937), 360–65.
Chiliades. Ed. Kiessling, Th. Leipzig, 1826.
Christ, W. *Geschichte der griechischen Litteratur*. 6th ed., Munich, 1924.
The Christian Roman Empire and the Foundation of the Teutonic Kingdom. (*The Cambridge Medieval History*, I.) Cambridge, 1911.
Chronica Minora. Trans. Guidi, I. (*Corpus Scriptorum Christianorum Orientalium*.) Paris, 1903–5.
Chronicle of John, bishop of Nikiu. Trans. from the Ethiopian by Zotenberg, M. *Notices et extraits des manuscrits de la Bibliothèque Nationale*, XXIV (1883). Trans. into English by Charles, R. London, 1916.
The Chronicle of Morea. Ed. Schmitt, J. London, 1904. Ed. Kalonares, P. Athens, 1940. In Greek.
The Chronicle of Novgorod. St. Petersburg, 1888. In Russian. Latin trans. Hopf, C. *Chroniques gréco-romanes inédites ou peu connues*. Berlin, 1873.
Chronicon Adae de Usk. Ed. Thompson, E. M. 2nd ed., London, 1904. Latin text and English trans.
Chronicon Estense. Ed. Muratori, L. A. (*Scriptores Rerum Italicarum*, XV.) Milan, 1729.
Chronicon Magni Presbyteri (*Annales Reicherspergenses*). Ed. Pertz, G. H. (*Monumenta Germaniae Historica. Scriptores*, XVII, cols. 439–534.) Hanover, 1861.
Chronique de Michel le Syrien. Trans. Chabot, J. B. Vols. I–III. Paris, 1899–1910.
Chronique du Religieux de Saint-Denys. Published by Bellaguet, M. L. 6 vols. Paris, 1839–52.
Chrysostom, John. *Epistolae*. Ed. Migne, J. P. (*Patrologia Graeca*, LII.) Paris, 1862.
―――. *Oeuvres complètes de saint Jean Chrysostome*. Trans. into French by Jeannin, M. Arras, 1887.
Chumnos, Georgios. *Old Testament Legends from a Greek Poem on Genesis and Exodus*. Ed. Marshall, F. H. Cambridge, 1925.
Cinnamus, John. *Historia*. Ed. Meineke, A. (*Corpus Scriptorum Historiae Byzantinae*.) Bonn, 1838.
Clavijo, Ruy Gonzales de. *A Diary of the Journey to the Court of Timur (Tamerlane), to Samarqand in 1403–6*. Spanish text, Russian trans. and commentary by Sreznevsky, J. St. Petersburg, 1881. English trans. by Le Strange, Guy. London, 1928.
Clement of Alexandria. *Stromata*. Ed. Migne, J. P. (*Patrologia Graeca*, VIII, cols. 717–20.) Paris, 1891; ed. Stählin, O. Leipzig, 1939.
Codellas, P. S. "The Pantocrator, the Imperial Byzantine Medical Center of the Twelfth Century A.D. in Constantinople," *Bulletin of the History of Medicine*, XII, 2 (1942), 392–410.
Cognasso, F. "Una crisobolla di Michele IX Paleologo per Teodoro I di Monferrato," *Studi bizantini*, II (Rome, 1927).
―――. "Un imperatore bizantino della decadenza Isacco II Angelo," *Bessarione*, XXXI (1915), 29–60, 246–89. Reprinted separately. Rome, 1915.
―――. *Partiti politici e lotte dinastiche in Bizanzio alla morte di Manuele Comneno*. (*Reale Accademia delle scienze di Torino*, 1911–12.) Turin, 1912.
Cohn. "Eustathius," *Real-Encyclopädie der Classischen Altertumswissenschaft*. Ed.

Pauly, A. F., Wissowa, G. and others. 1 ser. VI (1909), cols. 1452-89.
Coleman, C. B. *Constantine the Great and Christianity.* (*Columbia University Studies in History, Economics and Public Law,* LX.) New York, 1914. Very good bibliography, pp. 243-54.
Collectio Avellana. Ed. Günther, Otto (*Corpus Scriptorum Ecclesiasticorum Latinorum,* XXXV.) Vienna, 1895.
Collinet, P. "Byzantine Legislation from the Death of Justinian (565) to 1453," *The Cambridge Medieval History,* IV (1923), 707-23.
———. *Études historiques sur le droit de Justinien.* Vol. I. Paris, 1912. Interesting and important.
———. *Histoire de l'école de droit de Beyrouth.* Paris, 1925.
Comnena, Anna. *The Alexiad.* Ed. Reifferscheid, A. 2 vols. Leipzig, 1884. Trans. Dawes, Elizabeth A. S. London, 1928.
Complete Collection of Russian Chronicles. Arkheograficheskaia Komissiia, *Polnoe Sobranie Russkikh Lietopisei.* St. Petersburg, 1846-1926.
Condurachi, E. "Factions et jeux de cirque à Rome au début du VIe siècle," *Revue historique du sud-est européen,* XVIII (1941), 95-102.
———. "Les Idées politiques de Zozime," *Revista Clasică,* XIII-XIV (1941-42).
———. "La Politique financière de l'Empereur Julien," *Bulletin de la section historique de l'Académie roumaine,* XXII, 2 (1941), 1-59.
Constantinescu, N. A. "Réforme sociale ou réforme fiscale?" *Bulletin de la section historique de l'Académie roumaine,* XI (1924), 95-96.
Constantinus Porphyrogenitus. *De administrando imperio.* Ed. Moravcsic, G. and trans. Jenkins, R. J. H. Budapest, 1949.
———. *De ceremoniis aulae bizantinae.* Éd. Reiske, J. J. and Bekker, I. (*Corpus Scriptorum Historiae Byzantinae.*) Bonn, 1829-40.
———. *Excerpta historica jussu imp. Constantini Porphyrogeniti confecta.* Ed. de Boor, C. Berlin, 1903.
———. *De thematibus.* Ed. Bekker, I. (*Corpus Scriptorum Historiae Byzantinae.*) Bonn, 1840.
Constitutio Imperatoriam majestatem. Ed. Krüger, P. Berlin, 1892.
Corripus, Flavius. *De laudibus Justini.* Ed. Bekker, I. (*Corpus Scriptorum Historiae Byzantinae.*) Bonn, 1836.
Cosmas (Indicopleustes). *Topographia christiana.* Ed. Migne, J. P. (*Patrologia Graeca,* CLXXXVIII, cols. 51-476.) Paris, 1864. Ed. Winstedt, E. *The Christian Topography of Cosmas Indicopleustes.* Cambridge, 1909. Trans. McCrindle, J. W. *The Christian Topography of Cosmas, an Egyptian Monk.* (*Hakluyt Society Publications,* no. 98.) London, 1897.
Coster, C. H. "Synesius, a Curialis of the Time of the Emperor Arcadius," *Byzantion,* XV (1940-41), 10-38.
Critobulus. Ed. Müller, C. (*Fragmenta historicorum graecorum,* V.) Paris, 1870.
Cross, S. H. *The Russian Primary Chronicle.* (*Harvard Studies and Notes in Philology and Literature,* XII.) Cambridge, 1930.
Crump, C. and Jacob, E. (Eds.) *The Legacy of the Middle Ages.* Oxford, 1926.
Curtis, E. *Roger of Sicily and the Normans in Lower Italy, 1016-1154.* New York and London, 1912.
Cydones, Demetrius. Συμβουλευτικὸς ἕτερος. Ed. Migne, J. P. *Patrologia Graeca,* CLIV.
Cyprian, Archimandrite. *The Anthropology of Saint Gregory Palamas.* Paris, n.d. (1951). In Russian.

Cyriacus of Ancona. *Epigrammata reperta per Illyricum a Cyriaco Aconitano*, Rome, 1747.
Dahn, F. *Procopius von Cäsarea*. Berlin, 1865.
Dalton, O. M. *Byzantine Art and Archaeology*. Oxford, 1911.
———. *East Christian Art*. Oxford, 1925.
The Damascus Chronicle of the Crusaders. Extracted and trans. from the *Chronicle of Ibn al-Qalanisi*. Gibb, H. A. R. London, 1932.
Danduli, Andrae. *Chronicon*. Ed. Muratori, L. A. (*Rerum Italicarum Scriptores*, XII, 1-523.) Milan, 1728.
Daniel, igumen of Russia. "Life and Pilgrimage of Daniel," *Pravoslavny Palestinsky Sbornik*. Number 3 (1885). In original old Russian. French trans. *Vie et pèlerinage de Daniel, hégoumene russe. Itinéraires russes en Orient*. Ed. Khitrovo, B. de. Geneva, 1889.
Danstrup, J. "Manuel's coup against Genoa and Venice in the Light of Byzantine Commercial Policy," *Classica et Mediaevalia*, X (1949), 195-219.
———. *Recherches critiques sur Andronic I*. Arsbok, 1944 and Lund, 1945.
———. "The State and Landed Property in Byzantium to 1250," *Classica et Mediaevalia*, VIII (1946), 221-62.
Darkó, J. "La militarizatione dell' Impero Bizantino," *Studi bizantini e neoellenici*, V (1939), 88-99.
———. "Neuere Beiträge zur Biographie des Laonikos Chalkokondyles," *Compte-rendu du deuxième Congrès international des études byzantines à Belgrade, 1927*. (Belgrade, 1929), 25-29.
———. "Zum Leben des Laonikos Chalkondyles," *Byzantinische Zeitschrift*, XXIV (1923), 29-39.
Davidson, R. *Forschungen zur Geschichte von Florenz*. Berlin, 1901.
Dawkins, R. M. "Greeks and Northmen," *Custom is King: Essays Presented to Dr. R. R. Marett*. Oxford, 1936.
Declareuil, T. *Rome et l'organisation du droit*. (*Bibliothèque de synthèse historique. L'évolution de l'humanité*. Ed. Berr, H.) Paris, 1924. See especially Book II, *Le droit du Bas-Empire et les réformes Justiniennes*.
Delarue, F. *Albrégé de l'histoire de Bas-Empire de Lebeau*. Lyon, 1847.
Delehaye, H. *Les Saints Stylites*. Brussels, 1923.
———. "La vie de Saint Paul le jeune et la chronologie de Metaphraste," *Revue des questions historiques*, N.S. X (1893), 49-85.
——— (Ed.) "Life of Daniel the Stylite," *Analecta Bollandiana*, XXXII (1913), chap. 31.
Dendias, M. "Le Roi Manfred de Sicile et la bataille de Pélagonie," *Mélanges Charles Diehl: Études sur l'histoire et sur l'art de Byzance*. Paris, 1930.
Destunis, G. "Essay on the biography of George Phrantzes," *Journal of the Ministry of Public Instruction*, CCLXXXVIII (1893), 427-97. In Russian.
Devreesse. *Le Patriarcat d'Antioche depuis la paix de l'église jusqu'à la conquête Arabe*. Paris, 1945.
Dewing, H. B. (Ed. and trans.) *Procopius of Caesarea*. 7 vols. 1914-40.
Dictionnaire de théologie catholique. Ed. Vacant, A., Mangenot, E., and Amann, E. 15 vols. Paris, 1931-(cont.).
Diehl, Charles. *L'Afrique byzantine*. Paris, 1896.
———. *Byzance. Grandeur et décadence*. Paris, 1920.
———. "Byzantine Civilization," *The Cambridge Medieval History*, IV (1923), 745-77.
———. "La dernière renaissance de l'art Byzantin," *Journal des Savants*, N.S. XV

(1917), 361–76.

———. "L'empereur au nez coupé," *Revue de Paris,* January 1, 1923. Reprinted in his *Choses et gens de Byzance.* Paris, 1926.

———. *Études byzantines: Introduction a l'histoire de Byzance, les études d'histoire byzantine en 1905,* . . . . Paris, 1905.

———. *Études sur l'administration byzantine dans l'exarchat de Ravenne (568–751).* Paris, 1888.

———. Guilland, R., Oeconomos, L., and Grousset, R. *L'Europe Orientale de 1081 à 1453.* Paris, 1945.

———. *Figures byzantines.* 2 series. Paris, 1906–8. 4th ed., Paris, 1909. The biography of Theodora (Vol. I, 4th ed., 1909, 51–75) is the best on the subject. The essay on Andronic Comnene (2nd ser., 1908, 86–133) is brilliantly written. English trans. Bell, H. *Byzantine Portraits.* New York, 1927.

———. "The Fourth Crusade and the Latin Empire," *The Cambridge Medieval History,* IV (1923), 415–31.

———. *Les Grands Problèmes de l'histoire byzantine.* Paris, 1943.

———. *Histoire de l'empire byzantin.* Paris, 1930. English trans. Ives, G. B. Princeton, 1925.

———. *Justinien et la civilization byzantine au VIe siècle.* Paris, 1901.

———. "La Légende de l'empereur Théophile," *Annales de l'Institut Kondakov,* IV (1931), 33–37.

———. "Leo III and the Isaurian Dynasty (717–802)," *The Cambridge Medieval History,* IV (1923), 1–26.

———. *Manuel d'art byzantin.* Paris, 1910. 2nd ed., Paris, 1925–26.

——— and Marçais, G. *Le Monde oriental de 395 à 1018.* Paris, 1936.

———. "L'Origine du régime des thèmes dans l'empire byzantin," *Études byzantines.* Paris, 1905. First edition of this article in *Les Études d'histoire du moyen âge dédidées à G. Monod.* Paris, 1896.

———. *Ravenne.* Paris, 1907.

———. *Une République patricienne. Venise.* Paris, 1915. 2nd ed., Paris, 1928. Beautifully written.

———. "Review: Runciman, *Byzantine Civilization,*" *Byzantinische Zeitschrift,* XXXIV (1934), 127–30. Diehl indicates some mistakes but concludes by pronouncing the work excellent.

———. "La Société byzantine à l'époque des Comnènes," *Revue historique du sudest européen,* VI (1929), 198–280. Separate ed., Paris, 1929. Very interesting.

———. *Théodora, impératrice de Byzance.* 3rd ed., Paris, 1904. Reprint in 1937.

Diener, Bertha. *Imperial Byzantium.* Boston, 1938.

Dieterich, K. *Quellen und Forschungen zur Erd- und Kulturkunde.* Leipzig, 1912.

Dirr, A. "Géorgie," *Encyclopédie de l'Islam,* II (1927), 139–40.

"Disputatio Latinorum et Graecorum," *Archivum Franciscanum Historicum,* XII (1919).

Dmitrievsky, A. *The Description of the Liturgical Manuscripts Preserved in the Libraries of the Orthodox East.* Kiev, 1895. In Russian and Greek.

Dobiache-Rojdestvensky, O. *The Epoch of the Crusades; the West in the Crusading Movement.* Petrograd, 1918. In Russian.

Dobroklonsky, A. *Blessed Theodore the Confessor and Abbot of Studion.* Odessa, 1913. In Russian.

Dodu, G. *Histoire des institutions monarchiques dans le royaume latin de Jérusalem 1099–1291.* Paris, 1894.

Dölger, Franz. *Beiträge zur Geschichte der byzantinischen Finanzverwaltung besonders des 10 und 11 Jahrhunderts.* Leipzig and Berlin, 1927. Important.

———. "Bulgarisches Cartum und byzantinisches Kaisertum," *Actes du IVe congrès international des études byzantines.* Sofia, 1934.

———. "Die byzantinische Literatur und Dante," *Compte-rendu du deuxième congrès international des études byzantines, Belgrade, 1927.* Belgrade, 1929.

———. *Corpus der griechischen Urkunden des Mittelalters und der neueren Zeit.* Regesten I. *Regesten der Kaiserurkunden des oströmischen Reiches.* 3 vols. Munich and Berlin, 1924-32.

———. "Die neuentdeckte Quelle zur Helenaszene in Goethes Faust. Die Prophyläen," *Beilage zur Münchner Zeitung,* XXVIII (1931), 289-90.

———. "Reviews and comments," *Deutsche Literaturzeitung,* XLVII (1926), cols. 1440-45. *Historisches Jahrbuch,* XLVII (1927), 760-66. *Historische Zeitschrift,* CXLI (1930), 110-13. *Byzantinische Zeitschrift,* XXVI (1926), 95-101; XXXVI (1936), 467-68; XXXVII (1937), 542-47.

———. *Der Vertrag des Sultans Qala'un von Aegypten mit dem Kaiser Michael VIII Palaiologus. Serta Monacensia.* Leyden, 1952.

Dopsch, A. *Wirtschaftliche und soziale Grundlagen der europäischen Kulturentwicklung.* Vol. I. Vienna, 1918. 2nd ed., Vienna, 1923. Very interesting and important, especially for the West.

Dräseke, J. "Byzantinische Hadesfahrten," *Neue Jahrbücher für das klassische Altertum,* XXIX (1912), 343-66.

———. "Die neuen Handschriftenfunde in den Meteoraklöstern," *Neue Jahrbücher für das klassische Altertum,* XXIX (1912), 542-53.

———. "Plethons und Bessarions Denkschriften 'Ueber die Angelegenheiten im Peloponnes,'" *Neue Jahrbücher für das klassische Altertum,* XXVII (1911), 102-19.

———. "Theodoros Lascaris," *Byzantinische Zeitschrift,* III (1894), 498-515. Especially Theodore II's literary activity.

———. "Zu Johannes Kantakuzenos," *Byzantinische Zeitschrift,* IX (1900), 72-84.

———. "Zum Kircheneinigungsversuch des Jahres 1439," *Byzantinische Zeitschrift,* V (1896), 572-86.

Drapeyron, L. *L'Empereur Héraclius et l'empire byzantin au VIIe siècle.* Paris, 1869. Out of date.

Drinov, M. S. "On Some Works of Demetrius Chomatianos as Historical Material," *Vizantiysky Vremennik,* I (1894), 319-40; II (1895), 1-23. In Russian.

———. *The Slavic Occupation of the Balkan Peninsula.* Moscow, 1873. In Russian.

———. *The Southern Slavs and Byzantium in the Tenth Century.* Moscow, 1875. Reprinted in *Works of M. S. Drinov.* Ed. Zlatarsky, V. N. Vol. I. Sofia, 1909. A very important work on the Bulgaro-Byzantine relations. In Russian.

Ducas, Michael. *Historia byzantina.* Ed. Bekker, I. (*Corpus Scriptorum Historiae Byzantinae.*) Bonn, 1834. Greek text and Italian version.

Duchataux, V. *Eustathe, Archevêque de Thessalonique. Sa Vie, ses oeuvres, son histoire du siège et de la prise de Thessalonique par les Normands Siciliens.* (*Travaux de l'Académie Nationale de Reims,* CVIII.) Reims, 1902.

Duchesne, L. *Liber Pontificalis.* Paris, 1886.

Dudden, F. *Gregory the Great: His Place in History and Thought.* London, 1905.

Dulaurier, E. "Chronique de Matthieu d'Edesse," *Bibliothèque historique arménienne.* (Paris, 1858), 16-24.

Duncalf, F. "The Pope's Plan for the First Crusade," *The Crusades and Other*

Historical Essays Presented to D. C. Munro by his former Students. New York, 1928.
Dupuy. "Eloge de Lebeau," *Histoire du Bas-Empire.* Ed. de Saint-Martin, M. Vol. I. Paris, 1824.
Durrieu, P. *Les Archives angevines de Naples. Études sur les registres du roi Charles I*^{er}. (Bibliothèque des écoles françaises d'Athènes et de Rome, XLVI.) Paris, 1886.
Duruy, V. *Histoire des Romains.* Vols. VI–VII. Paris, 1883–85. English trans. Ripley, M. M. Boston, 1883–86.
Dussaud, R. *Les Arabes en Syrie avant l'Islam.* Paris, 1907.
Duthuit, G. *Byzance et l'art du XII*^{e} *siècle.* Paris, 1926.
Dvornik, F. *Les Légendes de Constantin et de Méthode vues de Byzance.* Prague, 1933. Very important.
———. *The Making of Central and Eastern Europe.* London, 1949.
———. *The Photian Schism, History and Legend.* Cambridge, 1948. In French, Paris, 1950. Very important.
———. *Les Slaves, Byzance et Rome au IX*^{e} *siècle.* Paris, 1926. Important.
———. *La Vie de saint Grégoire de Décapolite et les slaves macédoniens au IX*^{e} *siècle.* Paris, 1926.
Dyakonov, A. P. "The Byzantine Demes and Factions (τὰ μέρη) in the Fifth to the Seventh Centuries," *Vizantiysky Sbornik* (Moscow and Leningrad, 1945).
———. *John of Ephesus and his Ecclesiastical-Historical Works.* St. Petersburg, 1908. Very important. In Russian. E. W. Brooks says: "All studies of John of Ephesus have now been thrown into the shade by the great work of A. Dyakonov." (*Patrologia Orientalis,* XVII [1923], iii.)
Ebersolt, J. *Les Arts somptuaires de Byzance.* Paris, 1923.
———. *Constantinople byzantine et les voyageurs du Levant.* Paris, 1918.
———. *La Miniature byzantine.* Paris and Brussels, 1926.
———. *Orient et occident.* 2 vols. Paris, 1928–29.
Ecloga ad Procheiron mutata founded upon the *Ecloga* of Leo III and Constantine V of Isauria and on the *Procheiros nomos* of Basil I of Macedonia, including the Rhodian maritime law edited in 1166 A.D. Ed. Freshfield, E. H. *A Manual of Later Roman Law.* Cambridge, 1927.
Eichmann, E. "Studien zur Geschichte der abenländischen Kaiserkrönung. II. Zur Topographie der Kaiser Kaiserkrönung," *Historisches Jahrbuch,* XLV (1925), 21–56.
Eichner, W. "Die Nachrichten über den Islam bei den Byzantinern," *Der Islam,* XXIII (1936), 133–62; 197–244.
Elderkin, G. W. and Stillwell, R. (Eds.) *Antioch-on-the-Orontes.* (*Publications of the Committee for the Excavation of Antioch and its vicinity.*) Princeton, 1934–41.
Ellissen, A. *Analecten der mittel-und neugriechischen Litteratur.* IV. Leipzig, 1860.
———. *Michael Akominatos von Chonä.* Göttingen, 1846.
Emereau, C. "Notes sur les origines et la fondation de Constantinople," *Revue archéologique,* XXI (1925), 1–25.
Ensslin, W. "Leo I., Kaiser 457–74," *Real-Encyclopädie der Classischen Altertumwissenschaft.* Ed. Pauly, A. F., Wissowa, G. and others. 1 ser. XII (1925), cols. 1947–61.
———. "Maximus und sein Begleiter der Historiker Priskos," *Byzantinisch-neugriechische Jahrbücher,* V (1926), 1–9.
———. *Theoderich der Grosse.* Munich, 1947.
Ephraemius Monachus. Ed. Bekker, I. (*Corpus Scriptorum Historiae Byzantinae.*)

Bonn, 1840.
Epifanovich, S. *The Blessed Maximus Confessor and Byzantine Theology.* Kiev, 1915. In Russian.
Erdmann, C. *Die Entstehung des Kreuzzugsgedankens.* Stuttgart, 1935.
Ermoni, V. *Saint Jean Damascène.* Paris, 1904.
Ertov, I. *History of the Eastern Roman or Constantinopolitan Empire.* St. Petersburg, 1837. In Russian.
Eusebius of Caesarea. *De laudibus Constantini.* Ed. Heikel, I. von. *Eusebius Werke.* Leipzig, 1902. Ed. Schaff, P., Wace, H., and others. *A Select Library of Nicene and Post-Nicene Fathers of the Christian Church.* 2nd ser. Vol. I. New York, 1890.
———. *Historia Ecclesiastica.* Ed. Schaff, P., Wace, H. *A Select Library of Nicene and Post-Nicene Fathers of the Christian Church.* 2nd ser. Vol. I. New York, 1890.
———. *Vita Constantini.* Ed. Heikel, I. *Eusebius Werke.* Leipzig, 1902. Ed. Schaff, P., Wace, H. and others. *A Select Library of Nicene and Post-Nicene Fathers of the Christian Church.* 2nd ser. Vol. I. New York, 1890.
Eustathius of Thessalonica. *De Thessalonica a Latinis capta.* Ed. Bekker, I. (*Corpus Scriptorum Historiae Byzantinae.*) Bonn, 1842.
———. *Manuelis Comneni Laudatio funebris.* Ed. Migne, J. P. (*Patrologia Graeca,* CXXXV.) Paris, 1887.
Eustratiades, S. and Arcadios of Vatopedi. *Catalogue of the Greek Manuscripts in the Library of the Monastery of Vatopedi on Mt. Athos.* (Harvard Theological Studies, XI.) Cambridge, 1924.
Eutropius. *Breviarium Historiae Romanae ad Valentem Augustum.* Ed. Rühl, F. Leipzig, 1919.
Eutychius of Alexandria. *Annales.* Ed. Cheikho, L., Carra de Vaux, B. and Zayyat, H. (*Corpus Scriptorum Christianorum Orientalium. Scriptores Arabici.*) Beirut and Paris, 1906-12. In Arabic. Latin trans. ed. Migne, J. P. (*Patrologia Graeca,* CXI, cols. 889-1156.) Paris, 1863.
Evagrius (Scholasticus). *Historia Ecclesiastica.* Ed. Bidez, J. and Parmentier, L. London, 1898.
Evangelides, T. Ἡράκλειος ὁ αὐτοκράτωρ τοῦ Βυζαντίου. Odessa, 1903. Brief compilation.
Every, G. *The Byzantine Patriarchate (451-1204).* London, 1948.
Excerpta e Theophanis Historia. Ed. Bekker, I. (*Corpus Scriptorum Historiae Byzantinae.*) Bonn, 1829.
Excerpta historica jussu imperatoris Constantini Porphyrogeniti confecta. Ed. de Boor, C. Berlin, 1903.
Falcandus, Hugo. *Historia sicula.* Ed. Muratori, L. A. (*Scriptores Rerum Italicarum,* VII, cols. 249-344.) Milan, 1751.
Falier-Papadopoulos, J. B. "Phrantzès est-il réellement l'auteur de la grande chronique qui porte son nom?" *Bulletin de l'institut archéologique bulgare,* IX (1935), 177-89.
Fallmerayer, J. P. *Geschichte der Halbinsel Morea während des Mittelalters.* Stuttgart, 1830-36. Biased.
Faral, E. "Geoffroy de Villehardouin. La question de la sincérité," *Revue historique,* CLXXVII (1936), 530-82.
Ferrini, C. "Edizione critica del νόμος γεωργικός," *Byzantinische Zeitschrift,* VII (1898), 558-71.
———. *Opera di Contardo Ferrini.* Vol. I. Milan, 1929.
Festa, Nicola. "A Propos d'une biographie de St. Jean le Miséricordieux," *Vizantiy-*

sky Vremennik, XIII (1906).
———. "La Lettere greche di Federigo II," Archivio storico italiano, Ser. 5 XIII (1894), 1-34.
Feugère, L. Étude sur la vie et les ouvrages de Ducange. Paris, 1852.
Fialon, E. Étude historique et littéraire sur saint Basile. 2nd ed., Paris, 1869.
Finlay, G. History of the Byzantine Empire from DCXIV to MLVII. 2nd ed., Edinburgh and London, 1856. Ed. Tozer, H. F. Oxford, 1877.
———. A History of Greece. Ed. Tozer, H. F. Oxford, 1877.
Fischer, W. Studien zur byzantinischen Geschichte des 11. Jahrhunderts. Plauen, 1883.
Fitzgerald, A. The Essays and Hymns of Synesius of Cyrene. Oxford and London, 1930.
———. The Letters of Synesius of Cyrene. London, 1926.
Fletcher, W. Ante-Nicene Christian Library. Edinburgh, 1871.
Florinsky, T. D. "Andronicus the Younger and John Cantacuzene. Sketch on the History of Byzantium in the Second Quarter of the Fourteenth Century (1328-1355)," Journal of the Ministry of Public Instruction, CCIV-CCV (1879). Important. In Russian.
———. The Athonian Acts and Photographs of Them in the Collections of Sevastyanov. St. Petersburg, 1880.
———. The Monuments of Dushan's Legislative Activity. Kiev, 1888. In Russian.
———. The Southern Slavs and Byzantium in the Second Quarter of the Fourteenth Century. Vols. I-II. St. Petersburg, 1882. Very good survey of the Empire's external relations under Andronicus III, John Cantacuzene and Stephen Dushan.
Foakes-Jackson, F. J. "Anna Comnena," Hibbert Journal, XXXIII (1934-35), 430-42. Vividly written popular sketch.
Fontes rerum byzantinarum. Ed. Regel, W. St. Petersburg, 1892. Vol. 2. Petrograd, 1917.
Fotheringham, J. K. "Genoa and the Fourth Crusade," The English Historical Review, XXV (1910), 20-57.
———. Marco Sanudo, Conqueror of the Archipelago. Oxford, 1915.
Freeman, E. A. Historical Essays. Vol. III, ser. 2, 2nd ed. London, 1892.
———. The History of the Norman Conquest of England. Oxford, 1870.
Freshfield, E. (Ed.) A Manual of Eastern Roman Law. The Procheiros Nomos published by the Emperor Basil I at Constantinople between 867 and 879 A.D. Cambridge, 1928.
———. (Ed.) A Manual of Roman Law—the Ecloga—Published by the Emperors Leo III and Constantine V of Isauria at Constantinople A.D. 726. Cambridge, 1926.
———. A Revised Manual of Roman Law founded upon the Ecloga of Leo III and Constantine V, of Isauria. Ecloga privata aucta. Cambridge, 1927.
———. (Ed.) Roman Law in the Later Roman Empire. Byzantine Guilds. Professional and Commercial Ordinances of Leo VI. c. 895 from the Book of the Eparch rendered into English. Cambridge, 1938. Introduction and English translation.
Freytag, G. Regnum Saahd-Aldaulae in oppido Halebo. Bonn, 1820. Also in the volume with Leo the Deacon (Diaconus), Historiae. Ed. Hasii, C. B. (Corpus Scriptorum Historiae Byzantinae.) Bonn, 1828.
Friedländer, P. Johannes von Gaza und Paulus Silentiarius. Leipzig and Berlin, 1912.
Friedmann, E. Der mittelalteriche Welthandel von Florenz in seiner geographi-

schen Ausdehnung (nach der Practica della mercatura des Balducci Pegolotti). (Abhandlungen der Kaiserlichen Königlichen Geographischen Gesellschaft in Wien, X.) Vienna, 1912.

Fuchs, F. Die höheren Schulen von Konstantinopel im Mittelalter. Leipzig and Berlin, 1926. Important.

Fulgentii Ferrandi Epistolae. Ed. Migne, J. P. (Patrologia Latina, LXVII.) Paris, 1848.

Fuller, G. T. Andronicus, or the Unfortunate Politician. London, 1646. R. Byron, in The Byzantine Achievement (London, 1929) notes this work, perhaps the earliest English Byzantine study.

Fustel de Coulanges, Numa Denis. Histoire des institutions politiques de l'ancienne France. 2nd ed., Paris, 1904.

———. Les Origines du système féodal. Paris, 1890.

Gabotto, F. Eufemio il movimento separatista nella Italia bizantina. Turin, 1890.

Gardner, A. The Lascarids of Nicaea: The Story of an Empire in Exile. London, 1922. An interesting and reliable monograph on the Empire of Nicaea.

———. Theodore of Studion, His Life and Times. London, 1905.

Gasquet, A. L'Empire byzantin et la monarchie franque. Paris, 1888.

Gass, W. Die Mystik des Nikolaus Kabasilas vom Leben in Christo. Greisswald, 1849.

Gay, I. L'Italie méridionale et l'empire byzantin depuis l'avènement de Basile Ier jusqu'à la prise de Bari par les normands, 867-1071. Paris, 1904. Important.

———. Les Papes du XIe siècle et la chrétienté. Paris, 1926.

Geffcken, J. Kaiser Julianus. Leipzig, 1914.

Gelzer, H. Abriss der byzantinischen Kaisergeschichte. Munich, 1897.

———. Die Genesis der byzantinischen Themenverfassung. Leipzig, 1899.

———. (Ed.) Georgii Cyprii Descriptio Orbis Romani. Leipzig, 1890.

———. "Kosmas der Indienfahrer," Jahrbücher für protestantische Theologie, IX (1883), 105-41.

———. Leontius' von Neapolis Leben des heiligen Johannes des Barmherzigen Erzbischof von Alexandrien. Freiburg and Leipzig, 1893.

———. Ungedruckte und ungenügend veröffentlichte Texte der Notitiae Episcopatuum, ein Beitrag zur byzantinischen Kirchen- und Verwaltungsgeschichte. (Abhandlungen der philologische-philosophischen Klasse der Akademie der Wissenschaften zu München, XII.) Munich, 1901.

Gelzer, M. Studien zur byzantinische Verwaltung Ägyptens. Leipzig, 1909.

Genesius, Joseph. Regna. Ed. Lachmann, C. (Corpus Scriptorum Historiae Byzantinae.) Bonn, 1834.

Gennadius Scholarios. Oeuvres complètes de Gennade Scholarios. Ed. Petit, L., Siderides, X. A., Jugie, M., and others. 8 vols. Paris, 1928-36.

George of Cyprus. Ed. Migne, J. P. (Patrologia Graeca, CXLII.) Paris, 1885.

George Monachus Hamartolus. Chronicle. Ed. Muralt, E. St. Petersburg, 1859. Ed. de Boor, C. 2 vols. Leipzig, 1904.

George of Pisidia. De expeditione persica. Ed. Bekker, I. (Corpus Scriptorum Historiae Byzantinae) Bonn, 1836.

Gercke, A. and Norden, E. Einleitung in die Altertumswissenschaft. Vol. III. 2nd ed., Leipzig and Berlin, 1914.

Gerland, E. "Byzantion und die Gründung der Stadt Konstantinopel," Byzantinisch-neugriechische Jahrbücher, X (1933), 93-105.

———. Geschichte der Frankenherrschaft in Griechenland. II. Geschichte des lateinischen Kaiserreiches von Konstantinopel. Hamburg, 1905. A detailed account of the external history of the Latin Empire from 1204 to 1216, made on the basis of the manuscripts of K. Hopf.

———. *Konstantin der Grosse in Geschichte und Sage.* (*Texte und Forschungen zur byzantinisch-neugriechischen Philologie,* no. 23. Athens, 1937. Gerland's posthumous tentative study, of no importance, which has not been worked out. See H. Grégoire's criticism in *Byzantion,* XII (1937), 698–99.

———. "Die Quellen der Helenaepisode in Goethes Faust," *Neue Jahrbücher für das klassische Altertum,* XXV (1910), 735–39.

———. *Das Studium der byzantinischen Geschichte vom Humanismus bis zur Jeztheit.* Athens, 1934.

———. "Der vierte Kreuzzug und seine Probleme," *Neue Jahrbücher für das klassische Altertum,* XIII (1904), 505–14.

Gesta Dagoberti I regis Francorum. (*Monumenta Germaniae Historica Scriptores. Rerum Merovingicarum,* II, 396–425.) Hanover, 1888.

Gesta regis Henrici Secundi. Ed. Stubbs, W. (*Rerum Britannicarum Medii Aevi Scriptores,* vol. XLIX.) London, 1867.

Gfrörer, A. *Byzantinische Geschichten.* Vols. II–III. Graz, 1873–77. Sketches of the rules of the emperors, from John Tzimisces to Romanus Diogenes, inclusive.

Ghines, D. "Τὸ ἐπαρχικὸν βιβλίον καὶ οἱ νόμοι Ἰουλιανοῦ τοῦ Ἀσκαλωνίτου," Ἐπετηρὶς Ἑταιρείας Βυζαντινῶν Σπουδῶν, XIII (1937), 183–91.

Gibbon, Edward. *The Autobiographies of Edward Gibbon.* Ed. Murray, J. London, 1896.

———. *The History of The Decline and Fall of the Roman Empire.* Ed. Bury, J. B. 7 vols. London, 1897–1902.

Gibbons, H. A. *The Foundation of the Ottoman Empire.* Oxford, 1916.

Gidel, M. *Études sur la littérature grecque moderne.* Paris, 1866.

Giese, F. "Das Problem der Entstehung des Osmanischen Reiches," *Zeitschrift für Semitistik,* II (1923), 246–71.

Gildersleeve, B. L. "Paulus Silentiarius," *American Journal of Philology,* XXXVIII (1917), 42–72.

Ginnis, D. "Das promulgationsjahr der Isaurischen Ecloge," *Byzantinische Zeitschrift,* XXIV (1924), 346–58.

Gjerset, K. *History of the Norwegian People.* New York, 1915.

de Goeje, M. J. "Harun-ibn-Yahya," *Bibliotheca Geographorum Arabicorum,* VII (1892), 119–32.

———. *Mémoire sur la conquête de la Syrie.* 2nd ed., Leyden, 1900.

Görres, F. "Die byzantinischen Besitzungen an den Küsten des spanisch-westgothischen Reiches (554–624)," *Byzantinische Zeitschrift,* XVI (1907), 530–32.

———. "Justinian II. und das römische Papsttum," *Byzantinische Zeitschrift,* XVII (1908), 440–50.

Goldziher, I. *Muhammedanische Studien.* Halle, 1890.

———. "Die Religion des Islams, in Die Kultur der Gegenwart . . . von P. Hinneberg," *Die Religionen des Orients,* III (1913).

———. *Vorlesungen über den Islam.* Heidelberg, 1910.

Golubinsky, E. E. *History of the Russian Church.* Vol. I. 2nd ed., Moscow, 1901. Excellent book for the early relations between Byzantium and Russia. In Russian.

Golubovich, G. "Disputatio Latinorum et Graecorum," *Archivum Franciscanum Historicum,* XII (1919), 428–65.

Goubert, P. "L'Administration de l'Espagne Byzantine," *Études byzantines,* III

(1945), 127–43; IV (1946), 71–135.
———. "Byzance et l'Espagne wisigothique (554–711)," *Revue des études byzantines*, II (1945), 5–78.
Grabar, André. *L'Art byzantine*. Paris, 1938.
Granovsky, T. N. "The Latin Empire; a Review of Medovikov's Work," *Complete Works of T. N. Granovsky*. 4th ed., Moscow, 1900. In Russian.
Grégoire, Henri. "An Armenian Dynasty on the Byzantine Throne," *Armenian Quarterly*, I (1946), 4–21.
——— and Keyser, R. "La chanson de Roland et Byzance; ou de l'utilité du grec pour les romanistes," *Byzantion*, XIV (1939), 265–301.
———. "Un Continateur de Constantin Manassès et sa source," *Mélanges offerts à M. Gustav Schlumberger*, Vol. I. Paris, 1924.
———. "La 'Conversion' de Constantin," *Revue de l'Université de Bruxelles*, XXXVI (1930–31) 231–72. Very important.
———. *Digenis Akritas. The Byzantine Epic in History and Poetry*. New York, 1942. Fundamental work in modern Greek.
———. "Du Nouveau sur la chronographie byzantine; le 'Scriptor incertus de Leone Armenio' est la dernier continuateur le Malalas," *Bulletin de la classe des lettres de l'Académie royale de Belgique*, XXII (1936), 420–36.
———. "Du nouveau sur le Patriarche Photius," *Bulletin de la classe des lettres de l'Académie royale de Belgique*, XX (1934), 36–53.
———. "L'Etymologie de 'Labarum,'" *Byzantion*, IV (1929), 477–82.
———. "Eusèbe n'est pas l'auteur de la 'Vita Constantini' dans sa forme actuelle et Constantin ne s'est pas 'converti' en 312," *Byzantion*, XIII (1938), 561–83.
———. "La Légende d'Oleg et l'expédition d'Igor," *Bulletin de la classe des lettres de l'Académie royale de Belgique*, XXIII (1937), 80–94.
——— and Kugener, M. A. (Eds.) *Marc le Diacre, vie de Porphyre évêque de Gaza*. Paris, 1930.
———. "M. Charles Diehl, M. G. Ostrogorsky et M. Stein ou 'Slavica non leguntur,'" *Byzantion*, XIII, 2 (1938), 749–57.
———. "Notules epigraphique," *Byzantion*, XIII (1938).
———. "Un Nouveau Fragment du 'Scriptor incertus de Leone Armenio,'" *Byzantion*, XI (1936), 417–28.
———. L'Opinion byzantine et la bataille de Kossovo," *Byzantion*, VI (1931), 247–51.
———. "Le Peuple de Constantinople," *Byzantion*, XI (1936), 617–716.
———. "Les Pierres qui crient," *Byzantion*, XIV (1939), 317–21.
———. "Le Problème de la version 'originale' de l'Epopée Byzantine de Digenis Akritas," *Revue des études byzantines*, VI, 1 (1948), 27–35. Very useful for the whole question of Digenis Akritas, as well as for its most recent bibliography.
———. "The Question of the Diversion of the Fourth Crusade," *Byzantion*, XV (1941), 158–66.
——— and Goossens, R. "Les Recherches récentes sur l'epopée byzantine," *L'Antiquité Classique*, I (1932), 419–39; II (1933), 449–72. The second study is by R. Goossens alone. Excellent introduction to the epic of Digenes Akritas.
———. *Recueil des inscriptions grecques chrétiennes d'Asie Mineure*. Paris, 1922.
———. "Review: Ostrogorsky, *Geschichte des Byzantinischen Staates*," *Byzantion*, XIV, 2 (1944), 545–55.
———. "Review: Ostrogorsky, *Studien zur Geschichte des byzantinischen Bilderstreites*," *Byzantion*, IV (1929), 765–71.

———. "Une Source byzantine du second Faust," *Revue de l'Université de Bruxelles*, XXXVI (1930–31), 348–54.
———. "Le tome II du Vasiliev," *Byzantion*, V (1930), 779–84.
———. "Le Véritable nom et la date de l'église de la dormition à Nicée. Un texte nouveau et décisif," *Mélanges d'histoire offerts à Henri Pirenne.* Vol. I. Paris and Brussels, 1926.
——— and Kugener, M. A. "La Vie de Porphyre, evêque de Gaza, est-elle authentique?" *Revue de l'Université de Bruxelles*, XXXV (1929–30), 53–60.
Gregoras, Nicephorus. *Historia Byzantina.* Ed. Schopen, L. (*Corpus Scriptorum Historiae Byzantinae.*) Bonn, 1829–35.
Gregorii Magni *Epistolae.* Ed. Hartmann, L. M. (*Monumenta Germaniae Historica Epistolarum*, I–II.) Berlin, 1891–99. Ed. Migne, J. P (*Patrologia Latina*, LXXV–LXXIX.) Paris, 1849. Ed. Schaff, P. and others. *A Select Library of Nicene and Post-Nicene Fathers of the Christian Church.* 2nd ser., XI–XIII. New York. 1895–98. Ed. Mansi, J. D. (*Conciliorum Nova et Amplissima Collectio*, IX, cols. 1023–1240.) Florence, 1763.
Gregorii Turonensis Episcopi *Historia Francorum.* Ed. Omont, H. and Collon, G. Vol. II. Paris, 1913.
Gregorius Nyssenus. *Oratio de Deitate Filii et Spiritus Sancti.* Ed. Migne, J. P. (*Patrologia Graeca*, XLVI.) Paris, 1845.
Gregorovius, F. A. *Geschichte der Stadt Athen im Mittelalter von der zeit Justinian's bis zur türkischen Eroberung.* Stuttgart, 1889.
Grimbert, E. *Theodora. Die Tanzerin auf dem Kaiserthron.* Munich, 1928.
Grimme, H. *Mohammed.* I. *Das Leben.* Münster, 1892.
Gröber, G. *Grundriss der romanischen Philologie.* 2nd ed., Strassburg, 1904–6.
Groh, K. *Geschichte des oströmischen Kaisers Justin II, nebst den Quellen.* Leipzig, 1889.
Grossu, N. *The Attitude of the Byzantine Emperors John II and Manuel I Comneni Towards Union with the West.* (*Transactions of the Spiritual Academy of Kiev*, 1912.) Kiev, 1912. In Russian.
———. *The Blessed Theodore of Studion; His Times, Life and Works.* Kiev, 1907. In Russian.
———. *The Church and Religious Activity of the Byzantine Emperor Alexius I Comnenus (1081–1118).* (*Transactions of the Spiritual Academy of Kiev*, 1912.) Kiev, 1912. In Russian.
———. *The Edict of Milan.* (*Transactions of the Spiritual Academy of Kiev*, 1913). Kiev, 1913. In Russian.
Grosvenor, E. A. *Constantinople.* Boston, 1895.
Grot, C. *Account of Constantine Porphyrogenitus on the Serbians and Croatians and their Settlement in the Balkan Peninsula.* St. Petersburg, 1880. In Russian.
———. *From the History of Ugria (Hungary) and the Slavs in the Twelfth Century.* Warsaw, 1889. In Russian.
———. *Moravia and Magyars from the Ninth until the Beginning of the Tenth Centuries.* St. Petersburg, 1881. In Russian.
Grousset, R. *L'Empire des steppes. Attila, Gengiz-Kahn, Tamerlan.* Paris, 1939.
———. *L'Empire du Levant. Histoire de la question d'Orient.* Paris, 1949.
———. *Histoire d'Asie.* III. *Le Monde mongol.* Paris, 1922.
———. *Histoire de l'Arménie des origines à 1071.* Paris, 1947.
———. *Histoire des croisades et du Royaume Franc de Jérusalem.* 3 vols. Paris, 1934–36. Important from the point of view of the history of Byzantium.
Gruhn, A. *Die Byzantinische Politik zur Zeit der Kreuzzüge.* Berlin, 1904.

Grumel, V. "L'Affaire de Léon de Chalcedoiné. Le chrysobulle d'Alexis Ier sur les objets sacrés," *Études byzantines*, II (1945), 126-33.
———. "Les Ambassades pontificales à Byzance après le IIe Concile de Lyon (1274-80)," *Échos d'Orient*, XXIII (1924), 437-47.
———. La Date de la promulgation de l'Ecloge de Leon III," *Echos d'Orient*, XXXIV (1935), 331 ff.
———. "En Orient après le IIe concile de Lyon," *Échos d'Orient*, XXIV (1925), 321 ff.
———. "Michel Glykas," *Dictionnaire de théologie catholique*, X, 2 (1928), 1705-7.
———. "Review: Lemerle, Histoire de Byzance," *Études byzantines*, II (1945), 275.
Grupe, E. *Kaiser Justinian, aus seinem Leben und aus seiner Zeit*. (*Wissenschaft und Bildung*, no. 184.) Leipzig, 1923. On the basis of the books of Diehl and Holmes.
Gsell, S. *Les Monuments antiques de l'Algérie*. Paris, 1901.
Güldenpenning, A. *Geschichte des ostromischen Reiches unter den Kaisern Arcadius und Theodosius II*. Halle, 1885.
——— and Ifland, J. *Der Kaiser Theodosius der Grosse*. Halle, 1878.
Guérard, L. "Les Lettres de Grégoire II à Léon l'Isaurien," *Mélanges d'archéologie et d'histoire*, X (1890), 44-60.
Güterbock, K. *Byzanz und Persien in ihren diplomatisch-völkerrectlichen Beziehungen im Zeitalter Justinians*. Berlin, 1906.
———. *Der Islam im Lichte der byzantinischen Polemik*. Berlin, 1912.
———. "Laonikos Chalkondyles," *Zeitschrift für Völkerrecht und Bundesstaatsrecht*, IV (1910), 72-102.
Guilland, R. *Correspondance de Nicéphore Grégoras*. Paris, 1927.
———. "La Correspondance inédite d'Athanase, Patriarche de Constantinople (1289-93; 1304-10)," *Mélanges Diehl: Études sur l'histoire et sur l'art de Byzance*. Paris, 1930.
———. "La Correspondance inédite de Nicolas Cabasilas," *Byzantinische Zeitschrift*, XXX (1929-30), 96-102.
———. *Essai sur Nicéphore Grégoras. L'homme et l'Oeuvre*. Paris, 1926.
———. "Le Palais de Théodore Métochite," *Revue des études grecques*, XXXV (1922), 82-95.
———. "Les Poésies inédites de Théodore Métochite," *Byzantion*, III (1927), 265-302.
———. "Le Protovestiarite George Phrantzès," *Revue des études byzantines*, VI, 1 (1948), 48-57.
Guldencrone, Baronne Diane de. *L'Achaie féodale. Étude sur le moyen âge en Grèce (1205-1456)*. Paris, 1886. Popular book with references to some sources.
———. *L'Italie byzantine. Étude sur le haut moyen âge, 400-1050*. Paris, 1914.
Gwatkin, H. M. "Arianism," *The Cambridge Medieval History*, I (1911), 118-42.
———. *Studies on Arianism*. 2nd ed., Cambridge, 1900. Excellent work.
Hagenmeyer, H. "Der Brief des Kaisers Alexios I Komnenos an den Grafen Robert I von Flandern," *Byzantinische Zeitschrift*, VI (1897), 1-32.
———. *Die Kreuzzugsbriefe aus den Jahren 1088-1100*. Innsbruck, 1901.
Hahn, J. *Albanesische Studien*. Jena, 1854.
Halecki, O. *The Crusade of Varna. A Discussion of Controversial Problems*. New York, 1943.
———. *Un Empereur de Byzance à Rome*. Warsaw, 1930.
———. "La Pologne et l'empire Byzantin," *Byzantion*, VII (1932), 41-67.

Haller, J. "Kaiser Heinrich VI," *Historische Zeitschrift*, CXIII (1914), 473–504.
Halphen, L. *Les Barbares; des grandes invasions aux conquêtes turques de XIe siècle*. Paris, 1926.
———. "La Conquête de la Méditerranée par les Europeens au XIe et au XIIe siècles," *Mélanges d'histoire offerts à H. Pirenne*. Brussels and Paris, 1926.
Hamid, Mustafa. "Das Fremdenrecht in der Türkei," *Die Welt der Islam*, VII (1919), 26–27.
Hanotaux, G. "Les Vénitiens ont-ils trahi la chrétienté en 1202?" *Revue historique*, IV (1887), 74–102.
Harnack, A. *Geschichte der altchristlichen Litteratur bis Eusebis*. II. *Die Chronologie der altchristlichen Litteratur bis Eusebis*. Leipzig, 1904.
———. *Lehrbuch der Dogmengeschichte*. Vol. II. 4th ed., Tübingen, 1909. English trans. Speirs, E. and Millar, J. Vol. IV. London, 1898. (Trans. from the 3rd German edition.)
———. *Die Mission und Ausbreitung des Christentums in den ersten drei Jahrhunderten*. 4th revised ed., Leipzig, 1924.
Harrison, F. *Among My Books: Centenaries, Reviews, Memoirs*. London, 1912.
Hase, M. *On Timarion, Notices et extraits des manuscrits de la Bibliothèque Nationale*, IX (1813), 125–68.
Haskins, C. H. "The Greek Element in the Renaissance of the Twelfth Century," *The American Historical Review*, XXV (1920), 603–15.
———. *The Renaissance of the Twelfth Century*. Cambridge, 1927.
———. "The Spread of Ideas in the Middle Ages," *Speculum*, I (1926), 19–30.
———. *Studies in the History of Mediaeval Science*. Cambridge, 1924.
Hasluck, F. W. "The Latin Monuments of Chios," *The Annual of the British School at Athens*, XVI (1909–10), 137–84.
Hasset, M. "The Reign of Justinian," *The American Catholic Quarterly Review*, XXXVIII (1912), 266–85. Strict Catholic point of view.
Havet, T. *Lettres de Gerbert (983–97)*. Paris, 1889.
Hefele, K. J. von. *Conciliengeschichte*. 9 vols. Freiburg, 1873–95. In English: *A History of the Councils of the Church*. 5 vols. Edinburgh, 1876–96. In French: *Histoire des conciles*. Ed. Leclercq, C. Paris, 1907–ff. The last volume was published in 1949.
Hegel, G. W. F. *Vorlesungen über die Philosophie der Geschichte*. Trans. Sibree, J. London, 1890.
Heichelheim, Fritz. *Wirtschaftsgeschichte des Altertums vom Paläolitikum bis zur Völkerwanderung der Germanen, Slaven und Araber*. 2 vols. Leyden, 1938.
Heimbach, G. *Basilicorum Libri LX*. Leipzig, 1870.
———. "Ueber die angebliche neueste Redaction der Basiliken durch Constantinus Porphytogeneta," *Zeitschrift für Rechtsgeschichte*, VIII (1869), 417 ff.
Heisenberg, A. *Analecta: Mitteilungen aus italienischen Handschriften byzantinischer Chronographen*. Munich, 1901.
———. *Die Apostelkirche in Konstantinopel*. Leipzig, 1908.
———. *Aus der Geschichte und Literatur der Palaiologenzeit*. Munich, 1920.
———. "Dissertatio de vita et scriptis Nicephori Blemmydae," *Nicephori Blemmydae Curriculum vitae et carmina*. Leipzig, 1896.
———. "Dissertatio de vita scriptoris Georgii Acropolitae," *Opera Georgii Acropolitae*. Leipzig, 1903.
———. "Kaiser Johannes Batatzes der Barmherzige," *Byzantinische Zeitschrift*, XIV (1905), 160–233.
———. *Neue Quellen zur Geschichte des lateinischen Kaisertums und der Kirche-*

union. I. *Der Epitaphios des Nikolaos Mesarites auf seinen Bruder Johannes.*
II. *Die Unionsverhandlungen vom 30. August 1206. Patriarchenwahl und Kaiserkrönung in Nikaia 1208.* Munich, 1923.

———. *Nicolaos Mesarites. Die Palastrevolution des Johannes Komnenos.* Würzburg, 1907.

———. "Das Problem der Renaissance in Byzanz," *Historische Zeitschrift,* CXXXIII (1926), 393–412.

———. *Studien zu Georgios Akropolites.* (*Sitzungsberichte der philosophischphilologisch und der historische Klasse der Akademie der Wissenschaften,* II.) Vienna, 1899.

Henderson, B. *The Life and Principate of the Emperor Hadrian.* London, 1923.

Herewy (Harewy), Aboul Hassan Aly el. *Indications sur les lieux de Pèlerinage.* Trans. Schefer, C. *Archives de l'Orient Latin.* Paris, 1881.

Hergenröther, J. *Photius, Patriarch von Constantinopel: Sein Leben, seine Schriften und das griechische Schisma.* Vols. I–III Regensburg, 1867–69. Very important for the discussion of the separation of the churches up to 1054. Catholic point of view.

Hertzberg, G. F. *Geschichte der Byzantiner und des Osmanischen reiches bis gegen ende des 16. Jahrhunderts.* Berlin, 1883. Russian trans. Bezobrazov, P. V. Moscow, 1896.

Herzen, A. *The Past and Thoughts. Venezia la Bella.* Geneva, 1879. In Russian.

Hesseling, D. *Byzantium.* Haarlem, 1902. French ed. *Essai sur la civilization byzantine.* Paris, 1907.

———. "Een Konstitutioneel Keizershap," *Hermenuns,* XI (1938–39), 89–93.

———. *La Plus ancienne rédaction du poème épique sur Digenis Akritas.* (*Mededeelingen der Koninklijke Akademie van Wetenschappen, Afdeeling Letterkunde,* Vol. LXIII, ser. A, no. 1.) Amsterdam, 1927.

——— and Pernot, N. (Eds.) *Poemès prodromiques en grec vulgaire.* Amsterdam, 1910.

Heyd, W. *Histoire du commerce du Levant au moyen âge.* Leipzig, 1885. Reprint, 1936.

Hierax, I. Χρονικὸν περὶ τῆς τῶν Τούρκων βασιλείας. Ed. Sathas, K. (*Bibliotheca Graeca Medii Aevi,* Vol. I, 256–57.) Venice, 1872.

Hieronymi. *Opera Omnia.* Ed. Migne, J. P. (*Patrologia Latina,* Vols. XXII–XXX). Paris, 1845–46.

Higgins, M. J. "International Relations at the Close of the Sixth Century," *The Catholic Historical Review,* XXVII (1941), 279–315.

———. *The Persian War of the Emperor Maurice.* I. *The Chronology, with a Brief History of the Persian Calendar.* Washington, D. C., 1939.

Hill, G. A. *A History of Cyprus.* 3 vols. Cambridge, 1948.

Hime, H. W. L. *The Origin of Artillery.* London, 1915.

Hirsch, F. *Kaiser Constantin VII Porphyrogennetos.* Berlin, 1873. Brief sketch on the basis of Rambaud's work.

Histoire de l'église depuis les origines jusqu'à nos jours. Ed. Fliche, A. and Martin, V. Vol. I. Paris, 1936.

"Historia belli sacri (Tudebodus imitatus et continuatus)," *Recueil des historiens des croisades.* Ed. Bouquet, D. Vol. III. Paris, 1833. 2nd ed., Paris, 1879.

Hitti, P. K. *History of the Arabs.* London, 1937. 3rd ed. 1951. 5th ed. *The Arabs. A Short History.* Princeton, 1943. Very good.

Hodgkin, T. *Italy and Her Invaders, 376–744.* Vol. I. 2nd ed., 1892.

Hodgson, F. C. *The Early History of Venice from the Foundation to the Conquest*

of *Constantinople, A.D. 1204*. London, 1901.
Höfer, F. *Histoire de la chimie*. Paris, 1842.
Hönn, K. *Konstantin der Grosse. Leben einer Zeitwende*. Leipzig, 1940. 2nd ed., Leipzig, 1945.
Hofler, K. R. von. *Abhandlungen aus dem Gebiete der slavischen Geschichte*. I. *Die Walachen als Begründer des zweiten bulgarischen Reiches der Asaniden, 1186-1257*. (*Sitzungsberichte der philosophische-historische Klasse der Akademie der Wissenschaften*, XCV, 229–49.) Vienna, 1879.
Holmes, W. G. *The Age of Justinian and Theodora*. 2 vols. 2nd ed., London, 1912.
Holtzmann, W. "Die Unionsverhandlungen zwischen Alexios I. und Papst Urban II. im Jahre 1089," *Byzantinische Zeitschrift*, XXVIII (1928), 38–67.
Homo, L. *Essai sur le règne de l'empereur Aurelien*. Paris, 1904.
Honigmann, E. "La Liste originale des Pères de Nicée," *Byzantion*, XIV (1939), 17–76.
——. "The Original Lists of the Members of the Council of Nicaea, the Robber-Synod and the Council of Chalcedon," *Byzantion*, XVI, 1 (1944), 20–80.
Hopf, K. *Geschichte Griechenlands vom Beginne des Mittelalters bis auf die neuere Zeit*. Leipzig, 1867. (In Ersch and Gruber, *Allgemeine Encyclopädie der Wissenschaften und Künste*, 85, 86.)
Horma, K. "Das Hodiporikon des Konstantin Manasses," *Byzantinische Zeitschrift*, XIII (1904), 313–55.
Houedene, Roger de. *Chronica*. Ed. Stubbs, W. (*Rerum Britannicarum Medii Aevi Scriptores*, LI.) London, 1869.
Houssaye, Henri. *1815*. Vol. I. *La Première Restauration; le retour de l'isle d'Elbe; les cent jours*. Paris, 1905.
Huart, C. *Histoire des Arabes*. Paris, 1912. Useful.
Huillard-Bréholles, J. *Introduction à l'histoire diplomatique de l'empereur Frédéric II*. Paris, 1858.
——. *Vie et correspondance de Pierre de la Vigne ministre de l'empereur Frédéric II*. Paris, 1865.
Hussey, J. "Michael Psellus," *Speculum*, X (1935), 81–90.
Hussey, J. M. "The Byzantine Empire in the Eleventh Century: Some Different Interpretations," *Transactions of the Royal Historical Society*, ser. 4, XXXII (1950), 71–85.
——. *Church and Learning in the Byzantine Empire 867–1185*. London, 1937. Important.
Huttmann, M. A. *The Establishment of Christianity and the Proscription of Paganism*. (*Columbia University Studies in History, Economics and Public Law*, LX, no. 2.) New York, 1914. Good bibliography.
Illyinsky, G. "A Charter of Tsar John Asen II," *Transactions of the Russian Archaeological Institute at Constantinople*, VII (1901). In Russian.
Imperatorum Basili Constantini et Leonis Prochiron. Ed. Zacharia von Lingenthal, Karl Eduard. Heidelberg, 1837.
Innocent III. *Epistolae*. Ed. Migne, J. P. (*Patrologia Latina*, CCXV–CCXVII.) Paris, 1855.
Inostrantzev, K. *Hunnu and Huns. Examination of the Theories of the Origin of the People Hunnu of Chinese Annals, of the Origin of the European Huns, and of the Mutual Relations of These Two Peoples*. 2nd ed. Leningrad, 1926. In Russian.
Iorga, N. *Byzance après Byzance*. Bucharest, 1935.

———. *Choses d'Orient et de Roumanie*. Bucharest and Paris, 1924.
———. "Deux siècles d'histoire de Venise," *Revue historique du sud-est européen*, IX (1932), 1–59.
———. *Geschichte des Osmanischen Reiches*. Vol. II. Gotha, 1909.
———. *Histoire de la vie byzantine. Empire et civilization*. 3 vols. Bucharest, 1934.
———. "Latins et Grecs d'Orient et l'établissement des Turcs en Europe (1342–1362)," *Byzantinische Zeitschrift*, XV (1906), 179–222.
———. *Notes et extraits pour servir à l'histoire des croisades au XVe siècle*. Bucharest, 1915.
———. "Les Origines de l'iconoclasme," *Bulletin de la section historique de l'Académie roumaine*, XI (1924), 143–55.
———. (Ed.) "Origines et prise de Constantinople," *Bulletin de la section historique de l'Académie roumaine*, XIII (1927), 88–128.
———. "Ramön Muntaner et l'empire byzantin," *Revue historique du sud-est européen*, IV (1927), 325–55.
———. "Une ville 'romane' devenue slave: Raguse," *Bulletin de la section historique de l'Académie roumaine*, XVIII (1931), 32–100.
Isambert, F. A. *Histoire de Justinien*. 2 vols. Paris, 1856. Out of date.
Isidori, Hispalensis Episcopi. *Chronica Majora*. Ed. Migne, J. P. (*Patrologia Latina*, LXXXIII.) Paris, 1850. Ed Mommsen, T. (*Monumenta Historiae Germanica. Auctorum Antiquissima*, XI. *Chronica Minora*, II.) Berlin, 1894.
———. *Opera Omnia*. Ed. Migne, J. P. (*Patrologia Latina*, LXXXI–LXXXIV). Paris, 1850.
Istrin, V. M. *The Chronicle of George Hamartolus in its Old Sloveno-Russian Version*. 3 vols. Petrograd, 1920–30. In Russian.
Ites, M. "Zur Bewertung des Agathias," *Byzantinische Zeitschrift*, XXVI (1926), 273–85.
Ivanov, J. "The Origin of the Family of the Tsar Samuel," *Essays in Honour of V. N. Zlatarsky*. Sofia, 1925. In Bulgarian.
Jähns, Max. *Handbuch einer Geschichte des Kriegswesens von der Urzeit bis zur Renaissance*. Leipzig, 1880.
Jaffé, P. *Regesta Pontificum Romanorum*. Leipzig, 1885.
Jager, M. *Histoire de Photius*. 2nd ed., Paris, 1845.
Janin, R. *Constantinople Byzantine. Développement urbain et répertoire topographique*. Paris, 1950. (*Institut Français d'Études byzantines*.)
———. "Nicée. Étude historique et topographique," *Échos d'Orient*, XXIV (1925), 482–90.
———. "Les Sanctuaires de Byzance sous la domination latine," *Études byzantines*, II (1945), 134–84.
Jean Catholicos. *Histoire d'Arménie*. Trans. Saint-Martin, A. J. Paris, 1841.
Jeanselme, E. and Oeconomos, L. *Les Oeuvres d'assistance et les hôpitaux byzantins au siècle des Comnènes*. Anvers, 1921.
——— and Oeconomos, L. "La Satire contre les Higoumènes," *Byzantion*, I (1924), 317–39.
———. "Sur un aide-mémoire de thérapeutique byzantine contenu dans un manuscrit de la Bibliothèque Nationale de Paris (Supplément grec, 764): traduction, notes et commentaire," *Mélanges Diehl: Études sur l'histoire et sur l'art de Byzance*, Vol. I. Paris, 1930.
Jeffrey, A. "Ghevond's Text of the Correspondence between Umar II and Leo III," *The Harvard Theological Review*, XXXVII (1944), 269–332.

Jerphanion, G. de. "Les Inscriptions cappadociennes et l'histoire de l'empire grec de Nicée," *Orientalia Christiana Periodica* (1935), 237–56.
———. *Une Nouvelle Province de l'art byzantine. Les églises rupestres de Cappadoce.* Paris, 1925.
Jireček, C. "Albanien in der Vergangenheit," *Oesterreichische Monatsschrift für den Orient*, No. 1–2 (1914). Reprinted in *Illyrisch-albanische Forschungen*. Ed. Thallóczy, L. von. Munich and Leipzig, 1916.
———. *Geschichte der Bulgaren.* Prague, 1876. Russian revised ed. Bruun, F. and Palauzov, V. Odessa, 1878. Bulgarian trans. Zlatarsky, V. Sofia, 1929.
———. *Geschichte der Serben.* Vol. 1. Gotha, 1911. Vol. II, part 1. Gotha, 1918. Excellent work.
———. "The Situation and Past of the City of Drač," *Transactions of the Geographical Society of Serbia*, I (1912), part 2. In Serbian.
———. *Staat und Gesellschaft in mittelalterlichen Serbien.* (*Denkschriften der Wissenschaften in Wien, philosophische-historische Klasse*, LVI.) Vienna, 1912.
———. "Die Wittwe und die Söhne des Despoten Esau von Epirus," *Byzantinisch-neugriechische Jahrbücher*, I (1920), 1–16. Geneological table, p. 6.
John Anagnostes. *De extremo Thessalonicensi excidio.* Ed. Bekker, I. (*Corpus Scriptorum Historiae Byzantinae.*) Bonn, 1838.
John Cantacuzene. *Historiae.* Ed. Schopen, L. (*Corpus Scriptorum Historiae Byzantinae.*) Bonn, 1828–32.
John of Cyprus. *Palamiticarum transgressionum liber.* Ed. Migne, J. P. (*Patrologia Graeca*, CLII, cols. 663–738.) Paris, 1865.
John Damascene, Saint. *Barlaam and Joasaph.* English trans. Woodward, G. R. and Mattingly, H. London and New York, 1914.
John of Ephesus. *Ecclesiastical History.* English trans. Payne-Smith, R. Oxford, 1860. Latin trans. Brooks, E. W. Louvain, 1936.
———. *Lives of the Eastern Saints.* Syriac text and English trans. Brooks, E. W. *Patrologia Orientalis*, XVIII (1924). Latin trans. van Douwen, W. J. and Land, J. P. N. Amsterdam, 1889.
John the Lydian. *De magistratibus.* Ed. Bekker, I. (*Corpus Scriptorum Historiae Byzantinae.*) Bonn, 1837. Ed. Wuensch, R. (*Bibliotheca Scriptorum Graecorum et Romanorum Teubneriana.*) Leipzig, 1903.
Jones, A. H. M. *Constantine and the Conversion of Europe.* London, 1948. "Constantine hardly deserves the title of Great." No Russian publications used.
Joranson, E. "The Alleged Frankish Protectorate in Palestine," *The American Historical Review*, XXXII (1927), 241–61.
———. "The Great German Pilgrimage of 1064–1065," *The Crusades and Other Historical Essays Presented to Dana C. Munro by His Former Students.* New York, 1928. Excellent article with a full bibliography.
———. "The Problem of the Spurious Letter of Emperor Alexis to the Count of Flanders," *American Historical Review*, LV, 4 (1950), 811–32.
Jordan, E. *Les Origines de la domination angevine en Italie.* Paris, 1909.
———. *Les Registres de Clément IV (1265–1268).* Paris, 1893.
Jordanis. *Getica.* Ed. Mommsen, T. (*Monumenta Germaniae Historica. Auctores antiquissimi*, V, 1.) 1882.
Joshua, the Stylite. *The Chronicle of Joshua the Stylite.* Trans. Wright, W. Cambridge, 1882.
Jugie, M. "Démétrius Cydonès et la théologie latine à Byzance au XIVe et XVe siècles," *Échos d'Orient*, XXXI (1928).
———. "Georges Scholarios, professeur de philosophie," *Studi bizantini e neoellenici*,

V (1939), 482–94.
———. "Michael Psellus," *Dictionnaire de théologie catholique*, XIII (1936), 1149–58.
———. "Palamas et controverse palamite," *Dictionnaire de théologie catholique*, XI (1932), 1735–1818.
———. "Poésies rhythmiques de Nicèphore Calliste Xanthopoulos," *Byzantion*, V (1929–30), 357–90.
———. *Le Schisme byzantin. Aperçu historique et doctrinal*. Paris, 1941.
———. "Le Schisme de Michel Cérulaire," *Echos d'Orient*, XXXVI (1937), 440–73.
———. "Sur la Vie et les procédés littéraires de Symeon Métaphraste," *Échos d'Orient*, XXII (1923), 5–10.
———. "La vie de S. Jean Damascène," *Échos d'Orient*, XXIII (1924), 137–61.
———. "Le Voyage de l'Empereur Manuel Paléologue en Occident," *Échos d'Orient*, XV (1912), 322–32.
Julian the Apostate, Emperor. *Juliani Opera*. II. *Epistolae*. Ed. with English trans. Wright, W. C. 3 vols. London, 1913–23.
———. *Quae supersunt*. Ed. Hertlein, F. C. Leipzig, 1875–76.
Justinian. *Corpus juris civilis. Institutiones*. Intro. and English trans. Abdy, J. T. and Walker, B. Cambridge, 1876. Justinian's *Institutiones* were trans. into Russian in 1859 and in 1888. *Constitutiones*. Ed. Zachariä von Lingenthal, K. E. Leipzig, 1884–91. *Edicta*. Ed. Zachariä von Lingenthal, K. E. Leipzig, 1884–85. *Digest of Justinian*. Trans. Monro, C. H. Cambridge, 1904. *Institutiones und Digesta*. Ed. Krueger, P. and Mommsen, T. Berlin, 1889. *Codex*. Ed. Krueger, P. Berlin, 1892. Novellae. Ed. Kroll, G. Berlin, 1928.
Kadlec, C. "The Empire and Its Northern Neighbors," *The Cambridge Medieval History*, IV (1923), 183–215. See also the very good bibliography for the problem of Byzantium and ancient Russia, pp. 819–21.
Kaestner, T. *De imperio Constantini III. 641–68*. Leipzig, 1907. Brief and accurate dissertation.
Kahle, P. "Zur Geschichte des mittelalterlichen Alexandria," *Der Islam*, XII (1922), 29–83.
Kalligas, P. Μελέται βυζαντινῆς ἱστορίας ἀπὸ τῆς πρώτης μέχρι τῆς τελευταίας ἁλώσεως (*1205–1453*). Athens, 1894.
Kalogeras. Μάρκος ὁ Εὐγενικὸς καὶ Βησσαρίων ὁ Καρδινάλις. Athens, 1893.
Kampouroglou, D. Οἱ Χαλκοκονδύλαι. Μονογραφία. Athens, 1926.
Kananos, Laskaris. *Reseanteckningar från nordiska länderna. Smärre Byzantinska skrifter*. Ed. Lundström, V. Upsala and Leipzig, 1902. A Russian translation with commentary by Vasiliev, A. A. "Laskaris Kananos, Byzantine Traveler of the Fifteenth Century Through Northern Europe and to Iceland," *Essays Presented to V. P. Buzeskul*. Kharkov, 1914. In Russian.
Kantarowicz, E. *Kaiser Friedrich der Zweite*. Berlin, 1927. English trans. London, 1931.
———. "The 'King's Advent' and the Enigmatic Panels in the Doors of Santa Sabina," *The Art Bulletin*, XXVI (1944), 207–31.
Kap-Herr, H. von. *Die Abenländische Politik Kaiser Manuels*. Strassburg, 1881. An accurate dissertation.
Karabaček, J. *Abenländische Künstler zu Konstantinopel im XV. und XVI. Jahrhundert*. (*Denkschriften der philosophische-historischen Klasse der Akademie der Wissenschaften in Wien*, LXII.) Vienna, 1918.
Karapiperes, M. Νικηφόρος Βλεμμύδης, ὡς παιδαγωγὸς καὶ διδάσκαλος. Jerusalem, 1921. I have not seen this book.

Karolidis, P. Ὁ αὐτοκράτωρ Διογένης ὁ 'Ρωμανός. Athens, 1906. In Modern Greek. Popular sketch of the reign of Romanus IV Diogenes.
Kasso, L. *Byzantine Law in Bessarabia.* Moscow, 1907. In Russian.
Kaufmann, C. M. *Die Menasstadt.* Leipzig, 1910.
Khomiakov, A. S. "The Voice of a Greek in Defense of Byzantium," *Works of A. S. Khomiakov.* Vol. III. 4th ed., Moscow, 1914. In Russian.
Khrysostomica. *Studie ricerche intorno a S. Giovanni Crisostomo a cura del Comitato per il XVe centenario della sua morte (407-1907).* Rome, 1908.
Khvostov, M. *History of the Commerce in Greco-Roman Egypt.* Kazan, 1907. In Russian.
Kidd, B. J. *A History of the Church to A.D. 461.* 3 vols. Oxford, 1922.
Kingsley, C. *Hypatia, or New Foes with an Old Face.* 2 vols. Ed. and abridged Goddard, Mabel. New York, 1929.
Kireyevsky, J. *Works.* Moscow, 1861. In Russian.
Kleinclausz, A. *L'Empire Carolingien: Ses origines et ses transformations.* Paris, 1902.
———. "La Legende du protectorat de Charlemagne sur la Terre Sainte," *Syria,* VII (1926), 211-33.
Klimas, Petras. *Ghillebert de Lannoy in Medieval Lithuania.* New York, 1945.
Kluchevsky, V. O. *A History of Russia.* 2nd ed., Moscow, 1906. In Russian. English trans. Hogarth, C. J. 5 vols. New York and London, 1911-31.
Knappen, M. M. "Robert II of Flanders in the First Crusade," *The Crusades and Other Historical Essays Presented to Dana C. Munro by His Former Students.* New York, 1928.
Knecht, A. *Die Religions-Politik Kaiser Justinians.* Wurzburg, 1896.
Knipfing, J. R. von. "Das Angebliche 'Mailänder Edikt' v. J. 313 im Lichte der neueren Forschung," *Zeitschrift für Kirchengeschichte,* XL (1922), 206-18.
Körting, G. *Petrarca's Leben und Werke.* Leipzig, 1878.
Kokovtzov, P. C. *A Hebrew-Khazar Correspondence of the Tenth Century.* Leningrad, 1932. In Russian.
———. "A New Jewish Document on the Khazars and the Khazaro-Russo-Byzantine Relations in the Tenth Century," *Journal of the Ministry of Public Instruction,* XLVIII (1913), 150-72. A Russian trans. of the Jewish text with a brief commentary also written in Russian.
———. "A Note on the Judeo-Khazar Manuscripts at Cambridge and Oxford," *Comptes rendus de l'Académie des Sciences de l'Union des Républiques Soviétiques Socialistes* (1926), 121-24. In Russian.
Kondakov, N. P. *An Archeological Journey Through Syria and Palestine.* St. Petersburg, 1904. In Russian.
———. *Histoire de l'art byzantin considéré principalement dans les miniatures.* Paris, 1886. This was published originally in Odessa in Russian, 1876.
———. *Iconography of the Holy Virgin.* Petrograd, 1915. In Russian.
———. *Macedonia. An Archaeological Journey.* St. Petersburg, 1909. In Russian.
———. *Sketches and Notes on the History of Mediaeval Art and Culture.* Prague, 1929. In Russian. Posthumous.
"Konstantin der Grosse und seine Zeit," *Gesammelte Studien.* Ed. Dölger, F. Freiburg, 1913.
Köprülü, M. F. *Les Origines de l'empire Ottoman.* Paris, 1935.
Koran. Trans. Palmer, E. H. Oxford, 1880. Trans. Sale, G. London and New York, 1891. 9th ed., Philadelphia and London, 1923. Trans. Rodwell, J. M. New York,

1915.
Korelin, M. *The Earlier Italian Humanism and Its Historiography.* Moscow, 1892. In Russian.
Kornemann, E. *Römische Geschichte.* Vol. II. Stuttgart, 1939. 2nd ed., 1941.
Kougéas, S. B. 'Ο Καισαρείας Ἀρέθας Καὶ τὸ ἔργον αὐτοῦ. Athens, 1913.
Koukoules, Ph. "Λαογραφικαὶ εἰδήσεις παρὰ τῷ Θεσσαλονίκης Εὐσταθίῳ," Ἐπετηρὶς Ἑταιρείας Βυζαντινῶν Σπουδῶν, I (1924), 5–40.
Kovalevsky, M. *The Economic Growth of Europe.* Moscow, 1903. In Russian. German trans. Kupperburg, M. *Die ökonimische Entwicklung Europas.* Berlin, 1911.
Kratchkovsky, J. *The Arab Culture in Spain.* Moscow and Leningrad, 1937. In Russian.
Kraus, R. *Theodora. The Circus Empress.* New York, 1938. Of no historical value.
Kreller, H. "Lex Rhodia. Untersuchungen zur Quellengeschichte des römischen Seerechtes," *Zeitschrift für das Gesamte Handelsrecht und Konkursrecht,* XXV (1921), 257–367.
Kremer, A. *Culturgeschichte des Orients.* 2 vols. Vienna, 1875–77
Kretschmayr, H. *Geschichte von Venedig.* Vol. I. Gotha, 1905. Important.
Krey, A. C. "A Neglected Passage in the Gesta and Its Bearing on the Literature of the First Crusade," *The Crusades and Other Historical Essays Presented to Dana C. Munro by His Former Students.* New York, 1928.
Krivoshein, V. "The Ascetic and Theological Doctrine of the Saint Gregorius Palamas," *Annales de l'Institut Kondakov,* VIII (1936), 99–151. A very fine piece of work; ample bibliography. In Russian. A résumé in French, pp. 152–54. German trans. Wassilij, Mönch. "Die asketische und theologische Lehre des Whl. Gregorius Palamas," *Das östliche Christentum,* VIII (1939). In English, in *Eastern Churches Quarterly,* III (1938), nos. 1–4.
Krumbacher, K. *Geschichte der byzantinischen Litteratur von Justinian bis zum ende des oströmischen reiches (527–1453).* Munich, 1891. 2nd ed., 1897.
———. *Die Griechische Literatur des Mittelalters. Die Kultur des Gegenwart ihre Entwicklung und ihre Ziele.* 3rd ed., Leipzig and Berlin, 1912.
———. *Kasia.* (*Sitzungsberichte der philosophish-phililogischen und der historischen Klasse der bayerischen Akademie der Wissenschaften,* III, 305–70.) Munich, 1897.
———. *Michael Glykas.* (*Sitzungsberichte der philosophish-philologischen und historischen Klasse der bayerischen Akademie der Wissenschaften,* 1894.) Munich, 1894.
Krymsky, A. *A History of Muhammedanism.* Moscow, 1903–4. In Russian.
Kuchuk-Ioannesov, C. "The Letter of Emperor John Tzimisces to the Armenian King Ashot III," *Vizantiysky Vremennik,* X (1903), 93–101. In Russian.
Kugéas, S. "Notizbuch eines Beamten der Metropolis in Thessalonike aus dem Anfang des XV. Jahrhunderts," *Byzantinische Zeitschrift,* XXIII (1914–19), 143–63. See also Kougéas.
Kugler, B. *Geschichte der Kreuzzüge.* Berlin, 1880. 2nd ed., Berlin, 1891.
———. "Kaiser Alexius und Albert von Aachen," *Forschungen zur deutschen Geschichte,* XXIII (1883).
———. *Studien zur Geschichte des zweiten Kreuzzuges.* Stuttgart, 1866.
Kulakovsky, J. *History of Byzantium.* 3 vols. Kiev, 1910–15. 2nd ed., Vol. I. Kiev, 1913. In Russian.
———. *The Past of the Tauris.* 2nd ed., Kiev, 1914. In Russian.
Kulischer, J. *Russische Wirtschaftsgeschichte.* Jena, 1925.
Kunik, A. *On the Report of the Toparchus Gothicus.* St. Petersburg, 1874. In Rus-

sian.
Kupperberg, M. *Die ökonimische Entwicklung Europas*. Berlin, 1911. See Kovalevsky, M.
Kurtz, E. *Die Gedichte des Christophoros Mytilenaios*. Leipzig, 1903. Russian trans. Shestakov, D.
"Three Poets of the Byzantine Renaissance," *Transactions of the University of Kazan*, LXXIII (1906).
———. "Georgios Bardanes, Metropolit von Kerkyra," *Byzantinische Zeitschrift*, XV (1906), 603-13.
Kyriakides, S. Ὁ Διγένης Ἀκρίτας. Athens, 1926.
Labbé, Ph. *De byzantinae historiae scriptoribus ad omnes per orbem eruditos προτρεπτικόν*. Paris, 1648.
Labourt, J. *Le Christianisme dans l'empire perse sous la dynastie Sassanide*. 2nd ed., Paris, 1904.
Lā Broquière, B. de. *Le Voyage d'outremer*. Ed. Schefer, C. (Recueil de voyages et de documents pour servir à l'histoire de la géographie, XII.) Paris, 1892.
Lactantius. *De mortibus persecutorum*. Migne, *P.L.* VII. Corpus Ser. Eccles. Latin., 27.
Ladner, G. B. "Origin and Significance of the Byzantine Iconoclastic Controversy," *Medieval Studies*, II (1940), 127-49.
Lamansky, V. I. *The Slavs in Asia Minor, Africa and Spain*. St. Petersburg, 1859. In Russian.
Lammens, P. H. *Études sur le règne du calife Omaiyade Moawia I*. Paris, 1908.
———. "La Mecque à la veille de l'hégire," *Mélanges de l'Université de Saint-Joseph*, IX (1924), 97-439.
———. "Les Sanctuaires pré-islamiques dans l'Arabie Occidentale," *Mélanges de l'Université de Saint-Joseph*, XI (1926).
La Monte, John J. *Feudal Monarchy in the Latin Kingdom of Jerusalem 1100 to 1291*. Cambridge, Mass., 1932.
———. "To What Extent Was the Byzantine Empire the Suzerain of the Latin Crusading States?" *Byzantion* VII (1932), 253-64.
Lampridius. *Antonini Heliogabali Vita*.
Lampros, Sp. "Αἱ εἰκόνες Κωνσταντίνου τοῦ Παλαιολόγου," Νέος Ἑλληνομνήμων, III (1906), 229-42.
———. (Ed.) "Bessarion's *Encomium*," Νέος Ἑλληνομνήμων, XIII (1916), 146-94. Also published separately.
———. (Ed.) *Collection de romans grecs en langue vulgaire et en vers*. Paris, 1880.
———. "Εἰκόνες Ἰωάννου Η τοῦ παλαιολόγου," Νέος Ἑλληνομνήμων, IV (1907).
———. *Empereurs byzantins. Catalogue illustré de la collection de portraits des empereurs de Byzance*. Athens, 1911.
———. "Leo und Alexander als Mitkaiser von Byzanz," *Byzantinische Zeitschrift*, IV (1895), 92-98.
———. "Mazaris und seine Werke," *Byzantinische Zeitschrift*, V (1896), 63-73.
———. "Μονωδίαι καὶ θρῆνοι ἐπὶ τῇ ἁλώσει τῆς Κωνσταντινουπόλεως," Νέος Ἑλληνομνήμων, V (1908), 190-269.
———. "Νέαι εἰκόνες Κωνσταντίνου τοῦ Παλαιολόγου," Νέος Ἑλληνομνήμων, IV (1907), 238-40; VI (1909), 399-408.
———. "Ὁ Μαρκιανὸς Κῶδιξ 524," Νέος Ἑλληνομνήμων, VIII (1911).
———. "Τρεῖς ἀνέκδοτοι μονῳδίαι εἰς τὴν ὑπὸ τῶν Τούρκων ἅλωσιν τῆς Θεσσαλονίκης," Νέος Ἑλληνομνήμων, V (1908), 369-91.
Lane-Poole, Stanley. *A History of Egypt in the Middle Ages*. London, 1901.

Langen, J. *Johannes von Damaskus.* Gotha, 1879.
Lannoy, G. de. *Oeuvres de Ghillebert de Lannoy, voyageur diplomate et moraliste.* Ed. Potvin, C. Louvin, 1878.
Laqeur, R. *Eusebius als Historiker seiner Zeit.* Berlin and Leipzig, 1929.
Lascaris, Theodore Ducas. *De naturali communione.* Ed. Migne, J. P. (*Patrologia Graeca,* CXL.) Paris, 1887.
——. *Epistulae* CCXVII. Ed. Festa, N. (*Publicazioni del R. Istituto di studi superiori pratici e di perfezionamento. Sezione di filiosofia e lettere,* no. 29.) Florence, 1898.
Laskin, G. *Heraclius. The Byzantine State in the First Half of the Seventh Century.* Kharkov, 1889. New sources. In Russian.
Lathoud, D. "La Consécration et la dédicace de Constantinople," *Échos d'Orient,* XXIII (1924), 289–94.
Latyshev, V. V. "Two Orations of Theodore Daphnopates with an introduction on his Life and his Literary Work and a Russian Translation," *Provoslavny Palestinsky Sbornik,* LIX (1910). In Russian.
Lauer, M. P. "Une Lettre inédite d'Henri Ier d'Angre, empereur de Constantinople, aux prélats italiens (1213?)," *Mélanges offerts à M. Gustav Schlumberger.* Vol. I. Paris, 1924.
Laurent, J. *L'Arménie entre Byzance et l'Islam depuis la conquête arabe jusqu'en 886.* (Bibliothèque des Ecoles Françaises d'Athènes et de Rome, CXVII.) Paris, 1919.
——. *Byzance et les Turcs Seljoucides dans l'Asie occidentale jusqu'en 1081.* (Annales de l'Est publiées par la Faculté des Lettres de l'Université de Nancy, XXVII–XXVIII.) Paris, 1913–14.
——. "Byzance et l'origine du sultanat de Roum," *Mélanges Charles Diehl: Études sur l'histoire et l'art de Byzance.* Paris, 1930.
Laurent, V. "Charles Diehl, historien de Byzance," *Revue historique du sud-est européen,* XXII (1945), 5–26.
——. "La Correspondance de Démétrius Cydonès, *Échos d'Orient,* XXX (1931), 339–54.
——. "Deux nouveaux manuscrits de l'histoire byzantine de Georges Pachymère," *Byzantion,* XI (1936), 43–57.
——. "La généalogie des premiers Paléologues," *Byzantion,* VIII (1933), 125–249.
——. "Gregoire X (1271–76) et le projet d'une ligue anti-turque," *Échos d'Orient,* XXXVII (1938), 257–73.
——. "Manuel Paléologue et Démétrius Cydonès. Remarques sur leur correspondance," *Échos d'Orient,* XXXVI (1937), 271–87; 474–87; XXXVII (1938), 107–24.
——."Les Manuscrits de l'Histoire Byzantine de Georges Pachymère," *Byzantion,* V (1929–30), 129–205.
——. "Michel de Thessalonica," *Dictionnaire de théologie et liturgie catholique,* X, 2 (1928), 1719–20.
The Laurentian and Ipatian Chronicles. In *Complete Collection of Russian Annals (Polnoe Sobranie Russkikh Letopisey).* Vols. I–II. St. Petersburg, 1841 and ff. New ed. *Laurentian Chronicle* by Karsky, E. F. Leningrad, 1926. English trans. this chronicle by Cross, S. H. Cambridge, Mass., 1930.
Lavisse, E. *Histoire de France depuis les origines jusqu'à la révolution.* Paris, 1900–11.
—— and Rambaud, A. *Histoire générale du IVe siècle à nos jour.* Paris, 1893–

1901.
Lawson, F. H. "The Basilica," *The Law Quarterly Review*, XLVI (1930), 486–501.
Le Barbier, E. *Saint Christodule et la réforme des couvents grecs au XIe siècle*. 2nd ed., Paris, 1863.
Lebeau, Charles. *Histoire du Bas-Empire*. Ed. Saint-Martin, M. de and Brosset, M. 21 vols. Paris, 1824–36.
Lebedev, A. *The Ecumenical Councils of the Sixth, Seventh and Eighth Centuries*. 3rd ed., St. Petersburg, 1904. In Russian.
———. *The Epoch of Christian Persecutions*. 3rd ed., St. Petersburg, 1904. In Russian.
———. *Historical Essays on the Situation of the Byzantine-Eastern Church from the End of the Eleventh Century to the Middle of the Fifteenth Century*. 2nd ed., Moscow, 1902. In Russian.
———. *A History of the Greek-Eastern Church under the Sway of the Turks*. 2nd ed., St. Petersburg, 1904. In Russian. Very useful.
———. *History of the Separation of the Churches in the Ninth, Tenth and Eleventh Centuries*. 2nd ed., Moscow, 1905. In Russian.
Lebedev, N. S. "Vasilievsky and the Importance of His Work," *Istoricesky Journal*, Leningrad (1944). In Russian.
Lebon, J. *Le monophysisme sévérien. Étude historique, littéraire et théologique sur la résistance monophysite au Concile de Chalcédonien jusqu'à la constitution de l'église jacobite*. Louvain, 1909. Very important.
Leclercq, H. *L'Afrique chrétienne*. Paris, 1904.
———. "Constantin," *Dictionnaire d'archéologie chrétienne et de liturgie*, III, 2 (1914), cols. 2622–95.
———. "Constantine Porphyrogenéte et le livre des cérémonies de la cour de Byzance," *Dictionnaire d'archéologie chrétienne et de liturgie*, III, 2 (1914), cols. 2695–2713.
———. "Culte et querelle des images," *Dictionnaire d'archéologie chrétienne et de liturgie*, VII, 1 (1926), cols. 180–302. Excellent bibliography.
———. "Julien l'Apostat," *Dictionnaire d'archéologie chrétienne et de liturgie*, VIII, 1 (1928), cols. 305–99. Good bibliography.
———. "Justinien," *Dictionnaire d'archéologie chrétienne et de liturgie*, VIII, 1 (1928), cols. 507–604. Very good bibliography.
———. "Kosmas Indicopleustès," *Dictionnaire d'archéologie chrétienne et de liturgie*, VIII, 1 (1928), cols. 819–49.
Lefebvre, G. *Recueil des inscriptions grecques chrétiennes d'Egypte*. Cairo, 1907.
Lefort, L. T. "La Littérature égyptienne aux derniers siècles avant l'invasion arabe," *Chronique d'Egypte*, VI (1931), 315–23.
Legrand, E. *Bibliothèque grecque vulgaire*. Paris, 1880.
Leib, Bernard. "Les Idées et les faits à Byzance au XIe siècle. Aperçus d'histoire religieuse d'après un témoin, Anne Comnène," *Orientalia Christiana Periodica*, I (1935), 164–203. This study in an enlarged form has been published as a general introduction to Leib's edition of the *Alexiad* (vol. I, [Paris, 1937], pp. ix–clxxxi). Interesting.
———. *Rome, Kiev et Byzance à la fin du XIe siècle*. Paris, 1924.
Lemerle, P. *Philippe et la Macédoine Orientale à l'époque chrétienne et byzantine. Recherches d'histoire et d'archéologie*. Paris, 1945.
———. *Histoire de Byzance*. Paris, 1948.
Leo the Deacon. *Historiae*. Ed. Hasius, C. B. (*Corpus Scriptorum Historiae Byzantinae*.) Bonn, 1828.

Leo the Grammarian. *Chronographia.* Ed. Bekker, I. (*Corpus Scriptorum Historiae Byzantinae.*) Bonn, 1842.
Leonhardt, W. *Der Kreuzzugsplan Kaiser Heinrichs VI.* Borna and Leipzig, 1913.
Leroy-Mohinghen, A. "Prolégomènes à une édition critique des Lettres Théophylacte de Bulgarie," *Byzantion,* XIII (1938), 253–62.
Le Strange, G. *Bagdad during the Abbasid Caliphate.* Oxford, 1900.
Levchenko, M. V. *History of Byzantium.* Moscow and Leningrad, 1940. In Russian. Bulgarian trans. Sofia, 1948. French trans. Paris, 1949.
Lewis, A. R. *Naval Power and Trade in the Mediterranean A.D. 500–1100.* Princeton, 1951.
Libanii. *Oratio.* Ed. Förster, R. (*Bibliotheca Scriptorum Graecorum et Romanorum Teubneriana.*) 7 vols. Leipzig, 1903–13.
Liber jurium reipublicae Genuensis. Ed. Riccotius, H. (*Monumenta Historiae Patriae,* IX.), Turin, 1857.
Liber Pontificalis. Ed. Duchesne, L. 2 vols. Paris, 1884–92.
Lipshitz, E. "The Byzantine Peasantry and Slavonic Colonization (particularly upon the data of the Rural Code)," *Vizantiysky Sbornik,* 1945. In Russian.
Liudprandi. *Legatio.* Ed. Becker, J. 3rd ed. 1915.
Le Livre du préfet ou l'édit de l'empereur Léon le Sage sur les corporations de Constantinople. Ed. Nicole, J. Geneva, 1893. Greek text and Latin trans. French trans. Nicole, J. Geneva and Basel, 1894. English trans. Boak, A. E. R. *The Journal of Economic and Business History,* I (1929), 600–19. English trans. Freshfield, E. H. *Roman Law in the Later Roman Empire. Byzantine Guilds Professional and Commercial Ordinances of Leo VI c. 895 from the Book of the Eparch.* Cambridge, 1938. From Nicole's edition the Greek text was reprinted in Zepos, J. and R. *Jus Graeco Romanum,* II (1931), 371–92.
Loenertz, R. "Démétrius Cydonès, citoyen de Venise," *Échos d'Orient,* XXXVII (1938), 125–26.
———. "Manuel Paléologue et Démétrius Cydonès," *Échos d'Orient,* XXXVI (1937), 271–87; 476–87; XXXVII (1938), 107–24.
———. "Pour l'histoire du Péloponnèse au XIVe siècle (1382–1404)," *Études byzantines,* I (1944).
Loewe, H. M. "The Seljūqs," *The Cambridge Medieval History,* IV (1923), 299–317, 836.
Logopatis, S. N. Γερμανὸς ὁ Β, πατριάρχης Κωνσταντινουπόλεως-Νικαίας (1222–40). Βίος, συγγράμματα καὶ διδασκαλία αὐτοῦ, Athens, 1919.
Lombard, A. *Études d'histoire byzantine: Constantin V, empereur des Romains (740–75).* Paris, 1902.
Longnon, J. *L'Empire Latin de Constantinople et la Principauté de Morée.* Paris, 1949.
———. *Livre de la conqueste de la Princée de l'Amorée. Chronique de Morée.* Paris, 1911.
Loofs, F. *Leontius von Byzanz.* Leipzig, 1887.
Loparev, C. "Concerning the Unitarian Tendencies of Manuel Comnenus," *Vizantiysky Vremennik,* XIV (1907), 334–57.
———. "Hagiography of the Eighth and Ninth Centuries as a Source of Byzantine History," *Revue byzantine,* II (1916), 167–76. In Russian.
———. "On the Byzantine Humanist Constantine Stilbes (of the Twelfth Century) and His Works," *Vizantiyskoe Obozrenie,* III (1917), 57–88. In Russian.
Lopez, R. *Genova Marinara nel duecento. Benedetto Zaccaria, ammiraglio e mercante.* Messina and Milan, 1933.

———. "Mohammed and Charlemagne: A Revision," *Speculum*, XVIII (1943), 14-38.
Lopez, R. S. "Byzantine Law in the Seventh Century and Its Reception by the Germans and the Arabs," *Byzantion*, XVI, 2 (1944), 445-61.
———. "Le Problème des relations Anglo-byzantines du septième au dixième siècle," *Byzantion*, XVIII (1948), 139-62.
———. "Silk Industry in the Byzantine Empire," *Speculum*, XX (1945), 1-42.
Lot, F. *La Fin du monde antique et le début du moyen âge.* Paris, 1927. Important.
Luchaire, A. *Innocent III: La Question d'Orient.* Paris, 1907. Interesting book which covers the period up to 1216. No reference to sources.
Luke, H. C. "Visitors from the East to the Plantagenet and Lancastrian Kings," *Nineteenth Century*, CVIII (1930), 760-69.
Lumbroso, G. *Memorie italiane del buon antico.* Turin, 1889.
Lupton, J. H. *St. John of Damascus.* London, 1882.
Maas, P. "Die Chronologie der Hymnen des Romanos," *Byzantinische Zeitschrift*, XV (1906), 1-44.
———. "Das Hodoiporikon des Konstantin Manasses," *Byzantinische Zeitschrift*, XIII (1904), 313-55.
———. "Die ikonoclastiche Episode im Briefe des Epiphanios an Johannes," *Byzantinische Zeitschrift*, XXX (1929-30), 279-86.
———. "Metrische Akklamationen der Byzantiner," *Byzantinische Zeitschrift*, XXI (1912), 28-51.
———. "Die Musen des Kaisers Alexios I," *Byzantinische Zeitschrift*, XXII (1913), 348-69.
———. "Rhytmisches zu der Kunstprosa des Konstantinos Manasses," *Byzantinische Zeitschrift*, XI (1902), 505-12.
Macartney, C. A. "The Greek Sources for the History of the Turcs in the Sixth Century," *Bulletin of the School of Oriental and African Studies*, XI (1944), 226-75.
McCabe, J. *The Empresses of Constantinople.* Boston, n.d.
McPherson, Florence. "Historical Notes on Certain Modern Greek Folk Songs," *Journal of Hellenic Studies*, X (1889), 86-89.
Macri, C. M. *L'Organization de l'économie urbaine dans Byzance sous la dynastie de Macédoine, 867-1057.* Paris, 1925. No new findings.
Madler, H. *Theodora, Michael Stratiotikos, Isaak Komnenos. Ein Stüch byzantinischer Kaisergeschichte.* Plauen, 1894. Summary with the indication of sources and general sketches of the reigns of Theodora, Michael Stratioticus, and Isaac Comnenus.
Maïkov, A. "On Land Property in old Serbia," *Chteniya of the Society of Russian History and Antiquities*, I (1860). In Russian.
Makushev, V. *Historical Studies on the Slavs in Albania in the Middle Ages.* Warsaw, 1871. In Russian.
———. *The Italian Archives and Material on the History of the Slavs Preserved in Them.* (Addition to the *Transactions of the Academy of Sciences*, XIX, no. 3.) St. Petersburg, 1871. In Russian.
Malafosse, J. de. *Les Lois agraires à l'époque Byzantine. Tradition et Exégèse.* (*Recueil de l'Académie de Législation*, XIX.) Toulouse, 1949.
Malalas, John. *Chronicle.* Books 8-18. Trans. from Church Slavonic by Spinka, M. and Downey, G. Chicago, 1940.
Malinin, V. *The Old Monk of the Monastery of Eleazar, Philotheus and His Works.*

Kiev, 1901. In Russian.
Manasses, Constantine. *Breviarium historiae metricum.* Ed. Bekker, I. (*Corpus Scriptorum Historiae Byzantinae.*) Bonn, 1837.
Manfroni, C. "Le relazioni fra Genova l'Impero Bizantino e i Turchi," *Atti della Società Ligure di Storia Patria,* XXVIII (1896), 575–858.
Mann, H. K. *The Lives of the Popes in the Early Middle Ages.* 2nd ed., London, 1925.
Manojlović, Gauro. "Memoirs," *Compte-rendu du deuxième congrès international des études byzantines, Belgrade, 1927.* Belgrade, 1929.
———. "Le Peuple de Constantinople," *Byzantion,* XI (1936), 617–716.
———. "Studije o spisu 'De administrando imperio' cara Konstantina VII Porfiro genita," *Publications of the Academy of Zagreb,* CLXXXII (1910–11), 1–65; CLXXXVI (1910–11), 35–103; 104–84; CLXXXVII (1910–11), 1–132.
Mansi, Joannes Dominicus. (Ed.) *Sacrorum Consiliorum Nova et Amplissima Collectio.* 31 vols. Florence and Venice, 1758–98.
Manuel Palaeologus. *Oratio funebris.* Ed. Migne, J. P. (*Patrologia Graeca,* CLVI, cols. 181–308.) Paris, 1866. See also Palaeologus, Manuel.
Marcellini, Comitis. *Chronicon, ad annum 517.* Ed. Mommsen, T. (*Monumenta Germaniae Historica. Auctorum Antiquissimorum,* XI. *Chronica Minora,* II.) Berlin, 1894.
Marcellinus, Ammianus. *Res Gestae.* Ed. Rolfe, J. I–III (1935–39).
Marin, E. *Saint Théodore,* 759–826. Paris, 1906.
Marinescu, C. "Manuel II Paléologue et les rois d'Aragon. Commentaire sur quatre lettres inédites en latin, expediées par la chancellerie byzantine," *Bulletin de la section historique de l'Académie roumaine,* XI (1924), 192–206.
———. "Tentatives de mariage de deux fils d'Andronic II Paléologue avec des princesses latines," *Revue historique du sud-est européen,* I (1924), 139–40.
Marquart, J. *Osteuropäische und ostasiaische Streifzüge.* Leipzig, 1903.
Marr, N. "The Caucasian Cultural World and Armenia," *Journal of the Ministry of Public Instruction,* LVII (1915).
———. "John Petritzi, Iberian (Gruzinian) Neoplatonic of the Eleventh-Twelfth Century," *Accounts of the Oriental Section of the Russian Archeological Society,* XIX (1909). In Russian.
Martène, E. and Durand, U. *Thesaurus novus anecdotorum.* Paris, 1717.
Martin, E. J. *A History of the Iconoclastic Controversy.* London, 1930. Important.
Martin, Pope. *Epistolae.* Ed. Migne, J. P. (*Patrologia Latina,* LXXXVII.) Paris, 1851.
Marzemin, G. "Il Libro del Prefetto. Sistema corporativo romano di Costantinopoli e di Venezia," *Atti del Reale Istituto Veneto di scienze, lettere ed arti,* XCIV (1934–35), 381–406.
Masefield, John. *Basilissa, A Tale of the Empress Theodora.* New York, 1940.
Mas Latrie, M. L. de. *Histoire de l'île de Chypre sous le règne des princes de la maison de Lusignan.* 3 vols. Paris, 1852–61.
Maspero, J. "Un dernier Poète grec d'Egypte: Dioscore, fils d'Apollôs," *Revue des études grecques,* XXIV (1911), 426–81.
———. *Histoire des patriarches d'Alexandrie.* Paris, 1923.
———. *Organization militaire de l'Egypte byzantine.* Paris, 1912.
Matranga, P. *Anecdota Graeca.* Rome, 1850.
Mattern, J. "À Travers les villes mortes de Haute-Syrie," *Mélanges de l'Université Saint-Joseph,* XVII, 1 (1933). 2nd ed., *Villes mortes de Haute-Syrie.* Beirut, 1944.
Matthew of Paris. *Chronica Majora.* Ed. Luard, H. R. 7 vols. (*Rerum Britanni-*

carum Medii Aevi Scriptores, LVII.) London, 1880.
———. Historia Anglorum. Ed. Madden, F. 3 vols. (Rerum Britannicarum Medii Aevi Scriptores, XLIV.) London, 1866–69.
Maurice, J. Constantin le Grand: L'Origine de la civilization chrétienne. Paris, 1925.
———. Numismatique constantinienne. Paris, 1908–12. Vols. I–III are very important.
———. Les Origines de Constantinople. (Centenaire de la Société Nationale des Antiquaires de France.) Paris, 1904.
Mednikov, N. Palestine from its Conquest by the Arabs to the Crusades, based upon Arabic Sources. Vols. I–IV. St. Petersburg, 1897–1902. A Russian translation of Arabic sources, with notes and citations of special monographs.
Medovikov, P. The Latin Emperors in Constantinople and Their Relations to the Independent Greek Rulers and to the Local Population in General. Moscow, 1849. In Russian. Out of date.
Meliades, G. Βέλθανδρος καὶ Χρυσάντζα, Μυθιστόρημα XII αἰῶνος. Athens, 1925.
Meliarakes, A. Ἱστορία τοῦ Βασιλείου τῆς Νικαίας καὶ τοῦ Δεσποτάτου τῆς Ἠπείρου (1204–61). Athens, 1898. An important book which emphasizes the history of Nicaea and Epirus.
Menander. Excerpta ex historia. Ed. Niebuhr, B. G. (Corpus Scriptorum Historiae Byzantinae.) Bonn, 1829.
Mercati, S. G. "Per l'epistolario di Demetrio Cidone," Studi bizantini e neoellenici, III (1930), 201–30.
———. "Poesie de Teofilatto de Bulgaria," Studi bizantini e neoellenici, I (1924), 173–94.
Mercier, E. Histoire de l'Afrique septentrionale. Paris, 1888.
Merejkowski, D. Christ and Antichrist. I. The Death of the Gods: Julian the Apostate. Trans. Trench, H. New York, 1929. A novel. Interesting reading.
Meyer, L. S. Jean Chrysostome, maître de perfection chrétienne. Paris, 1933.
Meyer, P. Die Haupturkunden für die Geschichte der Athosklöster. Leipzig, 1894.
———. "Les premières compilations françaises d'histoire ancienne," Romania, XIV (1885), 1–81.
Michael Acominatos (Choniates). Works. Ed. Lampros, S. Athens, 1879.
Michael Attaliates. Historia. Ed. Bekker, I. (Corpus Scriptorum Historiae Byzantinae.) Bonn, 1853.
Michel, A. Humbert und Kerullarios. Studien. Vols. I–II. Paderborn, 1925–30.
Mickwitz, G. Die Kartellfunktionen der Zünfte. Helsingfors, 1936.
———. "Die Organizationsformen zweier byzantinischer Gewerbe im X. Jahrhundert," Byzantinische Zeitschrift, XXXVI (1936), 63–76. Important.
———. Review: Christophilopoulos, Τὸ ἐπαρχικὸν βιβλίον Λέοντος τοῦ Σοφοῦ, Byzantinisch-neugriechische Jahrbücher, XII (1936), 368–74.
Miklosich, F. and Müller, J. Acta et diplomata graeca medii aevi. 6 vols., Vienna, 1860–90.
Miller, E. Mélanges de philologie et d'épigraphie. Paris, 1876.
Miller, M. "Poème allégorique de Méliténiote, publié d'après un manuscrit de la Bibliothèque Impériale," Notices et extraits des manuscrits de la Bibliothèque Nationale, XIX, 2 (1858), 11–138.
Miller, W. The Catalans at Athens. Rome, 1907.
———. "The Emperor of Nicaea and the Recovery of Constantinople," The Cambridge Medieval History, IV (1923), 478–516.
———. Essays on the Latin Orient. Cambridge, 1921. Articles and monographs of

the author published between 1897 and 1921, revised and brought up to date. A very useful book.

———. "The Finlay Library," *The Annual of the British School at Athens*, XXVI (1923-25), 46-66.

———. "The Finlay Papers, George Finlay as a Journalist and the Journals of Finlay and Jarvis," *The English Historical Review*, XXXIX (1924), 386-98, 552-57; XLI (1926), 514-25.

———. "The Historians Doukas and Phrantzes," *Journal of Hellenic Studies*, XLVI (1926), 63-71.

———. "The Last Athenian Historian: Laonikos Chalkokondyles," *Journal of Hellenic Studies*, XLII (1922), 36-49.

———. *The Latins in the Levant. A History of Frankish Greece (1204-1566)*. London, 1908. The best general work on the Frankish sway in Greece and in the islands.

Millet, G. *L'ancient Art serbe. Les Églises*. Paris, 1919.

———. *Recherches sur l'iconographie de l'Evangile*. Paris, 1916.

———. "La Renaissance byzantine," *Compte-rendu du deuxième congrès international des études byzantines, Belgrade, 1927*. Belgrade, 1929.

Minorsky, V. "Roman and Byzantine Campaigns in Atropatene," *Bulletin of the School of Oriental and African Studies, University of London*, XI, 2 (1944).

Mioni, E. *Romano il Melode. Saggio critico e dieci inni inediti*. Turin, 1937.

Miracula S. Wulframni. Ed. Mabillon, D. T. (*Acta Sanctorum ordina S. Benedicti in saeculorum classes distributa*, III.) Paris, 1668-1701.

Misch, G. "Die Schriftsteller-Autobiographie und Bildungsgeschichte eines Patriarchen von Konstantinopel aus dem XIII. Jahrhundert. Eine Studie zum byzantinischen Humanismus," *Zeitschrift für Geschichte der Erziehung und des Unterrichts*, XXI (1931), 1-16.

Mitchison, Naomi. "Anna Comnena," *Representative Women*. London, 1928.

Mitrofanov, P. "The Change in the Direction of the Fourth Crusade," *Vizantiysky Vremennik*, IV (1897), 461-523. In Russian.

Mohler, L. *Kardinal Bessarion als Theologe, Humanist und Staatsmann*. (*Quellen und Forschungen, herausgegeben von der Görres-Gesellschaft*, XX.) Paderborn, 1923.

Monnier, H. "Études du droit byzantine," *Nouvelle revue historique de droit*, XVI (1892), 497-542, 637-72.

Monnier, Ph. *Le Quattrocento. Essai sur l'histoire littéraire du XVe siècle italien*. Paris, 1912.

Montelatici, G. *Storia della letteratura bizantina (324-1453)*. Milan, 1916.

Montesquieu, Ch. Louis, Baron de. *Considérations sur les causes de la grandeur des Romains et de leur décadence*. Trans. Baker, J. New York, 1882.

Monumenta Germaniae Historica. Epistolarum. III-IV. *Epistolae Merowingici et Karolini aevi*. Ed. Dümmler, E. Berlin, 1892-95.

Moravcsik, G. *Byzantinoturcica*. 2 vols. Budapest, 1942-43.

———. "L'Edition critique du 'De administrando imperio,'" *Byzantion*, XIV (1939), 353-60.

———. "Zur Geschichte der Onoguren," *Ungarische Jahrbücher*, X (1930), 68-69.

———. "Zur Quellenfrage der Helenaepisode in Goethes Faust," *Byzantinisch-neugriechische Jahrbücher*, VIII (1931), 41-56.

Mordtmann, J. H. "Die erste Eroberung von Athen durch die Türken zu Ende des 14 Jahrhunderts," *Byzantinisch-neugriechische Jahrbücher*, IV (1923), 346-50.

Morey, C. R. *East Christian Paintings in the Freer Collection*. (*University of Michi-*

gan *Studies, Humanities Series*, XII.) New York, 1914.
———. *The Mosaics of Antioch.* New York, 1932.
Moshin, V. A. "Again on the Newly Discovered Khazar Document," *Publications of the Russian Archeological Society in the Kingdom of the Serbs, Croats and Slovenes* (Jugoslavia), I (1927), 41-60. In Russian.
Müller, A. *Der Islam im Morgen- und Abendland.* Vol. I–II. Berlin, 1885.
Müller, C. *Fragmenta historicorum graecorum.* Paris, 1870.
Müller, J. *Documenti sulle relazioni della città toscane coll' Oriente Cristiano e coi Turchi.* Florence, 1879.
Munro, Dana C. "Did the Emperor Alexius I Ask for Aid at the Council of Piacenza, 1095?" *The American Historical Review*, XXVII (1922), 731-33.
———. "Speech of Pope Urban II at Clermont, 1095," *The American Historical Review*, XI (1906), 231-42.
Muntaner, Ramon. *Chronica o descripcio fets e hazanyes dell inclyt rey Don Jaume.* Ed. Buchon, J. A. in *Chroniques étrangères relatives aux expéditions pendant le XIII° siècle.* Paris, 1840-60. Ed. Lanz, Karl. *Chronik des edlen En Ramon Muntaner.* (*Bibliothek des Litterarischen vereins in Stuttgart*, VIII.) Stuttgart, 1844. Trans. Goodenough, Lady. *The Chronicle of Muntaner.* (*Publications of the Hakluyt Society,* L.) Oxford, 1921.
Murnu, G. "L'Origine des Comnènes," *Bulletin de la section historique de l'Académie roumaine,* XI (1924), 212-16.
Mutafčiev, P. *Military Lands and Soldiers in Byzantium in the Thirteenth and Fourteenth Centuries.* Sofia, 1923. In Bulgarian.
———. *The Rulers of Prosek.* Sofia, 1913. In Bulgarian.
———. *Vojnički zemi i vojnici v Vizantija prěz XIII-XIV v.* Sofia, 1932. (Offprint from the *Spisanije na Bulgaska Akademija,* XXVII). In Bulgarian.
Nasir-i-Khusrau. *A Diary of a Journey Through Syria and Palestine.* Trans. le Strange, Guy. (Palestine Pilgrim's Text Society, IV.) London, 1896.
Negri, G. *L'Imperatore Giuliano l'Apostata.* 2nd ed., Milan, 1902. English trans. Litta-Visconti-Arese, Duchess. 2 vols. New York, 1905.
Nersessian, Sirarpie der. *Armenia and the Byzantine Empire.* Cambridge, Mass., 1945.
———. "Remarks on the Date of the Menologium and the Psalter Written for Basil II," *Byzantion,* XV (1940-41), 104-25.
Nestor-Iskander. *The Tale of Tsargrad.* Ed. Leonides, Abbot. (*Pamyatiki drevney pismennosti,* LXII, no. 43.) St. Petersburg, 1886. In Old Russian. For other slavic accounts see *The Cambridge Medieval History,* IV (1923), 888. Russian text of the *Tale,* from the edition of 1853, is reprinted by N. Jorga, "Origines et prise de Constantinople," *Bulletin de la section historique de l'Académie roumaine,* XIII (1927), 89-105. The question now arises whether the original text of this tale is not Greek and whether the Slavic account of it may belong, not to a Russian, but to a Serbian. See N. Iorga, "Une source négligée de la prise de Constantinople," *Bulletin de la section historique de l'Académie roumaine,* XIII (1927), 65. B. Unbegaun, "Les relations vieu-russes de la prise de Constantinople," *Revue des études slaves,* IX (1929), 13-38. On the Russian version of Iskander and on the Old Russian translation of the account of Aeneas Sylvius of the capture of Constantinople by the Turks.
Neuhaus, L. *Die Reichsverwesenschaft und Politik des Grafen Heinrich von Anjou, des zweiten Kaisers im Lateinerreiche unter Byzanz.* Leipzig, 1904. Has no importance.
Neumann, C. "Byzantinische Kultur und Renaissancekultur," *Historische Zeit-*

schrift, XCI (1903), 215-32. This article was also published separately. Berlin and Stuttgart, 1903.

———. "Die byzantinische Marine," *Historische Zeitschrift*, N.S. XLV (1898), 1-23.

———. *Griechische Geschichtschreiber und Geschichtsquellen im zwölften Jahrhundert*. *Studien zu Anna Comnena, Theodor Prodromus, Johannes Cinnamus*. Leipzig, 1888.

———. *Die Weltstellung des Byzantinischen Reiches vor den Kreuzzügen*. Leipzig, 1894. French trans. "La Situation mondiale de l'empire byzantin avant les croisades." *Revue de l'orient Latin*, X (1905), 37-171. Extremely interesting for the general conditions of the empire in the eleventh century.

Nicetas Choniates. *Historia*. Ed. Bekker, I. (*Corpus Scriptorum Historiae Byzantinae*.) Bonn, 1835.

Nicholas Mysticus. *Epistolae*. Ed. Migne, J. P. (*Patrologia Graeca*, CXI.) Paris, 1863.

Nickles, H. G. "The Continuatio Theophanis," *Transactions of the American Philological Association*, LXVIII (1937), 221-7.

Niederle, L. *Manuel de l'antiquité slave*. 2 vols. Paris, 1923-26.

Nikolsky, V. "The Union of Lyons. An Episode from Medieval Church History 1261-1293," *Pravoslavnoe Obozrenie*, XXIII (1867), 5-23, 116-44, 352-78; XXIV (1867), 11-33. Accurate but written strictly from the Greek-Orthodox point of view.

Nikonovskaya letopis. The Complete Collection of Russian Chronicles. Vols. IX-XIII. St. Petersburg, 1762 ff. In Old Russian.

Nikov, P. "Bulgarian diplomacy from the Beginning of the Thirteenth Century," *Bulgarian Historical Library*, I (1928). In Bulgarian.

———. *The Second Bulgarian Empire 1186-1936*. Sofia, 1937. Popular sketch. In Bulgarian.

———. *Studies in the Historical Sources of Bulgaria and in the History of the Bulgarian Church*. (Reprint from the *Transactions of the Bulgarian Academy of Sciences*, XX.) Sofia, 1921. In Bulgarian.

———. *Tartaro-Bulgarian Relations in the Middle Ages*. Sofia, 1921. Text and Bulgarian translation.

Nöldeke, T. *Aufsätze zur persischen Geschichte*. Leipzig, 1887.

———. *Geschichte der Perser und Araber zur Zeit der Sasaniden*. Leyden, 1879.

———. "Ueber Mommsen's Darstellung der römischen Herrschaft und römischen Politik im Orient," *Zeitschrift der deutschen morgenländischen Gesellschaft*, XXXIX (1885).

Nomiku, X. A. "Τὸ πρῶτο τ῾ʹαμὶ τῆς Κωνσταντινουπόλεως," Ἐπετηρὶς Ἑταιρείας Βυζαντινῶν Σπουδῶν, I (1924), 199-209.

Norden, E. *Einleitung in die Altertumswissenschaft*. 2nd ed., Leipzig and Berlin, 1914.

Norden, W. *Das Papsttum und Byzanz. Die Trennung der beiden Mächte und das Problem ihrer Wiedervereinigung bis zum Untergange des byzantinischen Reichs (1453)*. Berlin, 1903. This book contains much that is new and very important on the Norman-Byzantine relations.

———. *Der vierte Kreuzzug im Rahmem der Beziehungen des Abendlandes zu Byzanz*. Berlin, 1898.

"Nuova serie di documenti sulle relazioni di Genova coll' Impero Bizantino," ed. Sanguineti, A. and Bertolotto, G. *Atti della Società ligure di storia patria*, XXVIII (1896-98), 351-60.

O'Conner, John B. "John Damascene," *Catholic Encyclopedia*, VIII (1910), 459-61.
Oeconomos, L. "L'État intellectuel et moral des Byzantins vers le milieu du XIVe siècle d'après une page de Joseph Bryennios," *Mélanges Diehl: Études sur l'histoire et sur l'art de Byzance*. Paris. 1930.
———. *La Vie religieuse dans l'empire byzantin au temps des Comnènes et des Anges*. Paris, 1918. Important.
Olmstead, A. T. "Review: Spinka and Downey (eds.) *The Chronicle of John Malalas*," *Chicago Theological Seminary Register*, XXXI, 4 (1942), 22-23.
Oman, C. *A History of the Art of War in the Middle Ages*. 2nd ed. London, 1924.
Omont, H. "Le Glossaire grec de Du Cange. Lettres d'Anisson à Du Cange relatives à l'impression du Glossaire (1682-1688)," *Revue des études grecques*, V (1892), 212-49.
Orderici Vitalis. *Historia ecclesiastica*. Ed. Migne, J. P. (*Patrologia Latina*, CLXXXVIII, cols. 17-986.) Paris, 1855.
Orosius, Paul. *Historiae adversum paganos*. VII.
Oster, E. *Anna Komnena*. I-III. Rastatt, 1868-71.
Ostrogorsky, G. "Agrarian Conditions in the Byzantine Empire in the Middle Ages," *The Cambridge Economic History*, I (1941), 194-223. Important.
———. "The Athonian Hesychasts and their Opponents," *Transactions of the Russian Scientific Institute in Belgrade*, V (1931), 349-70. Very clear presentation. In Russian.
———. "A Byzantine Treatise on Taxation," *Recueil d'études dediées à la mémoire de N. P. Kondakov*. Prague, 1926. In Russian.
———. "L'Expédition du prince Oleg contre Constantinople," *Annales de l'Institut Kondakov*, XI (1940), 47-62.
———. *Geschichte des byzantinischen Staates*. Munich, 1940.
———. "Die ländliche Steuergemeinde des byzantinischen Reiches im X. Jahrhundert," *Vierteljahrschrift für Sozial- und Wirtschaftsgeschichte*, XX (1927).
———. "Die Perioden der byzantinischen Geschichte," *Historische Zeitschrift*, CLXIII (1941), 229-54.
———. "Das Projekt einer Rangtabelle aus der Zeit des Caren Fedor Alekseevič," *Jahrbuch für Kultur und Geschichte der Slaven*, IX (1933), 86-148.
———. "Relation Between the Church and the State in Byzantium," *Annales de l'Institut Kondakov*, IV (1931), 121-23. In Russian.
———. "A Slavonic Version of the Chronicle of Symeon Logothete," *Annales de l'Institut Kondakov*, V (1932), 17-36. In Russian. Important.
———. *Studien zur Geschichte des byzantinischen Bilderstreites*. Breslau, 1929. Important.
———. "Theophanes," *Real-Encyclopädie der Classischen Altertumswissenschaft*. Ed. Pauly, A. F., Wissowa, G., and others. 2nd ser. X (1934), cols. 2127-32.
———. Über die vermeintliche Reformtätigkeit der Isaurier," *Byzantinische Zeitschrift*, XXX (1929-30), 394-400.
———. "V. G. Vasilievsky as Byzantinologist and Creator of Modern Russian Byzantology," *Annales de l'Institut Kondakov*, XI (1940), 227-35. In Russian.
———. "Die wirtschaftlichen und sozialen Entwicklungs-grundlagen des byzantinischen Reiches," *Vierteljahrschrift für Sozial- und Wirtschaftsgeschichte*, XXII (1929).
Otto of Freising. *Gesta Friderci I. imperatoris*. Ed. Waitz, G. (*Scriptores Rerum Germanicarum in Usum Scholarum*, XXXIII).
Pachymeres, George. *De Michaele Palaeologus* and *De Andronico Palaeologo*. Ed.

Bekker, I. (*Corpus Scriptorum Historiae Byzantinae.*) Bonn, 1835.
Palaeologus, Manuel. *Lettres de l'empereur Manuel Paléologue.* Ed. Legrand, E. Paris, 1893. *See also* Manuel Palaeologus.
Palaeologus, Michael. *De vita sua opusculum.* Greek text and Russian translation in *Christianskoe Čtenie.* St. Petersburg, 1885, II. French trans. in Chapman, C. *Michel Paléologue, restaurateur de l'Empire Byzantin (1261–1282).* Paris, 1926.
Palanque, J. R. *Essai sur la préfecture du prétoire du Bas-Empire.* Paris, 1933.
———. "Sur la Liste des préfets du prétoire du IVe siècle. Réponse à M. Ernest Stein," *Byzantion,* IX (1934), 703–13.
Palgrave, F. *The History of Normandy and of England.* London, 1864.
Pall, P. "Ciriaco d'Ancona e la crociata contro i Turchi," *Bulletin de la section historique de L'Académie roumaine,* XX (1937), 9–60.
Pančenko, B. *A Catalogue of the Molybdobulla of the Collection of the Russian Archaeological Institute in Constantinople.* (*Transactions of the Institute,* VIII, IX). Sofia, 1903, 1904. In Russian.
———. "The Latin Constantinople and Pope Innocent III," *The Annals of the Historical-Philological Society at the University of Novorossiya,* XXI, 1 (1914). In Russian.
———. "On the Secret History of Procopius," *Vizantiysky Vremennik,* II (1895), 300–16; III (1896), 461–527; IV (1897), 402–51. In Russian.
———. *Peasant Property in the Byzantine Empire. The Rural Code and Monastic Documents.* Sofia, 1903. In Russian.
———. "The Slavonic Monument in Bithynia of the Seventh Century," *Transactions of the Russian Archeological Institute in Constantinople,* VIII, 1-2 (1902). In Russian.
Papadimitriu, T. D. *Theodore Prodromus.* Odessa, 1905. In Russian.
Papadopoulos-Kerameus, A. *Fontes Historiae Imperii Trapezuntini.* Petropolis, 1897.
Papaioannu, K. "The Acts of the So-Called Council of Sophia (1450) and Their Historical Significance," *Vizantiysky Vremennik,* II (1895), 394–415. In Russian.
Papamichael, G. Ὁ ἅγιος Γρηγόριος Παλαμᾶς ἀρχιεπίσκοπος Θεσσαλονίκης. Alexandria, 1911. Interesting book on the history of the religious and mystical movement of the Hesychasts in the fourteenth century.
Paparrigopoulo, K. *Histoire de la civilisation hellénique.* Paris, 1878.
———. *History of the Greek People.* Athens, 1871–77. Ed. Karolides, P. 8 vols. Athens, 1925. In Greek.
Pappadopoulos, J. B. Ἡ Κρήτη ὑπὸ τοὺς Σαρακητοὺς 824–961. Athens, 1948.
———. "La Satire du précepteur, oeuvre inédite de Théodore II Lascaris," *Compte-rendu du deuxième congrès international des études byzantines, Belgrade, 1927.* Belgrade, 1929.
———. *Theodore II Lascaris empereur de Nicée.* Paris, 1908. A rather thin sketch of Theodore II's reign. See the severe review by N. Festa in *Byzantinische Zeitschrift,* XVIII (1909), 213–17.
Paris, G. "La Légende de Saladin," *Journal des Savants* (1893), 7–34.
Parisot, V. *Cantacuzène homme d'état et historien.* Paris, 1845. An old but interesting and good monograph which gives a general idea of John Cantacuzene's epoch. Shows a tendency in favor of Cantacuzene.
Pascal, P. "Le 'Digenis' slave ou la 'Geste de Devgenij,'" *Byzantion,* X (1935), 301–34. From Speransky's edition.
"Pauli Diaconi." *Historia Langobardorum.* Ed. Bethmann, L. and Waitz, G. (*Monumenta Germaniae Historica. Scriptores rerum Langobardicarum et Italicarum.*)

Hanover, 1878.
Pears, E. *The Destruction of the Greek Empire and the Story of the Capture of Constantinople by the Turks.* London and New York, 1903. Good book.
Peeters, P. "La Prise de Jérusalem par les Perses," *Mélanges de l'Université de Saint-Joseph,* IX (1923).
———. "S. Romain le néomartyr († 1 Mai 780) d'après un document géorgien," *Analecta Bollandiana,* XXX (1911), 393–427.
Pegolotti, Francesco Balducci. *La pratica della mercatura. Della decima e delle altre gravezze.* Lisbon and Lucca, 1766. Ed. Evans, Allan. (*The Medieval Academy of America Publications,* no. 24.) Cambridge, Mass., 1936.
Pelliot, P. "Les Mongols et la Papauté," *Revue de l'orient chrétien,* XXIV (1924), 330–31; XXVII (1931–32), 3–84.
Pernice, A. *L'Imperatore Eraclio.* Florence, 1905. The best monograph.
Pernot, H. *Études de littérature grecque moderne.* Paris, 1916.
———. "Le Poème de Michel Glykas sur son emprisonnement," *Mélanges Charles Diehl: Études sur l'histoire et sur l'art de Byzance.* Paris, 1930.
Perrier. *Jean Damascène: Sa Vie et ses écrits.* Strassbourg, 1863.
Pervanoglu, J. *Historische Bilder aus dem byzantinischen Reiche.* I. *Andronik Comnenus.* Leipzig, 1879. Of no importance.
Peter the Venerable. *Opera Omnia.* Ed. Migne, J. P. (*Patrologia Latina,* CLXXXIX, cols. 61–1054.) Paris, 1890.
Petit, L. "Manuel II Paléologue," *Dictionnaire de théologie catholique,* IX, 2 (1926), cols. 1925–32. Very good article with bibliography.
———. "Marcus of Ephesus," *Dictionnaire de théologie catholique,* IX, 2 (1927), cols. 1968–86.
Petrarca, Francesco. *Epistolae de rebus familiaribus et variae.* Ed. Fracassetti, G. Florence, 1859–63.
———. *Itinerarium Syriacum.* In *Opera Omnia.* 2 vols. Basil, 1554.
———. *Lettere di Francesco Petrarca.* Ed. Fracassetti, G. Florence, 1892.
———. *Lettere sinili di Francesco Petrarca.* Ed. Fracassetti, G. Florence, 1869–70.
———. *Rerum sinilium lib. VII.* In *Opera Omnia,* 2 vols. Basil, 1554.
Pétridès, S. "Jean Apokaukos, lettres et autres documents inédits," *Transactions of the Russian Archaeological Institute at Constantinople,* XIV, 2–3 (1909), 1–32.
Petrovsky, N. M. "On the Problem of the Genesis of Fallmerayer's Theory," *Journal of the Ministry of Public Instruction,* 1913, 104–49. In Russian.
Pfister, Kurt. *Der Untergang der Antiken Welt.* Leipzig, 1941.
Philippson, A. E. *Das Byzantinische Reich als Geographische Ercheinung.* Leyden. 1939.
———. "Zur Ethnographie des Peloponnes," *Petermann's Mitteilungen,* XXXVI (1890).
Philostorgius of Borissus. *Historia Ecclesiastica.* Ed. Bidez, Joseph. Paris and Brussels, 1913.
Phoropoulos, I. D. Εἰρήνη ἡ ᾿Αθηναία αὐτοκράτειρα ῾Ρωμαίων. Leipzig, 1887.
Phrantzes, George. *Annales.* Ed. Bekker, I. (*Corpus Scriptorum Historiae Byzantinae.*) Bonn, 1839. Ed. Pappadopoulos, J. B. I. Leipzig, 1935.
Pichon, R. *Lactance. Étude sur le movement philosophique et religieux sous le règne de Constantin.* Paris, 1901.
Picotti, G. B. "Sulle navi papali in Oriente al tempo della caduta di Costantinopoli," *Nuovo Archivio Veneto,* N.S. XXII (1911).
Pierce, H. and Tyler, R. *Byzantine Art.* New York, 1926.

Pierling, L. P. *La Russie et le Saint-Siège*. Paris, 1896. 2nd ed., Paris, 1906.
Piganiol, A. *L'Empereur Constantin le Grand*. Paris, 1932.
———. *L'Empire Chrétien 325–395*. Paris, 1947.
———. "L'État actuel de la question constantinienne 1939–1949," *Historia*, I, : (1950).
Pipe Rolls. Vols. XXVI, XXVIII. (*The Great Roll of the Pipe for the Reign of King Henry the Second*. Published by the Pipe Roll Society.) London, 1905, 1907.
Pirenne, Henri. "À propos de la lettre d'Alexis Comnène à Robert le Frison, comte de Flandre," *Revue de l'instruction publique en Belgique*, L (1907), 217–27.
———. "Mahomet et Charlemagne," *Revue belge de philologie et d'histoire*, I (1922). English trans. New York, 1949.
———. *Medieval Cities*. Princeton, 1925. French trans. *Les villes du moyen âge*. Brussels, 1927.
Pitra, J. B. *Analecta sacra et classica spicilegio Solesmensi parata*. Paris and Rome, 1891.
Plethon, George Gemistos. "Ad. Sanctissimum Dominum Nostrum Leonem Decimum Pontificem Maximum, Ioannis Gemisti Graeci, secretarii Ancone, Protrepticon et Pronosticon." Ed. Sathas, C. *Documents inédits relatifs à l'histoire de la Grèce au moyen âge*, VIII (1888), 545–91.
———. *De Rebus Peloponnesiacis Orationes duae*. Ed. Ellissen, A. *Analekten der mittel- und neugriechischen Litteratur*, IV, 2 (1860).
———. *Oratio prima*. Ed. Ellissen, A. *Analekten der mittel- und neugriechischen Litteratur*, IV, 2 (1860).
Pniower, O. "Review: Schmitt, *Die Chronik von Morea*," *Deutsche Literaturzeitung*, XXV (1904), 2739–41.
Pogodin, A. *History of Bulgaria*. St. Petersburg, 1910. In Russian.
———. *A History of Serbia*. St. Petersburg, 1909. In Russian.
Pogodin, P. "Survey of the Sources on the History of the Siege and Capture of Byzantium by the Turks in 1453," *Journal of the Ministry of Public Instruction*, CCLXIV (1889), 205–58. In Russian. Very good.
Pokrovsky, I. A. *History of Roman Law*. 2nd ed., Petrograd, 1915. In Russian.
Popov, N. *The Emperor Leo VI the Wise and His Reign from an Ecclesiastical Standpoint*. Moscow, 1892. In Russian.
———. *Outlines in the Secular History of Byzantium in the Time of the Macedonian Dynasty*. Moscow, 1916. A course of lectures.
Porphyrius, A. *History of Athos*. Kiev, 1877. In Russian.
Preobrazhensky, V. "The Blessed Theodore of Studion and His Time, 759–826," *Pastyrsky Sobesednik* (1895). In Russian.
Procopius. *Opera Omnia*. Ed. Haury, J. (*Bibliotheca Scriptorum Graecorum et Romanorum Teubneriana*.) Munich, 1913. Vols. I, II, *De bellis libri i–viii* (1905); Vol. III, 1, *Historia arcana* (1906); Vol. III, 2, *VI libri* Περὶ κτισμάτων *sive De aedificius* (1913). English trans. Dewing. 7 vols. London and New York, 1914–40.
Prutz, H. *Kulturgeschichte der Kreuzzüge*. Berlin, 1883.
Psellus, Michael. *Chronographia*. Ed. Sathas, C. (*Bibliotheca Graeca Medii Aevi*, IV.) Paris, 1874. Ed. and trans. into French by Renauld, E. 2 vols. Paris, 1926–28.
Puigi i Cadafalch, J. "L'Architecture religieuse dans le domaine byzantin en Espagne," *Byzantion*, I (1924), 519–33.
Rackl, M. "Demetrios Kydones als Verteidiger und Uebersetzer des hl. Thomas von Acquin," *Der Katholik. Zeitschrift für Katholische Wissenschaft und Kirch-

liches Leben, XV (1915), 30-36.
Radojčić, N. "Die Griechischen Quellen zur Schlacht am Kossovo Polje," Byzantion, VI (1931), 241-46.
———. Dva posljednja Komnena na carigradskom prijestolu. Zagreb, 1907. In Croatian. Discussion of the last Comneni on the Byzantine throne. Brief but good.
Radonić, J. "Critobulus, a Byzantine Historian of the Fifteenth Century," Glas of the Royal Academy of Belgrad, CXXXVIII (1930), 59-83. In Serbian.
Rambaud, A. L'Empire grec au dixième siècle. Constantin Porphyrogénète. Paris, 1870. An excellent work.
———. Études sur l'histoire byzantine. Paris, 1912.
Ramsay, W. M. "The Attempts of the Arabs to Conquer Asia Minor (641-694 A.D.) and the Causes of Its Failure," Bulletin de la section historique de l'Académie roumaine, XI (1924).
———. The Cities and Bishoprics of Phrygia. Oxford, 1895.
———. Historical Geography of Asia Minor. London, 1890.
———. "The War of Moslem and Christian for the Possession of Asia Minor," Contemporary Review, XC (1906), 1-15.
Ranke, Leopold von. Weltgeschichte. Vol. VIII. Leipzig, 1887.
Rappaport, B. Einfälle der Goten in das Römische Reich bis auf Constantin. Leipzig, 1899.
Rasovsky, D. A. "Polovtzi, IV. Military History of Polovtzi," Annales de l'Institut Kondakov, XI (1940). In Russian.
Rauschen, G. Jahrbücher der christlichen Kirche unter dem Kaiser Theodosius dem Grossen. Freiburg, 1897.
Recueil des historiens des Gaules et de la France. Ed. Bouquet, D. Paris, 1833. 2nd ed., Paris, 1879.
Redin, K. The Christian Topography of Cosmas Indicopleustes from Greek and Russian Versions. Ed. Aïnalov, D. Moscow, 1916. Contains many illustrations and plates. In Russian.
Reinach, S. Cultes, mythes et religions. Vol. I. 3rd ed., Paris, 1922.
Renaudin, R. P. "Christodoule, higoumene de Saint-Jean, à Patmos (1020-1101)," Revue de l'orient chrétien, V (1900), 215-46.
Renauld, E. Étude de la langue et du style de Michel Psellos. Paris, 1920.
———. Lexique choisi de Psellos. Paris, 1920.
———. Michel Psellos Chronographie ou histoire d'un siècle de Byzance, 976-1077. Vols. I-II. Paris, 1926-28.
Reverdy, G. "Les Relations de Childebert II et de Byzance," Revue historique, CXIV (1913), 61-85.
Riant, P. E. Alexii I Comneni ad Robertum I Flandriae comitem epistola spuria. Geneva, 1879.
———. "Le Changement de direction de la quatrième croisade d'après quelques travaux recents," Revue des questions historiques, XXIII (1878), 71-114.
———. Exuviae sacrae constantinopolitanae. 2 vols. Geneva, 1876.
———. "Innocent III, Philippe de Souabe et Boniface de Montferrat," Revue des questions historiques, XVII (1875), 321-74; XVIII (1875), 5-75.
———. "Inventaire critique des lettres historique de croisades," Archives de l'orient latin, I (1881), 1-224.
Rienzi, Cola di. Epistolario. Ed. Gabrielli, A. (Fonti per la Storia d'Italia. Epistolari, XIV, no. 6.) Rome, 1890.
Roby, H. J. Introduction to Justinian's Digest. Cambridge, 1884. Useful.

Rocholl, R. *Bessarion. Studie zur Geschichte der Renaissance.* Leipzig, 1904.
Röhricht, R. *Geschichte der Kreuzzüge im Umriss.* Innsbruck, 1898.
———. *Geschichte des Königreichs Jerusalem, 1100–1291.* Innsbruck, 1898.
Le Roman de Phlorios et Platzia Phlore. Ed. Hesseling, D. C. Amsterdam, 1917.
Romance of Lybistros and Rhodamne. Greek text. Wagner, W. *Trois poèmes du moyen âge.* Berlin, 1881. Detailed analysis by Gidel, M. *Études sur la littérature grecque moderne.* Paris, 1866. New ed., Lambert, J. A. Amsterdam, 1935.
Romanos, I. A. Περὶ τοῦ Δεσποτάτου τῆς Ἠπείρου ἱστορικὴ πραγματεία. Corfù, 1895. An important and reliable posthumous monograph on the Despotat of Epirus.
Romein, Jan. *Byzantium. An Historical Review of the State and Civilization in the Eastern Roman Empire.* Zutphen, 1928. In Dutch.
Rose, A. *Die byzantinische Kirchenpolitik unter dem Kaiser Anastasius I.* Wohlau, 1888.
———. *Kaiser Anastasius I. I. Die äussere Politik des Kaisers.* Halle, 1882.
Rosen, V. R., Baron. *The Emperor Basil Bulgaroctonus. Selections from the Chronicle of Yahya of Antioch.* St. Petersburg, 1883. In Russian. Very important work largely used by Schlumberger.
Rosenberg, A. *Einleitung und Quellenkunde zur römischen Geschichte.* Berlin, 1921.
Rosseykin, T. M. *The First Rule of Photius, Patriarch of Constantinople.* Sergiev Posad, 1915. An important work. In Russian.
Rossini, C. *Storia d'Etiopia.* Bergamo, 1928.
Rostovtzeff, M. *The Social and Economic History of the Roman Empire.* Oxford, 1926.
Roth, K. *Studie zu den Briefen des Theophylactos Bulgarus.* Ludwigshafen am Rhein, 1900.
Rouillard, Gefmaine. *L'Administration civile de l'Egypte byzantine.* 2nd ed., Paris, 1928.
———. "À propos d'un ouvrage récent sur l'histoire de l'état byzantin," *Revue de philologie*, XIV (1942), 169–80.
———. "Les Archives de Lavra (Mission Millet)," *Byzantion*, III (1926), 253–64.
———. "La politique de Michel VIII Paléologue à l'égard des monastères," *Études byzantines*, I (1944), 73–84.
——— and Collomp, P. (Eds.) *Actes de Lavra.* Paris, 1937.
Royou, M. *Histoire du Bas-Empire.* Paris, 1803. 5th ed., Paris, 1836. 7th ed., Paris, 1844.
Rubió y Lluch, A. "Atenes en temps dels Catalans," *Anuari de l'Institut d'Estudis Catalans*, I (1907), 225–54.
———. "Els Castells catalans en la Grecia continental," *Anuari de l'Institut d'Estudis Catalans*, II (1908), 364–425.
———. *Los Catalanes en Grecia: Ultimos años de su Dominación: Cuadros históricos.* Madrid, 1927.
———. *La expedición y Dominación de los Catalanes en Oriente, Juzgadas por los Griegos. Memorias de la Real Academia de Buenas Letras de Barcelona*, IV (1883).
———. "Une figure athénienne de l'époque de la domination catalane: Dimitri Rendi," *Byzantion*, II (1925), 193–229.
———. "La Grecia catalana des de la mort de Frederic III fins a la invasió navarresa (1377–1379)," *Anuari de l'Institut d'Estudis Catalans*, VI (1915–20), 127–99.
———. "La Grecia catalana des de la mort de Roger de Lluria fins a la de Frederic III de Sicilia (1370–1377)," *Anuari de l'Institut d'Estudis Catalans*, V (1913–14),

393–485.
———. "Paquimeres i Muntaner," *Secció Historico-Arqueologica del Institut d'Estudis Catalans, Memòries*, I (1927), 33–66.
Rudakov, A. P. *Outlines in Byzantine Culture Based on Data from Greek Hagiography.* Moscow, 1917. In Russian.
Rügamer, P. W. *Leontius von Byzanz.* Würzburg, 1894.
Runciman, S. *Byzantine Civilization.* London, 1933.
———. "Charlemagne and Palestine," *The English Historical Review*, L (1935), 606–19.
———. *The Emperor Romanus Lecapenus and His Reign. A Study of Tenth Century Byzantium.* Cambridge, 1929. Important.
———. *A History of the Crusades.* Vol. I. Cambridge, 1951.
———. *A History of the First Bulgarian Empire.* London, 1930. Important.
The Russian Chronography. (Version of the year 1512). St. Petersburg, 1911. In Russian.
Sabbadini, R. "Ciriaco d'Acona e la sua descrizione autografa del Peloponneso trasmessa de Leonardo Botta," *Miscellanea Ceriani* (1910), 203–4.
Sadov, A. *Bessarion of Nicaea, His Activity at the Council of Ferrara-Florence, His Theological Works and His Importance in the History of Humanism.* St. Petersburg, 1883. In Russian.
Saewulf. *Pilgrimage of Saewulf to Jerusalem and the Holy Land.* (Palestine Pilgrim's Text Society.) London, 1896.
Saidak, J. *Literatura Bizantyńska.* Warsaw, 1933. In Polish.
———. "Que Signifie Κυριώτης Γεωμέτρης?", *Byzantion*, VI (1931), 343–53.
Salaville, S. "L'Affaire de l'Hénotique ou le premier schisme byzantin au V⁵ siècle," *Échos d'Orient*, XVIII (1910), 225–65, 389–97; XIX (1920), 49–68, 415–33.
———. "Deux manuscrits du 'De vita Christi,' de Nicholas Cabasilas," *Bulletin de la section historique de l'Académie roumaine*, XIV (1928).
———. *Nicolas Cabasilas: Explication de la divine liturgie.* Intro. and trans. Paris and Lyons, 1944.
———. "Le second centenaire de Michel le Quien (1733–1933)," *Échos d'Orient*, XXXII (1933), 257–66.
Salomon, R. "Review: Silberschmidt, *Das orientalische Problem*," *Byzantinische Zeitschrift*, XXVIII (1928), 143–44.
Salutati, C. *Epistolario di Coluccio Salutati.* Ed. Novati, F. (*Fonti per la Storia d'Italia Epistolari*, XIV–XV.) Rome, 1891–1911.
Sanudo, Marino. *Istoria del regno di Roumaina.* Ed. Hopf, C. in *Chroniques grécoromanes inédites ou peu connues.* Berlin, 1873.
Sathas, Constantin. *Bibliotheca graeca medii aevi.* 7 vols. Venice and Paris, 1872–94.
———. *Documents inédits relatifs à l'histoire de la Grèce au moyen âge.* 9 vols. Paris, 1880–90.
Savage, H. L. "Reguerrand de Coucy VII and the Campaign of Nicopolis," *Speculum*, XIV (1939), 423–42.
Scala, R. von. "Das Griechentum seit Alexander dem Grossen," in Helmolt, H. F. *Weltgeschichte.* Vol. V. Leipzig and Vienna, 1905.
Schaeder, H. *Moskau das Dritte Rom. Studien zur Geschichte der politischen Theorien in der slavischen Welt.* Hamburg, 1929. The author is very familiar with the Russian sources.
Schanz, Martin von. *Geschichte der römischen Literatur bis zum gesetzgebungswerk des Kaisers Justinian.* Vol. III. 2nd ed., Munich, 1905.
Schaube, A. *Handelsgeschichte der romanischen Völker des Mittelmeergebiets bis*

zum Ende der Kreuzzüge. Munich and Berlin, 1906.
Schechter, S. "An Unknown Khazar Document," *Jewish Quarterly Review*, N.S. III (1912–13), 181–219.
Schenk, K. *Kaiser Leon III*. Vol. I. Halle, 1880.
———. "Kaiser Leons III Walten im Innern," *Byzantinische Zeitschrift*, V (1896), 257–301.
Schiller, H. *Geschichte der römischen Kaiserzeit*. Vol. II. Gotha, 1887. Very good for the political, superficial for the religious, side.
Schillmann, F. "Zur byzantinischen Politik Alexanders IV," *Römische Quartalschrift*, XXII (1908), 108–31.
Schiltberger, H. *Reisebuch*. Ed. Langmantel, V. (*Bibliothek des literarischen Vereins in Stuttgart*, CLXXII.) Tübingen, 1885.
Schlauch, M. "The Palace of Hugon de Constantinople," *Speculum*, VII (1932), 500–14.
Schlosser, F. C. *Geschichte der bilderstürmenden Kaiser des oströmischen Reiches*. Frankfurt, 1912. Out of date.
Schlumberger, G. *Byzance et croisades*. Paris, 1927.
———. *Un Empereur byzantin au dixième siècle. Nicéphore Phocas*. Paris, 1890. A reprint, without plates and illustrations, Paris, 1923.
———. "Un Empereur de Byzance à Paris et à Londres," *Revue des Deux Mondes*, XXX (1915), 786–817. Reprinted in his *Byzance et croisades*, Paris, 1927.
———. *L'Epopée byzantine à la fin du dixième siècle*. 3 vols. Paris, 1896–1905.
———. *Expédition des "Almugavares" ou routiers catalans en Orient*. Paris, 1902.
———. *Renaud de Chatillon*. Paris, 1898.
———. *Le Siège, la prise et le sac de Constantinople par les Turcs en 1453*. Paris, 1915. On the basis of E. Pear's book. Bibliography on pp. 365–69.
Schmidt, L. *Geschichte der deutschen Stämme bis zum Ausgange der Völkerwanderung*. Vol. I. Berlin, 1904.
Schmidt, T. "La 'Renaissance' de la peinture byzantine au XIVe siècle," *Revue archéologique*, Ser. 4, XX (1912), 127–42.
Schmitt, J. *Die Chronik von Morea. Eine Untersuchung über das Verhältnis ihrer Handschriften und Versionen*. Munich, 1889. English trans. London, 1904.
———. "La 'Théséide' de Boccace et la 'Théséide' grecque," *Études de philologie néo-grecque*. (*Bibliothèque de l'Ecole des hautes études. Sciences philologiques et historiques*, XCII.) Paris, 1892.
Schneider, G. A. *Der heilige Theodor von Studion, sein Leben und Werke*. Münster, 1900.
Schoenebeck, Hans von. *Beiträge zur Religionspolitik des Maxentius und Constantin*. Leipzig, 1939. Important.
Schramm, P. *Kaiser, Rom und Renovatio*. Leipzig and Berlin, 1929.
Schubart, W. *Einführung in die Papyruskunde*. Berlin, 1918.
———. *Justinian und Theodora*. Munich, 1943.
Schultze, F. *Geschichte der Philosophie der Renaissance*. I. *Georgios Gemistos Plethon und seine reformatorischen Bestrebungen*. Jena, 1874.
Schwartz, E. *Kaiser Constantin und die christliche Kirche*. Leipzig and Berlin, 1913.
———. *Kyrillos von Skythopolis*. Leipzig, 1939.
Schwarzlose, Karl. *Der Bilderstreit, ein Kampf der Griechischen Kirche um ihre Eigenart und ihre Freiheit*. Gotha, 1890. Important.
Scriptor incertus de Leone Bardae filio. Ed. Bekker, I. (*Corpus Scriptorum Historiae Byzantinae;* volume with Leo Grammaticus.) Bonn, 1842.

参考文献 1175

Scriptores originum Constantinopolitanarum. Ed. Preger, T. Leipzig, 1901.
Scylitzes, John. Excerpta ex breviario historico. Ed. Bekker, I. (Corpus Scriptorum Historiae Byzantinae.) Bonn, 1838-39.
Sebèos. The History of the Emperor Heraclius. Trans. from Armenian into Russian. Patkanov, K. St. Petersburg, 1862. Trans. into French. Macler, F. Paris, 1904.
Sedelnikov, A. "The Epic Tradition Concerning Manuel Comnenus," Slavia, III (1924-25), 608-18. In Russian.
Seeck, O. "Der Codex Justinianus," in his Regesten der Kaiser und Päpste für die Jahre 311 bis 476 n. Chr. Stuttgart, 1919.
———. "Collatio lustralis," Real-Encyclopädie der Classischen Altertumswissenschaft. Ed. Pauly, A. F., Wissowa, G. and others. 1 ser. IV (1901), cols. 370-76.
———. Geschichte des Untergangs der antiken Welt. 6 vols. Berlin and Stuttgart, 1895. Vol. I, 2nd ed., 1897; 3rd ed., 1910. Vols. II, III, 2nd ed., 1921.
———. "Die Quellen des Codex Theodosianus," in his Regesten der Kaiser und Päpste für die Jahre 311 bis 476 n. Chr. Stuttgart, 1919.
———. "Das sogenannte Edikt von Mailand," Zeitschrift für Kirchengeschichte, XII (1891), 381-86.
Sergius, Arch. The Complete Liturgical Calendar. (Menelogion) of the Orient. 2nd ed., Vladimir, 1901. In Russian.
Serruys, M. D. "Les Actes du Concile Iconoclaste de l'an 815," Mélanges d'archéologie et d'histoire, XXIII (1903), 345-51.
———. "Une source byzantine des Libri Carolini," Comptes rendus de l'Académie des inscriptions et belles-lettres, I (1904), 360-63.
Setton, Kenneth M. "Athens in the Later Twelfth Century," Speculum, XIX (1944), 179-207. Very good.
———. Catalan Domination of Athens 1311-1388. Cambridge, Mass., 1948.
Sewell, R. "Roman Coins in India," Journal of the Royal Asiatic Society, XXXVI (1904), 620-21.
Shakhmatov, A. The Story of the Current Times (Poviest vremennych liet). Petrograd, 1916. In Russian.
Shanguin, M. A. "Byzantine Political Personalities of the First Half of the Tenth Century," Vizantiysky Sbornik (1945), 228-36. In Russian.
Shepard, A. M. The Byzantine Reconquest of Crete (A.D. 960). (U.S. Naval Institute Proceedings, LXVII, no. 462.) Annapolis, Md., 1941.
Shestakov, S. P. Lectures on the History of Byzantium. Vol. I, 2nd ed., Kasan, 1915. In Russian.
———. "Notes to the Poems of the Codex Marcianus gr. 524," Vizantiysky Vremennik, XXIV (1923-26), 46-47. In Russian.
———. "The Question of the Author of the Continuation of Theophanes," Compte-rendu du deuxième congrès international des études byzantines, Belgrade, 1927. Belgrade, 1929.
Siciliano, Villanueva L. "Diritto bizantino," Enciclopedia Giuridica Italiana, IV, 5 (1906), 72.
Sickel, W. "Die Kaiserwahl Karls des Grossen. Eine rechtsgeschichtliche Erörterung," Mitteilungen des Instituts für österreichische Geschichtsforschung, XX (1899), 1-38.
Siderides, X. "Μανουὴλ Ὀλοβώλου Ἐγκώμιον εἰς Μιχαὴλ Η' Παλαιόλογον," Ἐπετηρὶς Ἑταιρείας Βυζαντινῶν Σπουδῶν, III (1926), 168-91.
Silberschmidt, M. Das orientalische Problem zur Zeit der Entstehung des Türkischen Reiches. Leipzig and Berlin, 1923.
Simeon, Metropolitan of Varna and Preslava. The Letters of Theophylact of

Ochrida. Trans. into Bulgarian. (*Sbornik of the Bulgarian Academy of Sciences,* XXVII.) Sofia, 1931.
Šišić, F. *Geschichte der Kroaten.* Zagreb, 1917.
Skabalanovich, N. *Byzantine State and Church in the Eleventh Century.* St. Petersburg, 1884. A history of the eleventh century from 1025; very important for the internal history of the Empire. In Russian.
Skok, P. "Les Origines de Raguse," *Slavia,* X (1931), 449–500.
Skrzinska, Elena. "Inscriptions latines des colonies génoises en Crimée," *Atti della Società Ligure di Storia Patria,* LVI (1928), 1–180.
Smirnov, V. D. *Turkish Legends on Saint Sophia.* St. Petersburg, 1898. In Russian.
Socrates Scholasticus. *Historia ecclesiastica.* English trans. Schaff, Philip, Ware, Henry, and others. *A Select Library of the Nicene and Post-Nicene Fathers of the Christian Church.* 2nd ser. Vol. II. New York, 1895.
Sölch, J. "Historisch-geographische Studien über bithynische Siedlungen. Nikomedia, Nikäa, Prusa," *Byzantinisch-neugriechische Jahrbücher,* I (1920), 263–86.
Sokolov, J. J. *The Eparchies of the Constantinopolitan Church of the Present Time.* St. Petersburg, 1914. In Russian.
———. "Large and Small Landlords in Thessaly in the Epoch of the Palaeologi," *Vizantiysky Vremennik,* XXIV (1923–26), 35–42. In Russian.
———. "Review: Works of G. Papamichael," *Journal of the Ministry of Public Instruction.* N.S. XLIV (1913), 378–93; XLV (1913), 159–85; XLVI (1913), 409–19; XLVII (1913), 114–39. In Russian.
Sokolsky, V. "Concerning the Nature and Meaning of the Epanagoge," *Vizantiysky Vremennik,* I (1894). In Russian.
Solovjev, A. V. "The Thessalian Archonts in the Fourteenth Century. Traces of Feudalism in the Byzantino-Serbian Order," *Byzantinoslavica,* IV, 1 (1932), 159–74. In Russian with a French summary.
Sommerard, L. du. *Deux princesses d'orient au XIIe siècle. Anne Comnène témoin des croisades. Angès de France.* Paris, 1907.
Sorel, A. *Montesquieu.* 2nd ed., Paris, 1889.
Soteriou, G. "Die byzantinische Malerei des XIV. Jahrhunderts in Griechenland. Bemerkungen zum Stilproblem der Monumentalmalerei des XIV. Jahrhunderts," Ἑλληνικά, I (1928), 95–117.
Soyter, G. "Prokop als Geschichtschreiber der Vandalen- und Gotenkriege," *Neue Jahrbücher für Antike und Deutsche Bildung,* II (1939), 97–103.
Sozomenis, H. *Historia ecclesiastica.* Ed. Migne, J. (*Patrologia Graeca,* LXVII.) Paris, 1864.
Spassky, A. *The History of the Dogmatic Movements during the Period of the Ecumenical Councils.* Sergiev Posad, 1906. In Russian.
Speransky, M. N. "Digenis' Deeds," *Sbornik Otdeleniya Russkago Yazyka i Slovesnosti,* XCIX, 7 (1922). In Russian.
———. *From the Ancient Novgorod Literature of the Fourteenth Century.* Leningrad, 1934. In Russian.
———. "The South-Slavonic and Russian Texts of the Tale of the Construction of the Church of St. Sophia of Tzarigrad," *Memorial Volume in Honor of V. N. Zlatarsky.* Sofia, 1925. In Russian.
Spintler, R. *De Phoca imperatore Romanorum.* Jena, 1905.
Spulber, C. A. *L'Eclogue des Isauriens: texte, traduction, histoire.* Cernautzi, 1929. Greek text with French trans. and history of the Ecloga.
Stadelmann, H. *Theodora von Byzanz.* 2 vols. Dresden, 1926.
Stadtmüller, Georg. "Michael Choniates Metropolit von Athen (ca. 1138–ca. 1222),"

Orientalia Christiana, XXXIII, 2 (Rome, 1934), 125–325. Best study on the subject.
Stanojevitch, S. *History of the Serbian People*. 3rd ed., Belgrade, 1926. In Serbian. Useful.
Stein, Ernst. *Geschichte des spätrömischen Reiches*. Vol. I. Vienna, 1928. Important.
———. *Histoire du Bas-Empire*. Vol. II. Paris, Brussels, and Amsterdam, 1949.
———. "Justinian, Johannes der Kappadozier und das Ende des Konsulats," *Byzantinische Zeitschrift*, XXX (1930), 376–81.
———. "Ein Kapitel vom persischen und vom byzantinischen Staate," *Byzantinisch-neugriechische Jahrbücher*, I (1920), 50–89. See especially pp. 70–82.
———. "Une Nouvelle Histoire de l'Église," *Revue belge de philologie et d'histoire*, XVII (1938), 1024–44.
———. "Review: Baynes, *The Byzantine Empire*," *Gnomon*, IV (1928), 410–14.
———. "Review: Vasiliev, *History of the Byzantine Empire*," *Byzantinische Zeitschrift*, XXIX (1930), 347–60.
———. *Studien zur Geschichte des byzantinischen Reiches vornehmlich unter den Kaisern Justinus II und Tiberius Constantinus*. Stuttgart, 1919. Very important.
———. *Untersuchungen über das Officium der Prätorianenpräfektur seit Diokletian*. Vienna, 1922.
———. "Untersuchungen zur spätbyzantinischen Verfassungs-und Wirtschaftsgeschichte," *Mitteilungen zur Osmanischen Geschichte*, II (1924).
———. "Untersuchungen zur spätrömischen Verwaltungsgeschichte," *Rheinisches Museum für Philologie*, N.S. LXXIV (1925), 347–54.
Stephen the Younger. *Vita*. Ed. Migne, J. P. (*Patrologia Graeca*, C, cols. 1070–1186.) Paris, 1860.
Stéphanou, P. E. "Études récentes sur Pléthon," *Échos d'Orient*, XXXI (1932), 207–17.
———. "Jean Italos, philosophe et humaniste," *Orientalia Christiana Analecta*, CXXXIV (1949), 121 ff.
———. "Spyridon Lambros (1851–1919); Xénophon Sidéridès (1851–1929)," *Échos d'Orient*, XXIX (1930), 73–79.
Stöckle, A. *Spätrömische und byzantinische Zünfte*. Leipzig, 1911. Interesting.
Streit, L. *Venedig und die Wendung des vierten Kreuzzugs gegen Konstantinopel*. Anklam, 1877.
Struck, A. "Die Eroberung Thessalonikes durch die Sarazenen im Jahre 904," *Byzantinische Zeitschrift*, XIV (1905), 535–62.
———. *Mistra, eine mittelalterliche Ruinenstadt*. Vienna and Leipzig, 1910.
Strzygowski, J. *Die Baukunst der Armenier und Europa*. Vienna, 1918.
———. *Ursprung der christlichen Kirchenkunst*. Leipzig, 1920. English trans. Dalton, O. and Braunholtz, H. Oxford, 1923.
Suetonius. "Caligula," *Vita 12 Caesarum*.
Suidas. *Lexicon*. Ed. Adler, Ada, I–V. Leipzig, 1928–38.
Sundwell, J. *Abhandlungen zur Geschichte des ausgehenden Römertums*. Helsingfors, 1919.
Suvorov, N. "Review: Grenier, *L'Empire Byzantin*," *Vizantiysky Vremennik*, XII (1906), 227–28. In Russian.
Suzumov, M. "On the Sources of Leo the Deacon and Scylitzes," *Vizantiyskoe Obozrenie*, II, 1 (1916), 106–66. In Russian.
Swift, E. H. *Hagia Sophia*. New York, 1940. Thirty-four figures and forty-six plates. Full bibliography.
———. "The Latins at Hagia Sophia," *American Journal of Archaeology*, XXXIX (1935), 458–59, 473–74.

Sybel, H. *Geschichte des ersten Kreuzzuges.* Leipzig, 1841. Two later editions came out (1881 and 1900) almost without change. Still the most important work on the subject today.

———. "Ueber den zweiten Kreuzzug," *Kleine Historische Schriften.* Vol. I. Munich, 1863.

Sykutres, I. "Περὶ τὸ σχίσμα τῶν 'Αρσενιτῶν," 'Ελληνικά II (1929), 267–332; III (1930), 15–44. The author said that the book of the Russian theologian, Ivan Troizsky, was absolutely inaccessible to him.

Symeon Magister (Logothete). *Chronicle.* Ed. Bekker, I. (*Corpus Scriptorum Historiae Byzantinae*). Bonn, 1838.

Synesius of Cyrene. *The Essays and Hymns of Synesius of Cyrene, including the Address to the Emperor Arcadius and the Political Speeches.* Trans. and ed. Fitzgerald, A. Oxford and London, 1930.

———. *The Letters of Synesius of Cyrene.* Ed. Fitzgerald, A. London, 1926.

———. *Opera.* Ed. Migne, J. P. (*Patrologia Graeca,* LXVII, cols. 1020–1615.) Paris, 1864.

Synodicon Orientale ou Recueil de Synodes Nestoriens. Trans. and ed. Chabot, J. B. in *Notices et extraits des manuscrits de la Bibiothèque Nationale,* XXXVII (1902).

Tabari. *Annales.* Ed. de Goeje, M. J. 15 vols. Leyden, 1879–1901.

Tacchi-Venturi, P. S. I. "Commentariolum de Joanne Geometra ejusque in S. Gregorium Nazianzenum inedita laudatione in cod. Vaticano-Palatino 402 adversata," *Studi e documenti di storia e diritto,* XIV (1893).

Tafel, G. L. F. *Komnenen und Normannen.* Stuttgart, 1870.

——— and Thomas, G. M. *Urkunden zur ältern Handels- und Staatsgeschichte der Republik Venedig.* (*Fontes rerum austriacarum. Diplomata et acta,* XII–XIV.) Vienna, 1856–57.

Tafrali, O. *Thessalonique au quatorzième siècle.* Paris, 1913.

———. *Thessalonique des origines au XIVe siècle.* Paris, 1919.

Tafur, Pero. *Andanças e viajes de Pero Tafur por diversas partes del mundo avidos (1435–1439). (Coleccion de libros españoles raros ó curiosos,* VIII–IX.) Madrid, 1874. Trans. and ed. Letts, Malcolm. New York and London, 1926.

Tales of the Russian People. Ed. Sakharov, T. St. Petersburg, 1849. In Russian.

Taylor, J. W. *Georgius Gemistus Pletho's Criticism of Plato and Aristotle.* Menasha, Wis., 1921.

Tchaadayev, P. Y. *Works and Letters.* Ed. Herschensohn, M. Moscow, 1914. In Russian.

Tcherniavsky, N. *The Emperor Theodosius the Great and his Religious Policy.* Sergiev Posad, 1913. In Russian.

Tennent, J. E. *Ceylon.* 5th ed., London, 1860.

Ternovsky, F. A. *The Graeco-Eastern Church.* Kiev, 1879–82. In Russian.

Tessier, J. *Quatrième croisade. La diversion sur Zara et Constantinople.* Paris, 1884.

Testaud, G. *Des Rapports des puissants et petits propriétaires ruraux dans l'empire byzantin au Xe siècle.* Bordeaux, 1898.

Thalloczy, L. von. *Illyrisch-albanische Forschungen.* Munich and Leipzig, 1916.

Thallon, Ida C. *A Medieval Humanist:Michael Akominatos.* (*Vassar Medieval Studies* by the members of the Faculty of Vassar College.) New Haven, 1923.

Theiner, A. *Vetera monumenta historica Hungariam sacram illustrantia.* Rome, 1859.

Theodore the Monk. Θεοδοσίου Μοναχοῦ τοῦ καὶ γραμματικοῦ ἐπιστολὴ πρὸς

参考文献   1179

Λέοντα Διάκονον περὶ τῆς 'αλώσεως Συρακούσης. Ed. Hase. Paris, 1819. New ed. Zuretti, C. *Centenario della nascita di Michele Amari*, I (Palermo, 1910), 165–68.
Theodore Scutariotae *Addimenta ad Georgii Acropolitae Historiam*. Ed. Heisenberg, A. Leipzig, 1903.
Theodoret, bishop of Cyrus. *Historia ecclesiastica*. Ed. Parmentier, Léon. Paris, 1911.
Theodosius II. *Theodosiani libri XVI*. Ed. Mommsen, T. and Meyer, P. 3 vols. Berlin, 1905. In English, *The Theodosian Code* by C. Pharr. Princeton, 1952.
Theophanes. *Chronographia*. Ed. de Boor, C. 2 vols. Leipzig, 1883–85.
Theophanes Continuatus. *Historia*. Ed. Bekker, I. (*Corpus Scriptorum Historiae Byzantinae*.) Bonn, 1838.
Theophylact, archbishop of Bulgaria. *Epistolae*. Ed. Migne, J. P. (*Patrologia Graeca*, CXXVI.) Paris, n. d.
Theophylact Simocatta. *Historiae*. Ed. de Boor, C. Leipzig, 1887.
Thomas, A. "La Légende de Saladin en Poitou," *Journal des Savants*, N. S. VI (1908), 467–71.
Thomas, C. *Theodor von Studion und sein Zeitalter*. Osnabrück, 1892.
Thompson, E. A. *A History of Attila and the Huns*, Oxford, 1948.
Thompson, James Westfall. "The Age of Mabillon and Montfaucon," *The American Historical Review*, XLVII (1942), 225–44.
———. *An Economic and Social History of the Middle Ages*. New York and London, 1928.
Thuasne, L. *Gentile Bellini et Sultan Mohammed II. Notes sur le séjour du peintre vénitien à Constantinople (1479–1480)*. Paris, 1888.
Timario sive De passionibus ejus. Dialogus satyricus. See M. Hase, in *Notices et extraits des manuscrits de la Bibliothèque Nationale*, IX (1813). Ed. Ellissen, A. *Analecten der mittel- und neugriechischen Literatur*. Vol. IV, Leipzig, 1860.
Tomaschek, W. *Die Goten in Taurien*. Vienna, 1881.
Tozer, H. F. "A Byzantine Reformer (Gemistus Plethon)," *Journal of Hellenic Studies*, VII (1886), 353–80.
———. "Byzantine Satire," *Journal of Hellenic Studies*, II (1881), 233–70.
Traub, E. *Der Kreuzzugsplan Kaiser Heinrichs VI im Zusammenhang mit der Politik der Jahre 1195–97*. Jena, 1910.
Treu, M. *Dichtungen des Grosslogothet Theodoros Metochites*. Potsdam, 1895.
———. "Manuel Holobolos," *Byzantinische Zeitschrift*, V (1896), 538–59.
———. "Mazaris und Holobolos," *Byzantinische Zeitschrift*, I (1892), 86–97.
Troizky, J. *Arsenius, the Patriarch of Nicaea and Constantinople, and the Arsenites*. St. Petersburg, 1873. Originally published in the *Christianskoe Čtenie*, 1873. Very good description of the life of the Eastern Church in the second half of the thirteenth century, under Michael VIII and Andronicus II.
Trubezkoy, E. *Religious and Social Ideals of Western Christianity in the Fifth Century*. Moscow, 1892. In Russian.
Turaev, B. A. *History of the Ancient East*. 2nd ed. Petrograd, 1914. In Russian.
Turchi, N. *La civiltà bizantina*. Turin, 1915.
Twenty-five Years of Historical Study in the U.S.S.R. Ed. Levchenko, M. Moscow and Leningrad, 1942. In Russian.
Tzetzes, John. *Argumentum et allegoriae in Iliadem*. Ed. Metranga, P. *Anecdota Graeca*. Rome, 1850.
———. *Historiarum variarum Chiliades*. Ed. Kiesslingius, T. Leipzig, 1826.
Ubicini, J. H. "Chronique du règne de Mahomet II, par Critobule d'Imbros," *L'Annuaire de l'association pour l'encouragement des études grecques*, V (1871),

49-74.
Underhill, Clara. *Theodora. The Courtesan of Constantinople.* New York, 1932. Has a good bibliography.

Usener, H. "Vier Lateinische Grammatiker," *Rheinisches Museum für Philologie,* XXIII (1868), 490-507.

Uspensky, C. N. "Exkuseia-Immunity in the Byzantine Empire," *Vizantiysky Vremennik,* XXIII (1923), 99-117. In Russian.

———. *Outlines of the History of Byzantium.* Moscow, 1917. In Russian.

Uspensky, P. *The Christian Orient. Athos.* Vol. III. Kiev, 1877. 2nd ed., St. Petersburg, 1892. In Russian.

Uspensky, Th. I. "The Boundary Stone between Byzantium and Bulgaria under Simeon," *Transactions of the Russian Archaeological Institute at Constantinople,* III (1898), 184-94. In Russian.

———. "Byzantine Historians on the Mongols and Egyptian Mamluks," *Vizantiysky Vremennik,* XXIV (1923-26), 1-16. In Russian.

———. *A Byzantine Writer, Nicetas Acominatus, of Chonae.* St. Petersburg, 1874. In Russian.

———. "The Constantinopolitan Code of Seraglio," *Transactions of the Russian Archaeological Institute at Constantinople,* XII (1907), 30-31. In Russian.

———. "The Eastern Policy of Manuel Comnenus," *Accounts of the Russian Palestine Society,* XXIX (1926), 111-38. In Russian.

———. "The Emperors Alexius II and Andronicus Comnenus," *The Journal of the Ministry of Public Instruction,* CXII (1880), 95-130; CXIV (1881), 52-85. In Russian. Interesting but unfinished.

———. "The Eparch of Constantinople," *Transactions of the Russian Archaeological Institute at Constantinople,* IV, 2 (1890). In Russian.

———. *Essays on the History of Byzantine Civilization.* St. Petersburg, 1892. In Russian. Very important. Contains a great deal of new and fresh material on the Hesychast movement and the relation of Byzantium to the Renaissance. See also a very interesting review of this book by P. Bezobrazov in *Vizantiysky Vremennik,* III (1896), 125-50. In Russian.

———. *The Formation of the Second Kingdom of Bulgaria.* Odessa, 1879. In Russian.

———. *A History of the Byzantine Empire.* Vols. I, II, 1 (II, 2 never was published), III. St. Petersburg, Moscow, and Leningrad, 1914-48. In Russian.

———. *A History of the Crusades.* St. Petersburg, 1900. In Russian. Very important from the point of view of the history of Byzantium.

———. "The Last Comneni. The Beginning of a Reaction," *Vizantiysky Vremennik,* XXV (1927-28), 1-23. In Russian.

———. "Materials for Bulgarian Antiquities, Aboba-Plisca," *Transactions of the Russian Archaeological Institute at Constantinople,* X (1905). In Russian.

———. "The Military Organization of the Byzantine Empire," *Transactions of the Russian Archaeological Institute at Constantinople,* VI, 1 (1900), 1-54. In Russian.

———. "The Official Report on the Accusation of John Italus of Heresy," *Transactions of the Russian Archaeological Institute at Constantinople,* II (1897), 1-66. In Russian.

———. "On the History of the Peasant Landownership in Byzantium," *Journal of the Ministry of Public Instruction,* CCXXV (1883). In Russian.

———. "On the Manuscripts of the History of Nicetas Acominatus in the National Library of Paris," *Journal of the Ministry of Public Instruction,* CXCIV (1877).

In Russian.
——. "Opinions and Decrees of Constantinopolitan Local Councils of the Eleventh and Twelfth Centuries concerning the Distribution of Church Possessions," *Transactions of the Russian Archaeological Institute at Constantinople*, V (1900), 1–48. In Russian.
——. "Review of V. I. Barvinok's Work," *Sbornik otcětov o premiyach i nagradach Akademii Nauk za 1912 god*, (Petrograd, 1916), 101–24. In Russian.
——. "Significance of Byzantine and South-Slavonic Pronoia," *Collection of Articles on Slavonic Studies for the Twenty-fifth Anniversary of the Scholarly and Professorial Activities of V. J. Lamansky*. St. Petersburg, 1883.
——. "The Start and Development of the Eastern Problem," *Transactions of the Slavonic Charitable Society*, III (1886). In Russian.
——. *Synodikon for the First Sunday of Lent*. Odessa, 1893. In Russian.
——. "The Tendency of Conservative Byzantium to adopt Western Influences," *Vizantiysky Vremennik*, XXII (1916). In Russian.
Uspensky, Th. I. and Beneševič, V. *The Acts of Vazelon. Materials for the History of Peasant and Monastery Landownership in Byzantium from the Thirteenth Century to the Fifteenth*. Leningrad, 1927. Greek text and a commentary in Russian.
Vailhé, S. "Projet d'alliance turco-byzantine au VIe siècle," *Échos d'Orient*, XII (1909), 206–14.
Valdenberg, V. "An Oration of Justin II to Tiberius," *Bulletin of the Academy of Sciences of the Union of Soviet Socialist Republics*, no. 2 (1928). In Russian.
——. "The Philosophical Ideas of Michael Psellus," *Vizantiysky Sbornik* (1945), 249–55. In Russian.
Vance, J. M. *Beiträge zur byzantinische Kulturgeschichte am Ausgange des IV. Jahrhunderts aus den Schriften des Johannes Chrysostomos*. Jena, 1907.
Vandercook, John W. *Empress of the Dusk. A Life of Theodora of Byzantium*. New York, 1940.
Van Millingen, A. *Byzantine Constantinople, the Walls of the City and Adjoining Historical Sites*. London, 1899.
Vasiliev, Alexander A. *Byzantium and the Arabs*. Vols. I–II. St. Petersburg, 1900-2. In Russian. Trans. into French. Gregoire, Henri, Canard, M. and others. *Byzance et les Arabes*. Vols. I, II, 2 (II, 1 has not yet been published). Brussels, 1935–50. (*Corpus bruxellense historiae byzantinae*, I, II, 2.)
——. "Charlemagne and Harun ar-Rashid," *Vizantiysky Vremennik*, XX (1913), 63–116. In Russian.
——. "An Edict of the Emperor Justinian II, September, 688," *Speculum*, XVIII (1943), 1–13.
——. *The First Russian Attack on Constantinople in 860–61*. (*Medieval Academy of America Monographs*, no. 46.) Cambridge, Mass., 1946.
——. "Das genaue Datum der Schlacht von Myriokephalon," *Byzantinische Zeitschrift*, XXVII (1927), 288–90.
——. *The Goths in the Crimea*. (*Medieval Academy of America Monographs*, no. 11.) Cambridge, Mass., 1936.
——. (Ed.) "A Greek Text of the Life of 42 Martyrs of Amorion, after the MSS of the Bibliothèque Nationale de Paris, no. 1534," *Transactions of the Imperial Academy of Sciences*, St. Petersburg, III, 3 (1898).
——. "La Guerre de cent ans et Jeanne d'Arc dans la tradition byzantine," *Byzantion*, III (1926), 241–50.
——. "Harun-ibn-Yahya and His Description of Constantinople," *Annales de l'Institute Kondakov*, V (1932).

———. and I. Kratchkovsky. (Eds. and trans.) *Histoire de Yahya-ibn-Sa'īd d'Antioche. Continuateur de Sa'īd-ibn-Bitriq.* In *Patrologia Orientalis*, XVIII (1924), 699–834; XXIII (1932), 348–520.

———. *Justin the First: An Introduction to the Epoch of Justinian the Great.* Cambridge, Mass., 1950.

———. "Justin I (518–527) and Abyssinia," *Byzantinische Zeitschrift*, XXXIII (1933), 67–77. Bibliography is indicated.

———. "Justinian's Digest, in commemoration of the 1400th anniversary of the publication of the Digest (A.D. 533–1933)," *Studi Bizantini e neoellenici*, V (1939), 711–34.

———. *The Latin Sway in the Levant.* Petrograd, 1923.

———. *Lectures in Byzantine History.* I. *The Period Until the Beginning of the Crusades (1081).* Petrograd, 1917. II, part 1. *Byzantium and the Crusaders.* Petrograd, 1923. II, part 2. *Latin Domination in the East.* Petrograd, 1923. II, part 3. *The Fall of the Byzantine Empire.* Leningrad, 1925. In Russian. Trans. into English from the Russian. Ragozina, Sarra Mironovna. *History of the Byzantine Empire.* 2 vols. (*University of Wisconsin Studies in the Social Sciences and History*, nos. 13, 14.) Madison, Wis., 1928–29. Trans. into French from the English. Brodin, P. and Bourguina, A. Preface by Diehl, Charles. *Histoire de l'Empire Byzantine.* 2 vols. Paris, 1932. The first volume trans. into Turkish from French ed. by Professor Arif Müfid Manzel. Ankara, 1943. Ed. and trans. into Spanish from the French. Luaces, Juan G. de and Masoliver, Ramón. *Historia del Imperio Bizantino.* 2 vols. Barcelona, 1946.

———. "The Lifetime of Romanus the Melode," *Vizantiysky Vremennik*, VIII (1901), 435–78. In Russian.

———. "Medieval Ideas of the End of the World: West and East," *Byzantion*, XVI, 2 (1944), 462–502.

———. "The Origin of the Emperor Basil the Macedonian," *Vizantiysky Vremennik*, XII (1906), 148–65. In Russian.

———. "Pero Tafur, a Spanish Traveler of the Fifteenth Century and his visit to Constantinople, Trebizond and Italy," *Byzantion*, VII (1932), 75–122.

———. "The Problem of Justinian's Slavic Origin," *Vizantiysky Vremennik*, I (1894), 469–92. In Russian.

———. "Quelques remarques sur les voyageurs du moyen âge à Constantinople," *Mélanges Charles Diehl: Études sur l'histoire et sur l'art de Byzance.* Paris, 1930.

———. "Review: Diehl and Marçais, *Le Monde oriental*," *Byzantinisch-neugriechische Jahrbücher*, XIII, 1 (1937), 114–19.

———. "The Slavs in Greece," *Vizantiysky Vremennik*, V (1898), 404–38, 626–70. In Russian.

———. "The Transmission by Andreas Palaeologus of the Rights to Byzantium to the King of France, Charles VIII," *Papers Presented to N. I. Kareev.* St. Petersburg, 1914.

———. "Il Viaggio dell' Imperatore Bizantino Giovanni V Paleologo in Italia (1369–1371) e l'Unione di Roma del 1369," *Studi Bizantini e Neoellenici*, III (1931), 151–93.

Vasilievsky, V. G. "Byzantium and the Patzinaks," *Journal of the Ministry of Public Instruction*, CLXIV (1872). Reprinted in *Works*, I. (1908). A masterpiece. In Russian.

———. "The Alliance of the Two Empires," *Slavyansky Sbornik*, II (1877), 210–90. Reprinted in *Works*, IV (1930). Very important. In Russian.

———. "The Chronicle of Logothete in Slavonic and Greek," *Vizantiysky Vremennik*, II (1895), 78–151. In Russian.
———. "Epirotica saeculi xiii," *Vizantiysky Vremennik*, III (1896), 233–99.
———. "The Legislation of the Iconoclasts," *Journal of the Ministry of Public Instruction*, CXCIX, CC (1878). Reprinted in *Works*, IV (1930). In Russian.
———. "The Life of Stephen the Younger," *Works*, II (1909).
———. "Lives of Meletius the Younger by Nicolaus bishop of Methone and of Theodore Prodromus," *Pravoslavny Palestinsky Sbornik*, XVII (1886). In Russian.
———. "Materials for the Internal History of the Byzantine State. Measures in Favor of Peasant Landownership," *Journal of the Ministry of Public Instruction*, CCII (1879). Reprinted in *Works*, IV (1930), 250–331. Russian translation of the novels of the tenth century with a very important commentary.
———. "On the Life and Works of Simeon Metaphrastes," *Journal of the Ministry of Public Instruction*, CCXII (1880), 379–437. In Russian.
———. "The Regeneration of the Bulgarian Patriarchate under the Tsar John Asen II," *Journal of the Ministry of Public Instruction*, CCXXXVIII (1885). In Russian.
———. "Review: Th. I. Uspensky, *The Formation of the Second Bulgarian Kingdom*," *Journal of the Ministry of Public Instruction*, CCIV (1879), 144–217, 318–48. In Russian. Very important.
———. "Russian-Byzantine Fragments. II. On the History of the Years 976 to 986," *Journal of the Ministry of Public Instruction*, CLXXXIV (1876), 162–78. Reprinted in *Works*, II (1909), 107–24. In Russian.
———. "The South Italian War (1156–57)," *Slaviansky Sbornik*, III (1876). Reprinted in *Works*, IV (1930). In Russian.
———. *A Survey of Works on Byzantine History*. St. Petersburg, 1890. In Russian.
———. "An Unpublished Funeral Oration of Basil of Ochrida," *Vizantiysky Vremennik*, I (1894), 55–132. In Russian.
———. "The Varangian-Russian and Varangian-English Guard (druzhina) in Constantinople in the Eleventh and Twelfth Centuries," *Works*, I (1908), 265–66. In Russian.
———. *Works of V. G. Vasilievsky*. 4 vols. St. Petersburg and Leningrad, 1908–30. In Russian.
Vast, H. *Le cardinal Bessarion (1403–1472). Étude sur la chrétienté et la renaissance vers le milieu du XVᵉ siècle*. Paris, 1878.
Veniero, A. "Paolo Silenziario," *Studio sulla letteratura bizantina del VI secolo*. Catania, 1916.
Vernadsky, G. "The Golden Horde, Egypt and Byzantium in their Mutual Relations in the Reign of Michael Palaeologus," *Annales de l'Institut Kondakov*, I (1927), 73–84. In Russian.
———. "Die kirchlich-politische Lehre der Epanagoge und ihr Einfluss auf das russische Leben im XVII. Jahrhundert," *Byzantinisch-neugriechische Jahrbücher*, VI (1928), 121–25.
———. "Notes on the Peasant Community in Byzantium," *Ucheniya Zapiski osnovanniya Russkoy Uchebnoy Kollegiey v Prage*, I, 2 (1924), 81–97. In Russian.
———. "Sur les Origines de la loi agraire byzantine," *Byzantion*, II (1926), 169–80.
———. "The Tactics of Leo the Wise and the Epanagoge," *Byzantion*, VI (1931), 333–35.
Vernet, F. "Nicolas Cabasilas," *Dictionnaire de théologie catholique*, II, 2 (1923), cols. 1292–95.

———. "Le second Concile oecuménique de Lyon, 7 mai—17 juillet 1274," *Dictionnaire de théologie catholique*, IX (1926), cols. 1374–91. Good bibliography.
"Versus Pauli Diaconi XII." *Poetae Latini Aevi Carolini*. (*Monumenta Germaniae Historica*.) Berlin, 1881.
Veselovsky, A. N. "Boccaccio, His Environment and Contemporaries," *Sbornik Otdeleniya Russkago Yazyka i Slovesnosti*, LIII (1893). Reprinted in *Works*, V (1915). In Russian.
———. "The Poem of Digenes," *Vestnik Evropy*, (1875). In Russian.
Vie de Saint Athanase l'Athonite. Ed. Petit, L. *Analecta Bollandiana*, XXV (1906), 5–89.
Villehardouin, G. de. *La Conquête de Constantinople*. Ed. Wailly, N. de Paris, 1872. Ed. and trans. Faral, E. Paris, 1938–39.
Viller, M. "La Question de l'union des églises entre Grecs et Latins depuis le concile de Lyon jusqu'à celui de Florence (1274-1438)," *Revue d'histoire ecclésiastique*, XVI (1921), 260–305, 515–32.
Vincent, H. and Abel, F. N. *Bethléem: Le Sanctuaire de la Nativité*. Paris, 1914.
———. *Jérusalem. Recherches de topographie, d'archéologie et d'histoire*. Paris, 1914. 2nd ed., Paris, 1926. Bibliography.
Vinogradov, P. "The Origin of Feudal Relations in Lombard Italy," *Journal of the Ministry of Public Instruction*, CCVII (1880). In Russian.
Vita Agapeti papae. Ed. Duchesne, L. *Liber Pontificalis*. Paris, 1886.
Vita Euthymii: Ein Anecdoten zur Geschichte Leo's des Weisen A.D. 886–912. Ed. de Boor, C. Berlin, 1888. In addition to the Greek text, de Boor gives a very valuable study on the *Vita* from the historical point of view.
Vogt, A. *Basile Ier empereur de Byzance (867–86) et la civilisation byzantine à la fin du IXe siècle*. Paris, 1908.
———. "La Jeunesse de Leon VI le Sage," *Revue historique*, CLXXIV (1934), 389–428.
Vogt, J. *Constantin der Grosse und sein Jahrhundert*. Munich, 1949.
de Vogüé, M. *Les Églises de la Terre Sainte*. Paris, 1860.
Voigt, G. *Enea Silvio Piccolomini*. Vol. II. Berlin, 1862.
Wagner, W. *Trois Poèmes du moyen âge*. Berlin, 1881.
Warmington, E. *The Commerce Between the Roman Empire and India*. Cambridge, 1928.
Wartenberg, G. "Das Geschichtswerk des Leon Diakonos," *Byzantinische Zeitschrift*, VI (1897), 106–11, 285–317.
———. *Das mittelgriechische Heldenlied von Basileios Digenis Akritis*. Ostern, 1897.
Warton, T. *History of English Poetry*. Ed. Hazlitt, W. C. Vol. II. London, 1871.
Weil, G. *Geschichte der Chalifen*. 3 vols. Mannheim, 1846–51.
Wellhausen, J. *Das arabische Reich und sein Sturz*. Berlin, 1902.
———. *Die Kämpfe der Araber mit den Romäern in der Zeit der Umajaden*. (*Nachrichten von der Klassische Gesellschaft der Wissenschaften zu Göttingen. Philosophisch-historische Klasse*.) Göttingen, 1901.
Wellnhofer, M. *Johannes Apokaukos, Metropolit von Naupaktos in Aetolien (c. 1155-1233). Sein Leben und seine Stellung in Despotate von Epirus unter Michael Doukas und Theodoros Komnenos*. Freising, 1913.
Wendel, C. Planudes in *Paulys Real Encyclopädie*. Neue Bearbeitung. XX (1950), 2202–53.
Whittemore, Thomas. *The Mosaics of St. Sophia at Istambul*. Preliminary reports, I–IV. Oxford, 1933–52.

Wigram, W. A. *An Introduction to the History of the Assyrian Church.* London, 1910.
——. *The Separation of the Monophysites.* London, 1923.
Wilken, F. *Andronikus Comnenus. Historisches Taschenbuch von Raumer.* Vol. II. Leipzig, 1831. Out of date.
——. *Rerum ab Alexio I, Joanne et Manuele Comnenis Gestarum Libri IV.* Heidelberg, 1811. Brief and out of date.
Wilkenhauser, "Zur Frage der Existenz von Nizänischen Synodalprotocolen," *Gesammelte Studien.* Ed. Dölger, F. Freiburg, 1913.
William of Tyre. *Historia rerum in partibus transmarinis gestarum.* (*Recueil des historiens des croisades. Historiens occidentaux,* I, II.) Paris, 1869–81. Ed. and trans. Babcock, E. A. and Krey, A. C. *William Archbishop of Tyre. A History of Deeds Done Beyond the Sea.* New York, 1943. Ed. Paulin, M. *Guillaume de Tyr et ses continuateurs: texte français du XIIIe siècle.* 2 vols. Paris, 1879–80.
Willibaldi. *Vita.* Ed. Pertz, G. H. (*Monumenta Germaniae Historica. Scriptorum,* XV.) Hanover, 1887.
Winstedt, E. O. *The Christian Topography of Cosmas Indicopleustes.* Cambridge, 1909.
Wittek, P. "Deux Chapitres de l'histoire des Turcs de Roum," *Byzantion,* XI (1936), 285–302.
——. *Das Furstentum Mentesche. Studie zur Geschichte Westkleinasiens im 13.–15. Jahrhunderts.* Istambul, 1934.
——. *The Rise of the Ottoman Empire.* London, 1938. Interesting.
——. "Von der byzantinischen zur türkischen Toponymie," *Byzantion,* X (1935), 12–53.
Wolff, R. L. "The Second Bulgarian Empire; Its Origin and History to 1204," *Speculum,* XXIV (1949), 167–206.
Wolters, P. "De Constantini Cephalae Anthologia," *Rheinisches Museum für Philologie,* XXXVIII (1883), 97–119.
Wright, F. A. *A History of Later Greek Literature from the Death of Alexander in 323 B.C. to the Death of Justinian in 565 A.D.* New York, 1932.
Wright, W. C. *The Works of the Emperor Julian.* With English trans. Cambridge, 1913.
Wright, W. S. (Ed.) *The Chronicle of Joshua the Stylite, composed in Syriac A.D. 507.* Cambridge, 1882.
Wroth, W. *Catalogue of the Imperial Byzantine Coins in the British Museum.* London, 1908.
de Xivrey, B. *Mémoire sur la vie et les ouvrages de l'empereur Manuel Paléologue.* (*Mémoires de l'Institut de France. Académie des inscriptions et belles-lettres,* XIX, 2). Paris, 1853. Excellent work on the personality and literary activity of Manuel II together with a very good general description of his epoch.
Yaballah III. "Histoire de Mar Jabalaha III, patriarche des Nestoriens (1281–1317), et du moine Rabban Çauma, ambassadeur du roi Argoun en Occident (1287)," Ed. and trans. Chabot, J. B. *Revue de l'Orient Latin,* II (1894), 82–87.
——. *The History of Yaballaha III Nestorien Patriarch and of his vicar Bar Sauma.* Ed. and trans. Montgomery, J. A. New York, 1927.
Yacut (Yaqut). *Geographisches Wörterbuch.* Ed. Wüstenfeld, H. F. 6 vols. Leipzig, 1866–70.
Yahia Ibn Said Antiochensis. *Annales.* Ed. Cheikho. Beirut and Paris, 1909. Another ed. listed under Vasiliev.

Yakovenko, P. *On the History of Immunity in Byzantium.* Yuryev, 1908. In Russian.
――――. "Review: Tafrali, *Thessalonique au quatorizième siècle*," *Vizantiysky Vremennik*, XXI, 3-4 (1914). In Russian.
――――. *Studies in the Domain of Byzantine Charters. The Charters of the New Monastery in the Island of Chios.* Yuryev, 1917. In Russian.
Yaqubi. *Historiae.* Ed. Houtsma, M. T. 2 vols. Leyden, 1883.
Yewdale, R. B. *Bohemond I, Prince of Antioch.* Princeton, 1924.
Yule, H. J. *Cathay and the Ways Thither.* (*Publications of the Hakluyt Society,* XXXVII.) London, 1914.
Zachariä von Lingenthal, K. E. *Collectio librorum juris graeco-romani ineditorum. Ecloga Leonis et Constantini.* Leipzig, 1852.
――――. *Geschichte des griechish-römischen Rechts.* 3rd ed., Berlin, 1892.
――――. *Historiae juris graeco-romani delineatio.* Heidelberg, 1839.
――――. "Wissenschaft und Recht fur das Heer vom 6. bis zum Anfang des 10. Jahrhunderts," *Byzantinische Zeitschrift,* III (1894), 437-57.
Zachariah of Mitylene. *The Syriac Chronicle.* Trans. Hamilton, F. J. and Brooks, E. W. London, 1899.
Zakythinos, D. A. *Le Chrysobulle d'Alexis III Comnène empereur de Trébizonde en faveur des Vénetiens.* Paris, 1932.
――――. *Crise monetaire et crise économique à Byzance du XIIe au XVe siècle.* Athens, 1948.
――――. *Le Despotat grec de Morée.* Paris, 1932. A very fine piece of work.
――――. Οἱ Σλάβοι ἐν Ἑλλάδι. Συμβολαὶ εἰς τὴν ἱστορίαν τοῦ μεσαιωνικοῦ Ἑλληνισμοῦ. Athens, 1945. Important.
――――. "Processus de féodalisation," *L'Hellénisme Contemporain* (1948), 499-534.
Zeller, C. F. *Andronikus der Komnene Römischer Kaiser. Ein historisches Gemälde aus dem ost-römischen Kaiserthume im zwölften Jahrhundert.* Vol. I. Stuttgart, 1804. Out of date.
Zenghelis, C. "Le Feu grégeois," *Byzantion,* VII (1932), 265-86.
Zepos, J. and P. (Eds.) *Jus graecoromanum.* Athens, 1930-31.
Zernin, A. *The Life and Literary Works of the Emperor Constantine Porphyrogenitus.* Kharkov, 1858. In Russian. Out of date.
Zervos, Chr. *Un Philosophe néoplatonicien du XIe siècle. Michael Psellus, sa vie, son oeuvre, ses luttes philosophiques, son influence.* Paris, 1920. Interesting.
Ziebarth, E. "Κυριακὸς ὁ ἐξ Ἀγκῶνος ἐν Ἠπείρῳ," Ἠπειρωτικὰ Χρονικά, II (1926), 110-19.
Zimmert, K. "Der deutsch-byzantinische Konflikt vom Juli 1189 bis Februar 1190," *Byzantinische Zeitschrift,* XII (1903), 42-77.
Zinsser, Hans. *Rats, Lice and History.* Boston, 1935.
Zlatarsky, V. N. "Accounts of the Bulgarians in the Chronicle of Simeon Metaphrastes and Logothete," *Sbornik za Narodni umotvoreniya, nauka i knizhnina,* XXIV (1908). In Bulgarian.
――――. "Bulgarian Chronology," *Izvestia otdela russkago yazyka i slovesnosti Akademii Nauk,* XVII, 2 (1912), 28-59. In Russian.
――――. *Geschichte der Bulgaren.* I. *Von der Grundung des bulgarischen Reiches bis zur Türkenzezit (679-1396).* (*Bulgarische Bibliothek.* Ed. Waigand, G. V.) Leipzig, 1918.
――――. *The Greek-Bulgarian Alliance in the year 1204-5.* Sofia, 1914. In Bulgarian.
――――. *A History of the State of Bulgaria in the Middle Ages.* Sofia, 1919-34. In Bulgarian. Excellent.

———. "John Asen II," *Historical Bulgarian Library*, III (1933), 1-55. In Bulgarian.
———. "The Letters of Nicholas Mysticus, Patriarch of Constantinople, to Simeon, Tsar of Bulgaria," *Sbornik za Ministerstvo Norodnago Prosvescheniya*, X (1894), 372-428; XI (1894), 3-54; XII (1895), 121-211. In Bulgarian.
———. *The Origin of Peter and Asen, Leaders of the Insurrection in 1185*. Sofia, 1933. In Bulgarian.
———. (Ed.) *The Works of Drinov*. Sofia, 1909.
Zoras, Giorgio. *Le corporazioni bizantine. Studio sull' 'Επαρχικὸν Βιβλίον dell' imperatore Leone VI*. Rome, 1931.
Zosimus. *Historia nova*. Ed. Mendelssohn, L. Leipzig, 1887.
Zotos, A. Ἰωάννης ὁ Βέκκος πατριάρχης Κωνσταντινουπόλεως νέας 'Ρώμης. Munich, 1920.

索　引

（索引页码为原书页码，即本书边码）

A

Abasgians　阿巴斯人（阿布克哈兹人），426

Abbasides　阿巴斯朝：巴格达，238；与西方阿拉伯人，278；末日，600

Abdallah al-Battal　阿布达拉·阿尔-巴塔尔，穆斯林英雄，238

Abelard　阿贝拉，与约翰·伊达路斯相比较，474—475

Aboba　阿伯巴，在保加利亚，考古发掘，220，318

Abraham　亚伯拉罕，与克尔白神殿寺，203；在伊斯兰教中，205

Abu-Bakr (Abu-Bekr)　阿布-伯克尔，211

Abulfeda　阿布尔非达，阿拉伯地理学家；在君士坦丁堡，678

Abydos　阿比都斯，赫勒斯滂海上的城市，城中的阿拉伯人，236；拜占庭海关，485

Abyssnian　阿比西尼亚（阿克苏姆王国），查士丁一世和查士丁尼一世，131，167；此地一性派，131；印度洋航海者科斯马笔下的～，165

Acacius　阿卡修斯，君士坦丁堡牧首，宗教政策，108；与教宗的关系，109

Acarnania　阿卡纳尼亚，518，609

Achaia　阿凯亚，公爵领，464—465，506；卡斯托利亚战役之后，537，644；被安茹的查理所侵犯，594

Achelous River　阿奇鲁斯河，317

Achilleid　《阿基里德》，拜占庭小说，708—709

Achilles　阿喀琉斯，特洛伊英雄，91

Achrida　阿克利达，即奥赫里德（Ochrida）

Acominatus, Michael　阿克米那图斯，迈克尔，雅典都主教；在安德罗尼卡一世统治时期,433,434;对彼得·亚琛的认识,443;生平及文化素养,492—493;对中世纪的阿提卡和雅典的认识,492—493,464;与萨洛尼卡的尤斯塔修斯,492,495,496;在开俄斯岛上*,493,515

Acre(Accra, Acca, St-Jean-d'Arc) 阿克,圣女贞德,453,615

Acroïnon(Afiun-Qara-Hisar) 阿克罗伊农,弗里吉亚地名,战役,238

Acropolis of Athens 雅典卫城,加泰罗尼亚人的防卫,464,492,607,608

Acropolita, George 阿克罗波利塔,乔治,对约翰·亚琛,523—524;与狄奥多勒二世,534;关于卡斯托利亚战役,536;君士坦丁堡的光复,538;与布莱米底斯,549,550;生涯,553;与里昂会议553,554,658

Aegean Sea 爱琴海,哥特人进入,84—85;海上的阿拉伯人,212,214,230,305;与斯拉夫人托马斯,275;与偶像崇拜,287,358;斯拉夫人的进入,218;突厥人海盗,384,621;威尼斯人的占领,506,581,627;与热那亚人,537,625,

627—628;阿尔巴尼亚人,614—615;黑死病,626

Aelia Capitolina 埃利亚·卡匹多利纳,罗马在耶路撒冷建立的殖民城市,54

Aeneas 埃涅阿斯,58

Aeschylus 埃斯库罗斯,705

Aetolia 埃托利亚,518

Agapetus, Deacon 阿伽佩图斯助祭,3

Agapius 阿伽比乌斯,教宗,151

Agasias 阿加西阿斯,历史学家181,186

Age of Reason 理性时代,对拜占庭的态度,6—12

Aghlabid dynasty 突尼斯的阿格拉布王朝278

Agnes(Anne)of France 法国的阿格尼斯(安妮),路易七世的女儿,阿列克修斯二世的妻子,431;与安德罗尼卡结婚,433

Aïnalov, D. V. 阿伊那洛夫,关于拜占庭艺术的起源,126;关于巴列奥洛格王朝时期的艺术复兴,710,712

Ain-Jalut 阿因扎鲁特,战役,600

Aix-la-Chapelle(Aachen) 埃克斯-拉-夏佩勒(亚琛),法兰克人首都,268

---

* 原文此处作 Aos,与原书第 493 页所述不附。——译者

Akephaloi 无首脑派,108
Akoimetoi 《不眠者》与《合一通谕》,108;与牧首安提米乌斯,151;关于三章案的争论,152
Akritai 边境领主,作用,369;与西欧的侯爵与哥萨克人相比较,576;向西方撤退,602;在比提尼亚,602—603;迈克尔八世对之实行压迫的法令,603,681
Akrites 阿克里特斯,瓦西里·狄吉尼斯,拜占庭史诗中的英雄,369—371
Alamanicon(alamanian) 阿勒曼尼人,阿列克修斯所采用的税收,449
Alans 阿兰人,与哥特人,87
Alaric Balta 阿拉里克·巴尔达,哥特人首领,军队的运动,91;伊利里亚的军事首领,91;对罗马的劫掠,97,103
Alaric II 阿拉里克二世,西哥特国王,《阿拉里克节选本》,102
Albania 阿尔巴尼亚,阿尔巴尼亚人法尔梅赖耶所述,178;族属,与帝国的关系及历史,525,609,613—614;与安茹的查理,594;进入希腊,613—615,638,682
Albanopolis 阿尔巴诺堡,613
Albertoni,Aldo 阿尔伯托尼,阿尔多,对拜占庭法的描述,41

Albigensians 阿尔比派,保罗—鲍格米尔派在法兰克的同宗,383
Alboin 阿尔博因,伦巴德国王 172
Alcuin 阿尔昆,大公教会学者,给查理大帝加冕,265—266
Aleksei Mikhailovich 阿历克塞·米哈伊尔罗维奇,俄罗斯沙皇,342
Alemanus,Nicholas 阿莱曼努斯,尼古拉,研究拜占庭历史的学者,3,129
Alepo(Haleb) 阿勒颇,127;哈姆丹人王朝所在地,308;与尼斯福鲁斯·福卡斯,308,309,391;在瓦西里二世统治下,311
Alexander 亚历山大,亚历山大城的主教,与阿利乌斯,55;尼西亚会议,56;失宠,57;与康斯坦提乌斯,68
Alexander 亚历山大,皇帝瓦西里之子,利奥六世的共治者,301—302
Alexander III 亚历山大三世,教宗,与曼纽尔一世的关系,476—477
Alexander IV 亚历山大四世,教宗,为实现教会联合的谈判,544—545
Alexander of Macedon 马其顿的亚历山大,他的帝国,61;与希腊

化,88;与希拉克略相比,197,417

Alexandria 亚历山大,阿利乌斯派,54—56;文化中心,54,116—117,120;与恺撒,58;希腊化,89;一性派,99,105;灯塔,114;亚历山大学派,117,118;新亚历山大运动,118;在查士丁尼统治下,160;丝绸工业,168;被波斯人占领,196;被阿拉伯人征服,211;一性派,222

Alexandria, Patriarchate of 亚历山大,牧首区,对教会统治权的要求,149;与君士坦丁堡-罗马教会分裂的关系,338—339;与佛罗伦萨联合,674

Alexius Comnenus 阿列克修斯·科穆宁,迈克尔一世的侄子;安条克的玛丽的宠臣,377,378,433

Alexius I Comnenus 阿列克修斯一世科穆宁,皇帝,科穆宁王朝的奠基者,351;继承皇位,353;登基之前的生涯,375;向德意志亨利四世求援,380;向威尼斯人求援,380;与罗伯特·吉斯卡尔德的关系,380—381;给予威尼斯人特权,381—382;与塞尔柱人和帕齐纳克人的斗争,382—385;与查哈斯的关系,384—385;与库曼人,385;给佛兰德的罗伯特捎信,386—388;向兹沃尼米尔求援,388;与塞尔维亚人,388;与匈牙利人,388,414;与博希蒙德,409—411;与第一次十字军,388—389,395,396,401—404,406—408;与皮亚琴察会议,401—402;与隐修士彼得的十字军,404;与坦克雷德,411;对他之成就的评价,411—412;宗教政策,470—474;国内政策,479—480;书信,488—489;行省贵族势力的代表,552,577;与乌尔班二世,475

Alexius I Comnenus 阿列克修斯一世科穆宁,特拉布松皇帝,506,577

Alexius II Comnenus 阿列克修斯二世科穆宁,皇帝,继承皇统,376;与安德罗尼卡一世,378—379,883—884;去世,379;不稳定和宫廷内争,432—433

Alexius III Angelus 阿列克修斯三世安吉列,皇帝,继承皇统和性格特征,439—440;保加利亚问题,444;与亨利六世,448—449;与英诺森三世的谈判,451;与第四次十字军,454—460;与比萨的关系,456;关于圣体不朽的讨论,478;给予威尼斯的特权,485;与狄奥多勒·拉斯卡利斯的关系,507,515;受到罗姆苏丹的庇护,

514—515;被提及,462

Alexius IV Angelus 阿列克修斯四世安吉列,皇帝:在士瓦本的腓力宫廷,440,455;要求成为共治帝,440,459;在扎拉,455;在第四次十字军中的角色,455,456,457;十字军人的要求,460

Alexius V Ducas 阿列克修斯五世杜卡斯·莫卓弗劳斯,皇帝,承嗣大统,440;反拉丁运动和第四次十字军,440,460;逃出君士坦丁堡,461,462,508

Alfanso the Magnanimous 慷慨者阿方索,其东方计划,643,672

Algeria 阿尔及利亚,216

Al-Harawy 阿尔-哈拉威,阿拉伯旅行家,对君士坦丁堡的描述,482;对尼西亚的描述,512

Ali 阿里,211;和摩阿维亚,213

Allah 安拉,概念,202;崇拜,204;

Allatius, Leo 阿拉提乌斯,利奥3,658;谈1450年的圣索菲亚会议,675

Allelengyon and *epibole* 联保地税,348—349;与尼斯福鲁斯一世,348—349;与瓦西里二世,348—349;与罗曼努斯三世,349

Almagest 《天文学大成》,491

Al-Mahdi 阿尔-马赫迪,哈里发,238

Alp Arslan 阿尔普·阿尔斯兰,他的征服,355;与罗曼努斯·狄奥吉尼斯,356

Altai-Iran 阿尔泰-伊朗,与拜占庭艺术,126

Altar of Victory 罗马元老院胜利女神祭坛,被移出,68,83;恢复其地位,83

Alvaro 阿尔瓦罗,科尔多瓦大主教,论西班牙的伊斯兰化,216

Amann 阿曼,第二次佛提乌分裂,332

Amantos, Constantine 阿曼托斯,君士坦丁,希腊学者,27

Amari Michele 阿玛利·米凯勒,论西西里晚祷事件,597—598

Amaury I 阿摩利一世,耶路撒冷国王:在君士坦丁堡,376,428;在伯利恒的一处碑铭上,427

Ambrose, Saint 圣者安布罗斯,米兰主教,与狄奥多西大帝的斗争,82

Amélineau, E. 阿梅利诺,法国学者,论阿拉伯人征服埃及,210

Amisus(Samsun) 阿米苏斯(萨姆松),小亚细亚城市,被阿拉伯人征服,277

Ammianus Marcellinus 阿米亚努斯·马尔切利努斯,异教史学家;论朱利安,71,74,76;作品,125

Amorian 阿莫里亚,弗里吉亚城市,被穆塔希姆征服,276,354

Amorian (Phtygian) 阿莫里亚(弗里吉亚)王朝,272

Anagnostes,John 阿纳格诺斯特斯,约翰,641,691

AnastasiusI 阿那斯塔修斯,皇帝,继承皇统,67,129;与伊苏里亚王朝,109;对西方政策,110—111;与一性派,111;与"金银税",113;与征税官,113;科洛尼,113;与联保地税,113;和克洛维,113;宗教政策,115,149;与狄奥多里克,133;其国库储备,141;他的亲属与尼卡起义,154;暴乱,155;世系,614

Anastasius II (Artemius) 阿那斯塔修斯二世(阿特米乌斯),皇帝,继承皇位,194;与罗马的关系,230;被提及,122,229

Anastasius 阿那斯塔修斯,教宗的图书馆管理员和狄奥凡尼著作的翻译者,关于利奥三世的出身,234,291—292

Anastasius 阿那斯塔修斯,君士坦丁堡牧首,与破坏圣像运动,256

Anatolici (Anatolikoi) 安纳托利军区,228,250

Anchialus 安奇阿鲁斯,战役,317;

城市,177

Ancona 安科纳,在君士坦丁堡的侨居区,616

Andreades,A., 安得里亚戴斯,希腊学者 482

Andreas Palaeologus 安得列阿斯·巴列奥洛格,将其皇位继承权转让,590

Andreev,I.D., 安德列夫,关于修道院数量的统计,256—257;在宗教会议上,754,261;关于破坏圣像运动,263

Andrew of Crete 克里特的安德鲁,赞美诗的写作,233*

Andronicus I Comnenus 安德罗尼卡一世科穆宁,皇帝,生涯和性格特点,377—379;与安条克的玛丽的统治,377,379,433;被废黜和死亡,379,438;对内政策,433—434,438,481,483—484;与大土地所有主阶层,434—435,577;对外政策,494,502;艺术和文学的赞助者,688

Andronicus II Palaeologus (the Elder) 安德罗尼卡二世巴列奥洛格(长者),皇帝;与安德罗尼卡二世的叛乱,384;继承皇位,583;与威尼斯人,599;在其统治时期的

---

* 此处似乎有误,在原页码中并无关于此人的记载。——译者

对外扩张,603,604,605—608,612,615—617;与加泰罗尼亚人,604—606;与热那亚人,615,616;背弃里昂联合协议,663;与阿瑟尼乌斯派,663;宗教组织,664—665;舰队,681;货币改革,686

Andronicus III Palaeologus (the Younger) 安德罗尼卡三世巴列奥洛格(幼者),皇帝,继承皇位,584;与约翰·坎塔库津的关系,584;在其统治期间的对外扩张,603,608—609,612—613,614,615—617,621;与保加尔人,612;与阿尔巴尼亚人,613;货币改革,686;被提及,583,616

Andronicus IV Palaeologus 安德罗尼卡四世巴列奥洛格,皇帝,继承皇位,586,627

Angeli, Epirotic 安吉列,伊庇鲁斯的,518

Angelus, Constantine 安吉列,君士坦丁,伊萨克二世的父亲,438

Anglo-Saxons 盎格鲁-撒克逊人,在拜占庭军队中的~,484

Angora 安戈拉(安卡拉)战役,其重要性,634—636,641

Ani in Armenia 亚美尼亚的阿尼大教堂,233,372;巴格拉提王朝所在地,314;被突厥人吞并,315

Anna 安娜,罗斯公主,约翰八世之妻,588

Anna 安娜,瓦西里二世之妹,嫁与弗拉基米尔大公,323

Anna 安娜,狄奥多勒·拉斯卡利斯之妻,507

Anna Comnena 安娜·科穆尼娜,关于拜占庭的文献,366;其篡位阴谋,375;关于阿列克修斯的记载,380,386,388;关于第一次十字军,404;著作,489—490;被提及,386,410,470

Anna Dalassena 安娜·达拉西娜,与文学运动的关系,488

Anne of Hungary 匈牙利的安妮,安德罗尼卡二世之妻,583

Anne of Savoy 萨瓦的安妮,安德罗尼卡三世之妻:与约翰·坎塔库津的关系,584—585,628

Annual of the Society of Byzantine Studies('Επετηρὶς 'Εταιρείας Βυζαντινῶν Σπουδῶν),《拜占庭研究学会年鉴》,40—41

Ansbert 安斯伯特,弗里德里希·巴巴罗萨率领的十字军之记载者,关于第二保加利亚王国,442

Anselm of Havelberg 哈维尔堡的安塞尔姆,在君士坦丁堡,476;

Anthemius of Tralles 特拉勒斯的安提米乌斯,建筑师,188,189

Anthimus 安希姆斯,大政区长

103

Anthimus 安希姆斯，特拉布松的主教，与一性派，151

Antioch 安条克，在叙利亚，阿利乌斯派与其他，55；与朱利安，75—67；聂斯脱利派，98；锻压厂，114；文化中心，127；被波斯人占领，139，195；丝绸工业，168；被阿拉伯人征服，211；一性派，222；偶像崇拜，225；在尼斯福鲁斯·福卡斯和约翰·齐米西斯统治下，308—309，311，391；被塞尔柱人征服，394；与第一次十字军，408—409；与阿列克修斯一世，410—411；与约翰二世，416；在曼纽尔一世统治下，426—427；与努尔丁·马茂德，444—445；被提及，94，95，120，125，149，313，418，419，453

Antioch 安条克大主教领，与教会联合，149；在罗马与君士坦丁堡教会分裂问题上的立场，338—339；教宗，542；与佛罗伦萨联合协议，674

Anthoniades, E. M. 安东尼亚德斯，希腊学者，对圣索菲亚大教堂的记载，539

apelatai 阿波拉特人（山贼、强盗），369

Apions 阿庇翁，埃及大地主家族，158，573

Apocaucus, Alexius 阿波考库斯，阿列克修斯，萨瓦的安娜之同伙，584—585，588

Apocaucus, John 阿波考库斯，约翰，纳乌帕克图斯（勒颁多）大主教，其信件，518，521；生涯，559—561，562

Apollinarius the Elder 长者阿波里纳利乌斯，基督教作者，与朱利安的学校制度改革，74—75

Apollo, *sol invictus*, 阿波罗神，战无不胜的太阳，对它的崇拜，49

Apollo the Pythian 庇西亚的阿波罗，58

Apostolius Michael 阿颇斯托利乌斯·迈克尔，对贝萨里翁的记载，721

Apulia 阿普利亚，被奥托一世攻克，321；与尼斯福鲁斯·福卡斯，336；拉丁教会的影响，338；诺曼的征服，359—361，380，381，399；

Aquinas, Thomas 托马斯·阿奎那，658；其《神学大全》由辛多尼斯翻译出来，695

Arabia 阿拉比亚，其地理环境，200；穆罕默德之前的～，200—203；穆罕默德时期的～，204—205，207

Arabissus 阿拉比苏斯，卡帕多细

亚城市,与莫里斯,130

Arabs 阿拉伯人,其威胁和军区制的诞生,176,277;穆罕默德之前的～,200—203;穆罕默德之后～,204—207;美索不达米亚和波斯,211;征服巴勒斯坦和叙利亚,211,216,217;埃及,211—212,216—217;塞浦路斯,212;在爱琴海上,212,305;征服和对拜占庭的影响,212—213;第一次围攻君士坦丁堡,214—215;北非,215—216,217—218;西班牙,216;在小亚细亚,230,236,238—239,303,304,305,306;第二次围攻君士坦丁堡,236;普瓦提埃失败,237;与卡扎尔人,238;9世纪与拜占庭的关系,273—274,276—277;与斯拉夫人托马斯,274—275;与伯罗奔尼撒半岛上的斯拉夫人,278;占领克里特,278—279;西方阿拉伯人的,征服,279—281;西西里和南意大利,279,280,303—306,309,312—313;马耳他,304;拜占庭在10—11世纪的防卫,305—312;与瓦西里之后继者的关系,312—313;亚美尼亚与阿拉伯人,313—315;对基督徒的态度,393,398—399;阿拉伯科学对拜占庭的影响,705—706

Aragon 阿拉贡,604,627,631

Arcadia 阿卡迪亚,从法兰克人手中夺回,609

Arcadius 阿卡第,皇帝,继承皇位,60;宠臣,90;与耶兹迪格德一世的关系,96;与哥特人问题,104,114;被提及,127

Archipelago,见 Aegean 爱琴海

Archontatus 领主地,省区,350

Arethas 阿莱萨斯,恺撒里亚大主教,其著作和文化倾向,364

Argentoratum 阿根托拉杜姆(施特拉斯堡),70

Argos 阿尔戈斯,被哥特人所蹂躏,85,91

Ariadne 阿里阿德涅,伊苏里亚人芝诺的妻子,嫁给阿那斯塔修斯一世,67,109

Arianism 阿利乌斯派,起源及其被诅咒,55—56;恢复名誉,57;康斯坦提乌斯与阿利乌斯派,67;乔维安与阿利乌斯派,78;瓦伦斯,78—79;与狄奥多西大帝,80;与哥特人,86;5世纪的情况,88;在叙利亚和埃及,90;与查士丁尼,149

Aristophanes 阿里斯托芬,研究及对他的模仿,488,499,560,705

Aristotle 亚里士多德,研究,影响和在拜占庭的地位,185,473,490,552,553,560,653,699,700,

702

Arius 阿利乌斯,54—57

Armenia 亚美尼亚,希腊化,88;艺术,26,233,372;查士丁尼,168;与希拉克略,227;瓦西里一世和利奥六世,303—304;争取亚美尼亚的斗争,313;政治分裂,313;阿拉伯占领,313—314;亚美尼亚王国,314;被突厥人吞并,315,355;被阿尔普·阿尔斯兰征服,355;巴尔干的亚美尼亚人,401;蒙古人,530

Armeniaci(Armeniakoi) 亚美尼亚军区,228

Armenia Minor 小亚美尼亚,在乞里奇亚,起源及其与君士坦丁堡的关系,415,437,447,448

Arnold of Brascia 布雷西亚的阿诺德,419

Arpad 阿帕德,匈牙利王朝,388

Arsacids 阿萨息斯,亚美尼亚王朝,193

Arsenites 阿瑟尼乌斯派,659,661—663

Arsenius 阿瑟尼乌斯,君士坦丁堡牧首,在尼西亚,544;命运和思想,661

Art 艺术,拜占庭艺术的起源,126;709—710;第一个黄金时代,128,187—192,233;破坏圣像运动,289,372;第二个黄金时代,371—374,503;巴列奥洛格时期的艺术复兴,562,709

Arta 阿尔塔城,518

Artavasdus 阿塔瓦斯杜斯,起义,260

Ascalon 阿斯卡隆,437

Ascholius 阿斯科利乌斯,萨洛尼卡大主教,狄奥多西一世的洗礼,79

Ascold 阿斯科德,罗斯王公,278

Asen 亚琛,保加利亚王朝,第二保加利亚王国,441—442;443,444,609,618

Ashburner, W., W. 阿什布尔内,论《农业法》,246;论《罗得海洋法》,248

Ashot I Bargratid(Bagratuni) 阿舍特一世巴格拉提,亚美尼亚国王,314

Ashot III 阿舍特三世,亚美尼亚国王,与约翰·齐米西斯的关系,310

Asia Minor 小亚细亚,和哥特人的关系,84,87,95;希腊化,89;性派,107,115;艺术传统,126—127;小亚细亚的波斯人,196—197;斯拉夫人,218,219,228;阿拉伯人,230,236,238—239,273—274,276—277,303—306,

305—308；破坏圣像运动，260；与斯拉夫人托马斯，274—276；大土地所有主，276，577；巴尔达斯·斯克莱鲁斯和巴尔达斯·福卡斯的暴乱，311，347—348；隘口，351；塞尔柱人，355—358，382—383，384，385，394—395，402，403；第一次十字军，408，409；在约翰二世和曼纽尔一世统治时期，415—417；在伊萨克二世统治时期，439；对罗曼尼亚的瓜分，463，508—509；在拉斯卡利斯统治时期，508，514—515；受到蒙古人入侵，530—531，600；542年瘟疫，162；奥斯曼人，587—588，608—609，621；在迈克尔八世统治时期，602；加泰罗尼亚人，606；帖木儿，635

Aspar 阿斯帕尔，其影响，104；其垮台，104

Assemani 阿塞马尼，意大利学者，278

Assises of Antioch 安条克的法典，579

Assises of Jerusalem 耶路撒冷法典（《圣墓文献》），578

Atabeg 阿塔贝格，418

Athanasius 阿塔那修斯，安东尼派修士，米蒂奥拉修道院的创立者，621

Athanasius 圣亚大纳西，圣阿索斯山大拉弗拉修道院的住持和圣阿索斯山上集体修道方式的创立者，337

Athanasius of Alexandria 亚历山大的亚大纳西，阿利乌斯和阿利乌斯派，55—57；与康斯坦提乌斯，68；作者，121；对忏悔者马克西姆斯的影响，323

Athanasius of Athos 阿索斯山的亚大纳西，圣者，335

Athanasius I 阿塔那修斯一世，君士坦丁堡牧首，通信，696

Athena Promachus 雅典娜·普洛玛科斯（雅典守护女神），91

Athenais(Eusocia) 雅典内斯（尤多西娅），狄奥多西二世的妻子，66；作家，97，125

Athens 雅典，朱利安在雅典，70；异教学校，83，100，117，126；遭到哥特人海盗洗劫，85；与阿拉里克，91；普罗克洛斯，125；与雅典的欧多西娅，125；雅典的学园，被查士丁尼关闭，150，187；康斯坦斯二世，221；斯拉夫人，240；罗杰二世的劫掠，421；蒙斐拉的博尼法斯和奥松·德拉洛奇，464；雅典和底比斯公爵领，464，506；在迈克尔·阿克米那图斯的作品里，492—494；被加泰罗尼亚人征

服,607;加泰罗尼亚大学,608;与巴耶齐德,631;被穆罕默德二世征服,654

Athos 阿索斯山(圣山);驻会修道方式,337;隐修士,337;尼斯福鲁斯·福卡斯和约翰·齐米西斯,337;在马其顿时期的建筑,373;阿列克修斯一世和曼纽尔一世,471;豁免权,571;巴列奥洛格时期的艺术运动,582,709,711;与加泰罗尼亚人,606—607;与斯蒂芬·杜尚,618—619;土耳其的攻击,621;在安德罗尼卡二世时期的改革,664—665;与静修派运动,664,665—666;668—670;档案,677;被提及,550,612

Attalia(Satalia) 阿塔利亚(撒塔利亚),小亚细亚,防卫,485

Attaliates, Michael 阿塔利特斯,迈克尔,作者,371

Attalids 阿塔斯斯,统治机构,61

Attica 阿提卡半岛,哥特人,91;斯拉夫化,178;阿尔巴尼亚人,615

Attic dialect 阿提卡方言,和拜占庭的语言纯净派,488

Attila 阿提拉,与普利斯库斯,98;君士坦丁堡,103;与东哥特人,107

Atzig 阿茨格,突厥人将军,其活动,394

Augustalis 奥古斯塔利斯,埃及地方长官,160

Augusta Trevirorum (Trier, Treves) 奥古斯塔·特里维洛卢姆(特里尔,特里夫斯)63

Augustine, Saint 圣奥古斯丁,论朱利安,74;作者,125

Augustus 奥古斯都,罗马皇帝,60

Aurelian 奥勒良,皇帝,与自治权,61;帝国光复者,61,85;出让达其亚,85;与帕尔米拉,201

Aurelian 奥勒良,君士坦丁堡市长,与日耳曼人集团的对立,92,94

Aurispa, Giovanni 奥里斯帕,乔瓦尼,在拜占庭,722

Autorianus, Michael 奥托雷阿努斯,迈克尔,君士坦丁堡与尼西亚牧首,511,541

Avars 阿瓦尔人,侵入拜占庭的巴尔干行省,170—177;在潘诺尼亚,171;阿瓦尔-斯拉夫人侵入希腊半岛,171—172,176—179;与伦巴德人一起攻击格庇德人,172;历史上的角色,177;希拉克略时期的阿瓦尔-斯拉夫人联合进犯,196,199;626年对君士坦丁堡的进攻,197,218

Avignon 阿维尼翁,教宗领,633,670

Axum 阿克苏姆,阿比西尼亚王国,见 Abyssinia 阿比西尼亚
Ayla 艾拉,拜占庭港口,167
Ayyoubids 阿尤布王朝,埃及的王朝,453
Azarevitch 阿扎勒维奇,论拜占庭法
Azyme 无酵饼,里昂会议,658

B

Bab el Mandeb 曼德海峡,131
Babylonian Captivity 巴比伦之囚,670
Bacon,Roger 罗杰,培根,718
Bagdad 巴格达,奠基,238;与君士坦丁堡,298;哈里发国家的分裂,354—355;被旭烈兀占领,600
Bagratid 巴格拉提,亚美尼亚王朝,314,315
Bailly,Auguste 贝利,奥古斯特,30
Baldwin of Flanders 佛兰德的鲍德温,在第四次十字军时期,452;在君士坦丁堡被选为皇帝,462—463,506;与英诺森三世,467—468;被保加尔人俘虏,509—510
Baldwin 鲍德温,布戎的戈弗雷的兄弟,与第一次十字军,405;与埃德萨伯国,408
Baldwin II 鲍德温二世,拉丁皇帝,继承皇位,524;向西方求援,526;逃离帝国,538;在曼弗雷德的宫中,591;与安茹的查理在维特波的协议,592,595;被提及,537,543
Baldwin III 鲍德温三世,耶路撒冷国王,与曼纽尔一世,426
Balearic Islands 巴利阿利群岛,与查士丁尼,136,138;与希拉克略,196
Balsamon,Theodore 巴尔萨蒙,狄奥多勒,安条克大主教,470
Baltic 波罗的海,84
Banduri 班都里,本笃派修士,学者,5
Barbaro,Nicolo 巴尔巴罗,科罗,对君士坦丁堡之陷落的描述,647,649
Barcelona 巴塞罗那的档案,608,643
Bardanes,George 巴尔达内斯,乔治,科西拉都主教,其生活和著作,559,561—562
Bardas 巴尔达斯,恺撒,迈克尔二世的叔父,其影响,273;与君士坦丁堡的高等学府,296
Bardas Phocas 巴尔达斯·福卡斯,叛乱,310,311,323,347
Bardas Scleros 巴尔达斯·斯科莱鲁斯,叛乱,311,347

Bardenhewer,Otto 巴登维尔,奥托,与拜占庭文学的关系,31

Bari 巴里,与阿拉伯人,280;与路易二世,303;拜占庭权力的恢复,326;意大利长官驻地,328;被吉斯卡尔德夺取,360—361;被曼纽尔一世夺取及被威廉一世夺回,并夷为平地,424

Barlaam 巴尔拉姆,与静修派运动,668—669;意大利人文主义者,714—715

Barlaam and Josephat 《巴尔拉姆和约瑟法特》,拜占庭传奇小说,294—295

Barlaamites 巴尔拉姆派,669

Baronius 巴罗尼乌斯,红衣主教,论乔治·巴尔达内斯,561

Barsky,V.G. 巴尔斯基,与阿索斯山档案,676

Barthold,V. 巴托尔德,引用,237

Basel 巴塞尔,宗教会议,关于教会联合问题,672—673;转移至弗拉拉,673

Basil 瓦西里,萨洛尼卡大主教,476

Basil I 瓦西里一世,皇帝,对《法律选编》的态度,243,244;他的出身,生平和继承皇位,273 301;关于佛提乌的问题,290;与保罗派,303;与东方的阿拉伯人,303—304;与西方的阿拉伯人,303—304;与路易二世,303 326;与亚美尼亚,304,314;与保加利亚,315—316;宗教政策,330—332;与保加利亚教会,331;修道院法,336;立法活动,339—342;在其统治时期的建筑活动,372—373;与阿索斯山修道院,571

Basil II 瓦西里二世,皇帝,继承皇位,302;巴尔达斯·福卡斯的叛乱,310,311,323,347;与东方的阿拉伯人,311;巴尔达斯·福卡斯和巴尔达斯·斯克莱鲁斯的叛乱,311,347—348;与西方的阿拉伯人,312;亚美尼亚政策,315;保加利亚战争,319—320;与弗拉基米尔的关系,323;教会和修道院财产,336;社会立法,347—349;对文学活动,366;"十字军",403;与塞尔维亚人,414;被提及,313,369,441,511,577

Basil 瓦西里,修士,鲍格米尔派的首领,473

Basil 瓦西里,耶路撒冷牧首和圣像崇拜,287

Basileus 皇帝(希腊语词),99

Basilics 《帝国法典》,与《罗得海洋法》,248;描述,342—343;提及,336,344,345,371,705

Basil the Great 大瓦西里,117,

118；利巴尼奥斯的学生，124

Batiffol，P.巴蒂福尔，对君士坦丁一世的描述，48

Batu 拔都，成吉思汗的孙子，他的入侵，530

Bayazid I 巴耶齐德一世，奥斯曼苏丹，与约翰七世的起义，586；曼纽尔二世为之服役，587—588；继承穆拉德一世，624；与曼纽尔二世，629—630；蹂躏希腊，631；与帖木儿，635；设防于博斯普鲁斯，647

Bayet 巴耶特，法国学者，论拜占庭艺术，42

Baynes，Norman H. 贝恩斯，诺曼，论J.B.柏里，20；在拜占庭历史方面的著作，39，41—42；论君士坦丁堡的防卫，104；论《奥古斯都列传》，124；论阿米亚努斯·马尔切利努斯，125

Beccus，John 贝库斯，约翰，君士坦丁堡牧首，与基督教会的联合，658，659；生涯和著作，694；与塞浦路斯的格列高利，696

Bedouins 贝都因人，200，202，208

Bees，N.A. 比斯，40

Beirut（Berytus） 贝鲁特，位于叙利亚，文化中心，117；法律学校，147；丝绸工厂，168；被萨拉丁攻克，445

Beladsori 贝拉德索里，阿拉伯历史学家，论拜占庭民众的分离情绪，209

Belisarius 贝利撒留，将军，与汪达尔人，135 136；与尼卡起义，135 157；征伐意大利，136—137；被皇帝召回，137；波斯战争，139；与戈特里古尔人，140；在普罗柯比笔下的贝利撒留和他的夫人，180

Bell，H.I. 贝尔，42，187，210

Bellini，Gentile 贝利尼，詹蒂耶，居住于君士坦丁堡，与穆罕默德二世的画像，646

Belthandros and Chrysantza 《贝尔山德罗与赫利山查》，拜占庭传奇作品，557，707，708

Beneficium 恩地制，546，564；与*Kharistikion*（恩地制的希腊语名）的比较，565；与边界领地，566，568

Beneventum 贝尼文托，公爵领，280，327

Benjamin of Tudela 图得拉的本杰明，犹太人旅行家，论君士坦丁堡，481—482

Berbers（Moors） 柏柏尔人（摩尔人），与汪达尔人，135；在查士丁尼一世时期，136；其对北非的威胁与总督制，175—176 227；与阿拉伯人，213，217—218；皈依伊斯

兰教,218
Berke(Bereke) 贝雷克,金帐汗国大汗,与迈克尔八世的关系,601
Bernard of Clairvaux 克莱沃的伯纳德,与第二次十字军,419;与曼纽尔一世康拉德三世的联盟,423
Bertrand du Guesclin 贝特朗德·迪盖斯克兰,英雄传奇故事的主角,558
Bertrandon de la Broquiere 贝特朗东·德拉布罗吉耶,对君士坦丁堡的描述,642;君士坦丁堡的贸易往来,684—685
Berytus,见 Beirut 贝鲁特
Bessarabia 比萨拉比亚,705
Bessarion of Nicaea 尼西亚的贝萨里翁,红衣主教,关于君士坦丁堡的沦陷,655;在弗拉拉宗教会议上,673;生平、文化修养和影响,696,719—721;画像,720;被提及,697,712
Bethlehem 伯利恒,其教堂,127
Beybars,Mameluk 拜巴尔斯,马木路克,埃及苏丹,601
Bezobrazov,P.V. 贝佐布拉佐夫,海森伯格之作品的翻译者,19—20;对拜占庭历史的记载,39 40;论约翰·伊达路斯,474,论恩地制,565
Bible 《圣经》,对圣经的改编,75

Biblioteca Laurenziana 罗伦佐图书馆,673
Birkbeck Hill 伯克贝克·希尔,9
Bithynia 比提尼亚,斯拉夫人,218 228;尼西亚帝国,508;边境领主,602—603,681
Bizilli,P. 比济里,455
Blachernae 布莱舍内,君士坦丁堡的宫殿,其建立,503;被毁,581;穆罕默德二世据为行宫,653
Black Death 黑死病,起源和传播,626
Black Sea(the Euxine) 黑海(尤克兴海),希腊人的殖民地,58,84;贸易,60;哥特人,84;与波斯人 139;热那亚人和比萨人的占领,537;热那亚人,581;热那亚人与威尼斯人的利益之争,616,625—626;与都灵协议,628
Blanche 布朗什,法国王太后,教宗霍诺留三世的信,465,522—523
Blemmydes,Nicephorus 布莱米底斯,尼斯福鲁斯,对尼西亚的描述,512;狄奥多勒·拉斯卡利斯的老师,534;与尼西亚-尼姆菲尔会议,543;生活、著作和文化修养,549—553,699;对东方和西方的影响,552—553;与约翰·贝库斯,694;被提及,544,547,554,

712

Blemyes 布来米人，尼罗河上游的非洲人，与查士丁尼一世，141

Blues(Vebetoi) 蓝党，竞技党派，155—157；罗马，156

Bobtchev 鲍布切夫，保加利亚学者，论《阿拉里克节选本》，102

Boccaccio 薄伽丘，对黑死病的描述，626；与梅利特尼奥特斯；论巴尔拉姆，715；与莱昂提乌斯·皮拉图斯，716—717

Boeotia 维奥蒂亚，被哥特人蹂躏，91；阿尔巴尼亚人，615

Bogišić 博吉希奇，克罗地亚学者，论《阿拉里克节选本》，102

Bogmile 鲍格米尔，在保加利亚行保罗派教义的使徒，383

Bogmiles 鲍格米尔派，阿列克修斯一世与该派，473；与帕齐纳克人，383；鲍格米尔派思想的传播，383；亦见 Paulicians 保罗派和 Cathari 卡塔尔派

Bohemia 波希米亚，蒙古人的入侵，530

Bohemond of Tarentum 塔兰图姆的博希蒙德，吉尔卡尔德的巴尔干征伐战，380—381；与第一次十字军，405—406；安条克公爵，408；与阿列克修斯一世，409—411；巴尔干征伐，410—411；被马立克·加齐捕获，410

Boissier, G. 布瓦西耶，论君士坦丁一世，45，48；论朱利安，77

Bolotov, V. 博洛托夫，俄罗斯学者，对4世纪基督徒数量的估计，47

Bonaventura 红衣主教波纳文图拉，与里昂会议，658

Boniak 波尼亚克，库曼人汗，与阿列克修斯一世，385；《市政官手册》，描述，343—345

Borane 博兰，波斯王后，与希拉克略，199

Boris(Bogoris) 鲍里斯（波戈利斯），保加利亚汗，将罗马法引进保加利亚的事件，102—103；与罗马和君士坦丁堡的关系，282—283，315，331

Bosphorus 博斯普鲁斯海峡，57；哥特人，84；罗斯人，322；在迈克尔八世统治时期，580；被热那亚人控制，616，625；被巴耶齐德封锁，632；与穆罕默德二世，646；在土耳其文献中，649

Bosphorus, Kingdom of 博斯普鲁斯王国（在克里米亚半岛上），文化和商业角色，84，140—141

Bothra(Bosra) 布斯拉（波斯拉），拜占庭防砦，落入阿拉伯人之手，211

Boucicaut, Marshal 布奇科, 马歇尔, 出征, 632, 633

Brehier, Louis 布莱耶尔, 路易斯, 与拜占庭研究, 28, 42; 阿拉伯人征服的努力, 212; 论破坏圣像运动, 253; 论 1054 年教会分裂, 339; 关于阿列克修斯一世致佛兰德的罗伯特的信, 387; 论拜占庭和巴勒斯坦, 392; 论巴列奥洛格时期的艺术。710—711; 被提及, 450, 670

Breviary of Alaric 《阿拉里克节选本》; 见 Lex Romana Visigothorum《西哥特罗马法》

Brindisi 布林迪西, 被吉斯卡尔德占领, 360; 曼纽尔一世被西西里的威廉一世打败, 424; 格列高利十世和迈克尔八世计划中的会见, 596

Britain 不列颠, 在四头时期, 63, 64

Brosset, M. 布罗塞特, 法国东方学者, 11

Brundisium 布伦杜修, 见 Brindisi 布林迪西

Brusa 于小亚细亚, 作为抵抗奥斯曼人的基地, 604; 被奥斯曼人征服, 608

Bruttium 布鲁提乌姆, 拜占庭时期的卡拉布里亚, 279

Bryanzev, D. 布良泽夫, 论约翰·伊达路斯, 474

Bryce, James 布赖斯, 詹姆斯, 论查士丁尼一世, 129; 论查理大帝的加冕, 265; 论奥托三世, 329

Bryennius, Joseph 布莱昂纽斯, 约瑟夫, 与拉丁人, 672

Bryennius, Nicephorus 布莱昂纽斯, 尼斯福鲁斯, 关于他的篡权阴谋, 375; 著作, 489

Bucéllarians 布切拉里安人, 拜占庭军队, 250

Bucellarians 布切拉里安军区, 250

Buddha 佛教, 关于佛教的传说, 在传奇文学作品《巴尔拉姆和约瑟法特》中, 294

Bukhara 布哈拉, 163

Bulgaria 保加利亚（和保加利亚人, 保加尔人）, 保加尔人, 其出现、起源和在阿那斯塔修斯一世时期的入侵, 90, 109, 115, 219; 保加利亚的罗马法, 102; 保加利亚教会、君士坦丁堡和罗马, 102, 282—283, 315, 318, 331, 444, 526; 在维塔利安的军队中, 111; 在查士丁尼一世时期的入侵, 140; 在普罗柯比记载中, 140; 第一保加利亚王国, 形成, 219; 与斯拉夫人, 219—220; 对拜占庭的攻击和军区的建立, 227; 与查士丁

尼二世,194,239;与利奥三世,236,239;在利奥三世继承者时期,239—240;在克鲁姆时期的防卫,281;在奥穆尔塔格与鲍里斯时期君士坦丁堡的关系,281—283,303,315;皈依基督教,282—283,318,331;保加利亚的罗马法,102;在西梅恩统治时期的发展,315—318;"大保加利亚",318—319;在彼得统治时期,319;尼斯福鲁斯·福卡斯和约翰·齐米西斯以及对东保加利亚的吞并,319;萨姆尔的统治,319—320;第一保加利亚王国被瓦西里二世所兼并,320;在罗曼努斯·狄吉尼斯的军队中,356;第二保加利亚王国及其形成,441,443,485,506,609;与瓦拉几亚因素,441—442;与塞尔维亚的合并,443;与弗里德里希·巴巴罗萨,443;在14,15世纪的拜占庭内争中扮演的角色,508;与教宗的关系,444;在卡洛扬和约翰二世亚琛统治时期,509—511,523—526;在约翰二世亚琛的继承者统治时期,532;与安茹的查理的结盟,595,597;与阿尔巴尼亚人,614;被奥斯曼人削弱,624;在拜占庭军队中,680

Buondelmonti of Florence 佛罗伦萨的波昂德尔蒙蒂,意大利旅行家,论圣使徒教堂,678

Burckhardt,Jacob 布克哈特,雅各布,论君士坦丁皇帝,45—46,47

Burgundio of Pisa 比萨的勃艮第奥,在君士坦丁堡,476

Bury,J.B. 柏里,和吉本,10,11;著作和拜占庭历史的阐释,20—23,30;《剑桥中世纪史》,25;论查士丁尼,169;论希拉克略,199;论利奥三世,236;论承认查理曼的称帝,268—269;论破坏圣像运动,287;论《帝国行政》,362;论狄吉尼斯的生活环境,370;论拜占庭传奇文学,557,559;论拜占庭封建化的过程,577

Bussell,F.W 布塞尔,对拜占庭历史的阐释,24—25

Busta Gallorum 布斯塔·伽罗卢姆,翁布里亚地名,战役的发生,137

Byron,George Girdon 拜伦,乔治·戈登,勋爵,与芬利,13

Byron,Robert 拜伦,罗伯特,30

Byzantine Institute of America 美国拜占庭研究院,和圣索菲亚的镶嵌画,190

Byzantinische Zeitschrift 《拜占庭杂志》,39—40

Byzantinisch-Neugriechische Jahr-

bucher,《拜占庭和当代希腊年鉴》,40

Byzantion 《拜占庭》(布鲁塞尔),40—41

Byzantis 《拜占庭》,40

Byzantium 麦加拉人的殖民地,其优势地位,57;历史,58,54

Byzas 拜扎兹,拜占庭城的奠基人,57

C

Cabasilas,Nicolas 卡巴西拉斯,尼古拉斯,与萨洛尼卡的狂热派,664,683;著作和文学修养,698—699

Caesar,Julius 恺撒,朱利乌斯,迁都的企图,58;对恺撒作品的翻译,701

Caesarea 恺撒里亚,卡帕多细亚城市,被塞尔柱人攻克,355

Caesarea 恺撒里亚,巴勒斯坦城市,政治都市,54;其书信,119;被约翰·齐米西斯占领,310;被塞尔柱人占领,355

Caetani,E. 凯塔尼,意大利学者,穆罕默德的对立面,206;阿拉伯的征服,208

Caffa 卡法,685

Calabria 卡拉布里亚,人头税,251;在前拜占庭时期的重要性,279—280;其军区,327,350;拉丁教会的影响,336,338;尼斯福鲁斯·福卡斯的宗教措施,336;希腊传统,717—718

Calecas,Manuel 卡勒卡斯,曼纽尔,695

Caligula 卡利古拉,皇帝,与皇冠,61

Calixtus II 卡利克斯图斯二世,教宗,与约翰二世科穆宁,476

Callimachus and Chrysorroe 《卡利马库斯和赫利索罗叶》,拜占庭传奇文学,559

Callinicus 卡利尼库斯,希腊火的发明者,214

Callipolis 加利波利斯,同加利波利,奥斯曼人进入,622—623

Camaterus,John 卡玛特鲁斯,约翰,君士坦丁堡牧首,与狄奥多勒·拉斯卡利斯,508,511;他在1204—1205年希腊-保加利亚联盟中的作用,509,541

Cambridge Medieval History 《剑桥中世纪史》,25

Cameniates,John 卡麦尼阿提斯,约翰,与萨洛尼卡的沦陷,305,364—365

Campania 坎帕尼亚,拜占庭在9世纪时的权威,280

Cananus,John 卡纳努斯,约翰,

691

Cananus, Lascaris 卡纳努斯,拉斯卡利斯,论穆拉德二世对君士坦丁堡的攻击,640;其著作,691

Canard, M. 卡纳尔,370,602

Candia(Chandax) 坎迪亚(卡达克斯),见 Crete 克里特

Cannae 坎尼,战役,329

Cantacuzene 坎塔库津,见 John 约翰和 Mathew Cantacuzene 马休·坎塔库津

Cappadosia 卡帕多细亚,在小亚细亚,其文学活动,117;三个卡帕多细亚人,117;那里的大土地所有者,158,573;岩洞壁画教堂,373;被阿尔普·阿尔斯兰蹂躏,355;11 和 12 世纪的壁画,504;与狄吉尼斯·阿克里特英雄传奇,369

Caravisionorum(Cibyrrhaeot) 卡拉维希奥诺鲁姆(西比拉伊奥特),军区,228

Caria 卡里亚,550

Carolingians 卡洛林家族,576

Carthage 迦太基,在西班牙,137

Cassiodorus 卡西奥多鲁斯,拉丁作家,和普利斯库斯,125

Castoria 卡斯托利亚,战役,536;重要性,537,580

Catalan Companies 加泰罗尼亚兵团,在拜占庭的活动,604—608,680;雅典的加泰罗尼亚公爵领,607—608;他们的统治机构,607—608;记载加泰罗尼亚征伐活动的历史学家,689

Catalaunian 卡塔劳温平原,战役,匈奴人的溃败,104

Catapan 意大利行政官员头衔,328

Catheri, Paulician-Bogomile 纯洁派,保罗-鲍格米尔派,383

Catherine de Courtenay 德库尔特奈的卡塔琳娜,584

"Catholicos" "卡托利科斯",97,99

Cato the Elder 老加图,其作品被译成希腊语,701

Caucasus 高加索,84,197,665

Cedrenus, George 塞得里努斯,乔治,编年史家,502

Cefalù 切法卢,504

Celestine 赛莱斯廷,教宗,与聂斯脱利派,98

Ceos 切奥斯岛,493,549,515

Cephalonia(Kefallenia) 凯法利尼亚,岛屿,马尔代特人,215;军区,327;被罗伯特·吉斯卡尔德所攻取,381;他的去世,381

Cephisus R. 塞菲苏斯河,战役,607

Cerularius, Michael 塞鲁拉利乌

斯,迈克尔,君士坦丁堡牧首,与罗马的分裂,338

Ceuta 休达,136,216

Ceylon 锡兰,与印度洋航海者科斯玛斯,165

Chalandon,F. 夏朗东,论吉斯卡尔德,381;论阿列克修斯派往佛兰德的罗伯特的使节,387;论陷修士彼得的十字军,407;被提及,412,472,478

Chalcedon 卡尔西顿,麦加拉人建立的殖民地,57;被波斯人占领,106

Chalcedon 卡尔西顿,宗教会议,81,105—106,108,109,130,149,152

Chalcedonians 卡尔西顿派,卡尔西顿会议的拥护者,155

Chalcidice 哈尔基季基(半岛),被斯蒂芬·杜尚占领,619

Chalcocondyles,George 卡尔克康迪勒斯,乔治,645

Chalcocondyles,Laonikos 卡尔科康迪勒斯,拉奥尼科斯,谈米斯特拉宫廷,645;论君士坦丁堡的陷落,648—649;生平和著作,681,693

Champlitte,Willam 德香普利特,威廉,465

Chapman,C. 查普曼,论迈克尔,583

Charioupolis 卡里奥波利斯,马其顿地方的城市,瓦西里一世的出生地,301

Charles Martell 查理·马特,对阿拉伯人,237,390;对教会财产,335

Charles of Anjou 安茹的查理,控制了两西西里王国,591—592;对东方政策,592—599,602,614;对里昂联合的态度,657—659

Charles VI of France 法兰西的查理六世,和迈克尔二世,632,633

Charles VIII of France 法兰西的查理八世,要求继承拜占庭皇位,和计划中的十字军,590

Charles the Bold 法兰西的大胆者查理,327

Charles the Great 查理大帝(查理曼),《阿拉里克节选本》和立法活动,102;加冕及其与拜占庭的关系,265—268,290;被君士坦丁六世视为继承人,267;被君士坦丁堡所承认,268;与伊琳娜合婚谈判的破产,268;意大利政策,280;与哈伦·阿尔-拉施德和巴勒斯坦的关系,391;在罗马,520,575

Chatalja lines 卡塔尔雅防线和阿那斯塔修斯的长城,110

Chernigov 切尔尼戈夫,在罗斯,

壁画, 504
Chernousov, E.A. 切尔努索夫, 论纳乌帕克图斯的约翰, 560
Cherson (the Klimata, Gothic Klimata) 克尔松 (哥特高地), 军区, 324, 350, 581
Chilandarion 奇兰达里翁, 在圣山阿索斯的塞尔维亚修道院, 606
Childebert II 希尔德贝尔特, 法兰克国王, 122—123
Chios 开俄斯, 岛屿, 被塞尔柱人占领, 394; 在 "对罗马的瓜分" 时, 463; 被约翰·瓦塔泽斯收回, 523; 热那亚人于岛上 537, 630; 基斯蒂亚尼的墓, 652
Chludoff (Chludov) Psalter 克鲁多夫诗篇, 在莫斯科, 299
Chomatenus, Demetrius 科玛特努斯, 底米特里, 奥赫里德大主教, 给狄奥多·安吉列加冕, 521; 教规, 560, 562;
Chonae 科内, 弗里吉亚的城市, 492—494
Choniates, Nicetas 科尼阿特斯, 尼西塔斯, 论约翰二世, 376; 论安德罗尼卡一世, 377, 481; 论对帕齐纳克人的胜利, 413; 论米里奥凯法罗战役, 428; 论君士坦丁堡的人口, 435; 论拉丁人与希腊人之间的敌意, 438; 论阿列克修斯三世安吉列, 439; 论第二保加利亚王国中的瓦拉几亚人, 442, 443; 论亨利六世, 449—450, 459; 论君士坦丁堡的失陷, 461, 462, 654; 论托马斯·莫洛希尼, 463, 469; 论反对静修派的斗争, 478; 论曼纽尔一世, 481, 484—485; 生平和工作, 492, 494—495; 第四次十字军, 495; 《训谕》的作者, 513; 在狄奥多勒·拉斯卡利斯的宫廷, 515, 515, 549, 553
Chora (Qahriye-jami) 霍拉 (修道院), 卡里耶清真寺, 在君士坦丁堡, 重建, 504; 镶嵌画, 513, 688, 703, 709, 710, 711; 描述, 704
Chosroes 库斯鲁, 波斯国王, 希拉克略的对手, 198
Chosroes Nuchirvan 库斯鲁·努什尔万, 波斯国王, 其攻伐, 138—139; 与基督教的关系, 139; 给予雅典哲学家以庇护, 150; 在其统治下的军事化, 228
Christ, W. 克里斯特, 131
Christianity 基督教, 对异教, 43; 在小亚细亚, 46—47; 4 世纪的基督徒数量, 46—48; 与君士坦丁, 43—54; 与马克森提乌斯, 49; 与利基尼乌斯 49; 与米兰敕令, 52; 4 世纪的中心, 54; 与朱利安, 72—96; 与哥特人, 85—86; 在波斯,

索 引

96—97,99,139;印度,99;中亚,99;与司法活动,102,147,242;与异教文化,116;与拜占庭艺术,127;在埃塞俄比亚和也门,131,207;在北非的部族中间,154,218;与高加索的部族,154;与赫鲁利人,154;在锡兰,165;在阿拉比亚,202—202;在美索不达米亚,207;与柏柏尔人,218;在保加利亚,282—283;在俄罗斯,323,332;与伯罗奔尼撒半岛上的斯拉夫人,332;阿拉伯人对基督教的态度,391—394;在奥斯曼帝国内,675—676

Chritodulus, Saint 圣者克里斯托丢勒斯,帕特莫斯圣约翰修道院的创建者,471—472

Christopher 克里斯托弗,亚历山大牧首,与圣像崇拜,287

Christopher of Mytilene 米蒂利尼的克里斯弗,诗人和警句家,262 注释,366

Chronicle of Morea 《莫里亚编年史》,569,707

Chronicon Paschale 《复活节编年史》,231

Chrysargyron (Iustralis collatia) 金银税,被取缔,112

Chrysoloras, Manuel 赫里索罗拉斯,曼纽尔,其生涯、著作及其影响,718—719;在意大利,636—721

Chrysopolis (Scutari) 赫里索波利斯(今土耳其斯库台),与哥特人,84;波斯人,196;伊戈尔,322;塞尔柱人,357

Chrysostom, John 赫里索斯顿,约翰(金口约翰),其生平及著作,94—96,118;对抗盖伊纳斯,94;与哥特人,95;与皇后欧克多西娅,95;利巴尼奥斯的学生,124

Chrysoteleia 金银税,税收制度,113

Chumnos, Nicephorus 查姆诺斯,尼斯福鲁斯,作者,700—701

Church 教会,豁免权和特权,52—53,81—82,571—572;皇帝教权主义,54,82—83,148—150,175,257—258,283,334,469—470;主教座的政治权力,160;与破坏圣像运动,252—265,574—575;与土地制度,335—336,565—566,568,570—572,574—575

Church of Basil the Great in Cappadocia 瓦西里大帝建在卡帕多细亚的教堂,355

Church of Daphni 达芙尼修道院教堂,阿提卡半岛上的,373

Church of St. Apolinare in Classe 克拉斯港口的圣阿波里纳利教

堂,拉文纳,191

Church of St.Demetrius 圣底米特里教堂,萨洛尼卡的,642,672

Church of St.Front 圣弗隆教堂,法国佩利格的,189,555

Church of St.Irene 圣伊琳娜教堂,君士坦丁堡的,53,59,128,648

Church of St.John 以弗所的圣约翰教堂,189,555

Church of St.John-of the Hospital 圣约翰-医院骑士团教堂,瓦伦西亚的,529

Church of St.Luke of Stiris 斯蒂里斯的圣路加教堂,位于弗西斯,373

Church of St.Vitale 圣维塔利教堂,拉文纳的,133;描述,190—191

Church of San Francisco 圣弗朗西斯科教堂,里米尼的,699

Church of Skripu 斯克利普教堂,维奥蒂亚的,373

Church of Ascension 耶稣升天教堂,在奥利弗山上,53

Church of the Assumption 尼西亚的圣母升天教堂,513

Church of the Forty Martyrs 四十殉道者教堂,在特尔诺沃,525

Church of the Holy Apostles 圣使徒教堂,在君士坦丁堡,其建立,53,68,128;拜占庭皇帝们的安葬地,76,88,133,189,555;查士丁尼时期的重建,189;其翻版,189,553;被奥斯曼人破坏,189,555;流产的会议,264;罗得岛的君士坦丁对它的描述,363;与瓦西里一世,373;被尼古拉斯·梅萨利特所描述,555;在一个衰朽的国家内,678

Church of the Holy Sepulcher 圣墓教堂,其建立,53;被波斯人破坏,195;与哈希姆,311,392,393;其重建,312,392,393;与罗曼努斯三世,312;其关闭,393,398

Church of the Holy Virgin 圣母教堂,在君士坦丁堡的布莱舍内宫,26

Church of the Nativity 圣诞教堂,在伯利恒,其建立,53;镶嵌画,427,504

Church of the Resurrection 复苏教堂,见 hurch of the holy Sepulcher 圣墓教堂

Cibyrrhaeot 西比拉伊奥特,军区,见 Caravisionorum 卡拉维希奥诺鲁姆

Cicero 西塞罗,其著作被译为希腊文,701

Cid 《熙德之歌》,370

Cilicia 乞里奇亚,68,225,276,被尼斯福鲁斯·福卡斯占领,308,309,310;被阿尔普·阿尔斯兰所侵扰,355;一个亚美尼亚人建立的国家,415,416;索罗斯叛乱和曼纽尔一世,426

Cinnamus,John 辛那姆斯,约翰,其著作,491—492,494;"宫廷党",它与军事派的斗争,351—354

Claudius Gothicus 克劳狄乌斯·哥特库斯(即打败哥特人的克劳狄乌斯),皇帝,他和哥特人,85

Clavijo,Ruy Gonzales 克拉维约,罗伊·贡扎勒,西班牙旅行家在君士坦丁堡和佩拉,678

Clement of Alexandria 亚历山大里亚的克雷芒,116

Clermont IV 克莱蒙四世,教宗,与安茹的查理,592

Clermont 克莱蒙城堡,在伯罗奔尼撒半岛上,465

Clermont,Concil of 克莱蒙会议,387,402—403

Clinton,H I 克林顿,《拜占庭编年史》,42

Clisurae (Clisurarchiae, Clisurarchs) 兵站,349—350

Clovis 克洛维,法兰克国王,与帝国的关系,111,133

Cluniac reform movement 克吕尼改革,338

Codex Gregorianus 《格雷格利亚努斯法典》,101,143

Codex Hermogenianus 《赫尔墨吉尼乌斯法典》,101,143

Codex Justinianus 《查士丁尼法典》,143—144;其立法程序,146;亦见 Justinian Code《查士丁尼法典》

Codex Palatinus 《宫廷法规》,363

Codex repetitae Praelectionis 《法典修订本》,145

Codex Theodosianus 《狄奥多西法典》 101—103,143

Cognasso,F. 科戈纳索,意大利历史学家,论安德罗尼卡一世和1185年革命,434,438—439;论拜占庭封建制,483;被提及,487

Cola di Rienzo 科拉·迪里恩佐,与约翰·坎塔库津的关系,585

Colbert,Jean Baptiste 科尔贝,让·瓦普蒂斯特,3—4

Colonate(Colonus, coloni) 科洛尼,农奴,85;阿那斯塔修斯一世,113;皇室法典与科洛尼,245—247

Commendatio 侍从,564;在拜占庭,569—570

Comneni 科穆宁,王朝,其起源,

353—354,375,518;前三位科穆宁皇帝的对内政策,438,483,568—569;科穆宁大帝和特拉布松,468;皇帝教权主义观点,469—470;与教宗,470,475—477;其军队和舰队,484—485;科穆宁王朝的商业,486—487;希腊的复兴,488—491,562;建筑活动,503—504

Comneni-Angeli 科穆宁-安吉列,王朝,伊庇鲁斯王国,468

Conrad III 德意志的康拉德三世,376,与约翰二世的协议,415;与曼纽尔一世的结盟,417—418,421,423;与第二次十字军东征,419,420—421

Conrad IV Hohenstaufen 霍亨斯陶芬家族的康拉德四世,591

Constance, council of 康斯坦兹会议,672

Constance 康斯坦丝,诺曼人王朝的女继承人,亨利六世的妻子,435—436,448,591

Constance of Hohenstaufen(Anna) 霍亨斯陶芬朝的康斯坦丝(安娜),弗里德里希二世皇帝的女儿,约翰·瓦塔泽斯之妻,528—529

Constans I 康斯坦斯,皇帝,君士坦丁大帝的儿子,65,67

Constans II(Constantine III) 康斯坦斯二世(君士坦丁三世),皇帝,继承皇位,193;征伐斯克拉文尼亚人,218;其统治时期保加尔人的活动,218;放弃君士坦丁堡去叙拉古,220—221;与伦巴德人的斗争,222;宗教政策,223—224;与教宗马丁,223—224

Constantine I, the Great 君士坦丁一世,君士坦丁大帝:出身,生平和王朝,44,46,65—66;与君士坦丁堡的奠基,44,57—60;皈依基督教,45—52,96;与米兰敕令,50—52;对教会和教职人士的态度,52—54;教堂建筑,53,127,128,189;与阿利乌斯派,54—57;洗礼,57;改革,60—65;与宫廷礼仪,62,363;神圣使徒,65;军队中的哥特人,85;城墙,103;在《君士坦丁传》中,120;在佐西莫斯的记载中,125;赠礼,338

Constantine II(III) 君士坦丁二世(三世),皇帝:希拉克略的儿子,继承皇位,193

Constantine III 君士坦丁三世,见 Constan II 康斯坦斯二世

Constantine IV 君士坦丁四世皇帝,继承皇位,193;阻止阿拉伯人进攻,214—215,236,390;与保加利亚人,219;宗教政策,224;修道

院豁免权,571

Constantine V Copronymus 君士坦丁五世科普洛尼姆斯,皇帝,继承皇位,234;攻伐阿拉伯人,238;娶卡扎尔汗之女为妻,238;与保加利亚人,239;与746—747年的瘟疫,240;破坏圣像政策,259,262—263,265;与阿塔瓦斯杜斯起义,260;作者,293;与保罗派,383

Constantine VI 君士坦丁六世,皇帝,继承皇位,234—235,263;在他统治下保加利亚的对立,239—240;被伊琳娜废黜,267;斯拉夫人托马斯与皇帝,275;修道院的豁免权,571

ConstantineVII Porphyrogenitus 君士坦丁七世波菲罗杰尼图斯,皇帝,希腊的斯拉夫化,178,240;他的著作,其内容和重要意义,181,362—363,487;论军区的组织结构,226,350;论布切拉里安军人,250;继承皇位,302,307;论利奥六世对克里特阿拉伯人的海上征伐,305;与阿拉伯人的斗争,306—308;接待罗斯大公奥列格,322;论帕齐纳克人,324;社会立法,336,347,567;被提及,365,368

Constantine VIII 君士坦丁八世,皇帝,302

Constantine IX 君士坦丁九世摩诺马赫,皇帝,继承皇位,302;对亚美尼亚政策,315,355;与帕齐纳克人,325—326;宗教政策,338;信件,366—367;与塞勒斯,368

Constantine X 君士坦丁十世杜卡斯,皇帝,继承皇位和内部政策,352;塞尔柱人的进攻,355;乌齐人,358;与迈克尔·塞勒斯,368

Constantine XI Palaeologus (Dragases) 君士坦丁十一世巴列奥洛格(德拉戈什),皇帝,继承皇位,586,589;性格特点,645;与君士坦丁堡被穆罕默德二世包围和陷落事件,645—653;画像,646;安葬处,653;与教会联合问题,675;向西方求助,677

Constantine(apostle of the Slavs) 君士坦丁(斯拉夫民族的使徒),见 Cyrit 西里尔

Constantine 君士坦丁,奥尔维耶托地方的大主教,被派往尼西亚,544—545

Constantine 君士坦丁,教宗,与查士丁尼二世,225—226

Constantine 君士坦丁,大政区长,与君士坦丁堡的防务,103

Constantine 君士坦丁,君士坦丁大帝的儿子,65,67

Constantine Tech(Tich) 君士坦丁·提克,保加利亚沙皇,与迈克尔八世的关系,601

Constantine the Rodian 罗得岛人君士坦丁,作家,363

Constantinople: in Montesquieu 君士坦丁堡,在孟德斯鸠的著作中,7,96;奠基,57—60;其地理位置的优越性,57,58,60;防卫,59,103,128,251,643;君士坦丁堡信经,81;夜里的辉煌,103;造币厂,114;与一性派,115;与542年瘟疫,162;丝绸工厂,168;失去埃及,196;被康斯坦斯二世所放弃,221;西西里发现的君士坦丁堡手稿,491;大火,被君士坦丁·斯提尔布斯所描述,502;关于教会联合的争论,505,541;失去政治上的重要性,581,585;对于加利波利被土耳其人占领事件的反应,623;黑死病,626;奥斯曼帝国的首都,654;对于君士坦丁堡之陷落西方的反应,655;移民,680

——对君士坦丁堡的攻击,戈特里古尔人的威胁,140;受到阿瓦尔人和斯拉夫人威胁,171,196;被波斯人、阿瓦尔人和斯拉夫人包围,197;阿拉伯人的围攻,214,236,676—677,717;被斯拉夫人托马斯围攻,275;第一次罗斯人攻击,278;被克鲁姆包围,281;被西梅恩包围,318;斯维亚托斯拉夫与君士坦丁堡,319;奥列格在君士坦丁堡城下,320—321;被伊戈尔包围,322;被雅罗斯拉夫包围,323;被乌齐人包围,359;被帕齐纳克人包围,359,384;受到查哈斯威胁,384;在第一次十字军时期,406,408;在第二次十字军时期,420,421;在第四次十字军时期,440,459—462,555;在瓜分"罗马帝国"的活动中,463;被瓦塔泽斯和亚琛包围,526;被迈克尔八世收复,538;向约翰·坎塔库津打开城门,585;被热那亚人进占,625;巴耶齐德的封锁,630;被穆拉德二世包围,640;被穆罕默德二世攻占和劫掠,645—656;在最后一任巴列奥洛格统治时期,679

——对君士坦丁堡的描述,曼纽尔一世时期的情况,376;被图得拉的本杰明所描述,481—482;奥尔-哈拉威的描述,482;在柴柴斯笔下,482;被提及,在迈克尔八世统治时期,581;贝特朗东·德拉布罗吉耶的描述,642;被提及,在巴列奥洛格统治时期,678—

679

——城中的外来因素：日耳曼派，94；反哥特人起义，94；罗斯商人，323；对拉丁人的残杀，379，435；威尼斯人，382，413，422，439—440；616；比萨人，439—440；616；佛罗伦萨人，616，685；马赛商人，616；奥斯曼人作为约翰•坎塔库津的盟友，622；在巴列奥洛格时期的商业，684—685

——生活，艺术，文献：异教运动，59，60，83；城市管理，59；文学和艺术中心，43，117，127，373，687；法律学校，147；367；内部生活和市政官手册，343—345

——亦见 Latin Empire of Constantinople 君士坦丁堡的拉丁帝国

Constantinople, Higher School of 君士坦丁堡，其中的高等学府，学府的组织，100，117，123，126，150；查士丁尼时代，187；恺撒•巴尔达斯的重建，296；马其顿时期的繁荣，361，487—488

Constantinople, Patriarchate of 君士坦丁堡牧首座，与罗马的关系，81，106，173—174，658，675；宗教立法活动，106，664—665；佛提乌分裂，290，330—332；与1054年的分裂，339；在君士坦丁堡的拉丁帝国统治时期，542；在尼西亚，522，541—542，545—546；与斯科普里宗教会议，619；在奥斯曼帝国统治下，675—676

Constantius 康斯坦提乌斯，君士坦丁大帝之子，继承皇位，65；王朝问题，65—66，69，70—71；宗教政策，67—68；日耳曼人的入侵，70—71；波斯的征伐，71；在罗马，68

Constantius Cholorus 君士坦丁•克洛卢斯，君士坦丁大帝之父，恺撒，62；奥古斯都，44，63；其宫殿，44，63；其宫廷，70

Copais, Lake of 科拜湖，607

Coptic 柯普特(语言)，90

Copts 柯普特人，和一性派，116；取代希腊语，105，122；柯普特语文学，122；柯普特文学的结束，216；亦见 Egypt 埃及

Corcyra 科西拉，见 Corfù 科孚

Corduba 科尔多瓦，西班牙的，在查士丁尼一世时期，137

Corfù 科孚，岛屿，在查士丁尼一世时期，137，421；被曼纽尔一世收复，422；都主教领，559；被安茹的查理所夺取，593

Corinth 科林斯，被哥特人劫掠，85，91；丝织业，421，487；被罗杰二世劫掠，421；因其音乐而著名，

549

Corinth 科林斯,地峡,其防务设施,637—638,640,644

Corippus 科利普斯(北非的),论约翰·特罗格利塔,136;论查士丁尼的财政,161;其著作,186

Coron 科朗,在伯罗奔尼撒,威尼斯人港口,466

Corpus juric civilis 《民法大全》,见 Justinian Code《查士丁尼法典》

Corsica 科西嘉,查士丁尼时期的收复,136,138;被热那亚和比萨人征服,399

Cosmas 科斯马,印度洋航海者,《基督教地志》,163,165—167,182

Crete 克里特岛,被哥特人侵扰,85;被阿拉伯人侵扰,212;被阿拉伯人占领,274,278—279,280;949年的征伐,307;被尼斯福鲁斯·福卡斯夺回,308;被威尼斯人占领,463,506;热那亚人的特权,537

Crimea 克里米亚,博斯普鲁斯王国,84;匈奴人,140—141;查士丁尼,168;特拉布松帝国,581;威尼斯和热那亚人殖民地,616;君士坦丁堡教区,665;亦见 Cherson 克尔松

Critobulus 克利托布鲁斯,希腊历史学家,论君士坦丁堡的围攻战,648;论奥斯曼人的炮兵,650;论穆罕默德二世,651;其著作,693

Croat 克罗地亚,609

Crusades 十字军,起源和组成,389—400;拜占庭的"十字军精神",403—404

——第一次十字军,阿列克修斯一世与十字军,387,388—389,395,396,401,403—404,406—409;起源和动机,389—390,397;在安娜·科穆宁娜的描述中,404,490;参与者,405—406;进程,408—409;512;与君士坦丁堡和罗马的关系,475

——第二次十字军,起源,418—419;与拜占庭,418,419—420,421—422

——第三次十字军,起源,444—445;参与者,445;结果,447;被提及,439,612

——第四次十字军,其初衷及动机,30,450—461;参与者,452;进程,454—455;结果及其意义,469;国家的形成,506—507;进一步的资料,569,577,578

Ctesiphon 泰西封,195

Cucusus 库库苏斯,在卡帕多细亚,约翰·赫里索斯顿的流放地,95

索　引　　1219

Cuman(Polovtzi)　库曼人,在南俄罗斯,324—325;与帕齐纳克人一起侵扰拜占庭领土,383—384;被阿列克修斯说服去攻击帕齐纳克人,385,413,397;被曼纽尔一世打败,422;与第二保加利亚王国,441—443;在卡洛扬的军队中,509;在克洛克提尼扎战役中,524;在曼纽尔八世的军队中,536;与马木路克人,600—601

Cumont,Franz　库蒙特,弗朗兹,比利时学者,278

Curcuas,John　库尔库阿斯,约翰,阿拉伯征伐,306—307,313

Curiae　库里亚,113

Cydones,Demetrius　辛多尼斯,底米特里,论奥斯曼人占领加利波利,623;生平和著作,694—696;被提及,703

Cyparissiotes,John　塞浦路斯的约翰,670;其著作,698

Cyprus　塞浦路斯,被哥特人侵扰,85;被阿拉伯人占领,212;流放地,262;在尼斯福鲁斯·福卡斯时期光复,308　370;与夏蒂荣的雷金纳德,426;在安得罗尼卡一世时期脱离帝国,437,447;与狮心王理查,447;接受《耶路撒冷法典》,578—579;与医院骑士团,621—622

Cyriacus of Ancona　安科纳的希里亚库斯,旅行家和考古学家,在米斯特拉,645

Cyril　西里尔,亚历山大的牧首,抵制聂斯脱利,98;其追随者,99;作家,121

Cyril　西里尔(君士坦丁),斯拉夫人使徒,29,282,298

Cyril of Scythopolis　斯奇索城的西里尔,185—186

Cyrus　居鲁士,政区长,与君士坦丁堡的防务,103

Cyzicus　西齐库斯,哥特人,84;阿拉伯人,214;塞尔柱人,394

D

Dacia　达契亚,伊利里亚的达契亚,64,66;行省,荒芜,85;

Dagobert　达格贝尔特,法兰克国王,与希拉克略,199

Daillecourt,Choiseul　达扬古,舒瓦瑟尔,389

Dalmatia　达尔马提亚,拜占庭艺术,128;在查士丁尼时期,136,137,138;匈牙利人,414;与塞尔维亚,443;克罗地亚人,609

Dalton,O.M.　多尔顿,论巴列奥洛格时期的艺术复兴,710

Damascene,John　大马士革的约翰,251,259,289;与伊斯兰教,

207；著作，293—294；与宗教会议，754

Damascus 大马士革，被波斯人夺取，105；沦于阿拉伯人之手，211；与倭马亚朝，213；其清真寺，237；被约翰·齐米西斯夺回，310；与第二次十字军，421；被努尔丁·马茂德占领，445

Dandolo, Enrico 丹多罗，恩利克，威尼斯总督，在第四次十字军中的角色及其目标，452—453，454，455，457，459—460；参与劫掠君士坦丁堡，462；他在选举拉丁皇帝过程中的作用，462，468；在亚得里亚堡战役中，510

Daniel 丹尼尔，圣阿索斯山奇兰达里翁修道院住持，606—607

Daniel 罗斯朝圣者，对耶稣复活教堂的描述，393

Danishmandites 达尼什曼德王朝，卡帕多细亚的埃米尔王朝，410；与曼纽尔，417

Dante 但丁，和穆罕默德，207

Danube 多瑙河，在河上的哥特人，85—86；其南岸的匈奴人；在阿那斯塔修斯统治时期，109；在查士丁尼统治时期，140，168；赫鲁利人，154；格庇德人，172；保加利亚人，219；帕齐纳克人，324，325；乌齐人，358

Danubian provinces 多瑙河各行省，在四帝共治时期，63

Daphne 达佛涅，安条克郊区，此处的阿波罗神殿，75—76

Daras 达拉（城市），沦于波斯人之手，170；收复，171

Dardanian 达达尼亚（上马其顿地区），达达尼亚王朝，67；查士丁尼家族的故乡，129

David 大卫，底米特里·巴列奥洛格之修道院的名称，589

David the Restorer 复国者大卫，格鲁吉亚国王，与突厥人，401

Decius 德西阿斯，皇帝，与哥特人，85

Delphi 德尔斐，竞技场上来自德尔斐的蛇柱，60

Delyan, Peter 德里彦，彼得，保加利亚领袖，起义，320

Demes 竞技党，155

Demetrius Palaeologus 底米特里·巴列奥洛格，589

Demosthenes 德莫斯狄尼，在拜占庭的影响，73，488，489；被贝萨里翁译为希腊语，721

Diadem 王冠，与罗马皇帝，61

Diehl, Charles 迪尔，夏尔，25，26—27，29—30，42；论狄奥多拉，132；论查士丁尼，146；论总督政治，175—176；论阿拉伯人的侵

扰,217;论《农业法》,245;论伊苏里亚人的皇帝,270;论破坏圣像时期的艺术,299;论斯特拉齐格夫斯基的论文,372;论安条克的玛丽,377;论拜占庭传奇小说,559,708;论拜占庭的封建化进程,575,579,581,589,639;论萨洛尼卡的狂热派起义,684;论狄奥多拉·梅托希特斯,702—703;论巴列奥洛格时期的文艺复兴,709—710

Diener,Bertha 迪纳,贝尔塔,30

Dieterich,K. 迪特里奇,31

Digenes Akrites 狄吉尼斯·阿克里特斯,史诗,369—371,556

Digest(Digestum) 《法学汇纂》,144,146

Dioceses 州,63

Diocletian 戴克里先,退位,44;在尼科米底,58;改革,60—65,160;东方化和拜占庭的宫廷礼仪,62,363;与基督教,119

Dionysius the Areopagite 丢尼修·阿莱奥帕吉特(伪丢尼修),在忏悔者马克西姆斯的著作中,232;曼纽尔二世送给圣德尼修道院的插图手稿,587,635;在尼古拉斯·卡巴西拉斯笔下,698

Dioscorus 狄奥斯库鲁亚历山大牧首,与一性派,99;被罢免,105;其著作,186—187

Dir 迪尔,罗斯王公,278

Dlugosz,Jan 德鲁戈兹,扬,波兰历史学家,论君士坦丁堡被奥斯曼人攻破,654—655

Dniester River 德涅斯特河,84

Dobrudja(Smaller Sythia) 多布罗加(小斯奇西亚),保加尔人,219

Dodu,Gaston 多迪,迦斯东,578

Dölger,Franz 多尔格,弗朗茨,《拜占庭杂志》的编辑,40;《拜占庭编年史》,42;编辑关于君士坦丁一世皈依基督教的文献集,48;论迈克尔八世与卡拉万的关系,602

Don River 顿河,84

Dorotheus 多罗西斯,立法者,特里波尼安的同事,144

Dory 多里,在克里米亚,其周围的哥特人,141;大教堂,169

Dorylaeum 多里拉伊乌姆,见 Eskishehr 埃斯奇舍尔

Drava River 德拉瓦河,609

Drinov,M. 德里诺夫,110,334

Dristra(Durostolus,Silistria) 德里斯特拉,战役,383—384

Drungarius 海军统领,西比拉伊奥特军区的首领,229

Du Cange 杜康之,4—5

Ducas,Michael 杜卡斯,迈克尔,

拜占庭历史学家,论穆罕默德二世,646;论君士坦丁堡的陷落,648,653;给君士坦丁堡之陷落写的挽歌,654;生平和著作,691,692—693

Ducas 杜卡斯王朝,353,518,583

Ducatus 都督领,行省的一个区,350

Duruy,V. 迪律伊,47—48

Dux 都督,头衔,486

Dvornik,F. 德沃尔尼克,论第二次佛提乌分裂,332

Dyakonov,A. 迪亚科诺夫,156

Dyrrachium(Durazzo) 都拉基乌姆(都拉索),阿那斯塔修斯一世的出生地,67,109;此地的斯拉夫人,240;重要性,380;军区,380;被吉斯卡尔德夺取,381;被阿列克修斯一世夺回,381,388;博希蒙德的失败,411;被威廉二世夺取,437;被伊萨克收回,441;被威尼斯人占有,463;被伊庇鲁斯君主给与狄奥多勒·拉斯卡利斯,535;被安茹的查理夺取,594

E

Eburacum 埃布拉库姆(约克),63

Echos d'Orient 《东方之声》杂志,41

Ecloga 《法律选编》,关于其颁布问题,24;描述,242—244;其影响,243,340,343,705;与士兵法,249

Ecomenical Councils 普世基督教会议(全基督教主教公会议),第二次 80—81,88;第三次,98;第四次(卡尔西顿会议)81,105—106,108,109,130,149,152;第五次,153;第六次,251,260,261,264,293;730 年会议,258;753—754 年会议,251,260;786 年会议,263—264;815 年会议,251,284—285;842—843 年会议,287;869 年会议,330—331;870 年会议,331,920 年会议,334

Edessa 埃德萨,聂斯脱利派中心,99;与金银税,112—113;与圣像崇拜,255;被库尔库阿斯从埃德萨取走的"圣面",306,363;被乔治·马尼阿西斯夺取,312;被鲍德温夺取,408;被赞吉夺取,418;被乔斯林夺回,418;被努尔-阿得-丁劫掠,418

Edgmiatsin(Etschmiadzin) 埃德格米亚钦,亚美尼亚的大教堂,233

Egypt 埃及,托勒密埃及对罗马的影响,61;在四帝共治时期的建制,62,64;宗教不满,88,195—196;希腊化,88,90,122,187;一性派,107,115;与联保税制,113;与芝诺和阿那斯塔修斯的宗教政策,115;希腊文学的衰落,122;拜占庭艺术的兴起,126;与梅纳斯,127;艺术,127;查士丁尼的改革,160;与抵抗福卡斯的起义,176;被波斯人占领,196;君士坦丁堡的谷仓,196;被希拉克略收复,198;在阿拉伯进攻之前衰落的原因,208—209;阿拉伯的征服,211;阿拉伯化,216;阿拉伯政策,216—217;第六次全基督教主教公会议,225;在图伦王朝统治下,303;独立于巴格达之外,354;在法蒂玛朝的哈希姆时期与拜占庭的关系,311;与塞尔柱人,355;与萨拉丁,445;与第四次十字军,454;封建化,564;大土地所有者,573;与马木路克人,600

Ehrnard,A. 埃尔哈德,31

Elagabalus 埃拉加巴卢斯,皇帝,61

Eleusis 埃琉西斯秘密仪式,与朱利安,70

Elvira 埃尔维拉,其宗教会议,254

Emesa(Hims) 埃梅萨(希姆斯),宗教不满,209

Engelman,August 恩格尔曼,奥古斯特 41

England 英格兰,诺曼的征服,399,484;组建十字军的热情,402;拜占庭军队中的英格兰人,429,484;曼纽尔一世时期与拜占庭的关系,429;与匈牙利的西吉斯蒙德的十字军,630;曼纽尔二世在英格兰,631,633—634,634—635;赫里索罗拉斯,719

Epaminondas 埃帕米农达,176

Epanagoge 《法学导论》,341—342,705

Eparch 总督,344

Eparchies 总督区,229

Ephesus 以弗所,哥特人,85;第三次普世基督教主教公会议,98;"强盗会议",99;君士坦丁五世,262

Ephraim 伊弗雷姆,编年史家,693

Epiphane 埃彼法内,拜占庭朝圣者,399

Epiphanius of Cyprus 塞浦路斯的埃彼法尼乌斯,254

Epirus 伊庇鲁斯,阿拉里克,91;被盖塔人劫掠,110

Epirus 伊庇鲁斯,君主国,其奠基,468,506,518;其国家目标,507,518—519;与尼西亚帝国的关系,518—522,523;与萨洛尼卡王国的关系,520;与约翰二世·亚琛的关系,524;在克洛克提尼扎战役之后,525;与约翰·瓦塔泽斯,532;与曼弗雷德和阿凯亚公国结盟对付尼西亚帝国,536;在卡斯托利亚战役之后,537;文化和文献,559—562;与迈克尔八世,580—581,609;与安茹王朝的查理,594;与阿尔巴尼亚人,614;屈从于穆罕默德二世,654

Eriugena, John (Johannes Scotus Erigena) 斯科特·埃琉吉那的约翰,与忏悔者马克西姆斯,232

Ertov, J. 叶尔托夫,34

Erzerum 埃尔祖鲁姆,亚美尼亚地名,313;被蒙古人征服,530

Eskishehr 埃斯奇舍尔(中世纪多里拉伊乌姆),238,被十字军人占领,408

Este 埃斯特,弗拉拉的统治家族,673

Ethiopia 埃塞俄比亚,见 Abyssirinia 阿比西尼亚

Euboea 埃维厄(内格罗蓬特),472,496;热那亚人特权,537;被提及,472,496,538,607

Eucharist controversy 关于圣体血问题的争论,在拜占庭,478

Euclid 欧几里得,对他的研究,706

Eudocia 欧多西娅,希拉克略的妻子,193

Eudocia Macrembolitissa 欧多西娅·玛克列姆博莉莎,君士坦丁十世杜卡斯的妻子,后罗曼努斯四世之妻,352—353

Eudoxia 欧多克西娅,阿卡第的妻子,与欧特罗庇厄斯,94;被提及,66,90,96

Eugenius, John 尤金,约翰,589

Eugenius III 尤金三世,教宗,与布雷西亚的阿诺德,419;与曼纽尔一世与康拉德三世的联盟,423

Eugenius IV 尤金四世,教宗,与1444年的十字军,643;与约翰八世,672—673;与巴塞尔会议,672

Euphemius 欧菲米乌斯,西西里的起义,278

Euphrates River 幼发拉底河,88,138,163;查士丁尼的防务体系,168;在马其顿王朝时期,307,313,370;与约翰二世,416

Euphrosinia 欧芙罗西尼亚,波洛茨克公主,与曼纽尔一世,432

Euripides 欧里庇得斯,在拜占庭的地位,560,705

Eusebius of Caesarea 恺撒里亚的尤西比乌斯,历史学家,论君士坦丁一世,44,50;与米兰敕令,51;与阿利乌斯派,55;论基督教的凯旋,65;其著作,118;其续作者,120;论皇帝的责任,134;论偶像崇拜,254;恺撒里亚的阿莱萨斯,364

Eusibius of Nicomedia 尼科米底

的尤西比乌斯,与阿利乌斯派,55;给君士坦丁一世施洗,57;背教者朱利安的老师,69

Eustathius of Thessalonica 萨洛尼卡的尤斯塔修斯,论安德罗尼卡一世,379;论曼纽尔一世,426,431,432,491;对萨洛尼卡围困战的描述,437;生平和著作,495—496;被提及,492,701

Euthymius 优西米乌斯,君士坦丁堡牧首,333,334

Eutropius 欧特罗庇厄斯,历史学家,论君士坦丁一世,65

Eutyches 优迪克斯,君士坦丁堡的大修道院院长,与一性派的关系,99;与《合一通谕》,108

Eutychius 优迪奇乌斯,信基督教的阿拉伯人历史学家,论希拉克略,209

Evagrius of Syria 埃瓦格留斯,教会历史学家,论阿瓦尔-斯拉夫人的入侵,177;在法尔梅赖耶的作品中,177;其著作,182

Exarchate 总督领,形成,174—176;总督的权力和角色,175,575

Exkuseia(exkusseia)豁免制度,其法则,570—571,572,574

F

Fallmerayer, Jacob P. 法尔梅赖耶,雅各布,德意志历史学家,其论文,176—179,638;关于阿尔巴尼亚人的假说,614—615

Fatimids 法蒂玛朝,埃及的哈里发,与瓦西里二世的关系,311;与塞尔柱人的关系,355;对耶路撒冷的占有,409;与萨拉丁,445

Faust, Goeth's 歌德创作的浮士德,其结构,466

Feodum 封地 564—565

Ferdinand of Spain 西班牙的斐迪南,对拜占庭皇位的诉求,590

Ferdinand I of Aragon 阿拉贡的斐迪南一世,与曼纽尔二世,636

Ferrara 弗拉拉,弗拉拉-佛罗伦萨宗教会议,见 Florence, Council of 佛罗伦萨会议

Festa, Nicola 费斯塔,尼古拉,意大利学者,狄奥多勒二世通信集的编者,553

Feudalism 封建主义,拜占庭的封建,483,565—579;一般记载,563—564;西方的封建制,564—565;在东方的十字军国家中,577—579

Filelfo, Francesco 菲勒尔弗,弗朗切斯科,意大利人文主义者,在君士坦丁堡,645,719

Filioque "和子"句(阐释基督教教义用语,拉丁语),东西方教会的

宗教争论焦点问题,290,331,475,658,673

Finlay, George 芬利,乔治,其生平,13—14;对拜占庭历史的阐释,14—16,169;论军区,249;论加泰罗尼亚的征伐,605—606

Fiore and Biancifiore 《菲奥里欧和比安西菲欧勒》,传奇,其希腊版本,708

First Cataract 第一瀑布(埃及的),141

Fiscardo(Guiscardo, Portus Wiscardi) 费斯卡尔多(吉斯卡尔多,维斯卡尔迪港),381

Flanders 佛兰德人,399

Florence 佛罗伦萨,与君士坦丁堡的贸易关系和侨居区,616,685;其柏拉图学园和普勒桑,699,719;赫里索罗拉斯在佛罗伦萨,718

Florence, Council and Union of 佛罗伦萨会议与教会联合,643,647,672—674

Florinsky, T.D. 弗洛林斯基,585,613;论加拉泰的佛罗伦萨人,616;论西梅恩,618;论斯蒂芬·杜尚,620,621;论约翰·坎塔库津,623—624;与阿索斯山的档案,677

Follis 拜占庭铜币,开始使用,113

Foord, E. 福尔德,对拜占庭历史的回顾,29

France 法国(法兰西),拜占庭研究的开拓者,3—6;理性时代及其对拜占庭历史的态度,6—8,11—12;大革命与拿破仑时期,及其对拜占庭历史的态度,6—7,12—13;与十字军,389;与十字军运动的起源,399;十字军的热情,402;法国骑士传奇与拜占庭骑士传奇的问题,556—559;与西吉斯蒙德的十字军,630;与曼纽尔二世的求援,631—632,633—634,635;赫里索罗拉斯在法国,719

Francis I 弗朗西斯一世,3

Franciscan 方济各会修士(小兄弟派),在尼西亚,543

Franks 法兰克人,与东哥特人的关系,136;提庇留二世请求与法兰克人结盟对付伦巴德人,172—173;在希拉克略时期与法兰克人的关系,199;在罗曼努斯·狄奥吉尼斯的军队中,356

Fravitta, Goth 哥特人弗拉维塔,打败了盖伊纳斯,94

Frederick I 弗里德里希一世,巴巴罗萨,与曼纽尔一世,424,425,430;与基里耶·阿尔斯兰的谈判,425—426,428;与维也纳会议,430;与第三次十字军,445,446—447;与诺曼王朝的联姻关系,以及它对君士坦丁堡的重要性,435—436,446;曼纽尔一世死后与君士坦丁堡的关系,435—436,445,446—447;与塞尔维亚-保加利亚民族主义运动的关系,443,445,446,612;与匈牙利王及塞尔维亚大祖潘,与伊萨克·安吉列和伊科尼姆苏丹的谈判,445;与第三次十字军,445,446—447;被提及,448,476,561

Frederick II Hohenstaufen 霍亨斯陶芬朝的弗里德里希二世,文化和思想,526—527,529;教宗和君士坦丁堡的拉丁帝国,527—528;与狄奥多勒·安吉列,528;与约翰·瓦塔泽斯,528—530,544;论正教会,529—530;被提及,561,563,591

Frederick III 弗里德里希三世(德意志的),论君士坦丁堡的陷落,655

Freeman.Edward A. 弗里曼,爱德华,论吉本,10;论芬利,16;论盎格鲁-撒克逊人迁往拜占庭 484

Frohne 德语词"劳役",568

Fustel de Coulanges 菲斯泰尔·德·库朗热,法国历史学家,82,102

G

Gabalas,Leon 伽巴拉斯,莱昂,罗得岛总督,起义,548

Gabotto,F. 伽伯托,意大利学者,论欧菲米乌斯,279

Gades 加德斯海峡,138

Gaïnas 盖伊纳斯,日耳曼人政治派别,92;与欧特罗庇乌斯,93—94;与阿利乌斯派,94;其结局,94

Gaius 盖尤斯,法学家,102

Galata 加拉泰,与第四次十字军,459;热那亚人在加拉泰,588,593,616,625,684,685;被威尼斯人抢劫,616

Galerius 迦勒里乌斯,皇帝,44;宽容敕令,50—51,119;恺撒,62;奥古斯都,63

Galesinius,Petrus 迦勒西尼乌斯,彼得鲁斯,在里昂会议上,658

Galich 加里奇,与君士坦丁堡教区,665

Galich(Galicia) 加里奇(加利西亚),在罗斯境内,安德罗尼卡一世在加里奇,378

Galla,Placidia 加拉,普拉奇迪,狄奥多西一世的女儿,

Gallipoli 加利波利,在赫勒斯滂海峡上,被威尼斯人夺取,463;被加泰罗尼亚人占领,606;与奥斯曼人,622

Gallus and Constantius 伽卢斯与君士坦丁乌斯,65—66,70

Gardner, A. 伽得内尔, 517
Gattilusio 加提鲁西奥, 莱斯博斯的热那亚统治家族, 589
Gaul 高卢, 在四头政治时期的驻节地, 63; 大政区, 64; 朱利安在高卢, 70; 罗马臣民, 111; 蛮族人王国, 115; 在查士丁尼时期, 138
Gaza 加沙, 在巴勒斯坦, 117, 120
Geffcken 格夫肯, 论朱利安, 77
Gelzer, H. 格尔泽, 23—24, 31; 论阿拉伯人征服埃及, 210; 论阿拉伯征服对拜占庭的影响, 213; 论军区制, 249; 论伊萨克二世, 439; 论阿索斯山的修道院, 666, 670
Genesius, Joseph 吉尼西乌斯, 约瑟夫, 拜占庭历史学家, 364
Gennadius Scholarius 吉那第乌斯·斯科拉利乌斯, 君士坦丁堡牧首, 676; 其著作和文学素养, 697
Genoa 热那亚, 与西方的阿拉伯人, 399; 在拜占庭约翰二世统治时期的贸易特权, 413; 与曼纽尔一世的关系, 425; 在拜占庭的地位, 与威尼斯的关系, 453; 在科穆宁和安吉列时期的特权, 486—487; 在利凡特的地位, 537; 迈克尔八世与尼姆菲尔条约, 537, 548, 591, 593, 615; 在黑海的位置, 581, 615—616, 628; 在巴列奥洛格统治下的帝国贸易控制, 581—582, 685; 与约翰五世的关系, 585, 586, 627, 628; 在加拉泰, 588, 625, 685; 与曼弗雷德的关系, 593; 与加泰罗尼亚人, 606; 与奥斯曼人的关系, 627; 与威尼斯人的战争和都灵和约, 627—628; 与曼纽尔二世, 630; 在1453年保卫君士坦丁堡之战中的角色, 647, 650; 在拜占庭军队中的热那亚人, 680
Geoffrey de Haie (Geoffrey de Haia) 乔弗里·德·海亚, 君士坦丁堡的英国使者, 431
George Bardanes 乔治·巴尔达内斯, 494, 561—562
George Hamartolus 乔治·哈马托鲁斯, 拜占庭编年史家, 其著作和影响, 292—293; 其续作者, 365
George of Cyprus 塞浦路斯的乔治, 论尼西亚, 548—549
George of Pisidia 庇西迪亚的乔治, 194, 197, 230—231
Georgia (Iberia, Gruzia) 格鲁吉亚 (伊庇利亚, 格鲁齐亚), 与阿舍特二世, 314; 与突厥人, 401; 在安条克的使节, 426; 弗兰策在格鲁吉亚, 589
Gepids 格庇德人, 侵入巴尔干半岛, 140; 阿瓦尔人和伦巴德人与

之敌对,589

Gerbert of Aurillac 奥里亚克的吉尔伯特,329,395

Gerland,E. 格兰,30,516,论佛兰德的亨利,517

Germanicea(Marash) 哲尔曼尼西亚(马拉什),利奥三世的出生地,234

Germanopolis 哲尔曼诺波利斯,在伊苏里亚,利奥三世的出身,234

Germans 日耳曼人,君士坦丁一世的后代们与日耳曼人的斗争,67;朱利安的征伐,70;在瓦伦斯和瓦伦提尼安时期与日耳曼人的斗争,79;在西方帝国的日耳曼人问题,107;在普罗柯比的记载中,181;亦见 Goths 哥特人

Germanus 哲曼努斯 君士坦丁堡牧首,与破坏圣像运动 258;与 754 年会议,261;Germanus II 哲曼努斯二世,参加尼西亚会议的君士坦丁堡牧首,543;与布莱米底斯,550;在里昂会议上,658

Germany 日耳曼人,十字军的狂热性,402;与中世纪的其他传奇,556;赫里索罗拉斯,719

Getae 盖塔人,5 世纪的攻击,109

Ghassanids 加萨尼朝,叙利亚的阿拉伯人统治王朝,201

Ghazi 赞吉,见 Malik Ghazi 马立克沙

Ghibellines 吉伯林派,598

Ghuzz 古兹部族,土耳其部落,向西迁徙,604

Gibbon.Edward 吉本,爱德华,6;其生涯,8—9;对拜占庭历史的解释,10—11;编辑,11;论朱利安,74;论阿拉伯人,200;论约翰二世,376;论阿列克修斯一世,405—406

Giotto 乔托,意大利画家,与巴列奥洛格统治时期的文艺复兴,709

Giustiniani,John 基斯蒂亚尼,约翰,保卫君士坦丁堡,647,648;其去世,652

Glotz,Gustave 格罗齐,古斯塔夫,26

Glycas,Michael 格莱科斯,迈克尔,编年史家,503

Godefroy,Jacques 哥德弗洛瓦,雅克,41

Godfrey of Bouillon 布戎的戈弗雷,与第一次十字军,405;耶路撒冷王,578

Goethe 歌德,与莫里亚编年史,466—467

Golden Gate(Porta Aurea) 金门,在君士坦丁堡,128

Golden Horn 防卫,59,103;反击十

字军人的防御,459;在穆罕默德二世的包围下,647—648,650,651

Golden(Kipchak)Horde 金帐(钦察)汗,600

Goldziher 戈德齐赫,匈牙利学者,论阿拉伯人的宗教,202;论穆罕默德,206

Golgotha 各各他教堂,在耶路撒冷,被哈希姆摧毁,311,392

Golubinsky,E.E. 戈鲁宾斯基,俄罗斯学者,论罗斯人第一次攻击君士坦丁堡,278

Goossens,R. 古森斯,论狄吉尼斯的墓,370

Gordian 戈尔狄安,皇帝,与哥特人,85

"Gothic Klimata" "哥特人军区",见 Cherson,theme of 克尔松军区

Goths 哥特人,迁徙,65,84;在南俄罗斯,84;3 世纪的侵袭,84—85;在军队中,85,87;作为隶农定居,85;基督教的传播和阿利乌斯派信仰,85—86;在小亚细亚定居,87,93;在亚得里亚堡战役之后,87;在帝国服役,87—88;在君士坦丁堡的影响,92—94;与约翰·赫里索斯顿,95;5 世纪的哥特人问题,104,114;在查士丁尼统治时代,133

Gozzoli,Benozzo 戈佐里,贝诺佐,意大利画家,674

Grabar,André 戈拉巴尔,安德烈,论巴列奥洛格时期的艺术,711

Graindor,Paul 格兰多尔,保罗,40

Grand Comneni 大科穆宁家族,特拉布松统治者家族,377

Granovsky,T.N. 格拉诺夫斯基,33

Gratian 格拉提安,皇帝,继承皇位,66;与狄奥多西皇帝一世,79;宗教政策,79

Great Palace 在君士坦丁堡的大皇宫:被科穆宁家族放弃,503

Greece 希腊,在伊利里亚大政区,64;受到哥特人侵扰,84—85,100;4 世纪的人口,91;文学,117;希腊语言,在埃及被放弃,代之以柯普特语,122;在君士坦丁堡的优势地位,126;受到戈特里古尔人的骚扰,140;希腊的斯拉夫人和保加尔人(保加利亚人),140;拜占庭帝国的希腊因素与阿拉伯征服问题,212—213;希腊火,214;希腊文学在埃及的终止,218;斯拉夫人在希腊的定居,218;斯拉夫人起义,219;与埃克洛加,241;与偶像崇拜,258,287;保加利亚军队,318;与瓦西里一世的立法著作,340;希腊的乌齐

人和帕齐纳克人,358;在南意大利,360—361;受到罗杰二世的入侵,421;丝绸工业,421;对罗马领地的瓜分,464—465;与骑士文学,556;加泰罗尼亚兵团,607;加泰罗尼亚人在民间传说中,607—608;阿尔巴尼亚人,614—615;在杜尚宫中的官方语言,620;屈服于穆罕默德二世,654

Greek Fire 希腊火,214,322,326

Greens(*Prasinoi*) 绿党,竞技党,157;在罗马,156

Grégoire, Henri 格雷古瓦,亨利,40,458;论君士坦丁的皈依基督,48;论利西尼厄斯,49;论迈克尔三世,272;与狄吉尼斯的墓,370

Gregoras, Nicephorus 格雷戈拉斯,尼斯福鲁斯,拜占庭作家,论安茹的查理,597;论约翰·坎塔库津,617,622;论热那亚,625;论约翰·贝库斯;与巴拉拉姆,668,669;论约翰五世的婚礼,680;工作和生平,690—691;与静修派,697—698;论狄奥多勒·梅托希特斯,702,703

Gregorius 格雷戈里乌斯,弗兰策隐修后的名字,692

Gregorius of Sinai 西奈半岛的格雷戈里乌斯,697

Gregorovius, F.A. 格雷戈罗维乌斯,德意志历史学家,20;论4世纪的希腊人社会,91;论迈克尔·阿科米那图斯,493;论君士坦丁堡的拉丁帝国,538;论米斯特拉,637

Gregory 格雷格利,《格雷格利亚努斯法典》的作者,101,143

Gregory of Cyprus 塞浦路斯的格列高利,君士坦丁堡牧首,696—697,700

Gregory of Nazianzus 纳西昂的格列高利,神学家,君士坦丁堡大教长,81,117,118;其圣诗,122;利巴尼奥斯的学生,124;忏悔者马克西姆斯与斯科特·埃琉吉那,232

Gregory of Nyssa 尼斯的格列高利,论教义争论,79—80,117,118;在忏悔者马克西姆斯作品中,232

Gregory the Decapolite 德卡波利特的圣格列高利,263

Gregory I the Great 教宗格列高利一世,与第五次全基督教主教公会议,153;与伦巴德人,173;与君士坦丁堡教区,173;致莫里斯的信,173;与皇帝福卡斯,174;论圣像崇拜,255

Gregory II 教宗格列高利二世,与破坏圣像运动,258

Gregory III 教宗格列高利三世,与破坏圣像运动,259

Gregory VII 教宗格列高利七世,对迈克尔之请求的回响,358,380,395—396,475

Gregory IX 教宗格列高利九世,与君士坦丁堡的拉丁帝国,526;与教会联合问题,543;被提及,528

Gregory X 教宗格列高利十世,安茹的查理与迈克尔八世,596;与教会联合问题,658

Grenier, Pierre 格莱尼耶,皮埃尔,28—29

Grimme, H. 格里姆,德意志学者,论穆罕默德,206

Grosvenor, E. A. 格罗斯沃诺,英国作家,653

Grot, C. 格罗特,俄罗斯学者,论马扎尔人,316

Grousset, René 格鲁塞,勒内,27

Grumel, V. 格吕梅尔,法国历史学家,拜占庭编年史家,42;与第二次佛提乌分裂,332

Guarino 瓜利诺,意大利人文主义者,在君士坦丁堡,718,722;论赫里索罗拉斯,719

Guilland, R. 居兰德,27,论尼斯福鲁斯·格雷戈拉斯,690—691;论尼古拉斯·卡巴西拉斯,699

Guiscard, Robert 吉斯卡尔德,罗伯特,阿普利亚公爵,诺曼人在意大利的首领,330;拜占庭意大利领地的占领者,360—361;在迈克尔七世时期的双方关系,361;在阿列克修斯一世统治时期,380—381

Guizot 基佐,法国历史学家,吉本著作的翻译者,11

Günther 巩特尔,班贝格主教,其朝圣活动,398

H

Hadrian 哈德良,皇帝,54,101

Hadrian I 哈德良一世,教宗,264

Hadrian IV 哈德良四世,教宗,与曼纽尔一世的关系,476

Hadrianople 亚得里亚堡,其附近的战役,87,281;被西梅恩占领,317;被弗里德里希·巴巴罗萨占领,447;作为商业中心,487;1205年的战役,509,510,514;被约翰·瓦塔泽斯占领,523;被狄奥多勒·安吉列占领,523,524;被约翰二世亚琛夺取,525;约翰·坎塔库津在此加冕,585;被穆拉德一世占领,624;奥斯曼国家迁都于亚得里亚堡,624,654;1341年革命,682;被提及,326,606

Hahn, J. G. 哈恩,与希腊的阿尔

巴尼亚人问题,615

Hakim 哈希姆,埃及法蒂玛朝的哈里发,与瓦西里二世的关系,311;对基督教和犹太教徒的迫害,392

Halphen, I. 哈尔芬,30

Hamdanids 哈姆丹王朝,阿勒颇的统治家族,306,308

Hannibal 汉尼拔,329,417

Hanotaux, Gabriel 汉诺陶,加布利尔,关于第四次十字军中威尼斯人的角色问题,457

Harald Haardraade 哈拉尔德·哈德拉德,斯堪的纳维亚首领,在乔治·马尼阿西斯的军队中,313,329;在耶路撒冷、叙利亚和小亚细亚,393

Harmenopulus, Constantine 哈尔梅诺布鲁斯,君士坦丁,法学家,705

Harnack, A. 哈纳克,论君士坦丁的皈依,46—47;论4世纪基督徒的数量,47;论安条克的阿利乌斯派,55

Harran 哈伦,战役,410

Harrison, F. 哈里森,28

Harun-ar-Rashid 哈伦-阿尔-赖世德,巴格达哈里发,他所领导的征伐,239;统治,274;与查理大帝,391

Hashimite 哈希姆(氏族),穆罕默德,203

Haskins, Charles H. 哈斯金斯,查尔斯,论12世纪君士坦丁堡与西方的联系,504—505

Heeren, Arnold 黑伦,阿诺德,德意志学者,论十字军,389

Hegel 黑格尔,德意志哲学家,论拜占庭,6

Hegira 希吉拉,穆斯林纪年的开始,与穆罕默德时代,204

Heichelherm, Fritz 海歇尔海姆,弗里茨,27

Heidelberg 海德堡,德意志的,363

Heimbach, E. 海姆巴赫,41

Heisenberg, August 海森伯格,奥古斯特,30,189;论梅萨利特派,541,554—555;论布莱米底斯,550,552;论拜占庭文艺复兴问题,713注释

Helena 海伦,约翰·坎塔库津之女,嫁与约翰五世,585

Helena, Saint 圣海伦,君士坦丁一世的母亲,44

Helena 海伦,君士坦提乌斯的姐妹,嫁与朱利安,66,70

Helena Palaeologina 海伦·巴列奥洛格,曼纽尔二世的妻子,其形象描述,486—487

Helladici (Helladicoi) 希腊(希腊

迪科伊），军区名称，228

Hellenism 希腊化，与基督教，43；其传播和认同力，88；和拜占庭艺术，127；与《查士丁尼法典》，147；在埃及，187；文化的复兴，582，687

Hellespont 赫勒斯滂，海峡，哥特人，84；阿拉伯人，214，218；斯拉夫人，218；在瓜分罗马的事件中，463；在迈克尔统治下，580

Helmholt 赫尔莫霍特，《世界通史》的编辑者，29

Henoticon 《合一通谕》，108，115，130

Henry II of England 英格兰的亨利二世，与曼纽尔一世的关系，426，429，431

Henry VIII of England 英格兰的亨利八世，529

Henry of Flanders 佛兰德的亨利，拉丁皇帝，515，514，515—516，520，541

Henry IV of Germany 德意志的亨利四世，与教宗格列高利七世，358，396；与第一次十字军，404

Henry VI of Germany 德意志的亨利六世，与意大利的诺曼占领地，435—436，591；对拜占庭的政策，448—450，527，591；与伊萨克二世，448；与阿列克修斯三世，448—449

Heraclian 希拉克略王朝，其起源，193

Heraclius 希拉克略，阿非利加总督，其起义，176，576

Heraclius 希拉克略，皇帝，继承皇位，176；与阿瓦尔人，197；与卡扎尔汗和高加索部族的关系，197；对波斯的征伐，197—198；其胜利的重要性，198—199；采用"巴西勒斯"的称呼，199；其宗教政策，209，222—223；在其统治下帝国的军事化，228—229；立法，229；其"十字军"，403；提及，576，609

Heraclonas (Heracleon) 希拉克罗那斯（希拉克利恩），皇帝，继承皇位，193

Hermogenes 赫尔墨吉尼乌斯，赫尔墨吉尼乌斯法典的编者，101，143

Herodotus 希罗多德，在拜占庭，58，73，180，491，693

Hertzberg, G.F. 赫兹伯格，19—20；24，432

Heruli 赫鲁利人，多瑙河民族，154

Hesiod 赫西俄德，在拜占庭，69，73，488，499

Hesseling, D.C. 赫瑟林，24

Hesychast 静修派运动，665—670，687，694，697，698，699

Hesychius of Miletus 米利都的赫西基乌斯,编年史家,183

Hidjaz 希贾兹,阿拉比亚的行省,209

Hieria 耶利亚宫,宗教会议会址,260

Hierocles 希罗克利斯,语法学家,在查士丁尼时代对帝国地理环境的测算,182—183

Hieronymus 希罗尼姆斯,圣徒,见Jerome 哲罗姆

Himerius 希梅里乌斯,拜占庭海军将领,305

Hinneberg,P. 辛内伯格,30,31

Hippodrome 大竞技场,在君士坦丁堡,来自德尔斐的石柱,60;其作用,154—155;竞技党,155;其四匹铜马被掳至威尼斯,462;比萨人的特权,486

Hira 希拉,幼发拉底河岸城市,201

Hittin(Hattin) 赫丁(哈丁)战役,445

Holobolus 曼纽尔,霍罗波鲁斯,曼纽尔,拜占庭作家,706

Homer 荷马,在拜占庭,69,73,488,489,496,499,539,560,649

Honorius 霍诺留,拜占庭皇帝,继承皇位,66;与斯提利科,90—91;与约翰·赫里索斯顿,96

Honorius I 霍诺留一世,教宗,与一性派,222

Honorius II 霍诺留二世,教宗,与约翰二世科穆宁,476

Honorius III 霍诺留三世,教宗,给彼得·德·库尔特奈加冕,519;为拉丁帝国向西方国家求援,522—523;被提及,465

Hopf,Carl 霍普夫,卡尔,德意志学者,其生平和著作,18—19;与法尔梅赖耶理论,19,178;论威尼斯在第四次十字军中的角色,456;论加泰罗尼亚兵团,605

Hosius(Osius) 奥西乌斯,科尔多瓦主教,与阿利乌斯派争论,55,57

Hospitalers 圣殿骑士,罗得岛的圣约翰骑士团,622,637

Hugh 休,弗曼杜瓦伯爵,在第一次十字军中,405

Hulagu 旭列兀,其蒙古人国家,600;与迈克尔八世的关系,601,602;与金帐汗,601

Humbert 亨伯特,红衣主教,在君士坦丁堡,338

Hundrend Years War 百年战争,633

Hungary(Ugria) 匈牙利,在阿帕德王朝时期与君士坦丁堡和威尼斯的关系,388;向亚得里亚海岸的扩张及其与塞尔维亚的亲善,

414；在曼纽尔一世时期与拜占庭的关系，423；与第四次十字军，452，454；对奥斯曼人的抵抗，630；约翰八世在匈牙利，640

Huns 匈奴人，与哥特人，86—87；攻击拜占庭，98，103，133；崩溃，105；

Hunyadi, John 匈亚迪，约翰，匈牙利英雄，在弗拉迪斯拉夫的十字军中，643

Hussite 胡司派运动，672

Hutton, W.N. 胡顿，29

Hydrus (Otranto) 海德鲁斯（奥特朗托），263

Hypatia 伊帕蒂娅，教师和哲学家，121—122

Hypergyrus 伊佩比路，货币名，480

I

Iaroslav the Wise 智者雅罗斯拉夫，罗斯大公，与君士坦丁堡的关系，323

Ibas of Edessa 埃德萨的伊巴斯，与"三章案"的争论，152

Iberia 伊庇利亚，高加索地名，见 Georgia 格鲁吉亚

Ibn-al-Qalanisi 伊本·阿尔卡兰尼西，阿拉伯历史学家，论十字军，407—408

Ibn-Khurdadhbah 伊本·胡尔达巴，阿拉伯地理学家，与帝国的行省组织，226，249，350

Iconium (Konia) 伊科尼姆（科尼亚），在小亚细亚，罗姆苏丹国的首都，357

Iconoclasm 破坏圣像运动，在佩帕里哥普洛的笔下，17；起源和初衷，251—258，288；文学，251，291，293；第一时期，251，258，263；在东方的行省，255；在军队中，263—264，287—288；与意大利和教宗的分离事件，265，290；与斯拉夫人托马斯起义，275；第二时期，285—287；反对破坏圣像的地区，298—299，372；教会财产，修道院的封建化与恩地制，335，565，574—575

Ignatian 伊格纳修斯派，333，661；亦见 Ignatius 伊格纳修斯

Ignatius 伊格纳修斯，君士坦丁堡牧首，与佛提乌的争论，290，330

Igor 伊戈尔，罗斯王公，与拜占庭的关系，320 注，321，322

Ilion 伊利翁（前特洛伊），58

Illyrian 伊利里亚人，129，613

Illyricum 伊利里亚大政区，64，66

Immunitas 豁免权，确认，565；在拜占庭，570—571；与 *exkuseia* 的比较，571

India 印度，与拜占庭艺术，126；与

印度的贸易,163;拜占庭钱币在印度的影响,165—166;与希拉克略,199;与帖木儿,635

Igelheim 因格尔海姆,德意志地名,塞奥菲卢斯的使节,277

Innocent III 英诺森三世,教宗,与保加利亚的约翰王(卡洛扬),442;与霍亨斯陶芬朝诸王,450—451;与阿列克修斯三世,451;与第四次十字军,451—452,453,454,467—468,478,540;与君士坦丁堡拉丁帝国的希腊教士们,540—541;与东方的拉丁教会,540,542;与狄奥多勒·拉斯卡利斯,542

Innocent IV 英诺森四世,教宗,与约翰·坎塔库津,543,544

Institutes(*Institutiones*,"Institutions")《法学阶梯》,颁行法令,144—145;在法学课程中,146

Ioasaph 约萨法,见 John Cantacuzene 约翰·坎特库津

Ionian Islands 爱奥尼亚群岛,与威尼斯人,381,463,506

Iorga,N. 约尔加,罗马尼亚历史学家:对拜占庭历史的阐释,26—29;论拜占庭文学,31;论狂热派,664

Iotobe(Tiran) 尤塔巴(蒂朗),阿卡巴湾内的半岛,拜占庭海关,167

Irene 伊琳娜,伊萨克二世的女儿,士瓦本腓利普的妻子,440,448,455

Irene 伊琳娜,卡扎尔汗的女儿,君士坦丁五世的妻子,234

Irene 伊琳娜,曼纽尔一世的弟媳,她的书信,491,502

Irene 伊琳娜,约翰·瓦塔泽斯的妻子,508,517,528

Irene 伊琳娜,利奥四世的妻子,女皇,其继承皇位,234—235,302;阿拉伯人的威胁,238—239;在她统治时期的斯拉夫人的威胁,238—240;保加利亚的进攻,239—240;圣像崇拜的恢复,254,263—264;与查理大帝,267—268;与修道院豁免权,571

Irenikos,Nicolaus 伊林尼科斯,尼古拉斯,作家:即兴诗,528—529,556

Issac I Comnenus 伊萨克一世科穆宁,皇帝,其继承皇位,352;与塞尔柱人,355;与帕齐纳克人,358

Issac II Angelus 伊萨克二世安吉列,其继承皇位,379,438;统治及其性格,438—439;被废黜,439;复位,440,459;与威廉二世,441;与塞尔柱人,441;与保加利亚-塞尔维亚问题,443,444;与弗里德里希·巴巴罗萨,446—447;与亨

利六世,448,449;皇帝教权主义,469,477

Issac Comnenus 伊萨克·科穆宁,约翰二世的兄弟,其信件,490;

Issac Comnenus 伊萨克·科穆宁,塞浦路斯的统治者,将塞浦路斯从帝国分离出去,437;与狮心王理查,447

Isabella of Spain 西班牙的伊莎白拉,对于继承拜占庭皇位的权利,590

Isaurian(Syrian) 伊苏里亚(叙利亚)王朝,其起源,234—245;内部活动,240—248;与军区制结构,249—251;破坏圣像运动,251—265,269—271;修道院的封建化,274—275

Isaurians 伊苏里亚人,在小亚细亚,在芝诺统治时期,67,90,106,109;在阿那斯塔修斯时期,109,115,116;移居到色雷斯,109

Isidore 伊西多尔,莫斯科都主教,红衣主教,在君士坦丁堡,647,649,675;在巴塞尔宗教会议上,672—673;在弗拉拉-佛罗伦萨宗教会议上,673;与俄罗斯对教会联合敕令的态度,674

Isidore of Miletus 米利都的伊西多尔,圣索菲亚教堂和圣使徒教堂的设计师,188,189

Isidore of Seville 塞维利亚的伊西多尔,196

Islam 伊斯兰教,与基督教与犹太教的关系,205—206,237;其宽容政策,208,216—217,391—392;在柏柏尔人中间传播,218;与偶像崇拜,255;使塞尔柱人皈依,354;与金帐汗国,601

Isnik(Nicaea) 伊斯尼克,见 Nicaea 尼西亚

Isocrates 伊索克拉底,在拜占庭,488,489

Italian Renaissance 意大利文艺复兴,与中世纪希腊文学,3;与拜占庭,713—722

Italus,John 伊达路斯,约翰,对他的审判,473;与同时代的西方学者,474—475;在《泰马利翁》一书中,497;亚里士多德的学生,699

Italy 意大利,与四头时期的驻节地,62;与戴克里先的改革,64;在大政区中,64;在芝诺时期的事件,107;与东哥特人的统治,134;在查士丁尼统治下,137;伦巴德人征服,172—173;在拉文纳的总督区中,174—175;与746年的瘟疫,178;阿拉伯人的威胁,康斯坦斯统治时期的局势,221—222;破坏圣像运动在意大利,262—263;拜占庭僧侣迁至意大利,263;阿

拉伯征服与9世纪的政治局面,280;在马其顿王朝,326—330;诺曼人在意大利,359—361;十字军的狂热性,402;曼纽尔一世的意大利政策,424—425;11和12世纪的艺术,504;12世纪与君士坦丁堡的联系,505;13世纪文化运动的兴起,563;文艺复兴和拜占庭,582,696,713—722;南意大利的希腊化,717

Ivan the Terrible 伊凡雷帝(约翰),俄罗斯沙皇,434;

Ivan III 伊凡三世,俄罗斯沙皇,对拜占庭皇权的觊觎,590

J

Jaffa 雅法,被萨拉丁攻克,445

James of Venice 威尼斯的詹姆斯,在君士坦丁堡,476

Japan 日本,封建主义,564

Jenghiz Khan(Khan Temuchin) 成吉思汗(铁木真汗),531

Jerome, Saint 圣哲罗姆,论君士坦丁,68;与恺撒里亚的尤西比乌斯,119;编年史,引用,100

JerphanionG. 热法尼翁,731

Jerusalem 耶路撒冷,城市,被提图斯破坏,54,117;在君士坦丁一世时期,54;一性派,105;被波斯人夺取,195,197;被希拉克略夺回,198;沦于阿拉伯人之手,211;被穆斯林劫掠,217;与朝圣活动,217,391,394;与约翰·齐米西斯,310;与罗曼努斯三世,312;其宗主教领与罗马和君士坦丁堡的关系,338—339,542;反攻,拜占庭在叙利亚和巴勒斯坦的胜利,392;被塞尔柱人夺取,394;与法蒂玛朝,409;被十字军人夺取,409;在安德罗尼卡和萨拉丁之间的协议中,437;被萨拉丁夺取,445;牧首,约翰·坎塔库津的加冕,585;宗教会议,与佛罗伦萨,联合会议,674;被提及,418,419,590,600

Jerusalem 耶路撒冷王国,其建立,409;与迈克尔一世和约翰二世的关系,416,427;被萨拉丁夺取,445;《耶路撒冷法典》,578—579

Jesus Christ 耶稣基督,在伊斯兰教中,205

Jews 犹太人,与查士丁尼,149—150;站在波斯人一方,195;在阿拉伯半岛,202—203;与利奥三世,258;与瓦西里,332;受到哈希姆镇压,392;在伯罗奔尼撒半岛,638;亦见Judaism犹太教

Jireček,C. 吉莱切克,论约翰·亚琛,523,586

Joan of Arc 圣女贞德,在君士坦

丁堡的议论,642

Job 乔布,安条克牧首,给斯拉夫人托马斯加冕,274—275;与偶像崇拜,287

Joel 乔尔,拜占庭编年史家,556

Johannites 约翰派,被镇压,95

Johannitsa 保加利亚沙皇,见Kalojan 卡洛扬

John 约翰,尼基乌主教,171

John 约翰,基辅大主教(约翰二世),500

John VIII 约翰八世,教宗,对于教会和解的态度,225—226;与瓦西里一世,327;与第二次佛提乌分裂,332

John XII 约翰十二世,教宗,327

John I Asen 约翰一世亚琛,保加利亚沙皇,442;其政策与目标,523—526,532;与拉丁帝国,524;与狄奥多勒·安吉列,524—525;与约翰·瓦塔泽斯和萨洛尼卡的曼纽尔的关系,525—526;其领土的扩张,525;被提及,506,518,522

John Climacus 约翰·克里马库斯,其作品和影响,185

John II Comnenus (Calojohn, Caloyan) 约翰二世科穆宁,皇帝,继承皇位及其性格,375—376;对外政策,412;与诺曼人,412;与威尼斯人,413;打退帕齐纳克人,413;与匈牙利和塞尔维亚,414;意大利政策,414—415;小亚美尼亚,415,426;与安条克公国,415—416;与日耳曼人罗退尔和康拉德三世的协议,415;对突厥人的征伐,415;与耶路撒冷王国,416;潘托克雷塔修道院和的奠基,472;与教宗的关系,475—476;对内政策,480;与书信,490

John III Ducas Vatatzes 约翰三世杜卡斯·瓦塔泽斯,尼西亚皇帝;继承皇位,508;对外政策,517—518;与狄奥多勒·安吉列,519,521,522—523;与拉丁帝国,523;与约翰二世亚琛,525—526;与萨洛尼卡的曼纽尔,525—526;与霍亨斯陶芬朝的弗里德里希二世的关系,526,527,528—530,544,556;教会联合的计划及其与教宗的关系,528,530,532,542—543,544—545;在巴尔干的征伐,532;在恢复帝国方面的作用,内部政策,546—548;与威尼斯的关系,547—548;与莱昂·伽巴拉斯的关系,548;书信,549—550;控制阿尔巴尼亚人,614;被提及,531,536,553

John IV Lascaris 约翰四世拉斯卡

利斯,尼西亚皇帝,继承皇位,508;被迈克尔八世废黜,508,538,661;在安茹查理的宫中,595;他的支持者加入了阿瑟尼乌斯派,662;被提及,534

John V Palaeologus 约翰五世巴列奥洛格,继承皇位和约翰·坎塔库津的起义,584—585;唯一皇帝及约翰七世的起义,585—586;与巴耶齐德,587,625;威尼斯人的囚徒,588,671;与斯蒂芬·杜尚,617;与热那亚人,627,627;受到民众起义者狂热派的支持,664,683;赴罗马的旅行及皈依大公教派,671

John VI Cantacuzene 约翰六世坎塔库津,皇帝,继承皇位,584—585;与斯蒂芬·杜尚,617,620,621;与他的奥斯曼同盟者,622—624;与热那亚人,625;论黑死病,626;在热那亚-威尼斯人战争中的态度,627;受到贵族支持,653;微型画,669,711—712;论伯罗奔尼撒的局势,682;书信,688—689;成为修士,688;与辛多尼斯的通信,695

John VII Palaeologus 约翰七世巴列奥洛格,皇帝,与约翰五世,586;与曼纽尔二世,631,632

John VIII Palaeologus 约翰八世巴列奥洛格,继承皇位,586,588—589;与奥斯曼人的关系及他们在约翰八世时期的进军,640—644;在威尼斯,米兰和匈牙利寻求援助,640;佛罗伦萨联合会议,643,673;照片和半身像,674

John Lackland of England 英格兰的无地王约翰,452

John Moschus 约翰·莫斯库斯,其作品《精神的牧场》,186

John of Antioch 安条克的约翰,编年史家,231

John of Cappadocia 卡帕多细亚的约翰,大政区长,156—157

John of Ephesus 以弗所的约翰,查士丁二世时期的历史学家,论阿那斯塔修斯,141;论狄奥多拉,150—151;其作品,184—185

John the Faster "迅捷者"约翰,君士坦丁堡牧首,173

John the Grammarian 语法学家约翰,君士坦丁堡牧首,破坏圣像运动,286—287;被免职,287;书信,297

John the Lydian 吕底亚的约翰,作家,其作品,154—182

John the Merciful 仁慈者圣约翰,533

John Tzimisces 约翰·齐米西斯,

皇帝,继承皇位,302;征伐东方的阿拉伯人,307,310—311,313,391;与保加利亚,310,319;与斯维雅托斯拉夫,310,319,321;意大利政策,310,328;与亚美尼亚,310;与阿索斯山修道院制度,336—337;该时期的历史学家,364;与保罗派,383;其"十字军",403

Joranson,E. 乔兰森,11 世纪的朝圣者,398

Jordan 约旦山,217

Jordanes 约尔丹内斯,拉丁历史学家,85,125

Joscelin 乔斯林,埃德萨伯爵,418

Joseph 约瑟夫,君士坦丁堡牧首,在弗拉拉-佛罗伦萨会议上,673,674

Joseph Genesius 约瑟夫·吉尼西乌斯,历史学家,363

Jovian 约维安,皇帝,继承皇位,66;与波斯,76;其宗教政策,76,78

Judaism 犹太教,与也门的王国,131;与查士丁尼一世,149—150,154;在阿拉比亚,202—202;与偶像崇拜,255

Judicatum 《宣判书》,152—153

Julian the Apostate 背教者朱利安,皇帝;与君士坦提乌斯,65—66,69—70;恺撒,66;与异教,68,71—78;教育和旅行,69—70;在米兰,70;在雅典,70;在高卢,70;"奥古斯都",71;与教会,72—76;学校改革,73;在达佛涅,75;作品,75,76—77,124;宗教信仰,76—78;最后的遗言,76;在元老院恢复胜利女神祭坛,83;哥特人在军队中,85;与利巴尼奥斯,124;在佐西姆斯的著作中,125

Justin I the Elder 长者查士丁一世,出身和继承皇位,129—130;宗教政策,130—131,149,151;对阿比西尼亚政策,131;他那个时代的历史学家,183

Justin II the Younger 幼者查士丁二世,皇帝,其继承皇位,129,169;收提庇留二世为继子,130;在他收提庇留为继子时候的讲话,130;与突厥人的关系,168,170;在其统治下的丝绸工业,168;与波斯人的战争,170;与美索不达米亚,173;历史学家,186

Justinian I 查士丁尼一世,查士丁尼大帝,与联保地税制,113;出身与继承皇位,129—130,614;与罗马大主教,130—131,149;与狄奥多拉,132;与一性派,132,149—150;150—154;对外政策,133—134,141—142,161—162;其指导思想,133—134,142,148,159;与

波斯人,135;与汪达尔人,135—136;与东哥特人,135,136—137;与西哥特人,137—138;与法兰克人,138;他的征服,138;与戈特里古尔人,140;在其统治时期保加尔-斯拉夫人的入侵,140;防卫,141,168—169,638;其立法著作,142—147;与立法研究,146;其宗教政策,148—150;与犹太人,149;与雅典学园的关闭,150,608;与"三章案"的争论,152;对内政策,154—162;尼卡起义,154—157;与大土地所有主,157—158,573—574;财经政策,159—161;行政改革,160;与军队,161;与商业,167;他的体系的衰落,169;在他统治时期教堂的建筑,169,187—188,190—191;与书信,180;在普洛柯比的著作中,180;他那个时期的历史学家,183;在其统治时期的艺术活动,187—192;在拉文纳的镶嵌画,191;对亚美尼亚的政策,313;与修道院的豁免权,572,574

《法典》,其形成,142—147;与《埃克洛加》,242;与《农业法》,244;与《罗得海洋法》,247—248;与《军事法》,249;在瓦西里一世时期的完善和修订,339,349,340,342;与《帝国法典》,342;与受庇护者,569,570;与豁免权,571;与哈尔梅诺布鲁编纂的《法学六卷》,705;被提及,102,246

Justinian II Rhinotmetus 查士丁尼二世里诺特米图斯(受劓刑者),皇帝,其生涯,193—194;内部政策,193—194;与卡扎尔人,194;与保加利亚人,194;与马尔代特人,215;在奥普希吉翁军区的斯拉夫人,218;宗教政策,225—226;与教宗塞尔吉乌斯和君士坦丁,225;授予豁免权,571,572

Jus vetus(*jus antiquum*) 旧法(古法)142,143,144

K

Kaaba 克尔白,麦加的圣处,203,206

Kaffa 卡法,在克里米亚,热那亚人在此地,625

Kahrieh(Qahiriye-jami) 卡利耶清真寺,见 Chora 霍拉

Kalabaka 卡拉巴卡,在色萨利,621

Kaleh 卡勒布,阿比西尼亚的国王,《王者的荣耀》中的查士丁一世,131

Kalojan(Johannitsa) 卡洛扬,保加利亚沙皇,与英诺森三世,442;在国际生活中的活动,506;与拉丁

帝国的关系,509;目标和政策, 509—510,532;其征伐,510—511

Kaphalas,Constantine 凯法拉斯, 君士坦丁,作家,363—364

Karamzin 卡拉姆金,俄罗斯历史学家,371

Karolides,P. 卡罗里兹,希腊历史学者,17

Kasia 卡西娅,拜占庭诗人,295—296

Kathisma 座席,在大竞技场内的皇帝包厢,154

Kaufmann,C.M. 考夫曼,考古发掘,127

Kavallarios 骑士,577

Kawadh 喀瓦德,波斯国王,在他统治时期波斯的军事化,228

Kawad Sheroe 喀瓦德·谢罗尔,波斯国王,与希拉克略,198

Kebra Nagast 《王者的荣耀》,阿比西尼亚资料汇编,其中谈到查士丁一世,131

Kemal,Mustapha Ataturk 凯末尔,穆斯塔法·阿塔图克,与圣索菲亚教堂,190

Kenourgion 凯努尔金宫,瓦西里建筑的宫殿 373

Kephallenia 凯法利尼亚岛,见 Cephalonia

Khadidja 卡狄加(赫底澈),穆罕默德的妻子,203—204

Kharistikion 捐赠地,制度 479—480;与科穆宁王朝,480;与特恩权相比,565—566;该名词的使用,567

Khazaria 卡扎尔地区,与之的贸易关系,324

Khazars 卡扎尔人,查士丁尼二世在他们中间,194;与希拉克略的联盟,197;与保加利亚人,219;对阿拉伯人的威胁,238;与利奥二世,238;《论帝国行政》中的~, 362

Khomiakov,A.S. 霍米亚可夫,33

Khorasan(Khurasan) 霍拉桑,波斯行省,与塞尔柱人,354;与突厥人的古兹部落,604

Kiev 基辅,其壁画,504;被蒙古人夺取,530

Kipchaks 钦察汗,见 Golden Horde 金帐汗

Kireyevsky,J.V. 吉列也夫斯基, 论拜占庭对意大利文艺复兴的影响,714

Kirghiz steppes 吉尔吉斯草原,塞尔柱人的起源,354

Klimata 哥特高地,见 Cherson, theme of 克尔松军区

Klokotinitza(Clocotinitza) 克洛克提尼扎,战役,524

Kluchevsky, V.O. 克鲁切夫斯基，对罗斯与波罗伏齐人之斗争的记载，400；引用，590

Kondakov, N.P. 康达可夫，著名学者，33，40，42；论《基督教地志学》中的微型画，167；论修道院的数量，256；论拜占庭艺术，709

Kopitar 科皮塔尔，威尼斯学者，论希腊的斯拉夫化，179

Koran 《古兰经》，198，206

Kormchaia Kniga (Book of Rules) 《行政规则》，俄罗斯论文，与《法学导论》，569

Kormlenie 供养地，古代罗斯制度，与普罗尼亚制相比，569

Körting, G. 科尔廷，论巴尔拉姆，715

Kossovo 科索沃，战役，624

Köstendil (Velbužd) 克斯坦迪尔（维尔布什德），战役，612

Kotrigurs 戈特里古尔人，侵入希腊和色雷斯的克尔松人，140

Kovalevsky, M. 科瓦略夫斯基，626

Krebs, E. 克雷布斯，论君士坦丁一世，48

Krug, Ph. 克鲁格，32

Krum 克鲁姆，保加利亚国王，征伐，281

Krumbacher, Karl 克伦巴赫，卡尔，在拜占庭文献方面的工作，30—31；《拜占庭杂志》的奠基者，39；论基督徒的信件，116；论欧洲行省的贡献，117；论塞奥菲拉克特·西莫加特，182；论卡西娅，295—296；论乔治·基里奥特斯*，365；论安娜·科穆宁娜，490；论柴柴斯，498—499；论尼古拉斯·伊林尼科斯，556；论贝尔山德罗与赫利山查，558—559；论约翰·纳乌帕克图斯，560；论乔治·巴尔达内斯，561；论马扎里斯，638；论尼斯福鲁斯·格雷戈拉斯，690；论底米特里·特里克利尼乌斯，705；被引用，686—687，689；被提及，555，710

Kudama 库达马，阿拉伯地理学家，论军区，226

Kugler, B. 库格勒，德意志历史学家，论第一次十字军，389；论第二次十字军，419；论米里奥凯法罗战役，430

Kulakovsky, J.A. 库拉科夫斯基，作为学者的重要性，34—35；论莫里斯的出身，130；论马尔代特人，215；论军区，227；被提及，270

Kunik, A. 库尼克 32

---

* 此处似有误，因为在原文中只提到约翰·吉里奥特斯，见原书第365—366页。——译者

Kuraish 古莱氏,部族,与麦加城,203;与穆罕默德,204;

Kyriotes,John(Geometres) 基里奥特斯(吉尔梅特斯),拜占庭诗人,365—366

L

Labarum 拉巴鲁(拜占庭军旗),与君士坦丁,50;与朱利安,73;与乔维安,78

Labbé(Labbaeus)Phillippe 莱比·菲利普,4

Laconia 拉克尼亚,从法兰克(十字军)人手中收复,609

Lactantius,Firmianus 拉克坦提乌斯,费尔米亚努斯,论君士坦丁一世,49;与《米兰敕令》,51;重要性,123

Lakhmids 莱赫米人,叙利亚阿拉伯王朝,201

Lamansky,V.I. 拉曼斯基,218,603

La Monte,John 拉蒙特,论《耶路撒冷法典》,578

Lampros,Spyridon 兰普罗斯,斯彼里登,希腊学家,23,41,236,589,677

Lascarids 拉斯卡利斯,尼西亚帝国的统治王朝,其起源,468,507;与书信,549

Lateran 拉特兰,会堂,在罗马,教宗的选举,52;会议与一性派,223;1215年宗教会议,542

Latifundia 大土地所有主,573

Latin Empire of Constantinople 君士坦丁堡的拉丁帝国,在佛兰德的鲍德温一世统治时期,506;与保加利亚的关系,509—510,526,612;与尼西亚帝国,514,516—517,526;卡斯托利亚战役之后,537;其末日,538;希腊教职人士对拉丁帝国的态度,540—541,542;与十字军思想,542;与塞尔维亚,612

Latin Language 拉丁语言,在拜占庭,100,117,125,

Laura 拉弗拉,阿索斯山修道院,677

Lavisse,E. 拉维斯,历史学家,29

Lazar 拉扎尔,塞尔维亚王公,与奥斯曼人,624

Lazarus 拉扎路斯,圣像画匠,在塞奥菲卢斯时期的殉难,286

Lazica 拉齐卡,在高加索,在查士丁尼统治时期,139

Leveau,Charles 勒博,夏尔,11—12

Lebedev,A.P. 列别德夫,论破坏圣像运动,256;论狂热派,659,660

Legnano 莱尼亚诺,战役,425
Leib,B. 莱布,论阿列克修斯一世致佛兰德的罗伯特的信,387
Lemerle,Paul 勒默尔,保罗,30
Lemnos 利姆诺斯,岛屿,战役,306;君士坦丁堡的粮仓,679
Leo I 利奥一世,皇帝,继承皇位,66—67;阿斯帕尔和日耳曼人问题,104—105,114;宗教政策,106
Leo II 幼者利奥二世,皇帝,67,106
Leo III the Isaurian 伊苏里亚人利奥三世,皇帝,芬利对他的记载,14—15;继承皇位及其出身,194,230,234;与阿拉伯的威胁,235—238,390;中世纪希腊的米泰亚德,236;与保加利亚人,236,239;与卡扎尔人,238;立法,240—249;对斯拉夫人的政策,246;在其治下的税收,250—251;破坏圣像运动,252—253,258—259,265;皇帝教权主义,257—258;对于他的统治之评价,269—270
Leo IV the Khazar 利奥四世,卡扎尔人,皇帝,继承皇位,234;破坏圣像政策,263
Leo V the Armenian 亚美尼亚人利奥五世,皇帝,其出身和继承皇位,254,272;与克鲁姆,281;与奥穆尔塔格,282;与君士坦丁堡的防务,282;其破坏圣像政策,284—285;其历史学家,363
Leo VI the Wise 智者利奥六世,继承皇帝,301;与保加利亚的威胁,304,316—317;与阿拉伯人,305;与马扎尔人,316;与奥列格,320;与意大利的统治,327;与佛提乌,332;立法著作,342—343,345;与书信,361—362;与阿索斯山的豁免权,571;被提及,336,351,363
Leo of Tripolis 的黎波里的利奥,萨洛尼卡的沦陷,305;在利姆诺斯的失败,306
Leo I the Great 利奥一世,伟大者,教宗,与一性派,99
Leo III 利奥三世,教宗,与查理大帝的加冕,266
Leo IX 利奥九世,教宗,与君士坦丁堡的分离,337—339
Leo XIII 利奥八世,教宗,674
Leo the Deacon 助祭利奥,历史学家,论尼基福鲁斯·福卡斯,309,335;论安奇阿鲁斯战役,317;奥列格的远征,321;其作品,364
Leo the Grammarian 语法学家利奥,编年史家,365
Leo the Mathematician 数学家利奥,学问和活动,297—298
Leo Tornikios 利奥·托尼基奥

斯,其叛乱,315

Leonard 列奥纳多,开俄斯岛上的主教,论君士坦丁堡的包围和陷落

Leonidas 列奥尼达,斯巴达国王,176

Leontius 莱昂提乌斯,塞浦路斯尼亚波利斯的主教,其作品,232—233

Leontius 莱昂提乌斯,皇帝,194

Leontius of Byantium 拜占庭的莱昂提乌斯,作家,185

Leontius Pilatus 莱昂提乌斯·皮拉图斯,在文艺复兴中的角色,716—717

Lepanto 勒颁多,见 Naupactus 纳乌帕克特

Le Quien, Michel 勒坤,迈克尔,多明我会修士,5—6

Lesbos 莱斯博斯(岛),塞尔柱人在岛上,394;在"瓜分罗马领土"的交易中,463;被约翰·瓦塔泽斯收回,523;热那亚人在岛上,537,589,630

Levchenko, M.V. 列夫臣柯,39

Lewis II 皇帝路易二世,在意大利,280;占领巴里,303,360;与瓦西里一世的关系,303,326

Lewis the Pious 虔诚者路易,皇帝,塞奥菲卢斯派出的使节,277

Lexicon of Suidas 《苏伊达斯词典》,364

Lex Romana Visigothorum 《西哥特罗马法》(《阿拉里克节选本》),102

Libanius of Antioch 安条克的利巴尼奥斯,修辞学家,与朱利安,69,72,76;与赫里索斯顿,94,118;其著作和影响,123—124

Licinius 利基尼乌斯,皇帝,继承皇位,44;与基督教徒,49,51;被提及,85

Limes romanus 罗马防线,200

Lingenthal, Zacharia von 林根塔尔,扎哈利亚·冯,其重要性,41;论《农业法》,244,245,246

Lipshitz, E. 利普西兹,论《农业法》,245

Lituania 立陶宛,与君士坦丁堡教区,665

Liudprand 留德普兰德,克雷莫诺主教,在君士坦丁堡,327—328

Lizios (ligius) 附庸,或者是采邑的拥有者,569

Lombard, A. 伦巴德 A.,论破坏圣像运动,253

Lombard communes 伦巴德城市公社(北意大利城市公社),与曼纽尔一世,425,430

Lombards 伦巴德人,在潘诺尼亚,

172;在意大利,172—173;受到其攻击及拉文纳总督区的建立,174—176,227;9世纪在意大利的地位,280;与拜占庭的影响,717

Longobardia 隆格巴迪亚,军区,327

Long Wall （阿那斯塔修斯城墙）长城,在君士坦丁堡,其建立,110

Lot,F. 洛特,30,48

Lothar of Germany 德意志的洛塔尔,与约翰二世的谈判,415

Louis II 路易二世,皇帝,见 Lewis II

Louis VII 法王路易七世,与第二次十字军,419,421;与曼纽尔一世,420,421,423;其女儿嫁与阿列克修斯二世,431

Louis IX 法王路易九世,与安茹查理的活动,593;与迈克尔八世,593—594

Louis XIII 法王路易十三,与拜占庭文献,3

Louis XIV 法王路易十四,在他统治时代的拜占庭研究,3—4

Louis of Blois 布洛瓦的路易,与第四次十字军,452

Louvre 巴黎的卢浮宫,曼纽尔二世的微型画与海伦,586;曼纽尔二世在此驻留,633,634

Luchaire,A. 吕谢尔,458,543—544

Lucian of Samosata 萨莫萨塔的卢西安,神学家,2世纪的讽刺诗人,在拜占庭,364,366,497,498,501

Lucius III 卢修斯三世,教宗,与安德罗尼卡一世,436

Lusignan,Guy de 居伊·德吕济尼昂,耶路撒冷的流亡国王,塞浦路斯的统治者,447

Lutetia Parisiorum 卢特提亚·巴黎希奥卢姆（巴黎）,朱利安在此地驻留,70

Lybistros and Rhodamne 《利比斯托罗斯和罗达姆内》,拜占庭史诗体传奇,707—708

Lyons 会议和教会联合,教宗英诺森四世在此地,543;迈克尔·巴列奥洛格的使节,553,596,658;与教宗马丁四世的决裂,599;动机与成就,657—659,662—663

M

Mabillon,Jean 让·马比荣,5

Macarius 马卡里乌斯 安条克牧首,225

Macedonia 马其顿,在伊利里亚大政区,64;受到哥特人侵扰,85;被盖塔人蹂躏,110;受到戈特里古尔人侵扰,140;斯拉夫人起义,

239;在西梅恩的领土上,318;乌齐人与帕齐纳克人,358—359;在"瓜分罗马领土"的交易中,463,506;与卡洛扬,509,511;被保加利亚人占领,525;与约翰·瓦塔泽斯,532;受到加泰罗尼亚人骚扰,606;在13世纪,609;与斯蒂芬·杜尚,613,617;巴列奥洛格时期的艺术成就,711

Macedonian Dynasty 马其顿王朝,其起源,301;社会立法,346—349;该时期的艺术,371—374;"马其顿文艺复兴",373;与军事领地,567;与"豁免权";与修道院封建主义,575;与小土地所有主,577

Macedonius 马基顿尼,异端派别,81

Maeotis(Sea of Azov) 亚速海,热那亚人和威尼斯人在海上,625;与都灵和议,628

Magnesia 马格尼西亚,供奉约翰·坎塔库津的神龛,533

Magyars 马扎尔人(匈牙利人),在拜占庭历史上,304;与西梅恩的协商,316;侵袭巴尔干,319;在《论帝国行政》一书中,362;亦见 Hungary 匈牙利

Maina 马伊纳,在莫里亚的防砦,移交给迈克尔八世,580,637

Málaga 马拉加,在西班牙,在查士丁尼一世统治时期,137

Malalas, John 约翰·马拉拉斯,编年史家,在编年史方面的著作和影响,183—184;与安条克的约翰,231

Malatesta 马拉泰斯塔,家族,699

Maleinus, Eustathius 尤斯塔修斯·马雷努斯,卡帕多细亚巨富,348,577

Malik Ghazi 马立克·加齐,埃米尔,俘获博希蒙德,410

Malta 马耳他,被阿拉伯人占领,304

Mamluks 马木路克人,打败了蒙古人,600;其起源及其与君士坦丁堡和金帐汗国的关系,600—602

Mamun 马蒙,巴格达哈里发,与斯拉夫人托马斯,274—275;在小亚细亚的征伐,276;与数学家利奥,298

Manasses 曼纳苏,君士坦丁,编年史家,其著作,491,502—503

Manfred 曼弗雷德,对拜占庭的政策,530,536,591,被提及,598

Mangu 蒙哥,蒙古人大汗,600

Maniaces, George 马尼阿切斯,乔治,对东方的征伐,312;西西里远征,313,329

Manichaeism 摩尼教,149,154,

383；亦见 Paulicians and Bogomiles 保罗派和鲍格米尔派

Manojlović, M. 马诺也罗维奇，论尼卡起义，156

Manuel 曼纽尔，狄奥多勒·安吉列的兄弟，525，561

Manuel I Comnenus 曼纽尔一世科穆宁，皇帝，继承皇位与其性格，276；对外政策，376，417—418，422—425，431—432；与安德罗尼卡一世，377—378*；迎娶苏尔兹巴赫的贝尔塔为妻，417，418；在其统治时期帝国向小亚细亚的推进，417；与第二次十字军，418

Manuel I Comnenus 曼纽尔一世科穆宁，皇帝，419—422；与路易七世，420，421，431；与康拉德三世，421；与教宗权力，423，425，476—477；与弗里德里希·巴巴罗萨，424—425，430；意大利远征，424—425；与威尼斯的关系，425，453，459；与意大利城市公社，425；小亚美尼亚和第一次十字军的拉丁王国，426—427；与穆斯林诸王的关系，427—428；与基里耶·阿尔斯兰，428—429；与亨利二世普兰他日奈（金雀花王朝的亨利），429；其亲西方的倾向，431，568—569，577；与波洛茨克公主的关系**，431；与普雷斯特·约翰的传说，432；在罗斯的传说中，432；宗教政策，469，470，471；内部政策，480—481，483；与书信，490—491；记载其历史的学者，491；提及，415，416，561

Manuel II 曼纽尔二世巴列奥洛格，皇帝，其微型画，586，635，711—712；与萨洛尼卡统治者，587；在土耳其掠夺小亚细亚的进军途中，587—588；在巴黎，587，633，634；在巴耶齐德的宫殿中，625，629—630；性格，588—589；对外政策，630—636，639—640；与匈牙利西吉斯蒙的十字军，630；与威尼斯人，630；与马歇尔·布奇科的远征，631—632；民众对他的不满情绪，631；向西方求援及在西方的旅行，631—634，635，636；在伦敦，633—634；马丁五世和斐迪南一世，636；与穆罕默德一世，639—640；在伯罗奔尼撒，637，682；其去世，641；金币，686；工作和文化，688；与辛多尼斯，695

---

* 此处有误，原索引作 377—338，显然不对。——译者

** 此处的波洛茨克公主，见原文的第 432 页。——译者

Manzikert 曼兹克特,在亚美尼亚,战役,其重要意义,356—357;被提及,361,395,401,408,429,485;

Marçais,George 马尔赛,乔治,26

Marcian 马西安,皇帝,出身和继承皇位,66;与阿斯帕尔,104;宗教政策,105

Marcus Aurelius 马可·奥勒留,皇帝,引用,72

Mardaites 马尔代特人,其作用,被查士丁尼二世从阿拉伯边境撤回,215

Mardonius 马尔多尼奥斯,背教者朱利安的老师,69

Marie Antoinette 法国王后玛丽·安东尼特,377

Marinus 马里努斯,大政区长,113

Mark Eugenicus 马克·尤金尼科斯,以弗所都主教,与佛罗伦萨联合,673,674;其作品,697;与贝萨里翁,721

Marmora 马尔马拉海,见 Propontis 普罗蓬蒂斯

Marr,N. 马尔,在阿尼的考古发掘,314—315;论约翰·伊达路斯,474

Marseilles（Massilia） 马赛（马西利亚）,偶像崇拜,255;君士坦丁堡的居民区,616

Martin I 马丁一世,教宗,关于《信仰告白》和《信仰诏示》;与康斯坦斯二世,223—224

Martin IV 马丁四世,教宗,流产的里昂联合,596—597,659;拜占庭政策和西西里晚祷事件,599

Martin V 马丁五世,教宗,与曼纽尔二世,636

Martina 马尔蒂娜,希拉克略的妻子,193,198

Mary(Maria) 安条克的玛丽亚,曼纽尔一世的妻子,作为摄政,376—377,432—433;其亲拉丁人倾向,378

Maslamah 马什拉马,阿拉伯将军,在小亚细亚,236

Mas—Latrie 马斯-拉特里,法国历史学家,论威尼斯在第四次十字军时期的地位,456

Maspero,J. 马斯佩罗,论狄奥斯库鲁,187;论埃及,209—210

Masudi 马苏第,阿拉伯历史学家和地理学家,论巴勒斯坦的基督教派别,217

Matthew Cantacuzene 马休·坎塔库津,作家,689

Matthew of Paris 巴黎的马休,论英诺森四世,531—532

Maurice 莫里斯,皇帝,其出身和继承皇位,130;其统治能力,169;

与波斯战争,171;请求法兰克人帮助对抗伦巴德人,172—173;与教宗的关系,173;与总督制的形成,174—175;与书信,180,187;王朝政策,575—576

Maurice J. 莫里斯,论君士坦丁,48

Maxentius 马克森提乌斯,皇帝,44,49

Maximian 马克西米安,皇帝,44,62,85

Maximus Confessor 忏悔者马克西姆斯 与一性派,223;著作和影响,224,231—232;在斯科特·埃流吉那的著作中,232;与拜占庭神秘主义,698;被提及,488

Maximus of Ephesus 以弗所的马克西姆斯,哲学家;与背教者朱利安,70

Mazarin,Jules 马扎林,朱利斯,红衣主教,手稿的搜集者,3

Mazaris 马扎里斯,卢西安的模仿者,论莫里亚的局势,637—638,682;其著作,701

Mecca 麦加,202—203,205

Medici 美第奇,家族,673;科西莫和普勒桑,699

Medina(Yathrib) 麦地那(雅特里布),其作为城市的重要性,202;在穆罕默德管理下,204,205,208;穆罕默德静修的岩洞,237

Mediterranean Sea 地中海,"拜占庭内湖",133,138

Megabazus 迈加比佐斯,波斯将军,58

Megarians 麦加拉人,卡尔西顿和拜占庭城的建立者,57

Mehdia 米底亚,北非城市,被热那亚人和波斯人攻击,399

Meles 梅勒斯,与诺曼人,329

Melitene 梅利特尼,美索不达米亚城市,被库库阿斯收回,306

Meliteniotes,Theodore 梅利特尼奥特斯,狄奥多勒,其著作,706—707

Menander the Protector "保护者"米南德,历史学家,139,181

Menas 梅纳斯,埃及圣者,方形礼拜堂 127

Menas 梅纳斯,君士坦丁堡牧首,151,152

Menology 教仪月历,见 Vatican Menologium《梵蒂冈宗教月历》,373

Mercati,S. 梅尔卡第,31

Merovingians 墨洛温王朝,576

Mesarites,John 梅萨利特,约翰,其活动和作品,554—555

Mesarites,Nicholas 梅萨利特,尼古拉斯,以弗所都主教,论君士坦

丁堡被十字军人攻克,461;与教会联合问题,541,542;其活动和作品,555

Mesopotamia 美索不达米亚,希腊化,89;与聂斯脱利派,99;与拜占庭艺术,126;被阿拉伯人征服,211;与萨拉丁,445;蒙古人进入,600;帖木儿,635

Messina 西西里岛的墨西拿,被阿拉伯人征服,279;被马尼阿西斯收复,329;亨利六世在此地,449

Meteora 梅泰奥拉,修道院的建立,其奠基,621

Methodius 美多德,君士坦丁堡牧首,与迈克尔二世,286;被狄奥多拉再次任用,287

Methodius 美多德,圣者,斯拉夫人的传道者,282

Metochites, Theodore 梅托希特斯,狄奥多勒,论尼西亚,513;其宫廷被劫掠,682;其著作和影响,702—704

Meursius 慕尔西乌斯,荷兰拜占庭学者,3

Michael Asen 迈克尔·亚琛,保加利亚沙皇;与狄奥多勒二世拉斯卡利斯,535

Michael of Thessalonica 萨洛尼卡的迈克尔,其著作和生平,497

Michael I Angelus Ducas Comnenus 迈克尔一世安吉列·杜卡斯·科穆宁,伊庇鲁斯君主,与狄奥多勒·拉斯卡利斯,519;被提及,506,518

Michael I Rangabé 迈克尔一世朗伽巴,皇帝,与查理大帝,268;继承皇位,271;与克鲁姆,281;宗教政策,283

Michael II the Stammerer "口吃者"迈克尔二世,皇帝,其出身及继承皇位,254,272;其宗教政策,254,285—286;与镇压斯拉夫人托马斯起义,274—275;失去克里特岛,278—279

Michael III (The Drunkard) (醉鬼)迈克尔三世,皇帝,继承皇位,其性格特征,272;他对罗斯人与东方阿拉伯人的胜利,272;在其统治期间与教宗的决裂,290

Michael IV the Paphlagonian 帕夫拉戈尼亚人迈克尔四世,皇帝,继承皇位,302;西西远征,329

Michael V Calaphates 迈克尔五世卡拉法特斯,继承皇位,302

Michael VI Stratioticus 迈克尔六世斯特拉条提库斯,皇帝,继承皇位,305,352;与塞勒斯,368

Michael VII Ducas 迈克尔七世杜卡斯,皇帝,继承皇位,与其政策,353;塞尔柱人的威胁,356—357;

向格列高利七世求援,358,359,395,475;与罗伯特·吉斯卡尔德的谈判,361

Michael VIII Palaeologus 迈克尔八世巴列奥洛格,皇帝,其生平,536;与伊庇鲁斯君主、曼弗雷德和维拉杜安的联合,536;卡斯托利亚战役,536—537;与热那亚人和威尼斯人的关系,537—538,548,591,593,615;收复君士坦丁堡,538;在圣索菲亚大教堂的第二次加冕,538;与阿列克修斯四世,545;在其统治时期的帝国及其敌对者,580—581,594—595;与曼弗雷德,591;与安茹的查理,592—599;与教宗的关系,593;与路易9世,593—594;与塞尔维亚、保加利亚和阿尔巴尼亚人的关系,594—595;与格列高利十世的关系,596;与卡拉万的关系,597,601—602;与阿拉贡彼得的关系,598;其东方政策,599—603;与蒙古人和马木路克人,600—602;其在小亚面临的局势,602;与边界领主们,602—603,681;与里昂联合,657—659;希腊僧侣对于其宗教政策的反抗,657—658,659—663;与教宗安瑟尼乌斯,661;与阿瑟尼乌斯派,662—663;与舰队,680;作家和文学活动的庇护者,688;其历史学家,689;被提及,507,533,553,583,637

Michael IX Palaeologus 迈克尔九世巴列奥洛格,皇帝,继承皇位,583—584;与奥斯曼人,604;与罗杰·德弗洛尔,606

Miklosich, Franz von 米克洛西奇,弗兰茨·冯,677

Milan 米兰,所谓《米兰敕令》,声称,44;纪念其颁布16世纪活动,48,51;其文字,51,97

Milan(Mediolanum) 米兰,马克西米安的驻地,62;受到迈克尔一世支持,425;曼纽尔二世在米兰,633;约翰八世,640;赫里索罗拉斯,718

Miliarisia 米里亚里斯,银币名,480

Military law 《军事法》,244,248—249

"Military party" 军事派,与"贵族派"之争,351—354

Miller, W. 米勒,532

Millet, G. 米勒,677,710,712

Milosh(Obilié, Kobilié) 米洛什,塞尔维亚显贵,刺杀穆拉德一世,624

Milvian Bridge 米尔维安桥,战役,44

Mir-Achor djami 米尔-阿克尔清真寺,128

Mistra 米斯特拉,在莫里亚,法国公爵的防砦,465;莫里亚君主的驻节地,465,589,637;文化中心,465,637,645,687,712;歌德《浮士德》所依托的原型环境,466;交还迈克尔八世,580,637;巴列奥洛格时期文艺复兴的纪念物,582,687,709—711;文学人物,645,699,720;与1465年的征伐,699

Mithras 密特拉,波斯神祇,对其崇拜,49;与朱利安,77

Modon 莫登,在伯罗奔尼撒半岛上,威尼斯人的港口,466

Moesia 莫西亚,达契亚人迁徙至此,85;哥特人在莫西亚,86;保加尔人,219

Monachmachia 破坏修道院,262

Monembasia(Monemvasia) 蒙内姆巴西亚,伯罗奔尼撒半岛上的城市,斯拉夫人的定居,240;移交给迈克尔八世,580,637

Mongols 蒙古人,入侵和征服,530—532,599—601;在小亚细亚,530—531,535,599—600,604;据巴黎的马休所记英诺森四世和蒙古人,531—532;与约翰·瓦塔泽斯,531,532;与狄奥多勒二世,535;关于其在波斯的活动,600,604;侵扰叙利亚和美索不达米亚,600;与马木路克人,600;其在罗斯的活动,600—601;在迈克尔八世时期的双边关系,600—601与古兹突厥人部族,635—636

Mongus 孟古斯,见 Peter Mongus 彼得·孟古斯

Monnier,Ph. 莫尼耶,论赫里索罗拉斯,719

Monophysitism 一性派,其起源,99;在5世纪的情况,105;与卡尔西顿会议,105;与《合一通谕》,108;其政治重要性,115,196,208;在埃及,122,196,208;与查士丁一世,132,149,150—151,153—154;在阿比西尼亚,131;与查士丁尼一世,132,149,150—151,153—154;与诺贝达人,141;与尼卡起义,155,157;在叙利亚和巴勒斯坦的政治地位,196,208;在阿拉伯人统治下,217;与希拉克略,222;在拜占庭被最后禁绝,224—225

Monotheletism 一意派,正教派与该派的争论,222—223;与康斯坦斯二世的"信仰告白",223—224;被君士坦丁四世诅咒,224—226;瓦尔丹对该派的偏爱,230;其文献,231

Monreale 蒙利尔,与拜占庭艺术,504

Montanists 孟他努斯教派,与利奥三世,258

Montelatici, G. 蒙特拉蒂奇,论拜占庭文献,31;论格雷戈拉斯,690

Montesquieu 孟德斯鸠,法国学者,对拜占庭历史的阐释,6,7—8,23

Montfaucon, Bernard de 蒙弗孔,贝尔纳德,法国学者,与《希腊古文书学》,5

Montferrat 蒙斐拉,巴列奥洛格王朝,其建立,583

Moors 摩尔人,见 Berbers 柏柏尔人

Mopsuestia (Mamistra) 莫普苏埃斯蒂亚(马米斯特拉),在乞里奇亚,426

Morea, Choronicle of 《莫里亚编年史》,466—467

Morea 莫里亚,伯罗奔尼撒半岛,封建结构,465;奥斯曼人在莫里亚,631,640,647;君主国,637,680,681;亦见 Peloponnesus 伯罗奔尼撒

Morosini, Thomas 莫洛西尼,托马斯,君士坦丁堡的拉丁派最高主教,463,541

Mortreuil, J. 莫特罗伊,法国学者,41

Moschopulus, Manuel 莫斯霍布鲁斯,曼纽尔,其著作和影响,702

Moscow 莫斯科,国家,569;"第三罗马",590;曼纽尔二世的求援,631

Mosul 莫苏尔,底格里斯河上的防砦,阿塔贝格,418

Mount Horeb 何烈山,在耶路撒冷,217

Mozarabs (Mozaravs) 穆扎赖卜人,西班牙的社会阶层,216

Muawiya (Moawiya) 哈里发,建立舰队,212;与阿里,213;在海陆两方面与拜占庭的对抗,214

Muhammed 穆罕默德,其生涯,203—205;其教诲,205—206;目标及成功,206—207;在但丁的作品中,207;直接继承人,211;传说中与希拉克略的通信,211

Muhammed I 穆罕默德一世,奥斯曼人的苏丹,与曼纽尔二世,639—640

Muhammed II the Conqueror 征服者穆罕默德二世,其清真寺,189;与恩利克·丹多罗的遗骨,510;与底米特里·巴列奥洛格,589;性格和野心,645—646;攻占君士坦丁堡,645—653;其照片,646;使用大炮,650;进住布莱舍

内宫,653

Müller,J. 奥地利学者,677

Mundium 侍从(德语释意),565,569

Muntaner 蒙塔内尔,加泰罗尼亚编年史家,605,689

Murad I 穆拉德一世,奥斯曼苏丹,巴尔干的征服者,624

Murad II 穆拉德二世,与约翰八世,640

Muralt,E. 穆拉尔特,在俄罗斯的瑞士学者,《拜占庭编年史》,42

Mutasim 穆塔希姆,哈里发,对小亚细亚的征伐,276

Muzalon,George 穆扎伦,乔治,约翰四世的摄政,536

Myriocephalon 米里奥凯法罗,战役,428—429

N

Naissus(Nish) 纳伊苏斯(尼什),44,58,443

Naples 那不勒斯,被贝利撒留征服,136;康斯坦斯二世在此地,221;公国,280,327,436;其大学,527;与安茹的查理,590,604;塞尔维亚和保加利亚使节,595;安茹家族的档案,597;在阿方索五世的统治下,643;约翰五世在那不勒斯,671

Napoleon I 拿破仑一世,论拜占庭,6—7

Narses 纳尔泽斯,拜占庭将军,战胜托提拉,137;与伦巴德的入侵,172

Nasiri-Khusrau 拿西里·伊-库斯劳,波斯旅行家,在耶路撒冷,312—313

Naupactus 纳乌帕克图斯,559

Navarrese 纳瓦拉人,在加泰罗尼亚人的兵团中,604,608

Nazareth 拿撒勒,当地的教堂,127;被约翰·齐米西斯收复,310

Nea 新教堂,其建立,372—373

Nea Moni 新莫尼教堂,在开俄斯岛上,372

Nectarius 奈克塔利乌斯,君士坦丁堡教宗,81,95

Nedjd 纳季德,阿拉比亚的省区,200

Nemanjas 尼曼加,王朝,塞尔维亚王权的奠基者,443,609

Nerva 涅尔瓦,《当代希腊的记忆》杂志,41

Nestorianism 聂斯脱利派,中心及其对立者,99,108;与查士丁尼,149—150,154;与第五次全基督教主教公会议,153;在波斯,165,196;在锡兰,165

Nestor Iskinder 聂斯托尔·伊斯

金德尔,649

Nestorius 聂斯脱利,安条克教会首领,其异端,98—99,108

New Church 新教堂,372—373

Nicaea 尼西亚帝国,与拉丁帝国,50—59,516—517,536—538;与拉斯卡利斯,468—469;与国家的目标,507,511;与伊科尼姆苏丹,508,514—515,530—531;与亚得里亚堡战役,510—511;与尼西亚城,512—513;与伊庇鲁斯君主国,518—522,523;与约翰二世亚琛,525—526;与蒙古人,530—531;在约翰·瓦塔泽斯统治下,531—532;在狄奥多勒二世和迈克尔八世统治时期,534—538;与教宗的关系,542—545;其历史学家,553;文献,562—563

Nicaea 尼西亚,在比西尼亚,第一次基督教全体主教公会议,55—56;塞尔柱人苏丹,385,394,402;与第一次十字军,408;历史,512—513;1234年会议,543;文化中心,548—549;奥斯曼人的征服,604,608

Nicaea 尼西亚,宗主教:宗教领袖,522,541,542,545—546

Nika Riot 尼卡起义,135,154—157

Nicephorus 尼斯福鲁斯,君士坦丁堡牧首,历史学家和神学家,与815年宗教会议的宣言,251;反对意见,283;与利奥五世,284,285;著作,292,293

Nicephorus I 尼斯福鲁斯一世,皇帝,其出身和继承皇位,235,271;与查理大帝,268;与克鲁姆,271,281;在他统治时期伯罗奔尼撒的斯拉夫人起义,278;其宗教政策,283;与联保制,348

Nicephorus II 尼斯福鲁斯二世,福卡斯,皇帝,继承皇位,302;意大利征伐,305,326;收复克里特,308;叙利亚的征伐,308—309,391;与斯维雅托斯拉夫,308;对西方政策,308—309;与奥托一世,308,327—328;与保加利亚的斗争,319;宗教政策,334—337;与教宗,336;与阿索斯山修道院体系,336—337;社会立法,347,567;其历史学家,364;其"十字军"403,被提及,313,471,481

Nicephorus III 尼斯福鲁斯三世,波达尼塔特斯,继承皇位,353;被提及,357,384,489

Nicephorus Calistus 尼斯福鲁斯·卡利斯图斯,作家,论约翰·赫里索斯顿,118

Nicholaites 尼古拉派,333,334

Nicolas I 尼古拉一世,教宗,送给

鲍里斯《阿拉里克节选本》,102；与保加利亚教会,282—283；与佛提乌案,290,330—331

Nicolas V 尼古拉五世,教宗,655

Nicolas Mysticus 尼古拉·米斯提库斯,君士坦丁堡牧首与佛提乌,297；与克里特埃米尔的关系,297,306；与西梅恩,317；与《联合通告》,334；与利奥六世,333—334；与教宗权力,334；他的通信,364

Nicolas of Otranto 奥特朗托的尼古拉斯,卡索勒修道院院长,541

Nicopolis 尼科波利斯,战役,630—631；632

Nikon 尼康,牧首,342

Nikov, P. 尼克夫,论卡洛扬,511

Nile River 尼罗河,在查士丁尼统治时期,141

Nineveh 尼尼微,战役,197

Niphon 尼逢,鲍格米尔派教义的传播者,473

Nish(Naissus) 尼什（纳伊苏斯）,44,58,443

Nisibis 尼西比斯,聂斯脱利派学校,99；与查士丁二世时代的波斯战争,170

Nobade(Nubian) 诺贝达人（努比亚人）,141,165

Nogai 诺盖,金帐汗国将军,与迈克尔八世,601

Nomisma (hipergyrus or solidus) 诺米斯玛（伊佩比路或索里达）,拜占庭金币,在阿列克修斯时期,480

Nomocanon 《世俗－教会法规集》,470

Nonnosus 诺诺苏斯,其使命,182

Norden, W. 诺登,论教宗权力,亨利六世与君士坦丁堡,449；论亨利六世,450；对第四次十字军的解释,458；论科穆宁对教宗的政策,476；被引用,658

Normans 诺曼人,在南意大利,329；教宗权力,君士坦丁堡与拜占庭属意大利的占领,330,351,354,359—361；在阿列克修斯统治时期与之关系,380—381,399；阿普利亚公爵领,381,413；博希蒙德在东方的计划,409—410；西西里和南意大利在罗杰二世时期的联合,414—415；在约翰二世和曼纽尔一世时期的关系,415,417—418,422—425；与亨利六世,435—436,448；威廉二世的活动,436—438,440—441

Notaras, Lukas 诺塔拉斯,卢卡斯,647

Notitia dignitatum 职衔录,63

Nougaret, P. J. B. 努加来,对拜占

庭历史的解释,12
Novels(*Novellae leges*) 新律,颁布,145；一个历史资料,154,157—158,159
Novgorod 诺夫哥罗德,拜占庭壁画,504
Nubia 努比亚,在印度洋航海者科斯玛斯记载中的努比亚碑铭,165
Nur-ad-Din Mahmud 努尔丁·马茂德,攻取埃德萨,418；与第三次十字军,44—45
Nürnberg,Treaty of 纽伦堡,协议,446
Nymphaeum,Council 尼姆菲尔会议,543
Nymphaeum,Treaty of 尼姆菲尔协议,537,548

O

Ochrida 奥赫里德,大主教领,496,560
Octateuch,Constantinoplitan Code of,《圣经·旧约·首八卷》的君士坦丁堡抄本,490
Odovacar 奥多阿克,废黜罗慕洛·奥古斯都,107；芝诺和狄奥多里克,107
Oeconomos,L. 厄科诺摩,27
Oleg 奥列格,罗斯大公,关于其远征,320,320注,321—322

Olga 奥尔加,罗斯女大公,在君士坦丁堡,322
Olympic games 最后一次奥林匹克盛会,83
Oman,C.W. 欧曼,28
Omar 欧麦尔,哈里发,在其统治时期对拜占庭领地的征服,211；耶路撒冷清真寺,233,409
Omar 欧麦尔,梅利特尼的埃米尔,对小亚细亚的征伐,277
Omar 欧麦尔清真寺,409
Omurtag 奥穆尔塔格,保加利亚沙皇,与君士坦丁堡的关系,275,282
Onogurs 奥纳格部族,219
Opsikion 奥普西奇翁军区,在此地的斯拉夫人,218,228,250
Origen 奥利金,54
Orkhan 奥尔汗,苏丹,608,622
Orosius 奥罗修斯,历史学家,66
Orvieto 奥尔维耶托,尼西亚的主教,544
Osman(Othman) 奥斯曼,苏丹,创建奥斯曼王朝,604；在其统治下向小亚细亚的挺进,608—609
Ostrogosky,G. 奥斯特洛戈尔斯基,杰出的历史学家,28；论希拉克略,194；论《农业法》,245
Ostrogoths (Ostgoths)东哥特人,德涅斯特河东方,84；与匈奴人,

86;在潘诺尼亚,107;侵犯巴尔干半岛,107;在意大利建立东哥特国家,107;在阿那斯塔修斯统治时期,111;与查士丁尼,133,136—137;与汪达尔人和法兰克人的关系,135—136;与贝利撒留和纳尔泽斯,136—137;在诺里克,138;向库斯鲁·努什尔万求援,139

Othman 奥斯曼,哈里发,211

Othman 见 Osman,奥斯曼

Othon de la Roche 奥松·德拉洛奇,雅典和底比斯公爵,464,506

Otto I 奥托一世,皇帝,与君士坦丁堡的关系,308,327—328,336;被提及,520

Otto II 奥托二世,皇帝,娶了狄奥凡诺,310;被阿拉伯人打败,312

Otto III 奥托三世,皇帝,与拜占庭的关系,328—329

Othmans 奥斯曼人,拜占庭体制对它的影响,569;在 14 世纪拜占庭内争中的角色,585,589;与约翰五世,587,625;起源和兴起,603—604;与加泰罗尼亚人的远征,604—605,606,608;安德罗尼卡统治时期在小亚细亚的进军,608—609,621;与斯蒂芬·杜尚,620,621;约翰·坎塔库津与奥斯曼人在欧洲的立足,622—624;塞尔维亚、保加利亚和奥斯曼人的关系,624;在巴耶齐德时期的进军,629—630;与西吉斯蒙德的十字军,630—631;与马歇尔·布奇科的远征,631—632;其进攻受到帖木儿阻止,634—636;在穆罕默德一世统治下,639—640;1422 年包围君士坦丁堡,630—640;在约翰八世统治下的局势,641—664;攻占萨洛尼卡,641;与弗拉迪斯拉夫的十字军,643;1453 年对君士坦丁堡的围攻和征服,645—646;西欧国家对奥斯曼征服的抵抗,655—656;与正教会,675—676

Otto of Brunswick 不伦瑞克的奥托,450—451,452,455

Otto of Freising 弗莱兴的奥托,424

Ovid 奥维德,在拜占庭,559,701

P

Pachymeres 帕希梅利斯,历史学家,论阿瑟尼乌斯派,661;论热那亚人,685;其著作,689

Paganism 异教,与基督教文化,43;在 4 世纪,47;与米兰敕令,52;与君士坦提乌斯,67;与背教者朱利安,69,71—78;在朱利安的继承人时期,78;与狄奥多西大

帝,80,82—83;与查士丁尼,149—150,154;与偶像崇拜,254—255,257

Palaeologi 巴列奥洛格王朝,艺术和文学的复兴,562,563,582,687,709—711;在该时代的爱国主义精神的复兴,563,582;其出身背景,583;与教宗的关系,657—659,670—672,672—675;该时期的宗教斗争,659—670;政治和社会条件,676—687;在其统治时期的经济政策,679—680;军队和舰队,680—681;在其统治时期的行省统治,681;在其统治时期的社会条件,681;大土地所有者,681—682;国际争端,682—684;与商业活动,684—686;货币改革,686;该时期的历史学家,692

Palaeologi of Montferrat 蒙斐拉的巴列奥洛格,583

Palamas,Gregorius 帕拉玛斯,格雷格利乌斯,萨洛尼卡大主教,与静修派运动,667,688;与巴尔拉姆,669;其讼案和生平,669,670;其工作,697—698

Palamites 帕尔拉姆派,669

Palermo(Panormos) 巴勒莫,阿拉伯人的基地,279;罗杰在此加冕,414;丝绸工业,421;拜占庭艺术,504;霍亨斯陶芬家族的弗里德里希,527

Palestine 巴勒斯坦,对于帝国的重要性,115;文化中心,117;与542年的瘟疫,162;波斯人在巴勒斯坦,195;被希拉克略收回,198;宗教的对立,208—209,392;阿拉伯人在此地的宗教政策,216;与第六次全基督教主教公会议,225;在法蒂玛朝统治下,292—293,392;在查理大帝时期的"法兰克人保护区",391—392;在阿拉伯统治时期的基督教,391;在塞尔柱人统治下,394;与第一次十字军,404;在安德罗尼卡一世和萨拉丁的协议中,437;在萨拉丁和阿尤布王朝统治下,445,453;与第三次十字军,445—447;穆斯林对该地的重新控制,615—616

Palladius of Helenopolis 海伦那城的帕拉第乌斯,埃及修道院历史学家,121

Palmyra 帕尔米拉,城市和国家,201

Pamphylia 潘菲利亚,该地的马尔代特人,215

Pančenko,B.A. 潘臣克,244—245

Pandects(*Pandectae*) 见 Digest《法学汇纂》

Pannonia 潘诺尼亚，东哥特人，107；阿瓦尔人和伦巴德人，172

Panselinos, Manuel 潘瑟里诺斯，曼纽尔 711

Pantocrator 潘托克拉特，教堂和修道院，在君士坦丁堡，其奠基，472，504；其中的医院，472；拜占庭皇帝的墓地，504

Papacy 教廷或教宗，罗马主教与君士坦丁堡牧首之间的排序关系，81，106，149，173—174，331；与赫里索斯顿，96；与以弗所的会议，105；与《合一通谕》，108，115；与阿卡西乌，108—109；与查士丁一世，130—131；与查士丁尼，149，152；福卡斯与莫里斯时期双方关系，173—174；与伦巴德人的威胁，173；《信仰告白》和希拉克略，222—224；《信仰诏示》与康斯坦斯二世，223；与第六次全基督教主教公会议，224—225；在查士丁尼二世时期与君士坦丁堡的关系，225—226；在瓦尔丹和阿那斯塔修斯时期，230；与破坏圣像运动，255，258，259，270，288，290；与查士大帝的加冕，266—267，290；保加利亚教会问题，282—283，290，331；与佛提乌分裂，与瓦西里一世时期的关系，290，330—332；与诺曼人，339；与尼古拉·米斯提克斯的主教权，334；在尼斯福鲁斯·福卡斯时期的关系，336；1054 年的教会分离，337—339；十字军及其目标，395—397；与博希蒙德的巴尔干征伐，410；与曼纽尔一世，423，425；与安德罗尼卡一世，436；与第二保加利亚王国，444；与亨利六世，448—449；在英诺森三世时期与君士坦丁堡的关系，450—451；与第四次十字军，450—451，453，454，455—456，467；在科穆宁王朝时期的关系，475—477；与弗里德里希二世，527—530；与尼西亚帝国的关系，528，530，531—532，542—543；与蒙古人，531—532；与君士坦丁堡的拉丁教会，540；与拉丁帝国的希腊僧侣，540-541，542；与曼弗雷德，591，657；与曼纽尔二世，631，633；与安茹的查理，657，659；迈克尔八世时期与教廷的关系，657—659；与约翰五世，670—671；在阿维尼翁的教廷，671；在约翰八世时期的关系，672—674；在君士坦丁十一时期的关系，675

Papamichael, G. 帕帕米凯尔，论静修派运动，666，667

Paparrigopoulo, K. 佩帕里哥普洛，其著作和对拜占庭历史的阐

释,16—18;论破坏圣像运动,17,252;论《法律选编》,189

Parenzo 帕伦佐,在伊斯特里亚,189

Parsism(Zoroastrianism) 波斯宗教,琐罗亚斯德教,205

Parthenon 帕特农,圣母玛利亚的教堂,464,492,607;清真寺,654

Partitio Romanie 罗马的瓜分,462—465

Patarins 帕塔林派,意大利的保罗-鲍格米尔派,383

Patrae(Patras) 被斯拉夫人包围,278;丝绸业,487

Patzes 帕齐斯,拜占庭法学家,343

Patzinaks 帕齐纳克人(佩切涅格人),对付君士坦丁·摩诺马赫,315;与西梅恩结盟,316;在马其顿王朝时期的侵袭,319;其民族起源,324;其角色,324—325;11世纪时的问题所在,324—326,351,352,353,354;在保加利亚,325;在罗曼努斯·狄奥吉尼斯的军队中,356;与伊萨克·科穆宁,358;在迈克尔八世杜卡斯时期,359;在尼斯福鲁斯·波达尼塔特斯和阿列克修斯·科穆宁两者的斗争中,359;在《帝国行政》一书中,362;与保罗派的结盟,383;与阿列克修斯,383—385,412;失败和湮没,385,413

Paulicians 保罗派,与偶像崇拜,256;与瓦西里一世,303;移民至色雷斯,382;其教义在保加利亚,383;与阿列克修斯一世,473;亦见 Bogomiles 鲍格米尔派

Paul of Samosata 萨莫萨塔的保罗,保罗派的奠基人,383

Paul the Deacon 执事保罗,267

Paul the Silentiary 宫廷侍卫长保罗,186

Pausanias 波桑尼亚斯,96

Pavia 帕维亚,赫里索罗拉斯,718

Pavlov,A.S. 帕弗洛夫,247

Pavlov-Silvansky,N. 帕弗洛夫-西尔万斯基,572

Pears,E. 皮尔斯,651—652

Pegolotti, Francesco Balducci 佩戈洛蒂,弗朗切斯科·巴尔都齐,佛罗伦萨商人和作家,684

Peiraeus 比雷埃夫斯,被哥特人攻占,91

Peiragius 佩拉吉乌斯,红衣主教,与希腊教士们的谈判,541

Pelagonia 佩拉戈尼亚,战役,536

Pelopeonnesus(Morea) 伯罗奔尼撒(莫里亚),哥特人在此地,91;斯拉夫人,117,178,212,240,278,465;与6世纪阿瓦尔-斯拉夫人的联合进攻,171;马尔代特

人,215;威尼斯人,463,466,644;法兰克人的统治,464—467,506;使用《耶路撒冷法典》,578—579;受到安茹的查理的侵袭,594;传说中对加泰罗尼亚人的描述,607;在迈克尔八世统治时期,609;阿尔巴尼亚人在莫里亚,614—615;在巴列奥洛格统治时期的角色及其重要性,636—639;奥斯曼人在莫里亚,637,644,654;在巴列奥洛格统治时期的客观局势,682,亦见 Morea 莫里亚

Pempton 即圣罗曼努斯门,君士坦丁堡的城门,652

Pare 佩拉,金角湾对面的城区,678,684,见 Galata 加拉泰

Pergamon 波加蒙,阿塔利斯,61;被阿拉伯人占领,236;与狄奥多勒二世,554

Persarmenia 波斯属亚美尼亚,31,171

Persia 波斯,与罗马体制,61;在君士坦丁一世之儿子们时期的战争中,67,71;在朱利安和乔维安时期的战争中,76,78;希腊化,88;在阿那斯塔修斯时期的战争中,90,109;波斯的基督教,96—97;在耶兹迪格德一世时期与拜占庭的关系,96;聂斯脱利派在波斯,99;查士丁尼时代对波斯的战争和"永久和平",133,135,138—139;542 年的瘟疫,162;与查士丁尼的商业政策,163,167—168;查士丁二世时期与拜占庭的关系,170;在提庇留和莫里斯以及福卡斯时期与拜占庭的关系,171;对拜占庭的攻击与军区制,176,227;在西莫加特的记载中,182;与希拉克略的关系,194—199;阿拉伯征服,211;军事化,228;与塞尔柱人,355;蒙古王朝,600;帖木儿,635

Pescennius Niger 佩塞尼乌斯·尼格尔 58

Peter 彼得,保加利亚沙皇,与君士坦丁堡的关系,318

Peter Delyan 彼得·德里彦,保加利亚起义领袖,320

Peter(Kalopeter)Asen 彼得(卡洛彼得)·亚琛,与第二保加利亚王国的建立,441—442,443,444

Peter Mongus 彼得·孟古斯,亚历山大牧首,宗教政策,108

Peter of Aragon 阿拉贡的彼得,西西里王,598;与加泰罗尼亚兵团,604

Peter of Courtenay 库尔特奈的彼得,拉丁皇帝,519—520

Peter of Russia 罗斯人彼得,65

Peter the Hermit(Peter of Amiens)

索　引

隐修士彼得（亚眠的彼得），十字军，404—405

Peter the Patrician　牧首彼得，历史学家，其著作，181

Petra　佩特拉，城市，200—201

Petrarca　佩特拉克，论西西里晚祷事件，598；论希腊教会的分离，670—671；论巴尔拉姆，714；论莱昂提乌斯·皮拉图斯，716；论卡拉布里亚，718

Pétridès, S.　佩特利底斯，560

Petronas　佩特罗纳斯，拜占庭将军，博森之役，277

Petrovsky, N.　彼得洛夫斯基，论法尔梅赖耶，179

Phidias　菲迪亚斯，雕塑家，他所雕塑的宙斯像，83

Philadelphia　菲拉德尔斐亚，制鞋业著名基地，549；从罗哲·德弗洛尔包围中解救，606

Philes, Manuel　菲勒斯，曼纽尔，诗人，706

Philip I of France　法国的腓力一世，与第一次十字军，405

Philip II Augustus　腓力二世·奥古斯都，与十字军运动，445，447，452

Philip of Macedon　马其顿的腓力，58

Philip of Swabia　士瓦本的腓力，在第四次十字军中的作用，440，450—451，452，455，497

Philippicus (Vardan)　菲利彼库斯（瓦尔丹），皇帝，继承皇位，194，229；与一性派，230

Philippopolis　菲利浦城　在色雷斯，保罗派的中心，383，473；被弗里德里希·巴巴罗萨攻陷，446；商业中心，487；被穆拉德一世攻陷，624

Philocales　菲罗卡尔家族，在小亚细亚，348，377

Philopatries　《爱国者》，据称是伪-卢西安·迪阿洛戈的对话作品，366

Philopoemen　菲洛皮门，176

Philostorgius　菲罗斯托尔吉乌斯，阿利乌斯派历史学家，78，120

Philotheus　菲罗塞乌斯，《关于宫廷礼仪》的作者，350

Philotheus　菲罗塞乌斯，君士坦丁堡大教长和约翰五世的皈依天主教，671

Philotheus　菲罗塞乌斯，罗斯修士和学者，莫斯科作为"第三罗马"的说法，590

Phocaea (Fogia, Foglia)　弗凯亚，与扎哈利亚，593

Phocas　福卡斯，皇帝，继承皇位，130，169；波斯战争，171；大格列

高利与福卡斯,173—174;其失败和被废,176;与其信件,187;在其统治末期的状况,194,195

Phocas 福卡斯,家族,在小亚细亚,577

Phorcias 福希斯,在《浮士德》中,466

Photians 佛提乌派,333,661

Photius 佛提乌,君士坦丁堡牧首,关于诺诺苏斯和米利都的赫西基乌斯作品的残片,182—183;论罗斯人,278;关于他引起的教会分裂,290,332;与其书信,296—297;与克里特岛埃米尔的关系,297;被废黜,330—331;重新复位,331;与利奥六世的关系,332;与《法学导论》,341;其影响,361—362;被提及,368,487,701

Phrantzes,George 弗兰策,乔治,外交家和历史学家,论迈克尔八世,599;论君士坦丁堡的围困和陷落,648,652;引用君士坦丁十一世的话,651;生平和著作,691—692;被提及,589

Phrygia 弗里吉亚,哥特人,95;与破坏圣像运动,256

Piacenza 皮亚琴察,宗教会议,401—402

Piccollomini,Enea Silvio 皮科罗米尼,埃尼亚·西尔维奥,教宗庇护二世,论君士坦丁堡的陷落和欧洲的分裂,655—656

Pierce,H. 佩尔斯,42

Piganiol,A. 皮加尼奥尔,论君士坦丁一世,44注,48

Pilatus,Leontius 皮拉图斯,莱昂提乌斯,在文艺复兴中的角色,716—717

Pilgrimages 朝圣活动,397—398

Pillars of Hercules 海勒立斯石柱（直布罗陀海峡古名）,136,138,216

Pindar 品达,在拜占庭,75,496,705

Pippin the Brief 矮子庇平,350

Pirenne,H. 皮朗,其文章,390

Pisa 比萨,与西方的阿拉伯人,399;与约翰二世,412;与曼纽尔一世,425;威尼斯和比萨在拜占庭的特权,486—487;在黑海,537;君士坦丁堡的侨居地,616;比萨会议,672

Pius II 庇护二世,教宗,655,656

Planudes,Maximus 普拉努底斯,马克西姆斯,其著作和影响,701—702

Plato 柏拉图和柏拉图主义,在拜占庭,75,77,185,364,473,488,489,639,653,666,699,700,702,721

Platonic Academy 佛罗伦萨的柏拉图学院,699,721

Plethon,Gemistus 普勒桑,杰米斯图斯,与伯罗奔尼撒事务,637,638—739;与吉那第乌斯·斯科拉利乌斯,697;生平、文学活动和影响,699—700;在弗拉拉-佛罗伦萨会议上,699;被提及,645,687,703,712,719,721

Pliska(Pliskova) 普利斯卡(普利斯科瓦),229

Plutarch 普鲁塔克,在拜占庭,91,498,702

Poblicans 勃布利肯,见 Paulicians 保罗派

Poggio 波焦,意大利人文主义者,720,721,722

Poitiers 普瓦蒂埃,战役,237,390

Pokrovsky, I. A. 波可洛夫斯基 147

Poland 波兰,与匈牙利西吉斯蒙的十字军,630

"politicians" "政治派"或稳健派,宗教派别,其思想,659—660

Polovtzi 波洛伏齐人,见 Cumans 库曼人

Polybius 波利比阿,希腊历史学家,论拜占庭的经济地位,58;在拜占庭,488,489

Polycleitus 伯里克利,551

Pomestye 与普洛尼亚制相比,569

Pontifex maximus 大祭司长(罗马宗教头衔),49,68

Pontus 本都,其产品,58;行省,106

Portugal 葡萄牙,与萨洛尼卡的贸易,487;谈判,589

Poson 博森,在小亚细亚,战役 277

Praetor 统领,在查士丁尼统治下的官衔,160

Pragmatic Sanction 《国务诏书》,137

Precarium "赐地",564

Prefectures 大政区,64

Prester John 普雷斯特·约翰,致曼纽尔一世的传奇性的信,432

Princes Islands 普林斯群岛,588

Priscus 普利斯库斯,历史学家,赴阿提拉处的使节,98,125

Prochiron 《法学手册》340,705

Procida(Prochida,Prochyta) 普罗希达,乔瓦尼,与西西里晚祷事件,598

Proclus of Constantinople 君士坦丁堡的普罗克洛斯,在雅典,125

Procopia 普罗科庇娅,迈克尔一世的妻子,271

Procupius of Caesarea 恺撒里亚的普罗柯比,论阿那斯塔修斯一世的影响,114,141;论狄奥多拉,132;保加尔-斯拉夫人的入侵,

140;贵族的反抗,157—158,573;542年瘟疫,162;查士丁尼时期修建的防卫要塞,168—169;贝利撒留的征伐,180;其作品,180—181;被模仿,481;被提及,154

Prodromus(Ptochoprodromus)普洛德罗姆斯,狄奥多勒,论曼纽尔一世,370;生活与工作,500—502;被提及,491,556,706

Pronoia 普洛尼亚制度,546,567—569,577

Prostasia 庇护制,与 Patrocinium(接受庇护)相比,570,572

Protaton 圣山阿索斯的修道院院长联席会议,471

Provençal poetry 普罗旺斯诗歌,与拜占庭的传奇诗,556,558

Psellus,Michael 塞勒斯,迈克尔(君士坦丁),与伊萨克·科穆宁,352;论军队,352;生涯、作品和文化,366—368;在《泰马利翁》一书中,497;柏拉图的学生,699;被提及,231,353,371,487,496

Pseudo-Lucian 伪吕西安,366

Pseudo-Symeon 伪西梅恩,廷臣,编年史家,365

Ptolemaïs 托勒密,在北非,92

Ptolemies 托勒密,埃及的,61

Ptolemy,托勒密,天文学家,其作品,在西西里,491;提及阿尔巴尼亚人,613;学习,706

Pulcheria 普尔喀丽娅,狄奥多西二世的姐姐,嫁给马西安,66;角色,87,104,235

Pusculus 普斯库鲁斯,意大利作家,649

Q

Qahriyee-Jami 卡里耶清真寺,见 Chora 霍拉

Qala'un,Mamluk 卡拉万,马木路克,埃及苏丹,与迈克尔八世,597,601—602

Qilij Arslan 基里耶·阿尔斯兰,伊科尼姆苏丹,将尼西亚作为自己的驻地,402;与弗里德里希·巴巴罗萨,425;在君士坦丁堡,427—428;与曼纽尔一世的敌意,428—429

Quadrivirum "四术",君士坦丁堡的高等学府内的教学课程,296

Quinisext,五六次基督教主教公会议,225

R

Rabban Sauma 拉班·索玛,修士,其蒙古之行,在君士坦丁堡,678

Ragusa 拉古萨,贸易关系,君士坦丁堡,616,685;编年史,与杜尚,621

索　引

Ramadan　莱麦丹月,在伊斯兰教中,205

Rambaud,A.　兰姆鲍德,论尼卡起义,156,307—308；被提及,29,577；被引用,307—308

Ramsay,W.　拉姆赛,394

Ravenna　拉文纳,东哥特王国的首都与拜占庭属意大利首府,107,190；正教的洗礼堂,128；被贝利撒留夺取,136；总督,174—175,221,227,350,575—576；拜占庭艺术的丰碑,189,190—191；沦于伦巴德人之手,270

Raymond　雷蒙,土鲁斯伯爵,与第一次十字军,405；阿列克修斯一世和博希蒙德,409

Red See　红海,与希腊化,88；与印度洋航海者科斯马,165；与查士丁尼的商业政策,167

Regel,V.E.　莱格尔,40,677

Reginald of Chatillon　夏蒂荣的雷金纳德,安条克公爵,与曼纽尔一世,426,427

Renaissance　文艺复兴,见 Italian Renaissance 意大利文艺复兴

Renaissance in Byzantium　拜占庭的文艺复兴,712—713,713 注；

Revue de l'Orient Chrétien　《东方基督教杂志》,41

Rhegium(Reggio)　雷吉乌姆,地名,被阿拉伯人征服,305；被吉斯卡尔德夺取,360

Rhodes　罗得,岛屿,被哥特人掠夺,85；被阿拉伯人夺取,212；被塞尔柱人夺取,394；在约翰·瓦塔泽斯统治下,548；与医院骑士团,622,637；骑士团的骑士们与曼纽尔二世,630

Rhodian Sea law　《罗得海洋法》,244,247—248

Riant,R.E.　莱昂,莱昂公爵,论阿列克修斯派往佛兰德罗伯特处的使节,387；论士瓦本的腓力在第四次十字军中的角色,457

Riccardi,Plazzo　里卡尔第宫,戈佐里的壁画,674

Richard I the Lion-Hearted　狮心王理查一世 在第三次十字军中,445；夺取塞浦路斯,447

Richelieu　黎塞留,红衣主教,4

Robber Council　"强盗会议",99,105

Robert　罗伯特,佛兰德伯爵,与阿列克修斯一世的信息,386—388

Robert II　罗伯特二世,佛兰德伯爵,与第一次十字军,405

Robert　罗伯特,诺曼底公爵,与第一次十字军,405

Robert de Courtenay　罗伯特·德库尔特奈,拉丁皇帝,524；

Robert the Devil 魔鬼罗伯特 诺曼底公爵,去耶路撒冷朝圣,392

Roger 罗杰,罗伯特·吉斯卡尔德的儿子,380

Roger II 罗杰二世,西西里国王,加冕,414—415;与曼纽尔一世,418,422—423;与康拉德三世,418,421,423,424,;与路易七世,420,421;公开对曼纽尔表示敌意,421;外交手段,422—423;去世,424

Roger de Flor 罗哲尔·德弗洛尔,与加泰罗尼亚兵团,604—606

Romance literature in Byzantium 拜占庭的传奇文学,556—559

Romania 罗曼尼亚,罗马帝国,其建立,15;在狄吉尼斯·阿克里特斯的史诗中,369;威尼斯的占领,463,亦见 *Partitio Romanie* 罗马帝国的瓜分

Romanus I Lecapenus 罗曼努斯一世雷卡平,皇帝,君士坦丁七世波菲罗杰尼图斯的共治皇帝,302;被迫退位,302,307;在位期间与阿拉伯的斗争,306—307;成为皇帝,317;与西梅恩,318;与马扎尔人、帕齐纳克人,319;宗教政策,334;与修道院地产,335;社会立法,346—347;与军事领地,567;与庇护制,570;与阿索斯山的豁免权,571;被提及,350

Romanus II 罗曼努斯二世,皇帝,继承皇位,302;在其统治时期的抵抗阿拉伯战争,308;与军事领地,567

Romanus III Argyrus 罗曼努斯三世阿吉鲁斯,皇帝,继承皇位,302;与穆斯林的关系,312—313;传说中的赴耶路撒冷朝圣及其与哈希姆哈里发的关系,312—313;与联保税制,349

Romanus IV Diogenes 罗曼努斯·狄奥吉尼斯,皇帝,继承皇位,352—353;被阿尔普·阿尔斯兰打败,355—356;在《泰马利翁》一书中,497

Romanus the Melode 赞美诗作者罗曼努斯,122—123;186

Rome 罗马,吉本在罗马,8,9;基督教中心,54;被皇帝们荡平,58;被阿拉里克攻克,103;拜占庭遗迹,128;与东哥特人的战争,136,137;法律学校,147;绿党和蓝党,156;伦巴德人的包围,172;赠给福卡斯的石柱,174;康斯坦斯二世在罗马,221;受到阿拉伯人威胁,280;与科拉·迪里恩佐,585,亦见 Papacy 教廷或教宗

Romein, Jan 罗美因,让,25

Romulus Augustulus 罗慕洛·奥

古斯都,267

Ros 罗斯,278

Rosen,V. 罗森,392

Rostislav 罗斯提斯拉夫,罗斯王公,狄奥多勒二世和迈克尔·亚琛之间的中间人,535

Roth,K. 罗特,29

Rotrud(Eruthro) 罗特鲁德,查理大帝的女儿,计划嫁给君士坦丁六世,267

Roumanian-Wallachian 罗曼尼亚-瓦拉几亚因素,在第二保加利亚王国的创建中,441—442

Rousseu,Jean Jacques 卢梭,让·雅克,639

Royou,J.C. 鲁瓦约,12—13

Rubió y Lluch 鲁比奥·伊·鲁齐,西班牙学者,论加泰罗尼亚的征伐,608

Rufinus,Flavius 鲁菲努斯,弗拉维乌斯,阿卡第的宠臣,90;与阿拉里克,91

Rufinus,Tyrannius 鲁菲努斯,T. 尤西比乌斯作品的翻译者,120

Rum 罗姆,苏丹国(伊科尼姆苏丹国),其奠基,357—378,394;与曼纽尔一世,417;萨拉丁,弗里德里希·巴巴罗萨和伊萨克二世,445,446;与尼西亚帝国,509,514—515,530—531,535;与蒙古人,530—531,535,599—600,602;饥荒,546;商业角色,547;分离,604;被提及,376,437,468,506

Runciman,Steven 任西曼,斯蒂芬,作为历史学家的著作,25—26;论罗曼努斯·雷卡平,334

Rupen(Ruben) 鲁宾,亚美尼亚统治家族,415

Rural Code 《农业法》,244—247,705

Russia 罗斯国家,俄罗斯拜占庭研究,32—39;哥特人,84;与《查士丁尼法典》,147;斯拉夫热与法尔梅莱耶的理论,179;《法律选编》的影响;《农业法》,247;罗斯人对君士坦丁堡的第一次进攻,277—278;哈马托鲁斯的影响,292;在瓦西里一世时期与君士坦丁堡的关系,303,332;在利奥六世统治时期,304,305,320—322;在拜占庭军队中,305,307,321,329;在尼斯福鲁斯·福卡斯和约翰·齐米西斯统治时期,319,321;与君士坦丁堡的贸易,320—321,323—324;在罗曼努斯·雷卡平和君士坦丁·波菲罗杰尼图斯,322;在瓦西里二世时期,323;在君士坦丁·摩诺马赫治下,323;基督教,323,332;与波洛伏齐人的斗争,323—324;与1054年罗马与君士坦丁堡教会的分裂,339;在《论帝国行政》一书中,362;在阿索斯山上,471;蒙古人入侵,530,600;封建主义,564,569,576;帖木儿,635;与君士坦丁堡的陷落,649;反对佛罗伦萨联合,674;巴列奥洛格时期的艺术,712;亦见 Moscow 莫斯科

Russian Archaeologocal Institute 俄罗斯考古研究所,220,318

S

Sabaeans-Himyarites(Homerites) 赛白人-希米亚人,也门统治者家族,201

Sabas, Saint 萨瓦斯,圣者,其生平,185

Sacrum palatium "禁宫",用于总督管区,175

Saewulf 萨乌福,盎格鲁-撒克逊朝圣者,393

Saidak, Jan 塞达克,让,31

Saif-ad-Daulah 赛伊夫-阿迪-道拉,阿勒颇哈姆丹家族的埃米尔,对抗拜占庭的举动,306,307,308

St. Catherine of Mount Sinai 西奈山上的圣凯瑟琳修道院,修道院,191

St. Denis 圣德尼,修道院,635

St. Jean d'Acre 圣让达克,在叙利亚,685

St. John at Ephesus 以弗所的圣约翰教堂,依照圣使徒教堂的模式,189,504,555

St. John of Studion 斯图迪恩的圣约翰修道院,礼拜堂,128

St. Mark's 圣马可大教堂,在威尼斯,与圣使徒教堂,189,504,555;竞技场上的四匹铜马在该教堂内,462;其镶嵌画,710;其图书馆和贝撒里翁,720

Saint-Martin M.de 圣马丁,法国东方学家,11

St. Panteleimon 圣潘特雷蒙,圣阿索斯山上的俄罗斯修道院,471;被加泰罗尼亚人抢劫,607

St. Paul 圣保罗,礼拜堂,280

St. Peter 圣彼得,礼拜堂,其建立,53;被阿拉伯人破坏,280;西方皇帝在此加冕,519—520

St. Romanus 圣罗曼努斯,大门,652

St. Sabas, Laura 圣萨瓦斯,劳拉,在巴勒斯坦的拉弗拉修道院,185,294

St. Simeon Stylites(Kalat Seman) 圣西门·斯蒂利特修道院,127

Saint-Simon 圣西门,639

St. Sophia 圣索菲亚,尼西亚的教

堂,513

St.Sophia 圣索菲亚,教堂,在君士坦丁堡 4 世纪的结构,53,55,128,187;与圣使徒教堂相比,55;在宫廷侍卫长保罗的著作中,186;在查士丁尼时代的重建,187—188;传说,189;在诺夫哥罗德的斯蒂芬笔下,189;恢复,372—373;交给威尼斯僧人使用,460,463;被十字军人劫掠,461;恩利克·丹多罗的安葬处,510;迈克尔·巴列奥洛格在此加冕,538;拉丁占领之后的状况,539;1206 年在此举行与教宗使节的谈判,541;14 世纪时的状况,622;在其中举行的庆祝教会联合的庆典,647;纪念此处举行的最后一次基督教仪礼,651—652,653;被奥斯曼人抢劫,653;针对静修派运动举行的宗教会议,669;宣读教会联合的宣言,675;1450 年举行的宗教会议,675

St.Sophia 圣索菲亚,教堂,在基辅,373

Saiyid Battal Ghazi 赛义德·巴图·加齐,传说中的穆斯林勇士,238,370

Saladin 萨拉丁,埃及苏丹,与安德罗尼卡一世,436;其征伐和第三次十字军,445,446;与伊萨克二世,446

Salerno 萨莱诺,中世纪学校,424

Salutati,Coluccio 萨卢塔蒂,克鲁乔,与辛多尼斯,696

Samatitans 撒马利亚人,巴勒斯坦的,与查士丁尼,150

Samos 萨摩斯岛,被塞尔柱人占领,394;在罗马领地的瓜分活动中,463;被约翰·瓦塔泽斯收复,523

Samosata 萨莫萨塔,此地的狄吉尼斯之墓,370

Samuel I 萨穆尔一世,保加利亚沙皇,与瓦西里二世的斗争,319—320

San Lorenzo Fuori le Mura 圣罗伦佐,彼得·德库尔特奈加冕的教堂,519

Santa Maria Antiqua 圣马利亚安提卡教堂,在罗马,拜占庭壁画,128,233,373

Santa Maria Nouvella 圣玛利亚新教堂,在佛罗伦萨,壁画与牧首约瑟夫的墓,674

Sanudo,Marino 萨努多,马利诺,编年史家,597

Sarai 萨莱,金帐汗国的首都,600

Sardica(Sofia) 萨迪卡(索菲亚),58

Sardinia 撒丁尼亚,在查士丁尼时

期,136,138;被热那亚人和比萨人征服,399

Sardis 萨迪斯,阿拉伯人,236

Sathas,C. 萨塔斯,希腊人学者,希腊文献的编辑者,677;论吉那第乌斯·斯科拉利乌斯 697;论狄奥多勒·梅托希特斯,802

Savoy 萨伏伊,其伯爵,在都灵合议中的地位,628

Saxa Rubra 萨克拉布拉,战役,44

Scala,R.von 斯卡拉,29

Scandinavian kingdoms 斯堪的纳维亚诸王国,与十字军运动,401

Schechter,S. 舍赫特,321

Schiltberger,G. 希尔特伯格,24,650

Schmidt,Th. 施密特,对于歌德之《浮士德》地理背景的描述,466;论巴列奥洛格时期的艺术,709,710

Schoenebeck,H.von 舍内贝克,49

Schramm,P. 施拉姆,论查理大帝的加冕,268

Schwatz,E. 施瓦茨,48

Schwatzlose,K. 施瓦茨罗斯,论破坏圣像运动,252—253

Sclerus 斯克莱鲁斯家族,代表大土地所有主,577

Scodra(Skadar,Scutari) 斯考德拉(即斯库台),塞尔维亚王国的第一个首都,388

Scopia 斯科普里,宗教会议,611,亦见 Uskub 乌斯库布

Scriptores Historiae Augustae,《奥古斯都列传》,124

Scylitzes,John 斯奇利查斯,约翰,编年史家,502,711

Scythians 斯基泰人,入侵,在 5 世纪,109

Sebastea 塞巴斯蒂亚,兵站,在小亚细亚,350

Sebeos 塞贝奥斯,亚美尼亚历史学家,193,198

Seeck,Otto 希克,奥托,30,42,51

Ségur 塞居尔伯爵,13

Seleucia 塞琉西亚,小亚细亚的兵站,351

Seleucia 塞琉西亚,宗教会议,97

Seleucia(Ctesiphon) 塞琉西亚(泰西封),在波斯,主教区,97

Seleucids 塞琉古,政权,61

Seljuq 塞尔柱,突厥人王公 354

Seljuqs 塞尔柱人,315,他们与库曼人、帕齐纳克人和乌齐人的血缘关系,324;军区组织,351;11 世纪的起源和征服,354—358;与巴格达的哈里发,354—355;与法蒂玛朝,355;与 11 世纪的拜占庭,355—358;对基督徒的态度,394—395;威胁拜占庭,412;与伊

萨克二世,441;在尼西亚,512;与狄奥多勒一世拉斯卡利斯,514—515,与蒙古人,530—531,535,604;在14世纪,585;与奥斯曼人,604,609;被提及,352,353,605

Senakherim 瑟纳赫里姆,拜占庭作家,539

Senlac 森拉克战役,484

Septimius Severus 塞普提米乌斯·塞维鲁,58,59

Septum(Ceuta) 塞普图姆(休达),防御工事,136;被阿拉伯人攻占;216

Seraglio 塞拉戈里奥,图书馆,490

Serapeum 塞拉帕姆神殿,被破坏,82

Serbia 塞尔维亚,防砦,535

Serbia and Serbs 塞尔维亚和塞尔维亚人,317,318,612;鲍格米尔派,383;在阿列克修斯一世的军队中,388;统一和自治,388,414,443,609;与匈牙利的联姻,414;与诺曼人,423;在斯蒂芬·尼曼加统治时期,443;与弗里德里希·巴巴罗萨,443;与约翰·亚琛,525;与约翰·瓦塔泽斯,532;拜占庭艺术家在塞尔维亚,562,568,569,581;与14世纪的内战,585,612—613;与安茹的查理,595,597;在斯蒂芬·杜尚统治时期,603,609—613;出现在巴尔干,609;塞尔维亚教会,612,618,619;被奥斯曼人削弱,624;在拜占庭军队中,680;拜占庭艺术的丰碑,700,711

Seres 塞雷,与斯蒂芬·杜尚,617

Sergius 塞尔吉乌斯,君士坦丁堡牧首;与一意派,222

Sergius 塞尔吉乌斯,教宗,与查士丁尼二世,225

Sevastyanov,P. 塞瓦斯提亚诺夫,与阿索斯山的档案,677

Seven liberal arts 七艺,在君士坦丁堡的高等学府中,296

Severus Alexander 塞维鲁·亚历山大,皇帝,566

Severus of Antioch 安条克的塞维鲁,与一性派,151

Shahinshah "王中之王",314

Sheba 示巴女王,131

Shestakov,S.P. 谢斯塔可夫,38,270

Shkipetars 亦见 Albanians 阿尔巴尼亚人

Shumla 舒姆拉,在保加利亚,220

Siciliano,L. 西西里亚诺,41

Sicily 西西里,在查士丁尼时期,136,137,138;受到阿拉伯人侵袭,212,221—222;军区,228—

229,350；关税,250；被阿拉伯人占领,279—280,305,309；瓦西里二世计划光复西西里,312；乔治·马尼阿西斯的征伐,313,329；诺曼征服,399；王国的形成,412；丝绸工业,421；在亨利六世时期,436；在弗里德里希二世时期,527；在曼弗雷德,591；在安茹的查理统治下,591—597；西西里晚祷起义,597—598,602；在阿拉贡王朝,604；希腊化,717

Sidon 西顿,法律学校,147；被萨拉丁占领,445

Sigismund 西吉斯蒙德,匈牙利,十字军,630—631,632

Silentiarius 宫廷侍卫官,67,109

Silk Industry 丝绸工业,168,421

Silko 西尔克,努比亚国王,141

Simeon 西梅恩,保加利亚沙皇,在君士坦丁堡,315；对抗帝国的军事行动,316—318；目标,532,618；与阿尔巴尼亚人,614

Simeon Metaphrastes 西梅恩·梅塔弗拉斯特斯,363

Simeon the Proud 傲慢者西蒙,莫斯科大公,622,626

Singidunum (Belgrade) 兴吉都努(贝尔格莱德),177

Sirmium 西尔米乌姆,得到幸存,伽勒里乌斯的驻节地,63

Slavs 斯拉夫人,5世纪入侵,90,110,115；在普利斯库斯的作品中,98；在维塔利安的军队中,111；在查士丁尼一世时期的入侵,133,140,171；在查士丁尼时期于巴尔干半岛的定居,140,171；在普洛柯比的作品中,140,斯拉夫人,181；在查士丁尼继承者时期的活动,171—173；希腊的问题,176—179,218；493—494；在塞奥菲拉克特·西莫加特的作品中,182；在希拉克略王朝时期的活动,218；在小亚细亚和叙利亚,218—219,228,274,383,603；与保加尔人,220；在雅典,240；在伊苏里亚王朝时期占领巴尔干半岛,240；在都拉基乌姆,240；与《农业法》,246—246；与斯拉夫人托马斯,275；兴起,在伯罗奔尼撒,278；在塔夫盖突斯,332；使伯罗奔尼撒的斯拉夫人接受基督教,332；在罗曼努斯·狄奥吉尼斯的军队中,356；在阿列克修斯的军队中,381；移民至小亚细亚,383,603；在易北河畔以及在克莱沃的伯纳德的十字军计划中,419；在莫里亚的法兰克人统治下,465；在萨洛尼卡的商人,487；在迈克尔八世的军队中,536；迁往意大利,595；在比西尼亚,603

索　引　1279

Smaller Scythia（Dobrudja）　小斯基泰（多布罗加），保加尔人，219

Smyrna　士麦拿，在查哈斯占领下，384；塞尔柱人，394；热那亚人，537；海湾，593

Socrates　君士坦丁堡的索克拉特，历史学家，120，182

Sokolov，J.　索克洛夫，665，667

Solomon　所罗门，继贝利撒留之后管理北非的大将，136

Song of Roland　《罗兰之歌》，370

Sophia　索菲亚，查士丁二世的妻子，169，170

Sophia of Montferrat　蒙斐拉的索菲亚，约翰八世的妻子，588

Sophia Palaeologina　巴列奥洛格家的索菲亚，590

Sophronius　索夫罗纽斯，耶路撒冷牧首，与阿拉伯人包围下的耶路撒冷，211；与一意派，222；其著作，232

Soterichus Panteugenus　索特里库斯·潘特杰努斯，异端，497

Sozomen　索佐门，基督教作家，论君士坦丁一世，58；论朱利安，71；提及，120，182

Spain　西班牙，在四头统治时期的皇帝驻节地，62；在高卢的大政区，64；日耳曼人王国，115；在查士丁尼统治时期，138；在希拉克略时期失去，196；阿拉伯人在西班牙，216；对抗摩尔人的十字军人，399—400；来自西班牙的商人，在萨洛尼卡，487；与曼纽尔二世，636

Sparta　斯巴达，被西哥特人攻击，91；中世纪，465，589，637，645；从奥斯曼人手中夺取，636

Spassky，A.　斯帕斯基，论亚历山大城，54；论君士坦丁一世，57

Spalato（Split）　斯帕拉托宫，在达尔马提亚，戴克里先的行宫，128

Spoleto　斯波莱托公爵，280，327

Stauracius　斯陶拉希乌斯，皇帝，271，281

Stein，E.　施泰因，其拜占庭历史，30；论君士坦丁一世，48；论阿米亚努斯·马尔切利努斯，125；论军区，228；论君士坦丁五世，259，263

Stephen　斯蒂芬，君士坦丁堡牧首，与利奥六世，332

Stephen 斯蒂芬，斯蒂芬·尼曼加之子，塞尔维亚国王，602

Stephen V　斯蒂芬五世，匈牙利国王，583；

Stephen Dushan（Dušan）　斯蒂芬·杜尚，塞尔维亚沙皇，581；目标和政策，603，612—613，617—621；与阿尔巴尼亚人，614；宗教

政策,618—619;威尼斯和奥斯曼人,620—621;色萨利的土地改革,682;被提及,581

Stephen Nemaja 斯蒂芬·尼曼加,塞尔维亚大祖潘,与彼得·亚琛,443;与弗里德里希·巴巴罗萨,443,612

Stephen of Novgorod 诺夫哥罗德的斯蒂芬,俄罗斯朝圣者,论圣索菲亚,189

Stephen the younger 幼者斯蒂芬,圣者,论利奥三世的家世渊源,234;其生活,261;与君士坦丁堡五世,263;

Stilbes, Constantine 斯提尔布斯,君士坦丁,502

Stilicho, Flavius 斯提利科,弗拉维乌斯,91

Strabo 斯特拉波,历史学家,58

Strategus 斯特拉特古斯,贵族头衔,229,250,350;失去的头衔,485—486,681

Strzygowski, J. 斯特拉齐格夫斯基,奥地利学者,拜占庭艺术的起源,126;论圣索菲亚,189;论马其顿时期的艺术,372;论巴列奥洛格时期的艺术,709;

Studion 斯图迪昂,修道院,285

Studites 斯图迪昂派,283,285

Suetonius 苏埃托尼乌斯,罗马历史学家,58,61

Suger, Abbot 修道院住持叙热,以及康拉德与曼纽尔二世之间的联盟,423

Suidas 苏伊达斯,希腊辞书编纂者,183,364

Suinthila(Swinthila) 斯温希拉,西哥特国王,占领拜占庭属西班牙,196

Suleiman-ibn-Qutalmish 苏莱曼-伊本-库塔尔米什,罗姆苏丹国的创立者,357

Sunna 逊奈,206

Suvorov, N. 苏沃洛夫,270

Svein 斯韦恩,丹麦贵族,在巴勒斯坦,401

Sviatoslav 斯维雅托斯拉夫,罗斯王公,与君士坦丁堡的关系,308,319,321,323

Swift, E. H. 斯维福特,论拉丁人占领圣索菲亚大教堂

Sybel, H. 居贝尔,论阿列克修斯与佛兰德的罗伯特,387;论十字军,397;论曼纽尔,420

Sylvester II 西尔维斯特二世,教宗,与奥托三世,328—329;与耶路撒冷教会,395

Symeon Logothete 廷臣西梅恩,拜占庭编年史家,365

Symmachus 西马库斯,元老,演说

家,83

Syncellus, George 辛塞鲁斯,乔治,编年史家,其价值,291

Synesius of Cyrene 昔兰尼的希奈修斯,托勒密教会的主教,对阿卡第的谏词,92—93;著作和书信,120—121,124;与伊帕蒂亚,121;与梅托希特斯,704

Synodicon 《信众誓言》,472—473

Syracuse 叙拉古,与康斯坦斯二世,221,279;被阿拉伯人占领,304

Syria 叙利亚,塞琉古王朝,61;宗教方面的不满情绪,88,889,105—106,115,208—209;希腊化,89;民族主义,89;聂斯脱利派教义,99;文化中心与文献,100,117;对于帝国的重要性,115;艺术和建筑,127,189,709;"死城",127;波斯人在叙利亚,138,195;542年的瘟疫,162;被希拉克略光复,198;阿拉伯征服和统治政策,208—209,216,217;斯拉夫人,218;与第六次基督教全体主教公会议,225;与圣像崇拜,255;在尼斯福鲁斯·福卡斯时期的光复,308—309,310;被阿尔普·阿尔斯兰蹂躏,355;与第一次十字军,404;被萨拉丁占领,445;旭烈兀在叙利亚,600;不再属于基督徒,615—616;帖木儿进入,635

Syriac 叙利亚风格的,89

Syrian-Roman Lawbook 《叙利亚-罗马法律全书》,意义和命运,89—90,241

Syrian *Limes* 叙利亚防线,200

Syro-Chaldean Christians 叙利亚-迦勒底派顿基督教,99

T

Tacitus 塔西佗,罗马历史学家,58,125

Tafrali, O. 塔弗拉里,论萨洛尼卡的狂热派运动,664,683,684,698

Tafur, Pero 塔夫尔,佩罗,西班牙旅行家,论特内多斯岛,628;论君士坦丁堡,679

Tales of the Thousand and One Nights 《一千零一夜》,370

Tana 塔纳,热那亚人在此地,625,685;与都灵和议,628

Tancred 坦克雷德,十字军,第一次十字军,405—406;安条克摄政,410;与阿列克修斯一世,411

Taormina (Tauromenium) 陶尔米那,在西西里,304,305

Taprobane 塔普罗班内,见 Ceylon 锡兰

Tarasius 塔拉希乌斯,君士坦丁堡牧首,263,283,285

Tarentum 塔兰图姆,被伦巴德人占领,280;被阿拉伯人夺取,280;在瓦西里一世时期光复,304,326;被吉斯卡尔德占领,360

Tarik 塔利克,阿拉伯将军,216

Tarsus 塔尔苏斯,在尼斯福鲁斯·福卡斯时期被光复,308

Tauric 塔夫里斯,半岛,见 Crimea 克里米亚

Tchaadayev, P.Y. 查达耶夫,论拜占庭,32

Tekfour Serai 泰克福尔·塞雷宫 103

Tenedos 特内多斯,岛屿,热那亚和威尼斯的银矿,627—628

Tenedos 特内多斯战役,627

Tephrice 台弗瑞斯,保罗派的堡垒,303

Tertullian 德尔图良,54

Tessier, J. 泰西耶,对第四次十字军的阐释,457—458

Tetrarchy 四头政治,62—63

Teucrians (Teucri) 特洛伊人,655

Thabor 他泊山,217

Thebes 底比斯,丝绸工业,168,421,487;被罗杰二世蹂躏,421;转入奥松·德拉洛奇之手,464;在加泰罗尼亚人控制下,607;

Themes 军区制,与总督制的起源,175—176;起源和发展,226—229;与波斯的军事化,228;在伊苏里亚王朝统治时期,249—251;在马其顿的利奥六世时期,340—351;在 12 世纪,485—486;封建类型,576;其崩溃,681

Themistius of Paphlagonia 帕夫拉戈尼亚的迪米斯提乌斯,123

Theocritus 忒奥克里托斯,狄奥多拉的顾问,272—273

Theodora 狄奥多拉,女皇,君士坦丁八世之女,302—303,351,352

Theodora 狄奥多拉,耶路撒冷王的寡妻 与安德罗尼卡一世,378

Theodora 狄奥多拉,约翰·齐米西斯的妻子,302

Theodora 狄奥多拉,查士丁尼一世的妻子,在普罗柯比的笔下,132,180;与一性派,132,150—151;在教会的史传中,133;与绿党,155;与尼卡起义,157;在拉文纳的镶嵌画中,191;其影响,235

Theodora 狄奥多拉,狄奥菲鲁斯之妻,其出身,254;摄政身份,272;恢复圣像崇拜,272,287,295

Theodore 狄奥多勒,修道士,崇拜圣像的殉道士,286

Theodore 狄奥多勒,曼纽尔二世的儿子,莫里亚王公,637

Theodore Angelus 狄奥多勒·安

索 引

吉列,伊庇鲁斯的君主,与尼西亚帝国,519;捕获彼得·德库尔特奈,519—520;占领萨洛尼卡,520;采用皇帝头衔,520—521,562;与约翰·瓦塔泽斯,522—523;向拉丁帝国进攻,523;与约翰二世亚琛,524—525;与弗里德里希二世,528;与乔治·巴尔达内斯,561

Theodore Daphnopates 狄奥多勒·达弗诺帕特斯,历史学家,363

Theodore I Lascaris 狄奥多勒一世拉斯卡利斯,尼西亚皇帝,462,511,541;与尼西塔斯·科尼阿特斯,494,506;起源和生平,507—508;加冕礼上的演说,513—514;与佛兰德的亨利,514,516;与威尼斯人,547;与书信,549;被提及,506

Theodore II Lascaris 狄奥多勒二世拉斯卡利斯,尼西亚皇帝,继承皇位,508;论尼西亚,513;文化,534,550,551;目标和军队改革,534;在小亚细亚的政策,535;与伊庇鲁斯君主的关系,535;保加利亚征伐,535;宗教政策,544;与教宗,544—545;内部政策,547;布莱米底斯的学生,540,550,551,552;与阿克罗波利塔,553;

与牧首安瑟尼乌斯,661

Theodore Metochites 狄奥多勒·梅托希特斯,见 Metochites, Theodore. 梅托希特斯,狄奥多勒

Theodore of Mopsuestia 莫普苏埃斯蒂亚的狄奥多勒,152

Theodore of Studion 斯图迪昂的狄奥多勒,与牧首尼斯福鲁斯的关系,283;与破坏圣像运动,285,286,289,293;其著作,295;659

Theodoret 狄奥多莱,基鲁斯主教,120,152,182

Theodoric 狄奥多里克,东哥特国王,与芝诺,107;与奥多亚克,107;与阿那斯塔修斯,110;宣布为国王,111;与帝国的关系,133—134;宗教政策,134;在其统治时期罗马的竞技党,156;拉文纳的艺术运动,190

Theodosian Code 《狄奥多西法典》,其编纂,101—103;与罗马庇护制,569—570;与豁免权,571;被提及,126,246

Theodosiopolis(Erzerum) 狄奥多西城(埃尔祖鲁姆),在亚美尼亚,313

Theodosius I 狄奥多西一世,皇帝,宣布基督教为国教,43;继承皇位和其传承世系,66,67,79;宗教政策,79—83;对哥特人与日耳

曼人政策,79,87;失败,88

Theodosius II 狄奥多西二世,幼者狄奥多西,皇帝,其继承皇位,66,96;与耶兹迪格德一世,96;对外斗争,97—98;宗教争论,98—99;君士坦丁堡的高等学府,100;立法,101—103,143;在其统治时期的建筑活动,103,643;评价,104;与军事领地,566,567

Theodosius III 狄奥多西三世,皇帝,194,229

Theodosius 狄奥多西,修道士,论叙拉古的围攻与征服,304

Theodosius of Melitene 米利特尼的狄奥多西,365

Theodotus 狄奥多图斯,君士坦丁堡牧首,与破坏圣像运动,284

Theophanes 狄奥凡尼,修道士,崇拜圣像的殉道者,286

Theophanes Continuatus 狄奥凡尼的续作者,其著作和身份的确定,365

Theophanes of Byzantium 拜占庭的狄奥凡尼,历史学家,365

Theophanes the Confessor 忏悔者狄奥凡尼,编年史家,对穆罕默德的记载,207;论利奥三世的出身,234;论阿拉伯人攻击君士坦丁堡之战,336,717—718;论破坏圣像运动,258,262;其著作和影响,291—292

Theophano 狄奥凡诺,拜占庭公主,奥托二世的妻子,310,328

Theophano 狄奥凡诺,拜占庭皇后,罗曼努斯二世的妻子,嫁于尼斯福鲁斯·福卡斯,302,335

Theophilus 塞奥菲卢斯,修道院院长,论查士丁和查士丁尼的出身,129

Theophilus 塞奥菲卢斯,亚历山大里亚的主教,与约翰·赫里索斯顿,95

Theophilus 塞奥菲卢斯,哥特人基督徒的主教,85

Theophilus 塞奥菲鲁斯,皇帝,其出身和继承皇位,254,272;与阿拉伯人,276,277;分裂,286;马蒙与数学家利奥,298;《泰马利翁》一书中对他的描述,497

Theophilus 塞奥菲鲁斯,君士坦丁堡的法学教授,143,144

Theophylact 塞奥菲拉克特,奥赫里德主教,作家,论帕齐纳克人,325;论十字军经由保加利亚,406;论保加利亚的局势,412;论君士坦丁堡与罗马分离的问题,475;生平、著作和学识,496—497

Theophylact Simocatta 塞奥菲拉克特·西莫加特,历史学家,论盖塔人和斯拉夫人,110;其著作,

181—182

Thermopylae 温泉关,91,110,607

Thessalonica 萨洛尼卡,与君士坦丁大帝,58;哥特人与狄奥多西,82;被哥特人袭击,85;与文献,117;早期拜占庭艺术,128;受到斯拉夫人威胁,140,218,240;受到阿拉伯人侵扰,305,316;与西梅恩,317;受到威廉二世劫掠,437—438;被伊萨克·安吉列收复,441;拉丁王国,463,506,520,522;商业活动区和集市,487,497;与卡洛扬,511;被狄奥多勒·安吉列夺取,520;萨洛尼卡帝国,522,525,526,562;被约翰·瓦塔泽斯夺取,532;奥斯曼人夺取萨洛尼卡的企图,641—642;狂热派起义及其政权,664,682,684;在巴列奥格王朝晚期的统治及其状况,679,681;迁徙者,680;艺术和文献的黄金时代,687

Thessaly 色萨利,盖塔人,110;戈特里古尔人,140;在罗马遗产的瓜分中,463;纺织业,549;加泰罗尼亚人进入,607;14世纪的形势,609,679;阿尔巴尼亚人,614;与巴耶齐德,631;反教会联会的会议,659,663;巴列奥格时期的土地制度,681—682;被斯蒂芬·杜尚占领,682

Thibault 蒂鲍尔特,香槟伯爵,与第四次十字军,452,453

Thomas Aquinas 托马斯·阿奎那,与大马士革的约翰,294;与里昂会议,658;其作品的翻译者,695

Thomas Magister 托马斯·马吉斯特,705

Thomas Palaeologus 托马斯·巴列奥洛格,705

Thomas the Slavonian 斯拉夫人托马斯,274—276

Thoros 索罗斯,小亚美尼亚统治者,与曼纽尔一世,426

Thrace 色雷斯,属于东方大区,64;利奥一世的出生地,66;哥特人在色雷斯,85;宗教立法,106;戈特里古尔人在色雷斯,140;被西梅恩占领,318;马扎尔人和帕齐纳克人,358—359;保罗派,383;弗里德里希·巴巴罗萨,447;与卡洛扬的起义,509;在约翰·瓦塔泽斯统治下,532;被加泰罗尼亚人蹂躏,606;奥斯曼人进入,609,622

Thracesian 色雷斯军区,250

Three Chapters controversy "三章案"争论,151—153

Thucydides 修昔底德,拜占庭作家

们所模仿的风格,180,488,490,560,626,648,693

Tiberius II 提庇留二世,皇帝,继承皇位,169;波斯战争,171;向法兰克人求援以对付伦巴德人,172—173

Tiberius III(Aposimar) 提庇留三世(阿普西玛尔),皇帝,194

Tillemont,Sebastien le Nain 提耶蒙特,塞巴斯蒂安·勒南,法国学者,10

Timarion 《泰马利翁》,497

Timur(Tipoukeitos) 帖木儿,其攻伐,634—636

Tipucitus(Tipoukeitos) 《法典拾零》,343

Titus 提图斯,皇帝,54

Tocco 托克,东方的拉丁家族,589

Toledo 托莱多,阿拉伯统治,393

Tome of Union 《联合通告》,334

Tornikios,Leo 托尼基奥斯,利奥,被镇压,315

Totila 托提拉,东哥特国王,在其统治时期对罗马人的报复,137

Tozer,H.F. 托泽,芬利著作的编辑者,14

Trade routes 贸易路线,162—163,167

Trebizond 特拉布松,城市,370,721

Trebizond 特拉布松帝国,在芬利的著作中,15;与大科穆宁家族,377;奠基,468;与民族事业,506,507;与蒙古人,530—531;在阿列克修斯·科穆宁统治下,577;与克里米亚,581;屈从于穆罕默德二世,654;热那亚人,685

Tribigild 特里比吉尔德,哥特人首领,其起义,95

Tribonian 特里波尼安,立法者,与尼卡起义,156—157;被提及,143,144,147

Triklinius,Demetrius 特里克利尼乌斯,底米特里,705

Tripoli 的黎波里,公国,409,418,419,453

Trivium 七艺之三科,296

Trnovo 特尔诺沃,第二保加利亚王国的首都,其主教领,440,442,443;被奥斯曼人占领,624

Troglita,John 特罗格利塔,约翰,拜占庭外交家与将军,在北非恢复帝国的权力,136;在科利普斯的作品中,136,186

Troizky,I. 特罗斯基,论拜占庭社会,661—662;论阿瑟尼乌斯派,663

Troy 特洛伊,君士坦丁一世的巡视,58

Trullan 特鲁兰会议,225

Tugorkhan 图戈尔汗,库曼人的汗,与阿列克修斯一世,383;

Tulunids 图伦王朝,埃及的统治王朝,303

Tunis 突尼斯,与阿格拉布王朝,278;路易九世与安茹的查理,594

Turaev B.A. 图雷夫,201

Turchi,N. 突尔基,29

Turin 都灵,宗教会议与和议,627—629

Turks 突厥人,在查士丁二世时期与拜占庭的关系,170,354;与巴格达哈里发,303;在阿拉伯和拜占庭的军队中,354;在阿列克修斯一世的军队中,381;在迈克尔八世的军队中,536;威胁君士坦丁堡,581,582,见 Seljuqs and Ottomans 塞尔柱人和奥斯曼人

Tyler,R. 蒂勒,42

Typus(Type if Faith) 《信仰告白》,223

Tyre 提尔,丝绸工业,168

Tzachas 查哈斯,突厥人海盗,其生平和目标,384—385,397

Tzetzes 柴柴斯,约翰,与君士坦丁堡有关的韵体诗,482;生平和著作,498—500

U

Ukraina 乌克兰,369,576

Ulfila(Vulfila) 乌尔菲拉,哥特人的启蒙者,85

Umayyads(Omayyads) 倭马亚王朝,新王朝,213—214;与阿拔斯朝,238;其统治下的西班牙,77,303

Underwood,Paul A. 安德伍德,保罗·A. 与圣索菲亚的镶嵌画,190

University of Paris 巴黎的大学,拜占庭中世纪手稿的使用,633

Upravda 尤普拉夫达,查士丁尼一世的斯拉夫名字,129

Urban II 乌尔班二世,教宗,与第一次十字军,397,400,402—403;与阿列克修斯的关系,475

Urban V 乌尔班五世,教宗,与约翰五世的皈依天主教,671

Usk Adam 乌斯克,亚当,英国历史学家与曼纽尔二世,634

Uskub 乌斯库布,在上马其顿,129

Uspensky,C.N., C.N.乌斯宾斯基,记载拜占庭历史,38;论破坏圣像运动,253,262,270

Uspensky,Porphyrius P.乌斯宾斯基,波菲里乌斯,主教,论阿索斯山修道主义,377;与阿索斯山档案,677

Uspensky,Th.I., Th.I. 乌斯宾斯基,对拜占庭历史的记载和阐释,

35—37；论西马库斯，83；论利奥一世，104；论君士坦丁堡牧首，106；论维塔利安，112；论竞技场，155；论希拉克略，197；在保加利亚的发掘，220；论军区，228，249，567；论农业法，244，245；论利奥三世，270；论对拉丁人的屠杀，379；论阿列克修斯一世致佛兰德的罗伯特的信，386—387；论第二次十字军，419；论曼纽尔一世，420；论威尼斯会议，430；论末代科穆宁皇帝，432；论安德罗尼卡一世，434；论约翰·伊达路斯，473—474，493—494；论尼西塔斯·科尼阿特斯，494，495；论卡洛扬，509；论布莱米底斯，552；论恩地制，566；论君士坦丁堡的陷落，654；论静修派运动，666；论巴尔拉姆，715

Uzes 乌齐人，与帕齐纳克人，324；其活动，351，352；在罗曼努斯·狄奥吉尼斯的军队中，356；在君士坦丁·杜卡斯统治时期，358—359；包围君士坦丁堡，359；在《帝国行政》中被描述，362

V

Valens 瓦伦斯，皇帝，继承皇位，66，78—79；宗教政策，78—79；与哥特人，86—87；波斯征伐，87；被提及，281，510

Valentinian I 瓦伦提尼安一世，皇帝，出身和继承皇位，66—67，78；宗教政策，78

Valentinian II 瓦伦提尼安二世，皇帝，继承皇位，66；与阿利乌斯派，79；与异教，83

Valentinian III 瓦伦提尼安三世，皇帝，继承皇位，与《古典法规》，143；与拉文纳，190；被提及，22，269

Valerian 瓦勒良，皇帝，638

Valla 瓦拉，人文主义者，720

Valona 瓦罗纳，596

Vandals 汪达尔人，与利奥一世，104；与查士丁尼一世，133，135，136；阿利乌斯派，134；与东哥特人，135

Varangians 瓦兰几亚人，在西西里晚祷起义中，313，329；在镇压巴尔达斯·福卡斯的战斗中，323；在罗曼努斯四世的军队中，356；与阿列克修斯·科穆宁，381；瓦兰几亚-英格兰保镖，381，484；在1203年君士坦丁堡的包围战中，459；巴列奥洛格朝的雇佣兵，680和注释

Vardan 瓦尔丹，见 Philippicus 菲利彼库斯

Vardariotes 汪达尔人，680

索 引 1289

Varna 瓦尔纳战役,643
Vasili I Dimitrievich 瓦西里一世底米特里也维奇,罗斯大公,673
Vasili II the Dark 黑暗者(盲人)瓦西里,莫斯科大公,673
Vasilievsky, V.G. 瓦西列夫斯基,论《法律选编》,241;论《农业法》,244,245;论帕齐纳克人,325;论尼斯福鲁斯·福卡斯,347;论查哈斯,384;论阿列克修斯致佛兰德的罗伯特的信,386;论曼纽尔一世,420,423;论第二保加利亚王国,441;论弗里德里希·巴巴罗萨,444;论第四次十字军,457;论柴柴斯,499;论卡洛扬,510,518,520;论狄奥多勒·安吉列,521;论约翰二世亚琛,525;论纳乌帕克图斯主教约翰作品的编辑者,560;论约翰·巴尔达内斯,561;论都会的土地占有,574;提及,5,33,40,579
Vatican Menologium 《梵蒂冈宗教月历》,373
Vatopedi 瓦托佩第,阿索斯山修道院,677
Vazelon 瓦扎龙,修道院,法规,677
Velbužd(Kostendil) 维尔布什德(克斯坦迪尔),战役,612
Venice 威尼斯,与塞奥菲卢斯277;9世纪与拜占庭的关系,280,326;与瓦西里一世,303,326;与阿列克修斯一世,380,381—382,399;与匈牙利,388;其傲慢无礼,413;在约翰二世时期的关系,413;与曼纽尔一世的关系,422,424,425;1177年的会议,430—431;和安德罗尼卡一世,436,437;与第四次十字军,452—460;在东方教会组织活动中的角色,460,463,540;与罗马世界的瓜分,463—464,466;在拜占庭的贸易特权,485,486—487,547,548,581—582;与狄奥多勒·拉斯卡利斯,512,547;与热那亚人在东方的竞争,537,593,615,616,625-629,685;与约翰·瓦塔泽斯,548;拜占庭艺术家,562;在爱琴海,581;捕获约翰五世,588;在迈克尔八世时期与威尼斯关系,591;与安茹的查理,595,596,597,599;与斯蒂芬·杜尚,620;与奥斯曼人,624,633;与西吉斯蒙的十字军,630;运送谷物到君士坦丁堡,630;与曼纽尔二世,631,633;在尼科波利斯战役之后,633;约翰八世在威尼斯,640;萨洛尼卡投降威尼斯,641;在莫里亚的活动,644;与1453年君士坦丁堡保卫战,647;在拜占庭军

队中,680

Venice 会议,对于君士坦丁堡的重要意义,430

Vernadsky,G. 维尔纳茨基,论《农业法》,245

Veselovsky,A. 维切洛夫斯基,论巴尔拉姆,715;论南意大利的希腊化,717-718

Vezelay 维茨莱,在勃艮第,该地举行的会议和第二次十字军,419

Via Egnatia 埃格南提亚大道,古罗马军道,380,437

Vienna 维也纳,受到奥斯曼人威胁,656

Vigilius 维吉利乌斯,教宗,与梅纳斯,152;与查士丁尼一世,152-153;与第五次全基督教主教公会议,153

Villehardouin, Geoffrey 维拉杜安,乔弗里,对第四次十字军的记载,456,459,461

Villehardouin, Geoffrey de 德维拉杜安,乔弗里,历史学家维拉杜安的侄子,在伯罗奔尼撒,464-465

Villehardouin, William de 德维拉杜安,威廉,阿凯亚公爵,其被俘及赎出,536,580,637

Villehardouin 维拉杜安家族,阿凯亚公爵家族,465

Vidices 税吏,113

Vinogradov,P. 文诺格拉多夫,对封建制的定义,564

Violanta-Irene of Montferrat 蒙菲拉的维尔兰塔-伊琳娜,安德罗尼卡二世的妻子,583

Virgil 维吉尔,649

Visgoths 西哥特人,德涅斯特河西边,84;在拜占庭军队中,85;在莫西亚,86;在阿拉里克统治下,91;在意大利,97;与查士丁尼,133,137-138;与阿拉伯人,216

Vitalian 维塔利安,教宗,与君士坦丁堡的关系,224

Vitalian 维塔利安,其反叛,111-112

Viterbo 维特波协议,592

Vizantiysky Vremennik 《拜占庭年鉴》,40,677

Vlachs 见 Wallachs 瓦拉几亚

Vladimir 弗拉基米尔,罗斯王公,与瓦西里二世的关系,及罗斯皈依基督教,323,347

Vladislav 弗拉迪斯拉夫,波兰与匈牙利国王,其领导的十字军,643

Vogue,de M. 德沃格,考古学家,在叙利亚的发掘,127

Voltaire 伏尔泰,论拜占庭,6

Vyzantiyskoe Obozrenie 《拜占庭

评论》,40

W

Walid I 瓦利德一世,哈里发,237

Wallachian-Romanian 瓦拉几亚-罗马尼亚因素,与第二保加利亚王国,441—442

Walter the Penniless "穷光蛋"沃尔特,404

Welf 韦尔夫公爵,与康拉德三世,422

Westminster 威斯敏斯特,拜占庭的使者们,431

Whittemore,Thomas 怀特莫尔,托马斯,与圣索菲亚的镶嵌画,190

William 威廉,安古莱姆伯爵,其朝圣活动,398

William I 威廉一世,西西里国王,与曼纽尔一世,424-425

William II 威廉二世,西西里国王,对拜占庭的敌意,436,437-438,440-441;与伊萨克二世,441

William II Rufus of England 英国的威廉二世鲁弗斯,与第一次十字军,405

William of Champlitee 香普利特的威廉,阿凯亚伯爵,506

William of Tyre 提尔的威廉,历史学家,426,428

William the Conqueror 征服者威廉,484

Wittken,H.V. 威特肯,42

Wolf,Hieronymus 沃尔夫,希罗尼姆斯,3

Wright,F.A. 瑞特,31

X

Xanthopulos,Nicephorus Kallistus 克山索普罗斯,尼斯福鲁斯·卡利斯图斯,拜占庭历史学家,689

Xenia-Maria 克塞尼亚-玛丽亚,迈克尔九世的妻子,584

Xénophon 色诺芬,在拜占庭的影响,489,491,721

Xiphilin,John 克希菲林,约翰,法学院院长,367

Xivrey,Berger de 德西弗里,贝格尔,论曼纽尔二世,641

Y

Yahya 雅希亚,安条克的,阿拉伯历史学家,论尼斯福鲁斯·福卡斯,309;论约翰·齐米西斯,310;论哈希姆,311,392

Yakovenko,P. 雅科文科,论豁免权,570

Yaqut 雅库特,阿拉伯历史学家和

地理学家,论尼斯福鲁斯·福卡斯,308

Yarmuk 雅穆克河战役,211

Yaroslav 雅罗斯拉夫,加里齐王公,为安德罗尼卡一世提供避难,378

Yazid II 叶齐德二世,哈里发,他的破坏圣像活动,255

Yemen 王国,131,201;阿拉伯人的行省,200

Yezdegerd I 耶兹迪格德一世,波斯国王,与阿卡第及狄奥多西二世,96;在其统治下的波斯基督教,96-97

Yolande 约兰德,彼得·德库尔特奈的妻子,519,520

Z

Zabergan 查波尔汗,戈特里古尔人的首领,140

Zaccaria 扎卡利亚,热那亚家族,在拜占庭的活动,593

Zacharias 扎哈利亚,耶路撒冷牧首,被俘至波斯,195

Zakladnichestvo 抵押,与庇护制相比较,572

Zangi 赞吉,莫苏尔的阿塔贝格,夺取埃德萨,418

Zara(Zadr) 扎拉,与第四次十字军,454,455,456,457

Zealots 狂热派,其教义理论,659-660,663-664;与阿瑟尼乌斯派,661;与萨洛尼卡的暴乱,664,683-684;与静修派运动,666

Zenobia of Palmyra 帕尔米拉的,齐诺比亚,201

Zeno the Isaurian 伊苏里亚的芝诺,皇帝,继承皇位,67;与伊苏里亚人,106;和奥多亚克,107;与狄奥多里克,107,114;宗教政策,107,115,149;继承者,109,129

Zeus of Phidias 菲迪亚斯雕塑的宙斯像,在君士坦丁堡,83

Zigabenus, Euthymius 兹加贝努斯,优西米乌斯,神学家,473,495

Zlatarsky, V.N. 兹拉塔尔斯基,论《农业法》,246;论利奥六世与西梅恩的协议,317

Zoë 佐伊,托马斯·巴列奥洛格的女儿,莫斯科伊凡三世的妻子,590

Zoë 佐伊,女皇,君士坦丁八世的女儿,302,349,351

Zoë 佐伊,利奥六世的妻子,333,334

Zonaras, John 佐纳拉斯,约翰,拜占庭历史学家,502

Zoroastrianism 索罗亚斯德教,205

Zoroastrian 索罗亚斯德作为国家

教会,对君士坦丁一世的影响,48

Zosimus 佐西姆斯,异教历史学家,论君士坦丁一世,45;论阿拉里克,91;其著作,125

Zotenberg,H. 佐登伯格,论《巴尔拉姆和约瑟法特》的作者,294

Župan and župy 祖潘和祖比,609

Zvonimir 兹沃尼米尔,克罗地亚国王,与阿列克修斯一世,388

Zympa 吉姆帕,加利波利附近的防御工事,里面的奥斯曼人,622

后　　记

　　瓦西列夫《拜占庭帝国史》的翻译，从策划到正式出版，经历了30余年的"磨难"。看完最后的清样，颇有如释重负之感，背负多年的重担终于可以放下了。

　　遥想35年前，经史学泰斗林志纯（日知）先生推荐与斡旋，我有幸成为改革开放后第一批前往希腊进修拜占庭史的学者，于1983年11月到达美丽的希腊北方历史名城萨洛尼卡，进入亚里士多德大学，与我同行的有南开大学的陈志强先生。当时我们雄心勃勃，满怀振兴中国拜占庭学的"凌云壮志"——我们完成进修任务回国后，在《世界历史》上联手发表"应该重视对拜占庭的研究"一文，署名"凌强"，其意即在向学界同仁宣示我们的这一志向。希腊方面非常重视中国学员的学习，安排国际拜占庭学的著名学者卡拉扬诺布鲁斯（I. Karayannopulos）教授作为我们的研修导师。他给我们开出的第一批阅读书目中，有两本参考书是非常重要的：一是瓦西列夫的这本《拜占庭帝国史》，二是奥斯特洛戈尔斯基的《拜占庭国家史》（该书由陈志强译出，2006年由青海人民出版社出版）。从阅读这些参考书开始，我们踏上了研习拜占庭史的漫长历程。

　　在我留学希腊的两年（1983—1985年）时光中，除了苦学希腊语，认真接触和感受饱经忧患沧桑、历史底蕴深厚而又充满诗情画意的希腊历史与文化外，把很多时间和精力用于通读瓦西列夫的这本著作。现在想来，当时选择精读此书，显然源于我们那个时代因接触苏联"马克思主义史学"较多而养成的阅读习惯。瓦西列夫虽然后来定居于美国（先于威斯康星大学，后入顿巴登橡树园）工作，但其早年（1917—1925年）是在俄罗斯的圣彼得堡大学任教，这部著作的最初版本是他在俄罗斯授课时期完成的，其研究思路和表述方式，更容易被中国学者所接受。而且，其英文译本文字洗练，简明清晰，相对于学究气更浓的"正宗"英美学者的作品，更容易阅读和理解，非常适合初学者作为入门书籍阅读。

在这两年间，我完成了这部作品的初译，并在最初的译稿上标注了许多当时不能解决的问题：这些问题有些属于对英文的把握，有些属于对作品涉及的历史时代和历史事件及其背景的探究；最重要的，则是对一些从来没有相应中文译名的专有名词的思量，即考虑如何找到恰如其分的中文译名。

当时萌生的一个大胆想法，是日后把此书的译稿整理修订成熟，争取在国内出版。20世纪80年代我国改革开放的初期，学术研究和教育领域面临百废待兴的局面，从事世界史研究的中国学者，苦于研究资料欠缺，常常把出国进修视为获取最珍贵史料的最佳途径。就拜占庭研究而言，新中国成立40年，只有苏联学者列夫臣柯的一部《拜占庭》（1956，1960年版）译著，相关资料和论文则是少之又少。对我国世界史学者而言，不仅需要更多地引进西方学术界的原典作品——限于经费，这一目标要经历很长的时段才能实现——更应该积极地有选择性地翻译一些经典作品，为更多青年学者和高校教师从事研究做一些奠基工作。在那个时代，有机会作为第一批中国学者赴希腊研修拜占庭史，是我的"宿命"，而有机会将这部重要学术著作译出来，介绍给中国学界同仁，则是"宿命"中的"使命"。缘分使然，无可推脱。翻译此书成了我的学术之路的起点。

1985年回国后，我首先完成了交由商务印书馆出版的《中世纪晚期经济社会史》的总校订工作，此后在郭守田先生和朱寰先生支持下，我向商务印书馆历史编辑室提交了《拜占庭帝国史》一书的选题论证报告和翻译申请，很快获得认可。随后我便展开了对原译稿的全面校对与整理，其中的繁复与艰辛，可谓一言难尽。

过去30余年中，作为"归国留学人员"，我在高校工作经历的各种科研和教学工作压力，以及承担的各方面的新的、紧急的任务，多少影响到本书译稿修订的进程；原译稿中遗留的未能解决的问题，需要更多的知识储备和更广的视野；原书中各种语言如拉丁、希腊、法、德、意、俄、塞尔维亚、保加利亚等语种所涉及的注释，以及参考文献名称的汉译和理解方面的困难，对于译名、专有名词的选择使用和全书的译名统一……诸如此类的棘手问题，都大大推迟了此书的出版。但商务印书馆历史室同仁对于选题的支持程度从未改变。

本书的成稿（手写稿）完成于20世纪90年代，见证了从手抄稿到手动打字稿，再到电脑书写稿的各个阶段。由于本书翻译工作历时太长，图书出版印刷规则几经调整，人名地名翻译也有新的统一规范，以至于整个书稿不得不进行多次全面通校。本书成稿整理完成之后，曾长期在我的硕士和博士研究生中间"内部传阅"，对他们完成学位论文发挥过一定积极作用，这使我在久未出版的遗憾中也获得了些许欣慰。

本书出版之际，我内心充满感激之情。首先要感谢日知先生，正是他发展古典学和拜占庭研究的远见卓识和积极筹划，促成了东北师范大学和南开大学连续两届四名学者（王敦书、郝际陶、徐家玲、陈志强）赴希腊进行研究与进修的计划；感谢我的硕士导师郭守田先生、朱寰先生对这项翻译工作一以贯之的支持和鼓励；感谢我的同门学友，清华大学张绪山教授百忙之中对书稿的审阅，修改中译本序言；感谢商务印书馆历任编辑（于殿利、王明毅、杜廷广）在本书翻译和整理过程中与译者的积极沟通与切磋；感谢学术上的朋友和曾经的学生（沈之兴、郭建淮、张晓华）与我一起学习和讨论拜占庭历史，帮助我校订和整理译稿；感谢东北师范大学历史文化学院的韩宾娜教授在百忙之中帮我手绘《拜占庭帝国史》一书的地图——由于现在出版手段的发展，手绘图的方式已经不再使用了，但同事之间的真挚友情始终暖人心扉；感谢唐艳凤博士和李强博士及东北师范大学古典文明史研究所的外籍专家学者们对译文中的俄语、德语、希腊语、拉丁语、西班牙语、意大利语等"小语种"的文献译名提出的宝贵意见；感谢我的朋友、同事和学生帮助我手工抄录译稿，又将手抄稿键入电脑。

需要说明的是，以现在的翻译原则，有些参考书是不需要给出译名的。但本书早于20世纪90年代初即开始翻译，译者已经尽其所能完成了参考书目中的英、法、德、意、西班牙、保加利亚、俄、希腊、拉丁语等诸语种文献和引文的翻译，现任责编表示尊重译者付出的劳动,将其"照单全收",但对书稿做这样的处理显然大大增加了编辑的工作量。在此,特别感谢现任编辑杜廷广先生对译者的信任,对译文各方面问题提出的宝贵意见和建议。

在翻译和整理这部译稿的漫长时段里,译者本人也经历了"浴火重生"的"涅槃"过程:当年青涩的初学者,在完成了研修拜占庭史的所有阶段,经历了学术研究的壮年之后,自己的人生也走近了"古稀之年"。佛家偈语曰:"苦海无边,回头是岸。"但学海没有回头路,我们不能回头。我们这一代人当年选定了拜占庭研究之路,已经完成了我国拜占庭研究开拓阶段的历史使命,我们的学生和他们的后续者们,定将沿着这条"不归路"继续前行。此书的正式出版,或许可以视为译者多年坚守"初心"的最后成果,也可视为译者交出的一份特殊的"拜占庭研究"的答卷,是否合格,敬请学界同仁评判。

徐家玲

2018年6月21日于长春净月东师家园

图书在版编目(CIP)数据

拜占庭帝国史:324—1453:全两卷/(美)A.A.瓦西列夫著;徐家玲译.—北京:商务印书馆,2020
ISBN 978-7-100-18820-3

Ⅰ.①拜… Ⅱ.①A…②徐… Ⅲ.①拜占庭帝国—历史 Ⅳ.①K134

中国版本图书馆 CIP 数据核字(2020)第 145613 号

权利保留,侵权必究。

拜占庭帝国史
324—1453
(全两卷)

〔美〕A. A. 瓦西列夫 著
徐家玲 译

商 务 印 书 馆 出 版
(北京王府井大街 36 号 邮政编码 100710)
商 务 印 书 馆 发 行
北 京 通 州 皇 家 印 刷 厂 印 刷
ISBN 978-7-100-18820-3

2020 年 9 月第 1 版　　　　开本 880×1230　1/32
2020 年 9 月北京第 1 次印刷　印张 41¼　插页 3

定价:188.00 元